Systematisches Handbuch
der
Deutschen Rechtswissenschaft.

Unter Mitwirkung

der Professoren **Dr. H. Brunner** in Berlin, **Dr. V. Ehrenberg** in Leipzig, **Dr. H. Gerland** in Jena, **Dr. O. Gierke** in Berlin, des General-Prokurators **Dr. J. Glaser**, früher in Wien, der Professoren **Dr. C. S. Grünhut** in Wien, **Dr. A. Haenel** in Kiel, **Dr. A. Heusler** in Basel, **Dr. P. Krüger** in Bonn, **Dr. O. Mayer** in Leipzig, **Dr. L. Mitteis** in Leipzig, **Dr. Th. Mommsen**, früher in Berlin, **Dr. F. Oetker** in Würzburg, **Dr. M. Pappenheim** in Kiel, **Dr. F. Regelsberger**, früher in Göttingen, **Dr. Lothar Seuffert** in München, **Dr. R. Sohm** in Leipzig, **Dr. E. Strohal** in Leipzig, **Dr. H. Triepel** in Berlin, **Dr. A. v. Tuhr** in Strafsburg, **Dr. A. Wach** in Leipzig, **Dr. R. Wagner**, früher in Leipzig, **Dr. L. Wenger** in München, **Dr. C. Wieland** in Basel,

herausgegeben von

Dr. Karl Binding,

früher Professor in Leipzig.

Zehnte Abteilung.

Das Deutsche Bürgerliche Recht.

Erster Teil. Zweiter Band.

A. v. Tuhr, Der Allgemeine Teil des Deutschen Bürgerlichen Rechts.

Band II. Erste Hälfte.

Verlag von Duncker & Humblot.
München und Leipzig 1914.

Der Allgemeine Teil

des

Deutschen Bürgerlichen Rechts.

Von

Andreas von Tuhr.

Zweiter Band. Erste Hälfte.

Die rechtserheblichen Tatsachen, insbesondere das Rechtsgeschäft.

Verlag von Duncker & Humblot.
München und Leipzig 1914.

Altenburg, S.-A.
Pierersche Hofbuchdruckerei
Stephan Geibel & Co.

Vorwort.

Im Vorwort zum ersten Bande habe ich in Aussicht gestellt, die Darstellung des allgemeinen Teils im zweiten Bande zu Ende zu führen. Im Lauf der Arbeit hat sich herausgestellt, daß eine im Stil des ersten Bandes gehaltene Darstellung der allgemeinen Lehren so viel Zeit und Raum erfordert, daß der zweite Band in zwei Halbbände zerlegt werden mußte. Der vorliegende erste Halbband enthält die allgemeine Lehre von den rechtserheblichen Tatsachen sowie den größeren Teil der Lehre vom Rechtsgeschäft. Den zweiten Halbband hoffe ich in kürzerer Zeit herausgeben zu können.

Inhaltsverzeichnis.

Drittes Buch.
Die rechtserheblichen Tatsachen.

Erstes Kapitel.
Allgemeine Begriffe.

Seite

§ 43. Tatbestand und Rechtsfolge 3
I. Alle Rechtsfolgen sind Veränderungen in der Rechtswelt. Juristische Kausalität S. 5. — II. Arten der juristischen Tatsachen S. 7. — Äussere und innere Tatsachen. Ereignisse und Zustände S. 8. — Negative Tatsachen S. 9. — Rechtsbegründende und rechtsverneinende Tatsachen S. 10. — Wahrscheinlichkeiten S. 11. — Beziehungen einer Tatsache zu einer Person oder Sache. Äquivalenz von Tatsachen S. 12. — Fiktionen S. 13. — Bedeutung einer Tatsache für mehrere Rechtssätze und in mehreren Tatbeständen S. 14. — III. Mehrgliedrige Tatbestände S. 15. — Zeitliches Verhältnis der Tatbestandsstücke. Kausalzusammenhang als Stück des Tatbestandes S. 16. — IV. Sukzessiv verlaufender Tatbestand S. 18. — Rechtslagen. Schwebezustand S. 19. — Vorwirkungen. — V. Rückwirkung S. 21. — VI. Zurückdatierung von Rechten S. 29.

§ 44. Ursprünglicher und abgeleiteter Rechtserwerb 34
I. Abgeleiteter Erwerb ohne Änderung des Rechtssubjektes S. 35. — Mit Wechsel des Subjektes. Rechtsnachfolge S. 36. — Vorstufen der Rechtsnachfolge S. 37. — Anwartschaft, Aneignungsrecht, Anspruch auf Rechtserwerb. Rechtsnachfolge bei Entstehung und vor Entstehung des Rechtes S. 40. — Sukzession in Rechtsverhältnisse. — II. Originärer Erwerb S. 41. — Eines neuentstehenden Rechtes. Erwerb derelinquierter Sachen. Verdrängung eines Rechts durch ein anderes S. 42. — Ablösung eines Rechts durch ein anderes S. 44. — Rechtserwerb bei Inhaberpapieren und indossabelen Forderungen, Rechtsverdrängung bei bedingten Verfügungen S. 46 — und Nacherbfolge S. 47, — III. Rechtsnachfolge im weiteren Sinn S. 48. — IV. Rechtsnachfolge im Besitz S. 49. — V. Rechtsnachfolge bei Übertragung fremder Rechte S. 50 — beim gutgläubigen Erwerb S. 52.

§ 45. Translative und konstitutive Rechtsnachfolge 59
I. Translative Sukzession. Mitübergang der akzessorischen Rechte und Ansprüche. Rechtsnachfolge bei Teilung S. 60. — Rechtsübertragung mit bloß äußerer Wirkung S. 61. — Konstitutive Sukzession S. 62. — 1. Konstitutive Abzweigung von Rechten aus dem Eigentum S. 63, aus dem Besitz S. 65, aus Forderungen S. 66, aus

Seite

Immaterialgüterrechten S. 67, bei bedingten Verfügungen S. 68. — Konstitutive Übertragung zweiten Grades S. 68. — 2. Gleichartigkeit des Mutterrechts und Tochterrechts S. 69. — Überlassung der Ausübung von Rechten S. 70. — 3. Form der konstitutiven Übertragung S. 71. — Entstehung der Tochterrechte durch Vorbehalt S. 72. — 4. Selbständigkeit der Tochterrechte S. 74. — 5. Vorrang des Tochterrechts S. 75. — 6. Mehrheit und Rangordnung der Tochterrechte S. 77. — 7. Obligatorische Beziehungen zwischen Mutterrecht und Tochterrecht S. 78. — 8. Konstitutiv abgeleitete Rechte an eigener Sache (Eigenrechte) S. 79. — 9. Wegfall des Tochterrechts S. 82. — Konsolidation des Mutterrechts S. 83.

§ 46. Einzelnachfolge und Gesamtnachfolge 84
I. Sondernachfolge. — II. Tatbestand und Wirkungen der Gesamtnachfolge S. 86. — III. Fälle der Gesamtnachfolge S. 87. — IV. Schuldhaftung bei der Gesamtnachfolge S. 90. — V. Übertragung des Vermögens unter Lebenden S. 91.

§ 47. Ende und Änderung der Rechte. 92
I. Endigungsgründe. Wiederaufleben und Ruhen von Rechten S. 95. — II. Änderung der Rechte S. 96. — Verstärkung, Abschwächung S. 97. — Änderungsfähigkeit: der dinglichen Rechte S. 99, der Forderungen S. 100. — Novation S. 101. — Einwirkung der Rechtsänderung auf dritte Personen S. 102.

§ 48. Die rechtlich bedeutsamen Handlungen. 103
I. Begriff und rechtliche Bedeutung der Handlung. II. Einteilung der rechtsmäßigen Handlungen S. 105. — 1. Willensäußerungen a) Rechtsgeschäfte S. 106; b) Rechtshandlungen S. 106; c) Tathandlungen S. 110. — 2. Vorstellungsäußerungen S. 113. — 3. Gefühlsäußerungen S. 120. — Unrechtmäßige Handlungen S. 121. — IV. Unterlassungen S. 122.

§ 49. Das rechtlich bedeutsame Wissen 123
I. Tatsachen des inneren Seelenlebens. II. Das Wissen S. 127. — Mitteilung und sonstige Kenntnis von Tatsachen S. 128. — Vermutungen und Zweifel S. 130. — Öffentliche Bekanntmachungen und Bücher S. 131. — III. Irrtum S. 132. — IV. Guter Glauben S. 134. — 1. Der Glaube an das Recht des Veräußerers S. 136. — 2. Glaube des Schuldners an das Recht des Gläubigers S. 137. — 3. Glaube an die Rechtsstellung des Geschäftsgegners S. 138. — 4. Glaube an die Gültigkeit eines Rechtsgeschäfts S. 139. — 5. Glaube an das eigene Recht. — Voraussetzungen S. 140. — Wirkungen des guten Glaubens S. 141.

Zweites Kapitel.

Das Rechtsgeschäft.

I. Wesen und Hauptarten des Rechtsgeschäfts.

§ 50. Begriff des Rechtsgeschäftes 143
I. Privatautonomie des Rechtssubjektes. Das Produkt des Rechtsgeschäftes sind subjektive Rechte und Rechtsverhältnisse S. 146. — II. Tatbestand des Rechtsgeschäftes S. 147. Zur Willenserklärung

Seite

der Parteien können hinzutreten: 1. Nebenerklärung S. 148; 2. Reale Vorgänge S. 149; 3. Tod des Erblassers S. 150; 4. Ablauf einer Zeit S. 151; 5. Eine amtliche Handlung, welche mit der Erklärung der Partei einen Doppeltatbestand bildet. — III. Sukzessive Verwirklichung des Rechtsgeschäftes S. 152. — Tod eines Beteiligten vor Vollendung des Tatbestandes. — IV. Keine Rechtsgeschäfte sind Willenserklärungen, durch welche eine amtliche Handlung veranlasst wird S. 153: Anträge S. 154; Klageerhebung S. 155; Anfechtungsklagen S. 157. — Rechtsgeschäfte in prozessualer Form S. 158. — Prozessvergleich S. 159. — V. Richtung des Parteiwillens auf rechtlichen Erfolg S. 161. — Unklarheiten des Parteiwillens S. 162. — Gesetzliche Nebenfolgen des Rechtsgeschäfts S. 163. — Mittelbare Wirkungen des Rechtsgeschäfts S. 165. — Einwirkung auf den Rechtskreis Dritter S. 167. — VI. Wirtschaftliche (empirische) Absicht S. 168. — Willenserklärungen ohne die Absicht rechtlicher Bindung S. 170. — Vermeintlich ungültige Geschäfte S. 172. — VII. Aufhebung von Rechtsgeschäften S. 174. — VIII. Wiederholung von Rechtsgeschäften S. 176.

§ 51. Parteiwille und Gesetz 177

I. Schranken der Privatautonomie. Gesetzliche Typen der Rechtsgeschäfte S. 179. — Grenzen der Verpflichtungsfähigkeit S. 181. — Sie beruhen nicht auf § 138, S. 182, sondern sind der Rechtsordnung immanent S. 183. — Partielle Ungültigkeit übermässiger Verpflichtungen S. 185. — Nachträglich eintretende Übermäßigkeit der Leistungspflicht. — II. Rechtsgeschäft und nachgiebiges Recht S. 186: 1. Auslegendes Recht. 2. Ergänzendes Recht S. 187. — Ausschluß des ergänzenden Rechts durch hypothetischen Parteiwillen S. 189. — 3. Umdeutende Rechtssätze.

§ 52. Bestandteile des Rechtsgeschäfts 191

I. Einheit und Mehrheit des Rechtsgeschäfts. — II. Bestandteile der Willenserklärung S. 194: 1. essentialia. 2. naturalia negotii S. 195. — 3. accidentalia negotii. — III. Motive des Rechtsgeschäfts S. 197. — Bedingungen und Voraussetzungen S. 201. — Clausula rebus sic stantibus S. 202.

§ 53. Einseitige und mehrseitige Rechtsgeschäfte 203

I. Einseitige Rechtsgeschäfte beruhen auf Gesetz oder vorausgehender Parteiverabredung. — Zurückweisung einseitiger Erklärungen S. 205. — Die Wirkung einseitiger Rechtsgeschäfte kann auch durch Vertrag hergestellt werden S. 206. — Ungültige einseitige Erklärungen bei Zustimmung des Gegners S. 207. — Bei einseitigen Geschäften befördert das Gesetz Sicherheit der Rechtswirkungen S. 209: 1. Zustimmung dritter Personen muß bei Vornahme des Geschäftes vorliegen. — 2. Legitimation durch Urkunde S. 211. — 3. Ausschluß von Bedingungen und Zeitbestimmungen S. 212. — 4. Unzweideutigkeit der Erklärung S. 214. — 5. Präklusivfrist S. 217. — 6. Unwiderruflichkeit des einseitigen Geschäfts. — II. Mehrseitige Rechtsgeschäfte S. 220. — Tatbestand des Vertrags S. 224. — Konsens S. 225. — Austausch der Erklärungen S. 226. — Wirkungen des Vertrags im Rechtsverhältnis der Kontrahenten

Seite

S. 227. — III. Gemeinsame Rechtsgeschäfte S. 229. — IV. Beschlüsse S. 232. — V. Vereinbarungen S. 237.

§ 54. Die Verfügung 238

I. Begriff der Verfügung. Objekte der Verfügung S. 239. — Verfügung durch Ausübung eines Gestaltungsrechts S. 243. — Zustimmung zu Verfügungen S. 245. — Verfügungen durch Rechtshandlungen S. 246. — Tatsächliche Verfügungen S. 248. — II. Die Verpflichtungsgeschäfte S. 250. — Unterschied von den Verfügungen S. 252 und Zusammenhang mit denselben. Keine Verfügung ist: die Vermietung S. 253, die Bewilligung einer Vormerkung S. 254. — III. Abstrakte Natur der Verfügung S. 256. — IV. Prozeßführung und Verfügung S. 257. — V. Zwangsverfügungen S. 260. — Analoge Anwendung des Rechts der Verfügungen S. 263. — VI. Verzicht S. 264. — Zulässigkeit S. 265; Gegenstand S. 266; Einseitigkeit des Verzichtes S. 269; Wirkung des Verzichts S. 272.

II. Ungültigkeit der Rechtsgeschäfte.

§ 55. Arten der Ungültigkeit 273

1. Unvollendete Geschäfte S. 274. — 2. Nichtige Geschäfte S. 275. — 3. Anfechtbare Geschäfte S. 278.

§ 56. Nichtigkeit 280

I. Beachtung der Nichtigkeit von Amtswegen. — II. Keine Nichtigkeitsklage S. 281. — III. Absolute Bedeutung der Nichtigkeit S. 282. — IV. Partielle Nichtigkeit S. 283. — V. Konversion S. 287 und verwandte Fälle. — VI. Unheilbarkeit des nichtigen Geschäfts S. 292. — Bestätigung S. 293. — VII. Nichtigkeit der Eheschließung S. 295.

§ 57. Anfechtbarkeit 297

I. Schwebezustand S. 298. — Keine Anfechtung nichtiger Geschäfte S. 299. — Gegenstand der Anfechtung S. 300. — Anfechtung von Rechtshandlungen und sonstigen Tatbeständen S. 302. — III. Die Anfechtungserklärung S. 302. — Der Anfechtungsberechtigte S. 303. — Vererblichkeit des Anfechtungsrechts S. 305. — Zugehörigkeit des Anfechtungsrechts zum Rechtsverhältniss S. 306. — IV. Anfechtungsgegner: 1. beim Vertrag S. 308; 2. bei einseitigen empfangsbedürftigen Geschäften S. 309; 3. bei nichtempfangsbedürftigen Geschäften. — V. Nichtigkeit des angefochtenen Geschäftes S. 312. — Bei Verfügungen hat die Anfechtung dingliche Kraft. Schutz des guten Glaubens S. 314. — Bereicherungsansprüche aus der Anfechtung S. 315. — Anfechtung obligatorischer Geschäfte und der Gestaltungsgeschäfte S. 317. — VI. Bestätigung S. 319. — VII. Gläubigeranfechtung S. 322. — Dingliche Wirkung S. 324. — Geltendmachung durch gerichtliches Handeln S. 326.

§ 58. Relative Unwirksamkeit 327

Begriff und Anwendungsfälle der relativen Unwirksamkeit. Absolute Unwirksamkeit im Fall der §§ 161, 2113 S. 329, sowie bei Entziehung der Verwaltung, S. 332, und bei den Beschränkungen der Verwaltung nach §§ 1395, 1448 S. 333.

Seite

III. Geschäftsfähigkeit und Verfügungsmacht.

§ 59. Die Geschäftsfähigkeit 334
I. Das Rechtsgeschäft erfordert ein Mindestmaß von Vernünftigkeit des Willens. — II. Die geschäftsunfähigen Personen S. 335. Ihre Erklärungen sind nichtig. — III. Beschränkungen der Geschäftsfähigkeit. — IV. Gültigkeit der lediglich vorteilhaften Rechtsgeschäfte S. 338. — Selbständigkeit des Minderjährigen bei familienrechtlichen Geschäften und beim Testament S. 342. — V. Handeln des gesetzlichen Vertreters als Stellvertreter oder als Beistand S. 343. — Einwilligung des gesetzlichen Vertreters S. 345. — Generelle Einwilligung S. 346. — VI. Rechtsfolgen bei fehlender Einwilligung S. 347: 1. Einseitige Geschäfte; 2. Verträge. Schwebezustand 348. — Aufforderung zur Genehmigung S. 349. — Widerruf S. 350. — VII. Heilung des Geschäfts durch Erfüllung S. 351. — VIII. Erweiterte Geschäftsfähigkeit S. 353. — IX. Guter Glaube des Geschäftsgegners S. 356. — Bereicherungsansprüche S. 358. — Schadenersatz S. 359. — X. Geschäftsfähigkeit bei Rechtshandlungen S. 360, Tathandlungen S. 361, Mitteilungen S. 362 und Gefühlsäußerungen S. 363, sowie bei Entgegennahme von Erklärungen S. 364.

§ 60. Verfügungsmacht 365
I. Begriff der Verfügungsmacht. — II. Verfügungsbeschränkungen S. 366. — Unterschied von den Mängeln der Geschäftsfähigkeit S. 367. — Unwirksamkeit der Selbstbeschränkung in der Verfügungsmacht S. 369. — Beschränkungen durch den Erblasser S. 373. — III. Verfügung über fremdes Recht S. 374: in fremdem Namen (Vertretungsmacht) und in eigenem Namen (Verfügungsmacht). Die einzelnen Fälle der Verfügungsmacht S. 377. — Unbefugte Verfügung über fremdes Recht S. 379. — Reflexwirkung der Verfügung über eigenes Recht S. 380. — IV. Konvaleszenz der Verfügungen über fremdes Recht S. 381: 1. durch Genehmigung; 2a) durch nachträglichen Erwerb des Rechts S. 382; 2b) durch Beerbung des Verfügenden seitens des Berechtigten S. 384. — Konvaleszenz bei mehreren Verfügungen S. 385. — Wirkung ex nunc S. 386. — V. Verfügung über künftiges Recht S. 387 — Möglichkeit derselben S. 388; Zulässigkeit S. 390; Eintritt der Wirkung S. 392. — Pfändung künftiger Rechte S. 394. — VI. Verpflichtungsmacht und Erwerbsmacht S. 395. — VII. Passive Verfügungsmacht S. 398.

IV. Erfordernisse des Geschäftsschlusses.

§ 61. Willenserklärung 399
I. Arten der Willensäußerung: 1. Willenserklärung S. 400. — Inhalt des Willens und Erklärungswille S. 401. — Fehlerhafte und scheinbare Erklärungen S. 402. — Ungewollte Erklärungen S. 403. — 2. Willensbetätigung S. 404. — Keine Kundgebung, sondern Indiz des Willens S. 406. — Der falsche Schein eines Willens kann durch Aufklärung beseitigt werden S. 407. — Anfechtung von Willensbetätigungen S. 409. — II. Arten der Willenserklärung S. 410: 1. unmittelbare Erklärung. — 2. Mittelbare Erklärung S. 411. — Fehler der Übermittlung. — 3. Verkörperte Erklärung S. 412. — Schriftliche Erklärung S. 413. — Blankettnrkunde S. 414. — 4. Aus-

Seite

drückliche Erklärung S. 416. — 5. Stillschweigende Erklärung S. 418. — Erklärung durch Schweigen S. 420. — 6. Fingierte Erklärung S. 422. — Tragweite der Fiktion S. 424. — 7. Fiktion des § 894 ZPO S. 426. — III. Empfangsbedürftige Erklärungen S. 427. — Erklärung an unbestimmte Person S. 429. — 1. Abgabe der empfangsbedürftigen Erklärung S. 430. — 2. Zugehen S. 432. — Zugehen einer nichtverkörperten Erklärung S. 436. — Erklärung an Anwesende S. 438. — 3. Zustellung nach § 132. — 4. Wirkung des Zugehens S. 442. — Bedeutung der Kenntnisnahme S. 445. — Priorität von Erklärungen. Wahrung von Fristen S. 444. — 5. Vereitelung des Zugehens durch den Adressaten S. 445. — 6. Widerruf der Erklärung S. 448. — 7. Geschäftsfähigkeit des Erklärungsgegners S. 449. — Zugehen der Erklärung an den gesetzlichen Vertreter S. 450. — IV. Erklärungen an eine Behörde S. 452. — V. Nichtempfangsbedürftige Erklärungen S. 453. — Mittel der Erklärung S. 456. — Abgabe solcher Erklärungen an eine bestimmte Person S. 457.

§ 62. Der Vertragsschluß 458

1. Tatbestand. Zwei sich kreuzende Offerten S. 459. — II. Offerte S. 460. — Aufforderung zur Offerte S. 461. — Offerte an unbestimmte Personen. — Geltungsdauer der Offerte: unter Anwesenden S 462, unter Abwesenden S. 463. — Verspätete Annahme S. 465. — III. Gebundenheit des Offerenten S. 466. — Ausschluß der Gebundenheit S. 467. — Annahmerecht S. 468. — Tod des Offerenten S. 469. — Konkurs des Offerenten S. 471. — IV. Annahme S. 472. — Ablehnung der Offerte S. 473. — Annahme mit Abänderungen S. 474. — Annahme durch nichtempfangsbedürftige Erklärung (§ 152) S. 476, durch Willensbetätigung (§ 151) S. 477. — Fingierte Annahme S. 481. — V. Offener Dissens (§ 154) S. 480. — Versteckter Dissens (§ 155) S. 483. — VI. Perfektion des Vertrages S. 485. — Beginn der Vertragswirkungen S. 486. — Rechtsverhältnis der Vertragsverhandlung. Culpa in contrahendo S. 488. — VII. Die Versteigerung S. 491. — VIII. Verpflichtung zum Abschluss eines Vertrages S. 493. — Vorvertrag. Kontrahierungszwang S. 495.

§ 63. Form 496

I. Wesen und Zwecke der Form. Die Form ist Mittel der Willenserklärung S. 498. — Mehrere Rechtsgeschäfte in einer Form S. 500. — II. Formfehler haben Nichtigkeit zur Folge S. 501. — Heilung durch Erfüllung S. 502. — III. Der Inhalt der Willenserklärung muß durch die Form gedeckt sein S. 505. — Auslegung formeller Erklärungen S. 506. — IV. Aufhebung formeller Rechtsgeschäfte S. 508. — Formlose Nebenabreden: 1. vor Abschluß des formellen Vertrags S. 509. — 2. nachträgliche Abreden S. 510. — Abänderung formeller Geschäfte durch einseitige Erklärung S. 511. — V. Die Schriftform S. 512. — 1. Text. — 2. Unterschrift. Handzeichen S. 515. — 3. Zeitliche Folge von Text und Unterschrift S. 516. — 4. Zugehen schriftlicher Erklärungen S. 517. — 5. Mehrere Erklärungen in einer Urkunde S. 520. — 6. Schriftform beim Vertrag S. 521. — 7. Gewillkürte Schriftform S. 522. — VI. Öffentliche Beurkundung S. 523. — Simultane und sukzessive Beurkundung

Seite

von Verträgen S. 524. — VII. Öffentliche Beglaubigung S. 526. — VIII. Formvorschrift durch Parteiwillen S. 527, durch Vertrag oder einseitige Erklärung S. 528. — Beweismittel oder Gültigkeitserfordernis S. 529. — Mangel der gewillkürten Form S. 530. — Formlose Nebenabreden S. 531. — Nachträgliche Beurkundung formloser Verträge. — Einkleidung eines formellen Vertrags in eine neue Form S. 533.

V. Auslegung der Rechtsgeschäfte und Willensmängel.

§ 64. Auslegung 534

I. Aufgabe der Auslegung. Generelle Auslegung nach § 157 S. 535. — Erforschung des wirklichen Willens, § 133, S. 538. — Maßgebend ist der Standpunkt des Erklärungsempfängers S. 539. — Das Resultat der Auslegung ergibt, ob Irrtum oder Mißverständnis vorliegt S. 541. — Auslegung von Mitteilungen und amtlichen Handlungen S. 542. — II. Subsumption des Rechtsgeschäfts unter die gesetzlichen Typen S. 543. — Ergänzung des Parteiwillens S. 545. — Anpassung der Rechtssätze an besonders gelagerte Tatbestände nach § 242, S. 546. — III. Auslegung durch die Parteien und den Richter S. 548.

§ 65. Willensmängel 548

Begriff der Willensmängel. — Bewußte und unbewußte Unrichtigkeit der Erklärung S. 550. — Willenstheorie und Erklärungstheorie S. 551. — Abnormität der Motive S. 552. — Vermittelnder Standpunkt des Gesetzes S. 553.

§ 66. Bewußtes Fehlen des Willens 554

I. Der geheime Vorbehalt. — II. Das Scheingeschäft S. 557. — Zwecke desselben. Nichtigkeit S. 558. — Geltendmachung durch Dritte S. 559, gegen Dritte S. 560. — Einverständnis des Geschäftsgegners S. 561, — Scheinerklärungen an und vor Behörden S. 562. — Scheinerklärung bei Eheschließung, Adoption und Ehevertrag S. 563. — Fiduziarische Verfügung S. 564. — III. Nicht ernstlich gemeinte Erklärung S. 566.

§ 67. Irrtum. 568

I. Irrtum in der Erklärung S. 569. — 1. Durch Irrtum veranlasste Unrichtigkeit des Wortlauts S. 570. — 2. Irrtum über den Inhalt der Erklärung S. 572. — Irrtümlicher Gebrauch juristischer Ausdrücke S. 573. — Irrtum über gesetzliche Nebenfolgen S. 574. — Irrige Vorstellungen und Erwartungen S. 575. — II. Irrtum im Motiv S. 577. — Irrtum über Eigenschaften S. 578. — Begriff der wesentlichen Eigenschaft. Anfechtung und Mängelhaftung S. 581. — Irrtum über rechtliche Verhältnisse der Sache S. 582. — Irrtum über Eigenschaften eines Rechts S. 583. — Wesentliche Eigenschaften der Person S. 584. — III. Subjektive und objektive Erheblichkeiten des Irrtums S. 585. — IV. Unverzüglichkeit der Anfechtung S. 587. — Beginn der Frist S. 589. — V. Wirkung der Anfechtung S. 590. — Nichtigkeit der angefochtenen Erklärung; unter Umständen Gültigkeit der beabsichtigten Erklärung S. 591. — Dingliche Wirkung der Anfechtung S. 592. — VI. Ersatz des nega-

Seite

tiven Interesses S. 593. — Person des Ersatzpflichtigen, S. 595, und des Ersatzberechtigten. — Umfang des negativen Interesses S. 596. — Kennen und Kennenmüssen des Gegners S. 599. — Verjährung des Ersatzanspruchs. — VII. Besondere Vorschriften über Irrtum: 1. bei der Eheschließung S. 600; 2. beim Testament S. 601.

§ 68. Arglistige Täuschung und Drohung 603
I. Arglistige Täuschung S. 604. — 1. Motivirrtum des Getäuschten. 2. Gegenstand des Irrtums S. 605. — 3. Arglist S. 606. — 4. Vorspiegeln und Verschweigen von Tatsachen. — II. Drohung S. 609. — 1. Psychologische Einwirkung auf den Willen S. 610. — 2. Absicht, die Vornahme eines Rechtsgeschäftes zu veranlassen. — 3. Mittel der Drohung S. 611. — 4. Die bedrohten Rechtsgüter S. 612. — 5. Widerrechtlichkeit der Drohung S. 613. — III. Nicht erforderlich ist Vermögensschaden des Anfechtenden und Vorteil des Gegners S. 614. — Anfechtung der Erfüllung einer Verpflichtung. — Anfechtung obligatorischer Verträge S. 615. — IV. Beschränkung der Anfechtung wegen Täuschung: 1. bei nichtempfangsbedürftigen Erklärungen muß der Gegner an der Täuschung beteiligt seiu, S. 616, oder der Dritte, welcher ein Recht erwirbt S. 618 — Anfechtung der Schuldübernahme S. 619. — 2. Täuschung bei Abgabe von nichtempfangsbedürftigen Erklärungen S. 621. — V. Anfechtungsfrist S. 622. — VI. Keine Anfechtung nichtiger Geschäfte S. 623. — Konkurrenz der Anfechtungsrechte aus Willensmängeln S. 624. Anfechtung und Mängelhaftung. — VII. Schadenersatz aus Täuschung und Drohung S. 626. — 1. in Ermangelung der Anfechtung. — 2. neben der Anfechtung S. 628. — 3. statt der Anfechtung S. 629. — Dolus incidens. — 4. Einrede aus Täuschung und Drohung S. 632. — 5. Verschiedenheit der Anfechtung und des Schadenersatzanspruchs S. 633. — 6. Schadenersatz wegen Nichterfüllung nach § 463, S. 634.

Berichtigungen.

Zum ersten Band.

S. 41 Z. 19 v. ob. lies: ein nicht ausgesprochener.
S. 50 Z. 1 v. ob. statt Juristentag lies: Juristenstand.
S. 62 Z. 20 v. ob. statt betreffend lies: zutreffend.
S. 63 Z. 20 v. ob. statt Subjekts lies: Objekts.
S. 66 Note 8 lies: auch wenn er das Recht n verliert.
S. 70 Z. 13 v. ob. statt 221 lies 222.
S. 70 Z. 15 v. ob. statt 22, 23 I lies 223 II.
S. 74 Z. 7 v. ob. statt 1645 lies: 1646.
S. 111 Note 62b lies: § 8 III 6.
S. 120 Note 84 statt ZPO. 888—899 lies: ZPO. § 888. 890.
S. 122 Z. 14 v. ob. statt 730 lies: 740.
S. 140 Z. 9 v. ob. statt Sicherungshypothek lies: Zwangshypothek.
S. 176 Z. 16 v. ob. statt bewirkt lies: beantragt.
S. 185 Z. 7 v. ob. statt Vorerbe lies: Nacherbe.
S. 192 Z. 14 v. ob. statt 2162 lies: 2178.
S. 198 Note 10 statt 439 lies: 439.

S. 204 Note 1 Z. 6 lies: mit Recht.
S. 209 Note 16 lies: Planck § 823 II 1 f.
S. 221 Z. 13 v. ob. statt daß lies: dies.
S. 230 Note 3 lies: Dernburg III § 246 I 2.
S. 237 Z. 8 v. ob. statt gemeine lies: gemeinsame.
S. 257 Note 66 lies: Moment der Zulässigkeit.
S. 261 Note 85 lies § 17 Note 72b.
S. 268 Note 111 lies: Planck § 894 Erl. III 3.
S. 283 Z. 23 v. ob. statt ihrer Beschaffenheit lies: ihrem Betrag.
S. 297 Note 32 statt 1060 lies: 1160.
S. 298 Z. 17 v. ob. statt der Anspruch lies: die Einrede.
S. 299 Note 38 Z. 1 statt besteht lies: entsteht.
S. 330 Note 56 Z. 1 lies: Konkurseröffnung.
S. 345 Z. 6 v. ob. statt VII lies: VIII.
S. 354 Note 21 Z. 5 statt 6 lies: 16.
S. 355 letzte Z. statt 748 lies: 747.
S. 357 Z. 17 v. ob. ist 734 zu streichen und statt 2047 zu lesen: 1477.
S. 400 Z. 24 v. ob. statt 929 lies: 829.
S. 406 Z. 2 v. ob. statt 227 lies: 2276.
S. 449 Z. 9 v. ob. statt 237 lies: 37.
S. 471 Note 10 Z. 5 statt Strebe lies: Sterbe.
S. 473 Z. 1 v. ob. statt denken lies: decken.
S. 477 Note 5 Z. 15 lies: Vereinsgründung.
S. 495 Z. 6 v. ob. statt diese lies: dies.
S. 500 Z. 5 v. ob. statt Vorschrift lies: Satzung.
S. 525 Note 22 lies: Dernburg III § 14, 7.
S. 541 Note 90 statt Ausstellenden lies: Anstellenden.
S. 565 Note 33 a. E. statt Erfüllung lies: Nichterfüllung.
S. 600 Z. 7 v. ob. statt Einrichtung lies: Einreichung.
S. 627 Note 36 statt Rechnungszwang lies: Buchungszwang.

Zum zweiten Band.

S. 21 Note 80. Das Urteil OLG 21, 326 ist durch RG 75, 406 aufgehoben.
S. 26 Note 106 ist in der letzten Zeile 8 zu streichen.
S. 91 Note 39a lies: Daher keine Konfusion.
S. 124 Note 5 lies: Dernburg § 102 IV.
S. 136 Note 74 statt 59 lies: 60.
S. 146 Note 13 Z. 1 lies: leges.
S. 177 Note 192 lies: § 56 Note 61.
S. 220 Note 94 letzte Zeile lies: Note 91a.
S. 259 Note 136 lies: Planck § 135 Erl. VI.
S. 302 Z. 13 v. ob. lies: § 61 II 6.
S. 320 Note 132 lies: § 61 Note 42.
S. 349 Note 100 lies: § 61 II 5.
S. 368 Note 23 a. E. lies: § 58 Note 29.
S. 426 Z. 15 v. ob. lies: 6a.
S. 432 Note 175 lies: § 60 Note 21.
S. 444 Note 243 Z. 4 lies: § 62 Note 46.
S. 448 Note 263 Z. 3 lies: § 62 Note 54.

Drittes Buch.

Die rechtserheblichen Tatsachen.

Erstes Kapitel.

Allgemeine Begriffe.

§ 43. Tatbestand und Rechtsfolge *.

I. Das Gesetz ordnet die Lebensverhältnisse in der Regel durch abstrakte Vorschriften, ausnahmsweise durch einen konkreten, nur für einen Fall geltenden Befehl. Die abstrakte Beschaffenheit der Rechtssätze beruht auf dem Postulat unseres Gerechtigkeitsgefühls, daß in gleichen Fällen gleiches Recht gelten soll; Rechtsverschiedenheit bei gleicher Sachlage erscheint uns als Willkür; Zweifel und Streit beziehen sich immer nur darauf, ob zwei Sachlagen in rechtlicher Beziehung als gleich zu betrachten sind.

Wie das objektive Recht eine geistige, nur in ihren Wirkungen sinnlich wahrnehmbare Macht ist [1], so gehören auch die vom Gesetz vorgeschriebenen Rechtsfolgen der Gedankenwelt an: die Rechtsverhältnisse, subjektiven Rechte, Pflichten, rechtlichen Eigenschaften von Personen und Sachen sind nicht äußerlich wahrnehmbare Dinge [2], — niemand hat je ein Recht gesehen — sondern Vorstellungen, welche im Geist der beteiligten Menschen,

* Windscheid § 67/8; Regelsberger § 118; Bekker § 80/1; Gierke § 57; Dernburg § 102; Endemann § 57; Crome § 71; Cosack § 50; Enneccerus § 177; Biermann § 38; Landsberg § 16; Zitelmann, Irrtum und Rechtsgeschäft 200 fg.; Manigk, Anwendungsgebiet der Vorschriften üb. Rechtsgesch. 4 fg. und Königsberger Festschr. f. Kant, abgedr. JheringsJ. 49, 459; Eltzbacher, Handlungsfähigkeit I 59; Bierling, Prinzipienlehre I 145; R. Löning, Wurzel und Wesen des Rechtes 20, 36; W. Schulze, Tatbestand und Rechtsfolge, Beiheft zu Bd. 2 des Arch. f. Rechts- und Wirtschaftsphilosophie.

[1] Bekker, Grundbegriffe des Rechtes S. 51, 64.

[2] Wahrnehmbar und daher Gegenstand des Beweises sind nur die Tatsachen, aus denen Rechte hervorgehen, und die Beurkundungen solcher Tatsachen.

existieren und auf ihre Handlungsweise einwirken, Vorstellungen von etwas Seinsollendem, welche infolge des dem Kulturmenschen innewohnenden Legalitätssinns [3] freiwillig befolgt und durch den ebenso kunstvollen wie wirksamen Mechanismus der Rechtspflege gegen den Willen des Widerstrebenden erzwungen oder ohne seinen Willen durchgesetzt werden. Auf den beiden Momenten der freiwilligen Befolgung und der staatlichen Erzwingung beruht die eigenartige rechtliche Kausalität, welche wir als Kraft oder Wirksamkeit des Gesetzes bezeichnen [4].

Jeder abstrakte Rechtssatz nennt die Tatsachen, bei deren Vorliegen die Rechtswirkung eintreten soll [4a]. Die Gesamtheit dieser Tatsachen [5] pflegt man mit dem aus dem Strafrecht rezipierten Wort Tatbestand des Rechtssatzes zu bezeichnen. Liegt der Tatbestand eines Rechtssatzes in concreto vor, so ergibt sich die Rechtsfolge mit logischer Notwendigkeit. Daher besteht die Rechtsanwendung wesentlich aus der Konstatierung von Tatsachen und ihrer Subsumption unter die Rechtssätze. Da jede Rechtsfolge das Vorliegen eines Rechtssatzes und des dem Rechtssatz vorausgehenden Tatbestandes erfordert, so kann die Rechtsfolge je nach dem Standpunkt des Betrachters als Wirkung des Gesetzes oder des Tatbestandes, z. B. des Parteiwillens, aufgefaßt werden.

Die Rechtsfolge eines Tatbestandes [6] ist stets eine Veränderung in der Rechtswelt: Entstehung, Änderung und Endigung von Rechtsverhältnissen [7], subjektiven Rechten und Pflichten,

[3] Trieb zum Gehorsam, Bekker a. a. O. S. 30.

[4] Die Rechtsgesetze sind Vorschriften des Sollens, im Gegensatz zu den Naturgesetzen (Gesetzen des Geschehens, vgl. Bd. I S. VII) und den Denkgesetzen.

[4a] Daher lassen sich die Rechtssätze in der logischen Form hypothetischer Urteile denken, Zitelmann, Irrtum 204, ArchZivPr 99,4.

[5] Innerhalb eines Tatbestandes kann man meist mehrere und oft sehr zahlreiche Tatsachen unterscheiden; nur ausnahmsweise erscheint eine Rechtsfolge als Wirkung einer Tatsache, so z. B. der Erwerb der Rechtsfähigkeit als Rechtsfolge der Geburt, § 1. Aber die Heraushebung einzelner Tatsachen aus der kohärenten Masse des Geschehens ist ein willkürlicher Behelf des Menschengeistes. Daher läßt sich durch beliebig weitergeführte logische Analyse jede Tatsache in mehrere Tatsachen zerlegen, so z. B. die Geburt in Trennung des Kindes von Mutterleibe und Leben des Kindes in diesem Moment.

[6] Manigk, Anwendungsgebiet 15; Eltzbacher 65.

[7] Bisweilen wird betont, daß Entstehung und Endigung von Rechts-

von rechtlichen Eigenschaften der Personen oder Sachen; Entstehung und Endigung juristischer Personen; Entstehung und Endigung von Rechtslagen [8], welche den Eintritt solcher Wirkungen vorbereiten. Die Rechtswelt unterliegt, wie die äußeren Vorgänge, dem Satz des zureichenden Grundes. Zwischen Tatbestand und Rechtsfolge besteht eine nicht auf der Naturordnung, sondern auf dem Willen des Gesetzes beruhende Kausalität [9], welche, wie die Kausalität des natürlichen Geschehens, in letzter Linie in der Beschaffenheit des menschlichen Denkens begründet ist. Eine Rechtsänderung tritt nur dann ein, wenn der dazu erforderliche Tatbestand sich verwirklicht hat [10]; sie erfolgt, wenn

---

verhältnissen als bildlicher Ausdruck aufzufassen sei, weil Rechtsverhältnisse nicht real existieren, so z. B. Windscheid § 63 Anm. 1; Schloßmann, Vertrag 170; Radbruch, Handlungsbegriff 34 fg. Darin scheint mir eine zu weit gehende Konzession an das materialistische Denken zu liegen. Rechte sind keine körperlichen Dinge; aber den geistigen Dingen ist, wie den körperlichen, eine Realität, wenn auch von anderer Beschaffenheit, zuzusprechen, vgl. ob. § 21 Note 3, und darum kann auch bei geistigen Erscheinungen von einem Anfang und Ende im eigentlichen Sinne gesprochen werden; oder ist nicht z. B. die Renaissance oder die Rezeption oder, um ein Beispiel aus dem individuellen Leben zu nehmen, die Freundschaft zweier Menschen ein geistiger Vorgang oder Zustand, für den im Ablauf der Zeit ein Anfang und ein Ende, eine Ursache des Entstehens und Vergehens gesucht werden kann, so gut wie für eine Entwicklung in der physischen Natur? Neuerdings opponiert Kipp, Festschrift f. Martitz 211 fg., gegen diese, wie er sagt, „mechanisch-naturwissenschaftliche Ansicht" von der Rechtswirkung. Er bekämpft die bisher unbezweifelten Sätze, daß ein entstandenes Recht nicht noch einmal entstehen, ein nicht entstandenes oder erloschenes Recht nicht aufgehoben werden kann, vgl. ob. § 6 Note 26; § 10 V. Es soll kein Bedenken haben, anzunehmen, daß z. B. der Eigentümer seine Sache ersitzt, oder daß ein nichtiges Rechtsgeschäft angefochten wird. Demgegenüber ist meines Erachtens daran festzuhalten, daß die Rechtsverhältnisse zwar nicht als körperliche Dinge, wohl aber als geistige Beziehungen kraft des Gesetzes tatsächlich existieren und mit ihrer Existenz dem logischen Kausalitätsgesetz unterworfen sind. Wenn Kipp S. 221 darauf hinweist, daß dieselbe Leistung mehrmals nacheinander versprochen werden kann, so übersieht er, daß nach der unserem Recht zugrunde liegenden Anschauung aus jedem dieser Versprechen eine neue Forderung (nicht aber dieselbe Forderung mehrmals) entsteht, vgl. ob. Bd. 1 S. 275. Gegen Kipp vgl. Henle, Anwendungsgebiet der Anfechtbarkeit 29 fg.

[8] Vgl. unt. Note 71.

[9] Kohler § 8 I.

[10] Die juristische Kausalität (daß eine Tatsache Rechtswirkungen

der dem Gesetzesbefehl entsprechende Tatbestand vorliegt, mit unabwendbarer Notwendigkeit [11], gewissermaßen automatisch, und zwar im selben Moment, in dem der Tatbestand vollendet ist [12]: zwischen juristischer Ursache und Wirkung liegt, wie in der physischen Natur, kein meßbarer Zeitraum. Andererseits kann eine Rechtsänderung nicht eintreten, solange der nötige Tatbestand nicht vorliegt. Daher besteht ein einmal begründeter Rechtszustand so lange weiter, bis sich eine mit ändernder oder aufhebender Kraft ausgestattete Tatsache einstellt [13].

---

nach sich zieht) beruht auf Bestimmung des Gesetzes und kann daher vom Gesetz willkürlich gestaltet werden: das Recht kann an beliebige Tatsachen beliebige Rechtsfolgen knüpfen. In der auf Naturgesetz beruhenden faktischen Kausalität sind wie die Ursachen so auch die Wirkungen Tatsachen (des äußeren oder auch des inneren Lebens). Die faktische Kausalität kann, wie die ganze Welt der Tatsachen, vom Gesetz nicht geändert, wohl aber in den Tatbestand einer Rechtsfolge aufgenommen werden, vgl. unt. S. 16. Ein Ereignis kann neben Rechtswirkungen auch Wirkungen tatsächlicher Art haben; so entsteht aus einer Sachbeschädigung eine körperliche Veränderung der Sache und, als Rechtsfolge, die Ersatzpflicht; aus einem Vertragsschluß entstehen nicht nur Rechte und Pflichten, sondern auch die tatsächliche Wirkung, daß jeder der Kontrahenten auf die Gültigkeit des Vertrages vertraut und sein Verhalten danach einrichtet.

[11] Kein äußeres Hindernis kann den Eintritt einer vom Gesetz angeordneten Wirkung aufhalten. Aber diese Wirkung gehört, wie das Gesetz selbst, der geistigen Welt an. Die Realisierung des der Rechtswirkung entsprechenden Zustandes in der Außenwelt (das vom Gesetz in letzter Linie beabsichtigte Resultat) begegnet den Hemmungen und dem Widerstand, den die stumpfe Welt dem ordnenden Menschengeist entgegenstellt. Bekker a. a. O. 68.

[12] Wenn die Wirkung einer Tatsache vom Eintritt dieser Tatsache durch einen Zeitraum getrennt ist (wenn z. B. die Kündigung erst nach Ablauf einer Frist wirkt), so gehört dieser Zeitraum zum vollen Tatbestand.

[13] Daher braucht, wer sich auf ein Recht beruft, nur die zur Entstehung erforderlichen Tatsachen zu behaupten; Bekker § 31, Beil. Das gilt auch für solche Rechte, welche ihrer Natur nach nicht auf die Dauer angelegt sind (abw. Crome § 71 Note 2); so kann z. B. ein Nießbrauch nicht eher im Grundbuch gestrichen werden, als bis der Tod des Nießbrauchers bewiesen oder eine Todeserklärung erfolgt ist; es genügt nicht, daß die Lebensvermutung des § 19 nicht mehr besteht, vgl. Bd. I S. 394. Ebenso braucht, wenn ein Vorkaufsrecht eines Verschollenen ausgeübt wird, sein Fortleben nicht bewiesen zu werden, sondern es ist Sache des Gegners, das Erlöschen des Vorkaufsrechts durch Tod des Berechtigten, § 514, zu beweisen. Dagegen muß das Leben des Verschollenen, nach Ablauf der Lebensvermutung, nachgewiesen werden, wenn eine ihm

II. Noch mannigfaltiger, als die Rechtsfolgen, sind die Tatsachen, die zum Tatbestand eines Rechtssatzes gehören. Jede Tatsache, die Rechtsfolgen irgendwelcher Art nach sich zieht, nennt man eine rechtserhebliche, rechtswirksame oder juristische Tatsache [13a], im Gegensatz zu der Masse von Tatsachen, die für das Recht irrelevant sind [14]. Jeder Tatbestand enthält als Vorgang des Lebens zahlreiche Nebenumstände, von denen die rechtliche Beurteilung absieht; so kommen z. B. Eigenschaften der beteiligten Personen, die in anderer Beziehung von größter Wichtigkeit sein können, für das „ohne Ansehen der Person“ wirkende Recht nicht in Betracht; auch die menschliche Handlung wird gewissermaßen auf ein juristisches Skelett reduziert [15]. Dadurch können Vorgänge, die im Leben weit auseinanderliegen und vielleicht moralisch oder ökonomisch ganz verschiedene Beurteilung erfahren, rechtlich den Charakter gleichartiger Erscheinungen gewinnen [16].

Eine Systematisierung aller juristischen Tatsachen läßt sich bei ihrer bunten Mannigfaltigkeit kaum durchführen. Für das Privatrecht stehen im Vordergrund die menschlichen Handlungen [17], d. h. das in die Außenwelt tretende Verhalten des Menschen, insbesondere die Willenserklärung; denn der privatrechtliche Rechtszustand ist in weitem Maße dem Willen der Beteiligten unterworfen [18]. Auch Tatsachen des inneren Seelen-

---

zustehende Leibrente verlangt wird; denn Voraussetzung für die Entstehung jeder einzelnen Leibrentenforderung ist das Leben des Berechtigten bei Beginn des nach § 760 maßgebenden Zeitabschnitts.

13a Savigny, System III 3.

14 Zitelmann, Irrtum 206: „Während in der Natur jede Tatsache ihre Wirkung hat, sucht sich das Recht, weil es eine freie Schöpfung des Menschen ist, die Tatsachen bzw. Tatsachenkomplexe, an welche es Rechtswirkungen binden will, erst aus.“

15 Die Motive des Handelns kommen grundsätzlich nicht in Betracht; aus dem psychologischen Verlauf des Willensprozesses wird ein fester Moment herausgehoben, um an ihn die rechtlichen Wirkungen zu knüpfen; was vor diesem Moment liegt, sind rechtlich irrelevante Vorbereitungsakte.

16 Darauf beruht der bisweilen von Laien erhobene kurzsichtige Vorwurf, daß die Jurisprudenz dem Leben fernstehe. Die Jurisprudenz kennt keine anderen Tatsachen als solche, die dem Leben entnommen sind, aber sie gruppiert diese Tatsachen zu anderen Zwecken und daher nach anderen Gesichtspunkten, als es sonst im Leben geschieht.

17 Vgl. unt. § 48.

18 Rechtliche Bedeutung kann auch einem Komplex von Handlungen

lebens können, wenn auch nicht allein, so doch in Verbindung mit äußeren Tatsachen von rechtlicher Bedeutung sein [19]; so z. B. Absichten, Motive und Voraussetzungen, Wissen oder Nichtwissen von Tatsachen, körperliche und seelische Schmerzen (§ 847). Den Tatsachen des Seelenlebens steht gegenüber die Masse der objektiven Tatsachen: Veränderungen der Außenwelt, z. B. Geburt und Tod, Entstehung, Änderung, Verbindung und Trennung, Untergang von Sachen usw. [20].

Von einem anderen Gesichtspunkt aus lassen sich die juristischen Tatsachen in zwei große Gruppen zerlegen: Ereignisse und Zustände [21]. Zu den Ereignissen gehören nicht nur Veränderungen der Außenwelt, sondern auch Vorgänge des Seelenlebens: Handlungen, insbesondere Willenserklärungen, Mitteilungen usw., Kenntnisnahme von Tatsachen [22]. Ein Ereignis erfolgt in einem bestimmten, wenn auch bisweilen schwer festzustellenden Moment. Ein Zustand beginnt mit einem Ereignis [23] und besteht solange, bis ein neues abänderndes Ereignis eintritt [24]. Ein rechtserheb-

---

zukommen, z. B. dem Betrieb eines Erwerbsgeschäftes, §§ 112, 1367, 1405, dem wirtschaftlichen Geschäftsbetrieb, § 21.

[19] Manigk, Willenserklärung § 143 fg. Tatsachen des inneren Seelenlebens können durch Eid bewiesen (RG. 68, 131) oder aus äußerlich wahrnehmbaren Tatsachen erschlossen werden, z. B. das Wissen eines Menschen aus einer an ihn ergangenen Mitteilung oder aus seinem Verhalten. Immerhin ist der Beweis schwieriger als bei äußeren Tatsachen. Daher begnügt sich das Gesetz bisweilen im Interesse der Praktikabilität des Rechts mit einer äußeren Tatsache, wo der Zweck des Rechtssatzes, genau genommen, die Aufnahme einer inneren Tatsache in den Tatbestand verlangen würde; so wird z. B. die Wirksamkeit der Willenserklärung an das Zugehen statt an die Kenntnisnahme geknüpft, § 130.

[20] Diese äußeren Tatsachen werden von Kohler § 97 unter dem Begriff der „alogischen Elemente im Rechtsleben" zusammengefaßt.

[21] Bekker, Pand. § 80; Eltzbacher S. 68. Bisweilen ist streitig, ob eine vom Gesetz als Stück eines Tatbestandes genannte Tatsache als Ereignis oder als Zustand aufzufassen ist, so z. B. die Überlassung des Grundstückes an den Mieter, § 571, vgl. Oertmann § 571, 1.

[22] Vgl. unt. § 49 II.

[23] Gewisse rechtserhebliche Zustände haben keinen bestimmten Anfangsmoment; so z. B. die Verschollenheit, vgl. ob. § 23 Note 1, oder die krankhafte Störung der Geistestätigkeit, § 827; auch beim Schatz, § 984, läßt sich nicht genau bestimmen, von welchem Zeitpunkt an die Sache so lange verborgen gelegen hat, daß der Eigentümer nicht mehr zu ermitteln ist.

[24] Der Unterschied von vorübergehenden und dauernden Zuständen kommt in Betracht in § 104 Note 2, § 105, § 827, § 856 II.

licher Zustand kann der Außenwelt angehören: z. B. daß eine Person oder eine Sache sich an einem Ort [25], oder daß eine Sache sich in der tatsächlichen Gewalt eines Menschen befindet, oder daß eine Sache abhanden gekommen ist. Aber auch Zustände des Seelenlebens kommen in Betracht: Wissen oder Nichtwissen, Einverständnis eines Menschen mit einem Zustand [26], Zerrüttung des ehelichen Verhältnisses (§ 1568). Neben tatsächlichen Zuständen werden auch rechtliche Zustände (das Vorliegen eines Rechts oder Rechtsverhältnisses) als Stücke eines Tatbestandes bezeichnet; so wird z. B. zum Tatbestand der Eigentumsübertragung das Eigentum des Übertragenden gezählt. Genau genommen besteht ein Tatbestand nur aus Tatsachen; zum Tatbestand der Eigentumsübertragung gehört, daß in der Person des Tradenten solche Tatsachen eingetreten sind, die das Eigentum begründen, und keine Tatsachen eingetreten sind, die das Eigentum aufgehoben haben. Die Summe dieser positiven und negativen Tatsachen ist zusammenfassend gemeint, wenn man Eigentum des Tradenten als Stück des Traditionsbestandes bezeichnet.

Als juristische Tatsache kommt auch der Zeitablauf in Betracht, sei es, daß ein Zustand eine gewisse Zeit hindurch bestehet, oder daß seit einem Ereignis eine gewisse Zeit abgelaufen ist [27].

Neben den positiven stehen die negativen juristischen Tatsachen; ein Nichtgeschehen, insbesondere das Unterbleiben einer Handlung innerhalb eines Zeitraumes, kann zum Tatbestand

[25] Z. B. § 1944 III, § 867.

[26] Z. B. § 1567: Das Ehescheidungsrecht entsteht nicht, wenn ein Ehegatte sich mit dem Willen des anderen von der häuslichen Gemeinschaft ferngehalten hat, vgl. unt. § 49 I.

[27] Gehört zum Tatbestand ein Zeitraum, so tritt in den meisten Fällen die volle Wirkung mit einem Schlage ein, sobald der ganze Zeitraum abgelaufen ist; so ist z. B. das Eigentum ersessen, der Anspruch verjährt, sobald die vorgeschriebene Frist abgelaufen ist, Bekker Pand. II S. 7. In anderen Fällen entsteht resp. vergrößert sich die Rechtswirkung parallel mit der zum Tatbestand gehörenden Zeit. So entsteht die Zinsforderung pro rata temporis; ebenso die Mietzinsforderung (sie entsteht nicht, so lange die Tauglichkeit der Sache aufgehoben ist, § 537). Aber es liegt in der Natur des Menschen und in der Einrichtung des praktischen Lebens, daß kontinuierliche Vorgänge in eine Summe, wenn auch noch so kleiner Einheiten, aufgelöst werden, Bekker, Grundbegr. S. 261. Auch die Zeit wird zu praktischen Zwecken in Stücke zerlegt; als kleinste Einheit gilt für den Zins, und wohl auch für den Mietzins, der Tag: mit Ablauf eines jeden Tages entsteht die diesem Tag entsprechende Zins- resp. Mietzinsforderung.

eines Rechtssatzes gehören. In der physischen Welt kann ein Nichtgeschehen nicht Ursache einer Veränderung, daher ein Unterlassen nicht Ursache eines Erfolges sein [28]. Da aber die rechtliche Kausalität vom Gesetz willkürlich geschaffen wird [29], so kann das Gesetz an beliebige Voraussetzungen, daher auch an das Unterbleiben eines Vorganges oder an das Nichtvorhandensein eines Zustandes, Rechtsfolgen knüpfen. So entsteht z. B. nach § 568 aus der Fortsetzung des Gebrauchs der gemieteten Sache und dem Unterbleiben eines Widerspruchs innerhalb der ersten 14 Tage eine Verlängerung des Mietverhältnisses; so verlangt § 937 für die Ersitzung zehnjährigen Eigenbesitz und Abwesenheit des bösen Glaubens.

Da der Eintritt einer Rechtswirkung durch das Vorliegen des gesamten Tatbestandes bedingt ist, so müßte, genau genommen, wer sich auf eine Rechtswirkung beruft, das Vorliegen des ganzen Tatbestandes, auch der negativen Stücke desselben, behaupten und nötigenfalls beweisen. Diese logische Konsequenz wird aber aus praktischen Gründen [30] in zahlreichen Fällen durchbrochen: wer sich auf eine Rechtswirkung beruft, braucht nur die Tatsachen zu behaupten, aus denen sich erfahrungsgemäß die Rechtswirkung bei normaler Lage der Verhältnisse ergibt, während es dem Gegner überlassen bleibt, Tatsachen anzuführen, durch welche die normale Rechtsfolge ausgeschlossen wird. So braucht z. B., wer Rechte aus einem Vertrage ableitet, nur den Abschluß des Vertrages in der vorgeschriebenen Form zu behaupten, nicht die nur ausnahmsweise fehlende Geschäftsfähigkeit der Parteien. So ergibt sich eine Einteilung der Tatbestandsstücke in rechtsbegründende Tatsachen (Klagfundament) und rechtsverneinende oder rechtshindernde Tatsachen (Einredetatsachen im Sinne der ZPO.) [31]. Diese Einteilung betrifft nicht die materielle Wirksamkeit der Tatsachen (die Rechtswirkung bleibt in gleicher Weise aus, wenn eine rechtsbegründende Tatsache fehlt oder wenn eine rechtshindernde Tatsache vorliegt), sondern ihre prozessualische Behandlung: sie dient der angemessenen Regelung der Beweislast.

[28] Daraus ergeben sich im Straf- und Zivilrecht die theoretischen Schwierigkeiten bei der Auffassung der Kommissivdelikte durch Unterlassung, vgl. Oertmann, Bem. 4 d vor § 249.

[29] Vgl. ob. Note 10.

[30] Insbesondere zur Vermeidung des an sich schwierigen Beweises negativer Tatsachen.

[31] Bd. I § 17 Note 2.

Sie ist aber in die Struktur des materiellen Rechts verlegt [32] und meist aus der Fassung der Vorschriften des bürgerlichen Rechtes zu entnehmen [33]. So ergibt sich z. B. aus dem Wortlaut des § 932, daß nicht der gute Glaube Voraussetzung, sondern die Abwesenheit des guten Glaubens Ausschließungsgrund des Erwerbes sein soll [34].

Zu den rechtserheblichen Tatsachen gehören auch Situationen, aus denen sich nach menschlicher Erfahrung die Wahrscheinlichkeit oder Möglichkeit eines künftigen Ereignisses ergibt [35]. So ist z. B. Wahrscheinlichkeit die Grundlage der Berechnung des entgangenen Gewinnes (§ 252) [36]. Ist das künftige Ereignis ein schädliches, so ist die Wahrscheinlichkeit des Eintritts dieses Ereignisses eine Gefahr [37] oder ein Grund zu einer Besorgnis [38]. Aus solchen Situationen ergeben sich Rechtsfolgen, unabhängig davon, ob die Wahrscheinlichkeit sich verwirklicht [39].

Die meisten rechtserheblichen Tatsachen stehen in Beziehung zu bestimmten Personen, indem sie in der Person, dem Rechtskreis oder dem Machtbezirk [40] eines Menschen eintreten [41]. In

---

[32] Endemann § 87 c.

[33] Bd. I Einleitung Note 131.

[34] Vgl. unt. § 49 IV. Ein gutes Beispiel der aus der Fassung des Gesetzestextes sich ergebenden Verteilung der Beweislast bietet § 109: der Widerrufende hat zu beweisen, daß die Genehmigung noch nicht erfolgt war; sein Gegner hat zu beweisen, daß der Widerrufende die Minderjährigkeit kannte; der Widerrufende: daß der Minderjährige die Einwilligung des Vertreters behauptet hat; sein Gegner, daß dem Widerrufenden das Fehlen der Einwilligung bekannt war.

[35] ZPO. § 916 II, KO. § 154 II.

[36] Über wahrscheinliche Lebensdauer vgl. ob. § 22 V.

[37] Vgl. z. B. §§ 17, 20, 228, 904 und Gradenwitz, Wortverzeichnis. Müller-Erzbach, Gefährdungshaftung und Gefahrtragung 52 fg.; Frank, Kommen. zum StrafGes. § 1 Erl. II.

[38] Vgl. z. B. §§ 862, 1391.

[39] Vgl. die Ausführungen des RGer. 67, 361 über Besorgnis als Arrestgrund nach ZPO. § 917,

[40] Z. B. das Zugehen einer Erklärung, vgl. unt. § 61.

[41] In diesem Sinne sprechen §§ 2109, 2163 von einem „Ereignis in der Person des Vorerben", § 552 von einem „in der Person des Mieters liegenden Grund", vgl. 549 I. Hat eine Tatsache einen dauernden und unmittelbaren Einfluß auf die Beschaffenheit einer Person oder Sache, so begründet sie eine Eigenschaft, §§ 459, 537; während zufällige, vorübergehende oder einmalige Ereignisse nicht in Betracht kommen; es wäre z. B. eine Eigenschaft eines Grundstücks, wenn in demselben Gold gefunden wird, nicht dagegen, wenn ein Schatz entdeckt worden ist. Ein

der Regel treffen die Wirkungen einer Tatsache den Rechtskreis, dem die Tatsache angehört; insbesondere wirkt eine Handlung auf den Rechtskreis des Handelnden oder der Person, welcher gegenüber die Handlung vorgenommen ist. Ausnahmsweise kann eine Tatsache eine Wirkung in einem Rechtskreis hervorrufen, in welchem sie nicht eingetreten ist. So kann durch Vertrag zwischen A und B ein Recht für einen Dritten begründet werden. Wenn die Rechtswirkung eines Ereignisses auf einen fremden Rechtskreis nicht auf dem Willen der an dem Ereignis beteiligten Personen beruht, spricht man von einer Reflexwirkung[42] des Ereignisses. In einem anderen Sinn versteht man unter Reflexwirkung die tatsächliche, günstige oder nachteilige Einwirkung eines Rechtszustandes oder einer Rechtsänderung auf den Interessenkreis einer dritten Person[43].

Verschiedene Tatbestände können dieselbe Wirkung haben, so kann z. B. Eigentum an Mobilien durch Tradition, Ersitzung, Aneignung, Fund usw. erworben werden; die Verjährung wird durch die verschiedenen in § 209 aufgezählten Handlungen unterbrochen. Auch innerhalb eines Tatbestandes können verschiedene Tatsachen gleichwertig sein, so daß die Rechtswirkung sowohl

---

engerer Kreis von Eigenschaften sind die wesentlichen Eigenschaften des § 119 II, vgl. unten § 67 II, und die „persönlichen Eigenschaften" des § 1333 im Gegensatz zu den „Umständen" des § 1334; zu den persönlichen Eigenschaften gehört z. B. Virginität, während uneheliche Vaterschaft als Umstand im Sinn von § 1334 zu betrachten ist. Vgl. auch Bd. I § 5 bei Note 12.

[42] Jhering in seinen Jahrb. 10, 245 fg. Beispiele: die gesamtwirkenden Tatsachen im Gesamtschuldverhältnis, vgl. Bd. I S. 88; das Erlöschen des Rücktrittrechts, § 356; die Erweiterung des Wiederkaufs- und Vorkaufsrechts durch Erlöschen des Rechts eines Mitberechtigten, §§ 502,513, vgl. oben § 3 Note 44; der Erwerb der Eigentümerhypothek infolge von Bezahlung der Forderung durch einen unbeteiligten Dritten, § 1163; der Erbschaftserwerb des Nächstberufenen, wenn die Anfechtung wegen Erbunwürdigkeit von einem fernerstehenden Berufenen durchgesetzt wird, § 2341; der Erwerb der Schatzhälfte für den Grundeigentümer infolge der Tätigkeit des Finders, § 984.

[43] Vgl. ob. Note 7. Beispiele tatsächlicher Reflexwirkung: aus der Vollmacht ergibt sich für Dritte die Möglichkeit, mit dem Bevollmächtigten Rechtsgeschäfte mit Wirkung für und wider den Vollmachtgeber zu schließen, vgl. Bd. I S. 168; aus dem Recht des Schuldners, an einen solutionis causa adjectus zu zahlen (vgl. ob. § 1 Note 7), ergibt sich für letzteren als tatsächliche Reflexwirkung die Möglichkeit eines Erwerbes. Vgl. ferner § 1 Note 7.

durch die eine als die andere Tatsache ausgelöst werden kann[44]; so kann die öffentliche Beurkundung eines Rechtsgeschäftes nach BGB. sowohl gerichtlich als notariell erfolgen, das Testament sowohl in öffentlicher als privater Form errichtet werden; die Verschärfung der Haftung des Besitzers einer fremden Sache sowohl durch Rechtshängigkeit als durch mala fides eintreten (§ 989, 990).

Die Äquivalenz von Tatbestandsstücken wird vom Gesetz oft in die Form einer Fiktion[45] gekleidet, indem das Gesetz bestimmt, daß die Tatsache a als Tatsache b „gelten" soll. So gilt z. B. das Schweigen des gesetzlichen Vertreters auf eine an ihn ergangene Aufforderung zur Genehmigung nach § 108 II als Verweigerung der Genehmigung; die Zustellung einer Willenserklärung gilt nach § 132 als Zugehen derselben im Sinn von § 130[46]. Da dem Gesetzgeber souveräne Macht nur über die (von ihm geschaffenen) Rechtsfolgen zusteht, nicht über die (ohne sein Zutun sich ereignenden Tatsachen), so kann die Fiktion an der tatsächlichen Beschaffenheit der Tatsache a nichts ändern, sondern nur sie in ihrer rechtlichen Beurteilung der Tatsache b gleichstellen[47]. Die rechtliche Gleichstellung kann mehr oder minder weit gehen[48]. Oft beschränkt sie sich auf die Rechtswirkung der fingierten Tatsache; das Schweigen des gesetzlichen Vertreters hat, ohne Willenserklärung zu sein und ohne den Vorschriften über Willenserklärung zu unterstehen, die Wirkung einer Verweigerung der Genehmigung; die Zustellung des § 132 hat, ohne daß sie den Erfordernissen des Zugehens nach § 130 zu entsprechen braucht, die Wirkung des Zugehens einer Erklärung. In anderen Fällen hat die Fiktion die weitere Bedeutung, daß die Tatsache a auch in bezug auf die rechtlichen Voraussetzungen ihrer Wirksamkeit der Tatsache b gleichgestellt ist; wenn z. B. nach § 568 der fortgesetzte Gebrauch der gemieteten Sache als Verlängerung des Mietvertrages gelten soll, so ist die Fortsetzung des Gebrauches (auch wenn in ihr eine Willensäußerung des Mieters nicht enthalten

[44] Eltzbacher S. 70.

[45] Vgl. Bd. I S. 24.

[46] Vgl. unt. § 61 III.

[47] So kann z. B. das Gesetz dem Erben die tatsächliche Gewalt, wenn er sie nicht hat, nicht geben; wenn § 859 den „Besitz" auf den Erben überträgt, so sind es die Rechtsfolgen des Besitzes, die dem Erben zukommen sollen, auch wenn er die tatsächliche Gewalt, aus welcher diese Rechtsfolgen normalerweise hervorgehen, nicht hat.

[48] Vgl. unt. § 61 II 3.

ist) nicht nur in bezug auf ihre Rechtswirkung, sondern auch in bezug auf das Erfordernis der Geschäftsfähigkeit als Willenserklärung zu beurteilen.

Ein Tatbestand kann unter mehrere Rechtssätze des Privatrechts fallen [49]. Diese Rechtssätze können im Verhältnis der sogenannten Gesetzeskonkurrenz [50] stehen, so daß nur einer von ihnen und zwar der speziellere, den Tatbestand beherrscht. Es können aber auch beide Rechtssätze nebeneinander zur Anwendung kommen, und zwar entweder so, daß die Wirkungen beider Rechtssätze nebeneinander eintreten (so bewirkt z. B. die Veräußerung einer fremden Sache an einen gutgläubigen Erwerber zugleich Eigentumsübergang und eine Verpflichtung des Veräußerers gegenüber dem früheren Eigentümer), oder so, daß beide Rechtswirkungen in einem alternativen Verhältnis stehen; so entsteht z. B. aus schuldhafter Veräußerung einer fremden Sache einerseits Schadenersatz aus § 823 oder einem Vertragsverhältnis, andererseits eine Forderung auf Herausgabe des Erlöses nach § 816 oder 687; von diesen beiden Rechten kann aber nur das eine oder das andere zur Geltung kommen.

Eine Tatsache kann in mehreren Tatbeständen eine Rolle spielen; so z. B. die Tatsache, daß eine Sache des A durch ein Tier vernichtet wird; tritt zu dieser Tatsache der Umstand hinzu, daß B Halter des Tieres ist, so entsteht für A eine Ersatzforderung aus § 833; hatte C die Aufsicht über das Tier übernommen und schlecht geführt, so erwächst dem A gegen C eine Forderung aus § 834; war A dem X zur Lieferung der Sache verpflichtet, so wird er nach § 275 von dieser Verpflichtung frei.

III. Die meisten Tatbestände sind mehrgliedrig; sie bestehen aus einer Mehrheit von Tatsachen, sei es, daß mehrere Handlungen [51] derselben oder mehrerer Menschen vorliegen müssen, oder daß zu der Handlung ein sonstiges Ereignis hinzutreten, oder daß zur Zeit der Handlung bzw. des Ereignisses ein bestimmter Zustand bestehen muß.

Das zeitliche Verhältnis zwischen den zu einem Tatbestand

---

[49] Bisweilen hat ein privatrechtlicher Tatbestand auch noch Wirkungen auf anderen Gebieten des Rechts (Strafrecht, Zivilprozeß usw.), Hellwig, Prozeßhandl. und Rechtsg. 3.

[50] Vgl. Bd. I S. 276.

[51] Eine Mehrheit von Handlungen, welche zur Erreichung eines rechtlichen Erfolges erforderlich sind, kann man ein Verfahren nennen, Kisch, Parteiänderung 70; Walsmann, Verzicht 146.

gehörenden Tatsachen kann ein verschiedenes sein [52]; besteht der Tatbestand aus mehreren Ereignissen, so kann das Gesetz verlangen, daß diese Ereignisse gleichzeitig oder doch in unmittelbarer Aufeinanderfolge eintreten [53]; so muß z. B. beim Vertragsschluß unter Anwesenden die Annahme sofort auf den Antrag folgen (§ 147 I). In anderen Fällen können die einzelnen zum Tatbestand gehörenden Ereignisse sukzessiv, in bestimmten oder beliebigen Zeitabständen [54], in bestimmter [55] oder beliebiger [56]

---

[52] Jhering, Geist III S. 157 (3. Aufl.); Enneccerus, Rechtsgeschäft 219 fg., 240 fg.; F. Leonhard in JheringsJ. 41, 42; Oertmann, Vorb. I 8 zum 3. Abschn. des Allg. T.

[53] Gleichzeitige Abgabe von Willenserklärungen ist möglich, wenn mehrere Urkunden gleichzeitig zugehen, wenn eine die Erklärungen mehrerer Personen enthaltende Urkunde übergeben wird oder wenn jemand von mehreren Personen bevollmächtigt ist, in ihrem Namen zu handeln. In anderen Fällen ist volle Gleichzeitigkeit zweier Ereignisse oder Handlungen aus praktischen Gründen ein schwer durchführbares Erfordernis. So verlangt z. B. § 341 III zur Erhaltung des Rechts auf Vertragsstrafe, daß der Gläubiger sich dies Recht bei der Annahme vorbehalte, und RG. 57, 340 interpretiert, daß der Vorbehalt weder vor, noch nach der Annahme stattfinden dürfe. Trotzdem muß meines Erachtens ein unmittelbar vor der Annahme erklärter Vorbehalt genügen; denn es wäre unerträglicher Formalismus, wenn man verlangen wollte, daß der Gläubiger den Vorbehalt im genauen Moment der Annahme ausspricht. Nach § 180, 2 muß die Beanstandung der Vertretungsmacht „bei der Vornahme des Rechtsgeschäfts" stattfinden; da aber die volle Gleichzeitigkeit der Beanstandung in vielen Fällen aus praktischen Gründen unmöglich ist, begnügt man sich mit einer unverzüglich nach dem Rechtsgeschäft erfolgenden Beanstandung, Planck § 190, 1 a; Oertmann § 180, 3 a. Vgl. auch RG. 73, 147 über den Vorbehalt in §§ 464, 640.

[54] So kann z. B. die Genehmigung, §§ 108, 177, wenn eine Aufforderung ergangen ist, nur innerhalb zweier Wochen, sonst zu beliebiger Zeit erklärt werden, vgl. ferner § 561 II 2, § 940 II.

[55] Die Eintragung darf nur nach der Auflassung erfolgen, GBO. § 20; die Mahnung nur nach der Fälligkeit, § 284; bei einseitigen Geschäften verlangen §§ 111, 180, 1398, 1831 Einwilligung, d. h. vorherige Zustimmung, § 183, vgl. unt. § 53 Note 25 c. Wenn das Gesetz verlangt, daß eine Tatsache vor der anderen eintritt, muß es genügen, wenn die erste Tatsache spätestens gleichzeitig mit der zweiten eintritt. So ist z. B. Zustimmung, wenn sie gleichzeitig mit dem der Zustimmung bedürftigen Rechtsakt erfolgt, als Einwilligung (nicht als Genehmigung) zu betrachten, Oertmann, Bem. 2 a vor § 182. Die Fälligkeit kann gleichzeitig mit der Mahnung durch dieselbe Erklärung des Gläubigers herbeigeführt werden, RG. 50, 261; Oertmann § 284, 2 fg.

[56] Für Einigung und Eintragung ist in § 873 keine Reihenfolge vor-

Reihenfolge eintreten[56a]. Gehört zum Tatbestand außer einem Ereignis ein tatsächlicher oder rechtlicher Zustand, so ist in gewissen Fällen zum Eintritt der Rechtswirkung erforderlich, daß der Zustand im Moment des Ereignisses vorliegt[57]; so muß z. B. beim Besitzerwerb nach § 854 II der Erwerber im Moment der Einigung in der Lage sein, die tatsächliche Gewalt auszuüben[58]. Bisweilen genügt zur Auslösung der Rechtswirkung, daß der zum Tatbestand gehörende Zustand sich nachträglich, d. h. nach Eintritt des Ereignisses einstellt; so kann z. B. eine Verfügung in der Weise gültig zustande kommen, daß der Verfügende nachträglich das Recht erwirbt, über welches er als Unberechtigter verfügt hatte (§ 185 II).

Oft gehört zum Tatbestande eine Mehrheit von Tatsachen, die mit einander als Ursache und Wirkung zusammenhängen müssen. So entsteht z. B. die Schadenersatzforderung aus einer Handlung oder einem Ereignis, durch welches die Person des Verpflichteten bestimmt wird, und aus den Tatsachen, welche das Vermögen eines anderen nachteilig beeinflussen; zwischen den Tatsachen, aus welchen, und dem Schaden, für welchen gehaftet wird, muß Kausalzusammenhang bestehen. Dieser Zusammenhang beruht auf den Gesetzen des natürlichen Geschehens[59] sein Vorhandensein oder Fehlen ist daher aus der Erfahrung und Beobachtung zu entnehmen. Durch Kausalzusammenhang können verbunden sein äußere Tatsachen (aus einer Handlung entsteht eine Veränderung der Außenwelt) oder Vorgänge des Seelenlebens (aus der Kenntnis eines Umstandes entsteht ein Wunsch, welcher als Motiv auf das Zustandekommen eines Entschlusses einwirkt); bisweilen umfaßt der rechtlich in Betracht kommende Ausschnitt aus dem Zusammenhang alles Geschehens Tatsachen der äußeren

---

geschrieben. Die Unterschrift einer Urkunde kann nach Herstellung des Textes oder auch in blanko vorgenommen werden.

[56a] Über die zeitliche Reihenfolge, Priorität, von Handlungen Kohler § 81.

[57] Die Gesamtheit der zur Zeit eines Ereignisses vorliegenden und für die rechtliche Wirkung des Ereignisses in Betracht kommenden Tatsachen bezeichnet das Gesetz als die Umstände, vgl. z. B. § 164 I, 269 I, 271 I, 328 II, 612 I.

[58] Ferner: gleichzeitige Anwesenheit der Parteien, §§ 925, 1317. Über das „Leben zur Zeit des Erbfalles" in §§ 1923, 2160; vgl. Bd. I S. 382.

[59] Während die juristische Kausalität zwischen Tatsachen und Rechtsfolgen auf Anordnungen des Gesetzes beruht, vgl. ob. Note 9.

Natur und innere Vorgänge; z. B. kann eine äußere Tatsache einen Entschluß hervorrufen, aus dessen Ausführung wieder eine äußere Tatsache, ein Schaden, hervorgeht. Für den Schadenersatz wird der faktische Kausalzusammenhang aus Billigkeitsgründen nicht bis in seine äußersten logischen Konsequenzen verfolgt; nicht alle Tatsachen, die ohne die haftungsbegründende Tatsache nicht eingetreten wären, sollen für den Umfang der Schadenshaftung in Betracht kommen[60]. Daß mehrere Tatsachen in einem Kausalzusammenhang stehen, kommt nicht nur beim Schadensersatz, sondern auch für andere Rechtssätze in Betracht. So erfordert die Anfechtung wegen Willensmängel, § 119 fg., daß der Wille durch Irrtum, Drohung oder Täuschung bestimmt worden ist. Ferner ist Kausalzusammenhang von Bedeutung bei der Bemessung der Bereicherung nach § 818, insbesondere bei der Berücksichtigung von Verlusten, durch welche der Betrag der Bereicherung gemindert wird[61]. Vgl. endlich § 984: „es wird

---

[60] In der Auffassung des praktischen Lebens werden die zur Herbeiführung eines Erfolges zusammenwirkenden Tatsachen verschieden gewertet: einigen dieser Tatsachen wird eine intensive, ausschlaggebende Wirkung zugeschrieben, sie erscheinen als die „eigentliche", als die Hauptursache des Erfolges; andere Tatsachen treten als mitwirkende Umstände in den Hintergrund der Betrachtung. Diese vom Rechtsgefühl postulierte Unterscheidung läßt sich logisch nicht begründen (denn jede Tatsache, ohne welche der Erfolg nicht eingetreten wäre, ist Ursache des Erfolges) und ist daher juristisch schwer zu fixieren; vgl. die Übersicht der Literatur bei Oertmann, Vorb. 4 zu § 249; Fromherz, ACPr. 110, 2371. Wenn man unter den Tatsachen, welche für den Eintritt eines Erfolges notwendig waren, Ursachen und Bedingungen unterscheidet und nur die sog. Ursachen als kausal gelten läßt, so hat man eine bequeme Bezeichnung für beide Arten von Tatsachen, aber kein Kriterium für die Zugehörigkeit einer Tatsache zu der einen oder anderen Kategorie. Einen brauchbaren Maßstab glaubt die herrschende Lehre in der Theorie des sog. adäquaten Kausalzusammenhangs gefunden zu haben. Bei der Anwendung dieser scharfsinnigen Theorie wird man sich oft des Gedankens nicht entschlagen können, daß die Abgrenzung der rechtlichen Kausalität durch das aus unkontrollierbaren Gedankengängen erwachsende Rechtsgefühl des Richters vorgenommen und erst nachträglich durch theoretische Argumente gerechtfertigt wird. In der praktischen Rechtsanwendung wird man wohl kaum über die vom RG. 78, 272 formulierte Regel hinauskommen, „daß die nur mittelbar eingetretene Folge nicht in einem so entfernten Zusammenhang mit dem als Ursache in Anspruch genommenen Ereignisse stehen darf, daß er nach der Auffassung des Lebens vernünftigerweise nicht mehr in Betracht gezogen werden kann."

[61] Oertmann § 818, 3a; Tuhr, Festschrift für Bekker 16.

eine Sache . . . entdeckt und infolge der Entdeckung in Besitz genommen“.

IV. Die Wirkung eines Tatbestandes kann begriffsmäßig nur dann eintreten, wenn alle erforderlichen Tatsachen [62] vorliegen; denn jedes Stück des Tatbestandes ist Mitursache des rechtlichen Erfolges. Logisch betrachtet sind alle Stücke des Tatbestandes gleich unentbehrlich für den Erfolg, es findet aber, wie bei der Kausalität des faktischen Geschehens [63], eine verschiedene Wertung der zum Tatbestand gehörenden Tatsachen statt, welche darin ihren Ausdruck findet, daß man gewisse Tatsachen als Ursachen, andere als Bedingungen des Rechtserfolges bezeichnet [64]. Insbesondere wird beim Rechtsgeschäft die Willenserklärung der Parteien als das ausschlaggebende Moment, als der eigentliche Grund der Rechtswirkung betrachtet [65].

Bei sukzessiv verlaufendem Tatbestand ist jede einzelne Tatsache eine Vorstufe zur Vollendung des ganzen Tatbestandes und bringt die Rechtswirkung um einen Schritt ihrer Verwirklichung näher. Mit jeder neuen Tatsache tritt die Entwicklung des Tatbestandes in ein neues Stadium ein, es entsteht eine neue „Rechtslage“; der Eintritt der vollen Rechtswirkung hängt nur noch davon ab, daß die noch ausstehenden Tatsachen eintreffen und daß keine die Vollendung des Tatbestandes hindernden Tatsachen dazwischenkommen. Ist es ungewiß, ob die ausstehende Tatsache eintrifft, oder möglich, daß eine rechtshindernde Tatsache sich ereignet, so befindet sich die Rechtswirkung des ganzen

[62] Zum Tatbestand eines Rechtserfolges gehören nicht die Handlungen, welche durch sog. Sollvorschriften, vgl. ob. Einleitung Note 111, vorgeschrieben sind: ein Verein erlangt die Rechtsfähigkeit, wenn die Satzung dem § 57 I entspricht, die Ehe ist geschlossen, wenn die Formen des § 1317 beobachtet sind; das Pfand ist veräußert, wenn den Vorschriften des § 1243 I genügt ist. Die Sollvorschriften statuieren Pflichten des Handelnden oder des mitwirkenden Beamten, deren Verletzung den Tatbestand einer Straffolge oder einer Schadenersatzpflicht bilden. Bezieht sich die Sollvorschrift auf die Mitwirkung eines Beamten, so ist, bei pflichtmäßigem Verhalten des Beamten, die Befolgung der Sollvorschrift tatsächliche Voraussetzung für die von der Partei beabsichtigte Rechtswirkung: der Verein wird nicht eingetragen, die Ehe nicht geschlossen, wenn die Beteiligten der Sollvorschrift nicht genügen.

[63] Vgl. ob. Note 60.

[64] Vgl. Dernburg, Pand. I § 82.

[65] Eine praktische Konsequenz dieser Auffassung zeigt sich bei der Datierung der Rechtsgeschäfte, vgl. unt. Note 118.

Tatbestandes in einem Zustand objektiver Ungewißheit, den man Schwebe (Pendenz) nennt [66]. Wie der Eintritt, so kann auch der Fortbestand einer Rechtswirkung gefährdet sein: wenn rechtsaufhebende Tatsachen zu erwarten sind. Auch in diesem Sinne kann man von einem Schwebezustand sprechen. Man nennt den Schwebezustand suspensiv (aufschiebend), wenn es ungewiß ist, ob eine Rechtswirkung eintreten wird [67]; resolutiv (auflösend), wenn es ungewiß ist, ob eine bereits eingetretene Rechtswirkung wieder wegfallen wird [68].

Jede Entwicklungsstufe des Tatbestandes hat eigene Rechtswirkungen, welche man im Gegensatz zu der noch ausstehenden Rechtsfolge des vollendeten Tatbestandes „Vorwirkungen" [69] nennen kann. Die Vorwirkung ist eine rechtliche Beziehung einer Person zu einer anderen Person oder zu einer Sache, aus welcher bei Hinzutritt weiterer Tatsachen Rechte entstehen können. Man kann daher jede Vorwirkung eines unvollendeten Tatbestandes als Rechtsverhältnis [70] oder als Rechtslage [71] bezeichnen. Diese Rechtslagen sind bei der Mannigfaltigkeit der Tatbestände von unübersehbarer Verschiedenheit und ermangeln vielfach einer technischen Bezeichnung [72].

Ist die Wirkung des vollen Tatbestandes ein Rechtserwerb, so enthält jede Rechtslage für den, der das Recht erwerben soll, eine Anwartschaft, deren Sicherheit sich mit dem Hinzukommen eines jeden weiteren Stückes des Tatbestandes steigert [73]. Ist die noch ausstehende Tatsache eine Handlung, so besteht die Vorwirkung des werdenden Tatbestandes aus einem Gestaltungsrecht, in vielen Fällen aus einem Aneignungsrecht [74]. Auf der passiven Seite entspricht einer jeden Rechtslage eine Gebunden-

---

[66] Bekker § 35. BGB. §§ 160, 161 spricht bei bedingten Rechtsgeschäften von einer Schwebezeit.

[67] Z. B. ob der Vertrag eines Minderjährigen durch Genehmigung des gesetzlichen Vertreters wirksam werden wird, § 108, vgl. unt. § 59.

[68] Z. B. durch Anfechtung, vgl. unt. § 57.

[69] Fittig, Begriff der Rückziehung (1856) S. 21 fg.; Enneccerus Rechtsgeschäft 232 fg., 337 fg.; Windscheid § 67 Anm. 2; Regelsberger § 118 IV.

[70] Vgl. ob. § 5 Note 14.

[71] Kohler § 49 I. Vgl. ob. § 5 Note 12.

[72] Bekker § 81 Beil. II.

[73] Vgl. ob. § 9 I.

[74] Vgl. ob. § 7 II und § 8.

heit [75], die sich mit dem Hinzutreten jeder weiteren Tatsache steigert, bis der volle Tatbestand vorliegt.

Betrachtet man beispielsweise die sukzessive Verwirklichung des Tatbestandes eines Vertrages unter Abwesenden, so ergeben sich folgende Abstufungen des werdenden Tatbestandes mit den ihnen entsprechenden Rechtslagen: die Absendung der Offerte hat die Wirkung, daß Tod oder Geschäftsunfähigkeit des Offerenten nicht mehr rechtshindernd in Betracht kommen, § 130 II. Mit dem Zugehen der Offerte ist der Widerruf ausgeschlossen, § 130 II; der Adressat der Offerte hat ein begründetes Gestaltungsrecht [76], welchem die Bindung des Offerenten entspricht. Die Absendung der Annahmeerklärung sichert das Zustandekommen des Vertrages gegen Tod oder Geschäftsunfähigkeit des Annehmenden, läßt ihm aber das Recht des Widerrufs. Erst das Zugehen der Annahme vollendet den Vertragsschluß. Auch der Tatbestand der Eigentumsübertragung an Grundstücken bietet in seiner sukzessiven Entfaltung mehrere einander ablösende Rechtslagen; die Auflassung ermöglicht jedem der Beteiligten, durch Stellung des Antrags die Eintragung zu veranlassen; darin liegt für den Erwerber ein Aneignungsrecht (insofern er den Antrag selbst stellen kann) und zugleich eine Anwartschaft (insofern er auch ohne eigene Tätigkeit, auf Antrag des Veräußerers, Eigentümer werden kann) [77]. Durch Stellung des Antrags verstärkt sich die Anwartschaft des Erwerbers: der Erwerb wird nicht mehr gehindert durch eine den Veräußerer treffende Verfügungsbeschränkung, § 878, und kann durch einen widersprechenden Antrag des Veräußerers nicht vereitelt werden, wenn das Grundbuchamt die Vorschrift des § 17 GBO. befolgt. Aus dieser Anwartschaft erwächst im Moment der Eintragung das Eigentum.

Oft entsteht aus einem Tatbestand zunächst ein Schuldverhältnis [78], aus welchem durch Hinzutritt neuer Tatsachen einzelne Forderungen erwachsen. Aus der Forderung kann durch weitere Entwicklung des Tatbestandes (Eintritt der Fälligkeit) ein An-

---

[75] Vgl. ob. § 7 V, § 9 II. Eine Gebundenheit entsteht mit der Ausstellung eines Inhaberpapieres: der Aussteller ist zwar noch nicht Schuldner, kann es aber werden, wenn das Papier von ihm begeben wird oder in anderer Weise in die Hände eines berechtigten Inhabers gelangt, Langen, Kreationstheorie 46.

[76] Vgl. ob. § 7 Note 10.

[77] Vgl. ob. Bd. I S. 176, 187.

[78] Vgl. ob. § 5 III 1.

spruch hervorgehen [79], aus dem Anspruch (durch Klage und Urteil) das Vollstreckungsrecht.

Die Rechtsverhältnisse, welche Vorstufen der Entstehung eines Rechts sind, können bei Vorhandensein eines rechtlichen Interesses Gegenstand der Feststellungsklage, ZPO. § 256, sein [80].

V. Da die Rechtsfolge eines Tatbestandes aus dem Zusammenwirken aller zu demselben gehörenden Tatsachen hervorgeht, so ergibt sich mit logischer Notwendigkeit, daß sie früher nicht eintreten kann, als bis das letzte Stück des Tatbestands vorliegt. In scheinbarer Abweichung von diesem logischen Postulat verlegt das Gesetz in nicht seltenen Fällen die Wirkung einer Tatsache in einen vor dem Eintritt der Tatsache liegenden Moment. Diese Anordnung wird vom Gesetz in verschiedenen, im Resultat gleichwertigen Redewendungen getroffen: eine Tatsache soll auf einen früheren Zeitpunkt zurückwirken [81]; die Rechtswirkung einer Tatsache soll auf einen früheren Moment zurückbezogen werden [82]; oder es soll, wenn zum Tatbestand a die weitere Tatsache b hinzutritt, die daraus resultierende Rechtswirkung als im Moment a eingetreten gelten„" [83]; oder endlich die Wirkung des Tatbestandes a soll, wenn die Tatsache b hinzukommt, als von Anfang an nicht erfolgt „gelten" [84]. In anderen Fällen läßt das Gesetz die Wirkung eines Tatbestandes nur für den Fall eintreten, daß eine weitere Tatsache (innerhalb eines Zeitraums) hinzukommt [85] oder aus-

---

[79] Vgl. ob. § 15 VII.

[80] Auffallend ist die Entscheidung des KammerG., OLG. 21, 326: auf Feststellung eines Vermächtnisses soll vor Erteilung der staatlichen Genehmigung, Art. 86, nicht geklagt werden können, weil ein rechtlich zu beachtender Zustand, eine rechtliche Beziehung zwischen den Parteien noch nicht vorhanden sei. Mit denselben Gründen könnte man die Feststellung jeder bedingten oder von einer cond. juris abhängenden Forderung, z. B. der Regreßforderung des Bürgen vor Zahlung, ablehnen. Meines Erachtens ist die Schranke gegen überflüssige Feststellungsklagen im Erfordernis des rechtlichen Interesses zu suchen, an welchem es im vorliegenden Fall nicht fehlte: die Behörde hatte die Genehmigung von der Feststellung der Gültigkeit des Vermächtnisses abhängig gemacht.

[81] §§ 184, 315.

[82] § 159.

[83] §§ 84, 110, 263, 389, 1953 II, 2344 II. ZPO. § 717 II 2. Art. 86, 2.

[84] §§ 142, 212 I, 940 II, 1953 I, 2344 I.

[85] Z. B. § 845 II ZPO.: Die Vorpfändung „hat die Wirkung eines Arrestes, sofern die Pfändung der Forderung innerhalb drei Wochen bewirkt wird."

bleibt [86]. Bisweilen wird eine Rückwirkung auch in der Art angeordnet, daß das Gesetz aus dem mehrgliedrigen Tatbestand eine Tatsache, welche nicht die zuletzt eintretende ist, als den Entstehungsmoment der Rechtswirkung bezeichnet [87].

Die theoretische Erklärung der Rückwirkung ist streitig. Einig ist man oder sollte man darüber sein, daß eine Rückwirkung im wörtlichen Sinne dieses Ausdrucks weder vom Gesetz noch einer sonstigen menschlichen Macht herbeigeführt werden kann. Der Gesetzgeber kann Gegenwart und Zukunft ordnen, aber nicht die Vergangenheit [88], und vermag nicht in Umkehrung des Kausalitätsgesetzes eine Wirkung anzuordnen, die zeitlich vor ihrer Ursache liegt. Dagegen ist der Gesetzgeber souverän in der inhaltlichen Gestaltung der Rechtsfolge, die er an einen Tatbestand knüpfen will [89].

Von diesen Prämissen ausgehend, wird folgende Auffassung der Rückwirkung vertreten [90]: wenn ein Tatbestand aus mehreren Tatsachen a, b, c besteht, von denen die letzte rückwirkend ist, so liegt darin eine Fiktion [91]; das Gesetz schreibt vor, daß die mit der Tatsache c und durch sie eintretende Wirkung den Inhalt haben solle, den sie hätte, wenn sie bereits im Moment b eingetreten

---

[86] Z. B. § 357: „der Rücktritt ist unwirksam, wenn der andere Teil . . . unverzüglich nach dem Rücktritt die Aufrechnung erklärt"; ebenso § 554 II. Vgl. auch § 284 I: „Leistet der Schuldner auf eine Mahnung des Gläubigers nicht, so kommt er durch die Mahnung (d. h. im Moment der Mahnung) in Verzug", Planck, Erl. 7 a; Kipp in Festgabe für Koch 120.

[87] § 2229 III: „Die Testierunfähigkeit tritt schon mit der Stellung des Antrags ein, auf Grund dessen die Entmündigung erfolgt". § 2317 I: „Der Anspruch auf den Pflichtteil entsteht mit dem Erbfall." Aber da in den Fällen der §§ 2306/7 der Pflichtteilsberechtigte den Pflichtteil nur dann verlangen kann, wenn er Erbteil oder Vermächtnis ausschlägt, so entsteht der Pflichtteilsanspruch tatsächlich erst durch die Ausschlagung, mit Rückziehung auf den Moment des Erbfalls, Planck § 2317 I.

[88] Facta infecta fieri non possunt.

[89] Im selben Sinn spricht man von Rückziehung eines Gesetzes auf einen vor Inkrafttreten des Gesetzes eingetretenen Tatbestand, vgl. Bd. I Einl. Note 61.

[90] Bekker § 114 Beil. I, § 115 Note 1; Regelsberger § 118 VI; Kipp, Zus. 1 zu Windscheid § 349; Bernhöft, Zur Lehre von den Fiktionen (Festgabe für I. Bekker) 266 fg.; Hellwig, Rechtskraft § 16, Grenzen der Rückwirkung 6 fg.; Weigelin, Recht zur Aufrechnung 13 fg.

[91] Vgl. ob. Bd. I S. 24.

wäre [92]. Während der Schwebezeit [93] (d. h. bevor sich entscheidet, ob die Tatsache c eintreten wird) besteht eine Ungewißheit nicht über den jetzigen Rechtszustand, sondern darüber, wie dieser Rechtszustand später, d. h. nach Eintritt oder Ausbleiben der Tatsache c, zu beurteilen sein wird [94].

Demgegenüber sucht eine andere Meinung die Rückwirkung ohne Zuhilfenahme einer Fiktion zu erklären [95]: dem Tatbestand a + b, zu welchem die rückwirkende Tatsache c hinzutreten soll, wird die eigenartige „Vorwirkung" zugeschrieben, einen ungewissen Rechtszustand zu erzeugen, dessen Bestand oder Inhalt sich durch das spätere Ereignis c bestimmt; aus dieser Tatsache ergibt sich, welche Beschaffenheit die im Moment b eingetretene Rechtswirkung hatte; die Tatsache c wird daher als deklarativ bezeichnet.

In dieser Fassung scheint mir diese Theorie nicht haltbar zu sein. Deklarativ kann eine Tatsache nur dann sein, wenn eine subjektive Ungewißheit (Unkenntnis) vorliegt. Da aber der Eintritt einer rückwirkenden Tatsache z. B. der Geburt eines nasciturus, der Genehmigung, Anfechtung oder Aufrechnung, nach praktischer und daher auch juristischer Auffassung objektiv ungewiß ist [96], so kommen diese Tatsachen nicht als Erkenntnisquellen für die Bedeutung früherer Vorgänge, sondern als Stücke des rechtserzeugenden Tatbestandes und daher als Mitursachen des rechtlichen Erfolges in Betracht; man darf z. B. nicht sagen, daß die Anfechtung dazu dient, die Nichtigkeit des Geschäftes

---

[92] Vgl. z. B. § 1733 III: „Die nach dem Tode des Vaters erfolgte Ehelichkeitserklärung hat die gleiche Wirkung, wie wenn sie vor dem Tode des Vaters erfolgt wäre."

[93] Vgl. ob. Note 66.

[94] Bei suspensiver Pendenz (vgl. ob. N. 67) ist eine Rechtswirkung, die aus den Tatsachen a, b und c hervorgeht, bei Eintritt von c so zu beurteilen, als ob sie schon im Moment b eingetreten wäre (so ist z. B. der Schuldner, wenn er auf die Mahnung nicht leistet, als von der Mahnung an im Verzug befindlich zu betrachten, § 284). Bei resolutiver Pendenz ist eine Rechtswirkung, welche aus den Tatsachen a und b bereits entstanden ist, bei Eintritt der Tatsache c (z. B. der Anfechtung) so zu beurteilen, als ob sie nie entstanden wäre.

[95] Fitting, Begriff der Rückziehung 119 fg.; Enneccerus § 75; Biermann § 38.

[96] Der philosophische Gedanke, daß alle Ereignisse, einschließlich der menschlichen Handlungen, im Voraus determiniert sind, ist für die Jurisprudenz transzendent.

klarzulegen; denn ohne die Anfechtung wäre das Geschäft nicht nichtig [97]. Wenn nun das Gesetz vorschreibt, daß die Wirkung der Tatsache c auf den Moment b zurückgezogen werden soll (daß z. B. das angefochtene Geschäft als von Anfang an nichtig anzusehen ist), so liegt darin die nicht wegzudeutende Fiktion, daß die Wirkung der Tatsache so zu beurteilen ist, wie wenn sie bereits im Moment b eingetreten wäre [98].

Daher scheint mir die Fiktionstheorie prinzipiell die richtige zu sein; in den meisten Fällen der Rückwirkung gibt sie die zutreffende Erklärung. So ist es z. B. zweifellos, daß eine Stiftung vor der Genehmigung noch nicht besteht und erst von der Genehmigung an so zu behandeln ist, als ob sie schon vor dem Tode des Erblassers entstanden wäre, § 84; daß eine Forderung trotz der Aufrechenbarkeit weiterbesteht und erst nach erklärter Aufrechnung so zu behandeln ist, als ob sie im Moment der Aufrechenbarkeit erloschen wäre, § 389 [99]. Während in diesen und vielen anderen Fällen in der Schwebezeit ein bestimmter nur von der Möglichkeit der Rückwirkung bedrohter Rechtszustand besteht, gibt es einige Fälle der Rückwirkung, in denen man nicht umhin kann, für die Dauer der Schwebezeit einen objektiv ungewissen, alternativen, Rechtszustand anzunehmen, der durch die rückwirkende Tatsache nachträglich entschieden wird [100]. So besonders bei Anfall einer Erbschaft an einen nasciturus [101]; das

[97] Die Anfechtung ist ein Rechtsgeschäft (Ausübung eines negativen Rechts, vgl. ob. § 10), welches, wie alle Rechtsgeschäfte, nicht Aufklärung, sondern Änderung des Rechtszustandes herbeiführt.

[98] Am korrektesten kommt die juristische Beschaffenheit der Rückwirkung zum Ausdruck im Wortlaut des § 1139, 2: „Wird der Widerspruch innerhalb eines Monats eingetragen, so hat die Eintragung die gleiche Wirkung, wie wenn der Widerspruch zugleich mit der Hypothek eingetragen worden wäre." Vgl. auch § 142 II: „Wer die Anfechtbarkeit kannte, wird, wenn die Anfechtung erfolgt, so behandelt, wie wenn er die Nichtigkeit des Rechtsgeschäftes gekannt hätte."

[99] Ebenso bedeutet die Möglichkeit der Ausschlagung nicht Ungewißheit über die Person des jetzigen Erben, sondern Ungewißheit darüber, ob infolge einer Ausschlagung der jetzige Zustand später so zu beurteilen sein wird, als sei der Zweitberufene bereits Erbe gewesen.

[100] Eine logische Unmöglichkeit liegt nicht vor; das Gesetz kann die Rechtsfolgen beliebig gestalten, daher auch einen Zustand rechtlicher Ungewißheit herstellen und bestimmen, daß dieser Zustand nachträglich verschieden zu beurteilen ist, je nachdem ein Ereignis eingetreten ist oder nicht, Enneccerus § 75 Anm. 5.

[101] Vgl. ob. § 3 S. 74.

ungeborene Kind ist nicht Erbe; aber solange die Geburt möglich ist, ist auch der Zweitberufene nicht Erbe; will man die Erbschaft während dieser Schwebezeit nicht als selbständiges Vermögen (juristische Person, hereditas jacens) auffassen, was meines Erachtens dem Gesetze nicht entspricht, so bleibt nichts übrig, als zuzugeben, daß über die Person des Erben eine objektive Ungewißheit besteht; Erbe ist von zwei Personen diejenige, welche durch ein späteres Ereignis (Geburt oder Nichtgeburt des nasciturus) bestimmt wird. Dies Ereignis hat aber meines Erachtens nicht deklarative, sondern konstitutive Bedeutung: durch die Geburt des nasciturus wird (mit rückwirkender Kraft) an Stelle des bisherigen ungewissen Erben eine bestimmte Person gesetzt. Ein anderes Beispiel der Rückwirkung mit vorausgehendem objektiv ungewissen Rechtszustand bietet die Wahlschuld; die gewählte Leistung gilt als von Anfang an allein geschuldete, § 263 II; man kann nicht sagen, daß vor der Wahl keine der Leistungen geschuldet ist; vielmehr ist es vor der Wahl gewiß, daß eine von den beiden Leistungen, und ungewiß, welche von beiden die geschuldete ist [102].

Die Rückwirkung ist ein einigermaßen gewaltsames Mittel der juristischen Technik und kann bei rücksichtsloser Durchführung bisweilen zu unangemessenen Resultaten führen. Daher hat das Gesetz in einigen Fällen der Rückziehung Schranken gezogen [103]; die Rückwirkung der Genehmigung macht Halt vor Verfügungen, die der Genehmiger selbst vor der Genehmigung über den Gegenstand des zu genehmigenden Rechtsgeschäfts getroffen hat; § 184 II, die Rückwirkung der Ausschlagung läßt unaufschiebbare Rechtsgeschäfte des Ausschlagenden und Rechtsgeschäfte, die ihm gegenüber vorgenommen sind, unberührt, § 1959 II, III [104].

---

[102] Enneccerus § 241, 2.

[103] Bernhöft a. a. O. S. 247 fg.; Hellwig, Grenzen der Rückwirkung 13.

[104] Selbstverständlich kann die Rückwirkung einer das Recht des A aufhebenden Tatsache dem Rechtsnachfolger des A nicht schaden, so weit der Schutz des guten Glaubens reicht. Auf diesem im Gesetz nicht ausgesprochenen Gedanken beruht die Vorschrift des § 142 II, nach welcher die Kenntnis der Anfechtbarkeit nach erfolgter Anfechtung so behandelt wird, wie wenn Nichtigkeit und Kenntnis derselben vorläge. Aber darin liegt keine Schranke, sondern eine konsequente Durchführung der Rückwirkung; denn gerade infolge der Rückwirkung kommt der Rechtsnachfolger

Aber auch wenn das Gesetz eine Beschränkung der Rückwirkung nicht ausspricht, ist es bisweilen fraglich, ob die Rückwirkung auf alle Rechtsfolgen des Tatbestands erstreckt werden darf. Man darf nicht vergessen, daß die Rückwirkung nur ein technisches Mittel ist, dessen sich der Gesetzgeber bedient, um einen Tatbestand mit Rechtswirkungen auszustatten, die ihm nach den allgemeinen Regeln der Rechtslogik nicht zukommen würden; dabei schweben dem Gesetzgeber einige Konsequenzen vor, um derentwillen er die Rückwirkungen anordnet; andere fernerliegende Konsequenzen befinden sich oft außerhalb des Gesichtskreises und daher des Willens des Gesetzgebers. Daher kann es vorkommen, daß die rückwirkende Kraft einer Tatsache in Widerspruch treten würde mit dem Zweck und der vernünftigen Anwendung eines anderen Rechtssatzes. In solchen Fällen ist die Auslegung befugt, eine harmonische und den Lebensverhältnissen angemessene Lösung des Konflikts zu suchen, und dabei nötigenfalls der Rückwirkung Schranken zu ziehen. In diesem Sinn hat RG. 58, 258 entschieden, daß die Rückwirkung der Aufrechnung, § 389, einen bei Klageerhebung nach ZPO. § 23 begründeten Gerichtsstand nicht beseitigt. Ebenso wird man meines Erachtens annehmen dürfen, daß die in § 940 II angeordnete Rückziehung nicht so weit geht, daß eine vom Eigentümer gegen den Zwischenbesitzer angestellte Klage die ersitzungsunterbrechende Wirkung verliert, wenn der Eigenbesitzer den Besitz binnen Jahresfrist wiedererlangt [105]. Wird eine nach § 854 I erfolgte Besitzübertragung angefochten, so darf die Rückwirkung der Anfechtung nicht soweit ausgedehnt werden, daß der Besitzerwerb nachträglich als verbotene Eigenmacht und die Sache als abhandengekommen zu behandeln wäre [106]. Streitig ist die Frage,

---

des A in die Lage, von einem Nichtberechtigten erworben zu haben, so daß die Grundsätze des guten Glaubens auf ihn Anwendung finden können.

[105] Hellwig, Grenzen d. Rückw. 15; a. A. Planck § 941, 3; Biermann § 941, 1. Das Gesetz kann die eigentumsvernichtende Ersitzung gar nicht anders gewollt haben, als mit der Kautel, daß der Eigentümer diesen Verlust durch Klageerhebung abwehren könne. Klagen kann aber der Eigentümer nur gegen den jetzigen Besitzer, nicht gegen den früheren Besitzer, dem es vielleicht gelingen wird, binnen eines Jahres den Besitz wiederzuerlangen. Insofern muß bei sachgemäßer Auslegung die Rückwirkung des § 940 II hinter der ratio des § 941 zurückstehen.

[106] Gierke II § 115 Note 80; Endemann II § 81 Note 32; Crome § 380 Note 42; Hellwig, Grenzen der Rückwirkung 6; a. A. Planck §§ 8, 935, 2. Wolff, Sachenrecht § 11, I.

ob die Anfechtung einer auf Grund einer Todeserklärung geschlossenen Ehe, § 1351, soweit zurückwirkt, daß die frühere Ehe mit dem Verschollenen wieder in Kraft tritt [107].

Solche Beschränkungen der Rückwirkung lassen sich nur durch Auslegung der Rechtssätze begründen, welche auf den durch die Rückwirkung hergestellten fiktiven Tatbestand zur Anwendung kommen müßten; man kann behaupten, daß ein solcher Rechtssatz nur die wirkliche Sachlage und nicht die Sachlage, wie sie bei Rückwirkung zu denken wäre, zur Voraussetzung hat, daß z. B. bei der verbotenen Eigenmacht, § 858, nur an den Willen des Besitzers, wie er sich im Moment der Besitzentziehung darstellte, zu denken ist. Dagegen kann man sich in keinem der angeführten Beispiele auf eine logische Unzulässigkeit der Rückziehung berufen; man kann z. B. die meines Erachtens richtige Ansicht, daß eine unter Betrug oder Drohung weggegebene Sache nicht abhanden gekommen im Sinne von § 935 ist, nicht mit der unbestreitbaren Wahrheit beweisen, daß Tatsachen nicht ungeschehen gemacht werden können [108]; denn um die Rückwirkung der Anfechtung für den § 935 durchzuführen, brauchen nicht die Tatsachen geändert, sondern nur die Rechtswirkungen der Tatsachen nachträglich anders bestimmt zu werden, was völlig in der Macht des Gesetzes liegt; es handelt sich daher bei dieser Kontroverse nicht darum, ob es möglich, sondern ob es angemessen und mit Sinn und Tragweite des § 935 vereinbar ist, an eine freiwillige Besitzübergabe, wenn sie angefochten ist, die Wirkungen zu knüpfen, welche nach § 935 bei Abhandenkommen einer Sache eintreten. So ist ferner unbestreitbar, daß ein Verhalten, welches keine Pflichtverletzung enthält, nicht durch nachträgliche Umstände den Charakter eines Verschuldens annehmen kann [109]. Aber damit ist nicht ausgeschlossen, daß das Gesetz Jemanden, den kein Verschulden trifft, nachträglich mit den Rechtsfolgen belegt, die es sonst an ein Verschulden knüpft [110].

---

107 Vgl. unt. § 57.

108 So z. B. Crome a. a. O.

109 Dernburg IV § 21 IV.

110 Das scheint der Fall zu sein bei dem „Verschulden“, durch welches nach § 351 das Recht des Rücktritts ausgeschlossen und nach § 347 (989) der Rückgabeverpflichtete mit Schadensersatz belastet wird. Ein wirkliches Verschulden (welches stets eine Pflichtverletzung voraussetzt) kann nur dann vorliegen, wenn z. B. der Käufer die Möglichkeit voraussehen konnte, daß für ihn in Folge eines Rücktritts die Verpflichtung der Rückgabe ent-

Jedoch ist das Prinzip, daß Schadenersatz auf Verschulden beruht, trotz mancher Ausnahmen so stark in unserem Rechtsgefühl begründet, daß eine nachträgliche Schadenshaftung für Handlungen, die zur Zeit ihrer Vornahme kein Verschulden enthielten, in der Regel nicht anzunehmen ist; so wird man, wenn eine Leistungspflicht mit rückwirkender Kraft entsteht, wenn z. B. eine Namens des A mit festem Erfüllungstag eingegangene Verpflichtung von A genehmigt wird, den Verzug nicht mit dem vor der Genehmigung liegenden Erfüllungstag eintreten lassen.

Rückwirkung kann nur vom Gesetz angeordnet, nicht durch Verabredung der Parteien hergestellt werden; die Parteien können den vorliegenden Rechtszustand nicht derart ändern, daß eine eingetretene Rechtswirkung als nicht eingetreten zu gelten hat, oder umgekehrt; denn damit würden die Parteien in die Rechte und Interessen Dritter eingreifen, welche an dem vorhandenen Rechtszustand mitbeteiligt sind. Dagegen können die Parteien obligatorische Verpflichtungen von beliebigem Inhalt unter sich begründen, daher auch sich verpflichten, einander das zu gewähren, was sie haben würden, wenn eine Tatsache, von der ihr Rechtsverhältnis abhängt, früher oder später oder gar nicht eingetreten wäre [111]. Durch solche Verpflichtungen können die Parteien auf obligatorischem Wege das Resultat der ihnen verschlossenen Rückwirkung erstreben und, soweit die Forderungen

---

stehen werde. Aber man wird §§ 347, 351 auch dann anwenden müssen, wenn der Käufer an die Eventualität des Rücktritts nicht zu denken braucht. Dann kann seine Behandlung der Sache, für die er niemandem verantwortlich zu sein glauben durfte, kein Verschulden sein. Aber es läßt sich rechtfertigen, daß er nachträglich, wenn es zum Rücktritt kommt, für ein vom Standpunkt eines bonus pater familias nicht zu rechtfertigendes Verhalten (vgl. ob. § 4 Note 2) so einzustehen hat, wie ein Verpflichteter für schuldhafte Verletzung seiner Pflicht. Vgl. über die Kontroverse Oertmann §§ 347, 1; 351, 1.

[111] Nur den Inhalt, nicht den Entstehungsmoment der Forderung können die Parteien dadurch ändern, daß sie die Forderung auf einen früheren Moment zurückbeziehen. Wird z. B. in einem am 1. Februar ausgestellten Schuldschein der 1. Januar desselben Jahres als Fälligkeitstag bezeichnet, so ist die Forderung dennoch erst am 1. Februar entstanden (wichtig z. B. im Konkurs); sie kann aber infolge der Zurückdatierung des Zahlungstages einen größeren Inhalt haben, z. B. die Zinsen für den Januar umfassen. Der für den Januar zu berechnende Zinsbetrag ist aber kein Zins im technischen Sinne des Wortes (denn die Parteien können daran, daß im Januar keine Forderung bestand, nichts ändern) und unterliegt nicht dem Spezialrecht der Zinsen.

durchgesetzt werden, auch herstellen. Die Unzulässigkeit gewillkürter Rückwirkung und die Möglichkeit ihres obligatorischen Surrogats erwähnt das Gesetz an zwei Stellen: bei der Bestätigung nichtiger Verträge, § 141 II, und beim bedingten Rechtsgeschäft mit verabredeter Rückziehung, § 159. Das diesen Rechtssätzen zugrunde liegende Prinzip gilt allgemein; auf ihm beruht die bloß obligatorische Kraft des verabredeten Rücktritts und der ihm nachgebildeten Wandelung, sowie der Aufhebung eines Rechtsverhältnisses durch contrarius consensus [112]. Auch ein Ehevertrag kann nicht so geschlossen werden, daß die Rechtsfolgen als in einem früheren Moment eingetreten gelten [113]; wenn z. B. Gütergemeinschaft verabredet und wieder aufgehoben wird, so sind die Grundstücke gemeinsam geworden und können nur durch Auflassung wieder in das frühere Eigentum eines jeden der Ehegatten zurückgebracht werden. So kann auch die Tilgung einer Forderung nicht rückgängig gemacht, sondern nur eine neue Forderung mit demselben Inhalt, wie die frühere, hergestellt werden [114].

VI. Der Rückwirkung ähnlich, aber von ihr zu unterscheiden, ist ein anderer Behelf der juristischen Technik, welchen man Zurückdatierung von Rechten nennen kann [115]. In zahlreichen Fällen kommt es auf den Entstehungsmoment, das Datum, eines Rechtes an. So z. B. im Konkurs, KO. § 1, 3, und bei der Zugehörigkeit eines Rechts zu den Aktiven oder Passiven eines Nachlasses. Bei der Aufrechnung muß die Gegenforderung im Moment der Beschlagnahme, § 392, bzw. bei Erlangung der Kenntnis von der Zession bereits entstanden sein, § 406. Bei Vermögensübernahme und Vermögensnießbrauch kommen die Ansprüche in Betracht, welche zur Zeit der Vermögensübernahme bestanden, § 419, bzw. die Forderungen [116], welche bei Bestellung des Nießbrauches entstanden waren, § 1086. Nach § 366 II entscheidet für die Anrechnung der Leistung in letzter Linie das Alter

---

[112] Vgl. ob. § 5 Note 36.

[113] OLG. 10, 278: ein Ehevertrag, der die Gütergemeinschaft von einem vor dem Vertragsschluß liegenden Moment an einführen will, kann nicht eingetragen werden.

[114] Vgl. ob. § 17 Note 28.

[115] Dernburg I § 102 V, § 150 I, § 54 I.

[116] Das Gesetz gebraucht die Ausdrücke Forderung und Anspruch promiscue, vgl. ob. § 15 Note 91.

der Forderung. Nach Art. 170 richtet sich ein vor 1900 entstandenes Schuldverhältnis nach altem Recht.

Nach logischer Betrachtung ist ein Recht erst dann entstanden, wenn die letzte zu seiner Entstehung nötige Tatsache vorliegt. In diesem Sinne werden aber die angeführten Rechtssätze nicht verstanden. Bedingte Rechte werden der Konkursmasse und dem Nachlaß zugerechnet, bedingte Rechte zu den Konkursforderungen, KO. § 67, und zu den Nachlaßverbindlichkeiten gezählt, obgleich diese Rechte und Forderungen nach BGB. § 158 erst mit Eintritt der Bedingung entstehen [117]. Das beruht auf einer differenzierenden Wertung der einzelnen Stücke des Tatbestands. Beim bedingten Rechtsgeschäft legt man den Nachdruck auf den Moment, in welchem der rechtsgeschäftliche Wille unwiderruflich erklärt, die handelnde Person gebunden ist; es entspricht unserer anthropozentrischen Auffassung der Dinge, den Willen als die wirksamste Ursache der Rechtsfolge zu betrachten. Dieser grundlegenden und das Datum des Rechts bestimmenden Tatsache gegenüber erscheint der Eintritt der Bedingung als ergänzende Tatsache [118]. Daher wird die von der Bedingung abhängende Anwartschaft auf ein Recht zu dem Vermögen gerechnet, welches dem Gemeinschuldner bzw. Erblasser bereits angehört [119], die Anwartschaft auf eine Forderung als ein zur Zeit der Konkurseröffnung oder des Erbfalles „begründeter" Anspruch aufgefaßt.

Die Rückdatierung ist keine Rückwirkung. Während bei der Rückwirkung eine frühere Rechtslage nachträglich so beurteilt wird, als ob eine spätere Tatsache bereits eingetreten wäre, ist bei der Wirkung bedingter Rechtsgeschäfte eine solche Betrachtung durch BGB. § 158 ausgeschlossen; bedingte Rechte entstehen auch als aktive oder passive Bestandteile einer Konkursmasse oder eines Nachlasses erst mit Erfüllung der Bedingung und bemessen sich inhaltlich nach diesem Moment [119a]. Die Rückdatierung bedeutet nur, daß den Anforderungen der §§ 1 und 3 KO. genügt

---

[117] Jäger, KO. § 1 Anm. 57, § 3 Anm. 15. Strohal, Erbrecht § 1 III 5; Planck § 1967, 2a. Vgl. Hellmann, Konkursrecht 137 fg., 206 fg.

[118] Obgleich es logisch keine Abstufungen der Kausalität gibt und jedes Stück des Tatbestandes wie jedes andere Mitursache der Rechtswirkung ist, vgl. ob. Note 64.

[119] Vgl. ob. § 9 Note 2a.

[119a] Die während der Schwebezeit der Bedingung gezogenen Früchte fallen nicht in die Konkursmasse, Jäger, KO. § 1 Anm. 57.

ist, wenn zur Zeit der Konkurseröffnung ein gewisses Stadium im Entstehungsvorgang des Rechts bzw. der Konkursforderung erreicht ist. Es handelt sich um Interpretation der Worte „gehören" und „begründetsein" in §§ 1 und 3 KO., nicht um eine Fiktion in bezug auf den Entstehungstatbestand der Konkursaktiva und Konkursforderungen. Ebenso wie man sich in bezug auf Konkursmasse und Nachlaß über § 158 hinwegsetzt, ist es meines Erachtens auch bei Anwendung anderer Vorschriften Auslegungsfrage, ob man eine bedingte Forderung als im Sinne dieser Vorschriften bereits entstanden zu betrachten hat. Das scheint mir angemessen für die Aufrechnung gegenüber dem Zessionar und dem Pfändungsgläubiger, § 406, 392 [120]; und für den Übergang von Verpflichtungen auf den Übernehmer oder Nießbraucher eines Vermögens, § 419, 1086 [121]; ferner für die Auslegung von § 519 II [122] und § 269 I [123].

Zurückdatierung von Rechten kommt vielfach auch dann vor, wenn die noch ausstehende Tatsache keine Bedingung, sondern eine sogenannte condicio juris ist. Als Konkursforderungen bzw. Konkursaktiva gelten: die Forderung aus einer zur Zeit der Konkurseröffnung noch nicht ausgefüllten Blankourkunde [124], aus einem ausgestellten, aber noch nicht in den Verkehr gelangten Inhaberpapier [125]. Ferner gewisse Forderungen auf wiederkehrende Leistungen, wenn das zugrundeliegende Rechtsverhältnis bei Konkurseröffnung bereits bestand, so insbesondere die Leibrente [126]

---

[120] RG. 73, 141: a. A. Planck und Staudinger zu § 392.

[121] Planck und Biermann zu § 1068.

[122] Planck § 519, 2; Dernburg II § 208, 5a; Enneccerus § 345 I 6; a. A. Oertmann § 519, 6 a.

[123] Enneccerus § 247 Note 5; Oertmann § 269, 4; a. A. Planck § 269, 2.

[124] Jäger, KO. § 3 Anm. 21 (mit der ungenauen Begründung, es liege eine bedingte Forderung vor, vgl. Tuhr, Unwiderr. Vollmacht 94 Note 3); a. A. Hellmann 211.

[125] Jäger, KO. § 3 Anm. 22.

[126] Jäger, KO. § 1 Anm. 37, § 3 Anm. 20. Die Leibrente als solche ist keine Forderung und noch weniger ein Anspruch, sondern ein Rechtsverhältnis, aus welchem einzelne Forderungen entstehen, so oft der Berechtigte bestimmte Zeitpunkte erlebt, vgl. ob. § 16 Note 13. Die Gesamtheit dieser Forderungen wird, trotzdem sie von der conditio juris des Erlebens künftiger Zeitpunkte abhängen, als bereits entstandene Konkursforderung von unbestimmtem Betrag, KO. § 69, behandelt, um dem Leibrentenberechtigten eine anteilmäßige Befriedigung zu ermöglichen. Eben-

und die Schadenersatzrente aus § 843/4 [127]; die Regreßforderung des Bürgen oder Wechselindossatars, der zur Zeit der Konkurseröffnung noch nicht gezahlt hat [128]. Diese Forderungen werden, auch wenn es sich um einen Nachlaß handelt, als schon entstanden betrachtet [129]; die Analogie spricht für gleiche Behandlung auch in bezug auf andere Rechtssätze, bei denen es auf das Datum des Rechts ankommt [130].

Die Frage der Rückdatierung läßt sich meines Erachtens nicht durch logische Argumentationen, sondern nur durch Erwägung der Angemessenheit des Resultats entscheiden. So wird zum Beispiel allgemein angenommen, daß eine Lohnforderung aus einem vor Konkurseröffnung geschlossenen Dienstvertrag für die Zeit nach Konkurseröffnung nicht zur Konkursmasse gehört [130a]. Dies Resultat läßt sich aber nicht damit begründen, daß man die Lohnforderung als noch nicht entstanden bezeichnet [131]; denn im selben Sinne sind auch Mietzinsforderungen aus Mietverträgen, die vor Konkurseröffnung geschlossen sind, noch nicht entstanden, und gehören dennoch zur Konkursmasse. Daß die Lohnforderung nicht zur Konkursmasse gehört, beruht nicht auf logischen, sondern auf ökonomisch-sozialen Gründen; wie die Arbeitskraft des Gemeinschuldners außerhalb des Konkurses bleibt [132], so wird dem Gemeinschuldner auch der Vermögensvorteil über-

---

so wird die Gesamtheit der Leibrentenraten (nicht nur, wie Jäger § 1 Anm. 37 sagt, die während des Verfahrens fällig werdenden Raten) zur Konkursmasse gerechnet.

[127] Jäger, KO. § 3 Anm. 43; Hellmann 209.

[128] Jäger, KO. § 3 Anm. 24 (auch diese Forderung ist nicht bedingt, sondern von einer condicio juris abhängig); Hellmann 210.

[129] Nachlaßverbindlichkeiten (und wohl auch Konkursforderungen) sind Schadensersatzforderungen aus einem vor dem Erbfall resp. der Konkurseröffnung begangenen Delikt, dessen schädliche Folgen erst später eintreten; Planck § 1967, 2a, vgl. ob. § 5 Note 30. Auch für die Anwendung des Art. 170 entscheidet der Moment des Delikts, nicht des Schadens; Planck Art. 170, 4. Ebenso dürfte die Zugehörigkeit des Schadensersatzanspruchs aus § 440 II nicht davon abhängen, daß die Kaufsache bereits dem Dritten herausgegeben oder dem Verkäufer zurückgegeben oder untergegangen ist.

[130] So bezeichnet RG. 73, 138 die Regreßforderung des Bürgen, bevor er gezahlt hat, als im Sinn von § 406 bereits begründet, vgl. Biermann § 1086, 1.

[130a] Seuffert, Konkursprozeß § 15 Anm. 3; a. A. Hellmann 141.

[131] So Jäger, KO. § 31 Anm. 54, 55.

[132] Vgl. ob. § 18 Note 28.

lassen, den er aus seiner Arbeitskraft gewinnt. Darum kann die Lohnforderung in bezug auf andere Rechtssätze, §§ 392, 406, 419, 1086, bei denen diese Erwägungen nicht mitsprechen, sehr wohl als begründet bezeichnet werden.

Auch die Behandlung der Alimentenforderungen in bezug auf § 1086 (und § 419) kann meines Erachtens nicht aus der juristischen Konstruktion derselben abgeleitet werden. Das Alimentenrecht ist, wie das Leibrentenrecht, keine einheitliche Forderung, sondern ein Rechtsverhältnis, aus welchem einzelne Forderungen in den durch § 1612 (§ 760) bestimmten Momenten erwachsen [133]. Für das Unterhaltsrecht des unehelichen Kindes genügt das Erleben dieser Zeitpunkte; für das Unterhaltsrecht aus Verwandtschaft muß außerdem in diesen Momenten Bedürftigkeit des Berechtigten, § 1602, und Leistungsfähigkeit des Berechtigten, § 1603, vorliegen [133 a]. Daraus folgert Planck [134], daß der Vermögensnießbraucher (und ebenso wohl auch der Vermögensübernehmer) zum Unterhalt eines unehelichen Kindes verpflichtet ist, wenn das Kind bei Bestellung des Nießbrauches bzw. bei Übernahme des Vermögens geboren ist, während ein eheliches Kind sich nur für die in diesem Moment bereits fällige Rate an den Nießbraucher oder Übernehmer des Vermögens halten könne. Dieser Entscheidung kann ich weder für das uneheliche noch für das eheliche Kind zustimmen. Die Unterhaltsforderung des unehelichen Kindes entsteht zwar erst mit der Geburt, beruht aber auf einer durch die Erzeugung begründeten Anwartschaft [135], welche meines Erachtens durch Veräußerung oder Belastung des Vermögens nicht vereitelt werden kann; die Unterhaltsforderung sollte daher als im Sinne des § 1086 entstanden gelten, wenn das Kind bei Bestellung des Nießbrauches erzeugt ist. Unerträglich erscheint mir die von Planck dem ehelichen Kind zugewiesene Rechtsstellung. Soll ein Vater, der bisher sein eheliches Kind zu erhalten hatte, sich dieser Pflicht dadurch entziehen können, daß er sein Vermögen weggibt oder mit Nießbrauch belastet [136]? Das Argument, mit welchem diese

[133] Vgl. ob. § 16 S. 271,

[133 a] Für den Konkurs ist das Schicksal dieser Ansprüche durch KO. § 3 II geregelt.

[134] § 1086, 2.

[135] Vgl. ob. § 9 Note 39; Endemann II § 207 Note 19.

[136] Anfechtung wäre nicht möglich, weil Weggabe oder Belastung des Vermögens im Alimentenverhältnis nicht Minderung des Haftungs-

Entscheidung begründet wird: „daß die Alimentenforderung, wenn und soweit Bedürftigkeit und Leistungsfähigkeit vorliegt, in jedem Augenblick von neuem entsteht“, ist nicht überzeugend; denn auch die Alimentenforderung des unehelichen Kindes entsteht genau genommen tractu temporis. Jede Alimentenrate des unehelichen wie des ehelichen Kindes ist abhängig von der condicio iuris des Erlebens künftiger Zeitpunkte. Der Unterschied besteht nur darin, daß in diesen Momenten für die Alimentenforderung des ehelichen Kindes noch die weiteren Voraussetzungen (der Bedürftigkeit und Leistungsfähigkeit) vorliegen müssen. Wenn man nun die Alimentenforderung des unehelichen Kindes, um es in den Fällen der §§ 419, 1086 nicht schutzlos zu lassen, als in einem früheren Moment entstanden betrachtet, so muß eine Zurückdatierung auch für die Alimentenforderung des ehelichen Kindes zulässig sein. Es kann sich nur fragen, welcher frühere Moment für die Zurückdatierung maßgebend sein soll. Ich glaube, daß die Alimentenforderung als entstanden gelten kann und daher dem Nießbraucher oder Vermögensübernehmer zur Last fallen muß, wenn bei Bestellung des Nießbrauches oder bei der Vermögensübernahme Leistungsfähigkeit des Verpflichteten und Bedürftigkeit des Kindes vorlag [137].

§ 44. Ursprünglicher und abgeleiteter Rechtserwerb *.

I. Die mannigfaltigen Tatbestände, welche zum Erwerb eines Rechtes führen [1], lassen sich in zwei große Gruppen zerlegen:

objekts, sondern Herabsetzung des von der Größe des Vermögens abhängenden Betrags der Verpflichtung bedeutet, vgl. ob. § 18 Note 44. Klage aus § 826 ist nur dann möglich, wenn dem Empfänger ein Verstoß gegen die guten Sitten nachgewiesen wird, RG. 74, 225.

[137] Dabei ist mit Biermann Bem. 1 zu § 1086 die Leistungsfähigkeit des Schuldners ohne Rücksicht auf die Weggabe oder Belastung seines Vermögens zu beurteilen; denn es ist ein notwendiges Korrelat der beschränkten Verpflichtung, daß willkürliche Verminderung des Vermögens, von dessen Größe der Betrag der Verpflichtung abhängt, den Schuldner nicht entlasten kann, vgl. ob. § 18 Note 44.

* Windscheid § 66; Regelsberger § 119; Bekker § 33; Gierke I § 32 I; Dernburg § 103; Endemann § 58, 1; Cosack § 23 IV; Enneccerus § 130/2; Kohler § 53; Crome § 71; Biermann § 40, 2; Hellwig, Wesen und subj. Begrenzung der Rechtskraft (1901) S. 94 fg., 242 fg., und Lehrb. des ZivProz. § 39 fg.; Romeick, Zur Technik des BGB., Heft III (1904); Sohm, Gegenstand S. 31 fg.; Binder, Zeitschr. f. Handelsr. 59, 48 fg.; v. Schwerin, Begriff der Rechtsnachfolge, Diss. (1905).

[1] Ein Recht erwerben kann nur, wer das Recht nicht schon hat, vgl.

bisweilen gehört zum Tatbestand des Rechtserwerbs das Bestehen eines anderen Rechts: dann ist der Erwerb des neuen Rechts von der Existenz des bereits bestehenden Rechts abgeleitet, derivativ. Beim abgeleiteten Erwerb ist „die neu begründete Rechtsstellung mit einer anderen derart in Verbindung, daß die letztere als das Ursprungsverhältnis erscheint und sonach die Entstehung der neuen Rechtsstellung bedingt“ [2]. In anderen Fällen ist der Rechtserwerb unabhängig von dem Bestehen eines anderen Rechts; solchen Erwerb nennt man ursprünglich, originär.

Der abgeleitete Erwerb kann sich ohne Änderung des Rechtssubjekts vollziehen [3]; es entsteht aus einem Recht durch Hinzutritt neuer Tatsachen für dasselbe Subjekt ein neues Recht. So erwirbt der Eigentümer mit der Trennung von Erzeugnissen und Bestandteilen das Eigentum an denselben, § 953. So entsteht für den Eigentümer bei Beschädigung der Sache die Ersatzforderung aus § 823. Der Eigentümer kann für sich selbst eine Grundschuld bestellen, § 1196.

In den meisten Fällen ist der abgeleitete Erwerb mit einem Wechsel des Rechtssubjekts verbunden: Rechtsnachfolge, Sukzession. Das frühere Rechtssubjekt und das jetzige stehen einander gegenüber als Rechtsvorgänger, Autor, und Rechtsnachfolger, Sukzessor [4]. Der einfachste Fall der Sukzession ist Übergang eines Rechts in seinem vollen objektiven Bestand auf ein neues Subjekt: translative Sukzession [5]. Aber die Rechtsnachfolge erfordert nicht Identität des Rechts des Vorgängers und des Rechtsnachfolgers; Sukzession liegt auch dann vor, wenn ein Teil der Befugnisse, welche zum Inhalt eines Rechts gehören, auf ein anderes Rechtssubjekt übertragen und daraus ein neues, aus der Substanz des alten Rechts entnommenes Recht hergestellt wird: konstitutive Sukzession [6].

---

ob. § 43 Note 7. RG. 80, 316: der Eigentümer des Grundstücks kann dem Nießbraucher die Mietzinsen nicht abtreten, welche dem Nießbraucher nach § 577 zustehen.

[2] Hellwig, Lehrb. § 39 I.

[3] Biermann a. a. O.

[4] Über Sukzession in Pflichten vgl. ob. § 12 V.

[5] Die begriffliche Möglichkeit der translativen Rechtsnachfolge beruht auf der in unseren juristischen Denkgewohnheiten herrschenden Vorstellung, daß ein Recht sein Subjekt wechseln kann, ohne die Identität zu verlieren. vgl. ob. § 12 I. Regelsberger § 120 I.

[6] Vgl. unt. § 45.

Viel weiter faßt Hellwig[7] den Begriff der Rechtsnachfolge, indem er auch solche Fälle dazu rechnet, in denen das Recht des B nicht von einem Recht des A abgeleitet, sondern durch ein Rechtsgeschäft des A begründet ist. Eine solche „Rechtsnachfolge durch Rechtsverleihung" soll beim Vertrag zugunsten Dritter vorliegen: der Dritte soll Rechtsnachfolger des Promissars sein insofern, „als seine Berechtigung durch die des letzteren und durch die Gültigkeit der Verfügung bedingt ist, die der Promissar dadurch trifft, daß er sich die Leistung an den Dritten versprechen läßt". Die herrschende Meinung ist diesem Gedankengang meines Erachtens mit Recht nicht gefolgt[8]. Der Dritte erwirbt seine vorher nicht existierende Forderung originär durch das Versprechen des Schuldners; er verdankt sie allerdings einer Zuwendung des Promissars, die darin besteht, daß der Promissar durch sein Rechtsgeschäft und auf seine Kosten diese Forderung des Dritten verschafft; aber eine Zuwendung kann auch auf anderem Wege, als durch Übertragung eines Rechts, stattfinden[9]. Ebenso verhält es sich mit Zuwendungen auf dem Wege der Anweisung: wenn A dem C eine Anweisung auf B gibt und B infolgedessen an C eine Leistung macht oder die Anweisung annimmt, so hat A dem C die Sache bzw. die Forderung verschafft, ohne Rechtsvorgänger des C in bezug auf das Eigentum oder die Forderung zu sein[10].

Die Rechtsstellung des Rechtsnachfolgers beruht auf den Tatsachen, aus welchen das Recht beim Vorgänger entstanden ist (Entstehungstatbestand), und auf den Tatsachen, welche den Übergang des Rechts bewirkt haben (Sukzessionstatbestand). Letztere Tatsachen sind entweder eine Verfügung[11] des Rechtssubjekts[12] oder eine Aneignungshandlung des Erwerbers[13], oder

[7] Rechtskraft § 41, Lehrb. § 40 II 5.

[8] Oertmann § 328, 2.

[9] Vgl. unt. Note 115.

[10] Auch bei der Anweisung auf Schuld ist A nicht Rechtsvorgänger des C; denn die Forderung des C gegen B ist originär durch die Annahme entstanden und unabhängig davon, ob eine Forderung des A gegen B bestanden hat, § 784 I.

[11] Sohm, Gegenstand 35.

[12] Oder eines Dritten, der die Befugnis oder, bei gutem Glauben des Erwerbers, die Möglichkeit hat, ein ihm nicht zustehendes Recht zu übertragen, vgl. unt. V.

[13] Das Aneignungsrecht kann durch Rechtsgeschäft des Aneignenden

ein sonstiger Tatbestand, dem das Gesetz die Kraft beilegt, ein Recht auf ein neues Subjekt zu übertragen [14].

Für das materielle Recht ergibt sich aus dem Begriff der Rechtsnachfolge, daß der Nachfolger kein besseres Recht haben kann, als der Vorgänger. Erweist sich, daß das Recht des Vorgängers nicht existiert, oder ist es infolge einer Anfechtung als nicht bestanden habend zu betrachten, so existiert auch das Recht des Nachfolgers nicht; ist das Recht des Vorgängers von Termin oder Bedingung abhängig oder mit sonstigen Beschränkungen oder mit Belastungen behaftet, so gilt dasselbe vom Recht des Nachfolgers [15]. Im Prozeß kommt die Rechtsnachfolge in wichtigen Bestimmungen in Betracht: vor allem für die Wirkung der Rechtshängigkeit, ZPO. § 265, für die Rechtskraft, ZPO. § 325, für die Vollstreckung für und gegen Rechtsnachfolger, ZPO. § 727, für die Zuschiebung des Eides, ZPO. § 445. Es liegt nahe, anzunehmen, daß der weder im BGB. noch in der ZPO. definierte Begriff der Rechtsnachfolge für beide Gebiete identisch ist [16]. Doch läßt sich dieses für die logische Einheit des Rechts erwünschte Resultat meines Erachtens nicht herstellen, ohne den Denkformen des materiellen Rechts oder den praktischen Bedürfnissen des Prozesses Gewalt anzutun; man wird nicht umhin können, den zivilrechtlichen Begriff der Rechtsnachfolge bei gewissen prozessualen Vorschriften als nicht schlechthin maßgebend zu betrachten [17].

Dem abgeleiteten Erwerb geht bisweilen ein Vorstadium voraus, in welchem dem Erwerber eine Anwartschaft oder ein Aneignungsrecht zusteht. So besteht bei bedingter Tradition zunächst eine Anwartschaft, aus der bei Eintritt der Bedingung

ausgeübt werden, oder durch eine von ihm erwirkte Amtshandlung, z. B. die Überweisung nach ZPO. § 835, vgl. ob. § 7 Note 7 c.

[14] § 412: „Übertragung kraft Gesetzes."

[15] Dagegen gehört es nicht zum Wesen der Sukzession, daß Verpflichtungen des Vorgängers, selbst wenn sie sich auf das übergehende Recht beziehen, auf den Nachfolger übergehen; vgl. über mittelbar zuständige Pflichten ob. § 4 IV. Auch die Einreden, die dem Anspruch des Rechtsvorgängers anhaften, stehen nicht immer dem Nachfolger entgegen, vgl. Bd. I S. 301. Die Anfechtbarkeit eines Erwerbes überträgt sich unter bestimmten Voraussetzungen auf den Nachfolger des Erwerbers, KO. § 40, AnfG. § 11.

[16] Hellwig, Lehrb. § 139 Note 3; Dernburg I § 103 I.

[17] RG. 47, 71. 82, 38. Enneccerus § 131 Note 5; Jäger, KO. § 40 Anm. 8. Vgl. unt. Note 114.

das Eigentum erwächst [18]; der Nießbraucher und der im Besitz der Sache befindliche Pächter haben eine Anwartschaft auf die Früchte und erwerben auf Grund derselben das Eigentum mit der Trennung der Frucht [19]. Die Übergabe des Mobiliareigentums kann so erfolgen, daß der Erwerber zunächst ein Aneignungsrecht erhält, durch dessen Ausübung er Eigentümer wird; dieselbe Rechtslage entsteht bei Überlassung der Fruchtziehung ohne Einräumung des Besitzes an der Hauptsache [20]. In allen diesen Fällen ist der Erwerb derivativ, weil die den definitiven Erwerb vermittelnde Anwartschaft oder Aneignungsbefugnis aus dem Recht des früheren Eigentümers abgeleitet ist [21]. Als Zeitpunkt der Rechtsnachfolge ist nicht der Eintritt des Vorstadiums zu betrachten, sondern die Vollendung des Rechtserwerbs. So erfolgt bei Aneignungsrecht oder Anwartschaft an künftigen Sachen die Sukzession erst mit Entstehung der Sache, bei Aneignung auf Grund einer Erlaubnis des Eigentümers erst mit der Aneignungshandlung. Auch bei bedingten und befristeten Verfügungen scheint es mir richtiger, den Erwerber nicht schon mit Entstehung seiner Anwartschaft, sondern erst mit Vollendung seines Erwerbes als Rechtsnachfolger des Veräußerers zu betrachten [22]. Daher erwirbt er das Recht in der Beschaffenheit, die es in diesem Momente hat. Bis zum Eintritt der Bedingung gilt der Veräußerer als Subjekt des bedingt veräußerten Rechtes; er kann daher z. B. für die zedierte Forderung Nebenrechte, Pfänder und Bürgschaften, erwerben [23]; Kündigungen des Schuldners entgegennehmen, sogar über das Recht verfügen. Aber er verfügt nur über den nach Abzweigung der Anwartschaft des bedingten Erwerbers [24] ihm verbliebenen Rest seines Rechtes. Daher werden Verfügungen, soweit sie das Recht des Erwerbers

---

[18] Strohal, Grenzen der Urteilsrechtskraft 12 fg.

[19] Vgl. ob. § 9 Note 19.

[20] Vgl. ob. § 8 III 3 und 4.

[21] Vgl. Seydel, Fruchterwerb 651. Dagegen beruht das Aneignungsrecht und daher das Eigentum des Eigenbesitzers, der das Aufgebotverfahren gegen den Grundeigentümer durchführt, nicht auf dem Eigentum des Ausgeschlossenen; daher ist der Erwerb originär.

[22] Planck § 161, 2; Hellwig, Grenzen der Rückwirkung 11; a. A. Strohal, Grenzen der Urteilskraft; Staudinger § 158 Anm. 11. Oertmann § 158, 2 c; Enneccerus § 185 Anm. 11.

[23] Hellwig a. a. O. 12.

[24] Vgl. unt. § 45 Note 47.

beeinträchtigen würden, mit Eintritt der Bedingung unwirksam, § 161 [25].

Der Rechtsnachfolge geht häufig voraus ein obligatorisches Rechtsverhältnis, aus welchem dem künftigen Rechtserwerber eine Forderung auf den Erwerb zusteht [26]. Dies Vorstadium ist in keinem Fall entscheidend für den Moment des Eintritts der Rechtsnachfolge; der Käufer ist nicht vom Kaufvertrag, sondern erst von der Tradition an Sukzessor des Verkäufers im Eigentum [27]. Das gilt selbst dann, wenn seine Forderung durch Vormerkung gesichert ist; denn die Vormerkung ist eine Qualität der Forderung, durch welche ihr absolute Kraft (Durchsetzbarkeit gegen Dritte) verliehen wird [28].

Die Tatsachen, welche den Übergang eines Rechts bewirken, treten gewöhnlich nach Entstehung des Rechts ein, können aber auch gleichzeitig mit der Entstehung des Rechts vorliegen, so daß das Recht im selben Augenblick, in welchem es bei A entstehen würde, infolge des gleichzeitig vorliegenden Sukzessionstatbestandes in der Person des B entsteht. So verhält es sich z. B. in einigen Fällen der sogenannten dinglichen Surrogation, z. B. in § 2019 und 2041; der vom Erbschaftsbesitzer oder Miterben mit Mitteln des Nachlasses erworbene Gegenstand geht sofort mit dem Erwerb auf den Erben bzw. die Gesamtheit der Erben über [29], so daß der Erwerber keinen Augenblick Inhaber des Rechts ge-

---

[25] Dagegen ist Prozeßführung des Veräußerers vor Eintritt der Bedingung nach ZPO. § 325 dem Erwerber gegenüber wirksam, vgl. unt. § 54.

[26] In der älteren Lehre des gemeinen Rechts nannte man den Anspruch auf Erwerb titulus, die Erwerbstatsache modus acquirendi, Regelsberger § 119 II.

[27] Demgemäß ist unmittelbarer Rechtsvorgänger des Vermächtnisnehmers nicht der Erblasser, sondern der Erbe, der in Erfüllung der Vermächtnisforderung, § 2174, den vermachten Gegenstand an den Vermächtnisnehmer veräußert. Trotzdem wird man mit Jäger, KO. § 40 Anm. 8 den Vermächtnisnehmer im Sinn von KO. § 40 als Rechtsnachfolger des Erblassers behandeln müssen.

[28] Vgl. ob. § 9 Note 34, § 11 S. 206. Da der Vorgemerkte erst durch Auflassung und Eintragung Eigentum erwirbt, ist er nach ZPO. § 325 an die Prozesse gebunden, die der Eigentümer nach der Eintragung der Vormerkung beginnt. A. A. Hellwig, Rechtskraft 256; Strohal a. a. O. 26, die die Vormerkung als dingliches Recht bezeichnen.

[29] Findet die Verwendung der Nachlaßmittel zum Erwerb erst nach dem Erwerb statt, so geht der erworbene Gegenstand erst in diesem Moment auf den Nachlaß über, ob. § 2 Note 26.

wesen ist; trotzdem ist er in der Reihe der Sukzessoren mitzuzählen, weil das Recht von ihm erworben und infolge des zwischen ihm und dem Surrogationsberechtigten vorliegenden Tatbestandes auf diesen übergegangen ist.

Der Sukzessionstatbestand kann auch vor der Entstehung des Rechts liegen: so bei Verfügungen über Anwartschaften und künftige Rechte [30] (auf welche der Verfügende nicht einmal eine Anwartschaft hatte). Überträgt A dem B ein bedingtes Recht und tritt nunmehr die Bedingung ein, so entsteht das Recht, wenn es ohne die Abtretung für A entstanden wäre, für B. Als dessen Rechtsvorgänger ist A, obgleich das Recht ihm nie zugestanden hat, zu betrachten [31], weil in seiner Person die Tatbestände der Begründung und der Übertragung des Rechts sich ereignet haben.

Rechtsnachfolge findet nicht nur in einzelne Rechte, sondern auch in ganze Rechtsverhältnisse statt [32]: der Erbe tritt in die Rechtsverhältnisse des Erblassers ein, der Erwerber eines Grundstückes in das vom Veräußerer begründete Mietverhältnis, § 571. Die Mietzinsforderungen, welche ohne die Veräußerung des Grundstücks beim früheren Eigentümer entstanden wären, entstehen nunmehr für den Erwerber. Aber der Erwerber ist nur in bezug auf das Mietsverhältnis, nicht in bezug auf die Mietzinsforderungen als Rechtsnachfolger des Veräußerers zu betrachten [33]: denn die Mietzinsforderungen entstehen für ihn (abgesehen von den Ausnahmsvorschriften der §§ 573/4) auch dann, wenn sie für den Veräußerer infolge einer antizipierten Verfügung nicht entstehen würden [34].

---

[30] Vgl. ob. § 12 IV.

[31] Vielfach wird ein, wenn auch nur gedankenmäßiger, Durchgang des Rechts durch die Person des antecipando Verfügenden angenommen, Planck § 398, 4e; Oertmann § 399, 1g; Süß, Abtretung künftiger Ansprüche 66; RG. 60, 204, 213. Meines Erachtens ist diese dem tatsächlichen Vorgang nicht entsprechende Konstruktion nicht erforderlich, um die Wirkungen zu erklären, die sich aus dem Sukzessionsverhältnis ergeben, vgl. unt. § 60.

[32] Vgl. ob. § 12 II.

[33] Hellwig, Rechtskraft § 35 Anm. 6, § 56 Anm. 18.

[34] Anders verhält es sich, wenn ein Darlehnsgläubiger die künftigen Zinsen an A und sodann die Hauptforderung an B zediert. Das Darlehensverhältnis, aus welchem, so lange es besteht, d. h. solange das Kapital nicht zurückgezahlt ist, die Zinsforderungen pro rata temporis entstehen, ist beim Zedenten verblieben; daher entstehen die Zinsforderungen in-

II. Originärer Erwerb liegt vor, wenn das Recht des Erwerbers nicht auf dem Recht eines Vorgängers beruht. Das ist immer dann der Fall, wenn ein Recht dieses Inhaltes im Moment des Erwerbes nicht existierte. So wird z. B. eine Forderung durch den sie begründenden Schuldvertrag originär erworben. So entsteht durch Aneignung herrenloser Mobilien, § 958, originäres Eigentum, und zwar selbst dann, wenn die Sache erst durch Dereliktion, § 959, herrenlos geworden ist [35]. Allerdings ist in diesem Falle gültige Dereliktion durch den bisherigen Eigentümer Voraussetzung der wirksamen Aneignung; der Okkupant wird nur dann Eigentümer, wenn der Derelinquent es war. Aber zum Tatbestand der Aneignung gehört nicht, wie es der Begriff der Sukzession voraussetzt, das Bestehen eines Rechts, sondern gerade umgekehrt die Herrenlosigkeit der Sache. Das Eigentum des Derelinquenten ist erloschen; durch die Aneignung entsteht neues Eigentum [36], welches zeitlich und inhaltlich mit dem des Derelinquenten nicht zusammenhängt [37].

Wird das Eigentum an einem Grundstück aufgegeben, so entsteht zunächst ein ausschließliches Aneignungsrecht des Fiskus, auf Grund dessen der Fiskus durch Eintragung Eigentum erwirbt, § 928 [38]. Auch hier ist das Aneignungsrecht und daher das Eigentum des Fiskus abhängig von der gültigen Dereliktion durch den wahren Eigentümer des Grundstücks. Trotzdem ist der Erwerb

---

folge der früheren Verfügung des Zedenten statt in seiner Person bei A, nicht bei B, der nicht, wie der Erwerber eines vermieteten Grundstücks, in das Schuldverhältnis, sondern nur in die Hauptforderung aus denselben sukzediert ist.

[35] So die herrschende Meinung, Planck § 958, 5; Enneccerus § 130 I 1; Romeick a. a. O. 78; Sohm a. a. O. 36; a. A. Hellwig, Rechtskraft 271, Lehrb. § 40 Note 32.

[36] Daß der Okkupant die Sache mit denselben dinglichen Belastungen erwirbt, welche vor der Dereliktion bestanden, ist kein Argument für abgeleiteten Erwerb; denn die dinglichen Rechte verleihen eine von der Person des jeweiligen Eigentümers unabhängige Herrschaft, vgl. unt. Note 74 und überdauern daher den Zeitraum der Herrenlosigkeit der Sache.

[37] Originär ist der Erwerb durch Okkupation selbst dann, wenn A die Sache in der Erwartung und zu dem Zweck derelinquiert, daß B sie okkupieren soll; A verliert sein Eigentum auch dann, wenn diese Erwartung nicht in Erfüllung geht. Anders wenn die Dereliktion vom Eigentumserwerb des B abhängig gemacht ist; dann liegt aber nicht Dereliktion und Aneignung, sondern Übertragung des Eigentums vor.

[38] Vgl. ob. § 8 II.

als originär [39] zu bezeichnen [39a]; denn die Aneignungsbefugnis ist nicht aus dem Recht des früheren Eigentümers abgeleitet, sondern eine allgemeine gesetzliche Folge der Herrenlosigkeit von Grundstücken; der Fiskus kann sich das Grundstück aneignen, nicht weil zwischen ihm und dem bisherigen Eigentümer irgendeine Rechtsbeziehung (ein Sukzessionstatbestand) vorliegt, sondern weil die Herrenlosigkeit eines Grundstücks nicht jedem beliebigen Okkupanten, sondern nur dem Staate zugute kommen soll [40].

Der Erwerb kann originär sein, obgleich ein Recht gleichen Inhaltes bereits für ein anderes Rechtssubjekt bestand; der Erwerb ist trotzdem originär, wenn das jetzige Recht nicht vom früheren abgeleitet ist, sondern einen selbständigen Entstehungstatbestand hat. Dann liegt nicht Sukzession vor, sondern eine Aufeinanderfolge von Rechten, welche man Verdrängung oder Ablösung von Rechten nennen kann, je nachdem die Entstehung des neuen oder der Wegfall des alten Rechts als das logische Prius erscheint. Verdrängung von Rechten liegt dann vor, wenn das frühere Recht deshalb untergeht, weil sein Fortbestand mit der Existenz des neuen Rechts unvereinbar ist. Der Hauptfall der Unvereinbarkeit von Rechten zeigt sich beim Eigentum. Das Musterbeispiel der Rechtsverdrängung ist daher die Ersitzung [41]; der Ersitzende gründet seinen Erwerb auf langjährigen Eigenbesitz in Verbindung mit gutem Glauben oder mit Eintragung, §§ 937, 900, und steht zum früheren Eigentümer in keinerlei Beziehung. Die primäre Wirkung der Ersitzung ist Eigentumserwerb; daraus ergibt sich, weil zwei Eigentumsrechte an derselben Sache nicht bestehen können, das Erlöschen des früheren Eigentums. Ebenso verhält es sich mit dem Eigentumserwerb des Finders, § 973. Originär ist ferner der Eigentumserwerb durch Verbindung und

---

[39] RG. 82, 74. Vgl. OLG. 27, 160.

[39a] Die mit dem Grundstück verbundenen subjektiv-dinglichen Rechte, § 96, stehen dem Fiskus nach der Aneignung zu, und zwar mit demselben Inhalt, den sie beim Voreigentümer hatten. Zur Erklärung dieser Tatsache braucht man nicht abgeleiteten Erwerb anzunehmen; denn diese Rechte „gelten als Bestandteil des Grundstückes", d. h. sie stehen jedem Eigentümer zu ohne Rücksicht darauf, in welcher Weise er das Eigentum erworben hat, vgl. Bd. I S. 66, 77.

[40] Dagegen beruht die im Jagd- und Fischereirecht enthaltene ausschließliche Aneignungsbefugnis auf Eigentum an einem Grundstück oder ist vom Eigentum abgeleitet; der Eigentumserwerb ist daher derivativ.

[41] Windscheid § 175 Anm. 4; Hellwig, Rechtskraft 271; Lehrb. § 39 Note 6.

Vermischung, § 946/8, und durch Enteignung [42]. Das durch diese Vorgänge begründete Eigentum gilt als neues Recht, weil es ohne Rücksicht darauf entsteht, wem das frühere, nunmehr verdrängte Eigentum zugestanden hat [43]. Rechtsverdrängung findet ferner statt bei Eröffnung des Konkurses: das Vollstreckungsrecht der Konkursgläubiger ist für die Dauer des Konkurses inhibiert, KO. § 14; an dessen Stelle treten die allen Konkursgläubigern gleichmäßig zugute kommenden Rechte und Pflichten des Konkursverwalters. Ebenso tritt anstelle der mit den Konkursforderungen verbundenenAnfechtungsrechte das vom Konkursverwalter auszuübende, KO. § 36, und meines Erachtens der Konkursmasse als Sondergut zustehende Anfechtungsrecht [44]. Dieses Recht ist schon wegen der Verschiedenheit der Wirkung [45] nicht identisch mit den Anfechtungsrechten der Gläubiger [46]. Aus praktischen Gründen gestattet jedoch das AnfG. § 13 dem Konkursverwalter, in einem von einem Konkursgläubiger begonnenen Anfechtungsprozeß unter Veränderung des Prozeßinhaltes einzutreten. Nach Beendigung des Konkurses tritt das Anfechtungsrecht der Gläubiger wieder an Stelle des der Konkursmasse zustehenden Anfechtungsrechts, § 13 IV [47]. Ähnlich verhält es sich mit den Rechten der Gläubiger aus HGB. §§ 171, 217, 241. Das Gesetz spricht zwar davon, daß diese Rechte im Konkurs der Gesellschaft vom Konkursverwalter „ausgeübt" werden; das ist aber so zu verstehen,

[42] RG. 61, 102; Dernburg § 103 II; Cosack § 197 Note 7; Wolff, Sachenrecht § 64 Note 18; a. A. Hellwig, Lehrb. § 39 Note 5.

[43] Der Eigentumserwerb des Fiskus durch strafrechtliche Einziehung ist derivativ, wenn die Einziehung Eigentum des Täters voraussetzt (StrGB. § 40), originär, wenn sie ohne Rücksicht auf die Eigentumsverhältnisse erfolgt (z. B. StrGB. § 152).

[44] Bd. I § 19 Note 5.

[45] Die Anfechtung des einzelnen Gläubigers ermöglicht die Zwangsvollstreckung in den veräußerten Gegenstand; die Anfechtung durch den Konkursverwalter bewirkt, daß der Gegenstand als Bestandteil der Konkursmasse seiner Verfügung untersteht, vgl. Bd. I § 11 II 7 b.

[46] Hellwig, Rechtskraft 371; Jäger, Gläubigeranfechtung § 13 Anm. 1 spricht von einem Wechsel des anfechtungsberechtigten Subjekts und davon, daß „die Gläubigeranfechtung aus einem Individualrecht zu einem Gemeinschaftsrecht werde", wobei nicht klar hervortritt, ob an eine Sukzession oder an eine Rechtsverdrängung zu denken ist.

[47] Daß die gegen den Konkursverwalter erlangten Einreden der späteren Anfechtung der Gläubiger entgegenstehen, beruht auf praktischen Rücksichten und ist kein Beweis für Sukzession.

daß anstelle der bisherigen Rechte der Gläubiger ein vom Konkursverwalter auszuübendes (und meines Erachtens der Konkursmasse zustehendes)[48] Recht entsteht, welches nach Beendigung des Konkurses wieder den Rechten der Gläubiger Platz macht.

Ablösung von Rechten findet statt, wenn das frühere Recht untergeht und an dessen Stelle durch eine vom Bestand des früheren Rechts unabhängige Tatsache ein neues Recht desselben Inhaltes tritt. Beispiele dafür sind die Rechte mehrerer aufeinander folgender Vormünder, Testamentsvollstrecker, Nachlaßverwalter, Konkursverwalter usw.[49]. Die Rechtsstellung des neuen Vormundes hat zwar den Wegfall des früheren zur Voraussetzung; insofern kann man ihn einen Nachfolger im Amte nennen[50]. Aber seine Machtbefugnisse sind nicht von denen des Vorgängers abgeleitet, sondern stammen aus derselben Quelle, wie diese: Ernennung durch das Gericht bzw. beim Testamentsvollstrecker: Wille des Erblassers[51]. Ebenso tritt bei einem der Anfechtung ausgesetzten Erbvertrag anstelle des Anfechtungsrechts des Erblassers bei seinem Tode ein Anfechtungsrecht der in § 2080 bezeichneten Person, § 2285[52].

Auch bei den mit einem Inhaberpapier verbundenen Rechten findet nicht Sukzession, sondern Ablösung von aufeinanderfolgenden Rechten statt. Mit Ausstellung der Urkunde ist noch kein Recht entstanden, sondern nur die Grundlage zu einem Recht gegeben. Auf dieser Grundlage entsteht für jeden berechtigten Inhaber mit dem Recht am Papier zugleich das im Papier beurkundete Recht, insbesondere eine Forderung auf die

---

48 Staub § 171 Anm. 8, § 217 Anm. 3, § 241 Anm. 16.

49 Vgl. Cosack § 395 II.

50 § 2100 II.

51 Auch die elterliche Gewalt geht nicht vom Vater auf die Mutter über, sondern entsteht, wenn sie beim Vater erlischt, originär in der Person der Mutter, § 1684, vgl. Bd. I § 3 Note 1. Daher wirkt Verzicht des Vaters auf seine Nutznießung, § 1662, nicht gegen die Mutter; Walsmann, Verzicht 289.

52 Dies Anfechtungsrecht setzt voraus, daß das Anfechtungsrecht des Erblassers zur Zeit des Erbfalles nicht erloschen war, ist aber trotzdem nicht als ein vom Erblasser übergehendes, sondern als im Moment des Erbfalles neuentstandenes Recht zu betrachten; denn Rechtsnachfolger des Erblassers ist, solange der Erbvertrag nicht angefochten ist, der Vertragserbe, gegen welchen sich das Anfechtungsrecht der in § 2080 bezeichneten Person richtet; daher beginnt für dieses Anfechtungsrecht die Frist des § 2283 von neuem zu laufen, Planck § 2285, 2.

in der Urkunde versprochene Leistung, § 793. Mit dem Recht am Papier verliert der Inhaber die Forderung; mit dem Erwerb des Rechts am Papier entsteht für den neuen Inhaber eine neue Forderung des im Papier bezeichneten Inhalts [53]. Das Recht am Papier kann originär oder derivativ [54] erworben werden; die mit dem Papier verbundene Forderung entsteht für den neuen Inhaber stets in originärer Weise [55]; denn sie ist inhaltlich unabhängig von der Forderung des früheren Inhabers, § 796. Der Inhaber hat die Forderung nicht deswegen, weil sie dem früheren Inhaber zustand, sondern weil er selbst Inhaber des Papieres ist, durch welches die Zuständigkeit der Forderung vermittelt wird [56]. Für den Aussteller bilden die Forderungen der einander ablösenden Inhaber eine einheitliche Belastung, die durch einmalige Leistung getilgt wird [57].

Ähnlich verhält es sich mit den indossablen Papieren: das Recht am Papier wird durch Indossament derivativ erworben [58]; die im Papier beurkundete Forderung ist für jeden Indossatar unabhängig vom Bestande der Forderung des Indossanten, WO. Art. 82, HGB. § 364 II. Der Forderungserwerb des Indossanten ist originär [59]. Das Indossament bewirkt nach WO. Art. 10, HGB.

---

[53] Liegt zwischen Verlust und Erwerb des Eigentums am Papier ein Interregnum der Herrenlosigkeit, so besteht keine Forderung, wohl aber eine Bindung des Ausstellers, vgl. ob. § 2 S. 77.

[54] Originär bei Okkupation oder Fund, derivativ bei Übergabe durch den Eigentümer und bei gutgläubigem Erwerb nach § 932, vgl. unt. V,

[55] Planck § 796, 1; Endemann I § 196 Anm. 46; Cosack § 257 I; Enneccerus § 430 II; Oertmann, Bem. 6 vor § 793; vgl. ob. § 2 IV 2. Dagegen lehrt Hellwig, Rechtskraft § 44, abgeleiteten Erwerb der Forderung des neuen Inhabers, obgleich er (Anm. 7) diese Forderung als neu erstanden betrachtet.

[56] Vgl. Bd. I S. 68.

[57] Für alle aus der Ausstellung sich ergebenden Forderungen künftiger Inhaber kann eine Hypothek bestellt werden, § 1188, ohne daß man deshalb einen Übergang der Forderung von einem Inhaber auf den anderen zu konstruieren braucht, Regelsberger a. a. O. 377. Wird für eine Inhaberforderung ein Pfandrecht bestellt, so ist § 1250 analog anzuwenden: das Pfand haftet für die Forderung des jeweiligen Inhabers. Die Haftung des bisherigen Pfandgläubigers ist arg. § 1251 II 3 ausgeschlossen, wenn der Inhaber das Papier nicht durch Veräußerung seitens des Vorgängers erworben hat.

[58] Originärer Erwerb des Wechsels (durch Okkupation oder Fund) ist durch das Erfordernis des Indossaments ausgeschlossen.

[59] Dernburg II § 145 Anm. 2, § 266; Lehmann, Handelsr.

§ 364 I „Übergang der Rechte aus dem Wechsel", nicht Übergang der Rechte des Indossatars. Wenn der Indossant eine Forderung aus dem Wechsel hatte, so wird sie durch die neuentstandene Forderung des Indossatars verdrängt [60].

Oft ist es dieselbe Tatsache, welche gleichzeitig den Untergang eines bestehenden und die Entstehung eines neuen Rechts herbeiführt, ohne daß man sagen kann, ob der Untergang des früheren oder die Entstehung des neuen Rechts logisch und zeitlich das Prius ist. So wird durch die Rücknahmeerklärung des hinterlegenden Schuldners, § 376, gleichzeitig für ihn eine Rückgabeforderung begründet und die Forderung des Gläubigers gegen die Hinterlegungsstelle aufgehoben [61]. Ebenso kann beim Vertrag zugunsten Dritter der Promissar die Befugnis haben, anstelle des im Vertrag bezeichneten Dritten einen anderen zu setzen (durch einseitige Erklärung oder Verfügung von Todeswegen, § 332). Durch Ausübung dieser Befugnis wird das Recht des A durch ein Recht des B von gleichem Inhalt abgelöst; es liegt keine Sukzession zwischen A und B vor [62], weil B sein Recht nicht von dem des A ableitet, sondern aus demselben Vertrage, wie dieser; durch die spätere Bestimmung des Promissars wird das Recht des A nicht übertragen, sondern aufgehoben und durch ein gleichinhaltliches originär entstandenes Recht des B ersetzt.

Unter den Begriff der Rechtsverdrängung fällt das Unwirksamwerden der während schwebender Bedingung getroffenen weiteren Verfügungen, § 161. Wenn A ein Recht unter aufschiebender Bedingung an B veräußert und sodann unbedingt an C, so

---

§ 146 Anm. 5; Romeick a. a. O. 107; Grünhut, Wechselr. § 28 S. 285 (der Erwerb der Forderung durch den Indossatar soll stets originär sein und, wenn der Indossant eine Forderung hatte, zugleich derivativ); Staub, WO. Art. 10 Anm. 3 nennt die Wirkung des Indossaments eine rechtsverstärkende Übertragung; das scheint mir, wenn der Indossant keine Forderung hatte, nichts anderes zu bedeuten, als originären Erwerb. Für derivativen Erwerb Hellwig, Rechtskraft § 42 fg.

[60] Hatte der Inhaber resp. Indossant selbst eine Forderung aus dem Papier, so liegt in der Übergabe des Papiers resp. im Indossament eine Zuwendung an den neuen Gläubiger durch Verschaffung einer Forderung und gleichzeitige Minderung des eigenen Vermögens. In diesem Falle ist es gerechtfertigt, den neuen Gläubiger der Anfechtung aus KO. § 40 II zu unterwerfen und ihn im Sinne der Anfechtung als Rechtsnachfolger zu bezeichnen, Jäger, KO. § 40 Anm. 8, vgl. unt. Note 114.

[61] Vgl. ob. § 7 Note 19.

[62] A. A. Hellwig, vgl. oben Note 7.

entsteht zunächst für B eine aus dem Recht des A abgeleitete Anwartschaft [63], während das Recht selbst dem A verbleibt und auf C übergeht. Mit Eintritt der Bedingung erwächst aus der Anwartschaft des B das volle Recht; diesem Rechte muß das bisherige Recht des C weichen. Aber B ist nicht Rechtsnachfolger des C, sondern des A; denn seine Rechtsstellung ist abhängig nicht von der weggefallenen Zwischenberechtigung des C, sondern vom Rechte des A. Ebenso verhält es sich mit dem Rückfall des Rechts bei Eintritt einer auflösenden Bedingung, § 158 II: veräußert A ein Recht unter auflösender Bedingung an B, so geht das Recht allerdings auf B über und kann von ihm weiter auf C übertragen werden, aber dem A verbleibt eine Anwartschaft (Rückfallsrecht); wenn nun die Bedingung eintritt, erwächst aus dieser Anwartschaft für den A das frühere Recht, während das Recht des B bzw. das seines Rechtsnachfolgers C (§ 161 II) dahinfällt. A ist daher nicht Rechtsnachfolger des B [64], denn sein jetziges Recht ist aus seinem früheren, nicht restlos aufgegebenen Recht abgeleitet [65], und nicht aus der Zwischenberechtigung des B oder C. Aus demselben Grunde findet keine Sukzession statt, wenn ein anfechtbar veräußertes Recht infolge der Anfechtung an den Veräußerer zurückfällt [66]: der Veräußerer erwirbt das Recht nicht deshalb, weil es dem Anfechtungsgegner zugestanden hat, sondern deshalb, weil es ihm selbst vor der durch die Anfechtung nichtig gewordenen Veräußerung gehört hatte. Diese Sachlage ist bei der Anfechtung noch klarer als bei der auflösenden Bedingung, weil die Anfechtung rückwirkende Kraft hat [67] und daher das Zwischenrecht des der Anfechtung ausgesetzten Erwerbers als nicht bestanden habend zu betrachten ist, § 142 I [68].

Aus dieser Auffassung ergibt sich, daß auch der Nacherbe

[63] Vgl. ob. Note 18.

[64] So die herrschende Meinung: Planck § 161, 2; Windscheid-Kipp § 90; Strohal a. a. O. 30; Sohm, Gegenstand 44; Enneccerus § 130; Oertmann § 158, 2c; Stein, ZPO. § 325 Anm. 34; a. A. Hellwig, Rechtskraft 109, Lehrb. § 39 III 2.

[65] Vgl. unt. § 45 Note 48.

[66] Planck § 142, 1; Oertmann § 142, 2; Dernburg § 118 Note 3; Stein, ZPO. § 325 Anm. 35; a. A. Hellwig, Rechtskraft 119, Lehrb. § 34 Note 22, § 39 Note 28.

[67] Vgl. unten § 57.

[68] Dagegen liegt Sukzession vor, wenn der Veräußerer das veräußerte Recht auf Grund eines obligatorischen Anspruchs (z. B. infolge eines Rücktritts oder des Widerrufs einer Schenkung) zurückerhält.

nicht Rechtsnachfolger des Vorerben, sondern wie dieser Rechtsnachfolger des Erblassers ist [69]; denn beide leiten ihr Recht vom Erblasser her. Der Vorerbe sukzediert dem Erblasser unmittelbar in die zum Nachlaß gehörenden Rechte, der Nacherbe erwirbt mit dem Erbfall eine aus der Rechtsstellung des Erblassers abgeleitete Anwartschaft [70], aus welcher bei Eintritt der Bedingung oder des Termines die Vollrechte erwachsen [71]. Die Anwartschaft des Nacherben ist weniger intensiv geschützt, als die des bedingten Erwerbers bei Verfügungen unter Lebenden [72]: der Vorerbe verwaltet den Nachlaß und kann in gewissem Umfange, § 2112/5, über Nachlaßgegenstände mit der Wirkung verfügen, daß die Anwartschaft des Nacherben zerstört wird; mit dem Verwaltungsrecht des Vorerben hängt es zusammen, daß Urteile in Prozessen des Vorerben für und in gewissen Schranken auch gegen den Nacherben wirken, ZPO. § 326, obgleich er nicht Rechtsnachfolger des Vorerben ist, und daß der Eintritt der Nacherbfolge während eines Prozesses des Vorerben unter gewissen Umständen so behandelt wird, wie der Eintritt einer Rechtsnachfolge, ZPO. § 242 [73].

III. Die Aufeinanderfolge mehrerer Berechtigter kann, wie wir gesehen haben, bald Sukzession sein, bald ein Verdrängen oder Ablösen eines Rechts durch ein anderes Recht von gleichem Inhalt. Zieht man nur die zeitliche Reihenfolge der Berechtigten in Betracht, ohne den Mangel eines juristischen Bandes zwischen ihnen zu beachten, so kann man auch bei einander ablösenden

---

[69] Planck § 2139, 2; Dernburg V § 56 I; a. A. Hellwig, Rechtskraft § 32, Lehrb. § 39 Note 33 fg.

[70] Vgl. ob. Note 18.

[71] Kommen während der Vorerbschaft neue Gegenstände durch Surrogation, § 2111, zum Nachlaß, so könnte es scheinen, als ob der Nacherbe in bezug auf diese Gegenstände, die dem Erblasser nie gehört haben, als Rechtsnachfolger des Vorerben betrachtet werden müsse, Hellwig, Rechtskraft § 32 Note 3. In der Tat erwirbt aber der Nacherbe an diesen Gegenständen, sobald sie Bestandteile des Nachlasses werden, dieselbe Anwartschaft, wie an den ursprünglichen Nachlaßgegenständen. Diese Anwartschaft ist nicht aus dem gleichzeitig entstehenden Recht des Vorerben abgeleitet, sondern aus der Anwartschaft an den Nachlaßgegenständen, an deren Stelle die surrogierten Gegenstände treten.

[72] Vgl. ob. § 9 Note 9.

[73] Auch bei der Anwachsung, §§ 1935, 2094, beruht der Erwerb auf dem Wegfall eines Miterben. Der Erwerber ist aber Rechtsnachfolger nicht des wegfallenden Miterben, sondern des Erblassers.

oder verdrängenden Rechten von einem Vorgänger und Nachfolger im Recht sprechen. In diesem weiteren, untechnischen Sinn wird das Wort Rechtsnachfolge nicht nur im Sprachgebrauch des Lebens verwendet, sondern auch im BGB. da, wo es nicht darauf ankommt, ob das Recht des jetzigen Subjekts von dem des früheren abgeleitet ist. Das ist namentlich der Fall, wenn es sich um dingliche Belastungen einer Sache handelt [74]. Solche Belastungen sind unabhängig von der Person des Eigentümers; sie treffen den jeweiligen Eigentümer ohne Rücksicht darauf, ob er zum Voreigentümer in einem Sukzessionsverhältnis steht [75]. In diesem Sinn ist Rechtsnachfolge in den §§ 1164, 1173, 1174, 1182, 2168 zu verstehen [76].

IV. Die Unterscheidung zwischen ursprünglichem und abgeleitetem Erwerb kommt auch beim Besitz in Betracht [77]: das Gesetz spricht mehrfach von einem Besitzerwerb durch Rechtsnachfolge, §§ 221, 943, von einem Rechtsvorgänger, §§ 861/2, und einem Rechtsnachfolger des Besitzers, § 999 I. Originär wird der Besitz erworben durch Erlangung der tatsächlichen Gewalt, § 854 I, wenn dieselbe ohne Zustimmung des Vorbesitzers stattfindet [78]. Der derivative Besitzerwerb erfolgt durch Erbgang, § 857, oder durch Übergabe der Sache seitens des Vorbesitzers [79]; die Übergabe kann sich darstellen als Erlangung der tatsächlichen Gewalt, § 854 I, mit Zustimmung des Vorbesitzers, oder als rein konsensualer Vorgang: denn das Gesetz begnügt sich bei Einigung des Vorbesitzers mit dem Besitzerwerber damit, daß letzterer in

---

[74] Vgl. ob. Note 36.

[75] Dasselbe gilt von den mit der Sache verbundenen subjektiv-dinglichen Rechten, § 96. Sie stehen als „Bestandteile des Grundstücks" dem jeweiligen Eigentümer zu, vgl. ob. Note 39.

[76] Regelsberger a. a. O. 370; Sohm, Gegenstand 37.

[77] Strohal, JheringsJ. 38, 59; Kipp, Bem. I 3 zu Windscheid §§ 148, 155; Hellwig, Rechtskraft § 36; Gierke II § 115 IV; Endemann II § 37, 3; Cosack § 187; Wolff, Sachenrecht § 11; Planck § 221, 2; Staudinger § 221, 5. Die Möglichkeit einer Singularsukzession in den Besitz wird in Abrede gestellt von Binder, Rechtsstellung des Erben § 2 Anm. 44, ZHRt. 59, 35; Sohm, Gegenstand 26 fg., 45 fg.; v. Schwerin 46 fg. Vgl. ob. § 12 Note 7 a.

[78] Wird ein Vorbesitzer durch originären Besitzerwerb verdrängt, so ist der Besitz infolge der verbotenen Eigenmacht fehlerhaft, § 858.

[79] Über die Ableitung des unmittelbaren Besitzes (Fremdbesitzes) aus dem mittelbaren Besitz vgl. unt. § 45 Note 35.

der Lage ist, die Gewalt über die Sache auszuüben, § 854 II [80]; ein in dieser Weise erworbener Besitz wird, wenn die tatsächliche Gewalt hinzukommt, in gewisser Richtung verstärkt [81]. Der derivative Besitzerwerb ist begriffsmäßig davon abhängig, daß die Person, von welcher der Erwerber seinen Besitz ableitet, selbst Besitzer war; das gilt sowohl beim Erbgang als bei der Übergabe: war der Tradent nicht Besitzer, so ist der Besitz im Fall des § 854 I in originärer Weise, im Fall des § 854 II überhaupt nicht erworben [82]. Bei derivativem Besitz gelten einige Rechtsfolgen, die bei originärem Besitz nicht eintreten; der Besitzer darf die seinem Rechtsvorgänger gegenüber geübte Eigenmacht vergelten, §§ 861/2 [83]; er genießt bei Ersitzung und Verjährung die accessio temporis, §§ 943, 221; er kann für die Verwendungen seines Rechtsvorgängers vom Eigentümer Ersatz verlangen, § 999 I [84]; er ist Rechtsnachfolger des Vorbesitzers im Sinn von ZPO. § 325 [85]. Dagegen braucht der „Nachfolger im Besitz" in § 858 II nicht Rechtsnachfolger des Vorbesitzers im technischen Sinn zu sein; es genügt, daß er bei seinem wenn auch originären Besitzerwerb die Fehlerhaftigkeit des Besitzes seines Vorgängers kannte [86].

V. Aus dem Begriff des derivativen Erwerbs folgt logisch, daß der Rechtsnachfolger nicht mehr Rechte haben kann, als der Rechtsvorgänger [87]. Von diesem Satz kann es, da er nur den

[80] War die Einigung des § 854 II unwirksam oder wird sie durch Anfechtung nachträglich nichtig, so begründet die Erlangung der tatsächlichen Gewalt originären Besitz.

[81] Vgl. ob. § 6 Note 33; Wolff, Sachenrecht § 11 II, § 12 I 3.

[82] Daher falsch: Sohm 47: „Niemand besitzt (außer dem Erben), weil sein Rechtsvorgänger besaß."

[83] Planck § 861, 4a; § 862, 5a; Kipp, Bem. I 3 zu Windscheid § 150; Bem. I 2 zu § 162a; Wolff, Sachenrecht § 18 Anm. 4.

[84] Planck § 221, 2.

[85] Derivativer Besitzerwerb (durch Überlassung des Besitzes) kommt ferner in Betracht in § 571 I, § 956 I: die Überlassung setzt Besitz in der Person des Überlassenden voraus.

[86] Planck § 858, 3b; Hellwig, Rechtskraft § 52, Note 5; Wolff, Sachenrecht § 16 Anm. 17.

[87] Eine Anwendung dieses Satzes ist § 404: „Der Schuldner kann dem neuen Gläubiger die Einwendungen entgegensetzen, die zur Zeit der Abtretung der Forderung gegen den bisherigen Gläubiger begründet waren." Wer keine Forderung hat, kann keine Forderung abtreten. Die Zession einer beim Zedenten inhaltlosen actio, mit welcher die römischen Juristen operierten, um dem Zessionar eine actio für die in seiner Person entstehen-

Begriff der Rechtsnachfolge entwickelt, keine Ausnahme geben [88]. Dagegen ist der bekannte Satz: nemo plus iuris transferre potest quam habet ipse [89] insofern ungenau, als es Fälle gibt, in denen jemand die Befugnis hat, über fremdes Recht zu verfügen [89a], insbesondere das fremde Recht zu übertragen. Wird das Verfügungsgeschäft im Namen des Rechtssubjekts vorgenommen, so ist der Verfügende Vertreter und bedarf einer Vertretungsmacht, § 164. Über gewisse Rechte, insbesondere über Rechte an beweglichen Sachen [90], kann ein Dritter auch in eigenem Namen verfügen, wenn er die Einwilligung des Rechtssubjektes, § 185 I, oder eine sonstige Befugnis dazu hat [91]. In solchen Fällen kann es zweifelhaft sein, wer als Rechtsvorgänger des Erwerbers zu betrachten ist. Hellwig [92] bezeichnet als Rechtsvorgänger sowohl den früheren Inhaber des Rechts, als den, der über dies Recht wirksam verfügt hat. Meines Erachtens kann im Sinn des materiellen Rechts der Erwerber Rechtsnachfolger nur der Person sein, deren Recht auf ihn übergegangen ist. Daher ist auch der Pfandkäufer Rechtsnachfolger nicht des Pfandberechtigten, sondern des Eigentümers der Pfandsache. Das gilt im allgemeinen auch für § 325 ZPO.: wird von einem Vertreter des X oder dem Ehemann der X eine Sache veräußert, über welche X einen Prozeß führt, so muß der Erwerber das Urteil in diesem Prozesse gegen sich

den Ansprüche zu verschaffen, ist ein für unser Recht unverwendbares Konstruktionsmittel; Tuhr, GrünhutsZ. 25, 30, KrVJSchr. 47, 88. Trotzdem wird dieser Behelf in der Literatur, z. B. Fischer, Schaden 103, Krückmann, JheringsJ. 56, 312, und bisweilen auch in der Rechtsprechung, z. B. RG. 59 Nr. 69 S. 240; 73, 216 angewendet; er dient aber meines Erachtens weniger zur Erklärung der Rechtslage, als zur Beruhigung des juristischen Gewissens.

[88] Wenn infolge eines Vorganges, der sich äußerlich als Rechtsnachfolge darstellt, ein Recht erworben wird, welches dem Veräußerer nicht zustand, so kann dieses bisher nicht bestehende Recht nicht anders als originär entstanden sein. So ist z. B. bei simuliertem Schuldvertrag der Aussteller des Schuldscheins nicht Schuldner dessen, dem er den Schuldschein aushändigt; er wird es erst, wenn der Schuldschein einem Dritten ausgehändigt wird, der die Forderung bona fide durch Zession erwerben will, § 405.

[89] L. 54 de reg. iur. 50, 17.

[89a] Vgl. unt. § 60.

[90] Die „anonymen" Rechte, vgl. Bd. I § 2 III.

[91] Z. B. der Ehemann nach § 1376.

[92] Hellwig, Rechtskraft 134, Lehrb. § 39 Note 13.

gelten lassen. Eine Ausnahme ist für § 325 ZPO. bei der Pfandveräußerung zu konstatieren: das Pfandrecht ist konstitutiv aus dem Eigentum abgeleitet, kann aber auch bei fehlendem Eigentum des Pfandbestellers durch guten Glauben entstehen, § 1207, und ist, einmal entstanden, vom Eigentum des Bestellers unabhängig [93]. Daher kann ein Urteil gegen den Pfandbesteller den Pfandgläubiger nicht betreffen, wenn das Pfandrecht vor der Rechtshängigkeit entstanden ist. Wird aber das Pfandrecht von einem Prozeß des Pfandbestellers nicht berührt, so muß auch das Eigentum, welches der Pfandgläubiger dem Käufer verschafft, vom Ausgang dieses Prozesses unabhängig sein. Im Sinne von ZPO. § 325 ist daher als Rechtsvorgänger des Pfandkäufers nur der Pfandgläubiger, nicht der Verpfänder zu betrachten [94].

Verfügt jemand unberechtigterweise über fremdes Recht, so ist die Verfügung prinzipiell unwirksam. Von diesem Satz gibt es aber wichtige Ausnahmen: verfügt ein im Grundbuch als Inhaber eines Rechts Eingetragener über dieses Recht, oder der Besitzer einer Mobilie über die Sache, oder der Inhaber eines Erbscheins über einen Nachlaßgegenstand, so sind diese Verfügungen bei gutem Glauben des Erwerbers dem Berechtigten gegenüber wirksam, §§ 892, 932, 2366. Es ist streitig, ob der auf gutem Glauben beruhende Erwerb als derivativ [95] oder originär [96] zu betrachten ist [97]. Für die Annahme eines originären Erwerbs

[93] Vgl. unter § 45 Note 75. In beiden Beziehungen gilt das Gegenteil von den Befugnissen des Bevollmächtigten, des nach § 185 I Ermächtigten oder des Ehemannes: die Verfügungsmacht dieser Personen ist in Entstehung und Fortbestand abhängig vom Eigentum dessen, für den sie handeln.

[94] Enneccerus § 131 Note 3 bezeichnet den Pfandgläubiger als den unmittelbaren, den Pfandbesteller als den mittelbaren Rechtsvorgänger des Pfandkäufers.

[95] Hellwig, Rechtskraft § 13, Lehrb. § 39 II, § 162 Anm. 39; Wendt, ArchZivPr. 89, 17; Gierke § 32 Anm. 2, § 119 Anm. 120, § 134 Anm. 119; Crome § 71, 4 b; Wolff, Sachenrecht § 45 Anm. 26, § 69 Anm. 19.

[96] Bekker § 33 Beil. IV; Windscheid-Kipp § 64 Anm. 6; Planck § 932, 3; Enneccerus § 132; Regelsberger, JheringsJ. 47, 377; Romeick a. a. O. 35 fg.; Sohm, Gegenstand 52.

[97] Strohal, Erbrecht § 68 Anm. 6 h und Sohm, Gegenstand 53 Anm. 9, erklären den Erwerb auf Grund eines Erbscheines, § 2366, weil er Zugehörigkeit des Rechtes zum Nachlaß voraussetzt, für derivativ; den sonstigen Erwerb durch guten Glauben für originär. Schwerin 32 hält den gutgläubigen Erwerb für originär, trotzdem aber für einen

spricht die Erwägung, daß der Verfügende weder Inhaber des Rechts ist, über das er verfügt, noch eine Befugnis zu solcher Verfügung hat, daß also der Erwerber ein Recht erhält, welches dem Verfügenden nicht zustand [98]. Der Grund, warum das Gesetz den Erwerb eintreten läßt, liegt in der Person des Erwerbers; sein guter Glaube soll im Interesse des Verkehrs geschützt sein; er soll daher das Recht jedenfalls erwerben, ohne Rücksicht darauf, ob es dem Verfügenden oder einem Dritten zusteht. Es besteht eine gewisse Ähnlichkeit zwischen dem gutgläubigen Erwerb und der zweifellos originär wirkenden Ersitzung [99], auf welche der Erwerber im gemeinen Recht in diesen Fällen angewiesen war: der gute Glaube verschafft das Recht bei der Ersitzung nach Ablauf eines Zeitraumes, in den Fällen der §§ 892, 932, 2366 mit Eintritt des Erwerbstatbestandes [100].

Andererseits spricht für derivativen Erwerb die Struktur des Erwerbstatbestandes [101]: der gute Glaube verschafft das Recht nur dann, wenn ein Verfügungsgeschäft vorliegt, welches allen Erfordernissen einer gültigen Verfügung entspricht: Veräußerer und Erwerber müssen die nötige Geschäftsfähigkeit haben [102], ihre Einigung muß frei von Willensmängeln sein, die zur Veräußerung nötigen Handlungen (Eintragung, Übergabe) müssen vorgenommen sein. Nur das fehlende Recht des Veräußerers wird durch den guten Glauben des Erwerbers ersetzt. Der gutgläubige Erwerb ist darauf angelegt, derivativ zu wirken; er hat auch in der Meinung des Erwerbers diese Wirkung. In diesem Sinn sagt

Fall der Rechtsnachfolge, was mir begrifflich ausgeschlossen zu sein scheint.

[98] Für originären Erwerb spricht ferner der Wegfall der Belastungen, § 936, aber nur scheinbar; denn dieser Wegfall ist nicht Folge des gutgläubigen Eigentumserwerbs, sondern tritt auch dann ein, wenn der Erwerber das Eigentum durch Verfügung des Eigentümers, also derivativ, erwirbt und in bezug auf die Belastungen gutgläubig ist.

[99] Mot. III S. 342.

[100] Daher sprechen französische Juristen von einer préscription acquisitive momentanée, Endemann II § 81 Anm. 16, Regelsberger a. a. O. 373.

[101] Endemann II § 81, 2: „Der gutgläubige Erwerb ist dem Tatbestand nach abgeleitet, der Wirkung nach selbständiger Erwerb.“ Dasselbe meint Dernburg § 103 V 2, wenn er den gutgläubigen Erwerb als derivativ bezeichnet, weil er darauf angelegt ist, sich durch Übergang von einem Vorgänger zu vollziehen.

[102] Vgl. unt. § 58.

das Gesetz in §§ 135, 161 und an anderen Stellen, daß der Erwerber „sein Recht von einem Nichtberechtigten herleitet". Allerdings befindet sich der Erwerber im Irrtum; er glaubt ein Recht vom Veräußerer zu erwerben, welches diesem tatsächlich nicht gehört [103]. Immerhin verschafft der Veräußerer durch seine Verfügung dem Erwerber das Recht, indem er ihn in die Lage bringt, es vermöge seines guten Glaubens zu erwerben [104]. Die Verfügung des Nichtberechtigten ist für den Erwerb aus §§ 892, 932, 2366 eine ebenso unentbehrliche Voraussetzung, wie der gute Glaube des Erwerbers.

Nimmt man originären Erwerb an, so wäre, wie bei der Ersitzung, das Recht des gutgläubigen Erwerbers als neuentstanden zu betrachten; das Recht des bisher Berechtigten wäre mit der Entstehung des neuen Rechts vernichtet, durch dieses verdrängt. Diese Auffassung läßt sich beim gutgläubigen Erwerb von Eigentum und anderen dinglichen Rechten durchführen; sie stößt aber auf unüberwindliche Schwierigkeiten beim Erwerb von bereits bestehenden Forderungen [105]. Zediert der Inhaber eines Erbscheines eine Nachlaßforderung an X, so erwirbt bei gutem Glauben X diese Forderung. Hält man diesen Erwerb für originär, so muß man annehmen, daß für den Schuldner durch die Zession des Erbscheininhabers eine neue Verpflichtung entsteht, während gleichzeitig seine Verpflichtung gegenüber dem Erben erlischt. Tatsächlich ist aber die vom Zessionar erworbene Forderung keine

---

[103] Cosack § 2 S. IV bezeichnet den unberechtigten Veräußerer treffend als „Scheinrechtsvorgänger" des gutgläubigen Erwerbers.

[104] Rechtsverschaffung ohne Übertragung eines Rechts kommt auch sonst vor, vgl. ob. Note 9). Wenn der Verfügende zur Verschaffung des Rechts verpflichtet war, z. B. als Verkäufer nach § 433, so hat er seine Pflicht erfüllt, wenn der Käufer durch Übergabe der Sache, sei es auch auf Grund seines guten Glaubens, Eigentümer geworden ist, Planck § 433, 6a; Dernburg II § 113 III; Hellwig, Rechtskraft § 13 Note 24. (Die Polemik von Romeick a. a. O. halte ich für unbegründet, vgl. Eccius, Gruchot 48, 418.) War zwischen dem Verfügenden und dem Erwerber Schenkung verabredet, so kommt bei Erwerb durch guten Glauben die Schenkung nicht zustande, weil der Erwerber nicht aus dem Vermögen des Verfügenden bereichert ist, und weil andererseits zwischen ihm und dem früheren Eigentümer, auf dessen Kosten er bereichert ist, keine causa donandi besteht.

[105] Dagegen kann der auf gutem Glauben beruhende Erwerb einer bisher nicht bestehenden Forderung (bei Inhaberpapieren und indossablen Papieren, vgl. oben S. 44, sowie im Fall des § 405) nicht anders als originär sein.

neuentstandene, sondern sie ist die bisher dem Erben zustehende Forderung, ausgestattet mit allen Nebenrechten und behaftet mit allen Einwendungen (§ 404). Der Erfolg der Zession des Erbscheininhabers läßt sich ohne Zwang nicht anders auffassen, als daß er die Forderung des Erben auf den Zessionar überträgt. Dasselbe muß dann auch für alle Verfügungen des Erbscheininhabers, des im Grundbuch eingetragenen und des Besitzers einer Mobilie angenommen werden. Eine Befugnis zur Verfügung steht allerdings diesen Personen nicht zu; ihr Handeln ist objektiv, und wenn sie mala fide sind, subjektiv widerrechtlich; aber das Gesetz verleiht diesen Handlungen, favore acquirentis, Wirksamkeit gegenüber dem Berechtigten: der Nichtberechtigte hat unter gewissen Umständen, bei gutem Glauben des Erwerbers, nicht das Recht [106], wohl aber die faktische Möglichkeit [107], ein fremdes Recht zu übertragen [108].

Somit erwirbt der Gutgläubige nicht ein neu entstehendes Recht, sondern das Recht des bisher Berechtigten [109]. Er ist daher, auf Grund eines abnormen Sukzessionstatbestandes, dessen Rechtsnachfolger, und kann sich nach ZPO. § 325 I auf ein vom Vorberechtigten erstrittenes Urteil berufen; hat z. B. der Erblasser in einem Prozeß gegen seinen Schuldner gesiegt und wird die Forderung von einem falsus heres mit Erbschein an X zediert, so kommt dem X die Rechtskraft des Urteils zugute.

Betrachtet man den gutgläubigen Erwerb als derivativ, indem man dem nichtberechtigten Verfüger bei bona fides des Erwerbers die Möglichkeit zuschreibt, fremdes Eigentum zu übertragen, so muß man einen Schritt weiter gehen und derivativen

---

[106] Vgl. ob. § 7 Note 33.

[107] Hellwig, Lehrb. § 39 Note 19 bezeichnet diese Möglichkeit als „Macht zur Verfügung", Gierke § 32 Anm. 2 als „formelle Verfügungsmacht", Crome a. a. O., Endemann II § 61, 1 a, § 81, 2 und andere sprechen von einer Legitimation der zu Unrecht Verfügenden.

[108] Die Rechtslage ist ähnlich wie bei einer „erloschenen" Vollmacht, welche nach § 170/3 dem Dritten gegenüber „bestehen" bleibt, so lange er das „Erlöschen" der Vollmacht nicht kennt. Mit Recht weist Hellwig, ZivProz. § 128 Note 8 darauf hin, daß in diesen Fällen der ehemals Bevollmächtigte keine Vertretungsmacht hat, sondern nur die auf dem guten Glauben des Dritten beruhende Möglichkeit, Rechtswirkungen für den Vollmachtgeber herbeizuführen.

[109] Daß der gutgläubige Erwerber Rechtsnachfolger des bisher Berechtigten ist, kommt auch für § 1100 in Betracht, Hellmann. Vorträge über das BGB. 52, Schwerin 33.

Erwerb auch da annehmen, wo das Gesetz ausnahmsweise der Verfügung eines Nichtberechtigten ohne Rücksicht auf guten Glauben des Erwerbers Wirksamkeit beilegt. Das ist der Fall bei der Subhastation: der Ersteher erwirbt nach ZVG. § 90 das Eigentum durch den Zuschlag auch dann, wenn das Grundstück nicht dem Vollstreckungsschuldner gehört und ohne daß es auf seinen guten Glauben ankommt. Vielfach wird dieser Erwerb deswegen als originär bezeichnet [110]. Richtiger scheint es mir, auch hier Eigentumsübertragung durch den subhastierenden Gläubiger anzunehmen [111]: wenn das Gesetz dem Nichtberechtigten die Möglichkeit gewährt, über fremdes Eigentum zu verfügen, ohne, wie sonst, bona fides des Erwerbers zu verlangen, so erklärt sich dies aus dem besonders starken Interesse an der Sicherheit des Zwangsvollstreckungsresultats und daraus, daß im Subhastationsverfahren genügend Kautelen bestehen, um den wahren Berechtigten, außer in ganz seltenen Fällen, gegen die Gefahr zu schützen, daß sein Grundstück infolge einer nicht gegen ihn gerichteten Zwangsvollstreckung versteigert wird [112].

Nach Hellwig [113] soll der bona fide Erwerber Rechtsnachfolger nicht nur des Vorberechtigten sein, sondern auch des Nichtberechtigten, durch dessen Verfügung er das Recht erlangt [114].

---

[110] So Dernburg III § 263, 2; Planck, Erl. VI zu § 873; für derivativen Erwerb Hellwig, Rechtskraft § 13 Note 7; Hirsch, Übertragung der Rechtsausübung 352, woselbst Literatur.

[111] Den Zuschlag erteilt das Gericht, nicht als Vertreter des Gläubigers, aber auf Veranlassung des Gläubigers, welcher durch Betreibung der Vollstreckung sein Vollstreckungsrecht am Grundstück ausübt, vgl. ob. Bd. I S. 176; Hirsch a. a. O. 122 fg., 336 fg., 355 fg.

[112] Auch in § 797, 2 (Aushändigung des Inhaberpapiers an den Aussteller durch einen nichtberechtigten Inhaber) verlangt das Gesetz zum Eigentumserwerb guten Glauben nicht; (trotzdem ist streitig, ob der Aussteller auch bei Kenntnis der Nichtberechtigung des Inhabers Eigentümer wird, Oertmann § 793, 4). Faßt man § 932 als derivativen Erwerb auf, so ist § 797, 2 ein erleichterter Fall eines solchen Erwerbes. Planck § 797, 4 und Regelsberger a. a. O. 364 lassen den Eigentumserwerb selbst dann eintreten, wenn der Inhaber bei der Aushändigung des Papiers nicht den Willen hatte, Eigentum zu übertragen; dieser Wille wird meines Erachtens dem Inhaber, wenn er Zahlung erhält, nie fehlen; vgl. unt. § 50.

[113] Rechtskraft 103; Lehrb. § 39 Note 13.

[114] Jäger, KO. § 40 Anm. 8 will in „weitherziger Auffassung des Begriffs der Rechtsnachfolge“ den gutgläubigen Erwerber als Rechtsnachfolger des Verfügenden behandeln. Meines Erachtens ist dies durch

Ich glaube, daß man unter Rechtsvorgänger im materiellen Sinn des Wortes nur die Person verstehen darf, auf deren Recht das Recht eines anderen beruht. Da nun der Verfügende weder das Recht, über welches er verfügt, noch eine aus diesem Recht abgeleitete Verfügungsbefugnis hat, so verdankt der gutgläubige Erwerber sein Recht zwar der Handlung [115], aber nicht der Rechtsstellung des Verfügenden, ist daher nicht dessen Rechtsnachfolger. Wenn er sein Recht vom Verfügenden herleitet, so entspricht das nicht der wirklichen Rechtslage, sondern nur der irrtümlichen Annahme des Erwerbers und dem äußeren Schein des Vorganges. Dieser Schein wird zerstört, sobald feststeht, daß der Verfügende nicht der Inhaber des Rechts war [116].

Dagegen ist im Sinne der prozessualen Vorschriften, insbesondere der §§ 265, 325 ZPO., unter Rechtsnachfolger auch der Erwerber zu verstehen, welcher sein Recht von einem nichtberechtigten Verfüger ableitet [117]; denn im Prozeß kommt die Rechtslage zunächst so in Betracht, wie sie sich nach den Behauptungen der Parteien darstellt [118]. Wenn es unter A und B streitig ist, ob ein von B an C veräußertes Recht dem B oder dem A zustand, so erscheint C, der sein Recht von B ableitet, zunächst

---

den Zweck der Anfechtung nicht geboten: denn wenn der zweite Erwerber den anfechtbar veräußerten Gegenstand kraft bona fides erwirbt, wird der Gegenstand in der Regel dem Gemeinschuldner nicht gehört haben, so daß die Anfechtung mangels Schädigung der Gläubiger ausgeschlossen ist; Jäger, KO. § 29 Anm. 42. Die Entsch. des RG. in SeuffA. 45, 248, auf welche sich Jäger beruft, bezeichnet das Indossament beiläufig als Rechtsnachfolge, ohne zu unterscheiden, ob der Indossatar das Papier durch gültige Begebung oder durch bona fides erwirbt. Vgl. ob. Note 60.

[115] Vgl. ob. Note 9.

[116] Trotzdem kann die Tatsache, daß der Erwerber sein Recht vom verfügenden Nichtberchtigten ableitet, auch im materiellen Recht von Bedeutung sein; so rückt z. B. der gutgläubige Erwerber eines Grundstückes nach § 571 in das vom Veräußerer begründete Mietsverhältnis ein, Mittelstein, Miete § 95 Anm. 25, vgl. ob. § 2 Note 19; denn wer durch Rechtsgeschäft mit einem Nichtberechtigten vermöge seines guten Glaubens erwirbt, kann nicht verlangen, besser zu stehen, als er stehen würde, wenn der Verfügende Inhaber des Rechtes gewesen wäre.

[117] Stein zu ZPO. §§ 256, 325; Kleinfeller, Zivilprozeß § 70 VI 2.

[118] Unter Rechtsnachfolger ist in ZPO § 325, wie Hellwig, Rechtskraft 130 fg. richtig hervorhebt, auch der zu verstehen, welcher Rechtsnachfolger der Prozeßpartei wäre, wenn das im Prozeß liegende Recht dieser Partei zustehen würde.

als Rechtsnachfolger des B. Es ist daher konsequent, daß er von den Wirkungen eines für oder gegen B ergehenden Urteils betroffen wird. Siegt B in seinem Prozeß gegen A, so ist festgestellt, daß er Inhaber des Rechtes war, daher auch, daß C sein Rechtsnachfolger ist. Unterliegt B, so steht fest, daß C sein Recht nicht von B hat erwerben können; trotzdem kann er das Recht durch seinen guten Glauben erworben haben. Da er aber sein Recht von B ableitet, so wird sein Erwerb durch den von B geführten Prozeß beeinflußt. Den Einfluß des Prozesses zwischen A und B auf den gutgläubigen Erwerb des C regelt § 325 II ZPO. durch entsprechende Anwendung der Vorschriften des bürgerlichen Rechts über den bona fide Erwerb. Die entsprechende Anwendung ergibt, daß es darauf ankommt, ob C beim Erwerb die Rechtshängigkeit kannte oder nicht. Kannte er sie, so muß er sich das zugunsten des A ergangene Urteil gefallen lassen, darf also dessen Recht nicht bestreiten [119]. Kannte er die Rechtshängigkeit nicht, so wirkt das Urteil nicht gegen ihn; das durch guten Glauben erworbene Recht kann von A nicht bestritten werden; C hat dieses Recht, obgleich er es von B herleitet, kraft seines guten Glaubens von A erworben [120].

Zweifelhaft ist, wen man in bezug auf die Eideszuschiebung, ZPO. § 445, als Rechtsvorgänger des gutgläubigen Erwerbers anzusehen hat. Die Verpflichtung, Handlungen und Wahrnehmungen des Rechtsvorgängers zu beschwören, beruht auf der Erwägung, daß der Rechtsnachfolger regelmäßig in der Lage ist, über diese Tatsachen nähere Erkundigungen einzuziehen und sich über ihre Wahrheit eine Überzeugung zu verschaffen [121]. Diese Erwägung trifft nicht zu für das Verhältnis des gutgläubigen Erwerbers zu der Person, deren Recht auf ihn übergeht: der gutgläubige Erwerber kennt den Vorberechtigten nicht und steht zu ihm in keiner Beziehung; es entspricht daher nicht der ratio des § 445, den gutgläubigen Erwerber Handlungen und Wahrnehmungen des

---

[119] Nimmt man mit Hellwig an, daß das rechtskräftige Urteil nur prozessuale Wirkungen hat, vgl. ob. § 2 Note 23, so kann C, wenn er trotz seiner Kenntnis der Rechtshängigkeit gutgläubig in bezug auf das Recht des B ist, dennoch das Recht erwerben, darf es aber dem siegreichen A gegenüber nicht geltend machen, Hellwig, Rechtskraft 195; dagegen Romeick a. a. O. 121.

[120] RG. 79, 165.

[121] Mot. zu § 410 alte ZPO.

Vorberechtigten beschwören zu lassen [122]. Dagegen ist der gutgläubige Erwerber zwar nicht Rechtsnachfolger des Verfügenden im materiellen Sinn, aber mit ihm durch das Verfügungsgeschäft verbunden; „er ist regelmäßig in der Lage und kann deshalb auch ohne Unbilligkeit für verpflichtet erachtet werden, Erkundigungen über die Handlungen und Wahrnehmungen des Verfügenden einzuziehen.“ Aus diesen Erwägungen hat RG. 47, 69 [123] den Indossanten im Sinne von ZPO. § 445 als Rechtsvorgänger des Indossatars behandelt.

§ 45. Translative und konstitutive Rechtsnachfolge *.

I. Die Rechtsnachfolge ist translativ, wenn das Recht in seinem vollen Bestande auf ein neues Subjekt übergeht, so daß das bisherige Rechtssubjekt einen definitiven Rechtsverlust erleidet. Beruht die translative Rechtsnachfolge auf einer Verfügung des Vorberechtigten, so ist diese Verfügung eine Veräußerung [1]. Der Übergang eines Rechtes erfaßt die mit demselben verbundenen akzessorischen Rechte [2]. Als Bestandteil des Rechts geht auch ein aus dem Recht bereits erwachsener Anspruch mit über. Das versteht sich von selbst bei Forderungen, bei denen der Anspruch das wesentliche Stück des Rechts ist [3], gilt aber auch für die absoluten Rechte: die Vindikation kann vom Eigentum nicht getrennt werden [4] und geht daher mit dem Eigentum

[122] Romeick a. a. O. 32.

[123] Entsch. des 1. ZSen. vom 5. 11. 00, in Abweichung von einer Entsch. desselben ZSen. vom 12. 5. 00 (SeuffA. 55, 446).

* Regelsberger § 120; Bekker § 34; Dernburg § 102 IV; Enneccerus § 130 I; Kohler § 53 IV; Hellwig, Rechtskraft § 37; Krückmann, ArchZivPr. 103, 139 fg.; Hirsch, Übertragung der Rechtsausübung 194 fg. (Rez. von Heinsheimer KritVJSchr. 48, 463 fg.).

[1] Bei bedingter Veräußerung eines Rechts ist die Rechtsnachfolge translativ erst nach Entscheidung der Bedingung. Während der Schwebezeit ist kein voller Übergang des Rechts erfolgt; bei aufschiebender Bedingung ist das Recht dem Veräußerer verblieben, aber mit einer Anwartschaft des Erwerbers belastet; bei auflösender Bedingung ist das Recht auf den Erwerber übergegangen, aber nicht im vollen Bestande, den es beim Veräußerer hatte, sondern belastet mit der Anwartschaft des Veräußerers auf Rückfall des Rechts bei Eintritt der Bedingung, vgl. ob. § 44 S. 47.

[2] Vgl. ob. Bd. I S. 233.

[3] Vgl. ob. § 6 II.

[4] Vgl. ob. Bd. I S. 267.

auf den Rechtsnachfolger über [5]: der neue Eigentümer hat keinen neuen Eigentumsanspruch gegen den unberechtigten Besitzer der Sache. sondern sukzediert in den Eigentumsanspruch seines Vorgängers [6]. Daher läuft die vor dem Eigentumsübergang begonnene Verjährung gegen den Erwerber weiter [7]; daher ist ein Urteil im Vindikationsprozeß des Vorgängers nach ZPO. § 325 rechtskräftig für und gegen den Rechtsnachfolger im Eigentum [8].

Die translative Rechtsnachfolge kann das Recht in seinem vollen Umfang oder eine Quote des Rechts betreffen; in letzterem Fall erfolgt Teilung des Rechts [9]. Bei der Teilung, wie bei jeder Veräußerung, erleidet der bisherige Inhaber des Rechts einen definitiven Rechtsverlust: die rechtlichen Schicksale der durch Teilung entstandenen Rechte sind von einander unabhängig, insbesondere kennt unser Gesetz keinen Wiedererwerb des durch Teilung abgetrennten Rechts durch Anwachsung [10].

---

[5] Indem das Gesetz in § 931 mit der Zession des Eigentumsanspruchs das Eigentum an Mobilien übergehen läßt, bestätigt es die Untrennbarkeit von Recht und Anspruch.

[6] Hellwig, Rechtskraft 244, Lehrb. § 40 Anm. 23; Oertmann § 221, 1; a. A. Planck § 986, 2b. Gegen eine Sukzession des neuen Eigentümers in den Eigentumsanspruch scheint zu sprechen, daß dem neuen Eigentümer nicht alle Einreden entgegenstehen, welche dem früheren Eigentümer entgegenstanden, z. B. nicht eine exc. rei venditae et traditae, vgl. Bd. I S. 302. Jedoch ist der Satz, daß Einreden, die gegen den Rechtsvorgänger begründet sind, dem Rechtsnachfolger entgegengehalten werden können, in § 404 nur für Forderungen ausgesprochen, und gilt nach § 413 für solche Rechte, welche in Ermangelung besonderer Vorschriften wie Forderungen übertragen werden, also nicht für das Eigentum, außer wenn es nach § 931 durch Zession des Eigentumsanspruches übertragen wird. Daher kann die Vindikation des neuen Eigentümers als identisch mit der seines Vorgängers aufgefaßt werden, obgleich er nicht allen Einreden ausgesetzt ist, denen sein Vorgänger unterlag, vgl. ob. § 44 Note 15.

[7] Wechselt beim Eigentumsanspruch die Person des Besitzers, so entsteht gegen den neuen Besitzer ein neuer Eigentumsanspruch, vgl. ob. § 12 Note 32, auf welchen sich nach der besonderen Vorschrift des § 221 die Verjährung des früheren Anspruches erstreckt. Daß eine solche Vorschrift für den Wechsel des Berechtigten im Gesetz fehlt, spricht für die Annahme einer Sukzession in den Eigentumsanspruch.

[8] Ist der Eigentumsanspruch des Vorgängers infolge einer Einrede, die dem Nachfolger nicht entgegensteht, abgewiesen, so wird der Nachfolger von der Rechtskraft nicht betroffen, da seine Rechtsstellung in bezug auf diese Einrede unabhängig von der des Vorgängers ist, Hellwig Rechtskraft § 35 Note 15.

[9] Vgl. ob. § 14.

[10] Planck § 747, 6, § 927, 9, Erl. 3e vor § 1008; Gierke II § 103

Je nach der Beschaffenheit des der Teilung unterzogenen Rechtes ist das Resultat der partiellen Rechtsübertragung ein verschiedenes: bei Forderungen auf teilbare Leistungen entstehen zwei mit dem Ursprungsrecht qualitativ ganz gleichartige und in bezug auf die Ausübung völlig selbständige Rechte; bei partieller Übertragung des Eigentums entsteht Miteigentum; das Miteigentum ist ein mit dem Alleineigentum nicht völlig gleichartiges Herrschaftsverhältnis [11]; denn während der Alleineigentümer mit der Sache nach Belieben verfahren darf, hat der Miteigentümer auf seine Genossen Rücksicht zu nehmen und ist in Benutzung und Verwaltung der Sache von ihnen abhängig. Trotz dieser aus der Gemeinsamkeit des Objekts sich ergebenden Rechtslage ist die Einräumung des Miteigentums als translative Rechtsübertragung zu bezeichnen, weil sie einen definitiven Rechtsverlust herbeiführt. In der Naturalteilung der gemeinsamen Sache liegt wiederum eine translative Rechtsübertragung: A überträgt dem B sein Miteigentum an dem Sachstück, welches dem B zugewiesen wird, und erhält dafür das bisherige Recht des B an dem Stück, welches ihm, dem A, zufällt [12].

Der Begriff der translativen Rechtsübertragung wird um seine Schärfe gebracht, wenn man, wie es bisweilen geschieht, eine Abtretung eines Rechts ohne vollen Wechsel des Subjekts für möglich erklärt: so soll Abtretung von Eigentum oder Forderungen mit der Wirkung möglich sein, daß der Abtretende im inneren Verhältnis der Parteien Subjekt des Rechtes bleibt [13]; ein Anspruch soll in der Weise abgetreten werden können, daß „der Zessionar befähigt wird, den Anspruch im Klagewege zwar als Recht des Zedenten, aber trotzdem im eigenen Namen und in eigenem Interesse für sich zur Geltung zu bringen“ [14]. Solche

---

Anm. 40; Endemann II § 70 Anm. 11; Wolff, JheringsJ. 44, 194; Hirsch a. a. O. 222; a. A. Crome § 286 Anm. 66; Walsmann, Verzicht 137 fg.

[11] Vgl. ob. § 3 IV.

[12] Bei Miteigentum zur gesamten Hand findet nicht partielle, sondern totale Rechtsübertragung statt; wird eine Sache des A infolge von Gesellschaft oder Gütergemeinschaft Miteigentum des A und B, so geht das ganze Eigentum von A auf A und B als Subjekte des gemeinsamen Vermögens über; erwirbt A aus dieser Gemeinschaft eine Sache für sich, so geht das ganze Eigentum aus dem Vermögen des A und B in das des A über.

[13] Bd. I § 2 Note 23 a, unt. § 60.

[14] RG. 78, 90; 73, 306.

Konstruktionen halte ich für unzulässig: sie führen teils zu materiell unerwünschten Resultaten (Ermöglichung einer nach außen nicht bemerkbaren Zuständigkeit von Rechten), teils zu einer für die Klarheit des Rechtes gefährlichen Denaturierung der Rechtsbegriffe [15].

II. Die Rechtsnachfolge ist konstitutiv [16], wenn nicht das ganze Recht des Autors übergeht, sondern aus dessen Inhalt ein Recht geringeren Inhaltes entsteht und zugleich auf ein anderes Subjekt übergeht. Das Ursprungsrecht kann man Mutterrecht nennen, das abgeleitete Recht geringeren Umfangs: Tochterrecht. Die konstitutive Rechtsübertragung ist, da der Übertragende das Mutterrecht behält, keine Veräußerung, sondern eine Belastung [17] des Mutterrechtes, dessen Ausübung, solange das Tochterrecht besteht [18], soweit zu unterbleiben hat, als der Inhalt des Tochterrechts es erfordert. Da bei der konstitutiven Rechtsnachfolge für den Erwerber ein Recht entsteht, welches in diesem Bestande beim Vorgänger nicht existierte und welches meist einen besonderen Namen trägt, ist der Tatbestand der Rechtsnachfolge nicht so deutlich, wie bei der translativen Sukzession; das Vorliegen einer Rechtsnachfolge zeigt sich aber darin, daß der Inhalt des Tochterrechtes sich auf die im Mutterrecht enthaltenen Befugnisse zurückführen läßt: meistens besteht das Tochterrecht aus einzelnen zum Inhalt des Mutterrechts gehörenden Befugnissen; bisweilen hat das Tochterrecht einen negativen In-

---

[15] Wer ein fremdes Recht als solches gerichtlich geltend macht, handelt im Namen des Berechtigten und bedarf einer Vollmacht. Einklagung fremder Rechte im eigenen Namen ist eine vom Gesetz nur in bestimmten Fällen (Hellwig, Lehrb. § 49 Note 24, § 122 Note 6) zugelassene Ausnahme.

[16] Dernburg spricht von „begrenzter", Cosack und Enneccerus von „rechtsbegründender" Sukzession.

[17] Vgl. § 517/8, 873 I, 874, 876, 1012/3 und die übrigen im Wortverzeichnis von Gradenwitz nachgewiesenen §§. Von der Belastung ist zu unterscheiden die Beschränkung eines Rechts. Der Unterschied besteht nicht, wie Endemann § II § 94 Note 8 meint, darin, daß die Belastungen durch Rechtsgeschäft, die Beschränkungen durch Gesetz entstehen (ein gesetzliches Pfandrecht ist z. B. zweifellos Belastung im Sinn von § 936), sondern darin, daß der Beschränkung kein aus dem beschränkten Recht abgeleitetes Recht entspricht. Aus diesem Grund enthält z. B. § 906 keine Belastung des Eigentums, ebensowenig die Veräußerungsverbote, § 135/6, vgl. ob. § 1 Note 19.

[18] Vgl. unt. II 9.

halt: es besteht darin, daß einzelne im Mutterrecht enthaltene Befugnisse nicht ausgeübt werden können. Die konstitutive Abzweigung von Rechten erfolgt in der Regel derivativ [19], kann aber in gewissen Fällen auf originärem Erwerb beruhen [20].

Bei konstitutiver Sukzession findet, wie bei Teilung, eine Zerlegung eines Rechtes in zwei Rechte statt. Während aber die Teilrechte einander gleichartig sind, und das Maß der Teilberechtigungen sich in einem Zahlenverhältnis ausdrücken läßt, ist bei konstitutiver Abzweigung die Minderung des Mutterrechts keine quantitative: das Tochterrecht steht zu der dem Mutterrecht verbleibenden Rechtsmacht in keinem Zahlenverhältnis. Man kann daher, wenn man den Ausdruck Teilung auf die konstitutive Zerlegung eines Rechtes anwenden will, von einer qualitativen Teilung sprechen [21].

1. Gegenstand einer konstitutiven Sukzession können alle der Übertragung zugänglichen Rechte sein [22]. Die wichtigsten Beispiele von Rechten, die aus konstitutiver Übertragung entstehen, sind die aus dem Eigentum abgezweigten Rechte an fremder Sache [23]. Die Herkunft des Tochterrechts aus dem Stoff

---

[19] Durch Verfügung des Inhabers des Mutterrechts („Bestellung“), durch Aneignungshandlung des Erwerbers, z. B. Pfändung, vgl. ob. § 8 III 6, oder auf Grund eines gesetzlichen Tatbestandes, z. B. Nutznießung des Ehemanns oder Vaters, RG. 80, 5, gesetzliches Pfandrecht.

[20] Ersitzung nach § 900 II, 1033.

[21] Bekker, ZRG. 23, 10; Krückmann, AZPrax. 101, 164; 103, 314 fg. Gegen die Subsumption der konstitutiven Übertragung unter den Begriff der Teilung Hirsch a. a. O. 204 fg., der außer anderen Unterschieden mit Recht hervorhebt, daß bei Teilung eine definitive Minderung des Rechts eintritt, während bei konstitutiver Abzweigung das Mutterrecht durch Erlöschen des Tochterrechts seinen ursprünglichen Umfang wiedergewinnt, vgl. unt. Note 133.

[22] Ausnahmsweise kommt konstitutive Sukzession bei unübertragbaren Rechten vor: die ehemännliche und elterliche Nutznießung erstreckt sich auf unübertragbare Rechte, soweit sie durch einen anderen als den Berechtigten ausgeübt werden können, Planck § 1363, 4; § 1649, 3; Forderungen, die nach § 399 unübertragbar sind, können nach ZPO. § 851 II, andere unübertragbare Rechte nach ZPO. § 857 III gepfändet werden; ebenso der unübertragbare Anteil an einem Gesellschaftsvermögen und am Gesamtgut nach Beendigung der Gütergemeinschaft, ZPO. § 859 I, § 860 II. Ein Veräußerungsverbot des § 135 hindert nicht die Pfändung, sondern nur die Veräußerung oder Überweisung des gepfändeten Gegenstandes, ZPO. § 772.

[23] Diese Rechte sind „verselbständigte Eigentumssplitter“, Gierke § 120 Note 38.

des Mutterrechts ist auf den ersten Blick erkennbar beim Erbbaurecht, den Grunddienstbarkeiten und dem Nießbrauch an Sachen: die Benutzung der Sache, die in prinzipieller Unbeschränktheit dem Eigentümer zusteht, § 903, bildet, in sachlicher oder zeitlicher Beziehung begrenzt, den Inhalt dieser Rechte [24]. Auch die negativen Servituten können aus dem Inhalt des Eigentums abgeleitet werden: die im Eigentum enthaltene Befugnis, den Zustand des Grundstücks zu ändern bzw. eine Tätigkeit auf dem Grundstück vorzunehmen, ist zwar nicht auf den Berechtigten übertragen, aber zu seinen Gunsten dem Eigentümer entzogen [25]. Das Pfandrecht in seinen verschiedenen Abarten ist aus der im Eigentum enthaltenen Veräußerungsbefugnis [26] abgeleitet [27]: wie der Eigentümer durch Veräußerung der Sache den Geldwert derselben gewinnen konnte, so kann es der Pfandberechtigte durch den Pfandverkauf [27a]. Die Veräußerungsbefugnis des Pfandberechtigten ist stärker, als die des Eigentümers der pfandbelasteten Sache: veräußert der Eigentümer, so bleiben alle Belastungen der Sache bestehen, während bei der Zwangsversteigerung von Grundstücken alle dem Recht des betreibenden Gläubigers nachstehenden Rechte[28], beim Pfandverkauf alle Pfandrechte erlöschen, auch die dem verkaufenden Gläubiger vorgehenden [29] (sowie ein Nießbrauch, wenn er nicht sämtlichen Pfandrechten vorgeht) [30].

---

[24] Der Nießbrauch an einem Grundstück samt Inventar enthält außer dem Benutzungsrecht eine ebenfalls aus dem Eigentum abgeleitete Befugnis zur Verfügung über einzelne Stücke des Inventars, § 1048.

[25] Hirsch a. a. O. 226.

[26] Vgl. Bd. I S. 61.

[27] Ebenso die Reallast: sie ist kein Nutzungsrecht (a. A. Gierke § 148 S. 711, Wolff, Sachenrecht § 103 II 1); denn die wiederkehrenden Leistungen, § 1105, brauchen nicht den Nutzungen des Grundstücks zu entstammen, sondern ein Haftungsrecht (Gierke a. a. O. S. 712); insofern als der Berechtigte bei Ausbleiben der Leistung Befriedigung aus dem Grundstück suchen kann.

[27a] Die Pfandsache wird in der Regel an einen Dritten veräußert. Wird sie dem Eigentümer zugeschlagen, § 1239 I, so erwirbt dieser, da der Pfandgläubiger ihm das Eigentum entziehen kann, ein auf neuem Rechtsgrund beruhendes Eigentum, vgl. Bd. I § 6 Note 29.

[28] ZVG. §§ 44, 52, 91.

[29] § 1242 II.

[30] Ein nicht allen Pfandrechten vorgehender Nießbrauch muß deswegen erlöschen, weil er nicht stärker sein kann, als ein ihm vorgehendes Pfandrecht; wer einen Nießbrauch hinter einem Pfandrecht erwirbt, muß daher damit rechnen, beim Pfandverkauf in Geld abgefunden zu werden.

Dieser Unterschied erklärt sich aus folgender Erwägung: durch Bestellung eines Pfandrechts reduziert sich der Inhalt des Eigentums auf ein Anrecht am Überschuß des Erlöses und auf die Anwartschaft, bei Wegfall des Pfandrechts die volle Herrschaft über die Sache wiederzuerlangen (bzw. die Hypothek zu erwerben); diese ihm verbliebenen Befugnisse überträgt der Eigentümer, wenn er die pfandbelastete Sache veräußert. Dagegen liegt im Pfandrecht die Befugnis (die vor der Pfandbestellung dem Eigentümer zustand), den Wert der Sache durch Veräußerung in Geld umzusetzen und den ihm gebührenden Teil des Erlöses sich anzueignen. Bestehen mehrere Pfandrechte, so ist der Pfandverkauf eine Liquidation dieser Rechte, von welcher im Hypothekenrecht nur die dem betreibenden Gläubiger nachstehenden Rechte, beim Faustpfand alle Pfandrechte betroffen werden. Diese Liquidation kann jeder Pfandgläubiger herbeiführen [31]; nicht dagegen der Eigentümer, wohl aber dessen Konkursverwalter [32].

Das vom Gesetz als dingliches Recht am Grundstück bezeichnete Vorkaufsrecht kann als konstitutiv abgeleitet betrachtet werden insofern, als dem Eigentümer durch das Vorkaufsrecht die Befugnis entzogen wird, durch Verfügung über das Grundstück das Vorkaufsrecht zu vereiteln oder zu beeinträchtigen [33].

Konstitutive Ableitung kann auch beim Besitz vorkommen: wird eine Sache einem Mieter, Pächter oder sonstigen Personen des § 868 übergeben, so beruht die Besitzstellung des Erwerbers auf der des Vorbesitzers [34]; der Mieter ist daher in bezug auf den Besitz Rechtsnachfolger des Vermieters [35]. Aber die Sukzession

---

[31] Der nachstehende Pfandgläubiger nur, wenn er im Besitz der Sache ist, § 1232.

[32] KO. § 126/7.

[33] In seiner Wirkung gegen Dritte ist das Vorkaufsrecht der Vormerkung, § 883, gleichgestellt, § 1098 II. Daher liegt es nahe, auch die Vormerkung als ein konstitutiv, durch Verfügung, vom Eigentum abgeleitetes Recht aufzufassen; so Hellwig, Rechtskraft 254. Da aber das Gesetz die Vormerkung nicht, wie das Vorkaufsrecht in die Reihe der Rechte an Grundstücken stellt, scheint es richtiger, die Vormerkung nicht als besonderes Recht, sondern als eine Verstärkung der Forderung zu betrachten, vgl. ob. § 6 Note 15; § 11 S. 206; § 44 Note 28.

[34] Vgl. ob. § 44 IV.

[35] ZPO. § 325 I nennt den Unterbesitzer neben den Rechtsnachfolgern, scheint ihn also nicht zu den Rechtsnachfolgern zu rechnen. Man kann aber mit Hellwig, Rechtskraft § 36 Note 21 darin eine dem Ausschluß von Zweifel dienende Vorschrift sehen. A. A. Planck § 221,2 S. 365.

ist nicht translativ, denn der Vermieter behält den mittelbaren Besitz. Hellwig[36] sieht darin eine kumulative Sukzession: Aufnahme eines Mitberechtigten in das Besitzverhältnis. Meines Erachtens ist der Besitz des Vermieters als das Mutterrecht zu betrachten, aus welchem ein allerdings sehr bedeutender Teil der Befugnisse als unmittelbarer Besitz auf den Mieter konstitutiv übertragen ist; dem Vermieter ist aber außer dem Anspruch aus § 869 die Ersitzungsmöglichkeit verblieben. Entsprechend verhält es sich, wenn ein Eigenbesitzer durch constitutum possessorium den mittelbaren Besitz überträgt: der mittelbare Besitz wird auf diesem Wege nur dann erworben, wenn der Einräumende Besitzer ist; der Erwerb ist daher derivativ, und zwar, da der Einräumende den unmittelbaren Besitz behält, konstitutiv: aus dem Eigenbesitz als Mutterrecht wird hier der mittelbare Besitz als Tochterrecht abgezweigt.

Andere als die im Gesetz vorgesehenen konstitutiven Übertragungen können aus dem Eigentum nicht vorgenommen werden; für die Rechte an fremder Sache besteht ein numerus clausus[37].

Nicht nur Eigentum und Besitz, sondern auch Forderungen und andere Rechte können Gegenstand einer konstitutiven Übertragung sein. Die wichtigsten Zwecke, denen eine solche Abzweigung von Befugnissen dient, sind Gewährung eines zeitweiligen Genusses und Sicherung einer Forderung. Daher gibt es Nießbrauch und Pfandrecht an oder, wie man korrekter sagen müßte, aus Forderungen und anderen übertragbaren Rechten[38]; denn Nießbrauch und Pfandrecht „an Rechten" haben nicht dieses Recht, z. B. die Forderung zum Objekt — sowenig wie der Sachnießbrauch ein Recht am Eigentum ist —, sondern bestehen aus Befugnissen, die dem Inhalt der Forderung entnommen sind und neben die dem Gläubiger verbleibenden Befugnisse treten[39]: der Forderungsnießbrauch besteht aus einer von der Grundforderung abgezweigten Forderung gegen den Schuldner, das Forderungspfandrecht aus einer Forderung gegen den Drittschuldner und aus der Befugnis, die Forderung des Gläubigers zu veräußern bzw. sich anzueignen[40].

[36] Rechtskraft § 35 IV, § 36 II.

[37] Vgl. ob. § 6 Note 16.

[38] § 1069 II, 1274 II, ZPO. § 851 I.

[39] Vgl. ob. § 6 VI.

[40] Durch Überweisung nach ZPO. § 835 oder durch Abtretung, zu welcher der Gläubiger nach § 1282 I 3 verpflichtet ist.

Auch für konstitutive Übertragungen aus Forderungen gibt es einen numerus clausus: andere Befugnisse, als die, welche zu einem Nießbrauch oder einem Pfandrecht gehören, können aus einer Forderung nicht ausgeschieden und auf ein anderes Subjekt übertragen werden; es kann z. B. die Einziehungsbefugnis als ein den Gläubiger ausschließendes oder beschränkendes Recht nicht anders von der Forderung getrennt werden, als in Gestalt eines an der Forderung bestellten Nießbrauchs oder Pfandrechts [41].

Im Immaterialgüterrecht ist konstitutiver Übergang eine überaus häufige Erscheinung. Die Urheber- und Erfinderrechte können wie unbeschränkt, so auch beschränkt übertragen werden [42] die Beschränkung kann eine inhaltliche, zeitliche oder räumliche sein [43]. Die konstitutive Übertragung der Urheberrechte erfolgt außer zu Nießbrauchs- und Pfandzwecken namentlich zu dem Zwecke, um die Verbreitung des Geisteswerkes, welche der Autor selbst nicht bewirken kann, durch einen anderen, den Verleger, besorgen zu lassen [44]. Dem Verlagsrecht entspricht beim Patent das sogenannte ausschließliche Lizenzrecht [45]. Eine konstitutive Übertragung von sehr beschränktem Umfang ist das Aufführungsrecht an Bühnen- und musikalischen Werken und das beim Patent häufig vorkommende nichtausschließliche Lizenzrecht [46].

---

[41] Eine in anderer Weise erteilte Gestattung der Einziehung fällt unter den Begriff der Vollmacht; Vollmacht ist aber Übertragung nicht des Rechtes, sondern der Ausübung des in ungemindertem Bestand beim Vollmachtgeber verbleibenden Rechts, vgl. unt. Note 60.

[42] LitUG. § 8, KunstUG. § 10, MusterG. § 3, PatentG. § 6, GebrMustG. § 7. Dernburg VI §§ 17, 18; Crome § 520 Note 49. RG. 80, 129.

[43] Bei der Übertragung des Urheberrechts bleiben, soweit nicht ein anderes vereinbart ist, gewisse Befugnisse dem Urheber vorbehalten, LitUG. § 14, KunstUG. § 11.

[44] Das Verlagsrecht, VerlG. § 8, ist eine konstitutive Abzweigung des Urheberrechts.

[45] Kohler bei Dernburg VI § 94. RG. 76, 236.

[46] Übertragen wird eine beschränkte Benutzungsbefugnis, aber nicht als ausschließliche und ohne das sonst mit konstitutiver Übertragung verbundene Verbietungsrecht gegen Dritte. Trotzdem ist das Lizenzrecht nicht, wie Miete und Pacht, eine auf obligatorischer Verpflichtung des Rechtsinhabers beruhende Benutzungsbefugnis, sondern ein auf den Lizenzberechtigten übertragenes Stück des Autor- bzw. Patentrechtes; vgl. Kohler bei Dernburg VI § 95, Isay Anm. 13 fg. zu PatentG. § 6. Das zeigt sich, wenn das Mutterrecht nach Einräumung eines Lizenzrechts veräußert wird: der Lizenzberechtigte bleibt von dieser Veräußerung unberührt. Riezler, Urheberrecht § 77 I 2 hält die Lizenz für eine obli-

Eine der konstitutiven Übertragung verwandte Erscheinung zeigt sich bei bedingter oder befristeter Übertragung von Rechten. Bei aufschiebender Bedingung oder Anfangstermin entsteht für den Erwerber zunächst eine aus dem Recht des Veräußerers abgezweigte Anwartschaft [47], welche sich bei Eintritt der Bedingung oder des Termins in das Vollrecht verwandelt. Das dem Veräußerer verbleibende Recht wird zwar mit dem Namen des Vollrechts (Eigentum, Forderung usw.) bezeichnet, ist aber eine durch Abzweigung der Anwartschaft geminderte Rechtsmacht, welche bei Eintritt der Bedingung ipso iure erlischt. Bei auflösender Bedingung oder Endtermin pflegt man das mit dieser Beschränkung übergehende Recht mit dem Namen des Vollrechtes zu bezeichnen; so spricht man von einem unter Resolutivbedingung erworbenen Eigentum; dieses Recht enthält aber nicht die im Prinzip zeitlich unbegrenzte Rechtsmacht, die zum Wesen des Eigentums gehört und dem Veräußerer zustand, sondern ist eine aus dem vollen Eigentum entnommene und im Vergleich mit diesem schwächere Herrschaft über die Sache. Wer unter auflösender Bedingung oder Endtermin veräußert, gibt nicht sein ganzes Recht auf, sondern behält die Anwartschaft auf den Rückfall des Rechtes, § 158 II [48]. Mit dem Wegfall des bedingten oder befristeten Eigentums ergänzt sich das in der Zwischenzeit auf eine Anwartschaft reduzierte Recht des Veräußerers, wie bei allen konstitutiven Abzweigungen, zu seinem früheren normalen Umfang [49].

Aus abgeleiteten Rechten können, soweit sie übertragbar sind, durch weitere konstitutive Übertragung abgeleitete Rechte zweiten

---

gatorische Berechtigung, will aber den Lizenzberechtigten gegen den Singularsukzessor des Urhebers nach Analogie von § 571 BGB. schützen.

[47] Vgl. ob. § 44 Note 24.

[48] Vgl. ob. § 44 IV.

[49] Wenn man mit B e k k e r (vgl. ob. § 6 Note 36) die Forderung als Recht am Vermögen des Schuldners auffaßt, so kann man die Begründung von Forderungen zu den konstitutiven Rechtsübertragungen zählen, so B e k k e r § 34 S. 113. Als Mutterrecht wäre zu denken ein Recht des Schuldners an seinem ganzen Vermögen (vgl. dagegen ob. Bd. I S. 328). Diese Auffassung hat meines Erachtens nur den Wert einer Analogie; allerdings enthält die Forderung eine Aneignungsbefugnis (vgl. ob. § 8 III 6), welche an jedem Stück des jeweiligen Schuldnervermögens ausgeübt werden. Aber für diese Zugriffsrechte der Gläubiger gilt nicht das für konstitutiv abgezweigte Rechte charakteristische Prinzip der Priorität der Entstehung, vgl. unt. II 6. Gegen B e k k e r , aus anderen Gründen, H e l l w i g , Rechtskraft § 37 Note 2.

Grades hergestellt werden. So kann das Erbbaurecht in derselben Weise, wie das Eigentum belastet werden, § 1017 I [50]. An einer mit Hypothek oder Pfand ausgestatteten Forderung und damit an der Hypothek oder dem Pfand kann Nießbrauch oder Pfandrecht bestellt werden. Dagegen kann der Nießbrauch, weil unübertragbar, auch nicht belastet werden [51]. Grunddienstbarkeiten können nur als Bestandteile des herrschenden Grundstücks, § 96, Gegenstand von Nießbrauch oder Pfandrecht sein.

2. Das konstitutiv abgeleitete Recht besteht aus Befugnissen, die dem Mutterrecht entnommen sind; es hat daher dasselbe Objekt und dieselbe rechtliche Beschaffenheit, wie das Mutterrecht: Rechte, die aus dem Eigentum abgeleitet sind, haben die Sachen zum Objekt und sind dinglich; Rechte, die aus Forderungen abgeleitet sind, richten sich gegen den Schuldner und sind obligatorisch. Daher haben Nießbrauch und Pfandrecht je nach der Beschaffenheit des Mutterrechts verschiedene Struktur: sie sind dingliche Rechte, wenn sie an einer Sache bestehen, obligatorische Rechte, wenn sie aus einer Forderung bestellt sind. Die Gemeinsamkeit des Namens dieser Rechte beruht auf der Gleichheit des Zweckes und auf der historischen Herkunft des jüngeren usufructus und pignus nominis, aus dem älteren und dogmatisch einfacher gestalteten Nießbrauch und Pfandrecht an Sachen.

Das abgeleitete Recht hat prinzipiell keinen größeren Inhalt als das Mutterrecht und ist, soweit nicht der Schutz des guten Glaubens eingreift, mit denselben rechtlichen Schwächen wie dieses behaftet [52]. Doch hat das Gesetz aus praktischen Gründen Abweichungen von diesem Grundsatz zugelassen. Die Veräußerung der Pfandsache hat stärkere Wirkungen, wenn sie durch den Pfandberechtigten, als wenn sie durch den Eigentümer erfolgt [53]. Das durch Pfändung erworbene Recht geht bisweilen weiter als das gepfändete Recht: so kann ein Gläubiger, der einen Gesellschaftsanteil gepfändet hat, nach § 725 die Gesellschaft kündigen, ohne an eine im Gesellschaftsvertrag verabredete Frist gebunden

---

[50] Wolff, Sachenrecht § 104 VII, § 108 IV, § 136 III, § 176 IV.

[51] § 1059. Vgl. aber ZPO. § 857 III.

[52] Steht das Mutterrecht unter auflösender Bedingung oder ist es mit einem Endtermin versehen, so übertragen sich diese Endigungsgründe auf das Tochterrecht: resoluto iure concedentis resolvitur ius concessum, § 161 II, § 163.

[53] Vgl. ob. S. 64.

zu sein [54]. Ebenso kann ein Gläubiger, welcher Ansprüche des eingebrachten Gutes gegen den Ehemann pfändet, diese Ansprüche sofort erheben, während die Ehefrau nach §§ 1394, 1377 III in der Regel bis zur Beendigung der Verwaltung und Nutznießung zu warten hätte, § 1411 I 2 [55]; dasselbe gilt von der Pfändung von Ansprüchen des Kindes gegen den Vater, § 1659 II [55a].

Die konstitutiv abgeleiteten Befugnisse sind, wie bei der translativen Sukzession, auf den Erwerber übergegangen und zu einem eigenen Recht desselben geworden. Wenn der Nießbraucher oder Pfandberechtigte Früchte zieht oder die Sache veräußert oder die Forderung einzieht, so übt er sein eigenes Recht aus, nicht das Mutterrecht, aus dem sein Recht abgeleitet ist [56].

In scharfem Gegensatz zur konstitutiven Rechtsübertragung steht die Überlassung der Ausübung eines Rechtes oder einzelner Befugnisse aus einem Recht [57]. In dieser Weise, ohne Übertragung seines Rechts, kann der Eigentümer oder sonstige Gebrauchsberechtigte einem anderen den Gebrauch der Sache erlauben: auf Grund einer obligatorischen Verpflichtung (Miete, Pacht, Leihe) oder ohne solche Verpflichtung (precarium). Das Eigentum verbleibt in ungemindertem Bestande dem Vermieter; die Benutzungsbefugnis des Mieters beruht auf seinem persönlichen Verhältnis zum Vermieter, nicht auf einer rechtlichen Beziehung zur Sache [58]. In derselben Weise kann die Ausübung des — unüber-

---

[54] Das unbeschränkte Kündigungsrecht des Pfändungsgläubigers ist ein Ausgleich dafür, daß bei bestehender Gesellschaft der zum Gesellschaftsvermögen gehörende Teil des Schuldnervermögens dem Zugriff des Gläubigers entzogen ist, wenn er nicht zugleich Gläubiger der übrigen Gesellschafter ist, vgl. Bd. I S. 362.

[55] Daß der Pfändungsgläubiger besser gestellt ist, als die Ehefrau, deren Forderung er pfändet, erklärt sich daraus, daß er auf die Verwaltung und Nutznießung des Ehemanns keine Rücksicht zu nehmen hat, § 1411 I 1.

[55a] Vgl. auch RG. 76, 438. OLG. 27, 137.

[56] Hirsch a. a. O. 185. Auch im Prozeß, den der Nießbraucher oder Pfandgläubiger führt, handelt es sich um das ihm zustehende Recht, nicht um das Mutterrecht, aus welchem er sein Recht ableitet, Hellwig, Rechtskraft § 5 II.

[57] Hirsch a. a. O. will auch die konstitutive Sukzession als eine Übertragung nicht des Rechts, sondern der Ausübung erklären, unterscheidet aber S. 178 fg. innerhalb der durch Übertragung der Rechtsausübung entstehenden Befugnisse zwei Gruppen: die konstitutiv abgeleiteten Rechte und die Ausübungsberechtigungen.

[58] Hat der Benutzungsberechtigte den Besitz der Sache, so ist seine

tragbaren — Nießbrauchs einem anderen überlassen werden, § 1059, ohne daß diesem anderen ein aus dem Nießbrauch abgeleitetes Recht an der Sache zusteht [59]. Auch die Ausübung der zum Bestande der Herrschaftsrechte gehörenden Verfügungsmacht sowie die Ausübung von Gestaltungsrechten kann einem anderen überlassen sein [60]: die Vertretungsmacht und die Ermächtigung (§ 185 I) sind nicht konstitutive Abzweigungen aus den Rechten, über welche der Vertreter oder Ermächtigte verfügen kann, sondern beruhen auf dem Verhältnis, in welchem der Vertreter oder Ermächtigte zu dem Subjekt des seiner Machtbefugnis unterliegenden Rechtes steht; wer als Vertreter oder nach § 185 I eine Sache veräußert, übt auf Grund seiner Machtbefugnis das Verfügungsrecht und damit das Eigentum des Vertretenen bzw. des Einwilligenden aus.

3. Die konstitutive Übertragung findet prinzipiell in denselben Formen statt, wie die translative Übertragung. Die Belastung von Grundstücken erfolgt, wie die Eigentumsübertragung, durch Eintragung und Einigung, § 873; die Einigung ist aber formlos; nur bei Bestellung des Erbbaurechts ist dieselbe Form, wie bei der Eigentumsübertragung (Auflassung) vorgeschrieben, § 1015. Bestellung des Nießbrauchs an Mobilien und des Pfandrechts erfolgt, wie die Eigentumsübertragung, durch Übergabe der Sache, §§ 1032, 1205; jedoch ist aus rechtspolitischen Gründen bei der Pfandbestellung das constitutum possessorium, § 930, ausgeschlossen und die cessio vindicationis, § 931, erschwert [61]. Die Bestellung von Nießbrauch und Pfandrecht an Forderungen und sonstigen Rechten erfolgt nach den für die Übertragung geltenden Vorschriften, §§ 1069, 1274, also durch einen in der Regel, §§ 398, 413, formlosen Vertrag zwischen dem Inhaber des Mutterrechts und dem Erwerber des Tochterrechts [62]; bei Verpfändung einer

Rechtsstellung, auch wenn sie auf Gestattung des Eigentümers beruht, in manchen Beziehungen erheblich verstärkt, vgl. ob. § 11 II 6.

[59] Planck § 1059, 3; Windscheid-Kipp § 205; a. A. Wolff, Sachenrecht § 118 Note 2. Die nach ZPO. § 857 III zulässige Pfändung des Nießbrauches verschafft dem Gläubiger meines Erachtens nicht bloß ein (zu seiner Sicherung nicht genügendes) obligatorisches Recht auf Ausübung des Nießbrauchs, sondern ein aus dem Nießbrauch konstitutiv abgeleitetes Recht, vgl. RG. 74, 83.

[60] Vgl. ob. § 7 IV.

[61] Sie ist nur dann zulässig, wenn der Verpfänder mittelbaren Besitz hat, und erfordert Anzeige an den unmittelbaren Besitzer, § 1205 II.

[62] Der von Hellwig, Rechtskraft § 35 IV, ZivProz. § 40 Note 25 a,

Forderung ist außerdem Anzeige des Gläubigers an den Schuldner vorgeschrieben, § 1280.

Die Bestellung eines abgeleiteten Rechtes kann auch so erfolgen, daß bei translativer Übertragung des Mutterrechts der Veräußerer sich ein Tochterrecht vorbehält. Man kann im Anschluß an den Sprachgebrauch der Römer von deduktiver Übertragung sprechen [63]. Nach der Struktur unseres Rechts kann dies Resultat nicht uno actu, durch Übertragung des Eigentums oder sonstigen Mutterrechts abzüglich der vorbehaltenen Befugnisse erreicht werden, sondern nur durch zwei voneinander zu unterscheidende Verfügungen: Übertragung des vollen Eigentums und Belastung desselben mit einem Recht zugunsten des Veräußerers. Will der Veräußerer eine Grundschuld vorbehalten, so kann er dieselbe für sich begründen, § 1196, und das so belastete Eigentum übertragen. Sonstige Belastungen kann der Eigentümer nicht für sich selbst, sondern nur für ein anderes Rechtssubjekt begründen [64]. Daher muß ein vorbehaltenes Recht vom Eigentumserwerber für den Veräußerer bestellt werden. Die Einigung über den Eigentumsübergang und über die Bestellung des vorbehaltenen Rechts kann gleichzeitig getroffen werden. Bei Mobilien treten die Wirkungen beider Vereinbarungen gleichzeitig ein: durch constitutum possessorium, § 930, geht Eigentum über und zugleich entsteht der Nießbrauch oder das Pfandrecht für den Veräußerer. An Grundstücken entsteht das vorbehaltene Recht erst durch Eintragung; die Eintragung kann aber, selbst wenn der Eigentumserwerber sie im Voraus bewilligt hat [65], nach GBO. § 19 erst erfolgen, nachdem er selbst als Eigentümer eingetragen ist [66].

---

als kumulative Sukzession bezeichnete Hinzutritt eines Gesamtgläubigers ist meines Erachtens kein Fall der Rechtsnachfolge; denn das Recht des hinzutretenden Gläubigers entsteht nicht durch einen Vertrag zwischen ihm und dem alten Gläubiger, sondern durch einen Verpflichtungsakt des Schuldners und eine zwischen dem Schuldner und dem bisherigen Gläubiger verabredete Abänderung ihres Rechtsverhältnisses.

[63] Bekker § 34 Note p; Windscheid § 212, Note 10.

[64] Vgl. unt. S. 80.

[65] Die vom Erwerber vor seiner Eintragung erteilte Eintragungsbewilligung konvalesziert nach § 185 II, sobald er als Eigentümer eingetragen ist, Planck, Erl. III 1 zu § 873. RG. 77, 87.

[66] Der Gefahr, daß der Eigentumserwerber vor der Eintragung des vorbehaltenen Rechts eine Verfügungsbeschränkung, z. B. durch Konkurs, erleidet, kann der Veräußerer nach § 878 dadurch begegnen, daß er unmittelbar nach der Eintragung des Eigentums oder schon vor der Ein-

Obgleich das vorbehaltene Recht durch Verfügung des Eigentumserwerbers entsteht, ist es für den Veräußerer wirtschaftlich kein neu erworbenes Vermögensstück, sondern der Überrest des von ihm weggegebenen Eigentums [67]. Die Bestellung eines bei der Eigentumsübertragung vorbehaltenen Rechts hat daher für den Erwerber nicht dieselbe wirtschaftliche Bedeutung, wie eine Belastung der Sache aus anderer Veranlassung; sie ist nur äußerlich betrachtet eine Minderung seiner Aktiva und erscheint im Zusammenhang des ganzen Vorgangs als eine Modalität des Eigentumserwerbs. Daher ist es streitig, ob die in gewissen Fällen bestehenden Erschwerungen der Verfügung (Einwilligung der Ehefrau zur Verfügung des Mannes über gütergemeinschaftliche Grundstücke, § 1445; besondere Ermächtigung des Prokuristen und der Handlungsbevollmächtigten zur Belastung von Grundstücken, HGB. § 49 II, § 54 II; Genehmigung des Vormundschaftsgerichtes zu Verfügungen des Vormundes und Vaters über Grundstücke, § 1821 Nr. 1, § 1643) auch für die Bestellung von Rechten gelten, die sich der Veräußerer vorbehalten hat, insbesondere für die Bestellung einer Hypothek für den Kaufpreis. Für den Fall der Gütergemeinschaft hat das RG. 69, 178 [68], der wirtschaftlichen Bedeutung des Vorganges entsprechend, die Einwilligung der Frau für nicht erforderlich erklärt. Ebenso ist meines Erachtens für den Prokuristen zu entscheiden [69]. Beim Vormund ist die Kontroverse praktisch bedeutungslos, da die Genehmigung des Vormundschaftsgerichtes jedenfalls nach § 1821 Nr. 4 erforderlich ist [70]. Beim Inhaber der elterlichen Gewalt gilt § 1821 Nr. 4 nicht; es kommt daher darauf an, ob man die Bestellung eines vorbehaltenen Rechts beim Erwerb eines Grundstücks als eine nach § 1821 Nr. 1 genehmigungsbedürftige Verfügung auffaßt; dafür sprechen, trotz der naheliegenden Analogie

---

tragung (GBO. § 18) auf Grund der Bewilligung des Erwerbers den Antrag auf Eintragung des vorbehaltenen Rechtes stellt. OLG. 27, 208.

[67] Er hat die vorbehaltenen Befugnisse zwar nicht als Dienstbarkeit, Nießbrauch oder Pfandrecht, wohl aber als Bestandteile seines Eigentums gehabt und nach der Veräußerung des Eigentums behalten.

[68] Mit Angabe der Literatur und Judikatur.

[69] Staub, Anm. 2 zu HGB. § 49; Marcus in DJZ. 11, 958; Dernburg § 167 Note 4; a. A. Lehmann, Lehrb. des HRts. 216 Note 1.

[70] Planck, Erl. II 1 b zu § 1821.

des § 1445, erhebliche Gründe (größere Gebundenheit des Vaters im Vergleich zum Ehegatten bei der Vermögensverwaltung)[71].

4. Die abgeleiteten Rechte entstehen durch Sukzession[72]; daher gilt für sie, wie für die translative Übertragung der Satz: nemo plus iuris transferre potest quam habet ipse in dem ob. § 44 S. 51 dargelegten Sinne: zur Entstehung des abgeleiteten Rechts ist erforderlich, daß der Besteller Subjekt des Mutterrechts oder zur Verfügung über dasselbe berechtigt ist, oder daß die Verfügung eines Unberechtigten kraft des guten Glaubens des Erwerbers Wirksamkeit erlangt. Einmal entstanden ist das abgeleitete Recht dem Mutterrecht gegenüber selbständig[73], zu seinem Fortbestande bedarf es des Mutterrechts nicht mehr[74]; wie bei der Veräußerung, so ist auch bei der Belastung nichts weiter nötig, als daß der Verfügende im Moment seiner Verfügung zu derselben befugt war. Dingliche Rechte dauern fort, auch wenn der Besteller sein Eigentum veräußert[75] oder die Sache herrenlos geworden ist[76]. Auch Nießbrauch und Pfandrecht an Forderungen und anderen Rechten werden nicht dadurch berührt, daß das Mutterrecht vom Besteller des Nießbrauchs oder Pfandrechts

---

[71] OLG. 21, 286 (Darmstadt). Für das Erfordernis der Genehmigung bei Unterwerfung unter sofortige Zwangsvollstreckung OLG. 21, 287 (Colmar). Zustimmung des gesetzlichen Vertreters bei Schenkung an Minderjährige unter Nießbrauchsbestellung für den Schenker verlangt OLG. 22, 160.

[72] Abgesehen von den Fällen der Ersitzung vgl. ob. Note 20.

[73] Hirsch a. a. O. 224.

[74] Im Gegensatz zu den abgeleiteten Rechten befinden sich die Ausübungsberechtigungen, vgl. ob. Note 57, in dauernder Abhängigkeit vom Mutterrecht, Hirsch a. a. O. 179. Das auf obligatorischer Beziehung zum Eigentümer (Miete, Pacht usw.) beruhende Benutzungsrecht besteht grundsätzlich nur so lange, als die Sache dem Vermieter usw. gehört, der die Ausübung seines Eigentums dem Mieter überlassen hat; nur ausnahmsweise genießt der im Besitz befindliche Ausübungsberechtigte einen bei Veräußerung der Sache mannigfaltig abgestuften Schutz. Unbedingt abhängig vom Fortbestand des Mutterrechtes sind die auf Vertretungsmacht und Ermächtigung, § 185 I, beruhenden Befugnisse; mit dem Recht des Vertretenen oder Ermächtigenden erlischt auch für den Vertreter oder Ermächtigten die Möglichkeit, über dieses Recht zu verfügen, vgl. ob. § 7 Note 21.

[75] Vgl. ob. § 44 Note 75.

[76] Die ehemännliche und elterliche Nutznießung dauert nur so lange, als der Gegenstand dem eingebrachten Gut oder dem Kindesvermögen angehört. Trotz dieser Abweichung sind diese Rechte ihrer ganzen Struktur nach den dinglichen Rechten zuzuzählen, vgl. Bd. I S. 137, 329.

veräußert wird oder daß es erlischt [77]. Aus der Struktur des abgeleiteten Rechtes würde sich konsequenterweise ergeben, daß auch rechtsgeschäftliche Aufhebung oder Änderung des Mutterrechts ohne Einfluß auf das Tochterrecht ist [78]. Das Gesetz will aber die sich dabei ergebende verwirrte Rechtslage vermeiden [79] und schreibt daher in § 876/7, 1255 II, 1276 vor, daß eine rechtsgeschäftliche Aufhebung oder Änderung des belasteten Rechts nur mit Zustimmung des Inhabers des abgeleiteten Rechts stattfinden kann [80].

5. Das abgeleitete Recht hat im Vergleich zu Mutterrecht einen geringeren Inhalt, aber eine größere Intensität. Man kann von einem besseren Rang des Tochterrechts sprechen [81]. So finden die Befugnisse des Eigentümers ihre Schranke an den Rechten Dritter, § 903, zu welchen insbesondere die konstitutiv aus dem Eigentum abgeleiteten Rechte gehören [82]. Dasselbe gilt

---

[77] Nießbrauch und Pfandrecht an einer Forderung erlöschen nicht durch Konfusion der Forderung, vgl. Bd. I S. 158.

[78] Demgemäß wird im Urheberrecht (ohne Rücksicht auf § 1071, 1276) angenommen, daß Verzicht auf das Mutterrecht unbeschadet der konstitutiven Abzweigungen (Nießbrauch, Pfandrecht, Verlagsrecht) möglich ist, Alsfeld, Urheberrecht, Erl. 10 zu § 8 S. 92; Crome § 521 Anm. 17; Walsmann, Verzicht 309; Kohler, Handbuch 666.

[79] Mot. III 541.

[80] Ohne die erforderliche Zustimmung ist die Verfügung auch für den Verfügenden selbst unwirksam. So, im Anschluß an die Motive, die herrschende Meinung, Planck § 876, 1; § 1071, 1. Wolff, Sachenrecht § 39 IV, und Strohal, relative Unwirksamkeit 22 fg., weisen mit Recht darauf hin, daß der Wille des Gesetzes der rechtlichen Situation nicht entspricht und sich nicht ohne Unbilligkeit durchführen läßt; soll z. B der Berechtigte, der ohne Zustimmung des Dritten auf sein Recht verzichtet und die Löschung bewirkt hat, die Wiedereintragung des Rechtes im Berichtigungsverfahren durchsetzen können? soll ein Gläubiger des Berechtigten es dürfen? Jedenfalls liegt in einem nach § 876 unwirksamen Verzicht ein obligatorisches Versprechen, das Recht aufzugeben, aus welchem dem Verzichtenden, wenn er sein Recht unter Berufung auf die fehlende Zustimmung des Dritten geltend machen will, eine Einrede entgegensteht. Diese Einrede wirkt, wenn es sich um eine Forderung handelt, auch gegen den Zessionar und den pfändenden Gläubiger; nicht aber bei dinglichen Rechten.

[81] Hirsch 200. Das Gesetz gebraucht den Ausdruck Rang nur für das Verhältnis mehrerer Tochterrechte zu einander.

[82] Der Inhalt einer Grunddienstbarkeit kann so bestimmt werden, daß dem Eigentümer eine dem Tochterrecht vorgehende Benutzung vorbehalten bleibt; so kann z. B. bei einer Wassergerechtigkeit festgesetzt

von allen mit Tochterrechten belasteten Rechten. Die Ausübung des Mutterrechts ist aber nicht ausgeschlossen, sondern nur soweit beschränkt, als das Tochterrecht reicht und durch volle Ausübung des Mutterrechts beeinträchtigt werden würde [83]. Die für das Mutterrecht übrigbleibende Ausübungsmöglichkeit hängt von der Beschaffenheit des Tochterrechts ab. Der im Eigentum enthaltene tatsächliche Gebrauch der Sache ist bei den mit Besitz verbundenen Belastungen (Erbbaurecht, Nießbrauch, Mobiliarpfand) ausgeschlossen, nicht aber bei den Grundpfandrechten; bei Grunddienstbarkeiten und beschränkten persönlichen Dienstbarkeiten bleiben dem Eigentümer alle Gebrauchsmöglichkeiten, durch welche der Servitutberechtigte nicht geschädigt wird [84]. Eine mit Nießbrauch oder Pfandrecht belastete Forderung verbleibt dem Gläubiger, ist aber durch die neben sie tretende Forderung des Nießbrauchers oder Pfandberechtigten, welche mit ihr den Schuldner und den Leistungsgegenstand gemeinsam hat, in verschiedener Weise beschränkt; in einigen Fällen, §§ 1077, 1281, verbleibt dem Gläubiger eine Mitwirkung bei der Einziehung der Forderung, während in anderen Fällen, §§ 1074, 1282, die Einziehung durch den Nießbraucher oder Pfandberechtigten erfolgt und der Gläubiger nur Leistung an den Nießbraucher oder Pfandberechtigten verlangen [85] oder auf Feststellung seiner Forderung klagen kann [86]. In allen Fällen der Belastung behält der Inhaber des Mutterrechts

---

werden, daß der Eigentümer vorweg ein bestimmtes Quantum Wasser beziehen und der Servitutberechtigte auf den Überschuß angewiesen sein soll. In solchen Fällen hat das Eigentum ausnahmsweise einen besseren Rang, als die Grunddienstbarkeit.

[83] Die Beschränkung des Mutterrechts besteht nur gegenüber dem Tochterrecht; daher hat der Eigentümer einer belasteten Sache den Eigentumsanspruch, gegen welchen für den Nießbraucher oder Pfandberechtigten, nicht aber für Dritte, eine Einrede aus diesen Rechten erwächst, vgl. ob. § 17 Note 41.

[84] Manche Servituten, z. B. Wegerechte, vertragen eine Mitbenutzung durch den Eigentümer, die aber im Kollisionsfall hinter der Benutzung des Servitutenberechtigten zurücksteht. Der Inhalt der Servitut kann aber auch so bestimmt sein, daß dem Eigentümer ein gleichstarkes Mitbenutzungsrecht verbleibt, Dernburg III § 166 I, Wolff, Sachenrecht § 107, 1.

[85] Planck § 1074, 1 a; § 1282, 4; Hirsch 292.

[86] Daß die Forderung trotz des auf ihr lastenden Nießbrauchs oder Pfandrechts im Vermögen des Gläubigers verblieben ist, hat zur Folge, daß der Gegenstand der Leistung, auch wenn die Leistung an den Nießbraucher oder Pfandgläubiger erfolgt, in das Eigentum des Gläubigers fällt, § 1075, 1287.

die Möglichkeit, dasselbe zu veräußern und in anderer Weise darüber zu verfügen [87]; jedoch bedarf er zur Aufhebung oder Änderung seines Rechtes nach §§ 876, 1071, 1276 der Zustimmung des Inhabers des Tochterrechts, vgl. ob. Note 80. Endlich verbleibt dem Mutterrecht die Aussicht, durch Erlöschen des Tochterrechts seinen normalen Umfang wiederzugewinnen, vgl. unt. 9.

6. Aus der Rechtsmacht, welche dem Mutterrecht nach Abzweigung des Tochterrechts verbleibt, können weitere Tochterrechte konstituiert werden. Da diese Rechte ihren Stoff dem bereits belasteten Mutterrecht entnehmen, so können sie, soweit der Schutz des guten Glaubens nicht einwirkt, keine stärkeren Befugnisse enthalten, als dem Mutterrecht verblieben sind. Daraus ergibt sich unter mehreren aus einem Mutterrecht abgeleiteten Rechten eine nach der Reihenfolge der Bestellung abgestufte Rangordnung [88]. Dies Prinzip ist für Grundbuchrechte ausgesprochen in § 879 [89]. An beweglichen Sachen ist die Bestellung mehrerer Rechte durch das Erfordernis der Besitzübertragung erschwert, immerhin aber nach § 931 möglich (§§1032, 1205 II); auch können gesetzliche jura in re aliena mit rechtsgeschäftlich bestellten Rechten dieser Art konkurrieren. Der Rang richtet sich nach der Zeit der Entstehung [90]. Dieser Grundsatz [91] ist in § 1209 ausgesprochen für mehrere Pfandrechte [92], gilt aber, da er aus dem Wesen der konstitutiven Übertragung folgt, auch für die (selten vorkommende) Konkurrenz mehrerer Nießbrauchsrechte [93] und für die Konkurrenz von Nießbrauch und Pfand-

[87] Veräußern kann der Inhaber des Mutterrechts natürlich nur das, was er hat: das belastete Recht (res transit cum onere suo).

[88] Vgl. Bd. I S. 135; Endemann II § 12; Crome § 383; Planck Vorb. II 3 zum Sachenrecht: § 1209, 1; Hirsch 216.

[89] Bei Eintragung in dieselbe Abteilung des Grundbuchs entscheidet die Reihenfolge der Einträge (Lokusprinzip); ebenso bei Schiffspfandrechten, § 1261; unter Rechten, die in verschiedenen Abteilungen eingetragen sind, entscheidet der im Grundbuch angegebene Tag der Eintragung.

[90] Soweit nicht die Grundsätze über den Schutz des guten Glaubens, § 936, eingreifen.

[91] Der Grundsatz ist durchbrochen durch Privilegien gewisser gesetzlicher Pfandrechte, z. B. HGB. § 443.

[92] Jedes Pfandrecht, auch ein nachstehendes, enthält die Veräußerungsbefugnis und kann daher das Erlöschen auch der vorgehenden Pfandrechte herbeiführen. § 1242; vgl. ob. Note 29. Der Vorrang zeigt sich bei der Verteilung des Erlöses.

[93] Der nachstehende Nießbraucher hat nichts, als die Aussicht, durch

recht[93a]. Ein Rangverhältnis nach der Entstehungszeit besteht nicht nur unter dinglichen Rechten an derselben Sache, sondern ebenso auch unter Rechten (Nießbrauch und Pfandrecht), welche aus Forderungen[94] und anderen Rechten abgeleitet sind[95]. Bei Grundstücken, nicht bei anderen Rechten[96], kann der Besteller eines abgeleiteten Rechts sich die Befugnis vorbehalten[97], ein dem eingetragenen Rechte vorgehendes Recht zu bestellen, Rangvorbehalt, § 881[98].

7. Da Mutter- und Tochterrecht dasselbe Objekt haben, besteht unter ihnen eine Art von Gemeinschaft[99], ähnlich wie bei der Rechtsgemeinschaft nach Bruchteilen, § 741 fg.[100], aus welcher sich kraft Gesetzes obligatorische Beziehungen ergeben[101].

Erlöschen des vorgehenden Nießbrauchs in den Genuß der Sache einzurücken.

[93a] Planck § 1209, 1. OLG. 27, 154.

[94] Planck § 1273, 2. Von mehreren Pfandgläubigern ist nur der erste zur Einziehung berechtigt, § 1290.

[95] Da der Schutz des guten Glaubens bei diesen Rechten nicht eingreift, kommt der Grundsatz prior tempore potior iure unverändert zur Geltung.

[96] Crome § 383, 4.

[97] Diese Befugnis ist nicht ein besonderes, aus dem Eigentum ausgeschiedenes Recht, sondern ein dem Eigentümer verbleibender Bestandteil, § 96, seines Rechts, Planck § 881, 3; OLG. 21, 401. Die Befugnis, das Grundstück nachträglich an erster Stelle zu belasten, geht daher auf den Erwerber des Grundstücks über, § 881 III, und kann meines Erachtens vom Konkursverwalter des Eigentümers ausgeübt werden. Konsequenterweise müßte die im Eigentum verbliebene Befugnis auch dem vollstreckenden Gläubiger zugute kommen: durch Einrücken der Zwangshypothek in den vorbehaltenen Rang; denn soweit der Vollstreckungsschuldner verfügen kann, soweit reicht in der Regel der Zugriff des Gläubigers. Es ergibt sich aber aus § 881 IV, daß eine vor Ausübung des Rangvorbehaltes eingetragene Zwangshypothek trotz des Rangvorbehaltes hinter der an erster Stelle eingetragenen Hypothek rangiert, woraus eine bekanntlich wenig einleuchtende Verteilung des auf die erste Hypothek entfallenden Betrages folgt.

[98] Eine ähnliche Rechtslage, wie beim Rangvorbehalt, ergibt sich, wenn der Eigentümer bei Bestellung einer Grunddienstbarkeit sich ein stärkeres Mitbenutzungsrecht vorbehalten hat, vgl. ob. Note 82. Aus diesem Mitbenutzungsrecht kann der Eigentümer eine zweite Servitut bestellen, welche, obgleich jünger, der ersten Servitut vorgeht.

[99] Bei Forderungen kommt zur Gemeinsamkeit des Objekts (Schuldner und haftendes Vermögen) hinzu der Umstand, daß die Leistung vom Schuldner nur einmal zu erbringen ist, vgl. Bd. I S. 88.

[100] Vgl. Bd. I S. 83 fg.

[101] Vgl. ob. § 5 Note 5, Hirsch 297.

Meistens handelt es sich um Verpflichtungen des jeweiligen Inhabers des Tochterrechts [101] gegenüber dem jeweiligen Inhaber des Mutterrechts [102]: der Nießbraucher, Pfandgläubiger, Servitutenberechtigte sind zu einer Reihe von Handlungen verpflichtet, durch welche das Interesse des Mutterrechts gewahrt wird; ausnahmsweise besteht eine solche Verpflichtung zu Lasten des Mutterrechts, § 1022. Wenn die Ausübung des Mutter- und Tochterrechts gemeinsam zu erfolgen hat, §§ 1077, 1281, besteht eine Verpflichtung beider Teile, zur gemeinsamen Ausübung mitzuwirken, §§ 1078/9, 1285/6. Auch unter mehreren Inhabern von Tochterrechten bestehen, wenn auch in geringerem Maße, obligatorische Beziehungen [104].

8. Daraus, daß der Inhalt des Tochterrechts dem Mutterrecht entnommen ist, scheint sich die Konsequenz zu ergeben, daß ein konstitutiv abgeleitetes Recht nicht dem Subjekt des Mutterrechts, sondern nur einem Dritten zustehen könne, daß insbesondere der Eigentümer kein beschränktes dingliches Recht an seiner Sache haben könne: denn der Eigentümer hat bereits als solcher alle Befugnisse, die ihm ein abgeleitetes Recht verschaffen könnte. Diese Konsequenz hat das römische Recht gezogen: nulli res sua servit [105]. Dagegen hat das BGB. diesen Standpunkt, wenn auch zögernd, verlassen und die Möglichkeit von Rechten an eigener Sache sowie sonstiger „Eigenrechte" anerkannt [106]. Der praktische Wert dieser Neuerung liegt darin, daß jedes Tochterrecht einen besseren Rang hat als das stets an letzter Stelle stehende Mutterrecht, vgl. ob. Note 81; daher muß jede Befugnis des Eigentümers hinter Belastungen der Sache zurückstehen, während dieselbe Befugnis, wenn sie dem Eigentümer in Gestalt eines besonderen, vom Eigentum abgeleiteten Rechts zusteht, jüngeren Belastungen der Sache vorgeht.

---

[102] Vgl. ob. § 2 Note 10—12.

[103] Vgl. ob. § 4 S. 102.

[104] Der Pfandgläubiger hat Dritte, denen Rechte an der Pfandsache zustehen, von der bevorstehenden Versteigerung zu benachrichtigen, § 1237. Bei Kollision gleichstehender Nutzungsrechte kann jeder Berechtigte vom anderen eine angemessene Regelung der Ausübung verlangen, §§ 1024, 1060.

[105] fr. 26 de serv. praed. urb. 8, 2.

[106] Das Wort Eigenrecht kann mit Hirsch 198 gebraucht werden, um jedes aus einem Mutterrecht abgeleitete und dem Subjekt des Mutterrechts zustehende Recht zu bezeichnen.

Eigenrechte ergeben sich durch Vereinigung von Mutter- und Tochterrecht bei einem Subjekt. Der im gemeinen Recht eintretende Untergang des Tochterrechts, Konfusion, ist für das Grundbuchrecht in § 889 allgemein beseitigt. Bei Rechten, die aus Mobiliareigentum und sonstigen Rechten abgeleitet sind, tritt die Konfusion dann nicht ein, wenn der Inhaber des Mutterrechts ein rechtliches Interesse am Fortbestand des Tochterrechts hat [107], d. h. wenn weitere aus demselben Mutterrecht abgeleitete Rechte bestehen [108]. Eigentümerhypothek und Eigentümergrundschuld entstehen ferner in zahlreichen Fällen kraft Gesetzes anstelle einer zu begründenden Hypothek oder durch Übergang einer Hypothek vom Gläubiger an den Eigentümer [109]. Dagegen ist rechtsgeschäftliche Begründung [110] eines Rechts an eigener Sache [111] im Gesetz nur für die Grundschuld anerkannt, § 1196 [112], und daher für andere abgeleitete Rechte als unzulässig zu betrachten [113]. Insbesondere kann der Eigentümer an seinem Grundstück weder für sich eine Hypothek [114], noch zugunsten eines

---

[107] §§ 1063, 1256, 1072, 1273. Planck § 1273, 2 s.

[108] Trotz der ängstlichen Ausdrucksweise des Gesetzes in §§ 1063 und 1256 („Nießbrauch und Pfandrecht gelten als nicht erloschen") ist Fortbestand dieser Rechte anzunehmen, Planck § 1256, 3, Endemann II § 134 Anm. 19. Daher ist der Eigentümer nicht nur gegen den nachstehenden Pfandgläubiger geschützt, sondern kann das fortbestehende Pfandrecht (mit der Forderung) weiter übertragen.

[109] Vgl. namentlich §§ 1163, 1168.

[110] Auch durch Pfändung kann ein Pfandrecht an eigener Sache nicht begründet werden, SeuffArch. 58, 124; RG. 79, 243, Müller, Pfändungspfandrecht 111. Stein, Grundfragen der Zwangsvoll. 52.

[111] Ein Miteigentümer kann durch Einigung mit den übrigen Miteigentümern ein dingliches Recht an der im Miteigentum stehenden Sache erwerben, sowie sein eigenes Grundstück zugunsten des im Miteigentum stehenden mit einer Grunddienstbarkeit belasten, § 1009.

[112] Die Bestellung einer Eigentümergrundschuld geschieht, da sich der Vorgang und seine Rechtswirkungen innerhalb eines Vermögens abspielt, durch einseitige Erklärung des Eigentümers, vgl. unt. § 53.

[113] Die Unzulässigkeit ergibt sich nicht, wie bisweilen z. B. von RG. 47, 209 angenommen wird, aus § 181; der Eigentümer könnte ein Recht an seiner Sache auch nicht dadurch erwerben, daß er einen zur Verfügung über sein Grundstück ermächtigten Vertreter bestellt und mit diesem die Einigung des § 873 abschließt, vgl. unt. § 53.

[114] Die Unzulässigkeit der Bestellung einer Eigentümerhypothek ergibt sich nicht, wie Dernburg III § 246 I 5, Crome § 474, 2 b annehmen, daraus, daß die Hypothek eine Forderung voraussetzt; der Eigen-

anderen ihm gehörenden Grundstücks eine Grunddienstbarkeit bestellen [115]. Das beruht selbstverständlich nicht auf einer logischen Unmöglichkeit solcher Rechtsakte [116], sondern darauf, daß das Gesetz von dem althergebrachten, die Vereinfachung der dinglichen Rechtsverhältnisse fördernden Grundsatz: nulli res sua servit nur bestimmte, fest abgegrenzte Ausnahmen statuiert, deren analoge Ausdehnung durch kein zwingendes Bedürfnis des Rechtslebens geboten erscheint [117].

Das Eigenrecht besteht, wie alle abgeleiteten Rechte, aus dem Rechtsstoff des Mutterrechts, aus Befugnissen, die ursprünglich im Mutterrecht enthalten waren, ist aber nicht als Bestandteil des Mutterrechts zu betrachten [118], sondern als ein dem Mutterrecht gegenüber selbständiges [119], mit demselben gewissermaßen durch Personalunion verbundenes Recht; die Eigentümerhypothek ist nicht Stück des Eigentums [120], sondern Belastung desselben. Das Eigenrecht hat in der Hand des Inhabers des Mutterrechts denselben Inhalt wie sonst; nur ruhen [121] bei Eigentümerhypothek und Eigentümergrundschuld nach § 1197 zwei Befugnisse: das Recht auf Zinsen aus dem Grundstück [122] und das Recht, die Zwangsvollstreckung zu betreiben [123]. Hört die Verbindung des Tochter-

---

tümer kann auch für eine ihm gegen einen Dritten zustehende Forderung keine Hypothek am eigenen Grundstück bestellen.

[115] Für die Zulässigkeit der Bestellung von Grunddienstbarkeiten zwischen Grundstücken desselben Eigentümers D e r n b u r g III § 170 Note 4, W o l f f, Sachenrecht § 103 IV 3, § 108 I 1. Die herrschende Lehre und Praxis verhält sich ablehnend, vgl. J u n k e r, Eigentümerdienstbarkeit, RG. 47, 202.

[116] J u n g, Problem des natürlichen Rechts 175.

[117] Dem praktischen Bedürfnis kann meines Erachtens durch deduktive Bestellung einer Servitut genügt werden, vgl. ob. Note 63.

[118] So E n d e m a n n II § 9, 2 c, § 116, 2: „das Recht an eigener Sache ist nichts anderes, als das für einen bestimmten Rechtszweck ausgeprägte und gegen Dritte verstärkte Eigentumsrecht".

[119] W o l f f, Sachenrecht § 147 I.

[120] Daher ist z. B. die Verfügung über eine Eigentümerhypothek nicht als Verfügung über das Grundstück zu beurteilen, P l a n c k § 1445, 2 a. Andere Konsequenzen bei W o l f f a. a. O.

[121] Vgl. unt. § 47 Note 23.

[122] Dem Eigentümerhypothekar gebühren keine Zinsen, weil ihm als Eigentümer die Nutzungen der Sache zufallen, Mot. III 734.

[123] Ebenso ist beim Pfandrecht an eigener Sache anzunehmen, daß der Eigentümer den Pfandverkauf nicht vornehmen kann, P l a n c k § 1256, 3. Daß dem Eigentümer das Recht der Subhastation bzw. des

rechts mit dem Mutterrecht auf [124], so fallen diese Beschränkungen fort [125].

Den Übergang eines Tochterrechts auf das Subjekt des Mutterrechts kann man mit Bekker [126] restitutive Sukzession nennen, als Gegenstück zu der konstitutiven Sukzession, durch welche das Tochterrecht entsteht. Bleibt das Tochterrecht als Eigenrecht bestehen, so fällt der Übergang unter den Begriff der translativen Sukzession. Geht aber das Tochterrecht durch Sukzession unter, so liegt zwar der Tatbestand, aber nicht die Rechtswirkung einer Sukzession vor: die Tatsachen, welche sonst Übergang des Rechts herbeiführen würden und vielleicht nach der Absicht der Parteien herbeiführen sollen, bewirken bei dieser besonderen Rechtslage Untergang des Rechts [127].

9. Konstitutiv abgeleitete Rechte erlöschen durch Tod des Berechtigten (Nießbrauch und beschränkte persönliche Dienstbarkeiten, §§ 1061, 1090); durch Ablauf der Zeit, für welche sie begründet sind; durch Konfusion mit dem Mutterrecht; durch Aufgabe seitens des Berechtigten [128]; in letzterem Falle genügt einseitige Erklärung an den Besteller oder den Inhaber des Mutterrechts, §§ 875, 1064, 1255 I [129].

Der Wegfall eines Tochterrechts kommt den Rechten zugute, deren Ausübung durch die Existenz des Tochterrechts beschränkt war: zunächst den sonstigen, im Range nachstehenden Tochter-

---

Pfandverkaufes nicht zusteht, ist meines Erachtens daraus zu erklären, daß ihm die Befugnis nicht zustehen kann, weitere Belastungen der Sache, die er oder sein Vorgänger begründet hat, durch die Subhastation resp. den Pfandverkauf aufzuheben.

[124] Durch Veräußerung der Hypothek oder des Eigentums; in letzterem Falle folgt die Hypothek nicht ohne weiteres dem Eigentum; darin zeigt sich besonders deutlich, daß sie ein neben dem Eigentum stehendes besonderes Recht ist.

[125] Wird die Eigentümerhypothek nicht veräußert, sondern verpfändet, so unterliegt der Pfandgläubiger denselben Beschränkungen wie der Eigentümerhypothekar, RG. 60, 363.

[126] Pandekten § 34 a. E.

[127] Umgekehrt hat der auf Aufhebung gerichtete Verzicht in § 1168 die Wirkung einer Sukzession: die Hypothek geht ex lege auf den Eigentümer über.

[128] Die Aufhebung der Hypothek erfordert Zustimmung des Eigentümers, § 1183.

[129] Auch bei Nießbrauch und Pfandrecht an einer Forderung ist die Erklärung an den Gläubiger, nicht an den Drittschuldner, zu richten, § 1068 II, 1273 II.

rechten (es findet ein „Nachrücken“ derselben statt); sodann dem Mutterrecht, welches durch Erlöschen des von ihm abgezweigten Tochterrechts seinen normalen Inhalt wiedergewinnt. Dieser Vorgang, den man Konsolidation [130] des Mutterrechts nennen kann, erfolgt mit Rechtsnotwendigkeit, ohne eine Erwerbshandlung seitens des Inhabers des Mutterrechts [131], und erklärt sich aus dem Wesen der Belastung [132]; während bei der Teilung ein Stück der im Rechte enthaltenen Befugnisse definitiv losgelöst wird [133], bleibt bei der Belastung das Mutterrecht in seiner Substanz bestehen und wird nur soweit beschränkt, als es die Ausübung der abgezweigten Befugnisse erfordert; die Belastung des Mutterrechts dauert daher nur so lange, als das Tochterrecht besteht.

Die Konsolidation ist für das Subjekt des Mutterrechts eine Vergrößerung seiner Rechtsmacht und meist ein wirtschaftlicher Vorteil; sie ist, wenn der Wegfall des Tochterrechts durch den Willen des Inhabers beruht, eine Zuwendung; aber keine Rechtsübertragung; denn das weggefallene Tochterrecht findet sich beim Subjekt des Mutterrechts nicht als Recht wieder, sondern als Befreiung des Mutterrechts von einer Belastung.

Auch hier vertritt Hellwig [134] einen erweiterten Begriff der Sukzession: er bezeichnet mit dem von Bekker [135] entlehnten Ausdruck: restitutive Sukzession jede Befreiung von einem Recht; den Wegfall einer Belastung, insbesondere aber auch die Befreiung eines Schuldners durch Erlaß oder Erfüllung seiner Verpflichtung. Wie in den sonstigen Fällen der Sukzession ein

---

[130] Consolidatio war im römischen Recht die Ergänzung des Eigentums durch Wegfall eines Nießbrauchs, § 3 J 2, 4.

[131] Da die Übertragung von Eigentum unter auflösender Bedingung unter den Begriff der konstitutiven Sukzession fällt, so tritt mit Erfüllung der Bedingung der frühere Rechtszustand wieder ein, § 158 II, d. h. das beim Veräußerer verbliebene, auf eine Anwartschaft reduzierte Recht ergänzt sich ipso iure zu seinem früheren Umfang.

[132] Nicht aus dem Wesen des Eigentums, welchem man in Hinblick auf diese Vorgänge die Eigenschaft der „Elastizität“ zuzuschreiben pflegt. Denn die Selbstergänzung durch Wegfall der Belastung findet sich nicht nur beim Eigentum, sondern bei jedem Mutterrecht, aus welchem ein Tochterrecht abgezweigt ist, Hirsch 217.

[133] Vgl. ob. Note 10.

[134] Rechtskraft § 38/9, Lehrb. § 40 II 4, vgl. ob. § 44 Note 7. Gegen Hellwig: Romeick, Zur Technik des BGB. III, 96; Enneccerus § 130 II b.

[135] Vgl. ob. Note 126.

Recht erworben wird, so soll nach Hellwig bei der restitutiven Sukzession der erfüllende Schuldner vom Gläubiger die Befreiung von der Forderung „erwerben“ [136]. Diese von der plastischen Anschauung einer Rechtsnachfolge sich weit entfernende Konstruktion verwendet Hellwig für die Lehre von der Rechtskraft. Es ist, um die praktisch wichtigste Frage hervorzuheben, bekanntlich streitig, ob ein Urteil zwischen zwei Prätendenten einer Forderung (z. B. Zedent und Zessionar) für und gegen den Schuldner der streitigen Forderung wirkt. Die Rechtskraft wird von einigen Autoren [137] allgemein anerkannt, von anderen [138] in Abrede gestellt. Die Ansicht von Hellwig geht dahin, daß der Schuldner dadurch, daß er an einen der Prätendenten zahlt, Rechtsnachfolger desselben wird, und sich daher nach § 325 ZPO. auf ein zugunsten des Leistungsempfängers ergangenes Urteil berufen könne. Dieses durchaus angemessene Resultat kann meines Erachtens erreicht werden, ohne den Begriff der Rechtsnachfolge über seine natürlichen Grenzen auszudehnen. Zahlt der Schuldner an den Zedenten, der die Ungültigkeit der Zession erstritten hat, so wird er nach § 407 frei [139]; hat der Zessionar gesiegt, so ist der Schuldner nach § 409 geschützt, wenn er gegen Vorlegung des Urteils zahlt [140].

§ 46. Einzelnachfolge und Gesamtnachfolge *.

Die Rechtsnachfolge kann sich auf ein oder mehrere einzelne Rechte oder Rechtsverhältnisse [1] beziehen; dann spricht das Ge-

---

[136] Hellwig beruft sich auf den Wortlaut von § 2366: „erwirbt jemand . . . die Befreiung von einem zur Erbschaft gehörenden Rechte“. Meines Erachtens ist der Ausdruck Erwerb hier als untechnisch zu betrachten.

[137] Wach, Zur Lehre von der Rechtskraft 23, 95.

[138] O. Fischer, JheringsJ. 40, 96.

[139] Der Schuldner braucht nur auf eine ihm bekannte Abtretung Rücksicht zu nehmen, nicht auf einen bloßen Zweifel darüber, ob die Forderung noch dem früheren Gläubiger zusteht, RG. 61, 247. Liegt aber ein Urteil zugunsten des Zedenten vor, so kann der Schuldner höchstens einen Zweifel darüber haben, ob der Zedent nicht trotzdem aufgehört hat, Gläubiger zu sein.

[140] Ein Urteil, in welchem dem Zedenten gegenüber die Gültigkeit der Zession festgestellt wird, muß meines Erachtens einer von ihm ausgestellten Zessionsurkunde gleichstehen.

* Vgl. die zu § 44 zitierte Literatur. Hellwig, Rechtskraft § 30 fg.; Lehrb. § 40 I; Sohm, Gegenstand 38 fg.

[1] Vgl. ob. § 12 II.

setz von Sondernachfolge [2] (Singularsukzession). Die Rechtsnachfolge kann aber auch ausnahmsweise ein Vermögen als Ganzes ergreifen: Gesamtnachfolge (Universalsukzession).

I. Bei der Sondernachfolge scheidet das übergehende Recht aus dem Vermögen [3], dem es bisher angehörte, aus und wird dadurch in der Regel frei von der Haftung für die Verpflichtungen, welche auf diesem Vermögen lasten [4]. Ausnahmsweise kommt es vor, daß ein durch Singularsukzession übergehendes Vermögensstück in den Händen des Nachfolgers für Schulden des Vorgängers haftbar bleibt [5], oder daß auf den Singularsukzessor durch seinen Erwerb Pflichten des Rechtsvorgängers übergehen [6], oder daß für den Singularsukzessor infolge einer Verpflichtung des Rechtsvorgängers eine dieser entsprechende Verpflichtung entsteht [7]. Das Fortbestehen der Haftung und der Eintritt in die Verpflichtungen des Vorgängers findet in verstärktem Maße statt, wenn die Sonder-

---

[2] §§ 746, 751, 755, 1010.

[3] Über Singularsukzession zwischen Sondergut und Hauptvermögen vgl. ob. § 19 V, über Singularsukzession zwischen Gesamtgut und dem Einzelvermögen der Teilhaber ob. § 20 V.

[4] Vgl. Bd. I S. 323. Dagegen bleiben Beschränkungen und Belastungen des übergehenden Rechts auch gegen den Singularsukzessor wirksam, vgl. ob. § 44 Note 15, insbesondere bleibt das übergehende Recht, sofern es eine Forderung ist oder nach den Grundsätzen der Abtretung übergeht, § 413, den zur Zeit des Übergangs begründeten Einreden ausgesetzt, § 404, auch wenn diese Einreden auf einer gegen den Rechtsvorgänger gerichteten Forderung beruhen. Wer eine Kaufpreisforderung erwirbt, ist daher der Einrede des nichterfüllten Vertrags, § 320, ausgesetzt, obgleich die Forderung des Käufers sich nicht gegen ihn richtet; wer eine Mobilie nach § 931 erwirbt, hat den Besitz des Mieters zu dulden, § 986 II, obgleich er nicht Schuldner des Mieters ist, vgl. Bd. I S. 214.

[5] Wer einen Anteil in einer Rechtsgemeinschaft erwirbt, muß sich nach § 755 II, 756 gefallen lassen, daß Forderungen, die aus dem Gemeinschaftsverhältnis gegen seinen Rechtsvorgänger entstanden sind, aus dem gemeinsamen Gegenstand oder seinem Anteil an demselben befriedigt werden. Auf Fortdauer der Haftung beruht ferner die Anfechtung nach dem AnfG., vgl. ob. § 11, 7 b. An Stelle der Haftung tritt, wenn die Vollstreckung in den anfechtbar veräußerten Gegenstand nicht mehr möglich ist, und im Konkurs immer, eine Herausgabepflicht des Erwerbers und unter Umständen eine solche Verpflichtung des weiteren Erwerbers, KO. § 40, AnfG. § 11.

[6] Mittelbar zuständige Pflichten, vgl. ob. § 4 IV.

[7] § 571, 822. Nicht aus einer Verpflichtung des Vorgängers, aber aus einem Verhalten desselben, durch welches Interessen dritter Personen verletzt werden, entsteht die Herausgabepflicht des Beschenkten, § 2287, 2329.

nachfolge alle zum Vermögen des Vorgängers gehörenden Rechte umfaßt, vgl. unt. V.

II. Gegenstand der Gesamtnachfolge ist das „Vermögen als Ganzes", § 1922 I. Das bedeutet nicht, daß ein Recht am Vermögen übergeht [8], sondern daß Tatbestand und Wirkung der Sukzession für alle zum Vermögen [9] gehörenden Rechte einheitlich ist. Im Begriff der Universalsukzession liegt:

1. Daß alle zum Vermögen gehörenden Rechte durch einen Vorgang, uno actu, übergehen (beim Erbfall durch den Tod des Erblassers, bei Gütergemeinschaft durch den Abschluß des Ehevertrags usw.), ohne daß die für die Singularsukzession vorgeschriebenen Voraussetzungen vorzuliegen bzw. die Handlungen vorgenommen zu werden brauchen: Grundstücke gehen über ohne Eintragung, Mobilien ohne Besitzerwerb.

2. Die Gesamtnachfolge umfaßt alle zum Vermögen gehörenden Rechte [10], ohne daß es auf Willen und Wissen der Beteiligten in bezug auf die einzelnen Rechte ankommt, aber auch nur die Rechte, welche dem übergehenden Vermögen wirklich angehören; der gute Glaube, durch welchen der Singularsukzessor in zahlreichen Fällen ein dem Veräußerer nicht gehörendes Recht erwirbt, kommt bei der Gesamtnachfolge nicht in Betracht [11].

3. Die Haftung des Vermögens für die Verpflichtungen des

---

[8] Das Vermögen ist kein Objekt von Rechten, vgl. ob. § 18 VI.

[9] Gesamtnachfolge in ein Sondergut kommt nur beim Familienfideikommiß vor, vgl. unt. Note 16 (der Nacherbe erwirbt den Nachlaß nicht vom Vorerben, in dessen Vermögen der Nachlaß ein Sondergut darstellt, sondern vom Erblasser, vgl. unt. Note 15). Die Vereinigung des Sonderguts mit dem Hauptvermögen durch Wegfall des Separationsgrundes (Aufhebung des Konkurses oder der Nachlaßverwaltung) ist keine Sukzession, Hellwig, Lehrb. § 46 II 4, vgl. ob. Bd. I S. 347.

[10] Der Erblasser kann keinen Gegenstand von der Erbfolge ausschließen Dagegen kann bei der Gütergemeinschaft der Ausschluß einzelner Gegenstände im Ehevertrag verabredet werden.

[11] Planck, Erl. II 1 d zu § 892. Dem Ausschluß des gutgläubigen Erwerbes bei der Gesamtnachfolge entspricht es, daß bei anfechtbarem Erwerb der Gesamtnachfolger unbedingt der Anfechtung ausgesetzt ist, während der Einzelnachfolger nur unter bestimmten Umständen haftet. KO. § 40 I spricht zwar nur vom Erben, aber dem Erben ist jeder Gesamtnachfolger gleichzustellen, z. B. der Ehemann in bezug auf seine Nutznießung, so das RG. 80, 5, mit der unrichtigen Begründung: die Anfechtung gegen den gutgläubigen Ehemann sei zulässig, weil die Frau bei Erwerb zum eingebrachten Gute den Ehemann vertrete oder wenigstens wie eine Vertreterin zu behandeln sei.

Vorgängers bleibt bei der Gesamtnachfolge bestehen. Daneben entsteht, in verschiedenem Umfange, eine Verpflichtung des Erwerbers aus den Schulden des Vorgängers [12].

III. Gesamtnachfolge findet nur in gesetzlich bestimmten Fällen [13] statt:

1. Insbesondere bei Wegfall des Vermögenssubjektes. Daher ist der wichtigste und älteste Fall der Universalsukzession die Erbfolge, § 1922 I. Sie umfaßt alle durch den Tod nicht erlöschenden Rechte und Rechtsverhältnisse des Erblassers, das universum jus defuncti, insbesondere auch den Besitz, § 857 [14]. Auch der Nacherbe ist Universalsukzessor, § 2139, und zwar des Erblassers, nicht des Vorerben [15], dessen Rechte mit Eintritt der Nacherbfolge erlöschen, um denen des Nacherben Platz zu machen. Hatte der Erblasser ein Familienfideikommiß, so findet für dieses und für das Allodialvermögen gesonderte Erbfolge statt [16]. Zwischen dem Nachlaß und dem eigenen Vermögen des Erwerbers findet eine Vereinigung statt, welche aber durch gewisse Tatsachen (Testamentsvollstreckung, Nacherbschaft) aufgehalten, durch andere Tatsachen (Nachlaßverwaltung und Nachlaßkonkurs) wieder aufgehoben werden kann. Unter Miterben entsteht ein Gesamthandverhältnis, § 2032.

Dem Erbfall steht gleich die Sukzession des Fiskus in das Vermögen eines aufgelösten Vereins und einer erloschenen Stiftung, §§ 46, 88 [17], und die Verstaatlichung des Vermögens einer Aktiengesellschaft, HGB. § 304. Gesamtnachfolge in das Vermögen eines wegfallenden Subjekts findet ferner statt: bei der Fusion

---

[12] Vgl. ob. § 18 Note 42.

[13] Die Gesamtnachfolge ist, wenn ihre Voraussetzungen vorliegen, zwingenden Rechts: der Erblasser kann sie nicht beseitigen; bei der Gütergemeinschaft kann nicht verabredet werden, daß das Gesamtgut durch Einzelübertragung der Gegenstände entstehen solle.

[14] Das Recht des Besitzes entsteht für den Erben ohne Erlangung der tatsächlichen Gewalt; erlangt er die Gewalt, so wird der ihm bereits zustehende Besitz verstärkt, vgl. ob. § 6 Note 33.

[15] Vgl. ob. § 44 Note 69.

[16] Dernburg II § 133, 1; Wolff, Sachenrecht § 93 I. Eine Spaltung des Nachlasses (Hellwig, ZivProz. § 40 I) findet hierbei nicht statt, da das Fideikommiß schon bei Lebzeiten des Erblassers ein Sondergut war, vgl. ob. § 19 Note 2.

[17] Bei Anfall an andere Personen findet keine Gesamtnachfolge statt, sondern Liquidation (Auflösung des Vermögens in seine Bestandteile), vgl. ob. § 39 Note 34.

von Aktiengesellschaften nach HGB. § 306 [18], bei der Umwandlung einer Aktiengesellschaft in eine Gesellschaft m. b. H. nach dem GmbH. §§ 80/1 [19] und bei der Schließung einer Innung infolge von Errichtung einer Zwangsinnung nach GewO. § 100 k.

2. Durch Gesamtnachfolge entsteht die allgemeine Gütergemeinschaft: jeder Ehegatte wird durch Abschluß des Ehevertrags mitberechtigt an dem aus dem Vermögen beider Ehegatten [20] entstehenden Gesamtgut [21]. Auch bei der Fahrnisgemeinschaft wird das bewegliche Vermögen beider Ehegatten uno actu durch den Ehevertrag gemeinsam. Dagegen erfolgt die Entstehung des Gesellschaftsvermögens aus Beiträgen auf dem Wege der Singularsukzession [22].

Gesamtnachfolge findet ferner statt, wenn ein Anteil an einem Gesamthandvermögen [23] auf ein anderes Subjekt übergeht. In dieser Weise kann der Miterbe seinen Anteil übertragen, § 2033 I. Bei der fortgesetzten Gütergemeinschaft, §§ 1483, 1557, bleibt das Gesamtgut bestehen [24]; in den Anteil des verstorbenen Ehe-

---

[18] Das Vermögen der aufgelösten Gesellschaft ist bis zum Ablauf des Sperrjahres, HGB. § 301, getrennt zu verwalten und gilt für die Gläubiger der aufgelösten Gesellschaft immer noch als Vermögen dieser Gesellschaft, d. h. dies Vermögen ist im Gesamtvermögen der übernehmenden Gesellschaft ein Sondergut; denn die Trennung der Verwaltung ist nicht nur eine tatsächliche (Bd. I S. 321), sondern hat rechtliche Bedeutung. Ungenau RG. 72, 17.

[19] Wenn ein Verein die Rechtsfähigkeit erwirbt, so liegt darin Auflösung des bisherigen Vereins und Übertragung des Vermögens an den neuen Verein; die Übertragung erfolgt im Wege der Singularsukzession, vgl. ob. § 40 Note 74.

[20] Soweit es nicht aus besonderen Gründen als Vorbehalts- oder Sondergut außerhalb der Gemeinschaft bleibt.

[21] Es bedarf keiner Übertragung der einzelnen Gegenstände, § 1438 II. Durch guten Glauben eines Ehegatten wird ein dem anderen nur scheinbar gehörender Gegenstand nicht zum Bestandteil des Gesamtgutes, Planck, § 1438, 3.

[22] Die Gesamthandsverhältnisse ergreifen auch den künftigen Erwerb der Teilhaber. Die Mitberechtigung am späteren Erwerb entsteht zwar nicht per universitatem, aber insofern in ähnlicher Weise, als der gute Glaube nicht geschützt wird; ist z. B. die Erwerbshandlung der Ehefrau unwirksam, so wird der Gegenstand nicht deswegen Gesamtgut, weil der Ehemann den Erwerb der Frau für gültig hielt.

[23] Vgl. Bd. I S. 361.

[24] Das Gesamtgut erweitert sich um das Vermögen, welches der überlebende Ehegatte aus dem Nachlaß des Verstorbenen erwirbt; auch

gatten sukzedieren die gemeinsamen Abkömmlinge; stirbt einer derselben, so rücken an seine Stelle seine Abkömmlinge, in Ermangelung solcher die übrigen anteilsberechtigten Abkömmlinge, und wenn solche nicht vorhanden sind, der überlebende Ehegatte, § 1490. Diese Erwerbsvorgänge beruhen nicht auf Erbrecht, sondern auf familienrechtlichen Gründen [25] und sind, da es sich um einen Anteil an einem Gesamthandsvermögen handelt, Gesamtnachfolge [26]. Auch der Anteil am Gesellschaftsvermögen kann Gegenstand einer Gesamtnachfolge sein, durch Übertragung, wenn eine solche zulässig ist [27], und durch Verschiebung der Anteile (Anwachsung und Abwachsung) [28], welche bei Austritt und Eintritt eines Gesellschafters für die übrigen erfolgt.

Die Gesamtnachfolge ist in der Regel translativ, kann aber auch konstitutiv sein; wenn die Verfügung über einen Anteil an einem Gesamthandsvermögen zulässig ist, kann daran Nießbrauch oder Pfand bestellt werden [29]. Darüber hinaus ist Pfändung des Anteils zulässig nach ZPO. §§ 859, 860 II. Nach den Regeln der Gesamtnachfolge entsteht mit Abschluß der Ehe Verwaltung und Nutznießung des Mannes am eingebrachten Gut [30].

Alle unter 2. aufgezählten Fälle der Gesamtnachfolge unterscheiden sich von der Erbfolge und den ihr gleichstehenden Fällen in einem Punkte, den ich aber nicht für so wesentlich halte, um die Erbfolge aus der Gesamtnachfolge auszuschließen und als einen der Gesamtnachfolge koordinierten Begriff zu behandeln [31]: während der Besitz auf den Erben übergeht, entsteht für die sonstigen Gesamtnachfolger kein Besitz, sondern ein Aneignungsrecht auf den Besitz [32]; der Ehemann ist nach § 1443 I berechtigt, die zum Gesamtgut gehörenden Sachen in Besitz zu nehmen. Dieser Unterschied erklärt sich daraus, daß beim Erbfall das

hier tritt die Mitberechtigung der Abkömmlinge ipso iure, durch Universalsukzession ein, Planck § 1485, 4.

[25] Planck Erl. 2 vor § 1482.

[26] Die nachrückenden Anteilberechtigten sind, ähnlich wie der Nacherbe, vgl. ob. Note 15, Rechtsnachfolger nicht des weggefallenen Berechtigten, sondern des Erblassers, Strohal, Erbrecht § 1 I 3 b.

[27] Vgl. ob. § 20, Note 45.

[28] Vgl. ob. § 20 Note 46 a; § 40 Note 56.

[29] Das nach römischem Recht zulässige Pfandrecht am ganzen Vermögen ist dem Recht des BGB. unbekannt.

[30] Vgl. ob. § 45 Note 19.

[31] A. A. Sohm 39 fg.

[32] Vgl. Bd. I S. 179.

frühere Rechtssubjekt weggefallen ist, dem Erben daher keine tatsächliche Gewalt entgegensteht (außer wenn ein Dritter sich der Sache bemächtigt hat); bei dieser Sachlage konnte das Gesetz ohne sich vom Begriff des Besitzes zu weit zu entfernen, dem Erben die Rechte des Besitzers zuweisen. Dagegen ist in den sonstigen Fällen der Gesamthand, z. B. bei Begründung der Gütergemeinschaft, das bisherige Rechtssubjekt, die Ehefrau, noch vorhanden; ihrer tatsächlichen Gewalt gegenüber konnte das Gesetz dem Ehemann den Besitz erst dann zuschreiben, wenn er die Sachen an sich genommen hat, was die Frau nach § 1443 I zu dulden hat [33].

IV. Das bei der Gesamtnachfolge übergehende Vermögen bleibt mit der Haftung für die Verpflichtungen des früheren Subjekts belastet; dazu tritt, in verschiedenen Abstufungen, eine Verpflichtung des neuen Subjekts und unter Umständen eine Haftung seines bisherigen Vermögens.

Der Erbe ist vor der Annahme nicht verpflichtet [34]. Nach der Annahme kann er seine Verpflichtung (und damit zugleich die Haftung seines Vermögens) ausschließen durch Nachlaßverwaltung oder Nachlaßkonkurs, oder seine Haftung durch Aufgebot oder die Einreden aus § 1990/2 b auf den Nachlaß beschränken [35].

Durch Begründung der Gütergemeinschaft wird der Ehemann Gesamtschuldner aller Schulden der Ehefrau, § 1459 I, dagegen entsteht für die Frau aus den Schulden des Mannes keine Verpflichtung, sondern nur eine Haftung des ihr mitgehörenden Gesamtguts. Diese Haftung tritt bei bestehender Gütergemeinschaft nicht zutage, weil zur Vollstreckung in das Gesamtgut ein Urteil gegen den Mann genügt, ZPO. § 740, zeigt sich aber nach Beendigung der Gemeinschaft in der Klage auf Duldung der Zwangsvollstreckung, ZPO. § 743 [36]. Ähnlich verhält es sich bei der fortgesetzten Gütergemeinschaft.

---

[33] Das Besitzaneignungsrecht des Ehemanns ist aus dem Besitz der Frau abgeleitet; es besteht nur an den im Besitz der Frau befindlichen Sachen. Daher ist auch der durch Ausübung dieses Rechts erworbene Besitz des Mannes derivativ, durch Rechtsnachfolge, erworben, vgl. ob. § 44 Note 21. Der Mann kann sich daher bei der Ersitzung eine Ersitzungszeit der Ehefrau nach § 943 anrechnen.

[34] Vgl. ob. § 15 V c.

[35] Vgl. ob. § 12 Note 31, § 18 Note 42.

[36] Vgl. ob. § 4 S. 121.

Bei der Gesellschaft wird durch Austritt eines Gesellschafters an der solidarischen Verpflichtung der übrigen nichts geändert; bei Eintritt eines Gesellschafters muß man eine Verpflichtung desselben für die Gesellschaftsschulden (mit einer auf das Gesellschaftsvermögen beschränkten Haftung) annehmen, weil sonst das Gesellschaftsvermögen nach ZPO. § 736 infolge des Eintritts eines neuen Gesellschafters dem Zugriff der Gläubiger entzogen wäre [37].

Der Erwerber eines Anteils wird den Nachlaßgläubigern verpflichtet, § 2382, und zwar schon mit Abschluß des obligatorischen Vertrags, nicht erst mit Erwerb des Anteils; er hat dieselben Mittel, wie der Erbe, um seine Verpflichtung auszuschließen oder seine Haftung zu beschränken.

Das in die Verwaltung und Nutznießung des Ehemanns fallende eingebrachte Gut bleibt den Gläubigern der Frau verhaftet und zwar ohne Rücksicht auf die Rechte des Mannes, § 1411. Zur Durchsetzung dieser Haftung gegenüber dem Manne dient die Klage auf Duldung der Zwangsvollstreckung, ZPO. § 739 [38]. Aus gewissen Verpflichtungen der Frau entsteht für den Mann eine kumulative unbeschränkte Verpflichtung, § 1388.

V. Keine Gesamtnachfolge findet statt bei Übertragung des ganzen gegenwärtigen Vermögens [39] durch Rechtsgeschäft unter Lebenden [39a]. Der obligatorische Vertrag kann die Übergabe des ganzen Vermögens umfassen, § 311, die Erfüllung dieses Vertrages kann aber nicht anders, als durch Sondernachfolge stattfinden; jeder Gegenstand muß nach den für ihn geltenden Vorschriften übertragen werden. Dabei kommt dem Erwerber der Schutz des guten Glaubens zustatten [40]. Aus praktischen Gründen statuiert das Gesetz in § 419 eine kumulative Verpflichtung des Übernehmers gegenüber den beim Abschluß des Vertrages vor-

---

[37] Vgl. ob. § 20 Note 46 a.

[38] Vgl. ob. § 4 Note 67, 75.

[39] Eine Verpflichtung zur Übertragung des ganzen künftigen Vermögens kann nach § 310 nicht begründet werden, vgl. Bd. I S. 321; um so mehr ist eine antizipierte Verfügung über das künftige Vermögen ausgeschlossen, während solche Verfügungen über einzelne Gegenstände zulässig sind, ob. § 13 Note 19.

[39a] Daher keine Konfusion, RG. 82, 278.

[40] Planck Erl. II 1 d zu § 892; Endemann II § 62 Anm. 32; Wolff, Sachenrecht § 45 Anm. 10; a. A. Dernburg III § 47, 4. Da der Vermögensübernehmer in die Schulden des Veräußerers eintritt, kann er obligatorisch verpflichtet sein, die durch guten Glauben erworbenen Sache an den früheren Eigentümer herauszugeben.

handenen Gläubigern des Vermögenssubjekts [41]; diese Verpflichtung entsteht mit Abschluß, nicht erst mit Erfüllung des Vertrages. Der Übernehmer kann seine Haftung nach § 1990/1 auf die erhaltenen Gegenstände beschränken. Auch der Erwerb eines Handelsgeschäfts, HGB. § 25, erfolgt auf dem Wege der Singularsukzession [42], wobei für den Erwerber eine kumulative unbeschränkte Verpflichtung gegenüber den Geschäftsgläubigern eintritt [43].

Ähnlich verhält es sich beim Nießbrauch an einem Vermögen. Die Bestellung erfolgt durch Sondernachfolge in die einzelnen Gegenstände, § 1085. Diese Gegenstände bleiben den vorhandenen Gläubigern des Bestellers verhaftet, § 1086 [44] (ohne diese Haftung wäre die Bestellung eines Nießbrauchs am ganzen Vermögen ein von vornherein anfechtbares Rechtsgeschäft). Zu dieser fortdauernden Haftung tritt für Zinsen und andere wiederkehrende Leistungen eine kumulative persönliche Verpflichtung des Nießbrauchers, § 1088.

Auch beim Erbschaftskauf erfolgt die Übertragung (außer wenn es sich um einen Erbteil handelt, § 2033 I) im Wege der Singularsukzession, § 2374. Daher erwirbt der Käufer durch guten Glauben auch solche Sachen, die nicht zum Nachlaß gehören [45]. Der Erbschaftskäufer tritt in die Nachlaßschulden ein, § 2382; er kann seine Verpflichtung ausschließen bzw. seine Haftung beschränken, außer wenn der Verkäufer zur Zeit des Verkaufs unbeschränkt haftet, § 2383.

§ 47. Ende und Änderung der Rechte *.

I. Die Endigungsgründe der Rechte sind ebenso verschiedenartig wie die Entstehungsgründe. Da das subjektive Recht eine

---

[41] Ohne diese Verpflichtung wäre Vermögensübergabe fast immer ein anfechtbares Rechtsgeschäft.

[42] Dernburg I § 100 III, RG. 74, 10. Schutz des guten Glaubens, Planck, Erl. II 1d zu § 892.

[43] Urteile, welche vor der Übernahme des Vermögens oder des Handelsgeschäftes rechtskräftig geworden sind, können nach ZPO. § 729 gegen den Übernehmer vollstreckt werden.

[44] Diese Haftung findet ihren Ausdruck in der Klage auf Duldung der Zwangsvollstreckung, ZPO. § 737, vgl. ob. § 4 Note 53.

[45] Nur dem Erben gegenüber hat der Erbschaftskäufer, der den Nachlaß von einem Nichterben erwirbt, die Stellung eines Erbschaftsbesitzers, muß daher alle Nachlaßsachen herausgeben, auch wenn er nach den Vorschriften über den guten Glauben geschützt wäre; Planck § 2030, 1.

* Windscheid § 64; Regelsberger § 121, 123; Bekker § 36; Endemann § 58; Enneccerus § 265; Biermann § 41/2;

von der Rechtsordnung anerkannte Willensherrschaft ist, so kann es in der Regel durch den Willen des Berechtigten (Verfügung) aufgehoben werden [1], ausnahmsweise durch den Willen eines Dritten, dem ein aufhebendes Gestaltungsrecht [2] zusteht [2a]. Andere Endigungsgründe von allgemeiner Bedeutung sind: Verwirkung [3]; Tod des Berechtigten oder Verpflichteten; Ablauf einer Zeit; Verdrängung eines Rechts durch die originäre Entstehung eines anderen, mit dem bestehenden unvereinbaren Rechtes [4]; Zusammentreffen eines abgeleiteten Rechts mit dem Mutterrecht [5]; endlich Untergang des Objekts; dingliche Rechte erlöschen mit dem Untergang der Sache [6] (dagegen im Prinzip nicht durch Verlust der tatsächlichen Herrschaft [7]). Als Objekte der Forderung kann man die Person des Verpflichteten und das haftende Vermögen bezeichnen [8]. Verliert der Schuldner sein Vermögen, so geht die Forderung nicht unter, denn das Vermögen kann sich solange das Subjekt lebt, stets erneuern [9]. Beim Tod des Schuld-

v. Schey, GrünhutsZ. 7, 746, 8, 110; Klein, Vertragliche Änderung des Inhalts eines Schuldverhältnisses.

[1] Vgl. ob. § 1 Note 4.

[2] Negative Rechte, vgl. ob. § 10.

[2a] Über Aufhebung von Rechtsverhältnissen ob. § 5 III 2.

[3] Verwirkung ist Verlust eines Rechtes als gesetzliche Folge einer Handlung des Berechtigten, z. B. die Verwirkung der elterlichen Gewalt, §§ 1680, 1771; des Rücktrittrechtes, § 352; der Rechte des Mieters nach § 545 II; die Verwirkung der Vertragsrechte, wenn eine solche in Abweichung von § 360 verabredet ist; die Verwirkung des Schenkungswiderrufs und des Scheidungsrechts durch Verzeihung, §§ 532, 1570; die Verwirkung des Rechts, die Erbenhaftung zu beschränken, §§ 2005 I, 2006 III. Vgl. unt. § 54. In einigen Fällen kann die Verwirkung durch einen Vorbehalt ausgeschlossen werden, §§ 341, 464. Von Verwirkung spricht man auch dann, wenn durch die Handlungsweise einer Partei ein sonstiger Rechtsnachteil für sie entsteht: Verwirkung der Vertragsstrafe, § 339.

[4] Vgl. ob. § 44 S. 42.

[5] Vgl. ob. § 45 II 8.

[6] An getrennten Bestandteilen, § 953, und Überresten der Sache bestehen die dinglichen Rechte weiter. Vom Untergang ist zu unterscheiden eine Änderung der Sache, die nicht so tiefgreifend ist, daß die Sache sich als „neue Sache", § 950, darstellt.

[7] Wilde Tiere werden durch Wiedererlangung der Freiheit herrenlos, § 960. Das Vertragspfandrecht erlischt durch Rückgabe der Sache, § 1253. Gesetzliche Pfandrechte sind meist vom Fortbestand des Besitzes des Gläubigers, HGB. 397, 410, 421, oder eines räumlichen Verhältnisses, §§ 560, 1121, abhängig.

[8] Vgl. ob. § 6 Note 36.

[9] Vgl. ob. § 18 III.

ners tritt an seine Stelle ein Erbe, in letzter Linie der Fiskus als heres necessarius, §§ 1936, 1942 II. Aber nunmehr kann die Haftung auf den vorhandenen Nachlaß beschränkt werden. Ist der Nachlaß erschöpft, so geht die Forderung zwar nicht unter [10], aber es steht ihr eine dauernde, zur Abweisung des Gläubigers führende [11] Einrede gegenüber [12]. Bei Forderungen gegen einen aufgelösten Verein besteht die Person des Schuldners und damit die Forderung solange, als noch Vermögen vorhanden ist [13].

Zahlreiche Rechte erlöschen durch ihre Ausübung. Zu dieser Gruppe von Rechten gehören Forderungen und Ansprüche aus sonstigen Rechten, die Gestaltungsrechte und von den dinglichen Rechten die verschiedenen Arten des Pfandrechts. Bei diesen Rechten besteht vor ihrer Ausübung ein Spannungsverhältnis [14]; sie sind dazu bestimmt, einen für den Berechtigten günstigen Erfolg herbeizuführen (eine Leistung des Verpflichteten, eine Veränderung des Rechtszustandes, Befriedigung des Pfandberechtigten aus dem Wert der Sache). Man kann diese Rechte daher Zweckrechte nennen [15]. Ist das Ziel eines solchen Rechtes erreicht, durch erfolgreiche Ausübung oder in sonstiger Weise [16], oder ist es unerreichbar geworden [17], so ist das Recht erloschen. Den Zweckrechten steht gegenüber eine andere Kategorie von Rechten (Eigentum und dingliche Rechte außer dem Pfandrecht, Immaterialgüterrechte, Mitgliedschaftsrechte), deren Zweck nicht in der Herbeiführung eines herzustellenden Erfolges besteht, sondern im Genuß und Vorteil liegt, den ihr Bestand dem Berechtigten gewährt. Solche Rechte werden durch Ausübung nicht konsu-

---

[10] a. A. Gierke, Schuld und Haftung 207.

[11] Vgl. ob. § 4 Note 70.

[12] Für den Gläubiger ist eine mit dauernder Einrede behaftete Forderung praktisch wertlos (daher erklärt z. B. RG. 74, 377 mit Recht eine Unterhaltsforderung bei Erschöpfung des haftenden Nachlasses für „entzogen" im Sinn von § 844 II). Immerhin bleibt die Forderung formell bestehen, was unter anderem für den Erben die unerwünschte Folge hat, daß er eine an sich aussichtslose Klage des Gläubigers durch Vorbringen der Einrede abwehren muß und im Fall des Versäumnisses verurteilt werden kann.

[13] Vgl. ob. Bd. I S. 570.

[14] Vgl. ob. § 6 S. 143, § 15 VIII.

[15] Hirsch, Übertragung der Rechtsausübung 69.

[16] Klein, Untergang der Obligation durch Zweckerreichung.

[17] Durch Unmöglichkeit der Leistung oder Herbeiführung des Gestaltungserfolges, durch Ausfall des Pfandrechts bei der Versteigerung.

miert. Man kann sie in Ermangelung eines besseren Wortes als Zustandsrechte bezeichnen [18].

Das Erlöschen eines Rechtes ist in der Regel definitiv; die Aufhebung kann nicht rückgängig gemacht werden, sondern es kann nur durch einen neuen Entstehungstatbestand ein Recht von gleichem Inhalt hergestellt werden [19]. Ausnahmsweise kann ein untergegangenes Recht wiederentstehen, ohne daß der ganze Entstehungstatbestand von neuem einzutreten braucht; so erlöschen Grunddienstbarkeiten und Inhaberrechte durch Konfusion und durch Dereliktion des herrschenden Grundstücks bzw. des Papiers; sobald aber die Konfusion oder die Herrenlosigkeit aufhört, entstehen diese Rechte von neuem, ohne daß der Entstehungstatbestand (Eintragung, Ausstellung des Papiers) wiederholt zu werden braucht [20]. Mit Rücksicht auf diese Möglichkeit eines Wiederauflebens kann man in diesen Fällen statt von einem Erlöschen von einem Ruhen des Rechts sprechen [21]. Das Gesetz versteht unter Ruhen der väterlichen Gewalt, § 1676, den Ausschluß der Ausübung bei Fortbestand des Rechtes, § 1678 [22]. Ein partielles Ruhen eines Rechts findet statt, wenn die Ausübung einiger Befugnisse ausgeschlossen ist. So behält die Mutter, wenn ihre elterliche Gewalt wegen Minderjährigkeit ruht, nach § 1696 Recht und Pflicht, für die Person des Kindes zu sorgen. In diesem Sinne kann man die Eigentümerhypothek, weil der Zinsgenuß und die Betreibung der Vollstreckung ausgeschlossen sind, als partiell ruhendes Recht bezeichnen [23].

Von der Aufhebung oder dem Ruhen eines Rechtes ist zu unterscheiden die Hemmung eines Anspruchs oder einer sonstigen Befugnis (vgl. ob. § 17 VII) durch Erhebung einer dem Gegner zustehenden Einrede [24].

---

[18] Das Wort Zustandsrecht wird auch in anderer Bedeutung gebraucht, vgl. ob. § 2 Note 7.

[19] Eine bezahlte Forderung kann nicht wieder hergestellt, sondern nur durch eine neue Forderung gleichen Inhalts ersetzt werden, vgl. ob. § 17 Note 28.

[20] Vgl. ob. § 2 VII, § 44 Note 39. 53.

[21] Hirsch a. a. O. 148 fg.

[22] Der Fortbestand der elterlichen Gewalt zeigt sich darin, daß dem Vater die Nutznießung am Vermögen des Kindes verbleibt, außer im Fall des § 1685 II.

[23] Vgl. ob. § 45 Note 121.

[24] Vgl. ob. § 17 VI 2.

Die Aufhebung eines Rechtes kann einem anderen Rechtssubjekt zustatten kommen [25]. Der Vorteil kann in dem Erwerb eines Rechtes bestehen, welches anstelle des wegfallenden Rechtes tritt [26], oder in dem Wegfall einer Belastung eines Rechts oder in der Befreiung des Vermögens von der Haftung für eine Schuld. Die Befreiung von einer Belastung oder einer Schuld ist kein Rechtserwerb [27]. Ein Schuldner, der das Erlöschen der Forderung behauptet, macht eine rechtsaufhebende Tatsache geltend, nicht ein ihm zustehendes Recht [28].

Der Tatbestand der Aufhebung eines Rechts braucht mit dem der Begründung nicht gleichartig zu sein. Der altrömische Satz [29], daß die Form der Aufhebung eines Rechtsgeschäfts der Form der Begründung entsprechen müsse, galt nicht mehr im klassischen Recht der Römer und gilt noch weniger in unserem Recht als allgemeines Prinzip. Formelle Verträge können durch formlosen Vertrag aufgehoben werden [30]; der Widerruf eines Testaments braucht nicht in Testamentsform zu erfolgen [31]; Rechte, die kraft Gesetzes entstanden sind, können durch Rechtsgeschäft beseitigt werden [32]. Nur für gewisse Arten von Rechten besteht Parallelismus des Entstehungs- und Aufhebungstatbestandes; insbesondere erfolgt die Aufhebung der Grundbuchrechte durch Löschung des Eintrags im Grundbuch, § 875 [33].

II. Ein Recht oder Rechtsverhältnis kann, ohne seine Identität zu verlieren, eine Änderung wie der beteiligten Personen [34] so auch des Inhalts erleiden. Die Änderung des Inhalts ist oft eine Verstärkung des Rechts. So gibt z. B. die Erlangung eines

---

[25] Durch Dereliktion des Eigentums entsteht eine Aneignungsmöglichkeit, § 958, oder ein Aneignungsrecht, § 928, vgl. Bd. I § 8 II.

[26] Mit dem Wegfall des Vorerben entsteht für den Nacherben, mit dem Wegfall des Miterben entsteht für den anwachsungsberechtigten Miterben ein Recht, welches inhaltlich dem weggefallenen Recht entspricht.

[27] Vgl. ob. § 45 S. 83.

[28] Unpräzis im Ausdruck ist § 545 II, vgl. ob. § 17 Note 15.

[29] Dernburg, Pand. II § 54 Note 10.

[30] Vgl. unt. § 63 IV.

[31] § 2255. Ein öffentliches Testament kann durch Privattestament widerrufen werden und umgekehrt.

[32] Z. B. kann der Vermieter auf sein Pfandrecht nach § 1255 verzichten.

[33] Forderungen aus Inhaber- und Orderpapieren erlöschen nicht, solange das Papier in Zirkulation ist, § 796, WO. Art. 82.

[34] Vgl. ob. § 12 I.

vollstreckbaren Titels dem Pfandgläubiger die Befugnis, die Sache nach den Vorschriften der ZPO. zu verkaufen, § 1233 II; der ipso iure entstehende Besitz des Erben, § 857, erhält mit Erlangung der tatsächlichen Gewalt einen stärkeren Schutz gegen eigenmächtige Okkupation, § 2025, 2 [35]. Häufig besteht die Verstärkung eines Rechts darin, daß es gegen gewisse Untergangsgründe widerstandsfähiger wird, als es vorher war. So werden Grundbuchrechte, die ohne Eintragung erworben sind, z. B. § 1438 II, durch Eintragung gegen Verlust an gutgläubige Dritte geschützt; ähnlich wirkt die Eintragung in das Güterrechtsregister, §§ 1435, 1431 I, 1371; die Beschlagnahme der bei der Hypothek mithaftenden Mobilien und Forderungen schützt den Gläubiger gegen Untergang seines Rechts durch Veräußerung der Mobilien bzw. Verfügung über die Forderungen, § 1121 fg. [36]; durch Verzug des Schuldners wird die Forderung insoweit verstärkt, als sie durch zufällige Unmöglichkeit nicht erlischt, § 287 [37]. Eine Verstärkung des Rechts kann endlich durch die im Grundbuchrecht mögliche Rangänderung, § 880 [38], bewirkt werden. Keine Änderung eines Rechts ist die Erweiterung eines Rechts durch Hinzutritt eines neuen Rechts; wird z. B. eine Grunddienstbarkeit auf ein neues herrschendes oder dienendes Grundstück ausgedehnt, so entsteht neben der bisherigen Servitut eine Servitut gleichen Inhalts zugunsten oder zu Lasten des neuen Grundstücks [39]. Ebenso ist Erhöhung des Zinsfußes nicht Änderung der Zinsforderung, sondern Hinzutritt einer neuen Zinsforderung zu der bereits bestehenden [40].

Die Änderung eines Rechtes kann in einer Abschwächung bestehen: so wird z. B. durch Verzug des Gläubigers die Haftung des Schuldners herabgesetzt, § 300; durch Entfernung der eingebrachten Sachen vom Grundstück wird das Pfanrdecht des

[35] Vgl. ob. § 6 Note 33.

[36] Hirsch a. a. O. 360 schreibt dem Hypothekar vor der Beschlagnahme nur eine Anwartschaft auf Erwerb eines Pfandrechts an den mithaftenden Mobilien und Forderungen zu; mir scheint es richtiger, von einem bereits bestehenden, wenn auch in seinem Bestande wenig geschützten, Pfandrecht zu sprechen, vgl. Wolff, Sachenrecht § 135 Note 2.

[37] Perpetuatio obligationis, Windscheid § 280 Note 13.

[38] Bei Mobilien kann Rangänderung nur mit obligatorischer Wirkung verabredet werden, Wolff, Sachenrecht § 172 Note 5.

[39] Vgl. ob. § 3 Note 24.

[40] Der ursprüngliche und der später versprochene Zins sind im Sinne von § 266 als einheitlich vorzunehmende Leistung zu betrachten.

Vermieters in seinem Fortbestand abhängig von gerichtlicher Geltendmachung innerhalb eines Monats, § 561 II [41]. Keine Änderung ist die teilweise Aufhebung eines Rechts, z. B. die Entlassung eines Grundstückes aus der Gesamthypothek, die Herabsetzung des Zinsfußes.

Es gibt Änderungen, die weder als Verstärkungen, noch als Abschwächung des Rechts bezeichnet werden können, z. B. die Verlegung des Erfüllungsorts, oder eine Abänderung der Voraussetzungen und Formen der Kündigung [42].

Änderungen eines Rechtes sind nur soweit möglich, als die für das Wesen des Rechts entscheidenden Merkmale unberührt bleiben. Jenseits dieser Grenze kann nur Aufhebung des Rechts und Ersetzung durch ein anderes Recht stattfinden. Welche Änderungen so tief greifen, daß die Identität des Rechts aufgehoben wird, ergibt sich, wie bei allen Fragen der juristischen Identität [43], nicht aus logischen Prinzipien, sondern aus der Struktur, welche die einzelnen Rechte in unserem Gesetzbuch erhalten haben, wobei historische und dogmatische Zufälligkeiten nicht ausgeschlossen sind [44]. Entscheidend sind für die Identität der dinglichen Rechte die im dritten Buch des BGB. festgelegten Typen [45]; daher sind z. B. Reallast und Rentenschuld, Grunddienstbarkeiten und persönliche Dienstbarkeiten als verschiedene Rechte anzusehen [46]. Ferner hängt die Identität des Rechts davon ab, daß das Objekt des Rechtes dasselbe bleibt. Daher sind die Wandelungen, die das Pfandrecht bei seiner Realisierung durchmachen kann [47], nicht als Veränderung eines Rechtes, sondern als Aufeinanderfolge verschiedener einander ablösender Rechte aufzufassen: so tritt anstelle des Forderungspfandes durch Leistung des Drittschuldners ein Sachpfand am Leistungsgegenstand, § 1287; anstelle der Hypothek tritt ein Pfandrecht an der Forderung gegen den Ersteher, sodann ein Pfandrecht am Erlös [48].

---

[41] Abschwächung der Forderung durch nachträglich verabredetes pactum de non cedendo, § 399.

[42] Verlegung der Servitut, § 1023.

[43] Vgl. ob. § 12 Note 1 a.

[44] Vgl. ob. § 1 S. 61.

[45] Vgl. ob. § 6 Note 16.

[46] W o l f f , Sachenrecht § 40 II 3.

[47] H i r s c h a. a. O. § 17 RG. 75, 316. 76, 376.

[48] Die Hypothek ist durch den Zuschlag erloschen; daher erfolgt

Die Änderung eines Rechtes erfolgt prinzipiell durch Vertrag der beteiligten Personen [49], zu welchen bei Grundbuchrechten Eintragung hinzukommen muß. Ausnahmsweise kann die Änderung durch einseitiges Rechtsgeschäft (Ausübung eines Gestaltungsrechts [50]) bewirkt werden. Sie erfolgt ferner durch Ereignisse, denen das Gesetz ändernde Kraft beilegt.

Der Inhalt des Eigentums ist in § 903 gesetzlich festgelegt und duldet keine Änderung [51]; möglich ist nur Belastung des Eigentums durch konstitutiv abgeleitete Rechte und Beschränkung der Verfügung durch Gesetz oder gerichtliche Anordnung, § 135/6 [52]. Die meisten sonstigen Rechte sind änderungsfähig. Insbesondere ist bei beschränkten dinglichen Rechten jede Änderung des Inhaltes möglich, soweit nicht die Grenzen des gesetzlich festgelegten Typus überschritten werden. So kann beim Erbbaurecht die Verabredung über die Beschaffenheit des Bauwerkes, bei Grunddienstbarkeiten die Benutzungsweise abgeändert werden [53] beim Nießbrauch können einzelne Nutzungen nachträglich ausgeschlossen, § 1030, und ausgeschlossene Nutzungen in den Nießbrauch aufgenommen werden, auch das gesetzliche Schuldverhältnis zwischen Eigentümer und Nießbraucher abgeändert werden [54]. Der Inhalt des Pfandrechts kann modifiziert werden: durch Ausdehnung auf die Nutzungen oder Ausschluß derselben; durch Verabredung über die Modalitäten des Verkaufes, § 1245 [55]. Bei Grundpfandrechten sind Änderungen des Inhalts in verschiedenster Weise möglich: Umwandlung der Verkehrshypothek in eine Sicherungshypothek und umgekehrt, § 1186; Umwandlung einer

---

Veräußerung der Forderung nach dem Zuschlag nicht mehr nach § 1154, sondern nach den Grundsätzen der Zession; dasselbe gilt für Pfändung der Forderung nach dem Zuschlag, Hirsch a. a. O. 380.

[49] Dieser Grundsatz ist ausgesprochen in § 305 für Schuldverhältnisse, in § 877 für Grundbuchrechte, gilt aber auch für alle sonstigen Rechte.

[50] Vgl. ob. § 7 III 2.

[51] Planck, Vorb. zum Sachenrecht S. 8.

[52] Dagegen kann der Eigentümer auf einzelne zum Inhalt des Eigentums gehörende Befugnisse nicht verzichten, Walsmann, Verzicht, 76 vgl. unt. § 54 Note 180.

[53] Ein Fall der Änderung ist die Verlegung der Dienstbarkeit, § 1023.

[54] Vgl. ob. § 45 II 7; Wolff, Sachenrecht § 117 III.

[55] Solche Verabredungen sind als Änderungen des Rechtsinhalts auch für den Rechtsnachfolger verbindlich, Planck § 1245, 2a; vgl. ob. § 44 Note 15.

Hypothek in eine Grundschuld [56] und umgekehrt, § 1198; einer Rentenschuld in eine Grundschuld und umgekehrt, § 1203; einer Briefhypothek in eine Buchhypothek und umgekehrt, § 1116.

Die mannigfaltigsten Änderungen des Inhalts kommen bei Forderungen vor. Wird die Leistung unmöglich, so tritt an ihre Stelle, wenn die Forderung nicht erlischt, § 275, eine andere Leistung: Schadenersatz, § 280, oder das in § 281 bezeichnete Surrogat. Der Schadenersatz ist in erster Linie Wiederherstellung des früheren Zustandes, § 249, kann sich aber bei Unmöglichkeit der Herstellung in Geldersatz verwandeln, § 251. Die Befreiungsforderung, § 257, verwandelt sich, wenn der zu befreiende Schuldner seine Schuld selbst erfüllt, in eine Forderung auf Ersatz der Auslagen. Mit jeder Änderung des Leistungsgegenstandes entsteht ein neuer Anspruch [57]; aber die gemeinsame Grundlage aller dieser Ansprüche, die Forderung, bleibt identisch. Die fortbestehende Identität der Forderung zeigt sich in wichtigen Konsequenzen; Bürgen und Pfänder haften weiter trotz Veränderung des Inhalts der Forderung; die Verjährung des ursprünglichen Anspruchs überträgt sich auf den Anspruch, welcher die veränderte Leistung zum Gegenstand hat; die Zugehörigkeit der Forderung zu einer Konkursmasse oder einem Nachlaß, sowie ihr Entstehungsmoment im Sinne von §§ 406, 419, 1086 wird durch die Änderung des Inhaltes nicht affiziert [58].

Der Inhalt eines Schuldverhältnisses kann auch durch Vertrag abgeändert werden, § 305, und zwar kann die Änderung sowohl das Schuldverhältnis im weiteren Sinne [59] betreffen, als die einzelne Forderung [60]. Insbesondere kann der Leistungsgegenstand der Forderung vermindert, vergrößert oder durch eine Leistung anderer Art ersetzt werden [61]. Die Abänderung kann,

---

[56] Diese Verwandlung geschieht kraft Gesetzes im Fall des § 1177 I.

[57] Vgl. ob. Bd. I S. 274.

[58] Vgl. ob. § 43 VI.

[59] Vgl. Bd. I § 5.

[60] Enneccerus § 265 II 5.

[61] In letzterem Fall besteht die Änderung der Forderung in gleichzeitig eintretender Befreiung des Schuldners und Begründung einer neuen Verpflichtung. Soweit der Schuldner bei Änderung der Forderung eine neue Verpflichtung eingeht, ist die für solche Verpflichtungen vorgeschriebene Form zu beobachten, vgl. unt. § 63. Die Haftung von Bürgen und Pfändern besteht trotz Änderung der Forderung weiter, wird aber durch die Änderung nicht erweitert, § 767 I 3, § 1210 I 2.

ohne die Identität des Schuldverhältnisses zu berühren, soweit gehen, daß das Schuldverhältnis unter andere gesetzliche Regeln fällt und eine andere typische Bezeichnung erhält. So kann z. B. die Verwahrung vertretbarer Sachen durch nachträgliche Vereinbarung den Charakter eines depositum irregulare, § 700, annehmen; ein Mietvertrag kann sich durch Ausdehnung des Rechts des Mieters auf die Nutzungen in einen Pachtvertrag verwandeln [62]. Hat eine Vertragspartei über die Forderungen aus dem Schuldverhältnis im Voraus verfügt, so ist sie dadurch nicht gehindert, das Schuldverhältnis zu ändern. So kann z. B. der Vermieter (oder sein Rechtsnachfolger nach § 571) nach Abtretung der künftigen Mietzinse den Mietvertrag ändern, indem er z. B. eine Erhöhung oder Herabsetzung des Mietzinses oder neue Zahlungs- oder Kündigungstermine verabredet [63]. Die aus dem abgeänderten Mietsvertrage entstehenden Mietzinsforderungen bleiben den über sie im Voraus getroffenen Verfügungen unterworfen [64].

Von der Änderung einer Forderung ist zu unterscheiden die Ersetzung der Forderung durch eine neue Forderung, ein Vorgang, welchen man mit dem römischen Ausdruck Novation bezeichnen kann. Wann eine modifizierende Verabredung über den Rahmen der Änderung hinausgeht und als novierend zu betrachten ist, ist streitig und läßt sich meines Erachtens kaum in einer allgemeinen Regel feststellen. Der Wille der Parteien, auf den häufig abgestellt wird [65], gibt in dieser technischen Rechtsfrage oft keinen Anhaltspunkt. Die Annahme einer Novation liegt nahe, wenn eine sehr weitgehende oder totale Änderung des Leistungsinhalts verabredet ist. Ferner liegt Novation vor, wenn nicht die Leistung,

---

[62] Klein a. a. O. 47.

[63] Bd. I § 12 S. 226. Vgl. Kisch, Leipziger Zeitschr. 8, 36. Ist aber die Mietzinsforderung, über welche der Vermieter verfügt hat, bereits entstanden, so kann er über sie nicht (oder nicht ohne Zustimmung des Nießbrauchers oder Pfandgläubigers, § 1071, 1276) weiter verfügen.

[64] Wird dagegen nach Verfügung über die Mietzinsen das Mietverhältnis aufgehoben (wozu der Vermieter trotz der Verfügung befugt ist), so sind die Vorausverfügungen über den Mietzins hinfällig. Wenn der Vermieter nach Aufhebung des Mietsvertrages die Sache dem bisherigen Mieter zu anderen Bedingungen überläßt, OLG. 20, 379; 21, 90; 27, 161; Oertmann § 573, 2 c, so sehe ich darin nicht Aufhebung und Neubegründung einer Miete, sondern Abänderung des früheren Vertrages, so daß die Verfügungen über den Mietzins in Kraft bleiben.

[65] Enneccerus § 265 Anm. 4.

sondern der Rechtsgrund, die causa, der Verpflichtung geändert wird. Daher ist die Übernahme einer bereits geschuldeten Leistung durch abstrakten Vertrag (Wechsel oder selbständiges Schuldversprechen, § 780) nicht Abänderung des zugrunde liegenden Schuldverhältnisses, sondern Entstehung einer neuen Forderung, welche im Zweifel, § 364 II, neben die alte Forderung tritt, ausnahmsweise dieselbe ersetzt [65a]. Novation liegt ferner vor, wenn ein zur Eigentumsverschaffung verpflichteter Schuldner, z. B. der Verkäufer, ein Rechtsverhältnis vereinbart, vermöge dessen der Erwerber den mittelbaren Besitz erlangt (constitutum possesorium, § 930): anstelle des Kaufvertrags, der durch die Eigentumsverschaffung erfüllt ist, tritt eine Miete, eine Verwahrung usw., aus welcher der ehemalige Verkäufer zur Herausgabe der Sache verpflichtet ist. In diesem Sinne ist meines Erachtens auch die Verwandlung einer Schuld vertretbarer Sachen in ein Darlehen, § 607 II, als Novation zu betrachten [66]; denn die Verabredung ist auf Änderung des Rechtsgrundes gerichtet [67].

Bei der Änderung eines Rechtes kommen außer den Beteiligten auch dritte Personen in Betracht; einerseits die Personen, denen ein aus dem zu ändernden Recht konstitutiv abgeleitetes Recht zusteht; andererseits bei Änderung eines konstitutiv abgeleiteten Rechts die Inhaber nachstehender Rechte.

Die abgeleiteten Rechte sind gegen Änderungen des Mutterrechtes dadurch geschützt, daß das Gesetz wie für die Aufhebung [68] so auch für die Änderung des Mutterrechts die Zustimmung des Inhabers des Tochterrechts verlangt, §§ 877, 1071 II, 1276 II [69].

[65a] Ebenso ist Prolongation einer Wechselschuld durch Ausstellung eines neuen Wechsels als Novation aufzufassen, Dernburg II § 256 III; a. A. Staub WO. Art. 82 Anm. 31 b. Vgl. RG. 77, 50.

[66] Oertmann § 607, 2 b.

[67] Erfolgt die Novation durch abstraktes Versprechen, so entsteht die neue Forderung unabhängig davon, ob die alte Forderung wirklich bestanden hat und durch die neue Forderung aufgehoben worden ist. Geschieht die Novation durch ein kausales Versprechen, z. B. durch Verwandlung der bereits geschuldeten Summe in ein Darlehen, § 607 II, so ist die neue Forderung abhängig vom Bestand und der Aufhebung der alten Forderung. Enneccerus § 298 I, III will die Fälle der letzteren Art aus dem Begriff der Novation ausscheiden und nennt sie Schuldumwandlungsvertrag.

[68] Vgl. ob. § 45 Note 80.

[69] Die Zustimmung ist nach §§ 1071, 1276 erforderlich, „sofern die Änderung den Nießbrauch resp. das Pfandrecht beeinträchtigt". Dieser

Ein nachstehendes Recht kann durch Änderung des vorgehenden Rechts nicht benachteiligt werden; jede Änderung, welche diese Wirkung hat, kann nur mit Zustimmung des Inhabers des nachstehenden Rechtes erfolgen [70]. Dieser im Gesetz nicht ausgesprochene Grundsatz ergibt sich aus der Erwägung, daß der Inhaber des Mutterrechts nur über die ihm nach Abzweigung der Tochterrechte verbliebenen Befugnisse verfügen kann [71]. In einigen Fällen, §§ 1119 II, 1186, 1198, 1203, erklärt das Gesetz die Zustimmung des nachfolgenden Berechtigten für nicht erforderlich, weil es die Änderung als für die Interessen des Nachberechtigten unschädlich ansieht [72].

§ 48. Die rechtlich bedeutsamen Handlungen *.

I. Unter den juristischen Tatsachen stehen in erster Linie die Handlungen. Unter Handlung versteht man ein äußeres, durch bewußten Willensakt herbeigeführtes Verhalten des Menschen. Daher sind keine Handlungen: einerseits die inneren psychologischen Vorgänge und Zustände des Menschen [1], andererseits ein äußeres Verhalten, welches ohne Bewußtsein zustande kommt [2] oder nicht durch den Willen des Menschen herbeigeführt wird,

Zusatz fehlt in § 877. Man wird daher bei jeder Änderung eines Grundbuchrechtes, ohne Untersuchung ihrer Tragweite, die Zustimmung der Inhaber abgeleiteter Rechte verlangen müssen.

[70] So kann z. B., wenn an einer Mobilie zwei Pfandrechte bestehen, das erste Pfandrecht ohne Zustimmung des zweiten Gläubigers nicht in ein antichretisches Nutzpfand, § 1214 IV, verwandelt werden, weil dadurch das Pfandrecht des zweiten Gläubigers an den Erzeugnissen, § 1212, beeinträchtigt werden könnte.

[71] Vgl. ob. § 45 S. 77.

[72] In einem besonderen Fall, § 1119 I, ist eine Erweiterung der Hypothek (durch Erhöhung des Zinsfußes) ohne Zustimmung der Nachberechtigten zulässig.

* Regelsberger § 129; Bekker §§ 82, 83; Crome § 72; Enneccerus § 128; Kohler § 216; Biermann § 38; Zitelmann, Rechtsgeschäfte im Entwurf I S. 19, 32; Breit, Geschäftsfähigkeit § 7; Eltzbacher, Handlungsfähigkeit; Manigk, Willenserklärung und Willensgeschäft § 152 fg.; Bierling, Jurist. Prinzipienlehre II § 21; Klein, Rechtshandlungen (1912); Radbruch, der Handlungsbegriff in seiner Bedeutung für das Strafrechtssystem.

[1] Vgl. unt. § 49.

[2] Eine „Willenserklärung", die im Zustand der Bewußtlosigkeit abgegeben wird, § 105 II, ist genau genommen keine Willenserklärung, sondern ein Vorgang, der den Schein einer Willenserklärung erweckt.

z. B. eine Körperbewegung, die durch fremde Kraft, vis absoluta, verursacht wird [3]. Ferner muß der Wille, aus dem die Handlung hervorgeht, damit der Handlung rechtliche Bedeutung zukomme, einen für die einzelnen Arten der Handlung verschieden zu bemessenden Grad der normalen Beschaffenheit haben; diese Eigenschaft des Menschen heißt Handlungsfähigkeit [4].

Die meisten Handlungen sind, wie die meisten Tatsachen, rechtlich indifferent. Von den relevanten Handlungen [5] sind für das Zivilrecht von besonderer Wichtigkeit das gesprochene oder geschriebene Wort.

Die rechtliche Bedeutsamkeit einer Handlung kann auf einem einzelnen Rechtsgebiet oder auf mehreren Rechtsgebieten liegen; es gibt Handlungen, die nur im öffentlichen Recht, z. B. im Straf- oder im Prozeßrecht Rechtsfolgen haben, und Handlungen mit rein zivilrechtlicher Wirkung; endlich Handlungen ,die sowohl privatrechtliche als auch sonstige Rechtsfolgen nach sich ziehen [6]. Wir haben nur die Handlungen zu betrachten, deren wesentliche und unmittelbare Wirkung auf dem Gebiet des Privatrechts liegt. Daher scheiden hier aus die prozessualischen Handlungen [7], auch wenn sich an sie privatrechtliche Wirkungen knüpfen [8]; ebenso Handlungen, welche in das Gebiet der freiwilligen Gerichtsbarkeit gehören, insbesondere die Anträge und Gesuche, durch welche ein Beamter zu einer obrigkeitlichen Handlung verpflichtet oder berechtigt wird [9]. Ebenso bleiben die auf die Gestaltung privatrechtlicher Verhältnisse einwirkenden obrigkeitlichen Handlungen hier außer Betracht.

---

[3] Bekker § 85; Enneccerus § 160 I; Planck § 123, 3 und Erl. zu § 1335.

[4] Vgl. ob. § 21 III.

[5] Eine Handlung besteht selten aus einer, häufiger aus mehreren Körperbewegungen, welche mit Rücksicht auf ihren gemeinsamen Zweck als eine Handlung gedacht und bezeichnet werden, Bekker § 82 Beil. I und Grundbegriffe 245; vgl. ob. § 43 Note 5.

[6] Hellwig, Prozeßhandlung und Rechtsgeschäft 3; vgl. ob. § 43 Note 24.

[7] Insbesondere die Erhebung der Klage, Dernburg § 107 II 3; Endemann § 61, 2a; Nußbaum, Prozeßhandlungen 67.

[8] Z. B. Unterbrechung der Verjährung oder Ersitzung. Über die Klagen, durch deren Erhebung ein Gestaltungsrecht ausgeübt wird, vgl. unt. § 50 Note 80.

[9] Privatrechtliche Wirkung des Antrags auf Eintragung in das Grundbuch, § 878; der Einreichung des Gesuchs um Genehmigung der Stiftung, § 81, vgl. unt. § 50 Note 58.

Um eine Übersicht über die privatrechtlichen Handlungen zu gewinnen, kann man sie nach verschiedenen Gesichtspunkten gruppieren. Als oberste Einteilung empfiehlt sich die Unterscheidung von rechtmäßigen und unrechtmäßigen Handlungen.

II. Die rechtmäßigen Handlungen, welche mit privatrechtlichen Wirkungen ausgestattet sind, kann man mit dem allgemeinen Ausdruck Rechtshandlung [10] bezeichnen. Unter ihnen steht im Vordergrund eine Gruppe, welcher die gemeinrechtliche Wissenschaft und im Anschluß an diese das BGB. den Namen Rechtsgeschäft beilegt. Für die rechtserheblichen erlaubten Handlungen, welche nicht Rechtsgeschäfte sind, fehlt es an einer technischen Bezeichnung; man pflegt sie im Gegensatz zu den Rechtsgeschäften Rechtshandlungen zu nennen. Der Begriff der Rechtshandlung umfaßt zahlreiche und unter sich sehr verschiedene Fälle, über deren Systematisierung und rechtliche Behandlung mangels gesetzlicher Vorschriften keine Einigkeit besteht [11]. Eine Übersicht über alle rechtserheblichen Handlungen einschließlich der Rechtsgeschäfte läßt sich gewinnen, indem man die Handlungen nach ihrem psychologischen Inhalt einteilt [12]; die Handlung kann sein: die Äußerung eines Willens, oder einer Vorstellung, oder eines Gefühls.

1. Willensäußerungen oder Willenserklärungen [13]: das sind Handlungen [14], aus denen hervorgeht, daß der Handelnde einen Erfolg (Veränderung oder Aufrechterhaltung eines rechtlichen oder tatsächlichen Zustandes) erstrebt und das Eintreten dieses Erfolges als Folge seines Wollens für möglich hält [15].

a) Unter den Willensäußerungen sind die wichtigsten solche,

---

[10] In diesem allgemeinen Sinn spricht von Rechtshandlung HGB. §§ 49, 54, 126, sowie die Konkursordnung, vgl. J ä g e r , KO. § 7 Anm. 1, § 29 Anm. 29.

[11] Das BGB. enthält nur wenige Bestimmungen über Rechtshandlungen und überläßt die Feststellung der für dieselben geltenden Regeln der Entscheidung der Wissenschaft, Mot. I 127.

[12] Andere Einteilungen bei E l t z b a c h e r 161 und M a n i g k § 159, dem sich K l e i n 26 anschließt.

[13] Über die Unterscheidung zwischen Willensäußerung und Willenserklärung vgl. unt. § 61 I.

[14] Aus der psychologischen Literatur: S i g w a r t , Kleine Schriften 2, 180 fg.; F r a n z B r e n t a n o , Klassifikation der psychol. Phänomene 107; L i p s , Leitfaden der Psychol. 213.

[15] Vgl. unt. § 50 Note 169.

welche die Herstellung einer Rechtswirkung [16], d h. die Änderung der bestehenden Rechtslage zum Inhalt haben [17]. Solche Willensäußerungen bilden allein oder in Verbindung mit anderen Willensäußerungen oder sonstigen Tatsachen den Tatbestand eines Rechtsgeschäfts (vgl. unt. § 50). Das Rechtsgeschäft ist das Mittel, durch welches die beteiligten Privatpersonen innerhalb der vom Gesetz gezogenen Schranken ihre Rechtsverhältnisse regeln. Änderung der Rechtslage ist immer der Zweck, und wenn das Rechtsgeschäft gültig zustande kommt, die Wirkung des Rechtsgeschäfts. Beim Rechtsgeschäft ist die Rechtswirkung mit dem Inhalt der Willenserklärung im wesentlichen kongruent [18]. Das BGB. nennt die Willensäußerungen, welche im Tatbestand eines Rechtsgeschäfts vorkommen [19], Willenserklärungen und normiert sie in den §§ 116 fg.

b) Es gibt zahlreiche Willensäußerungen, welche nicht auf einen rechtlichen, sondern auf einen tatsächlichen Erfolg gerichtet

[16] Vgl. ob. § 43 Note 6.

[17] In grundsätzlicher Abweichung von der üblichen Denkweise und Terminologie läßt Kohler §§ 239, 240 als Rechtsgeschäfte nur die „unabhängigen Rechtshandlungen" gelten, „welche etwas wesentlich Neues schaffen", insbesondere die Verträge, und will alle Willenserklärungen, welche ein bestehendes Recht oder Rechtsverhältnis modifizieren oder aufheben, als sog. „abhängige Rechtshandlungen" aus dem Begriff des Rechtsgeschäftes ausscheiden. Zu letzterer Gruppe würde die Mehrzahl der Handlungen gehören, welche in der herrschenden Systematik als einseitige Rechtsgeschäfte bezeichnet werden, vgl. unt. § 53 N. 4. Eine Widerlegung der herrschenden Ansicht erklärt Kohler für nicht erforderlich, weil sie jeder Betrachtung des Rechtes zu sehr widerspreche, vgl. unt. § 50 Note 32.

[18] Die beim Rechtsgeschäft beabsichtigte Einwirkung auf die Rechtslage kann auch darin bestehen, daß eine Rechtsänderung, welche der Handelnde herbeiführen könnte, nicht eintritt. Daher ist Ablehnung der Offerte und Verweigerung der Genehmigung als Rechtsgeschäft (Verzicht auf das Annahme- resp. Genehmigungsrecht, vgl. unt. § 54 N. 182) zu betrachten, Manigk § 186, zum Teil anders Planck § 184, 3, Oertmann § 182, 10. Von der definitiven Ablehnung der Offerte oder Verweigerung der Genehmigung ist natürlich zu unterscheiden der Fall, daß jemand erklärt, die Offerte nicht anzunehmen, die Genehmigung nicht zu erteilen, und sich dabei späteren Entschluß vorbehält. Durch diesen Vorbehalt hat der Erklärende die rechtsgeschäftliche (rechtsändernde) Wirkung seiner Erklärung ausgeschlossen, Dernburg § 129 Anm. 24.

[19] Die Überschrift des dritten Abschnittes des allgemeinen Teils lautet: „Rechtsgeschäfte", die Überschrift des zweiten Titels dieses Abschnittes: „Willenserklärung".

sind, trotzdem aber vom Gesetz mit Rechtswirkungen ausgestattet werden; diese Rechtswirkungen entsprechen nicht dem Inhalt des geäußerten Willens, können auch durch den Willen der Partei nicht abgeändert werden. Die systematische Stellung solcher Willensäußerungen ist streitig: sie hängt vom Umfange ab, den man dem Begriff des Rechtsgeschäfts zuschreiben will; begnügt man sich für den Begriff des Rechtsgeschäfts damit, daß eine mit Rechtsfolgen ausgestattete Willensäußerung vorliegt, so fallen die Willensäußerungen mit inkongruenter Rechtsfolge in den Begriff des Rechtsgeschäftes und bilden innerhalb desselben im Gegensatz zu den unter a) besprochenen Willensäußerungen eine besondere Gruppe [20]. Verlangt man aber mit der von den Verfassern des BGB. vertretenen [21] und seitdem zur Herrschaft gelangten Ansicht [22] zum Rechtsgeschäft eine Willensäußerung, deren rechtliche Wirkung dem Inhalt des Willens entspricht, so stehen die hier betrachteten Willensäußerungen außerhalb des Rahmens der Rechtsgeschäfte [23]. Man kann sie mit dem, allerdings auch in einem weiteren Sinn gebrauchten Ausdruck [24] Rechtshandlung [25] bezeichnen, im Gegensatz zu den unter c) zu besprechenden „Tathandlungen".

Zu den Rechtshandlungen in diesem engeren Sinn gehören

---

[20] So Breit a. a. O. S. 138 fg.

[21] Mot. I 126: „Rechtsgeschäft ist eine Privatwillenserklärung, gerichtet auf Hervorbringung eines rechtlichen Erfolges, welcher nach der Rechtsordnung deswegen eintritt, weil er gewollt ist".

[22] Vgl. RG. 58, 346; 68, 324.

[23] Die Grenze zwischen Rechtsgeschäft und Rechtshandlung ist in vielen Fällen unsicher. Denn der Parteiwille ist oft zunächst auf einen wirtschaftlichen Erfolg gerichtet und von einer unpräzisen Vorstellung der Rechtswirkung begleitet. Daher kann man bisweilen darüber streiten, ob im typischen Inhalt einer Willenserklärung soviel rechtliche Elemente enthalten sind, daß die Erklärung als auf einen Rechtserfolg gerichtet und somit als Rechtsgeschäft gelten kann, vgl. unt. § 50 Note 153.

[24] Vgl. ob. Note 11.

[25] Andere Bezeichnungen für Willensäußerungen der hier in Betracht kommenden Art sind: „rechtsgeschäftsähnliche Handlung", Enneccerus § 128 I 2, „Willensäußerung ohne Rechtsgeschäftscharakter", Biermann § 38, 2 Ib, „Willensmitteilung", Manigk § 183 und Klein. Eltzbacher a. a. O. 160 spricht von „unmaßgeblichen Willensäußerungen" (weil der Inhalt des geäußerten Willens für die Rechtsfolge nicht maßgebend ist); dieser Ausdruck ist irreführend, da man im gewöhnlichen Sprachgebrauch unter unmaßgeblich soviel wie wirkungslos versteht.

die zahlreichen und im Rechtsleben wichtigen Willensäußerungen, welche die Verwirklichung oder Wahrung eines Rechts [26] durch Einwirken auf das Verhalten des Gegners bezwecken. Das nächstliegende Beispiel ist die Mahnung [27]: der Gläubiger verlangt vom Schuldner eine Leistung. Auf diesen tatsächlichen Erfolg ist der Inhalt seiner Willensäußerung gerichtet [28]. Tatsächliche Erfolge können aber, im Gegensatz zu der stets mit Rechtsnotwendigkeit eingetretenen Rechtswirkung [29], ausbleiben (der Schuldner kann die Mahnung mißachten). Daher versieht das Gesetz die Mahnung für den Fall, daß der als gewollt bezeichnete tatsächliche Erfolg nicht eintritt, mit Rechtswirkungen: das sind die Verzugsfolgen. Diese Folgen sind aus dem Inhalt der Mahnung nicht zu entnehmen; sie können zwar im Bewußtsein und in der eventuellen Absicht des Gläubigers liegen, aber sie brauchen von ihm nicht gewollt zu sein und würden sogar gegen seinen Willen eintreten [30]. Ebenso verhält es sich bei zahlreichen anderen Aufforderungen, die das Gesetz für den Fall ihrer Nichtbeachtung mit Rechtsfolgen ausstattet; so z. B. mit der Aufforderung des Schenkers an den Beschenkten, sich über die Annahme der Schenkung zu erklären, § 516 II; die Rechtswirkung dieser Aufforderung ergibt sich nicht aus ihrem Inhalt, sondern aus dem Gesetz und kann ohne und selbst gegen den Willen des Auffordernden eintreten: hätte z. B. der Schenker bei der Aufforderung erklärt, er werde bei ausbleibender Antwort die Schenkung als abgelehnt betrachten, so würde nicht diese, sondern die umgekehrte, im Gesetz angeordnete Rechtsfolge eintreten [31]. Dasselbe gilt von der Aufforderung zur

---

[26] Kipp, Festgabe für Koch 114 fg.

[27] Planck § 284, 4 b; Oertmann § 284, 2 a; Enneccerus § 274 II 3. Gerade am Beispiel der Mahnung zeigt sich, daß die Ausscheidung der sog. Rechtshandlungen aus dem Begriff der Rechtsgeschäfte ein Produkt der neuesten Dogmatik ist; die Mahnung wurde bis vor kurzem unbedenklich zu den Rechtsgeschäften gezählt, vgl. die Zitate bei Breit 142, sogar von den Mot. II 58, welche sich damit in Widerspruch zu ihrer eigenen Definition des Rechtsgeschäftes setzen.

[28] Indem der Gläubiger die ihm geschuldete Leistung verlangt, will er sein Recht ausüben, nicht aber eine Rechtsänderung herbeiführen, vgl. ob. § 15 Note 64.

[29] Vgl. ob. § 43 Note 11.

[30] Der mahnende Gläubiger kann die Entstehung der Zinspflicht aus dem Verzug nicht hindern, sondern nur die Verzugszinsen, wie jede sonstige Forderung, erlassen.

[31] Dagegen liegt ein Rechtsgeschäft vor, wenn der Gläubiger dem

Anmeldung von Ansprüchen, §§ 50 I, 2061 [32], zur Genehmigung von Rechtsgeschäften, §§ 108, 177, 415 II, 458, 1396 [33], von der Aufforderung des Schuldners an den wahlberechtigten Gläubiger, § 264 I, und in vielen anderen Fällen. Ferner gehören zu dieser Klasse von Willensäußerungen gewisse Weigerungen, z. B. die Erklärung des Schuldners, daß er nicht leisten wolle [34], oder die Erklärung des Gläubigers, daß er die Leistung nicht beansprucht [35] oder nicht annehmen wolle [36]. Die Rechtsfolgen solcher Erklärungen brauchen vom Erklärenden nicht gewollt zu sein und sind aus dem Inhalt der Erklärung nicht zu entnehmen [37]. Ebenso bezweckt in §§ 560 I, 912 I der Widerspruch [38], den Gegner zu einem Unterlassen zu bestimmen, und hat, wenn dieser tatsächliche Erfolg ausbleibt, Rechtswirkungen, welche sich aus dem Inhalt der Erklärung nicht ergeben. Aus denselben Gründen ist die Willens-

---

Schuldner eine Frist setzt mit der Erklärung, daß er Leistung nach Ablauf der Frist ablehne, z. B. §§ 250, 283, 326; vgl. Kipp a. a. O. 130; die mit Ablauf der Frist eintretende Änderung des Inhalts der Forderung entspricht hier dem Inhalt der Erklärung des Gläubigers, der durch die Fristsetzung ein abänderndes Gestaltungsrecht ausübt, vgl. ob. § 7 Note 17.

[32] Vgl. ob. § 39 Note 50.

[33] Der Auffordernde will den Aufgeforderten zu einer Willensäußerung veranlassen, braucht aber nicht zu wissen, daß zweiwöchentliches Schweigen des Aufgeforderten als Verweigerung der Genehmigung gilt. Noch weniger braucht er zu wissen, daß infolge der Aufforderung eine vorhergehende Erteilung oder Verweigerung der Genehmigung unwirksam wird.

[34] Die Weigerung kann darauf beruhen, daß der Schuldner die Existenz der Forderung bestreitet oder daß er eine Einrede geltend macht. Unbegründete Weigerung hat nach herrschender Ansicht (Oertmann § 326, 4 b) die nachteilige Wirkung, daß eine sonst erforderliche Mahnung oder Fristsetzung nicht mehr nötig ist.

[35] RG. 78, 70: die Erklärung des Grundschuldberechtigten, sein Recht nicht liquidieren zu wollen (weil es nicht valutiert sei), hat keinen rechtsgeschäftlichen Charakter, weil sie (im Gegensatz zu einem Verzicht auf die Grundschuld) nicht auf Änderung des Rechtes gerichtet ist.

[36] Verweigert der Gläubiger die Annahme der ihm angebotenen Leistung, so tritt eine für ihn nachteilige und von ihm nicht gewollte Änderung der Rechtslage ein: um ihn in Annahmeverzug zu versetzen, genügt nunmehr wörtliches Angebot, § 295.

[37] Auch die Erklärung des Schuldners, leisten zu wollen (z. B. das Angebot, § 295), ist kein Rechtsgeschäft, weil der Schuldner mit seiner Erklärung keine Rechtsänderung bezweckt, und etwaige Folgen derselben (Eintritt des Gläubigerverzugs, Aufhören des Schuldnerverzugs) ohne seinen Willen eintreten.

[38] Ebenso in §§ 550, 1053, 1217 die Abmahnung.

äußerung des Tradenten bei der Besitzübergabe nicht rechtsgeschäftlicher Natur [39]: sein Wille ist auf einen tatsächlichen Erfolg (Beherrschung der Sache durch einen anderen) gerichtet; die Rechtswirkung dieser Willensäußerung braucht weder in ihrem Inhalt [40], noch im Bewußtsein des Tradenten zu liegen [41]. Die Tradition ist vielmehr, wenn der Besitz nach § 854 II durch Einigung übertragen wird, zu den Rechtshandlungen zu zählen [42].

Zu den Rechtshandlungen (nicht zu den Rechtsgeschäften) gehört auch eine Handlung, welche durch den Parteiwillen zur Bedingung eines Rechtsgeschäftes erhoben ist: z. B. die Handlung des A, für welche er eine Vertragsstrafe versprochen hat, oder die Handlung des X, welche Bedingung eines zwischen A und B geschlossenen Vertrages ist. Wer die bedingende Handlung vornimmt, braucht den Rechtserfolg (das Wirksamwerden des bedingten Rechtsgeschäftes) nicht zu wollen und nicht zu kennen und kann den Eintritt der Rechtswirkung durch seinen Willen nicht verhindern.

c) In weiterem Abstand von den Rechtsgeschäften stehen Handlungen, welche, wie die eben besprochenen Rechtshandlungen, auf tatsächlichen Erfolg gerichtet sind, deren Rechtswirkung aber nur dann eintritt, wenn der gewollte tatsächliche Erfolg erreicht ist [43]. Zu dieser Gruppe gehören beispielsweise: die Verarbeitung, § 950 [44], das Finden einer Sache, § 965, die

---

[39] Planck § 854, 3 a; § 858, 1 a; Manigk a. a. O. § 162.

[40] Die Rechtswirkung der Erklärung des Tradenten ist verschieden, je nachdem, wie sich der Besitzerwerb vollzieht: ist der Besitzerwerber bloß in der Lage, die Gewalt über die Sache auszuüben, so entsteht sein Besitzverhältnis aus seiner Einigung mit dem Vorbesitzer, § 854 II; hat aber der Erwerber die tatsächliche Gewalt über die Sache wirklich erlangt, so beruht sein Besitz auf diesem Faktum und nicht auf der Einigung mit dem Vorbesitzer; die Wirkung der Einigung besteht in diesem Fall darin, daß der Besitz nicht fehlerhaft und die Sache nicht abhandengekommen im Sinn von § 935 ist, und daß der Erwerber als Rechtsnachfolger des Vorbesitzers gilt, vgl. ob. § 44 IV.

[41] Die Rechtswirkungen der Tradition können durch den Tradenten nicht ausgeschlossen werden: wenn ich dem X eine Sache übergebe, kann ich mir zwar das Eigentum, nicht aber den Besitz vorbehalten.

[42] Erfolgt die Tradition nach § 854 Abs. 1, so ist sie für den Tradenten eine „Tathandlung", vgl. unt. Note 50.

[43] Die Rechtswirkung ist hier die Folge nicht einer Willensäußerung, sondern eines durch menschlichen Willen herbeigeführten Vorganges der Außenwelt.

[44] Manigk a. a. O. § 163; Klein S. 34.

Entdeckung eines Schatzes, § 984, die Notstandshandlung, § 904, die Aufwendungen, § 256, und Verwendung, §§ 547, 994 fg., die Geschäftsführung ohne Auftrag, § 677 [45], die Begründung des Wohnsitzes, § 7 [46], die Herstellung eines Geisteswerkes und die Erfindung [47], die Rückgabe der Pfandsache, § 1253, und der Vollmachtsurkunde, § 172 [48], die Handlung, durch welche eine Sache für die wirtschaftlichen Zwecke einer anderen Sache bestimmt und damit Zubehör wird, § 97 [49], die Tradition im Falle des § 854 Abs. 1 [50] und die Aufgabe des Besitzes, § 856 I, das Einbringen von Sachen, §§ 559, 701 [51], die Fortsetzung des Gebrauchs der gemieteten Sache, des Dienstverhältnisses oder der Gesellschaft, §§ 568, 625, 724 [52], das Miteinanderleben in nichtiger Ehe, § 1324 II [53]. Aus solchen Handlungen entsteht zunächst ein von der Rechtsordnung unabhängiger tatsächlicher Erfolg, aus welchem

---

[45] So die herrschende Meinung, vgl. Planck, Vorb. IV vor § 677, Enneccerus § 386 Note 8; Manigk a. a. O. § 167. Die Geschäftsführung kann darin bestehen, daß der Geschäftsführer mit Dritten Rechtsgeschäfte abschließt: dem Geschäftsherrn gegenüber ist aber die Gestion kein Rechtsgeschäft, weil der Wille des Geschäftsführers nicht auf die Rechtsfolgen der Geschäftsführung gerichtet zu sein braucht, sondern nur darauf, einen tatsächlichen Erfolg für einen anderen herzustellen, z. B. einem anderen eine Sache zu verschaffen oder die Sache eines anderen vor Schaden zu bewahren. Daß die Geschäftsführung nicht zu den Rechtsgeschäften zählt, hat zur Folge, daß § 1412 nicht zur Anwendung kommt: das eingebrachte Gut haftet aus einer Geschäftsführung der Frau, auch wenn der Mann seine Zustimmung nicht erteilt hat, Planck § 1411, 1; A. B. Schmidt § 1411, 2d. Wolff, Familienrecht § 56 Anm. 3.

[46] Manigk a. a. O. § 166; vgl. ob. § 28 Note 8.

[47] Gierke § 86b III; Dernburg-Kohler VI § 82 I.

[48] Das Ausstreichen des Indossaments, WO. Art. 36.

[49] Planck § 97, 3a. Vgl. auch die Änderung der Zweckbestimmung, wodurch ein nach § 95 selbständiges Gebäude zum Bestandteil eines Grundstücks wird, Wolff, Überbau 70; Komment. des RGer. zu § 946 Bem. 2.

[50] Vgl. ob. Note 42. Der Besitzerwerb erfolgt nicht schon durch die Willenserklärung des Tradenten, sondern nur dann, wenn der Erwerber die tatsächliche Gewalt wirklich erlangt, also z. B. nicht, wenn die zu übergebende Sache aus der Hand des Erwerbers ins Wasser oder in einen Abgrund fällt.

[51] Oertmann § 559, 3a; Manigk a. a. O. 648, 674; Mittelstein, Miete § 76, 2; Klein 39.

[52] Klein S. 37.

[53] Klein S. 77. Die Wiederherstellung der ehelichen Gemeinschaft dürfte richtiger als Rechtsgeschäft (familienrechtlicher Vertrag) aufzufassen sein, vgl. unt. § 53 Note 120.

das Gesetz eine rechtliche Wirkung hervorgehen läßt. Wie bei den Rechtshandlungen zu b) ist die rechtliche Wirkung vom Gesetz ohne Rücksicht auf den Willen des Handelnden angeordnet; es ist ein rechtlich unerheblicher Zufall, wenn der Spezifikant oder der Erfinder oder der Geschäftsführer bei seiner Tätigkeit sich der Rechtsfolgen derselben bewußt ist; noch weniger braucht er einen auf diese Rechtsfolge gerichteten Willen zu äußern. Man nennt solche Handlungen, da ihre Bedeutung in erster Linie in der Herstellung eines äußeren Erfolges beruht, Naturalakte [54] oder Realakte [55] oder auch Tathandlungen [56]. Wenn man sie, im Gegensatz zu den Rechtsgeschäften, mit den unter b) besprochenen Willensäußerungen unter dem Namen Rechtshandlungen zusammenfaßt, darf die wesentliche rechtliche Verschiedenheit beider Gruppen nicht übersehen werden; die Willensäußerungen unter b) sind, wenn nicht Rechtsgeschäfte, so doch den Rechtsgeschäften nahe verwandt; denn obgleich der Wille, z. B. bei der Mahnung, auf einen tatsächlichen Erfolg gerichtet ist, so ergibt sich die Rechtswirkung nicht aus diesem (nicht erreichten) Erfolg, sondern, wie beim Rechtsgeschäft, aus der Willensäußerung; die Verzugsfolgen sind die, wenn auch nicht gewollten, Wirkungen einer Willenserklärung. Daher ist analoge Anwendung der Regeln des Rechtsgeschäftes grundsätzlich geboten [57]; insbesondere ist für solche Handlungen Geschäftsfähigkeit zu verlangen [58]. Dagegen ist bei den Tathandlungen Ursache der Rechtswirkung nicht sowohl der in der Handlung zutage tretende Wille, als vielmehr der durch diesen Willen erreichte tatsächliche Erfolg. Daher gelten die Rechtssätze über Rechtsgeschäfte für Tathandlungen nur dann, wenn das Gesetz [59] es vorschreibt, oder analoge Anwendung geboten scheint [60].

Eine Handlung kommt als solche rechtlich nicht in Frage,

---

[54] Bekker § 95 Note b.

[55] Bekker § 82 Note f; Enneccerus § 128 III 3.

[56] Pernice, GrünhutsZ. 7, 465; Biermann § 38, 2 I e. Manigk § 159 und Klein S. 29 sprechen von „rein äußeren Handlungen".

[57] Manigk § 188; Klein S. 165 fg.

[58] Vgl. unt. § 59. Über Anfechtung vgl. unt. § 57.

[59] Geschäftsfähigkeit ist vorgeschrieben für Begründung und Aufhebung des Wohnsitzes, § 8, und für die Haftung (nicht für den Regreß) des Geschäftsführers, § 682.

[60] Vgl. unt. § 59.

wenn ein äußerer Vorgang mit Rechtswirkungen ausgestattet ist, welche ohne Rücksicht darauf eintreten, ob der Vorgang durch menschlichen Willen herbeigeführt ist oder nicht [61]. So erfolgt z. B. eine Eigentumsverschiebung durch Verbindung und Vermischung, § 946 fg., Eigentumserwerb durch Trennung von Erzeugnissen, § 953 fg., Erlöschen dinglicher Rechte durch Untergang der Sache, auch wenn diese Ereignisse nicht auf dem Willen eines Menschen beruhen. Ebenso braucht die Entfernung der mithaftenden Mobilien vom Grundstück, § 1121 I, nicht durch menschliche Handlung bewirkt zu sein [62]; z. B. wird veräußertes und durch Hochwasser weggeschwemmtes Holz pfandfrei. Auch die Vernichtung einer Urkunde, § 799, ist keine juristische Handlung; denn die Rechtsfolge ist dieselbe, wenn die Urkunde ohne menschliches Zutun untergeht. Die Erlangung der tatsächlichen Gewalt ist ein tatsächliches Ereignis, welches auch ohne Willen des Besitzerwerbers eintreten kann [63]. Die Zeugung kommt nur als Tatsache, nicht als Handlung, in Betracht [64].

2. Von den Willensäußerungen sind zu unterscheiden solche Handlungen, aus denen hervorgeht, daß der Handelnde eine Vorstellung von einer Tatsache hat; man kann sie Vorstellungsäußerungen nennen [65].

Ein wichtiges Beispiel solcher Handlungen sind die Äußerungen einer Überzeugung oder des Glaubens an eine Tatsache. Solche Äußerungen spielen im Prozeß eine große Rolle als Ge-

---

[61] Manigk § 160; Klein S. 9 fg.

[62] Dagegen kommt es in § 1122 bei der Entfernung der Sachen auf den Zweck der Entfernung an: es ist daher menschliche Tätigkeit vorausgesetzt.

[63] Planck § 854, 2; vgl. Wolff, Sachenrecht § 10 II. Dagegen ist der Besitzerwerb durch Einigung, § 854 II, wie auf Seiten des Tradenten (vgl. ob. Note 42), so auf Seiten des Erwerbers eine Rechtshandlung; die Wirkung der Einigung tritt ein, ohne daß eine Veränderung in den faktischen Verhältnissen zu erfolgen braucht.

[64] Eltzbacher 229; a. A. Endemann § 57 Note 8. Die Rechtsfolgen der ehelichen wie der unehelichen Erzeugung treten ein, auch wenn der Erzeugende geschäftsunfähig oder bewußtlos war.

[65] Klein, Schuldhafte Parteihandlung (1885) 16; Dernburg § 107 II 4; Endemann § 61 Note 13; Enneccerus § 128 III 2 b; Biermann § 38, 2 I; Crome § 72, 1 c; Eltzbacher 199. Manigk § 172 fg. unterscheidet Vorstellungsmitteilungen und Willensmitteilungen und rechnet zu den letzteren Mahnung, Aufforderungen, Widersprüche und andere Willenserklärungen, die ich ob. 1 b) zu den Rechtshandlungen zähle.

ständnis[66], im materiellen Recht kommen sie als Anerkennung bei der Unterbrechung der Verjährung, § 208[67], in Betracht; ebenso bei der Anerkennung der unehelichen Vaterschaft, § 1718[68], bei der Anlegung eines Verzeichnisses, §§ 1035, 1372, 1802[69], oder einer Bilanz, HGB. § 39; bei der eidesstattlichen Versicherung, § 2356 II[70], und der Leistung des Offenbarungseides, §§ 259, 260, 2006, ZPO. §§ 807, 883, KO. § 125[71]. Das Datum ist Aussage über Ort und Zeit der Abgabe einer Erklärung[72].

Wird eine Vorstellung geäußert, um bei anderen Menschen dieselbe Vorstellung hervorzurufen, so liegt eine Mitteilung oder Anzeige vor[73]. Die Mitteilungen können sich auf Tat-

---

[66] Bülow, Geständnisrecht 44; Hellwig, Prozeßhandlung und Rechtsg. § 5.

[67] Planck § 208, 2.

[68] Eltzbacher 213; Manigk § 181; v. Blume § 1718, 2; Enneccerus § 128 Anm. 10; a. A. Planck § 1718, 2; Endemann II § 206 a Anm. 8; Crome § 617 Anm. 23; Dernburg § 120 Anm. 6; RG. 58, 348: die Anerkennung soll Verzicht auf die exc. plurium sein, vgl. unt. § 54 Note 190. In anderen Fällen (Schuldanerkenntnis, § 781, Anerkennung der Ehelichkeit, 1598) ist die Anerkennung in der Tat ein Rechtsgeschäft, weil der Parteiwille auf einen Rechtserfolg (Herstellung einer sicheren Rechtslage) gerichtet ist und das Gesetz diesen Willen sanktioniert, vgl. unt. § 50.

[69] RG. 58, 346: die Anfertigung eines Verzeichnisses der verbrannten Sachen bei der Versicherung ist keine Willenserklärung.

[70] Planck § 2356, 2.

[71] Auch die Billigung beim Kauf auf Probe wird bisweilen als Meinungsäußerung aufgefaßt, vgl. z. B. Enneccerus § 338 II. Meines Erachtens hat das Gesetz dadurch, daß es in § 495 die Billigung in das Belieben des Käufers stellt, zu erkennen gegeben, daß es nicht darauf ankommt, ob der Käufer an der Sache tatsächlich Gefallen findet, sondern darauf, ob er die Sache haben, d. h. den Kauf zustande bringen will. Entscheidend ist das Beispiel bei Walsmann, JheringsJ. 54, 274: der Käufer erklärt, daß ihm die Sache gefällt, daß er sich aber erst in acht Tagen entscheiden wolle. Nach der Ansicht von Enneccerus liegt darin die Billigung; nach der herrschenden und richtigen Ansicht ist die Billigung noch nicht erfolgt, vgl. Raape, Wollensbedingung 50.

[72] Beim Wechsel wird das Datum als Willenserklärung aufgefaßt, RG. 32, 117, weil die Wirkungen des Wechsels sich nach dem angegebenen Datum richten, selbst wenn es nicht das richtige ist, vgl. unt. § 63. Beim Privattestament wird darüber gestritten, ob das Datum Aussage über eine Tatsache oder Willenserklärung ist, vgl. Planck, Erl. II 4 f zu § 2231.

[73] Denselben Sinn haben die Ausdrücke: benachrichtigen, z. B. § 384, kundgeben, z. B § 171, in Kenntnis setzen, § 111, erklären, § 639 II, ver-

sachen[74] der Vergangenheit[75], Gegenwart[76] oder Zukunft[77] beziehen. Gegenstand der Mitteilung kann eine der Vergangenheit angehörende Willenserklärung des Mitteilenden sein, so z. B. die Mitteilung einer Bevollmächtigung, § 171[78], oder einer Abtretung, § 409[79]. Ebenso ist die Ankündigung eines in der Zukunft liegenden Willens keine Willenserklärung, sondern Mitteilung einer Vorstellung[80]; so z. B. die Mitteilung von einer beabsichtigten Anfechtung oder Aufrechnung[81], die Androhung des Verkaufs einer Sache,

sichern, § 1640 I, anmelden, § 1970, 2061, ZVG. § 37, VersVertrGes. § 100, und andere. Eine Mitteilung liegt in der Vorlegung einer Urkunde, z. B. §§ 259, 260, 405, und in der Einreichung des Inventars, § 1993. Weitere Beispiele bei Klein 137.

[74] Man spricht der Kürze halber von einer Mitteilung von Tatsachen, während in Wirklichkeit die Vorstellung, die sich der Mitteilende von einer Tatsache macht, Gegenstand der Mitteilung ist, Eltzbacher 199, Manigk § 173. Eine Mitteilung ist objektiv richtig, wenn sie den Tatsachen entspricht, subjektiv richtig, wenn sie die Vorstellung des Mitteilenden wiedergibt. Vgl. RG. 68, 1 fg.

[75] Z. B. die Anzeige der Verspätung, § 149, des Erlöschens einer Vollmacht, § 170, der Hinterlegung, § 374, die Mitteilung einer Schuldübernahme, § 415 I, 416 I.

[76] Z. B. die Behauptung der Einwilligung des gesetzlichen Vertreters, § 109 II, die Zusicherung einer Eigenschaft, § 459 II, die Mängelanzeige, § 478 I, HGB. § 377 (Oertmann § 478, 2; a. A. Planck § 478, 3 a.)

[77] Z. B. Bekanntmachung der Zeit und des Orts der Versteigerung, § 383 III, § 1237; Berufung der Migliederversammlung und Bezeichnung des Gegenstandes der Beratung, § 32.

[78] Das Gesetz unterscheidet zwei Tatbestände: Erteilung der Vollmacht durch Erklärung (d. h. Willenserklärung) an den Dritten, § 170, und Mitteilung der erfolgten Bevollmächtigung an den Dritten, § 171.

[79] In der Mitteilung einer früher erfolgten Willenserklärung liegt keine Willenserklärung. Hat z. B. ein Erblasser in einem älteren, wegen Formfehler ungültigen Testament den X zum Erben eingesetzt, und bestimmt er in einem zweiten, formgültigen, Testament: „X, den ich bereits früher zum Erben eingesetzt habe, soll folgende Vermächtnisse ausrichten", so liegt darin keine Willenserklärung und daher keine Erbeinsetzung, vgl. KG. in DJZ. 1902, 437. Vgl. aber RG. 82, 152: durch Aufzählung der Schenkungnn im Testament hat der Erblasser sie bestätigt, d. h. sie, falls sie nicht gültig waren, als Vermächtnisse angeordnet.

[80] Crome § 86 Anm. 1.

[81] Eine im vorbereitenden Schriftsatz ausgesprochene Anfechtung oder Aufrechnung ist unter Umständen nicht als Willenserklärung, sondern als Ankündigung einer im Termin abzugebenden Willenserklärung aufzufassen, Planck § 143, 1; § 388, 2; Oertmann § 143, 1 d, § 388, 1 b, vgl. unt. § 50 Note 90. Schreibt ein Erblasser im Testament: „ich werde eine Stiftung errichten" oder „ich werde dem X mein Haus vermachen", so

§§ 303, 384, 1220, 1234 [82], das „sich Erbieten“ zur Besorgung von Geschäften, § 663, HGB. § 362 [83]. Dagegen ist die Mitteilung eines gegenwärtigen Willens nichts anderes, als eine in die Form einer Mitteilung gekleidete Willenserklärung [84]. Es ist eine in unserer Verkehrssprache weit verbreitete Gewohnheit, Willenserklärungen als Mitteilungen von Tatsachen zu stilisieren: ein Schuldner, der 100 versprechen will, schreibt: „ich bekenne 100 zu schulden“; eine Auslobung lautet bisweilen: „ich habe eine Belohnung von 100 M. ausgesetzt“; wer wegen arglistiger Täuschung anficht, schreibt: „ich habe mich überzeugt, daß ich betrogen bin, und den Vertrag nicht zu halten brauche [85]. In solchen Fällen ist die dem Gegner erkennbare Absicht des Erklärenden nicht auf Mitteilung einer Tatsache, sondern auf Äußerung eines Willens gerichtet [86].

---

ist das nicht Erklärung eines letzten Willens, sondern Ankündigung einer Absicht und daher wirkungslos.

[82] Die Androhung bezeichnet Planck § 384, 1; § 1234, 1 b als Rechtsgeschäft; Oertmann § 384, 2, vorsichtiger, als „Erklärung“, Manigk S. 726 als Willensmitteilung. Charakteristisch für die Androhung, im Gegensatz zum Rechtsgeschäft, ist, daß sie bei Untunlichkeit unterlassen werden darf, während die Wirkung eines Rechtsgeschäftes, z. B. einer Kündigung, nicht eintreten kann, wenn die Willenserklärung aus irgendeinem Grunde, auch wegen Untunlichkeit, unterbleibt.

[83] Ebenso sind hypothetische Erklärungen darüber, was man bei gewissen Eventualitäten wollen würde, keine Willenserklärung, Lenel, ArchZivPr. 79, 60.

[84] Willenserklärung (und Ausübung eines Gestaltungsrechts, vgl. ob. § 7 Note 18) ist die Anzeige des Selbsteintritts des Kommissionärs, HGB. § 400; die Anzeige des Gläubigers an den Bürgen, „daß er ihn in Anspruch nehme“, § 777, die Anzeige des § 1289 (Planck § 777, 4 b; a. A. Kipp, Festg. f. Koch 118, Klein, ArchBürgR. 33, 250).

[85] Mitteilung und Willenserklärung finden sich nebeneinander im HGB. § 25: in Abs. II wird eine Vereinbarung mitgeteilt, während die Bekanntmachung des Abs. III eine Willenserklärung ist. Der Unterschied zeigt sich in Folgendem: hat der Erwerber des Handelsgeschäftes eine tatsächlich nichtgetroffene Vereinbarung mitgeteilt (Abs. II), so nützt ihm die Mitteilung nichts; während die Bekanntmachung des Abs. III ihn verpflichtet, auch wenn er mit dem Veräußerer eine Schuldübernahme nicht verabredet hat.

[86] Die Anzeige der Ablehnung eines Antrags, § 663, HGB. § 362, soll nach Planck § 663, 1 Mitteilung einer Tatsache sein. Ich sehe in dieser Anzeige eine Willenserklärung, weil der Anzeigende nicht nur mitteilt, daß er den Antrag noch nicht angenommen hat, sondern auch erklärt, daß er den Antrag jetzt ablehnt.

Vorstellungsmitteilungen kommen im bürgerlichen Recht oft und in verschiedener Weise in Betracht: in zahlreichen Fällen besteht eine Mitteilungspflicht [87]; in anderen Fällen ist eine Mitteilung Voraussetzung für die Entstehung [88], Wahrung [89] oder Ausübung [90] eines Rechtes; gewisse Mitteilungen sind für den Mitteilenden insofern verbindlich [91], als er die Mitteilung, selbst wenn sie unrichtig ist, gegen sich gelten lassen muß [92], oder für ihre Richtigkeit einzustehen hat [93], oder bei wahrheitswidriger

[87] Pflicht zur Anzeige (Klein, Anzeigepflicht im Schuldrecht); zur Auskunft, § 260; zur Rechenschaft, § 259.

[88] Die Anzeige des Fundes, § 965, ist Voraussetzung für den Finderlohn, § 971 II, und den Eigentumserwerb des Finders, § 973 I. Mit der Anzeige an den Drittschuldner entsteht das Pfandrecht an der Forderung, § 1280.

[89] Z. B. die Mängelanzeige, § 478, die Verlustanzeige, § 703, die Anmeldungen bei Aufgeboten, im Konkurs und bei der Zwangsversteigerung von Grundstücken.

[90] Z. B. die Androhung, vgl. ob. Note 82. In § 1128 ist die Anzeige Voraussetzung wirksamer Erfüllung. In § 415 I ist die Mitteilung für den Empfänger Voraussetzung der Genehmigung; sie ist keine Willenserklärung und steht daher zur Genehmigung nicht im Verhältnis einer Offerte; sie ist daher nicht bindend: bis zum Eintreffen der Genehmigung können die Parteien die Schuldübernahme aufheben.

[91] Hupka, Haftung des Vertreters 92 fg.

[92] § 409 I, 576. Wer eine Tatsache z. B. den Eintritt in eine Handelsgesellschaft zum Handelsregister anmeldet, muß sie, wenn sie eingetragen und bekannt gemacht ist, gegen sich gelten lassen, RG. 51, 39, 76, 441; OLG. 21, 377; Staub, HGB. § 28 Anm. 4.

[93] Auf diesem Rechtsgedanken, nicht auf einem (fingierten) Garantieversprechen, beruht die Haftung des vollmachtlosen Vertreters, § 179, die Haftung des Verkäufers für zugesicherte Eigenschaften, § 459 II, und die Haftung aus BörsGes. § 45. Die Zusicherung von Eigenschaften hat beim Spezieskauf nicht promissorische, sondern assertorische Bedeutung, M. Wolff, JheringsJ. 56, 44; Haymann, Anfechtung, Sachmängelgewähr und Vertragserfüllung 44. (Dagegen ist die Zusicherung beim Werkvertrag, § 633 I, eine Willenserklärung: Versprechen, eine Sache mit bestimmten Eigenschaften herzustellen). Auch bei dem „nach dem Vertrag vorausgesetzten Gebrauch", § 459 I, handelt es sich nicht, wie meist angenommen wird (RG. 70, 86, Oertmann § 459, 4 b), um eine Willenseinigung, sondern um eine übereinstimmende Meinungsäußerung darüber, daß die Sache zu dem vom Käufer angegebenen Zweck gebrauchsfähig sei; so z. B. wenn ein Pferd als Reitpferd, ein Hund als Wachthund verkauft wird. Von der Zusicherung, § 459 II, unterscheidet sich diese Aussage des Verkäufers durch ihre geringere Präzision und Intensität: die Zusicherung ist eine auf bestimmte Eigenschaften gerichtete und mit dem Anspruch auf absolute Richtigkeit auftretende Aussage.

Behauptung sonstige Nachteile erleidet [94]. Nach § 171 hat die Mitteilung einer Bevollmächtigung dieselbe Wirkung wie die Erteilung der Vollmacht.

Eine Mitteilung hat, wenn sie eine Änderung des Rechtszustandes herbeiführt, rechtsgeschäftsähnliche Wirkung [94a]. Sie kommt dem Rechtsgeschäft sehr nahe, wenn sie im Bewußtsein der Rechtsfolge [95] und mit einer darauf gerichteten Absicht vorgenommen wird. So ist z. B. die Anzeige einer Bevollmächtigung, § 171, wenn sie zu dem Zweck erfolgt, eine Vertretungsmacht zu begründen, von der Erteilung der Vollmacht, § 167, nur durch eine (praktisch überflüssige [96]) psychologische Analyse der Erklärung zu unterscheiden. Die Zessionsanzeige, § 409, kann zu dem Zweck vorgenommen werden, den Schuldner zur Leistung an den als Zessionar benannten zu veranlassen, was ebensogut durch Bevollmächtigung oder durch Anweisung erfolgen könnte [97]. Trotz dieser nahen Verwandtschaft mit dem Rechtsgeschäft wird man die Mitteilung nicht zu den Rechtsgeschäften zählen dürfen [98]; denn ihre Rechtsfolgen treten nicht ein, weil sie gewollt sind, sondern auch dann, wenn sie dem Mitteilenden nicht bekannt sind oder seinem Willen widersprechen [99].

---

[94] §§ 109, 1397, 1830.

[94a] Eine Mitteilung kann zugleich eine Willenserklärung sein: wenn z. B. der Besteller einer Ware beim Gegner anfragt, ob er die Bestellung angenommen habe, und dieser antwortet: „ich habe die Ware bereits abgeschickt", so liegt darin Mitteilung einer nach § 151 erfolgten Annahme und zugleich eine Annahmeerklärung, welche wirksam wird, wenn die Annahme nach § 151 nicht erfolgt ist, weil z. B. der Angestellte des Verkäufers die ihm aufgetragene Absendung aus Versehen unterlassen hat.

[95] Bisweilen muß die Mitteilung einen Hinweis auf ihre Rechtsfolgen enthalten, z. B. die Mitteilung der Schuldübernahme nach § 416 II.

[96] Denn die Mitteilung hat nach § 171 dieselben Wirkungen wie die Erteilung der Vollmacht.

[97] Daher kann in einer Mitteilung eine Willenserklärung enthalten sein, z. B. kann in der Mitteilung der Schuldübernahme nach § 415 I, wenn sie vom Übernehmer ausgeht, eine Offerte zu einem Übernahmevertrag nach § 414 liegen, Hellwig, Verträge auf Leistung 167; Dernburg II § 156 Anm. 3; Enneccerus § 308 II 3, vgl. ob. Note 90.

[98] A. A. Bekker, JheringsJ. 49, 49.

[99] Wenn z. B. der Gläubiger dem Schuldner die Zession an X mitteilt und ihn zugleich ersucht, an X nicht zu zahlen, so ist dieser Zusatz wirkungslos. Ebenso kann der Vormund seine Mitteilung der Genehmigung des Vormundschaftsgerichts, § 1829, nicht dadurch ent-

Die rechtsgeschäftsähnliche Beschaffenheit und Funktion einer Mitteilung berechtigt zur entsprechenden Anwendung zahlreicher Vorschriften über Rechtsgeschäfte [100]. Insbesondere sind Mitteilungen, die an eine bestimmte Person zu richten sind [101], wie empfangsbedürftige Willenserklärungen nach § 130 zu behandeln [102]: Mitteilungen unter Abwesenden oder richtiger: „verkörperte" Mitteilungen werden wirksam durch Zugehen an den Adressaten [103] und können bis zu diesem Moment, entsprechend dem Widerruf des § 130 I 2, zurückgenommen werden. In einigen Fällen läßt das Gesetz für die Wirksamkeit einer Mitteilung schon deren rechtzeitige Absendung genügen [104]. Es handelt sich um Anzeigen, die dem Absender im Interesse des Adressaten zur Pflicht gemacht sind, § 149, oder die dazu dienen, einen Rechtsverlust vom Anzeigenden abzuwenden, §§ 478, 485, HGB. § 377. Es entspricht der Billigkeit, daß solche Anzeigen auf Gefahr des Adressaten reisen [105]. Diese ratio spricht dafür, auch bei anderen Anzeigen dieser Art die rechtzeitige Absendung genügen zu

---

kräften, daß er hinzufügt, er wolle von der Genehmigung keinen Gebrauch machen. Anders die herrschende Meinung, welche in der Mitteilung des Vormunds ein Rechtsgeschäft sieht, Planck § 1829, 5, Blume § 1829, 2, Fuchs Erl. II 2 zu § 1829, Kipp, Familienrecht § 115 Anm. 33, 45, OLG. 21, 291. Gegen diese Auffassung spricht, daß die Mitteilung keine Wirkung hat, wenn sie unrichtig ist, während bei Willenserklärungen nicht Unrichtigkeit, sondern Ungültigkeit in Betracht kommt.

[100] Bisweilen wird eine Mitteilung, um sie der Regel des Rechtsgeschäfts zu unterwerfen, als Willenserklärung bezeichnet; so z. B. die Mängelrüge (OLG. 6, 224, Planck § 478, 3 a; a. A. Oertmann § 478, 2; Kipp, Festgabe für Koch 115), die Anzeige des § 25 II HGB. (RG. 67, 9; OLG. 21, 375); die Anzeige des § 416 (RG. 67, 414). Dies Verfahren ist meines Erachtens systematisch unrichtig und durch den zu erreichenden Zweck nicht geboten.

[101] In einigen Fällen, §§ 172, 409, steht es einer an A zu richtenden Mitteilung gleich, wenn eine die Mitteilung enthaltende Urkunde dem X ausgehändigt und von diesem dem A vorgelegt wird, RG. 79, 307.

[102] Vgl. unt. § 61.

[103] Oertmann § 130, 7 b; Biermann § 46, 9. Manigk, Willenserklärung § 175; Klein, Rechtshandlungen 142 fg.

[104] Ist die Anzeige nicht Voraussetzung einer Rechtsänderung, sondern Gegenstand einer Verpflichtung, z. B. in § 384 II, §§ 545, 1241, so ergibt sich aus den allgemeinen Grundsätzen des Obligationenrechts, daß vom Verpflichteten nichts mehr verlangt werden kann, als rechtzeitige Absendung der Anzeige; Klein a. a. O. 144 Anm. 63.

[105] Unger, JheringsJ. 33, 344; Fischer, Schaden 123; Titze, Mißverständnis 251 fg.

lassen [106], so z. B. bei der Androhung als Voraussetzung des Selbsthilfeverkaufs, § 384, HGB. § 373 [107], und der Pfandveräußerung, §§ 1220, 1234 [108].

Ferner können bei Mitteilungen analog angewendet werden die Vorschriften über Willensmängel [109] und über die Stellvertretung [110]; nicht dagegen die Lehre von der Bedingung und der Befristung [111]; denn die Rechtswirkung der Mitteilung beruht nicht auf dem Willen des Mitteilenden und kann daher nicht durch ihn von künftigen gewissen oder ungewissen Ereignissen abhängig gemacht werden [112].

3. Eine rechtlich erhebliche Gefühlsäußerung ist die Verzeihung [113], welche beim Schenkungswiderruf, § 532, bei der Ehescheidung, § 1570, der Entziehung des Pflichtteils, § 2337, und der Erbunwürdigkeit, § 2343, in Betracht kommt. Die Verzeihung ist trotz ihrer rechtlichen Wirkungen kein Rechtsgeschäft [114], weil keine Willenserklärung [115], auch nicht Äußerung einer Vorstellung [116], insbesondere nicht Mitteilung einer Tatsache, sondern ein Verhalten, aus welchem hervorgeht, daß die durch das Be-

---

[106] Mot. I 171.

[107] Staub, HGB. § 373 Anm. 31; a. A. Planck § 384, 1; Oertmann § 384, 2.

[108] Titze a. a. O.; a. A. Planck § 1234, 1 b.

[109] Verbindliche Anzeigen (ob. Note 91) können wegen eines Willensmangels angefochten werden, vgl. unt. § 57. Über die Zurücknahme sonstiger Mitteilungen vgl. Kipp, Festg. f. Koch 114 fg., Klein, ArchBürgR. 33, 245 fg.; 34, 323 fg., Rechtshandlungen 154 fg.

[110] So kann z. B. die Zessionsanzeige, §§ 409, 576, und die Verpfändungsanzeige, § 1280, wie vom Gläubiger, so auch von einem Vertreter desselben ausgehen, vgl. Klein, Rechtshandlungen 156 fg. RG. 79, 308.

[111] Zitelmann, Rechtsgeschäfte I 34; Klein a. a. O. 23.

[112] Über das Erfordernis der Geschäftsfähigkeit vgl. unt. § 59 X 3.

[113] Freudenberg, Verzeihung (1903).

[114] Manigk § 170; Oertmann § 532, 1; Planck § 1571, 1; Crome § 559 Anm. 44. Von der Verzeihung des Schenkers ist zu unterscheiden der rechtsgeschäftliche Verzicht auf den Widerruf, § 533, von der Verzeihung des Erblassers: der Widerruf der letztwilligen Entziehung des Pflichtteils; Planck 2337, 5; von der Verzeihung des Ehegatten: der Verzicht auf das Scheidungsrecht (wenn man einen solchen Verzicht für möglich hält, Planck § 1570, 4).

[115] Dernburg II § 209 III 5, IV § 27 I hält die Verzeihung für eine rechtsgeschäftliche Willenserklärung; Henle, Vorstellungstheorie 363, für eine dem moralischen Gebiet angehörende Willenserklärung.

[116] Eine Vorstellung des Verzeihenden, z. B. seine Überzeugung von einer Besserung des Beschenkten usw., kann Motiv der Verzeihung sein.

nehmen des Gegners hervorgerufene Kränkung nicht mehr besteht [117] resp. im Fall der Ehescheidung, daß die Ehe vom Standpunkt des verletzten Ehegatten aus nicht mehr zerrüttet ist [118]. Weil die Verzeihung kein Rechtsgeschäft ist, braucht der Verzeihende die Rechtsfolgen der Verzeihung weder gewollt noch auch nur gekannt zu haben; er braucht daher auch nicht zu wissen, daß ihm aus der Verfehlung des Gegners, die er verzeiht, Rechte erwachsen waren. Da aber die Verzeihung, wie gewisse Willensäußerungen, Rechtsfolgen hat und den Rechtshandlungen im engeren Sinn [119] nahe steht, ist analoge Anwendung der Regeln über Rechtsgeschäfte möglich und im allgemeinen angemessen [120].

Der Verzeihung verwandt ist die Zustimmung eines Ehegatten zum Ehebruch des anderen, § 1565 II [121].

III. Eine Handlung ist unrechtmäßig, wenn sie gegen Vorschriften des öffentlichen oder des Privatrechts verstößt. Die privatrechtlichen Folgen einer unrechtmäßigen Handlung sind sehr verschiedenartig, aber stets nachteilig für den Täter: Verpflichtung zum Schadenersatz oder zu Sicherheitsleistung [122]; Verwirkung von Rechten [123], Entstehung von Rechten für den Gegner (z. B. Rücktritt, Befugnis zu Selbstverteidigung oder Selbsthilfe, Klage auf Unterlassung [124], Recht auf Ehescheidung). Einige dieser Rechtsfolgen verlangen ein Verschulden des Täters, andere treten ohne Verschulden ein. Die Wirkungen der unrechtmäßigen Handlung treffen den Täter gegen, oder jedenfalls ohne seinen Willen: es kommt nicht darauf an, daß der Täter die Rechtsfolge seiner Handlung gewollt oder auch nur vorausgesehen hat. Im System des römischen wie des heutigen Rechtes zerfallen die unrechtmäßigen Handlungen in zwei Gruppen:

1. Verletzungen von Pflichten aus einem Rechtsverhältnis, in welchem der Täter zu einer anderen Person steht: insbesondere

[117] Eltzbacher 197 fg., Manigk §§ 151, 170; Oertmann § 532, 1; Biermann § 38 Note 13; Klein S. 117 fg.

[118] Mot. IV 602.

[119] Planck § 532, 2. Vgl. ob. Note 25.

[120] Streitig ist die Behandlung der Mentalreservation bei der Verzeihung. RG. 1. 5. 05 (JW. 05, 371) erklärt sie für unbeachtlich arg. § 116; dagegen Manigk a. a. O., Klein S. 124.

[121] Manigk § 171; Klein S. 104 fg.

[122] Z. B. § 1051.

[123] Z. B. § 1680.

[124] Vgl. ob. § 15 Note 46.

Verletzung von Vertragspflichten, aber auch von Pflichten aus sonstigen Rechtsverhältnissen, z. B. Verletzung der Pflichten des Vormunds, des Geschäftsführers, des Besitzers einer fremden Sache.

2. Verletzungen von allgemeinen Pflichten, die sich nicht aus einem Rechtsverhältnis des Täters zu einer anderen Person ergeben. Solche Eingriffe in fremde Rechtssphäre hießen im römischen Recht Delikte; das BGB. gebraucht den wenig bezeichnenden Ausdruck „unerlaubte Handlung“ [125].

Eine Handlung kann zum Tatbestand verschiedener Rechtssätze gehören, und zwar so, daß sie für den einen Rechtssatz als rechtmäßige, für den anderen als unrechtmäßige Handlung in Betracht kommt [126]. So ist z. B. die Spezifikation als Herstellung einer neuen Sache rechtmäßige, zum Eigentumserwerb führende Handlung, § 950, und zugleich, insofern ein fremder Stoff vernichtet wird, ein unrechtmäßiger Eingriff in fremdes Recht, § 950. Die Veräußerung einer Sache ist dem Erwerber gegenüber Rechtsgeschäft, kann aber, wenn die Sache eine fremde ist oder der Veräußerer verpflichtet ist, die Veräußerung zu unterlassen, Vertragsverletzung oder Delikt sein. Endlich ist die Betreibung der Zwangsvollstreckung auf dem Gebiet des Prozesses stets Ausübung eines Rechtes, kann aber, wenn der Kläger die Unrichtigkeit des Urteils kennt oder die Vollstreckung wissentlich auf einen nicht dem Schuldner gehörenden Gegenstand richtet, vom Standpunkt des materiellen Rechtes sich als unerlaubte Handlung darstellen [126a].

IV. Die Handlung kann auch in einem Unterlassen [127] bestehen, wenn die Unterlassung auf einem Willen beruht [128]; gewollte Unterlassung ist „negative Handlung“ und unterliegt denselben Regeln wie die positive Handlung, insbesondere den Vorschriften über Handlungsfähigkeit. Von der Unterlassung ist zu

---

[125] „Unerlaubt“ nach allgemeinem Sprachgebrauch sind auch die Vertragsverletzungen und sonstigen unter 1) fallenden Handlungen.

[126] Regelsberger § 129 PV.; Crome § 71 Note 26; Henle, Vorstellungstheorie 37 fg.

[126a] Vgl. ob. § 8 Note 23. Stein, Grundfragen der Zwangsvollstreckung 91, 98.

[127] Wendt, ArchZivPr. 92, 1 fg.

[128] Auch die fahrlässige Unterlassung ist zu den Handlungen zu zählen; denn der Vorwurf der Fahrlässigkeit, d. h. der mangelnden Aufmerksamkeit richtet sich gegen den Willen des Menschen, Eltzbacher 80; Enneccerus § 128 I.

unterscheiden das Unterbleiben einer Handlung: die negative Tatsache [129], daß eine Handlung nicht oder innerhalb eines Zeitraums nicht erfolgt ist. Die Wirkungen des Unterbleibens einer Handlung treten ein ohne Rücksicht auf die Handlungsfähigkeit und den Willen des untätig bleibenden Menschen. Beispiele solcher negativer Tatsachen sind das Unterbleiben des Widerspruchs in § 912, das Unterbleiben des Vorbehalts, § 341 III, § 464 [130]; ferner die Versäumung einer Frist, z. B. der Anfechtungsfrist, §§ 124, 1339, 1594, 1954, 2082 [131]. Über die im Gesetz häufigen Fälle, in denen eine Fristversäumnis als Willenserklärung von bestimmtem Inhalt „gilt", vgl. unt. § 61 II 3.

Die Unterlassungen zerfallen, wie die positiven Handlungen, in rechtmäßige und unrechtmäßige. Unrechtmäßig ist eine Unterlassung, wenn eine Verpflichtung zu einer Handlung vorlag; solche Pflichten beruhen auf Rechtsgeschäft oder auf Gesetz; insbesondere kann sich aus einer Handlung die Verpflichtung zu weiterem Handeln ergeben [132].

§ 49. Das rechtlich bedeutsame Wissen.

I. Das innere Seelenleben des Menschen hat keine unmittelbare Einwirkung auf die Außenwelt. Daher liegt es nahe, den Tatsachen des inneren Seelenlebens [1] jede Wirkungskraft in der für die äußeren Beziehungen der Menschen zu einander maßgebenden Rechtswelt abzusprechen [2]. Das ist insofern richtig, als eine und zwar die für das Rechtsleben wichtigste seelische Erscheinung, nämlich der Wille, nicht anders als in Gestalt einer Handlung in Wirksamkeit treten kann. Denn der psychologische Vorgang der Willensentstehung ist nicht eher vollendet, als bis es zu einer

---

[129] Vgl. ob. § 43 I.

[130] Darum ist es inkorrekt, die Vorschrift des § 341 III als Verzicht auf die Vertragsstrafe zu bezeichnen, wie das in RG. 58, 263 geschieht, vgl. unt. § 54 Note 199.

[131] Nur ausnahmsweise nimmt das Gesetz darauf Rücksicht, daß die Frist infolge bestimmter Hindernisse versäumt wurde, §§ 203, 206, 207.

[132] So entsteht z. B. aus einer gefahrbringenden Handlung die Verpflichtung zu Vorsichtsmaßregeln, aus dem Beginn der Geschäftsführung die Pflicht zur Weiterführung.

[1] Eltzbacher, Handlungsfähigkeit 231 fg.; Manigk, Willenserklärung § 143 fg.

[2] Daher der im Strafrecht anerkannte Grundsatz: cogitationis poenam nemo patitur, fr. 18 de poenis 48, 19.

Handlung gekommen ist [3]. Ob der Mensch etwas wirklich gewollt hat, weiß er erst, wenn er es getan oder unterlassen hat. Vollendeter Wille und Tat sind derselbe Vorgang, von zwei Seiten aus betrachtet: der Wille ist die innere Seite der Tat, die Tat die Verkörperung des Willens [4]. Vor dem kritischen Moment der Handlung liegt das Stadium, in welchem sich im Widerstreit der Motive der Willensentschluß bildet. Was während dieses Zeitraums in der Seele des Menschen vorgeht, bleibt, wenn der Entschluß die Schwelle der Handlung nicht überschreitet, ohne Bedeutung für die äußere Welt und für die Welt des Rechtes.

Aber die Handlung ist ein Produkt des Seelenlebens: die rätselhafte Brücke, welche die innere Welt des Subjekts mit der Außenwelt verbindet [5]. Daher erhält die Handlung ihren geistigen Charakter und ihre sittliche Färbung durch die ihr vorausgegangenen oder sie begleitenden Tatsachen des Seelenlebens: durch die Motive und Absichten des Handelnden sowie durch die Vorstellungen, die sich der Handelnde über gewisse für ihn in Betracht kommende Umstände machte, insbesondere durch sein Kennen oder Nichtkennen gewisser Tatsachen. Demgemäß kommen, wenn der Entschluß sich bis zur Handlung verstärkt hat, die Beweggründe des Handelnden und seine Absichten [7] bei

[3] Zitelmann, Irrtum 115 fg., 157 fg.; Manigk a. a. O. S. 604; Endemann § 64 Anm. 4.

[4] Vom Wollen ist zu unterscheiden das Wünschen: man kann etwas wollen, ohne es zu wünschen, z. B. durch Auslobung eine Belohnung auszusetzen für eine Handlung in der Hoffnung, daß niemand diese Handlung vornehmen werde; oder eine Vertragsstrafe versprechen in der Hoffnung, daß sie nicht verfallen werde.

[5] Dernburg § 102 I v: „Der Wille ist die geheimnisvolle Kraft, deren Wesen wir nicht kennen, deren Existenz wir aber empfinden."

[6] Daher können Tatsachen des inneren Seelenlebens Gegenstand des Beweises sein, insbesondere auch durch Eid; Stein, Bem. I zu ZPO. § 445, Kisch, Festg. f. Laband 243 fg., RG. 65, 406.

[7] Über die Begriffe Motiv und Absicht vgl. M. E. Mayer, Die schuldhafte Handlung 40 fg. Unter Motiv verstehe ich jede geistige Tatsache (Vorstellung oder Gefühl), welche bei der Entstehung eines Willensentschlusses fördernd oder hindernd mitwirkt. Unter den Motiven ist das bedeutungsvollste die Vorstellung eines zu erreichenden Erfolges. Dies Motiv nennen wir, wenn es ausschlaggebend ist, d. h. wenn die Handlung dieses Erfolges wegen vorgenommen wird, Absicht. So kommen, um ein Beispiel zu nehmen, bei den Rechtshandlungen des § 31 KO. verschiedene Motive in Betracht, darunter auch die Vorstellung von der Benachteiligung der Gläubiger. Diese Vorstellung sollte gegenüber anderen

der Beurteilung der Handlung im Strafrecht wie im Zivilrecht in mannigfaltiger Weise zur Geltung [8]. Ein Eingriff in fremdes Eigentum kann z. B. negotiorum gestio sein, wenn er in der Absicht der Geschäftsführung geschieht, Notstandshandlung, wenn er zur Abwendung einer Gefahr vorgenommen wird, oder, in Ermangelung einer dieser Absichten, unerlaubte Handlung. In anderen Fällen zeigt sich das Zivilrecht unempfindlich gegen die Absichten des Handelnden: so sind z. B. beim Rechtsgeschäft die Motive der Parteien grundsätzlich unerheblich [9]. Wenn die einer Handlung zugrunde liegende Absicht in Betracht kommt, braucht sie nicht geäußert, insbesondere nicht bestimmten Personen erkennbar zu sein. Es genügt, daß sie bewiesen werden kann; dazu können spätere Umstände, insbesondere das spätere Verhalten des Handelnden, dienen. So braucht z. B. die Absicht der Geschäftsführung [10] und die Absicht, keinen Ersatz der Aufwendungen zu verlangen, § 685, nicht bei Vornahme der Handlung erkennbar zu sein [11]; ebensowenig die Absicht des Ehemanns, einen Erwerb aus Mitteln des eingebrachten Guts für sich selbst zu machen [12].

Motiven, die den Schuldner zu der in Frage stehenden Handlung drängen, hemmend wirken. Wenn sie aber, der gesetzlichen Vorschrift zuwider, ausschlaggebend ist und die Handlung gerade deswegen vorgenommen wird, um diesen Erfolg zu erzielen, so hat der Gemeinschuldner in der Absicht der Benachteiligung gehandelt. Vgl. RG. 77, 112 zu § 2287. Der aus dem Kampf der Motive hervorgehende Entschluß verkörpert sich in der Handlung, welche den beabsichtigten Erfolg unmittelbar oder mittelbar herbeiführen soll. In letzterem Fall ist zunächst ein Erfolg (als Mittel) beabsichtigt, aus dem sich ein weiterer Erfolg (der Zweck) ergeben soll.

[8] Charakteristisch für das Recht älterer Kulturperioden ist die ausschließliche Erheblichkeit des äußeren Tatbestandes. Erst das durch feineres psychologisches Denken entwickelte Recht lernt die äußere Handlung nach ihrem seelischen Hintergrund werten: die Begriffe des Vorsatzes und der Fahrlässigkeit, des guten und bösen Glaubens sind Errungenschaften einer gereifteren Rechtsanschauung.

[9] Vgl. ob. § 43 Note 15.

[10] Planck § 677, 2b; Oertmann, Bem. 3 a vor § 677; Manigk, Willenserklärung 531.

[11] Wenn sich aus späteren Äußerungen des Geschäftsführers ergibt, daß er die uneigennützige Absicht hatte, so liegt darin kein Erlaß des Ersatzanspruches, sondern es steht nunmehr fest, daß er einen solchen Anspruch nicht erworben hatte.

[12] Die herrschende Meinung verlangt nur Beweisbarkeit dieser Absicht, Planck § 1381, 2b; Wolff, Familienrecht § 50 I. Dagegen verlangt Endemann I § 175 Anm. 25 Kundbarkeit der Absicht, Beyer, Surrogation 264, Äußerung gegenüber dem Gegenkontrahenten.

Ein nicht geäußerter Wille kann nicht nur als Motiv einer Handlung zur Geltung kommen, sondern ist bisweilen von rechtlicher Bedeutung als Begleiterscheinung einer äußeren Tatsache, insbesondere des Verhaltens eines anderen Menschen. So braucht z. B. der Wille des Geschäftsherrn, von welchem nach §§ 677, 683 die Rechtmäßigkeit der Geschäftsführung abhängt, nicht geäußert zu sein; ebenso wenig der Wille des Ehegatten, durch dessen Vorliegen das bösliche Verlassen ausgeschlossen wird, § 1567 [13]. Wenn in solchen Fällen ein nicht geäußerter Wille zur Geltung kommt, so handelt es sich nicht um einen aktiven, auf Herbeiführung eines Erfolges gerichteten Willen — ein solcher Wille bedarf zu seiner psychologischen Vollendung des Handelns — sondern um Zufriedenheit oder Unzufriedenheit mit einem Zustand oder der Tätigkeit eines Anderen, d. h. um psychische Erscheinungen, die eher den Namen des Wünschens als den des Wollens verdienen [14].

Ähnlich, wie mit dem Willen, verhält es sich mit den Vorgängen des Gefühlslebens. Sie können, wenn sie als Gefühlsäußerungen hervortreten, selbständige rechtliche Bedeutung haben, so z. B. bei der Verzeihung [15]. In anderen Fällen wirken Gefühlsvorgänge als Begleiterscheinungen, insbesondere als Konsequenzen des Verhaltens eines anderen Menschen, so z. B. der körperliche oder seelische Schmerz als Schaden, § 847, oder die Zerrüttung des ehelichen Verhältnisses als Folge einer Verletzung der durch die Ehe begründeten Pflichten, § 1568 [16].

---

[13] Auf diese Fälle hat E l t z b a c h e r 245 aufmerksam gemacht. In den übrigen von ihm angeführten Fällen ist meines Erachtens an einen geäußerten Willen zu denken: das Einverständnis in §§ 117, 180, 639 ist nichts anderes, als ein wissentliches Geschehenlassen (wie in § 1405), also eine Unterlassungshandlung, M a n i g k 606; ebenso entsteht die Anzeigepflicht des § 789 erst dann, wenn der Anweisungsempfänger es unterlassen hat, die Anweisung rechtzeitig geltend zu machen; der Vertrag wird nach § 319 II erst dann unwirksam, wenn der Dritte sich weigert, die Bestimmung zu treffen (die bloße Absicht des Anweisungsempfängers, die Anweisung nicht vorzulegen, oder des Dritten, die Bestimmung nicht zu treffen, kann meines Erachtens die genannten Rechtsfolgen nicht herbeiführen).

[14] Besonders deutlich tritt diese Beschaffenheit des sog. Willens in § 677 hervor, wenn der Geschäftsherr von der Tätigkeit der Geschäftsführung keine Kenntnis hat; daß diese Tätigkeit dem „Willen" des Geschäftsherrn entspricht, kann nur bedeuten, daß sie mit den Wünschen und Absichten des Geschäftsherrn übereinstimmt.

[15] Vgl. ob. § 48 II 3.

[16] Die Anzeichen, aus denen man auf den Schmerz oder auf die Zerrüttung des ehelichen Lebens schließen kann, sind nicht Entstehungs-

II. Von großer Wichtigkeit für die Tatbestände des Zivilrechts sind die Tatsachen des Vorstellungslebens, insbesondere die Kenntnis oder Unkenntnis der beteiligten Personen in bezug auf gewisse Umstände [17]. Das Wissen ist eine durch äußere Ereignisse (Sinneseindrücke) oder durch geistige Vorgänge (Schlußfolgerungen hergestellte [18], der Wirklichkeit entsprechende Vorstellung von einer Tatsache [19]. Das Wissen stuft sich ab von einer ganz allgemein gehaltenen Vorstellung bis zu einer präzisen, die genaue Beschaffenheit der Tatsache umfassenden Kenntnis. Wenn das Gesetz an die Kenntnis einer Tatsache Rechtsfolgen knüpft, muß die Kenntnis soweit präzisiert sein, daß der Wissende nach dem Maßstab von Treu und Glauben bei seinem Verhalten die Tatsache berücksichtigen kann und soll [20]. Daher gehört zur Kenntnis einer Tatsache unter Umständen die Einsicht in ihre rechtliche oder faktische Bedeutung [21].

Kenntnis von Tatsachen kommt in mannigfaltiger Weise bei der Gestaltung rechtlicher Verhältnisse in Betracht: meistens ist ein Wissen bedeutungsvoll als Begleiterscheinung von Handlungen; so z. B. die Kenntnis des Schuldners von der Abtretung der For-

---

grund, sondern Beweismittel für das Entstandensein des Ersatzanspruchs resp. des Ehescheidungsrechts.

[17] Fehlt die Kenntnis einer Tatsache bei allen beteiligten Personen und läßt sie sich durch Nachforschungen nicht ohne ungewöhnliche Mühe beschaffen, so gilt die Tatsache als objektiv unbekannt. In diesem Sinne spricht das Gesetz von Unbekanntsein einer Person §§ 887, 1913, 1960 I, vgl. ob. § 2 Note 27 a; oder des Aufenthalts einer Person, § 132 II, 1911, vgl. Bd. I S. 426.

[18] Prot. III S. 86: „Kennen ist das Fürwahrhalten einer in Wirklichkeit bestehenden Tatsache."

[19] Der Eintritt der Kenntnis ist keine Handlung, sondern ein psychologischer Vorgang, ob. § 48 Note 1; kann aber durch Handlungen (Kenntnisnahme) vermittelt sein.

[20] RG. 78 S. 33 und 123.

[21] Kenntnis des Käufers von einem Mangel, § 460, liegt nicht schon dann vor, wenn er die äußere Beschaffenheit der Sache kennt, sondern erst dann, wenn er weiß, daß diese Beschaffenheit einen Mangel der Sache im Sinne von § 459 I darstellt, Oertmann § 460, 1. Auch die Kenntnis eines Rechtsmangels, § 439, ergibt sich nicht ohne weiteres aus der Kenntnis der Tatsachen, auf denen der Mangel beruht. Es genügt aber, daß der Käufer das fremde Recht kennt, auch wenn er über die für dieses Recht geltenden Rechtssätze im Unklaren ist, RG. 52, 167: der Käufer wußte, daß das Grundstück mit einem Pachtrecht belastet war, machte sich aber falsche Vorstellungen über die Kündbarkeit der Pacht.

derung, wenn er an den Zedenten leistet, § 407 I; die Kenntnis des Käufers von rechtlichen oder tatsächlichen Mängeln der Kaufsache, §§ 439, 460, 464 [22]. Aber die Kenntnis kann auch als solche, d. h. ohne ein mit ihr zusammenhängendes oder von ihr beeinflußtes Handeln, Rechtswirkungen hervorrufen; so wird z. B. durch mala fides superveniens die Rechtsstellung des Besitzers einer fremden Sache verändert, §§ 990, 994 II, 955 I, 937 II; so entsteht aus der Ungewißheit des Schuldners über die Person des Gläubigers das Recht der Hinterlegung, § 372, und die Möglichkeit der öffentlichen Zustellung, § 132 II.

Eine einmal erlangte Kenntnis kann bei der Unvollkommenheit der geistigen Funktionen des Menschen wieder verschwinden: eine Tatsache kann vergessen werden. Ist eine früher gewußte Tatsache in dem Moment, in welchem es auf die Kenntnis ankommt, vergessen, so treten die Wirkungen der Kenntnis nicht ein [23]; es kann aber unter Umständen ein Kennenmüssen vorliegen.

Die Kenntnis einer Tatsache entsteht oft durch eine Mitteilung [24]. Das Verhältnis der Mitteilung zur Kenntnis der mitgeteilten Tatsache kann ein verschiedenes sein:

1. In zahlreichen Fällen ist nicht die Kenntnis als solche, sondern die von einer bestimmten Person ausgehende Mitteilung einer Tatsache vom Gesetz mit Rechtsfolgen ausgestattet, so z. B. die Zessionsanzeige, § 409, die Anzeige der Verpfändung einer Forderung, § 1280 [25]. In solchen Fällen ist die Mitteilung

---

[22] Die Rechtswirkung der Kenntnis wird bisweilen auf einen Verzicht des Käufers zurückgeführt, RG. 58, 263; 81, 269. Dieser Umweg über den Willen des Käufers scheint mir überflüssig und irreführend zu sein: der wissende Käufer hat kein Recht auf Gewährleistung, nicht weil er es nicht haben will, sondern weil der Gesetzgeber es für unbillig hält, den Käufer gegen einen ihm bekannten Mangel der Sache zu schützen.

[23] Für die Kenntnis der Mängel der Kaufsache ist der Moment des Kaufabschlusses maßgebend; wenn daher ein Käufer, der bei einer früheren Besichtigung einen Fehler der Sache entdeckt hatte, im Augenblick des Kaufes die frühere Besichtigung und deren Resultat vergessen hat, so verliert er seine Rechte nicht. Bei der Ersitzung entscheidet der Moment des Besitzerwerbs; kannte der Erwerber in diesem Zeitpunkt das ihm entgegenstehende fremde Recht, so ist und bleibt die Ersitzung ausgeschlossen, auch wenn sich die Kenntnis im Lauf der Zeit im Gedächtnis des Besitzers verliert.

[24] Vgl. ob. § 48 II 2.

[25] § 415 I: die Schuldübernahme ist dem Gläubiger durch den Schuldner oder den Übernehmer mitzuteilen. § 510: der Vertrag ist dem Vorkaufs-

unentbehrliches Tatbestandsstück und kann durch anderweitige Kenntnis nicht ersetzt werden: es genügt z. B. nicht, daß der Schuldner von der Verpfändung der Forderung weiß, wenn sie ihm nicht durch den Gläubiger angezeigt ist [26]. Mitteilungen dieser Art haben rechtsgeschäftsähnlichen Charakter, weil sie, wie die Rechtsgeschäfte, eine Veränderung der Rechtslage herbeiführen und oft in der Absicht einer solchen Veränderung abgegeben werden. Daher sind die Vorschriften über Rechtsgeschäfte analog anzuwenden, insbesondere § 130 [27]: die Mitteilungen werden, wie die Willenserklärungen, wenn an einen Abwesenden gerichtet, in dem Zeitpunkt wirksam, in welchem sie ihm zugehen, auch wenn die Kenntnisnahme durch einen im Bereich des Empfängers liegenden Umstand vereitelt worden ist [28].

2. In anderen Fällen kommt es dem Gesetzgeber nur auf die Tatsache, nicht auf die Quelle der Kenntnis an. Dann ist eine nicht durch Mitteilung oder nicht durch Mitteilung seitens des Beteiligten hergestellte Kenntnis wirksam; so z. B. die Kenntnis des debitor cessus, § 407 [29], die Kenntnis des Käufers von den Mängeln der Kaufsache, §§ 439, 460 [30]. Eine Mitteilung ist in diesen Fällen nur dann wirksam, wenn sie zur Kenntnisnahme führt [31]. So ist z. B. ein Käufer, den der Eigentümer vor dem

berechtigten durch den Verpflichteten oder dessen Mitkontrahenten mitzuteilen. Mitteilung durch einen Unberufenen ist wirkungslos; vgl. aber RG. 77, 296: die Anmeldung des § 37 KO. braucht nicht durch den richtigen Gläubiger zu erfolgen.

[26] Die richtige Adressierung scheint mir bei Mitteilungen nicht so wesentlich zu sein wie bei Willenserklärungen, die einem anderen gegenüber abzugeben sind, vgl. unt. § 61. Wenn z. B. der Gläubiger die Verpfändungsanzeige aus Versehen statt an den Schuldner an einen unbeteiligten Dritten richtet, und dieser Dritte die Anzeige an den Schuldner weitergibt, dürfte dem Erfordernis des § 1280 genügt sein. Ebenso bei der Mängelanzeige, § 478, Dernburg II § 189 Anm. 22.

[27] Vgl. ob. § 48 Note 102.

[28] Der Ausdruck „in Kenntnis setzen" in §§ 111, 174, 182 III ist mißverständlich; gemeint ist Mitteilung ohne Rücksicht auf Kenntnisnahme, Planck § 111, 4, Manigk, Willenserklärung 628; a. A. Oertmann § 111, 2 c, § 174, 4 a. Dagegen verlangt § 571 II 2, daß der Mieter durch Mitteilung des Vermieters Kenntnis erlangt, Titze, Mißverständnis 281.

[29] RG. 74, 117.

[30] Die Kenntnis braucht bei einem notariellen Vertrag, § 313, nicht auf der Urkunde zu beruhen, RG. 52, 273.

[31] Planck § 178 und 179, 1 a.

Ankauf einer veruntreuten Sache gewarnt hat, nicht in bösem Glauben, wenn er den ihm zugegangenen Brief nicht gelesen hat. Das Zugehen einer Mitteilung hat, wo es auf Kenntnis ankommt, nur die Bedeutung einer Vermutung der Kenntnis: wer einen Brief bekommen hat, muß den Inhalt als bekannt gelten lassen, wenn er nicht beweist, daß er den Brief nicht gelesen hat [32]. Vielleicht wird man weitergehen und nach dem Grundsatz von Treu und Glauben annehmen dürfen [33], daß absichtliches Nichtlesen einer zugegangenen oder vorgelegten Urkunde dieselben Wirkungen, wie die Kenntnis des Inhaltes hat [34]. Kenntnis ist trotz Vorliegens einer Mitteilung nicht vorhanden, wenn der Empfänger aus erheblichen Gründen der Mitteilung keinen Glauben beimißt [35] oder an ihrer Richtigkeit zweifelt [36].

3. Endlich gibt es Fälle, in denen eine Mitteilung, auch wenn sie nicht zur Kenntnis des Adressaten kommt, und eine anderweitig erlangte Kenntnis die gleiche Wirkung haben, z. B. § 170/2 vgl. mit § 173, § 2129 II, ZVG. § 22 II, VersVertrGes. § 100 I.

Dem Kennen ist oft, aber nicht grundsätzlich, gleichgestellt das Kennenmüssen, d. h. das auf Fahrlässigkeit beruhende Nichtkennen eines Umstandes, § 122 II. Wann die Unkenntnis einer Tatsache auf Fahrlässigkeit beruht, d. h. wann und in welchem Maße jemand zu Nachforschungen und Erkundigungen verpflichtet ist, läßt sich nur nach den Umständen beurteilen [37].

Das Wissen ist die Vorstellung einer Tatsache als einer sicher vorhandenen [38]. Vom Wissen sind zu unterscheiden Vorstellungen über das wahrscheinliche oder mögliche Vorliegen oder Eintreten von Tatsachen [39]: Vermutungen und Zweifel. So wird z. B. die Rückforderung ausgeschlossen durch Kenntnis der Nichtschuld, § 814, nicht aber schon durch Zweifel des Leistenden am Bestehen der Schuld [40]. In gewissen Fällen gehören Vermutungen zum

---

[32] Hellwig, Rechtskraft 392.

[33] Vgl. unt. § 61.

[34] Crome § 218 Note 43; Dernburg II § 180 IV; Oertmann § 439, 1 b.

[35] OLG. 10, 282.

[36] RG. 61, 245.

[37] Bisweilen bestimmt das Gesetz, daß die Unterlassung gewisser Maßregeln als Fahrlässigkeit gilt, so z. B. in § 1980 II. Vgl. auch HGB. § 367.

[38] Vgl. ob. Note 19.

[39] Vgl. ob. § 43 Note 35.

[40] RG. 59, 354. Oertmann § 814, 3.

Tatbestand eines rechtlichen Vorganges; so hat z. B. der Geschäftsführer nach § 677 Rücksicht zu nehmen auf den „mutmaßlichen Willen" des Geschäftsherrn, d. h. auf dessen ihm unbekannte, aber sich als wahrscheinlich darstellende Wünsche[40a]; der Beauftragte darf von den Weisungen des Auftraggebers abweichen, § 665, und Aufwendungen machen, § 670, wenn er „den Umständen nach annehmen darf", daß die Abweichung gebilligt werden würde, daß die Aufwendung sich als erforderlich erweisen wird; die Ungewißheit der Parteien über ein Rechtsverhältnis ist nach § 779 Voraussetzung des Vergleiches. Der Zweifel am eigenen Recht, der sich infolge der Klageerhebung auch beim gutgläubigen Beklagten einstellen muß, ist einer der Gründe, auf denen die privatrechtlichen Wirkungen der Rechtshängigkeit beruhen[41].

Zur Beförderung und Erleichterung der Kenntnis von Tatsachen, die für das Rechtsleben von Bedeutung sind, dienen öffentliche Bekanntmachungen, z. B. das Aufgebot bei der Eheschließung, § 1316, die öffentliche Zustellung einer Willenserklärung, § 132 II, die Kraftloserklärung einer Vollmachtsurkunde, § 176, die öffentliche Bekanntmachung im Aufgebotsverfahren, ZPO. § 948, BGB. § 13 fg., § 799 fg., § 1970 fg., die öffentliche Aufforderung, § 1965, § 2061. Das Gesetz begnügt sich in diesen Fällen mit der durch die öffentliche Bekanntmachung hergestellten Möglichkeit und der meist nicht sehr großen Wahrscheinlichkeit der Kenntnisnahme durch die Interessenten und läßt nach Ablauf einer Frist seit der Bekanntmachung Rechtswirkungen eintreten, ohne daß es darauf ankommt, daß die Bekanntmachung zur Kenntnis der Beteiligten gekommen ist[42].

Dem Zweck der Publizität dienen ferner öffentliche Bücher und Register[43], insbesondere das Grundbuch, das Vereinsregister, Güterrechtsregister, Handelsregister, Personenstandsregister. Die Register sind öffentlich insofern die Einsicht jedem oder wenigstens jedem Interessenten zusteht[44], und Abschriften der Einträge er-

---

[40a] Vgl. ob. Note 14.

[41] Hellwig, Lehrb. § 172 III.

[42] In anderen Fällen begründet die Bekanntmachung eine Vermutung der Kenntnis der bekanntgemachten Tatsache, so z. B. HGB. § 367; KO. § 8.

[43] Vgl. ob. Bd. I S. 537. Ehrenberg, Rechtssicherheit und Verkehrssicherheit, JheringsJ. 47, 273 fg.

[44] Die Möglichkeit, durch Einsicht eines Registers, z. B. des Grundbuchs, Kenntnis einer eingetragenen Tatsache zu erwerben, steht der

teilt werden [45]; in gewissen Fällen werden die Einträge veröffentlicht [46]. Die rechtliche Bedeutung der Eintragungen ist verschieden: gewisse Einträge sind konstitutiv [47], andere deklarativ. Einige Einträge haben heilende Kraft, insofern als gewisse Mängel des Tatbestandes infolge der Eintragung beseitigt oder gemildert werden [48]; andere Einträge haben öffentlichen Glauben [49]: die eingetragenen rechtlichen Tatsachen gelten für gewisse Personen als richtig, wenn diesen Personen die Unrichtigkeit nicht bekannt ist [50]. Die deklarative Wirkung besteht beim Güterrechtsregister darin, daß eine eingetragene Tatsache gegen jeden Dritten wirkt, auch wenn sie ihm nicht bekannt ist [51]; beim Handels- und beim Vereinsregister wird entschuldbare Unkenntnis des Eintrags berücksichtigt [52]; ist eine der Eintragung unterliegende Tatsache nicht eingetragen, so kommt sie bei diesen drei Registern einem Dritten gegenüber nur dann in Betracht, wenn sie ihm bekannt ist.

III. Eine der Wirklichkeit nicht entsprechende Vorstellung nennt man Irrtum [53]. Das Gesetz berücksichtigt die in der menschlichen Natur begründete Möglichkeit des Irrens, indem es in gewissen Fällen an den Irrtum Rechtsfolgen knüpft. So ist bei Irrtum über gewisse Umstände ein Vergleich unwirksam, § 779; bei Irrtum über den Berufungsgrund gilt die Annahme der Erbschaft

---

Kenntnis selbst, wo es auf diese ankommt, nicht gleich, vgl. z. B. Planck § 439, 1 a, § 1058, 3.

[45] §§ 79, 1563. GBO. §§ 11, 93, 94. HGB. § 9. PersStG. § 16.

[46] § 66 I, § 1562. HGB. § 10.

[47] So die Eintragungen im Grundbuch § 873 und gewisse Einträge im Vereinsregister, §§ 21, 71, und im Handelsregister, z. B. HGB. § 200.

[48] Die Eintragung einer wegen Formfehler nichtigen Ehe verleiht derselben einen gewissen rechtlichen Bestand, §§ 1324, 1329, 1344, 1345, 1699, 1771. Ist eine nichtige Aktiengesellschaft eingetragen, so findet zur Abwicklung ihrer Verhältnisse Liquidation statt, HGB. § 311. Bisweilen wird Heilung fehlerhafter Vereinsgründung durch Eintragung gelehrt, vgl. ob. Bd. I S. 493.

[49] Grundbuch § 892; ebenso Erbschein § 2366; nicht das Handelsregister, Ehrenberg, JheringsJ. 47, 294, Lehmann, Lehrb. d. HRts. § 50, 9; vgl. aber RG. 66, 415 und oben § 48 Note 92.

[50] Eine Vermutung der Urheberschaft wird begründet durch die Eintragung eines Musters oder Modells in das Musterregister, § 13 des RG. vom 11. 1. 76.

[51] § 1435.

[52] § 68; HGB. § 15.

[53] Windscheid §§ 79, 79a; Regelsberger § 128; Bekker § 84; Zitelmann, Irrtum und Rechtsgeschäft 343 fg.

als nicht erfolgt, § 1949; Irrtum über den Inhalt der Erklärung sowie über wesentliche Eigenschaften der Person oder Sache verleiht das Recht der Anfechtung, § 119; dasselbe gilt bei letztwilligen Verfügungen auch bei irriger Annahme oder Erwartung des Eintritts oder Nichteintritts eines Umstandes, § 2078 II. Wenn Verschulden Voraussetzung einer Rechtswirkung ist, kommt Irrtum als Ausschließungsgrund des Verschuldens in Betracht [54]. In zahlreichen Fällen bringt das Gesetz den Irrtum indirekt zur Geltung, indem es nicht den Irrtum zur Voraussetzung oder zum Ausschließungsgrund der Rechtswirkung erhebt, sondern die für einen Tatbestand angeordnete Rechtswirkung nicht eintreten läßt, wenn Kenntnis der wahren Sachlage vorliegt; so, im Gegensatz zum gemeinen Recht, bei der condictio indebiti, § 814 [55], und namentlich beim Schutz des guten Glaubens [56], vgl. unt. IV.

Der Irrtum kann auf Fahrlässigkeit (z. B. mangelnde Überlegung oder Erkundung, Vergessen einer zur Kenntnis gekommenen Tatsache [57]) beruhen. In gewissen Fällen, z. B. bei der Anfechtung und der condictio indebiti, wird auch verschuldeter Irrtum berücksichtigt. In anderen Fällen kommt fahrlässiger Irrtum nicht in Betracht, insbesondere nicht als Ausschließungsgrund des Verschuldens [58]. Irrtum über Rechtssätze, sog. Rechtsirrtum [59], wird nicht anders behandelt als Irrtum über Tatsachen [60]; doch ist im allgemeinen davon auszugehen, daß ein Irrtum über Rechtssätze auf Fahrlässigkeit beruht [61], nicht weil genaue Kenntnis

---

[54] Planck § 276, 6, § 284, 7 f; § 823 II 4; Oertmann § 285, 3, § 823, 8. Vgl. auch Entw. I §§ 241, 707.

[55] Das gemeine Recht verlangte entschuldbaren Irrtum, Windscheid § 426, 3.

[56] Durch diese Formulierung wird die Beweislage des Rückfordernden resp. des gutgläubigen Erwerbers erleichtert, vgl. RG. 60, 420.

[57] Vgl. ob. Note 23.

[58] RG. 68, 437. Ausnahmsweise wird nach § 231 beim Schadensersatz für unberechtigte Selbsthilfe selbst der entschuldbare Irrtum nicht berücksichtigt, vgl. RG. 60, 345.

[59] Irrtum über ein konkretes Recht, z. B. über das Eigentum an einer Sache, ist Rechtsirrtum, wenn er auf falscher Vorstellung über einen Rechtssatz beruht; faktischer Irrtum, wenn ihm eine falsche Vorstellung über eine Tatsache zugrunde liegt.

[60] Crome § 22; Oertmann, Bl. f. Rechtsanw. 67, 1 fg., 25 fg., 45 fg.; RG. 67, 141. 74, 356. 76, 63. 77, 92. JW. 42, 542. Binding, Gerichtssaal 81, 19.

[61] Bei zweifelhafter Auslegung des Gesetzes handelt der Schuldner

des Rechtes allgemein verbreitet wäre oder als Bürgerpflicht bezeichnet werden könnte[61a], sondern weil die für das Zusammenleben der Menschen wichtigsten Rechtssätze sich mit Kulturnormen decken, welche im Gesichtskreis des normalen Menschen liegen[62].

IV. Ein besonders wichtiger Fall, in welchem der Irrtum vom Gesetz berücksichtigt wird, ist der sog. Schutz des guten Glaubens[63]. Prinzipiell ist die Rechtswirkung abhängig von der wirklichen Beschaffenheit des Tatbestandes, nicht von der Vorstellung, welche sich die Beteiligten über den Tatbestand machen; die Befehle der Rechtsordnung sind, wie vom Willen, so vom Wissen der Parteien unabhängig. Von diesem Grundsatz ist das römische Recht in bezug auf die Wirksamkeit von Rechtsgeschäften nicht abgegangen; dagegen hat es bei den Rechtsfolgen eines rechtswidrigen Zustandes (insbesondere bei der vindicatio und hereditatis petitio) unterschieden, ob die im objektiven Unrecht befindliche Partei das Bewußtsein des Unrechts hat, oder sich irrtümlicherweise im Recht fühlt: der mala fide possessor wurde strenger behandelt als der bona fide possessor; letzterer konnte sogar durch Ablauf von Zeit (Ersitzung) das vermeintlich bereits bestehende Recht erwerben. Das moderne Recht ist in der Berücksichtigung des guten Glaubens viel weiter gegangen[64]: die reiche und vielgestaltige Entwicklung des heutigen Verkehrslebens erlaubt dem rechtsgeschäftlich Handelnden in vielen Fällen

---

auf eigene Gefahr, wenn er die ihm günstige Auslegung seiner Handlungsweise zugrunde legt, Josef, Gruchot 51, 539.

[61a] RG. 82, 34: grobe Fahrlässigkeit, wenn ein Bankier es unterläßt, sich mit dem Depotgesetz bekannt zu machen.

[62] M. E. Mayer, Rechtsnorm und Kulturnorm 74 fg.

[63] Unser „gute Glaube" ist durch Differenzierung aus dem umfassenderen Begriff der römischen bona fides entstanden. Bona fides (und ihr Gegenstück dolus malus) war ursprünglich ein Begriff moralischen Inhalts und bezeichnete die Gesinnung des redlichen Mannes, Pernice, Labeo, 2, A., II 1 S. 157. Aus diesem Begriff ist abgezweigt: einerseits „Treu und Glaube" als Maßstab der Auslegung und Ergänzung von Rechtsgeschäften, §§ 157, 242; andererseits der hier zu betrachtende „gute Glaube", dessen juristisches Merkmal nicht mehr in der redlichen Gesinnung als solcher besteht, sondern in dem Kennen oder Nichtkennen von Tatsachen. Der gute Glaube ist daher ein dem Gebiet des Wissens angehörender Tatbestand, dessen Berücksichtigung im Gesetz auf der ratio beruht, die Redlichkeit im Verkehrsleben zu schützen.

[64] Hachenburg, Vorträge, 2, A., 130 fg.

nicht die genaue Feststellung der rechtlichen Situation; er muß sich darauf verlassen, daß die Rechtslage so beschaffen ist, wie sie sich ihm darstellt [65]. In diesem Vertrauen wird er vom Gesetz unter gewissen Voraussetzungen dadurch geschützt, daß das Gesetz die Rechtsfolgen eintreten läßt, welche der Handelnde auf Grund seiner irrtümlichen Ansicht über die Rechtslage erwarten durfte [66], oder daß das Gesetz die Rechtsfolgen, welche sich aus dem Tatbestand zu ungunsten des Gutgläubigen ergeben würden, mit Rücksicht auf seinen guten Glauben abschwächt [67].

Der Schutz des guten Glaubens kann nicht ohne Benachteiligung des wirklich Berechtigten erfolgen; in demselben Maß, in welchem der rechtsgeschäftliche Verkehr erleichtert wird, findet eine Gefährdung der bereits bestehenden Rechte statt [68]. Daher ist der Schutz des guten Glaubens im Gesetz nicht als allgemeiner Rechtssatz aufgestellt, sondern in einzelnen, allerdings zahlreichen und wichtigen Rechtssätzen durchgeführt und darf nicht über die im Gesetz anerkannten Fälle hinaus ausgedehnt werden [69]; denn es handelt sich um ein nach Abwägung aller Interessen vom Gesetzgeber für angemessen befundenes Kompromiß zwischen den an sich gleich beachtenswerten und miteinander in Konflikt stehenden Prinzipien der Verkehrssicherheit und der Rechtssicherheit. Die wichtigsten Fälle, in denen der gute Glaube geschützt wird, sind folgende:

---

[65] Vgl. über die Wirkungen eines scheinbar bestehenden Rechtszustandes Wellspacher, Vertrauen auf äußere Tatbestände; H. Meyer, Publizitätsprinzip; O. Fischer, Sein und Schein im Rechtsleben; Naendrup, Rechtsscheinforschungen.

[66] Bona fides tantundem praestat quantum veritas, fr. 136 de reg. iur. 50, 16.

[67] Das BGB. nennt den guten Glauben nur in §§ 932, 936, 955, 957, 990, 2024. Man spricht aber mit Recht vom Schutz des guten Glaubens in allen Fällen, in denen jemand eine ihm günstige Situation irrtümlich annimmt und vom Gesetz infolge seines Irrtums günstig behandelt wird.

[68] Die Ausgleichung erfolgt durch Bereicherungsforderung, insbesondere § 816.

[69] In einigen der unter 1 bis 3 angeführten Fällen (§§ 407, 1344) stellt das Gesetz dem Rechtsgeschäft gleich ein Urteil in einem Prozeß zwischen dem Scheinberechtigten und dem gutgläubigen Dritten. Hellwig, Rechtskraft § 56 fg., befürwortet analoge Anwendung dieses Rechtsgedankens in allen Fällen, in denen ein Nichtberechtigter zugunsten eines gutgläubigen Erwerbers wirksam verfügen kann (außer bei Prozessen über das Eigentum, a. a. O. § 60 Note 23); a. A. Planck, Erl. II 5 zu § 2366; Stein, Bem. IV 2 zu ZPO. § 325; Endemann § 89 b, 2 c.

1. Der Glaube an das Recht des Veräußerers beim Erwerb des Eigentums und anderer dinglicher Rechte [70]. Der gute Glaube bedarf als Grundlage eines äußeren Momentes, welches die Berechtigung des Veräußerers wahrscheinlich macht. Im Grundbuchverkehr ist dies äußere Moment die Eintragung des Veräußerers im Grundbuch; die Vermutung der Richtigkeit des Grundbuchs, § 891, wird zugunsten des gutgläubigen Erwerbers zu einer Fiktion verstärkt: der Inhalt des Grundbuchs gilt als richtig, § 892; diese rechtliche Eigenschaft des Grundbuchs nennt man den öffentlichen Glauben [71]. Im Mobiliarverkehr ist es der Besitz, welcher, entsprechend der Vermutung des § 1006, die Grundlage des gutgläubigen Erwerbes bildet: wer gutgläubig vom Besitzer erwirbt, wird auch dann Eigentümer, wenn die Sache nicht dem Veräußerer gehört, § 932 fg. [72]. Der Schutz des guten Glaubens kommt auch gegenüber Belastungen der Sache [73] und gewissen Verfügungsbeschränkungen zur Geltung, denen der eingetragene resp. besitzende Veräußerer unterliegt [74]. Die Rechtssätze über gutgläubigen Erwerb dienen der Sicherheit des Verkehrs. Daher kommt der gute Glaube des Erwerbers nur im rechtsgeschäftlichen Verkehr (und nur bei Singularsukzession) zur Geltung [75], nicht dagegen bei Erwerb ex lege [75a] oder durch Zugriff des Gläubigers (Pfändung) [76] [76a].

[70] Nicht beim Erwerb einer Erbschaft, Planck § 2030, 1.

[71] Vgl. ob. Note 49. Der Erwerber darf sich vermöge des öffentlichen Glaubens auf die Richtigkeit des Grundbuchs verlassen, auch ohne den Inhalt desselben zu kennen. Wolff, Sachenr. § 45 A. 20. Der gutgläubige Erwerber eines Grundstücks erwirbt z. B. auch die zugunsten des Grundstücks eingetragenen Rechte des § 96, selbst wenn er nicht weiß, daß solche Einträge bestehen.

[72] Infolge des guten Glaubens des Erwerbers hat der zu Unrecht Eingetragene resp. der Besitzer einer fremden Sache zwar nicht das Recht, aber die Möglichkeit, über das fremde Recht zu verfügen, vgl. ob. § 44 Note 107. In diesem Sinne spricht das BGB. mehrfach, z. B. in § 135 II, von den „Rechtssätzen zugunsten derjenigen, welche Rechte von einem Nichtberechtigten ableiten".

[73] § 936.

[74] Vgl. unt. § 59. Dagegen nicht gegenüber den Beschränkungen der Frau im gesetzlichen Güterrecht, § 1404.

[75] Vgl. ob. § 46 Note 11.

[75a] Ausnahme: HGB. § 366 III.

[76] Vgl, unt. § 54 Note 161.

[76a] Ferner ist der Schutz des guten Glaubens ausgeschlossen bei einer Rechtsbegründung, die sich innerhalb desselben Vermögens vollzieht,

Der gutgläubige Erwerb einer Forderung durch Zession wird nicht geschützt [77]; der Zessionar erwirbt die Forderung nicht, wenn sie nicht existierte oder nicht dem Zedenten zustand [78]. Es fehlt die äußere Grundlage des gutgläubigen Erwerbs, wie sie sich beim Erwerb dinglicher Rechte im Eintrag oder im Besitz vorfindet [79]; auch ein beim Zedenten befindlicher Schuldschein ist keine genügende Grundlage, weil er höchstens die Entstehung, nicht aber den Fortbestand der Forderung beweist [80]. Anders verhält es sich bei Forderungen, die in einem Wertpapier verkörpert sind und daher nach sachenrechtlichen Grundsätzen übertragen werden: der Schuldner braucht nur gegen Aushändigung des Papieres zu leisten, § 797, WO. Art. 39; so besteht, so lange das Papier zirkuliert, eine große Wahrscheinlichkeit für den Fortbestand der Forderung; daher kann das Gesetz dem gutgläubigen Erwerber des Papiers die darin beurkundete Forderung zusprechen [81].

2. Der Glaube des Schuldners an das Recht des Gläubigers wird geschützt, wenn ein Übergang oder eine Beschränkung des

---

z. B. bei der Begründung einer Eigentümerhypothek; Wolff, Sachenrecht § 45 I 4. Bei Rechtsverschiebungen zwischen Sondergut und Hauptvermögen oder zwischen einem Gesamtvermögen und dem Vermögen eines Teilhabers kommt es für den Schutz des guten Glaubens darauf an, ob ein Vorgang des rechtsgeschäftlichen Verkehrs vorliegt, vgl. ob. Bd. I S. 336/7, 353/4.

[77] Ebensowenig der gutgläubige Erwerber eines Urheberrechts, Crome § 519 Anm. 42.

[78] RG. 71, 31.

[79] Ein Schutz des gutgläubigen Zessionars würde dazu führen, den vermeintlichen Schuldner mit einer von ihm nicht eingegangenen Schuld zu belasten; ein solcher Nachteil wäre durch nichts gerechtfertigt, während man dem Eigentümer, der seine Sache an einen gutgläubigen Erwerber verliert, immerhin den Vorwurf machen kann, daß er den unrichtigen Eintrag geduldet resp. seine Sache in fremder Hand gelassen hat.

[80] Denn der Gläubiger kann Zahlung auch ohne Rückgabe des Schuldscheins erzwingen, § 371. Ausnahmsweise ist der gutgläubige Zessionar, wenn er sich den Schuldschein hat vorlegen lassen, gegen die Einwendungen der Simulation und des pactum de non cedendo geschützt, § 405; daß der Aussteller des Schuldscheins in diesem Falle wider seinen Willen zum Schuldner des Zessionars wird, hat er seiner unvorsichtigen Handlungsweise zuzuschreiben, Planck § 405, 1.

[81] Wer auf ein Wertpapier zahlt, ohne es sich aushändigen zu lassen, setzt sich dadurch der Möglichkeit aus, nochmals Schuldner der im Papier angegebenen Leistung zu werden, sobald das Papier in die Hand eines gutgläubigen Erwerbers kommt.

Rechts des Gläubigers ohne Kenntnis des Schuldners stattfindet [82]; insbesondere wird der Schuldner durch Leistung an den bisherigen Gläubiger frei, wenn die Forderung ohne sein Wissen abgetreten ist, § 407. Dagegen genießt der noch so gutgläubige Schuldner keinen Schutz, wenn er sich über die Person seines ursprünglichen Gläubigers irrt [83] oder wenn er irrtümlicherweise annimmt, daß die Forderung auf einen neuen Gläubiger übergegangen ist [84].

3. In gewissen Fällen wird der Glaube an die Rechtsstellung des Geschäftsgegners geschützt [85]. So wird namentlich geschützt, wer sich gutgläubig in rechtsgeschäftlichen Verkehr einläßt mit einer Person, die in einem Erbschein als Erbe bezeichnet ist [86]. Dem Erbschein steht, wie dem Grundbuch, nicht nur die Vermutung der Richtigkeit zu, § 2365, sondern auch öffentlicher Glauben [87]: der Inhalt des Erbscheines gilt als richtig, es sei denn, daß dem Dritten, der mit dem im Erbschein bezeichneten ein Rechtsgeschäft vornimmt, die Unrichtigkeit bekannt ist, § 2366/7 [88]. Ein anderer Fall, in welchem der Glaube an die Rechtsstellung des Geschäftsgegners geschützt wird, findet sich in der Lehre von der Vollmacht: wer sich mit einem Bevollmächtigten einläßt, trägt grundsätzlich das Risiko des Nichtbestehens oder der Ungültigkeit der Vollmacht [89]; wenn aber die Vollmacht wirksam erteilt

---

[82] Auch hier gilt die Ausnahme des § 1404 in bezug auf die Beschränkungen der Ehefrau; dagegen wird der Schuldner durch Leistung an seinen Gläubiger frei, wenn ihm die Eröffnung des Konkurses über den Gläubiger nicht bekannt ist, KO. § 8.

[83] Außer im Fall des § 851, vgl. auch § 1058, 1248.

[84] Die Befugnis des Schuldners, an die Person zu leisten, welche ihm vom Gläubiger als Zessionar bezeichnet wird, § 409, beruht auf einem über den Schutz des guten Glaubens hinausgehenden Rechtsgedanken, ob. § 48 N. 92.

[85] Unter Geschäftsgegner verstehe ich die Person, mit welcher oder welcher gegenüber der Gutgläubige ein Rechtsgeschäft vornimmt, oder welche dem Gutgläubigen gegenüber ein Rechtsgeschäft vornimmt.

[86] Auch hier, wie beim Grundbuch, ist nicht erforderlich, daß der gute Glaube auf Kenntnis des Erbscheins beruht.

[87] Ähnlich verhält es sich mit dem Testamentsvollstreckerzeugnis, § 2368 III, und bei irriger Todeserklärung, § 2370.

[88] Der durch den öffentlichen Glauben des Erbscheins hergestellte Schutz konkurriert mit dem Schutz des guten Glaubens aus §§ 892, 932, geht aber über diese Bestimmungen hinaus: bei Vorliegen eines Erbscheines sind nicht nur die in §§ 892, 893, 932 genannten Geschäfte, sondern alle Geschäfte gültig, z. B. auch die Zession einer Nachlaßforderung durch den Scheinerben.

[89] Eine wichtige Ausnahme und zugleich eine Bestätigung dieser Regel findet sich in HGB. § 366.

ist, so gilt für ihr Erlöschen in gewissen Fällen der Schutz des guten Glaubens: wenn der Gegner das Erlöschen der Vollmacht nicht kennt und nicht kennen muß, so bleibt sie ihm gegenüber in Kraft, §§ 169, 173. Endlich kommt der gute Glaube an die Rechtsstellung des Mitkontrahenten zur Geltung bei Nichtigkeit der Ehe und Änderung des gesetzlichen Güterstandes durch Vertrag: aus der Nichtigkeit der Ehe, wenn sie noch nicht für nichtig erklärt ist, oder dem Ehevertrag, wenn er in das Güterrechtsregister nicht eingetragen ist, können Einwendungen gegen Rechtsgeschäfte mit Dritten nur dann hergeleitet werden, wenn die Nichtigkeit oder der Ehevertrag dem Dritten bekannt war, §§ 1344 1435.

4. Der Glaube an die Gültigkeit eines Rechtsgeschäftes wird, abgesehen von den unter 1—3 aufgezählten Fällen, grundsätzlich nicht geschützt; wer sich z. B. in rechtlichen Verkehr mit einem Geschäftsunfähigen einläßt oder ein objektiv gegen die guten Sitten verstoßendes Geschäft vornimmt, hat auch bei gutem Glauben die Folgen der Nichtigkeit des Geschäftes zu tragen. Nur ausnahmsweise wird der Glaube an die Gültigkeit eines Rechtsgeschäftes berücksichtigt[89a]. Auf diesem Rechtsgedanken beruht die Gültigkeit der Ehe, welche der Ehegatte eines für tot erklärten Verschollenen eingeht, § 1348. Ferner kann bei Nichtigkeit oder Anfechtbarkeit der Ehe der gutgläubige Ehegatte, wenn der andere Ehegatte bösgläubig ist, verlangen, daß er in vermögensrechtlicher Beziehung so behandelt werde, wie wenn die Ehe gültig geschlossen und wegen Verschuldens des anderen Ehegatten geschieden sei, § 1345/6. Endlich gibt es mehrere Fälle, in denen das Vertrauen auf die Gültigkeit eines Rechtsgeschäftes in der Weise geschützt wird, daß der gutgläubige Kontrahent Ersatz seines negativen Interesses erhält, §§ 122, 179, 307 [90].

5. Der Glaube an das eigene Recht, ohne Rücksicht darauf, wie es entstanden ist, kommt in Betracht als Grundlage der Mobiliarersitzung, § 937 [91], und des Fruchterwerbs, §§ 955, 957, sowie als Grund der milderen Behandlung des Besitzers in bezug auf Herausgabe der Nutzungen und Ersatz der Verwendungen, §§ 993,

---

[89a] Vgl. z. B. HGB. § 217 II.

[90] Ausnahmsweise kommt der gute Glaube einer Person einer anderen Person zugute: die Kinder aus nichtiger Ehe haben die Stellung ehelicher Kinder, wenn auch nur einer der Ehegatten gutgläubig war, § 1699.

[91] Bei Tabularersitzung. § 900, und Erwerb des Grundeigentums durch Aufgebot, § 927, ist guter Glaube nicht erforderlich.

994, 2023 II [92], und des Bereicherungsschuldners bei Wegfall der Bereicherung, § 818 II vgl. mit §§ 819, 820.

Der dem guten Glauben zugrunde liegende Irrtum ist entweder positiver Natur: irrtümliche Annahme einer nicht vorhandenen Tatsache (z. B. Glaube an die Richtigkeit des Grundbuchs, § 892, an das Eigentum oder die Verfügungsmacht des Veräußerers, § 932, HGB. § 366); oder der Irrtum besteht in der Unkenntnis einer vorhandenen Tatsache, z. B. Unkenntnis von einer Zession, § 407, oder vom Vorhandensein eines Testamentsvollstreckers, § 2211. In beiden Fällen geht das BGB., wie das ältere Recht [93], vom optimistischen Standpunkt aus, daß jeder bis zum Beweis des Gegenteils als redlich zu gelten hat; daher erscheint im Gesetz nicht die irrtümliche Vorstellung als Grundlage der bona fides, sondern die Kenntnis der wahren Sachlage oder eine auf Fahrlässigkeit beruhende Unkenntnis derselben als Ausschließungsgrund des guten Glaubens. Das Maß der Sorgfalt, welche bei der Erkundung der Sachlage zur Vermeidung des bösen Glaubens zu beobachten ist, wird vom Gesetz für die einzelnen Fälle verschieden abgestuft:

a) in gewissen Fällen wird der gute Glaube nur durch die Kenntnis der wahren Sachlage ausgeschlossen, so z. B. durch die Kenntnis der Unrichtigkeit des Grundbuchs [94], § 892, oder der Unrichtigkeit des Erbscheines; auf diese Urkunden darf man sich ohne weitere Nachforschungen verlassen. Ebenso braucht der Schuldner, der die Abtretung der Forderung nicht kennt, sich nicht darnach zu erkundigen, ob eine Abtretung erfolgt ist, §§ 406, 407 [95].

b) in anderen Fällen wird der gute Glaube durch eine auf grober Fahrlässigkeit beruhende Unkenntnis ausgeschlossen. Der in dieser Weise beim Mobiliarerwerb, § 932 II [96], gesetzlich defi-

---

[92] Daß der gutgläubige Besitzer nicht für Schädigung der Sache haftet, § 989, ergibt sich schon daraus, daß diese Haftung auf Verschulden beruht und daß ein Verschulden durch den Irrtum über das Eigentum der Sache ausgeschlossen ist, vgl. ob. Note 54.

[93] Quisquis praesumitur bonus, Dernburg, Pand. I § 182 Note 27, vgl. Windscheid § 177 Note 7 a.

[94] Nicht schon durch die Kenntnis von Tatsachen, aus denen die Unrichtigkeit des Grundbuchs sich ergibt, Planck, Erl. II 2 b zu § 892; Wolff, Sachenrecht § 45 I 5 b, vgl. ob. Note 21.

[95] Ferner: §§ 1116, 720, 1058, 1248, 1344, 1348.

[96] Der Besitz des Veräußerers ist kein so sicheres Indiz seines Eigentums als ein auf seinen Namen lautender Eintrag.

nierte Begriff des guten Glaubens ist überall maßgebend, wo das Gesetz von gutem Glauben spricht [97], §§ 937, 955, 990, 2024 [98].

c) endlich gibt es Fälle, in denen das Gesetz noch strenger verfährt, indem es der Kenntnis einer Tatsache das Kennenmüssen gleichstellt; so z. B. in §§ 169, 173, 179, 307, 405, 674. Hier wird der gute Glaube nur dann anerkannt, wenn der Handelnde alle erforderliche Sorgfalt aufgewendet hat, so daß ihm nicht einmal leichte Fahrlässigkeit vorgeworfen werden kann.

Die Rechtswirkungen des guten Glaubens kommen dem gutgläubig Handelnden ex lege zu: er braucht diese Wirkungen nicht zu wollen, kann sie aber auch nicht ablehnen. Der Erwerber wird nach dem Wortlaut des § 932 Eigentümer, auch wenn er es bei Kenntnis der Sachlage vorziehen würde, nicht Eigentümer zu werden und sich statt dessen an den Verkäufer zu halten [99]. In demselben Sinn wird § 892 allgemein verstanden: zugunsten des Erwerbers entsteht die Rechtswirkung, welche eintreten würde, wenn das Grundbuch richtig wäre, d. h. der Erwerber wird Eigentümer, nichteingetragene Belastungen fallen weg usw. [100]; diese Wirkungen treten ipso iure ein, nicht erst dadurch, daß der Erwerber sich auf den Rechtssatz des § 892 beruft. Dasselbe muß meines Erachtens für die Wirkung des Erbscheines gelten [101], sowie für die nach § 407 wirksamen Handlungen des Zedenten [102].

---

[97] Vgl. ob. Note 67.

[98] Dagegen entsteht mala fides superveniens nur durch positive Kenntnis des Rechtsmangels, §§ 937, 955, 990, 2024.

[99] Dingliche Rechte Dritter, die der Erwerber nicht kennt, „erlöschen" nach § 936 ipso iure.

[100] Planck, Erl. III, 1 zu § 892.

[101] A. A. Planck, Erl. IV, 2 zu § 2366 unter Berufung auf die Worte „zu seinen Gunsten". Dieser Wortlaut kann meines Erachtens in § 2366 zu keiner anderen Auslegung führen als in § 892.

[102] Das Gesetz spricht in § 407 allerdings nur davon, daß der neue Gläubiger die Handlungen des Zedenten „gegen sich gelten lassen muß". Aus diesem Wortlaut kann gefolgert werden, daß der Schuldner die an den Zedenten geleistete Zahlung resp. die mit ihm vorgenommenen Rechtsgeschäfte als ungültig behandeln, z. B., wenn es ihm vorteilhaft ist, das Geleistete kondizieren könne, Regelsberger, JheringsJ. 47, 367, Kohler II § 61 III. Diese Ansicht führt, namentlich bei einseitigen Geschäften, RG. 21. 10. 13. (DJZ. 19, 97) zu einer dauernden Ungewißheit der Rechtslage. So könnte z. B. der Schuldner, welcher bona fide dem Zedenten gekündigt hat und nachträglich von der Zession erfährt, den Zessionar in Ungewißheit darüber lassen, ob er die Kündigung gelten lassen will oder nicht. Daher nimmt die herrschende Meinung trotz

Ebenso unabhängig vom Willen des gutgläubig Handelnden ist die Fortwirkung der Vollmacht in den Fällen des § 173 sowie die Wirksamkeit der Rechtsgeschäfte und Urteile nach §§ 1344 und 1435 [103]. Dagegen gewährt das Gesetz in § 1345/6 dem gutgläubigen Ehegatten die Wahl zwischen den Rechtsfolgen der Nichtigkeit der Ehe und der Rechtslage, welche bei Scheidung eintreten würde [104].

Die durch guten Glauben erworbene Rechtsstellung kommt den Rechtsnachfolgern und Gläubigern des Erwerbers zu statten: hat B eine Sache des A vermöge seines guten Glaubens erworben, so kann er sie an C weiterveräußern, selbst wenn C wußte, daß die Sache dem A nicht gehört hatte [105]; hat ein Zessionar die Forderung nach § 405 erworben, so kann er sie weiterzedieren, ohne daß es auf den guten Glauben des zweiten Zessionars ankommt [106].

---

des zweifelhaften Wortlautes des Gesetzes mit Recht an, daß den unter § 407 fallenden Rechtsgeschäften eine vom Willen des Schuldners unabhängige Gültigkeit zukommt, vgl. Oertmann § 407, 1c. Dafür spricht auch die Analogie des § 851, nach welchem der gutgläubige Schuldner durch Leistung an den Nichtgläubiger ipso iure befreit wird. Eine verschiedene Auslegung der §§ 407 und 851 könnte dem Vorwurf der Buchstabeninterpretation nicht entgehen.

[103] Kipp und Wolff, Familienrecht § 28 II, § 42 V 2.

[104] Vgl. Bd. I § 7 Note 15, § 15 Note 62.

[105] Planck, Erl. III 1 zu § 892; § 932, 3. Das gilt selbst dann, wenn C den B veranlaßt hat, die Sache von A zu erwerben, um sie dann dem B abzukaufen; dies Verhalten kann aber den C dem Eigentümer der Sache gegenüber nach § 826 haftbar machen.

[106] Planck § 405, 5; Oertmann § 405, 3; OLG. 20, 159; a. A. Dernburg II § 140 Anm. 2 und and.

Zweites Kapitel.

Das Rechtsgeschäft.

I. Wesen und Hauptarten des Rechtsgeschäfts.

§ 50. Begriff des Rechtsgeschäfts *.

I. Das bürgerliche Recht geht von der Anschauung aus, daß die Rechtsverhältnisse der Einzelnen am zweckmäßigsten von ihnen selbst geordnet werden, und gestattet daher in weitgehendem Maße den beteiligten Personen, maßgebende Bestimmungen für ihre Rechtsverhältnisse zu treffen [1]. Diesem Zweck dient die wichtigste Art der juristischen Handlungen: das Rechtsgeschäft [2]. Daher ist wesentlich für den Tatbestand des Rechtsgeschäfts [3]

* Windscheid § 69; Regelsberger § 135; Bekker § 89; Dernburg §§ 106, 107; Endemann § 60; Crome § 73; Cosack § 51; Enneccerus § 136; Kohler § 239. Biermann § 44; Zitelmann, Allg. Teil 89 und Rechtsgeschäfte im Entwurf eines BGB. 22; Breit, Geschäftsfähigkeit § 7; Hellwig, Lehrb. § 89. Eine Übersicht und Kritik der neueren Theorien gibt Manigk, Willenserklärung und Willensgeschäft 27 fg.; Bierling, Juristische Prinzipienlehre II § 22 fg.

[1] Die freie Selbstbestimmung auf dem Gebiet des Privatrechts kann man Privatautonomie nennen, vgl. Bd. I S. 25, Regelsberger § 24; Cosack § 51 II 2; Danz, Auslegung S. 6; Henle, Vorstellungstheorie 354.

[2] Der Begriff des Rechtsgeschäfts ist entstanden aus der Zusammenfassung der verschiedenartigen juristischen Handlungen, durch welche der Parteiwille die Rechtsverhältnisse ordnet. Diese letzte Abstraktion des juristischen Denkens ist ein Produkt der modernen Dogmatik. Das Wort Rechtsgeschäft findet sich zuerst in der Literatur bei Hugo, Lehrbuch der Pand., 3. Aufl. (vgl. Pernice, GrünhutsZ. 7, 465; Manigk a. a. Orte § 4 fg.), in der Gesetzgebung im SächsGesB. § 88.

[3] Das Wort Rechtsgeschäft bezeichnet in erster Linie den Tatbestand, welcher vorliegen muß, damit der Parteiwille zur Geltung kommt. In diesem Sinne spricht z. B. §§ 134, 138 von Rechtsgeschäften, welche gegen

eine Willensäußerung [4] einer Privatperson, gerichtet auf eine rechtliche Wirkung (Begründung, Aufhebung oder Änderung eines Rechtsverhältnisses oder Rechtes [5]). Eine solche Willensäußerung wird aber vom Gesetz nur dann sanktioniert, wenn sie ein Mindestmaß von Vernünftigkeit aufweist. Daher verlangt das Gesetz zur Wirksamkeit eines Rechtsgeschäftes eine gewisse geistige Beschaffenheit des Urhebers: die Geschäftsfähigkeit [6], und bestimmt, daß Willenserklärungen, die (von einer geschäftsfähigen Person) im Zustand der Bewußtlosigkeit [7] oder einer vorübergehenden Störung der Geistestätigkeit [8] abgegeben werden, nichtig sind, § 105 II.

Rechtsgestaltend wirkt im Rechtsgeschäft nicht der innere, seiner Natur nach steten Schwankungen ausgesetzte Wille, sondern der geäußerte Wille [9]: rechtlich maßgebend ist nicht was der

---

ein gesetzliches Verbot oder die guten Sitten verstoßen, und versagt diesen Tatbeständen, indem es das Rechtsgeschäft für nichtig erklärt, die von den Parteien beabsichtigte Wirkung. Bisweilen denkt man aber beim Wort Rechtsgeschäft an die Wirkungen eines Tatbestandes. In diesem Sinne spricht man von der Aufhebung eines Rechtsgeschäftes (vgl. unt. VII) oder von der Anfechtung eines Rechtsgeschäftes, während doch Aufhebung und Anfechtung nicht den Tatbestand des Rechtsgeschäftes, sondern seine Wirkungen beseitigt, vgl. unt. § 57 Note 20. Vgl. über den terminologischen Streit Oertmann, Vorb. I 2 b zum 3. Abschnitt.

[4] Nach Bülow, Geständnisrecht 107 fg. soll der Kern des Rechtsgeschäfts nicht eine Willenserklärung, sondern eine Sollenserklärung sein. Diese Anschauung unterscheidet sich nur scheinbar von der herrschenden Ansicht; denn der Inhalt eines auf Herbeiführung von Rechtsfolgen gerichteten Willens ist selbstverständlich imperativ, wenn auch die befehlende Form in unserem Sprachgebrauch seltener als bei den Römern vorkommt: wer z. B. erklärt: „ich will das Eigentum an dieser Sache erwerben", sagt damit: „die Sache soll mein Eigentum werden", vgl. Lenel, KritVJSchr. 42, 571; Kisch, GöttGelAnz. 1901, 218; Breit a. a. O. 169.

[5] Keine Rechtsgeschäfte sind Willensäußerungen, deren Wirkung sich auf ein anderes Lebensgebiet (Geselligkeit, Moral, Religion) bezieht.

[6] Vgl. unt. § 59.

[7] Schlaf und Schlaftrunkenheit, hypnotischer Schlaf, Narkose, volle Trunkenheit. Leichtere Trübungen des Bewußtseins, z. B. durch Alkohol, kommen nicht in Betracht, Endemann § 31, 3. Vgl. ob. § 48 Note 2.

[8] Die vorübergehende Störung der Geistestätigkeit (durch Trunkenheit, Fieber, Zwangsvorstellungen, vgl. ob. § 25 Note 16) kommt wie die dauernde Störung (Geisteskrankheit, § 104 Nr. 2) nur dann in Betracht, wenn sie so weit geht, daß ein Ausschluß der freien Willensbestimmung angenommen werden kann, RG. 74, 110; Enneccerus § 141 Anm. 3.

[9] Vgl. ob. § 49 I. Weil das Rechtsgeschäft aus einer Willensäußerung,

Mensch will, sondern was er unter bestimmten Umständen und in bestimmter Weise als seinen Willen kundgetan hat [10]. Daran ist er selbst und sind unter gewissen Umständen andere Personen solange gebunden [11], bis die Bindung durch ein neues Rechtsgeschäft oder eine sonstige rechtlich wirksame Tatsache aufgehoben wird [12]. Die Wirkung des Rechtsgeschäftes, wie jeder

nicht aus einem inneren seelischen Vorgang, besteht, kann es Verpflichtungen zur Vornahme eines Rechtsgeschäftes geben (Kontrahierungszwang, Vorverträge). Eine Verpflichtung, etwas später zu wollen, kann der Mensch weder übernehmen, noch kann sie ihm vom Gesetz auferlegt werden: denn was wir Willen nennen, ist nichts anderes als die Fähigkeit der freien Entschließung (die deterministische Betrachtung des Willensvorganges ist für die Jurisprudenz ausgeschlossen, die die Tatsachen des Lebens vom Standpunkt der praktischen Vernunft aus zu beurteilen hat). Dagegen kann der Mensch verpflichtet sein zu einer Handlung, und diese Handlung kann eine Willenserklärung sein.

[10] Die rechtliche Wirksamkeit des geäußerten Willens ist vom Fortbestand des inneren Willens nicht abhängig: eine schriftliche Erklärung wird nach § 130 II mit ihrem Zugehen wirksam, auch wenn der Erklärende vor diesem Moment gestorben ist; ebenso ein bedingtes Rechtsgeschäft, auch wenn der Urheber den Eintritt der Bedingung nicht mehr erlebt, vgl. unt. Note 54.

[11] Die verbindliche Kraft des geäußerten Willens (verba ligant homines) ist ein in langsamer Entwicklung zur Herrschaft gelangtes soziales und rechtliches Axiom, auf dessen Anerkennung ein großer Teil der Ordnung des menschlichen Zusammenlebens beruht. Kohler, das Versprechen, Arch. f. Rechts- u. Wirtschaftsphilos. 5, 307. Schloßmann, Vertrag 92 fg. und Stellvertretung II 471 fg., will die rechtsetzende Macht des Willens nur da anerkennen, wo das Rechtssubjekt befehlend auftritt (z. B. im Testament oder bei der Stiftung); dagegen sollen Verpflichtungen nicht deshalb binden, weil der Erklärende die Verpflichtung gewollt hat, sondern weil er bei seinem Gegner eine Erwartung erweckt hat, welche nicht getäuscht werden darf. Demgegenüber ist daran festzuhalten, daß das Gesetz im Versprechen eine Willenstat sieht und den Versprechenden daran festhält, was er als gewollt erklärt hat. Der legislative Grund, weswegen das Gesetz das Versprechen sanktioniert, liegt allerdings in der durch das Versprechen hervorgerufenen Erwartung. Aber diese legislative Erwägung ist nicht charakteristisch für die Verbindlichkeit des Versprechens; in anderen Fällen (vgl. ob. § 48 Note 92) wird eine Erwartung geschützt, die nicht durch Willenserklärung, sondern durch die Mitteilung einer Tatsache hervorgerufen ist.

[12] Wer durch Rechtsgeschäft eine Rechtslage hergestellt hat, kann sie in der Regel nicht durch einseitigen Willen wieder aufheben. Widerruf eines Rechtsgeschäfts ist nur ausnahmsweise zulässig (z. B. freier Widerruf des Testamentes, Widerruf der Schenkung aus bestimmten Gründen). Auch das widerrufliche Rechtsgeschäft enthält für den, der es errichtet

juristischen Tatsache, beruht auf der Sanktion des Gesetzes; da aber das Gesetz die Wirkung des Rechtsgeschäfts dem erklärten Willen der Parteien gemäß gestaltet, so kann man diesen Willen als die konkrete Ursache des rechtsgeschäftlichen Erfolges bezeichnen und das Rechtsgeschäft in Gegensatz zu anderen Tatbeständen stellen, deren Wirkungen das Gesetz ohne Rücksicht auf den Willen der beteiligten Personen eintreten läßt[12a].

Die Wirkung des Rechtsgeschäftes, wie jedes privatrechtlichen Tatbestandes, betrifft ein konkretes Rechtsverhältnis; durch Rechtsgeschäft wird subjektives Recht begründet oder modifiziert, nicht objektives Recht geschaffen [13] oder abgeändert. Wenn ein Rechtsverhältnis durch Rechtsgeschäft abweichend von einem dispositiven Rechtssatz geordnet wird, so wird dadurch der Rechtssatz nicht außer Kraft gesetzt oder ergänzt [14]; denn er soll nur für den Fall gelten, daß die Parteien keine rechtsgeschäftliche Bestimmung treffen. Eine äußere Ähnlichkeit mit dem objektiven Recht kann ein Rechtsgeschäft dann haben, wenn es in abstrakter Weise die Gestaltung eines Rechtsverhältnisses durch später eintretende Ereignisse im voraus regelt[14a]; Versicherungsbedingungen und Arbeitsordnungen lesen sich wie ein Gesetz; sie sind aber rechtsgeschäftliche Produkte [15], weil sie aus dem Willen von Privat-

---

hat, eine Bindung insofern, als er den Widerruf vornehmen muß, um die Wirkungen des Geschäfts zu beseitigen, vgl. ob. § 10 Note 12.

[12a] Vgl. § 832 I und II. RG. 82, 438.

[13] Wenn die Römer von legis contractus oder von einer lex suae rei dicta sprechen, so bedeutet lex in diesem Zusammenhang nicht Rechtsnorm, sondern rechtsgeschäftliche Bestimmung, vgl. Heumann, Handlexikon. Die Behauptung von Danz, Auslegung, daß das Rechtsgeschäft Gesetz sei, ist von ihm in der 2. Aufl. S. III fallen gelassen.

[14] Bülow, Geständnisrecht 129 fg., weist darauf hin, daß das Gesetz durch das Rechtsgeschäft seinen konkreten Inhalt erhalte. Das gilt aber in gewissem Sinne nicht nur vom Rechtsgeschäft, sondern von jedem Tatbestande, Hellwig, Lehrb. § 89 Anm. 3. Das Resultat dieser Konkretisierung der Rechtsnorm, der Niederschlag aus dem Zusammentreffen der Rechtsnorm mit den Tatsachen des Lebens, ist aber nicht eine speziellere Rechtsregel, sondern ein konkreter Rechtszustand, d. h. ein subjektives Recht oder Rechtsverhältnis.

[14a] Die Parteien können ihre Rechtsverhältnisse generell regeln, so daß die im Voraus aufgestellte Bestimmung für alle späteren gleichartigen Fälle gilt. Ausnahmsweise verlangt das Gesetz ein spezielles Rechtsgeschäft für den einzelnen Fall, z. B. Depotges. § 2, RG. 82, 33, oder für eine Kategorie von Fällen, vgl. HGB. § 49, 2. § 54, 2.

[15] A. A. für die Arbeitsordnungen der GewO. § 134 a—g Oertmann § 611, 1 f, Hellwig, Lehrb. § 88 Anm. 5.

personen hervorgehen [15a] und nur die konkreten Beziehungen der Parteien regeln, welche eine Vereinbarung dieses Inhaltes treffen oder sich ihr unterwerfen [16].

Der Begriff des Rechtsgeschäftes ist allen Teilen des Privatrechts gemeinsam. Es gibt Rechtsgeschäfte nicht nur des Vermögensrechts und Erbrechts, sondern auch des Familienrechts, soweit in demselben die freie Selbstbestimmung des Menschen zugelassen ist: Rechtsgeschäft ist die Verlobung [17] und der Rücktritt vom Verlöbnis, die Eheschließung, die Anfechtung der Ehelichkeit (§1597) und deren Anerkennung [17a], der Antrag auf Ehelichkeitserklärung [18], die Annahme an Kindesstatt. Der Begriff des Rechtsgeschäftes ist, wie andere in der zivilistischen Dogmatik entstandenen Rechtsbegriffe, in die Lehre des öffentlichen Rechtes übernommen worden. Es gibt daher Rechtsgeschäfte des Prozeßrechtes [19], des Staats- und Verwaltungsrechts [20], des Völkerrechtes. Diese Tatbestände unterliegen, auch wenn sie mit privatrechtlichen Wirkungen ausgestattet sind, den Regeln des privatrechtlichen Rechtsgeschäftes nicht, außer soweit eine analoge Anwendung dieser Vorschriften angebracht ist [20a].

II. Das Rechtsgeschäft muß stets eine Willenserklärung enthalten. Aber nur in Ausnahmsfällen beschränkt sich der Tatbestand auf eine Willenserklärung [21]. Meistens ist der Tatbestand mehrgliedrig: zusammengesetzt aus einer oder mehreren Willenserklärungen und sonstigen Tatsachen. Der Kern des Rechts-

---

[15a] Die Arbeitsordnung ist eine einseitige Erklärung, durch welche der Arbeitgeber den Inhalt der bestehenden oder zu schließenden Verträge gestaltet. Die Befugnis zur Umgestaltung bestehender Verträge ist ihm vom Gesetz verliehen.

[16] Das gilt meines Erachtens auch von der Vereinssatzung, vgl. Bd. I S. 503.

[17] Das Verlöbnis ist ein eigenartig gestaltetes Rechtsverhältnis, auf dessen Herstellung der Wille der Parteien gerichtet ist, Endemann II § 151 a, 1; Manigk § 187; RG. 61, 271.

[17a] Vgl. ob. § 48 Note 69.

[18] Vgl. unt. Note 65.

[19] Hellwig, Prozeßhandlung und Rechtsgeschäft 33 fg.

[20] Fleiner, Verwaltungsrecht 54, 155 fg.

[20a] Vgl. für die Prozeßrechtsgeschäfte Stein, Vorb. V vor § 128 ZPO., RG. 81, 178.

[21] Darum darf man Rechtsgeschäft nicht mit Willenserklärung identifizieren, wie das in Mot. I 126 geschieht, vgl. Bekker § 89 Anm. s; Endemann § 60 Anm. 11.

geschäfts sind die Willenserklärungen, aus denen sich der spezifische Inhalt des Rechtsgeschäftes, die gewollte Rechtswirkung, ergibt [22]; man kann sie Haupterklärungen nennen [23]. Sie gehen von der Partei resp. den Parteien [24] des Rechtsgeschäftes aus. Die sonstigen Stücke des Tatbestandes sind zwar ebenso unentbehrlich zur Herbeiführung der Rechtswirkung, sind aber für den rechtlichen Inhalt des Geschäftes nicht bestimmend; sie erscheinen daher neben der Haupterklärung, in welcher man das ausschlaggebende Moment des Rechtsgeschäftes sieht, als Voraussetzungen [25] des Rechtsgeschäftes (z. B. die für alle Rechtsgeschäfte und die meisten Rechtshandlungen in gleicher Weise erforderliche Geschäftsfähigkeit [26] und Verfügungsmacht der Parteien) oder als ergänzende Tatsachen. Solche zu der Haupterklärung hinzutretende Tatsachen nennt man, wenn ihre Erheblichkeit für das Rechtsgeschäft auf gesetzlicher Vorschrift beruht, Rechtsbedingungen: condiciones juris [27]. Sie können von sehr verschiedener Beschaffenheit sein. Die wichtigsten Fälle sind folgende:

1. zu den Haupterklärungen müssen unter Umständen Nebenerklärungen der Parteien oder dritter Personen (der Nebenparteien) hinzutreten, damit das Rechtsgeschäft seine volle Wirkung entfalten kann. Solche Nebenerklärungen sind z. B. die Zustimmung, § 182, die Wahl, § 263, die Bestimmung der Leistung, § 315 [28]. Jede dieser Erklärungen ist ein Bestandteil des Rechtsgeschäftes,

---

[22] Vgl. Zitelmann, Irrtum 292 fg.

[23] Vgl. Landsberg, Lehrbuch § 48.

[24] Mehrseitige Rechtsgeschäfte verlangen die Willenserklärungen mehrerer Parteien (Antrag, Annahme). Die beiderseits gewollte Rechtswirkung tritt erst dann ein, wenn beide Erklärungen übereinstimmend vorliegen. Darüber, daß jede dieser Erklärungen für sich genommen kein Rechtsgeschäft ist, vgl. unt. § 53 Note 128.

[25] Vgl. über die Unterscheidung von Ursachen und Bedingungen einer Rechtswirkung Enneccerus § 136 II B 3 und ob. § 43 Note 64.

[26] Wenn man die Geschäftsfähigkeit als Voraussetzung des Rechtsgeschäfts den übrigen Stücken des Tatbestandes gegenüberstellt, so denkt man sich den Tatbestand als eine Summe von Ereignissen, welche sich auf dem Hintergrund eines rechtlichen Zustandes (vgl. ob. § 43 Note 21) abspielen.

[27] Windscheid § 87 Anm. 7.

[28] Die Nebenerklärung ist gewöhnlich eine Willenserklärung, kann aber auch eine Mitteilung sein. So ist z. B. der Tatbestand der Schuldübernahme nach § 415, 416 zusammengesetzt aus einem Vertrag des alten und des neuen Schuldners, einer Mitteilung an den Gläubiger und einer wirklichen und fingierten Genehmigungserklärung des Gläubigers.

dem sie zur definitiven Wirksamkeit oder zur vollen inhaltlichen Ausgestaltung verhilft [29]; so gehört z. B. die Einwilligung des gesetzlichen Vertreters zum Tatbestand eines von einem Minderjährigen abzuschließenden Geschäftes. Andererseits kann man jeder dieser Nebenerklärungen eine spezielle Rechtswirkung zuschreiben: die durch den unvollständigen Tatbestand hergestellte Rechtslage [30] wird durch den Hinzutritt der ergänzenden Nebenerklärung zur vollen rechtsgeschäftlichen Wirkung ergänzt; so werden z. B. durch die Genehmigung die Wirkungen eines Vertrages aus dem Zustand der Schwebe in den der Gewißheit übergeführt; durch die Wahl oder die Bestimmung der Leistung wird der Inhalt der Forderung fixiert [31]. Mit Rücksicht auf diese Wirkungen kann man die Nebenerklärungen als besondere Rechtsgeschäfte auffassen, die dazu bestimmt sind, die Rechtswirkung eines anderen Rechtsgeschäftes zu ergänzen: Hilfsgeschäfte [32].

2. es gibt Rechtsgeschäfte, zu deren Tatbestand außer der zum Wesen des Rechtsgeschäfts unentbehrlichen Willenserklärung ein realer Vorgang gehört: Verschiebung des Besitzes, des Eigentums oder des Vermögensstandes. Man kann solche Geschäfte Realgeschäfte nennen [33]. Dazu gehört vor allem die Übertragung des Eigentums, § 929, und die Bestellung dinglicher Rechte an

---

[29] Als entscheidender Moment für die Entstehung der Wirkungen des Rechtsgeschäfts gilt das Zustandekommen der Haupterklärungen; Genehmigung und Wahlerklärung haben rückwirkende Kraft (vgl. ob. § 43 V); dasselbe ist meines Erachtens für die Bestimmung der Leistung nach § 315 anzunehmen: der durch nachträgliche Bestimmung fixierte Kaufpreis gilt als von Anfang an geschuldet.

[30] Vgl. ob. § 43 S. 18.

[31] Anders als mit der Bestimmung der Leistung nach § 315 verhält es sich mit Anordnungen, durch welche ein Gläubiger dem Schuldner auf Grund einer allgemeinen Gehorsamspflicht eine bestimmte Handlung vorschreibt: Weisungen des Auftraggebers § 665 (vgl. § 447), Befehle des Dienstberechtigten. Durch solche Anordnungen wird der Inhalt der Verpflichtung nicht verändert (der Schuldner bleibt nach wie vor verpflichtet, alle in den Rahmen des Vertrags fallenden Weisungen zu befolgen), sondern das Recht des Gläubigers ausgeübt, vgl. Bd. I S. 257. Daher sind solche Anordnungen nicht Rechtsgeschäfte, vgl. Windscheid, § 69 Note 1 a; Klein, Untergang d. Obl. durch Zweckerreichung 36.

[32] Eltzbacher, Handlungsfähigkeit 123 will die von ihm sog. abhängigen Willenserklärungen, durch welche die Rechtswirkung anderer Tatsachen beeinflußt wird, nicht als Rechtsgeschäfte gelten lassen; ähnlich Kohler, vgl. ob. § 48 Note 17.

[33] Vgl. Enneccerus § 136 II B 1.

Mobilien; erforderlich ist außer der Einigung die Übergabe der Sache oder sonstige Verschaffung des Besitzes. Zum Tatbestand der Zahlung gehört Einigung über die Aufhebung der Forderung und Übergang des Geldes in das Eigentum des Gläubigers. Der Tatbestand der Schenkung besteht aus einer Zuwendung und Einigung über die Unentgeltlichkeit derselben [34]. In zahlreichen Fällen entsteht durch die Willenserklärungen der Parteien zunächst ein Rechtsverhältnis, aus welchem einzelne Rechtswirkungen erst bei Hinzutritt eines weiteren realen Vorganges [35] hervorgehen. So entsteht das Auftragsverhältnis und die a. mandati directa durch Konsens, dagegen der Erstattungsanspruch des Beauftragten, § 670, erst durch den Realakt der Aufwendung [36]. Das Mietsverhältnis entsteht konsensual, die Rückgabepflicht des Mieters erst durch Hingabe der Sache, die Mietzinsforderung durch die Gewährung des Gebrauchs pro rata temporis, § 537. Die Pflicht zur Erfüllung der Auflage entsteht erst durch Vollziehung der Schenkung, § 525 I. Ebenso verhält es sich meines Erachtens mit Darlehen [36a], Leihe und Verwahrung, welche im Anschluß an das römische Recht vielfach noch als Realkontrakte bezeichnet werden [37]: das Rechtsverhältnis des Darlehens, der Leihe oder Verwahrung entsteht durch Verabredung, durch welche zugleich eine Verpflichtung zur Hingabe oder zur Entgegennahme der Sache begründet sein [38] kann [38a]; die für diese Verträge charakteristische Rückgabepflicht entsteht ihrer Natur nach erst durch Hingabe der Sache auf Grund der vorangegangenen oder gleichzeitig erfolgenden Verabredung über die Rückgabe.

3. Bei den Rechtsgeschäften von Todes wegen tritt die Rechts-

---

[34] Ferner: zur vollen Wirksamkeit des Rücktritts gehört nach § 359 die Entrichtung des Reugeldes.

[35] z. B. einer Leistung, die zur Bedingung einer Verpflichtung des Empfängers gemacht ist.

[36] Tuhr, Actio de in rem. v. 26 fg.

[36a] Kohler, ArchbürgRt. 33, 1, Lehrb. § 128; Hoeniger, ArchbürgRt. 33, 278; Boehmer das. 38, 314; Lübbert, JheringsJ. 52, 377.

[37] Planck, Vorb. I vor § 598; Oertmann, Vorb. 2 vor § 598; Enneccerus § 362 Anm. 2.

[38] Diese Verpflichtungen werden von der herrschenden Meinung auf einen Vorvertrag zu dem erst durch die Übergabe der Sache entstehenden Realkontrakt zurückgeführt, vgl. unt. § 62.

[38a] Vgl. unt. Note 162.

wirkung erst mit dem Tode dessen ein, der die Willenserklärung abgegeben hat.

4. Bei zahlreichen Rechtsgeschäften muß zwischen der Abgabe der Willenserklärung und dem Eintritt der Wirkung ein Zeitraum ablaufen; so ex lege bei den Fristsetzungen, z. B. § 250, und in den normalen Fällen der Kündigung; auf Parteiwillen beruht die Hinausschiebung der Wirkung bei befristeten Geschäften. Eine solche Hinausschiebung erfolgt auch dadurch, daß ein ungewisses künftiges Ereignis als Bedingung in den Tatbestand aufgenommen wird.

5. Es gibt viele Rechtsgeschäfte, zu deren Tatbestand außer der Willenserklärung der Parteien eine amtliche Handlung gehört[39]. Die amtliche Handlung kann bestehen in einer Mitwirkung[40] bei Abgabe der Willenserklärung (z. B. öffentliche Beurkundung oder Beglaubigung, Mitwirkung des Standesbeamten bei der Eheschließung), oder in einem staatlichen Akt, der äußerlich von der Willenserklärung getrennt ist und ihr vorangehen oder nachfolgen kann, so z. B. die Eintragung ins Grundbuch, § 873, die staatliche Genehmigung der Aufgabe von Inhaberpapieren, § 795, die vormundschaftsgerichtliche Genehmigung gewisser Rechtsgeschäfte des Vormunds und des Vaters, §§ 1921 fg., 1643 fg., 1714, die gerichtliche Bestätigung der Annahme an Kindesstatt, § 1741. In solchen Fällen hat das Rechtsgeschäft einen aus Handlung der Partei und Handlung der Obrigkeit zusammengesetzten Doppeltatbestand[41]: beide Bestandteile sind einander koordiniert und gleich wesentlich für die Rechtswirkung; insbesondere wird durch den staatlichen Akt eine Ungültigkeit des Privataktes nicht geheilt[42]. Die Gesamtheit des aus dem Handeln der Partei und dem amtlichen Akt zusammengesetzten Tatbestandes gilt als Rechtsgeschäft; denn das bewegende und für den Inhalt bestimmende

---

[39] Siber, Buchrechtsgeschäft 124 fg.

[40] Die amtliche Mitwirkung bei Abgabe der Erklärung wird als Form der Erklärung aufgefaßt, vgl. unt. § 63.

[41] Vgl. Seckel, Festg. f. Koch 239 fg.

[42] Etwas anders verhält es sich mit der Eintragung des Vereins, § 21, und der Verleihung der Rechtsfähigkeit an einen solchen, § 22, sowie mit der staatlichen Genehmigung der Stiftung, § 81. Die Mängel des Gründungs- resp. Stiftungsgeschäftes werden durch den staatlichen Akt nicht geheilt, sondern führen zu einer Aufhebung dieses Aktes; vor der Aufhebung ist aber Verein oder Stiftung als bestehend zu behandeln, vgl. Bd. I § 34 Note 65, § 41 Note 69.

Moment ist der rechtsgestaltende Wille der Partei, dem gegenüber die obrigkeitliche Tätigkeit als Mitwirkung und Beihilfe zur Erreichung des Erfolges erscheint; so ist z. B. die Verpflichtung aus einem Inhaberpapier trotz der staatlichen Genehmigung als rechtsgeschäftlich zu klassifizieren; so spricht BGB. § 892 vom Erwerb eines Grundstückes „durch Rechtsgeschäft", obgleich zur Übertragung des Grundeigentums die Eintragung ebenso wesentlich ist wie die Einigung der Parteien.

Ein staatlicher Akt dieser Art, der ergänzend zu einem Rechtsgeschäft hinzutritt, ist das „festsetzende" Urteil [43], durch welches eine der Billigkeit nicht entsprechende einseitige oder vertragsmäßige Bestimmung der Parteien ersetzt [44] oder herabgesetzt [45] wird. Solche Urteile wirken ex tunc [46], wie die Ergänzung des Rechtsgeschäfts durch nachträgliche Bestimmung der Partei oder eines Dritten [47]. Der durch Urteil ergänzte Tatbestand gilt in seiner Gesamtheit als rechtsgeschäftlich und unterliegt den Gültigkeitserfordernissen der Rechtsgeschäfte: ein Vertrag bleibt z. B., auch wenn er durch Urteil nach § 315 III vervollständigt ist, ungültig, wenn einem der Kontrahenten die Geschäftsfähigkeit fehlt, und kann, wie jeder Vertrag, wegen Willensmängel angefochten werden [48].

III. Der Tatbestand eines Rechtsgeschäftes kann sich sukzessiv verwirklichen, indem die einzelnen Tatsachen nach einander eintreten [49]. Ist eine Willenserklärung abgegeben, bevor die übrigen zur Vollendung des Tatbestandes erforderlichen Tatsachen vorliegen, so ist der Erklärende in der Regel gebunden [50], d. h. er kann seine Erklärung nicht zurücknehmen. Jedoch gibt es von diesem Satz wichtige Ausnahmen; so ist der Tradent durch die Einigung, § 929, nicht gebunden, solange er im Besitz der Sache ist [51]; im Grundbuchrecht hat die Einigung und die Aufhebungs-

---

[43] Kisch, Urteilslehre 110 fg.

[44] §§ 315 III, 319 I, 660, 2048, 2156, 2192.

[45] §§ 343, 655; HGB. § 741; GebO. f. RAnw. § 93; Abzahl.-Ges. § 4.

[46] Kisch a. a. O. 114; Hellwig, Lehrb. § 34 V 1.

[47] Vgl. ob. Note 29.

[48] Kisch a. a. O. 113.

[49] Vgl. ob. § 43 Note 52.

[50] Vgl. Bd. I § 9 II.

[51] Vgl. Bd. I § 4 Note 42.

erklärung [52] bindende Kraft nur unter den in § 873 II und § 875 II genannten Voraussetzungen [53].

Bei sukzessivem Tatbestand wird das Zustandekommen des Rechtsgeschäftes nicht dadurch gehindert, daß eine der beteiligten Personen vor Vollendung des Tatbestandes stirbt: die noch fehlenden Tatsachen können, wenn sie nachträglich eintreten, das Rechtsgeschäft zum Abschluß bringen. So kann z. B. die Willenserklärung nach dem Tode des Erklärenden wirksam zugehen, § 130 II [54]; der Vertrag nach dem Tode des Offerenten durch Annahme perfekt werden, § 153 [55]; die vom Eigentümer bewilligte Eigentumsübertragung nach seinem Tode durch Eintragung zustande kommen GBO. § 41; die Stiftung nach dem Tode des Stifters durch staatliche Genehmigung ins Leben treten, § 84 [56]. In solchen Fällen ist ein Rechtsgeschäft des Erblassers nach seinem Tode wirksam geworden. Ist jedoch das bei seinem Tode fehlende Tatbestandsstück eine Willenserklärung oder eine ihr gleichstehende Rechtshandlung mit privatrechtlicher Wirkung und wird diese Handlung vom Erben vorgenommen, so ist das Rechtsgeschäft als Rechtsgeschäft des Erben zu betrachten. Hat z. B. der Erbe auf Grund einer Einigung des Erblassers die Sache übergeben oder die Eintragung bewilligt, oder hat er die vom Erblasser verabredete Verpfändung einer Forderung dem Schuldner angezeigt, so liegt eine Verfügung des Erben, nicht des Erblassers, vor [57].

IV. Im Gegensatz zu den S. 151 besprochenen Willenserklärungen, welche in Verbindung mit einer amtlichen Handlung den Doppeltatbestand eines Rechtsgeschäftes bilden, stehen Willenserklärungen, die nur dazu dienen, eine in den Bestand des Privatrechts eingreifende staatliche Tätigkeit in Bewegung zu setzen [58]. Zu dieser Kategorie von Handlungen gehören: die Eintragungsbewilligung, GBO. § 19 [59], und der Eintragungsantrag, GBO. § 13;

[52] Ebenso der Verzicht auf Grundeigentum, Planck § 928, 3; Walsmann, Verzicht 261; a. A. Siber, Buchrechtsgeschäfte 47.

[53] Vgl. unt. § 53 Note 112.

[54] Vgl. unt. § 61.

[55] Vgl. unt. § 62.

[56] Vgl. Bd. I S. 599.

[57] Planck § 1280, 3 b.

[58] Vgl. ob. § 48 Note 9. Ist die Behörde verpflichtet, bei Vorliegen der gesetzlichen Voraussetzungen dem Antrag zu entsprechen, so wird durch den Antrag ein subjektives Recht (meistens ein Gestaltungsrecht) ausgeübt, vgl. ob. § 7 Note 7 c.

[59] Vgl. über die rechtliche Natur der Eintragungsbewilligung Wolff,

die Anmeldung zum Vereinsregister, § 59; das Gesuch um Genehmigung der Stiftung, § 81; der Antrag auf Bestätigung der Adoption, § 1753; der Entmündigungsantrag, ZPO. § 645; der Antrag auf Bestimmung einer Frist nach ZPO. § 255; der Antrag auf Eröffnung des Konkursverfahrens, KO. § 103, und auf Anordnung einer Nachlaßverwaltung, § 1981; der Vorschlag des Gemeinschuldners zum Zwangsvergleich, KO. § 173 [60]; der Auftrag des Gläubigers an den Gerichtsvollzieher, ZPO. § 753 [61]. Diese und ähnliche Handlungen [62] sind keine Rechtsgeschäfte, weil sie nicht unmittelbar auf einen privatrechtlichen Erfolg gerichtet sind [63]. Soweit zur Herstellung der privatrechtlichen Wirkung außer dem durch den Antrag veranlaßten Staatsakt ein rechtsgeschäftlicher Parteiwille erforderlich ist, ist derselbe nicht im Antrag, sondern außerhalb desselben zu suchen: bei Grundbuchgeschäften in der Einigung des § 873 [64]; bei der Entstehung des Vereins in der Vereinbarung der Gründer; bei Errichtung der Stiftung im Stiftungsgeschäft; bei der Annahme an Kindesstatt im Adoptionsvertrage [65]. Der Antrag ist nicht dazu bestimmt, den ohne dies geäußerten rechtsgeschäftlichen Willen nochmals zum Ausdruck zu bringen, sondern

---

Sachenrecht § 33 II; Siber, Buchrechtsgeschäfte. Die privatrechtliche Wirkung der Bewilligung ist ein Aneignungsrecht, vgl. ob. § 8 III 5.

[60] Vgl. unt. § 53 Note 209.

[61] Hellwig, ZivProz. II S. 113; „die Beauftragung des Gerichtsvollziehers ist ein publizistischer Akt".

[62] Die ich der Kürze halber alle als „Anträge" bezeichnen will.

[63] Mittelbar ist der Antragsteller Urheber der von ihm veranlaßten, aber durch amtliches Handeln herbeigeführten Rechtswirkung; der Antragsteller kann für das Resultat der amtlichen Tätigkeit haftbar gemacht werden, wenn er sie zu Unrecht in Bewegung gesetzt hat, vgl. Bd. I S. 178.

[64] Durch Erteilung und Entgegennahme der Eintragsbewilligung kann unter Umständen die formlose Einigung (§ 873) zustandekommen; das berechtigt aber meines Erachtens nicht, die Eintragsbewilligung als Rechtsgeschäft zu bezeichnen; a. A. Planck, Erl. III 3 zu § 873; RG. 54, 384.

[65] Anders verhält es sich bei der Ehelichkeitserklärung: der Antrag des Vaters ist die einzige von ihm ausgehende Handlung; der Antrag enthält daher nicht nur, wie die sonstigen Anträge, die Anrufung der Obrigkeit, sondern auch die auf Herbeiführung des Rechtserfolges gerichtete Willensäußerung; er ist daher Rechtsgeschäft, Planck § 1731, 1, und unterliegt den Vorschriften über die Anfechtung, § 1731. Ebenso ist in dem Antrag, den ein Minderjähriger auf Volljährigkeitserklärung stellt, seine nach § 4 I materiell erforderliche Einwilligung enthalten, vgl. Bd. I S. 402.

die Tätigkeit des Staates zu provozieren, welcher prinzipiell nicht von Amtswegen in die Gestaltung der privatrechtlichen Verhältnisse eingreift [66]. Das Erfordernis des Antrags beruht auf Vorschriften, die das Verfahren der Behörden ordnen. In der Regel sind es Sollvorschriften [67]: der staatliche Akt ist wirksam, auch wenn er inkorrekterweise ohne den erforderlichen Antrag vorgenommen ist [68]. Selbst wenn der Antrag ausnahmsweise für den Eintritt des Rechtserfolges wesentlich ist [69], kommt er nicht als ein dem staatlichen Akt koordinierter Umstand in Betracht, sondern als formelle Voraussetzung der amtlichen Handlung. Das zeigt sich daran, daß die staatliche Handlung in Ermangelung des Antrags nicht ohne weiteres wirkungslos ist [70], sondern nur durch eine neue Handlung entkräftet werden kann [71].

[66] Ein Antrag kann neben seinem auf Provozierung staatlicher Tätigkeit gerichteten Zweck eine privatrechtliche Wirkung haben: so ist z. B. die Eintragsbewilligung, sobald der Antrag gestellt ist, gegen Verfügungsbeschränkungen in der Person des Bewilligenden geschützt, § 878; der Antrag auf Genehmigung der Stiftung erschwert den Widerruf des Stiftungsgeschäfts und macht es für den Erben des Stifters unwiderruflich, § 81 II; das Ersuchen um Eintragung des Versteigerungsvermerkes hat die Wirkungen der Beschlagnahme, ZVG. § 22 I. Solche Wirkungen ergeben sich nicht aus dem Zweck und Inhalt des Antrages, sondern sind vom Gesetz ohne Rücksicht auf den Willen des Antragenden angeordnet.

[67] So insbesondere GBG. § 19: ist die Eintragung, unter Verletzung dieser Vorschrift, ohne Bewilligung, aber entsprechend der Einigung der Parteien erfolgt, so ist sie wirksam, Planck, Vorb. III 4 vor § 873; Wolff, Sachenrecht § 31 III; denn es ist nicht nötig, daß der Verfügende die Eintragung will; es genügt, daß er die durch Eintragung zu bewirkende Rechtsänderung gewollt hat. Ebenso wie die Bewilligung ist meines Erachtens die Anmeldung des Vereins und der Antrag auf Genehmigung einer Stiftung zu behandeln, vgl. Bd. I S. 490, 603.

[68] Vgl. § 1994 II 2: „Auf die Wirksamkeit der Fristbestimmung ist es ohne Einfluß, wenn die Forderung nicht besteht".

[69] Der Entmündigungsbeschluß kann bei Fehlen des Antrags angefochten, die Pfändung wegen Fehlens eines Auftrags des Gläubigers im Wege des § 766 ZPO. aufgehoben werden, Gaupp-Stein, Erl. I zu ZPO. § 664, Erl. 3 zu ZPO. § 755. Wird solcher Widerspruch unterlassen, so bleibt der ohne Antrag ergangene Staatsakt wirksam.

[70] Anders verhält es sich bei einem aus Rechtsgeschäft und Staatsakt zusammengesetzten Doppeltatbestand: so ist z. B. in Ermanglung einer Einigung (§ 873) die Eintragung ipso iure unrichtig, vgl. W. Jellinek, Fehlerhafter Staatsakt 78 fg.

[71] Z. B. Beschwerde gegen Anordnung einer Nachlaßverwaltung ohne gehörigen Antrag, Planck, § 1981, 3 d; gegen Eröffnung des Konkurses ohne rechtsgültigen Antrag, Jäger, Erl. I 2 zu KO. § 109.

In die Kategorie der Anträge, durch welche staatliche Tätigkeit veranlaßt wird, gehört insbesondere auch die Klageerhebung. Sie ist kein Rechtsgeschäft [72], jedenfalls kein Rechtsgeschäft des Privatrechts [73]; denn die privatrechtlichen Wirkungen der Rechtshängigkeit beruhen nicht auf dem Willen des Klägers [74], sondern auf der Vorschrift des Gesetzes. Der vom Kläger verfolgte Zweck (Durchsetzung eines Anspruchs, Feststellung oder Gestaltung eines Rechtsverhältnisses) wird nicht durch die Klage, sondern erst durch das Urteil erreicht. Die Klage ist zwar Voraussetzung des Urteils und der Richter ist im Laufe des Verfahrens an die Anträge des Klägers gebunden, ZPO. § 308, aber die Wirkung des Urteils ist ausschließlich auf die staatliche Autorität [75], nicht daneben auf den in der Klage geäußerten Willen des Klägers zurückzuführen [76]. Das gilt insbesondere auch bei den Gestaltungsklagen [77]: die Erhebung einer solchen Klage ist Ausübung eines Gestaltungsrechts, aber deswegen kein Rechtsgeschäft [78]. Erhebt ein Ehegatte die Scheidungsklage, so macht er damit sein privatrechtliches Recht auf Scheidung geltend, aber nicht durch Rechtsgeschäft, sondern durch das allein ihm zur Verfügung stehende Mittel der Anrufung des Richters. Ebenso ist der Antrag des Schuldners auf Herabsetzung der Vertragsstrafe, § 343, Ausübung

[72] Hellwig, Prozeßhandlung und Rechtsgeschäft 18; dazu Rez. von Stein, ZZP. 41, 417 fg.

[73] Daher sind Prozeßkosten keine Verbindlichkeiten aus Rechtsgeschäften im Sinne von KO. § 224, 5; RG. 60, 32; vgl. aber OLG. 21, 182.

[74] Die Klageerhebung hat die Wirkungen der Mahnung, sie „steht der Mahnung gleich“, § 284 I 2, ohne deshalb eine private Rechtshandlung, vgl. ob. § 48 Note 8, zu sein, Hellwig, Prozeßhandlung § 3 Note 11 a.

[75] Daher bewirkt ein Verstoß gegen ZPO. § 308 nicht Nichtigkeit des Urteils, sondern kann nur durch Rechtsmittel geltend gemacht werden.

[76] Kisch, Urteilslehre 68.

[77] Hellwig, Anspruch § 58 II 2; Lehrb. § 34 Vab, § 153 Note 19.

[78] Die Ansicht von Seckel, Festg. f. Koch 241, daß Gestaltungsrechte immer durch Rechtsgeschäft ausgeübt werden, scheint mir auf einer petitio principii zu beruhen, vgl. ob. § 7 Note 7 b. Warum sollen Gestaltungsrechte nicht auch durch Anrufung staatlicher Tätigkeit ausgeübt werden? so gut wie andere Rechte, z. B. die Hypothek, deren Ausübung im Versteigerungsantrag liegt; Hirsch, Übertragung der Rechtsausübung 338. Den weiteren Ausführungen von Seckel a. a. O. stimme ich bei; aber sie beruhen nicht darauf, daß die Anfechtungsklage Rechtsgeschäft, sondern darauf, daß sie Ausübung eines privatrechtlichen Gestaltungsrechts ist.

eines negativen Gestaltungsrechts [79], aber deswegen nicht als Rechtsgeschäft zu betrachten.

Anders verhält es sich bei der Anfechtung der Ehe, der Ehelichkeit und der Anerkennung derselben, sowie bei der Anfechtung wegen Erbunwürdigkeit. In diesen Fällen „erfolgt die Anfechtung durch Erhebung der Klage“, §§ 1341, 1596, 1599, 2342 [80]. Hier ist es die Erhebung der Klage, nicht das Urteil, welche die Ehe, die Ehelichkeit oder deren Anerkennung ex tunc vernichtet [81]. Durch das Urteil wird die Berechtigung der Klage und damit die Wirksamkeit der Anfechtung festgestellt. Allerdings kann bis zur Rechtskraft des Urteils die Nichtigkeit der Ehe oder die Unehelichkeit in der Regel nicht anderweit geltend gemacht werden, § 1343 II, § 1596 II. Aus diesen Bestimmungen des Gesetzes ergibt sich daß der Klageerhebung in diesen Fällen eine Funktion zukommt, welche sonst dem Rechtsgeschäft zufällt: Herbeiführung einer materiellen Rechtsänderung. Daher pflegt man ihr im Anschluß an die Motive [82] eine doppelte Bedeutung zuzuschreiben [83]: sie soll prozessuale Handlung und zugleich Rechtsgeschäft sein. Meines Erachtens ist die Klage auch in diesen Fällen ausschließlich prozessuale und daher nur nach den Vorschriften des Prozesses zu beurteilende Handlung; daß sie zugleich materielle Wirkung hat und zur Ausübung eines Gestaltungsrechts dient, verleiht ihr nicht den Charakter eines Rechtsgeschäfts [84].

Wenn die Klage und die sonstigen Prozeßhandlungen als solche keine Rechtsgeschäfte sind, so können sie doch ein Rechtsgeschäft enthalten: in der Klageschrift, den Schriftsätzen oder im mündlichen Vertrag können Erklärungen rechtsgeschäftlichen Inhalts, wenn sie keiner besonderen Form bedürfen, abgegeben werden, so z. B. Anfechtung [85], Kündigung, Aufrechnung, Wahl-

[79] Bd. I § 10 Note 5.

[80] Vgl. auch HGB. § 271; GenossGes. § 51. Über AnfGes. §§ 5 und 9 vgl. unt. § 57 Note 160.

[81] Dagegen tritt bei der Anfechtung wegen Unwürdigkeit die Wirkung erst mit dem Urteil ein, § 2342 II. Die Worte: „Die Anfechtung erfolgt durch Erhebung der Klage“ haben daher in § 2342 I nicht dieselbe prägnante Bedeutung, wie in § 1341 I und § 1596.

[82] IV 85, 95; V 521.

[83] Planck § 1341, 2; Schmidt § 1341, 1 b; Kisch a. a. O. 102; Zitelmann, Aus röm. und bürgerl. Recht 149 fg.

[84] Vgl. ob. § 48 Note 8.

[85] Vgl. unt. § 57 Note 39.

erklärung[86]. Die rechtliche Auffassung dieses Vorganges ist streitig. Einerseits wird behauptet[87], daß solche Rechtsgeschäfte durch ihre Vornahme in prozessualer Form zu Teilen des Prozesses werden und den Regeln desselben unterliegen; das würde insbesondere zur Folge haben, daß sie zurückgenommen werden können und daß sie ihre Bedeutung verlieren, wenn der Prozeß zu keinem Urteil führt. Die andere und meines Erachtens richtige Meinung[88] geht dahin, daß solche Rechtsgeschäfte, trotz ihrer Vornahme in prozessualer Form, ihre zivilrechtliche Natur beibehalten[89]: Voraussetzungen und Wirkungen sind daher ausschließlich nach Zivilrecht zu beurteilen[90]; insbesondere sind die in der Klageschrift und anderen Schriftsätzen enthaltenen Erklärungen sofort wirksam (vorausgesetzt daß sie im Sinne von BGB. § 130 zugegangen sind[91]), unwiderruflich und unabhängig vom Ausgang des Prozesses. Eine Mittelmeinung wird neuerdings von Hellwig[92] vertreten: die Ausübung eines Gestaltungsrechts (Kündigung, Anfechtung usw.) in der Klageschrift oder der mündlichen Verhandlung soll als Prozeßhandlung beurteilt werden. Jedoch soll es nicht ausgeschlossen sein, daß in der Klageschrift oder mündlichen Verhandlung eine rechtsgeschäftliche, nach materiellem Recht zu beurteilende Erklärung abgegeben wird[93]. Hellwig

---

[86] In der Zurücknahme der Klage kann Verzeihung des Schenkers oder des scheidungsberechtigten Ehegatten liegen, JW. 03 Beil. 26.

[87] Kohler, ZZP. 20, 15 fg.; 24, 17 fg.; 29, 5 fg.; Wach, ZZP. 27, 1 fg.; Langheinecken, Anspruch 128.

[88] RG. 63, 412; Planck, Vorb. I 4 zum 3. Abschn.; Dernburg § 107 II 3; Endemann § 61 Note 4; Enneccerus § 136 III; Rosenberg, Stellvertretung 65 fg.; Nußbaum, Prozeßhandlungen 72; Litten, Wahlschuld 161.

[89] Diese Rechtsgeschäfte gehören aber, soweit sie mit dem Rechtsstreit zusammenhängen, nach ZPO. § 81 zur Vollmacht des Prozeßvertreters.

[90] Eine Erklärung im vorbereitenden Schriftsatz kann als Ankündigung künftiger Geltendmachung eines Rechtes gemeint sein, RG. 63, 412, vgl. ob. § 48 Note 81; sie hat dann keine rechtsgeschäftliche Wirkung.

[91] Eine privatrechtliche Erklärung in einer Widerklage, die in Abwesenheit des Klägers erhoben wird, ist unwirksam, so lange sie dem Kläger nicht zugegangen ist, Rosenberg a. a. O. 69. Das gilt nicht für die Mahnung: denn nach § 284 I 2 steht die Klageerhebung als solche der Mahnung gleich, vgl. ob. Note 74.

[92] Prozeßhandlung 29 fg., vgl. auch zum Teil abweichend, ZivProz. § 35 II 2; § 130 II 2; § 172 V 2; § 173 Note 6; Oertmann § 143, 1 d; § 388, 1 a.

[93] Auch Geib, Rechtsschutzbegehren 184 nimmt beide Möglichkeiten

gibt aber keine Auskunft darüber, nach welchen Merkmalen zu entscheiden ist, ob eine in der Klageschrift oder mündlichen Verhandlung vorgebrachte Kündigung, Anfechtung usw. als Prozeßhandlung oder als ein gelegentlich des Prozesses vorgenommenes privatrechtliches Rechtsgeschäft zu betrachten ist. Praktisch verwendbar ist nur eine der oben bezeichneten Ansichten [94]: daß die fraglichen Willenserklärungen entweder wegen ihrer prozessualen Form prozessuale Natur haben, oder, was mir richtiger scheint, daß sie trotz der prozessualen Einkleidung dem materiellen Recht angehören.

Während die eben betrachteten Handlungen (Kündigung, Aufrechnung, Anfechtung usw.) ihre unmittelbare Wirkung auf dem Gebiet des materiellen Rechts entfalten und daher auch wenn in den Formen des Prozesses vorgenommen, als privatrechtliche Rechtsgeschäfte zu behandeln sind, ist der vor Gericht geschlossene und in das Protokoll aufgenommene Vergleich [95] (Prozeßvergleich) ein Vorgang, der sowohl dem Prozeß als dem materiellen Recht angehört [96]: die Wirkungen eines solchen Vergleiches betreffen den materiellen Rechtszustand (durch Feststellung resp. Veränderung des zwischen den Parteien bestehenden Rechtsverhältnisses), zugleich aber auch die prozessualischen Beziehungen der Parteien (durch Erledigung des Prozesses und Herstellung eines Voll-

---

an und hält es für eine Frage der Willensauslegung, ob eine im Prozeß abgegebene Willenserklärung als materielles Rechtsgeschäft oder nur als Urteilsgrundlage wirken soll. Meines Erachtens läßt sich durch Auslegung nicht feststellen, in welchem Sinne der Erklärende oder sein Gegner eine solche Erklärung aufgefaßt hat, weil die Parteien an die Umstände, in welchen der Unterschied der Auffassungen zutage tritt, z. B. an die Zurücknahme der Klage, nicht zu denken pflegen. Auslegungsfrage ist nur, ob die Kündigung, Anfechtung usw. in der Klage oder dem sonstigen Schriftsatz ausgesprochen oder nur angekündigt ist, vgl. ob. Note 90. Stein, Anm. 146 vor ZPO. § 128.

[94] Wenn einseitige Erklärungen, wie z. B. die Aufrechnung in der mündlichen Verhandlung abgegeben, prozessualen oder materiellen Charakter haben können, so würde, wenn ein zur Aufrechnung speziell ermächtigter Anwalt in der mündlichen Verhandlung eine solche Erklärung abgibt, in den meisten Fällen ungewiß bleiben, ob seine Erklärung die eine oder die andere Bedeutung hat, ob sie z. B. bei Rücknahme der Klage bestehen bleibt. Derartige Unsicherheit darf aber bei einseitigen Rechtsgeschäften nicht vorkommen, vgl. unt. § 53 Note 37.

[95] ZPO. § 794 Nr. 1. § 160 Nr. 1.

[96] Vgl. die Zusammenstellung der verschiedenen Meinungen bei Lehmann, Prozeßvergleich 116.

streckungstitels [97]); demgemäß sind die Erfordernisse des Prozeßvergleiches zum Teil nach materiellem Recht, zum Teil aber nach Prozeßrecht zu beurteilen [98]. Welche von beiden Rechtsordnungen zur Anwendung kommen soll, ist infolge der Doppelnatur des Prozeßvergleiches in mehreren Beziehungen streitig [99]. Da der Vergleich vor Gericht geschlossen und vom Gericht beurkundet wird, scheint es mir richtig, die prozessuale Form auch dann genügen zu lassen, wenn sich für den Vergleich wegen seines Inhaltes nach BGB. eine andere Form ergeben würde [100]. Da der Prozeßvergleich andererseits in die materiellen Beziehungen der Parteien eingreift, so müssen die Vorschriften, die das Gesetz zum Schutz einer Partei aufstellt, auch dann gelten, wenn der Vergleich vor Gericht geschlossen wird; daher ist z. B. die Genehmigung des Vormundschaftsgerichtes, § 1822 Nr. 12, auch beim Prozeßvergleich erforderlich [101]; denn die Beteiligung des Prozeßgerichtes ersetzt nicht die vom Vormundschaftsgericht vorzunehmende Prüfung des Vergleiches auf seine Angemessenheit [102].

Während dem Prozeßvergleich eine Doppelnatur zugeschrieben werden muß, sind der Verzicht des § 306 ZPO. und das Anerkenntnis des § 307 ZPO. rein prozessuale Vorgänge [103]. Sie unterscheiden sich in Form, Inhalt und Wirkung deutlich von einem (auch im Laufe eines Prozesses möglichen) zivilrechtlichen Verzicht oder Anerkenntnis. Ihre Wirkung betrifft nicht das materielle Rechtsverhältnis der Parteien, sondern besteht darin, die Grundlage eines

---

[97] Hellwig, Lehrb. II § 125 S. 388 (vgl. auch Prozeßhandlung 44) zerlegt den Prozeßvergleich in ein materielles und ein prozessuales Rechtsgeschäft. Hedemann, Vergleich 68, 126, und Rosenberg, Stellvertretung 78, wollen vom materiellrechtlichen Vergleich die prozessuale Verlautbarung desselben unterscheiden, vgl. dagegen Lehmann a. a. O. 119, Stein, ZZP. 41, 429.

[98] Lehmann a. a. O. 130 fg.

[99] Z. B. bei der Behandlung der Willensmängel, der Zulässigkeit der Bedingungen, der Geschäftsfähigkeit (§ 112 I 2), des Anwaltzwanges usw.

[100] RG. 48, 185; SeuffArch. 67, 19; Enneccerus § 145 II 1; Reichel, ArchZivPr. 104, 103; a. A. Cosack § 60 II 5.

[101] RG. 56, 333.

[102] Der Wortstreit darüber, ob der Prozeßvergleich zu den Prozeßhandlungen im Sinne von ZPO. §§ 54, 81 gehört, scheint mir aussichtslos zu sein, da der Ausdruck Prozeßhandlung, wie die große Meinungsverschiedenheit beweist, keinen fest abgegrenzten Sinn hat.

[103] Sie beziehen sich auf den Anpruch im Sinne der ZPO., vgl. Bd. I § 15 Note 1.

Urteiles herzustellen [104]. Sie sind daher ausschließlich nach Prozeßrecht zu beurteilen [105].

V. Die rechtsgeschäftliche Willenserklärung [106] ist auf Herbeiführung einer rechtlichen Wirkung gerichtet; das Gesetz sanktioniert den Parteiwillen [107], indem es die Rechtswirkung eintreten läßt, welche sich als gewollt aus der Erklärung ergibt. Die von der Partei gewollte Rechtswirkung wird in zahlreichen Fällen, namentlich bei formellen Geschäften, mit voller technischer Bestimmtheit bezeichnet: wer z. B. ein Grundbuchrecht erwirbt, wird dazu angehalten, genau anzugeben, welches Recht (Hypothek oder Grundschuld, Grunddienstbarkeit oder beschränkte persönliche Dienstbarkeit) er meint; wer von Todes wegen verfügt, muß sich klar werden, ob er ein Testament oder einen Erbvertrag errichten will; bei der Eheschließung liegt in dem „ja" der Nupturienten auf die an sie gerichtete Frage des Standesbeamten die bestimmte Erklärung, die Ehe miteinander eingehen zu wollen. In den meisten Fällen aber wird die Partei, besonders wenn sie nicht rechtsgelehrt ist, keine deutliche Vorstellung davon haben, unter welche rechtliche Kategorie die von ihr erstrebte Rechtswirkung fällt [108], und wird sich damit begnügen, die gewollte rechtliche Wirkung nach ihrer wirtschaftlichen Seite zu bezeichnen [109]. Entscheidend

---

[104] Das Verzicht- oder Anerkenntnisurteil bewirkt, wie ein sonstiges Urteil, keine Veränderung des materiellen Rechts, sondern Unbestreitbarkeit des festgestellten Rechtszustandes, vgl. Bd. I § 2 Note 23.

[105] Hellwig, Lehrb. II § 125 S. 387, § 130 S. 440, Prozeßhandlung 26 Note 8; Hegler, Anerkenntnis und Verzicht 33; Rosenberg, Stellvertretung 86; Kisch, ZZProz. 34, 389; Walsmann, Verzicht 37; a. A. Stein, Vorb. VI 2 vor § 128 ZPO. und die dort zitierten Autoren, vgl. unt. § 54 Note 140.

[106] Der Willenserklärung entspricht in der Regel, aber nicht immer, der Wille des Erklärenden, vgl. unt. § 65.

[107] Das Gesetz läßt, wie Mot. I 126 sagen, die Rechtswirkung deswegen eintreten, weil sie gewollt ist, vgl. ob. § 48 Note 21. Der Wille des Rechtserfolges ist für den Eintritt desselben wesentlich. Ein Diebstahl ist kein Rechtsgeschäft, auch wenn er in der Absicht begangen wird, die Strafe zu verwirken, Regelsberger § 135 IV. Wenn A eine Sache des B vernichtet in der Absicht, ihn dafür reichlich zu entschädigen, so ist seine Handlung nicht Rechtsgeschäft, sondern Delikt.

[108] Wer z. B. Geld zum Nießbrauch gibt, wird sich oft nicht bewußt sein, daß er damit nach § 1067 das Eigentum aufgibt; es genügt, daß dem Empfänger die lebenslängliche Benutzung des Geldes überlassen werden soll, Planck § 1067, 1.

[109] Es kann vorkommen, daß ein Kontrahent im Unklaren darüber

für die rechtliche Beurteilung ist daher nicht die von den Parteien gewählte, oft irrtümliche, juristische Benennung ihres Geschäftes [110], sondern die Rechtswirkung, welche sich aus dem beabsichtigten wirtschaftlichen Erfolg als gewollt ergibt [111]. Ist z. B. verabredet Überlassung des Gebrauches einer Sache gegen Geldzahlung, so liegt Miete vor, auch wenn die Parteien von Leihe gesprochen haben [112]. Hat A dem B Geld „geliehen“ gegen Gewinnbeteiligung an einem Unternehmen des B, so ist ein Gesellschaftsvertrag geschlossen [113]. Bestimmt der Erblasser daß jemand 1000 M. „erben“ soll, so hat er ein Vermächtnis angeordnet [114].

Unklarheit des Parteiwillens besteht oft in bezug auf den genauen Moment, in welchem die gewollte Rechtswirkung eintritt. Es kann z. B. bei der Tradition vorkommen, daß die Parteien glauben, das Eigentum sei bereits durch den Kaufvertrag übergegangen, oder annehmen, daß die vermachte Sache schon seit dem Tode des Erblassers im Eigentum des Vermächtnisnehmers stehe; trotzdem kann man den Parteien auch noch bei der Tradition den Rechtserfolgswillen zuschreiben, weil ihre übereinstimmende Absicht auch noch in diesem Moment darauf gerichtet ist, daß der Käufer resp. Vermächtnisnehmer Eigentümer sein soll [115]. Ebenso ist zu entscheiden, wenn jemand über eine mündliche Bürgschaftszusage, durch die er sich bereits verpflichtet glaubt,

---

bleibt, mit welcher Person er in ein Rechtsverhältnis eintreten will; wenn z. B. ein minderjähriger Student in Begleitung seiner Mutter ein Zimmer mietet, so hat vielleicht keiner der Beteiligten eine bestimmte Vorstellung darüber, ob der Sohn auf Rat der Mutter mietet, oder die Mutter für den Sohn. Solche Unvollkommenheiten des rechtsgeschäftlichen Willens sind beim Vertrag auf Leistung an Dritte sehr häufig, § 328 II.

[110] Danz, Auslegung 85.

[111] Wenn z. B. der Gläubiger den Schuldschein zurückgibt, § 371, oder das Inhaberpapier aushändigt, § 797, so wird er, da ihn das Schicksal des Papiers nicht weiter interessiert, oft nicht das Bewußtsein haben, Eigentum an demselben zu übertragen; da es aber feststeht, daß er das Papier definitiv dem Schuldner überlassen will, so liegt in dieser Absicht, juristisch beurteilt, der Traditionswille, vgl. ob. § 44 Note 112.

[112] HGB. § 318 spricht ungenauerweise davon, daß Aktien gegen Entgelt „verliehen“ werden.

[113] Staub, HGB. § 350 Anm. 22.

[114] § 2087 II.

[115] Anders wenn eine Sache übergeben wird, ohne daß die Parteien Übergang des Eigentums beabsichtigen; z. B. wenn A dem B eine vermeintlich von B deponierte Sache zurückgibt; dann findet Eigentumsübergang mangels eines darauf gerichteten Willens nicht statt. RG. 81, 142.

dem Gläubiger eine Urkunde ausstellt [116]; er hat noch bei Ausstellung der Urkunde den Willen gehabt, für die fremde Schuld sich zu verpflichten [117]. Noch weniger als bei Willenserklärungen kommt es bei sonstigen zum Tatbestand eines Rechtsgeschäfts gehörenden Handlungen darauf an, wie sich der Handelnde die Rechtswirkung seiner Handlung dachte; so wird z. B. die Verpfändung einer Forderung durch die Anzeige, § 1280, wirksam, auch wenn der Gläubiger irrtümlicherweise annahm, daß die Verpfändung bereits durch die Einigung perfekt geworden sei [118].

Das Gesetz begnügt sich nicht damit, die von den Parteien als gewollt bezeichnete Rechtswirkung anzuerkennen, sondern ergänzt die gewöhnlich auf einzelne Hauptpunkte [119] beschränkten Festsetzungen der Parteien. Sobald von den Parteien ein rechtlicher Erfolg als gewollt bezeichnet ist, liegt ein Rechtsgeschäft vor und damit ein Rechtsverhältnis zwischen den Parteien. Die nähere Ausgestaltung dieses Rechtsverhältnisses übernimmt das Gesetz [120] teils durch allgemeine Regeln für sämtliche Rechtsgeschäfte, teils durch spezielle Vorschriften für die einzelnen nach der typischen Parteiabsicht geordneten Geschäftsarten. Aus dem Gesetz und der Ergänzung desselben durch Treu und Glauben mit Rücksicht auf die Verkehrssitte, §§ 157, 242, ergeben sich für die verschiedensten von den Parteien nicht vorgesehenen Umstände und Ereignisse, die in das Rechtsverhältnis eingreifen, Rechtswirkungen, die man als gesetzliche Wirkungen [121] des Rechtsgeschäfts zu bezeichnen pflegt. Sie sind mittelbare Wirkungen des Rechtsgeschäftes: sie ergeben sich kraft Gesetzes aus dem durch den Parteiwillen hergestellten Rechtsverhältnis. Wenn z. B. die Parteien erklärt haben, die Ehe miteinander eingehen zu wollen, so ist die Gesamtheit ihrer persönlichen, güterrechtlichen und erbrechtlichen Beziehungen dadurch geregelt, daß die Vorschriften des Gesetzes über Ehegatten auf sie zur Anwendung

[116] Vgl. unt. § 63.

[117] Dagegen kann ein vermeintlich gültiges Geschäft nicht bestätigt werden, weil der Bestätigungswille den Glauben an die Ungültigkeit voraussetzt, vgl. unt. § 56 Note 86.

[118] Vgl. ob. § 48 Note 99.

[119] Vgl. unt. § 52 II 1.

[120] Vgl. Bd. I S. 25.

[121] Zitelmann, Irrtum 258; Enneccerus, Rechtsgeschäft § 14. Man kann auch mit Henle, Vorstellungstheorie 295 von „Rechtsfolgen zweiter Ordnung" sprechen. RG. 82, 354.

kommen. Ebenso entsteht durch den Ehevertrag das von den Parteien gewollte Rechtsverhältnis der Gütergemeinschaft; aus diesem ergeben sich, als mittelbare Wirkungen des Ehevertrags, die vom Gesetz angeordneten Rechtsfolgen für das vorhandene und später erworbene Vermögen und die darauf bezüglichen Handlungen der Ehegatten. Mittelbare Geschäftswirkungen liegen auch dann vor, wenn mit einem durch Rechtsgeschäft erworbenen Recht der Eintritt in mittelbar zuständige Rechte und Pflichten [122] verbunden ist, z. B. mit dem Grundeigentum die Rechte des § 96, mit dem Eigentum am Inhaberpapier die darin beurkundete Forderung [123], mit dem Nießbrauch oder Pfandrecht die daraus erwachsenden Pflichten. Die gesetzlichen Wirkungen des Rechtsgeschäftes treten meistens als Nebenwirkungen dem von den Parteien gewollten Rechtserfolg zur Seite; so entstehen z. B. beim Kauf neben den aus der Verabredung über die Sache und Preis sich ergebenden Hauptverpflichtungen, Rechtswirkungen für den Fall, daß die Sache untergeht, oder nicht dem Verkäufer gehört, oder mit Mängeln behaftet ist, oder daß einer der Kontrahenten in Verzug kommt. So verleiht das Gesetz gewissen Gläubigern zur Sicherung der durch ihren Willen begründeten Forderung ein ohne ihren Willen entstehendes Pfandrecht. Bisweilen wird der von den Parteien gewollte Erfolg durch Eingreifen des Gesetzes in anderer Weise erreicht, als sie es beabsichtigen: wer eine fremde Schuld erfüllt, will die Forderung des Gläubigers beseitigen; in gewissen Fällen bestimmt das Gesetz [124], daß die Zahlung nicht den Untergang der Forderung, sondern ihren Übergang auf den Zahlenden bewirken soll, wodurch dieser ein Regreßrecht oder eine bessere Sicherung seines schon bestehenden Regreßrechtes erlangt [125]. Endlich kommt es vor, daß anstelle der gewollten, aber nicht erreichbaren Wirkungen eines Rechtsgeschäftes gesetzliche Wirkungen anderen Inhalts eintreten: nichtige Rechtsgeschäfte werden konvertiert, § 140 [126]; aus einem Vertrag auf unmöglicher

[122] Vgl. ob. § 2 IV. § 4 IV.

[123] Die mittelbare Wirkung der Übertragung des Inhaberpapiers ist nicht Übertragung, sondern Neuerstehung einer dem Inhalt des Papiers entsprechenden Forderung, vgl. ob. § 44 Note 53.

[124] §§ 268, 426 II, 774 I, 1143, 1164, 1225.

[125] Vgl. ob. Bd. I S. 280.

[126] Die ratio der Konversion besteht darin, daß es den Parteien mehr auf den wirtschaftlichen Erfolg als auf die zur Erreichung desselben gewählte Rechtsform anzukommen pflegt.

Leistung entsteht die Pflicht zum Ersatz des negativen Interesses, § 307; aus der Zahlung erwächst bei Fehlen der zu zahlenden Schuld die condictio indebiti [127].

Die gesetzlichen Folgen des Rechtsgeschäftes sind zum Teil zwingenden Rechts (wer den Kern eines Rechtsgeschäftes will, muß gewisse Nebenfolgen mit in den Kauf nehmen [128]), meistens aber nachgiebigen Rechtes: die Parteien können für die vom Gesetz vorgesehenen Fälle abweichend vom Gesetz beliebige Rechtsfolgen anordnen. Daraus darf aber nicht geschlossen werden, daß das nachgiebige Recht auf dem, stillschweigend geäußerten, Willen der Parteien beruht [129]: wenn die gesetzlichen Wirkungen des Rechtsgeschäfts nicht durch Parteibestimmung ausgeschlossen sind, so treten sie ein, auch wenn sie den Parteien unbekannt waren oder ihren Absichten nicht entsprechen [130].

Da der Parteiwille als Kern des Rechtsgeschäftes erscheint [131], werden dessen gesetzliche Wirkungen in einigen Beziehungen nicht als Wirkungen des Rechtsgeschäftes behandelt, obgleich sie logisch betrachtet das Rechtsgeschäft in Verbindung mit den

---

[127] Vgl. unt. § 55 Note 20.

[128] Zwingend ist z. B. der Eintritt des Vermögensübernehmers in die Verbindlichkeiten seines Vorgängers, § 419 III.

[129] Die Gewohnheit der römischen Juristen, gesetzliche Rechtswirkungen auf eine tacita conventio zurückzuführen, wirkt auch heute noch in der Rechtsprechung nach; bisweilen auch in der Doktrin; so erklärt z. B. Danz, JheringsJ. 54, 16 fg. das Pfandrecht des Vermieters als gewollte Wirkung des Rechtsgeschäfts; der Abschluß der Miete sei so zu deuten, als habe der Mieter erklärt, daß er die einzubringenden Sachen verpfände; auch den Übergang der Forderung auf den zahlenden Bürgen führt Danz S. 75 auf den Bürgschaftsvertrag zurück: in der Übernahme der Bürgschaft solle die Erklärung des Bürgen liegen, daß er im Fall der Zahlung die Forderung gegen den Hauptschuldner erwerben wolle. Gegen solche Fiktionen eines oft nicht vorhandenen Willens Hellwig, Lehrb. § 89 Anm. 27; Müller-Erzbach, ArchZivPr. 106, 356; Siber, KritVJSchr. 49, 47; auch Danz, Auslegung 88 fg. Vgl. unt. § 54 Note 199.

[130] So erlöschen z. B. beim Pfandverkauf alle Pfandrechte an der Sache auch dann, wenn der Käufer glaubt, daß ein dem verkaufenden Gläubiger vorgehendes Pfandrecht bestehen bleibt. Haben beide Parteien übereinstimmend eine irrige Ansicht über die gesetzlichen Folgen ihres Rechtsgeschäftes, so liegt darin keine Vereinbarung der vermeintlich eintretenden Rechtsfolge; was die Parteien als ipso iure eintretend betrachteten, haben sie eben deswegen nicht durch ihren Willen herbeiführen wollen, vgl. OLG. 22, 212.

[131] Vgl. ob. Note 22.

hinzutretenden Vorschriften des Gesetzes zur Ursache haben [132]. So werden gewisse gesetzliche Wirkungen im Sinne von Art. 170 nicht zum „Schuldverhältnis" gerechnet und daher nicht dem bisherigen Recht unterworfen [133]. Ferner ist, wo das Gesetz von einem „Erwerb durch Rechtsgeschäft" spricht, zweifelhaft, ob darunter auch der Erwerb zu verstehen ist, welcher sich als gesetzliche Wirkung eines Rechtsgeschäftes darstellt. Dabei kommt es meines Erachtens auf die Auslegung der einzelnen Gesetzesstellen an: in § 892 ist gemeint ein Rechtsgeschäft, welches den Erwerb eines Rechtes zum unmittelbaren Inhalt hat, so daß der im Grundbuchverkehr zum präzisen Ausdruck kommende Parteiwille auf dieses Recht gerichtet ist. Daher kommt § 892 nicht zur Anwendung bei einer auf Rechtsgeschäft (Testament, Erbvertrag, Eheschließung, Ehevertrag, Ausscheiden eines Gesellschafters usw.) beruhenden Gesamtnachfolge [134]; denn die unmittelbare Wirkung des Rechtsgeschäftes ist ein Rechtsverhältnis (Erbrecht, ehemännliches Verwaltungsrecht, Anteil an einem Gesamthandsvermögen), welches ein ganzes Vermögen zum Gegenstand hat und aus welchem sich mittelbar Beziehungen zu den diesem Vermögen angehörenden Grundstücken ergeben [135]. Erwerb durch Rechtsgeschäft im Sinne von § 892 wird auch dann nicht angenommen, wenn bei Zahlung einer fremden Schuld die Forderung mit einer Hypothek auf den Zahlenden übergeht [136], oder wenn der Eigentümer die Hypothek infolge Verzichts des Gläubigers erwirbt, § 1168 [137]. Extensiver, als im § 892, ist meines Erachtens der Ausdruck „Erwerb durch Rechtsgeschäft" bei der Surrogation des Familien- und Erbrechts, §§ 1370, 2019, 2041, 2111, auszulegen: wenn z. B. die Ehefrau eine fremde Schuld zahlt, für welche ihr Vorbehaltsgrundstück hypothekarisch haftet, so muß die nach § 1143 auf sie

[132] Eine ähnliche, auf der Auffassung des praktischen Lebens beruhende Wertung der Kausalität haben wir bei der juristischen Begrenzung des Kausalzusammenhangs und bei der Unterscheidung zwischen Bedingungen und Ursachen einer Rechtswirkung kennen gelernt, vgl. ob. § 43 N. 60, 64.

[133] Vgl. Bd. I S. 19.

[134] Vgl. ob. § 46 Note 11.

[135] Vgl. ob. § 5 Note 23; § 18 VI; § 20 VIII.

[136] Planck, Erl. II 1 d zu § 892.

[137] Der Erwerb des Eigentümers ist eine gesetzliche Reflexwirkung des Verzichts des Gläubigers; a. A. Siber, Buchrechtsgeschäfte 50. Dasselbe Resultat, Übergang der Hypothek auf den Eigentümer, kann „durch Rechtsgeschäft" erreicht werden, indem der Gläubiger die Hypothek abtritt; dann gilt § 892.

übergehende Forderung und Hypothek nach § 1370 dem Vorbehaltsgut zufallen, obgleich diese Rechte eine ungewollte gesetzliche Folge des Zahlungsgeschäfts sind. Ebenso liegen meines Erachtens ein „Erwerb durch Rechtsgeschäft mit Mitteln der Erbschaft“, § 2019, vor, wenn der Erbschaftsbesitzer eine vermeintlich bestehende Nachlaßschuld mit Nachlaßgeld zahlt [138] und dadurch eine condictio indebiti erwirbt [139].

Die Wirkungen des Rechtsgeschäfts betreffen in der Regel den Rechtskreis der aktiv oder passiv (durch Abgabe oder Empfang der Willenserklärung) am Rechtsgeschäft beteiligten Personen. Ausnahmsweise hat ein Rechtsgeschäft Wirkungen im Rechtskreis dritter Personen. Diese Wirkungen können auf dem Willen der handelnden Personen beruhen; so z. B. bei der Stellvertretung, beim Vertrag zugunsten Dritter oder bei der Bestimmung, die jemand nach §§ 315, 2154, 2193 in bezug auf ein fremdes Rechtsgeschäft zu treffen berechtigt ist [140]. Wenn ein Rechtsgeschäft die Rechtslage dritter Personen beeinflußt, ohne daß diese Wirkung aus dem Willen der handelnden Person hervorgeht, so spricht man von einer Reflexwirkung des Rechtsgeschäfts [141]. Solche Reflexwirkungen können günstiger [142] oder nachteiliger [143] Natur sein. Sie haben stets zur Voraussetzung eine rechtliche Beziehung

[138] Planck § 2019, 5; Beyer, Surrogation 141.

[139] Die aus gemeinschaftlichem Vertrag entstehende Solidarität, § 427, erstreckt sich auf die gesetzlichen Nebenfolgen des Vertrags, z. B. auf die Verpflichtungen aus Wandelung und Minderung; zweifelhaft, ob auch auf die Rückforderung bei Nichtigkeit oder infolge von Anfechtung des Vertrags, Oertmann § 427, 2.

[140] Die Vornahme einer solchen Bestimmung hat alle Merkmale eines Rechtsgeschäftes; sie erfolgt meistens in vollem Bewußtsein der Rechtsfolge. Wenn Dernburg II § 87 II 2 die Bestimmung des § 315 aus dem Gebiet der Rechtsgeschäfte ausschließt, weil der Bestimmende am Geschäft nicht beteiligt ist, so könnte man mit demselben Recht den Verträgen des Stellvertreters den rechtsgeschäftlichen Charakter absprechen.

[141] Vgl. ob. § 43 Note 42.

[142] Durch die Leistung des Schuldners einer mit Nießbrauch oder Pfandrecht belasteten Forderung entsteht am geleisteten Gegenstand Nießbrauch oder Pfandrecht, § 1075, 1287. Im Sinne von §§ 892 sind diese Rechte nicht „durch Rechtsgeschäft erworben“, vgl. Wolff, Sachenrecht § 45 I 3 b.

[143] Wird die vorbehaltene Hypothek eingetragen, so tritt die bestehende Hypothek zurück, § 881. Verzichtet eine von mehreren an einem Vertrag beteiligten Personen auf ein Rücktrittsrecht, so erlischt es auch für die übrigen, § 356, vgl. ferner unt. § 54 Note 64.

zwischen den Parteien und dem von der Reflexwirkung betroffenen Dritten. Fehlt es an einer solchen Beziehung, so kann ein Rechtsgeschäft zwischen A und B zwar die Interessen des X schädigen [144], aber nicht seine Rechtslage verändern.

VI. Aus der richtigen Beobachtung, daß die Nebenfolgen des Rechtsgeschäftes nicht auf den Willen der Parteien zurückzuführen sind und daß, wie oben dargelegt, die Parteien oft eine undeutliche Vorstellung über die juristische Subsumption ihrer Willenserklärung haben, wird vielfach gefolgert [145], daß das Wollen der Rechtswirkung zum Begriff des Rechtsgeschäftes nicht wesentlich sei; anstelle der rechtlichen Absicht soll eine wirtschaftliche oder soziale Absicht genügen [146]; wenn die Parteien einen tatsächlichen Erfolg als gewollt erklären, so verleihe das Gesetz dieser Erklärung die, nicht notwendig gewollte, rechtliche Wirkung. Demgegenüber ist darauf hinzuweisen [147], daß der auf bestimmte Rechtswirkung gerichtete Wille bei zahlreichen Rechtsgeschäften mit voller Schärfe hervortritt, so bei den oben erwähnten formellen Geschäften; oder z. B. in § 2255: eine vorsätzliche Vernichtung der Testamentsurkunde ist nur dann Widerruf, wenn sie in der Absicht geschieht, das Testament aufzuheben; ebenso muß bei der Dereliktion, § 959, der Eigentümer „die Absicht haben, auf das Eigentum zu verzichten“; nur durch diese Absicht unterscheidet sich die Dereliktion von der Aufgabe des Besitzes [148]; der Unterschied beider Willensrichtungen wird auch dem Laien unschwer zum Bewußtsein kommen. Besonders deutlich mani-

---

[144] Faktische Reflexwirkung, vgl. ob. § 43 Note 43.

[145] Lenel, JheringsJ. 19, 154 fg.; KritVJSchr. 42, 571; Schloßmann, GrünhutsZ. 7, 569 fg. und Stellvertretung I 273; Ehrlich, Stillschweigende Willenserklärung 82 fg.; Isay, Willenserklärung 82 fg.; Cosack § 51 II d; Danz, Auslegung 6 fg.; Manigk, Rechtsgeschäfte 80 (vgl. aber Willenserklärung § 153).

[146] Rechmann, Kauf II 10 fg. bezeichnet die Willensrichtung der Partei als „empirische Absicht“.

[147] Windscheid § 69 Note 1 a; Regelsberger § 135 III; Zitelmann, Rechtsgeschäfte I 95; Dernburg § 107 II 2; Endemann § 60, 3 b; Enneccerus § 136 II A [1]; Eltzbacher, Handlungsfähigkeit 149; Rosenberg, Stellvertretung 43; Wedemeyer, Obligatorischer Vertrag 48; Jacobi, Theorie der Willenserklärung 17; Henle, Vorstellungstheorie 266 fg.; Biermann § 44, 1; Oertmann, Vorb. 3 c vor § 116; Komment. des RG., Vorb. 1 vor § 116.

[148] Dagegen verlangt das Gesetz bei der Aneignung, § 958, nichts weiter, als Erwerb des Eigenbesitzes; eine auf den Erwerb des Eigentums

festiert sich die rechtliche Absicht bei den fiduziarischen Verfügungen, weil die rechtliche Tragweite solcher Zuwendungen über ihren wirtschaftlichen Zweck hinausgeht. Im Gegensatz zu solchen Geschäften mit ausgeprägter juristischer Absicht der Parteien kommt es oft vor, daß der wirtschaftliche Erfolg in der Vorstellung und daher im Willen der Parteien im Vordergrund steht, daß z. B. beim depositum irregulare, § 700, der Empfänger oft nur daran denken wird, daß er das Geld nicht aufzubewahren brauche, sondern nach Belieben verwenden dürfe, ohne daß ihm dabei bewußt ist, daß er Eigentümer der Geldstücke wird. Aber daraus folgt nicht, daß der erstrebte wirtschaftliche Erfolg nicht als rechtlicher Erfolg gewollt ist [149]. Die allgemeine, wenn auch unpräzise Vorstellung der Herbeiführung von Rechtsfolgen [150], der Herstellung einer rechtlichen Bindung, wird in allen zum Gebiet der Rechtsgeschäfte gehörenden Fällen konstatierbar sein [151]. Eine weitergehende Spezialisierung des auf Rechtsfolgen gerichteten Parteiwillens wird von der herrschenden Meinung zum Begriff des Rechtsgeschäftes nicht verlangt [152]. Daher stehen sich beide Theorien, sobald ihre Anwendung auf einzelne Fälle in Betracht kommt, nicht so fern, als es von den beiden Ausgangspunkten aus erscheinen mag. Ein wenig präzisierter Rechtsfolgewille kommt der „wirtschaftlichen Absicht" so nahe, daß man bisweilen nicht entscheiden kann, ob der Parteiwille die eine oder die andere Be-

---

gerichtete Absicht ist nicht erfordert; daher ist die Aneignung nicht zu den Rechtsgeschäften zu zählen, Planck § 958, 2; Gierke II § 132 Note 13; Wolff, Sachenrecht § 78 Note 13; vgl. unt. Note 172.

[149] Es ist meines Erachtens nicht richtig, daß der Dieb denselben Aneignungswillen wie der Käufer hat, wie Danz a. a. O. S. 9 Note 2 behauptet.

[150] Lotmar, Arbeitsvertrag I 774; Rundstein, Tarifverträge 48.

[151] Wenn Danz S. 10 sagt: „Der Mensch weiß, daß jedermann, der ihm etwas zu leisten versprochen hat, dies Versprechen auch regelmäßig erfüllt. Davon, daß — wie wir Juristen es sehen — mit Abgabe des Versprechens auf der einen Seite ein Recht, auf der anderen eine rechtliche Verpflichtung emporschießt, haben die Laien keine Ahnung", so unterschätzt er Rechtskenntnis und Rechtsgefühl der Laien und vergißt, daß die Grundbegriffe des Rechtes nicht aus der Theorie der Juristen, sondern aus den Anschauungen des Volkes hervorgegangen sind. Wenn der Schuldner nicht leistet, so wird der Gläubiger, selbst als Laie, sich nicht nur in einer Erwartung getäuscht, sondern in seinem Rechte gekränkt fühlen; vgl. Jacobi a. a. O. 18 fg.; Walsmann, Verzicht 152.

[152] Vgl. z. B. RG. 64, 167; 69, 412.

zeichnung verdient [153]. Daher kann auch die Grenze zwischen Rechtsgeschäften und „Rechtshandlungen" nicht scharf gezogen werden; diese Unsicherheit der Systematik hat aber keine praktischen Nachteile: denn je näher eine Rechtshandlung dem Typus des Rechtsgeschäfts steht, um so mehr ist entsprechende Anwendung der Regeln des Rechtsgeschäfts geboten [154].

Eine in diesem Sinne zu verstehende rechtliche Absicht (Vorstellung der Parteien, daß sie sich mit ihrem Handeln auf rechtlichem Boden bewegen) ist aber erforderlich [155], um die Rechtsgeschäfte von anderen Vorgängen des Lebens zu unterscheiden. Es gibt Willenserklärungen, die deshalb kein Rechtsgeschäft sind, weil den Parteien die Absicht der rechtlichen Bindung fehlt [156]. Dabei ist nicht an Zusagen zu denken, welche vermöge ihres Inhaltes außerhalb des Rechtsgebietes liegen, z. B. Einladungen zum Mittagessen, Zusagen der Mitwirkung bei einer Liebhaberaufführung usw. Solche Versprechungen würden, auch wenn sie rechtlich verbindlich gemeint wären, der Rechtswirkung ermangeln, weil die versprochene Handlung nicht geeignet ist, Gegenstand eines Rechtsverhältnisses zu sein, oder, wie man auch sagen kann, weil das Interesse des Gläubigers keinen rechtlichen Schutz verdient [157]. Es ist vielmehr zu denken an die Zusagen von Leistungen, welche an sich Gegenstand einer Obligation sein können, es aber deswegen nicht sind, weil die Parteien das Versprechen nicht als rechtliches gewollt haben [158]. Das ist der Fall,

---

[153] So soll z. B. nach Mot. IV 241 bei der Einwilligung des Mannes zu Geschäften der Frau, §§ 1399, 1405, ein Bewußtsein der Rechtsfolgen nicht in Betracht kommen. Meines Erachtens ist ein solches Bewußtsein, wenn auch in unpräziser Gestalt, vorhanden; denn der Ehemann wird zwar bisweilen die genaue Rechtsfolge seiner Einwilligung nicht kennen, immerhin aber das Bewußtsein haben, daß er den Geschäften der Frau eine stärkere Geltung verschafft. Dagegen ist es bei der Einwilligung des Eigentümers zu einer Sachbeschädigung (Planck Erl. II 3 zu § 823) genügend, daß der Wille auf den tatsächlichen Erfolg gerichtet ist: damit entfällt die Rechtswidrigkeit der Handlung, ohne daß der Einwilligende an die Rechtsfolge (Verlust des Ersatzanspruchs) zu denken braucht.

[154] Vgl. ob. § 48 S. 112.

[155] Beim Abschluß eines Schuldvertrages kommt es nicht darauf an, daß der Schuldner leisten will, sondern darauf, daß er sich zur Leistung verpflichten will.

[156] OLG. 22, 245.

[157] Enneccerus § 225 II 2; vgl. ob. Note 5.

[158] RG. 68, 325: „Wer ein Darlehen zusagt mit dem ausdrücklichen Beifügen, daß er es ablehne, sich rechtlich zu binden, die Erfüllung viel-

wenn die Parteien ihre Verabredung ausdrücklich auf einen anderen als den rechtlichen Boden stellen [159]: eine Zusage wird z. B. eidlich oder ehrenwörtlich erteilt [160] in dem Sinne, daß eine rechtliche Verpflichtung nicht entstehen soll; oder der Erblasser schreibt in seinem letzten Willen „dieses Schriftstück soll nicht als Testament gelten" und überläßt damit die Erfüllung seiner Wünsche der fides des Erben. Der Ausschluß der rechtlichen Bindung kann auch dadurch erreicht werden, daß eine für die Rechtswirkung erforderliche Form absichtlich nicht beobachtet wird: der Erblasser unterläßt absichtlich die Datierung des Testamentes, damit den Bedachten keine Rechte gegen den Erben erwachsen; der Bürge verpflichtet sich mündlich, weil er nur moralisch gebunden sein will. Auch die Verbindlichkeit künftiger Erklärungen kann im Voraus, durch einseitige Erklärung, ausgeschlossen werden: A kann z. B. dem B mitteilen, daß in den zwischen ihnen bevorstehenden Verhandlungen seine Erklärungen nur dann verbindlich sein sollen, wenn sie notariell abgefaßt sind, oder wenn sie von einem Prokuristen mitunterzeichnet sind. Das Fehlen einer auf Rechtswirkung gerichteten Absicht kann sich aber auch, ohne ausgesprochen zu sein, aus den Umständen ergeben [161]. Das kommt z. B. häufig vor bei der Zusage eines Darlehens, einer Leihe oder einer Verwahrung unter Freunden und Bekannten [162]. Es ist hier

mehr seinem freien Belieben vorbehalten wolle, der gibt eine rechtsgeschäftliche Erklärung überhaupt nicht ab. Eine Willenserklärung mag auch hier vorliegen: der Erklärende kann die feste Absicht haben, die unverbindliche Zusage zu erfüllen, und in dem anderen Teil mag das Vertrauen auf das Wort des Erklärenden die sichere Erwartung der Erfüllung hervorrufen. Ein Rechtsverhältnis aber wird durch eine solche Erklärung nicht begründet."

[159] In diesem Sinne wird oft ein verabredeter Ausschluß der Klagbarkeit eines Versprechens aufzufassen sein, vgl. Reichel, JheringsJ. 59, 456. Ebenso ist der Erlaß der Haftung für Vorsatz bisweilen bei richtiger Auslegung nicht als unwirksames pactum de dolo non praestando, § 276 II, aufzufassen, sondern als Ausschluß der rechtlichen Verbindlichkeit der Zusage. Diese Auslegung wird dann am Platze sein, wenn der Empfänger des Versprechens sich bewußt ist, daß er dem Versprechenden die Erfüllung oder Nichterfüllung des Versprechens freistellt, vgl. unt. § 51 Note 27.

[160] Die Verwendung von Eid und Ehrenwort zur Verstärkung einer rechtlichen Zusage ist unter Umständen verboten, StrGB. § 302 b, oder sittenwidrig, RG. 68, 231; 74, 338; 78, 259; 82, 222.

[161] Beispiele bei Reichel, Schuldmitübernahme 243.

[162] Schloßmann, JheringsJ. 45, 77. Boehmer, ArchbürgRt.

nicht der Mangel der Ernstlichkeit, der die Rechtswirkung ausschließt (denn die Zusage kann mit dem festen Vorsatz der Erfüllung gegeben sein), sondern der selbstverständliche und daher nicht besonders geäußerte Wille, daß diese Zusage unter den Normen nicht des Rechtes, sondern der Freundschaft oder der sozialen Beziehungen stehen solle [163].

Es bleibt noch ein Bedenken gegen die hier vertretene sog. Rechtsfolgetheorie zu besprechen: wie verhält es sich, wenn die Parteien das Rechtsgeschäft wegen eines vermeintlichen Mangels für ungültig hielten, während es tatsächlich den Vorschriften des Gesetzes entspricht? Aus dem römischen Recht ist uns die Regel überliefert [164]: plus est in re quam in existimatione. Müßte die Regel so verstanden werden, daß das Geschäft wirksam ist, obgleich die Parteien es für ungültig hielten, so würde eine auf Rechtswirkung gerichtete Absicht nicht zum Wesen des Rechtsgeschäfts gehören. In dieser vielbesprochenen Frage [165] ist meines Erachtens davon auszugehen, daß nicht der Wille, sondern die Willenserklärung auf einen rechtlichen Erfolg gerichtet sein muß [166], und demgemäß sind zwei Fälle zu unterscheiden:

a) Der Erklärende hält seine Erklärung für unwirksam, während der Empfänger sie für wirksam hält, z. B. jemand kündigt, obgleich er kein Recht dazu zu haben glaubt, oder stellt einen Bürgschaftsschein aus in der Meinung, daß man sich nur vor Notar verbürgen könne. In solchen Fällen ist der rechtliche Inhalt der Erklärung vom Erklärenden nicht gewollt: er wollte eine

---

38, 327. Mit feinem juristischen Takt haben die Römer bei solchen Zusagen an der Stipulation festgehalten. Diese Form war bei ihrer Leichtigkeit dem Verkehr nicht hinderlich und doch aufs Beste geeignet, die rechtliche Bindung den Parteien zum Bewußtsein zu bringen und nach Außen hervortreten zu lassen.

[163] Auch Danz a. a. O. 148 spricht davon, daß die Parteien in solchen Fällen „keine Verpflichtung übernehmen wollen". Damit ist meines Erachtens, im Widerspruch zum prinzipiellen Standpunkt von Danz, die Erheblichkeit des Rechtsfolgewillens für das Rechtsgeschäft anerkannt; denn wenn jemand zu erkennen gibt, daß er eine Verpflichtung übernehmen oder nicht übernehmen will, so hat er einen auf Rechtswirkung gerichteten Willen geäußert.

[164] fr. 9 § 4 de juris et f. ign. 22, 6; fr. 4 § 1 de man. vind. 40, 2. Windscheid § 172 Note 9; Enneccerus, Rechtsgeschäft 39 fg.

[165] Vgl. die Literatur bei Henle, Vorstellungstheorie 301 fg., 419 fg.

[166] Vgl. ob. Note 9.

Kündigung nicht herbeiführen, eine Bürgschaftsverpflichtung nicht eingehen, weil er diesen Erfolg mit dem angewendeten Mittel nicht erreichen zu können glaubte. Die Gültigkeit seiner Erklärung hängt aber davon ab, wie er sich die Einwirkung derselben auf andere Menschen vorstellte: wollte er, daß die Erklärung für wirksam gehalten werde, so ist sie nach § 116 (Mentalreservation) gültig [167]; rechnete er damit, daß die Erklärung als ungültig betrachtet werde, so hat er, ohne es zu wollen, eine gültige Erklärung abgegeben, die er nach § 119 anfechten kann [168].

b) Wird die Erklärung weder vom Erklärenden noch vom Empfänger für wirksam gehalten, so ist diese von beiden Parteien geteilte Meinung der Auslegung zugrunde zu legen. Ist das vermeintliche Hindernis der Gültigkeit so beschaffen, daß es durch spätere Ereignisse beseitigt werden kann, so ist trotz der vermeintlichen Unwirksamkeit des Geschäftes ein rechtsgeschäftlicher Wille möglich, so z. B. bei Verfügung über fremdes Recht oder bei einem Vertrag mit einem Minderjährigen; wenn die Rechtswirkung, welche die Parteien erst durch eine Genehmigung, §§ 185 II, 108 I, zu erreichen hoffen, sofort eintritt, weil eine Genehmigung nicht nötig ist, so entspricht sie dennoch ihrem Willen; denn der im Rechtsgeschäft erstrebte Erfolg braucht nicht gerade auf dem Wege einzutreten, welchen die Parteien in erster Linie im Auge hatten. Fehlt es den Parteien an diesem Seitenblick auf mögliche Konvaleszenz ihres Geschäftes, so ist keine Rechtsfolgeabsicht vorhanden, daher auch keine Rechtswirkung [169]. Treffen z. B. die Parteien eine mündliche Verabredung, die sie für unverbindlich halten, weil sie glauben, daß Schriftform vorgeschrieben ist, so sind sie nicht gebunden, wenn sich herausstellt, daß keine Schriftform nötig ist. Denn nach sachgemäßer Auslegung wollten

---

[167] Vgl. unt. § 66 I.

[168] Auch ein eigenhändiges Testament, welches ein Erblasser in der Meinung, daß nur öffentliche Testamente gültig seien, errichtet hat, ist wirksam, weil es eine den Formen des Gesetzes entsprechende Willenserklärung des Erblassers enthält, kann aber nach § 2078 I angefochten werden, weil der Erblasser über den Inhalt seiner Erklärung im Irrtum war, d. h. die Erklärung als eine für den Erben nicht rechtlich verbindliche auffasste, Planck § 2231, II 5.

[169] RG. 68, 325: „Sind sich die Parteien der Nichtigkeit ihrer Verabredung bewußt, dann darf und muß ohne weiteres die zum Begriff des Rechtsgeschäftes, auch des nichtigen, erforderliche Richtung des Willens auf Hervorrufung einer Rechtswirkung als ausgeschlossen gelten.“ RG. 79, 214. Vgl. ob. § 48 Note 15.

sie die Bindung nicht und es fehlt jeder Grund, sie ihnen ungewollt aufzuerlegen. Dasselbe gilt von Verfügungen, die im beiderseitigen Glauben an ihre Ungültigkeit und ohne Aussicht auf Konvaleszenz vorgenommen werden. Wenn z. B. der Dieb die Sache dem Hehler übergibt, so können beide nicht die Absicht der Eigentumsübertragung haben, weil sie mit der Möglichkeit einer Konvaleszenz durch Genehmigung oder späteren Erwerb des Eigentums, § 185 II, nicht zu rechnen pflegen [170]. Stand die Sache im Eigentum des vermeintlichen Diebes, so fehlt es an der objektiven Voraussetzung des Deliktes des Diebstahls und der Hehlerei; und der Käufer kann froh sein, durch glücklichen Zufall der Strafe zu entgehen. Zivilrechtlich ist aber der Tatbestand mangels eines rechtsgeschäftlichen Willens nicht als wirksames Rechtsgeschäft anzusehen: der vermeintliche Hehler erwirbt kein Eigentum [171]; es liegt kein Grund vor, ihn besser zu stellen, als er selbst wollte und hoffen durfte. Anders verhält es sich aber bei der, nicht zu den Rechtsgeschäften zu rechnenden Aneignung, § 958 [172]: wenn jemand eine vermeintlich verlorene, tatsächlich aber herrenlose Sache okkupiert, so glaubt er zwar nicht, Eigentum zu erwerben und kann es daher auch nicht wollen; trotzdem muß man ihm das Eigentum zusprechen [173], da das Gesetz bei der Okkupation nur Eigenbesitz, und nicht den Willen des Eigentumserwerbs verlangt.

VII. Da das Rechtsgeschäft auf dem Willen der an ihm beteiligten Personen beruht, kann es grundsätzlich durch den Willen dieser Personen aufgehoben werden [174]. Wenn man von Aufhebung eines Rechtsgeschäftes spricht, z. B. von Aufhebung der Adoption, § 1770, des Erbvertrages, § 2290, des Ehevertrages,

---

[170] A. A. Manigk, Willenserklärung 545, der dem Erwerber, selbst wenn er den Eigentumserwerb für unmöglich hält, einen animus dominii acquirendi zuschreibt.

[171] Auch keinen Anspruch auf Erwerb des Eigentums; denn der Kaufvertrag ist wegen Sittenwidrigkeit nichtig, § 138. Jedoch braucht der Käufer die Sache nach § 817 dem Veräußerer nicht zurückzugeben und genießt den Besitzschutz.

[172] Vgl. ob. Note 148.

[173] Dies Resultat ist innerlich wenig gerechtfertigt. Allerdings kann man sagen, daß kein Grund vorliegt, dem Okkupanten, selbst wenn er seinen Eigentumserwerb für ausgeschlossen hielt, die herrenlose Sache vorzuenthalten.

[174] Über Aufhebung eines Rechtsgeschäfts durch Ausübung eines negativen Rechts vgl. Bd. I § 10.

eines Kauf- oder Mietvertrages, so ist darunter zu verstehen die Beseitigung nicht des Rechtsgeschäfts[175], sondern aller aus dem Rechtsgeschäft hervorgegangenen Rechtswirkungen in ihrer Gesamtheit [176]. Von der Aufhebung des Rechtsgeschäftes in diesem Sinne ist zu unterscheiden die Aufhebung einzelner durch das Rechtsgeschäft begründeter Rechte, welche oft durch den alleinigen Willen des Berechtigten erfolgen kann, Verzicht [177].

Der Vertrag, d. h. das auf dem Vertrag beruhende Rechtsverhältnis der Parteien kann in der Regel durch Verabredung der Parteien, contrarius consensus, aufgehoben werden [178]. Eine Ausnahme bildet die Ehe: sie wird durch Rechtsgeschäft geschlossen, aber nur durch Urteil aufgelöst, § 1564. Die Vertragsparteien können die Möglichkeit, ihren Vertrag aufzuheben, weder ausschließen noch erschweren [179]; das wäre eine Beschränkung ihrer auf Gesetz beruhenden Geschäftsfähigkeit [180]. Die vertragsmäßige Aufhebung wirkt ex nunc [181]; sie zerstört, wie der einseitige Rücktritt, § 346 fg., die aus dem Rechtsverhältnisse erwachsenen Rechte und Pflichten und begründet zugleich neue Verpflichtungen zur Rückgabe der bereits vorgenommenen Leistungen [182]. Von Aufhebung einer Verfügung kann nur dann die Rede sein, wenn aus der Verfügung eine Rechtsbeziehung zweier Personen entstanden ist; so kann man z. B. von der Aufhebung einer Verpfändung sprechen oder eines Vertrages, durch welchen ein sonstiges dingliches Recht an fremder Sache begründet wird; denn es besteht ein Rechtsverhältnis

---

[175] Vgl. ob. Note 3. Klein, Vertragl. Änderung des Inhalts 51.

[176] Unbeschadet der Rechte, welche aus dem Rechtsgeschäft für dritte Personen entstanden sind. Ist das Recht durch Vertrag zugunsten des Dritten entstanden, so können sich die Kontrahenten die Aufhebung vorbehalten, § 328 II.

[177] Vgl. ob. § 7 Note 6[a].

[178] Vgl. Bd. I § 5 Note 36.

[179] So kann z. B. ein Ehevertrag nicht mit der Klausel geschlossen werden, daß der Vertrag gar nicht oder nur mit Zustimmung einer dritten Person geändert werden könne. Ebenso kann in einem Beschluß die Aufhebung durch späteren Beschluß nicht erschwert werden. Das kann beim Verein nur durch Satzungsänderung geschehen, vgl. ob. § 35 S. 500.

[180] Vgl. unt. § 59 Note —.

[181] Vgl. ob. § 43 S. 28.

[182] Eccius, Gruchot 53, 311. Wenn die Aufhebung eine Verpflichtung zur Übertragung von Grundeigentum begründnt, unterliegt sie der Form des § 313.

zwischen dem Inhaber dieses Rechts und dem Eigentümer[183]. Dagegen kann eine Verfügung, durch welche ein Recht (Eigentum, Forderung, Recht an immateriellem Objekt) übertragen wird, nicht aufgehoben, sondern nur durch eine neue Verfügung im entgegengesetzten Sinn rückgängig gemacht werden. Denn die vollendete translative Verfügung hinterläßt zwischen dem Veräußerer und Erwerber keinerlei Rechtsverhältnis. Anders verhält es sich in den Vorstadien der Verfügung[184], in welchen die definitive Wirkung noch aussteht: die Auflassung kann, bevor die Eintragung erfolgt ist, durch Vertrag der Parteien aufgehoben werden; ebenso beim Eigentumserwerb an Mobilien die Einigung, bevor die Sache übergeben ist; denn in diesen Vorstadien besteht ein den Übergang des Rechtes vorbereitendes und mit dem Übergang erlöschendes Rechtsverhältnis zwischen dem Veräußerer und Erwerber[185].

Die Aufhebung eines einseitigen Rechtsgeschäfts durch den Willen dessen, der es vorgenommen hat, nennt man Widerruf. Die meisten einseitigen Rechtsgeschäfte sind kraft Gesetzes unwiderruflich[186]; in einigen Fällen, §§ 168, 183, erlaubt das Gesetz dem Erklärenden, auf den Widerruf zu verzichten. Soweit eine solche Vorschrift nicht besteht, kann beim widerruflichen Geschäft der Widerruf durch den Willen dessen, der das Geschäft vornimmt, weder ausgeschlossen noch erschwert werden. Das gilt insbesondere beim Testament[187].

VIII. Ein Rechtsgeschäft kann wiederholt werden, indem ein bereits erklärter Wille nochmals, in derselben oder in einer neuen Form, erklärt wird. So kann z. B. eine mündliche Kündigung nachträglich schriftlich abgegeben, ein mündlicher Vertrag schriftlich oder vor Gericht oder Notar geschlossen, eine Verfügung von Todes wegen in einem zweiten Testament oder in einem Erbvertrag vorgenommen werden. Unter Umständen ist es zweifelhaft, ob die zweite Äußerung als Willenserklärung zu gelten hat, so daß ein neues Rechtsgeschäft vorliegt, oder als Aussage über den Inhalt des bereits vorgenommenen Rechtsgeschäfts. Diese Frage ist lebhaft bestritten bei nachträglicher Beurkundung formloser Verträge[188]. Ist die zweite Äußerung als Willenserklärung aufzu-

---

[183] Vgl. ob. § 45 II 7.

[184] Vgl. ob. § 43 S. 20.

[185] Vgl. ob. § 5 Note 14.

[186] Vgl. unt. § 53 Note 77.

[187] Planck § 2253, 2.

[188] Vgl. unt. § 63.

fassen, so ist weiter zu fragen, ob das zweite Rechtsgeschäft neben dem ersten wirksam sein kann. Die Wirksamkeit ist ausgeschlossen, wenn die beabsichtigte Wirkung bereits durch das erste Geschäft erreicht ist [189]. So ist z. B. eine wiederholte Kündigung, wenn die erste Kündigung gültig war, wirkungslos [190]. Ebenso wäre bei Wiederholung eines Vertragsschlusses zu entscheiden, wenn nicht die Parteien die Möglichkeit hätten, bei Abschluß des zweiten Vertrages den ersten aufzuheben. Daher kann die Beurkundung eines mündlichen Vertrages in der Absicht und mit der Wirkung vorgenommen werden, daß der mündliche Vertrag durch den schriftlichen ersetzt wird. Bei Verfügungen von Todeswegen ist die Wirkung auf den Todesfall hinausgeschoben [191]. Daher besteht kein Hindernis, eine Verfügung, die bereits getroffen ist, in einem neuen Testament oder in einem Erbvertrag nochmals anzuordnen [192]; beide Verfügungen bestehen nebeneinander und kommen im selben Momente zur Wirksamkeit [193].

§ 51. Parteiwille und Gesetz.

I. Die Gestaltung der Rechtsverhältnisse durch Rechtsgeschäft der beteiligten Personen ist nur innerhalb gewisser Grenzen zulässig [1]. Einige Rechtsverhältnisse sind der Willkür der Parteien gänzlich entzogen, so im wesentlichen die persönlichen Beziehungen zwischen Ehegatten sowie zwischen Eltern und Kindern. Wo das Gesetz abändernde Bestimmung der Beteiligten überhaupt nicht zuläßt, kann man von absolut zwingendem Recht sprechen. Aber auch wo das Gesetz die rechtsgeschäftliche Selbstbestimmung der Parteien prinzipiell walten läßt, hat es für Voraussetzungen und Inhalt der Rechtsgeschäfte gewisse Schranken gezogen. Rechtssätze dieser Art kann man, da sie nur dann zur Anwendung kommen wenn die Parteien durch Vornahme eines Rechtsgeschäfts Anlaß dazu geben, relativ zwingendes Recht nennen. Einige dieser Rechtssätze regeln die Gültigkeitserfordernisse von Rechtsge-

[189] Vgl. ob. § 43 Note 7.

[190] Vgl. ob. § 10 V.

[191] Vgl. ob. II 3.

[192] Vgl. unt. § 56 Note.

[193] Soweit Widerspruch vorliegt, geht ein jüngeres Testament dem älteren vor, § 2258 II, ein Erbvertrag jedem jüngeren oder älteren Testament, § 2289 II.

[1] Vgl. Bd. I S. 25.

schäften (z. B. Form, Zustimmung anderer Personen oder der Behörde), andere beziehen sich auf den Inhalt und die Wirkungen des Rechtsgeschäftes. Die Rechtssätze, welche die Erfordernisse von Rechtsgeschäften zwingend normieren, zerfallen in Mußvorschriften und Sollvorschriften [2]. Die Beobachtung der Mußvorschriften ist Voraussetzung für die Gültigkeit des Rechtsgeschäfts. Die Sollvorschriften haben instruktionellen Charakter[3]: sie begründen Verpflichtungen, deren Nichtbefolgung nicht Ungültigkeit des Rechtsgeschäfts nach sich zieht, sondern andere Rechtsfolgen: Schadenersatz, eventuell disziplinäres Einschreiten gegen einen Beamten, der eine solche Vorschrift verletzt [4]. Die Mußvorschriften beschränken das Können, die Sollvorschriften das Dürfen der Beteiligten [5]. Der Gegenstand von Muß- und Sollvorschriften tritt deutlich hervor bei den Erfordernissen der Eheschließung [6], bei der Pfandveräußerung [7], bei der Stellung des Ehemanns zum eingebrachten Gut [8] und in zahlreichen anderen Fällen [9].

Da der rechtsgeschäftliche Wille nur durch die Sanktion der Rechtsordnung wirksam wird, so können die Parteien nur solche Rechtswirkungen herbeiführen, die das Gesetz als zulässig anerkennt. Insbesondere kann die Bindung des Willens durch Rechtsgeschäft [10] nicht weiter gehen, als das Gesetz es gestattet. Ein Vertrag kann z. B. nicht so geschlossen werden, daß die Möglichkeit der Aufhebung oder Änderung durch spätere Verabredung der Parteien wegbedungen wird [11]. Der Urheber eines

---

[2] Vgl. Bd. I Einl. Note 111.

[3] Crome § 20 Note 8 fg., Biermann § 27, 1.

[4] Bisweilen kann die Vornahme eines Rechtsgeschäftes wegen bevorstehender Verletzung von Sollvorschriften verhindert werden, so z. B. eine gegen § 1234 verstoßende Pfandveräußerung durch einstweilige Verfügung, Planck § 1234, 3.

[5] Vgl. Bd. I § 7 I.

[6] Die Ehe ist nur in den § 1323 genannten Fällen nichtig oder anfechtbar; die übrigen in § 1303 fg. aufgestellten Normen sind Sollvorschriften. Darauf beruht die Unterscheidung von trennenden und aufschiebenden Ehehindernissen.

[7] In § 1243 sind die Vorschriften zusammengestellt, deren Befolgung Voraussetzung der Rechtmäßigkeit der Pfandveräußerung ist.

[8] Vgl. §§ 1375, 1376 mit § 1377.

[9] Vgl. z. B. §§ 1735, 1756.

[10] Vgl. ob. § 50 Note 7.

[11] Vgl. ob. § 50 Note 179.

einseitigen widerruflichen Geschäfts kann sich nicht durch seine Erklärung der Möglichkeit des Widerrufs begeben [12].

In zahlreichen Fällen hat das Gesetz für gewisse wirtschaftliche oder soziale Zwecke der Parteien feste Typen von Rechtsgeschäften [13] aufgestellt und mit ganz oder zum Teil unabänderlichen Rechtsfolgen ausgestattet, so daß die Parteien vor der Wahl stehen, ob sie das Rechtsgeschäft mit den gesetzlich statuierten Wirkungen vornehmen, oder von der Erreichung ihres Zweckes absehen wollen. So können z. B. die Wirkungen der Adoption nur soweit abgeändert werden, als es nach § 1767 erlaubt ist; so kann ein Vermächtnis nicht anders als mit obligatorischer Wirkung errichtet werden, § 2174 [13a]. Das System der festen Typen ist im Sachenrecht durchgeführt: es gibt nur soviel aus dem Eigentum abgeleitete Rechte, als im Gesetz anerkannt sind [14]; der Inhalt dieser Rechte kann durch Verabredung nur soweit modifiziert werden, als das Gesetz es erlaubt [15]. So gibt es z. B. mangels gesetzlicher Sanktion keine Antichrese [16], keine Hypothek mit Besitz des Gläubigers, kein durch Rechtsgeschäft begründetes dingliches Retentionsrecht [17]; kein dingliches Vorkaufsrecht mit anderem als dem gesetzlichen Inhalt [18]; keine Reallast, deren Inhalt eine Unterlassung wäre [19]. Das Gesetz will die Belastung

---

[12] Im Testament ist die sog. clausula derogatoria unwirksam, Planck § 2253, 2. Die Vollmacht kann nur dann unwiderruflich erteilt werden, wenn es dem zugrunde liegenden Rechtsverhältnis entspricht, § 168, 2.

[13] Bekker § 97.

[13a] Einen Nacherben braucht der Erblasser nicht zu ernennen; ernennt er ihn aber, so kann er ihm die in § 2136 genannten Rechte nicht entziehen, RG. 77, 178.

[14] Numerus clausus der Sachenrechte, vgl. ob. § 6 Note 16; § 45 Note 37. Kein numerus clausus besteht für konstitutive Abzweigungen aus Immaterialgüterrechten, vgl. ob. S. 67.

[15] Vgl. z. B. § 1030 II.

[16] Planck, Vorb. 2 g vor § 1113; Dernburg III § 234 II.

[17] RG. 51, 86; 66, 25.

[18] Planck, Vorb. 3 vor §§ 1094 und 1098, 1. Insbesondere gibt es kein dingliches Vorkaufsrecht für einen im Voraus bestimmten Preis, Wolff, Sachenrecht § 126 Note 32.

[19] Vgl. über diese streitige Frage Planck § 1105, 2 b; Lehmann, Unterlassungspflicht 164; Wolff, Sachenrecht § 127 I 2. Die Reallast ist nach gesetzlicher Definition eine Belastung mit wiederkehrenden Leistungen; dazu gehören wiederkehrende, nicht aber dauernde Unterlassungen, vgl. Bd. I S. 104. Dauernde Unterlassungen können den Inhalt von Grund-

des Eigentums nicht schrankenlos erlauben, damit die Rechtsmacht des Eigentümers nicht durch Abzweigung von Befugnissen überwuchert werde [20].

Eine weit größere Bewegungsfreiheit ist dem Parteiwillen im Obligationenrecht gewährt: die vom Gesetz aufgestellten Vertragstypen [21] haben keine exklusive Bedeutung [22]; sie dienen dazu, die meist unvollständige Parteiverabredung durch Festsetzung von Nebenwirkungen auszugestalten [23], vgl. ob. S. 163. In Ergänzung und Spezialisierung des Gesetzes hat die Verkehrssitte, den wirtschaftlichen Vorgängen und Bedürfnissen entsprechend, zahlreiche Vertragstypen geschaffen [24]. Auch gibt es Verträge, die ihrem Inhalt nach ganz oder teilweise mehreren Vertragstypen angehören (sog. Mischverträge [25]) oder so singulär gestaltet sind, daß sie unter keinen Vertragstypus passen [26]. Innerhalb der prin-

dienstbarkeiten bilden, § 1018, deren Zulässigkeit von der utilitas fundi abhängt, § 1019. Diese Schranke kann nicht dadurch umgangen werden, daß eine Unterlassung zum Inhalt einer Reallast gemacht wird.

[20] Wenn eine Belastung unzulässig ist, sind die Parteien zur Erreichung ihres wirtschaftlichen Zweckes auf den Weg der obligatorischen Verabredung angewiesen.

[21] Für einseitige Rechtsgeschäfte gilt das Prinzip des festen Typus, Crome § 79 Note 15; Breit, Geschäftsfähigkeit 95. Ebenso für konstitutive Abzweigungen von Forderungen: zugelassen sind nur Nießbrauch und Pfandrecht an Forderungen, vgl. ob. § 45 Note 41.

[22] Dernburg II § 78, 2; Crome § 210; Enneccerus § 176 I; für Einschränkung der Typenfreiheit Endemann § 156. Im römischen Recht war der Vertragstypus von weit größerer Bedeutung: entscheidend für die Klagbarkeit der Verabredung; von der allgemeinen Formvorschrift (stipulatio) waren bestimmte Kontraktsarten (Real- und Konsensualkontrakte) ausgenommen.

[23] Bisweilen hat der Gesetzgeber bei Aufstellung von Rechtssätzen für einen Vertragstypus nur die häufigsten Fälle im Auge gehabt, so daß die angeordneten Rechtsfolgen nicht für alle unter die Definition der Vertragsart gehörenden Fälle passen, Schreiber, JheringsJ. 60, 151 fg. So ist z. B. das Recht des Werkvertrags auf materielle Werke berechnet und läßt sich nur schwer auf immaterielle Werke anwenden.

[24] Z. B. der Verpflegungsvertrag, OLG. 22, 255; der Vertrag auf Lieferung elektrischer Kraft, Enneccerus § 370 I 2 d; der Inseratenvertrag, Elster im Börsenbl. f. d. Deutschen Buchhandel 1907; der Garantievertrag, Enneccerus § 417 II.

[25] Vgl. Enneccerus § 323; Hoeniger, Gemischte Verträge; Schreiber, JheringsJ. 60, 106 fg.

[26] Beispiel: OLG. 22, 201. Solche Geschäfte haben keinen im Gesetz anerkannten Namen; natura conditum est, ut plura sint negotia quam vocabula, fr. 4 D. 19. 5.

zipiellen Typenfreiheit sind dem Parteiwillen bei der Ausgestaltung der Schuldverhältnisse Schranken gezogen. Gewisse Verabredungen z. B. die im Voraus getroffene Vereinbarung des Zinseszinses erklärt das Gesetz für nichtig, § 248. Zahlreiche vom Gesetz angeordnete Nebenwirkungen von Verträgen können durch die Partei nicht beseitigt werden, z. B. § 247 I 2; § 276 II [27]; § 619. Solche zwingende Vorschriften bezwecken meistens den Schutz der Partei, welche das Gesetz als die sozial oder wirtschaftlich schwächere [28] ansieht [28a]. Andere zwingende Vorschriften geben der Partei die Möglichkeit, sich einer durch Änderung der Umstände unbillig gewordenen Bindung zu entziehen: durch Kündigung aus wichtigem Grunde beim Dienstvertrag, § 626, Auftrag, § 671, bei der Gesellschaft, § 723, und gesellschaftsähnlichen Verhältnissen [29]. In anderen Fällen besteht das unentziehbare Recht, eine versprochene Leistung, weil sie unverhältnismäßig hoch ist, durch Richterspruch herabsetzen zu lassen, §§ 343, 655, HGB. § 741 [30].

Eine allgemeine Schranke findet im Obligationenrecht der Parteiwille an Gesetz und Sitte [31]: Verträge, die gegen das Gesetz oder die guten Sitten verstoßen, sind nichtig, §§ 134, 138. Aber diese Schranke ist nicht die einzige: trotz des Wortlauts von § 241 kann nicht jedes Tun oder Unterlassen zum Gegenstand eines Schuldverhältnisses gemacht werden [32]. Kein Schuldverhältnis

---

[27] Diese Vorschrift wird hauptsächlich dann zur Anwendung kommen, wenn der Erlaß der Haftung für Vorsatz sich in einer vom Gläubiger unterschriebenen Urkunde vorfindet, und der Gläubiger sich der Tragweite dieser Klausel nicht bewußt war, vgl. ob. § 50 Note 159.

[28] Vgl. z. B. die zwingenden Vorschriften des RGes. über Abzahlungsgeschäfte.

[28a] Als gefährlich und daher unzulässig gilt oft nur der im Voraus erfolgende Verzicht auf ein Recht, während der Verzicht auf das entstandene Recht bzw. die fällige Forderung als unbedenklich erscheint, vgl. OLG. 22, 305: Verzicht auf das Dienstzeugnis, § 630.

[29] RG. 65, 37. 75, 234. 78, 301. Auf demselben Gedanken beruht die grundsätzliche Widerruflichkeit der Vollmacht, § 168, und das unentziehbare Recht des Austritts aus dem Verein, § 39, vgl. ob. § 38 II.

[30] Vgl. ferner die zeitlichen Beschränkungen der obligatorischen Verträge ob. § 6 Note 43, und der Verfügungen von Todes wegen, ob. § 22 Note 8.

[31] RG. 53, 297.

[32] Bisweilen wird als Erfordernis des Schuldverhältnisses ein Geldwert der Leistung oder ein pekuniäres Interesse des Gläubigers verlangt, Dernburg II § 84, Hellwig, ArchZivPr. 86, 223, Endemann

entsteht, wenn eine Handlung versprochen wird, die nicht dem Rechtsgebiet angehört, sondern einen gesellschaftlichen, sittlichen oder religiösen Charakter hat [33]. Aber auch auf dem Gebiete, welches grundsätzlich der Herrschaft des Rechts unterliegt, gibt es persönliche Lebensgüter, in bezug auf welche nach unserer Volksanschauung dem Menschen die freie, durch keine privatrechtliche Verpflichtung gehemmte Entschließung zustehen soll. Daher ist z. B. unwirksam ein Versprechen, welches sich auf Eheschließung, Scheidung, Adoption eines Kindes, Wechsel der Konfession oder der Staatsangehörigkeit bezieht, die Freizügigkeit oder freie Berufswahl in ungehöriger Weise einengt, oder zu frivoler Lebensgefährdung verpflichtet [34]. Ferner kann die Ausübung öffentlicher Befugnisse oder Verpflichtungen durch privatrechtliche Verträge nicht beschränkt werden; man kann sich z. B. nicht gültig verpflichten, das Zeugnis zu verweigern oder eine Strafanzeige zu unterlassen [35].

Diese allgemein anerkannten, aber im Gesetz nicht besonders ausgesprochenen Schranken der privatrechtlichen Verpflichtungsmöglichkeit werden in Theorie und Praxis auf den § 138 gestützt: man erklärt ein Versprechen des oben dargelegten Inhalts für unwirksam, weil es gegen die guten Sitten verstoße, sich in bezug auf derartige Handlungen durch Vertrag zu binden. Ebenso wird auf § 138 zurückgeführt das allgemeine Prinzip [36], daß eine an sich zulässige Beschränkung der wirtschaftlichen Bewegungsfreiheit nach Zeit [37], Ort und Gegenstand nicht so weit gehen dürfe, daß die Lage des Schuldners in unerträglicher Weise erschwert werde. Aus diesem Gesichtspunkt werden namentlich Konkurrenzverbote (soweit sie nicht dem § 74 HGB. unterstehen) auf ihre Zulässigkeit geprüft [38]. Bei der Frage, ob eine übermäßige Beschränkung der

---

§ 109. Dagegen, mit Recht, die herrschende Meinung, vgl. Oertmann § 241, 1; Enneccerus § 225 II 2.

[33] Vgl. ob. § 50 Note 157.

[34] Vgl. die Kommentare zu § 138.

[35] Anders bei Antragsdelikten, RG. 42, 60, bei denen die Verfolgung vom Ermessen des Verletzten abhängt.

[36] Vgl. z. B. RG. 53, 154; 68, 229. Enneccerus § 178 II 2.

[37] Vgl. z. B. die Erwägungen, welche RG. 67, 102 darüber anstellt, ob ein auf 18 Jahre geschlossener Bierlieferungsvertrag eine zu weit gehende Beschränkung des Schuldners enthält, vgl. RG. 76, 78. OLG. 28, 32.

[38] Lehmann, Unterlassungspflicht 139, Oertmann zu § 138 S. 429.

persönlichen Freiheit vorliegt, findet eine Abwägung statt zwischen dem für den Schuldner erwachsenden Nachteil und dem Interesse des Gläubigers [39]: je schutzwürdiger dieses Interesse ist, um so größer ist das Maß der als zulässig geltenden Bindung des Schuldners. So kann z. B. eine Verpflichtung zu lebensgefährlichen Leistungen durch den Zweck des Vertrags gerechtfertigt sein (Verpflichtungen der Seeleute und Feuerwehrleute), während die Verpflichtung anderer Schuldner, z. B. eines Beauftragten oder Verwahrers, an der Lebensgefahr ihre Grenze findet [40]. So kann die Vereinssatzung den Mitgliedern Beschränkungen der persönlichen Freiheit auferlegen, welche unter gleichstehenden Kontrahenten unzulässig wären, z. B. die Verpflichtung, die Kirche zu besuchen oder sich des Alkohols zu enthalten [41].

Die Ableitung der Beschränkungen des Parteiwillens aus der Rücksicht auf die guten Sitten ist durch die Vorgeschichte und die Fassung unseres Gesetzbuchs gegeben: das Gesetz hat keine allgemeinen Grundsätze über die Grenzen der Verpflichtungsmöglichkeit, sondern nur vereinzelte Bestimmungen darüber aufgestellt. Wenn man die Unzulässigkeit übermäßiger Bindungen aus einem Paragraphen des Gesetzes ableiten will, so kann das nur so geschehen, daß man solche Bindungen als sittenwidrig und als infolge dessen nach § 138 nichtig bezeichnet. Dieser durch das Gebiet der Moral führende Umweg scheint mir aber der Sachlage nicht zu entsprechen [41a]. Die Beschränkungen der Verpflichtungsmöglichkeit beruhen nicht auf den Geboten der guten Sitten (obgleich sie inhaltlich mit diesen Geboten übereinstimmen können), sondern sind der Rechtsordnung immanent [42]. Das Gesetz sanktioniert

[39] Hat die Leistung einen objektiven Geldwert (Zahlung, Sachleistung, Arbeitsleistung), so ist ein Interesse des Gläubigers nicht Voraussetzung der Gültigkeit des Vertrages; denn solche Verpflichtungen enthalten prima facie keine unzulässige Beschränkung der Freiheit des Schuldners, vgl. ob. § 1 Note 13 und KritVJSchr 43, 581.

[40] v. Tuhr, Notstand im Zivilrecht § 9; Brütt, Rechtsanwendung 206; Oertmann zu § 138 S. 429.

[41] Vgl. ob. § 38 Note 36.

[41a] Vgl. Eckstein, ArchBürgRt. 38, 194.

[42] Dagegen ist der Gesichtspunkt des Verstoßes gegen die guten Sitten zutreffend, wenn die Unwirksamkeit eines Vertrages nicht darauf beruht, daß die Bewegungsfreiheit der Kontrahenten übermäßig beengt wird, sondern auf einer unzulässigen Schädigung der Interessen der Allgemeinheit oder dritter Personen, was bei Kartellverträgen und dem pactum de non licitando vorkommen kann, vgl. Lehmann a. a. O. 142 fg.

nicht rechtsgeschäftliche Bindungen jeglichen Inhalts, sondern nur solche Bindungen, welche mit unseren sozialen und wirtschaftlichen Zuständen vereinbar sind [43]. Daß die Schranken der Verpflichtungsmöglichkeit rechtlicher Natur sind, zeigt sich daran, daß die Frage der Sittenwidrigkeit sofort verschwindet, sobald das Gesetz die Zulässigkeit einer Bindung genauer abgrenzt: ein gegen HGB. § 74 verstoßendes Konkurrenzverbot ist unwirksam, nicht weil es unsittlich ist, sondern weil es eine unbillige Erschwerung des Fortkommens enthält [44]; aus demselben Grunde ist ein außerhalb des HGB. § 74 stehendes Konkurrenzverbot, wenn es übermäßig ist, unwirksam; daher scheint es mir überflüssig und unrichtig, wenn man solche Verabredungen, um einen Anhaltspunkt im Gesetz zu gewinnen, als Verstoß gegen die guten Sitten charakterisiert.

Daß der wahre Grund der Unwirksamkeit der oben erwähnten Verpflichtungen nicht in ihrer Unsittlichkeit liegt, hat zur Folge, daß dieselben Handlungen, welche nicht gültig versprochen werden können, unter Umständen als Bedingung einer Belohnung oder eines strafähnlichen Versprechens [45] verabredet werden dürfen, ohne daß ein Verstoß gegen die guten Sitten vorliegt. Wird z. B. für Adoption eines Kindes, für eine lebensgefährliche Leistung oder für Unterlassung einer Strafanzeige eine Geldsumme versprochen, so ist der Vertrag nur dann nichtig, wenn er sich unter Berücksichtigung aller Verhältnisse in seinem Zweck und Erfolg als unsittlich darstellt [46], während eine Verpflichtung zu solchen Leistungen unter allen Umständen unwirksam ist, auch wenn sich aus der ganzen Sachlage und den Absichten der Parteien nichts unsittliches ergibt [47]. Sucht man den Grund der Unzulässigkeit

---

[43] So ist z. B. eine rechtsgeschäftliche Beschränkung der Geschäftsfähigkeit oder der Verfügungsmacht (§ 137) unzulässig nicht wegen der in einem solchen Rechtsgeschäft möglicherweise enthaltenen Sittenwidrigkeit, sondern weil das Gesetz die Herbeiführung derartiger Rechtserfolge durch Parteiwillen grundsätzlich nicht erlaubt.

[44] Auch die Unverbindlichkeit von Verabredungen zur Erlangung günstigerer Lohn- und Arbeitsbedingungen (GewO. § 152) beruht nicht auf moralischen, sondern auf nationalökonomischen Erwägungen des Gesetzgebers, der in der Freiheit des Arbeitsvertrages eine unantastbare Voraussetzung unseres Wirtschaftslebens sieht.

[45] Lehmann a. a. O. 137; Oertmann, Vorb. 2c vor § 339.

[46] Vgl. z. B. für die Strafanzeige Lehmann a. a. O. 154, Staudinger I 4b zu § 138, SeuffArch. 58, 179.

[47] Daher kann ein Vertrag, in welchem jemand gegen Entgelt zu

einer übermäßigen Freiheitsbeschränkung in der Unsittlichkeit des Vertrages, so kommt man dazu, den Vertrag nicht nur soweit er das zulässige Maß der Bindung überschreitet, sondern in vollem Umfange für ungültig zu erklären [48], worin für den Gläubiger, der sich über das Maß des Zulässigen entschuldbar geirrt hat, eine unverdiente Härte liegen kann. Meines Erachtens braucht die Ungültigkeit solcher Verträge nicht weiter zu gehen als ihr Grund: ungültig ist die Bindung des Schuldners nur soweit, als sie das erlaubte Maß überschreitet [49]; ob der Vertrag bei der so geminderten Verpflichtung des Schuldners bestehen kann, ist nach § 139 zu beurteilen. Daher ist § 74 HGB. nicht als singuläre Bestimmung aufzufassen, sondern als Anwendung eines allgemeinen und richtigen Grundsatzes [50], welcher auch in der Herabsetzung der Vertragsstrafe, § 343, zum Durchbruch gekommen ist [51].

Zur rechtlichen Beurteilung zu weit gehender Verpflichtungen ist noch folgendes zu erwägen: die Umstände, welche eine Verpflichtung bei ihrer Übernahme als übermäßig erscheinen lassen, können sich auch später ereignen: so kann z. B. die Handlung, zu welcher sich der Schuldner verpflichtet hat, infolge späterer Umstände einen lebensgefährlichen Charakter annehmen. Daß die Verpflichtung des Schuldners unter solchen Umständen erlischt, pflegt man nicht aus einer nachträglichen Sittenwidrigkeit des Vertrages zu erklären, sondern daraus, daß die Leistung „nach der für das Recht maßgebenden vernünftigen ethischen und wirtschaftlichen Betrachtung“ [52] sich als „unmöglich“ [53] oder „unerschwinglich“ [54] erweist [55]. Ebenso erlischt das vertragliche

---

einer solchen Handlung verpflichtet wird, aufrechterhalten werden als bedingte Zusage einer Belohnung.

[48] OLG. 22, 142; 22, 205.

[49] So richtig RG. 64, 94 bei Verstoß gegen § 4 II des AbzahlungsGes. Vgl. RG. 1. 3. 13 (JW. 42, 541): ein für unbestimmte Dauer verabredetes pactum de non alienando wird für eine den Umständen entsprechende Zeit als gültig anerkannt.

[50] Marcus, DJZ. 12, 952. Eckstein a. a. O. 208.

[51] Daher ist bei übermäßigen Vertragsstrafen neben dem Herabsetzungrecht des § 343 die Anwendung des § 138 nur unter besonderen Umständen möglich, wie sie z. B. in dem vom RG. 68, 231 entschiedenen Falle vorlagen.

[52] Enneccerus § 268, 2.

[53] Kisch, Unmöglichkeit 13.

[54] Kipp, Zus. 1 zu Windscheid § 264.

[55] Die angemessene Entscheidung gibt meines Erachtens Krück-

Konkurrenzverbot, wenn das Interesse des Gläubigers wegfällt [56], weil die durch das Interesse des Gläubigers gerechtfertigte Freiheitsbeschränkung des Schuldners mit Wegfall dieses Interesses gegenstandslos und daher unzulässig geworden ist [57]. Dieselben von der Sittenwidrigkeit absehenden Erwägungen, welche zu den nachträglichen Begrenzungen der Schuldnerpflicht führen, müssen meines Erachtens genügen, um die anfänglichen Schranken der Verpflichtungsmöglichkeit zu begründen.

II. Das nachgiebige Recht kommt für das Gebiet der Rechtsgeschäfte in verschiedenen Funktionen in Betracht [58]:

1. Als auslegendes Recht. Der Parteiwille findet oft einen ungenauen und daher mehrdeutigen Ausdruck. Für den Fall, daß nicht konstatiert werden kann, was der Erklärende mit seinen Worten gemeint hat und wie sie bei empfangsbedürftiger Erklärung von seinem Gegner verstanden werden konnten, wird vom Gesetz eine Bedeutung als die normale und daher maßgebende bezeichnet [59]. So werden in § 186 fg. für die Berechnung von Fristen und Terminen Regeln aufgestellt, welche das Gesetz selbst als „Auslegungsvorschriften“ bezeichnet. Meist wird ein auslegender Rechtssatz im BGB. dadurch charakterisiert, daß er nur „im Zweifel“ gelten soll. Solche Regeln stellt das Gesetz da auf, wo erfahrungsmäßig eine Unklarheit in den Willensäußerungen der Parteien vorkommt und eine erhebliche Unsicherheit der Rechtsfolgen herbeiführt. Typische Beispiele finden sich im Testamentsrecht: das Gesetz bestimmt, was unter „Kindern“ des Erblassers zu verstehen ist, § 2068, welche Abkömmlinge eines Dritten als bedacht zu gelten haben, § 2070, wie der Kreis der bedachten Dienstboten usw. abzugrenzen ist, § 2071 [60]. Die meist zweifelhafte Frage, ob die Übernahme einer neuen Verbindlichkeit durch

mann, ArchZivPr. 101, 1 fg.; es geht zu weit, wenn man eine ungewöhnliche Schwierigkeit der Leistung der Unmöglichkeit gleichstellt und infolgedessen die Obligation für nichtig resp. ipso iure aufgehoben erklärt. Es genügt, wenn man dem Schuldner eine aus § 242 zu begründende Einrede gewährt. Wenn aber der Schuldner sich der noch so schweren Leistung unterziehen will, darf der Gläubiger nicht unter Berufung auf die zu weit gehende Bindung des Schuldners die Gültigkeit des Vertrages bekämpfen, Oertmann, Vorb. 3a vor § 275.

[56] Staub, HGB. § 74 Anm. 8.

[57] RG. 47, 240.

[58] Bd. I S. 25.

[59] Vgl. unt. § 64.

[60] Vgl. ferner §§ 2084, 2101, 2102.

den Schuldner oder die Erteilung einer Anweisung Zahlungshalber oder an Zahlungsstatt gemeint ist, entscheidet das Gesetz in ersterem Sinn, §§ 364 II, 788 [61]. Auslegungsregel ist die Erstreckung des obligatorischen Vertrags, des Vermächtnisses und der Tradition auf das Zubehör, §§ 314, 2164, 926 I 2; ebenso die Vorschrift, daß das Recht des Dritten erst mit dem Tode des Versprechensempfängers entstehen soll, § 331 I; daß bei Erbeseinsetzung von Abkömmlingen unter Umständen Ausgleichung gewollt ist, § 2052; daß ein auf bestimmte Zeit eingeräumtes Vorkaufsrecht als vererblich gemeint ist, § 514, 2. Auslegend ist der Rechtssatz des § 271 II (dies pro reo). Da die Auslegungsregel den Sinn einer Willenserklärung feststellen soll, so wird sie beiseite geschoben durch den Nachweis, daß der Erklärende resp. sein Gegner [62] die auslegungsbedürftigen Worte in einem bestimmten Sinne verstanden haben. Dieser Nachweis braucht auch bei formellen Geschäften, z. B. beim Testament, nicht aus dem Inhalt der Urkunde erbracht zu werden; er kann sich aus Umständen ergeben, die außerhalb der Geschäftsform liegen, z. B. aus späteren Äußerungen des Erblassers über den Sinn seines Testaments [63]. Es genügt, daß der Richter zur Überzeugung kommt, daß die Parteien den fraglichen Ausdruck anders verstanden haben, als ihn der Gesetzgeber „im Zweifel" gedeutet haben will [64].

2. Das nachgiebige Recht ist ergänzend, wenn es Nebenwirkungen [65] des Rechtsgeschäftes anordnet für den Fall solcher Umstände oder Ereignisse, welche die Parteien nicht vorausgesehen haben und daher nicht haben ordnen wollen. Auch das ergänzende Recht kann von den Parteien ausgeschaltet werden, wenn sie für den vom Gesetz vorgesehenen Fall eine abweichende Bestimmung, sei es ausdrücklich, sei es stillschweigend, treffen. Die Formulierung der ergänzenden Vorschriften ist verschieden: bisweilen ergibt sich ihre nachgiebige Natur aus ihrer Bedeutung

---

[61] § 788 ist Auslegungsvorschrift, obgleich die Worte „im Zweifel" fehlen, Danz, Auslegung 117 Anm. 1.

[62] Hat der Erklärende einen von der Auslegungsregel abweichenden Willen, ohne daß dieser Wille dem Gegener erkennbar ist, so bleibt die Regel in Kraft (unrichtig Planck § 926, 2); es kann aber Anfechtung nach § 119 I in Betracht kommen.

[63] Planck, Vorb. 4 vor § 2064.

[64] Auslegungsregel mit beschränktem Gegenbeweis: WO. Art. 21 II.

[65] Vgl. ob. § 50 S. 164.

und Tragweite [66], oder durch Umkehrschluß daraus, daß andere Vorschriften vom Gesetz als zwingend bezeichnet sind [67]. In anderen Fällen sagt das Gesetz ausdrücklich, daß eine gesetzliche Rechtsfolge durch Bestimmung der Partei ausgeschlossen werden kann [68] oder daß sie nur dann eintreten soll, wenn die Parteien nicht etwas anderes bestimmt haben [69]. Bisweilen ist eine ergänzende Rechtswirkung mit den für die Auslegungsregeln charakteristischen Worten „im Zweifel" angeordnet. So soll z. B. das Vermächtnis „im Zweifel" gewisse Surrogate umfassen (Schadenersatzforderung wegen Vernichtung, Beschädigung, Entziehung der vermachten Sache, §§ 2164 II, 2169 III); die Erbeseinsetzung eines Abkömmlings soll sich bei Wegfall desselben nach Testamentserrichtung auf dessen Abkömmlinge beziehen, § 2069. Da solche Ereignisse meist außerhalb des Gesichtskreises des Erblassers liegen, kann in bezug auf sie von einem auszulegenden Willen keine Rede sein: sondern das Gesetz ordnet die Rechtswirkungen eines Ereignisses, weil es in der Regel vom Erblasser nicht vorausgesehen wird, nach eigenem Ermessen und gestattet dem Erblasser, wenn er ausnahmsweise mit diesem Ereignis gerechnet hat, abweichende Bestimmungen zu treffen.

Der Unterschied des auslegenden und ergänzenden Rechts ist logisch unverkennbar: die Auslegungsregel fixiert den Sinn einer Parteierklärung: ihr Inhalt gilt als Wirkung des richtig verstandenen rechtsgeschäftlichen Willens. Das ergänzende Recht gilt als Vorschrift des Gesetzes; nicht weil die Parteien die Rechtswirkung gewollt haben, sondern weil sie es unterlassen haben, eine abweichende Bestimmung zu treffen. Da aber diese abweichende

---

[66] So sind z. B. die Vorschriften über Haftung des Verkäufers für Rechtsmängel und Sachmängel nachgiebig, weil bei der gleichen Stellung der Parteien kein Grund vorliegt, ihnen eine abweichende Regelung zu verwehren.

[67] So ergibt sich aus § 276 II a contrario, daß die Haftung für Fahrlässigkeit wegbedungen werden kann.

[68] § 2094 III: „Der Erblasser kann die Anwachsung ausschließen."

[69] §§ 271 I, 269, 331 II, 514, 1; 2050 I. Der Unterschied der Formulierung ergänzender Rechtssätze soll nach RG. 68, 308 für die Beweislast in Betracht kommen: behauptet z. B. der Beklagte eine von § 609 abweichende Verabredung der Kündigungsfrist, so soll er zu beweisen haben; behauptet er aber eine verabredete Hinausschiebung der Leistungspflicht, so soll es dem Kläger obliegen, zu beweisen, daß eine solche Verabredung nicht getroffen ist; weil § 271 I die sofortige Fälligkeit der Forderung nur für den Fall anordnet, daß eine Zeit für die Leistung nicht bestimmt ist.

Bestimmung, ebenso wie bei der Auslegung die Konstatierung des wirklich gewollten Sinnes, aus den Umständen entnommen werden kann, so verwischt sich in der praktischen Anwendung der Unterschied beider Arten von Rechtssätzen: die ergänzenden Rechtssätze werden ebenso wie die auslegenden durch den Nachweis beseitigt, daß die Parteien eine andere Rechtsfolge, als die vom Gesetz angeordnete, gewollt haben. Nur bei formellen Rechtsgeschäften, insbesondere beim Testament, ist daran festzuhalten, daß es zur Beseitigung eines ergänzenden Rechtssatzes einer Willenserklärung bedarf und daß diese Erklärung sich aus dem Inhalt der Urkunde ergeben muß [70], während die Auslegung auch das außerhalb der Form liegende Material berücksichtigen darf.

In einigen Fällen stellt das Gesetz ergänzende Vorschriften auf, die nicht bloß vor einem wirklichen, sondern schon vor einem hypothetischen Willen [71] der Parteien zurückweichen sollen. So wird z. B. die Offerte nach § 153 durch den Tod des Offerenten nicht unwirksam, „es sei denn, daß ein anderer Wille des Offerenten anzunehmen ist“ [72]. Nach § 1301 soll die Rückforderung der Geschenke bei Auflösung des Verlöbnisses durch den Tod „im Zweifel“ ausgeschlossen sein. Ausdrückliche Bestimmungen für den Fall des Todes werden in der Offerte oder bei Schenkungen unter Verlobten selten getroffen. Die Annahme, daß das Gesetz an stillschweigende Bestimmungen dieser Art denkt, verbietet sich durch die Erwägung, daß Offerenten und Verlobte in den seltensten Fällen an die Möglichkeit des Todes denken [73]. Der Wille, auf den § 153 abstellt und § 1301 durch die Formel „im Zweifel“ verweist, ist daher als das zu verstehen, was die Parteien vermutlich gewollt h ä t t e n , wenn sie an die Möglichkeit des Todes gedacht hätten [74].

3. Neben dem auslegenden und ergänzenden Recht gibt es u m d e u t e n d e Rechtssätze: dem erklärten Parteiwillen wird, weil er undurchführbar ist oder dem Gesetzgeber als unerwünscht erscheint, ein anderer Inhalt untergeschoben. So bestimmt § 360,

[70] Zur Ausschließung der Anwachsung genügt nicht, daß der Erblasser diese Ansicht hatte: er muß sie innerhalb des Testamentes zum Ausdruck gebracht haben, P l a n c k § 2094, 5.

[71] Z i t e l m a n n , Allgem. Teil 91, Intern. PrivR. II 218 fg.

[72] Vgl. unt. § 62.

[73] Denn gerade dieser Gedanke würde den Offerenten von der Stellung des Antrages abgehalten haben.

[74] O e r t m a n n § 153, 3 c.

daß der Vorbehalt, der Schuldner solle seine Rechte aus dem Vertrag verlieren, wenn er seine Verbindlichkeiten nicht erfülle, als Rücktrittsrecht des Gläubigers gelten soll [75]. Nach § 2072 soll anstelle der wegen Unbestimmtheit der Person [76] undurchführbaren Bedenkung der „Armen" die Armenkasse bedacht sein. Die letztwillige Bedingung einer Unterlassung oder fortgesetzten Tuns wird, weil ihre praktische Durchführung zweckwidrig ist, nach § 2075 in eine gegenteilige auflösende Bedingung umgewandelt. Es handelt sich hier, obgleich das Gesetz in §§ 2072, 2075 den Ausdruck „im Zweifel" gebraucht, nicht um Auslegung [77]; denn die vom Gesetz angeordnete Rechtsfolge wird in den meisten Fällen außerhalb des Gesichtskreises des Erblassers liegen und daher seinem wirklichen Willen nicht entsprechen; sie soll nur dann nicht eintreten, wenn anzunehmen ist, daß der Erblasser, wenn ihm diese Rechtsfolge bekannt gewesen wäre, sie nicht gewollt h ä t t e. Ebenso handelt es sich um Umdeutung einer wirklich abgegebenen Willenserklärung gemäß einem hypothetischen Parteiwillen in § 139 und 140: bei partieller Nichtigkeit eines Rechtsgeschäftes soll der Überrest gültig sein, wenn anzunehmen ist, daß die Parteien das Geschäft ohne den nichtigen Teil vorgenommen hätten; anstelle des beabsichtigten aber nichtigen Geschäftes kommt ein anderes Geschäft zustande, wenn es die Parteien bei Kenntnis der Nichtigkeit gewollt hätten [78].

Eine sehr weitgehende, dem Parteiwillen meist nicht entsprechende Umdeutung ist in § 566 angeordnet: ein Mietvertrag, der für länger als ein Jahr mündlich geschlossen ist, soll als für unbestimmte Zeit mit Kündigung auf Schluß des ersten Jahres geschlossen gelten. Eine Umdeutung des Parteiwillens findet ferner statt bei Anwendung des § 931: will A eine im Besitz des X befindliche Sache an B übereignen, so sind sich die Parteien selten bewußt, daß das Gesetz dazu die Abtretung des Herausgabeanspruches verlangt. Man pflegt aber, wenn sie den Willen der Übereignung geäußert haben, zu subintelligieren, daß sie die

---

[75] Diese Bestimmung ist nicht zwingend; die Parteien können verabreden, daß die Verwirkungsklausel in ihrer vollen Schärfe gelten soll, O e r t m a n n § 360, 3; E n n e c c e r u s § 264 Anm. 2. Dagegen enthält das RGes. üb. Abzahlungsgesch. zwingendes Recht.

[76] Vgl. Bd. I S. 73.

[77] W e n d t , ArchZivPr. 92, 109.

[78] Vgl. unt. § 56.

Zession gewollt haben, d. h. man nimmt an, daß sie die Zession gewollt hätten, wenn sie gewußt hätten, daß sie zur Übertragung des Eigentums nötig ist[79].

§ 52. Bestandteile des Rechtsgeschäftes.

I. Der Inhalt der rechtsgeschäftlichen Willenserklärung kann einfach oder zusammengesetzt sein, je nachdem eine oder mehrere Rechtsfolgen als gewollt erklärt sind. In letzterem Fall entsteht die Frage, ob man sich den Vorgang als ein oder mehrere Rechtsgeschäfte zu denken hat[1]. Die Frage nach der Identität und Einheit rechtlicher Gebilde läßt sich nicht ohne Willkür beantworten[2]. Prima facie erscheint als Einheit, was die Parteien äußerlich, insbesondere in einem Formalakt zusammenfassen. So gilt z. B. das Testament, wenn es auch noch soviel einzelne Verfügungen und Klauseln enthält, als ein Rechtsgeschäft, die einzelnen Verfügungen als Teile dieses Rechtsgeschäfts. Bei Rechtsgeschäften unter Lebenden ist mit der Einheit des Errichtungsaktes die Einheitlichkeit des Rechtsgeschäftes nicht ohne weiteres gegeben; die gleichzeitig statuierten Rechtsfolgen müssen nach Zweck und wirtschaftlicher Bedeutung in einem inneren Zusammenhang [3] stehen; nach diesem Gesichtspunkt ist zu unterscheiden, ob bei gleichzeitigem Kauf oder gleichzeitiger Miete mehrerer Sachen ein oder mehrere Verträge vorliegen [4]; ein nicht unbedingt maßgebendes Indiz kann darin gefunden werden, daß die Gegenleistung einheitlich oder für jede Sache besonders festgestellt ist [5]. Einheit des Rechtsgeschäftes kann auch dann angenommen werden, wenn von mehreren gleichzeitig getroffenen Vereinbarungen jede einem besonderen Geschäftstypus entspricht; so kann z. B. ein Rechtsgeschäft aus dem Kauf einer Sache und der Miete einer

---

[79] Vgl. ob. § 15 Note 105.

[1] Regelsberger, JheringsJ. 48, 453 fg.; Dernburg II § 46; Enneccerus § 323; André, Einfache, zusammengesetzte, verbundene Rechtsgeschäfte.

[2] Vgl. Bd. I § 12 Note 1 a; § 16 S. 269.

[3] Auf den Parteiwillen kann man in dieser technisch-juristischen Frage nicht abstellen: die Parteien machen sich keine Vorstellung darüber, ob bei gleichzeitigen Willenserklärungen verschiedenen Inhaltes ein oder mehrere Rechtsgeschäfte vorliegen.

[4] Die Verabredung gleichartiger sukzessiver Lieferungen ist ein Vertrag.

[5] Vgl. § 469.

anderen Sache bestehen [6], oder aus einer Pacht und einem dem Pächter als Betriebskapital gewährten Darlehen [7]. Einheit des Rechtsgeschäftes kann auch dann angenommen werden, wenn auf einer Seite statt einer Person mehrere Personen beteiligt sind [8], z. B. zwei Käufer oder zwei Verkäufer, und zwar auch dann, wenn von jeder dieser Personen nicht dieselbe Leistung, sondern eine verschiedene Leistung [9] versprochen ist; so behandelt z. B. RG. 62, 184 einen Vertrag, in welchem X von A ein Grundstück und gleichzeitig von B das Inventar der auf diesem Grundstück betriebenen Gastwirtschaft kauft, als ein Rechtsgeschäft [10]. Ebenso ist das Engagement zweier zusammenarbeitender Akrobaten ein Vertrag, während zwei Verträge vorliegen, wenn zwei Brüder, die sich voneinander nicht trennen wollen, in einem Geschäft angestellt werden [10a].

Die Einheit oder Mehrheit von Rechtsgeschäften kommt in mehrfacher Beziehung zur Geltung. Nimmt man Einheit des Rechtsgeschäftes an, so erscheinen die einzelnen in demselben enthaltenen Verabredungen als Teile des Rechtsgeschäftes, so daß, wenn eine dieser Verabredungen nichtig ist, § 139 zur Anwendung kommt [11]. Ist in einem als einheitlich zu beurteilenden

[6] Oder: Pachtung einer Fabrik und Vertrag über Lieferung der zum Betrieb nötigen Dampfkraft, Enneccerus § 323 Anm. 5.

[7] Regelsberger a. a. O. 464.

[8] §§ 356, 474. RG. 59, 174.

[9] Versprechen mehrere Personen dieselbe Leistung, so liegt ein Rechtsgeschäft vor, wenn die Zusagen gleichzeitig erfolgen, oder sukzessiv, aber auf Grund einer gemeinsamen Verabredung, Oertmann § 427, 1.

[10] Zu weit in der Annahme einer Einheit des Rechtsgeschäfts scheint mir RG. 78, 43 zu gehen: eine Tauschverabredung, die von den Parteien in zwei einzelne Kaufverträge zerlegt wird, soll als wirtschaftliche und deshalb rechtliche Einheit aufgefaßt werden können, so daß, wenn nur einer der Kaufverträge in der Form des § 313 beurkundet ist, die ganze Verabredung nach § 139 ungültig ist. Meines Erachtens ist ein notarieller Kaufvertrag, wenn er keinen Hinweis darauf enthält, daß er nur im Zusammenhang mit dem Verkauf eines anderen Grundstücks gewollt ist, als in sich vollendetes Rechtsgeschäft zu behandeln. Man darf es den Parteien nicht leicht machen, einen notariellen Vertrag durch Vorbringen einer Verabredung zu bekämpfen, welche sie absichtlich außerhalb des Vertrages gelassen haben.

[10a] Der mit dem Inhalt des Vertrages nicht zusammenhängende Wunsch, beim selben Dienstherrn zu arbeiten, genügt nicht, um Einheit des Vertrages anzunehmen.

[11] Vgl. unt. § 56. In § 139 ist Einheit des Rechtsgeschäftes voraus-

Vertrag eine Mehrheit von Leistungen versprochen, so ist jede der einzelnen Leistungen als Teilleistung im Sinn von § 266 zu betrachten. Bei Einheit des Rechtsgeschäftes entsteht ein einheitliches „rechtliches Verhältnis“ im Sinn von § 273 [12]. Der Rücktritt aus § 325/6 erfaßt das ganze Rechtsverhältnis, wenn es als einheitlicher Vertrag zu beurteilen ist [13]. Ist bei Beteiligung mehrerer Personen ein einheitlicher Vertrag anzunehmen, so kann der dem Einzelnen gebührende Teil der Leistung bis zur Bewirkung der ganzen Gegenleistung zurückbehalten werden, § 320 I 2; das Rücktrittsrecht, § 356, und daher auch die Wandelung, § 467, kann nur gemeinsam ausgeübt werden [14].

Eine künstliche Zerlegung eines rechtsgeschäftlichen Vorganges erfolgt aus technischen Gründen des Rechts bei den abstrakten Rechtsgeschäften, deren Typus die Eigentumsübertragung ist: die Einigung über den Übergang des Eigentums wird

---

gesetzt; denn nur bei einheitlichem Geschäft kann von „Teilen„ desselben die Rede sein. Die Einheit kann aber auf einem wirtschaftlichem Zusammenhang beruhen, der so stark ist, daß man annehmen darf, die Parteien hätten die verabredeten, an sich verschiedenartigen Rechtsfolgen nur als Ganzes gewollt. Nimmt man das an, so betrachtet man damit das Geschäft nicht nur im wirtschaftlichen, sondern auch im rechtlichen Sinn als Einheit; a. A. Enneccerus § 189 IV a; RG. 79, 436.

[12] RG. 57, 6 und 68, 72 verlangt zur Konnexität in § 273, keine Einheit des Rechtsgeschäftes oder Rechtsverhältnisses; ein „rechtliches Verhältnis“ im Sinn von § 273 soll schon dann gegeben sein, wenn eine „natürliche, gewollte oder als gewollt vorauszusetzende Einheitlichkeit des faktischen Verhältnisses“ vorliegt. Meines Erachtens kann „rechtliches Verhältnis“ nichts anderes bedeuten, als „Rechtsverhältnis“, vgl. ob. § 5 Note 44. Die beiden Entsch. des RG. halte ich für richtig, würde sie aber anders begründen: In 68, 32 ist die gleichzeitige Verabredung über Pacht eines Hotels, Kauf des Inventars und der Weinvorräte infolge des wirtschaftlichen Zusammenhanges als einheitlicher Vertrag zu beurteilen. In RG. 57, 1 liegen allerdings mehrere zu verschiedener Zeit geschlossene Verträge vor, daher nicht „dasselbe rechtliche Verhältnis“; aber wie es für das kaufmännische Retentionsrecht genügt, daß die Ansprüche aus der Geschäftsverbindung entstanden sind, so kann man auf dem Wege der Analogie auch beim obligatorischen Retentionsrecht des § 273 die Konnexität unter Kaufleuten als gegeben ansehen, wenn beide Forderungen aus Handelsgeschäften entstanden sind.

[13] Vielfach wird Rücktritt von einem Teil eines Vertrages für zulässig gehalten, vgl. Oertmann § 325, 3. Ebenso RG. 79, 311 bei einem Tatbestande, der m. Er. richtiger als zwei Verträge (Ausscheiden aus einer Gesellschaft und Konkurrenzverbot) aufzufassen wäre.

[14] Anders bei der Minderung, § 474.

von der Einigung über den Rechtsgrund (die causa) dieses Überganges losgelöst: die Eigentumsübertragung ist ein von der causa unabhängiges, abstraktes, Rechtsgeschäft, zugleich aber auch, neben der causa, ein Bestandteil des umfassenderen Tatbestandes der Zahlung, der Schenkung, des Darlehens usw. [15]. Der Tatbestand dieser Rechtsgeschäfte besteht einerseits aus dem abstrakten Verfügungsgeschäft und andererseits aus der Einigung, durch welche die causa der Verfügung festgestellt wird. Diese Einigung kann man, da sie unabhängig von der Verfügung (vor oder nach derselben) getroffen werden kann, und eigene Wirkungen hat (die Zahlung zur Erfüllung, Schenkung oder zum Darlehen macht), ihrerseits als besonderes Rechtsgeschäft auffassen.

II. Bestandteile des Rechtsgeschäftes sind die einzelnen Stücke des Tatbestandes: Willenserklärungen und sonstige Tatsachen [16]. Wenn die Willenserklärung mehrere logisch unterscheidbare Festsetzungen enthält (das Gesetz spricht von „Punkten“ [17]), kann man sie in einzelne Bestandteile zerlegen. Aus der älteren Doktrin des gemeinen Rechts hat sich folgende, immer noch brauchbare Dreiteilung [18] erhalten:

1. Zum Zustandekommen eines Rechtsgeschäftes ist erforderlich, daß durch den Parteiwillen ein Minimum von Rechtsfolgen festgesetzt wird. Es sind das diejenigen Rechtsfolgen, aus denen sich der Typus des Rechtsgeschäftes und damit das Eingreifen der dispositiven Gesetzesvorschriften ergibt [19]. Diese unentbehrlichen und artbestimmenden Bestandteile der Willenserklärung nennt man essentialia negotii. So muß beim Kauf verabredet sein: Verschaffung des Eigentums an einer Sache und Zahlung eines Preises; bei der Gesellschaft: ein gemeinsamer Zweck und die Verpflichtung, diesen Zweck in bestimmter Weise zu

---

[15] Vgl. ob. § 50 Note 34.

[16] Windscheid § 85; Regelsberger § 165; Bekker § 97 Beil. III; Dernburg § 109; Crome § 77; Endemann § 63, 1; Cosack § 60 f.; Enneccerus § 176.

[17] §§ 154, 155.

[18] Man kann die Dreiteilung: essentialia, naturalia, accidentalia entweder, wie es hier geschieht, auf den Inhalt der Willenserklärung beziehen, oder auf die Rechtsfolgen des Rechtsgeschäfts. Dagegen ist es unlogisch, unter essentialia und accidentalia Stücke der Willenserklärung zu verstehen und mit naturalia negotii die ungewollten Rechtsfolgen zu bezeichnen, vgl. Bekker und Enneccerus a. a. O.

[19] Vgl. ob. § 51 Note 21.

fördern; zur Erbeseinsetzung ist erforderlich, daß die Erklärung, daß X nach dem Tode des Erblassers das Vermögen als Ganzes haben soll [20]. Sind die Essentialia nicht festgestellt, so ist das Rechtsgeschäft wegen Unvollständigkeit des Tatbestandes wirkungslos [21].

2. Sind die essentialia negotii verabredet, so treten kraft dispositiven Rechts die weiteren Rechtsfolgen ein, welche das Gesetz als dem Typus des Rechtsgeschäfts angemessen betrachtet. Wird eine solche Rechtsfolge, welche ex lege eingetreten wäre, durch Parteiwillen festgesetzt, so kann man diesen Bestandteil der Willenserklärung naturale negotii nennen. So z. B. wenn ein Gläubiger Haftung des Schuldners für Fahrlässigkeit verabredet oder sich ausbedingt, daß er bei Verzug des Schuldners eine Nachfrist setzen und sodann zurücktreten oder Schadensersatz verlangen dürfe. Man kann theoretisch darüber streiten, ob solche Rechtswirkungen auf den Parteiwillen oder die inhaltlich übereinstimmende Gesetzesvorschrift zurückzuführen sind; praktisch sind sie ebenso zu behandeln, wie wenn eine besondere Verabredung nicht vorläge [22]: wenn z. B. der Käufer sich ausbedingt, bei Vorliegen gewisser Mängel zu wandeln, so unterliegt die Wandelung den Vorschriften der §§ 465 fg.; ebenso sind die Ersatzforderungen des Vermieters und das Wegnahmerecht des Mieters, auch wenn diese Rechte besonders ausbedungen sind, der kurzen Verjährung des § 558 unterworfen [23] [24].

3. Accidentalia negotii nennt man die Teile einer rechts-

---

[20] Bei den Arbeitsverträgen, §§ 612, 632, 653, 689, HGB. § 354, genügt die Bestimmung der zu leistenden Arbeit, wenn die Arbeit den Umständen nach nur gegen Vergütung zu erwarten ist. Liegen solche Umstände nicht vor, so ist eine Verabredung über die Arbeit unvollständig, wenn nicht zugleich festgestellt ist, daß sie entgeltlich oder unentgeltlich zu leisten ist. Es ist weder Dienstvertrag, § 631, noch Auftrag, § 662, zustande gekommen.

[21] Nicht wegen Unmöglichkeit der Leistung, § 306, wie Danz, Auslegung 29, annimmt.

[22] Vgl. aber unt. § 62 Note 108.

[23] Oertmann § 558, 1 a. Vgl. ferner RG. 64, 298: wenn im Mietvertrag die Untermiete, in Wiederholung von § 549 II, von der Erlaubnis des Vermieters abhängig gemacht ist, so ist nicht zu vermuten, daß die Parteien das in § 549 I 2 dem Mieter verliehene Kündigungsrecht ausschließen wollten.

[24] Keine Anfechtung bei Irrtum über den Inhalt einer in die Erklärung aufgenommenen gesetzlichen Rechtsfolge, vgl. unt. § 67 Note 31.

geschäftlichen Willenserklärung, in welchen Abweichungen von den gesetzlichen Folgen des durch die essentialia festgelegten Rechtsgeschäftes statuiert sind. Solche Abweichungen kommen in den verschiedensten Richtungen vor: bisweilen wird die ex lege eintretende Wirkung durch den Parteiwillen näher präzisiert, so z. B. anstelle des üblichen Lohnes, §§ 612, 632, 653 usw., ein bestimmter Lohn verabredet. In anderen Fällen sollen kraft des Parteiwillens neben oder anstelle der vom Gesetz vorgeschriebenen Wirkungen andere Wirkungen treten, so z. B. neben das Recht auf Erfüllung ein Rücktrittsrecht oder neben den Schadensersatz wegen Nichterfüllung eine Vertragsstrafe. Oder es wird der Eintritt resp. der Fortbestand der Geschäftswirkungen zeitlich begrenzt oder von einem ungewissen künftigen Ereignis abhängig gemacht. Accidentalia sind nur soweit zulässig, als die Rechtsfolgen des Geschäftes nicht durch zwingendes Recht geregelt sind. Die Wirkung der unzulässigen Hinzufügung eines Accidentale ist verschieden [25]:

a) in einigen Fällen wird die ganze Willenserklärung entkräftet, so die Eheschließung, Auflassung, Aufrechnung durch Hinzufügung von Zeitbestimmungen oder Bedingungen, §§ 1317, 925, 388;

b) in anderen Fällen ist zunächst nur das unzulässige Accidentale nichtig; während das Rechtsgeschäft als Ganzes nach § 139 beurteilt wird und unter Umständen wirksam bleibt, so z. B. die Verpfändung nach Streichung der unerlaubten lex commissoria, §§ 1149, 1229, die Zinsverabredung nach Streichung des unerlaubten Zinseszinses, § 248 [26];

c) endlich gibt es Fälle, in denen die Hinzufügung einer dem Wesen des Rechtsgeschäfts widerstrebenden Nebenverabredung die Folge hat, daß das Rechtsgeschäft unter einen anderen als den von den Parteien ins Auge gefaßten Typus fällt [26a]; so ist z. B. eine „Verpfändung", bei welcher die Verkaufsbefugnis vertragsmäßig

---

[25] Über unzulässige Klauseln beim Wechsel Staub WO. § 4 Anm. 63 fg.

[26] Ist Rückzahlung eines Darlehens gegen Rückgabe oder Amortisierung des Schuldscheins verabredet, so ist letztere Klausel undurchführbar, weil Schuldscheine nicht für kraftlos erklärt werden. Wenn aber anzunehmen ist, daß das Darlehen auch ohne diese Klausel gegeben worden wäre, so bleibt es nach § 139 gültig; behauptet der Gläubiger, den Schuldschein nicht zurückgeben zu können, so ist nach § 371, 2 zu verfahren.

[26a] RG. 77, 227.

ausgeschlossen wird, als obligatorisches Retentionsrecht zu beurteilen [27]; eine „Eigentumsübertragung", bei welcher ausgemacht wird, daß der Empfänger die Sache zurückgeben soll und bis dahin über die Sache nicht verfügen kann, wäre als bloße Besitzübergabe aufzufassen. Ebenso wird bei dem in § 276 II als unzulässig bezeichneten Ausschluß der Haftung für Vorsatz oft anzunehmen sein, daß die Verpflichtung nicht als rechtlich verbindliche übernommen ist [28].

In einem anderen Sinn, als bei der Dreiteilung in essentialia, naturalia und accidentalia, kann man wesentliche und unwesentliche Bestandteile der Willenserklärung unterscheiden, indem man sich auf den subjektiven Standpunkt der Parteien stellt [29]. Jedes Stück der Vereinbarung, auch wenn es für Art und Gattung des Rechtsgeschäftes nicht in Betracht kommt und daher im Sinn der obigen Einteilung kein Essentiale ist, kann für die Partei von so großer Bedeutung sein, daß sie das Geschäft ohne diesen Punkt nicht will, § 154, resp. wenn das Geschäft doch zum Abschluß kommt, nicht gewollt haben würde, § 155 vgl. § 139, 507, 2.

III. Bestandteil des Rechtsgeschäftes ist nur das, was die Partei als ihren Willen erklärt. Die rechtsgeschäftliche Erklärung wird, wie jede menschliche Handlung, durch Vorstellungen verursacht, welche den Willen in Bewegung setzen und deswegen Motive genannt werden [30]. Ein Rechtsgeschäft von bestimmtem Inhalt kann je nach der Eigenart des Menschen und der Lage, in der er sich befindet, auf verschiedenen Motiven beruhen; bei mehrseitigen Rechtsgeschäften können die übereinstimmenden Erklärungen der Beteiligten aus entgegengesetzten Motiven hervor-

---

[27] Gierke § II § 170 Note 70; Kipp, Zus. 8 zu Windscheid § 234. Dagegen soll nach Planck § 1228, 1 und Dernburg III § 270 I entgegen der Verabredung ein Pfandrecht mit Verkaufsbefugnis entstehen (Reminiszenz an fr. 4 D. 13, 7), d. h. es soll über das Wesen des Rechtsgeschäftes nicht die von den Parteien gewollte charakteristische Rechtswirkung, sondern der von ihnen gewählte Name entscheiden, vgl. ob. § 50 Note 110.

[28] Vgl. ob. § 50 Note 159; a. A. Mot. II 31 und die herrschende Meinung. M. Er. kann § 276 II nur als Auslegungsregel praktisch werden: wenn im Vertrag gesagt ist, daß der Schuldner jede Haftung ablehnt, so ist anzunehmen, daß die Parteien nicht an vorsätzliche Vertragsverletzung gedacht haben.

[29] Regelsberger § 165 III; Dernburg § 109 III; Crome § 77 II; Endemann § 69 Note 13.

[30] Vgl. ob. § 49 Note 7.

gehen: bei Vereinswahlen kann es vorkommen, daß einige Mitglieder für X stimmen, weil sie ihn für geeignet halten, während andere Mitglieder ebenfalls für X stimmen, weil sie die Stelle mit einem weniger tüchtigen Mann besetzt haben wollen. Bei Austauschverträgen ist es sogar die Regel, daß die Einigung der Parteien auf entgegengesetzten Motiven beruht: X kauft ein Bild, weil er es für schön, oder Aktien, weil er sie für aussichtsvoll hält, während der Verkäufer das Bild für wertlos, die Aktien für gefährdet hält.

Die Motive des Rechtsgeschäfts sind für den Bestand des Rechtsgeschäfts grundsätzlich ohne Bedeutung [31]. Sie sind nicht entscheidend für den Typus des Geschäfts: es ist für das Vorliegen des Kaufes gleichgültig, ob der Erwerber die Sache braucht oder ein Buch erwirbt, um es im Interesse der Sittlichkeit sofort zu vernichten. Ebenso kommt es beim Dienstvertrag nicht darauf an, ob der Arbeitgeber die ihm zugesagte Leistung für sich verwerten, oder einem Arbeitslosen einen Verdienst verschaffen will. Auch die Schenkung kann aus den verschiedensten Beweggründen erfolgen: Mitleid, Dankbarkeit für geleistete Dienste, Erwartung von Gegendiensten, oder Rücksicht auf die öffentliche Meinung. Die Motive sind auch für die Gültigkeit des Geschäftes in der Regel ohne Bedeutung. Ausnahmsweise kann ein Rechtsgeschäft wegen Unsittlichkeit des Motivs nichtig oder, weil es in der Absicht geschlossen ist, Dritte zu benachteiligen, angreifbar sein [32]. Die objektive Unrichtigkeit der als Motiv wirkenden Vorstellungen ist bei der Unvollkommenheit menschlicher Erkenntnis und Voraussicht eine so häufige Erscheinung, daß das Gesetz im Interesse der Rechtssicherheit den sog. Irrtum im Motiv prinzipiell unbeachtet lassen muß und nur ausnahmsweise berücksichtigen kann, indem es dem Irrenden die Anfechtung des Rechtsgeschäftes gestattet [33]. Ebenso ist das Rechtsgeschäft an und für sich wirksam und nur durch Anfechtung entkräftbar, wenn das ausschlaggebende Motiv durch arglistige Täuschung oder widerrechtliche Drohung gesetzt ist. Andere noch so starke oder abnorme Motive beeinträchtigen die Gültigkeit des Rechtsgeschäftes nicht: ein Kauf ist wirksam, auch wenn er durch ein unvernünftiges

---

[31] Regelsberger § 143 I; Dernburg § 110; Crome § 78; Kohler § 228.

[32] § 2287, KO. § 31.

[33] §§ 119 II, 2078 II. Vgl. unt. § 67 Note 5.

Affektionsinteresse (Sammelwut) [34] oder durch eine Notlage [35] veranlaßt ist [35a].

Jedes Motiv kann zum Bestandteil des Rechtsgeschäftes gemacht werden, wenn es als accidentale negotii in die Willenserklärung aufgenommen wird. Besteht das Motiv in der Erwartung einer künftigen Tatsache, so kann diese Tatsache zur Bedingung der Rechtswirkung erhoben werden. Soll nach dem Inhalt des Rechtsgeschäfts die Rechtswirkung davon abhängen, daß eine Tatsache der Gegenwart oder Vergangenheit den Vorstellungen der Parteien entspricht, so liegt keine eigentliche Bedingung vor, weil es an der für die Bedingung charakteristischen objektiven Ungewißheit der Rechtslage fehlt. Im gemeinen Recht sprach man von einer condicio in praesens vel praeteritum relata [36]; der zutreffende deutsche Ausdruck zur Bezeichnung einer solchen Klausel des Rechtsgeschäfts scheint mir „Voraussetzung" [37] zu sein. Bedingungen und Voraussetzungen brauchen nicht ausdrücklich ausgesprochen zu werden: es kann sich aus den Umständen ergeben, daß die Rechtswirkung nur für den Fall gewollt ist, daß die Erwartung oder die Annahme einer Tatsache zutrifft [38]. Eine solche Beschränkung der Rechtswirkung kann von den Parteien nur dann gewollt sein, wenn sie die jetzige oder künftige Sachlage als eine unsichere betrachten; je weniger die Parteien Anlaß hatten, an der Richtigkeit ihrer Vorstellungen oder dem Eintreffen ihrer

---

[34] Vgl. Tuhr, Notstand im Zivilrecht § 2.

[35] RG. 68, 399. Auch die freiwillige Aufgabe des Besitzes, § 856 I, wird m. Er. nicht dadurch ausgeschlossen, daß der Besitzer sich in einer Notlage befand. Die Sache, welche aus einem Schiff oder Luftschiff zu Rettungszwecken ausgeworfen wird, ist nicht abhandengekommen. Das bei Dernburg III § 103 II 2 angeführte Beispiel ist falsch gewählt: wer bei einer Feuersbrunst eine Sache aus dem Fenster wirft, hat den Besitz damit noch nicht aufgegeben; erst wenn ein Unberechtigter die Sache an sich nimmt, ist der Besitz, ohne Willen des Besitzers, verloren.

[35a] Nur die Ausbeutung der Notlage bewirkt Nichtigkeit, § 138 II.

[36] Windscheid § 87 Note 2.

[37] Die Ausdrücke Bedingung und Voraussetzung werden in der Sprache des Lebens promiscue gebraucht. Es scheint mir aber sprachlich korrekter zu sein, das Wort Voraussetzung anzuwenden, wenn dem Rechtsgeschäft eine Vorstellung über gegenwärtige oder vergangene Tatsachen zugrunde liegt, so z. B. wenn in der Verabredung über Gewährung einer Hypothek davon ausgegangen wird, daß die vom Eigentümer angegebene Feuerversicherungssumme die richtige ist.

[38] Eine Auslegungsregel in dieser Richtung enthält § 2077 für letztwillige Zuwendungen unter Ehegatten und Verlobten, vgl. auch § 2169 1.

Erwartungen zu zweifeln, um so weniger ist es wahrscheinlich, daß sie die Rechtswirkung von einer Bedingung oder Voraussetzung abhängig machen wollten. Man wird daher bei der Auslegung eines Rechtsgeschäfts eher geneigt sein, eine stillschweigende Bedingung, als eine stillschweigende Voraussetzung anzunehmen; denn die Ungewißheit künftiger Ereignisse pflegt den Parteien stärker zum Bewußtsein zu kommen als die Möglichkeit des Irrtums in bezug auf Gegenwart und Vergangenheit. Wird z. B. ein Fenster für einen Festzug zu hohem Preise vermietet, so liegt es im Gesichtskreis der Parteien, an die Möglichkeit zu denken, daß der Festzug unterbleibt oder aufgeschoben wird; daher kann man den Mietvertrag als stillschweigend bedingt auslegen; ebenso wenn ein Universitätsprofessor an einen vorgeschlagenen, aber noch nicht berufenen auswärtigen Kollegen eine Wohnung vermietet [39]; oder wenn jemand einem Verlobten anläßlich der bevorstehenden Eheschließung eine zur Einrichtung des Haushalts dienende Sache schenkt [40]. Dagegen ist nicht anzunehmen, daß ein Vertrag „unter der Voraussetzung" geschlossen ist, daß die Vorstellungen, von denen die Parteien in bezug auf Vergangenheit und Gegenwart ausgehen, der Wirklichkeit entsprechen; wenn z. B. beide Kontrahenten ihren Berechnungen einen unrichtigen Marktpreis zugrunde legen oder beide irrtümlich annehmen, daß die Kaufsache gewisse Eigenschaften habe, so liegt es ihnen fern, das Zustandekommen des Vertrages von der Richtigkeit dieser Annahmen abhängig zu machen [41]. Aus der psychologischen Analyse des Parteiwillens kann man ferner als Regel entnehmen, daß an eine stillschweigend in das Rechtsgeschäft aufgenommene Bedingung oder Voraussetzung eher zu denken ist, wenn es sich um ein obligatorisches Versprechen handelt, als wenn bereits eine definitive Vermögensverschiebung durch Leistung vorliegt [42].

---

[39] a. A. für diesen Fall Oertmann Bem. 1 d vor § 158.

[40] Für Geschenke der Verlobten unter sich gibt § 1301 ein Rückforderungsrecht, ohne daß es darauf ankommt, daß die Parteien an die Möglichkeit des Nichtzustandekommens der Ehe gedacht haben, was gerade unter Verlobten, besonders im Moment der Schenkung, selten vorkommen wird.

[41] Nur der Vergleich ist nach § 779 unwirksam, wenn der nach dem Inhalt des Vertrages als feststehend zugrunde gelegte Sachverhalt der Wirklichkeit nicht entspricht.

[42] Wer z. B. ein Erfüllungsgeschäft vornimmt, bekundet eben durch die Leistung seine Überzeugung von der Existenz seiner Verpflichtung;

Wenn die Wirkung eines Rechtsgeschäfts von einer Bedingung oder Voraussetzung abhängen soll, so muß diese Abhängigkeit in der Willenserklärung ausdrücklich bestimmt oder aus der Willenserklärung durch Auslegung als gewollt zu entnehmen sein. Ist dies nicht der Fall, so ist ein Motiv, auch wenn es subjektiv noch so bestimmend ist und selbst wenn es erkennbar hervorgetreten ist, für die Wirksamkeit des Geschäftes bedeutungslos [43]. Insbesondere ist es für die Gültigkeit eines Vertrages irrelevant, daß ein Kontrahent aus einem für den anderen Teil erkennbaren Beweggrund handelt [44]. Bestellt z. B. jemand ein Kleidungsstück für einen Festzug, an dem er teilzunehmen gedenkt, so ist das Motiv der Bestellung für den Schneider vollkommen erkennbar. Trotzdem wird die Bestellung nicht hinfällig, wenn der Festzug nicht stattfindet; denn aus den Umständen ist nicht zu entnehmen, daß der Vertrag nach dem Willen beider Kontrahenten vom Zustandekommen des Festzugs abhängen sollte [45].

---

daher wird durch den in der Erfüllung enthaltenen Hinweis auf die Schuld das Erfüllungsgeschäft nicht vom Bestehen der Schuld abhängig gemacht.

[43] Anders die von Windscheid §§ 97—100 aufgestellte Lehre von der Voraussetzung: die Vorstellung der Parteien vom gegenwärtigen oder künftigen Zustand der Verhältnisse soll, auch wenn sie nicht als Bedingung in das Rechtsgeschäft aufgenommen ist, von rechtlicher Bedeutung sein, wenn sie erkennbar (bei Rechtsgeschäften unter Lebenden: dem Geschäftsgegner erkennbar) geäußert ist; wenn die Voraussetzung nicht zutrifft oder sich nicht verwirklicht, soll das Rechtsgeschäft rückgängig gemacht werden können. Unter den Begriff der Voraussetzung stellt Windscheid die Auflage, die causa (vgl. unt. Note 44) und das hier behandelte tatsächliche Motiv. Die Windscheidsche Lehre ist vielfach bekämpft worden, am eingehendsten von Lenel, Arch. ZivPr. 74, 213 fg., 79, 49 fg., vgl. Bekker § 119, und ist weder in das BGB. noch in die Anwendung desselben übergegangen, vgl. RG. 62, 267; 66, 132; Planck Vorb. 2; Staudinger Vorb. 1 vor § 158; Enneccerus § 181 Note 1; Dernburg § 149 IV; vgl. aber auch Oertmann Vorb. 1d vor § 158.

[44] Anders verhält es sich mit dem Rechtsgrund des abstrakten Rechtsgeschäfts, der sog. causa: sie ist nicht ein dem Gegner erkennbarer Beweggrund, sondern ein Bestandteil der Verabredung, welcher aus technischen Gründen aus dem Tatbestand des Zuwendungsgeschäfts ausgeschieden wird und in besonderer Weise (durch einen Bereicherungsanspruch) zur Geltung kommt, vgl. ob. S. 194 und unt. S. 256. Auch die Auflage ist im heutigen Recht nicht ein zum Ausdruck gebrachter Beweggrund der Zuwendung, sondern ein Stück des Schenkungsvertrages oder der Verfügung von Todeswegen.

[45] Der Unterschied dieses Falles von dem oben erwähnten Beispiel

Ausnahmsweise berücksichtigt das Gesetz eine unvorhergesehene Änderung der Umstände, auch ohne daß die Parteien den Fortbestand der Sachlage als Voraussetzung in ihre Verabredung aufgenommen haben. So kann das Versprechen der Hingabe eines Darlehens widerrufen, eine versprochene Vorleistung verweigert werden, wenn in den Vermögensverhältnissen des anderen Teils eine wesentliche Verschlechterung eintritt, §§ 610, 321; ähnlich wirkt der bei einigen Vertragsverhältnissen zulässige Rücktritt aus wichtigem Grunde, §§ 626, 671, 723 [46]. Der in diesen Bestimmungen zum Ausdruck kommende Rechtsgedanke wurde in der älteren Doktrin des gemeinen Rechts als allgemeiner Rechtssatz gelehrt: es wurde angenommen, daß die sog. clausula rebus sic stantibus sich bei jedem Vertrag von selbst verstehe. Diese viel zu weit gehende und die Sicherheit des geschäftlichen Lebens gefährdende Theorie wird jetzt allgemein abgelehnt [47]. Anzunehmen, daß die Parteien den Vertrag nur für den Fall gewollt hätten, daß die Sachlage sich nicht wesentlich verändert, wäre eine den Tatsachen meistens nicht entsprechende Fiktion. Es ist vielmehr davon auszugehen, daß, wer einen Vertrag auf längere Zeit schließt, das Risiko einer ungünstigen Wendung ebenso übernimmt, wie er die Vorteile einer günstigen Verschiebung der Situation beansprucht. Nur bei ganz außergewöhnlicher Veränderung der Sachlage verlangt die Billigkeit, dem Schuldner zu Hilfe zu kommen [48]. Das kann aber meines Erachtens nicht dadurch geschehen, daß man in den Vertrag eine Voraussetzung hineininterpretiert; denn gerade außergewöhnliche Ereignisse werden am wenigsten von den Parteien in den Kreis ihrer Verabredungen hineingezogen: wenn z. B. Verkäufer und Käufer an

---

(Miete eines Fensters für einen Festzug) ergibt sich, sobald man unterstellt, daß es zu einer Aussprache unter den Parteien gekommen wäre: der Fenstervermieter hätte vernünftigerweise die Aufnahme der Bedingung in den Vertrag zugestanden; der Schneider hätte das Risiko des Ausfallens des Festzuges nicht übernommen.

[46] Analoge Anwendung auf andere Rechtsverhältnisse von längerer Dauer RG. 65, 185; 78, 389.

[47] Planck § 321; Oertmann Vorb. 1d vor § 158; Crome § 78 Note 5; Enneccerus § 264 IV. A. A. neuerdings Stahl, clausula rebus sic stantibus.

[48] Vgl. den typischen Fall bei Dernburg II § 111 Note 6: Einführung der Branntweinsteuer zu Lasten des Verkäufers, wodurch für ihn die auf früherer Basis berechneten Leistungen ruinös werden.

die Einführung einer Steuer nicht gedacht haben [49], so haben sie für diesen Fall auch stillschweigend nichts verabredet [50]. Dagegen scheint es mir zulässig, unter Heranziehung des § 242 (Treu und Glaube und Verkehrssitte als Schranke der Verpflichtung des Schuldners) [51] den Schuldner durch Einrede [52] gegen die unerschwinglich gewordene Leistungspflicht zu schützen.

§ 53. Einseitige und mehrseitige Rechtsgeschäfte *.

I. Das BGB. hebt unter den Rechtsgeschäften die „einseitigen Rechtsgeschäfte" [1] hervor und stellt sie damit in Gegensatz zu den sonstigen, den zwei- oder mehrseitigen Geschäften, insbesondere zu den Verträgen. Ein Rechtsgeschäft ist einseitig, wenn zu seinem typischen Tatbestand eine Willenserklärung genügt, d. h. wenn die vom Handelnden gewollte Rechtswirkung unter normalen Umständen [2] durch seine alleinige Willenserklärung erreicht werden kann.

Soweit die Wirkungen eines Rechtsgeschäfts über den Rechtskreis des Handelnden hinausgehen und Rechte anderer Personen berühren, ist prinzipiell Einigung der beteiligten Rechtssubjekte erforderlich; es ist ein auf der Idee der Rechtsgleichheit beruhendes und unserer Rechtsordnung zugrunde liegendes Axiom, daß Rechtsverschiebungen normalerweise durch den übereinstimmenden Willen der Beteiligten erfolgen. Wenn jemand imstande sein soll, durch seinen alleinigen Willen eine solche Rechtsänderung herbeizuführen, so bedarf er dazu einer besonderen Rechtsmacht [3]. Diese Rechtsmacht beruht entweder auf einem rechtsverleihenden

---

[49] Vgl. vorige Note.

[50] Vgl. unt. § 64.

[51] Dabei ist jedoch zu beachten, daß Treu und Glauben grundsätzlich die Innehaltung von Verabredungen auch bei veränderten Verhältnissen verlangen.

[52] Vgl. ob. § 51 Note 55.

* Windscheid § 69; Bekker § 94; Regelsberger § 148 I, § 149 I; Dernburg § 108 I, II; Crome § 74 I; Endemann § 62; Enneccerus § 137; Biermann § 45; Breit, Geschäftsfähigkeit 176 fg.

[1] §§ 111, 143, 174, 180, 182, 1398, 1403, 1405, 1831, 1937.

[2] Aus besonderen Gründen kann zum einseitigen Rechtsgeschäft die Mitwirkung mehrerer Personen oder die Zustimmung eines Dritten erforderlich sein, vgl. unt. III.

[3] Die einseitigen Rechtsgeschäfte müssen einem im Gesetz anerkannten Typus entsprechen, vgl. ob. § 51 Note 21.

Rechtssatz oder auf einem Rechtsverhältnis, in welchem der Handelnde bereits zu dem Rechtssubjekt steht, dem gegenüber er seinen einseitigen Willen zur Geltung bringen kann [4].

Einseitige Rechtsgeschäfte, welche nur oder in erster Linie den Rechtskreis des Handelnden betreffen, sind: Aneignung herrenloser Sachen, Dereliktion, §§ 928, 959, Ausschlagung und Annahme der Erbschaft, § 1945, Errichtung einer Stiftung, § 81, Bestellung einer Eigentümergrundschuld, § 1196 [5].

Einseitige Rechtsgeschäfte mit Einwirkung auf den Rechtskreis Dritter gestattet das Gesetz entweder, wenn diese Einwirkung für den Dritten nur vorteilhaft sein kann, oder wenn ein vom Gesetz als überwiegend anerkanntes Interesse des Handelnden vorliegt. Auf dem ersten Grunde beruht die Möglichkeit, durch einseitiges Rechtsgeschäft (Testament) letztwillig zu verfügen [6], der einseitige Verzicht auf dingliche Rechte an fremder Sache, die Verleihung von Machtbefugnissen (Vollmacht, Einwilligung [7]), sowie die Genehmigung des Rechtsgeschäftes eines anderen. Dagegen kann die translative oder konstitutive Übertragung dinglicher oder sonstiger Rechte nicht durch einseitigen Willen des Veräußerers erfolgen [8], obgleich sie prima facie für den Erwerber vorteilhaft ist. Ebenso ist das Eingehen einer Verpflichtung nur ausnahmsweise [9] durch einseitiges Rechtsgeschäft mög-

[4] Heck, Festschr. f. Gierke 322, vgl. ob. § 48 Note 17.

[5] Auch zu einer Rangänderung zwischen zwei demselben Gläubiger zustehenden Hypotheken an einem Grundstück genügt der einseitige Wille des Gläubigers, da die Rangänderung nur seinen eigenen Rechtskreis betrifft, Wolff, Sachenrecht § 42 Anm. 6.

[6] Der Erblasser kann nur Rechte verleihen (Zuwendungen, Ernennung eines Testamentsvollstreckers) und solchen Personen, denen er aus dem Nachlaß etwas zuwendet oder beläßt, Pflichten auferlegen. Die dem Begünstigten ohne seinen Willen zukommende Rechtsstellung kann durch Ausschlagung, §§ 1942, 2142, 2176, oder Ablehnung, § 2202, beseitigt werden.

[7] Vgl. ob. § 7 IV.

[8] Ausnahme: Bestellung einer Hypothek für Inhaberforderung durch einseitige Erklärung des Eigentümers, § 1188.

[9] Einseitige Verpflichtungserklärungen sind: die Auslobung (wie sich aus den Schlußworten des § 657 ergibt; vgl. Oertmann, Vorb. 1 vor § 657; wie die Auslobung so ist auch die Preisausschreibung als einseitige Erklärung aufzufassen, durch welche sich der Erklärende gegenüber den Personen, die sich bewerben werden, zur Erteilung des Preises verpflichtet); die Ausstellung eines Inhaberpapieres, § 793/4; die Annahme des Wechsels, WO. Art. 21; die Übernahme von Schulden nach HGB. § 25 III; die Zusicherung des Stiftungsvermögens, ob. § 41 V, und die Zuwendungen aus den Erträgnissen der Stiftung, ob. § 41 VII.

lich [10]. Auch das Aufgeben einer Forderung durch den Gläubiger verlangt einen Vertrag (Erlaß). Einseitige Rechtsgeschäfte, welche benachteiligend in den fremden Rechtskreis eingreifen, beruhen auf einem durch Gesetz oder Vertrag begründeten Gestaltungsrecht [11], welches rechtsbegründend [12], rechtsverändernd [13] oder aufhebend [14] sein kann. Das einseitige Rechtsgeschäft [15] als Ausübung aufhebender Gestaltungsrechte ist eine Neuerung des BGB.; das frühere Recht ließ den aufhebenden Erfolg meistens durch Urteil eintreten [16].

Bei den einseitigen Rechtsgeschäften, welche in den Rechtskreis einer bestimmten Person eingreifen, muß die Willenserklärung dieser Person gegenüber abgegeben werden, d. h. sie muß zur Kenntnis des Erklärungsgegners kommen oder ihm zugehen (§ 130). Das kann ohne Willen des Erklärungsgegners geschehen, die Einseitigkeit des Geschäftes zeigt sich gerade darin, daß die Wirkung ohne Willensbeteiligung des Gegners erreicht werden kann [17]. Nur in bestimmten Fällen kann der Gegner das ihm gegenüber vorgenommene einseitige Rechtsgeschäft dadurch unwirksam machen, daß er die Erklärung unter Angabe eines bestimmten Grundes unverzüglich zurückweist [18] oder ihr unverzüglich widerspricht [19].

[10] Der Vertrag zugunsten Dritter, § 328, ist ein dem Dritten gegenüber einseitiges Handeln der Parteien; wie bei letztwilligen Zuwendungen kann der Dritte das ihm ohne seinen Willen verschaffte Recht zurückweisen, § 333.

[11] Vgl. ob. § 7 III.

[12] Z. B. das Aneignungsrecht an fremden Sachen vgl. ob. § 44 N. 38.

[13] Z. B. das Wahlrecht

[14] Z. B. Kündigung, Rücktritt, Widerruf der Schenkung, Anfechtung, Aufrechnung; Austritt und Ausschließung aus einem Verein (vgl. ob. § 38 II); Ausschließung eines Gesellschafters, § 737. Auch die Entziehung der Geschäftsführung erfolgt, obgleich § 712 I von einem Beschluß der Gesellschafter spricht, durch einseitige Willenserklärung auf Grund dieses Beschlusses, Planck, § 712, 1 d; Enneccerus § 398 A I 3.

[15] Einige Gestaltungsrechte werden nicht durch einseitiges Rechtsgeschäft ausgeübt, sondern durch Rechtshandlung, insbesondere durch Erhebung einer Klage oder durch Stellung eines Antrags, vgl. ob. § 7 Note 7a, § 50 Note 81. 58.

[16] Vgl. über Anfechtung und Rücktritt Dernburg I § 117 Anm. 4; über Aufrechnung Dernburg II § 124 III.

[17] Vgl. unt. § 61.

[18] §§ 111, 174, 359, 410, 1160.

[19] § 396. Zurückweisung und Widerspruch sind negative Gestaltungs-

Die Wirkung einseitiger Rechtsgeschäfte, welche die Rechtsbeziehungen zwischen zwei Personen betreffen und in einer Willenserklärung an den Gegner bestehen, kann auch durch Vertrag zwischen diesen Personen hergestellt werden [20]. Wenn das Gesetz dem einseitigen Willen die Macht verleiht, eine Rechtswirkung herbeizuführen, so ist damit die selbstverständliche Möglichkeit, diesen Erfolg durch Einigung zu erreichen, nicht ausgeschlossen [21]. So kann die Aufhebung eines Rechtsverhältnisses (Miete, Dienstvertrag, Gesellschaft) nicht nur einseitig durch Kündigung, Rücktritt oder Anfechtung erfolgen, sondern auch im Wege der Vereinbarung [22]. Die Fälligkeit einer Forderung kann wie durch Kündigung so auch durch Verabredung hergestellt werden, die Vollmacht, zu welcher nach § 167 eine einseitige Erklärung genügt, auch durch Vertrag mit dem zu Bevollmächtigenden erteilt werden. Neben der einseitigen Aufrechnung gibt es einen Aufrechnungsvertrag [23]. Die Wirkung solcher Verträge ist, wenn die Voraussetzungen des einseitigen Rechtsgeschäfts vorliegen, nicht geringer als die Wirkung, welche eine der Parteien durch einseitige Erklärung hätte erreichen können: die vertragsmäßige Aufrechnung wirkt, wie die einseitige, auf den Moment der Aufrechenbarkeit zurück, § 389; die Aufhebung eines Rechtsverhältnisses hat, wenn sie anstelle einer Anfechtung tritt, rückwirkende und beim dinglichen Vertrag dingliche Kraft. Man kann dem X, wenn er einen

---

rechte, vgl. ob. § 10 Note 4, mit der Wirkung, die Entstehung eines Rechtserfolges zu verhindern. Sie sind dem Anfechtungsrecht ähnlich, aber nicht mit ihm identisch (a. A. Hölder § 111, 2b): denn das einseitige Rechtsgeschäft wird nicht erst durch Zurückweisung unwirksam, sondern ist unwirksam, wenn die Zurückweisung unverzüglich erfolgt (vgl. ob. § 43 Note 86); das Unterbleiben der Zurückweisung ist gesetzliche Voraussetzung der Wirkung des einseitigen Geschäfts, Hellwig, ZZP. 29, 524 (gegen Hupka, Vollmacht 112); Oertmann § 174, 3c. Die Zurückweisung ist m. Er. Rechtsgeschäft (a. A. Oertmann § 111, 2b): denn die Willenserklärung des Zurückweisenden ist auf eine Rechtswirkung (Entkräftung der Erklärung des Gegners) gerichtet.

[20] Breit a. a. O.

[21] Anders verhält es sich, wenn das einseitige Geschäft in einer Erklärung an eine Behörde oder in einer nichtempfangsbedürftigen Erklärung besteht (z. B. Ausschlagung und Annahme der Erbschaft). Die Wirkungen solcher Rechtsgeschäfte können durch einen mit einer bestimmten Person geschlossenen Vertrag nicht erreicht werden.

[22] Man pflegt die contrario consensu erfolgende Aufhebung von Rechtsverhältnissen nicht Kündigung, Rücktritt oder Anfechtung zu nennen.

[23] Planck und Oertmann vor § 387.

Rechtserfolg durch einseitiges Rechtsgeschäft (z. B. Anfechtung) herstellen könnte, nicht verwehren, seine Erklärung von der Zustimmung des Gegners abhängig zu machen (er will vielleicht, zur Vermeidung eines Prozesses, nur dann anfechten, wenn der Gegner sich darauf einläßt), und es liegt kein Grund vor, seiner Erklärung, wenn sie vom Gegner angenommen wird, weniger Kraft beizumessen, als wenn er sie ohne oder gegen dessen Willen abgegeben hätte [24].

Ob ein einseitiges Rechtsgeschäft oder eine Offerte zu einem Vertrag von entsprechendem Inhalt vorliegt, ergibt sich aus dem Willen des Erklärenden: rechnet er auf die Zustimmung des Gegners und will er die Rechtsfolge nur für den Fall dieser Zustimmung haben, so hat er eine Offerte gestellt, welche wirkungslos bleibt, wenn sie nicht angenommen wird [25]. Sollte dagegen nach Absicht des Erklärenden die Rechtswirkung ohne Rücksicht auf den Willen des Gegners eintreten, so ist Kündigung, Rücktritt usw. als einseitiges Rechtsgeschäft gewollt und daher als solches wirksam: die Zustimmung des Gegners ist nicht erforderlich und, wenn sie erteilt wird, bedeutungslos: sie kann zu der durch das Zugehen der einseitigen Erklärung bereits eingetretenen Rechtswirkung nichts hinzufügen [26].

Da die einseitigen Rechtsgeschäfte Ausübung einer durch rechtsgewährende Norm begründeten Fähigkeit oder Ausübung eines Gestaltungsrechtes sind, so sind sie nur dann wirksam, wenn ihre im Gesetz oder in der vorausgehenden Verabredung festgesetzten Voraussetzungen vorliegen. Überschreitet der einseitig

[24] Daher bildet die Erlaubnis des Vermieters zur Untervermietung (§ 549 I) in Verbindung mit dem Nachsuchen dieser Erlaubnis durch den Mieter den Tatbestand eines Vertrages (a. A. Planck § 549 2 b; Oertmann § 549, 3), welcher aber nicht strenger behandelt werden darf, als eine einseitig erteilte Erlaubnis, und daher dem Formzwang des § 566 nicht unterliegt.

[25] Eine Konversion der Offerte in ein einseitiges Rechtsgeschäft, § 140, wird in der Regel unstatthaft sein, weil sie der Absicht des Erklärenden widerspricht. Der Offerent kann aber nach Ablehnung seiner Offerte den gewollten Rechtseffekt durch einseitige Erklärung herbeiführen.

[26] Zweifelhaft ist die in § 1977 erwähnte Aufrechnung „mit Zustimmung" des Gegners. M. Er. kann dabei nur an einen Aufrechnungsvertrag gedacht werden; nachträgliche Zustimmung des Erben zu der ihm gegenüber einseitig erklärten Aufrechnung kann nicht als Verfügung des Erben über die ihm zustehende Forderung (Planck § 1977, 2) aufgefaßt werden, weil diese Forderung durch die Erklärung des Gegners bereits erloschen ist.

Handelnde die Grenzen seiner Willensmacht, so bleibt der gewollte Rechtserfolg aus [27]. Wenn z. B. ein Gläubiger das Darlehen zu früh oder mit zu kurzer Frist kündigt, so tritt die von ihm gewollte Wirkung nicht ein und es kann sich nur fragen, ob die Kündigung für den nächsten zulässigen Termin wirksam ist [28]. Ebenso ist eine Aufrechnung wirkungslos, wenn die Forderung des Aufrechnenden nicht fällig oder mit einer Einrede behaftet, oder wenn die Forderung des Gegners nicht zahlbar ist; eine Anfechtung, wenn ihr ein Anfechtungsrecht nicht zugrunde liegt. Solche Rechtsgeschäfte ermangeln der Wirkung, ohne daß es eines Widerspruchs des Gegners bedarf. Erklärt sich aber der Gegner mit dem an sich unwirksamen Rechtsgeschäft einverstanden, so bleibt zwar die einseitige Erklärung als solche wirkungslos, weil ihre Voraussetzungen fehlen; aber durch die auf dieselbe Rechtswirkung gerichteten Erklärungen der Parteien kann ein Vertrag zustande kommen, welcher die gewünschte Rechtswirkung herbeizuführen vermag [29]. So kann z. B. eine ungültige Kündigung des Vermieters, wenn der Mieter auf sie eingeht, sich als Aufhebungsvertrag darstellen: der Mieter kann in der ihm zukommenden Kündigung jedenfalls eine Offerte zur Aufhebung der Miete sehen [30]; diese Offerte hat er angenommen, wenn er der Kündigung in Kenntnis ihrer Ungültigkeit zustimmt [31]; nicht aber, wenn er die Kündigung für berechtigt hält; denn in diesem Falle hat der Mieter durch seine Zustimmung nicht eine Rechtsänderung (Aufhebung der Miete) herbeiführen, sondern sich dem vermeintlichen Recht des Vermieters unterwerfen wollen [32]. Die Miete würde also weiter

---

[27] Vgl. unt. § 55 Note 27.

[28] Oertmann § 609, 1 e. Ist eine nach § 250, 283, 326 gesetzte Frist nicht „angemessen", so ist sie nicht wirkungslos, sondern wird als Setzung einer angemessenen Frist aufrechterhalten, vgl. unt. § 56.

[29] Planck § 111, 2; Vorb. 1 vor § 158; Oertmann § 111, 1; Dernburg § 121 V; Staudinger § 1202, 3; Thiele, AZivPr. 89, 143. Bloße Unterlassung des Widerspruchs seitens des Empfängers der einseitigen Erklärung genügt nicht zur Annahme eines Vertrages.

[30] Weiß der Vermieter, daß er kein Kündigungsrecht hat, so liegt in der Kündigung eine Offerte zu einem Kündigungsvertrag; hält er die Kündigung für zulässig, so kann sie nach § 140 in eine solche Offerte konvertiert werden, vgl. unt. § 56 V. Ebenso ist eine als einseitig gemeinte Erlaßerklärung des Gläubigers in eine Offerte zu einem Erlaßvertrag zu konvertieren.

[31] Lotmar, Arbeitsvertrag I 568.

[32] Vgl. ob. § 48 Note 37.

bestehen; es wäre aber meines Erachtens mit Treu und Glauben, § 242, nicht vereinbar, wenn eine der Parteien auf Durchführung des Vertrages bestehen würde, nachdem infolge der vom Mieter angenommenen Kündigung eine Veränderung der Verhältnisse (anderweitige Vermietung der Wohnung oder anderweitiger Mietvertrag des Mieters) eingetreten wäre [33].

Wird ein unwirksames einseitiges Geschäft bei Zustimmung des Gegners in einen Vertrag umgedeutet, so treten nur solche Wirkungen ein, welche durch Vertrag hergestellt werden können: hat z. B. ein Gläubiger das Darlehen mit Zustimmung des Schuldners vorzeitig gekündigt, so wird nach § 767 die Verpflichtung des Bürgen nicht erweitert; erklärt sich bei grundloser oder verspäteter Anfechtung der Gegner als einverstanden, so ist die Aufhebung des Rechtsverhältnisses nicht nach dem Recht der Anfechtung zu beurteilen: sie hat weder dingliche noch rückwirkende Kraft [34].

Wenn das Gesetz, ausnahmsweise, dem einseitigen Willen ermöglicht, rechtsgestaltend zu wirken, insbesondere in die Rechtsverhältnisse dritter Personen einzugreifen, so soll durch das einseitige Rechtsgeschäft im Interesse der davon betroffenen Personen nach Möglichkeit eine feste rechtliche Situation geschaffen werden. Während die Parteien eines Vertrages, wenn es ihnen beliebt, einen Schwebezustand herstellen können [35], verlangt es die Billigkeit, daß die Personen, in deren Rechtsverhältnisse durch Kündigung, Rücktritt, Aufrechnung, Anfechtung, Fristsetzung usw. eingegriffen wird, die ohne ihren Willen eingetretenen Rechtsfolgen als sicher betrachten und sich darnach richten können [36].

---

[33] De lege ferenda wäre es angemessen, dem Urheber einer einseitigen Erklärung, die einen Eingriff in fremde Rechtsverhältnisse enthält, eine Haftung für den Bestand seines Rechts aufzuerlegen, wie sie in §§ 179 und 231 statuiert ist.

[34] Nur aus den vom Gesetz festgestellten Gründen und nur innerhalb der Präklusivfristen kann ein Rechtsgeschäft mit dinglicher und rückwirkender Kraft durch Anfechtung (oder einen auf den gleichen Erfolg gerichteten Vertrag, vgl. ob. S. 206) aufgehoben werden. Liegen diese Voraussetzungen nicht oder nicht mehr vor, so können die Parteien nach allgemeinem Grundsatz (vgl. ob. S. 28) keine Rückwirkung herbeiführen und daher eine Verfügung nicht ungeschehen machen, sondern nur das Resultat derselben durch entgegengesetzte Verfügung beseitigen.

[35] Vgl. ob. § 43 Note 66.

[36] Je weiter man dem Sicherheitsbedürfnis des Erklärungsgegners entgegenkommt, um so mehr wird die Vornahme der einseitigen Rechtsgeschäfte erschwert. Es handelt sich daher bei den im folgenden darzu

Auf diesem Rechtsgedanken beruhen folgende Bestimmungen des Gesetzes [37]:

1. Wenn ein einseitiges Rechtsgeschäft der Zustimmung eines Dritten bedarf, so kann es nur mit „Einwilligung“ des Dritten vorgenommen werden, d. h. die Zustimmung muß vor oder spätestens gleichzeitig mit der Vollendung des Geschäftes vorliegen [38]; nachträgliche Zustimmung (Genehmigung) ist wirkungslos [39]. Dieser Rechtssatz ist im Gesetz ausgesprochen für die einseitigen Geschäfte eines Minderjährigen, § 111, eines Stellvertreters, § 180, einer Ehefrau, § 1398, und eines Vormundes, § 1831, und ist analog anzuwenden auch in anderen Fällen, in denen jemand aus sonstigem Grunde zu einem einseitigen Geschäft der Zustimmung eines anderen bedarf; so z. B. wenn der Gläubiger nach § 1283 I mit Zustimmung des Pfandgläubigers zu kündigen hat [40], oder wenn jemand durch einseitiges Geschäft in eigenem Namen über fremdes Recht verfügt [41]. Ein ähnlicher vom Gesetz nicht vorgesehener Fall ergibt sich bei relativer Nichtigkeit eines einseitigen Rechtsgeschäftes; wenn z. B. ein Gläubiger, der einem relativen Veräußerungsverbot, § 135/6 [42], unterliegt, die Forderung kündigt oder aufrechnet, so wäre die Forderung dem Gläubiger gegenüber fällig oder aufgehoben, dem durch das Veräußerungsverbot Geschützten gegenüber aber nur dann, wenn er der Verfügung des Gläubigers nachträglich zustimmt. Eine solche Unsicherheit der Situation kann meines Erachtens dem Schuldner nicht zugemutet werden; daher muß das in §§ 111, 180, 1398, 1831 ausge-

---

legenden Rechtssätzen um eine Mittellinie, welche das Gesetz resp. Doktrin und Praxis zwischen den Interessen des Erklärenden und seines Gegners zu ziehen haben.

[37] Vgl. auch ob. § 50 Note 94.

[38] Vgl. ob. § 43 Note 55.

[39] Die ratio legis trifft nicht bei allen einseitigen Rechtsgeschäften zu, z. B. nicht beim Stiftungsgeschäft, § 81, durch welches Rechte Dritter nicht berührt werden; wenn z. B. ein Minderjähriger eine Stiftung errichtet, würde m. Er. kein Bedenken vorliegen, eine Genehmigung des gesetzlichen Vertreters zuzulassen; nach dem Wortlaut des § 111 ist aber die Stiftungsurkunde wirkungslos und muß nach Einholung der Einwilligung nochmals errichtet werden.

[40] Planck § 185, 3; Oertmann § 185, 6; Biermann § 78, 1; Cosack § 58 I 2 c S. 196, OLG. 15, 327.

[41] Indem er z. B., sich für den Gläubiger ausgebend, eine fremde Forderung kündigt oder zur Aufrechnung bringt.

[42] Vgl. unt. § 58.

sprochene Prinzip auch hier angewendet werden: ein einseitiges, in den Rechtskreis eines Dritten eingreifendes Rechtsgeschäft ist nur dann zulässig, wenn es sofort und definitiv wirken kann, d. h. in unserem Falle: wenn der in der Verfügung beschränkte Gläubiger mit Einwilligung des durch das Veräußerungsverbot geschützten Dritten handelt.

Eine Zurückweisung der einseitigen ohne Einwilligung ergangenen Erklärung ist im allgemeinen nicht nötig [43]. Wenn aber der Erklärungsgegner damit einverstanden ist, daß die Erklärung ohne Einwilligung abgegeben wird, so ist das einseitige Geschäft nicht nichtig, sondern, wie ein Vertrag, von der Genehmigung des Zustimmungsberechtigten abhängig [44].

2. Zur Sicherung des Gegners beim einseitigen Rechtsgeschäft ist in zahlreichen Fällen vorgeschrieben, daß er die einseitige Erklärung unverzüglich zurückweisen [45] kann, wenn der Erklärende seine Berechtigung zur Vornahme des Rechtsgeschäftes nicht urkundlich nachweist: der Minderjährige muß die Einwilligung des gesetzlichen Vertreters in schriftlicher Form vorlegen, § 111, 2, der Bevollmächtigte die Vollmachtsurkunde, § 174 [45a], der Zessionar die Zessionsurkunde, § 410 [45b], der Hypothekengläubiger den Hypothekenbrief, § 1160 II; wer ein einseitiges Geschäft mit Einwilligung eines Dritten vornimmt (z. B. die Ehefrau mit Einwilligung des Mannes, § 1398), muß die Einwilligung durch Urkunde nachweisen,

[43] Ausnahmsweise ist in § 180, 2 bestimmt, daß die Vorschriften über Verträge zur Anwendung kommen (d. h. Schwebezustand eintreten) soll, wenn der Erklärungsgegner die vom Erklärenden behauptete Vertretungsmacht nicht beanstandet. Diese singuläre Vorschrift ist auf die übrigen Fälle nicht auszudehnen, insbesondere nicht auf § 111, vgl. unt. § 59.

[44] Das ist in § 180, 2 ausgesprochen, gilt aber auch bei einseitigen Geschäften des Minderjährigen, unt. § 59, und den übrigen Fällen, weil man Abgabe und Entgegennahme der Erklärung in diesem Einverständnis als Vertrag auffassen kann, durch welchen die sonst durch einseitige Erklärung zu erzielende Wirkung erreicht werden soll, vgl. ob. Note 29; Planck § 111, 2; Dernburg § 121 V; Oertmann § 111, 1; Kipp Zus. a zu Windscheid § 71.

[45] Vgl. ob. Note 18.

[45a] Ebenso muß der Bote sich ausweisen, Planck § 130, 4; Titze, Mißverständnis 246.

[45b] RG. 70, 163 verlangt bei Aufrechnung mit einer abgetretenen Forderung grundsätzliche Aushändigung der Zessionsurkunde; m. Er. ist die Aufrechnung als einseitige Erklärung wie die Kündigung oder Mahnung zu behandeln, so daß nach § 410 I 2 Vorlage der Urkunde genügt.

§ 182 III; ebenso der Vormund die Genehmigung des Vormundschaftsgerichts, § 1831, 2 [46]. Abgesehen von diesen Fällen ist der Erklärungsgegner nicht berechtigt, vom Urheber des einseitigen Rechtsgeschäftes den Nachweis seines Rechtes zu verlangen, sondern muß auf eigene Gefahr die Berechtigung des Erklärenden prüfen [47]; so braucht z. B. der Vormund bei Vornahme eines einseitigen Rechtsgeschäftes seine Bestallung nicht vorzulegen [48]; selbst bei Erbfolge ist die Legitimation durch Erbschein für einseitige Geschäfte des Erben nicht vorgeschrieben [49].

3. Bei einigen einseitigen Rechtsgeschäften hat das Gesetz die Hinzufügung von Bedingungen oder Zeitbestimmungen ausgeschlossen, so bei Annahme und Ausschlagung der Erbschaft, § 1947, des Vermächtnisses, § 2180, und des Amts eines Testamentsvollstreckers, § 2202; ferner bei der Aufrechnung, § 388. Die ratio dieser Vorschriften ist darin zu suchen, daß der einseitig wirkende Wille einen sicheren Rechtszustand herstellen soll. Aus demselben Grunde wird bei zahlreichen Rechtsgeschäften, ohne daß das Gesetz es ausspricht, Unzulässigkeit der Bedingung und Befristung angenommen [50]: so namentlich bei Anfechtung [51], Rücktritt, Widerruf, Wahlerklärung, Ausübung eines Vor- oder Wiederkaufsrechtes [52]; die Kündigung läßt keine Bedingung zu,

[46] Die Urkunde kann ersetzt werden: in §§ 111, 174, 182 durch Mitteilung des Einwilligenden resp. Vollmachtgebers an den Erklärungsgegner (vgl. ob. § 49 Note 24), in § 410 II durch schriftliche Benachrichtigung des Schuldners seitens des Zedenten.

[47] Ebenso ist es Sache des Erklärungsempfängers, die Echtheit der oben erwähnten Urkunden sowie, bei mündlichen Erklärungen, die Identität des Erklärenden zu prüfen. Beglaubigung der Erklärungen kann im allgemeinen nicht verlangt werden, Dernburg § 168 Anm. 18, Planck § 410, 2; a. A. Hölder zu § 111 S. 248. Ist der Empfänger über die Echtheit einer ihm zugegangenen schriftlichen Erklärung im Zweifel, so wird eine Anfrage an den, von welchem die Erklärung angeblich ausgeht, in den meisten Fällen Aufklärung bringen. Für Nichtbeantwortung solcher Anfragen hat das Gesetz keine Rechtsfolgen aufgestellt. Unter Umständen wird sich aber eine Schadensersatzpflicht aus § 826 ergeben, RG. in SeuffA. 65, 323.

[48] RG. 74, 264.

[49] Planck § 2367, 3.

[50] Dernburg § 148 II; Enneccerus § 182 II 2.

[51] RG. 66, 153; RG. in SeuffA. 61, 178. Vgl. unt. § 57 Note 36.

[52] Dagegen ist Bedingung und Zeitbestimmung zulässig bei Einwilligung und Vollmacht, Enneccerus § 182 Anm. 13, außer wenn Einwilligung und Vollmacht zu einem Rechtsgeschäft erteilt wird, welches keine Bedingung duldet.

wohl aber Befristung [53]. Da die Unzulässigkeit von Bedingungen und Befristungen in diesen Fällen nicht vom Gesetz vorgeschrieben ist, sondern aus dem Zweck des einseitigen Geschäftes gefolgert wird, so reicht sie nur soweit, als durch die Bedingung oder Befristung eine dem Gegner nicht zuzumutende Unsicherheit der Rechtslage entstehen würde [54]. Daher kann z. B. der Gläubiger den Rücktritt unter der Bedingung erklären, daß der Schuldner seinen Verpflichtungen innerhalb einer angemessenen Frist nicht nachkommt [55]; auch eine Kündigung mit solcher Bedingung dürfte zulässig sein [56]. Daraus folgt aber nicht, daß Potestativbedingungen jeglichen Inhalts bei solchen einseitigen Geschäften zulässig wären. Die Hinzufügung einer unzulässigen Bedingung hat, wenn die Unzulässigkeit nicht auf gesetzlicher Vorschrift beruht, nicht immer Nichtigkeit der einseitigen Erklärung zur Folge: eine Kündigung unter der Bedingung, daß der Mieter auf eine Erhöhung des Mietzinses nicht eingeht, ist z. B. in der Regel als unbedingte und daher wirksame Kündigung aufzufassen, verbunden mit der Offerte eines neuen Mietvertrages zu erhöhtem Zins [57]. Ist ein einseitiges Geschäft wegen unzulässiger Bedingung oder Befristung als solches

---

[53] Denn es ist vorteilhaft für den Kündigungsgegner, wenn er möglichst früh von der durch die Kündigung bewirkten Rechtsänderung Kenntnis erhält. Daher ist vorzeitige Kündigung zulässig, z. B. beim Darlehen RG. in Seuff.A 63, 443; Oertmann § 609, 1 e. Fraglich ist, ob eine Kündigung aus wichtigem Grunde, z. B. HGB. § 70 auf einen späteren Moment (statt mit sofortiger Wirkung) vorgenommen werden kann, vgl. Staub, HGB. § 70 Anm. 2; denn bei wichtigem Grunde kann dem Gegner daran liegen, daß das Rechtsverhältnis, wenn es aufgelöst werden kann, sofort aufhört.

[54] Die Mahnung (welche, ohne Rechtsgeschäft zu sein, vgl. ob. S. 108, in den meisten Beziehungen der Analogie der einseitigen Rechtsgeschäfte untersteht), kann wie bedingt, so auch befristet sein, Enneccerus § 182 Note 16, Oertmann § 284, 2 g, außer wenn eine solche Mahnung gegen Treu und Glauben verstößt, vgl. z. B. RG. 75, 325: A hat den Vertrag mit B angefochten und verlangt von B Erfüllung für den Fall, daß die Anfechtung unberechtigt sein sollte. Vgl. unt. § 37 Note 91[a].

[55] Vgl. die Ablehnungserklärungen §§ 250, 283, 326.

[56] Vgl. § 643. Oertmann § 264, 2 b; a. A. Planck § 564, 2 c; Mittelstein, Miete § 66, 3.

[57] Staudinger § 564 III. Ähnlich behandelt RG. 66, 153 die Anfechtung eines Kaufs unter der Bedingung, daß der Verkäufer auf das Wandelungsbegehren des Käufers nicht eingeht, als unbedingte Anfechtung verbunden mit dem Vorschlag, das Rechtsverhältnis nach dem Recht der Wandelung abzuwickeln.

unwirksam, so kann es, wenn mit Einwilligung des Gegners vorgenommen oder von ihm gutgeheißen, als Vertrag wirken [57a]: denn Gesetz und Billigkeit verlangen nur, daß der Gegner nicht ohne seinen Willen in einen Zustand der Ungewißheit versetzt wird.

4. Die bei einseitigen Geschäften erwünschte Bestimmtheit der herzustellenden Rechtslage erfordert eine unzweideutige Erklärung [58], deren Sinn und juristische Bedeutung genügend präzisiert [59] und dem Gegner erkennbar ist [60]. Daher verlangt das Gesetz, daß die Zurückweisung einer einseitigen Erklärung wegen mangelnder Legitimation des Erklärenden nach §§ 111, 174, 1160 II „aus diesem Grunde" erfolge. Bei sonstigen einseitigen Rechtsgeschäften muß sich die Erklärung als ein die Rechtslage gestaltender Willensakt darstellen [61] und es muß dem Gegner erkennbar sein, ob Aufrechnung, Rücktritt, Widerruf, Kündigung, Anfechtung usw. vorliegt [62]; durch bloße Bestreitung des gegnerischen Rechtes oder durch bloße Verweigerung einer Leistung kann keines dieser Rechte in genügender Weise ausgeübt werden [63]. Das ist streitig

---

[57a] Vgl. ob. Note 29.

[58] Zweideutige Erklärungen sind selbst dann unwirksam, wenn der Gegner weiß, welchen Sinn der Erklärende mit ihnen verbindet; denn der Gegner darf nicht der Gefahr ausgesetzt sein, daß der Erklärende später seine Worte anders deutet, T i t z e, Mißverständnis § 13 Anm. 34.

[59] In diesem Sinne scheint es mir richtiger zu sein, wenn man vom Gläubiger, der eine „angemessene Frist" setzen darf, §§ 250, 283, 326, verlangt, daß er die Länge der Frist bestimmt angebe, K i p p, Zus. 7 zu Windscheid § 264; R o m e i c k, Technik des BGB. I 40; anders die herrschende Meinung, P l a n c k § 250, 2 a, O e r t m a n n § 250, 3 c, E n n e c c e r u s § 238, 4 b; S t a u b, Exk. zu HGB. § 374 Anm. 87.

[60] Aus demselben Grunde sind einseitige schriftliche Erklärungen ohne Unterschrift zwar nicht unwirksam, können aber nach Analogie von §§ 111, 174 unverzüglich zurückgewiesen werden, weil der Empfänger sich der Gefahr nicht auszusetzen braucht, daß die Echtheit der Erklärung bestritten wird, vgl. unt. § 61 Note 00.

[61] Vgl. Bd. I S. 198.

[62] Hat der Aufrechnende mehrere zur Aufrechnung geeignete Forderungen, so braucht er nicht anzugeben, welche von diesen Forderungen aufgerechnet sein soll, O e r t m a n n § 396, 1 b.

[63] Kein Rechtsgeschäft ist die Erhebung einer Einrede (vgl. ob. § 48 Note 34): sie modifiziert nicht das Recht des Gläubigers, sondern hemmt nur die Durchsetzung des Anspruchs. Stößt der Gläubiger auf eine Weigerung des Schuldners, so muß er den Weg der Klage beschreiten, ob nun die Weigerung begründet oder unbegründet ist und ob sie auf Bestreitung seines Rechts oder auf einer Einrede beruht. Daher braucht der Schuldner den Grund seiner Weigerung erst im Prozesse darzulegen; zur Erhebung der

für die Anfechtung: RG. 65, 88 hat in der Erklärung einer Partei, „daß sie das Zurechtbestehen eines Vertrages nicht anerkenne und nicht anerkennen könne", einen genügenden Ausdruck der Anfechtung wegen arglistiger Täuschung gesehen [64]; der Tatbestand scheint aber zu ergeben, daß der Empfänger dieser Erklärung aus den vorausgegangenen Verhandlungen entnehmen konnte, daß eine Anfechtung vorlag [65]. Dagegen sagt RG. 68, 8 m. E. richtig, daß wenn eine Partei den Vertrag als unwirksam bezeichnet, weil er von einem vollmachtlosen Vertreter geschlossen sei, darin eine Anfechtung wegen Willensmängel nicht erblickt werden könne. Man muß meines Erachtens noch weiter gehen und vom Anfechtenden, wenn ihm mehrere konkurrierende Anfechtungsrechte (wegen Irrtum, arglistiger Täuschung oder Drohung [66]) zu Gebote stehen, verlangen, daß er angebe, welches dieser Rechte er durch seine Erklärung ausüben wolle [67]. Die An-

Einrede genügt die bloße Weigerung, vgl. Kipp, Festg. f. Koch 135 und ob. § 17 Note 32; a. A. jetzt Kipp, Festschr. f. Martitz 217. Daß das Gesetz die Einrede in bezug auf das Erfordernis der Angabe des Grundes anders behandelt, als die zu den einseitigen Rechtsgeschäften zu zählende Zurückweisung einer Erklärung, ergibt sich mit großer Deutlichkeit aus § 1160: die Zurückweisung einer Kündigung oder Mahnung muß unter Angabe des Grundes erfolgen, § 1160 I, weil Kündigung und Mahnung infolge der Zurückweisung unwirksam sind; der Widerspruch gegen die hypothekarische Klage, § 1160 I, ist Einrede, Planck, § 1160, 5 a; daß das Gesetz hier die Angabe des Grundes nicht verlangt, scheint mir mehr als eine Zufälligkeit der Redaktion zu sein.

[64] Zustimmend Enneccerus § 190 bei Anm. 8

[65] Der Brief, den das RG. als Anfechtungserklärung gelten läßt, enthält die Mitteilung des Anfechtenden, daß er den Vertrag, „wie die Verhältnisse liegen", nicht anerkenne.

[66] Vgl. Bd. I § 10 V.

[67] Oertmann § 143, 1 a, Kipp, Festschr. f. Martitz 216; a. A. das ob. zitierte Urt. des RG.'s 65, 88, Enneccerus § 190 Anm. 10, Staudinger § 143, 2, OLG. 28, 26. Aus dem Schweigen des Gesetzes kann nicht gefolgert werden, daß der Anfechtende sich mit einer unmotivierten Erklärung begnügen darf. Treu und Glaube sowie die Verkehrssitte (welche nicht nur bei Verträgen, sondern insbesondere auch bei der Ausübung von Gestaltungsrechten maßgebend sind) verlangen eine Berücksichtigung der Interessen des Gegners wenigstens insoweit, daß er ersehen kann, aus welchem Grunde das Rechtsgeschäft ungültig sein soll, vgl. ob. Note 36. Es ist auch keine zu starke Belastung des Anfechtenden, wenn man von ihm (wie vom Käufer, der Wandelung oder Minderung begehrt, RG. 78, 296) Angabe der sein Recht begründenden Tatsachen fordert. Denn bei Täuschung und Drohung steht ihm dazu ein Jahr zur Verfügung; wenn er aber wegen Irrtum oder falscher Übermittelung anficht, versteht es sich

fechtung ist nur dann wirksam, wenn der angegebene Grund wirklich vorliegt [68]. Ebenso muß die Kündigung deutlich erkennen lassen, daß der Kündigende durch seine Erklärung dem Vertragsverhältnis ein Ende machen wolle; sie muß sich unterscheiden von der Behauptung, daß der Vertrag nicht zustande gekommen oder ipso iure abgelaufen sei. Ferner muß meines Erachtens aus der Kündigungserklärung oder, was meistens der Fall sein wird, aus den begleitenden Umständen, hervorgehen, welches von mehreren im Gesetz statuierten Kündigungsrechten ausgeübt wird (ob z. B. der Vermieter nach §§ 553 oder 554 kündigt [69]); dagegen ist bei der Kündigung aus wichtigem Grund, §§ 626, 723, HGB. § 70, meines Erachtens nicht erforderlich, daß die den wichtigen Grund im konkreten Fall darstellenden Tatsachen in der Erklärung angegeben werden [70]. Bei der Entziehung des Pflichtteils verlangt § 2336 II Angabe des Grundes [71] in der letztwilligen Verfügung.

---

m. Er. geradezu von selbst, daß er den Fehler bezeichnet, wegen dessen er seine Erklärung zurücknehmen will.

[68] Hat der Anfechtende neben oder anstelle dieses Grundes einen anderen Anfechtungsgrund, so ist das aus diesem Grund hervorgehende Recht durch seine Erklärung nicht ausgeübt. Nach RG. 57, 363 soll eine Anfechtung wegen Täuschung zugleich als Irrtumsanfechtung gelten, wenn die Erklärung unverzüglich im Sinn von § 121 abgegeben ist, so daß der Anfechtende die Behauptung der Täuschung fallen lassen und sich auf die Behauptung des Irrtums beschränken könne. Dem ist zuzustimmen, wenn sich (wie in dem vom Reichsgericht entschiedenen Falle) der Tatbestand der Täuschung und des Irrtums decken: der Anfechtende behauptet z. B., daß er infolge einer Täuschung durch den Gegner eine Urkunde von nicht gewolltem Inhalt unterschrieben habe. Anders wäre zu entscheiden, wenn die Anfechtung wegen Täuschung in bezug auf die Beschaffenheit des Vertragsgegenstandes erfolgt ist und der Anfechtende nachträglich behauptet, daß seine Erklärung auf Verwechslung von Urkunden oder einem sonstigen Erklärungsirrtum beruhe.

[69] Die einzelnen Tatsachen, in denen das vertragswidrige Verhalten des Mieters bestehen soll, brauchen m. Er. bei der Kündigung nicht angegeben zu werden (sie ergeben sich meistens aus der vorangehenden Abmahnung, RG. 77, 119); a. A. OLG. 22, 235.

[70] Staub, HGB. § 70 Anm. 3; Düringer-Hachenburg, Anm. II zu HGB. § 70; Lotmar, Arbeitsvertrag I 567. Die Kündigung kann auch durch Gründe gerechtfertigt werden, die dem Kündigenden erst später bekannt geworden sind. Auch beim Rücktritt vom Verlöbnis braucht zum Ausschluß der Ersatzpflicht, § 1298 III, der wichtige Grund nur vorzuliegen, nicht beim Rücktritt angegeben zu werden oder auch nur dem Rücktretenden bekannt zu sein, OLG. 21, 211.

[71] Über die Frage, wieweit Spezialisierung des Grundes erforderlich ist, vgl. Planck § 2336, 2 b.

5. Durch einseitiges Rechtsgeschäft kann dem Gegner eine Rechtsänderung aufgezwungen werden. Es wäre unbillig, die daraus sich ergebende Ungewißheit unbegrenzte Zeit hindurch bestehen zu lassen. Daher ist für die meisten in fremden Rechtskreis eingreifenden einseitigen Geschäfte, in Ermangelung einer verabredeten Frist, vom Gesetz eine Präklusivfrist aufgestellt [72], oder es ist dem Gegner das Recht verliehen, für die Vornahme des einseitigen Rechtsgeschäftes eine angemessene Frist zu setzen [73]. Nur ausnahmsweise sind derartige einseitige Geschäfte ohne zeitliche Beschränkung zulässig [74].

6. Während sich bei Verträgen die unwiderrufliche Bindung der Parteien von selbst versteht [75], scheint das einseitige Rechtsgeschäft, wie es durch den alleinigen Willen des Urhebers entsteht, so auch durch diesen Willen aufhebbar sein zu müssen. Dieser Parallelismus zwischen Begründung und Aufhebung zeigt sich in der Tat beim widerruflichen Testament (im Gegensatz zum prinzipiell unwiderruflichen Erbvertrag, § 2290 fg.), beim Stiftungsgeschäft, § 81 II, und bei der Auslobung, § 658. In diesen Fällen handelt es sich aber um den Widerruf einer Willenserklärung, deren Wirkung in Ermangelung einer weiteren erforderlichen Tatsache (Tod des Erblassers, Genehmigung der Stiftung, Vornahme der zu belohnenden Handlung) noch nicht eingetreten ist [76]. Sobald das einseitige Rechtsgeschäft die ihm zukommende Wirkung hervorgerufen hat, ist es grundsätzlich ebenso unwiderruflich [77], wie der Vertrag, insbesondere, wenn es in den Rechtskreis anderer

---

[72] Z. B. Anfechtung, §§ 121, 123, Wiederkauf, § 503, Widerruf der Schenkung, §§ 532, 1584 II.

[73] Vgl. z. B. §§ 108, 177 (Genehmigung), § 355 (Rücktritt), § 1347 II, § 1056 III.

[74] Beim Vorkaufsrecht liegt eine zeitliche Begrenzung in der aktiven Unvererblichkeit, § 514. Keine Frist und kein Recht der Fristsetzung besteht für die Genehmigung im Fall des § 185 II. In Ermangelung einer vom Gesetz aufgestellten zeitlichen Beschränkung kann sich eine solche u. U. aus dem Prinzip von Treu und Glauben (§§ 242, 826) ergeben, vgl. über die Zeit, innerhalb welcher die Nachfrist des § 326 gesetzt werden kann, Staub, Exk. zu HGB. § 374 Anm. 98; für das Kündigungsrecht des Mieters nach § 542 RG. 82, 373, des Vermieters nach § 554 Mittelstein, Miete § 56, 6 b und DJZ. 17, 508. Vgl. unt. § 54 Note 199.

[75] Vgl. ob. § 50 Note 12.

[76] Vgl. ob. § 50 Note 53.

[77] Planck Vorb. VIII zum 3. Abschn. des 1. Buches; Riezler, Venire contra factum proprium 143 fg.

Personen eingreift; das schutzwürdige Interesse des Gegners an der Beseitigung der Unsicherheit verlangt die Unwiderruflichkeit des einseitigen Geschäftes [78]: muß sich jemand eine Rechtsänderung durch den einseitigen Willen eines anderen gefallen lassen, so entspricht es der Billigkeit, daß er diese Änderung als eine definitive ansehen kann [79]. Daher können einseitige Rechtsgeschäfte, durch welche ein Gestaltungsrecht (vgl. ob. § 7 III) ausgeübt wird, nicht zurückgenommen werden [80]. Das gilt in gleicher Weise von den begründenden, ändernden [81] und insbesondere von den aufhebenden (negativen, ob. § 10) Gestaltungsrechten, z. B. Kündigung, Rücktritt, Widerruf, Aufrechnung, Anfechtung usw. Die Unwiderruflichkeit solcher Erklärungen ist so sehr in ihrem Wesen und Zweck begründet, daß sie im Gesetz als selbstverständlich vorausgesetzt und nur da besonders hervorgehoben wird, wo es zweifelhaft sein könnte, ob es sich um ein Gestaltungsrecht handelt [82]. Weil das Gesetz von der Unwiderruflichkeit einseitiger Rechtsgeschäfte ausging, ist das Recht der Wandelung und Minderung, bei welchem man dem Käufer ein jus variandi einräumen wollte, nicht als (durch einseitiges Rechtsgeschäft auszuübendes) Gestaltungsrecht, sondern als Anspruch auf Abschluß eines Wandelungs- resp. Minderungsvertrags konstruiert worden [83].

---

[78] Dieselbe ratio (Vermeidung der Unsicherheit) führt dazu, daß Mitteilungen, welche Rechtsänderungen bewirken und daher rechtsgeschäftsähnlichen Charakter haben, vgl. ob. S. 118, nicht oder nicht ohne weiteres zurückgenommen werden können, vgl. namentlich § 409 II, § 576 II, Kipp, Festg. f. Koch 114 fg.

[79] Dagegen kann die Erhebung des Anspruchs zurückgenommen werden (vgl. über Zurücknahme der Mahnung Kipp a. a. O. 123); ebenso die Verweigerung der Leistung durch Einrede, vgl. ob. § 17 Note 27. Wer eine Leistung verlangt oder verweigert, will damit nicht Änderung, sondern Verwirklichung seines Rechtes erreichen; die Durchsetzung des subjektiven Rechtes ist aber stets vom Willen des Berechtigten abhängig.

[80] Auch die Offerte (obgleich kein Rechtsgeschäft, vgl. unt. N. 128), ist in unserem Rechte, § 145, unwiderruflich, damit sich der Gegner bei der Annahme auf das Zustandekommen des Vertrages verlassen kann.

[81] In § 332 muß das jus variandi vorbehalten sein.

[82] So z. B. bei den Fristsetzungen §§ 250, 283, 326, vgl. ob. § 7 Note 17; ferner in § 1347 I, vgl. ob. § 15 Note 62. Die Unwiderruflichkeit der Zustimmung in §§ 876, 1071, 1255, 1276 ist ausgesprochen im Gegensatz zu der Einwilligung des § 183.

[83] Planck § 465, 1. De lege ferenda wäre es einfacher gewesen, Wandelung und Minderung als einseitige Rechtsgeschäfte mit jus variandi zu konstruieren.

Einseitige Rechtsgeschäfte, welche eine Machtbefugnis (Bd. I § 7 IV) verleihen, sind in der Regel widerruflich: so die Vollmacht, § 168, die Einwilligung, § 183, die Anweisung, § 780 [84]. Die Widerruflichkeit erklärt sich daraus, daß die Machtbefugnis in den meisten Fällen dem Interesse dessen dient, der sie verleiht [85]. Wenn die Einwilligung zur Ergänzung beschränkter Geschäftsfähigkeit dient, so verlangt ihr Zweck (Schutz des Einwilligungsbedürftigen), daß der Einwilligende seine Entscheidung bis zum letzten Moment ändern könne. Widerruflich ist auch die (nicht unter § 182 fallende) Einwilligung, durch welche die Widerrechtlichkeit einer Handlung ausgeschlossen wird [86], insbesondere die Einwilligung des Besitzers zu einem Eingriff in seinen Besitz [87].

Das einseitige unwiderrufliche Rechtsgeschäft kann, wenn seine Wirkung einmal eingetreten ist, auch mit Zustimmung des Gegners nicht mehr zurückgenommen werden. Dagegen steht es den Parteien frei, den durch das einseitige Rechtsgeschäft geschaffenen Rechtszustand zu ändern und den früheren Rechtszustand soweit herzustellen, als er durch Vertrag möglich ist [88]. So kann z. B. das durch einseitige Erklärung, § 505, entstehende Vorkaufsverhältnis durch contrarius consensus aufgehoben, aber nicht ungeschehen gemacht werden [89]. Oder es können die Parteien nach erfolgter Wahl, § 263, durch abändernden Vertrag an Stelle des gewählten Gegenstandes einen anderen setzen; aber dadurch wird die durch die Wahl beeinflußte Verpflichtung des Bürgen nicht geändert, § 767. Ebenso kann ein angefochtenes Rechtsgeschäft durch Vereinbarung der Parteien nicht mehr ins Leben gerufen, sondern nur durch ein neues Geschäft von gleichem Inhalt ersetzt werden [90]. Die aufhebende Kündigung [91] kann, solange

---

[84] In zahlreichen einzelnen Fällen erklärt das Gesetz die Einwilligung für unwiderruflich, z. B. §§ 876, 1071, 1276.

[85] Vgl. Bd. I S. 167.

[86] Vgl. ob. § 8 Note 29.

[87] Vgl. ob. § 4 Note 42.

[88] Nicht mit rückwirkender Kraft, vgl. ob. S. 28, und nicht mit Wirkung gegen Dritte, vgl. Bd. I S. 296.

[89] Der Dritte behält z. B. ein für den Fall der Ausübung des Vorkaufsrechts vorbehaltenes Rücktrittsrecht, § 506.

[90] A. A. Dernburg § 118 VI. Vgl. unt. § 57 Note 119.

[91] Vgl. ob. § 5 Note 33. Die Wirkung der Fälligkeitskündigung kann durch Stundung beseitigt werden.

ihre Wirkung noch nicht eingetreten ist, mit Zustimmung des Gegners zurückgenommen werden [92]; beschließen die Parteien nach Ablauf der Kündigungsfrist Fortsetzung des Rechtsverhältnisses, so muß ein neuer Vertrag geschlossen werden, welcher der Form des § 566 unterliegt [93]. Ist ein einseitiges Rechtsgeschäft mangels seiner Voraussetzungen unwirksam, so kann sich nicht nur der Gegner, sondern auch der Urheber des Geschäftes auf die Unwirksamkeit berufen. So kann z. B. der Kontrahent, der den Vertrag angefochten hat, wenn sich die Anfechtung als unberechtigt erweist, Ansprüche aus dem Vertrag erheben [94].

II. Die zwei- oder mehrseitigen Rechtsgeschäfte wurden in der älteren gemeinrechtlichen Doktrin als Vertrag bezeichnet [95]. Neuerdings ist erkannt worden, daß der Vertrag zwar der wichtigste, aber nicht der einzige Fall des mehrseitigen Rechtsgeschäftes ist.

Der Vertrag [96] ist das normale Rechtsmittel, um Rechtsbeziehungen zwischen mehreren Personen zu begründen; aber auch, um bestehende Rechtsverhältnisse aufzuheben oder abzuändern, insbesondere zu übertragen [97]. Daher ist der Vertrag, wie das Rechtsgeschäft [98], ein Rechtsgebilde von allgemeiner Bedeutung, welches in seinen drei Funktionen (Begründung, Änderung, Aufhebung von Rechtsverhältnissen) in allen Teilen des Privatrechts vorkommt [99]. Nach den Hauptgebieten des Privatrechts kann man unterscheiden:

---

[92] Lotmar, Arbeitsvertrag 574.

[93] Dernburg II § 221 IV 1 (in auffallendem Gegensatz zu seiner Ansicht über die Rücknahme der Anfechtung, ob. Note 90); Oertmann § 554, 1d; a. A. Planck § 564, 2g und, wie es scheint, Thiele, AZivPr. 89, 163.

[94] Solange die Partei, welche den Vertrag angefochten hat, die der Anfechtung zugrunde liegenden Behauptungen aufrecht erhält, ist sie, ohne daß die Wirksamkeit der Anfechtung untersucht zu werden braucht, mit Anträgen abzuweisen, welche Gültigkeit des Vertrages voraussetzen, RG. 74, 1 fg. Vgl. ob. Note 54, unt. § 57 Note 91[a].

[95] Vgl. z. B. Windscheid § 69 Anm. 2.

[96] Gleichbedeutend mit Vertrag sind die Ausdrücke: Verabredung, z. B. §§ 247, 248, 344, Einverständnis, § 465, Verabredung, § 154 II, und Einigung, vgl. unt. Note 105.

[97] Zur Übertragung eines Rechtes genügt in der Regel formloser Vertrag, § 413.

[98] Vgl. ob. § 50 S. 147.

[99] Auch öffentlichrechtliche Verhältnisse können durch Vertrag gestaltet werden, Laband, Staatsrecht I § 45, Fleiner, Verwaltungs-

1. Verträge des Sachenrechts, sog. dingliche Verträge [100], durch welche Sachenrechte begründet oder verändert, insbesondere übertragen werden [101]. Zum Tatbestand des dinglichen Vertrages gehört außer den Willenserklärungen der Parteien ein Realakt [102] (Übergabe der beweglichen Sache [103]) oder eine amtliche Handlung [104] (Eintrag in das Grundbuch, § 873). Den konsensualen Teil des Tatbestandes nennt das Gesetz (§§ 873, 925, 929, 1015, 1032, 1205) Einigung [105]. Auf den dinglichen Vertrag finden die allgemeinen Grundsätze über Rechtsgeschäfte und Verträge Anwendung [106], soweit nicht durch das Erfordernis der Übergabe resp. der Eintragung eine Modifikation eintritt. Da die Einigung nur einen Teil des Tatbestandes des dinglichen Vertrages darstellt [107], kann sie die volle Wirkung des Vertrages nur dann haben, wenn die übrigen Erfordernisse (Besitz des Erwerbers, Eintragung, ins Grundbuch) bereits vorliegen [108]. In Ermangelung dieser Er-

recht 176 fg., RG. 78, 7. Von besonderer Bedeutung ist der Vertrag im Völkerrecht als Quelle von Rechtsnormen und subjektiven Rechten.

[100] Die Verfasser des BGB. haben den Ausdruck dinglicher Vertrag absichtlich vermieden, weil ihnen nicht ausgemacht schien, ob die eine Änderung des dinglichen Rechtszustandes bewirkende Einigung unter den Begriff des Vertrages zu stellen sei, Prot. III 56. Über die Verwendung des Wortes dinglicher Vertrag zur Bezeichnung von Verfügungsgeschäften vgl. unt. § 54 Note 123.

[101] Die Aufhebung dinglicher Rechte erfolgt durch einseitiges Rechtsgeschäft des Berechtigten, §§ 875, 928, 1064, 1168, 1255. Bei der (vom Verzicht, § 1168, zu unterscheidenden) Aufhebung der Hypothek muß Zustimmung des Eigentümers hinzutreten, weil dadurch zugleich die Anwartschaft auf die Eigentümerhypothek aufgehoben wird, Bd. I § 9 Note 31: unt. § 54 Note 67.

[102] Vgl. ob. § 50 II 2.

[103] Die Übergabe des Besitzes ist kein Vertrag (da die Erklärungen der Parteien nicht Rechtsgeschäfte, sondern Rechtshandlungen sind, vgl. ob. § 48 Note 39), aber nach Analogie des Vertrages zu beurteilen.

[104] Vgl. ob. § 50 II 5.

[105] Von Einigung spricht das Gesetz auch in anderen Fällen, um den konsensualen Tatbestand eines Vertrages von den sonstigen Erfordernissen zu unterscheiden, so z. B. bei der Schenkung, § 516 I. Ebenso kann man bei anderen Realgeschäften (Erfüllung, Darlehen) die Einigung über die causa von der zum Tatbestand des Geschäftes gehörenden Zuwendung unterscheiden, vgl. ob. S. 193.

[106] Planck Erl. 2 vor § 145; Dernburg § 108 Note 8.

[107] Gegen die übliche Identifizierung von Einigung und dinglichem Vertrag wendet sich mit Recht Enneccerus § 137 Note 3; Wolff, Sachenrecht § 38 II, § 66 I.

[108] § 929, 2. Planck § 873 Erl. 11.

fordernisse ist die Einigung nur eine Vorstufe des dinglichen Vertrages und kann daher nur Vorwirkungen haben [109]. Diese Vorwirkung besteht bei der Eigentumsübertragung an Mobilien darin, daß es nur noch der Übergabe der Sache bedarf, um den sachenrechtlichen Effekt herbeizuführen. Die Übergabe kann nicht ohne Willen des Tradenten erfolgen. Aber in der Einigung kann eine Erlaubnis des Tradenten an den Erwerber liegen, die Sache in Besitz zu nehmen: dann hat der Erwerber ein Aneignungsrecht [110], welches er, solange es nicht widerrufen ist, ohne Beteiligung des Veräußerers, also auch bei Tod oder Geschäftsunfähigkeit desselben, wirksam ausüben kann [111]. Im Grundbuchrecht ist die Einigung in den Fällen des § 873 II „bindend", d. h. unwiderruflich [112]. Aber nur in einem dieser Fälle (Aushändigung einer formgerechten Eintragungsbewilligung) hat der Erwerber ein Aneignungsrecht [113], d. h. die Möglichkeit, durch eigenes Handeln den Erwerb zu Ende zu führen. In den übrigen Fällen der bindenden und in allen Fällen der nicht bindenden Einigung bedarf es zum Eintritt der Rechtsänderung noch einer Bewilligung des passiv Beteiligten, zu welcher er nur auf Grund seiner obligatorischen Verpflichtung (nicht der dinglichen Einigung) gezwungen werden kann [114]. Immerhin ist die Tatsache, daß die Einigung in bindender oder widerruflicher Weise bereits vorliegt, nicht ganz bedeutungslos [115]: die Einigung braucht, wenn es zur Eintragung kommt, nicht wiederholt zu werden. So würde z. B. die Rechtsänderung eintreten, wenn die Eintragung auf Bewilligung und Antrag des passiv Beteiligten erfolgt, nachdem der Erwerber nach der Einigung gestorben oder geschäftsunfähig geworden ist: ebenso, wenn die Eintragung (versehentlich) ohne Bewilligung des passiv Beteiligten vorgenommen wird [116].

---

[109] Vgl. ob. § 43 S. 19.

[110] Vgl. Bd. I S. 175.

[111] Daher ist es unrichtig, wenn Eccius, Gruchot 47, 52 und Wolff, Sachenrecht § 66 Note 9, der Einigung vor der Übergabe jegliche Wirkung absprechen, vgl. Bd. I § 8 Note 18.

[112] Siber, Grundbuchgeschäft 93.

[113] Vgl. Bd. I S. 176.

[114] Vgl. Bd. I § 9 Note 25.

[115] Wenn auch, wie Wolff Sachenrecht § 38 V richtig hervorhebt, von geringer praktischer Bedeutung. Jegliche Wirkung wird der Einigung des § 873 II abgesprochen von Rosenzweig, JheringsJ. 58, 403 fg.

[116] Vgl. Wolff, Sachenrecht § 31 III.

2. Verträge des Obligationenrechts, durch welche obligatorische Rechtsverhältnisse (Schuldverhältnisse [117]) oder Forderungen begründet, verändert (insbesondere übertragen) oder aufgehoben werden [118]. Der schuldbegründende Vertrag (im römischen Recht contractus genannt) ist seiner Wirkung nach ein- oder zweiseitig, je nachdem für eine oder für beide Parteien Forderungen resp. Verpflichtungen entstehen. Innerhalb der zweiseitigen Verträge bilden die gegenseitigen (synallagmatischen) Verträge, § 320 [119], eine besondere Gruppe: sie bezwecken den Austausch von Leistungen.

3. Verträge des Familienrechts, durch welche Rechtsverhältnisse des Familienrechts begründet, abgeändert oder aufgehoben werden. Dazu gehört das Verlöbnis, § 1297, die Eheschließung, § 1317 [120], die Annahme an Kindesstatt, § 1741, und deren Aufhebung, § 1768 [121], sowie der Ehevertrag, § 1432, durch welchen güterrechtliche Verhältnisse (Verwaltung und Nutznießung des Ehemanns, Gütergemeinschaft) geregelt werden [122].

4. Verträge des Erbrechts: Begründung oder Aufhebung erbrechtlicher Verhältnisse (Erbrecht) oder erbrechtlicher Forderungen (Vermächtnis) durch Erbvertrag [123] oder Erbverzicht, §§ 1941, 2274 fg., 2346 fg. [124].

[117] Vgl. Bd. I § 5 S. 126. Aus dem Schuldverhältnis entstehen durch Hinzutritt weiterer Tatsachen einzelne Forderungen, z. B. Mietzinsforderungen durch Zeitablauf, Auslageforderungen durch Aufwendungen des Beauftragten usw.

[118] Schuldverhältnisse werden aufgehoben durch contrarius consensus, Forderungen durch Erlaß, vgl. Bd. I § 5 Note 36; die Kündigung bewirkt entweder Aufhebung eines Schuldverhältnisses, oder Fälligkeit einer Forderung, § 5 Note 33.

[119] In KO. sind unter „zweiseitigen Verträgen“ gegenseitige Verträge zu verstehen, Jäger, KO. § 17 Anm. 1.

[120] Nach herrschender Ansicht gehört zu den familienrechtlichen Verträgen auch die Wiederherstellung der ehelichen Gemeinschaft, § 1587, vgl. Schmidt Erl. 4a; Seckel Berl. Festg. f. Dernburg 33. Von anderer Seite wird sie zu den „Rechtshandlungen“ (ob. § 48 Note 53) gezählt, Planck § 1587, 1; Klein, Rechtshandlungen 83 fg., von Endemann II § 168 Anm. 17 als rein äußerer Vorgang bezeichnet.

[121] Adoption und Aufhebung derselben bedarf der gerichtlichen Bestätigung, §§ 1741, 2, 1770. Die Ehelichkeitserklärung erfolgt nicht durch Vertrag, sondern durch Verfügung der Staatsgewalt auf Antrag des Vaters und mit Zustimmung des Kindes, §§ 1723, 1726. Vgl. ob. § 50 Note 65.

[122] Bd. I § 18 Note 54, § 3 Note 13.

[123] Über die nicht unbestrittene Vertragsnatur des Erbvertrages vgl. Planck, Erl. 2 vor § 2274.

[124] Die unmittelbare Wirkung des Erbvertrags und Erbverzichts ist

5. Der Gründungsvertrag, durch welchen in Verbindung mit der Eintragung oder staatlicher Verleihung der Rechtsfähigkeit ein Verein ins Leben gerufen wird [125]. Der Gründungsvertrag kann zugleich obligatorischen Inhalt haben, indem er Forderungen zwischen den Gründern und dem Verein entstehen läßt [126].

Der Tatbestand des Vertrags erfordert einen Austausch von inhaltlich übereinstimmenden Willenserklärungen zwischen mehreren, gewöhnlich zwei Personen, welche als Parteien (Vertragsgegner [127]) einander gegenüberstehen. Jede dieser beiden Willenserklärungen (Antrag und Annahme) ist für sich allein betrachtet kein (einseitiges) Rechtsgeschäft [128]; denn jeder der beiden Kontrahenten will die von ihm beabsichtigte Rechtswirkung nicht, wie beim einseitigen Geschäft, autonom, d. h. durch seinen alleinigen Willen herbeiführen, sondern in Verbindung mit einer übereinstimmenden Willenserklärung des Gegners [129]; der Offerent erwartet eine Annahmeerklärung; der Annehmende erklärt seinen Willen mit Rücksicht auf die ihm zugegangene Offerte [130]. Daher gelten die Vorschriften, welche das Gesetz für einseitige Rechtsgeschäfte im Gegensatz zu Verträgen aufstellt. z. B. §§ 111, 1398,

---

Entstehung oder Aufhebung einer Anwartschaft, Bd. I § 9 III 5, aus welcher mit dem Erbfall das Erbrecht resp. die Vermächtnisforderung erwächst.

[125] Bd. I § 34 I.

[126] Bd. I S. 481.

[127] Wenn man die Vertragsparteien als Kontrahenten bezeichnet, denkt man in erster Linie an den schuldbegründenden Vertrag (Kontrakt), vgl. ob. II 2.

[128] M a n i g k , Rechtsgeschäfte 93; B r e i t , Geschäftsfähigkeit 173; T i t z e , Mißverständnis 19; O e r t m a n n Vorb. 2 zum 3. Abschn. des Allg. T.; vgl. ob. § 50 Note 24.

[129] Vgl. ob. Note 25. Eine Willenserklärung, deren Wirkung nach dem Willen ihres Urhebers von der Zustimmung des Empfängers abhängen soll, ist nach den Grundsätzen des Zivilrechts als Tatbestandsstück eines Vertrages aufzufassen. Demgemäß wäre auch die Anstellung eines Beamten, da sie Einwilligung des Anzustellenden erfordert, zu den Verträgen zu rechnen, L a b a n d ArchÖffentl.R 18, 73 fg. Wenn eine weitverbreitete Meinung, vgl. F l e i n e r , Verwaltungsrecht 161, die Beamtenanstellung als einen einseitigen, unter der Bedingung der Einwilligung des Anzustellenden ergehenden, Staatsakt bezeichnet, so kann das nur durch die überragende Stellung des Staates gegenüber dem Anzustellenden, also aus spezifischen Gründen des öffentlichen Rechts gerechtfertigt werden.

[130] Die schon vor der Annahme eintretende Wirkung der Offerte (Bindung des Offerenten, § 145) ist eine nicht notwendig gewollte gesetzliche Nebenwirkung, vgl. ob. § 50 S. 163.

1448, 1831, nicht für die Willenserklärungen, aus denen ein Vertrag besteht[130a]; so ist z. B. die Annahmeerklärung eines Minderjährigen ohne Einwilligung des gesetzlichen Vertreters nicht nichtig nach § 111, sondern begründet in Verbindung mit der an ihn gerichteten Offerte das in § 108 geregelte Schwebeverhältnis[131].

Die beiden Willenserklärungen müssen inhaltlich übereinstimmen. Dieses Erfordernis des Vertrages nennt man Konsens. Die Erklärungen können auch dem Wortlaut nach identisch sein (z. B. die Parteien unterschreiben dieselbe Vertragsurkunde); sie brauchen aber nicht identisch zu sein. Oft steht die Erklärung der einen Partei, äußerlich betrachtet, im Gegensatz zu der Erklärung der anderen; sie ist das der Erklärung des Gegners inhaltlich entsprechende Gegenstück: A sagt: „ich verkaufe"; B sagt: „ich kaufe". Beide erklären jeder von seinem Standpunkt aus ihr Einvernehmen mit derselben von beiden gewollten Rechtswirkung[132]: daß B die Sache des A gegen eine Geldzahlung erhalten soll. Der Konsens wird oft so aufgefaßt[133], als ob aus dem Zusammenschluß des Willens der beiden Kontrahenten ein einheitlicher Wille — der Vertragswille — entstehe. Diese, ich möchte fast sagen, mystische Anschauung ist meines Erachtens abzulehnen: was wir Willen nennen, ist uns nur als Vorgang in der Seele eines Menschen bekannt. Wenn zwei Menschen dasselbe wollen und zu wollen erklären, so entsteht daraus, wenn man die Tatsachen unbefangen betrachtet, kein über den Parteien schwebender und nirgends zu lokalisierender psychischer Vorgang, wohl aber, nach Vorschrift des Gesetzes, ein für beide Parteien gemeinsam geltender, weil von jedem von ihnen gewollter Rechtszustand.

Zum Tatbestand des Vertrages genügt nicht das Vorliegen übereinstimmender Willenserklärungen mehrerer Personen; die Willenseinigung muß von den Parteien erstrebt sein und die Erklärungen zu diesem Zweck abgegeben werden[134]. Daher muß der Antrag an den Gegner gerichtet sein und ihm zugehen; dasselbe gilt in der Regel von der Annahme. Im Normalfall besteht daher der Vertrag aus zwei unter den Parteien ausgetauschten

[130a] RG. 76, 91.

[131] Vgl. unt. § 59.

[132] Regelsberger § 149 I 1; Eltzbacher, Handlungsfähigkeit 165.

[133] Windscheid § 69 Anm. 2; Regelsberger § 149 I 1; Planck Erl. 1 vor § 145; Staudinger Erl. 1 vor § 145.

[134] Vgl. Siber, Buchrechtsgeschäft 108 fg.

Erklärungen [135]. Wenn die Annahme, was ausnahmsweise zulässig ist [136], nicht durch empfangsbedürftige Erklärung erfolgt, so muß sie doch in einem inneren Zusammenhang mit der Offerte stehen: sie ist Zustimmung zu der Offerte und muß daher in Kenntnis derselben und mit Rücksicht auf sie vorgenommen werden. Übereinstimmende Erklärungen mehrerer Personen, die nicht unter ihnen ausgetauscht sind oder in dem eben dargelegten Zusammenhang stehen, bilden zusammen keinen Vertrag. Werden z. B. übereinstimmende Erklärungen von A, B und C an eine dritte Person, X, gerichtet, so entsteht zwischen A, B und C ein Vertrag nur dann, wenn X von ihnen zur Entgegennahme von Vertragserklärungen ermächtigt ist [137]; daher besteht kein Vertragsverhältnis unter den Mitspielern einer Lotterie oder unter den Teilnehmern an einem Wettrennen [138], welche sich den Bedingungen eines Rennvereins unterworfen haben. Das Testament und die nach § 2291 zur Wirksamkeit desselben erforderliche Zustimmung bilden zusammen keinen Vertrag [139]. Ebensowenig der an die Behörde gerichtete Antrag auf Ehelichkeitserklärung, § 1723, und die Einwilligung des Kindes, § 1726 [140]. Auch die Aufhebung der Hypothek durch übereinstimmende Erklärungen des Gläubigers und des Eigentümers, §§ 875, 1183, ist kein Vertrag [141]; denn die Erklärungen brauchen nicht ausgetauscht zu werden, sondern können an das Grundbuchamt gerichtet sein [142]. Dagegen ist die Einigung des § 873 als Vertrag aufzufassen und erfordert daher Austausch der beiderseitigen Erklärungen oder mindestens Zugehen der Offerte und Annahme derselben durch den anderen Teil [143].

---

[135] Vgl. unt. § 62.

[136] Vgl. z. B. § 151.

[137] Ist das nicht der Fall, so kann, wenn X den an ihn gerichteten Erklärungen des A, B und C zustimmt, zwischen diesen Personen und ihm ein Vertragsverhältnis entstehen.

[138] Dernburg II § 214 I.

[139] Ist das Testament vor der Zustimmung errichtet, so kann es als nichtempfangsbedürftige Erklärung nicht Offerte sein.

[140] Planck § 1731, 1.

[141] Planck § 1183, 2a; Wolff, Sachenrecht § 141 I 1; OLG. 20, 240; Siber a. a. O. 117. Vgl. ob. Note 101.

[142] Ebenso verhält es sich mit der Zurücknahme der Zessionsanzeige und der dazu nötigen Zustimmung des Zessionars, § 409 II; es liegt kein Vertrag vor, weil beide Erklärungen nicht zwischen denselben Personen ausgetauscht werden.

[143] Die Einreichung der Erklärungen beim Grundbuchamt bewirkt

Die Wirkungen des Vertrages betreffen in der Regel ein Rechtsverhältnis zwischen den Parteien [144], indem sie dasselbe begründen, abändern oder aufheben, oder das der einen Partei zustehende Recht auf die andere Partei übertragen. Eine Rechtswirkung für und gegen Dritte kann der Vertrag ausüben, wenn die eine Partei oder beide als Stellvertreter des Dritten auf Grund einer Vertretungsmacht handeln. Ohne Vertretungsmacht können Rechtswirkungen zu ungunsten eines Dritten nicht herbeigeführt werden, wohl aber in zahlreichen Fällen Wirkungen zugunsten eines Dritten [145]: Begründung von Forderungen, § 328; Befreiung von einer Schuld durch Erfüllung, § 267 [146], und Schuldübernahme, § 414. Aufhebung einer fremden Schuld durch Erlaßvertrag mit dem Gläubiger ist im Gesetz nur beim Gesamtschuldverhältnis sanktioniert, § 423, muß aber meines Erachtens als allgemein zulässig betrachtet werden [147]. Ferner kann durch Erbvertrag einem Dritten eine Anwartschaft auf Erbrecht oder eine Vermächtnisforderung verschafft werden, § 1941 II [148]. Dagegen kann man Eigentum und sonstige dingliche Rechte [149] nicht durch Vertrag zugunsten eines Dritten begründen [150].

---

nach § 873 II Verbindlichkeit der Einigung, kann aber das aus dem Vertragsbegriff sich ergebende Erfordernis des Austausches der Erklärungen nicht ersetzen; a. A. Siber a. a. O. 105 fg.

[144] Eine über den Rechtskreis der Parteien hinausgehende Wirkung hat der Gründungsvertrag, vgl. ob. Note 125.

[145] Vgl. ob. § 50 S. 167.

[146] Meine frühere Ansicht (KritVJSchr. 43, 555, vgl. Oertmann § 267, 2 a), daß wer eine fremde Schuld zahlt, immer als Vertreter des Schuldners handele, wobei er nach § 267 keiner Vollmacht bedürfe, nehme ich zurück. Es scheint mir richtiger anzunehmen, daß der Dritte im eigenen Namen leistet und dabei mit dem Gläubiger verabredet, daß durch die Leistung die fremde Schuld getilgt sein soll.

[147] Oertmann, Bem. 5 a vor § 328, RG. 66, 126. Wollte man annehmen, daß ein Erlaß zugunsten eines Dritten nicht möglich ist, so kann die Schuldbefreiung des Dritten auf Umwegen erreicht werden: a) durch einen Vertrag, in welchem sich der Gläubiger verpflichtet, sein Recht gegen den Schuldner nicht geltend zu machen (pactum de non petendo), vgl. Bd. I § 17 Note 69, b) durch Übernahme der fremden Schuld nach § 414 und daran sich anschließenden Erlaß dieser Schuld.

[148] Planck, Erl. 3 vor § 2274.

[149] Oertmann, Bem. 5 c vor § 328; RG. 66, 99. Für die Möglichkeit der Hypothekenbestellung zugunsten Dritter Wolff, Sachenrecht § 38 II 3; für allgemeine Zulässigkeit des Vertrags zugunsten Dritter im Sachenrecht Rosenberg DJZ. 17, 541 fg.

[150] Wohl aber mittelbaren Besitz: der mittelbare Besitzer kann dem

Der Vertrag verlangt in bezug auf seinen Tatbestand und seine Wirkungen das Vorhandensein von mindestens zwei Personen, die einander als Parteien gegenüberstehen: die Vertragserklärungen müssen zwischen zwei Personen ausgetauscht werden; die Vertragswirkungen in zwei Rechtskreisen eintreten. Dem ersten Erfordernis kann vermöge des Instituts der Stellvertretung auch so genügt werden, daß dieselbe Person einerseits für sich und andererseits als Vertreterin des Vertragsgegners handelt: wenn A Vertreter des B ist, kann er nach § 181 innerhalb gewisser Schranken einen Vertrag mit B dadurch schließen, daß er eine Erklärung in eigenem Namen an sich als den Vertreter des B abgibt, die andere Erklärung namens des B an sich selbst abgibt und in eigenem Namen entgegennimmt [151]. Dagegen können Vertragswirkungen nicht eintreten, wenn durch die Einigung meherrer Personen nicht verschiedene [152], sondern derselbe Rechtskreis betroffen wird. Niemand kann mit sich selbst oder mit einem eigenen Stellvertreter einen Vertrag schließen. Wenn z. B. jemand einen ihm gehörenden Gegenstand durch einen Auktionator versteigern läßt und selbst den Zuschlag erhält, so entsteht aus der zwischen ihm und dem Auktionator hergestellten Willenseinigung weder ein obligatorisches Kaufverhältnis noch ein Wechsel des Eigentums. Auch der bei der Pfandversteigerung nach § 1239 I [153] zulässige Zuschlag an den Pfandgläubiger kann, weil die Versteigerung namens des Pfandgläubigers erfolgt, nicht die Wirkungen eines Kaufvertrags haben: es entsteht weder eine Verpflichtung zur Zahlung des Kaufpreises, noch eine Forderung auf Übergabe der Sache. Da aber die Versteigerung im Verhältnis des Gläubigers zum Eigen-

---

X einen Anspruch auf Herausgabe der Sache, wie durch Zession, so auch dadurch verschaffen, daß er mit dem unmittelbaren Besitzer Herausgabe der Sache an X verabredet; aus der ratio des § 870 ergibt sich, daß dann X als mittelbarer Besitzer zu betrachten ist, vgl. Bd. I § 8 Note 13.

[151] Daß zwei Erklärungen und somit ein Vertragsschluß vorliegt, tritt deutlich hervor, wenn die Erklärungen vor einer Behörde abgegeben werden, z. B. wenn eine Auflassung nach § 181 erfolgt.

[152] Als verschiedene Rechtskreise gelten Hauptvermögen und Sondergut, Gesamthandsvermögen und sonstiges Vermögen der Teilhaber. Daher sind Verträge zwischen diesen Vermögensmassen, wenn ihre Verwaltung von verschiedenen Personen geführt wird, möglich, vgl. Bd. I § 19 S. 337 fg., § 20 S. 353 fg.

[153] Vgl. HGB. § 373 IV, ZPO. § 816 IV; auch bei der Zwangsversteigerung von Grundstücken kann der Gläubiger mitbieten, Dernburg III § 259, 2.

tümer auf Rechnung des letzteren stattfindet, so verleiht das Gesetz dem Zuschlag an den Pfandgläubiger im Verhältnis zum Eigentümer Wirkungen, welche denen des normalen Pfandverkaufes entsprechen: der vom Pfandgläubiger gebotene Preis ist als von ihm empfangen zu betrachten, § 1239 I 2, das Eigentum geht mit dem Zuschlag auf den Pfandgläubiger über, § 1242 I 2 [154].

Der durch Vertrag hergestellte Rechtszustand ist für beide Teile bindend, d. h. er kann nicht durch eine Vertragspartei ohne die Zustimmung der anderen aufgehoben werden, es sei denn, daß einer Partei ein besonderes auf Aufhebung des Rechtsverhältnisses gerichtetes (negatives [155]) Recht zur Seite steht [156]. Dagegen kann durch den Willen beider Parteien das durch Vertrag begründete Rechtsverhältnis stets aufgehoben werden [157]; die Möglichkeit vertragsmäßiger Aufhebung können die Parteien durch Vertrag nicht ausschließen [158].

III. Bei einseitigen Rechtsgeschäften wie bei Verträgen kann es aus besonderen Gründen vorkommen, daß eine Partei statt aus einem Rechtssubjekt aus einer Mehrheit von Personen [159] besteht, welche entweder als gleichberechtigt einander koordiniert sind [160] oder im Verhältnis zueinander sich als Haupt- und Nebenparteien [161] darstellen. Der erste Fall liegt vor, wenn mehrere

---

[154] Der Zuschlag ist, wenn die Versteigerung durch einen Auktionator erfolgt, nicht, wie Planck § 1239, 1 und Wolff, Sachenrecht § 166 VI 1 sagen, einseitiger Akt resp. einseitige Aneignung der Sache durch den Pfandgläubiger, sondern eine Einigung zwischen ihm und dem (allerdings in seinem Namen handelnden) Auktionator, welche in ihren Voraussetzungen nach dem Recht der Verträge zu beurteilen ist; wäre z. B. der Pfandgläubiger bei Abgabe des Gebotes geisteskrank, so würde der Zuschlag wirkungslos sein.

[155] Vgl. Bd. I § 10.

[156] Insbesondere kann der Erbvertrag, im Gegensatz zum Testament, nur aus bestimmten Gründen einseitig aufgehoben werden, § 2293 fg., vgl. ob. S. 217.

[157] Die aus dem Vertrag bereits entstandenen Rechte Dritter bleiben bestehen, vgl. aber § 328 II; dagegen erlöschen mit Aufhebung des Vertrages Anwartschaften Dritter auf künftige Rechte, vgl. oben § 47 Note 64. Zu den Anwartschaften gehört auch das Erbrecht aus einem Erbvertrag, ob. § 9 III 5.

[158] Vgl. ob. § 50 VII.

[159] Man kann die mehreren auf einer Seite des Rechtsgeschäfts stehenden Personen „Geschäftsgenossen" nennen.

[160] So z. B. bei der Adoption durch ein Ehepaar, § 1749 I.

[161] Vgl. ob. § 50 S. 148.

Personen gemeinsam mit einem Dritten einen Vertrag schließen [162], in welchem sie zusammen die Stellung einnehmen, welche im normalen Fall einem Mitkontrahenten zukommt, oder wenn mehrere Personen ein Gestaltungsrecht [163] oder eine Machtbefugnis [164] gemeinsam ausüben. Solche Rechtsgeschäfte kann man gemeinsame Rechtsgeschäfte nennen [165]. Neben der Hauptpartei steht eine Nebenpartei, wenn die Willenserklärung (Vertragserklärung oder einseitige Erklärung) des Hauptbeteiligten der Ergänzung durch Zustimmung einer anderen Person bedarf [166]. Durch die auf besonderen Gründen beruhende Beteiligung mehrerer Personen auf Seiten einer Partei verliert das Rechtsgeschäft nicht seinen Charakter als einseitiges Geschäft oder Vertrag [167]. Eine Kündigung, die von mehreren Vermietern oder vom minderjährigen Vermieter mit Einwilligung des Vormundes vorgenommen wird, bleibt ein einseitiges Geschäft. Ein Vertrag, in welchem A und B oder A mit Zustimmung seines Vormundes sich dem X gegenüber verpflichtet oder eine Sache an X veräußern, bleibt ein zweiseitiger Vertrag, in welchem A und B resp. A und sein Vormund einerseits dem Gläubiger resp. Erwerber X als Parteien gegenüberstehen. Die mehreren Willenserklärungen, welche beim gemeinsamen Geschäft anstelle der im normalen Fall erforderlichen einen Erklärung treten, behalten die durch die Eigenart des Geschäftes bedingte Richtung: beim Vertrag sind die Erklärungen sämtlicher auf einer Seite stehender Personen an den Vertragsgegner zu richten [167a], beim einseitigen Geschäft an den Er-

---

[162] Einen obligatorischen Vertrag z. B. als Mitkäufer oder Mitmieter, vgl. ob. § 52 bei Note 8; oder eine gemeinsame Verfügung, §§ 747, 2. 2040.

[163] §§ 356, 502, 213, 737, 1077 II, vgl. Bd. I § 3 V 3, 91.

[164] Bd. I § 7 IV. Gemeinsames Handeln von Vormündern, § 1797, Testamentsvollstreckern, § 2224, Stellvertretern mit kollektiver Vertretungsmacht, Bd. I § 37 Note 46.

[165] Vgl. Bd. I § 34 Note 5, § 36 S. 515. Der von Kuntze, Festschr. f. Müller, kreierte Ausdruck „Gesamtakt" ist m. Er. zu vermeiden, weil er in sehr verschiedener Bedeutung gebraucht wird.

[166] So bedarf z. B. im Falle des § 1283 I der Gläubiger zur Kündigung der Zustimmung des Pfandgläubigers, während bei Nießbrauch an einer Forderung in § 1077 II gemeinschaftliche Kündigung durch Gläubiger und Nießbraucher vorgeschrieben ist.

[167] Bekker § 94 Note a; Regelsberger § 148 I; Gierke § 33 Note 3; Eltzbacher, Handlungsfähigkeit 169; Biermann § 45, 5; Enneccerus § 137 II 3; Siber, Buchrechtsgeschäft 140.

[167a] RG. 75, 423.

klärungsgegner [168]. Diese Erklärungen verlaufen parallel zu einander [169].

Beim gemeinsamen Geschäft brauchen die Erklärungen der Geschäftsgenossen weder gemeinsam [170] noch gleichzeitig [171] abgegeben zu werden [172]. Der Tatbestand des gemeinsamen Geschäfts kann sich sukzessiv entfalten, indem die erforderlichen Erklärungen einzeln und nacheinander abgegeben werden. Die Wirkung des Rechtsgeschäfts tritt erst dann ein, wenn die letzte Erklärung vorliegt [173]. Eine bereits abgegebene Erklärung verliert ihre Wirkung nicht, wenn ihr Urheber vor Angabe der noch ausstehenden Erklärungen stirbt oder geschäftsunfähig wird, § 130 II [174]. Die Verbindlichkeit der Offerte eines Geschäftsgenossen ist nach § 145 fg. zu beurteilen; beim gemeinsamen einseitigen Geschäft ist jede einzelne Erklärung mit ihrer Abgabe unwiderruflich; ihre Wirksamkeit für das Zustandekommen des

---

[168] Zum Teil abweichend bei der Zustimmung nach § 182.

[169] Kohler § 245. Solche Erklärungen können durch einen gemeinsamen Vertreter abgegeben werden, Oertmann § 181, 2 a.

[170] Eine gemeinsame Erklärung mehrerer Personen kann erfolgen durch Zustellung einer von ihnen unterschriebenen Urkunde oder mit Hilfe eines gemeinsamen Vertreters.

[171] Gleichzeitigkeit im genauen Sinn des Wortes ist nur möglich, beim Zugehen schriftlicher Erklärungen. Mündliche Erklärungen können im besten Falle unmittelbar nacheinander abgegeben werden, vgl. ob. § 43 Note 53.

[172] Planck § 356, 1; § 1077, 2; Enneccerus § 263 Note 2, Wolff, Sachenrecht § 122 Note 9. Gemeinsamkeit oder wenigstens Gleichzeitigkeit der Erklärungen beim einseitigen Geschäft wird verlangt von Dernburg III § 193, 3, Staudinger und Biermann zu § 1077, Hellwig, Lehrb. § 153 Note 21, m. Er. zu Unrecht: allerdings braucht bei einseitigem Rechtsgeschäft der Gegner eine Unsicherheit der Rechtsänderung sich nicht gefallen zu lassen, vgl. ob. N. 36. Aber durch sukzessive Abgabe der einzelnen Erklärungen wird die Unsicherheit für den einem einseitigen Geschäft ausgesetzten Gegner nicht vergrößert; hat X zwei Vermieter, A und B und hat A gekündigt, so hängt die Aufhebung des Mietverhältnisses von der noch ausstehenden Erklärung des B ab, genau so, wie wenn B der einzige Vermieter des X wäre. Übrigens will Hellwig a. a. O. Note 24, wenn die Erklärung des A in einer Klageschrift enthalten ist, Nachholung der Erklärung des B bis zum Urteil zulassen.

[173] Nur die Genehmigung (Nachholung der Einwilligung einer Nebenpartei) hat rückwirkende Kraft, § 184. Die nachgeholte Erklärung eines koordinierten Geschäftsgenossen ist aber keine Genehmigung.

[174] Vgl. ob. § 50 Note 10. Anders im römischen Recht, fr. 18 D. 8, 4. Windscheid § 212 Note 3.

ganzen einseitigen Geschäftes ist an keine Zeitgrenze gebunden [175].

Auch die Zustimmung einer Nebenpartei braucht nicht gleichzeitig mit der Haupterklärung zu erfolgen, sondern kann vor derselben (als Einwilligung), oder nach derselben (als Genehmigung) erteilt werden. Nur bei einseitigen Rechtsgeschäften ist die Genehmigung ausgeschlossen [176], weil sie durch ihre rückwirkende Kraft, § 184, für den Geschäftsgegner eine Unsicherheit des Rechtszustandes erzeugen würde.

IV. Mehrseitige Rechtsgeschäfte, aber keine Verträge, sind Beschlüsse einer Mehrheit von Personen, bei welchen die Stimmenmehrheit entscheidet. Es fehlt solchen Beschlüssen das charakteristische Merkmal des Vertrages: der Konsens. Im Vertrag finden entgegengesetzte Interessen der Parteien durch Willensübereinstimmung einen Ausgleich; im Mehrheitsbeschluß gelangt das stärkere Interesse der Mehrheit zum Siege über das schwächere Interesse der Minderheit. Während der Vertrag, als auf dem Prinzip der Rechtsgleichheit beruhend, das (innerhalb gewisser Schranken) selbstverständlich zulässige Mittel der Rechtsgestaltung ist, bedarf der Mehrheitsbeschluß, als Ausübung einer Herrschaft, wie die einseitigen Rechtsgeschäfte, zu seiner Wirksamkeit einer besonderen Grundlage [177]: es muß ein Rechtsverhältnis vorliegen, kraft dessen in einer Angelegenheit alle Beteiligten der Entscheidung der Mehrheit unterworfen sind [178].

Mehrheitsbeschlüsse kommen in unserem Privatrecht in zwei Rechtslagen vor:

1. wenn eine Mehrheit von Menschen dazu berufen ist, einen fremden Rechtskreis, insbesondere ein fremdes Vermögen zu verwalten [179]: dazu gehören die aus mehreren Menschen bestehenden

---

[175] Wenn z. B. von zwei Miteigentümern eines Grundstücks, A und B, A auf eine Servitut nach § 875 II verzichtet, kann der Verzicht wirksam werden, wenn B nach beliebiger Zeit seine Erklärung nachholt.

[176] Vgl. ob. Note 39.

[177] In diesem Sinne bezeichnet Heck, Festschr. f. Gierke 322, die Beschlüsse zusammen mit den einseitigen Rechtsgeschäften als unselbständige Rechtsgeschäfte, vgl. ob. Note 4.

[178] Daher ist die Gründung eines Vereins kein Beschluß; a. A. Biermann § 135, 2; vgl. Bd. I § 34 Note 10.

[179] Keine Mehrheitsentscheidung, sondern Übereinstimmung der mehreren zur Entscheidung berufenen Personen verlangt § 317 II. Über mehrere Preisrichter vgl. Planck § 661, 3; Enneccerus § 379, IV 2.

Organe der juristischen Person (Mitgliederversammlung [180] und der Vorstand, wenn er mehrgliedrig ist [181]), der Gläubigerausschuß, KO. § 90; mehrere Vormünder, § 1797, und Testamentsvollstrecker, § 2224 [182];

2. wenn unter mehreren Personen eine Gemeinschaft des Rechts oder der Interessen besteht, welche eine einheitliche Entscheidung von Verwaltungsfragen erfordert. Mehrheitsbeschlüsse solcher Art sind vom Gesetz angeordnet für die Verwaltung der Gemeinschaft und Erbengemeinschaft, §§ 745, 2038, sowie für die Gläubigerversammlung, KO. § 94, RG. 4. 12. 99 § 10 [183]; sie können durch Vertrag eingeführt werden in der Gesellschaft und offenen Handelsgesellschaft, § 709 II, HGB. § 119.

Die Beschlußfassung hat in einigen Fällen in einer Versammlung der beteiligten Personen zu erfolgen [184], zu welcher alle beteiligten Personen zu laden sind und in welcher die Mehrheit der Erschienenen entscheidet [185]. In anderen Fällen ist die Form der Versammlung nicht vorgeschrieben: dann entscheidet die Mehrheit der vorhandenen Beteiligten [186]. Die Mehrheit wird bisweilen nach Köpfen berechnet [187]; in anderen Fällen nach dem Anteil an der Gemeinschaft resp. nach der Größe des Interesses an der gemeinsamen Entscheidung [188]. Der Beschluß entsteht aus einer Mehrheit einzelner Willenserklärungen. Diese Erklärungen

[180] Bd. I § 36.

[181] Bd. I § 37 IV.

[182] Bei Meinungsverschiedenheit unter mehreren Vormündern oder Testamentsvollstreckern entscheidet das Vormundschafts- resp. Nachlaßgericht, indem es einer Meinung beitritt (Planck § 1797, 5, § 2224, 3) und ihr dadurch das Übergewicht verschafft.

[183] Vgl. Bd. I § 3 Note 30.

[184] Mitgliederversammlung, § 32; Generalversammlung HGB. § 250; Gläubigerversammlung, KO. § 94, RG. 4. 12. 99.

[185] Bd. I § 36 I und daselbst Note 14.

[186] Streitig, ob die Minderheit gehört werden muß. M. Er. hängt die Gültigkeit des Beschlusses nicht davon ab; die Nichtanhörung eines Beteiligten kann aber diesem einen wichtigen Grund zur Kündigung der Gesellschaft resp. Aufhebung der Gemeinschaft geben, vgl. Mot. II 603; Dernburg II § 358, 2 a; Planck § 709, 3, § 745, 1 b; Oertmann § 709, 4; Enneccerus § 405 Note 3; Staub, Anm. 5 zu HGB. § 119; OLG. 20, 187.

[187] §§ 32, 709, HGB. § 119.

[188] § 745, KO. § 94, RG. 4. 12. 99. Bestimmt sich die Majorität nach Anteilen, so ist ein Mehrheitsbeschluß unter zwei Personen möglich, Oertmann § 745, 1.

sind, wenn die Abstimmung in einer Versammlung erfolgt, an den Leiter derselben zu richten [189]; wenn der Beschluß außerhalb einer Versammlung gefaßt wird, an die übrigen Beteiligten resp. an eine von ihnen zur Entgegennahme der Erklärung ermächtigte Person [190]. In allen Fällen ist die Erklärung des Abstimmenden für sämtliche Beteiligte bestimmt und kann nur einheitlich allen gegenüber gelten oder nicht gelten [191].

Die rechtliche Natur des Beschlusses ist, seit man ihn vom Vertrag unterscheidet, sehr bestritten [192].

Bisweilen wird der Beschluß aus dem Kreis der Rechtsgeschäfte ausgeschlossen [193]. Meines Erachtens läßt sich aber beim Beschluß das charakteristische Merkmal des Rechtsgeschäftes (Willenserklärung, gerichtet auf einen Rechtserfolg) und einen solchen herbeiführend) nicht in Abrede stellen [194]. Allerdings ergibt sich aus der Eigenart, welche der Beschluß in seinen Voraussetzungen und Wirkungen aufweist, die Notwendigkeit, die althergebrachte Einteilung der Rechtsgeschäfte in Verträge und einseitige Rechtsgeschäfte weiter auszubauen [195].

Man hat versucht, den Beschluß als ein gemeinsames einseitiges Rechtsgeschäft (Gesamtakt [196]) zu konstruieren [197]. Dabei

---

[189] Bd. I S. 515.

[190] Heck a. a. O. § 7.

[191] Über simulierte Abstimmung vgl. unt. § 66 II.

[192] Enneccerus § 137 II 3; Biermann § 45, 5a; Heck a. a. O. § 23; vgl. ob. Bd. I § 36 IV.

[193] So Gierke § 33 Note 2, Kuntze, Festg. f. Müller 72, für einen Teil der Beschlüsse auch Kohler § 239.

[194] Daraus, daß die Beurkundung von Beschlüssen der Generalversammlung in HGB. § 259 abweichend von GFG. § 167 fg. geregelt ist, darf nicht mit der Denkschr. zum HGB. S. 156 gefolgert werden, daß Beschlüsse keine Rechtsgeschäfte sind, Bd. I § 36 Note 35; Heck a. a. O. 323. Die Beurkundung nach GFG. § 167 fg. ist aus praktischen Gründen für Beschlüsse einer Generalversammlung unzweckmäßig: sie erfordert Unterschrift des Protokolls durch alle Beteiligten, § 177. Daher begnügt sich HGB. § 259 mit Vollziehung des Protokolls durch Richter oder Notar.

[195] Da die Vorschriften des BGB. über Rechtsgeschäfte auf einseitige Geschäfte oder Verträge zugeschnitten und die Beschlüsse unbeachtet geblieben sind, bietet die Anwendung dieser Vorschriften Schwierigkeiten, vgl. für die Beschlüsse der Mitgliederversammlung Bd. I S. 516, über Willensmängel bei Beschlüssen der Gesellschaft des bürgerlichen Rechts die ob. zit. Abhandlung von Heck.

[196] Vgl. ob. N. 165.

[197] Gleitsmann, Verwaltungsarchiv 10, 420.

wird übersehen, daß bei gemeinsamen Rechtsgeschäften die Erklärungen stets parallel verlaufen, während sie beim Beschluß, wenn er nicht in einer Versammlung gefaßt wird, unter den Beteiligten ausgetauscht werden. Vor allem aber unterscheidet sich der Beschluß vom Gesamtakt dadurch, daß er übereinstimmende Erklärungen nicht aller, sondern nur der Mehrzahl der Beteiligten erfordert.

Über das Unterscheidungsmerkmal zwischen Beschluß und Vertrag bestehen verschiedene Ansichten. Meines Erachtens ist es nicht darin zu suchen, daß die Erklärungen der in der Mehrheit stimmenden gleichen Inhalt haben; denn auch die Erklärungen der Kontrahenten sind, bei möglicherweise verschiedenem Wortlaut, inhaltlich identisch [198]; auch nicht darin, daß der Vertrag, im Gegensatz zum Beschluß, Rechtsverhältnisse der Parteien [199] betrifft; denn der Vertrag kann Rechte für Dritte begründen [200], und ein Beschluß kann Rechtsverhältnisse der Beschließenden gestalten (§§ 709, 745). Auch darin kann der Unterschied nicht gefunden werden, daß der Vertrag für die Kontrahenten entgegengesetzte Bedeutung, der Beschluß für die Beteiligten gleichartige Bedeutung habe [201]; das trifft für viele Verträge zu (der eine Kontrahent ist berechtigt, der andere verpflichtet; der eine veräußert, der andere erwirbt), aber nicht für alle: der Gesellschaftsvertrag kann den Parteien zur Erreichung des gemeinsamen Zieles gleiche Opfer auferlegen. Die rechtliche Eigenart des Beschlusses ergibt sich meines Erachtens aus der besonderen Rechtslage, welche Normierung durch das Majoritätsprinzip verlangt. Es handelt sich um Situationen, in welchen durch das Zusammenwirken mehrerer Menschen eine einheitliche Norm aufgestellt werden muß, welche für einen fremden Rechtskreis (juristische Person, Nachlaß, Mündel), deren Organe sie sind [202], oder für ihre gemeinsamen Rechte und Interessen maßgebend sein soll. Das Rechtsinstitut des Vertrages ist für diesen Zweck nicht ausreichend, weil die erforderliche Einigung der Beteiligten ausbleiben kann. Daher überträgt das Gesetz die Entscheidung, innerhalb gewisser Schranken [203],

---

[198] Vgl. ob. S. 225.

[199] Bekker § 94 Beil. I.

[200] Vgl. ob. S. 227.

[201] Eltzbacher, Handlungsfähigkeit 165.

[202] Bd. I § 32 II.

[203] Bd. I § 36 Note 31 b.

dem Willen der Mehrheit [204]. Bei der Verwaltung fremder Angelegenheiten tritt der Mehrheitsbeschluß anstelle des nicht vorhandenen oder rechtlich nicht anerkannten Willens des Rechtssubjekts: bei den Rechts- und Interessengemeinschaften ersetzt der Beschluß die wegen Meinungsverschiedenheit oft nicht erreichbare Einigung. Die durch Beschluß aufgestellte Norm gilt nicht als Wille der einzelnen, die für ihn gestimmt haben, sondern als Wille aller Beteiligten [205].

Der Beschluß ersetzt bei juristischen Personen und anderen durch mehrere Menschen verwalteten Vermögensmassen sowie bei Rechts- oder Interessengemeinschaften den Entschluß, welcher im normalen Fall des Individualvermögens vom Subjekt desselben gefaßt wird. Daher gestaltet der Beschluß immer nur die inneren Rechtsverhältnisse [206] der juristischen Person oder Personengemeinschaft, deren Angelegenheiten er betrifft. Durch den Beschluß können für die juristische Person oder Personengemeinschaft Vertreter (Organe) bestellt und abberufen werden; ferner können durch Beschluß die Vertreter ermächtigt und verpflichtet werden, die Handlungen (insbesondere Rechtsgeschäfte mit Dritten) vorzunehmen, welche zur Ausführung des Beschlusses nötig sind. Dagegen kann durch den Beschluß ein Vertrag mit Dritten nicht zustande kommen [207]: der Beschluß kann weder Offerte noch Annahme sein [208], sondern immer nur die Grundlage, von der aus ein Vertreter der juristischen Person oder der Personengemeinschaft eine Offerte stellt oder annimmt [209].

---

[204] Ist Zustimmung aller vorhandenen Beteiligten erforderlich (z. B. nach § 33 für Änderung des Vereinszweckes, Bd. I § 35 Note 6), so liegt unter dem Namen und in den Formen eines Beschlusses ein Rechtsgeschäft vor, welches dem Vertragstypus angehört.

[205] Man kann beim Beschluß mit besserem Recht, als beim Vertrag (vgl. ob. N. 133) davon sprechen, daß er Gesamtwille der Beteiligten zwar nicht ist, aber dafür gilt.

[206] Bd. I S. 461.

[207] Bd. I S. 512.

[208] Wohl aber Bedingung, von deren Eintritt die Wirksamkeit eines vom Vertreter geschlossenen Vertrages abhängig gemacht ist.

[209] Die Aufgabe oder Beschränkung der Gläubigerrechte durch Beschluß der Gläubigerversammlung nach § 11 des RGes. vom 4. 12. 99 beruht nicht auf einem Vertrag mit dem Schuldner, sondern auf dem einseitigen Willen der Mehrheit der Gläubiger. Auch den Zwangsvergleich betrachte ich, entgegen der herrschenden Meinung (Jäger, KO. § 173 Anm. 8) nicht als Vertrag des Gemeinschuldners mit den beteiligten Kon-

V. Von der Verträgen und Beschlüssen wird neuerdings eine weitere Art mehrseitiger Rechtsgeschäfte unterschieden: die Vereinbarung. Dieser Begriff stammt aus dem öffentlichen Recht und ist von Binding [210] geschaffen worden, um die Einigung zu charakterisieren, aus welcher ein neues Staatsgebilde und damit objektives Recht entsteht. Im Privatrecht wird dieser Begriff bisweilen dazu verwendet [211], um die Gründung des Vereins zu erklären [212]. Diese Auffassung hängt zum Teil damit zusammen, daß man den Vertrag in althergebrachter Weise als obligatorischen, allenfalls noch als dinglichen, zu denken pflegt, während die Vereinsgründung ganz anders geartete Wirkungen hat; andererseits wirkt die weitverbreitete Anschauung mit, daß die Vereinssatzung ein Stück objektiven Rechtes sei [213]. Meines Erachtens kann ein privatrechtliches Rechtsgeschäft, wie es die Vereinsgründung zweifellos ist, kein objektives Recht schaffen [214]. Daher ist die Satzung, wie der Inhalt eines Gesellschaftsvertrages, nichts anderes als das abstrakt normierte Rechtsverhältnis, in welchem der Verein zu seinen Organen und Mitgliedern steht. Es besteht daher kein Hindernis, die Vereinsgründung unter die Verträge zu stellen [215], und kein Bedürfnis, den Katalog der privatrechtlichen Geschäfte durch Aufnahme der Vereinbarung zu erweitern [216].

---

kursgläubigern, sondern als eine gerichtliche Handlung, welche auf Grund eines Vorschlags des Gemeinschuldners, KO. § 173, und eines Mehrheitsbeschlusses der Konkursgläubiger, KO. § 182, erfolgt, vgl. A. S. Schultze, Konkursrecht 114 fg. und neuerdings Wackenthaler, rechtliche Natur des Zwangsvergleichs.

[210] Festg. f. Windscheid (1888) S. 69. Vgl. Triepel, Völkerrecht und Landesrecht 42; Jellinek, System der subjektiven öffentl. Rechte, 2. Aufl., 208.

[211] Der Ausdruck Vereinbarung wird bisweilen auch zur Bezeichnung der gemeinsamen Geschäfte (Gesamtakte, ob. III) gebraucht, Endemann § 62 Note 4.

[212] Triepel a. a. O.

[213] Bd. I § 35 S. 503.

[214] Vgl. ob. § 50 Note 13.

[215] Bd. I § 34 I.

[216] So auch Heck a. a. O. § 28. Im öffentlichen Recht mag es sich empfehlen, zweiseitige Rechtsgeschäfte, durch welche objektives Recht geschaffen wird, unter dem Namen Vereinbarung von den Verträgen zu unterscheiden, aus welchen subjektive Rechte entstehen, vgl. Fleiner, Verwaltungsrecht 75, 176.

§ 54. Die Verfügung.

I. Eine besonders wichtige Gruppe von Rechtsgeschäften hat das Gesetz unter dem technischen Namen: Verfügung [1] zusammengefaßt. Der Begriff der Verfügung ist im Gesetz nicht definiert, ergibt sich aber mit ziemlicher Sicherheit aus den für „Verfügungen" aufgestellten Vorschriften [2]. Unter Verfügung ist zu verstehen ein Rechtsgeschäft [3], durch welches ein Rechtsverhältnis oder ein Recht unmittelbar betroffen wird [4]. Die wichtigsten Arten der Verfügung sind: Veräußerung [5], Belastung [6], Änderung [7], Verzicht [8]. Keine Verfügung ist der Erwerb oder die Erweiterung eines Rechtes [9], die Eingehung einer Verpflichtung (vgl. unt. II) und die Befreiung von einer Verpflichtung [10]. In der Verfügung liegt meist eine Zuwendung des Verfügenden an eine andere Person. So ist die Veräußerung Verfügung über das Eigentum

* Dernburg § 112; Endemann § 62, 3; Crome § 74 II 3; Enneccerus § 134; Cosack § 50 I 4; Kohler I § 248, II § 58 fg.; Biermann § 48; Planck, Vorb. II 4 zum 3. Abschn. des Allg. Teils; Sohm, Gegenstand, JheringsJ. 53, 373 u. ArchBürgR. 28, 173; Wilutzki, ArchBürgR. 28, 53; Eccius, Gruchot 48, 468; Binder, ZHandR. 59, 1; Hedemann, ArchBürgR. 31, 322; Max Dreyfus, Verfügung.

[1] Verfügung ist eine Erweiterung des gemeinrechtlichen Begriffs der Veräußerung, Windscheid § 69; Regelsberger § 123 III; Mot. III 128.

[2] Die wichtigsten Vorschriften über Verfügungen finden sich in den §§ 185, 816, 1375, 1395, 1443 fg., 1821/2, 2205, 2112, 893, 2367, 137, 573, 1124. Vgl. im übrigen das Wortverzeichnis von Gradenwitz.

[3] Oder eine dem Rechtsgeschäft gleichstehende Rechtshandlung, vgl. ob. § 48 II 1 b.

[4] Tuhr, DJZ. 9, 426.

[5] Und deren Vorstadien: Einräumung einer Anwartschaft oder eines Aneignungsrechtes, vgl. ob. S 37. Darum sind die Einigung des § 873 II und die Auflassung, obgleich sie erst bei Hinzutreten der Eintragung die beabsichtigte Wirkung entfalten, als Verfügungen anzusehen. Planck § 185, 2; Dernburg § 112 Note 8.

[6] Vgl. ob. § 45 Note 17.

[7] Vgl. ob. § 47 II.

[8] Vgl. unt. VI.

[9] Wer für sein Grundstück eine Servitut erwirbt, hat dadurch über das Grundstück nicht verfügt, obgleich er den Bestand des Grundstückes ändert, § 96.

[10] Durch Verfügung werden die Aktiva, nicht die Passiva des Vermögens betroffen. Aufhebung einer Obligation ist daher Verfügung (des Gläubigers oder des Schuldners) über die Forderung, nicht über die Schuld.

durch Zuwendung desselben an den Erwerber. Die Verfügung braucht aber eine Zuwendung nicht zu enthalten [11]: wenn der Eigentümer auf sein Recht verzichtet, hat er darüber verfügt, ohne es jemandem zuzuwenden [12].

Verfügung sind nur solche Rechtsgeschäfte, die auf Änderung eines Rechtes [13] gerichtet sind und diese Änderung unmittelbar herbeiführen. Wenn die Veränderung eines Rechtes als mittelbare, gesetzliche Folge eines Rechtsgeschäftes eintritt [14], gilt das Rechtsgeschäft nicht als Verfügung über dieses Recht. So liegt z. B. in der Eheschließung keine Verfügung der Frau über ihr Vermögen, obgleich infolge der Ehe Rechte des Mannes an ihrem Vermögen entstehen. Ebenso ist die Veräußerung eines vermieteten Grundstücks oder die Bestellung eines Nießbrauches an demselben keine Verfügung über den Mietzins im Sinne von § 1124, obgleich die weiteren Mietzinsforderungen infolge der Veräußerung oder der Bestellung des Nießbrauchs in der Person des Erwerbers resp. Nießbrauchers entstehen, §§ 571, 577 [15].

In einem über diesen Umkreis hinausgehenden Sinne gebraucht das Gesetz den Ausdruck: letztwillige Verfügung. Es versteht darunter jede Anordnung, die der Erblasser trifft, insbesondere außer der Erbeseinsetzung auch die (nicht unter den allgemeinen Begriff der Verfügung fallende) Errichtung von Vermächtnissen. Für letztwillige Verfügungen gelten besondere Regeln. Noch weiter entfernt vom privatrechtlichen Begriff der Verfügung sind die Verfügungen der Behörden [16]: sie sind keine Rechtsgeschäfte [17].

Objekt der Verfügung können alle Rechtsverhältnisse oder

---

[11] Sohm, ArchBürgR. 28, 193, und Binder, ZHandR. 59, 29, identifizieren die Begriffe der Verfügung und Zuwendung; Dereliktion soll daher keine Verfügung über das Eigentum sein.

[12] Keine Zuwendung, sondern einen nachteiligen Eingriff in das Vermögen des anderen enthalten die Gestaltungsverfügungen, vgl. unt. Note 48 fg.

[13] Daher ist z. B. die Hinterlegung einer Sache bei einem Verwahrer und die Rücknahme aus der Verwahrung keine Verfügung über das durch diese Vorgänge unberührt bleibende Eigentum, sondern nur Verfügung über den Besitz, vgl. unt. Note 22. 38.

[14] Vgl. ob. § 50 S. 163.

[15] RG. 68, 13; Wolff, Sachenrecht § 135 Anm. 24.

[16] Fleiner, Verwaltungsrecht 156 fg.

[17] Können aber zusammen mit der Willenserklärung einer Privatperson den Tatbestaod eines Rechtsgeschäftes ausmachen.

Rechte sein, welche durch den Willen der Beteiligten abgeändert werden können [18]. Das sind im wesentlichen, aber nicht ausschließlich, Vermögensrechte [19] und vermögensrechtliche Verhältnisse: Eigentum [20] und sonstige dingliche Rechte [21]; auch der Besitz [22]; obligatorische Rechtsverhältnisse (Schuldverhältnisse [23]) und Forderungen [24];

---

[18] Sohm, Gegenstand 21, leitet den Begriff der Verfügung von der Übertragbarkeit der Rechte ab und will daher prinzipiell nur übertragbare Rechte als Objekt der Verfügung gelten lassen. Die Verfügung kann aber, in Ermangelung der Übertragbarkeit (Nießbrauch, Forderungen des § 399) in einer Änderung oder Aufhebung des Rechtes bestehen.

[19] Sohm identifiziert Vermögensrecht und Gegenstand der Verfügung, hat aber m. Er. den Beweis nicht erbracht, daß beide Begriffe sich decken. Es besteht kein Grund, weshalb man die Aufgabe oder Übertragung eines nicht zum Vermögen gehörenden Rechtes nicht Verfügung nennen könnte. Zuzugeben ist, daß die Rechtssätze des BGB. über Verfügungen fast nur auf Vermögensrechte Anwendung finden. Das erklärt sich aber daraus, daß das BGB. in erster Linie das Vermögensrecht im Auge hat, und daß die Vermögensrechte mehr, als sonstige Rechte, dem abändernden Willen des Rechtssubjekts unterstehen.

[20] Der Eigentümer verfügt durch Übertragung oder Belastung des Eigentums, sowie durch Verzicht, ferner durch Zerlegung des Grundstücks in mehrere Grundstücke, OLG. 21, 408; a. A. Fuchs § 1821, 2 I c. Der Miteigentümer, welcher Aufhebung der Gemeinschaft bewirkt, verfügt damit über seinen Anteil, RG. 67, 398. OLG. 22, 416.

[21] Über iura in re aliena kann verfügt werden: durch Übertragung, Aufhebung, Änderung des Inhalts (z. B. § 1023, 1030 II, 1245), oder des Ranges, § 880 (§ 1165).

[22] Der Besitz ist ein (provisorisches) Recht oder jedenfalls ein Rechtsverhältnis einer Person zu einer Sache (vgl. Bd. I § 6 Note 21), welches durch den Willen des Subjektes modifiziert werden kann; daher fällt die Überlassung, wie die Aufgabe des Besitzes (§ 856 I) unter den Begriff der Verfügung; a. A. Sohm, Gegenstand 26, 46.

[23] Schuldverhältnisse sind in der Regel unübertragbar, vgl. ob. § 12 II. Als Verfügung über Schuldverhältnisse kommt in Betracht: die Aufhebung durch Vertrag, Rücktritt, Kündigung (ob. § 5 Note 33), Widerruf der Schenkung, Anfechtung usw.

[24] Cosack § 101. Die Verfügung über eine Forderung kann bestehen in: Übertragung, Belastung, Änderung der Forderung (z. B. durch Vertrag, § 305 Kündigung oder Ausübung eines Wahlrechts), Aufhebung der Forderung: durch Erlaß, Aufrechnung, Verabredung oder Genehmigung einer Schuldübernahme, § 414. 415, insbesondere auch durch Entgegennahme der Erfüllung, § 362 II. 816 II. 1812 I vgl. mit 1813, Schmidt § 1551, 2 c, Herr, JheringsJ. 46, 231. Demgemäß würde der Vormund nach § 1821 Nr. 2 zur Entgegennahme der Auflassung der Genehmigung des Vormundschaftsgerichts bedürfen; a. A. das Kammerg., EntschFreiwGer. 3, 61, Planck § 1821, 2. Ich halte nicht die Gründe, aber die Ent-

Rechte an immateriellen Gütern [25]; gewisse familienrechtliche [26] und erbrechtliche [27] Verhältnisse; Aneignungsrechte [28] und Anwartschaften [29]; Gestaltungsrechte und Machtbefugnisse [30]; Einreden [31]. Das Vermögen als Ganzes ist in der Regel kein Gegenstand der Verfügung [32]; jedoch liegt im Ehevertrag, wenn er Gütergemeinschaft einführt, eine Verfügung jedes Ehegatten über sein gegenwärtiges und künftiges Vermögen; die Ausschlagung ist eine Verfügung über die Erbschaft als Ganzes [33]. Anteile an einem Gesamthandsvermögen können Gegenstand einer Verfügung sein [34]. Von der Verfügung über ein Rechtsverhältnis sind die daneben möglichen Verfügungen über die einzelnen aus dem Rechtsverhältnis erwachsenden Rechte zu unterscheiden [35].

scheidung des KG. für richtig: die Genehmigung ist nicht nötig, weil der Mündel durch Erfüllung der Forderung nicht geschädigt werden kann; denn über das in sein Eigentum gelangte Grundstück kann nicht ohne gerichtliche Genehmigung verfügt werden, § 1821 Nr. 1.

[25] Vgl. Bd. I § 6 IV. Über das Namensrecht kann nur im Fall des § 1706 II verfügt werden, Bd. I S. 444.

[26] Verzicht auf die elterliche Gewalt durch Aufhebung der Annahme an Kindesstatt, § 1768; Verzicht auf die elterliche Nutznießung, § 1662; Aufhebung der ehemännlichen Nutznießung und Verwaltung sowie der Gütergemeinschaft durch Ehevertrag; Ablehnung der Fortsetzung der Gütergemeinschaft, § 1484, und Aufhebung derselben, § 1492.

[27] Verfügung über den Erbteil, § 2033.

[28] Vgl. ob. § 12 Note 22.

[29] Vgl. ob. § 12 IV.

[30] Bd. I § 7. Verfügung ist der Verzicht auf ein Gestaltungsrecht, Biermann § 48 Note 6, z. B. die Ablehnung einer Offerte (wie sich aus §§ 1406, 1453 ergibt). Über Verfügung durch Ausübung des Gestaltungsrechts vgl. unt. Note 48 fg.

[31] Über Einrede kann durch Verzicht verfügt werden, Bd. I § 17 S. 296. Dagegen sind die Ansprüche untrennbare Bestandteile des ihnen zugrunde liegenden Rechts, Bd. I § 15 IX, und daher kein Gegenstand selbständiger Verfügung.

[32] Die Verfügung „über ein Vermögen im Ganzen", § 1444, sowie die Verfügung über eine Erbschaft, § 1822 Nr. 1, besteht in Einzelverfügungen über die zum Vermögen resp. zur Erbschaft gehörenden Rechte, vgl. Bd. I § 18 Note 34 b.

[33] A. A. Sohm, Gegenstand 8 und Planck § 2113, 2.

[34] Bd. I S. 360.

[35] Vgl. ob. § 5 III 3, § 12 I. Die Verfügung über ein einzelnes Recht läßt das Rechtsverhältnis unberührt; wenn z. B. der Vermieter den Mietzins abtritt, bleibt er Vermieter und als solcher zur Kündigung der Miete befugt. Dagegen ergreift die Verfügung über ein Rechtsverhältnis die aus demselben erwachsenden Rechte; so werden z. B. durch Veräußerung oder Verpfändung

Gegenstand der Verfügung ist immer nur ein Rechtsverhältnis oder ein Recht [36]. Wenn man von Verfügung über eine Sache spricht [37], so ist darunter Verfügung, sei es über das Eigentum, sei es über den Besitz an der Sache [38], zu verstehen [39].

Die Verfügung erfolgt je nach ihrer Wirkungsart (Übertragung, Änderung, Aufhebung) und der Beschaffenheit des von ihr betroffenen Rechtes durch Vertrag oder einseitiges Rechtsgeschäft [40]. Der Vertrag enthält entweder nur eine Verfügung der einen Partei [41], oder Verfügungen beider Parteien [42]. Das einseitige Verfügungsgeschäft wirkt entweder nur zu Lasten des Verfügenden (z. B. Verzicht, Ausschlagung und ähnliche Geschäfte), oder nur zu Lasten des Gegners [43], meistens aber zu

---

eines Erbteils alle zu demselben gehörenden Rechte betroffen; daher verliert der Miterbe, dessen Erbteil gepfändet ist, die Befugnis, gemeinsam mit den übrigen Erben über einen Gegenstand des Nachlasses zu verfügen, vgl. ob. § 20 Note 51.

[36] Nicht eine Schuld, Sohm, Gegenstand 24. Wenn der Schuldner kündigt oder ein Wahlrecht ausübt, verfügt er nicht über seine Schuld, sondern (vermöge des ihm zustehenden Gestaltungsrechts) über die Forderung des Gläubigers; solche Verfügungen sind z. B. gemeint in §§ 893, 2367. Auch die Schuldübernahme nach § 415 enthält eine Verfügung über die Forderung, nicht über die Schuld, Mot. II 143; Strohal, JheringsJ. 57, 415.

[37] Z. B. in § 883 II: Verfügung über das Grundstück.

[38] Verfügung über eingebrachtes Gut bedeutet in § 1375 Verfügung über die zu diesem Gut gehörenden Rechte; dazu braucht der Ehemann die Zustimmung der Frau. Über den nach § 1373 ihm zustehenden Besitz an solchen Sachen kann er selbständig verfügen, indem er sie vermietet, verleiht, zur Verwahrung gibt usw.

[39] Es ist systematisch unrichtig und ein Rückfall in römische Denkweise, wenn Sohm, Gegenstand § 3, 4, die Objekte der Verfügung in körperliche Gegenstände (Sachen) und unkörperliche Gegenstände (Rechte) einteilt, vgl. Bd. I S. 318.

[40] Die Übertragung und Belastung von Rechten erfolgt durch Vertrag; die Aufhebung von Rechtsverhältnissen bald durch Vertrag (z. B. die Wandelung, § 465), bald durch einseitiges Rechtsgeschäft (Anfechtung, Rücktritt, Kündigung usw.); ebenso die Änderung bald durch Vertrag (z. B. die Minderung, § 465), bald durch einseitige Erklärung (Wahl, Fälligkeitskündigung usw.).

[41] Bei Veräußerungen verfügt nur der Veräußerer; bei Erlaß oder Erfüllung nur der Gläubiger, der seine Forderungen aufgibt.

[42] Jeder Kontrahent verfügt: beim Erbvertrag über seine Erbschaft; bei vertragsmäßiger Aufhebung einer Miete: über das Schuldverhältnis; beim Aufrechnungsvertrag über seine Forderung.

[43] Die Aneignung fremder Sachen, Bd. I § 8 III, kann als Verfügung

Lasten beider Teile, indem ein zwischen dem Verfügenden und seinem Gegner bestehendes Rechtsverhältnis aufgehoben resp. geändert wird [44], oder, wie bei der Aufrechnung, ein Recht des Verfügenden zugleich aber auch ein Recht des Gegners erlischt.

Die Verfügung über ein Recht gehört zum normalen Inhalt des Rechtes [45], kann aber aus besonderen Gründen dem Rechtssubjekt entzogen sein, oder einer Person zustehen, welche nicht Subjekt des der Verfügung unterworfenen Rechts ist. Die Möglichkeit, über fremde Rechte zu verfügen, beruht entweder auf einer aus der Machtfülle des Rechtssubjekts abgezweigten Vertretungs- oder Verfügungsmacht [46] oder auf einem dem Rechtssubjekt entgegenstehenden Gestaltungsrecht [47].

Den Verfügungen, welche auf Gestaltungsrecht beruhen, will Sohm [48] unter dem Namen „verfügende Gestaltungsgeschäfte" eine besondere Stellung zuweisen; namentlich soll § 185 (Verfügung über fremde Rechte in eigenem Namen) auf sie keine Anwendung finden. Zuzugeben ist, daß eine Verfügung über fremdes Recht in eigenem Namen durch Gestaltungsgeschäft in der Regel nicht möglich ist: wer nicht Gläubiger ist, kann auch mit Zustimmung des Gläubigers nicht kündigen, aufrechnen usw. Das ergibt sich aber meines Erachtens aus der Natur nicht des Gestaltungsrechtes, sondern des der Gestaltung unterliegenden Forderungsrechtes: die Forderung ist mit der Person des Gläubigers derart verbunden, daß der Name des Gläubigers normalerweise zu ihrer Individualisierung gehört [49]; daher muß bei jeder Verfügung über die Forderung (auch bei der Zession) der Gläubiger

über das Recht des bisherigen Eigentümers aufgefaßt werden: eine ohne Aneignungsrecht vorgenommene Aneignung kann daher nach § 185 genehmigt werden.

[44] Die Kündigung einer Forderung wirkt zu Lasten des Schuldners, indem sie die Fälligkeit herbeiführt, zugleich aber auch zu Lasten des Gläubigers, insofern sie die Erfüllung und damit den Untergang der Forderung vorbereitet.

[45] Vgl. ob. Bd. I S. 61.

[46] Vgl. Bd. I § 7 bei Note 21: Verfügungsmacht des nach § 185 I Ermächtigten, des Pfandgläubigers, des Ehemanns nach § 1376 usw.

[47] Bd. I § 7 II 2 und 3. Die Bestellung eines Gestaltungsrechtes (z. B. die Einräumung eines Kündigungsrechts oder einer facultas alternativa an den Schuldner) ist Änderung des Schuldverhältnisses und daher Verfügung über dasselbe.

[48] Gegenstand 12 fg.

[49] Bd. I § 2 III.

bezeichnet, d. h. die Verfügung im Namen des Gläubigers vorgenommen werden [50]. In eigenem Namen kann ein Nichtgläubiger über die Forderung nur dann verfügen, wenn er sich für den Gläubiger ausgibt. Wird so verfahren, so ist nicht einzusehen, warum die Verfügung, wenn sie mit Zustimmung des Gläubigers vorgenommen wird, unwirksam sein sollte. Die Zustimmung kann aber nicht nachgeholt werden, weil durch einseitiges Rechtsgeschäft nur ein von vornherein bestimmter Rechtszustand hergestellt werden kann [51].

Dagegen haben die verfügenden Gestaltungsgeschäfte eine andere Eigentümlichkeit, deren Nichtbeachtung zu unrichtigen Entscheidungen führen kann: ein Gestaltungsrecht wird (wie die Forderung und das Pfandrecht [52]) durch seine Ausübung verbraucht [53] daher enthält die Ausübung eines Gestaltungsrechtes zwei Verfügungen: eine Verfügung über das Gestaltungsrecht (z. B. über das Kündigungsrecht) und zugleich eine Verfügung über das der Gestaltung unterliegende Recht (z. B. über die gekündigte Forderung). Von diesen beiden Verfügungen ist die letztere die materiell wichtige; die zu ihrer Herbeiführung nötige Verfügung über das Gestaltungsrecht tritt in den Hintergrund, da das Gestaltungsrecht gegenüber dem durch seine Ausübung hergestellten Rechtszustand als sekundäres Recht erscheint [54]. Daher untersteht die Ausübung eines Gestaltungsrechtes nicht den für Verfügungen geltenden Rechtssätzen, wenn das Resultat für den Ausübenden nicht in der Änderung eines ihm zustehenden Rechts oder Rechtsverhältnisses besteht, sondern im Erwerb eines Rechtes [55],

---

[50] Auch über ein Grundstück, das auf den Namen des A eingetragen ist, kann X nur so verfügen, daß er entweder im Namen des A handelt oder sich für den A ausgibt.

[51] Vgl. ob. § 53 Note 40.

[52] Auch in der Pfandveräußerung liegt eine Verfügung über das Pfandrecht und zugleich über den Gegenstand des Pfandrechts.

[53] Vgl. ob. S. 94.

[54] Vgl. Bd. I § 7 Note 3.

[55] Die Annahme einer Offerte ist, wenn es sich um Eingehung eines obligatorischen Vertrages handelt, nicht als Verfügungsgeschäft zu beurteilen, obgleich der Annehmende über das ihm aus der Offerte erwachsende Recht, ob. § 7 Note 10, verfügt. Die Ausübung der Gläubigeranfechtung ist Verfügung über dieses Recht, weil es durch die Ausübung verbraucht wird, gehört aber ihrem Zwecke nach zur gerichtlichen Geltendmachung der Forderung und steht daher bei einer Forderung des eingebrachten Gutes nach § 1380 dem Ehemann zu, vgl. Bd. I § 10 Note 26.

in der Entstehung einer Verpflichtung oder in der Befreiung von einer Verpflichtung [56] [57].

Erfordert eine Verfügung die Zustimmung einer anderen Person, so kann fraglich sein, ob die Zustimmung ihrerseits unter den Begriff der Verfügung fällt [58]. Meines Erachtens ist zu unterscheiden:

1. Bedarf A zur Verfügung über eigenes Recht der Zustimmung des Z (z. B. des Vormundes, des Ehemannes im Fall des § 1395), so ist diese Zustimmung nicht Verfügung über das Recht des A, sondern Ausübung einer Machtbefugnis, welche dem Z in seinem Verhältnis zu A zusteht [59]: der Vormund oder Testamentsvollstrecker, der dem Mündel resp. Erben die Veräußerung einer Sache erlaubt, hat damit nicht über die Sache verfügt, sondern eine Verfügung des Mündels resp. des Erben ermöglicht [60]; ebenso der Ehemann, wenn er seiner Ehefrau die Veräußerung einer eingebrachten Sache gestattet [61]. Wenn infolge der Zustimmung ein Recht des Zustimmenden am Gegenstand der Verfügung oder eine Anwartschaft auf diesen Gegenstand erlischt [62], so ist dieses Erlöschen, da es vom Zustimmenden nicht gewollt zu sein braucht, gesetz-

[56] Eine Ehefrau kann eine Schenkung widerrufen, eine Darlehensschuld kündigen oder anfechten, obgleich sie damit über ein ihr zustehendes Gestaltungsrecht verfügt. Ebenso kann eine Ehefrau auf den Widerruf eines Schenkungsversprechens verzichten, obgleich darin eine Verfügung über das Widerrufsrecht liegt, vgl. Bd. I § 10 Note 22.

[57] Dagegen sind Einziehung einer Forderung und Realisierung des Pfandrechts nach dem Recht der Verfügung zu beurteilen, obgleich das Resultat dieser Handlungen ein Rechtserwerb des Handelnden ist. Denn in der Forderung resp. dem Pfandrecht werden Rechte aufgegeben, welchen (im Gegensatz zu den sekundären Rechten) selbständige Bedeutung zukommt.

[58] Daß die Zustimmung der für die Verfügung vorgeschriebenen Form nicht bedarf, ist in § 182 II, 167 II ausdrücklich bestimmt.

[59] Bd. I § 7 Note 28.

[60] Diese Zustimmung unterliegt aber, weil sie denselben Erfolg wie eine Verfügung hat, den für Verfügungen des ges. Vertreters geltenden Vorschriften, vgl. unt. § 59.

[61] Planck § 1395, 2.

[62] Der Ehemann verliert infolge der durch seine Zustimmung ermöglichten Verfügung der Frau Verwaltung und Nutznießung, Bd. I S. 329, der Nacherbe verliert seine Anwartschaft (ob. § 9 III 3), wenn er einer Verfügung des Vorerben zustimmt, Planck § 2113, 1 c, OLG. 18, 340; der Dritte, mit dessen Recht das Recht eines anderen belastet ist, verliert sein Recht, wenn er der Aufhebung des Mutterrechts zustimmt, §§ 876, 1071, 1276, vgl. ob. § 45 Note 80.

liche Nebenwirkung der Zustimmung [63]; die Zustimmung ist daher nicht als Verfügung über das erlöschende Recht des Zustimmenden zu betrachten [64].

2. Verfügt A mit Zustimmung des Z über ein Recht des Z, so ist weiter zu unterscheiden [65]:

a) hat Z dem A Verfügungsmacht eingeräumt, so enthält diese Einräumung keine Verfügung des Z über sein Recht: denn Vollmacht oder Einwilligung im Sinne von § 185 I hat keine unmittelbare Einwirkung auf den Bestand des Rechts, über welches A verfügen soll. Eine solche Wirkung entsteht erst durch die Verfügung des A auf Grund der ihm verliehenen Verfügungsmacht [66];

b) anders, wenn A die Verfügung über das Recht des Z ohne Verfügungsmacht vornimmt und Z nunmehr genehmigt: die Genehmigung hat eine unmittelbare Wirkung auf das bis zur Genehmigung unverändert gebliebene Recht des Z; sie ist daher eine Verfügung des Z über sein Recht.

Veränderungen eines Rechts oder Rechtsverhältnisses können wie durch Rechtsgeschäft, so auch durch Rechtshandlung oder Tathandlung herbeigeführt werden [67]. Soll man solche Handlungen, obgleich ihr Rechtserfolg nicht, wie beim Rechtsgeschäft, auf dem Willen des Handelnden beruht, den Regeln der Verfügungen unterstellen? insbesondere den Beschränkungen, welchen gewisse Personen in bezug auf Verfügungen unterliegen? Eine solche Rechtshandlung ist z. B. das Einbringen von Sachen bei der Miete und dem Gastvertrag, wodurch auch ohne Willen des Mieters oder Gastes ein Pfandrecht entsteht, §§ 559, 704 [68]. Da das Gesetz keine all-

---

[63] Vgl. ob. § 50 Note 121.

[64] Für den Verfügenden selbst, dem die Zustimmung erteilt wird, z. B. die Ehefrau oder den Vorerben, ist das Erlöschen der Rechte oder Anwartschaften des Zustimmenden Reflexwirkung seines Rechtsgeschäfts, vgl. ob. § 50 Note 141; Gegenstand seiner Verfügung ist nur das von seinem Rechtsgeschäft unmittelbar betroffene eigene Recht, vgl. ob. Note 14.

[65] Planck, Vorb. II 4 zum 3. Abschn.; Enneccerus § 134 Note 1.

[66] Daraus folgt z. B.: der Ehemann kann ohne Zustimmung der Frau den X zu der Veräußerung eines eingebrachten Gegenstandes bevollmächtigen; dagegen braucht X, wenn er den Gegenstand veräußern will, wie der Ehemann, von dem er seine Verfügungsmacht ableitet, die Zustimmung der Frau nach § 1375.

[67] Vgl. ob. § 48 Note 25. 56.

[68] Vgl. ob. § 48 Note 51. Ebenso die Übergabe einer Sache an den Werkunternehmer oder Frachtführer, § 647, HGB. § 440.

gemeinen Vorschriften über Handlungen die nicht Rechtsgeschäfte sind, aufstellt, ist es stets zweifelhaft, wieweit man in der analogen Anwendung des Rechts der Rechtsgeschäfte gehen soll. Die Frage ist streitig geworden für den Fall, daß eine Frau ohne Zustimmung des Ehemanns einen Mietvertrag schließt und eingebrachte Sachen in die Mietsräume resp. den Gasthof bringt. Sieht man im Einbringen, weil es kein Rechtsgeschäft ist, keine Verfügung, so entsteht als Folge der nach § 1399 gültigen Verpflichtung der Frau ein gesetzliches Pfandrecht [69]. Behandelt man dagegen das Einbringen nach Analogie des Rechtsgeschäftes als Verfügung, so ist das Pfandrecht nach § 1395 nicht entstanden [70]. Ich schließe mich der letzteren Ansicht [71] an, weil das Gesetz die Interessen des Ehemanns am eingebrachten Gut höher wertet, als das Interesse des Dritten, der in rechtsgeschäftlichen Verkehr mit der Frau tritt (§ 1404) und daher Verfügungen wie Verpflichtungen der Frau für unwirksam erklärt, soweit sie dem Mann schaden könnten, § 1399; daraus läßt sich als allgemeines Prinzip ableiten, daß die Frau durch ihr Auftreten im Verkehrsleben die Rechte des Mannes nicht beeinträchtigen kann [72].

Ein anderes Beispiel einer Rechtshandlung, welche wie eine Verfügung wirkt und daher nach Analogie der Verfügung behandelt werden muß, ist die Bewilligung zur Eintragung in das Grund-

---

[69] RG. in Strafs. 35, 201; Dernburg II § 229 Note 8, IV § 46 Note 1; Wilutzki a. a. O. 70 Note 18; Crome § 579 Note 59; Heinsheimer Recht des Mannes am Vermögen der Frau 31; Mittelstein, Miete § 13 Nr. 7. Von den Anhängern dieser Ansicht wird oft übersehen, daß das Pfandrecht außer dem Schuldvertrag auch noch das Einbringen der Sache zur Voraussetzung hat.

[70] Jakubetzki, Recht 8, 324; Endemann II § 177 Note 23; auch Dernburg I § 112 Note 6.

[71] Eine Mittelmeinung vertritt Planck § 559, 1; § 1399, 4: das Pfandrecht soll nur der Frau, nicht dem Mann gegenüber entstehen. Eine solche Duplizität des dinglichen Rechtszustandes (vgl. Bd. I § 2 V) führt zu schwer löslichen Komplikationen und wird vom Gesetz im ehelichen Güterrecht absichtlich vermieden (Verfügungen der Frau sind in Ermangelung der Zustimmung des Mannes allgemein, nicht nur dem Mann gegenüber, unwirksam, Planck § 1396, 2). Daher ist m. Er. die Annahme eines relativ unwirksamen Pfandrechtes abzulehnen, vgl. Heinsheimer a. a. O.

[72] Anders liegt die Frage bei gesetzlichen Pfandrechten, welche ohne Handlung des Eigentümers entstehen können, z. B. beim Pfandrecht des Kommissionärs und Frachtführers, HGB § 397. 440.

buch [73]: sie ist kein Rechtsgeschäft [74], weil sie nicht (wie die Einigung) den auf Rechtsänderung gerichteten Willen enthält, sondern nur dazu dient, die Tätigkeit des Grundbuchbeamten zu provozieren. Aber eben weil sie den Anstoß zu der die Rechtsänderung perfizierenden Eintragung gibt, kann sie als Ursache der Rechtsänderung bezeichnet werden [75]. Daraus folgt, daß Verfügungsbeschränkungen auch die Eintragungsbewilligung treffen; so wäre z. B. eine vom Vorerben erteilte Bewilligung zu einer Rechtsänderung an einem Nachlaßgrundstück vom Grundbuchbeamten nicht zu beachten, § 2113, selbst wenn die Einigung bereits durch den Erblasser vorgenommen wurde; ebenso ist infolge des § 1445 die Bewilligung eines Ehemanns zur Belastung eines Grundstücks des Gesamtgutes unbeachtlich, selbst wenn die Einigung vor Beginn der Gütergemeinschaft erfolgt wäre [76].

Im Sprachgebrauch des täglichen Lebens wird das Wort Verfügung auch zur Bezeichnung von Handlungen gebraucht, durch welche eine Sache und infolgedessen die an ihr bestehenden Rechte eine tatsächliche Veränderung erleiden, z. B. Vernichtung, Umgestaltung, Verarbeitung, Verbindung der Sache mit einer anderen. Solche „tatsächlichen Verfügungen" [77] sind keine Rechtsgeschäfte, unterliegen auch nicht der Analogie der Rechtsgeschäfte [78], und fallen daher nicht unter den technischen Begriff der Verfügung [79]. Das kommt namentlich für das eheliche Güterrecht in Betracht: tatsächliche Handlungen, die der Ehemann an Sachen des eingebrachten Guts vornimmt, sind nicht nach § 1375 zu beurteilen, sondern gehören zu der ihm grundsätzlich zustehenden Verwaltung, § 1374 [80]. Aus der Natur des tatsächlichen Handelns

---

[73] Wolff, Sachenrecht § 33 III.

[74] Vgl. ob. § 50 Note 59.

[75] Vgl. ob. § 50 Note 63.

[76] Setzt sich der Grundbuchbeamte über den Mangel der Bewilligung hinweg, so kann, da die Bewilligung kein materielles Erfordernis der Rechtsänderung ist, die Rechtsänderung trotzdem erfolgen. Daher scheint es mir unrichtig, wenn Wolff a. a. O. den § 185 auf die Bewilligung anwenden will: hat jemand ohne Recht über ein Grundstück verfügt und erwirbt er später das Eigentum, so konvalesziert die Einigung, nicht die Bewilligung.

[77] Art. 111.

[78] Vgl. ob. § 48 S. 112.

[79] Planck § 1383, 2 b; Schmidt § 1375, 3; Cosack a. a. O.; Sohm, ArchBürgR. 28, 202; Wolff, Familienr. § 47 Anm. 9; a. A. Jastrow, ZeitschrZivPr. 25, 128fg.; Dreyfus 53 fg.

[80] Hellwig, Anspruch § 42 Anm. 4.

ergibt sich, daß die dem Recht des Mannes gezogene Schranke nur in der Verpflichtung bestehen kann, ordnungsmäßig zu verfahren[81]; die bei Verfügungen im technischen Sinn charakteristische Frage der Wirksamkeit ist bei tatsächlichem Handeln gegenstandslos. Auch aus den Vorschriften über die Gemeinschaft ergibt sich, daß tatsächliche Handlungen, selbst wenn sie die Substanz der Sache und damit den Bestand der Rechte an der Sache berühren, nicht zur Verfügung (§ 747), sondern zur Verwaltung (§ 745 III) gehören[82] [83].

Noch weniger als tatsächliche Handlungen können mit Rechtsfolgen ausgestattete Unterlassungen als Verfügungen gelten[84]: wer durch Unterlassen rechtzeitiger Klage eine Ersitzung oder Verjährung gegen sich eintreten läßt, hat den Verlust des Rechtes verursacht (und, wenn er dabei den Vorteil des Gegners beabsichtigte, ihm einen Vorteil zugewendet), aber nicht im Sinne des BGB.[85] über sein Recht verfügt[86].

---

[81] Gegen Gefährdung durch tatsächliche Handlungen des Mannes ist die Frau nach § 1391 fg., § 1418 Nr. 1 geschützt.

[82] In einzelnen Stellen des Gesetzes ist unter Verfügung auch tatsächliches Handeln, insbesondere das Verbrauchen zu verstehen, oder, was auf dasselbe herauskommt, das tatsächliche substanzverändernde Handeln nach Analogie der Verfügung zu beurteilen. So darf nach § 1048 der Nießbraucher Stücke des Inventars nicht nur veräußern, sondern auch verbrauchen, Mot. III 512.

[83] Die Einwilligung zu einer Rechtsverletzung ist Rechtsgeschäft oder jedenfalls rechtsgeschäftsähnliche Handlung (vgl. ob. § 50 Note 153) und daher als Verfügung über das Recht zu behandeln. Z. B. würde eine solche vom Ehemann in bezug auf eine Sache des eingebrachten Gutes erteilte Einwilligung nach § 1375 unwirksam sein; denn sowenig der Ehemann über eine der Frau zustehende Schadensersatzforderung verfügen kann, so wenig kann er durch rechtsgeschäftliches Handeln die Entstehung einer solchen Forderung vereiteln.

[84] Außer wenn das Gesetz einer Unterlassung vermittelst einer Fiktion die Bedeutung eines Rechtsgeschäftes beilegt, z. B. in § 416 I; vgl. unt. § 61.

[85] In der Konkursordnung § 32 und im AnfGes. § 3 wird das Wort Verfügung in einem weiteren Sinne gebraucht, als im BGB. (vgl. über den Sprachgebrauch der KO. ob. § 48 Note 10) und umfaßt gewollte Unterlassungen, durch welche einem anderen ein Vorteil zugewendet wird, Jäger, AnfGes. § 1 Anm. 34, KO. § 29 Anm. 32.

[86] Planck § 2113, 2; Wilutzki a. a. O. 71; a. A. Dreyfus 54 und Dernburg § 112 Note 6: absichtliches Verjährenlassen einer Forderung durch eine Frau soll wie eine Verfügung zu behandeln sein; aber die Einklagung von Forderungen ist doch Sache des Mannes, nicht der Frau, §§ 1380, 1400.

II. Im Gegensatz zu den Verfügungsgeschäften stehen die Verpflichtungsgeschäfte [87]. Beide Arten von Rechtsgeschäften können eine Verminderung des Vermögens herbeiführen und daher eine Zuwendung an eine andere Person enthalten. Aber während die Verfügung eine Änderung in den Aktiven eines Vermögens bedeutet, bewirkt die Eingehung einer Verpflichtung die Vermehrung der Passiven, ohne daß dadurch eine unmittelbare Änderung des Aktivbestandes eintritt [88]. Der Gläubiger erlangt kein Recht an einem einzelnen Vermögensstück des Schuldners; selbst wenn ein bestimmter im Vermögen des Schuldners befindlicher Gegenstand geschuldet wird, begründet die Forderung eine rechtliche Beziehung des Gläubigers nicht zu diesem Gegenstand [89], sondern zu der Person des Schuldners und dem hinter dieser Person stehenden Vermögen. Der Unterschied zwischen Verfügung und Verpflichtung ist grundlegend für den Aufbau unseres Privatrechts [90].

Die Formen und sonstigen Erfordernisse, welche für gewisse Verfügungen vorgeschrieben sind, gelten nicht für die Verpflichtung zur Vornahme solcher Verfügungen. So erfolgt z. B. die Verfügung über Eigentum und sonstige Rechte an Grundstücken durch Eintragung, § 873, während die Verpflichtung zu solchen Verfügungen entweder der Form des § 313 unterliegt oder formlos eingegangen werden kann [91]. Ist eine Verfügung ebenso formlos,

[87] Den Unterschied von Verfügung und Verpflichtung sucht W e n d t , ArchZivPr. 89, 420, zu verwischen; vgl. dagegen S t r o h a l , Erbrecht § 64 Anm. 15.

[88] Vgl. Bd. I § 18 Note 35.

[89] Die geschuldete Sache ist noch im Vermögen des Schuldners und kann von seinen sonstigen Gläubigern gepfändet werden, vgl. oben § 6 Note 43 [d], § 18 Note 35 [c]. Eine Ausnahme besteht für die Sache, welche der Schuldner zum Zweck der Erfüllung hinterlegt hat: sie gehört zwar noch zu seinem Vermögen, ist aber dem Zugriff seiner sonstigen Gläubiger entzogen, § 377.

[90] „Unentgeltliche Verfügung" in KO. § 32 und AnfG. § 3 soll nach J ä g e r , KO. § 32 Anm. 3, AnfG. § 3 Anm. 45, und O e r t m a n n , Entgeltliche Geschäfte 106, auch ein Schenkungsversprechen umfassen (ebenso im Bürgschaftsversprechen, OLG. 27, 158). M. Er. ist Verfügung auch hier im technischen Sinne zu verstehen. Die Erfüllung des Schenkungsversprechens ist unentgeltliche Verfügung und als solche anfechtbar; ebenso die Befriedigung des Schenkungsgläubigers im Wege der Zwangsvollstreckung, KO. § 35, AnfG. § 3, und die m. Er. analog zu behandelnde Befriedigung durch Aufrechnung.

[91] Dagegen verlangt RG. 48, 186 die Form des Ehevertrags auch für

wie die Verpflichtung zu dieser Verfügung, so tritt der Unterschied beider Rechtsakte äußerlich nicht hervor: die Begründung der Verpflichtung und ihre Erfüllung durch Verfügung können gleichzeitig stattfinden [92].

Durch eine Verfügung wird das durch sie betroffene Recht in seinem Bestand geändert. Daher ist für jede spätere Verfügung durch die früheren Verfügungen über denselben Gegenstand eine Schranke gezogen [93]. Daraus ergibt sich für die Wirksamkeit mehrerer Verfügungen über denselben Gegenstand das Prinzip der Priorität [94]. Dagegen wird durch eine Verpflichtung die dem Verpflichteten zustehende Macht über seinen Vermögenskreis nicht geändert; insbesondere ist er rechtlich nicht gehindert, eine zweite Verpflichtung, selbst desselben Inhaltes, zu übernehmen [95]. Alle Verpflichtungen, die einem Rechtssubjekt obliegen, haben daher prinzipiell denselben Rang, ohne Rücksicht auf die Zeit ihrer Entstehung.

Von besonderer Wichtigkeit ist der Gegensatz von Verfügung und Verpflichtung dann, wenn ein Vermögenssubjekt in bezug auf einen Teil seines Vermögens durch das Recht einer anderen Person beschränkt ist: so z. B. die Ehefrau durch das Recht des Mannes am eingebrachten Gut, der Erbe durch Nacherbenschaft, Nachlaßverwaltung oder Testamentsvollstreckung, der Gemeinschuldner durch die Konkursverwaltung. Diese Beschränkungen beziehen sich nur auf die Verfügungen des Rechtssubjekts, da nur Verfügungen den Bestand des eingebrachten Guts, des Nachlasses, der Konkursmasse berühren. Dagegen können diese Personen jegliche Verpflichtungen übernehmen, auch die Verpflichtung zur Leistung eines Gegenstandes, über welchen sie nicht zu verfügen vermögen. So kann die Ehefrau über eingebrachtes Gut nicht verfügen, § 1395, kann sich aber zu Leistungen beliebigen Inhalts verpflichten, § 1399 [96]; ebenso braucht der Ehemann zu Verfügungen

---

einen Vertrag, durch welchen sich die Ehegatten zum Abschluß eines Ehevertrags verpflichten.

[92] So z. B. der Verkauf und die Abtretung der verkauften Forderung, Dernburg II § 134 II; der Verkauf einer Mobilie und deren Übertragung durch constitutum possessorium, § 930. Vgl. auch § 82.

[93] Vgl. ob. § 45 II 6 S. 77.

[94] Vielfach durchbrochen durch den Schutz des guten Glaubens.

[95] Die Verfügung beschränkt das Können, die Verpflichtung beschränkt das Dürfen des Rechtssubjekts.

[96] Sie kann z. B. eine eingebrachte Sache gültig verkaufen, RG. 80,

über eingebrachtes Gut die Zustimmung der Frau, § 1375, kann aber ohne ihre Zustimmung sich zur Verfügung über eingebrachtes Gut verpflichten [97].

Die Verpflichtung ist im rechtsgeschäftlichen Verkehr oft die Vorstufe zu einer Verfügung [98]: die Verpflichtung zu einer Sachleistung wird durch Verfügung über den geschuldeten Gegenstand erfüllt [99]; Verpflichtungen zu persönlichen Leistungen können sich durch Nichterfüllung in Schadensersatz umsetzen, welcher meist durch Verfügung über Geld geleistet wird. Wird die Verpflichtung nicht freiwillig erfüllt, so führt sie auf dem Wege der Zwangsvollstreckung zur Haftung des Vermögens, d. h. zu einem Zugriff des Gläubigers auf Aktiva des haftenden Vermögens [100]. Erst durch die aus ihr hervorgehende Haftung kommt die Verpflichtung in Berührung mit dem Aktivvermögen des Verpflichteten [101]. Daher ist, wenn ein Teil des Vermögens dem Recht einer anderen Person unterliegt, zwar nicht die Verpflichtungsfähigkeit des Vermögenssubjekts, wohl aber die Haftung dieses Teiles seines Vermögens für gewisse Verpflichtungen ausgeschlossen, d. h. die Haftung des Schuldners auf sein übriges Vermögen beschränkt [102]. So haftet das eingebrachte Gut nicht für gewisse Schulden der Frau; der separierte Nachlaß nicht für Schulden des Erben; die Konkurs-

---

248, oder vermieten, RG. 58, 37. Die Erfüllung solcher Verpflichtungen kann, wenn sie in der Verfügung über eingebrachte Sachen oder über den, dem Manne zustehenden Besitz an solchen Sachen besteht, nicht ohne Zustimmung des Mannes erfolgen, Mittelstein, Miete § 13, 6 a.

[97] Ein weiterer Unterschied liegt darin, daß ein Vermögen als Ganzes Gegenstand einer Verpflichtung sein kann, §§ 311, 2371. nicht aber Gegenstand einer entsprechenden einheitlichen Verfügung; die Verfügung erfolgt durch Singularsukzession, vgl. ob. § 46 V.

[98] Dagegen enthält eine Verfügung nicht zugleich die Verpflichtung zur Vornahme der Verfügung; insbesondere begründet die Auflassung keine Verpflichtung zur Übertragung des Eigentums, vgl. ob. § 9 Note 25. Ausnahmsweise hat das Gesetz eine Verpflichtung als Nebenfolge einer Verfügung angeordnet in § 402, § 1154 I 2.

[99] Unrichtig ist es aber, wenn Wilutzki a. a. O. 56, die Verfügung deswegen als Erfüllungsgeschäft charakterisiert: die Erfüllung eines Dienstvertrages erfolgt nicht durch Verfügung, sondern durch persönliche Leistungen. Ferner können Verfügungen ohne vorausgehende Verpflichtung vorgenommen werden.

[100] Vgl. Bd. I § 4 S. 110.

[101] Bd. I S. 216.

[102] Bd. I § 19 IV.

masse nicht für Schulden, die der Gemeinschuldner nach Eröffnung des Konkurses macht.

Dieser Zusammenhang zwischen Verpflichtung und der aus ihr durch Erfüllung oder Vollstreckung hervorgehenden Verminderung der Aktiva führt dazu, daß in gewissen Fällen Beschränkungen, denen jemand in bezug auf die Verfügung unterworfen ist, auf Verpflichtungen des entsprechenden Inhaltes ausgedehnt werden [103]. So bedarf in der Gütergemeinschaft der Ehemann, da alle seine Verpflichtungen Gesamtgutsverbindlichkeiten sind, § 1459 I, der Zustimmung seiner Frau nicht nur zu gewissen Verfügungen, sondern auch zu einer Verpflichtung, welche eine solche Verfügung zum Gegenstand hat, § 1444/6 [104]; ebenso braucht der Vormund die Genehmigung des Vormundschaftsgerichts zu gewissen Verfügungen und zu einer auf solche Verfügungen gerichteten Verpflichtung, § 1821 Nr. 3, § 1822 Nr. 1 [105].

Ob ein Rechtsgeschäft zu den Verfügungen oder den Verpflichtungen zu zählen ist, kann bisweilen zweifelhaft sein:

1. Miete und Pacht begründen in erster Linie eine Verpflichtung des Vermieters oder Verpächters; wird aber die Sache, insbesondere das Grundstück, dem Mieter oder Pächter überlassen, so erlangt der Mieter durch seinen Besitz eine in manchen Beziehungen so gesicherte Stellung [106], daß sein Recht von einigen Autoren als dingliches Recht bezeichnet wird [107]. Es dürfte aber richtiger sein, mit der herrschenden Meinung an der obligatorischen Natur der Miete festzuhalten. Daher ist die Überlassung der Sache an den Mieter nicht als Verfügung über das Eigentum [108] zu behandeln [109].

---

[103] Umgekehrt folgt aus der Verfügungsmacht des Testamentvollstreckers seine Befugnis, Verpflichtungen zur Verfügung über Nachlaßgegenstände einzugehen, § 2206 I 2.

[104] Planck § 1443, 6.

[105] Die spezielle Ermächtigung, welche ein Prokurist und ein Handlungsbevollmächtigter zur Verfügung über Grundstücke braucht, HGB. § 49 II, § 54 II, ist auch zu einer dahingehenden Verpflichtung erforderlich, OLG. 21, 379.

[106] Vgl. Bd. I S. 214 fg.

[107] Namentlich von Cosack § 238. Will man dem Grundstücksmieter, weil er nach § 571 gegen den Singularsukzessor des Vermieters geschützt wird, ein dingliches Recht zuschreiben, so müßte man, was in der Regel nicht geschieht, auch das nach §§ 931, 986 II geschützte Recht des Mobiliarmieters als dingliches bezeichnen.

[108] Die Überlassung der Sache an den Mieter ist Verfügung über den Besitz, vgl. ob. Note 22, 38.

[109] Mittelstein, Miete § 95, 7; Enneccerus § 353 Note 6;

Daß das Gesetz auf diesem Standpunkt steht, ergibt sich aus zahlreichen Bestimmungen: der Ehemann kann über eingebrachtes Gut nicht verfügen, § 1375, trotzdem aber Grundstücke des eingebrachten Gutes vermieten, § 1423 [110]; ebenso der Vorerbe, §§ 2113, 2135; und der Vormund, § 1821 Nr. 1, § 1822 [111]; beim Miteigentum gehört die Vermietung nicht zur Verfügung, § 747, sondern zur Verwaltung, § 745 [112]. Da die Überlassung der vermieteten Sache keine Verfügung ist, fällt sie nicht unter §§ 893, 2367 [113]: der gute Glaube des Mieters an das Eigentum des Vermieters wird dem wirklichen Eigentümer gegenüber nicht geschützt. Auch im Sinne von § 883 II ist die Überlassung der vermieteten Sache keine Verfügung [114]; aber da das Gesetz den vorgemerkten Gläubiger gegen Verfügungen schützt, so muß er um so mehr gegen obligatorische Geschäfte geschützt sein, welche, wie die Vermietung und Verpachtung, zu einer Vorenthaltung des Besitzes führen können; daher ist analoge Anwendung von § 883 II auf Vermietung und Verpachtung geboten [115].

2. Durch die Vormerkung erhält der Anspruch eine über das gewöhnliche Maß hinausgehende Sicherung: spätere Verfügungen des Schuldners sind dem Vorgemerkten gegenüber unwirksam, § 883 II; der vorgemerkte Anspruch kann gegen den Singularsukzessor des Schuldners und im Konkurs durchgesetzt werden, § 888, KO. § 24. Die Rechtsstellung des vorgemerkten Gläubigers nähert sich in diesen Beziehungen dem dinglichen Recht und wird daher vielfach als dingliches Recht oder wenigstens als Vorstufe zu einem solchen aufgefaßt [116]. Meines Erachtens ist das Recht

a. A. Cosack a. a. O.; Hellwig, Rechtskraft 429 und Klagrecht 17 Note 2.

[110] Schmidt § 1375, 3 b; Mitteis, Leipziger Dekanatsprogramm 1905 S. 26; auch Cosack § 322 IV 1 a. Dasselbe gilt für die Gütergemeinschaft, Schmidt § 1445, 3 b.

[111] Mitteis a. a. O. 28.

[112] Planck § 747, 8; Mitteis a. a. O. 28, 64.

[113] Planck § 893, 1 a, § 2367, 2, vgl. Bd. I § 11 Note 34.

[114] Mitteis a. a. O. 40.

[115] Mittelstein, Miete § 95 Anm. 19; Oertmann 4b vor § 571; Wolff, Sachenrecht § 48 Anm. 19. Ebenso kann m. Er. § 185 I analog auf Vermietung einer fremden Sache mit Einwilligung des Eigentümers angewendet werden, so das RG. 80, 395 (mit einer nicht einwandfreien Begründung).

[116] Vgl. Gierke I § 119 XI 1; Endemann II § 65; Planck § 883, 2; Strohal, Leipziger Dekanatsprogramm 1904.

des Vorgemerkten trotz des weitgehenden Schutzes, den er genießt, als Forderung zu betrachten, welche infolge der Vormerkung gegen die dem Forderungsrecht gewöhnlich anhaftenden Gefahren (Veräußerung des geschuldeten Gegenstandes durch den Schuldner und Konkurs des Schuldners) gesichert ist [117]. Daß dem Vorgemerkten kein, bestehendes oder werdendes, dingliches Recht zusteht, zeigt sich daran, daß der Gegenstand seiner Forderung ihm nicht ipso iure oder durch sein einseitiges Handeln zufällt, sondern, nach wie vor der Vormerkung, durch eine Veräußerungshandlung des bisher Berechtigten. Erst dadurch, daß der Schuldner (oder dessen Konkursverwalter) in Erfüllung des vorgemerkten Anspruches eine Auflassung vornimmt oder eine Hypothek bestellt resp. zediert, verfügt der Schuldner über diese Rechte; durch die Bewilligung der Vormerkung hat der Schuldner über das zu übertragende Recht weder verfügt, noch auch nur ein Stück des Verfügungstatbestandes hergestellt, sondern nur seine Verpflichtung zur Verfügung sichergestellt. Daher ist die Bewilligung einer Vormerkung nicht nach den Rechtssätzen über Verfügungen zu behandeln, insbesondere nicht nach den §§ 892/3 [118]: der Vorgemerkte ist in seinem Glauben an die Richtigkeit des Grundbuchs nicht zu schützen [119]. Da aber der vorgemerkte Gläubiger nicht besser stehen kann als der Gläubiger, dessen Anspruch bereits durch definitive Eintragung verwirklicht ist, so sind Verfügungsbeschränkungen, z. B. §§ 1445, 2113, auf die Vormerkung analog anzuwenden [120].

3. Die Unterwerfung unter die sofortige Zwangsvollstreckung, ZPO. § 794 Nr. 5, ist eine Verstärkung der Forderung, daher keine Verfügung des Schuldners; erfolgt aber die Unterwerfung zugunsten einer Hypothek und zu Lasten des jeweiligen Eigentümers des Grundstücks, ZPO. § 800, so enthält sie eine Verstärkung der

---

[117] Vgl. Bd. I S. 190, 207.

[118] Biermann, Widerspruch 192; Endemann a. a. O. Note 45; Dreyfus 113 fg.; a. A. Strohal a. a. O. 40; Gierke a. a. O. Note 152, 157; Planck a. a. O.; Wolff, Sachenrecht § 48 IV.

[119] Das Vorkaufsrecht, welches in seiner Wirkung (§ 1098 II) mit der Vormerkung übereinstimmt, wird vom Gesetz unter die dinglichen Rechte gestellt und kann daher nach § 892 durch guten Glauben erworben werden, vgl. Bd. I § 6 Note 25.

[120] Der Ehemann kann an einem gütergemeinschaftlichen Grundstück ohne Einwilligung der Frau keine Vormerkung bewilligen; eine vom Vorerben bewilligte Vormerkung wird bei Eintritt der Nacherbfolge unwirksam

dinglichen Belastung des Grundstücks und ist daher eine Verfügung über dasselbe[121].

III. Die Verfügung bewirkt eine Veränderung im Aktivbestand des Vermögens, und zwar meistens eine Verschiebung zwischen zwei Vermögenskreisen. Der von den Parteien verfolgte Zweck und somit der rechtfertigende Grund dieser Verschiebung, die sog. causa der Verfügung, liegt nach römischem und heutigem Rechte außerhalb des Verfügungsgeschäftes[122]. Die Verfügung ist meistens abstrakt; insbesondere, wenn sie in Erfüllung einer Verpflichtung vorgenommen wird, in ihrer Wirksamkeit unabhängig von der Gültigkeit dieser Verpflichtung. Da die abstrakte Natur der Verfügung zuerst bei den sachenrechtlichen Verfügungen, insbesondere beim dinglichen Vertrag zum Bewußtsein der Juristen gekommen ist, so hat sich der Sprachgebrauch eingeschlichen, die Verfügungen, weil sie abstrakt sind, als dingliches Rechtsgeschäft zu bezeichnen[123]. So wird z. B., um das pactum de cedendo von der Zession zu unterscheiden, die Zession zu den dinglichen Verträgen gerechnet[124], was die Zession nicht ist und nicht sein kann, weil sie ein obligatorisches Recht zum Gegenstand hat[125].

Die Verfügung als abstraktes Rechtsgeschäft, gibt keinen Aufschluß über den Zweck der durch sie bewirkten Vermögensverschiebung. Insbesondere ist aus der causa zu entnehmen, ob die Verfügung entgeltlich oder unentgeltlich ist. Das Entgelt besteht in der Regel in einer Verfügung oder sonstigen Zuwendung desjenigen, dem die Verfügung zugute kommt. Ausnahmsweise kommt es vor, daß durch dasselbe Rechtsgeschäft eine Verfügung und die zum Ausgleich derselben dienende Vermögensvermehrung des Verfügenden hergestellt wird. So liegt in der Aufrechnung die Verfügung des Aufrechnenden über seine Forderung[126] und

---

[121] Vgl. die verschiedenen Meinungen bei Schmidt § 1445, 3a; Dreyfus 134.

[122] Vgl. ob. § 52 S. 193.

[123] Gegen diesen Sprachgebrauch Cosack § 53 II; Strohal, JheringsJ. 57, 236; Reichel, Schuldmitübernahme 187; Süß, Abtretung künftiger Ansprüche 4; Bd. I Einl. Note 143.

[124] Mot. II 120, 143, SeuffA. 56, 146.

[125] Es scheint, als ob die Verfasser der Motive sich nicht bewußt waren, in dem Worte Verfügung einen technischen Ausdruck geschaffen zu haben, welcher völlig genügt, um die das Aktivvermögen berührenden Geschäfte im Gegensatz zu den Verpflichtungsgeschäften zu bezeichnen.

[126] Vgl. ob. Note 24.

die den Ausgleich dafür bildende Befreiung von seiner Schuld; die Änderung des Leistungsgegenstands einer Forderung, § 305, enthält eine Verfügung des Gläubigers über seine Forderung und zugleich die Neubegründung einer Verpflichtung des Schuldners [127]; die Schuldübernahme enthält eine Verfügung des Gläubigers über seine alte Forderung und den Erwerb einer Forderung gegen den Übernehmer [128]. Die ungünstige und die günstige Wirkung solcher Rechtsgeschäfte können voneinander nicht getrennt werden. Diese Art der Verfügung hat Strohal [129] bemerkt und Äquivalentverfügung benannt [130].

IV. Der Prozeß bezweckt Feststellung, nicht Änderung des Rechtes. Aber dieser Zweck kann verfehlt werden: das Urteil kann der wirklichen Rechtslage nicht entsprechend, daher unrichtig sein; weil der Richter die ihm vorgelegten Tatsachen falsch beurteilt oder weil die Parteien ihm absichtlich oder unabsichtlich unrichtige Tatsachen vortragen. Trotzdem ist das rechtskräftige Urteil für die Parteien bindend. Es erfolgt zwar keine Rechtsänderung, aber es tritt ein Zustand ein, der unter den Parteien wie eine Rechtsverschiebung wirkt [131]: das zu Unrecht zuerkannte Recht hat unter den Parteien alle Wirkungen eines existenten Rechts; das zu Unrecht aberkannte Recht ist unter den Parteien wirkungslos. Diese Wirkungen der Rechtskraft können von den Parteien benutzt werden [131a], um absichtlich ein Resultat herbeizuführen, welches praktisch einer Rechtsänderung gleichkommt. Auf diesem Wege kann eine Zuwendung ev. eine Schenkung bewirkt werden [132].

---

[127] Vgl. ob. § 47 Note 61.

[128] Vgl. ob. § 12 Note 34.

[129] DJZ. 14, 1036. JheringsJ. 57, 14 fg.

[130] Hellmann, KritVJSchr. 49, 489, bestreitet die Eigenart der Äquivalentverfügungen. Insbesondere soll die Schuldübernahme nach § 414 nur Verpflichtungsvertrag und nicht zugleich Verfügung über die alte Forderung sein; diese Verfügung soll eine den Verpflichtungsvertrag begleitende Willensäußerung des Gläubigers, eine conditio iuris der Verpflichtung des Übernehmers sein. Hellmann scheint anzunehmen, daß die Entlassung des Altschuldners nicht zum Inhalt des nach § 414 geschlossenen Vertrages gehört, sondern einseitig dem bisherigen Schuldner gegenüber erfolgt. M. Er. muß im Fall des § 414 der Gläubiger mit dem Übernehmer wie die Verpflichtung des letzteren so die Entlassung des Altschuldners verabreden (sonst wäre die Schuldübernahme kumulativ); beide Verabredungen sind gleichwertige Bestandteile des Vertrages.

[131] Vgl. ob. § 2 Note 23, § 50 Note 104.

[131a] Nach dem Vorbild der römischen in iure cessio.

[132] Daher ist die Wirkung des Urteils prinzipiell auf die Parteien und

Obgleich die Prozeßführung zu solchem Erfolge führen kann, ist sie nicht als Verfügung zu betrachten. Sie wird vom Gesetz nach ihrem normalen Zweck (Klarstellung des Rechts) gewertet, ohne Rücksicht auf die Möglichkeit des Mißbrauches oder des schlechten Funktionierens der Prozeßeinrichtungen. Daher unterscheidet das Gesetz von der Befugnis zur Verfügung die Befugnis zur Prozeßführung über ein Recht [133]. Im normalen Fall sind beide Befugnisse in der Person des Rechtssubjekts vereinigt. Ist die Verfügung über eine Vermögensmasse dem Vermögenssubjekt entzogen und einer anderen Person übertragen, so ist meistens dasselbe für die Prozeßführungsmacht, als Bestandteil der Verwaltung, angeordnet. So hat z. B. in der Gütergemeinschaft der Ehemann das Recht der Verfügung und der Prozeßführung über das Gesamtgut, § 1443. Im gesetzlichen Güterrecht ist der Ehefrau die Verfügung und die Prozeßführung über eingebrachtes Gut entzogen, §§ 1395, 1400. Verfügung und Prozeßführung über den Nachlaß stehen dem Testamentsvollstrecker anstelle des Erben zu, §§ 2205, 2211, 2212. Dasselbe gilt bei Konkurs und Nachlaßverwaltung, §§ 1984/5, KO. § 6, ZPO. §§ 240/1.

Die Vereinigung von Verfügung und Prozeßführung in einer Hand ist aber keine rechtliche Notwendigkeit. Es kommt vor, daß jemand die Prozeßführung über Rechte hat, über welche er nicht verfügen kann. So der Ehemann beim eingebrachten Gut, §§ 1375, 1380 [134]. In der Gütergemeinschaft bedarf der Ehemann

---

ihre Rechtsnachfolger beschränkt, ZPO. § 325. Aber RG. 56, 111 geht zu weit, wenn es zur Begründung des m. Er. richtigen Satzes, daß ein Urteil gegen den Hauptschuldner nicht gegen den Bürgen wirkt, die Prozeßführung als ein Rechtsgeschäft im Sinne des § 767 bezeichnet.

[133] Planck, Vorb. IX 4 vor § 104, § 893 b, § 1821, 6; Bülow, Geständnisrecht 86 fg.; Hellwig, Lehrb. § 48; Dreyfus 132.

[134] Daraus ergibt sich die auf den ersten Blick befremdliche Konsequenz, daß der Ehemann, wenn er eine Forderung des eingebrachten Guts einklagt, Leistung an sich und an die Frau oder an sich mit Zustimmung der Frau verlangen muß, RG. 77, 35; 78, 383; Planck § 1380, 5; Hellwig, Lehrb. § 49 Note 27; Binder, Bernhöft u. Binder Beiträge 2, 109; Wolff, Familienr. § 51 II. Nach Endemann II § 176 Note 45 kann der Mann Zahlung an sich selbst verlangen, wenn die Forderung auf verbrauchbare Sachen gerichtet ist, über welche er nach § 1376 Nr. 1 verfügen kann. Aber die Einziehung der Forderung ist auch in diesem Falle Verfügung (über die Forderung, nicht über den zu leistenden Gegenstand) und daher von der Zustimmung der Frau abhängig, Schmidt § 1380, 3 c.

der Zustimmung der Frau zur Verfügung, nicht aber zur Prozeßführung über Grundstücke des Gesamtguts [135]. Ein Miterbe kann über eine Nachlaßforderung nicht verfügen, § 2040 I, wohl aber nach § 2039 (auf Leistung an alle Erben) klagen. Die durch Veräußerungsverbot eintretende Verfügungsbeschränkung, § 135/6, hindert den Inhaber des Rechtes nicht an der Prozeßführung [136]. Ebenso wird durch bedingte Verfügung oder durch Vormerkung die Verfügungsmacht des Rechtssubjektes insofern beschränkt, als spätere Verfügungen bei Eintritt der Bedingung unwirksam werden, § 161, resp. dem vorgemerkten Gläubiger gegenüber unwirksam sind, § 883 II, während seine Prozeßführungsmacht unberührt bleibt [137]. In diesen Fällen besteht eine über die Verfügungsmacht hinausgehende Prozeßführungsbefugnis. Es kann auch der umgekehrte Fall vorkommen: der Nichtberechtigte hat bei gutem Glauben des Erwerbers die Möglichkeit, wirksam über fremdes Recht zu verfügen; dagegen sind Prozesse, welche er über das fremde Recht führt, dem wirklich Berechtigten gegenüber in der Regel unwirksam [138].

Die Prozeßführung ermächtigt, wenn sie nicht mit der Verfügungsmacht über den Streitgegenstand verbunden ist, zwar zur Vornahme aller Prozeßhandlungen, ZPO. § 54, nicht aber zur Vornahme solcher Erklärungen, welche, auch in prozessualischer Form vorgenommen, als Rechtsgeschäfte zu betrachten sind [139].

[135] Planck § 1445, 2e.

[136] Planck § 135, 8; Oertmann § 135, 4a. Das Veräußerungsverbot betrifft nicht die Einklagung, wohl aber die Einziehung der Forderung. Daher kann der Gläubiger nicht Leistung an sich, sondern nur Hinterlegung verlangen, Hellwig, Rechtskraft 106 fg., 407 fg.

[137] Daß der bedingte Erwerber und der vorgemerkte Gläubiger Prozesse des Veräußerers gegen sich gelten lassen müssen, kann auf den ersten Blick unbillig erscheinen und wird daher bestritten, vgl. ob. § 44 Note 25 und 28. Man beachte aber die Lage des Prozeßgegners: X will z. B. eine Sache vindizieren, welche A unter aufschiebender Bedingung an B veräußert hat, oder ein Grundstück, an welchem A dem B eine Vormerkung bewilligt hat. Will man einem Urteil, welches X gegen A erstreitet, die Wirkung gegen B versagen, so müßte X zur Durchsetzung seines Rechtes zwei Prozesse führen. Es erscheint mir aber unbillig, daß A durch Rechtsgeschäfte, welche eine Rechtsübertragung vorbereiten, dem X die Notwendigkeit mehrfacher Klage aufdrängen könne. Andererseits kann B, wenn das Urteil zwischen X und A gegen ihn wirkt, sich durch Nebenintervention schützen.

[138] Vgl. ob. § 49 Note 69.

[139] Vgl. ob. § 50 S. 157.

So kann z. B. der Ehemann nach § 1380 Rechte des eingebrachten Gutes gerichtlich geltend machen, aber weder eine Forderung der Frau kündigen, noch ein von der Frau geschlossenes Rechtsgeschäft anfechten. Dasselbe gilt vom Prozeßvergleich, wenn man ihn als einen Vertrag auffaßt, der sowohl dem Prozeßrecht als dem materiellen Recht angehört und daher eine Verfügung über den Streitgegenstand enthält. Dagegen sind Verzicht und Anerkenntnis im Sinn von ZPO. §§ 306/7 rein prozessuale Handlungen; daher kann in der Gütergemeinschaft der Ehemann, obgleich er über Grundstücke des Gesamtgutes nicht selbständig verfügen kann, in einem Prozeß über solche Grundstücke Verzichte und Anerkenntnisse abgeben [140]; allerdings kann der Mann auf diesem Wege die Interessen der Frau schädigen [140a]; aber da das Gesetz ihm die Prozeßführung einräumt, könnte er dasselbe Resultat auch dadurch herbeiführen, daß er ein Versäumnisurteil über sich ergehen läßt.

V. Den rechtsgeschäftlichen Verfügungen stellt das Gesetz in einigen Beziehungen gleich Verfügungen, welche „im Wege der Zwangsvollstreckung oder der Arrestvollziehung oder durch den Konkursverwalter erfolgen“[141]. Man kann, um einen kurzen Ausdruck zu gebrauchen, von Zwangsverfügungen sprechen. Es sind Handlungen, durch welche, wie bei rechtsgeschäftlichen Verfügungen, der Aktivbestand eines Vermögens gemindert wird. Der Unterschied gegen die rechtsgeschäftlichen Verfügungen ist nicht mit den Mot. I 128 darin zu suchen, daß die Zwangsverfügungen nicht vom Subjekt des betroffenen Vermögens ausgehen (denn es gibt rechtsgeschäftliche Verfügungen über fremde Rechte [142]), sondern darin, daß sie nicht Rechtsgeschäfte sind [143], sondern staatliche Akte, durch welche auf Veranlassung und zu-

---

[140] Im Anschluß an Mot. IV 360 verlangt die herrschende Meinung zum Verzicht, Anerkenntnis und Vergleich des Mannes über gütergemeinschaftliche Grundstücke die Zustimmung der Frau, Planck § 1445, 2a; Schmidt § 1443, 2d; Crome § 588 Note 68.

[140a] Soweit das gegen ihn ergehende Urteil gegen die Frau wirkt, § 1380, 2.

[141] §§ 135, 161, 184, 353, 499, 883, 2115, KO. § 35.

[142] Vgl. ob. Note 43.

[143] Keine Zwangsverfügung liegt vor im Fall des § 894 ZPO.; sobald das Urteil die Rechtskraft erlangt hat, gilt die Willenserklärung des Schuldners als abgegeben. Es sollen also (auf Grund dieser Fiktion) die Wirkungen einer rechtsgeschäftlichen Verfügung eintreten, vgl. unt. § 61.

gunsten des Gläubigers in das Vermögen des Schuldners eingegriffen wird [144]. Unter diesem Gesichtspunkt gehören zum Begriff der Zwangsverfügung: die Pfändung, ZPO. §§ 803, 930, durch welche für den Gläubiger ein Pfandrecht entsteht; die Eintragung einer Zwangshypothek, ZPO. §§ 866, 932; die Beschlagnahme des Grundstücks, ZVG. § 20 fg. [145], durch welche der betreibende Gläubiger in ein pfandähnliches Verhältnis zum Grundstück tritt [146]; sodann die Überweisung der gepfändeten Forderung, ZPO. § 835 [147]; und der Zuschlag, ZVG. § 90. Dagegen sehe ich in der Versteigerung der gepfändeten Sache durch den Gerichtsvollzieher, ZPO. § 814, ein Rechtsgeschäft [148], durch welches der Gerichtsvollzieher auf Grund einer ihm staatlich verliehenen Befugnis im Auftrag und zum Nutzen des Gläubigers über die Sache des Schuldners verfügt [149]. Die Verfügungen des Konkursverwalters sind, soweit sie freihändig erfolgen, Rechtsgeschäfte, die er kraft der ihm zustehenden Verfügungsmacht [150], KO. § 6, vornimmt. Auch die Verwertung von Mobilien der Konkursmasse nach den Vorschriften der Zwangsvollstreckung oder des Pfandverkaufes, KO. § 127 [151], hat den Charakter einer rechtsgeschäft-

---

[144] Bd. I § 8 Note 22 a.

[145] Dernburg III § 252. RG. 60, 54; 67, 382.

[146] Bd. I § 4 Note 71.

[147] Durch die Überweisung an Zahlungsstatt erwirbt der Pfändungsgläubiger die Forderung, durch Überweisung zur Einziehung erwirbt er eine aus der gepfändeten Forderung konstitutiv abgeleitete Forderung gegen den Drittschuldner. In beiden Fällen ist der Antrag auf Überweisung Ausübung eines durch die Pfändung begründeten Aneignungsrechtes, vgl. Bd. I § 6 Note 81 a, § 7 Note 7 c.

[148] So die herrschende Meinung, Wolff, Festg. f. Hübler 67, Emmerich, Pfandrechtskonkurrenzen 340. Für die Auffassung der Versteigerung als Rechtsgeschäft spricht die Verweisung auf BGB. § 156 in ZPO. § 817 I sowie BGB. § 456; a. A. Hellwig, Lehrb. § 84 II 2, insbesondere Anm. 17 a, Hachenburg, Vorträge, 2. A., S. 143, Stein, Grundfragen der Zwangsvollstr. 70, Komm. zu ZPO. § 817, Bem. IV. Nach Stein soll der Käufer, auch wenn die versteigerte Sache nicht dem Schuldner gehört, auch ohne guten Glauben, wie beim Zuschlag nach ZVG. § 90, vgl. ob. § 44 Note 110, Eigentum erwerben.

[149] Die Versteigerung der gepfändeten Sache ist nicht selbst Zwangsverfügung, obgleich das durch die Versteigerung realisierte Pfandrecht auf einer Zwangsverfügung beruht.

[150] Bd. I § 18 Note 43.

[151] Und mit den Wirkungen desselben, vgl. ob. § 45 Note 29.

lichen Verfügung [152]. Dagegen führt die vom Konkursverwalter betriebene Zwangsversteigerung eines Grundstücks der Konkursmasse, KO. § 126, zum Zuschlag und somit zu einer Zwangsverfügung. Wenn das Gesetz alle Verfügungen des Konkursverwalters, auch die rechtsgeschäftlichen, mit den Zwangsverfügungen (durch Pfändung usw.) zusammenstellt, so erklärt sich das daraus, daß die Verfügungen des Konkursverwalters mit den Zwangsverfügungen den Zweck (Befriedigung der Gläubiger) gemeinsam haben.

Die Zwangsverfügungen dienen dazu, die Haftung des schuldnerischen Vermögens durchzusetzen: anstelle der Verfügungen (Leistungen), welche der Schuldner zur Erfüllung seiner Verpflichtung vornehmen sollte, tritt bei Vorliegen gewisser formeller Voraussetzungen (Vollstreckungstitel) eine Zwangsverfügung, vermittelst derer der Gläubiger mit Hilfe der Staatsgewalt aus dem Vermögen des Schuldners das ihm Gebührende entnimmt [153].

Prinzipiell ist der Zugriff des Gläubigers soweit zulässig, als der Schuldner selbst über sein Vermögen verfügen könnte [154]. Auf diesem Prinzip beruht die in § 184 II statuierte Wirksamkeit der Zwangsverfügung gegenüber der rückwirkenden Kraft der Genehmigung sowie die in § 135 [155]. 161. 883 aufgestellten Schranken der Zwangsverfügung. Ausnahmsweise bleibt der Zugriff der Gläubiger hinter der Verfügungsmacht des Vermögenssubjekts zurück bei der Vorerbschaft: nach § 2115 sind alle Zwangsverfügungen der Gläubiger des Vorerben und die ihm gleichstehenden Verfügungen seines Konkursverwalters unwirksam, während dem Vorerben selbst die Verfügung über den Nachlaß mit gewissen Ausnahmen freisteht, § 2112/3 [156].

Die Gleichstellung der Zwangsverfügungen mit den rechtsgeschäftlichen Verfügungen in §§ 353, 499 beruht auf dem Rechtsgedanken, daß der Schuldner sein durch Zugriff der Gläubiger oder durch Konkurs eintretendes Unvermögen ebenso zu ver-

[152] Wie die Versteigerung einer verpfändeten oder gepfändeten Sache im Auftrag des Gläubigers.

[153] Bd. I § 15 VI.

[154] Bd. I § 18 Note 8.

[155] In § 135 sind die Verfügungen des Konkursverwalters nicht erwähnt, weil Veräußerungsverbote im Konkurse ihre Wirksamkeit verlieren, KO. § 13.

[156] Die Erklärung dieses Unterschiedes ist darin zu suchen, daß der Vorerbe für Verminderung des Nachlasses haftet, § 2130 fg.

treten hat, wie wenn es durch seine eigene Handlung entstanden wäre [157].

Ob die Zwangsverfügungen in anderen, als den im Gesetz genannten Fällen den rechtsgeschäftlichen Verfügungen gleichzustellen sind, ist eine vom Gesetz offen gelassene Frage [158].

1. Analoge Behandlung der Zwangsverfügungen wird, mit Recht, angenommen bei den Mietzinsen, über welche der Eigentümer des Grundstückes nach §§ 573, 1124 gegenüber dem Erwerber oder Hypothekengläubiger wirksam verfügen kann [159].

2. Dagegen ist, wenn jemand die Befugnis hat, über fremdes Vermögen zu verfügen, daraus nicht zu entnehmen, daß auch seine Gläubiger auf dieses Vermögen greifen können; denn die Befriedigung des Gläubigers hat aus dem eigenen Vermögen des Schuldners, nicht aus fremdem Vermögen zu erfolgen. Daher haften den Gläubigern des Mannes, auch nicht d i e Sachen des eingebrachten Gutes, über welche er nach § 1376 verfügen kann, § 1410. Daher können Gläubiger eines, auch unwiderruflich, Bevollmächtigten nicht auf Vermögensstücke des Vollmachtgebers greifen [160]; auch nicht die Gläubiger des Pächters oder Nießbrauchers auf Inventarstücke, über welche er nach §§ 588, 1048 verfügen kann.

3. Insbesondere sind auf Zwangsverfügungen (im genauen Sinn des Wortes) nicht anzuwenden die Rechtssätze über den Schutz des guten Glaubens. Dem Zugriff unterliegt nur das eigene Vermögen des Schuldners; fremdes Vermögen auch dann nicht, wenn der Gläubiger oder das in seinem Auftrag handelnde Vollstreckungsorgan sich in gutem Glauben befindet. Pfändung einer dem Schuldner nicht gehörenden Sache begründet kein Pfandrecht [161]. Dagegen ist die Versteigerung des Pfandes, als rechtsgeschäftliche Verfügung, dem Grundsatz des guten Glaubens

---

[157] P l a n c k § 279, 2; O e r t m a n n § 275, 3; E n n e c c e r u s § 269 I a.

[158] Mot. I 128.

[159] P l a n c k § 573, 2, § 1124, 1; O e r t m a n n § 573, 2 b; W o l f f, Sachenrecht § 135 Note 25. Dadurch werden die Mißstände, zu welchen die Zulässigkeit von Vorausverfügungen des Eigentümers führt (Beeinträchtigung des Käufers und zweiten Hypothekars) noch gesteigert.

[160] T u h r, Unwiderrufliche Vollmacht 62.

[161] P l a n c k § 1207, 2; W o l f f, Sachenrecht § 163 Note 22; S t e i n, Bem. II zu ZPO. § 804; a. A. M ü l l e r, Wirksamkeit des Pfändungspfandrechtes, 91; vgl. ob. § 49 Note 76.

unterworfen, § 1244[161a]. Die Beschlagnahme eines Grundstückes ist unwirksam, wenn der Schuldner nicht Eigentümer desselben ist, ZVG. § 17, und muß auf Klage aus ZPO. § 771 aufgehoben werden, ohne Rücksicht auf den guten Glauben des betreibenden Gläubigers. Ebenso ist der Zuschlag als Zwangsverfügung unabhängig vom guten Glauben des Erwerbers, und aus besonderen Gründen abweichend vom Prinzip des Haftungsrechts auch dann wirksam, wenn das Grundstück nicht dem Schuldner gehört[162]. Wird eine Sache vom Konkursverwalter aus freier Hand veräußert oder nach KO. § 127 zur Versteigerung gebracht, so zeigt sich die rechtsgeschäftliche Natur dieser Akte daran, daß der gute Glaube des Erwerbers die Zugehörigkeit der Sache zur Konkursmasse ersetzen kann.

4. Zweifelhaft ist die analoge Anwendung des § 185 auf Zwangsverfügungen. RG. 60, 72 hat, mit Recht, Konvaleszenz der Pfändung angenommen, wenn die gepfändete Sache nachträglich in das Eigentum des Pfändungsschuldners gelangt[163], und läßt es dahingestellt, ob die Pfändung einer dem Schuldner nicht gehörenden Sache durch Einwilligung oder Genehmigung des Eigentümers wirksam wird. Meines Erachtens ist die Frage zu verneinen[164]: die Pfändung ist ein staatlicher Akt, der nur dazu dient und benutzt werden soll, dem Gläubiger Befriedigung aus dem Vermögen des Schuldners, nicht aber aus dem Vermögen dritter Personen, zu verschaffen. Dafür spricht auch die Analogie der Subhastation: § 17 des ZVG. ist zwingenden Rechtes; die Zwangsversteigerung eines nicht dem Schuldner gehörenden Grundstücks ist unzulässig, auch wenn der Eigentümer sich damit einverstanden erklärt.

VI. Unter Verzicht[165] versteht man in der Rechtswissenschaft

---

[161a] A. A. Stein, vgl. ob. Note 148.

[162] Vgl. ob. § 44 S. 56.

[163] Ebenso OLG. 22, 163. Zustimmend Enneccerus § 191 III 3a. Stein, Grundfragen der Zwangsv. 45. A. A. Oertmann § 185, 2b; Staudinger § 185, 2.

[164] Bd. I § 4 Note 51. Stein a. a. O.; a. A. Wolff, Festg. f. Hübler 66. Selbstverständlich kann der Eigentümer durch Unterlassung des Widerspruchs, ZPO. § 771, die Befriedigung des Gläubigers aus der Sache ermöglichen; er kann sich auch zur Unterlassung des Widerspruchs durch Vertrag mit dem Gläubiger verpflichten, Stein a. a. O. 49. Aber dadurch wird die Pfändung nicht gültig und die Sache dem Zugriff der Gläubiger des Eigentümers nicht entzogen.

[165] Windscheid § 69, 4 a. E.; Bekker § 108 Beil. I; Regels-

eine Verfügung [166], durch welche der Inhaber eines Rechtes das Recht aufgibt [167], ohne es auf eine andere Person zu übertragen[168]. Das BGB. hat keinen festen Sprachgebrauch: es bezeichnet gewisse unter den eben definierten Begriff des Verzichts gehörende Fälle mit anderen Ausdrücken (Erlaß, § 397, Ausschlagung, §§ 1942, 2280, Ablehnung, § 1484, Zurückweisung, § 333 [169]) und gebraucht den Ausdruck Verzicht auch da, wo es sich nicht um Aufgabe eines Rechtes handelt [170].

Aus der Auffassung des Rechtes als Willensmacht [171] ergibt

berger § 123 IV; Cohn, Gruchot 47, 221 fg.; Eccius, Gruchot 50, 1 fg.; Walsmann, Verzicht (1912).

[166] Vom Verzicht ist zu unterscheiden das obligatorische Versprechen, ein Recht aufzugeben. Aus einem solchen Versprechen entsteht eine dauernde Einrede gegen den Anspruch aus dem Recht, auf welches verzichtet werden soll, Bd. I § 17 V 4. Diese Einrede kann aber im Konkurs des Berechtigten nicht durchdringen, Bd. I S. 303; Komment. des RG. § 1179, 5; Walsmann 266 u. ArchBürgR. 39, 14 fg. Kein Verzicht ist die Erklärung des Berechtigten, sein Recht (vorläufig) nicht ausüben zu wollen, OLG. 22, 301. Vgl. ob. § 48 Note 35.

[167] Der Verzicht ist daher Untergangsgrund des Rechts; a. A. Endemann II § 24 Anm. 19; durch den Verzicht soll das Recht nicht untergehen, sondern nur aus dem Vermögen des bisherigen Subjekts ausscheiden. Diese subjektiv beschränkte Wirkung hat der Verzicht nur ausnahmsweise: so wird durch den (von der Aufhebung der Hypothek, § 1183, zu unterscheidenden) Verzicht die Hypothek nicht aufgehoben, sondern in eine Eigentümerhypothek verwandelt, § 1168. Ähnlich verhält es sich bei der Ablehnung von Inventarstücken durch den Verpächter, § 589 II (Planck § 589, 1; Oertmann § 589, 4); vgl. auch die Bestimmung über den Grenzbaum § 923 II 3. Abgesehen von solchen Ausnahmsfällen bewirkt der Verzicht Untergang des Rechtes; so wird z. B. durch Verzicht auf das Eigentum die Sache herrenlos, § 959.

[168] Der Erwerb der Eigentümerhypothek durch Verzicht des Gläubigers, § 1168, ist zu unterscheiden von der Übertragung der Hypothek, § 1153 fg., an den Eigentümer. Im ersteren Fall erwirbt der Eigentümer die Hypothek nicht „durch Rechtsgeschäft“, sondern als gesetzliche Folge des ohne seine Beteiligung vorgenommenen Verzichtgeschäfts, vgl. ob. § 50 Note 137; ähnlich verhält es sich in § 976 I.

[169] Ausschlagung, §§ 1953, 2280, und Zurückweisung, § 333, werden von Walsmann 102, 239 mit Rücksicht auf ihre Rückwirkung, unt. Note 222, aus dem Begriff des Verzichtes ausgeschieden.

[170] Walsmann 42, 146 stellt unter den Begriff des Verzichtes jedes Aufgeben eines Vorteils, mag derselbe in einem Recht oder in einer zugunsten des Verzichtenden erlassenen Verfahrensvorschrift bestehen.

[171] Die Möglichkeit des Verzichtes ist ein charakteristisches Indiz zur Unterscheidung des subjektiven Rechts von einem rechtlich geschützten Interesse, Bd. I § 1 I 2.

sich die grundsätzliche Zulässigkeit des Verzichtes [172], sofern das Rechtssubjekt die nötige Verfügungsfähigkeit besitzt: beneficia non obtruduntur. Unverzichtbarkeit von Privatrechten [173] ist, wie die Unübertragbarkeit, eine auf besonderen Gründen beruhende Ausnahme. Unverzichtbar sind Rechte, deren Bestand im öffentlichen Interesse liegt; Rechte, zu deren Ausübung der Berechtigte gesetzlich verpflichtet ist, so insbesondere die elterliche und vormundschaftliche Gewalt [175]; Rechte, welche das Gesetz als unentbehrlich für die Existenz des Berechtigten ansieht, so z. B. die Forderung auf künftigen Unterhalt, § 1614 I [176]; endlich können Ansprüche nicht ohne das ihnen zugrunde liegende Recht durch Verzicht aufgehoben werden [177]. Unverzichtbare Rechte sind in der Regel zugleich unübertragbar: aber der Kreis der unverzichtbaren Rechte ist enger als der der unübertragbaren Rechte; verzichtbar sind insbesondere Rechte, deren Unübertragbarkeit auf dem Interesse des Gegners beruht [178], oder darauf, daß sie einem ethischen, nur in der Person des Berechtigten erreichbaren Zweck dienen [179].

Gegenstand des Verzichtes können Rechte jeder Art sein: Herrschaftsrechte (dingliche Rechte [180], Forderungen, Rechte an immateriellen Gütern [181]), Gestaltungsrechte [182] und Machtbefug-

---

[172] Reichel, JheringsJ. 59, 448; Walsmann 66.

[173] Über die grundsätzliche Unverzichtbarkeit öffentlicher Rechte Fleiner, Verwaltungsrecht 152; O. Mayer, Verwaltungsrecht § 9 III 2; Walsmann 144. RG. 82, 327.

[174] Z. B. die Rechte aus den persönlichen Beziehungen der Ehegatten zueinander, § 1353 fg., Walsmann 99.

[175] RG. 60, 268. Dagegen kann der Vater auf seine Nutznießung verzichten, § 1662. Aufhebung der ehemännlichen Verwaltung und Nutznießung kann nur durch Ehevertrag erfolgen, ob. § 19 Note 22 a.

[176] Vgl. auch § 1714 II. Auf derselben ratio (Schutz des Rechtssubjektes gegen zu weit gehende Verschlechterung seiner Rechtslage durch eigenen Willen) beruht der zwingende Charakter gewisser Rechtssätze z. B. § 276 II, § 544. Vgl. ob. § 51 Note 28.

[177] Bd. I § 15 S. 268. Walsmann 81.

[178] So der Nießbrauch und die Bd. I § 12 III 1 besprochenen Forderungen.

[179] Forderungen auf Genugtuung, §§ 847, 1300.

[180] Über Verzicht auf Teile eines dinglichen Rechts und auf einzelne zum Inhalt des Rechts gehörende Befugnisse vgl. ob. § 47 Note 52.

[181] PatG. § 9; GebrMustG. § 8 I. Crome § 521 II; Walsmann 307 fg.

[182] Ablehnung einer Offerte und Verweigerung der Genehmigung ist

nisse [183], Aneignungsrechte und Anwartschaften [184], negative Rechte [185] insbesondere Einreden [186]; auch Rechtsverhältnisse können Gegenstand eines Verzichtes sein: so die Erbschaft [187] und das Recht des überlebenden Ehegatten auf Fortsetzung der Gütergemeinschaft, § 1484; ferner der Anteil des Gesellschafters, § 736, des Abkömmlings in der fortgesetzten Gütergemeinschaft, § 1491, und des Miterben [188]. Dagegen sind Rechts- und Handlungsfähigkeit keine Rechte, sondern rechtliche Eigenschaften des Menschen, und daher kein Gegenstand der Verfügung, auch nicht des Verzichtes [189]. Noch weniger kann es einen Verzicht auf rechtserhebliche Tatsachen geben [190]. So kann z. B. ein Schuldner, der

Verzicht auf die Befugnis, durch Willenserklärung ein Rechtsverhältnis zu begründen, vgl. ob. § 7 Note 10, 13; § 48 Note 18; a. A. Walsmann 106, 108.

[183] Z. B. Verzicht auf die Vollmacht.

[184] Z. B. Verzicht des Finders auf sein „Recht zum Erwerb des Eigentums", § 976 I, Ausschlagung der Nacherbschaft, Bd. I § 9 Note 18, 15. Auch der Erbverzicht ist Verzicht auf eine Anwartschaft, Bd. I § 9 III 5; ebenso die Zustimmung des Eigentümers zur Aufhebung der Hypothek, § 1183, vgl. Bd. I § 9 Note 31. Walsmann 142.

[185] Vgl. Bd. I S. 200. Bestätigung eines anfechtbaren Geschäftes ist Verzicht auf das Anfechtungsrecht, vgl. unt. § 57 Note 123.

[186] Vgl. Bd. I § 17 III 4; Walsmann 116 fg.

[187] Nach Walsmann 102 fg. soll die Ausschlagung der Erbschaft nicht unter den Begriff des Verzichtes fallen vgl. ob. Note 169.

[188] § 2033 I gibt dem Miterben die Befugnis, über seinen Erbteil zu verfügen, daher auch auf ihn zu verzichten, Planck § 2033, 2 d; Walsmann 299.

[189] Bd. I § 7 Note 6 a. Möglich ist nur eine Verpflichtung, von der Rechtsfähigkeit oder Handlungsfähigkeit in gewisser Richtung keinen Gebrauch zu machen, d. h. gewisse Rechte nicht zu erwerben resp. gewisse Handlungen nicht vorzunehmen. Dagegen kann sich niemand der Fähigkeit zum Erwerb eines Rechtes oder zur Eingehung einer Verbindlichkeit begeben. Daher hindert z. B. der Tarifvertrag nicht den Abschluß abweichender Arbeitsverträge, Tuhr, Unwiderrufl. Vollmacht 61 Anm. 3. Oertmann § 137, 5. Aus der Unverzichtbarkeit der Geschäftsfähigkeit ergibt sich ferner, daß die Kontrahenten die Möglichkeit nicht ausschließen können, den Vertrag durch spätere Vereinbarung aufzuheben, und daß ein widerrufliches Geschäft, wie das Testament, nicht in unwiderruflicher Weise errichtet werden kann, vgl. ob. § 50 Note 179, 187. Wie die Geschäftsfähigkeit so kann auch die Verfügungsmacht nicht durch Rechtsgeschäft ausgeschlossen werden, vgl. unt. § 60.

[190] Auf Einreden kann verzichtet werden (vgl. ob. Note 186), weil sie Rechte sind; nicht dagegen auf Einwendungen (rechtshindernder Tatsachen), vgl. Bd. I § 17 I. Daher ist RG. 77, 158 unrichtig, sofern es sich um Ein-

seine Verpflichtung erfüllt hat, nicht auf seine Befreiung verzichten, sondern nur eine neue Verpflichtung von gleichem Inhalt, wie die getilgte Schuld, eingehen [191]. Ebensowenig kann ein Schuldner auf eine noch ausstehende Bedingung oder Befristung seiner Schuld „verzichten“; ein solcher Vorgang ist als Änderung des Schuldverhältnisses (Verwandlung der Forderung in eine unbedingte oder unbefristete) zu beurteilen [192] [193].

Kein Verzicht im technischen Sinne des Wortes liegt vor, wenn bei Begründung eines Rechtsverhältnisses die Entstehung eines Rechtes ausgeschlossen wird, welches nach dispositiver Vorschrift des Gesetzes in Ermangelung einer Bestimmung der Partei entstehen würde [194]. In diesem untechnischen Sinn spricht das Gesetz von Verzicht in § 376, Nr. 1, § 544, § 658 II, § 671 III, § 744 [195], von Erlaß in §§ 443, 476 [196], während es in § 723 III, § 749 III, korrekter, von einer Vereinbarung spricht, durch welche ein Recht ausgeschlossen wird. In § 151 bedeutet Verzicht eine Erklärung des Offerenten, infolge deren der Vertrag ohne Er-

wendungen handelt. Ebenso unrichtig, wenn Planck § 1718, 2 und RG. 58, 354 die Anerkennung der unehelichen Vaterschaft, § 1718, als Verzicht auf die Einrede der mehreren Zuhälter charakterisieren. Die exc. plurium ist nach der vom Gesetz in § 1717 gewählten Wortfassung eine Einwendung, Blume § 1717, 6; Endemann II § 206 a Note 45. Die Anerkennung des § 1718 ist nicht Willenserklärung, sondern eine Meinungsäußerung (vgl. ob. § 48 Note 68) mit der ungewollten gesetzlichen Rechtsfolge, daß die sonst erhebliche Tatsache der Beiwohnung anderer vom Anerkennenden nicht mehr vorgebracht werden kann, vgl. Walsmann 291.

191 Bd. I § 17 Note 28. Walsmann 127.

192 Walsmann 223. Ist die Bedingung einer Schuld ausgefallen, so kann der Schuldner nicht auf die Bedingung verzichten, sondern nur durch ein neues Versprechen eine unbedingte Verpflichtung gleichen Inhaltes auf sich nehmen, RG. 77, 417.

193 Erklärt der Schuldner, nicht erfüllen zu wollen, so erlaubt die herrschende Meinung dem Gläubiger ohne Nachfrist nach § 326 zurückzutreten, Oertmann § 326, 4 b. Die Erfüllungsverweigerung des Schuldners wird bisweilen, z. B. RG. 51, 350, als Verzicht auf Fristsetzung bezeichnet, ist aber kein Verzicht im genauen Sinn des Wortes, da der Schuldner kein Recht auf Fristsetzung hat.

194 Walsmann 121, 197.

195 Ebenso ungenau pflegt man bei Erteilung einer Vollmacht von einem Verzicht auf den Widerruf (statt von einem Ausschluß des Widerrufs) zu sprechen, Tuhr, unwiderrufliche Vollmacht S. 56 Note 1.

196 Verzicht bzw. Erlaß im technischen Sinn dieser Worte würde nur dann vorliegen, wenn das betr. Recht nach seiner Entstehung vom Berechtigten aufgegeben wird.

klärung der Annahme zustande kommen kann [197]; in § 1245 II eine Vereinbarung, durch welche Voraussetzungen und Formen des Pfandverkaufs abweichend von den gesetzlichen Vorschriften geregelt werden [198].

In allen Fällen, in denen das Gesetz, dem Sprachgebrauch des Lebens folgend, das Wort Verzicht im untechnischen Sinne gebraucht, handelt es sich um einen Vorgang, der dem Verzicht auf ein Recht insofern ähnlich ist, als jemand durch eine Willenserklärung seine rechtliche Lage verschlechtert [199] [200].

Dem Wesen des subjektiven Rechts als Willensmacht und der für den Verzichtenden stets nachteiligen, für seinen Gegner vorteilhaften Wirkung des Verzichtes entspricht es, den Verzicht als einseitiges Rechtsgeschäft aufzufassen [201]. Trotzdem verlangt das Gesetz in einigen wichtigen Fällen für das Aufgeben eines Rechtes einen Vertrag [202]: so beim Erbverzicht, § 2346 fg. [203], und insbesondere beim Erlaß, § 397 [204]: der Gläubiger kann seine

---

[197] Enneccerus § 153 Anm. 2; Walsmann 27.

[198] Es handelt sich um Verzicht auf Beobachtung von Verfahrensvorschriften, Walsmann 28; vgl. ob. Note 170.

[199] Bisweilen wird eine Verwirkung (Verlust eines Rechtes als ungewollte gesetzliche Folge eines Verhaltens ob. § 47 Note 3) durch Annahme eines (in der Tat nicht vorhandenen) Verzichtwillens erklärt, so z. B. der Verlust des Rücktrittsrechtes nach § 352/3. Auch daß der Gläubiger die Nachfrist des § 326 nach allzu langer Zeit nicht mehr setzen kann, wird oft als Verzicht auf das Recht der Fristsetzung erklärt, vgl. Planck § 326, 1; m. Er. kann der Gläubiger die Frist nicht mehr setzen, nicht weil er sich dieses Rechtes begeben hat, sondern weil ihn die Rücksicht auf Treu und Glauben daran hindert, vgl. ob. § 53 Note 74; Riezler, Venire contra factum proprium 159 fg.; Walsmann 210 fg., der von Verlust des Rechtes durch „gegensätzliches Verhalten" des Berechtigten spricht, vgl. ob. § 50 Note 129.

[200] Die Unterlassung der Ausübung eines Rechtes (z. B. die Nichterhebung einer Einrede bis zum Schluß der mündlichen Verhandlung, Bd. I § 17 IV 3) ist nicht Verzicht auf das Recht, kann aber dieselben Wirkungen haben. Unrichtig Planck § 181, 1, Abs. 3.

[201] Vgl. ob. § 53 S. 204. Walsmann 179.

[202] Ein rechtsaufhebender Vertrag ist nur für den Teil, der sein Recht aufgibt, Verfügung (Verzicht), vgl. ob. Note 34.

[203] Der Verzicht des Abkömmlings auf seinen Anteil an der fortgesetzten Gütergemeinschaft kann durch einseitige Erklärung oder durch Vertrag mit den übrigen Teilhabern der Gemeinschaft erfolgen, § 1491. Der Verzicht auf einen Anteil am Nachlaß erfolgt durch Vertrag mit den Miterben, § 2033, Walsmann 200, 299.

[204] Die legislative Begründung, Mot. II 116, ist wenig überzeugend.

Forderung nicht, wie man meinen sollte, und in Laienkreisen allgemein glaubt, durch einseitige Erklärung, sondern nur durch Vertrag mit dem Schuldner (Erlaß) aufheben [205]. Das gilt für alle Forderungen [206], auch für die Unterhaltsforderung und die Pflichtteilsforderung, bei denen das Gesetz in unpräziser Terminologie von einem Verzicht spricht [207]. Ausnahmsweise [208] ist einseitiges Rechtsgeschäft die Ausschlagung des Vermächtnisses, § 2180, und die Zurückweisung der Forderung aus § 333 [209]. Der Verzicht auf andere Rechte erfolgt durch einseitiges Rechtsgeschäft. Das ist im Gesetz vorgeschrieben: für Eigentum, §§ 928, 959, und sonstige dingliche Rechte [210], §§ 875, 1064, 1168, 1255, 1662 [211], für die Anwartschaft des Finders, § 972; für die Ausschlagung der Erbschaft, § 1945, die Ablehnung der fortgesetzten

---

Die früheren Gesetzgebungen, auf welche die Mot. verweisen, gehen auf den römischen Parallelismus zwischen Entstehungs- und Aufhebungsgründen der Rechte zurück, vgl. ob. § 47 Note 29. De lege ferenda würde m. Er. für den Erlaß eine Erklärung des Gläubigers an den Schuldner genügen, vgl. Endemann § 149 Anm. 3; Reichel, JheringsJ. 59, 455; Walsmann 94 fg., 178 fg.

[205] RG. 72, 171. Durch Erlaß erlischt die Forderung, nicht das Schuldverhältnis im weiteren Sinne, vgl. Bd. I § 5 Note 17, 36.

[206] Einseitiger Verzicht wird bei den Gewährleistungsansprüchen des Käufers zugelassen, Oertmann § 464, 1 b; Walsmann 242. Sie sind zwar vom Gesetz als Forderungsrecht ausgestaltet, versehen aber die Funktionen eines negativen Gestaltungsrechts, vgl. ob. § 53 Note 83. Der in § 464 vorgeschriebene Verlust dieser Ansprüche ist übrigens nicht als Verzicht, sondern als Verwirkung (vgl. ob. Note 199) aufzufassen.

[207] §§ 1614, 1714, 1406, 1453, 1643, 1822 Nr. 2; Planck § 2317, 2 b; Cohn a. a. O. 282. Vgl. HGB. §§ 205, 241, 270. Verzicht des Kommittenten auf Zusendung des Stückeverzeichnisses, DepotG. § 3 II, muß ausdrücklich und schriftlich erteilt werden, bedarf aber wohl nicht der Annahme, Walsmann 193.

[208] Keine Ausnahme vom Erfordernis des Erlaßvertrages ist der einseitige Verzicht auf das Recht der Rücknahme in § 376 II Nr. 1; dieses Recht ist keine Forderung, sondern ein Gestaltungsrecht, Bd. I § 7 Note 19.

[209] In beiden Fällen kann die nicht ausgeschlagene resp. nicht zurückgewiesene Forderung durch Erlaßvertrag aufgehoben werden, vgl. Bd. I § 12 Note 26.

[210] Auch der Verzicht auf Nießbrauch oder Pfandrecht an Forderungen erfolgt durch einseitige Erklärung, §§ 1072, 1273 (§ 1255), obgleich diese Rechte wesentlich in einer Forderung des Nießbrauchers bzw. Pfandberechtfgten gegen den Schuldner bestehen, Bd. I § 6 VI.

[211] Auch im Recht der immateriellen Güter ist nach Analogie des Sachenrechtes (Bd. I § 6) Verzicht durch einseitige Erklärung möglich, vgl. für das Urheberrecht Dernburg VI § 72 II.

Gütergemeinschaft, § 1484, den Verzicht auf einen Anteil an derselben, § 1491, sowie für den Verzicht auf zahlreiche Gestaltungsrechte: insbesondere für den Verzicht auf das Anfechtungsrecht [212] (durch Bestätigung, § 144, resp. Anerkennung der Ehelichkeit, § 1598), für den Verzicht auf das Recht der Ausschlagung resp. Ablehnung (durch Annahme, §§ 1943, 1484 II), für das Recht aus der Offerte (durch Ablehnung derselben, § 146). Für andere Gestaltungsrechte und für die Einrede ist im Gesetz nicht gesagt, ob der Verzicht durch einseitiges Rechtsgeschäft oder durch Vertrag zu erfolgen hat. Vielfach wird für diese vom Gesetz offen gelassenen Fälle der Vertrag als die normale Aufhebungsart von Rechten bezeichnet [213]. Meines Erachtens entspricht dem Wesen und der Wirkung des Verzichtes die Einseitigkeit des Rechtsgeschäftes. Es ist daher Willenserklärung des Rechtssubjekts für genügend zu erachten, wenn nicht besondere Gründe dem entgegenstehen. Daher genügt einseitige Erklärung zum Verzicht auf Einreden [214], sowie zum Verzicht auf den Schenkungswiderruf [215]. Ebenso scheint es mir angemessen, einseitigen Verzicht auf das Recht der Kündigung [216], des Rücktritts [217] und der Aufrechnung [218] zuzulassen. In den letzteren drei Fällen kommt allerdings der in § 305 ausgesprochene Rechtssatz in Betracht, daß zur Änderung des Inhaltes eines Schuldverhältnisses ein Vertrag erforderlich ist [219]. Um Änderung des Schuldverhältnisses handelt es sich meines Erachtens dann, wenn die Kündbarkeit oder Aufrechenbarkeit einer Forderung resp. die Entstehung

[212] In allen Fällen der Anfechtbarkeit wird die Bestätigung von der herrschenden Meinung, wie in § 144, als einseitiges Rechtsgeschäft aufgefaßt; vgl. unt. § 57 Note 126. Nur beim Anfechtungsrecht wegen Unwürdigkeit verlangt Planck § 2343, 2 einen Verzichtsvertrag.

[213] Planck § 305, 4; Seckel, Festg. f. Koch 230.

[214] Bd. I § 17 Note 26. Walsmann 198.

[215] Oertmann gegen Planck zu § 533.

[216] Mittelstein, Miete § 56 Anm. 27. RG. 82, 55.

[217] Walsmann 110; a. A. Planck § 355, 2.

[218] Hirsch, Übertragung der Rechtsausübung 423 Anm. 2. Die herrschende Meinung verlangt einen Vertrag, Planck § 387, 3; Oertmann Vorb. 2c vor § 387; vgl. auch DJZ. 16, 271, 334.

[219] Beim Wiederkaufs- und Vorkaufsrecht besteht vor ihrer Ausübung noch kein Schuldverhältnis, sondern nur ein Gestaltungsrecht, Bd. I § 7 Note 9, welches m. Er., wie alle Gestaltungsrechte, durch einseitige Erklärung des Berechtigten aufgehoben werden kann, Walsmann 193; a. A. Seckel a. a. O. 230.

eines Rücktrittrechts ausgeschlossen wird [220]; nicht dagegen dann, wenn eines dieser negativen Rechte bereits entstanden ist und dem Schuldverhältnis resp. der Forderung gegenüber steht [221].

Der Verzicht wirkt in der Regel ex nunc, ausnahmsweise ex tunc [222]: so die Ausschlagung, §§ 1953, 2180 [223], und die Zurückweisung der Forderung nach § 333 [224].

Durch den Verzicht entsteht meistens ein Vorteil für ein anderes Rechtssubjekt [225]. Daher kann der Verzicht, wenn in dieser Absicht vorgenommen, eine Zuwendung an einen anderen sein [226]. Wird der Verzicht „zugunsten eines anderen" vorgenommen, so ist er, wenn diese Willensrichtung in dem Verzichtsgeschäft zum Ausdruck kommt [227], in seiner Wirksamkeit davon abhängig, daß dem anderen der ihm zugedachte Vorteil zufällt [228]. Ein in dieser Weise bedingter Verzicht nähert sich dem Tatbestand einer Rechtsübertragung und ist oft nur der ungenaue Ausdruck eines Übertragungswillens [229]. Dagegen liegt in der Veräußerung eines Rechtes kein eventueller Verzicht [230]; man darf die Erklärung

---

[220] Walsmann 245.

[221] Auf die Wirkung der vollzogenen Kündigung, Aufrechnung oder des ausgeübten Rücktritts kann aus den ob. Note 190 angegebenen Gründen nicht verzichtet werden, vgl. ob. § 53 Note 88.

[222] Bd. I § 10 III.

[223] Ebenso die Ablehnung der fortgesetzten Gütergemeinschaft, wie sich aus § 1484 III ergibt.

[224] Dagegen kann die Pflichtteilsforderung nur durch Erlaß ex nunc aufgehoben werden; wodurch die Erbsteuerpflicht nicht wegfällt, RG. 77, 239.

[225] Vgl. ob. § 47 Note 25.

[226] Der Verzicht kann, wie alle Zuwendungen, unentgeltlich oder entgeltlich sein, RG. 75, 263.

[227] Anders, wenn der Verzicht in der unausgesprochenen Erwartung erfolgt, daß er einem anderen zugute kommen werde, z. B. Dereliktion einer Sache in der Erwartung, daß X sie okkupieren werde.

[228] Erbverzicht „zugunsten eines anderen" soll nach § 2350 im Zweifel bedingter Verzicht sein. Ausschlagung „zugunsten eines anderen" ist, wenn der Zusatz als Bedingung gemeint ist, nach § 1947 unwirksam, Kipp, Erbrecht § 53 V.

[229] Wenn A dem X sagt: „ich verzichte zu Ihren Gunsten auf diese Sache", so hat er eine Traditionsofferte gemacht. Verzichtet ein Miterbe durch Vertrag mit einem seiner Miterben (vgl. ob. Note 188) zu dessen Gunsten auf seinen Anteil, so ist das kein Verzicht (mit Anwachsung für alle Miterben), sondern Übertragung des Anteils an den Vertragsgegner, Planck § 2033, 2 d.

[230] Endemann § 58 Anm. 31; Dernburg III § 21 Anm. 3.

des Veräußerers nicht in zwei Elemente (Aufgabe des Rechtes und Verschaffung desselben an den Gegner) zerlegen. Wenn die Übertragung wegen eines Hindernisses in der Person des Erwerbers nicht zustande kommt, geht daher das zu übertragende Recht nicht unter, sondern verbleibt beim Übertragenden. Dasselbe gilt vom Besitz, wenn er nach § 854 II übertragen werden soll: kann der Erwerber den Besitz nicht erlangen, so bleibt der Besitz beim Tradenten, es sei denn, daß Verlust der tatsächlichen Gewalt, § 856 I, eingetreten ist [231].

II. Ungültigkeit der Rechtsgeschäfte.

§ 55. Arten der Ungültigkeit *.

Ein Rechtsgeschäft ist unwirksam, wenn es die von der Partei als gewollt bezeichneten Rechtswirkungen [1] nicht herbeiführt [2]. Das Ausbleiben der Rechtswirkung kann auf verschiedenen Gründen beruhen und in verschiedener Weise erfolgen. Darum entspricht dem vom Gesetz [3] oft gebrauchten Ausdruck Unwirksamkeit kein fest abgegrenzter Begriff [4]. Auch das Wort Ungültigkeit ist nicht technisch [5]. Innerhalb der unwirksamen Rechtsgeschäfte kann man unterscheiden:

---

[231] Vgl. fr. 18 § 1 de poss. 41, 1 (Celsus) und fr. 34 pr. eod. (Ulpian).

* Windscheid § 82; Regelsberger § 174; Dernburg § 115; Cosack § 53; Crome § 80; Biermann § 52; Zitelmann S. 101 fg.; Planck, Vorbem. VI und VII zum 3. Abschnitt; Staudinger, Einleitung V zum 3. Abschn.; Jacobi ArchZivPrax. 86, 51 fg. Strohal, relative Unwirksamkeit (Festschr. zur Jahrhundertfeier des österr. allg. bürg. Gesetzb.).

[1] Vgl. ob. § 50 Note 107.

[2] Es wird darüber gestritten, ob man einen Tatbestand, der keine oder nicht die gewollten Wirkungen hat, als Rechtsgeschäft bezeichnen darf. Versteht man unter Rechtsgeschäft nur den Tatbestand, nicht die Wirkungen desselben, so kann man ohne Verstoß gegen die Logik von unwirksamen Rechtsgeschäften sprechen, vgl. ob. § 50 Note 3. Enneccerus § 136 C; Manigk, Willenserklärung 190; Breit, Geschäftsfähigkeit 98.

[3] Vgl. das Wortverzeichnis von Gradenwitz.

[4] Die römische Terminologie ist unvollkommen und für das heutige Recht nicht maßgebend, Windscheid § 82 Note 1; Gradenwitz, Ungültigkeit obligatorischer Rechtsgeschäfte.

[5] „Ungültigkeit" findet sich nicht im BGB., wohl aber im I. Entw. als Überschrift zum V. Titel des 3. Abschnitts. Dagegen spricht BGB. an

1. Geschäfte, deren Wirkung nicht eingetreten ist, aber noch eintreten kann, wenn ein fehlendes Stück des Tatbestandes nachgeholt wird [6] oder ein der Wirksamkeit entgegenstehendes Hindernis wegfällt [7]. Liegen von einem Tatbestande die wesentlichen Stücke vor, insbesondere die den Inhalt des Rechtsgeschäftes bestimmenden Erklärungen der Hauptparteien [8], so kann man den schon vorhandenen Tatbestand als unvollendetes oder unfertiges Rechtsgeschäft bezeichnen [9], so z. B. die Eigentumsübertragung, wenn die Auflassung resp. Einigung, nicht aber die Eintragung resp. Übergabe der Sache erfolgt ist; das bedingte oder befristete Geschäft, wenn die Bedingung oder der Termin noch aussteht; die Schuldübernahme nach § 415, solange die Genehmigung des Gläubigers nicht eingeholt ist; ein Geschäft, das aus sonstigen Gründen der Genehmigung bedarf, solange diese nicht vorliegt [10]. Ein besonders wichtiger Fall sind die Geschäfte von Todeswegen (Testament, Erbvertrag) bei Lebzeiten des Erblassers, insofern als ihre Wirkung frühestens mit dem Tode des Erblassers eintreten kann. Unvollendet ist ein Rechtsgeschäft nicht nur dann, wenn die Parteien wissen, daß ein Stück des Tatbestandes aussteht und daher den sofortigen Eintritt der Wirkungen nicht wollen [11], sondern auch, wenn sie das Geschäft für perfekt halten, so z. B. das Geschäft eines nicht bevollmächtigten Vertreters, wenn der Geschäftsgegner an das Vorliegen der Vollmacht glaubt. Kommt das fehlende Stück des Tatbestandes hinzu, so erwächst das Geschäft zu seiner vollen Wirkung. Bis dahin ist die Wirkung des Geschäftes in einem suspensiven Schwebe-

---

zahlreichen Stellen von Gültigkeit eines Rechtsgeschäfts, z. B. §§ 32, 122, 307, 308, 518.

[6] Solange der volle Tatbestand eines Rechtsgeschäftes nicht vorliegt, können dessen Wirkungen nicht eintreten, sondern nur Vorwirkungen des werdenden Tatbestandes, vgl. ob. § 43 Note 69.

[7] Ist der Erblasser durch einen Erbvertrag oder ein wechselseitiges Testament gebunden, §§ 2289 I, 2271 II, so ist ein von ihm errichtetes Testament unwirksam, kann aber wirksam werden, wenn der Erbvertrag aufgehoben wird oder wenn der Erblasser das ihm im wechselseitigen Testament Hinterlassene ausschlägt, RG. 65, 275.

[8] Vgl. ob. § 50 Note 23.

[9] Liegt nur ein Stück des Tatbestandes vor, z. B. nur die Offerte zu einem Vertrag, so wird man, da zum Tatbestand die ebenso wichtige Annahme fehlt, nicht von einem unvollendeten Vertrag sprechen.

[10] §§ 108, 177, 1396, 1829.

[11] So beim aufschiebend bedingten oder befristeten Rechtsgeschäft.

zustand [12]. Kann das fehlende Tatbestandsstück nicht mehr eintreten [13], so bleibt das Geschäft definitiv wirkungslos. Solange das Geschäft unvollendet ist, können rechtshindernde Tatsachen dem Zustandekommen des Geschäfts entgegentreten, so z. B. der Widerruf [14], die Aufhebung der Schuldübernahme nach § 415 I 3, Verfügungsbeschränkungen, die den Veräußerer treffen, § 878, KO. § 15 [15]. Besonders sind die Geschäfte von Todeswegen der Gefahr ausgesetzt, daß ihr Wirksamwerden durch Ereignisse gehindert wird, welche zwischen ihrer Errichtung und dem Tode des Erblassers eintreten: Widerruf, Vorversterben des Bedachten, Ehescheidung des Erblassers [16], Zeitablauf [17].

2. Geschäfte, welche unwirksam sind und nicht wirksam werden können [18], sind n i c h t i g [19]. Ein nichtiges Geschäft hat weder die von den Parteien als gewollt bezeichneten Wirkungen, noch die vom Gesetz angeordneten ungewollten Nebenwirkungen [20]. Das Gegenteil der Nichtigkeit pflegt man Gültigkeit zu nennen. Von einem nichtigen Geschäft spricht man nur dann, wenn wenig-

---

[12] Vgl. ob. § 43 Note 66. Bisweilen hat das hinzutretende Stück des Tatbestandes rückwirkende Kraft, ob. § 43 V.

[13] So z. B. die Genehmigung, wenn sie verweigert ist. Ebenso kann eine einseitige Erklärung, wenn sie z. B. nach § 410 zurückgewiesen ist, nicht konvaleszieren, sondern nur mit gehöriger Legitimation wiederholt werden.

[14] §§ 109, 178, 658, 1397, 1830.

[15] Einige Voraussetzungen des Rechtsgeschäfts brauchen nicht bis zur Vollendung des ganzen Tatbestandes fortzubestehen; so z. B. braucht die Geschäftsfähigkeit nur bei Abgabe der Willenserklärung vorzuliegen, § 130 II.

[16] §§ 2077, 2268.

[17] § 2252.

[18] Solange es möglich ist, daß ein Rechtsgeschäft durch Nachholung eines fehlenden Stückes des Tatbestandes oder durch Wegfall eines Hindernisses wirksam wird, ist es als unvollendet, nicht als nichtig zu bezeichnen, Mot. I 217. Ein Geschäft, dessen Vollendung sich als ganz entfernte Möglichkeit darstellt, steht praktisch einem nichtigen Geschäfte gleich und kann daher füglich als nichtig bezeichnet werden; so kann man z. B. die Verfügung über ein fremdes Recht nach verweigerter Genehmigung als nichtig betrachten, wenn man von dem unwahrscheinlichen Fall der Konvaleszenz durch späteren Erwerb des Rechtes, § 185 II, absieht.

[19] Vgl. unt. § 56.

[20] Vgl. ob. § 50 S. 163. Dagegen können durch Vornahme oder Durchführung eines ungültigen Geschäftes anstelle der normalen Wirkungen andere Wirkungen eintreten: Schadensersatz, z. B. § 307, oder Bereicherungsforderung, vgl. ob. § 50 Note 127.

stens der äußere Tatbestand eines Geschäftes vorliegt; ist z. B. bei einer Kaufverhandlung nicht einmal eine scheinbare Einigung der Parteien erfolgt, so wird man den Kaufvertrag als nicht geschlossen, nicht als nichtig bezeichnen [21]. Die Nichtigkeit beruht auf einem unheilbaren Fehler des Tatbestandes. Man kann diesen Mangel entweder darin sehen, daß ein positives Gültigkeitserfordernis des Geschäftes fehlt, oder darin, daß ein nicht zu beseitigendes Hindernis des Geschäftes vorliegt [22].

Die Nichtigkeit ist ursprünglich, wenn der sie herbeiführende Mangel bereits bei Errichtung des Geschäftes (Abgabe der Hauptwillenserklärungen) vorliegt. Ursprünglich nichtig sind folgende vom Gesetz als nichtig bezeichnete Geschäfte:

Willenserklärungen, die von einem Geschäftsunfähigen oder im Zustand der Bewußtlosigkeit abgegeben sind, § 105;

Willenserklärungen, die zum Schein abgegeben werden oder nicht ernstlich gemeint sind, § 117, 118;

Rechtsgeschäfte, welche der vorgeschriebenen Form ermangeln, §§ 125, 127;

Rechtsgeschäfte, die gegen ein gesetzliches Verbot oder die guten Sitten verstoßen, §§ 134, 138 [23];

obligatorische Verträge auf unmögliche Leistung, § 306.

Nichtig sind ferner, ohne daß das Gesetz diesen Ausdruck gebraucht, Rechtsgeschäfte, denen das Gesetz den Erfolg definitiv versagt. Dazu gehören:

---

[21] Oertmann, Vorb. 6 vor § 104.

[22] Die Unterscheidung zwischen positiven Gültigkeitserfordernissen und rechtshindernden Tatsachen (Einreden im prozessualen Sinn, Bd. I § 17 I) ist wichtig für die Verteilung der Behauptungs- und Beweislast. Für das materielle Recht kommt sie nicht in Betracht. Denn man kann jede rechtshindernde Tatsache, z. B. Geschäftsunfähigkeit einer Partei oder Sittenwidrigkeit des Geschäftsinhaltes durch ein entsprechendes positives Gültigkeitserfordernis ersetzen: es ist für die zivilrechtliche Betrachtung gleichgültig, ob man sagt: das Rechtsgeschäft verlangt Geschäftsfähigkeit der Parteien, oder: es ist nichtig, wenn eine Partei nicht geschäftsfähig ist.

[23] Nichtigkeit wegen Unzulässigkeit des Inhalts ist speziell angeordnet in §§ 248, 310, 312, 443, 476, 540, 637, 723 II, 749 III, 1136, 1229, 1297, 1714 II, 2235 II, 2263, 2302. Nichtigkeit ist ferner angeordnet für Inhaberpapiere, die ohne staatliche Genehmigung in den Verkehr gelangt sind, § 795 III; nimmt man mit Dernburg II § 148 III 4 an, daß diese Genehmigung nachgeholt werden kann, so ist die Ausgabe des Papiers vor der Genehmigung ein unvollendetes Geschäft, wie z. B. die Stiftung, bevor sie genehmigt ist.

Rechtsgeschäfte, bei denen das Gesetz Bedingungen oder Befristungen nicht zuläßt, wenn sie trotzdem mit solchen Zusätzen vorgenommen werden [24];

Verfügungen über Rechte, die einer Verfügung, insbesondere einer Übertragung nicht unterliegen [25];

Mehrheitsbeschlüsse, welche die durch Gesetz oder Satzung gezogenen Schranken überschreiten [26];

einseitige Rechtsgeschäfte, wenn sie ohne die gesetzlichen oder verabredeten Voraussetzungen ihrer Wirksamkeit vorgenommen werden, z. B. die Anfechtung oder Kündigungserklärung jemandes, dem ein Anfechtungs- resp. Kündigungsrecht nicht oder nicht mehr oder noch nicht zusteht; einseitige Geschäfte, bei denen die erforderliche Zustimmung eines Dritten fehlt [27]; ein gemeinschaftliches Testament, das von Nichtehegatten errichtet wird, § 2265 [28].

Nachträgliche Nichtigkeit liegt vor, wenn die Vollendung eines bisher unfertigen Geschäftes unmöglich wird, so z. B. durch Ausfall einer aufschiebenden Bedingung oder durch endgültige Verweigerung einer Genehmigung [29]. Nachträgliche Nichtigkeit

---

[24] In einigen Fällen, §§ 388, 925, 2180, 2282, erklärt das Gesetz das Rechtsgeschäft wegen der unzulässigen Bedingung oder Befristung für unwirksam, in anderen Fällen, §§ 1742, 1768, 1598, 1947, ist gesagt, daß das Geschäft unter Bedingung oder Befristung nicht vorgenommen werden kann. Da aber solche Geschäfte definitiv jeglicher Wirkung ermangeln, sind sie zu den nichtigen Geschäften zu rechnen.

[25] In §§ 399, 400, 719, 1069 II, 1274 II, 1442, 2033 II sagt das Gesetz, daß gewisse Rechte nicht übertragen resp. bestellt werden können; in §§ 717, 1408, 1658 erklärt das Gesetz gewisse Rechte für nicht übertragbar. In beiden Fällen ist ein trotzdem vorgenommenes Übertragungsgeschäft nichtig. Dagegen ist eine Verfügung, welche von einem Unberechtigten ohne Verfügungsmacht vorgenommen wird, nicht nichtig, sondern vorläufig unwirksam, § 185, RG. 77, 87, vgl. unt. § 60.

[26] Bd. I § 36 V. Aus praktischen Gründen hat das HGB. § 271 fg. die Ungültigkeit der Beschlüsse von Generalversammlungen als Anfechtbarkeit konstruiert, K i s c h , Urteilslehre 108. Vgl. unt. § 57.

[27] Vgl. ob. § 53 Note 27, 39.

[28] Oder: Annahme einer Erbschaft, zu welcher der Annehmende nicht berufen ist, oder Annahme aus einem Berufungsgrund, der nicht vorliegt, § 1949 I.

[29] Durch verweigerte Genehmigung wird das Geschäft nichtig, wenn eine nachträgliche Konvaleszenz ausgeschlossen ist; so z. B. das Geschäft des Minderjährigen (a. A. O e r t m a n n § 107, 5; OLG. 22, 144), wenn man von der Möglichkeit der Konvaleszenz nach § 110 absieht; das Ge-

kommt insbesondere beim Testament vor, wenn es infolge von Ereignissen, die nach der Errichtung, aber vor dem Erbfall stattfinden (Widerruf, Auflösung der Ehe, § 2077, Vorversterben des Bedachten) nicht in Kraft treten kann [30].

In einigen Fällen hat das Gesetz schwebende Nichtigkeit angeordnet, d. h. die Gültigkeit oder Nichtigkeit eines Rechtsgeschäftes vom Eintritt eines späteren Ereignisses abhängig gemacht: einseitige Erklärungen ohne genügende Legitimation sind nichtig, wenn sie vom Erklärungsgegner unverzüglich zurückgewiesen werden [31]; unterbleibt die Zurückweisung, so ist die Erklärung vom Moment ihrer Vornahme an gültig gewesen; ebenso verhält es sich mit Rücktritt und Kündigung, wenn der Gegner eine ihm zustehende Aufrechnung unverzüglich vornimmt oder unterläßt [32].

Bei nachträglicher oder schwebender Nichtigkeit eines Geschäftes spricht das Gesetz oft von Unwirksamkeit; diese Unwirksamkeit fällt aber, da sie definitiver Natur ist, unter den Begriff und die Rechtssätze der Nichtigkeit [33].

3. Geschäfte, welche zunächst wirksam sind [34], aber infolge einer später eintretenden Tatsache nachträglich mit rückwirkender Kraft nichtig werden. Der wichtigste Fall dieser Art ist die Anfechtbarkeit: infolge eines bei Vornahme des Geschäftes [35] vorliegenden Mangels entsteht neben den normalen Wirkungen des Geschäfts ein Anfechtungsrecht; wird dieses Recht ausgeübt, so ist das Geschäft als „von Anfang an nichtig" anzusehen, § 142 I, vgl. unt. § 57. Solange die Anfechtung möglich ist, besteht ein resolutiver Schwebezustand [36]. Der Anfechtung verwandt ist die

---

schäft eines Ehegatten, außer wenn die verweigerte Genehmigung nach §§ 1379, 1447, 1451 ersetzt werden kann.

[30] Ein Testament, das nicht ursprünglich nichtig ist, kann aufhebend wirken, auch wenn seine rechtsgestaltende Kraft infolge des späteren Verlaufs der Dinge versagt; so hat z. B. eine aufschiebend bedingte Verfügung aufhebende Wirkung; m. Er. auch die ex lege resolutiv bedingte Bedenkung des Ehegatten, § 2077; a. A. in letzterem Punkt Planck § 2258, 2.

[31] §§ 111, 359, 410, 1160 II. Vgl. ob. § 53 Note 19.

[32] §§ 357, 554 II.

[33] Crome § 80 Note 15; Enneccerus § 189 Note 2.

[34] Dadurch unterscheiden sich diese Fälle von der schwebenden Nichtigkeit, ob. Note 31, 32, bei welcher die Wirkung des Geschäftes nicht eher eintritt, als bis sich entschieden hat, daß der Nichtigkeitsgrund nicht vorliegt.

[35] Ausnahmsweise kann der Anfechtungsgrund nach Vornahme des Geschäftes entstehen, § 2079.

[36] Vgl. ob. § 43 Note 68.

ebenfalls rückwirkende [37] Herabsetzung der Vertragsstrafe, § 343[38], sowie die Aufforderung des Mitkontrahenten, durch welche eine erteilte Genehmigung nachträglich unwirksam wird, §§ 108, 177, 1396, 1448 [39].

Ein Rechtsgeschäft ist nicht ungültig, wenn es mit einer rechtlichen Schwäche behaftet ist, vermöge deren seine bereits eingetretenen Wirkungen nachträglich ex nunc wegfallen können. Daher ist ein mit auflösender Bedingung oder Endtermin vorgenommenes Rechtsgeschäft als gültig zu bezeichnen; ebenso ein Vertrag, dessen Wirkungen durch Kündigung oder Rücktritt aufgehoben werden können.

Noch weniger kann von Ungültigkeit des Geschäftes die Rede sein, wenn zugleich mit den Wirkungen des Geschäftes ein obligatorischer Anspruch auf Rückgängigmachung dieser Wirkungen entsteht [40]. So ist z. B. der Kaufvertrag gültig, auch wenn er der Wandelung ausgesetzt ist; ebenso die Eigentumsübertragung, auch wenn sie durch Bereicherungsklage rückgängig gemacht werden kann [41].

Ungültig ist ein Rechtsgeschäft auch dann nicht, wenn dem aus ihm erwachsenden Anspruch eine Einrede entgegensteht. Denn durch die Einrede wird nicht das Recht beseitigt, sondern nur die Durchführung des Anspruchs gehemmt [42].

Im praktischen Resultat kann ein Rechtsgeschäft durch die Möglichkeit des Wegfalls, der Aufhebung oder der Hemmung der aus ihm entstandenen Rechte soweit entwertet werden, daß es einem ungültigen Geschäft gleichsteht. Seiner juristischen Struktur nach ist aber ein Geschäft, wenn seine Wirkungen eingetreten und nicht mit rückwirkender Kraft weggefallen sind, als gültig zu bezeichnen [43].

---

[37] Hellwig, Lehrb. § 34 Anm. 46.

[38] Vgl. § 655, HGB. § 741, AbzGes. § 4, GO. f. RAnw. § 93. Kisch, Urteilslehre 120, 138.

[39] Vgl. ob. § 48 Note 33.

[40] Im gemeinen Recht sprach man in solchen Fällen von mittelbarer oder obligatorischer Anfechtung, vgl. Savigny, System 4, 537; Regelsberger § 174, 2 b. Dieser Sprachgebrauch ist im Recht des BGB. nicht mehr zulässig, da das Gesetz das Wort Anfechtung in einem technischen Sinn gebraucht.

[41] Ebenso ist die Schenkung gültig, auch wenn die Herausgabe des Geschenkes nach § 816 I 2, § 822, § 2287 oder § 2329 verlangt werden kann.

[42] Vgl. Bd. I § 17 III.

[43] Daher ist z. B. der Mäklerlohn für ein solches Geschäft verdient.

§ 56. Nichtigkeit *.

I. Ein Rechtsgeschäft ist nichtig, wenn es infolge eines Mangels des Tatbestandes die seinem Inhalt entsprechenden Wirkungen nicht herbeiführt. Der Mangel besteht entweder darin, daß eine rechtsbegründende Tatsache fehlt, z. B. daß das Rechtsgeschäft der vorgeschriebenen Form ermangelt, oder darin, daß eine rechtshindernde Tatsache vorliegt [1], z. B. Geschäftsunfähigkeit einer Partei, Mangel der Ernstlichkeit der Willenserklärung, Simulation usw. [2]. Ist das Fehlen einer rechtsbegründenden Tatsache oder das Vorliegen einer rechtshindernden Tatsache durch Vorbringen einer der Parteien in der mündlichen Verhandlung zur Kognition des Richters gekommen, so hat der Richter die sich aus der Sachlage ergebende Nichtigkeit von Amtswegen zu berücksichtigen, ohne daß eine der Parteien sich auf die Nichtigkeit zu berufen braucht. Denn die Nichtigkeit ist eine ipso iure eintretende Folge der Fehlerhaftigkeit des Tatbestandes. Wenn der Beklagte die Nichtigkeit des Geschäftes vorbringt, so ist das Behauptung einer Tatsache (Einwendung im Sinne des BGB.) [3], nicht Ausübung eines Gegenrechtes (wie die Anfechtung), und noch weniger Einrede [4] (Verweigerung einer geschuldeten Leistung). Daher ist die Nichtigkeit vom Richter auch dann zu beachten, wenn sie sich aus einer vom Kläger vorgebrachten Tatsache ergibt [5] (was bei verbotswidrigem oder unsittlichem Geschäftsinhalt vorkommen kann), sowie auch dann, wenn der Beklagte die Einwendung der Nichtigkeit fallen läßt [6].

Wie im Prozeß, so ist auch in der freiwilligen Gerichtsbarkeit die Nichtigkeit eines Rechtsgeschäftes zu beachten [7], soweit sie

---

* Dernburg § 116; Endemann § 74; Enneccerus § 189.

[1] Vgl. ob. § 43 Note 31.

[2] Vgl. ob. § 55 Note 22.

[3] Bd. I § 17 I, III 1.

[4] Gegen ein nichtiges Geschäft können Anfechtung und Einreden nur eventualiter vorgebracht werden, d. h. für den Fall, daß der Richter die Nichtigkeit nicht als vorliegend ansieht.

[5] Insbesondere auch bei Versäumnis des Beklagten, ZPO. § 331.

[6] RG. 61, 267; Planck § 762, 5; Reichel, ArchZivPr. 104, 135. Auf Einwendungen kann nicht verzichtet werden, vgl. ob. § 54 Note 190. Unrichtig RG. 75, 145: ist die Abtretung einer durch Vereinbarung mit dem Schuldner unabtretbaren Forderung nichtig, so kann die Nichtigkeit nicht durch „Verzicht auf die Einrede aus § 399" beseitigt werden.

[7] Dernburg § 116 V.

sich aus den der Prüfung des Beamten unterliegenden Tatsachen ergibt [8]. So hat der Beamte seine Mitwirkung bei ersichtlich nichtigen Rechtsgeschäften zu versagen [9], Eintragungen in öffentliche Bücher auf Grund ersichtlich nichtiger Rechtsgeschäfte zu unterlassen [10], einen Erbschein bei Zweifel an der Gültigkeit des Testamentes zu verweigern [11].

II. Werden aus einem nichtigen Geschäft Rechte abgeleitet oder Ansprüche erhoben, so kann der Gegner die Existenz dieser Rechte oder Ansprüche bei jeder Gestaltung der Prozeßlage bestreiten, auch „incidenter", d. h. wenn es sich im Prozeß nicht um das nichtige Geschäft als solches, sondern um eine einzelne, noch so entfernte Rechtsfolge desselben handelt. Ist z. B. eine Eigentumsübertragung nichtig, so kann der Veräußerer die Sache vindizieren, und jeder Besitzer die Herausgabe der Sache an den Erwerber verweigern. Ist ein Schuldvertrag nichtig, so kann Leistung verweigert, oder, wenn bereits geleistet ist, Rückgabe des Geleisteten verlangt werden; wird die Forderung aus dem nichtigen Vertrag zur Aufrechnung gebracht, so kann die Gültigkeit der Aufrechnung bestritten werden.

Eine Nichtigkeitsklage ist zur Geltendmachung der Nichtigkeit weder erforderlich, noch auch logisch möglich [12]: die nicht eingetretenen Wirkungen des nichtigen Geschäftes brauchen und können nicht aufgehoben werden. Dagegen ist zulässig eine Klage auf Feststellung des Nichtbestehens des Rechtsverhältnisses, ZPO. § 256 [13], wenn der Kläger ein rechtliches Interesse an der alsbaldigen Feststellung hat [14]. Ist auf Grund eines nichtigen Rechts-

[8] Wieweit diese Prüfung zu gehen hat, ist bei den einzelnen Funktionen der freiwilligen Gerichtsbarkeit verschieden geregelt.

[9] Z. B. wenn ein Testierunfähiger ein öffentliches Testament errichten will, Planck § 2229, 4.

[10] Z. B. Eintrag in das Grundbuch, auf Grund einer wegen Geschäftsunfähigkeit nichtigen Bewilligung; Eintragung eines Vereines, wenn der Gründungsvertrag nichtig ist, vgl. Bd. I § 34 Note 29.

[11] Planck § 2359, 2.

[12] Über die Nichtigkeitsklage im Eherecht und in einigen anderen Fällen vgl. unt.

[13] RG. 61, 242. Mit der Feststellungsklage kann verbunden werden die Klage auf Rückgabe der in Erfüllung des nichtigen Geschäftes vorgenommenen Leistungen, RG. 73, 274; 78, 42.

[14] Die Befugnis, auf Feststellung der Nichtigkeit eines Rechtsverhältnisses zu klagen, ist kein subjektives Recht und daher kein Gegenstand der Abtretung. Was RG. 73, 306 Abtretung der Feststellungsklage nennt (Ermächtigung, die Nichtigkeit eines fremden Rechtsverhältnisses in eigenem

geschäftes ein Eintrag in das Grundbuch erfolgt, so ist er zu berichtigen, § 894; vor der Berichtigung ist der wahre Berechtigte nach § 40 GBO. an der Verfügung über sein Recht gehindert, und nach BGB. § 892 der Gefahr ausgesetzt, sein Recht an einen gutgläubigen Erwerber zu verlieren.

III. Die Nichtigkeit ist absolut [15]. Ein nichtiges Rechtsgeschäft hat Wirkungen für und gegen niemanden. Daher kann die Nichtigkeit eines Erwerbsgeschäfts geltend gemacht werden nicht nur gegen den Erwerber, sondern auch gegen alle Personen, welche Rechte von ihm ableiten, es sei denn, daß sie trotz der Nichtberechtigung des Veräusserers das Recht durch guten Glauben erworben haben [16]. Auf die Nichtigkeit kann sich jeder berufen [17], dem Rechtsfolgen aus einem nichtigen Geschäft entgegengehalten werden: nicht nur die am Geschäft beteiligten Personen [18], sondern auch deren Rechtsnachfolger und alle Personen, deren Rechtsstellung durch die Nichtigkeit des Geschäftes beeinflußt wird [18a]; insbesondere die Gläubiger dessen, der in nichtiger Weise über ein Vermögensstück verfügt hat: sie können die Vollstreckung in den noch zum Vermögen ihres Schuldners gehörenden Gegenstand betreiben und gegen den Widerspruch des Erwerbers (ZPO. § 771) die Nichtigkeit des Erwerbsgeschäfts einwenden. Ebenso kann ein Gläubiger des X, wenn ihm ein anderer Gläubiger bei der Pfändung oder im Konkurs des Schuldners zur Seite treten will, die Forderung dieses anderen Gläubigers als nichtig bestreiten, ZPO. 872fg., KO. § 146 [19]. Ein Hypothekengläubiger kann die Nichtigkeit einer ihm vorgehenden Belastung des Grundstücks behaupten [20]. Auf Nichtigkeit der Abtretung kann sich der Schuldner der zedierten Forderung dem Zessionar gegenüber berufen [21].

Namen und Interesse feststellen zu lassen), ist m. Er. nicht als Abtretung eines Rechtes, sondern als eine in rem suam erteilte Vollmacht zu beurteilen, vgl. ob. § 45 Note 15.

[15] Über relative Nichtigkeit vgl. unt. § 58.

[16] Vgl. ob. § 44 V.

[17] RG. 78, 354.

[18] Bei nichtiger Veräußerung kann der Veräußerer durch ein gültiges Verpflichtungsgeschäft gebunden sein; ist z. B. der Verkauf gültig, die Tradition nichtig, so steht der Vindikation des Verkäufers eine Einrede aus § 986 entgegen.

[18a] OLG. 24, 360.

[19] Bd. I § 8 Note 20; § 17 Note 17.

[20] RG. 60, 361; 73, 52. Wolff, Sachenrecht § 46 Anm. 8.

[21] Er braucht nicht an ihn zu leisten, auch nicht, wenn die Zession

IV. Die Nichtigkeit kann einen Teil des Rechtsgeschäftes betreffen, d. h. eine der Bestimmungen resp. Verabredungen, welche dem Inhalt eines zusammengesetzten Rechtsgeschäftes ausmachen [22], oder einen quantitativen Teil einer solchen Bestimmung oder Verabredung [23].

Partielle Nichtigkeit kann auf den verschiedensten Gründen der Nichtigkeit beruhen: ein Stück eines Rechtsgeschäftes kann simuliert oder nicht ernstlich gewollt sein, oder der vorgeschriebenen Form ermangeln [24], oder gegen Gesetz [25] oder gute Sitten [26] verstoßen; ein Rechtsgeschäft kann partiell nichtig sein, weil ein Teil der versprochenen Leistung unmöglich ist [27], oder weil das Geschäft zu einem Teil einer Genehmigung bedarf und diese Genehmigung ausbleibt [28]: endlich kann partielle Nichtigkeit auch infolge von Anfechtung eintreten. Ist die nichtige Willenserklärung wesentliches Stück des Rechtsgeschäftes, so kann das Geschäft als unvollständig nicht wirksam sein; so kommt der Vertrag bei Nichtigkeit der Annahmeerklärung nicht zustande; so ist die

---

ihm angezeigt ist, RG. 70, 89. Aber der Zedent muß die von ihm angezeigte Abtretung, auch wenn die Anzeige unrichtig ist, gegen sich gelten lassen, §§ 409, 576, d. h. die an den angeblichen Zessionar vorgenommene Leistung und sonstige mit ihm geschlossene Rechtsgeschäfte sind wirksam, auch wenn die Zession nicht erfolgt oder nicht wirksam ist.

[22] Vgl. ob. § 52 II.

[23] Konkurrenzverbote und ähnliche Beschränkungen der menschlichen Freiheit sind soweit nichtig, als sie das zulässige Maß überschreiten, vgl. ob. § 51 Note 49.

[24] Z. B. formlose Verpflichtung zur Veräußerung von Grundstücken (§ 313) und Mobilien, D e r n b u r g II § 80 IV, E n n e c c e r u s § 252 II 3 a.

[25] Verabredung von Zinseszins neben einem Darlehen, § 248; Verfallvertrag bei der Verpfändung, § 1229.

[26] Z. B. Auflage mit unsittlichem Inhalt bei einer Schenkung. Nebenklauseln, die gegen die guten Sitten verstoßen, können u. U. dem ganzen Rechtsgeschäft den Charakter der Unsittlichkeit verleihen. Dann kommt § 139 nicht zur Anwendung. So erklärt RG. 78, 260 ein Konkurrenzverbot, weil es durch Ehrenwort bekräftigt ist, in vollem Umfang für nichtig (vgl. ob. § 50 Note 160), ohne Rücksicht darauf, ob anzunehmen ist, daß der Vertrag ohne Ehrenwort geschlossen worden wäre, wenn die Parteien die Unzulässigkeit der ehrenwörtlichen Bekräftigung gekannt hätten.

[27] P l a n c k § 306, 1; O e r t m a n n § 306, 1 d; E n n e c c e r u s § 253, 4.

[28] Z. B.: D bevollmächtigt den G, 100 Zentner Getreide zu kaufen; G kauft 150 Zentner; D versagt die Genehmigung für das über die Vollmacht hinaus gekaufte Quantum: der Kaufvertrag ist pro parte nichtig.

Kündigung einer Gesellschaft, § 723, unwirksam, wenn die Kündigungserklärung einem Gesellschafter gegenüber unterblieben oder nicht in der verabredeten Form erfolgt ist [29]. Liegt aber der Fall so, daß das Rechtsgeschäft auch ohne den nichtigen Teil Bestand haben könnte, so entscheidet der Wille der beteiligten Personen [30]. Im gemeinen Recht wurde nach der Regel: utile per inutile non vitiatur Gültigkeit des Geschäftes ohne das nichtige Stück angenommen [31], wenn sich nicht aus den Umständen ergab, daß das Geschäft in diesem Umfange dem Willen der Parteien nicht entsprach. Vom entgegengesetzten Standpunkt geht das BGB. aus, indem es in § 139 Nichtigkeit des ganzen Rechtsgeschäftes anordnet, „wenn nicht anzunehmen ist, daß das Rechtsgeschäft auch ohne den nichtigen Teil vorgenommen sein würde" [32].

Bei der Anwendung dieser Vorschrift hat sich der Richter in die Seele der Parteien zu versetzen und zu erwägen, was sie bestimmt hätten, wenn ihnen bewußt gewesen wäre [33], daß die unzulässige Klausel nicht zur Geltung kommen könne. Das ist nicht Auslegung des Parteiwillens; denn das Rechtsgeschäft ist tatsächlich in seinem vollen Umfang einschließlich des nichtigen Stückes gewollt; sondern eine Hypothese, die der Richter darüber aufzustellen hat. wie sich der Parteiwille unter gewissen Umständen gestaltet hätte [34]. Auszugehen ist dabei von der Voraussetzung, daß die Parteien ihre Interessen in vernünftiger Weise abgewogen und geregelt hätten. Daraus er-

---

[29] Planck § 723, 2.

[30] André, Festg. d. Marb. Fakult. f. Enneccerus.

[31] fr. 1 § 5 D. 45, 1. Windscheid § 82, 4. Regelsberger § 175 II.

[32] Daher ist eine nach Art. 86 genehmigungspflichtige Zuwendung an eine juristische Person in Ermangelung der staatlichen Genehmigung grundsätzlich in vollem Umfange nichtig, Planck Art. 86, 4; Enneccerus § 98 Anm. 6; Kisch, E. L. Landesprivatr. 175. Ebenso ein Vertrag, welcher ohne Genehmigung des Vormundschaftsgerichts über die in § 1822 Nr. 5 bis 7, § 1902 II bestimmte Zeit hinaus geschlossen ist, Planck Erl. II 5 zu § 1822; Fuchs § 1822, 5.

[33] Wußten die Parteien, daß ein Teil ihrer Verabredung nichtig ist, so hat dieser Teil der Verabredung mangels eines auf Rechtsfolgen gerichteten Willens keine rechtsgeschäftliche Bedeutung, vgl. ob. § 50 Note 169. Daher ist auf den übrigen, gültigen Teil der Verabredung, § 139, nicht anzuwenden. RG. 68, 322.

[34] Vgl. ob. § 51 Note 78.

gibt sich, daß der von der Nichtigkeit nicht betroffene Teil des Geschäftes gültig ist, wenn er sich im Sinne der Parteien resp. bei mehrseitigen Geschäften im Sinne beider Parteien [35] als die Hauptsache oder wenigstens im Vergleich zum ganzen Geschäfte, wie es beabsichtigt war, als das wünschenswerte Minus darstellt [35a]. Das wird z. B. der Fall sein, wenn bei einer Schenkung die Auflagebestimmung nichtig ist [36]; ebenso wird man annehmen dürfen, daß ein Darlehensvertrag auch ohne den Zinseszins, eine Pfandbestellung auch ohne die unzulässige Verfallklausel gewollt sein würde [36a]; daß ein Kaufvertrag gültig ist, wenn die Unmöglichkeit der Leistung einen unwesentlichen Teil des Kaufgegenstandes trifft. In diesem und ähnlichen Fällen [37] wird der aufrecht bleibende Teil des Vertrages eine Modifikation erleiden müssen: z. B. durch entsprechende Verminderung des Kaufpreises [38]. Aus dem hypothetischen Willen der Parteien kann ferner gefolgert werden, daß eine Gesellschaft, die unter A, B und C geschlossen werden soll, bei Nichtigkeit des Vertrages mit C, zwischen den übrigen Personen, A und B, zustande kommt, oder daß, wenn mehrere Personen sich in einem Vertrag als Gesamtschuldner [39] oder Mitbürgen verpflichten oder für eine Schuld Sicherheiten bestellen, und das Geschäft für eine dieser Personen nichtig ist, die Verpflichtungen oder Verfügungen der übrigen von der Nichtigkeit nicht ergriffen werden [40]; denn der Zweck der besseren Sicherheit, der beim Gläubiger vorliegt und dem sich die Interzedenten zu unterwerfen

[35] RG. 79, 438.

[35a] Die Beweislast für diese Annahme trifft die Partei, welche die partielle Gültigkeit des Geschäftes behauptet, RG. 61, 284.

[36] Planck § 525, 1 c; Oertmann § 525, 5.

[36a] Ein Vertrag, der wegen seiner Dauer der Genehmigung des Vormundschaftsgerichts bedarf und dieselbe nicht erhalten hat, vgl. ob. Note 32, kann für die kürzere Zeit gelten, wenn anzunehmen ist, daß die Parteien ihn für diese Zeit gewollt hätten, RG. 82, 124.

[37] RG. 79, 303.

[38] Dernburg II § 92 I; Oertmann § 139, 2 c. Partielle Aufrechterhaltung eines Kaufes kann u. U. auch eine Erhöhung des Kaufpreises zur Folge haben: wenn z. B. eine vom Käufer neben dem Kaufpreis versprochene Nebenleistung unmöglich ist, und angenommen wird, daß der Kauf auch ohne diesen nichtigen Teil des Vertrages geschlossen worden wäre. Vgl. die ähnliche Bestimmung § 507, 1.

[39] RG. 59, 174.

[40] Planck § 421, 1; Oertmann § 427, 7; Dernburg II § 161 IV; Enneccerus § 315 II 1 c; OLG. 22, 144; 217. Vgl. I. Entw. § 322 II.

pflegen, verlangt möglichste Aufrechterhaltung solcher Geschäfte [41].

Abweichend vom Grundsatz des § 139 und ohne Rücksicht auf den hypothetischen Parteiwillen ist in § 265 bestimmt, daß, wenn bei einer Wahlschuld eine der Leistungen unmöglich ist, das Schuldverhältnis sich auf die übrigen Leistungen beschränkt [42]. Ebenso kommt § 139 nicht zur Anwendung, wenn ein Mietvertrag über ein Grundstück für länger als ein Jahr mündlich geschlossen ist: nach § 566 gilt ein solcher Vertrag als für unbestimmte Zeit geschlossen, ohne daß es darauf ankommt, ob dieses Resultat dem hypothetischen Willen der Parteien entspricht [43]. In einigen Fällen ergibt sich aus dem Zweck einer gesetzlichen Vorschrift, welche eine Vertragsklausel für nichtig erklärt, daß durch die Nichtigkeit dieser Klausel der ganze Vertrag nicht betroffen wird. So verhält es sich mit den Vorschriften der §§ 443, 476, 540, 637, nach welchen der verabredete Ausschluß gewisser Verpflichtungen bei arglistigem Verhalten des Schuldners nichtig ist. So darf z. B. der Verkäufer, dem die Nichtigkeit des pactum de evictione non praestanda entgegengehalten wird, nicht einwenden, daß er den Verkauf ohne diese Nebenabrede nicht geschlossen hätte [44]; denn damit wäre der Zweck des § 443 (Schutz des Käufers gegen Arglist des Verkäufers) vereitelt. Ebenso darf dem Dienstherrn nicht gestattet werden, Nichtigkeit des Dienstvertrages nach § 139 zu behaupten, wenn sich herausstellt, daß ein Teil der Verabredung nach § 619 unzulässig ist [45].

Eine weitere Ausnahme von § 139 ergibt sich aus der abstrakten Natur der Verfügungen [46]. Gehört eine Verfügung zum Tatbestand eines Rechtsgeschäfts (z. B. einer Erfüllung, einer

---

[41] RG. 78, 186: ein Abkommen, durch welches ein Konkursgläubiger bevorzugt wird, ist nach KO. § 181 nichtig, soweit es für den Fall des Zwangsvergleiches getroffen ist, gültig, nach BGB. § 139, soweit eine andere Beendigung des Konkurses vorausgesetzt wird und eintritt.

[42] Oertmann § 265, 1.

[43] Planck § 566, 5; Oertmann § 566, 4; Mittelstein, Miete § 21, 5; Seuff A. 61 Nr. 199; OLG. 20, 113; 22, 256; a. A. Enneccerus § 349 Anm. 11 u. and.

[44] RG. 62, 126. Oertmann § 139, 2 a; Kipp Zus. 2 zu Windscheid § 82.

[45] Dasselbe gilt auch für die nach HGB. § 62 IV § 74 unzulässigen Verabredungen, Staub, Exkurs zu HGB. § 62 Anm. 2; § 74 Anm. 5. A. A. Staudinger § 139, 6.

[46] Vgl. ob. § 54 III.

Schenkung, eines Darlehens [47]), so ist ihre Wirksamkeit unabhängig von einer Nichtigkeit der die causa herstellenden oder sie betreffenden Verabredung.

Für das Testament statuiert § 2085 die grundsätzliche Selbständigkeit der einzelnen im Testament enthaltenen Verfügungen, so daß die Nichtigkeit einer solchen Verfügung nur dann die Nichtigkeit der übrigen zur Folge hat, wenn anzunehmen ist, daß der Erblasser diese ohne die nichtige Verfügung nicht getroffen haben würde [48]. Dagegen folgt der Erbvertrag der Regel des § 139, vgl. § 2298.

V. Ein Rechtsgeschäft kann, so wie es von den Parteien gewollt ist, nichtig sein, weil es den gesetzlichen Erfordernissen nicht entspricht, dabei aber den Erfordernissen eines anderen Geschäftstypus [49] von ähnlichem Zweck und Erfolg genügen. Ist das der Fall, so soll nach § 140 das letztere Rechtsgeschäft gelten, wenn anzunehmen ist, daß dieses Rechtsgeschäft bei Kenntnis der Nichtigkit des beabsichtigten Geschäftes gewollt sein würde [50]. Man pflegt diesen Vorgang nach dem Beispiel des gemeinen Rechts [51] Konversion [52] zu nennen. Es handelt sich bei der Konversion, wie bei der partiellen Gültigkeit (ob. IV) nicht um Auslegung eines wirklich vorhandenen Parteiwillens (denn gewollt ist tatsächlich nur das nichtige Geschäft), sondern um Ermittlung eines hypothetischen Willens, d. h. dessen, was die

---

[47] Vgl. ob. § 50 Note 34, § 52 Note 15.

[48] In einem Ausspruch des Erblassers können mehrere logisch und rechtlich voneinander zu sondernde und daher nach § 2085 selbständige Verfügungen enthalten sein. So liegt z. B. in der Entziehung des Pflichtteils, § 2333, implicite die Entziehung des Erbteils, § 1938, weil die Enterbung Voraussetzung der Entstehung des Pflichtteils ist. Ist die Entziehung des Pflichtteils mangels eines gesetzlichen Grundes unwirksam, so ist zu unterscheiden: kannte der Erblasser die Unwirksamkeit der Entziehung des Pflichtteils, so ist die Enterbung nach der Regel des § 2085 gültig. Glaubte der Erblasser irrtümlich ein Recht zur Entziehung des Pflichtteils zu haben, so ist die Enterbung unwirksam: denn es ist anzunehmen, daß der Erblasser sie ohne die Entziehung des Pflichtteils nicht verfügt hätte.

[49] Vgl. ob. § 51 Note 13.

[50] Dernburg § 119 III; Crome § 81 II; Biermann § 57 II. O. Fischer, Konversion unwirksamer Rechtsgesch., Festschr. f. Wach.

[51] Windscheid § 82, 5; Regelsberger § 175 III.

[52] Der Ausdruck Konversion ist nicht glücklich gewählt, denn die Gültigkeit des Geschäftes wird nicht durch den Richter hergestellt, sondern beruht auf dem Gesetz.

Parteien gewollt hätten, wenn sie die Nichtigkeit des vorgenommenen Rechtsgeschäftes gekannt hätten. Dabei kann man von der Erwägung ausgehen, daß es den Parteien meistens mehr auf das praktische, insbesondere wirtschaftliche Resultat ankommt, als auf die zur Erreichung desselben gewählte Rechtsform [53], und daß sie in Ermangelung der gewünschten Rechtswirkungen mit gleichartigen, wenn auch vielleicht weniger intensiven Rechtswirkungen vorlieb genommen hätten.

Die Konversion setzt ein nichtiges Rechtsgeschäft voraus [54]. Sie findet nicht statt, wenn die Parteien ein gültiges Geschäft mit unrichtigem Namen bezeichnen, z. B. unter dem Namen eines Pachtvertrages eine Miete schließen [55]; denn das Rechtsgeschäft ist nicht nach der von den Parteien gewählten Bezeichnung, sondern nach seinem Inhalt zu beurteilen, d. h. nach den von den Parteien gewollten Rechtsfolgen zu beurteilen und vom Richter unter die diesem Inhalt am besten entsprechende rechtliche Kategorie zu subsumieren.

Die Konversion setzt ferner voraus, daß das nichtige Rechtsgeschäft nach Absicht und Meinung der Parteien gelten sollte. Daher ist keine Konversion möglich, wenn die Parteien die Nichtigkeit ihres Geschäftes kannten; dann fehlt ihnen der Rechtsfolgewille und es ist nicht anzunehmen, daß sie statt des nichtigen Geschäftes ein anderes gewollt hätten [56]. So kann z. B. ein Schenkungsversprechen, bei welchem die notarielle Form, § 518, absichtlich nicht beobachtet wurde, nicht in ein Vermächtnis konvertiert werden. Aus demselben Grunde findet keine Konversion statt, wenn nicht ein nichtiges, sondern ein unvollendetes Geschäft vorliegt [57]. Hat z. B. jemand eine Schenkungsofferte geschrieben und stirbt er vor Absendung derselben, so kann das Schriftstück, selbst wenn es dem § 2231, 2 genügt, nicht als Vermächtnis gelten [58]. Eine Verpfändung, welche mangels der Anzeige des § 1280 unvollendet ist, kann nicht als Zession gelten [59].

---

[53] Vgl. ob. § 50 Note 126. OLG. 24, 286.

[54] Ist ein gültiger Wechsel präjudiziert oder verjährt, so kann er nicht als Schuldschein zur Geltung gebracht werden, RG. 48, 230; Staub WO. Art. 83 Anm. 34; Danz, Auslegung 238.

[55] Dernburg § 119 Note 4. Vgl. ob. § 50 Note 110.

[56] Vgl. ob. Note 33 und § 50 Note 169.

[57] Vgl. ob. § 55, 1.

[58] Vgl. unt. § 61.

[59] Daher ist der Gläubiger, so lange er die Anzeige nicht vor-

Die Beispiele zulässiger Konversion sind zahlreich und verschiedenartig: ein Erbvertrag, der wegen Minderjährigkeit des Erblassers oder aus einem anderen Grunde nichtig ist, kann, wenn er den Formen des Testamentes entspricht, als solches gelten [60]. Wenn bei einem wegen Formfehler nichtigen öffentlichen Testament die vom Erblasser übergebene Schrift (§ 2238 I) den Erfordernissen des Privattestamentes genügt, kann sie als solches aufrechterhalten werden [61]. Ein von Nichtehegatten errichtetes und daher nichtiges gemeinschaftliches Testament, § 2265, kann als Einzeltestament des einen oder anderen Testators gelten, wenn es den Erfordernissen eines solchen entspricht [62]. Die Benennung eines Vormundes durch den Vater, § 1777, ist unwirksam, wenn das Kind unter die elterliche Gewalt der Mutter fällt, kann aber

---

genommen hat, nicht gehindert, über die Forderung anderweitig zu verfügen, RG. 79, 309. Jedoch liegt in der Verpfändung auch bevor sie durch Anzeige gültig geworden ist, eine Ermächtigung, die Forderung zu eigenem Vorteil einzuziehen, Tuhr, unwiderrufl. Vollmacht 80.

[60] Planck, Erl. 4 c vor § 2274. Hätte der Erblasser gewußt, daß seine als unwiderruflich gewollte Verfügung nichtig ist, so hätte er eine testamentarische Verfügung desselben Inhalts getroffen. Diese Hypothese ist aber nur bei einseitigen Erbverträgen zutreffend.

[61] Planck § 2231 Erl. III 2 will die Konversion nur dann zulassen, wenn der Erblasser das Schriftstück als Privattestament hergestellt hat und es sodann in ein öffentliches Testament verwandelt. Gerade in diesem Falle liegt m. Er. eine Konversion nicht vor. Denn das Schriftstück war ein gültiges Privattestament und hat durch die ungültige Verhandlung vor Gericht oder Notar diese Eigenschaft nicht verloren. Von Konversion kann dagegen die Rede sein, wenn der Erblasser eine Urkunde von vornherein zu dem Zweck anfertigt, sie zur Errichtung eines öffentlichen Testaments zu verwenden. Trotz dieser Absicht des Erblassers ist die Urkunde, ihrem Inhalt entsprechend, ein Privattestament, kann aber nach § 2078 angefochten werden, weil der Erblasser durch Herstellung der Urkunde eine Erklärung dieses Inhaltes nicht abgeben wollte, vgl. ob. § 50 Note 168. Wird diese Urkunde zur Errichtung eines öffentlichen Testaments verwendet, so liegt darin eine wiederholte Willenserklärung, welche diesmal dem Willen des Erblassers entspricht und daher der Anfechtung aus § 2078 nicht ausgesetzt ist. Diese zweite Willenserklärung ist als öffentliches Testament gewollt, kann aber, wenn als solches ungültig, als Privattestament aufrechterhalten werden; denn die Konversion beruht nicht darauf, was der Erblasser wirklich wollte (als er die Urkunde herstellte), sondern darauf, was er (bei Errichtung des öffentlichen Testamentes) gewollt hätte, wenn er die Nichtigkeit desselben gekannt hätte.

[62] Meyer, Erbrecht § 58 Anm. 6; a. A. Planck § 2265, 1; Kipp, Erbrecht § 24 Anm. 10.

als Anordnung der Bestellung eines Beistandes, § 1687 Nr. 1, gelten. In der ungültigen Erteilung einer Prokura durch einen Minderkaufmann liegt Erteilung einer Handlungsvollmacht [63]. Ein wegen Formfehler ungültiger Wechsel kann als Verpflichtungsschein oder Anweisung gelten [64]. In einer wegen mangelnder Schriftlichkeit, § 1154, unwirksamen Verpfändung einer Hypothek kann die Bestellung eines obligatorischen Retentionsrechts am Hypothekenbrief liegen [65]. Wird eine unabtretbare Forderung (§ 399) zediert, so liegt darin als das jedenfalls gewollte Minus von Rechtswirkung, eine (unwiderrufliche) Einziehungsvollmacht [66]; ebenso in einer meines Erachtens unzulässigen Zession der Vindikation [67]. Ein wegen Formmangel (§ 311) nichtiger Vertrag über das ganze gegenwärtige Vermögen kann, wenn er eine Aufzählung der einzelnen Vermögensbestandteile enthält, als Verpflichtung zur Veräußerung dieser einzelnen Bestandteile gelten [68].

Auf dem Gedanken der Konversion beruht ferner, daß man eine auf mehr als das Geschuldete gerichtete Mahnung als wirksam für die wirklich geschuldete Leistung betrachtet [69]; daß man eine nach §§ 250, 283, 326 bestimmte und zu kurz bemessene Frist in eine angemessene Frist umdeutet [70]; daß einseitige Rechtsgeschäfte, welche mangels der gesetzlichen Erfordernisse unwirksam sind, als Offerten zu einem Vertrage von entsprechendem Inhalt aufgefaßt werden [71], z. B. eine verspätete Kündigung oder eine bedingte Aufrechnung als Offerte zu einem Aufhebungs- resp. Aufrechnungsvertrag. Die unzulässige Veräußerung eines Gesellschaftsanteils kann in Zession der nach § 717 abtretbaren Forderungen aus dem Gesellschaftsverhältnis konvertiert werden. Speziell vom Gesetz

---

[63] Staub, HGB. § 4 Anm. 24.

[64] RG. 48, 230. A. A. Staub, WO. Art. 4 Anm. 70; Art. 96 Anm. 16 (der zu Unrecht annimmt, daß es in § 140 BGB. auf einen wirklichen, wenn auch eventuellen Willen der Partei ankommt.

[65] RG. 66, 25.

[66] Schollmeyer § 39, 2.

[67] Bd. I § 15 Note 109.

[68] RG. 76, 3.

[69] Planck § 294, 4 c; Oertmann § 284, 2 d; RG. 68, 329; OLG. 22, 203.

[70] RG. 62, 66; Dernburg II § 33, 4; § 98 IV 2; Oertmann § 250, 3; Enneccerus § 238, 4 a.

[71] Vgl. ob. § 53 Note 30.

vorgeschrieben ist die Konversion in § 2101 [72]; eine unwirksame Erbeseinsetzung einer zur Zeit des Erbfalls noch nicht erzeugten Person soll als Nacherbeneinsetzung behandelt werden, außer wenn dieses Resultat dem hypothetischen Willen des Erblassers nicht entspricht [73].

Verwandt mit der Konversion sind einige Fälle, in denen das Gesetz ohne Rücksicht auf den hypothetischen Willen der Parteien dem von ihnen gewollten Rechtsgeschäft ein anderes substituiert. Nach § 150 gilt die verspätete Annahme eines Antrags als neuer Antrag [74], eine vom Inhalt der Offerte abweichende Annahme als Ablehnung verbunden mit einem neuen Antrag, auch wenn ein hypothetischer Wille des Annehmenden in dieser Richtung nicht zu konstatieren ist [75]. Auf ein Schenkungsversprechen mortis causa sollen nach § 2301 die Vorschriften über Verfügungen von Todeswegen Anwendung finden: enthält ein Schenkungsvertrag die Bedingung, daß der Beschenkte den Schenker überlebt [76], so ist er, selbst wenn er der Form des § 518 genügt, als Schenkungsvertrag unwirksam, gilt aber als Ver-

---

[72] Planck § 2101, 1.

[73] Unzulässig scheint mir die Konversion eines formlosen Bürgschaftsversprechens in einen Kreditauftrag, § 778 (a. A. Crome § 81 Anm. 17; Staudinger § 140, 4). Denn es ist zwar anzunehmen, daß der Bürge, wenn er die Nichtigkeit der formlosen Erklärung gekannt hätte, einen Kreditauftrag erteilt hätte; nicht aber daß der Gläubiger, der einen Bürgen annehmen wollte, statt dessen einen Kreditauftrag, d. h. eine Verpflichtung zur Kreditgewährung, übernommen hätte. Ein anderes Beispiel unzulässiger Konversion findet sich bei Planck § 455, 5: der bei der Auflassung unzulässige Eigentumsvorbehalt läßt sich m. Er. in die Verabredung eines Rücktrittrechts konvertieren, nicht aber in das Versprechen, eine Hypothek für den Kaufpreis zu bestellen, vgl. Oertmann § 455, 2.

[74] Vgl. unt. § 62.

[75] Zitelmann, Rechtsgeschäfte I 122; Oertmann § 150, 1 b. Da § 150 dispositiven Rechtens ist, kann der Annehmende seiner Erklärung, für den Fall, daß sie verspätet eintrifft, die Bedeutung einer Offerte entziehen. Hat er das aber nicht getan, so kann der Offerent die verspätete Annahme als neue Offerte betrachten, ohne daß es darauf ankommt, was der Annehmende gewollt hätte, wenn er diesen Fall vorausgesehen hätte.

[76] Ist ein Schenkungsvertrag nicht unter dieser Bedingung geschlossen, sondern nur die Erfüllung auf den Tod des Schenkers hinausgeschoben, so findet § 2301 keine Anwendung, Planck § 2301, 1. Ein solcher Vertrag kann, wenn er wegen Formmangel nichtig ist, nach § 140 in ein Vermächtnis konvertiert werden.

mächtnisvertrag oder als Testament [77], wenn er den Erfordernissen eines dieser Rechtsgeschäfte entspricht [78].

VI. Die Nichtigkeit eines Rechtsgeschäftes ist begriffsmäßig definitiv und unheilbar: Rechtsgeschäfte, welche bei Hinzutritt späterer Ereignisse oder Wegfall entgegenstehender Tatsachen zur Wirkung kommen können, sind nicht als ungültig, sondern als unvollendet zu betrachten [79]. Ein nichtiges Rechtsgeschäft bleibt für alle Zeit unwirksam, auch wenn der die Nichtigkeit begründende Umstand weggefallen ist [80]: so wird z. B. die Willenserklärung eines Geschäftsunfähigen nicht dadurch gültig, daß ihr Urheber die Geschäftsfähigkeit erlangt; ein obligatorischer Vertrag wird nicht dadurch gültig, daß die bei Abschluß desselben unmögliche Leistung späterhin möglich wird [81]; ein gemeinschaftliches Testament wird nicht dadurch gültig, daß die Personen, welche es errichtet haben, nachträglich eine Ehe eingehen [82]; eine grundlose Kündigung wird nicht dadurch wirksam, daß ein Kündigungsgrund nachträglich entsteht [83]. Insbesondere wird ein obligatorischer Vertrag nicht dadurch gültig, daß er von einem oder beiden Kontrahenten freiwillig erfüllt wird. Wenn das Gesetz in einigen Fällen der Erfüllung heilende Kraft beilegt [84], so sind diese Fälle der Unwirksamkeit eben dadurch aus dem Begriff der Nichtigkeit ausgeschieden.

Wollen die Parteien die wegen Nichtigkeit des Geschäftes ausgebliebenen Rechtswirkungen nach Beseitigung des Nichtigkeitsgrundes herbeiführen, so müssen sie ein neues Rechtsgeschäft von diesem Inhalt abschließen; das frühere, von der Nichtigkeit betroffene Rechtsgeschäft ist und bleibt ungültig und kann nicht durch späteren Willen der Parteien in Wirksamkeit treten.

[77] Es entsteht in Abweichung von dem, was die Parteien gesagt und gewollt haben, keine Schenkungsforderung, sondern ein Vermächtnis.

[78] Vgl. auch HGB. § 682.

[79] Vgl. ob. § 55 Note 18.

[80] Quod ab initio vitiosum est, non potest tractu temporis convalescere, fr. 29 D. 50, 17. Die Ersitzung ist nicht Heilung des ungültigen Erwerbsgeschäfts, sondern originärer Erwerb, vgl. ob. § 44 Note 41.

[81] Vgl. § 308.

[82] Planck § 2265, 1.

[83] Oertmann § 626, 4; OLG. 21, 383; a. A. Staub, HGB. § 70 Anm. 7. Vgl. ob. § 53 Note 70.

[84] Heilung des Formmangels, §§ 313, 518, 766, vgl. unt. § 63 II, Geschäfte Minderjähriger, § 110, vgl. unt. § 59 VII. Vgl. ferner Börsenges. § 57.

Trotzdem kommt es vor, daß die Parteien, in Unkenntnis des Gesetzes, einem nichtigen Rechtsgeschäft nachträglich Wirksamkeit verleihen, das Geschäft bestätigen wollen. Diesen Erfolg können sie so, wie sie sich ihn denken, nicht erreichen, aber ihr Wille bleibt nicht wirkungslos; denn das Gesetz bestimmt in § 141 I, daß die Bestätigung eines nichtigen Geschäftes als erneute Vornahme zu beurteilen ist. Damit ist ausgesprochen, daß die Bestätigung allen Erfordernissen des zu bestätigenden Rechtsgeschäftes genügen muß: die Parteien müssen die Absicht haben, einen rechtgeschäftlichen Erfolg herbeizuführen [85]; diese Absicht ist aber ausgeschlossen, wenn die Parteien das frühere Geschäft für gültig halten [86]. Ferner müssen die bei der Bestätigung abgegebenen Erklärungen den Inhalt des Rechtsgeschäftes wiedergeben, wobei eine Ergänzung aus den früher abgegebenen nichtigen Erklärungen zulässig ist [87]. Ist das zu bestätigende Geschäft einseitig und empfangsbedürftig, so muß eine neue Erklärung an den Gegner erfolgen und ihm zugehen [88]. Die Bestätigung eines Vertrages verlangt Einigung beider Parteien [89]. Handelt es sich um ein formloses Geschäft, so kann die Bestätigung in konkludentem Handeln bestehen; insbesondere ist die Erfüllung eines obligatorischen Vertrages bei Kenntnis der Nichtigkeit und nach Wegfall des Nichtigkeitsgrundes meistens als Bestätigung zu betrachten [90]. Ist für das Rechtsgeschäft eine Form vorgeschrieben, so muß sie bei der Bestätigung wiederholt werden [91]: eine nichtige schriftliche Erklärung muß nochmals schriftlich ab-

---

[85] Anders, wenn bei einem unvollendeten Geschäft ein fehlendes Erfordernis nachgeholt wird, z. B. wenn nach Einigung über den Eigentumsübergang die Sache übergeben wird; die Parteien brauchen nicht zu wissen, daß sie die Rechtsfolge erst durch die Übergabe herbeiführen; die Tradition ist wirksam, auch wenn beide Teile der Ansicht waren, daß das Eigentum schon durch die Einigung übergegangen sei, vgl. ob. § 50 Note 115.

[86] Planck § 141, 1. OLG. 6, 34. Eine Erklärung, die sich auf ein vermeintlich gültiges Geschäft bezieht, kann nicht Bestätigung sein, sondern nur Anerkennung, welche durch den Beweis der Unrichtigkeit oder durch Rückforderung nach § 812 II beseitigt werden kann.

[87] Oertmann § 141, 2.

[88] Ist z. B. eine Aufrechnung wegen hinzugefügter Bedingung nichtig, so kann sie durch eine unbedingte, an den Gegner gerichtete, Erklärung bestätigt werden.

[89] RG. 61, 266. OLG. 24, 266.

[90] OLG. 13, 27.

[91] RG. 55, 40.

gegeben werden; ein bloßer schriftlicher Verweis auf die bei Abschluß des nichtigen Geschäfts abgegebene Urkunde genügt nicht[92]. Da die Bestätigung als erneute Vornahme des Geschäftes zu beurteilen ist, so kommt für die Gültigkeit des Geschäftes nur der Moment der Bestätigung in Betracht; Nichtigkeitsgründe, die dem früheren Geschäft entgegenstanden und mittlerweile weggefallen sind, stehen der Bestätigung nicht im Wege. So kann z. B. ein wegen Wucher nichtiges Rechtsgeschäft bestätigt werden, wenn die Notlage aufgehört hat[93]. Die Bestätigung hat keine rückwirkende Kraft. Wird eine im Januar vorgenommene nichtige Verfügung im Juli bestätigt, so ist das Recht des Erwerbers im Juli entstanden; hat der Veräußerer in der Zwischenzeit zugunsten des X verfügt, so bleibt das Recht des X bestehen, es sei denn, daß es durch den guten Glauben des Erwerbers beseitigt wird. Eine Rückwirkung herbeizuführen steht nicht in der Macht der Parteien[94]. Dagegen können die Parteien durch nachträgliche Leistung einander soviel gewähren, als jede von ihnen haben würde, wenn ein früher geschlossenes Rechtsgeschäft von Anfang an gültig gewesen wäre. Eine solche Absicht ist bei Bestätigung von Verträgen meistens vorhanden; daher soll nach der Auslegungsregel des § 141 II eine dahingehende Verpflichtung der Parteien im Zweifel angenommen werden[95]. Wird z. B. ein im Januar geschlossener nichtiger Pachtvertrag im Juli bestätigt, so hat der Pächter für das abgelaufene Halbjahr den Pachtzins zu entrichten; die Früchte dieses Halbjahrs sind zwar nicht nach § 956 sein Eigentum geworden, er kann sie aber nach § 141 II beanspruchen; hätte der Verpächter vor der Bestätigung das Grundstück veräußert, so würde dem Pächter der Schutz des § 571 nicht zur Seite stehen.

---

[92] Vgl. unt. § 63 III.

[93] Urt. des RG. vom 10. 2. 10 (DJZ. 15, 595). Wird ein gegen KO. § 181 verstoßender Vertrag nach gerichtlicher Bestätigung des Zwangsvergleiches von den Parteien bestätigt, so ergibt sich m. Er. aus dem Prinzip des § 141 BGB. die Gültigkeit dieser Bestätigung, weil ein nach Bestätigung des Zwangsvergleichs getroffenes Sonderabkommen vom Verbot des § 181 KO. nicht berührt wird, J ä g e r , KO. § 181 Anm. 4. A. A. RG. 61, 299.

[94] Vgl. ob. § 43 S. 28.

[95] Auch bei Bestätigung eines einseitigen Geschäftes, z. B. einer verfrühten Kündigung einer Gesellschaft kann verabredet werden, daß die Rechtswirkungen so zu bemessen sind, wie wenn das einseitige Geschäft gültig gewesen wäre.

VII. Anders als bei sonstigen Rechtsgeschäften behandelt das Gesetz die Nichtigkeit der Eheschließung. Es unterscheidet zwei Arten der Nichtigkeit, je nachdem die Eheschließung in das Heiratsregister des Standesbeamten eingetragen ist oder nicht.

1. Die nicht eingetragene nichtige Ehe (matrimonium non existens [96]) hat, wie sonstige nichtige Rechtsgeschäfte, keinerlei Wirkungen und kann durch spätere Tatsachen nicht gültig werden. Die Nichtigkeit kann jederzeit und in jeder Prozeßlage vorgebracht werden: incidenter oder in einer Klage auf Feststellung des Bestehens oder Nichtbestehens der Ehe, ZPO. § 606 I [97].

2. Anders verhält es sich, wenn die nichtige Ehe eingetragen ist (matrimonium nullum [98]). Die Eintragung beruht zwar auf einer Sollvorschrift [98a], § 1318 III, und ist daher, wenn die Voraussetzungen einer gültigen Ehe vorliegen, irrelevant; da sie aber vom Standesbeamten vorgenommen wird, von welchem die Erfordernisse der Eheschließung geprüft werden und vor welchem die Eheschließung stattfindet, so besteht eine starke Vermutung für die Gültigkeit einer eingetragenen Ehe. Bei der sittlichen Bedeutung der Ehe und ihrer besonderen Wichtigkeit für die Lebensstellung der Ehegatten und ihrer Nachkommen erachtet der Gesetzgeber es für unzulässig [99], daß eine nichtige Ehe, wenn sie durch den Eintrag äußerlich dokumentiert ist, einfach ignoriert oder gelegentlich in ihrer Gültigkeit bestritten wird, wie das bei

---

[96] Dieser Fall der Nichtigkeit wird verschieden bezeichnet: als formelle Nichtigkeit (Planck Erl. II 1 vor § 1323), absolute Nichtigkeit (Staudinger Erl. III vor § 1323), unmittelbare Nichtigkeit (Zitelmann, Festgabe für Bekker 153). Cosack § 315 und Endemann II § 161, 3 sprechen von einer „Nichtehe", ebenso Hellwig, Lehrb. § 34 Note 42.

[97] Wie die nichteingetragene nichtige Ehe ist der Fall zu behandeln, daß die Ehe nichtig ist, weil sie zwischen Personen desselben Geschlechts geschlossen ist, Endemann § II § 160, 3a; Wolff, Familienrecht § 26 I 2.

[98] Materielle Nichtigkeit (Planck), relative Nichtigkeit (Staudinger), mittelbare Nichtigkeit (Zitelmann), Scheinehe (Cosack), scheingültige Ehe (Endemann), vernichtbare Ehe (Wolff, Familienrecht § 26 II).

[98a] Vgl. ob. § 51 Note 2.

[99] Die besondere Wichtigkeit der Ehe hat den Gesetzgeber ferner veranlaßt, in § 1323 die Nichtigkeitsgründe der Ehe erschöpfend aufzuzählen und dabei die Fälle der §§ 116, 2, 117, 118 nicht zu erwähnen. Auch Verstoß gegen die guten Sitten, § 138, ist kein Nichtigkeitsgrund der Ehe.

anderen Rechtsgeschäften, insbesondere denen des Vermögensrechts, geschehen darf. Vielmehr soll über Gültigkeit oder Nichtigkeit einer eingetragenen Ehe in einem besonderen Verfahren, durch Erhebung einer Nichtigkeitsklage gestritten werden. Daher bestimmt § 1329, daß die Nichtigkeit einer eingetragenen Ehe nicht geltend gemacht werden kann, bevor die Ehe im Wege der Nichtigkeitsklage, durch rechtskräftiges Urteil, für nichtig erklärt ist [100]. Daraus ergibt sich, daß die eingetragene Ehe bis zu diesem Moment als bestehend zu respektieren ist [101] und mit allen Wirkungen einer gültigen Ehe [102] ausgestattet ist. Durch das Nichtigkeitsurteil werden diese Wirkungen ex tunc aufgehoben [103]. Die für nichtig erklärte Ehe hinterläßt aber gewisse Wirkungen: zugunsten gutgläubiger Dritter, § 1344, zugunsten des gutgläubigen Ehegatten, § 1345, und zugunsten der Kinder aus dieser Ehe, § 1699 [104]. Ferner kann die eingetragene nichtige Ehe, in Abweichung vom Prinzip der Nichtigkeit, durch nachträgliche Tatsachen ex tunc gültig werden, §§ 1324 II, 1325 II, 1328 II. Daraus ergibt sich, daß eine vom Gesetz als nichtig bezeichnete Ehe, wenn sie eingetragen ist, nicht in demselben Sinne nichtig ist, in welchem das Gesetz den Ausdruck Nichtigkeit sonst gebraucht, sondern sich als ein mit Rechtswirkungen ausgestattetes, allerdings der rückwirkenden Vernichtung ausgesetztes [105] Rechts-

---

[100] Nur wenn die nichtige Ehe durch Tod oder Scheidung aufgelöst ist, bedarf es zur Geltendmachung ihrer Nichtigkeit keines besonderen Verfahrens.

[101] Daß es auf den Moment der Rechtskraft ankommt, ist im Gesetz nicht gesagt, ergibt sich aber aus der Analogie der Scheidungsklage, § 1564.

[102] Vgl. I. Entw. § 1252 I.

[103] Wie bei der Anfechtung, vgl. unt. § 57. Von der Anfechtbarkeit unterscheidet sich die Nichtigkeit der eingetragenen Ehe praktisch dadurch, daß die Nichtigkeitsklage jedem Interessenten und dem Staatsanwalt zusteht, ZPO. § 632, die Anfechtungsklage in der Regel nur einem der beiden Ehegatten.

[104] Die eingetragene nichtige Ehe hinterläßt ferner nach der Nichtigkeitserklärung das Ehehindernis der Wartezeit, § 1313. Im Rechte der Gläubigeranfechtung (KO. § 32 Nr. 2, AnfG. § 3 Nr. 2) sind die durch eine nichtige Ehe verbundenen Personen, wenn die Ehe eingetragen ist, als Ehegatten zu betrachten, Jäger KO. § 3 Anm. 24.

[105] Da das Nichtigkeitsurteil die bis zu seiner Rechtskraft bestehenden Wirkungen der „nichtigen" Ehe zur Aufhebung bringt, ist es nicht (mit Planck Erl. II 3 vor § 1323, Kohler ZZProz. 29, 9 u. a.) als Feststellungsurteil zu bezeichnen, sondern zu den konstitutiven Urteilen zu rechnen, Hellwig, Anspruch 467, Rechtskraft 65, 451, Lehrb. § 34

verhältnis darstellt [106]. Daß das Gesetz solche Ehen als von Anfang an nichtig bezeichnet und nur die Geltendmachung der Nichtigkeit ausschließt, ist eine theoretische Vorstellung, welche vor der vom Gesetz angeordneten wirklichen Rechtslage nicht standhält: denn eine Nichtigkeit eines Rechtsgeschäftes, die von niemandem geltend gemacht werden kann, ist nichts anderes, als Wirksamkeit [107].

§ 57. Anfechtbarkeit *.

I. Ein Rechtsgeschäft ist anfechtbar, wenn es infolge eines dem Tatbestand anhaftenden Mangels die beabsichtigten Rechtswirkungen zwar hervorbringt, diese Wirkungen aber durch Ausübung eines negativen Rechts [1] (des Anfechtungsrechts) ex tunc aufgehoben werden können: das angefochtene Rechtsgeschäft ist als von Anfang an nichtig anzusehen, § 142 I.

Das anfechtbare Geschäft hat zunächst alle Wirkungen eines gültigen Geschäftes: anfechtbare Tradition überträgt Eigentum; aus einem anfechtbaren Schuldvertrag entstehen Forderungen; daß der Schuldner sich durch Anfechtung von seiner Pflicht befreien kann, hindert nicht die Tatsache, daß er, solange er nicht

---

Anm. 42, Langheineken, Urteil 244, Zitelmann a. a. O. 153, Wolff, Familienr. § 26 Anm. 12, wenn man es nicht mit Kisch, Urteilslehre 96 fg., in die von ihm aufgestellte Kategorie der „auslösenden" Urteile stellen will.

[106] Der rechtliche Bestand einer eingetragenen „nichtigen" Ehe zeigt sich auch daran, daß sie im Gegensatz zu sonstigen nichtigen Rechtsgeschäften angefochten werden kann, vgl. unt. § 57 Note 15. Ist z. B. ein Ehegatte zur Zeit der Eheschließung geschäftsunfähig und bestätigt er die Ehe nach erlangter Geschäftsfähigkeit, § 1325 II, so ist die Nichtigkeitsklage ausgeschlossen. Mit der Nichtigkeitsklage konkurriert aber ein Anfechtungsrecht des anderen Ehegatten aus § 1333, welches durch die Bestätigung nicht beseitigt wird.

[107] Einen ähnlichen Charakter hat die Nichtigkeit des Patentes, PatGes. § 10, 28, Dernburg VI § 89. Sie muß in besonderem Verfahren geltend gemacht werden und ist in gewissen Fällen durch Ablauf von 5 Jahren geheilt. Im Fall des § 10 Nr. 3, in welchem der Antrag auf Nichtigkeitserklärung nur vom Verletzten gestellt werden kann (§ 28 II), handelt es sich um Anfechtbarkeit, vgl. ob. Note 103.

* Windscheid § 82, 1 und Kipp, Bem. II zu Windscheid § 82; Regelsberger § 174, 2; Dernburg § 117/8; Endemann § 75; Crome § 80 II; Cosack § 53 III 2; Enneccerus § 190; Kohler § 67; Biermann § 56; Zitelmann S. 102.

[1] Vgl. Bd. I § 10.

angefochten hat, zur Leistung verpflichtet ist [2]. Der Anfechtungsberechtigte hat gegen Ansprüche aus dem anfechtbaren Geschäft auch keine aufschiebende Einrede [3]: solange er das Geschäft nicht anficht — und er kann gute Gründe haben, es nicht zu tun [4] — muß er die sich daraus für ihn ergebenden Pflichten erfüllen [5]. Mit Wegfall des Anfechtungsrechts wird das Geschäft definitiv wirksam. Solange aber die Anfechtung möglich ist, bleibt das Rechtsgeschäft in der Schwebe: es ist der Gefahr ausgesetzt, seine Wirkungen so zu verlieren, wie wenn sie nie eingetreten wären [6]. Der Fortbestand oder Wegfall der Wirkungen des Geschäfts hängt vom Willensentschluß einer bestimmten Person (des Anfechtungsberechtigten [7]) ab. Darin liegt eine rechtliche

---

[2] Bd. I § 10 Note 12; § 17 Note 8.

[3] Bd. I § 10 Note 11. Nur bei Drohung und Täuschung hat der Anfechtungsberechtigte aus seiner, neben der Anfechtung bestehenden Schadensersatzforderung eine Einrede, vgl. unt. § 68 VII 2. Aus dem Wortlaut der §§ 2083, 2345 (vgl. unt. Note 121) folgert Hellwig, Lehrb. § 36 Note 43, daß dem Anfechtungsberechtigten auch vor Ablauf der Anfechtungsfrist eine peremptorische Einrede gegen Ansprüche aus dem anfechtbaren Geschäft zustehe. M. Er. besteht für eine solche Einrede weder Bedürfnis noch rechtliche Möglichkeit: denn der Schuldner kann, wenn er sich von der Leistung befreien will, anfechten; und wenn er die Leistung unter Berufung auf den Anfechtungsgrund definitiv verweigert, so liegt darin die Ausübung seines Anfechtungsrechts.

[4] Z. B. weil er die aus dem Rechtsgeschäft für ihn selbst erwachsenden Rechte nicht verlieren will, oder weil er eine Ersatzpflicht aus § 122 scheut.

[5] Er kann auf Feststellung seines Anfechtungsrechts klagen, wenn er ein rechtliches Interesse daran hat, daß dies Recht festgestellt wird, bevor er es ausübt, Hellwig Anspruch § 55 II 3.

[6] Daher erwächst für Dritte, denen das Anfechtungsrecht nicht zusteht, aus der Anfechtbarkeit eine aufschiebende Einrede gegen Ansprüche aus dem anfechtbaren Geschäft; vgl. Bd. I § 17 Note 62; das ist bestimmt für den Bürgen, § 770 I, und den Eigentümer der Pfandsache, §§ 1137, 1211, und ist analog anzunehmen für den Schuldübernehmer, Hellwig, Anspruch § 2 S. 18. Auch dem debitor cessus will Hellwig, Anspruch S. 214 Anm. 14 a und Rechtskraft S. 119 Anm. 20 eine Einrede aus der Anfechtbarkeit der Zession geben. Dagegen, mit Recht, Planck § 142, 4 und Dernburg II § 140 IV; denn der Schuldner kann, wenn ihm die Zession vom Zedenten angezeigt ist, mit Sicherheit an den Zessionar leisten, § 409, und ohne die Anzeige braucht er nicht zu leisten, § 410; er kommt daher nicht in die Gefahr, eine Leistung vornehmen zu müssen, die sich infolge einer Anfechtung der Zession als unwirksam erweist. Es liegt daher auch kein Grund vor, ihm die vorläufige Verweigerung der Leistung zu gestatten.

[7] Anfechtbarkeit statuiert das Gesetz da, wo vom Standpunkt der

Schwäche des Geschäftes, welche dazu befugt, das anfechtbare Geschäft, trotz seiner zunächst vorliegenden Wirksamkeit, neben dem nichtigen Geschäft als mangelhaft oder ungültig zu bezeichnen [8] Eine andere, meines Erachtens weniger zutreffende Anschauung [9] will den während der Anfechtbarkeit bestehenden Schwebezustand so auffassen, daß das anfechtbare Rechtsgeschäft von vornherein nichtig ist, diese Nichtigkeit aber erst durch die Anfechtung enthüllt wird; die Anfechtung soll nicht rechtszerstörend (konstitutiv), sondern deklarativ wirken. Diese Auffassung wird meines Erachtens der tatsächlichen Rechtslage nicht gerecht [10]: denn es darf, trotz der rückwirkenden Kraft der Anfechtung, nicht ignoriert werden, daß die Wirkungen des Geschäfts bestanden haben [11] und erst infolge der Anfechtung wegfallen resp. für die Vergangenheit als nicht eingetreten zu betrachten sind [12]. Daß die Anfechtung ein rechtszerstörender Akt ist, zeigt sich besonders deutlich daran, daß ein nicht mehr anfechtbares Geschäft in jeder Beziehung einem von vornherein gültigen Geschäft gleichsteht, während es nach der Ansicht der Gegner mit einer, allerdings latenten Nichtigkeit, behaftet wäre.

Die Anfechtung setzt begrifflich Wirksamkeit des anzufechtenden Rechtsgeschäftes voraus [13]. Ein nichtiges Geschäft braucht

---

Allgemeinheit aus der Gültigkeit des Geschäftes nichts entgegensteht und nur die Rücksicht auf das Interesse bestimmter Personen die Aufrechterhaltung des Geschäftes verbietet; dieser Sachlage wird das Gesetz dadurch gerecht, daß es der beteiligten Person die Befugnis verleiht, das Geschäft zu vernichten. Die ratio des Unterschiedes zwischen Nichtigkeit und Anfechtbarkeit tritt besonders deutlich hervor bei den Ehehindernissen: die im öffentlichen Interesse aufgestellten Hindernisse (impedimenta publica) bewirken Nichtigkeit der Ehe; die Ehehindernisse, welche dem Schutz von Privatinteressen dienen (impedimenta privata), sind Anfechtungsgründe der Ehe.

[8] Vgl. ob. § 55, 3.

[9] Endemann § 75, 2, Biermann § 56, 1 u. a.

[10] Vgl. ob. § 43 Note 97.

[11] Dadurch unterscheidet sich das anfechtbare Rechtsgeschäft von einem Rechtsgeschäft, dessen Vollendung von einem noch ausstehenden Ereignis, z. B. einer Genehmigung abhängt, vgl. ob. § 55 Note 10.

[12] Dernburg § 118 I; Hellwig, Anspruch § 58, Rechtskraft § 16 II; Breit, Handlungsfähigkeit 159.

[13] R. Leonhard, DJZ. 1905, 20; Staudinger § 119 VIII; Kommentar des RG. § 142, 2; Planck Erl. I 5b zu § 119, Erl. V b zu § 123; a. A. Kipp, Festschr. f. Martitz 224; vgl. ob. § 43 Note 7.

und kann nicht aufgehoben werden [14], weil keine Wirkungen eingetreten sind, welche aufgehoben werden könnten [15]. Möglich ist nur eine eventuelle Anfechtung für den Fall, daß die in erster Linie vorgebrachte Behauptung der Nichtigkeit nicht durchdringt [16]. Möglich ist ferner, daß ein bereits angefochtenes Rechtsgeschäft aus einem neuen Grunde nochmals angefochten wird; denn beide Anfechtungen wirken auf denselben Moment (Entstehung des Rechtsgeschäfts) zurück [17], und es steht in der Wahl des Anfechtungsberechtigten, welches der beiden konkurrierenden Anfechtungsrechte er zur Geltung bringen will. So kann z. B. ein Geschäft, das wegen Irrtum angefochten ist, nachträglich wegen arglistiger Täuschung angefochten werden, wodurch sich der Anfechtende der Ersatzpflicht aus § 122 entzieht.

Als Objekt der Anfechtung bezeichnet das Gesetz in § 119 fg. die Willenserklärung, in § 142: das Rechtsgeschäft, in § 1330 die Ehe [18], d. h. das aus dem Rechtsgeschäft der Eheschließung hervorgehende Rechtsverhältnis der Ehe. In dieser Verschiedenheit des Sprachgebrauchs liegt nur ein scheinbarer Widerspruch: durch Anfechtung kann selbstverständlich nicht die Tatsache der Willenserklärung aus der Welt geschafft werden (facta infecta fieri non possunt [19]), sondern nur die Rechtswirkung dieser Tatsache [20]; Anfechtung einer Willenserklärung bedeutet daher: Beseitigung der Rechtsfolgen einer Erklärung wegen eines der Erklärung anhaftenden Mangels. Bei einseitigen Rechtsgeschäften

---

[14] Dagegen können unfertige, z. B. bedingte Geschäfte (vgl. ob. § 55, 1) der Anfechtung unterliegen, weil sie Vorwirkungen haben, aus denen bei Hinzutritt weiterer Tatsachen die Vollwirkung erwachsen kann, vgl. Riezler, Bl. f. Rechtsanw. 74, 190.

[15] Über die Anfechtbarkeit einer nichtigen Ehe vgl. ob. § 56 Note 106.

[16] Wird auf Feststellung des Nichtbestehens eines Rechtsverhältnisses geklagt und die Klage auf einen Nichtigkeitsgrund (z. B. Formfehler) und auf Anfechtung gestützt, so lautet das Urteil, wenn der Kläger mit einer seiner Behauptungen durchdringt, auf Nichtigkeit. Beansprucht der Kläger Eigentum oder Erbrecht wegen Nichtigkeit oder Anfechtung eines Rechtsgeschäfts, so konkurrieren nicht Ansprüche, sondern Gründe, Kipp zu Windscheid § 121 S. 612; Hellwig, Lehrbuch § 37 Note 16.

[17] Vgl. Bd. I § 10 S. 203.

[18] Staudinger, Vorb. II vor § 1323; Schloßmann, Willenserklärung und Rechtsgeschäft 10.

[19] Vgl. ob. § 43 Note 88.

[20] Kohler § 67. Henle, Anwendungsgebiet der Anfechtbarkeit 38. Vgl. ob. § 50 Note 3.

ist damit zugleich die Wirkung des ganzen Geschäftes beseitigt. Besteht das Rechtsgeschäft aus mehreren Willenserklärungen und wird eine derselben angefochten, so kann das Resultat ein verschiedenes sein: ein Vertrag zwischen zwei Personen ist bei Anfechtung auch nur einer der beiden Erklärungen mangels Einigung wirkungslos [21]; man kann daher, mit Rücksicht auf dieses Resultat, von einer Anfechtung wie der Willenserklärung so auch des Vertrages sprechen. Ein Vertrag unter mehr als zwei Personen kann bei Anfechtung einer der Erklärungen nach § 139 bestehen bleiben [22]. Ein Beschluß einer Versammlung wird durch Anfechtung der Stimmabgabe eines Mitgliedes nur dann unwirksam, wenn diese Stimme entscheidend war [23].

Die im BGB. geregelten Gründe, aus denen ein Rechtsgeschäft angefochten werden kann, sind die sog. Willensmängel [24]: Irrtum und falsche Übermittlung einer Erklärung, arglistige Täuschung und widerrechtliche Drohung, § 119 fg. [24a]. In einigen Fällen ist Anfechtung eines Rechtsgeschäftes aus anderem Grunde möglich: die Eheschließung und deren Bestätigung kann angefochten werden wegen mangelnder Zustimmung des gesetzlichen Vertreters, § 1331; Beschlüsse der Generalversammlung einer Aktiengesellschaft oder einer Genossenschaft: wegen Verletzung des Gesetzes oder der Satzung, HGB. § 271, GenGes. § 51 [25]. Die Anfechtung wegen Willensmängel kann durch Analogie auf gewisse Rechtshandlungen und Mitteilungen übertragen werden [26]; so ist z. B. eine Zessionsanzeige, § 409, wenn sie durch Willensmängel verursacht ist, anfechtbar [27]; ebenso die Mitteilung oder öffent-

---

[21] Wird die Annahmeerklärung angefochten, so bleibt die Offerte mit ihrer bindenden Kraft bestehen, und der Empfänger der Offerte kann, wenn er nicht mit der Anfechtung seiner Annahme zugleich die Ablehnung der Offerte verbunden hat, sich neuerdings über Annahme oder Ablehnung der Offerte entscheiden.

[22] Vgl. ob. § 56 Note 40.

[23] Vgl. Bd. I § 36 IV a. E.

[24] Vgl. unt. § 65.

[24a] Ausgeschlossen ist aus rechtspolitischen Gründen (Schutz der Gläubiger) die Anfechtung der Gründung von Aktiengesellschaften, Gesellschaften m. b. H. und eingetragenen Genossenschaften, vgl. Bd. I S. 479. RG. 82, 377.

[25] Vgl. Bd. I § 36 V und § 36 des RGes. üb. priv. Vers. Untern.

[26] Vgl. ob. § 48 Note 57. 109.

[27] Oertmann § 409, 1 b; Enneccerus § 304 II 1 a; a. A. Sohm, Gegenstand 59; Manigk, Willenserklärung 713.

liche Bekanntmachung einer Bevollmächtigung, § 171 [27a], die Mitteilung der Schuldübernahme, § 415, die Anzeige der Forderungsverpfändung, § 1280, die Mitteilung des Vormunds von der Genehmigung des Vormundschaftsgerichts, § 1829. Dagegen sind Tathandlungen [28], weil bei ihnen der Wille nur auf einen äußeren Erfolg gerichtet zu sein braucht oder gar nicht in Betracht kommt, der Anfechtung wegen Willensmängel entzogen; so kann z. B. die Rückgabe der Pfandsache, § 1253, nicht angefochten werden; ebensowenig eine negotiorum gestio [29]. Die Wirkung einer Unterlassung kann, wenn das Gesetz die Rechtsfolge an die bloße Tatsache des Unterbleibens einer Handlung, ohne Rücksicht auf den Willen, knüpft, nicht angefochten werden [30]. Über Anfechtung fingierter Willenserklärungen vgl. unt. § 61 II 5.

Der Rechtsgedanke der Anfechtbarkeit (Vernichtbarkeit eines Rechtsverhältnisses durch den Willen einer bestimmten Person) ist nicht auf das Gebiet der Rechtsgeschäfte und rechtsgeschäftsähnlichen Handlungen beschränkt. Auch andersgeartete Tatbestände können in der Weise mangelhaft sein, daß sie durch den Willen eines Beteiligten mit rückwirkender Kraft aufgehoben werden können [31]. BGB. spricht von der Anfechtung der Ehelichkeit, § 1593, sowie des Erbschaftserwerbes wegen Unwürdigkeit, § 2340. Anfechtbar ist die Entmündigung, ZPO. § 664, und das Ausschlußurteil im Aufgebotsverfahren, ZPO. 957 [32].

II. Die Anfechtung erfolgt durch Erklärung gegenüber dem

[27a] Planck § 171, 3.

[28] Vgl. ob. § 48 Note 56.

[29] Eck, Vorträge S. 128 und Staudinger § 143, 7 sprechen davon, daß ein Wechselgläubiger, der den Wechsel irrtümlich vernichtet hat, diese Handlung anfechten könne. Davon kann m. Er. keine Rede sein: die Vernichtung hat den Gläubiger nicht seiner Forderung beraubt, sondern der Urkunde, deren er zur Geltendmachung seines Rechtes bedarf. Diese Urkunde kann keine Anfechtung wieder ins Leben rufen; dagegen kann sich der Gläubiger durch Kraftloserklärung der zerstörten Urkunde eine neue, gleichwertige Urkunde verschaffen.

[30] Daher kann das Unterlassen des Widerspruchs beim Überbau, § 912, nicht wegen Willensmängel angefochten werden, Planck § 912, 1e; Wolff, Sachenrecht § 55 I 4. Ebensowenig das Unterlassen einer Kündigung, Jäger KO. § 21 Anm. 20, oder einer testamentarischen Verfügung, RG. 20. 11. 13. (DJZ. 19, 235).

[31] Endemann § 75, 4.

[32] Bd. I § 26 S. 416, § 23 III 8. Vgl. Hellwig, Lehrbuch § 62 Anm. 12, 13; Kisch, Urteilslehre 170.

Anfechtungsgegner [33], § 143 I, ausnahmsweise durch Erhebung einer Anfechtungsklage [34], §§ 1341, 1596, 2342. Die Anfechtungserklärung ist ein einseitiges, in der Regel formloses Rechtsgeschäft [35], welches keine Bedingung oder Befristung duldet [36]. Die Erklärung braucht das Wort Anfechtung nicht zu enthalten [37], muß aber erkennen lassen, daß der Erklärende das Geschäft nicht gelten lassen will, und den Grund der Anfechtung angeben [38]. Eine in prozessualer Form (in der Klage, einem Schriftsatz oder der mündlichen Verhandlung) abgegebene Anfechtungserklärung [39] ist als privatrechtliches Geschäft zu beurteilen und daher unabhängig vom Verlauf des Prozesses [40].

III. Anfechtungsberechtigt ist die Person, welche die anfechtbare Erklärung abgegeben hat [41] oder in deren Namen die Erklärung durch einen Vertreter abgegeben wurde [42]. Ausnahmsweise verordnet § 318 II, daß die Bestimmung der Leistung durch einen Dritten nicht von ihm, sondern von einem der Kontrahenten angefochten werden kann [43]. Eine weitere Ausnahme findet sich beim Testament, § 2080: die Anfechtung der letzt-

[33] Anfechtungsgegner ist in der Regel eine Privatperson, ausnahmsweise eine Behörde (Nachlaßgericht, §§ 1342, 1597, 1955, 2081), vgl. unt. Note 80.

[34] Vgl. ob. § 50 S. 157.

[35] Ausnahmsweise ist öffentliche Beurkundung vorgeschrieben in § 2282 II, öffentliche Beglaubigung in §§ 1342, 1597, 1955 (1945).

[36] Vgl. ob. § 53 Note 51.

[37] RG. 48, 221; 65, 88.

[38] Vgl. ob. § 53 S. 215.

[39] Ist die Anfechtung vor dem Prozeß erfolgt, so ist die Berufung auf die Anfechtung Vorbringen einer rechtsaufhebenden Tatsache, Bd. I § 10 Note 13.

[40] RG. 53, 146; 58, 227; 63, 413. Vgl. ob. § 50 S. 158.

[41] Ist bei einem Beschluß die Abstimmung eines Mitgliedes mit einem Willensmangel behaftet, so kann nur dieses Mitglied seine Erklärung anfechten und dadurch u. U. die Nichtigkeit des Beschlusses herbeiführen (vgl. Bd. I S. 516). Die übrigen Mitglieder, insbesondere die in der Minderheit verbliebenen, können die Anfechtbarkeit der entscheidenden Stimme nicht geltend machen.

[42] Die Wirkungen der Vertreterhandlung, zu denen auch das Anfechtungsrecht gehört, entstehen in der Person des Vertretenen.

[43] Die Bestimmung der Leistung hat nur für die Kontrahenten Bedeutung, nicht für die Bestimmenden selbst. Aus demselben Grunde wird man, wenn die Zustimmung des gesetzlichen Vertreters, § 107, anfechtbar ist, das Anfechtungsrecht nicht dem Vertreter, sondern dem Minderjährigen zuschreiben müssen, so daß es vom jeweiligen Vertreter desselben ausgeübt werden kann.

willigen Verfügung steht nicht dem Erblasser zu[43a], sondern nach seinem Tode den Personen, welchen die Aufhebung der Verfügung unmittelbar zustatten kommen würde. Dagegen folgt der Erbvertrag (weil er unwiderruflich ist) der Regel und kann vom Erblasser angefochten werden, § 2281[44]; nach seinem Tode haben die in § 2080 bezeichneten Personen, wenn das Anfechtungsrecht des Erblassers nicht bereits erloschen ist[45], ein (nicht vom Erblasser abgeleitetes[45a]) Anfechtungsrecht, § 2285. Sind gegenüber einem Testament oder Erbvertrag mehrere Interessenten (z. B. zwei Intestaterben A und B) anfechtungsberechtigt, so hat jeder von beiden ein selbständiges Anfechtungsrecht, dessen Durchsetzung ihm (wie bei der querela inofficiosi testamenti[46]) seinen gesetzlichen Erbteil neben dem Testamentserben X verschafft. Anders die herrschende Meinung[47], welche unter Berufung auf eine unklare Bemerkung der Motive[48] behauptet, daß die von A ausgehende Anfechtung dem B zugute kommen müsse. Diese Ansicht scheint auf dem Gedanken zu beruhen, daß eine Erbeseinsetzung nur ganz oder gar nicht gültig sein könne. Aber die Anfechtung betrifft nicht sowohl die (nicht aus der Welt zu schaffende) Willenserklärung des Erblassers, als deren Wirkungen[49]; und diese Wirkung des Testamentes (Ausschluß der gesetzlichen Erbfolge durch Einsetzung des X) ist teilbar: sie kann (durch den Willen des Erblassers) für einen der beiden gesetzlichen Erben eintreten; sie kann daher auch umgekehrt, wenn sie für beide eingetreten ist, für einen von beiden beseitigt werden. Da nun das Gesetz bei der Anfechtung es in die Hand des einzelnen Intestaterben legt, die ihm schädliche Verfügung des Erblassers bestehen zu lassen oder zu beseitigen, so muß man meines Erachtens in Ermangelung einer besonderen Vorschrift annehmen, daß einer von mehreren

---

43a Der Erblasser braucht die Anfechtung nicht, weil er seine Verfügungen ohne Angabe von Gründen widerrufen kann.

44 Dasselbe ist für das wechselseitige Testament anzunehmen, nachdem es durch den Tod eines der Ehegatten unwiderruflich geworden ist. Planck § 2271, IV 3d.

45 Planck § 2285, 2. Ebenso beim gemeinschaftlichen Testament, RG. 77, 167.

45a Vgl. ob. § 44 Note 52.

46 Windscheid § 584 Anm. 21 fg.

47 Planck § 2080, 1c; Staudinger § 2080, 6; Cosack § 378 II 4; Kipp, Erbrecht § 22 V 2; Crome § 654 Anm. 43.

48 Mot. V S. 57.

49 Vgl. ob. Note 20.

Anfechtungsberechtigten die Wirkung der Anfechtung nur für sich selbst herbeizuführen vermag [50]. Sind umgekehrt im anfechtbaren Testament mehrere Erben, X und Y, eingesetzt, so bezieht sich die (nach § 2081 durch Erklärung gegenüber dem Nachlaßgericht vorzunehmende) Anfechtung in der Regel auf beide Erbeseinsetzungen. Würde der Intestaterbe, was ihm meines Erachtens freisteht, die Verfügung des Erblassers nur insoweit anfechten, als sie die Erbeseinsetzung des X betrifft, so würde er infolge der nunmehr eintretenden Anwachsung, § 2094, von der Anfechtung keinen Nutzen haben.

Wenn bei einem Rechtsgeschäft unter Lebenden auf einer Seite mehrere Personen beteiligt sind, so entsteht für jede dieser Personen aus dem ihrer Erklärung anhaftenden Willensmangel ein Anfechtungsrecht, welches sie selbständig ausüben kann [51]; damit entfällt ihre Willenserklärung und es tritt partielle Nichtigkeit des Rechtsgeschäfts ein, deren Wirkung für die übrigen Beteiligten sich nach § 139 bestimmt [52].

Das Anfechtungsrecht ist vererblich [53]. Miterben können es nur gemeinsam ausüben [54], da die Verwaltung des Nachlasses und die Verfügung über Nachlaßgegenstände, zu denen auch das Anfechtungsrecht gehört, gemeinschaftlich ist, §§ 2038, 2040 I. Nur wenn die Anfechtung sich gegen ein lediglich schuldbegründen-

---

[50] Eine ähnliche Situation kann sich ergeben, wenn in einem Erbschaftsstreit von mehreren Intestaterben der eine gegen den Testamentserben obsiegt, während der andere unterliegt, Stein ZPO. § 62 Anm. 7; OLG. 17, 100.

[51] Planck § 143, 4; Oertmann § 143, 3; Enneccerus § 190 III 3 c; Hellwig, Lehrbuch § 153 Anm. 60 (unter Zurücknahme seiner früher, Anspruch 189, vertretenen Ansicht); RG. 56, 424; 65, 405; a. A. Endemann § 75 Anm. 11. Die Analogie des von mehreren Beteiligten nach § 356 gemeinsam auszuübenden Rücktrittsrechts (Bd. I § 3 Note 44) ist für die Anfechtung nicht zutreffend; denn das Rücktrittsrecht kann immer nur allen zu einer Vertragspartei gehörenden Personen zustehen, während die Anfechtung sich aus der individuellen Beschaffenheit der Willenserklärung ergibt und daher von mehreren zu einer Partei gehörenden Personen der einen zustehen, der anderen fehlen kann. Es liegt aber kein Grund vor, dem A die Geltendmachung des Mangels seiner Erklärung deswegen zu versagen, weil er mit einer anderen Person bei einem Rechtsgeschäft mitgewirkt hat.

[52] Vgl. ob. § 56 IV.

[53] Unvererblich ist das Recht des Erblassers zur Anfechtung des Erbvertrags, vgl. ob. Note 45a.

[54] Planck § 2039, 7.

des Rechtsgeschäft richtet, z. B. gegen ein Schenkungsversprechen, zu welchem der Erblasser durch arglistige Täuschung bestimmt worden ist, kann der Miterbe die Anfechtung selbständig ausüben [55], mit der Wirkung, daß die Verpflichtung, soweit sie auf ihn übergegangen ist, wegfällt [56]; denn die Bedeutung des Anfechtungsrechts, als eines sekundären Rechts, bestimmt sich in gewisser Beziehung nach seiner Wirkung [57]: eine Anfechtung, durch welche eine Verpflichtung des Anfechtenden beseitigt wird, ist nicht als Verfügung zu behandeln.

Das Anfechtungsrecht ist mit dem aus der anfechtbaren Willenserklärung hervorgehenden Rechtsverhältnis eng verbunden und bildet einen untrennbaren Bestandteil dieses Rechtsverhältnisses [58]. Es kann nicht abgetreten [59], daher auch nicht gepfändet werden [60]. Es verbleibt dem, der das anfechtbare Rechtsgeschäft abgeschlossen hat, auch wenn er seine Rechte aus dem Geschäft abgetreten oder seine Pflichten durch Schuldübernahme abgewälzt hat. Dagegen kann weder der Zessionar noch der Schuldübernehmer [61] das Rechtsgeschäft anfechten und

[55] Hellwig, Lehrbuch § 153 Anm. 58.

[56] Sind mehrere Miterben mit einem Vermächtnis belastet, und wird die Verfügung des Erblassers von einem derselben angefochten, so bleiben die übrigen Miterben verpflichtet, das Vermächtnis hört aber auf, gemeinschaftliche Nachlaßverbindlichkeit zu sein; anders RG. im Recht 07, 1358.

[57] Vgl. ob. § 54 Note 56.

[58] Bd. I § 12 Note 25.

[59] Oertmann § 399, 1 g; Fontheim, Anfechtungsrecht des BGB., insbesondere seine Übertragbarkeit, Leipz. Diss.

[60] Dagegen kann der Konkursverwalter ein dem Gemeinschuldner zustehendes Anfechtungsrecht, als Bestandteil eines zur Konkursmasse gehörenden Rechtsverhältnisses, ausüben.

[61] Crome § 203 Note 7; Planck § 2080, 1 d; Hellwig, Lehrbuch § 42 I 1: Strohal, JheringsJ. 57, 325, a. A. Reichel, Schuldmitübernahme 349. Seckel, Festg. f. Koch 223 will dem Schuldübernehmer das Anfechtungsrecht dann gewähren, wenn seine Verpflichtung die einzige Wirkung des Schuldverhältnisses darstellt, z. B. wenn er die Schuld aus einem anfechtbaren Schenkungsversprechen übernommen hat. Auch in diesem Falle scheint es mir richtiger an der Regel festzuhalten: der Schenker bleibt, trotz der Abwälzung seiner Verpflichtung auf den Übernehmer, im Schenkungsverhältnis mit dessen sonstigen moralischen und rechtlichen Wirkungen (z. B. mit der Möglichkeit des Widerrufs oder der Rückforderung wegen Verarmung); dem entspricht es, daß er darüber zu entscheiden hat, ob die Schenkung trotz des Willensmangels bestehen oder infolge desselben ungültig werden soll. Der Schuldübernehmer darf dieser Entscheidung so wenig vorgreifen, wie der Bürge, § 770 1.

damit das Rechtsverhältnis zerstören, aus welchem die abgetretene Forderung resp. die übernommene Schuld entstanden ist [62]. Anstelle der unzulässigen Abtretung kann eine (unter Umständen unwiderrufliche) Vollmacht zur Ausübung des Anfechtungsrechts erteilt werden [63]; das kann insbesondere in Verbindung mit einer Zession der aus der Anfechtung entstehenden Rückforderung geschehen [64]. Sukzediert jemand in ein ganzes Rechtsverhältnis (z. B. der Erwerber eines Grundstücks, der nach § 571 in die Rechte und Pflichten aus einem Mietvertrag des Veräußerers eintritt [65]; oder ein neuer Mieter, der mit Zustimmung des Vermieters die Miete übernimmt [66]), so liegt es nahe, anzunehmen, daß mit den übrigen zum Rechtsverhältnis gehörenden Befugnissen (z. B. mit dem Kündigungsrecht) auch die Anfechtung auf das neue Subjekt des Rechtsverhältnisses übergeht. Da aber die Anfechtung ex tunc wirkt, d. h. das Rechtsverhältnis auch insoweit zerstört, als es für den Rechtsvorgänger bestand, dürfte es richtiger sein, die Anfechtungsbefugnis dem Urheber des Rechtsgeschäfts zu belassen [67]: der Veräußerer, nicht der Erwerber des Grundstücks, hat demnach das Recht, den Mietvertrag anzufechten.

IV. Über die Person des Anfechtungsgegners gibt das Gesetz in § 143 ausführliche Bestimmungen:

---

[62] Seckel S. 228 und Oertmann a. a. O. wollen dem Singularsukzessor des Eigentümers, der seine Sache in anfechtbarer Weise belastet hat, die Anfechtung dieser Belastung erlauben, weil er allein, als nunmehriger Eigentümer, am Bestand der Belastung interessiert sei. Dabei wird übersehen, daß der Willensmangel, mit welchem der dingliche Vertrag behaftet ist, gewöhnlich auch beim Kausalgeschäft vorliegt und daß die Anfechtung des dinglichen Vertrages jedenfalls eine Rückwirkung auf die Kausalbeziehungen der Parteien des dinglichen Vertrages ausübt. Es ist nicht einzusehen, warum der Käufer, der die Sache mit der Belastung erworben und vermutlich um so viel weniger bezahlt hat, befugt sein soll, in diese Beziehungen des Verkäufers zum Inhaber des dinglichen Rechts einzugreifen.

[63] Tuhr, unwiderrufliche Vollmacht 65 Note 1; Crome § 654 Anm. 48.

[64] Z. B.: A hat eine Mobilie in anfechtbarer Weise an B veräußert. Er kann dem C Vollmacht zur Anfechtung geben und ihm zugleich den aus der Anfechtung hervorgehenden Eigentumsanspruch abtreten, wodurch C, wenn er die Anfechtung namens des A erklärt, das Eigentum nach § 931 erwirbt.

[65] Bd. I § 5 Note 39.

[66] Bd. I § 12 Note 4.

[67] Staudinger § 571 B I 3 c. Für gemeinsame Anfechtung durch Vermieter und Erwerber Mittelstein, Miete § 95, 3.

1. Bei einem Vertrage ist Anfechtungsgegner „der andere Teil“, § 143 II, d. h. der Mitkontrahent, und zwar auch dann, wenn der Vertrag mit einem Vertreter desselben geschlossen ist[68]. Ausnahmsweise ist bei Anfechtung aus § 123 II 2 die Erklärung an den zu richten, welcher aus dem Vertrage unmittelbar ein Recht erworben hat. Nach dem Tode des Anfechtungsgegners ist die Anfechtung an dessen Erben zu erklären. Hat der Anfechtungsgegner seine durch den Vertrag erworbenen Rechte abgetreten, so bleibt er trotzdem Anfechtungsgegner: denn die Anfechtung trifft nicht nur diese Rechte, sondern das ganze Rechtsverhältnis zwischen dem Anfechtungsgegner und dem Anfechtenden[69]: hat z. B. jemand eine Sache in anfechtbarer Weise an A veräußert und dieser die Sache an B weitergegeben, so ist die Anfechtung an A zu erklären; ebenso hat der Schuldner einer anfechtbaren Forderung, wenn der Gläubiger sie mittlerweile zediert hat, die Anfechtung an den Gläubiger, nicht an den Zessionar, zu richten[70]. Dasselbe gilt auch dann, wenn, wie im Falle des § 571, eine Rechtsnachfolge in ein ganzes Rechtsverhältnis vorliegt.

Hat der Anfechtungsberechtigte mehrere Vertragsgegner und ist er jedem derselben gegenüber zur Anfechtung berechtigt, so fragt es sich, ob die Anfechtung an alle Vertragsgegner zu erklären ist oder ob es genügt, daß die Erklärung an einen derselben gerichtet wird. Die herrschende Meinung hält Anfechtung gegenüber einem der Vertragsgegner für ausreichend und beurteilt das Verhältnis des Anfechtenden zu den übrigen Vertragsgegnern nach § 139[71]. Für diese Entscheidung spricht die Analogie des oben erörterten Falles[72] der mehreren Anfechtungsberechtigten. Meines Erachtens ist aber die Rechtslage wesentlich verschieden: bei mehreren Anfechtungsberechtigten darf das Anfechtungsrecht

---

[68] Oder wenn die anzufechtende Erklärung von einem Dritten nach § 318 abgegeben ist.

[69] Dazu kommt die praktische Erwägung, daß der Anfechtungsberechtigte seinen Vertragsgegner kennt, nicht aber dessen gegenwärtigen Rechtsnachfolger.

[70] Oertmann § 404, 2; Hellwig, Anspruch 17, Lehrb. § 42 Anm. 9; a. A. Endemann § 152, 1 c (Erklärung an den Zessionar), Staudinger § 404, 2 b (Erklärung an den Zedenten oder den Zessionar).

[71] Planck § 143, 5; Staudinger § 123 IV 4; Enneccerus § 190 III 3 c; Oertmann § 143, 3; Biermann § 56, 3; RG. 71, 202.

[72] Note 51.

des einen nicht dadurch vereitelt werden, daß seine Vertragsgenossen ihr Anfechtungsrecht nicht ausüben wollen; bei mehreren Anfechtungsgegnern handelt es sich nur darum, ob der Anfechtende sich der Mühe einer mehrfachen Erklärung zu unterziehen hat; das kann ihm meines Erachtens im Interesse seiner Vertragsgegner sehr wohl zugemutet werden; daher bedarf es zur Anfechtung einer Erklärung an jeden der Anfechtungsgegner [73]. Anders verhält es sich, wenn das Anfechtungsrecht nur gegenüber einem der mehreren Vertragsgegner besteht [74]: nur ihm gegenüber ist die Anfechtung möglich; ihre Wirkung auf die Rechtsstellung der übrigen Vertragsgegner bemißt sich nach § 139 [75].

2. bei einseitigen empfangsbedürftigen Geschäften ist Anfechtungsgegner die Person, an welche die Willenserklärung abzugeben war, § 143 III 1. War eine Erklärung an mehrere Personen abzugeben, z. B. eine Kündigung an zwei Personen, welche dem Anfechtungsberechtigten eine Sache gemeinsam vermietet haben, so ist die Anfechtung an jede dieser Personen zu richten. Konnte die Erklärung nach Wahl des Erklärenden an eine Privatperson oder an eine Behörde abgegeben werden (z. B. der Verzicht auf ein Recht an einem Grundstück, § 875), so soll die Anfechtung, auch wenn die Erklärung der Behörde gegenüber erfolgt ist, an die Privatperson erklärt werden, § 143 III 2.

3. bei einseitigen nichtempfangsbedürftigen Rechtsgeschäften bezeichnet § 143 IV 1 als Anfechtungsgegner „jeden, der auf Grund des Rechtsgeschäfts unmittelbar einen rechtlichen Vorteil erlangt hat". Daher kann z. B. eine letztwillige Verfügung, in der ein Vermächtnis angeordnet ist, durch Erklärung an den Vermächtnisnehmer angefochten werden [76]; die Anerkennung der Vaterschaft, § 1718, kann durch Erklärung an den Vormund des unehelichen Kindes angefochten werden [77]; die Zuschreibung auf Girokonto [78] durch Erklärung an den Inhaber des Kontos; das Wechselakzept durch Erklärung an den Präsentanten. War die anzufechtende

---

[73] Hellwig, Anspruch § 27 III: Titze, Mißverständnis 420.

[74] Das kann bei arglistiger Täuschung vorkommen, vgl. unt. § 68 IV.

[75] RG. 62, 184. Dagegen will Heck, Festschr. f. Gierke 342, die Anfechtung ausschließen, wenn sie nur gegen einen der Vertragsgegner möglich wäre. Nach Titze a. a. O. soll die Anfechtung, wenn sie nach § 139 gegen alle Vertragsgegner wirkt, allen gegenüber erklärt werden.

[76] Planck § 2081, 4.

[77] RG. 58, 353.

[78] Vgl. unt. § 61.

Erklärung gegenüber einer Behörde abzugeben [79], so kann auch die Anfechtung durch Erklärung gegenüber der Behörde erfolgen, § 143 IV 2; [80] die Behörde ist verpflichtet, die Anfechtung den durch das Rechtsgeschäft unmittelbar betroffenen Personen mitzuteilen [81]. Für Rechtsgeschäfte, aus denen niemand unmittelbar einen rechtlichen Vorteil erlangt hat, bezeichnet das Gesetz keinen Anfechtungsgegner. Ob hier eine Lücke des Gesetzes vorliegt, hängt davon ab, wie man den Begriff des unmittelbaren Vorteils auffaßt. Versteht man darunter einen Vorteil, der aus dem anzufechtenden Geschäft ohne Hinzutritt weiterer Tatsachen hervorgeht [82], so wird es in zahlreichen Fällen an einem Anfechtungsgegner fehlen; bei der Auslobung z. B. entsteht die Forderung durch eine hinzukommende Handlung des Gläubigers; die Dereliktion verschafft das Eigentum in Verbindung mit einer Besitzergreifung; zur Ausstellung eines Inhaberpapiers muß Eigentumserwerb hinzutreten, damit aus ihr ein rechtlicher Vorteil entstehe. Die Anfechtung solcher Geschäfte wäre bei dieser Auffassung der Unmittelbarkeit ganz ausgeschlossen [83], oder nur dadurch zu ermöglichen, daß man in Ergänzung des Gesetzes zur Bestimmung des Anfechtungsgegners statt des unmittelbaren einen mittelbaren rechtlichen Vorteil genügen ließe [84]. Bei dieser Sachlage scheint es mir richtiger, unter unmittelbarem Vorteil jeden Vorteil zu verstehen, den jemand aus dem anzufechtenden Geschäft ev. unter Hinzutritt weiterer Tatsachen als erster erlangt, im Gegensatz zu solchen Personen, die in diesen Vorteil als Rechtsnachfolger des Ersterwerbers nachrücken [85]. Anfechtungsgegner ist daher bei der Auslobung der die Bedingung erfüllende Gläubiger, bei der Dereliktion der Okkupant, beim Inhaberpapier der Inhaber

[79] Z. B. Verzicht auf Grundeigentum, § 928 (Erklärung an das Grundbuchamt); Aufhebung der fortgesetzten Gütergemeinschaft, § 1492 (Erklärung an das Nachlaßgericht). Anders, wenn die Erklärung nicht gegenüber, sondern „vor“ einer Behörde abzugeben ist, z. B. das öffentliche Testament, § 2231 Nr. 1, vgl. unt. § 61.

[80] Wenn der Anfechtende es nicht vorzieht, die Erklärung an den unmittelbar Bevorteilten zu richten. In einigen Fällen, vgl. ob. Note 33, kann die Anfechtung nicht anders, als an die Behörde erklärt werden.

[81] Vgl. unt. § 61.

[82] Hellmann, KritVJSchr. 44, 11; Hölder § 143, 2 c.

[83] Staudinger § 143, 6 c.

[84] Enneccerus § 190 Anm. 14; Biermann § 56 Anm. 7.

[85] Oertmann § 143, 2 und SeuffBl. 71, 280; Planck § 143, 4 c; Cosack § 53 III 2 b.

des Papieres [86]. Bei dieser Auffassung des unmittelbaren Vorteils wird sich in den meisten Fällen ein Anfechtungsgegner finden lassen. Ist die Person des Anfechtungsgegners dem Anfechtenden unbekannt, so kann die Anfechtung durch öffentliche Zustellung, § 132 II, erfolgen [87]. Ist ein unmittelbar Bevorteilter noch nicht vorhanden (die derelinquierte Sache ist noch nicht okkupiert; das abhandengekommene Inhaberpapier ist noch von niemandem zu Eigentum erworben), so ist § 132 II nicht direkt anwendbar; doch ist analoge Anwendung meines Erachtens zulässig und geboten [88], um eine Anfechtung in solchen Fällen zu ermöglichen [89]; denn der Anfechtungsberechtigte kann nicht wissen, ob ihm bereits jemand gegenübersteht, der einen unmittelbaren Vorteil erlangt hat; auch ist es für alle Beteiligten und die Sicherheit des Rechtsverkehrs wünschenswert, daß die Anfechtung so bald als möglich erfolgt; die Anfechtung der Dereliktion womöglich vor der Okkupation [90], die Anfechtung der Ausstellung eines Inhaberpapiers vor dem Erwerb durch einen Gutgläubigen [91].

---

[86] Nicht der erste Erwerber des Papiers (Oertmann § 796, 3 a), sondern der, welcher das Papier zur Zeit der Anfechtung hat (Langen, Kreationstheorie 128); denn der jetzige Inhaber des Papiers ist in bezug auf die mit dem Papier verbundene Forderung nicht Rechtsnachfolger des früheren Inhabers, vgl. ob. § 44 N. 55 er hat daher im Sinn von § 143 IV aus der Ausstellung des Papiers unmittelbar einen Vorteil erlangt. Aus demselben Grunde wirkt die Anfechtung nur gegen den Inhaber, dem gegenüber sie vorgenommen ist, nicht gegen spätere Inhaber, a. A. Langen a. a. O. 130; Planck § 793, 2 d a. E. Anfechtung gegen alle Inhaber kann im Wege des § 132 II erfolgen, vgl. unt. Note 91.

[87] Bei der Auslobung kann man sich m. Er. für die Anfechtung mit der für den Widerruf in § 658 vorgeschriebenen öffentlichen Bekanntmachung begnügen; da das Gesetz dem, der mit Rücksicht auf eine Auslobung arbeitet, die Lektüre der Zeitung zumutet, um einen etwaigen Widerruf zu entdecken, so kann man von ihm ohne Unbilligkeit verlangen, daß er auch eine in der Zeitung enthaltene Anfechtung bemerke und beachte, Planck § 657, 2 a a. E.; Oertmann § 658, 5 b.

[88] Planck § 793, 2 d.

[89] Nach Enneccerus a. a. O. soll die Dereliktion, solange eine Aneignung nicht erfolgt ist, durch formlose Willensbetätigung (Suchen der Sache) angefochten werden können. M. Er. muß die Anfechtung, um den Erwerb des Okkupanten hindern zu können, in schärferer Weise hervortreten.

[90] Manigk, Willenserklärung § 130, kommt von seiner Auffassung der sog. nichtempfangsbedürftigen Erklärungen (vgl. unt. § 61) aus zu dem Resultat, daß eine Anfechtung der Dereliktion nur gegenüber dem Okkupanten nötig und möglich sei.

[91] Die Anfechtung durch öffentliche Zustellung wirkt gegen jeden,

V. Die Wirkung der Anfechtung ist Vernichtung des angefochtenen Rechtsgeschäfts [91a] mit rückwirkender Kraft: „wird ein anfechtbares Rechtsgeschäft angefochten, so ist es als von Anfang an nichtig anzusehen", § 142 I. Auf die erfolgte Anfechtung kann sich daher jeder berufen, der an der Nichtigkeit des Geschäftes ein Interesse hat [92]. Je nach der Beschaffenheit des angefochtenen Rechtsgeschäftes gestaltet sich die Rechtslage verschieden [93]:

Wird ein Verfügungsgeschäft angefochten, so ist die Verfügung als nicht geschehen zu betrachten [94]. Ein veräußertes Recht gehört zum Vermögen des Veräußerers [95], wie wenn es nie aus seinem Vermögen ausgeschieden wäre [96]. Daher kann der

---

der aus dem angefochtenen Rechtsgeschäft einen Vorteil erlangt. Das ist besonders wichtig für die Anfechtung der Ausstellung eines Inhaberpapiers; denn die Anfechtung durch Erklärung an den jetzigen Inhaber zerstört nur dessen Recht, nicht das Recht späterer Inhaber, vgl. ob. Note 86. Der Aussteller muß aber die Möglichkeit haben, unverzüglich nach Erkenntnis des Irrtums resp. innerhalb der Frist des § 124 eine Anfechtung vorzunehmen, welche ihn von den Wirkungen der mit Willensmangel behafteten Ausstellung des Papieres gänzlich befreit.

[91a] Ist die Anfechtung unbegründet, so bleibt das Rechtsgeschäft bestehen und der Anfechtende kann seine Rechte aus demselben geltend machen; jedoch kann, solange an der Anfechtung festgehalten wird, der Gegner nicht in Verzug geraten, vgl. ob. § 53 Note 54.

[92] Auch der Anfechtungsgegner, z. B. der Betrüger, dem gegenüber das Geschäft angefochten worden ist, Oertmann § 142, 2 a. E.; RG. 76, 355. Ausnahmsweise bestimmt KO. § 196, daß der Gläubiger durch Anfechtung des Zwangsvergleiches die ihm durch den Vergleich gewährten Rechte nicht verliert.

[93] Bruck, Bedeutung der Anfechtbarkeit für Dritte, 1900.

[94] RG. 80, 320: Wird eine Auflassung angefochten und hat der Erwerber in der Zwischenzeit eine das Grundstück belastende Hypothek zurückgezahlt, so ist die Eigentümerhypothek nicht für ihn, sondern für den anfechtenden Veräußerer entstanden.

[95] Ausnahmsweise kann es vorkommen, daß durch die Anfechtung das veräußerte Recht nicht an den anfechtenden Veräußerer, sondern an einen Dritten fällt: wenn A eine Sache des B mit Einwilligung des B im eigenen Namen veräußert und diese Veräußerung anficht, fällt die Sache infolge der Nichtigkeit des Veräußerungsgeschäfts in das Eigentum des B, dem sie vor der Veräußerung gehörte. Ebenso wenn A eine ihm von B anvertraute Sache an den gutgläubigen X veräußert und die Veräußerung wegen eines Willensmangels anficht. Die Ausübung dieses Anfechtungsrechts kann B von A nach Analogie von § 281 verlangen.

[96] Daher ist der Anfechtende, wenn er sein Recht durch die Anfechtung wiedererlangt, nicht Rechtsnachfolger dessen, der es durch die Anfechtung verliert, vgl. ob. § 44 Note 66.

Anfechtende die veräußerte Sache vindizieren [97]; eine zedierte Forderung gegen den Schuldner geltend machen [98]; durch Anfechtung eines Erlaßvertrages oder einer Hingabe an Zahlungsstatt erlangt der Gläubiger seine Forderung und deren Sicherheiten [99] zurück; nach Anfechtung einer Schuldübernahme kann der Gläubiger den früheren Schuldner belangen; wird die Übertragung eines Anteils an einer Gesellschaft m. b. H. angefochten, so erweist sich, daß der Veräußerer Gesellschafter geblieben und der Erwerber es nie geworden ist [99a]. Wird ein belastendes Rechtsgeschäft angefochten, so kann der Anfechtende sein Recht als lastenfreies geltend machen. Wird eine Verfügung des Grundbuchrechts angefochten, so kann der Anfechtende Widerspruch eintragen lassen und Berichtigung des Grundbuchs verlangen. Da die Wirkung der Anfechtung in den meisten dieser Fälle durch dingliche Ansprüche durchgesetzt wird und in keinem dieser Fälle ein obligatorischer Anspruch nötig

---

[97] Es sei denn, daß dem Gegner ein originärer Erwerbsgrund, z. B. Verarbeitung, zur Seite steht. Insbesondere kann die Durchführung der Anfechtung an der Ersitzung scheitern: da der Erwerber, wenn die Anfechtung erfolgt, so anzusehen ist, als ob er nie Eigentümer gewesen wäre, kann ihm die Zeit seines Besitzes, bei Vorliegen der sonstigen Voraussetzungen, zur Ersitzung angerechnet werden.

[98] Der debitor cessus kann sich dem Zessionar gegenüber auf die erfolgte Anfechtung (nicht auf die Anfechtbarkeit, vgl. ob. Note 6) berufen und Leistung an ihn verweigern. Hat der Gläubiger dem Schuldner die Abtretung angezeigt oder ist eine vom Gläubiger ausgestellte Zessionsurkunde dem Schuldner vorgelegt worden, so muß er die Abtretung, auch wenn sie angefochten ist, gegen sich gelten lassen: der Schuldner braucht nicht an den Zedenten zu leisten; aber auch nicht an den Zessionar: denn § 409 wirkt nur zugunsten des Schuldners und zwingt ihn nicht, an den Zessionar zu leisten, der nicht mehr sein Gläubiger ist, RG. 70, 90; Oertmann § 409, 4. Daraus ergibt sich, daß der Schuldner nach Anfechtung einer gemäß § 409 angezeigten Zession überhaupt nicht zur Leistung angehalten werden kann, bis der Zedent die nach § 409 II erforderliche Zustimmung des Zessionars zur Zurücknahme der Anzeige erwirkt hat. Hat der Schuldner bereits an den Zessionar geleistet und wird die Zession nunmehr angefochten, so erweist sich, daß er an einen Nichtgläubiger geleistet hat. Wenn er nicht durch § 409 geschützt ist, muß er, auch wenn er die Anfechtbarkeit der Zession nicht kannte (§ 142 II), nochmals an den Zedenten leisten, vgl. ob. § 49 Note 84.

[99] Einer Anfechtung gegenüber dem Bürgen oder Eigentümer der Pfandsache, welche durch Erlaß oder Hingabe an Zahlungsstatt befreit zu sein glaubten, bedarf es nicht.

[99a] RG. 77, 129.

ist, um dem Anfechtenden seine frühere Rechtsstellung wiederzuverschaffen, so kann man von einer dinglichen Kraft der Anfechtung reden.

Für den, der aus einem anfechtbaren Verfügungsgeschäft ein Recht erworben hat, bedeutet die Anfechtung Verlust seines Rechtes mit rückwirkender Kraft. Daher fallen auch die von ihm vor der Anfechtung vorgenommenen Verfügungen [99b] weg [100], soweit nicht der gute Glaube dessen, der von ihm erworben hat, geschützt wird. Einen solchen Schutz gibt es nicht bei Verfügung über Forderungen: hat A eine Forderung in anfechtbarer Weise an B zediert, und B die Forderung an C weiterzediert oder verpfändet, so verliert C sein Recht, sobald A seine Verfügung anficht. Dagegen ist C beim Erwerb dinglicher Rechte durch §§ 892, 932 [101] in seinem guten Glauben geschützt [101a]. Der gute Glaube hat aber in diesen Fällen [102] nach § 142 II einen anderen Inhalt als sonst: es kommt nicht darauf an, daß C den B für den Inhaber des Rechtes hielt (denn das w a r B vor der An-

[99b] und die gegen ihn vorgenommenen Zwangsverfügungen, vgl. ob. § 54 V.

[100] Ebenso erlöschen die von ihm vor der Anfechtung erworbenen Rechte, wenn deren Erwerb die Zuständigkeit des durch die Anfechtung verlorenen Rechtes zur Voraussetzung hatte; so z. B. eine Grunddienstbarkeit, die der Eigentümer vor der Anfechtung seines Eigentums für das Grundstück erworben hat, D e r n b u r g § 118 Anm. 3; ebenso ein Bürgschaftsrecht oder ein Pfand, welches der Zessionar sich hat bestellen lassen, bevor er die Forderung durch Anfechtung der Zession verlor.

[101] § 935 steht dem gutgläubigen Erwerb nicht im Wege; denn eine Sache, die der Eigentümer freiwillig veräußert hat, wird durch Anfechtung der Veräußerung nicht nachträglich zu einer abhandengekommenen, vgl. ob. § 43 Note 106.

[101a] Wie verhält es sich, wenn sich A an einem Grundstück, welches er an B veräußert, von B eine Hypothek bestellen läßt und hierauf die Veräußerung anficht? Da für den Eigentümer keine Hypothek bestellt werden kann, ob. § 45 Note 114, ist die Hypothek nichtig. Wenn aber A bei Bestellung der Hypothek sein Anfechtungsrecht nicht kannte, genießt er den Schutz des guten Glaubens und erwirbt eine Eigentümerhypothek.

[102] Direkte Anwendung findet § 142 II nur dann, wenn der Erwerb des Rechtsvorgängers angefochten worden ist. Es muß aber in dem von K i p p (in der ob. Note 13 zitierten Schrift S. 214) angeführten Fall analoge Anwendung stattfinden: A erwirbt eine Sache von B in dem Glauben, daß B die Sache in anfechtbarer Weise von C erworben hat, ist also bösgläubig im Sinn von § 142 II. Wenn sich nun erweist, daß der Erwerb des B nicht anfechtbar, sondern nichtig war, so muß man m. Er. den A um so mehr als bösgläubigen Erwerber behandeln.

fechtung), sondern darauf, daß C die Anfechtbarkeit [103] des Rechtsgeschäftes, auf welchem das Recht des B beruhte, nicht kannte und nicht kennen mußte [104].

Es kann vorkommen, daß der Erfolg der angefochtenen Verfügung nicht rückgängig gemacht werden kann. Dann erwächst für den Anfechtenden anstelle des ihm definitiv verloren gegangenen Rechtes ein Bereicherungsanspruch gegen den, welcher auf seine Kosten durch den Untergang des Rechtes einen Vorteil erlangt hat. Ist z. B. eine Sache von A an B, sodann von B an C veräußert worden und war C gutgläubig im Sinne von § 142 II, so kann A durch Anfechtung seiner Veräußerung die Sache nicht wiedererlangen; aber es erweist sich infolge der Anfechtung, daß B über ein Recht des A verfügt hat; daher hat A nach § 816 I einen Bereicherungsanspruch gegen B oder, wenn dessen Verfügung unentgeltlich war, gegen C. War C beim Erwerb nicht gutgläubig, so kann die gegen ihn gerichtete Vindikation des A dadurch ausgeschlossen sein, daß er die Sache verbraucht oder verarbeitet hat; infolge der Anfechtung erweist es sich aber, daß C eine Sache des A verarbeitet hat und ihm nach § 951 zur Herausgabe der Bereicherung verpflichtet ist. Besteht die anfechtbare Zuwendung darin, daß A auf seine Kosten dem B eine Forderung gegen C verschafft hat, z. B. durch einen Vertrag mit C zugunsten des B oder durch eine von C angenommene Anweisung, so kann die Anfechtung des Zuwendungsgeschäftes zwischen A und B die Gültigkeit der Forderung des B gegen C nicht berühren. B ist aber um diese Forderung auf Kosten des A ungerechtfertigt bereichert und muß die Forderung oder deren Surrogat nach § 812 an A herausgeben.

Wird ein Verpflichtungsgeschäft angefochten, so erweisen sich die aus demselben erwachsenen Verpflichtungen als nichtig [105],

[103] Kenntnis der erfolgten Anfechtung ist zum Ausschluß des guten Glaubens nicht erforderlich und nicht immer genügend; denn der Erwerber kann eine zu seiner Kenntnis kommende Anfechtung für unbegründet halten, vgl. ob. § 49 Note 35, 36. Dagegen schützt eingetragener Widerspruch den Anfechtenden gegen gutgläubigen Erwerb ohne Rücksicht darauf, ob der Erwerber den Eintrag kennt und für begründet hält.

[104] Wenn der gute Glaube des Erwerbers nur durch grobe Fahrlässigkeit ausgeschlossen wird (§ 932), so kann man m. Er. in bezug auf die Anfechtbarkeit der Rechtsstellung des Veräußerers an die bona fides des Erwerbers keine strengeren Anforderungen machen.

[105] Ein Schuldner, der sich auf eine erfolgte Anfechtung beruft, erhebt eine Einwendung (Behauptung einer rechtsaufhebenden Tatsache).

und zwar sowohl die Verpflichtungen des Anfechtenden als die seines Geschäftsgegners [106]. Ist in Erfüllung einer solchen Verpflichtung bereits geleistet, so bleibt das Leistungsgeschäft (z. B. Übertragung des Eigentums oder Zession einer Forderung in Erfüllung eines angefochtenen Kaufes), weil Verfügungen abstrakt sind [107], gültig [108], es sei denn, daß außer dem obligatorischen Vertrag auch das Verfügungsgeschäft angefochten werden kann [108a]. Da aber der rechtliche Grund der Leistung durch die Anfechtung weggefallen ist, ist der Erwerber nach § 812 I zur Herausgabe seiner Bereicherung verpflichtet. Der Umfang seiner Haftung bestimmt sich nach § 818, bei Kenntnis der Anfechtung nach § 819, bei Kenntnis der Anfechtbarkeit nach § 820 I 2 [109]. Ist aus einem angefochtenen Vertrag beiderseits geleistet, so entsteht für jede Vertragspartei durch die Anfechtung eine Rückforderung, ähnlich, wie wenn der Vertrag durch Rücktritt aufgehoben wäre, § 346. In letzterem Falle hat das Gesetz in § 348 Erfüllung Zug um Zug angeordnet. Bei der Anfechtung ergibt sich dasselbe Resultat aus § 273: jede Partei hat ein Zurückbehaltungsrecht; denn die Rückgabeansprüche sind, wenn auch nicht aus demselben rechtlichen Verhältnis, so doch aus der Anfechtung desselben rechtlichen Verhältnisses entstanden.

Die aus der Anfechtung erwachsenden dinglichen oder obligatorischen Rückgabeansprüche sind infolge der Rückwirkung der Anfechtung so zu betrachten, als ob sie nicht erst im Moment

---

[106] Der Anfechtende zerstört mit dem Rechtsverhältnis auch die für ihn aus demselben entstandenen Rechte, und zwar auch dann, wenn er diese Rechte mittlerweile weiter übertragen hat (dafür ist er unter Umständen seinem Zessionar haftbar). Mit der Anfechtung des Vertrages durch einen Kontrahenten erlöschen auch die zugunsten eines Dritten begründeten Rechte, § 334.

[107] Vgl. ob. § 54 III.

[108] Schreiber, Gruchot 52, 515 fg., behauptet, daß durch Anfechtung des obligatorischen Vertrages das Erfüllungsgeschäft unter allen Umständen ungültig werde.

[108a] Vgl. unt. § 67 V. 68 III. Die Anfechtung des obligatorischen Vertrages erstreckt sich z. B. nicht auf das Erfüllungsgeschäft, wenn letzteres von einem Dritten vorgenommen ist, Jung, Bereicherungsansprüche 113.

[109] Hat der Anfechtende sich in die Unmöglichkeit versetzt, die von ihm erhaltene Leistung dem Gegner zurückzugeben, so verliert er das Anfechtungsrecht nicht (anders beim Rücktritt, § 351), sondern hat nach §§ 819, 820 dem Gegner Schadensersatz zu leisten. Planck Erl. VI 4 zu § 123.

der Anfechtung, sondern bereits im Moment der anfechtbaren Zuwendung entstanden seien: hat A am 1. Januar eine Sache in anfechtbarer Weise oder zur Erfüllung einer anfechtbaren Verpflichtung veräußert und erklärt er die Anfechtung am 1. Juli, so datiert seine Vindikation resp. Kondiktion, nachdem die Anfechtung erfolgt ist, vom 1. Januar [110]. Daher beginnt die Verjährung dieses Anspruches, wie § 200 ausdrücklich bestimmt, in dem Momente, in welchem die Anfechtung zulässig war.

Wird ein Gestaltungsgeschäft angefochten, so entfällt die durch dasselbe herbeigeführte Wirkung und es tritt der Zustand wieder ein, welcher vor Ausübung des Gestaltungsrechtes bestanden hatte: durch Anfechtung einer Aneignung wird die Sache wieder herrenlos; Anfechtung einer Vorkaufs- oder Wiederkaufserklärung löst das Vorkaufs- oder Wiederkaufsverhältnis auf; die Anfechtung einer Annahme, einer Genehmigung oder Wahlerklärung bringt den Anfechtenden wieder in die Lage, sich über Annahme oder Ablehnung der Offerte [111], über Erteilung oder Versagung der Genehmigung oder über die Wahl von neuem zu entscheiden [112]. Mit der Anfechtung solcher Erklärungen wird der Anfechtende oft die entgegengesetzte Erklärung verbinden: mit der Anfechtung der Annahme die Ablehnung der Offerte; mit der Anfechtung der Genehmigung die Verweigerung; mit der Anfechtung einer auf den Gegenstand a gerichteten Wahlerklärung die Wahl des Gegenstandes b. Zur Vermeidung eines nochmaligen Zustandes der Ungewißheit bestimmt § 1957 I, daß Anfechtung der Annahme einer Erbschaft als Ausschlagung [113], Anfechtung der Ausschlagung als Annahme gelten soll [114]. Das ist Fiktion; es kommt nicht darauf an, daß der Anfechtende diese über die Anfechtung hinausgehende Wirkung seiner Erklärung gewollt hat. Die Anfechtung eines negativen Gestaltungsgeschäftes hat Wiederherstellung des aufgehobenen Rechtsverhältnisses zur Folge: wer die Ausschlagung einer Erbschaft anficht, wird wieder Erbe (und gilt als angenommen

---

[110] Hellwig, Lehrbuch § 34 Anm. 21.

[111] Vgl. ob. Note 21.

[112] Wenn nicht inzwischen die Frist für diese Entscheidung abgelaufen ist.

[113] Die Anfechtung der Annahme hat auch dann die Wirkung der Ausschlagung, wenn sie nach Ablauf der Ausschlagungsfrist erfolgt, Wendt, ArchZPrax. 92, 275.

[114] § 1957 ist ein singulärer Rechtssatz, Planck § 1957, 1; a. A. Wendt a. a. O.

habend, § 1957); durch Anfechtung der Kündigung oder des Rücktritts lebt das Schuldverhältnis wieder auf; durch Anfechtung einer Aufrechnung treten beide Forderungen wieder in Kraft; ist der Widerruf eines Testaments angefochten, so ist das Testament wirksam [115]. In solchen Fällen hat die Anfechtung statt der ihr sonst zukommenden zerstörenden Kraft rechtsbegründende Wirkungen [116]. Dasselbe findet statt, wenn durch Anfechtung ein Rechtsgeschäft aufgehoben wird, welches der Wirksamkeit eines anderen Geschäftes im Wege stand: durch Anfechtung einer bedingten Verfügung wird eine spätere Verfügung, welche bei Eintritt der Bedingung nach § 161 dahinfallen würde, definitiv wirksam; durch Anfechtung eines Erbvertrags oder eines gegenseitigen Testaments wird ein späteres, nach §§ 2289 I, 2271 II unwirksames Testament des Anfechtenden gültig [117]. Ebenso hat die Anfechtung einer auf Grund einer Todeserklärung geschlossenen Ehe, § 1351, nicht nur Nichtigkeit dieser Ehe zur Folge, sondern auch Wiederherstellung der Ehe mit dem Verschollenen, welche nach § 1348 II durch den Abschluß der jetzt angefochtenen Ehe aufgelöst wurde [118].

Da die Anfechtung das Geschäft vernichtet, kann sie vom Anfechtenden weder einseitig zurückgenommen, noch durch Vertrag mit dem Gegner aufgehoben werden [119]. Denn die Bestätigung

---

[115] Ebenso wie beim Widerruf eines Widerrufs, § 2257.

[116] Auch eine Anfechtungserklärung kann selbst angefochten werden, mit der Wirkung, daß das angefochtene Rechtsgeschäft als nicht aufgehoben zu betrachten ist, Wendt a. a. O.

[117] Koppers, DJZ. 17, 805. OLG. 24, 73. Vgl. ob. § 55 Note 7.

[118] So die herrschende Meinung (Planck § 1350, 2d; Schmid § 1350, 2a; Endemann II § 164 Anm. 25; Crome § 557 Anm. 15 Wolff, Familienrecht § 30 Anm. 8) trotz der unverkennbaren Härte, welche in der Wiederherstellung der aufgelösten Ehe und noch mehr in der Nichtigkeit einer zweiten Ehe des Verschollenen liegen kann. Um diese Härte zu vermeiden, behaupten Dernburg IV § 24 III 5 und Bernhöft, Festg. für Bekker 276, daß zur definitiven Auflösung der Ehe mit dem Verschollenen nach § 1348 II die „Schließung" einer neuen Ehe genüge, ohne Rücksicht darauf, ob die Eheschließung gültig ist und ob die Ehe später angefochten wird.

[119] Vgl. ob. § 53 I 6, RG. 74, 3; OLG. 22, 146; 24, 288; Enneccerus § 190 Anm. 6; Oertmann § 144, 4b; Kipp Bem. II 4 zu Windscheid § 82 und Festschr. f. Koch 111; a. A. Dernburg § 118 IV, der die Zurücknahme der Anfechtung mit Zustimmung des Gegners für praktischer erklärt, aber ihre Zulässigkeit de lege lata nicht zu beweisen vermag. Auf

eines nichtigen Geschäftes — und ein solches ist nach § 142 I das angefochtene Geschäft — ist als erneute Vornahme zu beurteilen[119a], § 141 I. Bei der erneuten Vornahme ist insbesondere die für das Geschäft vorgeschriebene Form nochmals zu erfüllen[120].

VI. Ein anfechtbares Geschäft kann definitiv gültig, unanfechtbar, werden:

1. durch Ablauf der für die Anfechtung vom Gesetz bestimmten Frist[121];

2. durch Bestätigung des Geschäftes, § 144. Während die Bestätigung eines nichtigen Geschäfts sich als erneute Vornahme des Geschäftes darstellt, § 141[122], ist die Bestätigung eines anfechtbaren Geschäfts Verzicht auf das Anfechtungsrecht[123], welches den Fortbestand der bereits eingetretenen Geschäftswirkungen gefährdet[124]. Dementsprechend bestimmt § 144 II, daß die Bestätigung nicht der für das Rechtsgeschäft bestimmten Form bedarf[125]. Sie ist ein einseitiges Rechtsgeschäft[126], welches nicht nur durch Erklärung, sondern auch durch Betätigung des Willens[127] vorgenommen werden kann. Die Erklärung ist

---

dem Standpunkt von Dernburg steht OLG. Dresden, DJZ. 15, 599 und OLG. 20, 176.

119a RG. 77, 130. OLG. 24, 266.

120 Vgl. ob. § 56 Note 91. Eine scheinbare Ausnahme liegt in dem von Kipp a. a. O. 112 besprochenen Fall: wenn der Käufer nach Auflassung und Eintragung den Kaufvertrag (nicht die Auflassung) anficht und sich später mit dem Verkäufer über Aufrechterhaltung des Kaufvertrags einigt, so braucht für diese Einigung die Form des § 313 nicht nochmals beobachtet zu werden; denn da Auflassung und Eintragung den Formmangel einer vorangehenden Kaufabrede heilen, ist auch eine nach Auflassung und Eintragung geschlossene formlose Kaufabrede als gültig zu betrachten.

121 Vgl. ob. § 53 Note 46. In zwei Fällen, §§ 2083, 2345 (vgl. ob. Note 3) verbleibt dem anfechtungsberechtigten Schuldner nach Ablauf der Anfechtungsfrist eine dauernde Einrede. Diese Einrede ist ein Surrogat (Strohal, JheringsJ. 57, 326) oder richtiger ein Residuum des präkludierten Anfechtungsrechtes.

122 Vgl. ob. § 56 VI.

123 So im Anschluß an Mot. I 222 die herrschende Meinung, vgl. ob. § 54 Note 185, a. A. Walsmann, Verzicht 104 fg.

124 Im Voraus kann auf die Anfechtung wegen Willensmängel nicht verzichtet werden, Gradenwitz, Anfechtung und Reurecht 89. Vgl. aber unt. § 67 Note 70.

125 Vgl. unt. § 63.

126 Vgl. ob. § 54 Note 212.

127 Vgl. unt. § 61 Note 32.

nicht empfangsbedürftig [128] und braucht nicht ausdrücklich zu sein. Eine Bestätigung kann z. B. darin liegen, daß der Anfechtungsberechtigte seine Verpflichtungen aus dem Rechtsgeschäft erfüllt oder sich verurteilen läßt, ohne von der Anfechtung Gebrauch zu machen [128 a]; daß er Erfüllung entgegennimmt [129] oder Erfüllung oder Schadensersatz wegen Nichterfüllung verlangt [130]; daß er den durch das Geschäft erworbenen Gegenstand verbraucht oder veräußert [130 a]. Die Bestätigung erfordert nach herrschender Meinung Kenntnis des Anfechtungsberechtigten nicht nur von den anfechtungsbegründenden Tatsachen, sondern auch davon, daß ihm aus diesen Tatsachen ein Anfechtungsrecht erwachsen sei [131]. Meines Erachtens ist zu unterscheiden: erfolgt die Bestätigung durch Erklärung, d. h. durch eine Handlung, welche dazu bestimmt ist, anderen Personen etwas kund zu tun, und hat diese Handlung objektiv die Bedeutung einer Bestätigung, so kann ihr diese Bedeutung nur durch Anfechtung nach § 119 genommen werden; liegt dagegen eine Betätigung vor, d. h. eine Handlung, welche ohne Kundgebungszweck erfolgt, so hat diese Handlung nicht die Bedeutung einer Bestätigung, wenn sich herausstellt, daß der Handelnde sein Anfechtungsrecht nicht kannte [132]. Ebenso verhält es sich mit Willensmängeln: besteht die Bestätigung in einer Willenserklärung, so kann sie nur durch Anfechtung beseitigt werden [133], während eine nicht mit Kundgebungsabsicht verbundene Handlungsweise keine Bestätigung ist, sobald sich herausstellt, daß der Handelnde die Absicht der Bestätigung nicht hatte, sondern durch Irrtum, Täuschung oder Drohung zu seiner Handlung veranlaßt worden ist.

Bestätigen kann nur der Anfechtungsberechtigte (oder sein

---

[128] Planck § 144; Staudinger § 144, 3; Enneccerus § 190 Anm. 18.

[128 a] Vgl. unt. § 68 Note 109.

[129] RG. in SeuffArch. 62 Nr. 51.

[130] RG. 65, 403.

[130 a] Dagegen liegt keine Bestätigung vor, wenn der Anfechtungsberechtigte eine Handlung vornimmt, welche im Interesse des Gegners nötig ist, OLG. 28, 25.

[131] RG. 68, 398; 69, 410. Anders bei der Verzeihung, die kein Rechtsgeschäft ist, vgl. ob. § 48 II 3.

[132] Vgl. unt. § 61 Note 42.

[133] Nach RG. 60, 373 soll eine Bestätigungserklärung, die unter dem Einfluß einer fortdauernden Drohung abgegeben ist (ohne Anfechtung), unwirksam sein; ebenso Kipp, Bem. II 7 zu Windscheid § 82.

Vertreter[134]); das ist in der Regel der Urheber der anfechtbaren Erklärung[135]; nach dessen Tode der Erbe. Da bei einem anfechtbaren Testament das Anfechtungsrecht nicht dem Erblasser zusteht, sondern den Interessenten, § 2080[135a], so scheint sich daraus zu ergeben, daß der Erblasser sein Testament nicht bestätigen kann; wenn er nach Erkenntnis des Irrtums oder Aufhören der Zwangslage seine Verfügungen aufrechterhalten will, müßte er demnach ein neues Testament errichten. So die herrschende Meinung[136]. Dagegen hält Dernburg[137], meines Erachtens mit Recht, Bestätigung des Testaments durch den Erblasser für möglich: denn dem Erblasser ist ein Anfechtungsrecht nur deshalb nicht gegeben, weil er das Testament in einfacherer Weise, durch Widerruf, beseitigen kann; der Widerruf hat, wenn er infolge eines Willensmangels erfolgt, ganz dieselbe Funktion, wie eine Anfechtung; wenn nun das Gesetz dem Erblasser gestattet, sein Testament willkürlich (d. h. auch wenn kein Willensmangel vorliegt) aufzuheben, so ist nicht einzusehen, warum diese Erweiterung der Entschlußfreiheit des Erblassers zu einer Erschwerung der Bestätigung führen soll[138].

---

[134] Unwiderrufliche Vollmacht zur Anfechtung, vgl. ob. Note 63, wird sich in der Regel auch auf Bestätigung beziehen.

[135] Im Fall des § 318 II kann jede Vertragspartei bestätigen und damit ihr Anfechtungsrecht beseitigen, unbeschadet des Anfechtungsrechts, welches der anderen Partei zusteht.

[135a] Vgl. ob. Note 43a

[136] Planck Erl. 2b vor § 2078; Staudinger, Bem. II vor § 2078; Crome § 654 Anm. 41. Nach Planck braucht der Erblasser in seinem zweiten Testament den Inhalt des anfechtbaren Testamentes nicht zu wiederholen, sondern nur zu erklären, daß er es aufrechterhalte; das wäre eine Abweichung von dem Grundsatz, nach welchem der Inhalt des letzten Willens aus dem Testament selbst hervorgehen muß, Planck zu § 2086 a. E.

[137] V § 46 IV.

[138] Läßt man eine Bestätigung des Testaments durch den Erblasser nicht gelten, so kommt man in folgendem Fall zu einem wenig befriedigenden Resultat: ein Erblasser. der die Gültigkeit eigenhändiger Testamente nicht kennt, errichtet eine dieser Form entsprechende Urkunde in der Absicht, die Urkunde zur Errichtung eines öffentlichen Testamentes zu verwenden. Die Urkunde hat zunächst die Wirkung eines Testaments, ist aber, da der Erblasser nicht den Willen hatte, durch diese Urkunde über seinen Nachlaß zu verfügen, wegen Irrtums anfechtbar, vgl. ob. § 50 Note 168. Wenn nun der Erblasser, über die Gültigkeit eigenhändiger Testamente aufgeklärt, von der Errichtung des öffentlichen Testamentes Abstand nimmt, könnte

Die Wirkung der Bestätigung besteht darin, daß das jetzt schon wirksame, aber der Gefahr der Anfechtung ausgesetzte Rechtsgeschäft definitiv gültig wird: ein in anfechtbarer Weise veräußertes Recht scheidet mit der Bestätigung endgültig aus dem Vermögen des Veräußerers aus; eine anfechtbare Verpflichtung wird erst durch die Bestätigung bindend, d. h. unabhängig vom Willen des Verpflichteten. Daher können Rechtssätze, welche für Verfügungs- oder für Verpflichtungsgeschäfte gelten, analog auf Bestätigung solcher Geschäfte angewendet werden; so bedarf z. B. eine Ehefrau zur Bestätigung einer Veräußerung aus dem eingebrachten Gut der Einwilligung des Mannes, § 1395, nicht aber zur Bestätigung einer Verpflichtung, § 1399 [139]. Da aber durch die Bestätigung keine neuen Rechtswirkungen entstehen, sondern bereits eingetretene Wirkungen unanfechtbar werden, so liegt in der Bestätigung einer Verpflichtung keine Erweiterung derselben im Sinn von §§ 767 und 1210, sondern eine Nichtaufhebung der bereits bestehenden Pflicht; daher muß der Bürge und der Pfandeigentümer sich gefallen lassen, daß der Hauptschuldner seine anfechtbare Verpflichtung bestätigt [140]; ebenso der Eigentümer des mit Hypothek belasteten Grundstücks [141].

VII. Verschieden von der im BGB. geregelten Anfechtung ist die sog. Gläubigeranfechtung nach KO. § 29 fg. und dem RGes. über Anfechtung von Rechtshandlungen außerhalb des Konkurses [142]. Rechtshandlungen eines Schuldners, durch welche seine Gläubiger benachteiligt sind, können von den Gläubigern resp. vom Konkursverwalter mit der Wirkung angefochten werden, daß die vom Schuldner veräußerten Gegenstände, obgleich sie aus seinem Vermögen ausgeschieden sind, für seine Verpflichtungen haften [143] oder daß Forderungen, die der Schuldner in

sein Testament nach der herrschenden Lehre trotzdem angefochten werden. Eine solche Entscheidung würde dem Gericht den Vorwurf übertriebener Begriffsjurisprudenz eintragen.

139 Bd. I § 10 Note 22.

140 RG. 62, 54. Planck § 767, 3. Damit entfällt die aufschiebende Einrede, §§ 770, 1211, ebenso wie wenn das Anfechtungsrecht des Hauptschuldners durch Ablauf der Frist erloschen wäre.

141 Planck § 1137, 5.

142 Der Begriff der Rechtshandlung im Anfechtungsrecht umfaßt die Rechtsgeschäfte und alle sonstigen Handlungen, welche Rechtsfolgen haben, vgl. ob. § 48 Note 10.

143 Vgl. Bd. I § 11 II 7 a; § 19 II.

anfechtbarer Weise gegen sich begründet hat, mit den benachteiligten Gläubigern beim Zugriff auf sein Vermögen nicht konkurrieren [144]. Die Gläubigeranfechtung unterscheidet sich von der Anfechtung des BGB:

durch ihren Grund: im BGB. handelt es sich meist um ein wegen Willensmängel fehlerhaftes Rechtsgeschäft; bei der Gläubigeranfechtung ist die Rechtshandlung in normaler Weise zustande gekommen und daher für den Handelnden selbst verbindlich; der Grund der Anfechtung liegt darin, daß durch die Handlung das Haftungsobjekt der Gläubiger des Handelnden vermindert oder geschmälert ist.

durch die Person des Berechtigten: nicht der Schuldner, der die Rechtshandlung vorgenommen hat, ist anfechtungsberechtigt, sondern dessen Gläubiger; im Konkurse tritt anstelle des Rechts des einzelnen Gläubigers ein zur Konkursmasse gehörendes und vom Verwalter auszuübendes Anfechtungsrecht [145].

durch die Person des Anfechtungsgegners: die Anfechtung des BGB. richtet sich stets gegen den Geschäftsgegner [146]; die Gläubigeranfechtung unter gewissen Voraussetzungen gegen den Singularsukzessor dessen, der den anfechtbaren Erwerb gemacht hat, KO. § 40, AnfG. § 11.

durch Zweck und Wirkung: die Anfechtung des BGB. bezweckt Vernichtung des Rechtsgeschäftes; die Gläubigeranfechtung bezweckt Unschädlichmachung der Rechtshandlung für die benachteiligten Gläubiger. Dieser Zweck wird außerhalb des Konkurses dadurch erreicht, daß der veräußerte Gegenstand auch in der Hand des Erwerbers dem Zugriff des Gläubigers zugänglich gemacht wird; die Zurückgewährung, von der § 7 des AnfG. spricht, hat, wie in Theorie und Praxis anerkannt wird [147], keine andere Bedeutung. Anders verhält es sich mit der Zurückgewährung nach § 37 KO.: da im Konkurse der Zugriff der Gläubiger

---

[144] Die Anfechtung einer Schuldbegründung richtet sich nicht sowohl gegen die Forderung des Anfechtungsgegners, welche als solche für den Anfechtenden nicht in Betracht kommt, als vielmehr gegen die Vollstreckung dieser Forderung in das Vermögen des Schuldners oder gegen die Beteiligung des Gegners an der konkursmäßigen Befriedigung, vgl. ob. § 18 Note 55, § 54 Note 90.

[145] Vgl. ob. § 44 Note 24.

[146] Vgl. ob. IV.

[147] Jäger, AnfGes. § 7 Anm. 3: „Bereitstellen des anfechtbaren Erwerbs zur Zwangsvollstreckung".

nicht von ihnen selbst durchgeführt wird, sondern ihre Befriedigung durch Handlungen des Konkursverwalters erfolgt, so müssen zu diesem Zwecke die veräußerten Gegenstände der Konkursmasse, welche im Vermögen des Gemeinschuldners ein zur Befriedigung der Konkursgläubiger dienendes Sondergut bildet [148], zugeführt werden [149]. In beiden Fällen tritt anstelle der Zurückgewährung, wenn sie nicht durchführbar ist, ein Geldanspruch des Gläubigers oder der Konkursmasse gegen den Anfechtungsgegner.

Die Wirkung der Gläubigeranfechtung ist lebhaft bestritten: nach der einen Ansicht [150] soll die Gläubigeranfechtung mit der Anfechtung des BGB. wesensgleich sein: durch den Willen des Gläubigers oder des Konkursverwalters soll die benachteiligende Rechtshandlung nichtig werden, aber nur gegenüber dem Gläubiger resp. den Konkursgläubigern: sog. relative Nichtigkeit [151]. Nach der anderen Ansicht [152] soll das Wort Anfechtung in der KO. und dem AnfG. eine ganz andere Bedeutung haben, als im BGB: die anfechtbare Rechtshandlung soll gültig sein und bleiben; aus der Benachteiligung des Gläubigers soll ihm ein obligatorischer Anspruch auf Ausgleichung erwachsen; Anfechtung soll nichts anderes bedeuten, als Geltendmachung dieses Anspruchs. Der Streit der Meinungen läßt sich meines Erachtens durch Auslegung des Gesetzes nicht entscheiden [153], weil es bei Abfassung desselben an voller Klarheit über die Konstruktion fehlte. Es ist daher darauf zu sehen, welche Auffassung dem Zweck der Einrichtung am meisten entspricht und sich am besten in das System unseres Rechtes einfügen läßt. Für die Anfechtung außerhalb

---

[148] Vgl. Bd. I § 19 I.

[149] Neuerdings behauptet RG. 56, 143; 67, 22, daß die Zurückgewährung auch in KO. § 37 nicht Rückübertragung des Eigentums an die Konkursmasse, sondern Duldung der Verwertung für die Konkursmasse bedeute. Dagegen Jäger, KO. § 37 Anm. 14, der mit Recht darauf hinweist, daß der Konkursverwalter in die Lage gebracht werden müsse, auch freihändig über das Objekt der Anfechtung zu verfügen.

[150] Hellwig, Anspruch 81, 260; Kipp, Bem. zu Windscheid § 463 a; Hellmann, Lehrb. des Konkursrechts § 34; Otte, Heilung einer unwirksamen Pfändung.

[151] Vgl. unt. § 58.

[152] Vgl. Jäger, KO. § 29 Anm. 10 und die daselbst angeführte Literatur. Auch das RG. erklärt sich prinzipiell für obligatorische Wirkung der Anfechtung, vgl. aber zur Rechtsprechung des RG. Hellmann in SeuffBl. 69, 401 und im Recht 14, 263.

[153] Schulz, ArchZivPr. 105, 253.

des Konkurses ist obligatorische Wirkung nicht am Platze; denn eine Verpflichtung des Anfechtungsgegners könnte nur dahin gehen, „die Zwangsvollstreckung zu dulden“ [154]. Das kann aber nicht Gegenstand einer zivilrechtlichen Verpflichtung sein [155]. Bei der Anfechtung im Konkurse handelt es sich darum, den veräußerten Gegenstand der Verfügung des Konkursverwalters zu unterstellen; dieser Zweck kann sowohl durch einen dinglichen als einen obligatorischen Anspruch erreicht werden; in welchem Sinne die Bestimmungen der KO. zu verstehen sind, ist zweifelhaft. Für die obligatorische Wirkung spricht der Wortlaut des § 37 und der Zusammenhang mit dem alten Recht [156]. Für die dingliche Wirkung spricht der Wortlaut des § 29, nach welchem Rechtshandlungen des Gemeinschuldners „als den Konkursgläubigern gegenüber unwirksam“ angefochten werden können; nach dem Sprachgebrauch, der bei Abfassung des BGB. und bei der Neuredaktion der KO. herrschte, kann ein Rechtsgeschäft nicht deshalb als unwirksam bezeichnet werden, weil der Erwerber verpflichtet ist, den Erwerb zurückzugeben [156a]. Ferner spricht für die Dinglichkeitstheorie die Analogie der Anfechtung außerhalb des Konkurses: wenn die Anfechtung dem einzelnen Gläubiger ermöglicht, auf einen dem Anfechtungsgegner gehörenden Gegenstand zu greifen, als gehöre er noch dem Schuldner, so kann die Anfechtung des Konkursverwalters keine weniger intensive Wirkung haben. Daher ist anzunehmen, daß durch die Anfechtung die benachteiligende Veräußerung resp. Verpflichtung unwirksam wird. Demgemäß muß man der Anfechtung im Konkurs des Anfechtungsgegners Aussonderungskraft zuschreiben. Ich sehe darin keine unbillige Begünstigung der Anfechtungsgläubiger [157]; warum sollen, wenn A in anfechtbarer, d. h. vom Gesetz gemißbilligter Weise eine Zuwendung an B gemacht hat, die Gläubiger

---

[154] Vgl. z. B. RG. 71, 177: „die Wirkung der Anfechtung erschöpft sich darin, daß der Anfechtungsgegner nur obligatorisch verpflichtet ist, seine Sachen ebenso behandeln zu lassen, als wenn sie noch Sachen des Schuldners wären. Sachlich bedeutet dies, daß er die Zwangsvollstreckung in sein Eigentum für fremde Schuld dulden muß.“

[155] Vgl. Bd. I § 4 S. 108.

[156] Die actio Pauliana des gemeinen Rechts war ein obligatorischer Anspruch, W i n d s c h e i d § 463.

[156a] Vgl. ob. § 55 Note 40.

[157] J ä g e r , KO. § 29 Anm. 16.

des B einen Teil dieser Zuwendung zu ihrer Befriedigung verwenden dürfen?

Ebenso streitig, wie die Wirkung der Anfechtung, ist die Frage, wie die Ausübung des Anfechtungsrechts beschaffen ist. Die Vertreter der Dinglichkeitstheorie sind meist der Ansicht, daß die innerhalb der Frist des § 41 KO. vorzunehmende Anfechtungshandlung, wie die Anfechtung des BGB., eine einseitige formlose Erklärung an den Anfechtungsgegner sei. Für die Anhänger der obligatorischen Wirkung besteht die Anfechtung in der Erhebung des Anspruchs [158]. Meines Erachtens hängt die Entscheidung dieser Frage nicht davon ab, ob man der Anfechtung dingliche oder obligatorische Wirkung zuschreibt; denn auch die Anfechtung mit dinglicher Wirkung braucht nicht notwendig in einer rechtsgeschäftlichen Erklärung zu bestehen [159]. Auch hier scheint mir das AnfG. ein klareres Bild zu geben: die Anfechtung erfolgt im Wege der Klage, § 9, oder der Einrede, § 5 [160]. Das scheint mir auch dem praktischen Bedürfnis zu entsprechen; denn sonst könnte, wenn die Frist durch formlose Erklärung gewahrt ist, die Entscheidung über die Berechtigung der Anfechtung auf unbestimmte Zeit hinausgeschoben werden, was bei einem Eingriff in das Vermögen eines Dritten viel mißlicher ist, als bei der Anfechtung des BGB., deren Wirkungen sich in der Regel zwischen den Parteien des mit Willensmangel behafteten Geschäftes abspielen [161]. Diese Gründe sprechen auch im Konkurse dafür, eine gerichtliche Geltendmachung der Anfechtung zu verlangen [162]. In beiden Fällen ist daher die Anfechtung als ein durch gerichtliches Handeln auszuübendes negatives Gestaltungsrecht aufzufassen [163], durch welches die Wirkung einer für die Konkursmasse oder den anfechtenden Gläubiger nachteiligen Veräußerung mit rückwirkender Kraft aufgehoben wird [164].

---

[158] Jäger, KO. § 29 Anm. 59 fg.

[159] Vgl. ob. Note 34, § 7 Note 7 b, § 50 S. 157.

[160] „Einrede" ist hier im prozessualen Sinn zu verstehen, vgl. ob. § 17 Note 1 b.

[161] Walsmann, JheringsJ. 49, 314.

[162] RG. 79, 25.

[163] Vgl. ob. § 7 Note 14.

[164] Die Anfechtung einer vom Schuldner eingegangenen Verpflichtung hebt nicht die Verpflichtung auf, sondern den Zugriff des Gläubigers auf die Konkursmasse resp. das dem anfechtenden Gläubiger haftende Vermögensstück, vgl. unt. § 58 Note 29.

§ 58. Relative Unwirksamkeit *.

Relativ unwirksam ist ein Geschäft, wenn es nur bestimmten Personen gegenüber unwirksam, im übrigen aber wirksam ist. Durch diese Relativität der Unwirksamkeit unterscheidet es sich vom nichtigen Rechtsgeschäft, dessen Wirkungslosigkeit eine absolute ist, vgl. ob. § 56 III. Vom anfechtbaren Rechtsgeschäft unterscheidet sich das relativ unwirksame dadurch, daß die Unwirksamkeit, soweit sie reicht, ipso iure vorliegt und nicht erst durch einen Willensakt einer bestimmten Person herbeigeführt zu werden braucht. Um diesen Gegensatz zu bezeichnen, spricht man oft, inkorrekterweise, von relativer Nichtigkeit [1]. In Übereinstimmung mit dem anfechtbaren, und im Gegensatz zum nichtigen Geschäft, kann das relativ unwirksame Geschäft nachträglich volle Wirksamkeit erlangen: durch Zustimmung der Person welcher gegenüber es unwirksam ist, oder durch Wegfall des der vollen Wirkung entgegenstehenden Hindernisses.

Begriff und Anwendungsfälle der relativen Unwirksamkeit sind bestritten. Das typische Beispiel ist die Verfügung, welche gegen ein nur den Schutz bestimmter Personen bezweckendes Veräußerungsverbot, § 135, verstößt; sie ist „nur diesen Personen gegenüber" unwirksam. Ebenso verhält es sich mit einer Verfügung über ein mit Vormerkung belastetes Grundstück: sie ist „insoweit unwirksam, als sie den vorgemerkten Anspruch vereiteln oder beeinträchtigen würde", § 883 II [2]. In beiden Fällen wird ein Gläubiger gegen eine die Verwirklichung seines Anspruchs gefährdende Veräußerung der Sache durch den Schuldner geschützt [3]: die gegen Verbot oder Vormerkung verstoßende Veräußerung ist dem Gläubiger gegenüber unwirksam; die Sache gehört, im Verhältnis zum Gläubiger, trotz der Veräußerung noch

---

* Dernburg § 115 II; Endemann § 74, 4; Crome § 80 II 1; Cosack § 53 IV; Oertmann Bem. 2 vor § 139; Raape, Veräußerungsverbot 40 fg.; Schachian, relative Unwirksamkeit, Berl. Diss. 1910; Strohal, relative Unwirksamkeit (Festschr. z. Jahrhundertf. des österr. ABG.).

[1] Der Ausdruck relative Nichtigkeit ist unzutreffend, wenn man daran festhält, ein Geschäft nur dann nichtig zu nennen, wenn es die beabsichtigte Rechtswirkung in keiner Weise hervorbringt.

[2] Planck § 883, 3a; Wolff, Sachenrecht § 48 III 1.

[3] Über relative Unwirksamkeit einseitiger Geschäfte vgl. ob. § 53 Note 42.

zum Vermögen des Schuldners [4]; der Gläubiger kann daher immer noch vom Schuldner die Eigentumsverschaffung verlangen [5] und im Wege der Vollstreckung durchsetzen. Wie der Gläubiger so sind die Personen geschützt, welche ihr Recht von ihm ableiten: auch ihnen gegenüber ist die gegen Verbot oder Vormerkung verstoßende Verfügung unwirksam [6]. Dagegen ist für alle anderen Personen, insbesondere für den Schuldner selbst und seine sonstigen Gläubiger die Veräußerung gültig: der Schuldner kann die Sache vom Erwerber nicht herausverlangen; seine Gläubiger können sie nicht pfänden [7].

Betrifft das Veräußerungsverbot eine Forderung [8], so ist eine verbotswidrige Verfügung des Gläubigers, z. B. Einziehung der Forderung, relativ unwirksam, d. h. wirksam für den Gläubiger, der seine Forderung verliert, unwirksam gegenüber der Person, zu deren Schutz das Verbot ergangen ist. Dieselbe Rechtslage tritt ein, wenn jemand an einer Forderung Nießbrauch oder (durch Vertrag oder Pfändung) ein Pfandrecht erworben hat: Leistung des Schuldners an den Gläubiger befreit ihn nicht gegenüber dem Nießbraucher oder Pfandberechtigten [9]. Ob man die Leistung des Schuldners deswegen als relativ unwirksam zu bezeichnen hat, hängt davon ab, wie man ususfructus und pignus nominis auffaßt: konstruiert man diese Rechtsverhältnisse als eine Forderung des Gläubigers, an welcher ein Anderer Nießbrauch oder Pfandrecht hat [9a], so ist die zur

---

[4] Man kann den Schuldner, da er nicht zu eigenem Nutzen und nicht nach eigenem Willen Subjekt des verbotwidrig veräußerten Rechts verbleibt, mit Voß, JheringsJ. 51, 450 als „Zwangssubjekt" des Rechtes bezeichnen.

[5] Vgl. ob. § 11 Note 7 a.

[6] Hat z. B. der vorgemerkte Gläubiger nach Eintragung seines Eigentums eine Hypothek für X bestellt, so ist eine nach der Vormerkung vom Schuldner für Y bestellte Hypothek auch dem X gegenüber unwirksam.

[7] Da die Sache zum Vermögen des Erwerbers gehört, kann sie von seinen Gläubigern gepfändet werden; aber wie das Eigentum des Erwerbers, so ist auch das aus diesem Eigentum abgeleitete Pfandrecht dem geschützten Gläubiger gegenüber wirkungslos, § 135 I 2; § 883 II 2.

[8] Ein solches Veräußerungsverbot kann gegen den Gläubiger erlassen werden, wenn er zur Abtretung der Forderung verpflichtet ist.

[9] Denn er darf nur an beide gemeinsam, oder nur an den Pfandgläubiger leisten, vgl. ob. § 45 S. 76.

[9a] Als „Recht an einem Recht", vgl. ob. § 6 VI 1.

Erfüllung dieser Forderung vorgenommene Leistung des Schuldners relativ unwirksam, weil die Forderung für den Nießbraucher oder Pfandberechtigten weiterbesteht[9b]. Denkt man sich aber, was mir richtiger scheint, das Recht des Nießbrauchers oder Pfandberechtigten als eine durch konstitutive Abzweigung aus der Forderung entstandene zweite Forderung gegen den Schuldner[9c], so liegt darin, daß die Zahlung des Schuldners an den Gläubiger nur dessen Forderung und nicht zugleich die Forderung des Nießbrauchers oder Pfandberechtigten tilgt, keine relative Unwirksamkeit der Zahlung, sondern nur ein Ausbleiben einer Reflexwirkung, welche eingetreten wäre, wenn die Zahlung mit Zustimmung des Nießbrauchers oder Pfandberechtigten erfolgt wäre. Ebenso verhält es sich mit den Verfügungen des Eigentümers über den Mietzins, welche nach § 1124 II „dem Hypothekengläubiger gegenüber" unwirksam sind[9d]: der Gläubiger hat ein pfandähnliches Recht am Mietzins, § 1123, d. h. eine der Mietzinsforderung des Eigentümers parallele Forderung gegen den Mieter, welche im Fall des § 1124 II von einer Verfügung des Eigentümers über seine Forderung nicht mitbetroffen wird.

Der Begriff der relativen Unwirksamkeit wird bisweilen auf rechtliche Situationen ausgedehnt, bei denen er nicht zutrifft. So ist z. B. nicht relativ, sondern absolut unwirksam die Verfügung über einen Gegenstand, über den der Berechtigte bereits in bedingter Weise verfügt hat, § 161[10], sowie die Verfügung des Vorerben, § 2113[11]. Solche Verfügungen sind allerdings nur insoweit unwirksam, als sie die Anwartschaft des bedingten Erwerbers resp. des Nacherben vereiteln oder beeinträchtigen würden[12]. Darin liegt eine zeitliche[13] und eine sachliche[14]

[9b] OLG. 24, 254.

[9c] Vgl. ob. § 45 Note 39.

[9d] Strohal a. a. O. S. 34.

[10] Planck § 161, 1.

[11] Planck § 2113, 1 c.

[12] Vgl. ob. § 9 Note 9.

[13] Die Verfügung wird erst dann unwirksam, wenn die Bedingung oder Nacherbschaft eintritt.

[14] Die Verfügung wird nur insoweit unwirksam, als sie das aus der Anwartschaft entstehende Recht beeinträchtigen würde; sind z. B. die bedingte und die spätere unbedingte Verfügung Pfandbestellungen, so genügt es, daß das Pfandrecht aus der zweiten Verfügung hinter das Pfandrecht aus der älteren Verfügung zurücktritt.

Schranke der Unwirksamkeit. Aber innerhalb dieser Schranken ist die Unwirksamkeit absolut. Hat z. B. der Vorerbe ein Grundstück veräußert, so ist der Erwerber während der Vorerbschaft absoluter Eigentümer; mit Eintritt der Nacherbschaft verliert er sein Eigentum gänzlich; das Grundstück fällt in das aus der bisherigen Anwartschaft erwachsene Eigentum des Nacherben; in keinem Moment ist die Rechtsstellung des Erwerbers eine relativ (d. h. nur dem Nacherben gegenüber) unwirksame gewesen. Ebenso handelt es sich in § 573 fg. trotz des Wortlautes („dem Erwerber gegenüber") nicht um relative, sondern um absolute, allerdings durch spätere Ereignisse sich entscheidende Unwirksamkeit [15]: Verfügungen des Vermieters über den künftigen Mietzins sind und bleiben wirksam, wenn das Grundstück nicht veräußert wird; im Fall der Veräußerung werden sie unwirksam, und zwar nicht nur, wie das Gesetz hervorhebt, für den Erwerber, sondern auch für den Vermieter selbst; denn da der Mietzins nach der Veräußerung des Grundstücks nicht mehr im Vermögen des Vermieters entsteht, sind seine Verfügungen, soweit sie nicht durch die positive Vorschrift des Gesetzes aufrechterhalten werden, gegenstandslos [16]. Auch darin, daß eine öffentlich kundgegebene Vollmacht nach § 173 gewissen Personen gegenüber erlöschen kann, während sie im übrigen fortbesteht, ist kein Fall relativer Unwirksamkeit zu sehen [17], sondern nur eine inhaltliche Beschränkung der Vollmacht; nennt man doch eine Vollmacht, die von vornherein zum Kontrahieren nur mit bestimmten Personen ermächtigt, deswegen nicht relativ unwirksam [18].

Dagegen läßt sich meines Erachtens nicht bestreiten, daß das Gesetz in § 135 relative Unwirksamkeit angeordnet hat: eine gegen das Veräußerungsverbot verstoßende Veräußerung ist nur dem Verbotgeschützten gegenüber unwirksam; im übrigen wirksam. Daraus ergibt sich eine Duplizität des Rechtssubjekts [29]: für den Verbotgeschützten ist der Veräußerer noch immer Eigentümer; für alle sonstigen Personen ist es der Erwerber. Diese allerdings etwas künstliche Auffassung wird aus logischen Gründen

---

[15] Strohal a. a. O. S. 32.

[16] Vgl. unt. § 60.

[17] A. A. Enneccerus § 189 III.

[18] Über § 506 vgl. Strohal a. a. O. S. 31.

[19] Vgl. Bd. I § 2 V.

bekämpft, am schärfsten von Strohal [20], der sie als Widerspruch gegen die juristischen Denkformen bezeichnet. Die von Strohal vorgeschlagene Konstruktion des relativen Veräußerungsverbots geht dahin, daß durch das Verbot die Verfügungsmacht des Verbotbetroffenen abgeschwächt wird: er kann nur noch resolutiv bedingte Verfügungen treffen, d. h. Verfügungen, welche ihre Kraft verlieren, wenn er nachträglich die Verfügung zugunsten des A vornimmt, zu dessen Schutz das Verbot ergangen ist. Strohal stellt die verbotswidrige Verfügung in eine Linie mit den oben erwähnten „weiteren Verfügungen" des § 161 und den Verfügungen des Vorerben, § 2113, welche bei Eintritt der Bedingung unwirksam werden [21]. Diese Bedingung soll bei verbotswidrigen Verfügungen darin bestehen, daß der Verbotbetroffene nachträglich zugunsten des durch das Verbot geschützten Gläubigers A verfügt. Diese Auffassung ist meines Erachtens abzulehnen, weil das Gesetz in § 135 in keiner Weise zu erkennen gibt, daß die Unwirksamkeit der verbotwidrigen Verfügung bedingt sein soll, und weil diese Konstruktion noch weniger als die herrschende Lehre mit klaren Denkformen vereinbar ist: denn nach Strohal ist der Vorgang folgendermaßen zu denken: durch die verbotswidrige Verfügung des B ist X zunächst Eigentümer geworden; wenn nunmehr B zugunsten des A verfügt, soll das Eigentum von X an B zurückfallen, aber nur, um in demselben Moment kraft derselben Verfügung des B auf den A überzugehen; die Verfügung des B zugunsten des A (über eine Sache, die ihm im Moment der Verfügung nicht mehr gehört), soll also eine dreifache Funktion haben: sie vernichtet das Eigentum des X; sie bewirkt den Rückfall der Sache an B; und zugleich den Übergang des Eigentums an A [22]. Gegenüber diesem überaus

[20] A. a. O. S. 40 fg.

[21] Dabei übersieht Strohal den m. Er. ausschlaggebenden Unterschied, daß im Fall des § 161 und bei der Nacherbschaft eine Anwartschaft besteht, welche sich bei Eintritt der Bedingung ipso iure in Eigentum verwandelt, während der durch Veräußerungsverbot geschützte Interessent Gläubiger ist und das Eigentum erst durch eine Verfügung des Schuldners erlangen kann.

[22] Einen Vorzug seiner Konstruktion findet Strohal S. 52 darin, daß der Gläubiger seinen Anspruch auch im Konkurs des Schuldners, der die Sache verbotswidrig veräußert hat, verwirklichen kann. M. Er. ist dies Resultat unrichtig; denn das Veräußerungsverbot soll den Gläubiger gegen die aus einer Veräußerung der Sache entstehenden Nachteile, nicht

komplizierten Gedankengang scheint mir die Vorstellung einer relativen Unwirksamkeit den Vorzug der verhältnismäßigen Einfachheit zu haben: die Veräußerung des B an X ist dem A gegenüber unwirksam; daher ist B, soweit es für den A in Betracht kommt, Eigentümer geblieben; er kann dem A (niemandem sonst) das Eigentum übertragen; A (und sonst niemand) kann in die Sache als einen Bestandteil des Vermögens des B vollstrecken.

Keine relative, sondern absolute Unwirksamkeit liegt meines Erachtens vor, wenn jemand über einen Gegenstand verfügt, dessen Verwaltung ihm entzogen ist [23]. Dazu gehören Verfügungen des Gemeinschuldners über die Konkursmasse, KO. § 6, des Erben bei Nachlaßverwaltung und Testamentsvollstreckung, §§ 1984, 2211. Zwar sagt KO. § 7, daß Verfügungen des Gemeinschuldners „den Konkursgläubigern gegenüber unwirksam“ sind. Nimmt man dem Wortlaut folgend relative Unwirksamkeit an [24], so würde das bedeuten, daß die Verfügungen dem Gemeinschuldner gegenüber wirksam sind, d. h. daß er sie nicht bestreiten, z. B. die von ihm veräußerte Sache nicht vindizieren, eine von ihm erlassene Forderung nicht eintreiben kann. Daß er dieses nicht vermag, ergibt sich aber schon daraus, daß ihm die Verwaltung der Konkursmasse und daher die Geltendmachung der zu ihr gehörenden Rechte entzogen ist. Daher ist meines Erachtens anzunehmen [25], daß die hier in Betracht kommenden Verfügungen für jedermann, auch für den Verfügenden selbst, unwirksam sind [26]; allerdings nicht nichtig, weil sie durch Genehmigung des Konkursverwalters, Nachlaßverwalters oder Testamentsvollstreckers sowie durch Wegfall der Verfügungsbeschränkung wirksam werden können [27]. Ebenso verhält es sich mit einer nach

---

aber gegen die Insolvenz seines Schuldners schützen; bei Insolvenz wie bei Solvenz des Schuldners ist der Gläubiger so zu behandeln, wie wenn die verbotene Veräußerung nicht stattgefunden hätte; im Konkurse des Schuldners ist er daher Konkursgläubiger. Nur die Vormerkung verschafft dem Gläubiger auch im Konkurse des Schuldners reale Befriedigung, KO. § 24.

[23] Vgl. unt. § 60 II.

[24] So die herrschende Meinung: z. B. Hellmann, Konkursrecht 253; Cosack § 53 IV; Enneccerus § 189 III; Biermann § 52, 4 d; Planck § 2211, 4.

[25] Strohal a. a. O. 64 fg.; Jäger, KO. § 7 Anm. 6 fg.

[26] Daher ist für den Vermögensherrn, dem die Verwaltung entzogen ist, das Grundbuch gesperrt, RG. 71, 38; Jäger, KO. § 113 Anm. 7; Strohal a. a. O. S. 67.

[27] Vgl. unt. § 60 Note 19. 23.

KO. § 29 fg. angefochtenen Verfügung des Gemeinschuldners, wenn man der Anfechtung sog. dingliche, d. h. rechtszerstörende Kraft beimißt [28]: die Verfügung wird absolut unwirksam (das veräußerte Recht wird Bestandteil der Konkursmasse), kann aber durch Aufhebung des Konkurses wieder wirksam werden [29].

Ist die Verfügung dem Rechtssubjekt nicht entzogen, sondern zum Schutz bestimmter Personen von der Zustimmung derselben abhängig gemacht, so sollte man bei Verfügung ohne Zustimmung nach Analogie von § 135 relative Unwirksamkeit erwarten. Doch hat das Gesetz in einigen Fällen dieser Art zur Vermeidung der mit relativer Unwirksamkeit verbundenen Komplikation absolute Unwirksamkeit angeordnet; so für den Fall, daß die Ehefrau ohne Einwilligung des Mannes über eingebrachtes Gut verfügt, § 1395 fg. (oder der Ehemann bei der Gütergemeinschaft ohne die erforderliche Zustimmung der Frau, § 1448 I): wird die Genehmigung einer solchen Verfügung verweigert, so ist sie auch für die Frau unwirksam [30] und bleibt es auch dann, wenn das Verwaltungsrecht des Mannes wegfällt [31]. Ebenso ist rechtsgeschäftliche Aufhebung eines mit Nießbrauch oder Pfandrecht belasteten Rechtes ohne Zustimmung des Nießbrauchers oder Pfandgläubigers absolut unwirksam [32]. Auch die Zession einer durch Verabredung mit dem Schuldner unabtretbaren Forderung ist nicht nur dem Schuldner gegenüber, sondern absolut unwirksam [33], obgleich die Unabtretbarkeit, weil sie im Interesse des Schuldners liegt, durch seine Zustimmung beseitigt werden kann [34].

---

28 Vgl. ob. § 57 Note 150.

29 Anders ist die Einwirkung des Konkurses und der Gläubigeranfechtung auf Verpflichtungen des Gemeinschuldners: Verpflichtungen, die er nach Konkurseröffnung eingeht, fallen nicht unter § 7 KO.: sie sind gültig, aber nach KO. § 3 von der Befriedigung im Konkurse ausgeschlossen; dasselbe gilt von Verpflichtungen aus einem angefochtenen Geschäft des Gemeinschuldners, vgl. ob. § 57 Note 144. In beiden Fällen wird nicht die Verpflichtung unwirksam, sondern die Haftung der Konkursmasse ausgeschlossen, vgl. Bd. I § 4 VI.

30 Planck § 1396, 2; Endemann II § 177 Anm. 5; RG. 54, 46. Vgl. ob. § 54 Note 71.

31 Vgl. unt. § 60 Note 23.

32 Vgl. ob. § 45 Note 80.

33 Enneccerus § 302 Anm. 18; a. A. Oertmann, § 399 1b; Wünschmann, Gruchot 54, 209, OLG. 28, 91.

34 Vgl. ob. § 12 Note 14.

III. Geschäftsfähigkeit und Verfügungsmacht.

§ 59. Die Geschäftsfähigkeit *.

I. Die Rechtsgeschäfte werden vom Gesetz sanktioniert, weil der Gesetzgeber es für angemessen hält, daß jeder innerhalb seines Rechtskreises selbst entscheide und seine Rechtslage seinen Interessen und Wünschen entsprechend gestalte. Diese Privatautonomie des Rechtssubjekts [1] setzt ein Mindestmaß von Vernünftigkeit des Willens voraus. Daß ein Wille, der nicht auf vernünftigen Motiven beruht, vom Gesetz nicht anerkannt wird, liegt im Interesse sowohl des Handelnden, der dadurch vor Schaden bewahrt wird, als auch der Personen, die mit ihm in Beziehungen treten. Das Gesetz kann aber die Vernünftigkeit des Willens nicht von Fall zu Fall zur Voraussetzung der Wirksamkeit des einzelnen Rechtsgeschäftes erheben; dadurch wäre die Rechtssicherheit des Verkehrslebens zu sehr gefährdet. Daher bestimmt das Gesetz, als Gegensatz zum normalen, mit voller Geschäftsfähigkeit ausgestatteten Menschen, fest abgegrenzte Kategorien von Menschen, deren Wille bei Vornahme von Rechtsgeschäften gar nicht oder nicht voll anerkannt wird [2]; die ersteren sind geschäftsunfähig, die letzteren: in der Geschäftsfähigkeit beschränkt[3]. Die Geschäftsfähigkeit, wie ihr Fehlen und ihre Beschränkung, stellt sich als rechtliche Eigenschaft des Menschen [4] dar, welche auf zwingendem Rechtssatz beruht [5].

II. Geschäftsunfähig sind nach § 104:

---

* Windscheid § 71; Regelsberger § 130; Dornburg § 60; Endemann § 28; Crome § 83; Cosack § 55/6; Enneccerus § 141; Biermann § 58/9; Zitelmann § 106 fg.; Breit, Geschäftsfähigkeit (1903); Eltzbacher, Handlungsfähigkeit (1903).

[1] Vgl. ob. § 50 Note 1.

[2] Da Mängel der Geschäftsfähigkeit bei Menschen, die im Verkehr tätig sind, als Ausnahmen erscheinen, dürfte es richtig sein, diese Mängel in bezug auf die Beweislast als rechtshindernde Tatsachen zu behandeln, Enneccerus § 142 II. Vgl. ob. § 43 Note 31.

[3] Kohler § 107 nennt die beschränkte Geschäftsfähigkeit „Verfügungsunfähigkeit“. Dieser Ausdruck ist irreleitend, weil man dabei an einen auf „Verfügungen“, ob. § 54, beschränkten Ausschluß der Handlungsfähigkeit denkt.

[4] Vgl. Bd. I § 7 II, § 21 III.

[5] Bd. I § 7 Note 6a. Auf die Geschäftsfähigkeit kann nicht verzichtet werden, ob. § 54 Note 189.

1. Kinder, d. h. Personen, die das siebente Lebensjahr nicht vollendet haben;

2. Geisteskranke, d. h. „wer sich in einem die freie Willensbestimmung aufhebenden Zustande krankhafter Störung der Geistestätigkeit befindet, sofern nicht der Zustand seiner Natur nach ein vorübergehender ist" [6]. Die Geschäftsunfähigkeit des Geisteskranken beginnt und endigt ipso iure mit seinem krankhaften Zustand und wird durch sog. lichte Zwischenräume unterbrochen [7];

3. wer wegen Geisteskrankheit entmündigt ist, § 6 Nr. 1. Die Geschäftsunfähigkeit beginnt, wenn der Entmündigte bereits einen gesetzlichen Vertreter hat, mit der Zustellung an diesen, anderenfalls mit der Bestellung des Vormundes, ZPO. § 661 [8]. Sie dauert bis zur Rechtskraft eines Wiederaufhebungsbeschlusses [9]. Lichte Zwischenräume kommen nicht in Betracht. Wird die Entmündigung im Wege der Anfechtung aufgehoben, so verliert sie ihre Wirkung ex tunc: der Entmündigte ist, wenn er nicht tatsächlich geisteskrank war, trotz der Entmündigung geschäftsfähig gewesen; daneben bleiben die von oder gegenüber seinem gesetzlichen Vertreter vorgenommenen Rechtsgeschäfte wirksam, § 115 I [10].

Geschäftsunfähige Personen haben in der Regel einen gesetzlichen Vertreter, dem die Sorge für ihre Person und ihr Vermögen obliegt. Beim Kind ist es Vater, Mutter oder Vormund [11]. Ein Geisteskranker erhält, wenn er entmündigt wird und nicht bereits unter elterlicher oder vormundschaftlicher Gewalt steht, einen Vormund, § 1896 [12]. Es kann aber vorkommen, daß ein Geschäftsunfähiger kürzere oder längere Zeit ohne gesetzlichen Vertreter dasteht, z. B. ein verwaistes Kind, bevor ein Vormund ernannt wird [13]; ein Geisteskranker, wenn seine Krankheit nicht erkannt oder der Entmündigungsantrag nicht gestellt wird.

---

[6] Über vorübergehende Störungen der Geistestätigkeit vgl. ob. § 50 Note 8.

[7] Vgl. Bd. I S. 407.

[8] Bd. I § 26 Note 22 a.

[9] Oder eines die Wiederaufhebung aussprechenden Urteils, vgl. Bd. I § 26 Note 41.

[10] Bd. I S. 418.

[11] §§ 1627, 1793, 1910.

[12] Daher wird der Entmündigungsbeschluß von Amtswegen der Vormundschaftsbehörde mitgeteilt, ZPO. § 660.

[13] Provisorische Fürsorge des Vormundschaftsgerichts § 1846.

Die Willenserklärung eines Geschäftsunfähigen [14] ist nichtig, § 105 I [15]. Das bezieht sich auf alle Rechtsgeschäfte, mögen sie für den Geschäftsunfähigen nachteilig oder vorteilhaft sein [16]; so kann z. B. der Geschäftsunfähige eine Schenkung nicht annehmen [17]. Sind Geschäfte für den Geschäftsunfähigen zu schließen, so hat der gesetzliche Vertreter an dessen Stelle zu handeln. Einwilligung zu einer Erklärung des Geschäftsunfähigen genügt nicht, es sei denn, daß diese Einwilligung durch die Art ihrer Abgabe als Erklärung des Vertreters im Namen des Geschäftsunfähigen gedeutet werden kann [18]. Ein vom Geschäftsunfähigen bereits geschlossenes Geschäft kann der Vertreter nicht genehmigen, sondern nur ein neues Geschäft desselben Inhaltes schließen [19]. Rechtsgeschäfte des Geschäftsunfähigen bleiben nichtig, nachdem die Geschäftsunfähigkeit (durch Volljährigkeit, Aufhören der Geisteskrankheit, Aufhebung der Entmündigung) weggefallen ist [20]; eine Bestätigung durch den geschäftsfähig Gewordenen ist nach § 141 als erneute Vornahme zu beurteilen [21].

III. In der Geschäftsfähigkeit beschränkt sind:

1. Minderjährige, die das siebente Lebensjahr vollendet haben, § 106 [22];

---

[14] Über Willenserklärungen, die einem Geschäftsunfähigen gegenüber abgegeben werden, § 131, vgl. unt. § 61 Note 264.

[15] Die Nichtigkeit wird de lege ferenda bekämpft von Neubecker, Haftung für Wort und Wille 32, und M. Rümelin, Die Geisteskranken im Rechtsverkehr 46 fg.

[16] Wenn Danz, JheringsJ. 54, 51 aus dem Zweck des § 105 (Schutz des Geschäftsunfähigen) schließt, daß ein von einem Geisteskranken gegebenes Darlehen gelten muß, so ist das nicht mehr Auslegung, sondern Korrektur des Gesetzes.

[17] Die Rechtfertigung dieses Resultates kann darin gefunden werden, daß der Schenker nicht geschenkt hätte, wenn er die Geisteskrankheit gekannt hätte.

[18] Läßt z. B. ein Vormund den Geisteskranken, um seine Gefühle zu schonen, einen Einkauf in einem Laden machen und gibt er dabei dem Verkäufer seine Zustimmung zu erkennen, so hat der Vormund die vom Geisteskranken gewählte Sache im Namen desselben gekauft.

[19] Es gilt dasselbe, wie bei der Bestätigung, § 141, vgl. ob. § 56 VI.

[20] Vgl. ob. § 56 Note 80.

[21] Andere Folgen der Geschäftsunfähigkeit sind: Ruhen der elterlichen Gewalt, § 1676; Unfähigkeit zur Vormundschaft, § 1780, zur Mitgliedschaft im Familienrat, § 1865 und zur Testamentsvollstreckung, § 2201.

[22] Das Gesetz versteht unter Minderjährigen: im weiteren Sinne alle

2. wer wegen Geistesschwäche, Verschwendung oder Trunksucht entmündigt ist, § 114. Die Beschränkung der Geschäftsfähigkeit ist bei diesen Personen Folge nicht ihres geistigen Zustandes, sondern der Entmündigung [23]. Sie beginnt mit der Zustellung des Beschlusses an den Entmündigten, ZPO. §§ 661 II, 683 II [23a], und dauert bis zur Rechtskraft eines die Entmündigung aufhebenden Beschlusses oder Urteils, ZPO. §§ 678/9, 685/6. Wird der Entmündigungsbeschluß durch Anfechtung aufgehoben, so verliert er seine Einwirkung auf die Geschäftsfähigkeit ex tunc: die vom Entmündigten vorgenommenen Rechtsgeschäfte sind (sofern er nicht geisteskrank war) gültig; daneben behalten die von oder gegenüber seinem Vertreter vorgenommenen Geschäfte ihre Wirksamkeit, § 115 I.

3. wer nach § 1906 unter vorläufige Vormundschaft gestellt ist [24]. Die Beschränkung der Geschäftsfähigkeit beginnt, wenn die Entmündigung wegen Geisteskrankheit beantragt ist, mit der Bestellung des Vormunds, in den übrigen Fällen mit der Bekanntmachung der Verfügung an den zu Entmündigenden; sie endigt mit der Bekanntmachung der Aufhebung der Vormundschaft an den Mündel, GFG. § 52. Erfolgt eine definitive Entmündigung wegen Geisteskrankheit, so verwandelt sich die beschränkte Geschäftsfähigkeit in volle Geschäftsunfähigkeit; erfolgt sie aus einem anderen Grunde, so bleibt es bei der beschränkten Geschäftsfähigkeit. Wird der Antrag auf Entmündigung zurückgenommen oder abgewiesen oder wird die Entmündigung durch Anfechtung aufgehoben, so fällt die Beschränkung der Geschäftsfähigkeit ex tunc weg, § 115 II [25].

Andere Gründe der Beschränkung der Geschäftsfähigkeit kennt das Gesetz nicht; insbesondere sind die nach § 1910/11 unter

---

Personen unter 21 Jahren, z. B. in §§ 1626, 1773 fg.; im engeren Sinne die Personen vom vollendeten siebenten bis zum 21. Jahre, z. B. in § 107 fg., § 2229 II. In der folgenden Darstellung ist minderjährig im engeren Sinne zu verstehen. Ein Minderjähriger, der das 18. Jahr vollendet hat, kann für volljährig erklärt werden und erlangt dadurch die Stellung eines Volljährigen, § 3, vgl. Bd. I § 24 III.

[23] Vgl. Bd. I § 26 Note 30.

[23a] OLG. 25, 143.

[24] Vgl. Bd. I § 26 V.

[25] Dasselbe gilt nach GFG. § 61, wenn die vorläufige Vormundschaft infolge einer sofortigen Beschwerde, GFG. § 60 Nr. 5, aufgehoben wird, Oertmann § 115, 3.

Pflegschaft gestellten Personen geschäftsfähig [26], ebenso die Ehefrau, der Gemeinschuldner und andere Personen, denen die Verfügungsmacht über ein Sondergut entzogen ist, vgl. unt. § 60 II.

Die beschränkt Geschäftsfähigen haben, wie die Geschäftsunfähigen, einen gesetzlichen Vertreter, dem die Sorge für Person und Vermögen obliegt: Vater, Mutter oder Vormund. Ausnahmsweise kann ein beschränkt Geschäftsfähiger ohne gesetzlichen Vertreter dastehen, z. B. ein Minderjähriger, der nach dem Tode der Eltern noch keinen Vormund bekommen hat, oder ein Entmündigter, wenn das Amt des Vormunds erloschen und ein Nachfolger noch nicht ernannt ist. Die Bestellung eines gesetzlichen Vertreters ist die Folge, nicht der Grund der Aufhebung oder Beschränkung der Geschäftsfähigkeit: wird ein Vormund ohne die gesetzlichen Voraussetzungen bestellt, so bleibt der Bevormundete geschäftsfähig [27], z. B. wenn ein Volljähriger fälschlicherweise für minderjährig gehalten, oder irrigerweise angenommen wird, daß ein Antrag auf Entmündigung vorliegt.

Wer wegen Geistesschwäche, Verschwendung oder Trunksucht entmündigt, oder wer unter vorläufiger Vormundschaft gestellt ist, steht in Ansehung der Geschäftsfähigkeit einem Minderjährigen gleich, § 114 [28]. Daher soll in der folgenden Darstellung der Kürze halber nur von Minderjährigen gesprochen werden.

IV. Der Wille des Minderjährigen wird vom Gesetz nicht, wie der des Geschäftsunfähigen, ignoriert, aber auch nicht, wie der des Volljährigen, für ohne weiteres maßgebend angesehen. Der Minderjährige soll im rechtsgeschäftlichen Verkehr durch seinen gesetzlichen Vertreter vor Schaden bewahrt werden. Daher stellt das Gesetz in § 107 das Prinzip auf, daß der Minderjährige zu einer Willenserklärung [29] der Einwilligung seines gesetzlichen Vertreters bedarf [29a], außer bei solchen Willenserklärungen, durch

[26] Aber nicht prozeßfähig, wenn sie im Prozeß durch einen Pfleger vertreten sind. ZPO. § 53.

[27] Planck § 1773, 5 a. E.

[28] Abweichungen bestehen für die Ehefähigkeit, § 1303/4, und die Testierfähigkeit, § 2229. In bezug auf die (zum Begriff der Rechtsfähigkeit gehörende) Fähigkeit zur Vormundschaft vgl. §§ 1780, 1781.

[29] Über Willenserklärungen an einen Minderjährigen vgl. unt. § 61 N. 265.

[29a] In einigen Fällen kann die Einwilligung des Vormunds (nicht des Vaters oder der Mutter), wenn sie verweigert wird, auf Antrag des Mündels durch das Vormundschaftsgericht ersetzt werden, §§ 113, 1304 II.

welche der Minderjährige lediglich einen rechtlichen Vorteil [29b] erlangt [30].

Ob ein Geschäft im Sinn von § 107 vorteilhaft oder nachteilig ist, richtet sich, anders als bei der Restitution Minderjähriger im gemeinen Rechte [31], nicht nach den ökonomischen Folgen des Geschäftes und der konkreten Lage des Falles, sondern nach der generellen Beschaffenheit, dem Typus, des Rechtsgeschäftes. Jedes Geschäft, das zu einer Rechtsminderung oder Belastung des Minderjährigen führen kann, jede Verfügung [32] und jedes Eingehen einer Verpflichtung ist einwilligungsbedürftig: Kauf und Verkauf ohne Rücksicht auf das Verhältnis des Wertes der Sache zum Preis; Annahme einer wenn auch solventen Erbschaft [33], weil damit der Eintritt in die Schuldenhaftung verbunden ist; Vermietung und Verleihung, weil der Mieter sich zur Überlassung der Sache verpflichtet [34]; ebenso auch die Hingabe einer Sache zur Verwahrung, weil damit entweder eine Verpflichtung zu einem Entgelt verbunden ist, oder eine Gefährdung der Interessen des Minderjährigen durch die abgeschwächte Haftung des Verwahrers nach § 690. Einwilligungsbedürftig ist ferner die Vornahme einer geschuldeten Leistung, weil darin eine Verfügung über den geleisteten Gegenstand liegt [35]; ebenso auch die Annahme einer

---

[29b] Ein noch so großer tatsächlicher Vorteil genügt nicht. Daher bedürfen auch solche Verträge, durch welche ein Minderjähriger seinen Unterhalt sichert, der Einwilligung des gesetzlichen Vertreters.

[30] Entsprechend der Regel, die im römischen Recht für impuberes galt, Windscheid § 71, 4a.

[31] Windscheid § 115.

[32] Es sei denn, daß die Verfügung, ausnahmsweise, dem Minderjährigen lediglich Vorteil bringt, z. B. wenn er als Miteigentümer die gemeinsame Sache zu seinen Gunsten belastet, a. A. Planck § 1009, 1.

[33] Auch durch pro herede gestio, Planck § 1943, 4.

[34] Einwilligungsbedürftig ist auch die Entlehnung einer Sache durch den Minderjährigen, weil er die Kosten der Erhaltung, § 601 I, und eine Verpflichtung zur Sorgfalt übernimmt. A. A. Oertmann § 107, 3c, der darauf hinweist, daß der Minderjährige auch ohne Vertrag für die in Gebrauch genommene Sache aus Delikt haften würde; dabei ist übersehen, daß die Vertragspflicht den Minderjährigen stärker belastet, als die allgemeine Haftung aus Delikt: denn für die Nichterfüllung einer Vertragspflicht durch seinen gesetzlichen Vertreter muß der Minderjährige nach § 278 einstehen, während er nur für eigene unerlaubte Handlungen, nicht für die des Vormundes haftet.

[35] Verpflichtungen, welche eine Arbeitsleistung zum Gegenstand

geschuldeten Leistung [36], weil der Minderjährige dadurch über seine Forderung verfügt [37].

Als Beispiel lediglich vorteilhafter Geschäfte kann angeführt werden: Annahme eines unbelasteten Vermächtnisses oder einer nicht mit Auflage [38] beschwerten [38a] Schenkung [39]; Annahme eines Erlasses [40]; Widerruf einer Schenkung wegen Undanks, § 530; Anfechtung einer Veräußerung oder Verpflichtung [41]; Kündigung eines zinslosen Darlehens [42]; Abschluß eines Erbvertrages, bei welchem der Minderjährige nicht Erblasser ist [43]; endlich Erwerb von Rechten durch abstraktes Rechtsgeschäft, z. B. Erwerb des Eigentums durch Auflassung oder Übertragung, Erwerb einer Forderung durch Zession: wenn man, wie es die abstrakte Natur dieser Erwerbsakte verlangt, den Rechtserwerb losgelöst von seiner causa ins Auge faßt [44], ist er als ein für den Minderjährigen

---

haben, kann der Minderjährige selbständig erfüllen, weil er dadurch sein Vermögen nicht mindert, Oertmann § 362, 5a.

[36] So die herrschende Meinung, Planck, Erl. I 3b zu § 107; a. A. Oertmann § 107, 3e.

[37] Vgl. ob. § 54 Note 24.

[38] Auch wenn die Auflage darin besteht, einen Teil des Geschenkes in bestimmter Weise zu verwenden, begründet sie eine Verpflichtung des Minderjährigen; daher bedarf das gesamte Schenkungsgeschäft (nicht blos die Auflageverabredung) der Einwilligung des Vertreters, denn das Geschäft kann nicht als lediglich vorteilhaft gelten, Planck I 3a zu § 107; a. A. Oertmann a. a. O.

[38a] Annahme einer Schenkung mit einem für den Schenker vorbehaltenen Nießbrauch bedarf der Einwilligung des ges. Vertreters, OLG. 22, 160; Planck, Erl. I 3a zu § 107; vgl. ob. § 45 Note 71; a. A. OLG. 24, 29.

[39] Die Rückforderung wegen Verarmung und infolge eines Widerrufs, §§ 528, 531, kommt nicht in Betracht, weil sie durch eine außerhalb des Rechtsgeschäfts liegende Tatsache entsteht und den Minderjährigen nicht ärmer machen kann. Dernburg § 120 Anm. 7, Planck I 3a zu § 107.

[40] Ebenso kann der Minderjährige als Schuldner eine Schuldübernahme nach § 415 verabreden, Strohal, JheringsJ. 57, 429.

[41] Wenn nicht durch Anfechtung zugleich für den Minderjährigen ein Recht wegfällt oder eine Ersatzpflicht, § 122, entsteht.

[42] Daß in der Anfechtung oder Kündigung zugleich eine Verfügung über das Anfechtungs- oder Kündigungsrecht liegt, kommt nicht in Betracht, da Verfügungen über Gestaltungsrechte nach dem durch die Verfügung erreichten Resultat zu beurteilen sind, vgl. ob. § 54 Note 54.

[43] Planck § 2275, 3.

[44] Vgl. ob. § 53 S. 207.

lediglich vorteilhaftes Geschäft zu betrachten [45]. Daher wird z. B. der Minderjährige Eigentümer des Geldes, das ihm als Darlehen gegeben wird, obgleich seine Darlehensschuld mangels Einwilligung des gesetzlichen Vertreters nicht entsteht. Auch wird der Minderjährige Eigentümer einer Sache, die ihm zur Erfüllung einer Verbindlichkeit geleistet wird, obgleich seine Forderung mangels Einwilligung des gesetzlichen Vertreters nicht erlischt [46]. Durch solchen Rechtserwerb entsteht für den Minderjährigen eine ungerechtfertigte Bereicherung, die er nach § 812 herauszugeben hat [47].

Es gibt Rechtsgeschäfte, welche, ohne dem Minderjährigen einen rechtlichen Vorteil zu bringen, keinerlei nachteilige Einwirkung auf sein Vermögen ausüben. Nach dem Wortlaut des § 107 scheinen sie dem Erfordernis der Einwilligung zu unterliegen, nicht aber nach dem Zweck dieser Vorschrift: Schutz des Minderjährigen gegen Benachteiligung. In einem Fall: wenn der Minderjährige als Bevollmächtigter auftritt, erlaubt ihm § 165 selbständiges Handeln. Ebenso ist nach der ratio legis in gleichliegenden Fällen zu entscheiden. So z. B., wenn der Minderjährige eine ihm nach § 318 überlassene Bestimmung vornimmt [48]. Oder wenn ein Minderjähriger im eigenen Namen über eine fremde Sache mit Zustimmung des Eigentümers verfügt: da diese Verfügung das Vermögen des Minderjährigen nicht betrifft, kann sie auch ohne Einwilligung des gesetzlichen Vertreters wirksam werden [49].

---

[45] Man könnte einwenden, daß der Erwerb des Eigentums kein lediglich vorteilhaftes Geschäft ist, weil das Eigentum mit Lasten und Pflichten verbunden sein kann; aber der Eigentümer kann sich von Lasten und Pflichten jederzeit durch Dereliktion befreien, Cosack § 57 I 2a. SeuffArch. 64, 97.

[46] RG. 68, 270. Planck I 3d zu § 107; Enneccerus § 142 II 1a; Oertmann § 107, 3e; Staudinger § 107, 3; a. A. OLG. 22, 126 für den Fall, daß dem Minderjährigen eine ohne Einwilligung des ges. Vertreters gekaufte Sache ausgehändigt wird.

[47] Ebenso verhält es sich, wenn ein minderjähriger Gläubiger ohne Einwilligung des ges. Vertreters eine Novation vornimmt: er erwirbt die neue abstrakte Forderung, ohne seine frühere Forderung zu verlieren; jedoch kann der Schuldner nach § 812 Aufhebung der neuen Forderung verlangen und sich gegen diese Forderung durch Einrede, § 821, schützen, Enneccerus § 298 III A 4.

[48] Einen weiteren Fall habe ich in KritVJSchr. 46, 546 besprochen.

[49] Dieser Fall muß nach Analogie von § 165 entschieden werden. Veräußert der Minderjährige in eigenem Namen die fremde Sache ohne

Das Kriterium des § 107 (rechtlicher Vorteil) ist unanwendbar bei Rechtsgeschäften, welche die Familienbeziehungen des Minderjährigen betreffen. Sie erfordern daher grundsätzlich Einwilligung des gesetzlichen Vertreters, so insbesondere der Abschluß und die Bestätigung der Ehe, §§ 1304 I, 1325 II, 1331, sowie das Verlöbnis[50]. In zahlreichen Fällen hält es aber der Gesetzgeber für angemessen, daß der Minderjährige in das Familienleben eingreifende Entschlüsse selbständig fasse; daher sind gewisse Rechtsgeschäfte (und Klagen, durch welche familienrechtliche Gestaltungsrechte ausgeübt werden [51]) ohne Einwilligung des gesetzlichen Vertreters zulässig: so die Anfechtung und Bestätigung der Ehe, §§ 1336 I, 1337 III; die Anfechtung und Anerkennung der Ehelichkeit, §§ 1595 I, 1598 [52].

Das Testament erfordert Selbständigkeit des letzten Willens. Daher kann ein Minderjähriger (der das 16. Lebensjahr vollendet hat) ohne Einwilligung seines Vertreters testieren, § 2229 II [53]. Dagegen bedarf ein in der Geschäftsfähigkeit beschränkter Erblasser zum Abschluß eines Erbvertrags (durch den er sich unwiderruflich bindet) der Zustimmung seines Vertreters, § 2275 II [54], nicht dagegen zur Anfechtung und Aufhebung des Erbvertrags [55]

Zustimmung des Eigentümers, so entsteht die zweifelhafte Frage, ob der gutgläubige Erwerber nach §§ 892, 932 geschützt wird. Ich möchte mich der von Breit 42 vertretenen bejahenden Meinung anschließen, weil die ratio des § 107, Schutz des Minderjährigen gegen Schädigung durch eigene Handlung, hier nicht zutrifft; a. A. Strohal JheringsJ. 57, 427.

[50] RG. 61, 271; Planck, Erl. I 2a zu § 107; Enneccerus § 142 Anm. 4. Anders die Autoren, welche dem Verlöbnis den Charakter eines Rechtsgeschäfts absprechen, vgl. Dernburg IV § 6 IV; ob. § 50 Note 17.

[51] Vgl. ob. § 50 Note 80 und ZPO. § 612: Prozeßfähigkeit des beschränkt geschäftsfähigen Ehegatten in Ehesachen.

[52] Vgl. ferner § 1748 II, 1755 und die Einwilligung des Minderjährigen zur Volljährigkeitserklärung, § 4 I, welche der Zustimmung eines Vormundes nicht bedarf, vgl. Bd. I § 24 III 2.

[53] Bei Entmündigung wegen Geistesschwäche, Verschwendung und Trunksucht tritt Testierunfähigkeit ein, u. zw. schon mit dem Entmündigungsantrag, § 2229 III; dagegen bleibt die Fähigkeit zum Widerruf eines vor der Entmündigung errichteten Testamentes bestehen, § 2253 II.

[54] Nur ein Ehegatte kann trotz beschränkter Geschäftsfähigkeit einen Erbvertrag schließen, § 2275 II.

[55] Hat der beschr. Geschäftsfähige im Erbvertrag nicht die Stellung des Erblassers, so bedarf er zur Aufhebung des Erbvertrags der Zu-

oder zum Rücktritt von einem solchen, §§ 2282, 2290, 2296, ebenso nicht zur Entgegennahme eines Erbverzichtes, § 2347 II [56].

Selbständige Entscheidung wird man dem beschränkt Geschäftsfähigen zusprechen dürfen bei der Gestattung von Eingriffen in seine Person [57] (z. B. zum Zweck einer Operation), wenn er vermöge seiner geistigen Beschaffenheit die Bedeutung des Eingriffs zu ermessen imstande ist [58].

V. Der gesetzliche Vertreter des Minderjährigen hat zwei Wege, um die Vornahme der im Interesse des Minderjährigen erforderlichen Rechtsgeschäfte zu bewirken: er kann ein Geschäft entweder selbst, im Namen des Minderjährigen schließen [59], oder dem Minderjährigen die Einwilligung zur Vornahme des Geschäftes erteilen [59a]. Im ersten Fall handelt der gesetzliche Vertreter, seinem Namen entsprechend, als Stellvertreter: das von ihm, ohne Beteiligung des Minderjährigen [60], vorgenommene Rechtsgeschäft hat nach § 164 Wirkungen für den Rechtskreis des Minderjährigen. Im zweiten Fall fungiert der gesetzliche Vertreter, trotz seines Namens, nicht als Vertreter, sondern als Beistand: das Rechtsgeschäft wird vom Minderjährigen geschlossen; die Einwilligung des gesetzlichen Vertreters ist ein Hilfsgeschäft [61], durch welches dem Minderjährigen die wirksame Vornahme seines Rechts-

---

stimmung seines Vertreters u. zw. selbst dann, wenn der Vertrag zugunsten eines Dritten geschlossen ist, Planck § 2290. 2 b.

[56] Ist der Verzichtende in der Geschäftsfähigkeit beschränkt, so braucht er, da er einen rechtlichen Vorteil aufgibt, die Zustimmung seines Vertreters, § 2347 I.

[57] Diese Gestattung ist ein Rechtsgeschäft mit der Wirkung, daß ein Eingriffsrecht (ob. § 8 IV) entsteht, durch welches die Rechtswidrigkeit des Eingriffs ausgeschlossen wird.

[58] Komment. des RG. § 106, 2; Staudinger § 107, 7. Fehlt dem beschr. Geschäftsfähigen die nötige Einsicht, so hat der ges. Vertreter vermöge der ihm zustehenden Sorge für die Person die Einwilligung abzugeben. A. A. RG. 68, 433, Planck, Erl. I 4 zu § 107 und die dort zitierten Urteile, welche die Entscheidung stets dem gesetzlichen Vertreter überlassen wollen.

[59] Gewisse Geschäfte, z. B. Veräußerung von Mobilien, auch im eigenen Namen, vgl. Bd. I § 7 Note 26.

[59a] RG. 76, 92.

[60] Anhörung des Minderjährigen durch das Vormundschaftsgericht, § 1827. Beschwerde des Minderjährigen über Verfügungen des Vormundschaftsgerichts, welche seine Person betreffen, GFG. § 57 Nr. 9.

[61] Vgl. ob. § 50 Note 32. Biermann § 50.

geschäftes ermöglicht wird [62]. Zwischen beiden Arten des Auftretens hat der gesetzliche Vertreter die freie Wahl; insbesondere kann er namens des Minderjährigen auch die Geschäfte schließen, zu deren Vornahme der Minderjährige nach § 107 selbständig befugt ist [63]. In den meisten Fällen wird es der Pflicht des gesetzlichen Vertreters, für Person und Vermögen des Minderjährigen zu sorgen, am besten entsprechen, wenn er selbst namens des Minderjährigen handelt, namentlich im Verkehr mit Behörden [64]. Ausnahmsweise ist bei einzelnen Rechtsgeschäften Vertretung ausgeschlossen, z. B. beim Ehevertrag, § 1437, bei der Einwilligung zur Ehelichkeitserklärung, § 1728, beim Adoptionsvertrag, § 1750, beim Erbvertrag, § 2274. In solchen Fällen kann der gesetzliche Vertreter nur als Beistand fungieren [65]. Da beide Arten des Verfahrens (das Handeln im Namen des Minderjährigen und die Einwilligung zu Rechtsgeschäften des Minderjährigen) demselben Zweck dienen, ist analoge Übertragung von Rechtssätzen, die für das eine Verfahren aufgestellt sind, auf das andere Verfahren zulässig: in zahlreichen Fällen bedarf der gesetzliche Vertreter zur Vornahme von Rechtsgeschäften der Genehmigung des Vormundschaftsgerichts oder des Gegenvormunds, §§ 1643, 1821/2, 1812/3; in diesen Fällen ist auch die Einwilligung des gesetzlichen Vertreters genehmigungsbedürftig [66]. Soweit die Vertretungsmacht des gesetzlichen Vertreters ausgeschlossen ist, kann er auch keine Einwilligung erteilen [67]. Das Verbot, aus dem Vermögen des Minderjährigen Schenkungen zu machen, §§ 1641, 1804, ist auch auf die Einwilligung zu einer vom Minderjährigen vorzunehmenden

[62] Vgl. ob. § 54 Note 60.

[63] Oder zu denen er dem Minderjährigen die Einwilligung erteilt hat.

[64] Der korrekte Weg des Vorgehens vor dem Grundbuchamt ist Vertretung des Minderjährigen durch den gesetzlichen Vertreter, Josef, DJZ. 16, 1267.

[65] Ein weiterer Fall ist m. Er. die Veröffentlichung eines Geisteswerkes z. B. durch Abschluß eines Verlagsvertrages: da die Veröffentlichung nicht ohne Willen des Urhebers erfolgen darf, Crome § 519 Anm. 48 fg., so kann der gesetzliche Vertreter des beschr. Geschäftsfähigen den Verlagsvertrag nicht selbst schließen, sondern nur dessen Abschluß durch den beschr. Geschäftsfähigen bewilligen.

[66] Mot. IV 1136. Planck Erl. 5 vor § 1821.

[67] Planck § 1795, 4. Der Minderjährige kann auch nicht einen Vertrag mit seinem gesetzl. Vertreter mit dessen Einwilligung schließen; a. A. Oertmann § 166, 3 a, der einen Auftrag des Mündels an den Vormund mit Einwilligung des Vormundes für zulässig hält.

Schenkung zu beziehen [68]. Meines Erachtens ist auch § 166 analog anzuwenden, d. h. ein vom gesetzlichen Vertreter bewilligtes Rechtsgeschäft so zu behandeln, wie wenn er es selbst namens des Minderjährigen vorgenommen hätte, so daß Kennen und Kennenmüssen gewisser Umstände nur aus seiner Person zu beurteilen ist [69].

Die Einwilligung des gesetzlichen Vertreters ist ein einseitiges empfangsbedürftiges Rechtsgeschäft [70]. Sie untersteht den Vorschriften der §§ 182 fg. Sie kann sowohl an den Minderjährigen erklärt werden (interne Einwilligung), als an seinen Geschäftsgegner (externe Einwilligung). Sie bedarf nicht der für das bewilligte Geschäft bestimmten Form, § 182 II, und braucht nicht ausdrücklich zu sein [71]. Es ist Sache des Geschäftsgegners, sich zu vergewissern, ob eine interne Einwilligung vorliegt. Bei einseitigen Geschäften des Minderjährigen darf für den Geschäftsgegner keine Ungewißheit der Gültigkeit entstehen [72]. Daher kann der Gegner, wenn der gesetzliche Vertreter ihn nicht von der Einwilligung in Kenntnis gesetzt hat [73], und der Minderjährige ihm nicht vor oder bei Abgabe seiner Erklärung die Einwilligung in schriftlicher Form vorlegt [74], die Erklärung unter Angabe des

---

[68] Planck § 1804, 1; Kipp, Familienrecht § 116 I. Vgl. unt. Note 104.

[69] Hat z. B. bei einem vom ges. Vertreter bewilligten Kauf der Minderjährige, nicht aber sein Vertreter einen Mangel der Kaufsache gekannt, so ist der Gewährleistungsanspruch nicht ausgeschlossen. Bedarf das Geschäft des Minderjährigen der Einwilligung des ges. Vertreters nicht, so kommt es auf Kennen oder Kennenmüssen des Vertreters nicht an; so kann z. B. ein Minderjähriger durch eigenen guten Glauben Eigentum nach § 932 erwerben.

[70] Zitelmann, ArchZivPr. 99, 51; Biermann § 50; Planck, Erl. II 1 zu § 107; Staudinger § 182, 1; a. A. Komment. des RGer. § 107, 3.

[71] Bei richtiger Auslegung kann sich eine „Einwilligung" des ges. Vertreters als Bevollmächtigung herausstellen; wenn z. B. ein Vater seinem minderjährigen Sohne erlaubt, eine Sache zu kaufen, deren Anschaffung zur Unterhaltspflicht des Vaters gehört, so ist anzunehmen, daß der Vater den Sohn bevollmächtigt hat, den Kauf in seinem, des Vaters, Namen abzuschließen.

[72] Vgl. ob. § 53 S. 209.

[73] Schriftlich oder mündlich, Kipp zu Windscheid § 71 S. 327. Anderweitige Kenntnis von der Einwilligung kommt nicht in Betracht, Dernburg § 121 V; Oertmann § 111 2c. Vgl. ob. § 49 Note 28.

[74] Vgl. ob. § 53 S. 211.

Grundes unverzüglich zurückweisen; tut er das, so ist das Geschäft des Minderjährigen unwirksam, § 111, 2 und 3 [75]; unterläßt er die Zurückweisung, so hat er sich selbst zuzuschreiben, wenn er über die Wirksamkeit der Erklärung des Minderjährigen im Zweifel bleibt. Die Einwilligung kann vom gesetzlichen Vertreter bis zur Vornahme des Geschäftes [76] stets [77] widerrufen werden, durch Erklärung an den Minderjährigen oder an dessen Gegner, § 183. Ist die Erklärung an den Gegner erklärt oder ihm kundgegeben, so bleibt sie in Kraft, bis ihm der Widerruf angezeigt wird [78].

Die Einwilligung kann sich nicht nur auf ein einzelnes Rechtsgeschäft, sondern auf einen ganzen Kreis von Rechtsgeschäften [79] beziehen [80]. Eine generelle Einwilligung ist unentbehrlich, wenn der gesetzliche Vertreter den Minderjährigen in eine Lage bringt, in welcher er zu seinem Unterhalt und zur Erreichung der ihm gesetzten Zwecke selbständig Rechtsgeschäfte schließen muß [81], z. B. wenn er den Minderjährigen zum Studium an eine Universität schickt [82]. Die generelle Einwilligung ist, wie die spezielle, widerruflich, § 183, und kann, wenn sie intern erteilt ist, durch Instruktionen des gesetzlichen Vertreters an den Minderjährigen beschränkt

---

[75] Vgl. ob. § 55 Note 31.

[76] Resp., wenn das bewilligte Geschäft eine Offerte des Minderjährigen ist, bis zum Moment, in welchem sie nach § 145 bindend geworden ist, Kipp zu Windscheid § 71 S. 326.

[77] Nicht nur regelmäßig, wie Planck § 107, 2 bemerkt: denn aus dem der Einwilligung zugrunde liegenden Rechtsverhältnis (Sorge für Person und Vermögen des Minderjährigen) kann sich die Unwiderruflichkeit nicht ergeben.

[78] Dieser für den Schutz des Dritten unentbehrliche Satz ergibt sich aus der durch die nahe Verwandtschaft von Einwilligung und Vollmacht gerechtfertigten Analogie der §§ 170 fg.; Planck § 183, 2; Staudinger § 183, 4.

[79] Nicht auf alle beliebigen Rechtsgeschäfte; das würde dem Zweck der ges. Vertretung widersprechen, Planck, Erl. II 2 zu § 107.

[80] Dernburg § 120 II 4; Kipp zu Windscheid § 71 S. 327; Enneccerus § 143 I 4; Oertmann § 113, 8; Staudinger § 110, 2; a. A. Blume, JheringsJ. 48, 417; Planck § 110, 6; Biermann § 61, 3.

[81] Auch die generelle Einwilligung braucht nicht ausdrücklich erklärt zu werden, vgl. ob. Note 71, sie kann auch darin bestehen, daß der ges. Vertreter die Vornahme gewisser Rechtsgeschäfte durch den Minderjährigen duldet.

[82] Besonderes gilt nach § 112/3 bei Ermächtigung zum Betrieb eines Erwerbsgeschäftes oder zum Eintritt in Dienst und Arbeit, vgl. unt. VIII.

werden [83]; insbesondere ist anzunehmen, daß sie Kreditgeschäfte des Minderjährigen nur soweit deckt, als diese üblich sind und den Bedürfnissen des Minderjährigen entsprechen [83a]. Die generelle Einwilligung hat zur Folge, daß die innerhalb ihres Rahmens vorgenommenen Rechtsgeschäfte von vornherein wirksam sind. Es tritt aber keine Erweiterung der Geschäftsfähigkeit ein: der Minderjährige ist inbezug auf diese Geschäfte nicht prozeßfähig und kann über Gegenstände, die er durch die ihm gestatteten Geschäfte erwirbt, nur soweit verfügen, als die generelle Einwilligung sich auch auf solche Verfügungen erstreckt [84].

VI. Wird ein einwilligungsbedürftiges Geschäft ohne Einwilligung des gesetzlichen Vertreters vorgenommen, so unterscheidet das Gesetz:

1. Ein einseitiges Rechtsgeschäft ist nichtig [85], § 111, 1. Daher ist eine Bestätigung durch den gesetzlichen Vertreter nach § 141 als erneute Vornahme zu beurteilen [86]. Die Nichtigkeit liegt vor, ohne Rücksicht darauf. ob der Geschäftsgegner die Minderjährigkeit kannte oder nicht. Er braucht, wenn er die Minderjährigkeit kannte, die Erklärung des Minderjährigen nicht zu beanstanden [87]. Er kann sich zu jeder Zeit, auch wenn er die Minderjährigkeit erst später erfuhr und bis dahin die Erklärung des Minderjährigen für wirksam hielt, auf ihre Ungültigkeit berufen. Auch wenn er sich mit der Erklärung einverstanden erklärt, wird die Erklärung

---

[83] Auch in solchen Fällen hat der Vertragsgegner des Minderjährigen, wenn er sicher gehen will, sich nach Existenz und Umfang der Einwilligung zu erkundigen. Dadurch erledigen sich die Bedenken von Plancka. a. O. Wer mit einem Minderjährigen kontrahiert, setzt sich der Gefahr aus, daß der Vertrag außerhalb der Einwilligung des gesetzlichen Vertreters liegt. Diese Unsicherheit ist aber m. Er. kein Grund, um die Verpflichtung des Minderjährigen auch dann auszuschließen, wenn der Mitkontrahent beweisen kann, daß der Vertrag durch die Einwilligung gedeckt wird.

[83a] Komment. des RG. § 110, 7.

[84] Was ein Minderjähriger zu seinem persönlichen Gebrauch anschafft, fällt zwar nicht in die Nutznießung des Vaters, wohl aber in die Verwaltung des ges. Vertreters, Planck, Vorb. IV zu § 1650/1.

[85] Das Gesetz sagt: „unwirksam“; da aber diese Unwirksamkeit unheilbar ist, fällt sie unter den Begriff der Nichtigkeit, vgl. ob. § 55 Note 33. Ausnahmsweise ist die ohne Einwilligung erfolgte Bestätigung einer Ehe, § 1331, nicht nichtig, sondern anfechtbar.

[86] Vgl. ob. § 56 S. 293. Kipp a. a. O. S. 327.

[87] Abweichend von § 180, 2, vgl. ob. § 53 Note 43.

als einseitiges Rechtsgeschäft nicht gültig; die im Einverständnis mit dem Gegner abgegebene und von ihm entgegengenommene Erklärung kann aber als Vertrag aufgefaßt werden [88] und erzeugt den unter 2. dargelegten Schwebezustand.

2. Ein Vertrag [89], den der Minderjährige ohne Einwilligung seines Vertreters schließt, ist nicht nichtig, sondern abhängig von der Genehmigung des Vertreters [90]. Bis zur Genehmigung ist der Vertrag ein unvollendetes Geschäft [91] und befindet sich im Zustand suspensiver Schwebe [92]. Die Genehmigung kann nach § 182 sowohl intern (an den Minderjährigen) als extern (an den Vertragsgegner) erklärt werden [92a] und ist unwiderruflich [93]. Sie wirkt auf den Zeitpunkt des Vertragsschlusses zurück, § 184 [94]. Das Recht der Genehmigung steht dem Minderjährigen zu und wird, wie alle seine Rechte, während der Minderjährigkeit vom jeweiligen gesetzlichen Vertreter ausgeübt; vom Minderjährigen selbst, nachdem er die Geschäftsfähigkeit erlangt hat, § 108 III. Mit seinem Tode geht das Genehmigungsrecht auf seinen Erben über [95].

[88] Vgl. ob. § 53 Note 29.

[89] Die Bestandteile des Vertrages, Antrag und Annahme, werden nicht einzeln als einseitige Rechtsgeschäfte betrachtet, sondern bilden zusammen den Tatbestand des Vertrages, vgl. ob. § 53 Note 128.

[90] Das gilt von allen Verträgen, auch dem Erbvertrag eines beschr. geschäftsfähigen Ehegatten, § 2275 II, Planck § 2275, 2b; Kipp, Erbrecht § 31 Anm. 1. Die Genehmigungsfähigkeit eines solchen Vertrages wird bisweilen bestritten, z. B. von Hellwig, Verträge auf L. an Dr. 601; da aber das Gesetz in § 2275 Zustimmung, nicht Einwilligung verlangt, ist auch Genehmigung (nachträgliche Zustimmung, § 184) für zulässig zu erachten.

[91] Vgl. ob. § 55, 1.

[92] Vgl. ob. § 43 Note 67. Der Vertrag ist zunächst unwirksam, u. zw. für beide Teile, während nach römischem Recht der gegenseitige Vertrag ein negotium claudicans war: nicht verpflichtend für den Minderjährigen, wohl aber für seinen Gegner, Dernburg, Pand. II § 20. Eine Ausnahme besteht für die ohne Einwilligung des ges. Vertreters geschlossene Ehe, § 1331: sie ist anfechtbar, d. h. es tritt ein resolutiver Schwebezustand ein.

[92a] Die Genehmigung ist ein freier Entschluß des gesetzlichen Vertreters. Der Dritte kann die Genehmigung auch dann nicht verlangen, wenn er nachweist, daß das Geschäft für den Minderjährigen vorteilhaft oder sogar notwendig ist.

[93] Arg. a contr. aus § 183.

[94] Vgl. ob. § 7 Note 13.

[95] Dernburg § 121 III; Staudinger § 108, 6; Ennec-

Bis zur Entscheidung über die Genehmigung ist der Geschäftsgegner des Minderjährigen an den Vertrag gebunden [96], d. h. er muß gewärtigen, daß durch die Genehmigung die Wirkungen des Vertrages gegen (und für ihn) eintreten. Diese Bindung könnte ihn in unbilliger Weise schädigen und vom gesetzlichen Vertreter des Minderjährigen dadurch mißbraucht werden, daß er die Entscheidung hinausschiebt, bis sich durch spätere Gestaltung der Verhältnisse der Vertrag als günstig oder ungünstig für den Minderjährigen herausstellt. Gegen diese Gefahr gibt das Gesetz dem Vertragsgegner des Minderjährigen zwei Schutzmittel [97]:

a) Er kann den gesetzlichen Vertreter zu einer Erklärung über die Genehmigung auffordern, § 108 II, mit folgender Wirkung [98]: die Erklärung des gesetzlichen Vertreters kann nur dem Vertragsgegner gegenüber erfolgen; eine vor der Aufforderung ergangene interne Erteilung oder Verweigerung der Genehmigung wird unwirksam [99]; erfolgt die Genehmigung nicht innerhalb zweier Wochen seit Empfang der Aufforderung, so gilt sie als verweigert [100]. Eine kürzere Frist als die gesetzlichen zwei Wochen kann der Vertragsgegner dem gesetzlichen Vertreter nicht setzen, auch dann nicht, wenn die Entscheidung keine längere Überlegung erfordert; nur in seltenen Fällen wird man dem gesetzlichen Vertreter eine schnellere Entschließung zumuten können, so daß Verzögerung der Antwort um weniger als zwei Wochen als Ver-

---

cerus § 143 Anm. 6. Dagegen wollen Planck § 108, 8 und Oertmann § 108, 3 i nach Analogie des § 153 den Vertrag nicht zustande kommen lassen, wenn ein anderer Wille des Vertragsgegners anzunehmen ist; m. Er. hat der genehmigungsbedürftige Vertrag des § 108 eine höhere Stufe der Verbindlichkeiten erreicht, als der noch in der Entstehung begriffene Vertrag des § 152.

96 Bd. I § 7 V.

97 Die folgenden Rechtssätze finden analoge Anwendung bei vollmachtloser Vertretung, § 178, im ehelichen Güterrecht, §§ 1396, 1448, und bei Verträgen des Vormunds ohne Genehmigung des Vormundschaftsgerichts, § 1829.

98 Da die rechtlichen Wirkungen der Aufforderung nicht gewollt zu sein brauchen, ist die Aufforderung nicht zu den Rechtsgeschäften, sondern zu den Rechtshandlungen zu zählen, vgl. ob. § 48 Note 33.

99 Vgl. ob. § 55 Note 39. Weiß der Vertragsgegner von einer internen Genehmigung und vermag er sie zu beweisen, so kann er sich darauf berufen, Oertmann § 108, 4 c; aber er kann sie ignorieren und die Aufforderung ergehen lassen.

100 Vgl. unt. § 61 II 3.

weigerung der Genehmigung zu gelten hat [101]. Eine Aufforderung des Vertragsgegners an den Minderjährigen, die Genehmigung zu beschaffen, ermangelt der Wirkungen des § 108 II: nach Ablauf von zwei Wochen ist der Vertrag noch immer in der Schwebe. Dagegen steht dem Vertragsgegner nichts im Wege, bei Abschluß des Vertrags mit dem Minderjährigen eine beliebige Frist zu verabreden, innerhalb derer die Genehmigung des gesetzlichen Vertreters erfolgen soll; damit wird das Eintreffen der Genehmigung zur Bedingung des Vertrages erhoben und der Vertrag scheitert, bei Ausbleiben der Genehmigung, am Ausfall einer Bedingung. Die Aufforderung zur Genehmigung ist nur dann wirksam, wenn der Vertrag ohne Einwilligung geschlossen ist. Liegt Einwilligung vor, so kann der gesetzliche Vertreter gar nicht der Aufforderung nachkommen; er könnte höchstens (und wird es meistens tun) dem Auffordernden Auskunft über die Einwilligung geben. Die Unterlassung dieser Mitteilung kann den Auffordernden schädigen, wenn er von der Einwilligung nichts wissend, nach Ablauf von zwei Wochen annimmt, daß die Genehmigung versagt ist. Eine analoge Ausdehnung des § 108 II wird von der herrschenden Meinung abgelehnt [102]. Daraus ergibt sich aber nicht unbedingt Schutzlosigkeit des Vertragsgegners: kannte er die Minderjährigkeit seines Mitkontrahenten, so konnte er sich im voraus nach der Einwilligung erkundigen; erfährt er die Minderjährigkeit erst nach Abschluß des Vertrages und bittet er nunmehr den gesetzlichen Vertreter, ihm über das Vorliegen einer Einwilligung Auskunft zu erteilen ev. sich über Genehmigung zu entscheiden, so kann ein Unterlassen der Antwort im Bewußtsein, daß der Vertragsgegner dadurch geschädigt wird, sich als Delikt, § 826, darstellen.

b) Der Vertragsgegner des Minderjährigen braucht sich auf die zweiwöchentliche Wartefrist nicht einzulassen, sondern kann nach § 109 I seine Willenserklärung [103] widerrufen [104] und dadurch

---

[101] Wenn z. B. ein Minderjähriger ein Los kurz vor der Ziehung kauft und der Kollekteur den Vormund zur Genehmigung auffordert, so würde es gegen Treu und Glauben verstoßen, mit der Entscheidung bis zur Ziehung zu warten.

[102] Planck § 108, 2; Oertmann § 108, 4a; Enneccerus § 143 Anm. 8; a. A. Endemann § 29 Anm. 32.

[103] Der Vertragsgegner widerruft seine Willenserklärung (Antrag oder Annahme) und hindert dadurch das Zustandekommen des Vertrags. Über das Verhältnis dieses Widerrufs zu der bindenden Kraft der Offerte vgl. unt. § 62.

[104] Vgl. Bd. I § 10 Note 4.

das Zustandekommen des Vertrages vereiteln [105]. Der Widerruf kann entweder an den gesetzlichen Vertreter oder an den Minderjährigen selbst erklärt werden. Der Widerruf ist ausgeschlossen, wenn der Vertragsgegner die Minderjährigkeit kannte, es sei denn, daß der Minderjährige der Wahrheit zuwider (gutgläubig oder bösgläubig [106]) das Vorliegen der Einwilligung behauptet [107] und der Vertragsgegner diese Behauptung bei Abschluß des Vertrages für wahr gehalten hat [108], § 109 II; denn das Gesetz will dem Vertragsgegner nur dann helfen, wenn er ohne eigenen Willen in den Schwebezustand geraten ist. Der Widerruf ist nur bis zur (externen oder internen) Genehmigung möglich; wenn z. B. die Widerrufserklärung dem gesetzlichen Vertreter zugeht, § 130, nachdem seine Genehmigung dem Minderjährigen zugegangen ist, so ist der Widerruf wirkungslos [109]; dem Vertragsgegner bleibt dann nur die Möglichkeit der Aufforderung nach § 108 II. Die herrschende Meinung [110] erlaubt dem Vertragsgegner, den Widerruf noch vorzunehmen, nachdem er den gesetzlichen Vertreter zur Genehmigung aufgefordert hat; hat der gesetzliche Vertreter mittlerweilen die Genehmigungserklärung abgegeben, so kommt es darauf an, welche von beiden Erklärungen (der Widerruf oder die Genehmigung) dem Adressaten zuerst zugeht [111].

VII. Ein vom Minderjährigen ohne Einwilligung des gesetzlichen Vertreters geschlossener Verpflichtungsvertrag wird mit rückwirkender Kraft wirksam, wenn der Minderjährige seine vertragsmäßige Leistung mit Mitteln bewirkt, die ihm zu diesem Zwecke oder zur freien Verfügung vom Vertreter oder mit dessen Zustimmung von einem Dritten [112] überlassen worden sind,

[105] Der Minderjährige selbst kann den Vertrag nicht widerrufen, sondern muß es auf den Entschluß des Vertragsgegners und des gesetzlichen Vertreters ankommen lassen.

[106] Kipp zu Windscheid § 71 S. 326.

[107] Vgl. ob. § 48 Note 94.

[108] Über die Beweislast in § 109 II vgl. ob. § 43 Note 34, Planck § 109, 4.

[109] Oertmann § 109, 2a. Planck § 109, 1a.

[110] Kipp a. a. O.; Cosack § 57 I 2b (S. 187) und die Komment. zu § 178/9; a. A. Walsmann, Verzicht 219, 229.

[111] Bei gleichzeitigem Zugehen beider Erklärungen kann keine von beiden wirksam werden: der Vertrag ist weder widerrufen, noch genehmigt, also noch in der Schwebe.

[112] Überläßt ein Dritter eine Sache dem Minderjährigen ohne Zustimmung des ges. Vertreters, so fällt sie in die Verwaltung des ges. Ver-

§ 110 [113]. Gegenstände, zu deren Veräußerung der gesetzliche Vertreter der Genehmigung des Vormundschaftsgerichts bedarf, kann er ohne diese Genehmigung dem Minderjährigen nicht mit der Wirkung des § 110 überlassen [114]. Wird ein Gegenstand dem Minderjährigen zur Erfüllung eines bestimmten Vertrages überlassen, so liegt darin Genehmigung dieses Vertrages, so daß der Vertrag bereits mit der Überlassung des Gegenstandes wirksam wird [115]. Dagegen ist die Überlassung von Gegenständen zur freien Verfügung keine Genehmigung der vom Minderjährigen geschlossenen Verträge [116]; die Konvaleszenz erfolgt erst mit der Verwendung dieser Gegenstände zur Erfüllung und ist eine gesetzliche Folge [117] der Erfüllungshandlung [118]; sie tritt auch dann ein, wenn der Minderjährige aus irgendeinem Grunde zur Erfüllung verpflichtet [119] zu sein glaubte [120]. Partielle Erfüllung durch den Minderjährigen ist nach § 139 zu beurteilen [121]: in der Regel wird der ganze Vertrag unwirksam bleiben, z. B. wenn der Minderjährige einen Teil des geschuldeten Kaufpreises zahlt;

treters; der Minderjährige kann über sie nicht ohne Einwilligung verfügen.

[113] Die Überlassung von Gegenständen zur Erfüllung eines Vertrages oder zur freien Verfügung ist Einwilligung zur Verfügung über diese Gegenstände und kann nach § 183 stets widerrufen werden, vgl. ob. Note 77.

[114] §§ 1644, 1824. Da der ges. Vertreter selbst nicht schenken kann, §§ 1641, 1804, so kann er auch eine Sache nicht zum Zwecke der Schenkung überlassen, vgl. ob. Note 68. Dagegen ist eine Schenkung des Minderjährigen aus Mitteln, die ihm zur freien Verfügung überlassen sind, gültig.

[115] Da diese Genehmigung intern ist, kann sie durch Aufforderung des Vertragsgegners, § 108 II, ihre Kraft verlieren.

[116] Der Vertrag, den der Minderjährige erfüllt, ist dem ges. Vertreter vielleicht unbekannt oder würde, wenn er Kenntnis hätte, von ihm nicht genehmigt werden; wenn z. B. der Minderjährige eine überflüssige Luxussache kauft und allmählich aus seinem Taschengeld zahlt, so wird man nicht sagen können, daß der Kauf vom ges. Vertreter genehmigt sei, vgl. Planck § 110, 1.

[117] Konvaleszenz durch Erfüllung erfolgt auch dann, wenn der ges. Vertreter die Genehmigung verweigert hat.

[118] Ähnlich wie §§ 313, 518, 766.

[119] Z. B. der Minderjährige hielt sich für volljährig oder glaubte, die Einwilligung des ges. Vertreters zu haben, vgl. Kipp Zus. 2a zu Windscheid § 289.

[120] Ebenso auch, wenn der volljährig Gewordene erfüllt, Oertmann § 116, 6.

[121] Oertmann § 110, 2 b; a. A. Dernburg § 122 V, Planck § 110, 1 und Staudinger § 110, 2, welche teilweise Erfüllung stets für wirkungslos halten.

anders, wenn er eine Wohnung für mehrere Monate gemietet und den ersten Monatszins bezahlt hat. Die Vorschrift des § 110 ist analog anzuwenden, wenn der Minderjährige einen Vertrag nicht durch Sachleistung aus seinem Vermögen, sondern durch Arbeitsleistung [122] aus seiner Person erfüllt [123]. Die Konvaleszenz des Vertrages nach § 110 ändert nichts an der beschränkten Geschäftsfähigkeit des Minderjährigen [124]: er bleibt auch in bezug auf diesen Vertrag prozeßunfähig und kann über die aus dem Vertrag erworbenen Rechte nur dann verfügen, wenn sein gesetzlicher Vertreter damit einverstanden ist [125].

VIII. In zwei Fällen hat die generelle Einwilligung des gesetzlichen Vertreters eine Erweiterung der Geschäftsfähigkeit des Minderjährigen zur Folge:

1. Ermächtigung zum selbständigen Betrieb [126] eines Erwerbsgeschäftes, § 112 (z. B. Handel, Gewerbe, Landwirtschaft, künstlerisches oder wissenschaftliches Unternehmen). Die Ermächtigung kann nur mit Genehmigung [127] des Vormundschaftsgerichts erteilt oder zurückgenommen werden [128]. Sie erstreckt sich auf alle Rechtsgeschäfte, welche der dem Minderjährigen gestattete Geschäftsbetrieb mit sich bringt, d. h. alle Rechtsgeschäfte, die ihrer objektiven Beschaffenheit nach dem Zweck des Geschäftsbetriebs dienen können [129], auch dann, wenn das einzelne Geschäft vom Minderjährigen nicht zum Zweck des Geschäftsbetriebes vorgenommen wird [130]. Zum Geschäftsbetriebe

---

[122] Vgl. ob. Note 35.

[123] Oertmann § 110, 7; Staudinger § 110, 7; Planck § 110, 7; a. A. Komment. des RG. § 110, 3.

[124] Doch wird im Sinne von Art. 7 III die Vorschrift des § 110 als Norm über die Geschäftsfähigkeit gelten.

[125] Kipp a. a. O. S. 327; Boethke, DJZ. 8, 451; Oertmann § 110, 4 b; Staudinger § 110, 6; Planck § 110, 2; RG. 74, 235: Ankauf eines Automobils aus dem Gewinn eines Loses, das der Minderjährige aus seinem Taschengeld angeschafft hatte.

[126] Vgl. über den Begriff des selbständigen Betriebes Oertmann § 112, 4 b. Tätigkeit in einem fremden Geschäftsbetrieb fällt unter § 113.

[127] Die Genehmigung kann nach der Ermächtigung, aber auch vor derselben erteilt werden, a. A. Oertmann § 112, 3 b.

[128] Ermächtigung ohne Genehmigung des Vormundschaftsgerichts hat nur die Wirkung einer generellen Einwilligung, vgl. ob. Note 80.

[129] Vgl. Bd. I § 39 Note 49.

[130] Z. B. wenn eine minderjährige Putzmacherin einen Hut zum eigenen Gebrauch kauft, Oertmann § 112, 5 a.

können als Hilfsgeschäfte auch Geschäfte gehören, welche der Befriedigung der Lebensbedürfnisse des Minderjährigen dienen [131]. Außerhalb der Ermächtigung liegen Rechtsgeschäfte, zu denen der Vertreter der Genehmigung des Vormundschaftsgerichtes bedarf [132]. Da der Vater in dieser Beziehung weniger beschränkt ist als der Vormund, §§ 1643, 1821/2, so verleiht eine vom Vater ausgehende Ermächtigung dem Minderjährigen eine größere Bewegungsfreiheit, als wenn sie vom Vormund erteilt wäre. Der gesetzlich festgelegte Umfang der Ermächtigung kann vom gesetzlichen Vertreter bei oder nach ihrer Erteilung nicht beschränkt werden [133].

2. Ermächtigung zum Eintritt in Dienst und Arbeit [134], § 113, hat leichtere Voraussetzungen als die Ermächtigung des § 112: sie kann ohne Genehmigung des Vormundschaftsgerichts erteilt und zurückgenommen werden, § 113 II; die Ermächtigung des Vormundes, nicht des Vaters [135], kann, wenn sie verweigert wird, auf Antrag des Minderjährigen durch das Vormundschaftsgericht ersetzt werden [136], wenn dies im Interesse des Minderjährigen liegt, § 113 III. Dem entspricht eine geringere Intensität der Wirkung: die Ermächtigung macht den Minderjährigen geschäftsfähig für solche Rechtsgeschäfte, welche die Eingehung [137] oder Aufhebung [138] eines Dienst- oder Arbeitsverhältnisses der gestatteten Art oder die Erfüllung der sich aus einem solchen

---

131 Dernburg § 122 Anm. 5; Enneccerus § 142 Anm. 8 Oertmann § 112, 5a; **Planck** § 111, 2.

132 Insbesondere § 1822 Nr. 5: Aufnahme von Geld auf den Kredit des Minderjährigen. Solche Geschäfte können nur mit spezieller Zustimmung des ges. Vertreters und Genehmigung des Vormundschaftsgerichts geschlossen werden.

133 Staudinger § 112, 6.

134 Auch Dienste höherer Art, OLG. 22, 161. Für Seeleute gilt ähnliches nach SeemO. § 8. Vgl. ferner GewO. § 107/8.

135 Keine Klage des Kindes gegen den Vater auf Erteilung der Ermächtigung, OLG. 22, 126.

136 Die Zurücknahme einer solchen Ermächtigung kann nur durch das Vormundschaftsgericht erfolgen, Oertmann § 113, 5e.

137 Zur Eingehung eines Dienstverhältnisses gehört auch das Versprechen einer Vertragsstrafe, Oertmann § 113, 5b, **Planck** § 113, 2b. Ein Konkurrenzverbot kann mit einem minderjährigen Handlungsgehilfen nicht verabredet werden, HGB. § 74 III.

138 Ein Minderjähriger kann die von ihm geschlossenen Dienstverträge selbständig kündigen.

Verhältnis ergebenden Verpflichtungen betreffen [139]. Dieser Umfang der Ermächtigung kann aber, im Gegensatz zu § 112, vom gesetzlichen Vertreter bei oder nach Erteilung der Ermächtigung in beliebiger Weise beschränkt werden, insbesondere auf ein bestimmtes einzelnes Dienstverhältnis; doch gilt eine spezielle Ermächtigung im Zweifel als allgemeine Ermächtigung zur Eingehung von Verhältnissen derselben Art, § 113 IV [140].

In ihrer Wirkung geht die Ermächtigung der §§ 112/3 über die generelle Einwilligung (vgl. ob. S. 346) weit hinaus: während die Einwilligung einzelne oder mehrere Rechtsgeschäfte des Minderjährigen betrifft und ihnen Wirksamkeit verschafft, verleiht die Ermächtigung dem Minderjährigen auf einem gewissen Lebensgebiet die rechtliche Eigenschaft der unbeschränkten Geschäftsfähigkeit [141]. Aus der Geschäftsfähigkeit des Minderjährigen folgt: daß er für die innerhalb der Ermächtigung liegenden Rechtsgeschäfte [142] keiner Zustimmung des gesetzlichen Vertreters bedarf; daß er für Prozesse aus solchen Rechtsgeschäften prozeßfähig ist, ZPO. § 52 [143]; endlich daß Verwaltung und Vertretungsmacht des gesetzlichen Vertreters auf diesem Gebiete ausgeschlossen ist [144]: der gesetzliche Vertreter kann z. B. Gegenstände, die zum Erwerbsgeschäft gehören, nicht veräußern; Dienstverträge des Minderjährigen nicht kündigen. Die partielle Geschäftsfähigkeit erlischt mit der Zurücknahme der Ermächtigung. Die vom Minderjährigen geschlossenen Geschäfte werden dadurch nicht unwirksam. Aber der Minderjährige verliert in bezug auf diese Rechtsverhältnisse die Prozeßfähigkeit und die Befugnis der selbständigen Verfügung; an seiner Stelle kann nunmehr der ge-

---

[139] Der Minderjährige kann Zahlung des Lohnes annehmen, sowie Erfüllung eines ihm aus dem Arbeitsvertrage geschuldeten Schadensersatzes, Planck § 113, 2a.

[140] Die Gleichartigkeit muß in wirtschaftlicher, gesellschaftlicher und sittlicher Beziehung vorliegen, Oertmann § 113, 5a.

[141] Die Ermächtigung kann daher mit der Volljährigkeitserklärung, § 3, verglichen werden, Crome § 83 Anm. 44; Biermann § 62, 4.

[142] Vornahme und Entgegennahme solcher Rechtsgeschäfte.

[143] Hellwig, Lehrb. § 117 I 2a.

[144] So die herrschende Meinung: Planck § 112, 1; Staudinger § 112, 5; Oertmann § 112, 5b; Enneccerus § 142 III 3c; Kipp zu Windscheid § 71 S. 328, während Crome § 83 Anm. 50, Cosack § 57 I 2d und Hellwig a. a. O. Anm. 40 dem ges. Vertreter konkurrierende Verwaltungs- und Vertretungsmacht zuschreiben.

setzliche Vertreter verfügen, z. B. den Dienstvertrag des Minderjährigen kündigen [145].

Der Erwerb, den der Minderjährige nach §§ 112/3 macht, ist freies Vermögen, d. h. der elterlichen Nutznießung entzogen, § 1051 Nr. 1 [146]. Dagegen ist die Verwaltung des gesetzlichen Vertreters an diesem Erwerb nur soweit ausgeschlossen, als die nach §§ 112/3 von der Ermächtigung gedeckten Rechtsgeschäfte reichen [147]: der Minderjährige kann über seinen Gewinn aus einem Erwerbsgeschäft zu Zwecken dieses Geschäftes frei verfügen; wenn er aber aus dem Gewinn einen Gegenstand anschafft, der zum Geschäftsbetrieb in keiner Beziehung steht, so überschreitet er die Grenze seiner Geschäftsfähigkeit: die Anschaffung unterliegt der Genehmigung des gesetzlichen Vertreters und, wenn diese erteilt wird, fällt der angeschaffte Gegenstand in die Verwaltung des Vertreters. Den Arbeitslohn kann der Minderjährige nach § 113 selbständig erheben, aber das eingezogene Geld unterliegt der Verwaltung des gesetzlichen Vertreters. Die Vorschriften der §§ 112/3 geben dem Minderjährigen soviel Selbständigkeit, als nötig ist, damit er im Verkehr mit Dritten wie ein Volljähriger auftreten kann; sie wollen ihn aber nicht von der Aufsicht des gesetzlichen Vertreters befreien [148].

IX. Der Schutz, welchen geschäftsunfähige und beschränkt geschäftsfähige Personen genießen sollen, wird vom Gesetzgeber höher gewertet, als die Rücksicht, welche er in zahlreichen Fällen auf den guten Glauben im Verkehrsleben nimmt [149]. Daher wird die Unwirksamkeit der Rechtsgeschäfte solcher Personen nicht dadurch beseitigt, daß der Geschäftsgegner den Mangel der Geschäftsfähigkeit nicht kannte [150]. Insbesondere wird der Erwerber

---

[145] Innerhalb der vertragsmäßigen oder gesetzlichen Frist, event. nach § 626.

[146] Der Arbeitserwerb ist auch dann freies Vermögen, wenn der Minderjährige keine Ermächtigung zum Eintritt in Dienst oder Arbeit hatte, Planck Erl. I 2 vor § 1650.

[147] Schefold, ArchZivPr. 94, 305 fg.

[148] Dagegen ist der Erwerb der Ehefrau aus Arbeit oder Erwerbsgeschäft Vorbehaltsgut, § 1367, d. h. frei von Nutznießung und Verwaltung des Ehemanns, § 1365.

[149] Vgl. ob. § 49 IV 4.

[150] Cosack § 55 I 2; Biermann § 61, 4; Breit § 4; Planck, Erl. III zu § 105. De lege ferenda wäre ein Schutz des Gutgläubigen im Verkehr mit nichtgeschäftsfähigen Personen erwünscht; denn es spricht

durch §§ 892, 932 gegen den Mangel der Geschäftsfähigkeit des Veräußerers nicht geschützt [151]. Das gilt auch beim Erwerb eines Inhaberpapiers oder eines Wechsels [152]. Ebenso hat Leistung des gutgläubigen Schuldners an den nicht geschäftsfähigen Gläubiger keine befreiende Wirkung [153]; nur bei Einlösung eines Inhaberpapiers wird der Aussteller nach § 793 I 2 jedenfalls frei [154].

---

viel dafür, den Menschen die Folgen seiner, wenn auch abnormen, geistigen Beschaffenheit selbst tragen zu lassen; dieser Gedanke ist im Deliktsrecht in § 829 durchgedrungen. Oertmann § 105, 5; Neubecker und Rümelin vgl. ob. Note 15. H. A. Fischer, Bereicherung und Schaden 55.

[151] Planck, Vorb. VI 3a vor § 873, § 932, 1a. Vgl. ob. § 44 Note 102. Der Mangel oder die Beschränkung der Geschäftsfähigkeit des Berechtigten wird in das Grundbuch nicht eingetragen, Planck a. a. O.

[152] WO. § 74 wird vielfach, z. B. von Staub, dahin ausgelegt, daß der Indossatar durch seinen guten Glauben den Wechsel auch bei mangelnder Geschäftsfähigkeit des Indossanten erwirbt. Diese Auslegung kann schon deshalb nicht die richtige sein, weil kein Grund ersichtlich ist, warum der Erwerber eines Orderpapiers in dieser Beziehung besser gestellt sein sollte, als der Erwerber eines, noch leichter von Hand zu Hand gehenden, Inhaberpapiers; § 74 WO. schützt, entsprechend dem § 935 II BGB., den Erwerber des Wechsels nur gegen Vindikation eines von einem Unberechtigten weitergegebenen Wechsels, Düringer-Hachenburg, Bem. II 3 zu HGB. § 365; Hellwig, Rechtskraft 291 Anm. 6.

[153] Planck § 362, 2a; Oertmann § 362, 5b; vgl. ob. Note 47. Bei Speziesschuld kann Befreiung des Schuldners nach § 275 II eintreten, wenn er in entschuldbarer Unkenntnis des Mangels der Geschäftsfähigkeit die geschuldete Sache dem Gläubiger übergibt und daher nicht mehr imstande ist, die Sache an den gesetzlichen Vertreter des Gläubigers herauszugeben.

[154] So die herrschende Meinung, Planck § 793, 4f; Gierke DJZ. 05, 92 fg.; Enneccerus § 430 Anm. 1; Komment. des RG. § 793, 3; Rümelin a. a. O. 61; a. A. Oertmann § 793, 5, der mit Recht darauf hinweist, daß es sich bei Einlösung des Inhaberpapiers durch einen Geschäftsunfähigen um einen Mangel nicht der Berechtigung, sondern der Fähigkeit handelt und daß das Gesetz grundsätzlich den Geschäftsunfähigen auch auf Kosten des gutgläubigen Gegners schützt. Für die herrschende Meinung spricht jedoch: daß der Schuldner, der ein Legitimationspapier, § 808, und vollends ein Inhaberpapier ausstellt, sich jeder Prüfung der Person des Einlösenden entschlagen will; daß die Prüfung der Geschäftsfähigkeit ebenso schwer wie die der Berechtigung und bei massenhafter Emission von Inhaberpapieren praktisch undurchführbar ist; endlich, daß der Grundsatz des unbedingten Schutzes der Geschäftsunfähigen inbezug auf seine Angemessenheit erheblichen Zweifeln unterliegt und daher einschränkend auszulegen ist.

Ist ein Rechtsgeschäft infolge mangelnder Geschäftsfähigkeit einer Partei unwirksam, so können statt der rechtsgeschäftlichen Wirkungen andere Rechtsfolgen eintreten, bei denen die Geschäftsfähigkeit nicht in Betracht kommt:

1. Hat der Vertragsgegner in Erfüllung des wegen mangelnder Geschäftsfähigkeit ungültigen Vertrags geleistet, so kann er seine Leistung zurückverlangen: gegen den Geschäftsunfähigen (der kein Eigentum erwerben kann [155]) mit dem Eigentumsanspruch, § 985; gegen den beschränkt Geschäftsfähigen (der Eigentum erwirbt [156]) mit dem Bereicherungsanspruch, § 812. Anstelle des Leistungsgegenstandes ist der Wert, § 818 II, resp. der Betrag der noch vorhandenen Bereicherung, § 818 III, herauszugeben [156a]; die Bereicherung wird oft in der Ersparnis sonstiger notwendiger Ausgaben bestehen [157]. Ist beiderseitig erfüllt, so sind beide Leistungen resp. die noch vorhandene Bereicherung zurückzugeben, wobei jeder Partei das Zurückbehaltungsrecht aus § 273 zusteht [158]. Hat der Vertragsgegner durch Abschluß oder Erfüllung des Vertrages einen Schaden erlitten, der durch Rückgabe seiner Leistung oder Herausgabe der Bereicherung des Geschäftsunfähigen nicht ausgeglichen wird, so hat er diesen Schaden selbst zu tragen [159] und kann ihn nicht als Minderung seiner eigenen

---

[155] Vgl. ob. Note 16.

[156] Vgl. ob. Note 46.

[156a] Daß der Nichtgeschäftsfähige durch Verbrauch der erhaltenen Werte bereichert ist, hat der Gegner zu beweisen, OLG. 22, 356.

[157] Eine solche Ersparnis liegt auch dann vor, wenn der Minderjährige einen Vertrag über notwendige Lebensbedürfnisse schließt, nachdem er die ihm vom ges. Vertreter zu diesem Zweck gewährten Mittel in anderer Weise verbraucht hat; denn der ges. Vertreter hätte trotz dieses Verhaltens des Minderjährigen für seinen weiteren Unterhalt sorgen müssen.

[158] RG. 72, 66.

[159] Zu einem anderen Resultat führt die Praxis des RGerichts, 60, 284; Gruchot 55, 963: verlangt der ges. Vertreter Rückgabe der von Nichtgeschäftsfähigen vorgenommenen Leistung, so soll die Bereicherung des Gegners sich nach dem „wirtschaftlichen Gesamterfolg" bemessen, d. h. der Gegner soll nicht nur die Werte, die dem Nichtgeschäftsfähigen zugute gekommen sind, in Anrechnung bringen dürfen, sondern auch jeden sonstigen Nachteil, den er, der Gegner, infolge des ungültigen Vertrages erlitten hat. Die Unrichtigkeit dieser Ansicht scheint mir daraus hervorzugehen, daß der Gegner gegenüber einer Vindikation des ges. Vertreters nur die Bereicherung des Nichtgeschäftsfähigen, nicht seinen darüber hinausgehenden Schaden, durch Zurückhaltung geltend machen konnte,

Bereicherung dem Geisteskranken oder Minderjährigen in Rechnung stellen [159a].

2. Wenn eine der Geschäftsfähigkeit ermangelnde Person den Gegner über den Mangel der Geschäftsfähigkeit täuscht oder die fehlende Einwilligung des gesetzlichen Vertreters vorspiegelt, so kann darin der objektive Tatbestand eines Deliktes, Verstoß gegen § 823 II [160] oder § 826, liegen [160a]. Soweit Deliktsfähigkeit. §§ 827/8, oder die außerordentliche Haftbarkeit für deliktischen Schaden, § 829, vorliegt, kann der Vertragsgegner Schadensersatz verlangen. Da aber der Vertrag trotz der Arglist des Nichtgeschäftsfähigen unwirksam ist, so kann es sich nicht um das Erfüllungsinteresse, sondern nur um das sog. negative Interesse handeln, d. h. um den Schaden, den der Vertragsgegner dadurch erlitten hat, daß er auf die Gültigkeit des Vertrages vertraute [161]. Der Ersatzanspruch kann durch compensatio culpae gemindert oder ausgeschlossen sein, § 254, insbesondere, wenn das Vertrauen, welches der Vertragsgegner den Behauptungen des Nichtgeschäftsfähigen entgegenbrachte, auf Leichtsinn beruhte [162].

Eine Haftung des gesetzlichen Vertreters mit eigenem Vermögen aus Rechtsgeschäften des Nichtgeschäftsfähigen kann nur ausnahmsweise eintreten [163]: wenn der gesetzliche Vertreter dem Vertrag (als Bürge) beitritt, oder wenn ein deliktisches Verhalten des Nichtgeschäftsfähigen (ob. Nr. 2) durch mangelnde Aufsicht

---

vgl. Tuhr, Festg. für Bekker (1907) S. 307; Oertmann § 818, 3a; K. Schneider, JheringsJ. 61, 179.

[159a] Es handelt sich um ein negatives Interesse, dessen Ersatz ergänzend neben den Bereicherungsanspruch tritt, wenn ein Vertrag wegen Irrtum angefochten ist, § 122, und welches m. Er. auch bei der condictio indebiti dem Beklagten zu ersetzen ist, Tuhr a. a. O. 316, weil auch mit dieser condictio, allerdings in anderer Weise, als mit der Anfechtung, die Folgen eines Irrtums rückgängig gemacht werden. Dagegen stützt sich die vom Vertreter des Minderjährigen erhobene Rückforderung nicht auf einen Irrtum, sondern auf den Mangel der Geschäftsfähigkeit des Minderjährigen, wofür der Minderjährige de lege lata im geschäftlichen Verkehr nicht einzustehen hat.

[160] Das Schutzgesetz ist StrGB. § 263.

[160a] SeuffArch. 67, 455.

[161] Die in §§ 122, 179, 307 aufgestellte Begrenzung des negativen Interesses durch das Erfüllungsinteresse gilt m. Er. in allen, daher auch in diesem Fall des auf negatives Interesse gerichteten Schadensersatzes.

[162] RG. 70, 7. OLG. 20, 249.

[163] Planck Erl. 6 vor § 1626.

des gesetzlichen Vertreters, § 832, ermöglicht worden ist. Die Haftung des unterhaltspflichtigen Vaters aus Verträgen, die der Minderjährige für seinen Unterhalt schließt, wurde im gemeinen Recht durch die Verwendungsklage vermittelt [164]. Anstelle dieses in das BGB. nicht aufgenommenen [165] Anspruchs tritt der Bereicherungsanspruch aus § 812 [166].

X. Das Gesetz hat die Geschäftsfähigkeit als Voraussetzung der Vornahme von Rechtsgeschäften geregelt, dagegen keine allgemeinen Regeln darüber aufgestellt, ob die sonstigen Rechtshandlungen [167] Geschäftsfähigkeit erfordern [168]. Da aber der Mangel der Geschäftsfähigkeit darauf beruht, daß der Wille gewisser Personen infolge ihrer geistigen Beschaffenheit keine oder nicht volle Beachtung verdient, ist analoge Anwendung der §§ 104fg. auf Rechtshandlungen soweit geboten, als bei denselben dem Willen des Handelnden eine entscheidende Rolle zukommt [169].

1. Demgemäß wird man bei Rechtshandlungen im engeren Sinn, ob. § 48 II 1 b, welche wie die Rechtsgeschäfte Willensäußerungen mit (allerdings nicht aus dem Willen zu entnehmenden) Rechtsfolgen sind, Geschäftsfähigkeit verlangen, resp. bei be-

---

[164] Actio de in rem verso, Windscheid § 483; Dernburg Pand. II § 14, 3 d.

[165] Mot. II 871.

[166] Die Bereicherung des Vaters besteht darin, daß ihm durch den Vertrag mit dem Kinde eine Ausgabe erspart ist, für welche er wegen § 1614 dem Kinde gegenüber nicht nachträglich aufzukommen braucht. Eine Geschäftsführung (Planck § 1614, 3) für den Vater oder das nicht unter elterlicher Gewalt stehende Kind kann m. Er. nicht vorliegen, wenn der Unterhalt dem Kinde auf Grund eines mit ihm geschlossenen Vertrages gewährt wird; denn wer einen Vertrag schließt und erfüllt, besorgt damit seine eigenen Geschäfte, nicht die eines anderen, Tuhr, Actio de in rem v. 302, Oertmann, Vorb. 5d vor § 677. Dagegen kann negotiorum gestio vorliegen, wenn ein Kind versorgt wird, ohne daß mit ihm eine Verabredung getroffen ist.

[167] Cosack § 51 II 2b; Enneccerus § 194; Biermann § 58 a. E., § 59, 2, § 61, 6; Klein, Rechtshandlungen.

[168] Die Prozeßfähigkeit setzt volle Geschäftsfähigkeit voraus; ZPO. § 52 I: „eine Person ist insoweit prozeßfähig, als sie sich durch Verträge verpflichten kann". Eine (durch Zustimmung des ges. Vertreters) beschränkte Prozeßfähigkeit gibt es nicht, Breit 71; Stein, ZPO. § 51 I; Hellwig, System § 75.

[169] Endemann § 27, 2, § 28, 1 will die geistige Beschaffenheit des Menschen, welche zu Rechtsgeschäften und sonstigen Rechtshandlungen erfordert wird, mit dem Ausdruck: Verkehrsfähigkeit bezeichnen.

schränkter Geschäftsfähigkeit arg. § 107 nur solche Rechtshandlungen gelten lassen, durch welche der Handelnde lediglich einen rechtlichen Vorteil erlangt [170]. Daher ist z. B. die Mahnung durch einen Geschäftsunfähigen nichtig [171], durch einen in der Geschäftsfähigkeit beschränkten Gläubiger wirksam [172], ebenso ein Widerspruch nach §§ 560 I oder 912 I, während die meisten Rechtshandlungen als nicht lediglich vorteilhaft, nur mit Einwilligung des gesetzlichen Vertreters erfolgen können; insbesondere erfordert meines Erachtens die Übertragung des Besitzes volle Geschäftsfähigkeit [173], um dem Erwerber bei bloßer Einigung (§ 854 II) Besitz [174], oder bei körperlicher Übergabe (§ 854 I) fehlerlosen Besitz zu verschaffen [175].

2. Anders verhält es sich bei Tathandlungen, ob. § 48 II 1 c, bei denen der rechtliche Erfolg nicht durch eine Willensäußerung, sondern durch eine tatsächliche Veränderung der Außenwelt herbeigeführt wird. Da dieser äußere Erfolg keine geistige Qualifikation des Handelnden voraussetzt, wird man in den meisten Fällen vom Erfordernis der Geschäftsfähigkeit absehen können. Das Gesetz verlangt Geschäftsfähigkeit für Begründung und Aufhebung des Wohnsitzes, § 8, und für die Haftung des Geschäftsführers, § 682 [176]. Darüber hinaus wird es angemsesen sein, den bei Rechtsgeschäften durchgedrungenen Gedanken, daß Nichtgeschäftsfähige durch ihre eigenen Handlungen keinen Schaden leiden sollen, auf einzelne Rechtshandlungen analog anzuwenden,

---

[170] Vgl. ob. § 48 Note 50.

[171] Dem Schuldner kann nicht zugemutet werden, Willensäußerungen eines Kindes oder Geisteskranken zu beachten.

[172] Planck § 284, 4 b; Oertmann § 284, 2 b; a. A. Dernburg II § 71 II 2 e; Endemann § 137 Anm. 5. In Verzug kommt der Schuldner nach § 285 nur dann, wenn ein ges. Vertreter da ist, an den er mit befreiender Wirkung leisten kann.

[173] Vgl. ob. § 48 Note 39.

[174] Planck § 854, 3 a; Wolff, Sachenrecht § 11 II.

[175] Planck § 856, 2, § 935, 2; Klein 103; a. A. Mot. III 348; Dernburg III § 103, 2; Wolff, Sachenrecht § 11, I; Gierke II § 105 Anm. 18: die das „Abhandenkommen" ausschließende Übergabe soll bei „tatsächlicher Willensfähigkeit" möglich sein, wie sie dem Minderjährigen, nicht aber dem Geisteskranken zukommt. Diese Unterscheidung scheint mir unrichtig; denn das Gesetz schützt Minderjährige ebensosehr gegen die Folgen nachteiligen Handelns, wie Geisteskranke oder Kinder.

[176] Vgl. ob. § 48 Note 45.

so z. B. bei der Rückgabe der Pfandsache, § 1253 [177], und beim Einbringen von Sachen durch den Mieter, §§ 559, 704 [178], bei Fortsetzung des Gebrauchs der gemieteten Sache, § 568 [179], während es z. B. bei der Rückgabe der Vollmachtsurkunde, § 172 II, auf die Geschäftsfähigkeit des Zurückgebenden nicht ankommen kann [180]. Noch weniger kann Geschäftsfähigkeit in Betracht kommen bei Vorgängen, deren rechtlicher Erfolg nicht davon abhängt, daß sie durch menschlichen Willen herbeigeführt sind [181], z. B. bei Verbindung und Vermischung, § 946 fg. [182].

3. Vorstellungsäußerungen, insbesondere Mitteilungen, vgl. ob. § 48 II 2, erfordern, wie Willensäußerungen, um beachtlich zu sein, einen gewissen Grad geistiger Normalität [183]. Daher wird man einer solchen Äußerung eines Geschäftsunfähigen in der Regel keine Bedeutung beilegen können [184]. Ein beschränkt Geschäftsfähiger kann, wenn er tatsächlich imstande ist, eine zweckdienliche und verständliche Mitteilung zu machen, einer Anzeigepflicht genügen [185], sowie arg. § 107 solche Mitteilungen machen, durch

---

[177] Planck § 1253, 2 c.

[178] Planck § 559, 2 c; vgl. ob. § 54 Note 68; a. A. Klein, der keine Geschäftsfähigkeit für erforderlich hält, Mittelstein, Miete § 77, 2 und Oertmann § 559, 3 a, welche beschränkte Geschäftsfähigkeit genügen lassen; gegen diesen Mittelweg vgl. ob. Note 175.

[179] Endemann § 170, 1; Planck § 568, 2 b; Oertmann § 568, 3; Enneccerus § 144 III 2; Mittelstein, Miete § 75, 5; a. A. Kohler § 103, 4; Klein, Rechtshandlungen 47.

[180] Denn der Fortbestand der Vollmacht ist nicht im Interesse des Inhabers der Urkunde angeordnet, sondern zum Schutz Dritter, denen die Urkunde vorgewiesen wird.

[181] Vgl. ob. § 48 Note 61.

[182] Geschäftsfähigkeit ist nach herrschender Lehre nicht erforderlich zum Besitzerwerb nach § 854 I, Planck § 854, 2; Wolff, Sachenrecht § 10 II 2. Dabei ist aber zu beachten, daß Kinder und Geisteskranke in den meisten Fällen nach § 855 nicht Besitzer, sondern Besitzdiener ihrer ges. Vertreter sind.

[183] Klein, Anzeigepflicht im Schuldrecht 41 fg.

[184] Mitteilung eines Geisteskranken oder Kindes kann wegen der ihr anhaftenden Unsicherheit unbeachtet bleiben, vgl. ob. § 49 Note 35. Nur ausnahmsweise kann ein Geschäftsunfähiger imstande sein, eine zweckdienliche Anzeige zu machen; z. B. liegt in der Überbringung einer gefundenen Sache an den Verlierer die nach §§ 965, 971 zum Erwerb des Fundlohns erforderliche Anzeige, Klein a. a. O.; Manigk, Willenserklärung S. 711.

[185] Vgl. ob. § 48 Note 87.

welche er lediglich einen rechtlichen Vorteil erlangt [186], z. B. ein Recht erwirbt, ein Recht wahrt oder die Ausübung eines Rechts vorbereitet [187]. Dagegen kann ein beschränkt Geschäftsfähiger seine Rechtsstellung, wie nicht durch Rechtsgeschäfte, so auch nicht durch verbindliche Mitteilungen erschweren [188], z. B. nicht durch Mitteilungen der §§ 171, 409 I, 576. Aus demselben Grunde ist zur Unterbrechung der Verjährung durch Anerkennung, § 208, Geschäftsfähigkeit des Schuldners erforderlich; ebenso zur Anerkennung der Vaterschaft, § 1718 [189].

4. Eine Verzeihung, vgl. ob. § 48 II 3, kann von einem Geschäftsunfähigen [190] nicht ausgehen [191], weil seine Gefühlsäußerungen sowenig Beachtung verdienen, wie seine Willenserklärungen. Dagegen ergibt sich für einen beschränkt geschäftsfähigen Ehegatten [192] die Möglichkeit der Verzeihung eines Ehescheidungsgrundes, § 1570, daraus, daß er in Scheidungssachen selbständig zu bestimmen hat [193]. Ebenso kann ein beschränkt geschäftsfähiger Erblasser die Verfehlung eines Pflichtteilsberechtigten durch Verzeihung tilgen, § 2237 [194]. Ob die Verzeihung des groben Undanks durch einen beschränkt geschäftsfähigen Schenker wirksam ist, kann zweifelhaft sein: denn er verliert durch die Verzeihung das Recht des Widerrufs, auf welches er nicht ohne Zu-

---

[186] Daher kann z. B. die Mitteilung des § 415 I 2 von einem minderjährigen Urschuldner vorgenommen werden.

[187] Vgl. ob. § 48 Note 88. 89. 90.

[188] Vgl. ob. § 48 Note 91.

[189] Vgl. ob. § 48 Note 68. Winter, DJZ. 13, 1166.

[190] Da die Verzeihung kein Rechtsgeschäft ist, kommt es auf den tatsächlichen geistigen Zustand des Verzeihenden an: wer wegen Geisteskrankheit entmündigt ist, kann, wenn er gesund ist, schon vor Aufhebung der Entmündigung wirksam verzeihen.

[191] Eltzbacher, Handlungsfähigkeit 197; Crome § 559 Anm. 45 Endemann II § 166 Anm. 31; nach Planck § 1570, 1 soll auch ein Geisteskranker verzeihen können, wenn er eines solchen sittlichen Aktes fähig ist. Anstelle des Geschäftsunfähigen kann der gesetzliche Vertreter keine Verzeihung erteilen, Davidson, Ehescheidung 87; Planck a. a. O.; Endemann a. a. O.

[192] Nicht nur für die minderjährige Ehefrau, wie Manigk, Willenserklärung 699, behauptet.

[193] ZPO. § 612, vgl. ob. Note 51.

[194] Nicht nur ein Minderjähriger über 16 Jahre, Planck § 2237, 1, sondern auch ein durch Entmündigung in der Geschäftsfähigkeit beschränkter Erblasser; denn er könnte nach § 2253 II das Testament, in welchem der Pflichtteil entzogen wird, widerrufen.

stimmung seines gesetzlichen Vertreters verzichten könnte [195]. Da aber das Gesetz dem beschränkt Geschäftsfähigen in zahlreichen und tief eingreifenden Fragen des moralischen Lebens (Anfechtung und Bestätigung der Ehe, Ehescheidung, Anfechtung und Anerkennung der Ehelichkeit) den freien Entschluß gestattet [196], so scheint es mir angemessen, auch die Verzeihung als einen Vorgang des Gefühlslebens bei beschränkter Geschäftsfähigkeit für wirksam anzusehen [197].

5. Die Geschäftsfähigkeit kommt nicht nur für Vornahme von Rechtsgeschäften und sonstigen rechtlich bedeutsamen Handlungen in Betracht, sondern auch für die Entgegennahme von Willenserklärungen: nach § 131 können Willenserklärungen an einen Geschäftsunfähigen nicht abgegeben werden, an einen beschränkt Geschäftsfähigen nur dann, wenn sie ihm lediglich rechtlichen Vorteil bringen oder wenn der gesetzliche Vertreter einwilligt [198]. Dieser Vorschrift liegt der Gedanke zugrunde, daß dem durch das Zugehen einer Erklärung in der Regel vermittelten Wissen bei einem Nichtgeschäftsfähigen keine oder nicht die volle Bedeutung zukommt. Daher ist § 131 analog anzuwenden auf Rechtshandlungen und Vorstellungsmitteilungen gegenüber einem Geschäftsunfähigen oder beschränkt Geschäftsfähigen [199]; so kann z. B. die Mahnung, die Aufforderung zur Genehmigung, §§ 177, 415 II, oder zur Vornahme der Wahl, § 264 I, die Androhung des Verkaufes, §§ 303, 384, und ähnliche Erklärungen, die für den Empfänger nachteilige Folgen haben können, an einen Minderjährigen nicht gerichtet werden. Auch für das nicht durch Anzeige vermittelte Wissen von Tatsachen kommt, soweit es für den rechtsgeschäftlichen Verkehr von Bedeutung ist, nicht der Geschäftsunfähige oder beschränkt Geschäftsfähige in Betracht, sondern sein gesetzlicher Vertreter; so z. B. für die Fristen, deren Beginn von der Kenntnis einer Tatsache abhängt [200]. Nur wenn ein beschränkt Geschäftsfähiger selbständig handeln kann, kommt sein eigenes Wissen oder Nichtwissen, als Begleiterscheinung seiner Handlung [201],

---

[195] Vgl. ob. § 48 Note 114.
[196] Vgl. ob. Note 51. 52.
[197] A. A. Manigk a. a. O. 699.
[198] Vgl. unt. § 61 III 7.
[199] Biermann § 61, 6 b.
[200] Vgl. für die Ausschlagungsfrist Planck § 1944, 4.
[201] Vgl. ob. § 49 S. 127.

zur Geltung: wenn z. B. ein Minderjähriger Eigentum erwirbt [202], wird ihm sein böser Glaube entgegenstehen [203], vorausgesetzt, daß der Stand seiner geistigen Entwicklung ein den guten Glauben ausschließendes Kennen oder grobfahrlässiges Nichtkennen der entscheidenden Umstände zuläßt. Ebenso ist Kennen und Kennenmüssen von Tatsachen als Voraussetzung eines Verschuldens nach § 828 aus der Person des beschränkt Geschäftsfähigen zu beurteilen, z. B. bei der erhöhten Haftung aus dem Besitz einer fremden Haftung Sache oder aus der Bereicherung, §§ 990, 819.

§ 60. Verfügungsmacht *.

I. Von der Geschäftsfähigkeit ist zu unterscheiden als weiteres Erfordernis gewisser Rechtsgeschäfte die Verfügungsmacht [1]: wer auf einen bestimmten Rechtskreis (Person oder Vermögen) eine rechtliche Einwirkung ausüben will, muß außer der zur Geschäftsfähigkeit nötigen geistigen Beschaffenheit eine besondere Beziehung zu diesem Rechtskreis haben. Da die wichtigsten Einwirkungen auf ein Vermögen in Verfügungen, ob. § 54, bestehen, so pflegt man nur diesen Hauptfall zu berücksichtigen [2] und nennt die rechtliche Beziehung zwischen dem Verfügenden und dem von der Verfügung betroffenen Vermögen: Verfügungsmacht [3]. Normalerweise steht die Verfügungsmacht über ein Recht dem Subjekt desselben zu und stellt sich als eine zum Inhalt des Rechts [4] gehörende Befugnis dar [5]. Doch gibt es Abweichungen nach zwei Richtungen: einerseits kann die Verfügungsmacht des Rechtssubjekts beschränkt sein; andererseits gibt es Verfügungsmacht über fremdes Recht.

---

[202] Vgl. ob. Note 45.

[203] Vgl. ob. Note 69.

* Windscheid § 81, 3; Regelsberger § 147 I; Bekker § 91; Dernburg § 112 IV; Crome § 84; Cosack § 58; Enneccerus § 135; Hellwig, Anspruch § 30 I; Lehrb. § 39 II 2.

[1] Vgl. ob. § 7 Note 21.

[2] Vgl. unt. VI.

[3] Der vielfach (z. B. von Cosack) gebrauchte Ausdruck Verfügungsfähigkeit ist irreleitend, weil man dabei leicht an die zu Verfügungen nötige Geschäftsfähigkeit denkt.

[4] Bei gemeinsamen Rechten ist die Verfügung prinzipiell gemeinsam; jedoch gibt es wichtige Ausnahmen, z. B. die Verfügungsmacht des Ehemanns in der Gütergemeinschaft, vgl. ob. § 20 II.

[5] Vgl. ob. § 54 Note 38.

II. Die Verfügungsbeschränkung ist eine Beschränkung des rechtlichen „Könnens“. Eine solche liegt nicht vor, wenn das Rechtssubjekt verpflichtet ist, die ihm zustehende Verfügungsmacht nicht oder nicht in gewisser Art auszuüben: das ist Beschränkung des rechtlichen „Dürfens“; in solchen Fällen ist die Verfügung wirksam, aber pflichtwidrig und daher zu Schadensersatz verpflichtend [6]. Von einer Verfügungsbeschränkung kann nur dann die Rede sein, wenn dem Rechtssubjekt infolge einer besonderen Rechtslage die Befugnis der Verfügung fehlt [7]; nicht dann, wenn ein Recht seiner Beschaffenheit nach, ohne Rücksicht auf sein gegenwärtiges Subjekt, der Verfügung entzogen ist [8].

Die Verfügungsbeschränkung kann darin bestehen, daß, solange gewisse Umstände vorliegen, dem Rechtssubjekt die Verfügung gänzlich entzogen ist: so dem Erben die Verfügung über den Nachlaß bei Nachlaßverwaltung, § 1984 I, Testamentsvollstreckung, § 2211 I, dem Vorerben die Verfügung über den Nachlaß im Falle des § 2129; dem Gemeinschuldner die Verfügung über die Konkursmasse, KO. § 6 [9]; dem Angeschuldigten die Verfügung über das mit Beschlag belegte Vermögen, StrGB. § 93 [10], StrProzO. §§ 332 fg., 480. Eine Beschränkung minderen Grades liegt vor, wenn die Verfügung des Rechtssubjektes nicht ausgeschlossen, aber an die Zustimmung oder Mitwirkung einer anderen Person gebunden ist; so kann die Ehefrau über eingebrachtes Gut nur mit Zustimmung des Ehemanns verfügen, § 1395 [11]; der Gläubiger

---

[6] Oertmann § 136, 2; Enneccerus § 135 Anm. 1; Raape, gesetzl. Veräußerungsverbot 165.

[7] Von den die Gültigkeit der Verfügung affizierenden Beschränkungen sind zu unterscheiden Hindernisse, welche der Vornahme der Verfügungshandlung entgegenstehen; so kann z. B. der Eigentümer einer Mobilie, wenn er die Sache weder unmittelbar noch mittelbar besitzt, sie nicht verpfänden, § 1205; der Eigentümer eines Grundstücks, wenn er nicht eingetragen ist, nicht verfügen, GBO. § 40.

[8] Unübertragbare Rechte, vgl. ob. § 12.

[9] Die Verfügungen dieser Personen über die Vermögensmassen (Sondergüter), deren Verwaltung ihnen entzogen ist, sind ebenso (absolut) unwirksam, wie Verfügungen über fremdes Vermögen, vgl. ob. § 58 Note 23. Für diese Sondergüter hat das Rechtssubjekt in der Person des Nachlaßverwalters, Testamentsvollstreckers, Konkursverwalters einen Vertreter, der anstelle des Rechtssubjekts die Verfügungen vornehmen kann, zu denen das Rechtssubjekt selbst nicht befugt ist, vgl. ob. § 19 Note 42.

[10] Nicht die Geschäftsfähigkeit, wie OLG. 22, 138 irrigerweise annimmt.

[11] Verfügungen der Ehefrau ohne Einwilligung des Mannes sind

eine mit Nießbrauch oder Pfandrecht belastete Forderung nur gemeinsam mit dem Nießbraucher oder Pfandgläubiger einziehen, § 1077, 1281 [12]. Endlich kann die Beschränkung darin bestehen, daß die Verfügung des Rechtssubjekts der vollen Wirkung ermangelt: so die Verfügung dessen, der bereits bedingt über den Gegenstand verfügt hat, § 161, und die Verfügung des Vorerben, § 2113 [13]; die gegen ein relatives Veräußerungsverbot, § 135/6 [14] oder eine Vormerkung, § 883 II [15], verstoßende Verfügung.

Die Verfügungsbeschränkungen unterscheiden sich von Mängeln der Geschäftsfähigkeit [16] wie in ihren Voraussetzungen [17], so auch in ihren Wirkungen [18]:

Der Mangel der Geschäftsfähigkeit beruht auf der persönlichen Beschaffenheit des Rechtssubjektes, durch welche die vernünftige Willensbildung ausgeschlossen oder erschwert wird: daß der Nichtgeschäftsfähige seine Rechtslage nicht verschlechtern kann, ist vom Gesetz in seinem eigenen Interesse angeordnet.

ebenso geregelt, wie Rechtsgeschäfte des Minderjährigen ohne Einwilligung des ges. Vertreters; vgl. ob. § 59 VI. Der Erwerber kann den Ehemann zur Erklärung über Genehmigung auffordern, § 1396. Daneben hat er nach § 1397 das Widerrufsrecht, dessen Bedeutung, da es sich nur um Erwerbsgeschäfte, nicht um obligatorische Verträge handelt, sehr problematisch ist, Tuhr, DJZ. 12, 193; Strohal, Festg. d. DJZ. f. Leipzig 183.

[12] Bd. I § 6 Note 81 a.

[13] In den Fällen §§ 161, 2113 ist die Verfügung zunächst wirksam, verliert aber ihre Wirkung mit Eintritt der Bedingung oder Nacherbschaft, vgl. ob. § 58 Note 10.

[14] § 135/6 spricht zwar von Veräußerung, darunter ist aber, wie in StrProzO. § 334, jede Verfügung zu verstehen, vgl. unt.

[15] Eine solche Verfügung ist relativ (gegenüber dem durch das Verbot oder durch die Vormerkung geschützten Gläubiger) unwirksam, vgl. ob. § 58 S. 327.

[16] Es gibt geschäftsfähige Personen, denen die Verfügungsmacht fehlt, z. B. dem Gemeinschuldner über die Konkursmasse. Umgekehrt können Geschäftsunfähige Verfügungsmacht über eigenes, event. auch über fremdes Vermögen haben, z. B. der bevormundete Ehemann § 1409.

[17] Insbesondere auch im internat. Privatrecht, Zitelmann, Int. PrivR. II 71.

[18] Auch bei Verfügungen von Todeswegen (vgl. ob. § 54 S. 239) kann man unterscheiden: Mangel der Geschäftsfähigkeit (Testierfähigkeit) und Mangel der Verfügungsmacht; letzterer Mangel beruht darauf, daß der Erblasser sich durch Erbvertrag oder korrespektives Testament gebunden hat; spätere Verfügungen sind, wenn sie gegen die ältere bindende Verfügung verstoßen, unwirksam, vgl. ob. § 55 Note 7, werden aber mit Wegfall des Hindernisses wirksam, Planck § 2289, 3 a, § 2271 Erl. II 4.

Dagegen dienen von den Verfügungsbeschränkungen einige (die sog. absoluten Veräußerungsverbote) dem allgemeinen Interesse; die meisten aber dem Schutz dritter Personen, deren Verwaltungsrechte, Anwartschaften oder Gläubigerrechte durch die Verfügung geschädigt werden könnten. Durch Zustimmung dieser Personen kann die Verfügungsbeschränkung beseitigt werden [19].

Der Mangel der Geschäftsfähigkeit verhindert das normale Zustandekommen des Willens und kommt daher in dem für die Willensaktion entscheidenden Moment: bei Abgabe der Erklärung, zur Geltung, § 130 II [20]. Dagegen muß die Verfügungsmacht in dem Moment vorliegen, in welchem das Rechtsgeschäft seine Wirkung entfaltet [21].

Ein wegen mangelnder Geschäftsfähigkeit ungültiges Geschäft wird nicht dadurch wirksam, daß die volle Geschäftsfähigkeit nachträglich erlangt wird [22]. Dagegen ist die Verfügungsbeschränkung ein Hindernis, bei dessen Wegfall in der Regel Konvaleszenz der Verfügung eintritt [23].

Der gute Glaube des Geschäftsgegners kann Mängel der Geschäftsfähigkeit nicht heilen [24], kommt aber gegenüber den meisten

---

[19] Das ergibt sich aus der ratio dieser Verfügungsbeschränkungen und aus der Analogie des § 185. Cosack § 58 I 3d; Planck § 135, 4; § 2113, 1; Jäger, KO. § 7 Anm. 11; RG. 74, 217. Diese Zustimmung hat eine andere Funktion als die den mangelhaften Willen des beschränkt Geschäftsfähigen ergänzende Zustimmung seines ges. Vertreters.

[20] Vgl. unt. § 61 Note 171.

[21] Jäger, KO. § 7 Anm. 14; Enneccerus § 150, 2b; a. A. Dernburg § 132 Anm. 6; Oertmann § 130, 3g; Staudinger § 130, 8. Eine die Regel bestätigende Ausnahme ist § 878: das dingliche Rechtsgeschäft wird bereits mit dem Eintragungsantrag (also vor Eintritt der vollen Wirkung) gegen Verfügungsbeschränkungen in der Person des Veräußerers geschützt, vgl. KO. § 15, 2.

[22] Vgl. ob. § 56 VI.

[23] Auch dies ergibt sich aus dem Zweck der zum Schutz bestimmter Personen dienenden Verfügungsbeschränkungen und aus der Analogie des § 185. Vgl. für Verfügungen des Gemeinschuldners Jäger, KO. § 7 Anm. 12 für Verfügungen des Erben bei Testamentsvollstreckung Planck § 2211, 8, für Verfügungen der Ehefrau Planck § 1396, 3 (unrichtig Cosack § 58 I 3 d). Nur wenn der Ehemann seine Genehmigung bereits verweigert hatte, kann die Verfügung der Ehefrau nach § 1396 III nicht dadurch wirksam werden, daß das Verwaltungsrecht des Mannes wegfällt (dasselbe gilt für Verfügungen des Ehemanns nach § 1448 I), vgl. ob. § 55 Note 29.

[24] Vgl. ob. § 59 IX.

Verfügungsbeschränkungen in Betracht [25]. Damit hängt zusammen daß im Grundbuch nicht die Mängel der Geschäftsfähigkeit, wohl aber die meisten Verfügungsbeschränkungen eingetragen werden [26].

Fehlende Geschäftsfähigkeit wird durch Stellvertretung ersetzt [27]; dagegen können Rechtsgeschäfte, zu denen dem Rechtssubjekt selbst die Verfügungsmacht fehlt, auch nicht durch einen Stellvertreter vorgenommen werden [28], außer in den ob. bei Note 9 erwähnten Fällen, in denen die Verfügungsmacht über ein Sondergut dem Rechtssubjekt entzogen und einem Vertreter mit exklusiver Vertretungsmacht übertragen ist.

Dem Mangel der Geschäftsfähigkeit entspricht die Prozeßunfähigkeit [29]; bei Mangel der Verfügungsfähigkeit fehlt die Sachlegitimation, das „Prozeßführungsrecht" [30].

Wie die Geschäftsfähigkeit [31] so ist die Verfügungsmacht über eigenen Rechtskreis eine Grundlage unseres Rechtszustandes und kann nur in gesetzlich zugelassenen Fällen einer Beschränkung unterliegen [32]. Daher bestimmt § 137: „die Befugnis zur Verfügung über ein veräußerliches Recht kann nicht durch Rechtsgeschäft ausgeschlossen oder beschränkt werden". Dagegen kann sich das Rechtssubjekt verpflichten, eine Verfügung über ein ihm zustehendes Recht zu unterlassen, § 137, 2 [33], und kann bei Übertretung dieser Verpflichtung auf Unterlassung oder Schadensersatz belangt werden. Ein solches Versprechen hat aber nur obligatorische Wirkung und beeinträchtigt nicht die rechtliche

---

[25] § 135 II, § 161 III, § 2113 III, 21, § 2129 II, § 2211 II. Der Schutz des guten Glaubens versagt gegenüber den absoluten Veräußerungsverboten, Oertmann § 135, 5 a, gegenüber der Verfügungsbeschränkung der Ehefrau, § 1404, und im Mobiliarverkehr gegenüber den Beschränkungen aus KO. § 7 und BGB. § 1984. Vgl. ob. § 49 Note 74.

[26] § 892 I 2. Nicht eingetragen werden die absoluten Veräußerungsverbote, Oertmann § 135, 7 a, und die Beschränkung der Ehefrau, Planck, Vorb. VI 3 vor § 873.

[27] Vgl. ob. § 59 S. 335. 338.

[28] Hellwig, Lehrb. § 132 I 4; Jäger, KO. § 7 Anm. 5. OLG. 26, 9; vgl. ob. § 45 Note 74.

[29] ZPO. § 52. Hellwig, System § 75.

[30] Hellwig, System § 70.

[31] Vgl. ob. § 59 Note 5.

[32] Vgl. ob. § 51 Note 10.

[33] Ausnahmsweise ist ein solcher Vertrag auch obligatorisch unwirksam, § 1136.

Möglichkeit der Verfügung [34]: die Verfügungsmacht. Es ist für dritte Personen selbst dann unverbindlich, wenn es ihnen bekannt ist. Besteht zwischen A und B ein „rechtsgeschäftliches Veräußerungsverbot" und veräußert A die Sache gegen die Verabredung an X, so handelt X beim Erwerb nicht rechtswidrig, da die Obligation zwischen A und B, als relatives Rechtsverhältnis[35] für ihn nicht in Betracht kommt [36]. Ausnahmsweise ermöglicht § 399 und VerlGes. § 28 [37] dem Schuldner resp. Autor, durch Verabredung mit dem Gläubiger resp. Verleger (nicht mit einem Dritten) die Forderung resp. das Verlagsrecht unabtretbar zu machen [38]. In Ermangelung solcher gesetzlicher Bestimmungen fehlt dem rechtsgeschäftlichen Veräußerungsverbot die sog. dingliche [39] (die Veräußerung hindernde) Wirkung [39a]. In diesem Sinn unwirksam ist das Versprechen, über ein Recht nicht zu verfügen [40]; z. B. eine Verabredung unter Miteigentümern, ihre Anteile nicht zu veräußern [41], ein Versprechen des Mieters an den

[34] Hat z. B. der Erbe sein durch Ausschlagung bedingtes Pflichtteilsrecht (§ 2306 I 2) abgetreten und dem Zessionar versprochen, die Ausschlagung vorzunehmen, so ist er dadurch nicht verhindert, über sein Ausschlagungsrecht zu verfügen, d. h. die Erbschaft anzunehmen und damit die Entstehung des Pflichtteilsanspruchs zu vereiteln, vgl. Tuhr, Unwiderrufl. Vollmacht 65.

[35] Bd. I § 11 II.

[36] Nur unter ganz besonderen Umständen kann sich die Handlungsweise des X als Verstoß gegen die guten Sitten, § 826, darstellen, vgl. ob. § 11 Note 6.

[37] Vgl. Bd. I § 12.

[38] Unabtretbarkeit einer Forderung tritt auch dadurch ein, daß sie in ein Kontokorrentverhältnis fällt, Staub, HGB. § 355 Anm. 17, ob. § 5 Note 22.

[39] Von „dinglicher Wirkung" kann man der Kürze halber in demselben Sinne sprechen, wie man die Verfügung im Gegensatz zum Verpflichtungsgeschäft als dingliches Rechtsgeschäft bezeichnet, vgl. ob. § 54 Note 123.

[39a] Daher ist ein rechtsgeschäftliches Veräußerungsverbot kein Hindernis der Pfändung. Selbst eine nach § 399 nicht übertragbare Forderung kann nach ZPO. § 851 II gepfändet werden.

[40] Solche Verabredungen können daher nicht als Beschränkung eines dinglichen Rechts in das Grundbuch eingetragen werden; z. B. nicht das Versprechen, eine Grundschuld nicht zu übertragen, oder die Verpflichtung eines Eigentümers, sein Grundstück nicht zu zerlegen, OLG. 21, 408.

[41] Dernburg § 124 Anm. 9. Durch den nach § 749 II zulässigen und nach § 1010 eintragungsfähigen vertragsmäßigen Ausschluß der Teilung wird nicht die rechtliche Möglichkeit der Teilung, sondern das „Recht, die

Untermieter, den Mietvertrag nicht zu kündigen [42], die sog. Sperrverpflichtung bei Emission von Wertpapieren [43]. Ebenso ermangelt der dinglichen Wirkung ein Versprechen, über ein Recht nicht anders als zu bestimmten Bedingungen [44] oder nur mit Zustimmung eines Dritten zu verfügen; daher ist z. B. unwirksam und unzulässig die in SeuffA. 57 Nr. 8 erwähnte Eintragung, daß eine Servitut nur mit Zustimmung der Polizeibehörde aufgehoben werden dürfe [45]; unwirksam die Bestimmung in einem Ehevertrag, daß der Ehemann über sein eigenes Vermögen oder die Ehefrau über Vorbehaltsgut nur mit Zustimmung des anderen Ehegatten verfügen könne [46]. Insbesondere hat die Verabredung zwischen Gläubiger und Schuldner, daß die Einziehung der Forderung nur mit Zustimmung eines Dritten erfolgen solle, nur die Wirkung, daß der Schuldner die Leistung verweigern kann, wenn sie der Gläubiger ohne Zustimmung des Dritten verlangt; leistet aber der Schuldner, so ist die in der Annahme der Leistung liegende Verfügung des Gläubigers [47] wirksam: die Forderung ist getilgt. Für den Dritten, dessen Zustimmung ausbedungen ist, entsteht daraus ein Recht gegen den Schuldner nur dann, wenn er dem Vertrag beitritt [48] oder wenn man annimmt, daß der Vertrag zu

---

Aufhebung zu verlangen", d. h. der Teilungsanspruch beseitigt. Die Teilung bleibt bei Übereinstimmung der Miteigentümer möglich. Dieselbe Bedeutung hat in der Regel die Bestimmung des Erblassers, durch welche er die Auseinandersetzung ausschließt, Planck § 1 2044, 3.

[42] Ein solcher Vertrag zwischen Mieter und Vermieter würde, als Abänderung des Mietverhältnisses, vgl. ob. § 54 Note 220, die Kündigungsbefugnis beseitigen.

[43] RG. 72, 225.

[44] Z. B. nicht unter dem Ladenpreis zu verkaufen, RG. 63, 397. Oertmann § 137, 3; Tuhr, DJZ. 12, 282 und Rietschel, das. 412, dem ich mich jetzt für das Autorrecht anschließe; denn das Recht der gewerbmäßigen Verbreitung eines Schriftwerkes kann nach § 8 III des UrhGes. mit beliebigen Beschränkungen übertragen werden, vgl. ob. § 45 Note 42, also auch mit Beschränkungen inbezug auf die Bedingungen der Weiterveräußerung.

[45] Eine solche Verfügungsbeschränkung besteht nach § 876 nur für den Fall, daß die Grunddienstbarkeit mit dem Recht eines Dritten belastet ist.

[46] Planck § 1432, 3 a.

[47] Vgl. ob. § 54 Note 24.

[48] Ebenso verhält es sich, wenn zwei Gläubiger mit ihrem gemeinsamen Schuldner gemeinsame Erhebung der, teilbaren, Leistung verabreden, vgl. Bd. I § 3 Note 33. Wird diese Verabredung unter den beiden

seinen Gunsten im Sinn von § 328 geschlossen ist [49]. Auch dann wäre die Leistung des Schuldners und die in der Annahme derselben liegende Verfügung des Gläubigers wirksam [50]; der Schuldner hätte aber seine Verpflichtung gegenüber dem Dritten verletzt und würde ihm auf Schadensersatz haften. Diese Bedeutung hat die in §§ 1392, 2116 [51] vorgeschriebene Hinterlegung mit der Bestimmung, daß die Herausgabe nur mit Zustimmung der Ehefrau (oder des Nacherben) verlangt werden kann [52]. Eine weitergehende Bedeutung (Unwirksamkeit der Leistung auch dem Gläubiger gegenüber) kann eine solche Klausel nur auf Grund einer gesetzlichen Bestimmung haben [53].

Angesichts des § 137 sind die Parteien, wenn sie die Veräußerung einer Sache ausschließen wollen, auf andere Rechtsmittel angewiesen [54]. Bei Grundstücken läßt sich ein der Ausschließung der Verfügung praktisch nahekommendes Resultat dadurch erzielen, daß der Eigentümer dem an der Nichtveräußerung Interessierten ein obligatorisches Vorkaufsrecht (zu minimalem Preise [55]) bewilligt und den aus dem Vorkaufsrecht erwachsenden Übereignungsanspruch durch Vormerkung sichert [56].

Gläubigern getroffen, so bleiben ihre Rechte gegen den Schuldner unberührt und es entsteht nur unter ihnen die Verpflichtung, diese Rechte der Verabredung gemäß auszuüben.

[49] Die Leistung an den Dritten besteht hier in der Unterlassung der Leistung an den Gläubiger ohne Zustimmung des Dritten.

[50] Die Forderung ist getilgt. Anders, wenn der Gläubiger ex lege an die Zustimmung eines Dritten gebunden ist, z. B. die Ehefrau an die Zustimmung des Mannes, § 1395, oder der Minderjährige an die Zustimmung des ges. Vertreters, § 107, vgl. ob. § 59 Note 36.

[51] Vgl. auch § 1814.

[52] Mit der Hinterlegung tritt als gesetzliche Wirkung derselben nach §§ 1392 II, 2116 II (1819) Beschränkung der Verfügung über die hinterlegten Papiere ein, welche so lange dauert, als die Hinterlegung besteht, Planck § 2116, 3.

[53] Das ist bisweilen der Fall nach Landesgesetzen (Art. 99 EG.) über öffentl. Sparkassen. So kann nach dem ElsLothr. Ges. § 5 bei der Einzahlung die Bestimmung getroffen werden, daß die Rückzahlung nicht vor Volljährigkeit oder Verheiratung des Einlegers stattfinden kann; vorzeitige Rückzahlung ist in diesem Fall auch dem Einleger gegenüber unwirksam.

[54] Die Veräußerung kann erschwert werden durch Verabredung einer (durch Hypothek sichergestellten) Vertragsstrafe.

[55] Ein dingliches Vorkaufsrecht kann nicht zu festbestimmtem Preise bestellt werden, Planck § 1098, 1; Wolff, Sachenrecht § 126 Anm. 32.

[56] Endemann II § 65 Anm. 29; Wolff, Sachenrecht § 126

Ferner kann ein Veräußerer die Weiterveräußerung eines Rechtes durch den Erwerber dadurch verhindern, daß er die Veräußerung unter auflösender Bedingung vornimmt [57], so daß das Recht beim Versuch der Weiterveräußerung [57a] an ihn zurückfällt, § 158 II; diese Verabredung ist bei Grundstückseigentum durch § 925 ausgeschlossen und kann bei Mobilien durch guten Glauben des Weitererwerbers wirkungslos werden, § 161 III. Endlich kann ein obligatorisches Veräußerungsverbot auf dem Wege einer einstweiligen Verfügung, ZPO. § 938, zu einer Verfügungsbeschränkung des Berechtigten führen, BGB. § 136 [58].

Der Erblasser kann die Verfügungsmacht des Erben [59] durch Einsetzung eines Testamentsvollstreckers ausschließen, § 2211, jedoch nur in der durch § 2210 angeordneten zeitlichen Begrenzung [60]. Ferner kann der Erblasser dem Erben oder Vermächtnisnehmer zur Pflicht machen, einen Gegenstand nicht zu veräußern; die Befolgung einer solchen Auflage, § 1940, können die in § 2194 genannten Personen verlangen, ev. durch einstweilige Verfügung sicherstellen. Auch kann der Erblasser die Sache für den Fall, daß der Erbe oder Vermächtnisnehmer sie veräußern sollte, einem Dritten vermachen; da aber das Vermächtnis nur eine Forderung

---

Anm. 27. Hätte der Interessent kein Vorkaufsrecht verabredet, sondern sich nur die Nichtveräußerung zusichern lassen, so könnte sein Anspruch aus diesem Versprechen nicht vorgemerkt werden, da er nicht zu den in § 883 I genannten Ansprüchen gehört.

[57] Dernburg § 124 II 2; Planck zu § 137; Staudinger § 137, 2 a; Enneccerus § 135 Anm. 8; Tuhr, DJZ. 12, 282; a. A. Crome § 85, 4; Schott, Breslauer Festschr. f. Dahn 305, Oertmann § 137, 2 a, welche in § 137 eine lex specialis gegenüber § 158 II sehen; m. Er. ist umgekehrt § 158 die speziellere Vorschrift: denn nur der Veräußerer eines Rechts, nicht ein dritter Interessent, kann durch Verabredung einer auflösenden Bedingung den Eigentümer an der Veräußerung hindern (ähnlich kann nur der Veräußerer einer Mobilie, nicht ein sonstiger Gläubiger, durch Eigentumsvorbehalt, § 455, eine dingliche Sicherung seiner Forderung ohne Besitz der Sache herstellen).

[57a] oder bei Pfändung durch einen Gläubiger des Erwerbers, OLG. 22, 388, 23, 219. Riezler, KritVJSchr. 48, 65.

[58] Planck zu § 137; Dernburg § 124 III 1; Enneccerus § 135 Anm. 8.

[59] Oder eines Vermächtnisnehmers, § 2223.

[60] Auch dem Testamentsvollstrecker kann der Erblasser Verfügungen untersagen, § 2216 II, aber nur mit obligatorischer Wirkung, Planck § 2216, 10; denn die Verfügungsmacht des Testamentsvollstreckers ist nicht durch sein Dürfen begrenzt, Planck § 2205, 11.

erzeugt, § 2174, wird der Beschwerte an der Veräußerung nicht gehindert, sondern nur, wenn er sie vornimmt, schadensersatzpflichtig [60a].

III. Zur Verfügung über fremdes Recht ist eine auf besonderen Gründen beruhende Verfügungsmacht erforderlich. Die Befugnis zu solchen Verfügungen (und zu anderen einen fremden Rechtskreis betreffenden Rechtsgeschäften [61]) kann aber auch Vertretungsmacht sein [62]. Der Unterschied beider Machtbefugnisse liegt darin, daß die Vertretungsmacht durch Handeln im Namen des Vertretenen ausgeübt wird, die Verfügungsmacht durch Handeln im eigenen Namen [63]. In fremdem Namen (§ 164) handelt jemand, wenn er zu erkennen gibt, daß die Wirkung seiner Handlung ausschließlich für und gegen einen anderen eintreten soll [64]; daher bei Verfügungen: wenn er zu erkennen gibt,

---

[60a] Wie für die Verfügung über Rechte, so kann es auch für die tatsächliche Verwendung einer Sache, vgl. ob. § 54 Note 77, nur obligatorische Schranken geben: der Eigentümer kann versprechen oder durch Bestimmung seines Erblassers verpflichtet sein, seine Sache in bestimmter Weise zu gebrauchen oder nicht zu gebrauchen; dadurch wird aber ein anderer Gebrauch nicht unmöglich, sondern nur pflichtwidrig und zu Schadensersatz verpflichtend. Eine größere Bedeutung kann eine Zweckbestimmung bei Forderungen haben, insofern als der Schuldner nicht zu leisten braucht, wenn der Gläubiger den Leistungsgegenstand nicht in verabredeter Weise verwendet, so z. B. beim Baugeldvertrag, Kohler, ArchBürgR. 33, 18. OLG. 23, 218, und bei einer Versicherung nach VersVertrG. § 97 fg., BGB. § 1130.

[61] Insbesondere zur Eingehung von Verpflichtungen.

[62] Bd. I § 7 Note 20.

[63] RG. 54, 274.

[64] Das ist m. Er. das ausschlaggebende Kennzeichen des Handelns in fremdem Namen. Vielfach, z. B. von Hellwig, Rechtskraft 99 fg., wird gelehrt, daß jemand über ein fremdes Recht als fremdes und doch in eigenem Namen verfügen könne. Oft soll damit nur gesagt sein, daß der Verfügende keiner Einwilligung (Vollmacht) des Rechtssubjekts bedarf; diese Antithese ist unrichtig: denn die Befugnis zur Verfügung im eigenen Namen (Verfügungsmacht) kann wie die Befugnis zur Verfügung im fremden Namen (Vertretungsmacht) entweder auf dem Willen des Berechtigten beruhen, oder von seinem Willen unabhängig sein. Bisweilen scheint der Antithese: Verfügung in fremdem oder im eigenen Namen der Gedanke zugrunde zu liegen, daß der Verfügende im ersteren Fall im Interesse des Rechtssubjektes handelt, im letzteren Fall aber im eigenen Interesse. Das wird meist zutreffen, ist aber kein entscheidendes Kriterium; denn es gibt Vertretung in rem suam und umgekehrt Verfügung über fremdes Recht im eigenen Namen und doch im Interesse des Rechtssubjektes.

daß das Recht, über welches er verfügt, nicht ihm, sondern einem anderen zusteht. Gewisse Rechtsgeschäfte können mit Wirkung für einen anderen nur auf dem Wege der Stellvertretung vorgenommen werden; so insbesondere der Schuldvertrag [65]. Bei Verfügungen ist zu unterscheiden: bei einigen Rechten (Grundstücksrechte, Forderungen, die nicht an ein Inhaberpapier gebunden sind) ist die Person des Berechtigten wesentlich für die Kennzeichnung des Rechts; die Verfügung über fremde Rechte dieser Art kann in der Regel nur auf dem Wege der Vertretung stattfinden: wenn z. B. X ein Grundstück, das als Eigentum des A eingetragen ist, veräußern will, so muß er es als Grundstück des A bezeichnen und damit zu erkennen geben, daß er die Wirkung seiner Handlung nicht für sich, sondern im Vermögen des A hervorbringen will. Ebenso, wenn X eine Forderung des A einziehen oder zedieren will [66]. Im eigenen Namen ist eine Verfügung über fremde Rechte dieser Art nur so möglich, daß der Verfügende sich für das Subjekt des Rechtes ausgibt. Das kann nur unter besonderen Umständen geschehen: bei einem Grundstück, wenn X zu Unrecht eingetragen ist oder sich für den eingetragenen A oder für dessen Erben ausgibt; bei Forderungen, wenn X als Gläubiger auftritt [67] oder sich für den Gläubiger A oder dessen Erben ausgibt. Bei anderen Rechten, insbesondere Mobiliar-

---

Endlich wird bei Erörterung dieser Fragen oft nicht genügend zwischen dem obligatorischen Verkauf und der dinglichen Veräußerung unterschieden: es kann leicht vorkommen, daß jemand eine fremde Sache in eigenem Namen verkauft und in fremdem Namen tradiert, weil er für den anderen keine Verpflichtungen eingehen, wohl aber Veräußerungen vornehmen darf.

[65] Vgl. Bd. I § 2 II.

[66] VersGes. § 76 I bestimmt, daß bei der Versicherung auf fremde Rechnung der Versicherungsnehmer über die Forderung des Versicherten „im eigenen Namen" verfügen kann. Da er aber über die Forderung nicht anders verfügen k a n n , als indem er sie als Forderung des Versicherten bezeichnet, so verfügt er, trotz des Wortlauts des Gesetzes, m. Er. in fremdem Namen. Durch den Zusatz „im eigenen Namen" hat das Gesetz, dem ob. Note 64 dargelegten Denk- und Sprachgebrauch gemäß, folgendes bestimmt: daß der Versicherungsnehmer keiner Einwilligung des Versicherten bedarf; daß er über die fremde Forderung in rem suam verfügen kann, d. h. so, daß der Erlös in sein Eigentum fällt (vorbehaltlich obligatorischer Herausgabe an den Versicherten); endlich, daß er die Forderung im eigenen Namen einklagen kann, vgl. unt. **Note 100.**

[67] Z. B. als Eigentümer einer beschädigten Sache, § 850, oder als wirklicher Geschäftsherr, § 686.

eigentum und Inhaberforderungen, ist die Person des Rechtssubjektes nicht äußerlich erkennbar; daher kann, wer die fremde Sache besitzt, über sie in doppelter Weise verfügen: im Namen des Eigentümers, als dessen Vertreter; oder: im eigenen Namen, wie wenn die Sache ihm gehörte [68].

Solche Verfügungen haben, wie die eines Vertreters, unmittelbare Wirkung auf das fremde Recht [69], wenn dem Verfügenden die dazu nötige Verfügungsmacht zusteht [70]. Da es für den Eigentümer in der Regel keinen Unterschied ausmacht [71], ob die Verfügung über seine Sache in seinem Namen oder in dem eines anderen vorgenommen wird [72], so wird meistens Verfügungsmacht und eine diese Verfügung umfassende Vertretungsmacht gleichzeitig vorliegen [73].

---

[68] Enneccerus § 303 I 2 hält eine Inkassozession mit der Wirkung für möglich, daß die Forderung dem Zedenten verbleibt und der Zessionar ermächtigt ist, diese Forderung im eigenen Namen einzuziehen. „Warum kann ich nicht, fragt Enneccerus, den X ermächtigen, meine Forderung im eigenen Namen einzuziehen, da ich ihn doch nach § 185 ermächtigen kann, meine Sache im eigenen Namen zu veräußern?“. Antwort: die Sache kann X veräußern, ohne sie als die meinige zu bezeichnen. Meine Forderung kann er nicht anders einziehen, als indem er sie als die meinige bezeichnet; denn sonst weiß der Schuldner nicht, aus welchem Grunde X von ihm Zahlung verlangt, vgl. ob. § 45 Note 14.

[69] Veräußert A eine Sache des B mit dessen Einwilligung, so geht das Eigentum des B auf den Erwerber über, ohne durch die Person des A hindurchzugehen, RG. 78, 383.

[70] Fehlt die Verfügungsmacht, so ist bei Verfügung im eigenen Namen der Erwerber durch § 932 geschützt; dagegen hat bei Verfügung in fremdem Namen der Erwerber in der Regel das Risiko der fehlenden Vertretungsmacht zu tragen, vgl. ob. § 49 Note 89.

[71] Dagegen ist es für den Eigentümer von großer Bedeutung, ob der obligatorische Verkauf der Sache durch X in seinem Namen oder in dem des X erfolgt, weil sich die Zuständigkeit der Kaufpreisforderung und der Verpflichtungen des Verkäufers darnach richten. Ebenso kommt es für den Eigentümer darauf an, ob X eine Einigung über Schenkung der Sache im eigenen Namen oder in dem des X vornimmt: im ersten Fall wäre X der Schenker, im zweiten Fall wäre es der Eigentümer.

[72] Nur wenn die Verfügung wegen Willensmängel in der Person des Verfügenden anfechtbar ist, haben beide Arten der Verfügung verschiedene Wirkung: hat der Verfügende als Vertreter gehandelt, so entsteht das Anfechtungsrecht für den Vertretenen, vgl. ob. § 57 Note 42, hat er in eigenem Namen verfügt, so hat er anzufechten (mit der Wirkung, daß das Eigentum an den früheren Eigentümer zurückfällt, vgl. ob. § 57 Note 95).

[73] Vgl. Crome § 575 Anm. 16.

Die wichtigsten Fälle der Verfügungsmacht über fremdes Vermögen sind folgende:

1. der Ehemann kann über Geld und verbrauchbare Sachen des eingebrachten Gutes verfügen, § 1376 Nr. 1, und zwar wie in eigenem Namen [74] so auch im Namen der Frau; tut er letzteres, so handelt er als Vertreter der Frau [75];

2. der gesetzliche Vertreter (Vater, Vormund) kann über Rechte des Mündels oder Kindes, die sich dazu eignen, auch in eigenem Namen verfügen [76]. Dasselbe gilt vom Testamentsvollstrecker, Nachlaß- und Konkursverwalter und anderen Verwaltern von Sondergütern;

3. das Pfandrecht enthält die aus dem Eigentum ausgeschiedene Befugnis [77], die Sache nach den Vorschriften des § 1233 zu veräußern. Diese Befugnis kann der Pfandgläubiger in doppelter Weise ausüben: entweder unter Bezeichnung der Sache als Pfand; dann handelt er bei der Verfügung [78] im Namen des Eigentümers, d. h. als dessen Vertreter; wird die Sache bei der Veräußerung nicht als Pfand bezeichnet, so handelt der Pfandgläubiger in eigenem Namen [79] auf Grund der im Pfandrecht enthaltenen Verfügungsmacht [80];

---

[74] Planck, Erl. 3 vor § 1373; Endemann II § 176, 3 b. Wenn bisweilen, z. B. von Hellwig, Anspruch § 42 Anm. 5, Cosack § 322 IV 1 d, gelehrt wird, daß der Ehemann nur in eigenem Namen verfügen könne, so scheint das auf einer Verwechselung der Verfügung mit dem ihr vorangehenden obligatorischen Verkauf zu beruhen; denn es ist nicht abzusehen, warum die Tradition unwirksam sein sollte, wenn der Mann eine verbrauchbare Sache der Frau (in eigenem Namen) verkauft hat und bei der Übergabe zu erkennen gibt, daß er eine Sache der Frau als Ehemann veräußere.

[75] Die nach § 1376 Nr. 2 und 3 zulässigen Verfügungen (Aufrechnung mit Forderungen der Frau; Erfüllung von Verbindlichkeiten der Frau) können ihrer Natur nach nur im Namen der Frau vorgenommen werden; diese vom Gesetz dem Ehemann verliehene Befugnis ist daher als Vertretungsmacht zu bezeichnen, vgl. Bd. I § 2 Anm. 6; § 19 Note 42.

[76] Bd. I § 7 Note 26.

[77] Vgl. ob. § 45 Note 26.

[78] Nicht beim Verkauf, den er stets im eigenen Namen zu schließen hat.

[79] Beide Arten der Verfügung unterscheiden sich für die Mängelhaftung des Pfandgläubigers, § 461, und für die Stellung des Erwerbers, falls das Pfandrecht nicht besteht: hat der Gläubiger die Sache als eigene veräußert, so ist der gute Glaube des Käufers nach § 932 geschützt; ist die Sache als Pfand bezeichnet worden, so gilt § 1244.

[80] Nach herrschender Ansicht handelt der Pfandgläubiger, wie beim

4. der Schuldner kann eine dem Gläubiger gehörende Sache nach § 383 veräußern [81];

5. Veräußerung der Fundsache, § 966;

6. der zurückbehaltenen Sache, § 1003;

7. Verfügungsmacht des Vermögensnießbrauchers zum Zweck der Befriedigung eines Gläubigers, § 1087 II;

8. Verfügung des Pächters und Nießbrauchers über Inventarstücke, § 588 I, § 1048, vgl. auch 1378.

9. der Ehemann hat in der Gütergemeinschaft Verfügungsmacht über das Gesamtgut, § 1443. Er kann dabei im eigenen Namen handeln, z. B. bei der Veräußerung von Mobilien. Verfügt er über Rechte, deren Gemeinschaftlichkeit offenkundig ist, z. B. über Grundstücke, die auf den Namen der Frau oder beider Ehegatten eingetragen sind, oder über Forderungen, die von der Frau stammen, so muß er bei der Verfügung dieses Recht als gemeinschaftliches bezeichnen, d. h. im eigenen Namen und in dem der Frau verfügen; insofern ist er Vertreter der Frau [82];

10. ein allgemeiner Grund der Verfügungsmacht über fremdes Recht ist die Einwilligung des Berechtigten, § 185 I. Die Einwilligung unterscheidet sich von der ihr nahestehenden Bevollmächtigung, § 167, dadurch, daß sie nur zu Verfügungen ermächtigt und nur zu Verfügungen im eigenen Namen. Sie kommt daher nur für solche Rechte in Betracht, über welche ohne Bezeichnung des Rechtssubjekts verfügt werden kann; für andere Rechte nur dann, wenn der Verfügende sich für den Berechtigten ausgibt [83]. Die Einwilligung zu einer Verfügung wird nach sachgemäßer Auslegung meistens zugleich eine Vollmacht zu dieser Verfügung enthalten [84].

Verkauf, so auch bei der Veräußerung stets im eigenen Namen, Planck § 1233, 1; Hellwig, Rechtskraft 99; Hirsch, Übertragung der Rechtsausübung 239; Wolff, Sachenrecht § 166 I.

[81] Oertmann § 383, 1 c.

[82] Nach herrschender Meinung verfügt der Ehemann stets im eigenen Namen, auch wenn er zu erkennen geben muß, daß es sich um ein gemeinsames Recht handelt, vgl. z. B. Crome § 588 Anm. 21.

[83] Vgl. ob. § 5 Note 42. Für Verfügung über fremde Forderung durch Erhebung der Leistung wird in § 362 II auf § 185 verwiesen. Andere Verfügungen über die Forderung, z. B. durch Erlaß, Vergleich, Zession, fallen direkt unter § 185.

[84] Vgl. ob. Note 73. Erlaubt z. B. jemand dem X eine Sache in eigenem Namen zu verkaufen, so wird die Tradition auch dann gültig sein,

Zwischen dem Inhaber der Verfügungsmacht und dem Subjekt des Rechtes, über welches verfügt wird, besteht, wie bei der Vertretungsmacht [85], ein obligatorisches Rechtsverhältnis, aus welchem sich ergibt, in welcher Art und zu welchem Zwecke die Verfügungsmacht auszuüben ist. In einigen Fällen ist der Umfang der Verfügungsmacht entsprechend diesen Verpflichtungen des Verfügungsberechtigten begrenzt [86]; in anderen Fällen ist die Verfügungsmacht abstrakt, d. h. unabhängig von den ihre Ausübung betreffenden Verpflichtungen, so daß auch pflichtwidrige Verfügungen wirksam sind [87].

Verfügt jemand über ein fremdes Recht, ohne daß ihm die dazu erforderliche Verfügungsmacht zusteht, so ist die Verfügung unwirksam, es sei denn daß dem Erwerber der Schutz des guten Glaubens, § 932, zur Seite steht. Das ist aber nur dann der Fall, wenn der Erwerber den im eigenen Namen handelnden Verfüger für den Eigentümer hält; der Glaube an eine die Verfügung gestattende Verfügungsmacht über fremdes Recht [88] wird vom Gesetz nicht geschützt [89].

Keine Verfügungsmacht liegt vor, wenn jemand durch unrichtige Eintragung im Grundbuch oder durch den Besitz einer fremden Mobilie die tatsächliche Möglichkeit hat, in rechtswidriger Weise, aber bei gutem Glauben des Erwerbers wirksam über ein fremdes Recht zu verfügen, §§ 892, 932, oder wenn ein Nichtgläubiger, z. B. der Zedent, bei gutem Glauben des Schuldners wirksam über die fremde Forderung verfügt, § 407 [90]; es scheint mir unrichtig, hier von einer Verfügungsmacht zu sprechen; denn die Verfügung ist wirksam, nicht weil das Gesetz sie dem Zedenten

wenn X bei der Tradition mitteilt, daß er die Sache auf Grund einer Erlaubnis des Eigentümers veräußere.

[85] Vgl. Bd. I S. 167.

[86] Z. B. die Verfügung des Pächters über das Inventar „innerhalb der Grenzen einer ordnungsmäßigen Wirtschaft" § 588 I.

[87] So die Verfügungsmacht des Ehemanns über Geld und verbrauchbare Sachen, § 1376. Unrichtig Endemann II § 176 Anm. 28.

[88] So z. B. wenn X, bisheriger Pächter des A, ein Inventarstück des Pachtgutes in eigenem Namen veräußert und der Erwerber zwar weiß, daß die Sache dem Verpächter gehört, aber glaubt, daß X noch Pächter und daher nach § 588 zur Veräußerung befugt sei.

[89] Gierke § 134 III 2.

[90] A. A. Cosack § 58 I 2 b; Endemann II § 81, 4; Hirsch a. a. O. 168. Hellwig, Lehrb. § 39 Anm. 19, § 128 Anm. 8 spricht von Verfügungsmacht im Gegensatz zu Verfügungsbefugnis.

gestattet, sondern weil das Gesetz den gutgläubigen Schuldner vor Schaden schützen will [91].

Bisweilen hat die Verfügung über ein eigenes Recht zur mittelbaren Folge den Untergang eines fremden Rechts. Wenn z. B. die Ehefrau mit Zustimmung des Mannes über eingebrachtes Gut verfügt, § 1395, oder der Vorerbe (mit oder ohne Zustimmung des Nacherben, § 2112 fg.) über einen Nachlaßgegenstand, so erlischt dadurch Verwaltung und Nutznießung des Mannes resp. die Anwartschaft des Nacherben [92]. Durch Verzicht des Rücktrittberechtigten erlischt das Rücktrittsrecht des Vertragsgenossen, § 356 [93]. Ein Gesamtgläubiger zerstört durch Einziehung seiner Forderung die Forderung des anderen Gesamtgläubigers, § 428 [94]. Ebenso der Nießbraucher oder Pfandgläubiger die Forderung des Gläubigers, §§ 1074, 1282 [95]. In solchen Fällen liegt keine Verfügung über das fremde Recht vor; denn der Untergang des fremden Rechts gehört nicht zum rechtsgeschäftlichen Inhalt der Verfügung über das eigene Recht: er braucht vom Verfügenden nicht gewollt zu sein, sondern ist Reflexwirkung [96] der Verfügung [97].

Entsprechend der Verfügung ist die gerichtliche Geltendmachung eines Rechtes grundsätzlich dem Subjekte des Rechtes vorbehalten [98], kann aber auch in dessen Namen durch einen Stellvertreter erfolgen. Dagegen kann fremdes Recht prinzipiell nicht im eigenen Namen eingeklagt werden [99]. Davon gibt es im Gesetz bestimmte Ausnahmen. Insbesondere kann der Ehemann Rechte der Frau oder Gütergemeinschaft im eigenen Namen gerichtlich

---

[91] Vgl. Bd. I § 7 S. 169 und ob. § 44 Note 107.

[92] Vgl. Bd. I § 9 III 3, § 54 Note 62.

[93] Vgl. ob. § 3 Note 45.

[94] Bd. I § 3 S. 88.

[95] Bd. I § 6 S. 158.

[96] Vgl. ob. § 50 Note 143.

[97] Ähnlich verhält es sich bei der Anweisung auf Schuld, § 787, wenn der Assignatar die Leistung erhebt und infolgedessen der Angewiesene von seiner Schuld befreit wird, Tuhr, JheringsJ. 48,9; Oertmann § 787, 1 b. Darin liegt, da der Assignatar in eigenem Namen handelt, keine Verfügung über die Forderung des Anweisenden, sondern eine diese Forderung treffende Reflexwirkung der Erhebung der Leistung durch den Assignatar.

[98] Vgl. ob. § 54 S. 258.

[99] Auch nicht mit Zustimmung des Rechtssubjektes, Hellwig, System § 74 III; a. A. RG. 74, 306.

geltend machen, §§ 1380, 1443 [100]. Diese Befugnis kann man Prozeßstandschaft nennen [100a]. Sie hat zur Folge, daß der Kläger, obgleich er ein fremdes Recht geltend macht, nicht den Vorschriften der Prozeßvertretung unterliegt, sondern als Partei behandelt wird.

IV. Die unbefugte Verfügung über ein fremdes Recht ist nicht nichtig [101]. Sie kann durch spätere Tatsachen wirksam werden [102]:

1. Durch Genehmigung des Berechtigten, § 185 II [103], welche wie dem Verfüger, so auch dem Erwerber gegenüber erklärt werden kann, § 182 I. Ausdrücklichkeit der Erklärung ist nicht vorgeschrieben. Eine Genehmigung liegt z. B. darin, daß der Eigentümer, dessen Sache von X ohne Recht veräußert wurde, von X den Kaufpreis verlangt [104]. Eine zeitliche Grenze für die Genehmigung ist nicht vorgeschrieben und kann auch nicht durch Aufforderung und Fristsetzung hergestellt werden [105]. Hat der Unberechtigte mehrere Verfügungen über die fremde Sache getroffen, so wird die (ältere oder jüngere) Verfügung wirksam, welche der Berechtigte genehmigt [106]. Die Genehmigung hat rückwirkende

---

[100] Vgl. auch VersGes. § 76, ob. Note 66.

[100a] Hellwig, System § 72.

[101] Vgl. ob. § 55 Note 25.

[102] Das nachträgliche Wirksamwerden durch Genehmigung oder Konvaleszenz verleiht dem Verfügungsgeschäft die Wirksamkeit, welche der Entwicklungsstufe des Tatbestandes entspricht. Ist dieser Tatbestand in allen Stücken vollendet, liegt z. B. bei der Eigentumsübertragung Einigung und Übergabe resp. Eintragung vor, so entsteht mit Genehmigung oder Konvaleszenz Eigentum des Erwerbers. Liegt nur Einigung resp. Auflassung vor, so entstehen die Vorwirkungen, welche diesem Stadium des Verfügungstatbestandes zukommen, vgl. ob. § 43 Note 69. In diesem Sinne kann man, worüber viel gestritten worden ist, von einem nachträglichen Wirksamwerden der Einigung resp. Auflassung sprechen, Planck § 185, 2.

[103] Entsprechendes gilt bei Verfügung im Namen des Berechtigten nach § 177 I.

[104] Wird die Verfügung durch Genehmigung wirksam, so entsteht für den Berechtigten der Anspruch aus § 816 resp. § 687 II.

[105] Vgl. ob. § 53 Note 74. Der Erwerber steht in diesem Falle schlechter als bei einem Vertrag mit einem Minderjährigen oder einem Vertreter ohne Vertretungsmacht, §§ 108 II, 177 II. Er hat auch kein dem §§ 109, 178 entsprechendes Widerrufsrecht; ein solches wäre, da es sich um Erwerb, nicht um obligatorischen Vertrag handelt, zwecklos, vgl. ob. Note 11.

[106] Planck § 185, 6; Oertmann § 184, 2 c a. E. Genehmigt

Kraft, § 184. Sie kann, wie die meisten einseitigen Geschäfte, einmal erteilt, nicht zurückgenommen werden [107]. Die Verweigerung der Genehmigung kann an den Verfügenden oder den Erwerber erklärt werden, § 182 I. Mit der Verweigerung wird die bisher in der Schwebe befindliche Verfügung definitiv unwirksam, d. h. nichtig [108]. Daher kann die einmal verweigerte Genehmigung nicht nachträglich erteilt werden [109].

2. Auch ohne Genehmigung durch den Berechtigten [110] kann die Verfügung wirksam werden durch sog. Konvaleszenz, § 185 II 1 [111]:

a) wenn der Verfügende den Gegenstand, über den er ohne Recht verfügt hat, erwirbt: durch Erbfolge [112], Vermächtnis,

der Berechtigte die Verfügung des Unberechtigten, ohne zu wissen, daß dieser zwei einander ausschließende Verfügungen (z. B. zwei Veräußerungen derselben Sache) vorgenommen hat, so wird die ältere der beiden Verfügungen wirksam.

[107] Vgl. ob. § 53 Note 77.

[108] Vgl. ob. § 55 Note 29.

[109] A. A. P l a n c k § 185, 4 und O e r t m a n n § 182, 10, welche den Parteien, insbesondere wenn sie die Erforderlichkeit einer Genehmigung nicht kannten, die Absicht einer auch nach der Verweigerung der Genehmigung fortdauernden Bindung imputieren. Ich glaube nicht, daß eine solche Unsicherheit der Rechtslage als im Willen der Parteien liegend gelten kann, besonders wenn man daran denkt, wie gering nach verweigerter Genehmigung die Wahrscheinlichkeit einer später doch erteilten Genehmigung zu sein pflegt.

[110] Die Konvaleszenz ist nicht ein Fall der Genehmigung; unrichtig C r o m e § 84 Anm. 9; denn sie beruht nicht auf dem Willen des Berechtigten; wenn der Berechtigte das Recht an den Verfüger veräußert, braucht er nicht zu wissen, daß dieser bereits über das Recht verfügt hat und daß diese Verfügung nunmehr wirksam wird.

[111] Das römische und gemeine Recht kannte in den beiden folgenden Fällen keine Konvaleszenz: der Eigentümer konnte die unwirksam veräußerte Sache vindizieren; jedoch entstand aus seiner oder seines Erblassers obligatorischer Verpflichtung eine Einrede (exc. doli oder exc. rei venditae et traditae), vermöge welcher der Erwerber die Herausgabe der Sache verweigern konnte, W i n d s c h e i d § 172 Anm. 5, § 197 Anm. 6.

[112] Die Konvaleszenz erfolgt, wie sich aus dem Schweigen des Gesetzes ergibt, auch dann, wenn der Verfügende für die Nachlaßverbindlichkeiten beschränkt haftet, obgleich darin eine Begünstigung des Erwerbers auf Kosten der Nachlaßgläubiger liegt, S t r o h a l, Erbrecht § 63 V 1. In diesem Punkte zeigt sich, daß der Erbe trotz der mit der Haftungsbeschränkung verbundenen Separation der Vermögensmassen als Subjekt der Nachlaßrechte zu betrachten ist, vgl. Bd. I S. 347. Vielleicht wäre es de lege ferenda richtiger gewesen, die Konvaleszenz nach Analogie der Kon-

Kauf, Schenkung oder aus irgendeinem anderen Grunde. Hier beruht die Konvaleszenz darauf, daß die Mangelhaftigkeit des Verfügungsgeschäftes durch nachträgliches Hinzukommen der Verfügungsmacht geheilt wird [113]. Hat der Verfügende über das fremde Recht als ihm bereits zustehend verfügt, so kann bei gutem Glauben des Erwerbers statt der Konvaleszenz sofortige Wirksamkeit des Geschäfts eintreten [114]. Anders, wenn der Verfügende zu erkennen gibt, daß das Recht ihm noch nicht zusteht: eine solche, in Erwartung späterer Konvaleszenz vorgenommene Verfügung soll und kann nach Absicht der Parteien erst dann in Kraft treten, wenn der Verfügende das Recht, über welches er verfügt hat, erwirbt [115]; die Verfügung betrifft nicht sowohl ein fremdes, als ein künftiges eigenes Recht [115a]; man kann sie Vorausverfügung (antezipierte Verfügung) nennen [116].

---

fusion und der Aufrechnung, § 1976/7, bei Absonderung des Nachlasses nachträglich wegfallen zu lassen. Ist der Verfügende Miterbe des Berechtigten, so konvalesziert seine Verfügung nicht, weil das Recht nicht ihm, sondern der Gesamtheit der Miterben zusteht, Planck § 2032, 2.

[113] Dasselbe gilt bei Wegfall einer Verfügungsbeschränkung, vgl. ob. Note 23.

[114] Bei Grundstücken nach § 892, bei Mobilien nach § 932. Weiß der Erwerber, daß das Recht nicht dem Verfügenden zusteht, so wird meistens Verfügung im Namen des Berechtigten vorliegen. Daher hat die Konvaleszenz ein ziemlich beschränktes Anwendungsgebiet; sie kommt in Betracht bei: Grundstücken, wenn ein zu Unrecht Eingetragener verfügt und der Erwerber nicht durch guten Glauben gedeckt ist; bei Mobilien, wenn dem Erwerber grobe Fahrlässigkeit zur Last fällt oder die Sache eine abhandengekommene ist; endlich bei Forderungen und anderen Rechten, bei denen der gutgläubige Erwerb nicht geschützt wird, vgl. ob. § 49 Note 77.

[115] Daher kommt es für den guten Glauben des Erwerbers darauf an, daß er in diesem späteren Moment an das Recht des Verfügenden glaubt.

[115a] Vgl. unt. Note 145.

[116] Vorausverfügungen über Grundbuchrechte sind aus formellen Gründen, meistens ausgeschlossen; denn wer eine Eintragung bewilligen will, muß in der Regel eingetragen sein, GBO. §§ 19, 40; daher kann z. B. der Eigentümer über die ihm nach § 1163 zufallende Hypothek nicht im voraus verfügen, vgl. ob. § 12 Note 20. Wolff, Sachenrecht § 146 III 1. RG. 75, 250. Dagegen kann der eingetragene Gläubiger über die Hypothek verfügen auch bevor die Forderung und daher nach § 1163 die Hypothek für ihn erworben ist. Vorausverfügungen über Mobilien können durch Übergabe der Sache erfolgen, ebenso aber auch durch brevi manu traditio, § 929, 2 (A verabredet mit B, daß

Hat der Verfügende eine Anwartschaft auf Erwerb des fremden Rechtes, so kann er diese Anwartschaft übertragen [117] und dadurch bewirken, daß das aus der Anwartschaft erwachsende Recht in der Person des Erwerbers der Anwartschaft zur Entstehung kommt; so wenn jemand, dessen Eigentum von einer aufschiebenden Bedingung abhängt, oder der Finder vor Ablauf des Jahres, § 973, die Sache veräußert. Solche Verfügungen haben eine sofortige Wirkung, indem sie zwar nicht das volle (dem Verfügenden noch nicht zustehende) Recht, wohl aber eine Vorstufe dieses Rechtes übertragen;

b) wenn der Verfügende vom Berechtigten beerbt wird und dieser für die Nachlaßverbindlichkeiten unbeschränkt haftet. Hier beruht die Konvaleszenz auf dem Gedanken, daß der Erbe, weil er in die Rechtsstellung des Erblassers eintritt, für dessen Handlungen einzustehen hat [118]; daraus ergibt sich einerseits die Haftung für die Nachlaßverbindlichkeiten und andererseits die von ihr zu unterscheidende Konvaleszenz von Verfügungen des Erblassers [119]. Die Haftung für die Nachlaßverbindlichkeiten kann durch Maßregeln des Erben [120] (oder Eingreifen der Nachlaßgläubiger [121]) auf den Nachlaß beschränkt werden. Solange das möglich ist [122], ist die Haftung nicht unbeschränkt und daher die Verfügung des Erblassers über einen dem Erben gehörenden

---

B Eigentümer werden soll, sobald er das Eigentum einer Sache für A, als dessen Vertreter, erwirbt) oder durch constitutum possessorium, § 930 (A verabredet mit B, daß B Eigentümer werden soll, sobald das Eigentum der Sache an A fällt); in beiden Fällen erfolgt der Eigentumserwerb des B in demselben Moment, in welchem ohne die antezipierte Verfügung A Eigentümer werden würde. Die Zulässigkeit der Vorausverfügung durch brevi manu traditio und besonders durch const. poss. ist bestritten; dafür RG. 56, 54, Planck § 930, 3; Tuhr, JheringsJ. 48, 43, 47; Enneccerus § 167 Anm. 5; dagegen Wolff, Sachenrecht § 66 II, § 67. I 2.

[117] Bd. I § 12 IV.

[118] Heres facta defuncti praestare debet.

[119] Durch die Konvaleszenz wird der Erbe nicht mit einer Verpflichtung belastet, sondern vom Verlust eines zu seinem Vermögen gehörenden Rechtes betroffen.

[120] Beantragung einer Nachlaßverwaltung oder des Konkurses, Erhebung der Einrede des § 1990.

[121] Durch Antrag auf Nachlaßverwaltung oder Konkurs.

[122] Die Haftung wird unbeschränkt, oder richtiger: unbeschränkbar, wenn der Erbe einen sog. Inventarverstoß §§ 1994 I, 2005 I, begeht.

Gegenstand nicht wirksam geworden [123]. Daher kann der Erbe seine durch den Erblasser veräußerte Sache vindizieren; es kann ihm aber, solange er die Haftungsbeschränkung nicht verwirklicht [124], aus der auf ihn übergegangenen Verpflichtung des Erblassers die Einrede des § 986 I entgegengehalten werden [125], und er kann aus dieser Verpflichtung zur Übertragung des Eigentums an den Erwerber gezwungen werden [126].

Sind über den Gegenstand mehrere miteinander nicht im Einklang stehende Verfügungen [127] getroffen, so wird nur die frühere Verfügung wirksam, wie sie auch allein wirksam geworden wäre, wenn der Verfügende die Verfügungsmacht gehabt hätte [128].

[123] Strohal, Erbrecht § 63 V 2; Planck § 185, 7; Staudinger § 185, 5b. Bei relativem Inventarverstoß, § 2006 III, konvalesziert die Verfügung nur dann, wenn der Erwerber gerade der Gläubiger ist, dem gegenüber der Erbe den Inventarverstoß begangen hat. Nach OLG. 24, 85 soll die Konvaleszenz eintreten, sobald der Erbe, wenn auch beschränkbar, für die Nachlaßverbindlichkeiten haftet. Das kann m. Er. nicht der Sinn des Wortes „unbeschränkt“ in § 185 sein; denn dann würde die Konvaleszenz stets im Moment des Erbfalls erfolgen und das Gesetz hätte anordnen müssen, daß die Konvaleszenz bei Absonderung des Nachlasses durch Verwaltung oder Konkurs wieder wegfällt, vgl. ob. Note 112.

[124] Besteht Nachlaßverwaltung oder Konkurs, so hat der Erwerber seinen Regreß gegen den Nachlaß zu richten. Steht dem Erben die Einrede aus § 1990 zur Seite, so kann er, wenn seiner Vindikation die Einrede aus § 986 entgegengehalten wird, aus § 1990 mit der Wirkung replizieren, daß er die Sache behält und dem Erwerber den Nachlaß zum Zweck der Befriedigung herausgibt. Gehört der Erwerber zu den nach § 1973/5 ausgeschlossenen Gläubigern, so braucht ihm der vindizierende Erbe nur den nach Befriedigung der übrigen Gläubiger verbleibenden Überrest herauszugeben.

[125] Veräußert der Erbe die Sache an X (auf dem Wege des § 931), so kann der Erwerber nach § 986 die Einrede auch dem X entgegenhalten.

[126] Es liegt eine gewisse Unbilligkeit darin, daß der Erbe infolge einer (ihm bei Annahme der Erbschaft vielleicht unbekannten) unberechtigten Verfügung des Erblassers eine eigene Sache verliert, besonders wenn man die Möglichkeit bedenkt, daß der Erbe an der Sache ein Affektionsinteresse hat.

[127] Mehrfache Verfügungen über denselben Gegenstand sind leicht möglich bei Forderungen und anderen Rechten, die nach Zessionsgrundsätzen übertragen werden, § 413. Dagegen muß jemand, der über eine Mobilie bereits verfügt hat, infolge des Traditionsprinzips zu einer zweiten Verfügung den Besitz der Sache wieder erlangt haben. Möglich ist doppelte Verfügung über eine fremde Mobilie auch auf dem Wege der Anspruchsabtretung, § 931, und des constitutum possessorium, § 930.

[128] Vgl. ob. § 54 Note 93. Frühere Verfügung ist die, deren voller

Hat z. B. X als Besitzer einer von A beschädigten Sache des E, sich für den Eigentümer ausgebend, die Ersatzforderung an B und an C abgetreten, und dann das Eigentum der Sache erworben, so konvalesziert von beiden Zessionen die, welche zuerst vorgenommen war. Hat er die Forderung an B und C verpfändet, so konvaleszieren beide Verpfändungen, aber mit der Wirkung, daß das ältere Pfandrecht den Vorrang hat [129].

Die Konvaleszenz hat, im Unterschied von der Genehmigung, keine rückwirkende Kraft [130]. Ihre Wirkung tritt, wie bei der Genehmigung [131], unmittelbar ein: in dem Moment, in welchem X Eigentümer der Sache des A, über die er bereits verfügt hat, werden w ü r d e , geht das Eigentum ipso iure, statt auf ihn, auf den Erwerber über [132]. Der Verfügende ist in keinem Moment

Tatbestand zuerst vorliegt. Hat z. B. X eine Mobilie des A an B und an C veräußert, so konvalesziert die Verfügung, bei welcher Einigung und Übergabe zuerst stattgefunden haben. Hat X als zu Unrecht Eingetragener über das fremde Grundstück doppelt verfügt, so wird die Verfügung wirksam, welche zuerst (und in der Regel allein) eingetragen ist. Auf die Priorität der Einigung (Auflassung) kommt es nicht an; denn die Einigung ist nicht die Verfügung selbst, sondern ein Stück des Verfügungstatbestandes, vgl. ob. § 53 Note 107, und würde, auch wenn X Eigentümer wäre, dem B ein Recht nicht verschaffen, wenn C aus einer jüngeren Einigung zuerst eingetragen wird. W o l f f , Sachenrecht § 33 Note 5, will den Moment entscheiden lassen, in welchem die Eintragungsbewilligung dem Grundbuchamt zugeht. Auch das scheint mir unrichtig; allerdings ist die zuerst eingegangene Bewilligung nach GBO. § 17 zuerst zu erledigen. Wird aber unter Verletzung dieser Sollvorschrift von den beiden Eintragsbewilligungen die später eingegangene zuerst durch Eintragung erledigt, so ist die in diesem Eintrag sich darstellende Verfügung die ältere: sie ist, wenn der Verfügende Eigentümer war, wirksam und wird wirksam, wenn Konvaleszenz eintritt.

[129] Hat X die fremde Sache an B veräußert und sodann an C verpfändet, so wird, da beide Verfügungen nicht in Einklang stehen, nur die ältere Veräußerung wirksam; a. A. OLG. 22, 163. Dagegen können eine ältere Verpfändung und eine jüngere Veräußerung nebeneinander zur Wirksamkeit gelangen, da das Pfandrecht durch die Eigentumsveränderung nicht beeinträchtigt wird.

[130] P l a n c k § 185, 3; D e r n b u r g § 113 II 3; K i p p , Zus. I 7 zu Windscheid § 172; Z i t e l m a n n , ArchZivPr. 99, 125. Daher fallen z. B. bei Veräußerung einer Sache die Früchte der Zwischenzeit nicht in das Eigentum des Erwerbers; aber der Verfügende wird meistens infolge des eigenen oder ererbten obligatorischen Verhältnisses verpflichtet sein, ihm diese Früchte zu überlassen.

[131] Vgl. ob. Note 103.

[132] Auf den Willen des Erwerbers kommt es bei der Konvaleszenz so wenig an wie beim gutgläubigen Erwerb, RG. 77, 88, vgl. ob. § 49 S. 141.

Subjekt des Rechtes, über welches er verfügt hat, gewesen. Aber sein, durch seine eigene Verfügung vereitelter Rechtserwerb ist logische Voraussetzung dafür, daß das Recht im Moment der Konvaleszenz auf den Erwerber übergeht. In diesem, nicht zeitlichen, aber logischen Sinn kann der Verfüger als Durchgangsperson für das Recht des Erwerbers bezeichnet werden [133]. In diesem Sinne ist er, obgleich er das durch ihn übertragene Recht nie gehabt hat, Rechtsvorgänger des Erwerbers [134]. Das kommt z. B. bei einer durch Konvaleszenz wirksam werdenden Zession einer fremden Forderung in Betracht: im Verhältnis des Schuldners zum Zessionar ist der Zedent, obgleich die Konvaleszenz nicht ihn, sondern den Zessionar zum Gläubiger gemacht hat, als „bisheriger Gläubiger" zu behandeln; daher kann z. B. der Schuldner nach § 406 mit Gegenforderungen, die er gegen den Zedenten hat, aufrechnen [135].

Konvaleszenz durch nachfolgenden Rechtserwerb des Verfügenden ist entsprechend anzuwenden bei Zwangsverfügungen (die Pfändung eines dem Schuldner nicht gehörenden Gegenstandes wird wirksam, wenn der Schuldner nachträglich Eigentum erwirbt [136]) und bei Rechtshandlungen mit Verfügungscharakter, z. B. dem Einbringen von Sachen durch Mieter oder Pächter [137]: das Pfandrecht des Vermieters entsteht an den Sachen, die dem Mieter beim Einbringen gehören oder nachträglich in sein Eigentum gefallen sind.

V. Wie eine Verfügung über fremdes Recht konvalesziert, wenn der Verfügende nachträglich das Recht oder die Verfügungsmacht über dasselbe erwirbt, so kann auch eine Verfügung über noch nicht existierendes künftiges Recht dadurch wirksam werden, daß das Recht nachträglich in der Person des Verfügenden entsteht [138]. Ein künftiges Recht ist jedes Recht, dessen Entstehungs-

---

[133] Erweist sich die Verfügung als nichtig oder wird sie wegen Willensmangel angefochten, so verbleibt das nachträglich erworbene Recht dem Verfügenden, Oertmann § 185, 5 a.

[134] Vgl. ob. § 44 Note 31.

[135] Der Zessionar kann nicht verlangen, besser gestellt zu sein, als wenn die konvaleszierte Zession von Anfang an gültig gewesen wäre.

[136] Vgl. ob. § 54 Note 163.

[137] Vgl. ob. § 54 Note 68.

[138] Auch hier kann man, wenn über das Recht als ein noch nicht existierendes verfügt wird, von Vorausverfügung, antezipierter Verfügung, sprechen, vgl. ob. Note 116.

tatbestand noch nicht vollendet ist; sei es daß er sich in einigen Stücken bereits verwirklicht hat, oder daß er noch ganz in der Zukunft liegt. Im ersten Fall besteht eine Anwartschaft z. B. bei Forderungen aus bedingtem Rechtsgeschäft [139] oder bei künftigen Forderungen aus einem bereits bestehenden Schuldverhältnis [140]; die Möglichkeit der Verfügung über Anwartschaften ist allgemein anerkannt [141]. Dagegen ist bei künftigen Rechten im engeren Sinn, z. B. bei einer Mietzinsforderung aus einem noch nicht geschlossenen Mietvertrag, die Zulässigkeit der Verfügung [142] bestritten [143], meines Erachtens zu Unrecht [144]; denn für die Wirksamkeit einer Verfügung kann es keinen Unterschied machen, ob das Recht, über welches jemand in eigenem Namen verfügt, überhaupt nicht besteht oder einem anderen zusteht; denn auch in letzterem Falle hat das Recht, über welches X in eigenem Namen verfügte, z. B. das Eigentum oder die Forderung, die er sich selbst zuschrieb, genau genommen nicht existiert [145], sondern statt dessen ein Recht des A (Eigentum an derselben Sache, Forderung desselben Inhalts [146]), über welches aber X, da er in eigenem Namen handelte, nicht verfügt hat.

Verfügung über künftige Rechte ist nur dann möglich, wenn

---

[139] Vgl. Bd. I § 9.

[140] Z. B. Mietzinsforderung aus einem schon geschlossenen Mietvertrag, vgl. ob. § 9 Note 12 a.

[141] Bd. I § 12 IV.

[142] Eine Verpflichtung zur Verfügung über künftige Rechte ist selbstverständlich zulässig, kann aber, außer im Fall des § 1179, nicht vorgemerkt werden, Planck § 883, 1 c; RG. 72, 276.

[143] Für die Zulässigkeit: RG. 55, 334; 67, 166; 82, 229; Planck § 398, 4 a; Oertmann § 399, 1 g; Staudinger § 398, 1 a; Dernburg § 136 III; Enneccerus § 302 II 2; Mittelstein, Miete § 49 Anm. 22; v. Ohmeyer, Verträge über künft. Rechte; Süß, Abtretung künftiger Ansprüche; Diss. von Hoddick. Dagegen: Eccius, DJZ. 9, 53 und Gruchot 48, 465; Kipp zu Windscheid § 335 S. 392; Langheineken, Anspruch 55; Brückmann, ArchBürgR. 28, 259; Endemann II § 36 Note 24; Dreyfus, Verfügung 94; Bergk, Übertragung und Pfändung künft. Rechte (1912).

[144] Tuhr, DJZ. 9, 426 fg.

[145] Vgl. Bd. I § 11 Note 23.

[146] Die Anschauung, welche die Verfügungen über fremde Rechte zuläßt, Verfügungen über künftige Rechte für unmöglich hält, beruht auf der ungenauen Vorstellung, daß die Sache Gegenstand der Verfügung ist, während doch die Verfügung als ein rechtlicher Vorgang immer nur ein Recht betreffen kann, vgl. ob. § 54 Note 37.

die zur Verfügung nötigen Handlungen schon vor Existenz des Rechtes vorgenommen werden können. Das ist bei Grundbuchrechten in der Regel nicht der Fall: denn die Eintragung kann nicht erfolgen, solange das Grundstück oder das Grundstücksrecht, über welches verfügt werden soll, im Grundbuch nicht vorhanden ist [147]. Über Mobilien wird verfügt durch Einigung und Übergabe der Sache: die Übergabe kann nicht stattfinden, wenn die Sache nicht existiert [148]. Dagegen besteht bei Forderungen und Rechten, die nach Zessionsgrundsätzen übertragen werden, § 413 [149], kein Hindernis der antezipierten Verfügung: zur Übertragung genügt die Verabredung des Zedenten und des Zessionars [149 a] und diese kann getroffen werden, bevor die Forderung entstanden ist. Die Verpfändung einer Forderung verlangt Anzeige an den Schuldner, § 1280, ist daher nur dann möglich, wenn die Person des künftigen Schuldners bekannt ist. Verfügung über eine künftige Forderung kann auch darin bestehen, daß die Forderung, bevor sie entstanden ist, erlassen [150] oder durch Annahme der Erfüllung

---

[147] Vgl. ob. Note 116.

[148] Um Verfügung über Eigentum an künftigen Mobilien handelt es sich bei der Gestattung der Aneignung von Erzeugnissen und sonstigen Bestandteilen einer Sache, § 956. Der Eigentümer überträgt die in seinem Eigentum an der Sache enthaltene Anwartschaft auf das Eigentum an den durch Trennung entstehenden Früchten, § 953. Dieser Übertragung verleiht das Gesetz dingliche Kraft, wenn (anstelle der noch nicht vorhandenen Früchte) die fruchttragende Sache dem Erwerber zum Besitz überlassen ist: mit ihrer Entstehung fällt die Frucht ipso iure in das Eigentum des besitzenden Fruchtberechtigten, vgl. ob. § 9 Note 19.

[149] Verfügung über künftiges Autorrecht ist ein häufiger Vorgang, RG. 75, 277; jeder Verlagsvertrag über ein noch zu schreibendes Buch enthält eine solche Verfügung, Crome § 520 Note 46. Vgl. RG. 3, 156. Möglich ist die Abtretung eines künftigen Geschäftsanteils an einer zu gründenden Ges. m. b. H., Staub-Hachenburg, Komment. § 15 Anm. 41. Dagegen ist die Abtretung von Anteilsrechten an einer Aktiengesellschaft vor Eintragung derselben unwirksam, HGB. § 200 II.

[149 a] Künftige Forderungen, für welche eine Hypothek bestellt ist, § 113 II, werden in der Form des § 1154 abgetreten; ebenso noch nicht fällige Hypothekenzinsen, Planck § 1158, 2. Formlose Übertragung eines noch nicht fälligen Hypothekenzinses konvalesziert mit Eintritt der Fälligkeit (Staudinger, a. A. Planck § 1159, 2a), es sei denn, daß die Zinsforderung vor der Fälligkeit formgerecht an einen Dritten abgetreten ist.

[150] Fr. 7 § 17 D. 2, 14: si ante aditam hereditatem paciscatur quis cum creditoribus ut minus solvatur, pactum valiturum est. Erlaß einer

aufgehoben wird [151]. Eine Verfügung über künftiges wie über gegenwärtiges Recht ist nur dann gültig, wenn das von ihr betroffene Recht mit der nötigen Bestimmtheit bezeichnet ist [152].

Die Verfügung über künftige Rechte ist, auch wenn sie begrifflich möglich ist, nicht immer zulässig. Eine allgemeine Schranke ergibt sich aus dem Prinzip des § 138 I und der Analogie des § 310: Abtretung aller Rechte, die jemand künftig erwerben wird, würde einem Verzicht auf die Rechtsfähigkeit gleichkommen [153] und gegen die guten Sitten verstoßen [153 a]; eine solche Verfügung wäre auch deswegen als ungültig zu betrachten, weil das Gesetz in § 310 schon die Verpflichtung zu einer Verfügung über das künftige Vermögen für nichtig erklärt. Wieweit die Spezialisierung der abzutretenden künftigen Rechte gehen muß, damit die Verfügung wirken kann, ist streitig [154]. Ferner gibt es gewisse Fälle, in denen die Verfügung über einzelne künftige Rechte ausgeschlossen ist [154 a]: so die Verfügung über Arbeitslohn nach § 2 des LohnbeschlGes. [154 b]; der Erlaß der Haftung für Vorsatz, § 276 II; der Verzicht auf den Widerruf wegen Undanks, § 533; der Verzicht auf Unterhalt, § 1614 I; die Übertragung gewisser Ansprüche des Vaters, § 1658 II. In diesen Fällen will der Gesetzgeber den Berechtigten gegen

---

künftigen Vermächtnisforderung ist Erbverzicht, § 2353, und bedarf der Form des § 2348.

[151] Kommt die Forderung nicht zur Entstehung, so ist die Leistung ohne rechtlichen Grund und kann nach § 812 zurückverlangt werden, so z. B. eine Aussteuer, die vor Abschluß der Ehe, d. h. vor Entstehung der Aussteuerforderung (Planck § 1620, 11) ausgezahlt wird. Als antezipierte Erfüllung ist aufzufassen die Barkaution, wenn man Übergang des Eigentums auf den Gläubiger annimmt, Gierke II § 170 Anm. 3. Antezipierte Erfüllung wird als möglich vorausgesetzt, wenn man darüber streitet, ob eine solche Leistung auf eine Spielschuld der Rückforderung unterliegt, Crome § 289 Anm. 28; Dernburg II § 212 I 3; Oertmann § 762, 1 b. Als antezipierte Erfüllung ist m. Er. ferner aufzufassen: die Zuwendung an den Pflichtteilsberechtigten mit Anrechnung auf den Pflichtteil, § 2315, sowie der Fall, daß der Erblasser bei Lebzeiten den vermachten Gegenstand dem Vermächtnisnehmer zuwendet, Tuhr, DJZ. 6, 425; a. A. Planck § 2174, 4 und Kipp, Erbrecht § 41 II 5.

[152] Dernburg II § 135 II.

[153] Vgl. ob. § 54 Note 189.

[153 a] OLG. 23, 16, 28, 33.

[154] Vgl. RG. 67, 166. Tuhr, Bankarchiv 7, 277.

[154 a] Vgl. ob. § 51 Note 28 a.

[154 b] Die Verfügung wird m. Er. wirksam, wenn die Voraussetzungen des § 1 des Gesetzes nachträglich eintreten.

eigene Handlungen schützen, die er aus Not oder mangelnder Überlegung vornehmen könnte [155]. In anderen Fällen ist die Verfügung über künftiges Recht im Interesse des Gegners ausgeschlossen; das gilt für gewisse Gestaltungsrechte, deren vorzeitige Ausübung ihrem Zweck widersprechen würde; so kann z. B. eine Aufrechnung [156] oder eine Kündigung aus § 554 nicht vorgenommen werden [157], bevor ihre gesetzlichen Voraussetzungen vorliegen; denn diese Gestaltungsrechte sollen einen zweifellosen Rechtszustand herbeiführen [158]. Auch die Mahnung würde ihren Zweck verfehlen, wenn sie im Voraus für den Fall eines künftigen Verzuges vorgenommen würde; sie kann daher nach § 284 erst nach Fälligkeit der Schuld erfolgen [159]. Ebenso kann der Widerspruch des § 912 nicht im Voraus für künftige, noch nicht in bestimmter Aussicht stehende Grenzüberschreitungen erhoben werden [160]. Dagegen ist vorzeitige Ausübung eines Gestaltungsrechtes dann als zulässig zu betrachten, wenn dadurch die Stellung des Gegners nicht verschlechtert wird; so kann z. B. der Gläubiger die Nachfrist des § 326 setzen, bevor ihm durch Verzug des Schuldners das Recht dazu erwachsen ist [161]; denn für den Schuldner kann es nur erwünscht sein, im Voraus zu wissen, wie sich die Rechtslage im Fall des Verzuges gestalten wird. Aus demselben Grunde ist eine vor Eintritt des Vorkaufsfalls angegebene Vorkaufserklärung zwar zunächst unwirksam, § 504, wird aber wirksam, sobald der

---

[155] Bd. I § 12 S. 224.

[156] RG. in SeuffA. 60, 55; Oertmann § 387, 4.

[157] RG. bei Gruchot 48, 817; Oertmann § 554, 2. Ebenso kann ein vertragsmäßiges Kündigungsrecht wegen Nichtzahlung von Darlehenzinsen nicht im Voraus ausgeübt werden, SeuffA. 59, 95; Oertmann § 609, 1 e. Dagegen kann die gewöhnliche Kündigung vorzeitig vorgenommen werden, vgl. ob. § 53 Note 53.

[158] Es handelt sich um ähnliche Erwägungen, wie die, aus denen Bedingungen und Befristungen bei den meisten einseitigen Rechtsgeschäften als unzulässig gelten, vgl. ob. § 53 S. 209, 212.

[159] Planck § 284, 4 h; Dernburg II § 71 Anm. 8; Staub, Exk. zu HGB. § 374 Anm. 12.

[160] Wolff, Grenzüberbau 122. Auch die Mitteilung von der Schuldübernahme, § 416, wird, wenn sie vor der Eintragung des Übernehmers in das Grundbuch erfolgt ist, durch die Eintragung nicht wirksam, sondern muß wiederholt werden, Strohal, Schuldübernahme 248; Litten, Verh. des 31. Juristentags II 472.

[161] Planck § 326, 2 a; Dernburg II § 98 IV 3; a. A. Oertmann § 326, 2 a.

Verpflichtete den Verkauf abschließt und dadurch das Vorkaufsrecht ins Leben tritt.

Mehrfache miteinander nicht in Einklang stehende Verfügungen über dasselbe künftige Recht sind nach Analogie von § 185 II 2 zu beurteilen: die ältere Verfügung ist die stärkere und wird daher allein wirksam [162] (z. B. bei zwei Zessionen) oder geht der jüngeren Verfügung vor (z. B. bei zwei Verpfändungen derselben künftigen Forderung).

Die Wirkung der Vorausverfügung tritt in dem Moment ein, in welchem das Recht, über das verfügt ist, entsteht. Die Wirkung ist unmittelbar: sobald der Tatbestand sich verwirklicht, welcher dem Verfügenden, ohne seine Verfügung, das Recht verschafft hätte, entsteht das Recht in der Person dessen, auf den er es im Voraus übertragen hat [163]. Dieser Erwerb erfolgt ipso iure: ohne weitere Handlung des Verfügenden oder des Erwerbers. Der Verfügende selbst ist in keinem Moment Subjekt des Rechtes, über das er im Voraus verfügt hat. Aber daß er ohne die Verfügung Subjekt des Rechtes geworden w ä r e , ist logische Voraussetzung der Gültigkeit seiner Verfügung. Die Vorausverfügung bleibt daher wirkungslos, wenn nach ihr eine Rechtsänderung eintritt, vermöge welcher das künftige Recht nicht in der Person des Verfügenden, sondern eines anderen zur Entstehung kommen würde. Das ist insbesondere der Fall, wenn das Rechtsverhältnis, aus welchem das künftige Recht entstehen soll, nach der Vorausverfügung auf eine andere Person übergeht, so daß das künftige Recht in dieser Person entsteht. Wenn z. B. A den Ersatzanspruch aus künftiger Beschädigung seiner Sache an B zediert, sodann die Sache an X veräußert und die Sache nunmehr beschädigt wird, so entsteht die Ersatzforderung in der Person des X und die Vorausverfügung des A bleibt wirkungslos [164]. Ebenso wenn A den künftigen Mietzins seines Hauses (aus einem bereits geschlossenen oder noch nicht geschlossenen Mietvertrag) an B zediert und darauf das Haus an X veräußert [165]: nach § 571 tritt X in das Mietsverhältnis ein; daher entstehen die Mietzinsen in

---

[162] Vgl. Bd. I § 9 Note 23, § 12 Note 6 d.

[163] RG. 74, 418: die Abtretung einer Teilhypothek (nach § 1117 II) wird erst in dem Moment wirksam, in welchem die Hypothek durch Eintragung zur Entstehung kommt.

[164] Vgl. Bd. I § 12 Note 6 c.

[165] Vgl. ob. § 54 Note 35; § 58 Note 16.

seiner Person und die Vorausverfügung zugunsten des B bleibt unwirksam, soweit sie nicht durch die positive Bestimmung des § 573 gedeckt wird [166]. Ähnlich verhält es sich, wenn ein Miterbe sein künftiges Auseinandersetzungsguthaben an B zediert [167] und sodann seinen Erbteil an X veräußert: kommt es nunmehr zur Auseinandersetzung unter den Miterben, so entsteht das Guthaben in der Person des X und die antezipierte Zession des früheren Miterben A kann nicht wirksam werden [168].

Da der Verfügende logisch betrachtet Durchgangsperson für das beim Erwerber entstehende Recht ist, ist die Vorausverfügung eine Minderung seines Vermögens; denn infolge der Verfügung entgeht ihm ein Recht, welches seinem Vermögen zugefallen wäre.

---

[166] Bd. I § 12 Note 6 b.

[167] Vgl. Bd. I S. 365. RG. 60, 126 bestreitet die Möglichkeit einer solchen Zession. Ebenso soll nach RG. 70, 280 eine Verfügung über den Anspruch auf den Versteigerungserlös, ZVG. § 92, unzulässig ev. nur in derselben Form, wie die Verfügung über die Hypothek zulässig sein; Pfändung des Anspruches auf den Erlös wäre Umgehung der Vorschriften über Pfändung der Hypothek. Dabei wird m. Er. übersehen, daß der Anspruch auf den Erlös dem Zessionar eine ganz andere und viel weniger gesicherte Stellung verschafft, als der Erwerb der Hypothek: denn der Zessionar erwirbt den im Voraus abgetretenen Anspruch auf den Erlös nur dann, wenn die Hypothek im Moment des Zuschlages noch dem Zedenten zusteht, und erwirbt den Anspruch nicht, wenn die Hypothek mittlerweilen auf X übertragen ist. Bei dieser Verschiedenheit der Wirkung ist es unbedenklich, neben der Verfügung über die Hypothek Verfügungen über den eventuell aus der Hypothek erwachsenden Anspruch auf den Erlös zuzulassen. Solche Verfügungen beeinträchtigen den Bestand der Hypothek nicht und können daher nicht zur Umgehung der Formen des Hypothekenrechts dienen.

[168] Hat der Miterbe A seinen Anteil nicht abgetreten, sondern an X verpfändet, so ergibt sich aus der analogen Anwendung des § 1258 (P l a n c k § 2033, 2 d), daß X die Auseinandersetzung verlangen kann und daß „ihm das Pfandrecht an den Gegenständen gebührt, welche an Stelle des Anteils treten", d. h. X kann von den Miterben verlangen, daß sie ihm am Erlös der Auseinandersetzung ein Pfandrecht bestellen, während A das Eigentum an diesen Gegenständen zu beanspruchen hat. Hätte nun A vor der Verpfändung seines Anteils sein künftiges Auseinandersetzungsguthaben an B abgetreten, so würde B bei Entstehung der zedierten Forderung die Rechtsstellung erhalten, welche dem A zukommt, d. h. er könnte das Eigentum am Erlös beanspruchen, aber neben ihm hätte X Anspruch auf Bestellung eines Pfandrechts an diesen Gegenständen. Dadurch erledigt sich was B e r g k a. a. O. S. 165 gegen meine Konstruktion vorbringt.

Daher kann die Vorausverfügung Gegenstand der Gläubigeranfechtung [168a] und Schenkung sein [168b].

Da die antezipierte, wie die gewöhnliche Zession ohne Mitwirkung des Schuldners erfolgt, so darf sie nicht zu einer Verschlechterung seiner Lage führen. Daher sind die dem Schutz des Schuldners dienenden §§ 404, 406/8 entsprechend anzuwenden, wobei der Zedent, obgleich er genau genommen in keinem Moment Gläubiger war, als „bisheriger Gläubiger" zu betrachten ist [169]. Dabei ist zu berücksichtigen, daß BGB. nur die Zession einer bestehenden Forderung im Auge hat, während hier das Recht des Zessionars nicht schon mit der Zession, sondern erst mit der Entstehung der Forderung ins Leben tritt. Daraus ergibt sich für § 404: daß der Schuldner dem Zessionar alle Einwendungen entgegenhalten kann, welche bei Entstehung der Forderung gegen den Zedenten begründet sind; für § 406: daß der Schuldner mit Gegenforderungen aufrechnen kann, welche er gegen den Zedenten bis zur Entstehung der zedierten Forderung erwirbt, auch wenn ihm beim Erwerb die antezipierte Zession bekannt war [170].

Aus der Übertragbarkeit künftiger Rechte ergibt sich die prinzipielle Zulässigkeit der Pfändung [171], soweit die zur Pfändung erforderlichen Handlungen in bezug auf ein künftiges Recht vorgenommen werden können. Das ist bei künftigen, im Grundbuch noch nicht eingetragenen Grundbuchrechten nicht der Fall; daher kann z. B. die Anwartschaft des Eigentümers auf die Eigentümer-

---

[168a] Insbesondere kann Vorausverfügung über den Dienstlohn (wenn sie konvalesziert ist, vgl. ob. Note 154 b) angefochten werden, Zaeschmar, JW. 42, 521; a. A. Jäger, KO. § 29 Anm. 35.

[168b] § 517 steht nicht im Wege; denn der Vorausverfügende hat nicht einen Erwerb unterlassen, sondern eine Erwerbshandlung vorgenommen, allerdings infolge der Vorausverfügung mit der Wirkung, daß sie nicht ihm, sondern einem anderen zugute kommt.

[169] Vgl. ob. Note 135.

[170] Wenn z. B. der Gläubiger eine noch nicht verfallene Vertragsstrafe zediert und die Zession dem Schuldner anzeigt, so wird man trotzdem dem Schuldner gestatten müssen, mit einer vor Verfall der Vertragsstrafe erworbenen Gegenforderung aufzurechnen: denn der Zessionar erwirbt die Forderung erst mit ihrer Entstehung und mit der rechtlichen Beschaffenheit, welche die Forderung hätte, wenn sie, ohne die Vorausverfügung, in der Person des Zedenten entstanden wäre. Unrichtig DJZ. 9, 431.

[171] Vgl. ob. § 54 Note 154. RG. 70, 279.

hypothek nicht gepfändet werden [172]. Als Pfändung künftiger Mobilien kommt die Pfändung stehender Früchte in Betracht [173]. Forderungen werden durch Zustellung des Pfändungsbeschlusses an den Drittschuldner gepfändet, ZPO. § 829. Daher können künftige Forderungen, wenn die Person des Schuldners bekannt ist, gepfändet werden [174]; insbesondere künftige Mietzinsen aus einem bereits geschlossenen Mietvertrag [175]; ebenso Mietzinsen aus einem künftigen Mietsvertrag [176] mit einer bestimmten Person, an welche, als an den künftigen Drittschuldner, die Zustellung erfolgen kann. Dagegen können Mietzinsen aus künftigen Mietsverträgen mit beliebigen Personen nicht gepfändet werden.

VI. Verfügung ist die wichtigste, aber nicht die einzige Art der Einwirkung auf ein Vermögen. Andere Einwirkungen sind: Vermehrung der Passiva (durch Begründung von Verpflichtungen, für welche das Vermögen haftet) und Vergrößerung eines Vermögens durch Erwerb von Rechten oder durch Aufhebung von Verpflichtungen oder Belastungen. Auch solche Geschäfte erfordern außer der allgemeinen Geschäftsfähigkeit eine Beziehung des Handelnden zu dem Vermögen, welches von den Wirkungen seiner Handlung betroffen werden soll. Diese Beziehung kann man, als Gegenstück zur Verfügungsmacht, Verpflichtungs- resp. Erwerbsmacht nennen.

Verpflichtungen kann man in der Regel nur zu Lasten des eigenen Vermögens eingehen. Beschränkungen der Verfügungsmacht lassen in der Regel die Verpflichtungsmacht unberührt; so kann z. B. die Ehefrau über eingebrachtes Gut nicht verfügen, § 1395, ist aber nicht gehindert, sich zu einer solchen Verfügung gültig zu verpflichten, § 1399 [177]. Verpflichtungen zu Lasten eines fremden Vermögens können nur im Namen des Vermögenssubjekts begründet werden, erfordern daher Vertretungsmacht [178].

[172] RG. 61, 376. Vgl. ob. § 12 Note 20.

[173] Vgl. ob. § 9 III 7. Oertmann, ZZPr. 41, 1. Stein, Grundfragen d. ZwangsVoll. 36.

[174] OLG. 20, 361: Pfändung einer künftigen Dienstprämie. RG. 82, 230: Pfändung einer Forderung aus einem noch zu schließenden Vergleich. Gegen die Pfändbarkeit künftiger Forderungen Stein a. a. O. 54.

[175] Mittelstein, Miete § 49 Anm. 26; Crasemann, DJZ. 17, 1290. OLG. 20, 356, 366.

[176] A. A. Mittelstein a. a. O. Anm. 27.

[177] Vgl. ob. § 54 Note 96 und Note 104 über die Beschränkung der Verpflichtungsmacht des Ehemanns in der Gütergemeinschaft.

[178] Aus einer Handlung des A kann als Reflexwirkung (vgl. ob. § 43

Der Erwerb eines Rechtes erfolgt in der Regel für das eigene Vermögen des Erwerbenden, es sei denn, daß er als Vertreter eines anderen handelte. Nur Forderungen können auch durch einen im eigenen Namen geschlossenen Vertrag zugunsten eines anderen begründet werden, § 328. Der Erwerb eines akzessorischen Rechtes [179] hat die besondere Voraussetzung, daß er nur durch das Subjekt des Hauptrechtes (oder dessen Vertreter) erfolgen kann: nur der Eigentümer eines Grundstücks kann eine Grunddienstbarkeit erwerben [180]; nur der Gläubiger kann für die Forderung Hypotheken, Pfandrechte [181], Bürgschafts- und Zinsforderungen [182] erwerben [183]; wer seine Forderung unter aufschiebender Bedingung veräußert hat, ist noch Gläubiger und daher zum Erwerb der Nebenrechte befugt [184]. Ebenso kann die Aufhebung von Verpflichtungen und Belastungen nur von oder gegenüber dem Verpflichteten resp. Belasteten erfolgen [185]; hat z. B. ein unrichtiger Erbe (ohne Erbschein) den Erlaß oder die Stundung einer Nachlaßschuld erwirkt, so kommt dieser Vertrag dem wahren Erben nicht zugute.

Ein wegen mangelnder Erwerbsmacht unwirksames vermögensvermehrendes Geschäft kann meines Erachtesn nach Ana-

---

Note 42) eine Verpflichtung des B hervorgehen, z. B. wenn A einen Schaden stiftet, für welchen B nach § 831/2 haftet; oder wenn A eine Handlung vornimmt, welche Bedingung für eine Verpflichtung des B ist.

[179] Bd. I § 13.

[180] Planck Erl. 4 vor § 1018; Dernburg III § 170 Anm. 4. Hat der als Eigentümer Eingetragene eine Servitut erworben und stellt sich heraus, daß er zu Unrecht eingetragen war, so ist die Servitut nicht entstanden, selbst dann nicht, wenn der Eingetragene und der Besteller der Servitut den Eintrag für richtig hielten; § 892 schützt den guten Glauben nur bei Verfügungen, nicht beim Erwerb für ein Grundstück, Hellwig, Lehrb. § 55 III. Wird das Eigentum dessen, der für das Grundstück eine Servitut erworben hat, durch Anfechtung vernichtet, so erweist sich die Servitut als nicht erworben, vgl. ob. § 57 Note 100.

[181] RG. 52, 184; a. A. Dernburg III § 266 I 5.

[182] Bürgschafts- und Zinsforderung kann auch von einem Dritten durch Vertrag zugunsten des Gläubigers begründet werden.

[183] Auch die Mahnung, durch welche die Forderung verstärkt und erweitert wird, kann nur durch den Gläubiger oder dessen Vertreter erfolgen, Oertmann § 284, 2 b.

[184] Vgl. ob. § 44 Note 23.

[185] Hat der herrschende Eigentümer durch Erklärung an den Eigentümer des dienenden Grundstücks auf die Servitut verzichtet, § 875, so ist die Servitut nicht erloschen, wenn sich herausstellt, daß das dienende Grundstück nicht dem gehört, der als Eigentümer eingetragen ist.

logie von § 185 II durch Genehmigung geheilt werden. So kann z. B. der Eigentümer die Erwerbshandlungen genehmigen, welche der zu Unrecht eingetragene zugunsten des Grundstücks in eigenem Namen vorgenommen hat; der Zessionar die Annahme von Bürgschaft und Pfändern durch den noch als Gläubiger auftretenden Zedenten; der wahre Erbe den Erwerb, welchen der falsche Erbe im eigenen Namen für den Nachlaß gemacht hat [186]. Wie die Genehmigung so ist auch die Konvaleszenz des § 185 II auf diese Fälle analog anzuwenden: erwirbt jemand zu einem fremden Hauptrecht ein akzessorisches Recht, so tritt dieses Recht bei nachträglichem Erwerb des Hauptrechtes in Kraft; so z. B. eine Servitut, welche ein zu Unrecht eingetragener für ein Grundstück bestellen läßt, wenn er nachträglich Eigentümer des Grundstücks wird (z. B. durch Ersitzung nach § 900); ebenso wenn ein Zessionar, vor Eintritt einer aufschiebenden Bedingung, von welcher die Zession abhängt, ein Pfand für die Forderung annimmt und nachher durch Eintritt der Bedingung die Forderung erwirbt. Konvaleszenz muß auch dann gelten, wenn jemand für ein fremdes Recht ein Nebenrecht begründet und sodann vom Inhaber des Hauptrechtes beerbt wird [187].

Wie die Verfügungsmacht [187a], so können auch die Verpflichtungs- und die Erwerbsmacht durch Rechtsgeschäft weder aufgehoben noch beschränkt werden; was § 137 für Verfügungen ausspricht, gilt ebenso für Verpflichtungs- und Erwerbsgeschäfte [187b]; man kann sich verpflichten, ein solches Geschäft nicht oder nur unter bestimmten Voraussetzungen vorzunehmen; aber ein vertragswidrig eingegangenes Rechtsgeschäft ist gültig [187c]

[186] Darin liegt keine Unbilligkeit gegenüber dem Gegner, z. B. dem Eigentümer, der die Servitut, oder dem Schuldner, der das Pfandrecht bestellt hat. Denn dem Besteller der Servitut kommt es mehr auf das herrschende Grundstück an, als auf dessen gegenwärtigen Eigentümer, dem Besteller des Pfandes mehr auf die Sicherung der Forderung, als auf die Person des Gläubigers. Es entspricht daher ihrer Absicht, wenn das ihnen unbekannt gewesene Hindernis durch Genehmigung des Berechtigten beseitigt und ihr Rechtsgeschäft dadurch nachträglich wirksam wird.

[187] Bei der Konvaleszenz von Erwerbshandlungen kann es nicht darauf ankommen, ob der Erbe dessen, der das Nebenrecht begründet hat, unbeschränkt haftet.

[187a] Vgl. ob. Note 32.

[187b] Tuhr, Unwiderrufl. Vollmacht 61.

[187c] Hat z. B. jemand eine Eintragsbewilligung erhalten, so kann er sich verpflichten, von ihr keinen Gebrauch zu machen; wenn er sich

und verpflichtet nur zu Schadensersatz[187d], wenn der Versprechensempfänger an der Nichtvornahme des Geschäftes ein vermögensrechtliches Interesse hat.

VII. Wie die Vornahme von Rechtsgeschäften, so erfordert auch die Entgegennahme von Rechtsgeschäften Dritter eine Beziehung zu dem Vermögen, welches von diesen Rechtsgeschäften betroffen werden soll. Die Stellung einer Person zu einem Vermögen, welche dazu nötig ist, damit an diese Person gerichtete Erklärungen auf das Vermögen einwirken, kann man passive Verfügungsmacht nennen[188]. Sie ist neben der (aktiven) Verfügungsmacht ein Bestandteil der Verwaltungsmacht[189] und geht daher im allgemeinen parallel mit der Verfügungsmacht. Normalerweise sind Erklärungen inbezug auf ein Vermögen an dessen Subjekt zu richten. Ist dem Vermögenssubjekt die Verfügung als Bestandteil der Verwaltung entzogen, so fehlt ihm in der Regel auch die passive Verfügungsmacht; so sind einseitige Rechtsgeschäfte, die sich auf eingebrachtes Gut beziehen, nicht der Frau, sondern dem Mann gegenüber vorzunehmen, § 1403 I. Dasselbe ist, obgleich im Gesetz nicht ausgesprochen, anzunehmen bei Nachlaßverwaltung, Testamentsvollstreckung und für die Konkursmasse[190]. Der durch Nießbrauch oder Pfandrecht an einer Forderung herbeigeführten Beschränkung der Verfügung des Gläubigers[191] entspricht eine Beschränkung seiner passiven Verfügungsmacht inbezug auf die Kündigung, §§ 1077 II, 1283 II und III. Jedoch gibt es Fälle passiver Verfügungsmacht bei ausgeschlossener oder beschränkter aktiver Verfügung; so kann der Gläubiger, der seine Forderung unter aufschiebender Bedingung zediert hat oder der in bezug auf die Forderung einem relativen Veräußerungsverbot unterliegt, nicht mit voller Wirkung verfügen, während Kündigung des Schuldners an den Gläubiger die normale Wirkung hat. Ähnlich verhält es sich mit dem noch zur Ausschlagung berechtigten Erben, § 1959 III.

---

aber über sein Versprechen hinwegsetzt und die Eintragung vornehmen läßt, so erwirbt er das bewilligte Recht.

[187d] OLG. 22, 328. HGB. § 61 ist singuläres Recht.

[188] Cosack § 58 III.

[189] Vgl. Bd. I § 7.

[190] Jäger, KO. § 7 Anm. 2, der aber die Entgegennahme der Erklärung als Rechtshandlung auffaßt, was sie angesichts des § 130 I nicht ist.

[191] Vgl. ob. Note 12.

Passive Verfügungsmacht über fremdes Vermögen kommt nur ausnahmsweise vor [192]: eine an X gerichtete Erklärung wirkt auf das Vermögen des A in der Regel nur dann, wenn der Erklärende zu erkennen gibt, daß seine Erklärung das Recht des A betreffen soll; dann ist X passiver Vertreter, § 164 III, des A. Dagegen gibt es Fälle, in denen eine an X gerichtete Erklärung eine Wirkung auf das Recht des A ausübt, wenn der Erklärende den X für den Inhaber des Rechtes hielt, §§ 893, 2367. Hier scheint es mir richtiger, eine passive Verfügungsmacht dem X nicht zuzuschreiben; er ist nicht befugt, die Erklärung entgegenzunehmen [193]; daß sie dennoch wirksam ist, hat das Gesetz bestimmt, um den Erklärenden gegen seinen Irrtum zu schützen.

IV. Erfordernisse des Geschäftsabschlusses.

§ 61. Willenserklärung *.

I. Das wesentliche Tatbestandsstück des Rechtsgeschäftes ist die Willensäußerung der am Rechtsgeschäft beteiligten Personen [1]. Der Parteiwille, dem das Gesetz im Rechtsgeschäft rechtsgestaltende Kraft beilegt, muß, um wirken zu können, geäußert sein; denn der Wille als innerer psychologischer Vorgang ist nicht

[192] Wer zu Unrecht als Eigentümer eingetragen ist, hat passive Verfügungsmacht inbezug auf die Kündigung einer Hypothek, d. h. eine Kündigung des Gläubigers, die an ihn gerichtet ist und von ihm im eigenen Namen entgegengenommen wird, wirkt gegen den Eigentümer, § 1141 I 2.

[193] Vgl. ob. Note 90.

* Regelsberger § 136; Bekker § 92; Dernburg § 106; Endemann § 64; Cosack § 52; Crome § 86; Biermann § 44; Enneccerus § 136; Zitelmann 87 fg.; Isay, Willenserklärung und JheringsJ. 44, 41; Eltzbacher, Handlungsfähigkeit; Breit, Geschäftsfähigkeit 76 fg.; Hellmann, JheringsJ. 42, 413 fg.; Manigk, Anwendungsgebiet der Vorschr. üb. Rechtsgesch. (1901) und Willenserklärung und Willensgeschäft (1907, besprochen von Hellmann, KritVJSchr. 48, 217 fg.); Wedemeyer, Abschluß eines obl. Vertrages durch Erfüllung und Aneignungshandlungen; Hölder, JheringsJ. 55, 413 fg., 58, 111 fg.; Henle, Vorstellungs- und Willenstheorie; Jacobi, Theorie der Willenserklärung; Jacobsohn, JheringsJ. 56,329fg. Binder, Wille und Willenserklärung, Arch. f. Rechts- und Wirtschaftsphilosophie Bd. 5, 266. 414. Bd. 6, 96. 282. 451.

[1] Vgl. ob. § 50 Note 4. Zum Tatbestand des Rechtsgeschäftes können neben der Willensäußerung einer oder mehrerer Personen andere Tatsachen gehören, vgl. ob. § 50 II. Man darf daher Willensäußerung und Rechtsgeschäft nicht als gleichbedeutend behandeln, vgl. ob. § 50 Note 21.

direkt erkennbar, sondern kann nur aus dem äußeren Verhalten des Menschen mit größerer oder geringerer Sicherheit erschlossen werden [2]. Das Gesetz nennt jede Äußerung des Willens: Willenserklärung [3]. Man kann aber nach der Beschaffenheit der Tatsachen, aus denen der Wille hervorgeht, zwei Arten der Willensäußerung unterscheiden [4]:

1. Der Wille kann zum Ausdruck kommen durch eine Erklärung, d. h. durch eine Handlung, welche zu dem Zweck vorgenommen wird, einen Vorgang des Seelenlebens zur Kenntnis [5] der Mitwelt [6] zu bringen. Eine solche Willensäußerung kann gegenüber dem weiteren Sprachgebrauch des Gesetzes als Willenserklärung im engeren Sinne des Wortes bezeichnet werden. Als Mittel der Erklärung dient in erster Linie das gesprochene oder geschriebene Wort [7]; aber auch andere durch Verkehrssitte oder Verabredung festgesetzte Zeichen, z. B. Bewegungen des Kopfes, Aufstehen und Handaufheben bei Abstimmungen, Signale, unter Umständen auch das Unterlassen einer Handlung. Wird ein Wille durch eines dieser Mittel erklärt, so kann man zwei Elemente des Vorganges unterscheiden [8]:

a) der Inhalt der Erklärung, d. h. das, was sich nach dem

---

[2] Vgl. ob. § 49 Note 3. Das Verhalten, aus welchem der Wille erschlossen werden kann, nennt man schlüssig oder konkludent.

[3] Entsprechend dem Sprachgebrauch des gemeinen Rechtes (z. B. Savigny, System III § 114), vgl. Dernburg § 106 II; Enneccerus § 136 Anm. 7. Zur Dogmengeschichte der Willenserklärung Binder a. a. O. 6, 102 fg.

[4] Die folgende Unterscheidung ist sehr bestritten, vgl. die Übersicht über die verschiedenen Meinungen bei Oertmann, Vorb. 11 zum 3. Abschn. (S. 312). Ich folge im allgemeinen der von Manigk, Willenserklärung, vertretenen Ansicht.

[5] Daher ist ein belauschtes Selbstgespräch keine Willenserklärung, Dernburg § 131 Anm. 2; Manigk § 29.

[6] Eine wichtige Unterscheidung innerhalb der Willenserklärung ergibt sich daraus, daß die Erklärung entweder an eine bestimmte Person oder an einen unbestimmten Kreis von Menschen gerichtet ist, vgl. unt.

[7] Unter Umständen wird das Wort durch andere Ausdrucksmittel des Willens an Deutlichkeit und Genauigkeit übertroffen. So läßt sich z. B. eine Grenzlinie besser zeichnen, als beschreiben; die gewünschte oder versprochene Beschaffenheit einer Ware besser durch ein Muster als durch Worte bezeichnen.

[8] Das Rechtsgeschäft ist in dieser Beziehung analog dem Gesetze, bei welchem man ebenfalls den Gesetzesinhalt und die Sanktion zu unterscheiden hat, Laband, Staatsrecht § 54.

Sinn der gebrauchten Erklärungsmittel als vom Erklärenden gewollt ergibt. Beim Rechtsgeschäft muß eine rechtliche Wirkung als gewollt erklärt sein. Diesen in der Erklärung zutage tretenden Willen pflegt man Geschäftswillen oder Erfolgswillen zu nennen. Er ist innerhalb der gesetzlichen Schranken maßgebend für die Wirkungen des Rechtsgeschäfts [9].

b) den Erklärungswillen, d. h. den Willen, die Handlung vorzunehmen, durch welche der Geschäftswille zur Kenntnis eines anderen Menschen oder eines unbestimmten Kreises von Menschen gelangen soll.

Geschäftswille und Erklärungswille treten besonders deutlich auseinander bei der schriftlichen Willenserklärung. In der Regel wird zuerst der Geschäftswille gefaßt und formuliert durch Anfertigung der Urkunde; sodann durch Unterschrift oder Zusendung der Urkunde die Erklärungshandlung vorgenommen [10]. Der Geschäftswille kann durch einen Dritten festgesetzt werden, z. B. durch den Gegner, der ein Formular vorlegt, oder den Notar, der die Urkunde aufsetzt, und braucht dem Erklärenden nicht bekannt zu sein: eine Urkunde, die ich ungelesen unterschreibe, wird dadurch zu meiner Willenserklärung [10a]. Es ist aber auch möglich, daß eine Erklärung abgegeben wird, deren Inhalt erst später, durch den Erklärenden oder einen Dritten, festgestellt oder ergänzt werden soll: wer eine in blanco abgefaßte Urkunde begibt, hat damit die Erklärung abgegeben, welche sich durch Ausfüllung der Urkunde ergibt [10b].

Wer seinen Geschäftswillen zur Geltung bringen will, hat die zur Äußerung seines Willens geeigneten Mittel zu wählen. Es kann vorkommen, daß er sich dabei vergreift, so daß seine Erklärung einen von ihm nicht gewollten Sinn hat. Im gemeinen Recht war es streitig, ob eine dem Willen nicht entsprechende Erklärung deswegen unwirksam ist (Willenstheorie), oder trotzdem als Willenserklärung gelten solle (Erklärungstheorie [11]). Das BGB. hat diesen und ähnliche Fälle der Divergenz zwischen Wille

---

[9] Vgl. ob. § 50 V S. 161.

[10] Geschäftsfähigkeit ist nicht bei Herstellung der den Geschäftswillen enthaltenden Urkunde, sondern erst bei der Erklärungshandlung erforderlich.

[10a] RG. 76, 95. OLG. 28, 61.

[10b] Vgl. unt. Note 84.

[11] Windscheid § 75.

und Erklärung in § 116 fg. geregelt. Diese Bestimmungen sind meines Erachtens am besten zu verstehen, wenn man von der Erklärungstheorie ausgeht, d. h. annimmt, daß das Gesetz nicht dem inneren Willen der Partei, sondern dem, was sich aus der Erklärung als ihr Wille ergibt, die rechtsgestaltende Wirkung beigelegt hat, vorbehaltlich der Möglichkeit, die dem Willen nicht entsprechende Erklärung nach § 119/20 durch Anfechtung zu beseitigen [12]. Denn die von den Wirkungen des Rechtsgeschäfts betroffenen Personen, insbesondere der Empfänger der Erklärung, haben es zunächst nur mit der Erklärung zu tun und können sie nur in dem Sinne auffassen und beachten, der aus ihr hervorgeht. Daher muß der Erklärende das gelten lassen, was sich aus der Erklärung als von ihm gewollt entnehmen läßt; entspricht dieser Sinn nicht dem, was er erklären wollte, so trägt er das Risiko seiner Handlung, soweit ihm nicht das Gesetz aus Billigkeitsgründen zu Hilfe kommt.

Die Erklärungstheorie führt aber nicht soweit, daß dem A eine Willenserklärung imputiert werden könnte, wenn ohne sein Zutun bei B eine subjektiv noch so berechtigte, aber objektiv unrichtige Vorstellung von einer Willenserklärung des A entsteht. In solchen Fällen liegt keine Erklärung des A vor, sondern nur der Schein einer solchen. Dieser Schein wird, ohne daß es einer Anfechtung bedarf, durch Aufklärung des Vorganges beseitigt. So z. B. wenn X, sich für den A ausgebend, persönlich oder durch das Telephon mit B verhandelt [13], oder wenn dem B ein mit dem Namen des A unterschriebenes aber nicht von ihm herrührendes Schreiben zugeht [14] oder ein Schreiben, das zwar von ihm verfaßt, aber ohne seinen Willen abgeschickt ist [15]. Wenn durch solche Vorgänge B zu Schaden kommt, liegt im allgemeinen kein Grund vor, diesen Schaden auf A abzuwälzen [16]. Die Feststellung der Identität des Erklärenden und die Prüfung

---

[12] Vgl. unt. § 65.

[13] Titze, Mißverständnis § 18 Anm. 44.

[14] Cosack § 54.

[15] Jacobi 53.

[16] Eine Schadensersatzpflicht kann sich ergeben aus einem Vertragsverhältnis zwischen A und B, RG. 73, 351, oder aus einer Aufsichtspflicht des A über den Fälscher, § 831. Vgl. über Haftung für Einlösung gefälschter Anweisungen Oertmann § 670, 2, über den Fall, daß die dem Schuldner überbrachte Quittung gefälscht ist Oertmann § 370, 2 b.

der Echtheit schriftlicher Erklärungen ist Sache des Empfängers der Erklärung [17].

Anders verhält es sich in den (nicht gerade häufigen) Fällen, in denen eine Handlung des A vorliegt, welche von B als Willenserklärung des A aufgefaßt werden konnte und so aufgefaßt wurde, während dem A die Absicht und das Bewußtsein, eine Willenserklärung abzugeben, fehlte [18]. Über die Behandlung solcher Fälle besteht lebhafter Streit [19]: auf der einen Seite [20] wird in mutiger Durchführung der Erklärungstheorie behauptet, daß eine Handlung des A als Willenserklärung gelten muß, wenn sie dem B als solche erscheinen durfte; solche „ungewollte Willenserklärungen" könne A nur durch Anfechtung nach § 119 beseitigen. Auf der anderen Seite [21] verlangt man Bewußtsein des Handelnden davon, daß aus seiner Handlung auf einen Geschäftswillen geschlossen werden könne, und leugnet bei nachgewiesenem Fehlen dieses Bewußtseins das Vorliegen einer Willenserklärung [22]. Von jedem dieser beiden Standpunkte aus kann sich im einzelnen Fall ein unbilliges Resultat ergeben: sei es gegen A, den eine vermeintlich ganz indifferente Handlung mit dem Ersatz eines negativen Interesses belastet; sei es gegen B, der sich in dem berechtigten

---

[17] Auch bei einseitigen Rechtsgeschäften, vgl. ob. § 53 Note 47.

[18] So z. B. wenn A ohne zu wissen, daß er von B angeredet ist, eine Kopfbewegung macht, welche A als Zusage auffaßt; oder wenn A bei einer Versteigerung einem Bekannten zuwinkt, ohne zu wissen, daß das Aufheben der Hand als Höhergebot gilt, Isay, Willenserklärung 25. Ein weiteres Beispiel bei Cosack § 63 V.

[19] Siegel, ArchZivPr. 111, 14 fg.

[20] Wedemeyer 122 fg.; Hölder, JheringsJ. 55, 428 fg.; Danz, Auslegung 16; Jacobsohn 348 fg.

[21] Eltzbacher 139, Oertmann, Vorb. 9 zum 3. Abschn.; Enneccerus § 136 Anm. 16; Manigk, Willenserklärung 186 fg.

[22] Eine Mittelmeinung vertritt Henle, Vorstellungstheorie: jede Handlung, welche objektiv den Sinn einer Willenserklärung hat, soll Willenserklärung sein, S. 129 fg.; wenn aber dem Handelnden das Bewußtsein dieses Sinnes fehlt, soll die Willenserklärung nach Analogie von § 118 nichtig sein, mit Schadensersatzpflicht des Handelnden nach § 122, S. 495 fg. Gegen die analoge Anwendung der §§ 118, 122 scheint mit zu sprechen, daß im Fall des § 118 der Erklärende das Bewußtsein hat, etwas zu tun, was äußerlich wie eine Willenserklärung aussieht; daher hat er mit Recht den Schaden zu ersetzen, wenn seine Handlung als Willenserklärung aufgefaßt wird. Dagegen fehlt in den hier besprochenen Fällen dem A das Bewußtsein davon, daß er auch nur den äußeren Schein einer Erklärung herstellt.

Glauben an eine Willenserklärung des A getäuscht sieht. Meines Erachtens empfiehlt sich ein Mittelweg: es kommt darauf an, ob A das Bewußtsein hatte, durch seine Handlung eine Mitteilung irgendwelchen Inhaltes zu machen. Fehlt es an diesem Bewußtsein, so kann man die irrige Vorstellung, die sich B von der Bedeutung der Handlungsweise des A machte, dem A nicht als Willenserklärung zurechnen. Anders, wenn er eine Mitteilung tatsächlichen Inhaltes machen wollte, welche sich vom Standpunkt des B als Willensäußerung darstellt; so z. B. wenn A durch Verwechselung zweier von ihm geschriebenen Briefe dem B statt einer Gratulation eine Offerte zusendet. Wer eine Mitteilung macht, muß für die Wirkungen einstehen, welche das von ihm Mitgeteilte im Gesichtskreise des Empfängers hervorruft. Daher muß A den von ihm abgeschickten Brief als seine Willenserklärung gelten lassen, vorbehaltlich der Anfechtung; so gut wie wenn er zwei Briefe von rechtsgeschäftlichem Inhalte verwechselt hätte [23]. Die Willenserklärung erfordert also eine bewußte Mitteilung, aber nicht notwendig das Bewußtsein des Handelnden davon, daß aus seiner Handlung auf einen Geschäftswillen geschlossen werden könne.

2. Der auf einen Rechtserfolg gerichtete Wille kann hervortreten in einer Handlung, welche nicht zu dem Zweck vorgenommen wird, den Willen zur Kenntnis anderer Menschen zu bringen, welche aber nach den Umständen, insbesondere unter Berücksichtigung der Verkehrssitte, einen mehr oder minder sicheren Schluß auf den Willen gestattet. Eine solche, ohne Mitteilungsabsicht erfolgende Willensäußerung kann man, wenn man das Wort Willenserklärung auf seinen engeren sprachgemäßen Sinn beschränkt, Willensbetätigung [24] nennen. Diese Art der Willensäußerung ist in zahlreichen Fällen gleichwertig der Willenserklärung [25]. So erfolgt die Annahme der Erbschaft,

---

[23] Vgl. RG. 77, 309: Jemand unterschreibt eine Einwilligung in die Fortführung einer Firma, HGB. § 24 II, in dem Glauben, es handele sich um eine Todesanzeige. RG. nimmt an, daß eine Willenserklärung vorliegt, die wegen Irrtums angefochten werden kann.

[24] Regelsberger, Lenel, JheringsJ. 36, 4; Hellmann; Wendt, ArchZivPr. 92, 239; Planck, Vorb. 3 vor § 116. Was ich Willensbetätigung nenne, wird bisweilen als stillschweigende Willenserklärung bezeichnet, z. B. von Bekker § 93.

[25] Manigk nennt die durch Willensbetätigung zustande kommenden Rechtsgeschäfte „Willensgeschäfte“, im Gegensatz zu den Geschäften,

§ 1943, in der Regel nicht durch Willenserklärung, sondern durch pro herede gestio, d. h. durch Handlungen, aus denen hervorgeht, daß der Erbe definitiver Herr des Nachlasses sein will, z. B. durch Verfügungen, die ohne Nachteil für den Nachlaß verschoben werden könnten, oder dadurch, daß der Erbe Nachlaßsachen zu eigenem Vorteil verwendet [26]. Eine Kaufofferte kann nach § 151 angenommen werden durch Verbrauch der zugesendeten Ware oder dadurch, daß man das zur Ansicht zugeschickte Buch aufschneidet oder einbinden läßt [27]. Die Genehmigung des Geschäftsherrn, § 684, braucht, wie der Wille des Geschäftsherrn, nach welchem sich der Geschäftsführer zu richten hat, § 677 [28], nicht erklärt zu sein, sondern kann sich in Handlungen äußern, die nicht den Charakter einer Mitteilung tragen, z. B. im Verbrauch der durch den Geschäftsführer angeschafften Sachen. Ebenso genügt beim Kauf auf Probe, § 495, wenn die Sache dem Käufer übergeben ist, eine Betätigung der Billigung durch eine Behandlung der Sache, aus welcher auf ein Behaltenwollen zu schließen ist [29]. Willensbetätigung liegt ferner vor bei Okkupation und Dereliktion, § 958/9 [30], sowie bei der Aneignung in § 700 I 2 [31] und beim Widerruf des Testamentes durch Vernichtung der Urkunde, § 2255. Auch die Bestätigung anfechtbarer Rechtsgeschäfte, §§ 144, 1337 [32], und die Anerkennung der Ehelichkeit, § 1598 [33], kann in einer Willensbetätigung bestehen [34].

---

welche eine Willenserklärung erfordern. Eine Zusammenstellung der Willensgeschäfte findet sich bei Manigk, Willenserklärung § 127.

[26] Planck § 1943, 4; Manigk a. a. O. § 40 fg.; Reichel, Prozesse des vorläufigen Erben 15 fg.

[27] Manigk a. a. O. § 67.

[28] Vgl. ob. § 49 Note 14.

[29] Crome § 226 Anm. 12; Kipp zu Windscheid § 378 S. 637; Oertmann § 495, 6; Manigk § 118. Vgl. ob. § 48 Note 71.

[30] Manigk a. a. O. § 121 fg.

[31] Vgl. ob. § 8 Note 9.

[32] Vgl. ob. § 57 Note 127.

[33] Planck § 1598, 1.

[34] Auch bei der negotiorum gestio (die kein Rechtsgeschäft ist, weil sie den Rechtserfolgswillen nicht erfordert, vgl. ob. § 48 Note 45) äußert sich der animus negotia gerendi meistens nicht durch Erklärung, sondern durch Betätigung des Willens. Auch die Absicht, keinen Ersatz der Auslagen zu verlangen, § 685, braucht nicht erklärt zu werden, sondern kann sich aus dem Verhalten des Geschäftsführers ergeben, Manigk a. a. O. § 120, vgl. ob. § 49 Note 11. In Ermangelung einer Erklärung ist es

Die Handlung, in welcher sich der Wille betätigt, ist nicht Erklärungsmittel, sondern Indiz des Willens. Daher ist der durch Betätigung geäußerte Wille schwerer zu konstatieren als der erklärte Wille. Denn während das zum Zweck der Erklärung gewählte Mittel normalerweise den Willen mit genügender Deutlichkeit kundtut, ist das nicht dem Erklärungszweck dienende Handeln des Menschen für dritte, in seine Motive nicht eingeweihte, Personen mehrdeutig [35]. Daher kann die Betätigung eines rechtsgeschäftlichen Willens unbemerkt und daher praktisch wirkungslos bleiben oder umgekehrt: ein rechtlich indifferentes Handeln den Schein einer Willensbetätigung hervorrufen. Wie die Erklärung, so wird auch die Betätigung des Willens wirksam, auch wenn der Handelnde sich der Schlüssigkeit seines Verhaltens nicht bewußt ist. Die Willensbetätigung ist aber, im Unterschied von der Erklärung [36], selbst dann wirksam, wenn die Handlung in der Absicht der Geheimhaltung vorgenommen wurde: wer eine herrenlose Sache heimlich okkupiert, wird Eigentümer; wenn der Erbe eine Nachlaßsache beiseite schafft und für sich verwendet oder verschenkt, hat er die Erbschaft angenommen [37]; wenn der Erblasser das Testament heimlich vernichtet, hat er widerrufen.

Da das Gesetz jede Willensäußerung unterschiedslos Willenserklärung nennt [38], sind die Rechtssätze über Willenserklärungen auch auf die Willensbetätigung anwendbar [39], soweit sich nicht aus der tatsächlichen Beschaffenheit des Willensaktes eine Abweichung ergibt. Eine solche Abweichung ergibt sich, wenn der aus dem Verhalten des X auf seinen Willen gezogene Schluß sich

---

oft schwer, den Moment festzustellen, in welchem die Geschäftsführung beginnt, vgl. Tuhr, Actio de in r. verso 76; Isay, Geschäftsführung 65. Auch kann ein Verhalten des A bei B die irrige Vorstellung erwecken, daß A in seinem, des B, Interesse gehandelt habe; in solchem Falle kann A (ohne Anfechtung) durch Aufdeckung seines eigennützigen Motivs die Sachlage aufklären.

[35] Eine Vermutung stellt das Gesetz in § 2255 II auf; Hedemann, Vermutung 227. Vgl. Danz, Auslegung 115.

[36] Vgl. ob. Note 5.

[37] In solchen Fällen kann man sagen, daß der Handelnde seinen Willen nicht sowohl kundgetan, als vielmehr verraten hat.

[38] Vgl. ob. Note 3.

[39] So z. B. das Erfordernis der Geschäftsfähigkeit, Manigk a. a. O. § 132.

als unrichtig erweist. Auf die objektive Bedeutung einer Willenserklärung kann und darf sich der Empfänger verlassen, weil die Erklärung auf Mitteilungsabsicht beruht und daher normalerweise dem Willen des Erklärenden entspricht; hat der Erklärende die Erklärungsmittel unrichtig gewählt, so trägt er das Risiko: er muß das als seinen Willen gelten lassen, was sich aus dem objektiven Sinn seiner Erklärung ergibt, und kann die Rechtsfolge seiner Erklärung nur durch Anfechtung abwenden. Handelt dagegen jemand ohne Mitteilungsabsicht, so ist sein Verhalten immer nur Äußerung des Willens, den er tatsächlich hat. Wird seine Handlungsweise von dritten Personen, an die er keine Mitteilung gerichtet hat, unrichtigerweise als Willensäußerung gedeutet, so kann sie ihm nicht als solche angerechnet werden; es liegt nur der Schein einer Willensäußerung vor. Dieser Schein verschwindet, sobald die wirkliche Absicht des Handelnden erkennbar wird. Die Beweislage gestaltet sich verschieden je nach dem Grade der Schlüssigkeit, welche der äußeren Handlung für den in Frage stehenden rechtsgeschäftlichen Willen zukommt. Ist die Handlung nach durchschnittlicher Lebenserfahrung ein sicheres Indiz des Willens, so muß der Handelnde durch Darlegung des wirklichen Herganges und der Motive seiner Handlung den Richter davon überzeugen, daß der erfahrungsgemäße Schluß in diesem Falle nicht zutrifft. Gelingt dieser Beweis nicht, so muß er die Folgen tragen, welche sich aus der normalen Deutung des Vorganges ergeben; genau so, wie bei der Willenserklärung die Folgen der Erklärung eintreten, wenn es dem Erklärenden nicht gelingt, den zur Anfechtung erforderlichen Beweis des Irrtums zu erbringen. Gelingt dem Handelnden der Beweis seiner wirklichen Absicht, so hat er den durch seine Handlung hervorgerufenen Schein einer Willensäußerung beseitigt [40]. Einer An-

[40] Zur Sicherung des Beweises seiner wirklichen Absicht kann der Handelnde diese Absicht in einer Urkunde niederlegen oder dritten Personen mitteilen. Das nennt man Verwahrung oder Protestation, Isay, Willenserklärung 66 fg., Enneccerus § 144 IV, Oertmann, Vorb. 9 zum 3. Abschn. So kann z. B. der Erbe bei Verfügung über eine Nachlaßsache konstatieren, daß dieser Verfügung die Absicht der Erbschaftsannahme nicht zugrunde liegt. Die Protestation ist unwirksam, wenn sie der wahren Absicht des Handelnden nicht entspricht (prot. facto contraria), z. B. wenn der Richter nach Lage der Umstände zur Überzeugung kommt, daß die Veräußerung der Erbschaftssache nicht anders erklärt werden kann, als durch die Absicht des Erben, den Nachlaß definitiv zu behalten.

fechtung mit ihren besonderen Voraussetzungen und Folgen bedarf es nicht [41].

In der Möglichkeit, den Schein einer Willensäußerung durch Darlegung der wirklichen Absicht zu beseitigen, liegt das Kriterium der Willensbetätigung im Gegensatz zu der Willenserklärung im engeren Sinn, deren Wirkung nur durch Anfechtung aufgehoben werden kann. Wenn z. B. der Erbe nachweisen kann, daß er die Maßregel, die sich als pro herede gestio darstellt, irrigerweise für unaufschiebbar hielt, so entfällt die Schlüssigkeit seiner Handlung; er braucht Dritte, welche die Maßregel als Annahme auffaßten und dadurch zu Schaden gekommen sind, nicht zu entschädigen. Ebenso bedarf jemand, der seine Sache nicht in der Absicht der Eigentumsaufgabe wegwirft, keiner Anfechtung, um den Schein der Dereliktion zu beseitigen. Eine Handlung, die sich äußerlich als Bestätigung eines anfechtbaren Geschäftes darstellt und vielleicht von Dritten dafür gehalten wird, ist keine Bestätigung, wenn sich erweist, daß der Handelnde die Anfechtbarkeit des Geschäftes nicht kannte und daher den Willen der Bestätigung nicht haben konnte [42]. Das Zerreißen des Testamentes ist kein Widerruf, wenn es nicht in der Absicht der Aufhebung geschah, § 2255. Ebenso ist meines Erachtens zu entscheiden, wenn X die ihm unbestellt zugeschickte Ware verbraucht hat, weil er sie mit einer eigenen Sache verwechselte [43]; er hat den Willen, die Kaufofferte anzunehmen, nicht gehabt, daher auch nicht betätigen können; der Kauf ist nicht zustande gekommen und X ist zur Herausgabe seiner Bereicherung oder, wenn ihm Fahrlässigkeit zur Last fällt, zu Schadensersatz nach § 823 verpflichtet [44].

[41] Manigk a. a. O. § 106 fg., § 128; Wendt, ArchZivPr. 92, 248; auch Enneccerus § 136 Anm. 12 (für den Fall, daß der Handelnde das Bewußtsein der Schlüssigkeit seiner Handlung nicht hatte); a. A. Biermann § 44, 3; Wedemeyer 124 fg. und andere Anhänger der Erklärungstheorie: ein Verhalten, welches den objektiven Tatbestand einer Willenserklärung darstellt, soll ohne Rücksicht auf den Willen des Handelnden die, nur durch Anfechtung zu beseitigenden, Wirkungen einer Willenserklärung haben, vgl. ob. Note 20. Vermittelnd Planck, Erl. 5b vor § 116.

[42] Vgl. ob. § 57 Note 132.

[43] Vgl. Oertmann § 151, 3b; a. A. Staudinger § 151, 5 und die dort zit. Autoren, welche die Handlung des X als Annahme des Vertragsantrags gelten lassen und höchstens Anfechtung wegen Irrtums gestatten.

[44] Der Schadensersatz wird sich in den meisten Fällen ebenso hoch

Einer Anfechtung bedarf es in solchen Fällen selbst dann nicht, wenn der Handelnde sich bewußt war oder sein mußte, daß aus seinem Verhalten auf einen Geschäftswillen geschlossen werden kann [45]. Es wird ihm aber oft schwer sein zu beweisen, daß er diesen Willen nicht hatte. Wenn z. B. jemand ein ihm zur Ansicht geschicktes Buch, das er dem Buchhändler zurückgeben will, an einigen ihn interessierenden Stellen aufschneidet, so wird er sich meist bewußt sein, eine Handlung zu begehen, in welcher eine Betätigung des Annahmewillens gefunden werden kann; trotzdem ist ihm der Beweis der Absicht, das Buch nicht zu behalten, nur tatsächlich erschwert, nicht grundsätzlich versagt: er muß seine Handlung, damit sie nicht die Bedeutung einer Annahme der Offerte hat, als unberechtigten Eingriff in fremdes Eigentum darstellen; aus einem solchen Eingriff entsteht Schadensersatz nach § 823, nicht aber ein Vertragsverhältnis, in welches der Täter nicht eintreten wollte [46].

Dagegen ist Anfechtung bei Willensbetätigung, wie bei Willenserklärung, möglich und nötig, wenn einem Verhalten tatsächlich ein rechtsgeschäftlicher Wille zugrunde liegt, bei welchem ein nach § 119 erheblicher Irrtum mitwirkte. So z. B. wenn der Derelinquent im Versehen eine andere Sache wegwirft, als er wegwerfen wollte, oder wenn er über wesentliche Eigenschaften der

---

belaufen, wie der Kaufpreis. Denn der Offerent kann den Gewinn verlangen, den er nach dem gewöhnlichen Lauf der Dinge durch Veräußerung der unbeschädigten Sache an einen anderen hätte machen können, § 252. Anders wird der Schaden in solchen Fällen berechnet von Wedemeyer 130.

[45] A. A. Enneccerus a. a. O., der hier eine Willenserklärung annimmt, weil der Handelnde sich der Schlüssigkeit seines Verhaltens bewußt ist, vgl. ob. Note 41 und Oertmann a. a. O., der den abweichenden Willen des Handelnden nach Analogie von § 116 (Mentalreservation) nicht gelten lassen will.

[46] Ein Rechtssatz „daß sich niemand auf selbst begangenes Unrecht berufen dürfe" (vgl. Riezler, Venire contra factum proprium 3), auf den z. B. Landsberg, Recht des bürg. Gesetzb. § 60, 3 hinweist, um eine Verpflichtung des X zur Zahlung des Kaufpreises zu begründen, ist unserem Gesetz unbekannt und ergibt sich m. Er. auch nicht aus dem Prinzip von Treu und Glauben. Vielmehr scheint es mir gegen die bona fides zu verstoßen, wenn man jemandem gewissermaßen zur Strafe für eine vielleicht unbedeutende Eigentumsverletzung eine ungewollte Vertragspflicht auferlegt, deren Tragweite außer allem Verhältnis zu dem vom Gegner erlittenen und ihm zu ersetzenden Schaden stehen kann.

Sache im Irrtum war [47]. Ebenso wenn jemand ein zur Ansicht geschicktes Buch im Irrtum über wesentliche Eigenschaften desselben behalten will und in dieser Absicht aufschneidet, oder wenn er von zwei zur Ansicht geschickten Büchern das eine zu behalten beschließt und infolge einer Verwechslung das andere aufschneidet [48]. Hier ist ein rechtsgeschäftlicher Wille durch Betätigung, wie sonst durch Erklärung, zur Äußerung gekommen, und es besteht meines Erachtens kein Grund, das Recht der Anfechtung nicht anzuwenden [49].

II. Innerhalb der Willenserklärung ergeben sich je nach den Mitteln, deren sich der Erklärende bedient, folgende Unterscheidungen [50]:

1. Die Erklärung ist unmittelbar, wenn die äußere Tatsache, in welcher sich der Wille des A manifestiert, zur unmittelbaren Wahrnehmung des B gelangt, dem gegenüber der Wille des A wirken soll. Dazu gehören mündliche Erklärungen des A an B und schriftliche Mitteilungen des A, welche dem B in Urschrift vorgelegt werden. Ein solches Schriftstück braucht A nur in der Gestalt, in welcher es von ihm ausgegangen ist, als seine Erklärung gelten zu lassen; wird der Brief, nachdem ihn A abgesendet hat, vom Überbringer oder einem Dritten gefälscht [51], so liegt nur der Schein einer Erklärung des A vor, welcher durch Nachweis der Fälschung beseitigt werden kann, ohne daß es einer Anfechtung nach § 120 bedarf [52].

---

[47] Enneccerus a. a. O. Note 9.

[48] Ebenso ist Anfechtung am Platz, wenn jemand eine ihm zum Kauf angebotene Sache in dem Glauben, sie sei ihm als Geschenk angeboten, konsumiert. Hierdurch hat er den Willen betätigt, die ihm zugegangene Offerte anzunehmen, ist aber im Irrtum über den Inhalt seiner Willensäußerung gewesen: er hat eine Kaufofferte angenommen, während er eine Schenkungsofferte anzunehmen glaubte. Es verhält sich ebenso, wie wenn jemand eine ihm zum Kauf angebotene Sache verbraucht und dabei über die Höhe des in der Offerte angegebenen Preises im Irrtum ist.

[49] A. A. Manigk a. a. O. § 129, der Anfechtung bei Willensgeschäften (ob. Note 25) grundsätzlich ausschließt.

[50] Diese auf der Beschaffenheit des Erklärungsmittels beruhenden Unterschiede kommen auch bei Vorstellungsmitteilungen vgl. ob. § 48 Note 65, vor.

[51] Erfolgt die Fälschung vor Absendung des Briefes, so hat der Absender eine Erklärung abgegeben, die er nicht abgeben wollte, und kann nach § 119 anfechten.

[52] Oertmann § 120, 3 c. Über Haftung für fahrlässige Ermöglichung der Fälschung vgl. ob. Note 16.

2. Die Erklärung ist mittelbar, wenn nicht die Erklärungshandlung des A, sondern andere, durch diese Handlung hervorgerufene Tatsachen zur Wahrnehmung des B gelangen, welcher aus dieser Wahrnehmung mit größerer oder geringerer Sicherheit auf die Erklärungshandlung des A schließen kann. Dazu gehören: mündliche Mitteilungen durch Boten [53]; Telegramme, Bekanntmachung durch Zeitungen; Briefe, welche A in seinem Namen durch einen anderen schreiben und unterschreiben läßt [54], Zustellung von Willenserklärungen durch den Gerichtsvollzieher, § 132 I [54a]. In allen diesen Fällen können Fehler der Übermittelung vorkommen: die Botschaft wird falsch ausgerichtet; das Telegramm verstümmelt; die Bekanntmachung durch einen Druckfehler entstellt; der diktierte Brief falsch nachgeschrieben; vom Gerichtsvollzieher eine mit dem Original nicht übereinstimmende Abschrift zugestellt [55]. Trotz der Möglichkeit solcher Fehler gilt das, was auf Veranlassung des A zur Wahrnehmung des B kommt, als Willenserklärung des A [56]; dem A wird, weil er den Weg der mittelbaren Erklärung gewählt hat, vom Gesetz das mit diesem Wege verbundene Risiko der falschen Übermittelung aufgebürdet [57]; nur durch rechtzeitige und mit Ersatzpflicht verbundene Anfechtung kann er die seinem Willen nicht entsprechende Erklärung beseitigen, § 120 [58]. Eine unrichtig übermittelte Erklärung ist dem Urheber auch dann zuzurechnen, wenn der ursprüngliche Sinn gänzlich entstellt ist [59]; denn eine Grenzlinie zwischen unrichtiger Wiedergabe und völliger Entstellung läßt sich weder ziehen noch durch die ratio des § 120 rechtfertigen. Selbst dann, wenn die Erklärung des A, als er sie

[53] Dagegen ist was ein Stellvertreter sagt, nicht mittelbare Erklärung des Vertretenen, sondern Erklärung des Vertreters, welche vermöge der Vertretungsmacht für und wider den Vertretenen wirkt.

[54] Oertmann § 120, 3 b.

[54a] Vgl. unt. Note 220.

[55] ZPO. § 170.

[56] Planck § 120, 1; Enneccerus § 157 I 3a; Oertmann § 120, 2 b.

[57] Und zwar selbst dann, wenn er den Weg der Übermittlung, z. B. durch Telegramm, auf Veranlassung des B gewählt hat, Staudinger § 120, 3, Titze, Mißverständnis 290.

[58] Vgl. unt. § 67.

[59] Oertmann § 120, 5 b, Breit, Geschäftsfähigkeit 157; a. A. Planck 120, 1a, Enneccerus § 157 I 3 b, Dernburg § 145 Anm. 32 und andere.

zur Übermittelung abgab, keinen rechtsgeschäftlichen Inhalt hatte und einen solchen erst durch Entstellung erhalten hat, liegt meines Erachtens eine Willenserklärung des A vor [60], welche ihn solange bindet, bis er sie durch Anfechtung aufhebt. Auch darauf kommt es bei mittelbaren Erklärungen nicht an, ob der Fehler durch Zufall, durch Fahrlässigkeit oder durch bösen Willen der übermittelnden Person entstanden ist [61]; allerdings ist böser Wille des Boten oder Telegraphenbeamten eine Gefahr, mit welcher der Absender einer Erklärung nicht zu rechnen pflegt; aber trotzdem erscheint es billig, den unvermeidlichen Schaden nicht dem Empfänger, sondern dem Absender der Erklärung aufzuerlegen [62], da er sich auf mittelbare Erklärung eingelassen hat, statt den sicheren Weg der unmittelbaren Erklärung zu wählen. Nur dann kann jemand eine Erklärung, die als von ihm herrührend dem B überbracht wird, ohne Anfechtung als ihn nichts angehend ablehnen, wenn er die Person oder Anstalt, welche seine vermeintliche Erklärung überbringt, zur Übermittelung einer Erklärung überhaupt nicht verwendet hat. So z. B. wenn ein Dienstbote des A ohne Auftrag des A etwas als Erklärung seines Herrn ausrichtet [63]; oder wenn ein Telegramm, das die Unterschrift des A trägt, nicht von ihm abgesendet ist. Denn es liegt kein Grund vor, den A für den Mißbrauch, der mit seinem Namen getrieben wird, haften zu lassen [64].

3. Die Erklärung kann verkörpert und daher dauernd wahrnehmbar sein, oder nicht verkörpert und daher vergänglich [65]. Das typische Beispiel der verkörperten Erklärung ist die Urkunde [66]

---

[60] So gut wie wenn A selbst im Versehen statt eine unerhebliche Mitteilung zu machen eine Willenserklärung abgibt, vgl. ob. Note 23. Anders die herrschende Meinung, Planck a. a. O., Dernburg § 145 V, Oertmann § 120, 5 a.

[61] Planck § 120; Cosack § 64 III 1 c; Biermann § 69 Anm. 19; a. A. Dernburg a. a. O.; Oertmann § 120, 5 c; Staudinger § 120, 5 b.

[62] Der Absender kann gegen die übermittelnde Person oder Anstalt Regreß nehmen. Der Beamte haftet nach § 839, vgl. OLG. 20, 42, SeuffA. 67, 461, die Telegraphenverwaltung haftet nicht, TelegrOrdnung vom 9. 6. 97 §§ 22, 23. Über Ersatzansprüche des Adressaten vgl. JW. 13, 525.

[63] Es kann Haftung für Angestellte nach § 831 in Frage kommen.

[64] Vgl. ob. Note 13 fg.

[65] Oertmann § 130, 4; Titze, Mißverständnis 194 fg.

[66] Urkunden, welche als Mittel einer Willenserklärung dienen und

(Brief oder Telegramm), für die nicht verkörperte Erklärung: die mündliche (auch telephonische) Mitteilung. Die verkörperten Erklärungen dienen vorzugsweise, aber nicht ausschließlich, dem Verkehr unter Abwesenden; die mündliche Mitteilung dem Verkehr unter Anwesenden. Die verkörperte Erklärung bietet die Möglichkeit jederzeitiger Kenntnisnahme — scripta manent —, während die Kenntnisnahme von einer mündlichen Erklärung nur in dem Momente erfolgen kann, in welchem sie abgegeben wird. Daher genügt bei einer verkörperten Erklärung, die einem anderen gegenüber abzugeben ist, das Zugehen der Urkunde an den Gegner [67]. Die verkörperte Erklärung ist vollendet, sobald die Urkunde hergestellt resp. dem Gegner zugegangen ist; ist das einmal geschehen, so bleibt die Erklärung in Kraft, auch wenn die Urkunde untergeht [68]. Anders verhält es sich, wenn eine Urkunde für die Zuständigkeit eines Rechtes [69], für die Verfügung über dasselbe, und für die Geltendmachung desselben Voraussetzung ist (Inhaber- und Orderpapiere). In solchen Fällen ist nicht bloß die Erklärung des Ausstellers, sondern das Recht des Gläubigers in der Urkunde verkörpert und daher grundsätzlich vom Eigentum oder dem Besitz an der Urkunde abhängig.

Bei der schriftlichen Erklärung [70] unterscheidet, man den Text und die Unterschrift, durch deren Beifügung nach unseren Verkehrsgewohnheiten [71] die darüber stehende Schrift zur Willens-

---

daher den Willen des Erklärenden enthalten und in sich verkörpern, nennt man Dispositivurkunden im Gegensatz zu der Beweisurkunde, die den Beweis einer außerhalb der Urkunde abgegebenen Erklärung erbringt.

[67] Dieser Rechtssatz ist in § 130 I für „Erklärungen unter Abwesenden" aufgestellt, wobei der Gesetzgeber, im Banne früherer Verkehrseinrichtungen stehend, nur Briefe und Telegramme im Auge hatte. Die entscheidende Bedeutung des Zugehens hängt aber nicht mit dem räumlichen Verhältnis der Parteien zusammen, sondern mit dem der Art des Erklärungsmittels, dessen sie sich bedienen, vgl. unt. Note 182.

[68] Eine Kündigung bleibt wirksam, auch wenn der zugegangene Kündigungsbrief nicht mehr existiert. Ein Testament bleibt in Kraft, auch wenn es (anders, als durch Widerrufswillen des Erblassers, § 2255) untergegangen ist.

[69] Bd. I § 2 IV.

[70] Siegel, die privatrechtl. Funktionen der Urkunde, ArchZivPr. 111, 1 fg.

[71] Das Erfordernis der Unterschrift beruht, soweit nicht Schriftform vorgeschrieben ist, nur auf Verkehrsgewohnheit, Stein, ZPO. § 416 Anm. 2. Eine Erklärung ohne Unterschrift kann daher, wenn der Emp-

erklärung des Ausstellers der Urkunde erhoben wird [72], und zwar ohne Rücksicht darauf, ob er den Inhalt des Textes kannte oder auch nur kennen konnte. Wer eine Urkunde ungelesen unterzeichnet, weil er sie nicht lesen will oder kann, hat trotzdem die im Text enthaltene Erklärung abgegeben [73]. Angesichts dieser ausschlaggebenden Bedeutung der Unterschrift erscheint die ihr vorangehende Herstellung des Textes als Vorbereitung der Erklärung [74]; der Erklärungswille [75] des Ausstellers kommt frühestens durch die Unterzeichnung zum Ausdruck [76]. Der Erklärende kann die Herstellung des Textes einem Dritten überlassen, insbesondere auch eine unvollständige, von ihm unterschriebene Urkunde einem anderen zur Ausfüllung übergeben (Blanketturkunde [77]). Die auszufüllende Lücke, das Blanko, kann sich beziehen auf den Gegenstand des Geschäftes, z. B. die Verpflichtungssumme bei einem Schuldschein oder Bürgschaftsschein, oder auf die Person des Erklärungsgegners: so kann z. B. bei einem Bürgschaftsschein oder Zessionsschein der Name des Gläubigers oder Zessionars in blanco gelassen sein [78]. Die Ermächtigung zur Ausfüllung kann jemandem erteilt werden, der im Auftrag des Ausstellers die Urkunde dem Gegner zustellen soll; so übergibt z. B. ein Bürge einen Schein, in welchem der Name des Gläubigers noch fehlt, an den Schuldner mit der Ermächtigung, den Namen des Gläubigers in die Urkunde zu setzen und die Urkunde dem Gläubiger

fänger über die Person des Absenders und die Ernstlichkeit der Erklärung nicht im Zweifel ist, wirksam sein. So ist z. B. eine vom Mieter geschriebene aber nicht unterschriebene Kündigung gültig, wenn sie nicht vom Vermieter unverzüglich zurückgewiesen wird, vgl. ob. § 53 Note 60.

[72] Daher wird, wenn die Echtheit der Unterschrift feststeht, die Echtheit der darüber stehenden Schrift vermutet, ZPO. § 440.

[73] Hat er eine Erklärung dieses Inhaltes nicht abgeben wollen, so bleibt ihm die Anfechtung aus § 119 I, vgl. unt. § 67.

[74] Geschäftsfähigkeit des Ausstellers bei Herstellung des Textes ist daher weder erforderlich noch genügend, vgl. ob. Note 10.

[75] Vgl. ob. I 1 b.

[76] Bei empfangsbedürftigen Erklärungen gehört auch die Unterzeichnung noch zu den Vorbereitungshandlungen. Die Erklärung ist erst dann abgegeben, wenn der Erklärende die Maßregeln getroffen hat, welche dazu nötig sind, damit die Erklärung dem Gegner zugehen kann, vgl. unt. Note 167.

[77] Die Blanketturkunde ist nicht nur eine wirksame Erklärung, sondern genügt auch den Erfordernissen der Schriftform, vgl. unt. § 63.

[78] Dernburg II § 135 III.

auszuhändigen [79]. Die Ausfüllungsbefugnis kann aber auch dem Gegner erteilt werden, der durch die Ausfüllung der Summe oder Einsetzung seines Namens in die Urkunde ein Recht aus derselben erwerben soll; so kann z. B. eine Zessionsofferte an X in der Weise gemacht werden, daß der Offerent dem X eine Zessionsurkunde ohne Benennung des Zessionars zusendet und ihm erlaubt, diese Offerte durch Einsetzung seines Namens zu vervollständigen und gleichzeitig anzunehmen [80]. Oder es kann einem Gläubiger ein Schuldschein übergeben werden mit der Ermächtigung, die in blanco gelassene Schuldsumme auszufüllen. Die ausgefüllte Urkunde gilt, weil sie vom Aussteller unterzeichnet ist, als seine Erklärung. Der Ausfüllende handelt nicht im Namen des Ausstellers [81] und ist daher nicht sein Vertreter [82]. Er hat eine der Vollmacht ähnliche, aber von ihr zu unterscheidende Befugnis, welche man zu den Gestaltungsrechten rechnen kann [83]. Wird die Grenze dieser Befugnis überschritten, so gilt die Urkunde trotzdem, weil sie die Unterschrift des Ausstellers trägt, als seine Erklärung [84]. Er kann sie aber, soweit sie seinem Willen nicht entspricht, nach § 119 I anfechten [85]. Vor der Ausfüllung ist die Blanketturkunde eine unvollständige und daher wirkungslose Erklärung. Erst mit der Ausfüllung kann ihre Wirkung eintreten [86]. So ist z. B. wer einen Blankoschuldschein erhalten hat, solange nicht Gläubiger, als die Schuldsumme nicht ausgefüllt

---

[79] Bei der Aushändigung handelt der Schuldner als Bote, der dem Gläubiger eine Erklärung des Ausstellers überbringt.

[80] Die Annahme erfolgt nach § 151.

[81] So die herrschende Meinung, insbesondere J. Siegel, Blanketterklärung, Voß, JheringsJ. 56, 412 fg.

[82] Tuhr, Unwiderr. Vollmacht 92. Zustimmend Regelsberger, KritVJSchr. 48, 506, Oertmann, Bem. 9 vor § 398.

[83] Vgl. ob. § 7 Note 12.

[84] Wird eine Urkunde, die der Aussteller als vollständig betrachtete, unbefugterweise mit Zusätzen versehen, so sind diese Zusätze nicht Bestandteile seiner Erklärung und können von ihm als Fälschungen zurückgewiesen werden, vgl. ob. Note 52. Ebenso wenn einem Namenszug, den jemand nicht als antezipierte Unterschrift geschrieben hat, durch unbefugtes Voransetzen eines Textes der Schein einer Unterschrift verliehen wird, Siegel, ArchZivPr. 111, 22. Langen, Kreationstheorie 128.

[85] Planck § 126, 2d; Enneccerus § 411 Anm. 8; Siegel, Blanketterkl. 45. OLG. 22, 345.

[86] Beim Indossament genügt nach WO. Art. 12 zur Übertragung des Rechtes die Übergabe des in blanco indossierten Wechsels.

ist [87]. Die Zession ist nicht eher erfolgt, als bis der Zessionar seinen Namen in die Abtretungsurkunde gesetzt hat [88]. Dasselbe ist bei Abtretung einer Hypothek durch eine in blanco ausgestellte Erklärung anzunehmen [89].

4. Der Erklärende kann, wenn keine Form der Erklärung vorgeschrieben ist [90], das ihm geeignet scheinende Mittel der Erklärung wählen. Er muß dafür sorgen, daß seine Erklärung von der Person, auf welche es ankommt, verstanden wird. Dazu genügen je nach Umständen und dem Inhalt der Erklärung verschiedene Mittel [91]. Ist das Mittel so gewählt, daß die Erklärung nicht verstanden werden kann, so bleibt sie ohne rechtliche Wirkung [92]. In einigen Fällen verlangt das Gesetz „ausdrückliche" Erklärung, so in § 244 I, 700 II [93]. Was unter ausdrücklicher Erklärung zu verstehen ist, sagt das Gesetz nicht. Man kann aber aus § 164 I entnehmen [94], daß eine Erklärung ausdrücklich ist, wenn sich ihre Bedeutung ohne Berücksichtigung der Umstände aus der als Erklärungsmittel dienenden Handlung unmittelbar [95] ergibt [96]. Das entspricht auch dem Zweck der Vor-

---

[87] Im Konkurse des Ausstellers wird jedoch der Blankoschuldschein wie eine bedingte Forderung behandelt, vgl. ob. § 43 Note 124.

[88] Daher gehört die Forderung vor der Ausfüllung noch zum Vermögen des Zedenten. Bei Konkurs des Zedenten ist die Ausfüllung nach KO. § 15 wirkungslos; a. A. Enneccerus § 302 Anm. 9, der vor der Ausfüllung einen in der Schwebe befindlichen Zessionsvertrag annimmt.

[89] Daher ist die Entsch. des RG. 63, 234 im Resultat richtig, obgleich das RG., m. Er. zu Unrecht, die Zulässigkeit der Blankoabtretung einer Hypothek bestreitet.

[90] Vgl. unt. § 63. [91] Titze, Mißverständnis § 7.

[92] Dernburg § 131 I; Enneccerus § 193 I 2 c. Eine an sich undeutliche Erklärung ist wirksam, wenn sie vom Empfänger auf Grund von Tatsachen, die ihm wenn auch zufällig bekannt sind, richtig verstanden wird; a. A. Titze 81, 186 fg.; gegen ihn Last, JheringsJ. 63, 157. Vgl. aber ob. § 53 Note 58.

[93] Vgl. HGB. §§ 22 I, 24 II, 48, 76 II, 253 II, 275 III, 405 I, 419, WO. Art. 92 II, KO. §§ 164 II, 182 Nr. 1, Bankdepotges. § 3 II, VersGes. §§ 18, 46, 64, 164. Weitere Stellen bei Hellmann, JheringsJ. 42, 449.

[94] Vgl. auch § 328 II, 269 I, 271 I, wo von einer (ausdrücklichen) Bestimmung die Rede ist, im Gegensatz dazu, was „aus den Umständen zu entnehmen ist".

[95] Daher nennt man bisweilen die ausdrückliche Erklärung unmittelbar, z. B. Enneccerus § 144, II, Staudinger, Vorb. II B vor § 116, während ich den Ausdruck „unmittelbar" in einem anderen Sinne gebrauche, vgl. ob. 1.

[96] Zitelmann 90, Planck, Vorb. 2 vor § 116. Eine andere

schriften, welche ausdrückliche Erklärung verlangen: der Erklärende wie der Empfänger der Erklärung sollen sich der Tragweite der Erklärung mit voller Sicherheit bewußt sein [97]. Diesem Erfordernis genügt nur eine Erklärung in Worten [98], deren objektiver, durch den Sprachgebrauch des Lebens oder des geschäftlichen Verkehrs bestimmter Sinn unzweideutig festgestellt werden kann [99]. Da die Ausdrücklichkeit einer Erklärung auf ihrer Deutlichkeit beruht, kann die Abgrenzung der ausdrücklichen Erklärung von der nichtausdrücklichen keine ganz scharfe sein [100]; denn es gibt Abstufungen der Deutlichkeit [101], von der ganz undeutlichen und daher unwirksamen Erklärung bis zu der Erklärung, deren Bedeutung vollständig klar liegt und die das Gesetz als ausdrückliche bezeichnet [102].

5. Die nicht ausdrücklichen Erklärungen pflegte man im ge-

Ansicht sucht das Kriterium der Ausdrücklichkeit nicht in der Deutlichkeit des Erklärungsmittels, sondern darin, daß die Handlung, in welcher sich der Wille äußert, zu dem Zwecke vorgenommen ist, den Willen kundzutun, Bekker § 93 und die bei Oertmann, Vorb. 9 vor § 104 (S. 305) zitierten Autoren. Das genügt m. Er. nicht zur Ausdrücklichkeit, wie sie das BGB. in § 244, 700 verlangt. Vgl. Henle, Ausdrückliche und stillschw. Willenserklärung (1910).

[97] Staub, HGB. § 384 Anm. 46. Denselben Zweck verfolgt das Gesetz, wenn es in gewissen Fällen eine besondere Bestimmung verlangt, d. h. einen generellen Ausdruck des Willens für ungenügend erklärt, vgl. ob. § 50 Note 14a.

[98] Oder in anderen, unter den Parteien vorher verabredeten Zeichen, z. B. in den Zeichen eines Telegraphenkodex.

[99] Manigk, Willenserklärung 300, nennt eine Erklärung ausdrücklich, wenn der rechtsgeschäftliche Wille in der Erklärung einen adäquaten sprachlichen Ausdruck gefunden hat.

[100] Manigk a. a. O. 276; Jacobsohn 336.

[101] Einen gewissen Grad der Deutlichkeit erfordern die einseitigen Erklärungen, durch welche jemand in fremdes Rechtsgebiet eingreift, vgl. ob. § 53 I 4 und Wendt, ArchZivPr. 92, 241. So verlangt z. B. RG. 61, 131 zur Setzung einer Nachfrist nach § 326 eine „bestimmte unzweideutige" Erklärung. Über den Grad der Deutlichkeit bei Kündigung vgl. Mittelstein, Miete § 66, 1.

[102] RG. 63, 30; 72, 59. Nach RG. 65, 181 ist der Verzicht auf Zusendung des Stückeverzeichnisses (Bankdepotges. § 3) nicht ausdrücklich erklärt, wenn der Kommissionär „von den Verpflichtungen aus § 3 des Gesetzes entbunden wird"; denn aus diesen Worten ist der Sinn der Willenserklärung nicht unmittelbar zu entnehmen. Vgl. Henle a. a. O. Anm. 76.

meinen Recht stillschweigende Erklärungen[103] zu nennen. Diesem Sprachgebrauch folgt BGB. in §§ 612, 632, 653, 689, 724 und ZPO. in § 38. Der Ausdruck ist irreführend. Denn die nicht ausdrückliche Erklärung kann zwar in einem Schweigen bestehen, ebenso aber auch in einem sonstigen Verhalten, z. B. in Worten, deren Bedeutung sich nicht ohne Rücksicht auf die begleitenden Umstände feststellen läßt, oder in sonstigen Handlungen, welche zu dem Zweck vorgenommen werden, einen rechtsgeschäftlichen Willen oder eine sonstige Tatsache zur Kenntnis anderer Menschen zu bringen[104]. So kann z. B. durch die Worte: „ich behalte die Sache", die isoliert betrachtet keinen bestimmten juristischen Sinn haben, je nach den Umständen ein Kauf oder eine Miete oder eine Schenkung zustande kommen.

Bisweilen hat eine in Worte gefaßte Erklärung neben dem Sinn, der sich aus dem Wortlaut unmittelbar ergibt, eine weitere durch Schlußfolgerungen zu konstatierende Bedeutung. So z. B. wenn bei der Wahlschuld der wahlberechtigte Gläubiger eine von beiden Leistungen verlangt oder der wahlberechtigte Schuldner eine der Leistungen anbietet; diese Erklärungen enthalten neben dem ausdrücklich ausgesprochenen Verlangen oder Anbieten gewissermaßen als latenten Bestandteil eine Ausübung des Wahlrechts[105]. Verlangt der Gläubiger vom Schuldübernehmer die Leistung, so liegt darin Genehmigung der Schuldübernahme. Läßt sich der Gläubiger Zinsen im Voraus zahlen, so gibt er zu erkennen, daß er das Kapital für den betreffenden Zeitraum stundet[106]. Besteht unter den Parteien ein Geschäftsverkehr, so gilt als stillschweigend verabredet, was unter ihnen bei Verträgen dieser Art bisher üblich war[107].

---

[103] Ehrlich, stillschweigende Willenserklärung (1893); Fritze, ArchBürgRt. 14, 181 fg.; Windscheid § 72 Anm. 4.

[104] Unter stillschweigender Erklärung versteht man bisweilen auch, was wir Willensbetätigung nennen: ein Verhalten, welches nicht dem Erklärungszweck dient, aus welchem aber der rechtsgeschäftliche Wille erschlossen werden kann, vgl. ob. Note 24.

[105] Aber nur dann, wenn der Gegner diese Nebenbedeutung versteht, d. h. wenn er weiß, daß dem die Leistung verlangenden Gläubiger oder anbietenden Schuldner ein Wahlrecht zusteht. Weiß der Gegner nichts von einem Wahlrecht, so hat der Gläubiger oder Schuldner, auch wenn er durch seine Handlung sein Wahlrecht ausüben wollte, eine dem § 263 I genügende Erklärung nicht abgegeben.

[106] fr. 57 D. 2, 14.

[107] Danz, Auslegung 125.

Der Wille kann auch ohne Worte durch konkludentes Verhalten erklärt werden. Wenn z. B. jemand in einem Tabakladen eine Zigarre nimmt und ein Geldstück hinlegt, hat er eine Kaufofferte gestellt. Wenn A dem B eine Sache zusendet, liegt darin je nach Umständen die Offerte zu einer Schenkung, einer Leihe oder einem Verkauf. Durch Rückgabe des Schuldscheins kann der Gläubiger seinen Erlaßwillen kundtun. Das Gemeinsame aller dieser Fälle und ihr Gegensatz zu der ausdrücklichen Erklärung liegt darin, daß die rechtliche Bedeutung der Worte oder Handlungen des Erklärenden nicht ohne weiteres hervortritt, sondern nur auf Grund der vorliegenden Umstände nach Maßgabe der Verkehrssitte erschlossen werden kann.

Für die nichtausdrücklichen (sog. stillschweigenden) Erklärungen gelten, da das Gesetz nicht unterscheidet, dieselben Rechtssätze, wie für die ausdrückliche Erklärung [108]. Ist eine Willenserklärung „empfangsbedürftig“ [109], so gilt dies Erfordernis auch bei „stillschweigender“ Erklärung [110]: die Worte, aus denen auf den Willen des Erklärenden geschlossen werden kann, müssen dem Gegner nach § 130 zugehen; die konkludente Handlung muß in der Absicht der Kundgebung vorgenommen sein und zur Kenntnis des Gegners kommen; wenn z. B. der Gläubiger den Schuldschein zerreißt, so liegt darin eine Erlaßofferte nur dann, wenn er es in Gegenwart des Schuldners tut; nicht, wenn er es im Geheimen getan hat und der Schuldner zufällig Kenntnis davon erhält. Eine stillschweigende Erklärung kann wie eine ausdrückliche wegen Irrtum nach § 119 angefochten werden, wenn jemand in Kundgebungsabsicht eine Äußerung macht oder eine Handlung vornimmt [111], welche, richtig ausgelegt [112], einen von seinem Geschäftswillen abweichenden Sinn ergibt [113]. So z. B. wenn A dem B eine Sache zuschickt, unter Umständen, aus denen B

---

[108] Planck, Vorb. 2 vor § 116; Oertmann a. a. O. S. 306; Wendt, ArchZivPr. 92, 234; Manigk, Willenserklärung § 66.

[109] Vgl. unt. III.

[110] Staudinger, Vorb. III 7 vor § 116; Enneccerus § 144 IIc.

[111] Staudinger, Vorb. II D vor § 116; Manigk a. a. O. S. 556; Jacobi 86; Jacobsohn 339 fg.

[112] Vgl. unt. § 64.

[113] Wäre die Handlung ohne Kundgebungsabsicht erfolgt, so könnte der unrichtige Schein einer Willensäußerung ohne Anfechtung durch Aufklärung der wirklichen Absicht des Handelnden beseitigt werden, vgl. ob. Note 40.

schließen darf, daß die Sache geschenkt sein soll, während A die Sache zum Kauf anbieten wollte. Ebenso wenn der wahlberechtigte Schuldner den Gegenstand a leistet, woraus der Gläubiger schließen darf, daß der Schuldner sich für diesen Gegenstand entscheidet, während der Schuldner sein Wahlrecht nicht kennt und es daher nicht ausüben will [114]. Oder: wenn der anfechtungsberechtigte Schuldner erfüllt (was der Gläubiger, wenn er das Anfechtungsrecht kennt, als Bestätigung auffassen darf), während der Schuldner in Unkenntnis des Anfechtungsrechts zur Erfüllung verpflichtet zu sein glaubt [115].

Ein besonders wichtiger Fall der „stillschweigenden" Willenserklärung ist die Erklärung durch Unterlassung, insbesondere durch Schweigen [116]. Eine Unterlassung steht dem Handeln nur dann gleich, wenn sie gewollt ist [117], d. h. wenn jemand, der den Anlaß und die Möglichkeit [117a] hat, etwas zu tun, diese Handlung nicht vorzunehmen beschließt [118]. Die Unterlassung kann Willensbetätigung sein (vgl. ob. S. 404), wenn aus ihr auf einen rechtsgeschäftlichen Willen geschlossen werden kann, ohne daß der Unterlassende die Absicht hatte, diesen Willen durch sein Verhalten nach außen kundzutun; so kann z. B. aus einem Schweigen auf eine Offerte nach § 151 die Annahme der Offerte gefolgert werden; erweckt eine Unterlassung den unrichtigen Schein einer Willensbetätigung, so kann dieser Schein durch Nachweis der wirklichen Sachlage beseitigt werden. Die Unterlassung ist

---

[114] Planck § 263, 3; Oertmann § 263, 5; Kipp, Bem. 4a zu Windscheid § 253. F. Leonhard, JheringsJ. 41, 5.

[115] Hätte der Schuldner in Unkenntnis des Anfechtungsrechtes die Bestätigung nicht erklärt, sondern betätigt, z. B. durch Verbrauch einer Sache, so könnte er den Schein einer Betätigung durch Nachweis seiner Unkenntnis beseitigen, vgl. ob. § 5[illegible] Note 132. Ebenso ist der Gebrauch der Kaufsache keine Bestätigung des anfechtbaren Kaufes, wenn der Käufer durch dringendes Bedürfnis zur Benutzung der Sache gezwungen ist, OLG. 20, 176.

[116] Dernburg § 133.

[117] Vgl. ob. § 48 IV.

[117a] Unterlassung des Widerspruchs gegen eine Handlung, welche durch den Widerspruch nicht wirksam gehindert werden kann, bedeutet nicht Zustimmung zu dieser Handlung, KamG. 6. 1. 13 (LeipzZtschr. 8, 197).

[118] Durch Unterlassung ohne Rücksicht darauf, ob sie gewollt ist, oder nicht, kann ein Vertrag zu Stande kommen, wenn die Parteien das Unterbleiben einer Handlung (z. B. das Ausbleiben einer Antwort innerhalb bestimmter Frist) zur Bedingung ihres Rechtsgeschäfts gemacht haben.

Willens e r k l ä r u n g , wenn A eine Handlung, die er vornehmen konnte, zu dem Zweck unterläßt, damit andere Menschen aus dieser Unterlassung seinen rechtsgeschäftlichen Willen erkennen (Erklärungswille [119]). Ist sich A bewußt, daß sein Schweigen für den Gegner die Bedeutung einer Willenserklärung hat, so kommt seine Absicht, das Erklärte nicht zu wollen, nicht in Betracht, § 116 [120], es sei denn, daß ihm die Möglichkeit fehlte, durch entsprechendes Handeln den Schein einer Willenserklärung zu verhindern. Im übrigen kann eine durch Schweigen bewirkte Erklärung, wenn sie dem Willen nicht entspricht, nur durch Anfechtung nach § 119 beseitigt werden.

Ob das Schweigen des A für andere Personen die Bedeutung einer Willenserklärung hat, ist nach Umständen und Verkehrssitte zu beurteilen [121]. Die kanonische Parömie: qui tacet consentire videtur [122] ist anerkanntermaßen zu weit gefaßt und muß mindestens durch den Zusatz ubi loqui potuit et debuit ergänzt werden. Es müssen besondere Umstände vorliegen, damit man das Schweigen des A auf eine Erklärung des B als Zustimmung deuten kann [122a]. Solche Gründe sind im Verkehr unter Anwesenden eher anzunehmen als im Verkehr unter Abwesenden, weil im ersteren Fall dem A ein Widerspruch näher liegt und leichter fällt und daher eher zuzumuten ist, als bei Abwesenheit des Gegners. Ferner kann dem Schweigen die Bedeutung einer Willenserklärung eher beigelegt werden, wenn die Parteien bereits in Geschäftsverkehr stehen, als wenn A mit B bisher nichts zu tun hatte. Daher ist Nichtbeantwortung einer Offerte im allgemeinen nicht als Annahme zu beurteilen [123], während die Nichtbeantwortung eines

---

[119] E l t z b a c h e r , Handlungsfähigkeit 140; M a n i g k , Willenserklärung § 52.

[120] E n n e c c e r u s § 144 II d.

[121] RG. 76, 84. Vgl. HGB. § 346: „unter Kaufleuten ist in Ansehung der Bedeutung und Wirkung von Handlungen und Unterlassungen auf die im Handelsverkehr geltenden Gewohnheiten und Gebräuche Rücksicht zu nehmen".

[122] c. 43 in 6 to de R. J. 5, 12.

[122a] Vgl. ob. § 53 Note 29. OLG. 25, 17.

[123] Selbst wenn der Empfänger der Offerte nach Treu und Glauben zu einer Antwort verpflichtet ist, bedeutet sein Schweigen in der Regel nicht Annahme der Offerte, sondern verpflichtet ihn zum Ersatz des durch sein Schweigen angerichteten Schadens, §§ 149, 663, vgl. unt. § 62 Note. Vgl. dagegen HGB. §§ 85, 362.

Bestätigungsschreibens unter Kaufleuten [123a] als Zustimmung gilt [124].

Eine nicht ausdrückliche Erklärung bedarf in höherem Maße als die ausdrückliche der Auslegung. Diesem Bedürfnis kommt das Gesetz durch zahlreiche Auslegungsregeln entgegen, vgl. ob. § 51 II 1. Durch solche Vorschriften wird der Erklärung eine bestimmte Bedeutung beigelegt, wenn nicht nachgewiesen werden kann, daß ihr nach den für die Auslegung im einzelnen Fall in Betracht kommenden Umständen eine andere Bedeutung zukommt.

6. In zahlreichen Fällen geht das Gesetz über die Grenzen der Auslegung hinaus, indem es vorschreibt, daß das Verhalten einer Partei als Willenserklärung von bestimmtem Inhalt gelten solle. So soll z. B. die Fortsetzung des Gebrauchs der gemieteten Sache als Verlängerung der Miete gelten, wenn nicht Mieter oder Vermieter innerhalb 14 Tagen einen entgegengesetzten Willen erklärt [125]. So wird es in § 1405 II der Einwilligung des Mannes gleichgestellt, wenn die Frau mit Wissen und ohne Einspruch des Mannes ein Erwerbsgeschäft betreibt. Ein öffentliches Testament gilt nach § 2256 als widerrufen, wenn die Urkunde dem Erblasser zurückgegeben wird. Auch in diesen Fällen spricht man bisweilen von stillschweigender Verlängerung der Miete (relocatio tacita), oder stillschweigender Einwilligung des Mannes; auch sagt das Gesetz selbst in § 612, daß eine Vergütung als stillschweigend vereinbart gelten solle [126], wenn die Leistung der Dienste den Umständen nach nur gegen Vergütung zu erwarten war. Dieser Sprachgebrauch gibt die Rechtslage nicht richtig wieder [127]: die vom Gesetz angeordnete Rechtswirkung beruht nicht darauf, daß die

---

[123a] Vgl. für den bürgerlichen Verkehr OLG. 23, 2.

[124] RG. 54, 177; 58, 67. Entsch. vom 8. 5. 10 in DJZ. 15, 881. Leist, ArchZivPr. 102, 260; Danz, Auslegung 87 Anm. 1; Jacobsohn 352; RG. 54, 182 erklärt unter Berufung auf HGB. § 346 die Nichtbeantwortung selbst dann als Zustimmung, wenn der Empfänger das Bestätigungsschreiben nicht gelesen hat. Anders wäre m. Er. zu entscheiden, wenn das Bestätigungsschreiben dem Kaufmann zwar im Sinne von § 130 zugegangen, aber nicht zu seiner Kenntnis gekommen wäre; dann wäre sein Schweigen nur scheinbar konkludent, da ihm das Bewußtsein fehlt, ein Verhalten zu beobachten, welches vom Gegner als Erklärung irgendwelchen Inhaltes aufgefaßt werden kann, vgl. ob. Note 18.

[125] § 568. Vgl. § 626, 724.

[126] Vgl. auch §§ 632, 653, 689.

[127] Vgl. ob. § 50 Note 129.

Parteien einen dahingehenden Willen äußern; sie tritt vielmehr auch dann ein, wenn sich aus den zur Auslegung heranzuziehenden Umständen ein abweichender Wille ergibt. So ist z. B. die Miete verlängert, wenn der Mieter (durch Krankheit verhindert) nicht die Absicht der Verlängerung hatte und dies dem Vermieter bekannt war; die Einwilligung des Ehemanns liegt nach § 1405 II auch dann vor, wenn feststeht, daß er infolge äußerer Hindernisse den Einspruch nicht erheben konnte; der Dienstlohn gilt nach § 612 als verabredet, auch wenn der Arbeitgeber infolge irriger Beurteilung der Umstände glaubt, daß die Dienste unentgeltlich erfolgen werden, und dieser Irrtum dem Arbeitnehmer bekannt ist [128]. Das Gesetz will in solchen Fällen an ein bestimmtes Verhalten der Partei eine Wirkung knüpfen ohne Rücksicht darauf, ob diese Wirkung dem Willen der Partei entspricht. Diesen Zweck erreicht das Gesetz auf dem Wege einer Fiktion [129]; statt zu bestimmen, daß der Vertrag des Minderjährigen unwirksam wird, wenn die Genehmigung des gesetzlichen Vertreters nicht erfolgt, sagt § 108 II, daß das Ausbleiben der Genehmigung als Verweigerung derselben gilt; statt zu sagen, daß ein öffentliches Testament außer durch Widerruf auch durch Rückgabe der Urkunde an den Erblasser seine Wirkung verliert, bestimmt § 2256, daß die Rückgabe als Widerruf gelten soll [130]. Da die Willenserklärung vom Gesetz ohne Rücksicht auf den wirklichen Willen

---

[128] Nach § 566 gilt die Miete als auf unbestimmte Zeit geschlossen, auch wenn die Parteien eine solche Mietsdauer nicht gewollt hätten. Der Vertrag wird, infolge seiner Formlosigkeit, gegen den Willen der Parteien, vermöge einer Fiktion umgedeutet, vgl. ob. § 51 S. 190.

[129] Vgl. ob. § 43 Note 45. Wendt, ArchZivPr. 92, 252; Endemann § 64 Anm. 16; Biermann § 44, 5; Kipp zu Windscheid § 72 S. 340; Manigk, Willenserklärung § 34 fg.; Jacobsohn 369 fg.; ebenso, der Sache nach, Enneccerus § 144 III 2 und Oertmann § 108, 4 d, welche die Vorschriften des Gesetzes als unwiderlegbare Vermutungen bezeichnen; denn eine unwiderlegbare Vermutung ist nichts anderes als eine Fiktion, Hedemann, Vermutung § 39. Sachlich abweichend Danz, JheringsJ. 54, 33, Auslegung 47: wo das Gesetz sagt, daß ein Verhalten als Willenserklärung gilt, soll eine gewöhnliche Auslegungsregel vorliegen; insbesondere soll der in § 612 aufgestellte Satz selbstverständlich sein und bei jedem Rechtsgeschäfte, z. B. auch beim Kauf, gelten. Ebenso Titze, Mißverständnis § 23 Anm. 39.

[130] Weitere Fälle der Fiktion: HGB. 56, 85, 362, 386, GFG. § 91 III. Daß der Gesetzgeber den gewünschten Erfolg auch ohne Fiktion hätte herstellen können, zeigt z. B. der Wortlaut des § 1253 I, vgl. Kipp a. a. O. Über § 149, 2 vgl. unt. § 62 Note 00.

der Partei fingiert wird, ist Anfechtung nach § 119 I ausgeschlossen [131]: wer ein Verhalten beobachtet, welches nach Vorschrift des Gesetzes als Willenserklärung von bestimmtem Inhalt gilt, kann sich nicht darauf berufen, daß er eine Erklärung dieses Inhaltes nicht abgeben wollte [132].

Wo das Gesetz bestimmt, daß das Verhalten eines Menschen als Willenserklärung gelten soll, besteht über die Tragweite dieser Fiktion ein vom Gesetz nicht gelöster Zweifel: soll die Fiktion nur bedeuten, daß bei Vorliegen gewisser äußerer Tatsachen die Wirkungen einer Willenserklärung eintreten? oder soll das Verhalten einer Partei in jeder Beziehung wie eine Willenserklärung beurteilt werden? Von letzterem Standpunkt aus ergibt sich insbesondere, daß man für das Verhalten, welches als Willenserklärung gilt, wie für eine wirkliche Willenserklärung, Geschäftsfähigkeit verlangen muß. Ferner: daß eine Anfechtung, zwar nicht wegen Irrtum in der Erklärung [133], wohl aber wegen anderer Willensmängel (Täuschung, Drohung und, soweit zulässig, wegen Irrtum im Motiv) bei der fingierten Erklärung ebenso möglich ist wie bei einer wirklichen Willenserklärung. In dieser Beziehung muß man meines Erachtens innerhalb der fingierten Willenserklärungen zwei Gruppen unterscheiden [134], deren Abgrenzung in Ermangelung einer gesetzlichen Bestimmung durch Abwägung der entgegengesetzten typischen Interessen zu finden ist:

---

[131] Manigk, Willenserklärung 118, 230; Enneccerus a. a. O.; Jacobsohn a. a. O.; a. A. Titze a. a. O.; Danz, Auslegung 140 Anm. 3.

[132] Eine Ausnahmsstellung unter den fingierten Willenserklärungen nimmt die Versäumung der Ausschlagungsfrist ein. Sie gilt nach § 1943 als Annahme der Erbschaft und kann nach der ausdrücklichen Bestimmung des § 1956 angefochten werden. Die Anfechtung ist nicht nur, wie das RG. 56, 81 annimmt, dann zulässig, wenn der Erbe tatsächlich, aber unter dem Einfluß eines Willensmangels, annehmen wollte, sondern auch wenn ihm nicht bewußt war, daß er durch Versäumung der Frist die Erbschaft annehme, Planck § 1956, 2; Jacobsohn 377 fg. Diese Vorschrift ist singulär; sie läßt sich damit rechtfertigen, daß das Interesse des Erben an der Ausschlagungsmöglichkeit höher zu werten ist, als das Interesse, welches die Nachlaßinteressenten daran haben können, daß ihnen diese oder jene Person als Erbe gegenübersteht. Daher darf § 1956 nicht, wie Wendt, ArchZivPr. 92, 255 vorschlägt, auf andere Unterlassungen, welche als Willenserklärungen gelten, entsprechend angewendet werden.

[133] Vgl. ob. Note 131.

[134] Enneccerus a. a. O.

a) in einigen Fällen ist das Verhalten, welchem das Gesetz die Bedeutung einer Willenserklärung beilegt, als rein äußerer Vorgang aufzufassen, welcher nur in seinen Wirkungen, nicht in seinen Voraussetzungen, einer Willenserklärung gleichgesetzt ist. Zu dieser Gruppe möchte ich die Fälle rechnen, in denen die Versäumung einer Genehmigungsfrist als Verweigerung der Genehmigung gilt [135]. Hier scheint mir das Interesse des Gegners zu überwiegen: er muß, wenn ihm die Genehmigung nicht rechtzeitig zukommt, unter allen Umständen damit rechnen können, daß das Rechtsverhältnis mangels Genehmigung nicht ins Leben getreten ist. Demgegenüber ist der Schaden, den der Genehmigungsberechtigte erleidet, wenn die fingierte Verweigerung seinem Willen nicht entspricht, nicht in Betracht zu ziehen. Daher ist anzunehmen, daß die Genehmigung verweigert ist, auch wenn dem Genehmigungsberechtigten bei Ablauf der Genehmigungsfrist die Geschäftsfähigkeit fehlt [136]; daher ist Anfechtung der fingierten Willenserklärung wegen der ob. S. 424 angegebenen Gründe als ausgeschlossen zu betrachten [137].

b) anders verhält es sich, wenn die fingierte Willenserklärung ein positives Resultat, den Eintritt einer Rechtsänderung, zur Folge hat, wie z. B. beim fortgesetzten Gebrauch der gemieteten Sache, § 568 [138], bei der Rücknahme des öffentlichen Testamentes, § 2256 [139], und in den Fällen der §§ 416 I, 516 II, 496, 2. Hier ist die fingierte Erklärung auch inbezug auf ihre Gültigkeitserfordernisse wie eine wirkliche Willenserklärung zu behandeln: sowenig ein nicht voll Geschäftsfähiger eine Rechtsänderung durch Willenserklärung herbeiführen kann, sowenig kann ihm meines Erachtens ein Verhalten schaden, welchem das Gesetz vermöge einer Fiktion

---

[135] §§ 108, 177, 415, 458, 1396, 1448. In diesen Fällen hätte sich der Gesetzgeber damit begnügen können, zu bestimmen, daß die Genehmigung nur innerhalb der Frist erfolgen könne, vgl. die Fassung der §§ 466, 496, 1.

[136] Wird die Frist durch eine Erklärung des Gegners gesetzt, so muß nach § 131 der Empfänger der Erklärung geschäftsfähig sein im Moment, in welchem ihm die Erklärung zugeht.

[137] So kann z. B. ein Vormund, der durch arglistige Täuschung veranlaßt wurde, eine ihm nach § 108 II gestellte Frist zu versäumen, nicht anfechten, sondern nur Schadensersatz vom Urheber der Täuschung verlangen.

[138] Vgl. ob. § 59 Note 166.

[139] Planck § 2256, 2.

die Bedeutung einer solchen Erklärung beilegt [140]. Und wie eine Willenserklärung angefochten werden kann, so auch ein Verhalten, welches als solche gilt, wenn es auf einem mit Mängeln behafteten Willen des Beteiligten beruht; so kann z. B. der Gläubiger, der durch arglistige Täuschung veranlaßt, die Widerspruchsfrist des § 416 I verstreichen läßt, die darin liegende Genehmigung der Schuldübernahme nach § 123 anfechten.

7. Eine Willenserklärung wird fingiert, nicht schon dann, wenn jemand zur Abgabe derselben verpflichtet ist [141], wohl aber wenn er dazu verurteilt ist: sobald das Urteil die Rechtskraft erlangt hat, gilt die Erklärung [142] als abgegeben [143], ZPO. § 894 [144]. Ebenso gilt, wenn der Schuldner zur Übertragung des Eigentums oder zur Bestellung eines Rechts an einer beweglichen Sache verurteilt ist, die Wegnahme der Sache durch den Gerichtsvollzieher als Übergabe der Sache durch den Schuldner, ZPO. § 897. Diese Fiktionen beziehen sich, wie in den Fällen unter 6 a), nur auf die Wirkungen des Urteils resp. der Wegnahme: diese Tatsachen sollen ebenso wirken wie eine Willenserklärung des Schuldners von entsprechendem Inhalt [145]; der auf diesem Wege erfolgende Rechtserwerb ist wie ein rechtsgeschäftlicher zu behandeln. Daher

---

[140] Vgl. ob. § 59.

[141] Über die Möglichkeit einer Verpflichtung zur Abgabe einer Willenserklärung vgl. ob. § 50 Note 9. Bisweilen läßt das Gesetz, wenn jemand zur Übertragung eines Rechts verpflichtet ist, das Recht von selbst übergehen, ohne zum Hilfsmittel einer Fiktion der Übertragung zu greifen, vgl. z. B. § 82, 2.

[142] Es ist streitig, ob sich die Fiktion des § 894 nur auf Erklärungen an den Kläger oder an eine Behörde bezieht, Kipp, Verurteilung zur Abgabe e. Willenserkl. (1892) S. 41; Hellwig, Anspruch § 57 Anm. 10, oder auch auf Erklärungen an Dritte, Stein, Bem. I 2 zu § 894.

[143] § 894 fingiert nur die Abgabe der Erklärung, vgl. unt. Note 167 nicht das Zugehen, vgl. unt. Note 181. Aber bei einer dem Kläger gegenüber abzugebenden Erklärung ist Zugehen nicht nötig, da der Kläger durch die Zustellung des Urteils an den Beklagten im voraus seine Kenntnis vom Inhalt des Urteils bekundet hat. Bei Erklärungen an Behörden oder an Dritte kann das Zugehen dadurch bewirkt werden, daß der Kläger das Urteil vorlegt, Stein, Bem. II zu § 894.

[144] Vgl. Bd. I § 15 VI. Die Fiktion des § 894 ZPO. gilt nicht nur für, sondern auch gegen den Kläger, RG. 76, 412.

[145] Daher ist ein Urteil, in welchem der Beklagte zur Vornahme einer Verfügung verurteilt wird, wirkungslos, wenn für den Beklagten im Moment der Rechtskraft eine Verfügungsbeschränkung besteht, vgl. unt. Note 175.

sollen die Vorschriften über den gutgläubigen Erwerb [146] Anwendung finden, ZPO. § 898. Dagegen ist der Tatbestand, welchen ZPO. §§ 894, 897 mit den Wirkungen einer Willenserklärung ausstattet, inbezug auf seine Voraussetzungen nicht den Rechtssätzen der Willenserklärung zu unterstellen, sondern ausschließlich nach prozessualen Grundsätzen zu beurteilen. Insbesondere ist es nicht erforderlich, daß im entscheidenden Moment in der Person des Schuldners die Voraussetzungen einer gültigen Willenserklärung vorliegen. Die Erklärung gilt als abgegeben, die Sache als vom Schuldner übergeben, auch wenn der Schuldner bei Eintritt der Rechtskraft oder bei Wegnahme der Sache durch den Gerichtsvollzieher gestorben oder nicht mehr voll geschäftsfähig ist [147] und daher eine Willenserklärung in diesem Moment nicht mehr abgeben könnte [148]. Ebenso können die nach ZPO. §§ 894, 897 fingierten Erklärungen vom Schuldner nicht wegen Willensmängel angefochten [149], sondern nur dadurch beseitigt werden, daß das Urteil im Wege der Wiederaufnahme des Verfahrens angefochten [150] oder die Vollstreckungshandlung des Gerichtsvollziehers als unzulässig aufgehoben wird.

III. Unter den Willenserklärungen hebt das Gesetz als besonders wichtige Gruppe die Erklärungen hervor, welche „einem anderen gegenüber abzugeben sind", §§ 130, 143 III, 123 II. Der Adressat ist eine Privatperson, welche von den Wirkungen der Erklärung betroffen wird. Solche Erklärungen pflegt man

---

[146] Vgl. ob. § 49 IV.

[147] Das Urteil kann, wenn der Beklagte einen Prozeßbevollmächtigten hat, auch nach seinem Tode oder bei Verlust der Prozeßfähigkeit rechtskräftig werden, ZPO. § 246. Die Vollstreckung in den Nachlaß wird durch den Tod des Schuldners nicht gehindert, ZPO. § 779.

[148] Hellwig a. a. O. Anm. 23; a. A. Stein, Bem. II zu § 894, welcher BGB. § 130 II anwenden will, woraus sich ergäbe, daß die Wirkung des § 894 nicht eintritt, wenn der Beklagte die Rechtskraft nicht mehr erlebt.

[149] Ist z. B. der Beklagte durch Täuschung oder Drohung veranlaßt worden, den Eintritt der Rechtskraft oder die Wegnahme der Sache durch den Gerichtsvollzieher geschehen zu lassen, so kann er die Rechtswirkung dieser Tatsachen, obgleich er sie gewollt hat, nicht wegen des Willensmangels anfechten, weil sie nicht auf seinem wirklichen, sondern auf einem fingierten Willen beruhen.

[150] Nach Hellwig a. a. O. Anm. 25 soll die Aufhebung des Urteils im Wege der Wiederaufnahme die Wirkung des § 894 nicht beseitigen, sondern dem Beklagten einen Anspruch auf Rückgängigmachung des durch die Fiktion eingetretenen Rechtserfolges verleihen.

„empfangsbedürftig" [151] zu nennen, weil sie nach § 130 (unter Abwesenden) erst mit dem Zugehen wirksam werden [152]. Diese Bezeichnung ist nicht ganz korrekt: denn eine Erklärung, „die einem anderen gegenüber abzugeben ist", muß vor allem an diese Person gerichtet sein [153]; es genügt nicht, daß die Erklärung dieser Person zugeht, wenn das Zugehen nicht auf dem Willen des Adressaten beruht [154]. Das Wort „empfangsbedürftig" bezeichnet daher nicht das wesentliche Kriterium solcher Erklärungen. Zutreffender wäre der Ausdruck „richtungsbedürftig" [155]; doch hat sich „empfangsbedürftig" fest eingebürgert. Im Gegensatz zu den empfangsbedürftigen Erklärungen stehen Erklärungen, die „einer Behörde gegenüber abzugeben sind", §§ 130 III, 143 IV [156], und Erklärungen, bei denen kein bestimmter Adressat vorgeschrieben ist [157]; letztere pflegt man nichtempfangsbedürftig zu nennen [158]. Die ganze Unterscheidung bezieht sich nur auf die Willenserklärungen im engeren Sinn, vgl. ob. S. 400; bei der sog. Willensbetätigung ist eine Erklärungshandlung (Kundgebung des Willens) nicht erforderlich; daher auch nicht die Absicht, den

[151] Der Ausdruck stammt von Z i t e l m a n n, Rechtsgeschäfte I 23; Allg. Teil 93.

[152] Empfangsbedürftig sind nicht nur Willenserklärungen, sondern auch die meisten Vorstellungsmitteilungen, vgl. ob. § 48 Note 102.

[153] O e r t m a n n § 130, 3. Wenn ein Brief ohne Willen dessen, der ihn geschrieben hat, an die Adresse befördert wird, liegt keine Willenserklärung des Briefschreibers vor, vgl. ob. Note 15.

[154] Wird eine Erklärung, welche dem A gegenüber abzugeben ist, an B gerichtet, so ist sie unwirksam, selbst wenn B die Erklärung an A weitergibt (anders nur, wenn B die Erklärung namens des A entgegennimmt). Über falsch adressierte Mitteilungen vgl. ob. § 49 Note 26.

[155] L e o n h a r d, Allgem. Teil § 69 V. B e k k e r § 93 Beil. II spricht treffend von „Anerklärungen"; B r e i t, Sächs. Arch. f. bürg. R. 15, 176 von „adressebedürftigen Erklärungen". Der von K o h l e r § 223 vorgeschlagene Ausdruck: „ankunftsbedürftige Erklärung" hat keinen Vorzug vor der üblichen Bezeichnung: empfangsbedürftig.

[156] Vgl. unt. IV.

[157] Vgl. unt. V

[158] B i n d e r, Rechtsstellung des Erben I 86 fg. will die nichtempfangsbedürftigen Erklärungen überhaupt nicht als Erklärungen gelten lassen, weil es zum Begriff der Erklärung gehören soll, daß der Wille einem anderen gegenüber kundgetan wird. Ähnlich H e l l m a n n, JheringsJ. 42, 413. Auch M a n i g k, Willenserklärung § 58 fg. rechnet die Empfangsbedürftigkeit zum Wesen der Erklärung. Vgl. die Rez. von H e l l m a n n, KritVJSchr. 48, 228 fg. Dagegen T i t z e, Mißverständnis 23. P l a n c k, Vorb. 1 vor § 116.

Willen zur Kenntnis einer bestimmten Person zu bringen. Von den Willenserklärungen sind die meisten empfangsbedürftig. Der legislative Grund der Empfangsbedürftigkeit ist darin zu suchen, daß die meisten Erklärungen in das Rechtsgebiet einer anderen Person eingreifen, und es wünschenswert ist, daß die Erklärung zur Kenntnis dieser Person gelangt [159]; das Gesetz verlangt aber, gewissermaßen als Minimalerfordernis, daß die Erklärung an den Interessenten gerichtet wird, in der Regel auch, daß sie ihm zukommt, während von der Kenntnisnahme aus praktischen Gründen abgesehen werden muß [160], vgl. unt. S. 435. Wird dagegen eine unbestimmte Anzahl von Personen von den Wirkungen einer Erklärung betroffen und fehlt es daher an einem durch die Rechtslage bestimmten Empfänger der Erklärung, so verlangt das Gesetz entweder Erklärung an eine Behörde, oder es begnügt sich mit einer Erklärung, die an keinen bestimmten Adressaten gerichtet ist. Nach diesen Erwägungen ist, wenn das Gesetz die Empfangsbedürftigkeit nicht ausdrücklich vorschreibt, zu entscheiden, ob die Erklärung empfangsbedürftig ist [161].

Gewöhnlich hat der Urheber einer empfangsbedürftigen Erklärung eine bestimmte ihm bekannte Person im Auge, an welche er die Erklärung richtet. Der Adressat kann aber auch dem Absender unbekannt sein, insbesondere auch jemand sein, dessen Person sich durch ein späteres Ereignis bestimmt [162]. Das ist z. B. der Fall bei einem Brief, der postlagernd unter einer Chiffre adressiert wird [163]; die Erklärung ist an die dem Absender unbekannte Person gerichtet, welche den Brief abholt. Ebenso enthält die Ausstellung einer in blanco abgefaßten Zessions- oder Bürgschaftserklärung [163 b] eine Erklärung an die Person, welche durch Einstellung ihres Namens in die Urkunde als Zessionar oder Gläu-

---

[159] Besonders wenn die Erklärung für die von ihr betroffene Person nicht bloß vorteilhafte Wirkungen auslöst.

[160] Bekker, Grundbegriffe 262; Titze a. a. O. 28; Oertmann § 130, 6 a.

[161] Daher wird z. B. Kündigung der Miete, Widerruf und Kündigung des Auftrags als empfangsbedürftige Erklärung betrachtet, obgleich es in §§ 564, 671 nicht gesagt ist, ebenso die Entziehung der einem Gesellschafter übertragenen Geschäftsführungsmacht, Planck § 712, 1 d.

[162] Staudinger, Vorb. III 2 vor § 116; Zitelmann 95.

[163] Crome § 88 Anm. 8.

[163 a] Vgl. ob. Note 78.

biger bezeichnet werden wird [164]. Solche Erklärungen sind trotz der anfänglichen Unbestimmtheit des Adressaten zu den empfangsbedürftigen zu rechnen: sie wirken nach § 130 erst mit ihrem Zugehen an die durch die spätere Tatsache bestimmte Person und können bis dahin widerrufen werden [165].

1. Eine empfangsbedürftige Erklärung muß an den Adressaten gerichtet sein, d. h. der Erklärende muß die Handlung vorgenommen haben, welche geeignet ist, seinen Willen zur Kenntnis des Gegners zu bringen [166]: er muß zu ihm sprechen, ihm ein Schriftstück vorweisen, einen Brief, ein Telegramm oder einen Boten mit mündlicher Botschaft an ihn absenden. Den Moment, in welchem der Erklärende alles getan hat, was (normale Umstände vorausgesetzt) von seiner Seite nötig ist, um die Kenntnisnahme des Gegners zu bewirken, nennt das Gesetz in § 130 II: Abgabe der Erklärung [167]. Das Schreiben, Unterzeichnen, Siegeln eines Briefes ist noch nicht Abgabe der Willenserklärung, sondern Vorbereitungshandlung; denn der Schreiber des Briefes hat, solange er den Brief bei sich behält, den letzten entscheidenden Entschluß noch nicht gefaßt [168]. Das ist erst dann geschehen, wenn er den Brief in den Postkasten wirft oder jemandem zu diesem Zwecke oder zur Überbringung an den Adressaten übergibt [169]. In diesem Moment ist die Erklärung abgegeben, auch

---

[164] Tuhr, Unwiderrufl. Vollmacht 93; Regelsberger, Krit-VJSchr. 48, 510.

[165] Der Absender des Chiffrebriefes kann ihn selbst abholen; bei der Blankourkunde muß der Widerruf an die Person gerichtet werden, auf deren Namen die ausgefüllte Urkunde lautet.

[166] Hat jemand seinen Willen so undeutlich geäußert, daß er weder nach objektiver Auslegung noch unter Berücksichtigung der dem Adressaten bekannten besonderen Umstände verstanden werden kann, so hat er eine Willenserklärung nicht abgegeben. Etwas anders Oertmann § 130, 3: die Erklärung ist abgegeben, aber wegen Unverständlichkeit dem Adressaten nicht zugegangen.

[167] Planck § 130, 8; Dernburg § 132 II A; Enneccerus § 150; RG. 65, 274.

[168] Ausnahmsweise ist der Erklärende gebunden an die von ihm unterschriebene Annahmeerklärung, § 152, und an das von ihm geschriebene Akzept, WO. Art. 21 IV, vgl. unt. Note 307, 305.

[169] Daher bietet der Empfang eines Briefes dem Empfänger keine Garantie dafür, daß er eine Willenserklärung des Briefschreibers vor sich hat, vgl. ob. Note 15. Eine Ausnahmsbestimmung ist § 370: eine vom Gläubiger ausgestellte Quittung begründet, auch wenn er sie nicht aus der

wenn der Absender noch in der Lage ist oder zu sein glaubt, den Boten zurückzurufen; denn entscheidend für den Moment der Abgabe ist nicht, ob der Erklärende das Zustandekommen der Erklärung hindern kann, sondern ob er zu ihrer Bewirkung noch eine Tätigkeit vornehmen muß. Aus demselben Grunde ist es gleichgültig, ob der Absender durch Übergabe des Briefes an den Überbringer den Besitz des Briefes aufgegeben oder nach § 855 beibehalten hat. Ebenso ist die Abgabe erfolgt, wenn der Überbringer beauftragt ist, den Brief nicht sofort, sondern nach einer bestimmten Zeit oder bei Eintritt einer Bedingung dem Adressaten auszuhändigen [170]. Da die Abgabe der letzte Moment ist, in welchem der Erklärende persönlich tätig wird, so muß er in diesem Zeitpunkt die zur Vornahme des Rechtsgeschäfts erforderliche Geschäftsfähigkeit besitzen [171]; wenn er nach Abgabe der Erklärung [172] stirbt oder die Geschäftsfähigkeit verliert, so wird dadurch die Wirksamkeit der Erklärung nicht beeinträchtigt, § 130 II [173]. Die nach dem Tode des Absenders zugehende Willenserklärung ist eine Rechtsgeschäft, das vom Erklärenden vorgenommen ist und dessen Wirkungen für und gegen dessen Erben [174] (resp. bei Separation des Nachlasses für und gegen den Nachlaß) eintreten [174a]. Im Gegensatz zu der Geschäftsfähigkeit kommt es für die Verfügungsmacht des Erklärenden nicht auf die Abgabe der Erklärung an, sondern auf den Moment, in welchem

---

Hand geben wollte, eine Ermächtigung des Überbringers zur Erhebung der Leistung, Oertmann § 370, 1 c.

[170] Geht der Auftrag dahin, den Brief nach dem Tode des Absenders an den Adressaten (wenn er noch lebt) auszuhändigen, so liegt eine Erklärung von Todeswegen vor.

[171] Und sich nicht im Zustande der Bewußtlosigkeit oder der vorübergehenden Störung der Geistestätigkeit befinden, § 105 II.

[172] Wird ein Brief des X, den er noch nicht abgeschickt hat, nach seinem Tode befördert, so liegt keine Willenserklärung des X vor, auch wenn der Adressat den Brief für eine Erklärung des X hält, Enneccerus § 150 Anm. 1. Vgl. ob. Note 15.

[173] Selbstverständlich kann sich aus dem Inhalt der Erklärung ergeben, daß sie nur für den Fall gelten soll, daß der Erklärende den Zugang der Erklärung erlebt. Doch wird, da die Menschen, besonders bei Vornahme von Rechtsgeschäften, nicht an ihren Tod zu denken pflegen, eine solche Bedingung nur selten vorkommen.

[174] Vgl. ob. § 50 Note 54.

[174a] Unrichtig scheint mir die Entsch. des RG. vom 28. 10. 13. (DJZ. 19, 169).

die Wirkungen der Willenserklärung eintreten [175]. Dagegen ist die Abgabe der Erklärung maßgebend, wenn es darauf ankommt, daß der Erklärende gewisse Tatsachen kannte oder kennen mußte oder daß er sich in einem Irrtum befand [176].

2. Mit der Abgabe ist die Willenserklärung, soweit eine Handlung des Erklärenden erforderlich ist, vollendet [177]; aber der Zweck der Erklärung, die Einwirkung auf die Entschlüsse des Gegners ist nicht erreicht, solange der Inhalt der Erklärung nicht zur Wahrnehmung des Gegners gekommen ist. Zwischen der Abgabe der Erklärung und deren Wahrnehmung durch den Gegner kann aber, besonders im Verkehr unter Abwesenden, ein längerer oder kürzerer Zwischenraum liegen, sowie die Möglichkeit, daß die abgegebene Erklärung nicht zur Kenntnis des Adressaten gelangt. Daraus ergibt sich für den Gesetzgeber die Aufgabe, zu bestimmen, in welchem Moment die Wirkung einer Willenserklärung eintreten soll. Da das römische Recht diese Frage nicht entscheidet [178], war sie in der gemeinrechtlichen Doktrin Gegenstand einer lebhaften Kontroverse [179]: es standen einander gegenüber: die Äußerungstheorie, welche die Wirkung der Erklärung im Moment ihrer Abgabe eintreten ließ; die Vernehmungstheorie, nach welcher die Kenntnisnahme durch den Adressaten entscheidend war; und die vermittelnde Empfangstheorie, nach welcher es erforderlich, aber auch genügend sein soll, daß die Erklärung an den Adressaten gelangt. Auf letzteren Standpunkt hat sich BGB. gestellt [180], indem es in § 130 bestimmt, daß die Willenserklärung unter Ab-

[175] Vgl. ob. § 60 Note 21.

[176] Ebenso für den Beginn der 30jährigen Frist in § 121 II, § 124 III und für die Regel: locus regit actum, Art. 11, Zitelmann, Intern. PrivR. II 162. RG. 62, 381; a. A. Planck Art. 11, 4; Enneccerus § 145 IV 1.

[177] Man streitet darüber, ob die Willenserklärung mit ihrer Abgabe als vollendet, perfekt, bezeichnet werden kann. Vgl. über diese terminologische Frage Oertmann § 130, 2. Die Erklärung ist mit der Abgabe vollendet, wenn man darunter den Abschluß der persönlichen Tätigkeit des Erklärenden versteht.

[178] Der römische Normalvertrag, die Stipulation, war Vertrag unter Anwesenden.

[179] Windscheid § 306. Gestritten wurde über die Erfordernisse des Vertragsschlusses. Erst das BGB. hat die Frage allgemein für alle Willenserklärungen beantwortet.

[180] Im Anschluß an das alte HGB. Art. 320/1 und das Schweiz. ObligRecht Art. 3, 7.

wesenden durch Zugehen an den Adressaten wirksam wird [181]. Obgleich das Gesetz in § 130 von Abwesenheit des Erklärungsgegners spricht, wird allgemein und mit Recht angenommen, daß es für die Anwendung des § 130 nicht sowohl auf das räumliche Verhältnis der Parteien zueinander ankommt, als vielmehr auf das Mittel, dessen sich der Erklärende bedient [182]. Von einem Zugehen, wie es in § 130 erfordert wird, kann nur bei verkörperten Erklärungen [183] die Rede sein, zu denen in erster Linie Briefe und Telegramme gehören. Die schriftliche Erklärung dient allerdings meistens dem Verkehr unter Abwesenden, kann aber auch einem anwesenden Gegner gegenüber erfolgen und muß auch in diesem Falle, um wirksam zu werden, nach § 130 dem Gegner zugehen [184].

Der Begriff des Zugehens [185] ist im Gesetz nicht definiert; es ergibt sich aber aus der verkehrsüblichen Bedeutung des Wortes und aus dem Zweck des § 130, daß ein Schriftstück zugegangen ist, wenn es in ein solches räumliches Verhältnis [186] zum Adressaten gekommen ist, daß es nach Anschauung des Lebens und unter Voraussetzung normaler Verhältnisse vom Adressaten abhängt, Kenntnis vom Inhalte des Schriftstücks zu nehmen [187]. Daher

---

[181] § 130 ist dispositiven Rechtes. Planck § 130, 6. Daher kann verabredet werden, daß eine Erklärung schon mit ihrer Abgabe wirken solle (z. B. mit Absendung durch eingeschriebenen Brief, Wedemeyer, DJZ. 17, 252, Staudinger § 130, 3c; a. A. Reichel, DJZ. 16, 1534) oder erst mit Kenntnisnahme durch den Adressaten.

[182] Vgl. ob. Note 67.

[183] Vgl. ob. Note 65.

[184] RG. 61, 415. RG. vom 23. 9. 13 (LeipzZeitschr. 8, 66).

[185] F. Leonhard, JheringsJ. 41, 34 fg.; Koppers, Gruchot 46, 225 fg.; Titze, JheringsJ. 47, 389 fg. und Mißverständnis 21 fg., 191 fg.; Manigk, Willenserklärung 305 fg.; Enneccerus § 149; Oertmann, Recht 10, 721; Staub, Exk. zu HGB. § 361 Anm. 5; Hölder, Leipz. Festg. f. Degenkolb. Planck § 130, 1.

[186] Das räumliche Verhältnis ist in der Regel Besitz, Titze in JheringsJ. Doch ist Besitz des Schriftstücks für das Zugehen nicht immer erforderlich und nicht immer genügend, Hölder a. a. O. 91; Manigk, Willenserklärung 309. Planck § 130 1 b. Nicht erforderlich z. B. bei Briefen, die der Adressat zurückweist; nicht genügend z. B. wenn ein Brief mit der Bitte, ihn nicht vor einem bestimmten Termin zu öffnen, übergeben oder in einer Frachtkiste zugesendet wird, deren sofortige Öffnung nicht zu erwarten ist, Dernburg § 132 Anm. 10. Enneccerus § 149 II 2a.

[187] Der Adressat kann die Modalitäten des Zugehens bestimmen, soweit darin keine unbillige Beschwerung des Erklärenden liegt. So kann

ist ein Brief zugegangen, wenn er dem Adressaten übergeben ist [188] (selbst wenn ihn der Adressat sofort zurückgibt oder wegwirft) oder auch wenn der Brief dem Adressaten angeboten, aber von ihm zurückgewiesen wird [189] (es sei denn, daß der Brief mit Strafporto belastet ist [190]); ferner wenn der Brief sich im Briefkasten an der Wohnung oder dem Geschäftsraum des Adressaten befindet [191] oder in der Wohnung des Adressaten an eine Person abgegeben ist, welche Briefe für den Adressaten entgegenzunehmen pflegt [192]; ferner wenn der Brief im Postfach des Adressaten liegt [193] oder auf seinen Wunsch postlagernd adressiert ist und zur Abholung bereit liegt [194]. In allen diesen Fällen ist die Möglichkeit und meistens die hohe Wahrscheinlichkeit gegeben, daß der Brief in die Hände des Adressaten und damit zu seiner Kenntnis kommt. Ob und wann

---

z. B. jemand, der auf Reisen geht, seinen Gläubiger ersuchen, Mitteilungen an ihn in der Wohnung eines Bekannten abzugeben.

[188] RG. 61, 415; 68, 409.

[189] Enneccerus § 149 A I 2 b; Staudinger § 130, 3; a. A. Titze, JheringsJ. 389.

[190] Oertmann § 130, 3 c.

[191] OLG. 20, 58. Titze, JheringsJ. 434.

[192] Besitzdiener im Sinne von § 855. Eine Vollmacht zur Entgegennahme von Erklärungen brauchen solche Personen nicht zu haben, RG. 50, 194. 56, 263. Wird der Brief an einen Besitzdiener des Adressaten außerhalb der Wohnung ausgehändigt, so ist er erst dann zugegangen, wenn ihn der Besitzdiener in die Wohnung bringt, Planck § 130, 1 a.

[193] Nicht zugegangen ist der Brief, wenn er versehentlich in ein falsches Postfach geraten ist, Rathenau, DJZ. 7, 147. Staudinger § 130, 3.

[194] Manigk, Willenserklärung 311; Oertmann § 130, 3 c. Dagegen ist der Brief nicht zugegangen, wenn er am Wohnort des Adressaten angekommen, aber auf seinen Wunsch von der Post an einen anderen Ort nachgesandt wird, Planck § 130, 1 b; oder wenn ein eingeschriebener Brief, weil der Adressat nicht angetroffen wird, vom Postboten wieder mitgenommen wird, Enneccerus § 149 A I 2 b, Bendix, DJZ. 18, 406. RG. 56, 262. Die Bestimmungen der ZPO. über Zustellung, insbesondere ZPO. § 181/2, können in der Frage des Zugehens keine analoge Anwendung finden, Titze, JheringsJ. Anm. 51, 98. Nicht zugegangen, weil nicht im Machtbereich des Adressaten befindlich, ist ein Brief, zu dessen Abholung der Adressat aufgefordert worden ist, SeuffA. 63, 51. Aus demselben Grund ist dem Konkursverwalter nicht zugegangen eine beim Konkursgericht abgegebene Anfechtungserklärung, wie RG. 56, 364 und Jäger, KO. § 53 Anm. 25 annehmen; vgl. dagegen Cosack § 59 I 3, Siber, Buchrechtsgeschäft 74.

das geschieht, hängt von seinen Gewohnheiten sowie von der Einrichtung seines Geschäftes oder Hauswesens ab. Abwesenheit [194a] oder vorübergehende geistige Zustände, welche die Kenntnisnahme ausschließen, § 105 II [195], sind kein Hindernis des Zugehens; ebensowenig der Umstand, daß der Adressat Analphabet oder der Landessprache nicht mächtig ist [196]; denn er kann sich den Brief vorlesen oder übersetzen lassen. Die Erklärung ist selbst dann zugegangen, wenn der Absender weiß, daß solche Hindernisse der Kenntnisnahme beim Adressaten vorliegen.

Dieser Standpunkt des Gesetzes ergibt eine der Billigkeit und dem praktischen Bedürfnis entsprechende Lösung des Problems. Denn so sehr die Kenntnisnahme das ideale Ziel jeder Erklärung ist, so darf doch der Absender nicht darunter leiden, daß die Kenntnisnahme durch Umstände, die im Lebenskreise des Adressaten liegen, verzögert oder verhindert wird. Die mit dem Transport schriftlicher Erklärungen verbundene Gefahr wird vom Gesetz in angemessener Weise auf beide Parteien verteilt: wie der Absender die Gefahr trägt, daß seine Erklärung wirkungslos bleibt, weil sie vor dem Zugehen verloren geht oder zu spät ankommt, so trägt der Adressat die Gefahr, daß eine ihm zugekommene Erklärung wirksam wird, ohne daß sie zu seiner Kenntnis gekommen ist. Durch die vom Gesetz sanktionierte Empfangstheorie ist der Absender ferner dagegen geschützt, daß der Adressat die Kenntnisnahme der ihm zugegangenen Erklärung absichtlich unterläßt. Endlich ergibt sich aus § 130 eine der Sachlage entsprechende Regelung der Beweisfrage: der Erklärende hat nur die äußere Tatsache zu beweisen, daß seine Erklärung dem Gegner zugegangen ist [197]; diesen Beweis kann er sich durch verschiedene Maßregeln sichern, insbesondere durch „Einschreiben" des Briefes [198]

[194a] Wird ein in der Wohnung des Adressaten abgegebener Brief durch seine Angehörigen oder Dienstboten ihm nachgesandt, so ist er schon mit der Abgabe in der Wohnung zugegangen, Tietze, JheringsJ. 399, Planck § 130, 1b.

[195] Planck § 131, 2a; Staudinger, Vorb. III 4 vor § 116.

[196] Titze, Mißverständnis 205.

[197] Über das Zugehen kann ein Eid nach ZPO. § 445 nicht zugeschoben werden (weil das Zugehen nicht notwendig Gegenstand der Wahrnehmung des Adressaten ist), wohl aber darüber, daß der Adressat den Brief erhalten hat, OLG. 22, 214.

[198] Oder noch besser durch „Rückschein". Eine Bescheinigung über den Zugang der Erklärung kann der Absender vom Adressaten nicht verlangen. Vgl. HGB. § 571.

Dagegen entzieht sich die Kenntnisnahme eines Briefes durch den Adressaten leicht der Wahrnehmung Dritter und könnte meist nicht anders als durch Eideszuschiebung bewiesen werden..

Ein Zugehen im Sinn von § 130 gibt es nur bei Erklärungen, die „verkörpert" sind, d. h. dem Adressaten die dauernde Möglichkeit der Kenntnisnahme verschaffen. Dazu gehören außer Brief und Telegramm etwa noch die Zusendung einer phonographischen Walze, die Mitteilung durch elektrischen Ferndrucker, sowie konkludente Handlungen, welche eine dauernde Wahrnehmung ermöglichen, z. B. die Zusendung von Sachen, wenn daraus nach den Umständen eine Willenserklärung des Zusenders zu entnehmen ist [199]. Dagegen ist kein Zugehen möglich durch Telephon, weil ein solches Gespräch keine dauernden Spuren hinterläßt [200]. Streitig ist, ob eine Erklärung dem Adressaten durch mündliche Mitteilung an einen Hausgenossen zugehen kann. Das RG. 60, 334, 61, 12 hat ausgesprochen, daß eine Erklärung in dieser Weise zugehen könne, wenn die Mittelsperson durch ihre geistige Reife zur Übermittlung geeignet war [201]. Dagegen wird mit Recht geltend gemacht [202], daß die Verhältnisse bei mündlicher Erklärung an einen Hausgenossen ganz anders liegen, als bei Übergabe eines Briefes. Die Erfahrung lehrt, daß auf rechtzeitige und korrekte Ausrichtung mündlicher Botschaften nicht gerechnet werden kann. Daher kann man nicht wie beim Briefe sagen, daß es nur vom Adressaten abhängt, Kenntnis davon zu nehmen, was einem seiner Hausgenossen mündlich mitgeteilt ist. Lehnt man die Gleichstellung der mündlichen Erklärung mit dem Briefe ab, so ist zu unterscheiden: hat der Hausgenosse, was selten vorkommt, passive Vertretungsmacht [203], so ist die Erklärung mit Abgabe

---

[199] Titze, Mißverständnis 198. Vgl. ob. Note 110.

[200] In diesem Sinne wird das telephonische Gespräch trotz der räumlichen Entfernung der Beteiligten dem Verkehr unter Anwesenden zugerechnet, obgleich das Gesetz diese Gleichstellung nicht allgemein ausspricht, sondern nur für die Bindungsfrist bei der Offerte, § 147 I; Planck § 130, 3; Staudinger § 130, 5; Enneccerus § 149 B 2.

[201] Zustimmend Staudinger § 130, 3d; Enneccerus § 149 B 1b; Staub, Exk. zu HGB. § 361 Anm. 8. Fritze, ArchbürgR. 14, 214.

[202] Koppers a. a. O.; Biermann § 46 Anm. 4; Oertmann § 130, 4; Dernburg § 132 Anm. 8; Titze, Mißverständnis 314 fg.; Breit, SächsArch. 15, 665; Planck § 130, 1c.

[203] Zu weit geht in der Annahme einer Vollmacht der Hausgenossen

an ihn nach § 164 III zustande gekommen. Fehlt dem Hausgenossen die Vertretungsmacht, und übernimmt er es, die Mitteilung des Erklärenden auszurichten [204], so ist er Bote der Erklärenden, § 120 [205]. Die Erklärung kommt daher erst dann zustande, wenn sie an den Adressaten ausgerichtet ist [206]. Dies Resultat scheint mir den Bedürfnissen des Verkehrs angemessen zu sein: der Erklärende, der sich mit einer mündlichen Mitteilung an einen Hausgenossen begnügt, statt eine schriftliche Mitteilung in der Wohnung des Adressaten zu hinterlassen, muß wissen, daß die tatsächliche Einwirkung seiner Erklärung auf die Entschlüsse des Adressaten von unsicheren Faktoren abhängt; es ist daher nicht unbillig, wenn auch die rechtliche Wirkung seiner Erklärung an der Vergeßlichkeit des Hausgenossen scheitern kann [207].

Was dem Adressaten zugeht, ist nur dann eine Erklärung des Absenders, wenn der Zugang vom Absender gewollt und von ihm veranlaßt ist, vgl. ob. S. 430. Normalerweise erfolgt der Zugang auf dem vom Erklärenden gewählten Wege. Eine abweichende Art des Zugehens hindert das Wirksamwerden der Erklärung nicht, wenn der Inhalt der Erklärung dadurch nicht beeinflußt

---

Rosenberg, Stellvertretung 205. Für Handelsangestellte kann sich eine Vollmacht ergeben aus HGB. § 54/6, für die Ehefrau aus § 1357.

[204] Lehnt der Hausgenosse das Ersuchen ab, so hat der Erklärende seine Erklärung nicht abgegeben, sondern einen untauglichen Versuch der Erklärung gemacht, OLG. 18, 12. Benachrichtigt der Hausgenosse den Adressaten von diesem Versuch, so liegt darin kein Zugehen der Erklärung an den Adressaten, DJZ. 01, 112. 156.

[205] Man könnte mit Hellwig, JurW. 34, 356, daran denken, den Hausgenossen, der sich bereit erklärt, die Botschaft auszurichten, als passiven Vertreter ohne Vertretungsmacht zu betrachten, § 180, 3. Jedoch entspricht dies meistens nicht dem Willen des Erklärenden, der die Erklärung nicht an den Hausgenossen mit Wirkung für den Hausherrn, sondern an den Hausherrn mit Hilfe des Hausgenossen richtet, Titze a. a. O. 319. Planck § 130, 1c. Auch führt die Ansicht von Hellwig dazu, daß für die Gültigkeit der Erklärung ein von der Genehmigung des Adressaten abhängiger Schwebezustand eintritt, der vom Adressaten mißbraucht werden kann.

[206] Und mit dem Inhalt, der sich aus der Mitteilung des Hausgenossen ergibt, vorbehaltlich der Anfechtung nach § 120.

[207] Man bedenke ferner folgendes Beispiel: A hat den B nicht zu Hause angetroffen und bittet die Ehefrau des B, seine Erklärung an B auszurichten. Gleich darauf und bevor B seine Frau gesprochen hat, trifft A den B persönlich. Es scheint mir richtig, daß A an die von der Ehefrau des B auszurichtende Erklärung nicht gebunden ist.

werden kann; so z. B. wenn der Brief vom Boten verloren und von einem Dritten gefunden wird, der ihn dem Adressaten zustellt [208].

Die Erklärung braucht, um wirksam zu werden, nicht dem Adressaten persönlich zuzugehen, sie kann auch jemandem zugehen, der die Befugnis hat, Erklärungen für den Adressaten entgegenzunehmen (z. B. als gesetzlicher Vertreter [208a] oder Bevollmächtigter des Adressaten oder als Ehemann nach § 1403). Ebenso kann die Erklärung wirksam jemandem zugehen, der an die Stelle des Adressaten getreten ist, z. B. an den Erben [209] oder, wenn die Erklärung an eine Firma gerichtet ist, an den neuen Inhaber der Firma. An diese Möglichkeit, daß die Erklärung statt an den Adressaten an einen Vertreter oder Nachfolger desselben gelangt, braucht der Erklärende nicht gedacht zu haben.

Über den Moment, in welchem Erklärungen unter Anwesenden wirksam werden, gibt das Gesetz keine Vorschrift. Meistens wird aus § 130 a contrario gefolgert, daß Erklärungen unter Anwesenden Kenntnisnahme des Adressaten erfordern [210], während andere Autoren [211] nach Analogie von § 130 ein Zugehen der Erklärung für genügend halten. Das einfachste und typische Mittel im Verkehr unter Anwesenden ist die mündliche Erklärung [212]. Will man bei der mündlichen, wie bei der schriftlichen, Erklärung unter Zugehen die Sachlage verstehen, bei welcher für den Angeredeten unter Voraussetzung normaler Umstände die Möglichkeit der Kenntnisnahme besteht, so darf man nicht übersehen, daß diese Möglichkeit infolge der Beschaffenheit der mündlichen Er-

---

[208] Enneccerus § 149 Anm. 9, Planck § 130, 1d. Anders, wenn der Bote den ihm bekannten Inhalt des Briefes mündlich ausrichtet; denn der Überbringer eines Schriftstücks ist nicht zur Bestellung mündlicher Botschaften (für welche der Absender nach § 120 haften würde) ermächtigt, Oertmann § 130, 3a.

[208a] Vgl. unt. Note 272.

[209] Es kann sich aber aus dem Inhalt der Erklärung ergeben, daß sie für den Fall des Todes des Adressaten nicht gewollt ist, vgl. unt. § 62.

[210] Oertmann § 130, 4a; Enneccerus § 149 B 1; Planck § 130, 2; Biermann § 46 Anm. 9; Eltzbacher, Handlungsfähigkeit 237; Kipp, Zus. 2a zu Windscheid § 72 und and.

[211] Cosack § 56 II 2, § 59; Koppers, Gruchot 46, 225 fg.; Manigk, Willenserklärung 333 fg.; Leonhard, Allgem. Teil 284 und and.

[212] Die Erklärung unter Anwesenden kann auch darin bestehen, daß dem Gegner ein Schriftstück zur Einsicht vorgelegt wird.

klärung sich anders darstellt, als bei der schriftlichen Erklärung: ist die Erklärung in einem Schriftstück verkörpert [213], so besteht mit dem Zugang des Schriftstücks die dauernde und jederzeitige Möglichkeit der Kenntnisnahme; gewisse Hindernisse der Kenntnisnahme, z. B. Blindheit oder Unkenntnis der Schrift oder Sprache, können durch fremde Hilfe überwunden werden. Dagegen ist die mündliche Erklärung ein vorübergehendes Ereignis, welches nur im Gedächtnis des Adressaten Spuren hinterläßt und dies nur dann, wenn die Erklärung von ihm verstanden wurde. Die Erklärung kann aber nur im selben Augenblick verstanden werden, in welchem sie abgegeben wird; ist der Angeredete in diesem Moment an der Kenntnisnahme gehindert, z. B. Taubheit, Zerstreutheit oder Unkenntnis der Sprache, in welcher er angeredet wird, so können die an ihn gerichteten Worte nicht nachträglich zu seiner Kenntnis kommen. Daher liegt es nahe, sich für die mündliche Erklärung auf den Boden der Vernehmungstheorie zu stellen. Das wäre aber unbillig gegenüber dem Erklärenden: eine Erklärung, die er nach dem gewöhnlichen Lauf des Lebens und nach den ihm bekannten Umständen bewirkt zu haben glaubte, könnte sich als wirkungslos erweisen, wenn sie vom Angeredeten aus einem äußerlich nicht hervortretenden Grunde nicht verstanden wurde. Allerdings kann sich der Erklärende gegen diese Gefahr schützen, indem er sich durch Frage vergewissert, ob seine Worte verstanden worden sind. Aber eine soweit gehende Vorsicht ist im Verkehr nicht üblich; man pflegt damit zu rechnen, daß mündliche Erklärungen vom Gegner verstanden werden, eine Erwartung, die regelmäßig, man kann wohl sagen, fast immer zutrifft. Von dieser Sachlage hat, in Ermangelung einer Vorschrift des Gesetzes, die rechtliche Beurteilung auszugehen: mündliche Erklärungen sind, wenn sie in verständlicher und verkehrsüblicher Weise abgegeben werden, als wirksam zu betrachten. Wenn der Angeredete durch abnorme in seiner Person liegende Umstände an der Kenntnisnahme gehindert ist, so entspricht es der Billigkeit, daß diese Umstände ihm zur Last fallen. Ebenso daß die Erklärung wirksam ist, wenn der Adressat die Vernehmung der an ihn gerichteten Worte absichtlich (etwa durch Zuhalten der Ohren) verhindert [214]. Dagegen ergibt sich

[213] Vgl. ob. Note 66.

[214] Planck § 130, 2b; Enneccerus § 149 B 1a; Endemann § 66 Anm. 27.

aus der oben dargestellten Beschaffenheit der mündlichen Erklärung eine bei der verkörperten Erklärung nicht notwendige und daher auch nicht anerkannte Milderung der Zugangstheorie[215]: wenn der Erklärende bei oder unmittelbar nach der Erklärung merkte oder merken konnte, daß seine Worte nicht verstanden werden, ist die Erklärung unwirksam; unter solchen Umständen darf der Erklärende nach Treu und Glauben nicht annehmen, daß der Zweck seiner Erklärungstätigkeit erreicht ist, sondern es bleibt ihm überlassen, die Erklärung in einer dem Verständnis des Gegners angepaßten Weise zu wiederholen [216].

Das Zugehen einer Erklärung kann unter Mitwirkung des Adressaten erfolgen; in solchem Falle kann man von einer Entgegennahme der Erklärung sprechen. Aber der Zugang kann auch ohne jede Tätigkeit des Adressaten stattfinden; er ist daher keine Rechtshandlung des Adressaten [217], sondern ein Ereignis, welches in seinem Machtbezirk mit oder ohne seinen Willen eintritt [218]. Das Zugehen kann aber durch den Adressaten vereitelt werden, wenn er den Erklärenden daran verhindert, eine Sachlage herzustellen, bei welcher für den Adressaten die Möglichkeit der Kenntnisnahme besteht; der Zugang schriftlicher Erklärungen kann dadurch vereitelt werden, daß der Adressat seinen Wohnort aufgibt, ohne für die Nachsendung von Briefen zu sorgen; der Zugang mündlicher Erklärungen dadurch, daß der Adressat einem Zusammentreffen mit dem, der die Erklärung abgeben will, aus dem Wege geht.

3. Eine Abhilfe für solche Fälle gewährt das Gesetz dadurch,

---

[215] Titze, Mißverständnis § 25; dagegen Enneccerus § 192 V 2; Planck a. a. O.

[216] Ebenso verhält es sich, wenn A dem B eine Urkunde vorlegt und merkt, daß B die Urkunde nicht lesen will oder kann; A darf seine Erklärung nicht als vollendet betrachten, sondern muß, da der von ihm gewählte Weg nicht zum Ziele führt, dem B die Urkunde oder eine Abschrift überlassen.

[217] Titze a. a. O. 274, 306 Anm. 21. Ungenau Seuffert, Konkurs 172 und Jäger, KO. § 7 Anm. 2 (vgl. ob. § 60 Note 190), sowie RG. 58, 228, wenn es die Zulässigkeit der Vornahme gewisser Rechtsgeschäfte gegenüber dem Prozeßvertreter damit begründet, daß die Entgegennahme von Willenserklärungen zu den Prozeßhandlungen des § 81 ZPO. gehört, und dabei übersieht, daß die Erklärung dem Prozeßvertreter zugehen kann, ohne daß er irgend welche Handlung vornimmt.

[218] Vgl. ob. § 43 Note 40.

daß es dem Erklärenden die Einrichtungen des Zivilprozesses zur Verfügung stellt:

a) jede Willenserklärung kann nach § 132 I durch Vermittlung eines Gerichtsvollziehers [219] nach den Vorschriften der ZPO. § 167 fg. zugestellt werden. In den meisten Fällen wird die Abschrift des zuzustellenden Schriftstückes [220] dem Adressaten im Sinne des § 130 BGB. zugehen; aber auch wenn das nicht zutrifft [221], hat die Zustellung die Wirkung, welche dem Zugehen des Schriftstückes zukommen würde [221a]. Der Gerichtsvollzieher braucht den Auftrag des Erklärenden, der ihn zur Zustellung ermächtigt, nicht nachzuweisen [222]. Will der Empfänger die Erklärung unverzüglich zurückweisen [223], so ist die Zurückweisung nicht an den Gerichtsvollzieher, sondern an den Urheber der Erklärung zu richten [224].

b) Eine Willenserklärung kann nach den Vorschriften über öffentliche Zustellung einer Ladung, ZPO. § 204/6, zugestellt werden [225], wenn der Erklärende über die Person des Adressaten in einer nicht auf Fahrlässigkeit beruhenden Unkenntnis ist [226], oder wenn der Aufenthalt des Adressaten unbekannt ist [227],

---

[219] Eine Zustellung, die nicht durch Vermittelung des Gerichtsvollziehers geschieht, Staudinger § 132, 4, wirkt nur dann, wenn sie den Erfordernissen des § 130 entspricht.

[220] Vgl. ob. Note 55.

[221] Vgl. ob. Note 124. Die Zustellung erfolgt, wenn der Adressat in seiner Wohnung nicht angetroffen wird, an einen Hausgenossen oder Dienstboten oder an den Hauswirt oder Vermieter, ZPO. § 181, oder, wenn das nicht möglich ist, durch Niederlegung des zuzustellenden Schriftstücks auf der Gerichtsschreiberei, bei der Postanstalt oder dem Gemeindevorsteher, ZPO. § 182. Daher kann es vorkommen, daß die nach § 132 I zugestellte Erklärung den auf Reisen befindlichen Adressaten nicht erreicht, obgleich er Nachsenden der Postsachen angeordnet hat.

[221a] Weiß der Erklärende, daß die Zustellung nach § 132 I nicht zur Kenntnis des Adressaten kommen wird, und wählt er diesen Weg, obgleich er die Möglichkeit hat, seine Erklärung dem Gegner nach § 130 zukommen zu lassen, so begeht er einen Verstoß gegen § 826.

[222] Staudinger § 174, 3.

[223] Nach §§ 111, 174, 410. Vgl. ob. § 53 Note 45.

[224] OLG. 12, 250.

[225] Die Zuständigkeit des Amtsgerichts ist in § 132 II 2 geregelt.

[226] Z. B. Erklärung eines Schuldners an den ihm unbekannten Erben seines verstorbenen Gläubigers. Die öffentl. Zustellung ist m. Er. unzulässig, wenn ein Nachlaßpfleger, § 1960, bestellt ist; vgl. ob. § 59 Note 88.

[227] Vgl. ob. § 49 Note 17. Die öffentliche Zustellung ist unzulässig, wenn ein Abwesenheitspfleger, § 1911, bestellt ist, Staudinger § 132, 5a.

§ 132 II [227a]. Durch öffentliche Zustellung wird in vielen, vielleicht in den meisten Fällen für den Adressaten der Erklärung die Möglichkeit der Kenntnisnahme nicht hergestellt [227b]; in der Bestimmung, daß die öffentlich zugestellte Erklärung als zugegangen gilt, liegt eine Fiktion [228]. Das Schriftstück gilt als zugestellt (die Erklärung daher als zugegangen) an dem Tage, an welchem seit der letzten Einrückung in die öffentlichen Blätter ein Monat verstrichen ist, ZPO. § 206 I. Bei Wahrung einer Frist oder Unterbrechung der Verjährung tritt die Wirkung der Zustellung bereits mit der Überreichung des Gesuches ein, ZPO. 207 [229].

4. Mit dem Zugehen der Willenserklärung ist ihre Wirkung eingetreten; so ist z. B. der Vertrag mit Zugehen der Annahmeerklärung geschlossen, das Rechtsgeschäft mit Zugehen der Anfechtung aufgehoben [230]. Ist eine Erklärung an mehrere Personen abzugeben, z. B. §§ 356, 723, 1077, 1283 II, so muß sie jeder dieser Personen zugehen. Erfolgen die Erklärungen nicht gleichzeitig, so ist die Wirkung dann eingetreten, wenn die letzte Erklärung ihrem Adressaten zugeht [231].

Da das Zugehen nur die Möglichkeit der Kenntnisnahme, nicht die wirkliche Kenntnis erfordert, so kann eine Erklärung wirksam werden, ohne daß der von der Wirkung Betroffene davon Kenntnis hat [232]. Darin kann eine nicht wegzuleugnende Härte

[227a] Die Voraussetzungen der öffentlichen Zustellung werden vom Gericht geprüft. Die Wirksamkeit der Zustellung ist aber vom Vorliegen der Voraussetzungen nicht abhängig, Stein, ZPO. § 204' Anm. 9. Ist dem Erklärenden die Person oder der Aufenthalt des Gegners bekannt, so liegt in der Erwirkung der öffentlichen Zustellung ein Verstoß gegen § 826.

[227b] Planck § 132, 3.

[228] Vgl. ob. § 43 Note 46.

[229] Statt der öffentlichen Zustellung kann der Hypothekengläubiger, der dem Eigentümer kündigen will, durch das Amtsgericht dem Eigentümer zu diesem Zwecke einen Vertreter bestellen lassen. § 1141 II.

[230] Über die Willenserklärungen mehrerer an einem Rechtsgeschäft beteiligter Personen vgl. ob. § 53 Note 173.

[231] Vgl. Planck § 723, 2, § 1077, 2, vgl. ob. § 53 Note 170.

[232] Die Erklärung ist selbst dann wirksam, wenn der Absender die Kenntnisnahme durch den Adressaten vereitelt, so z. B. wenn es ihm gelingt, sich den Brief aus der Wohnung des Adressaten zu verschaffen, bevor ihn dieser gelesen hat, oder sich den postlagernden Brief von der Post ausliefern zu lassen. Wenn der Adressat durch Unkenntnis des Briefes Schaden leidet, haftet ihm der Absender (wie jeder Dritte, der dasselbe getan hätte) nach allgemeinen Grundsätzen: aus der Besitzentziehung

liegen, welcher aber der Gesetzgeber nach Abwägung der entgegengesetzten typischen Interessen des Erklärenden und seines Gegners nicht vermeiden zu können glaubte. Dabei ist jedoch zu beachten, daß durch das Zugehen der Erklärung die Kenntnis des Adressaten zwar ersetzt, aber nicht als vorhanden fingiert wird. Daher genügt das Zugehen einer Erklärung nicht, um solche Rechtswirkungen herbeizuführen, bei denen es auf Tatsachen des geistigen Lebens (Wissen, Verschulden) ankommt [233]. So kann z. B. trotz zugegangener Mahnung der Verzug ausbleiben, wenn die Mahnung dem Schuldner ohne sein Verschulden unbekannt geblieben ist [234]; denn der Verzug wird durch Umstände, die der Schuldner nicht zu vertreten hat, ausgeschlossen, § 285. So genügt zwar zum Erlöschen des Auftrages das Zugehen der Widerrufserklärung [235], aber der Beauftragte wird, wenn er in unverschuldeter Unkenntnis des Widerrufs weitere Handlungen vornimmt, dem Auftraggeber gegenüber mangels eines Verschuldens nicht ersatzpflichtig [236]. Veräußert er z. B. eine ihm zum Verkauf im eigenen Namen übergebene Sache an X und erwirbt X nach § 932 Eigentum, so hat der Beauftragte einen etwaigen Schaden des Auftraggebers nicht zu ersetzen [237].

Der Moment des Zugehens ist entscheidend, wenn es sich um die Priorität unter mehreren Willenserklärungen oder Rechts-

---

am Brief nach § 823 I, oder aus § 826. In dieser Weise wäre die Entscheidung des RGerichts 50, 195 (vgl. unt. Note **252**) richtig zu begründen gewesen.

[233] Vgl. ob. § 49 Note 31.

[234] Bekker, JheringsJ. 49, 39.

[235] Die Fortdauer des erloschenen Auftrags bei gutem Glauben des Beauftragten ist in § 674 nur für das Erlöschen in anderer Weise, als durch Widerruf, angeordnet, RG. 61, 126. Oertmann § 674, 1 b.

[236] Ebenso wird die Kündigung des Beauftragten, § 671 I, als empfangsbedürftige Erklärung erst mit ihrem Zugehen wirksam; solange der Kündigungsbrief dem Auftraggeber nicht zugegangen ist, bestehen die Pflichten des Beauftragten weiter; es trifft ihn aber kein Verschulden, wenn er mit dem rechtzeitigen Zugehen seines Briefes rechnet und von diesem Moment an seine Tätigkeit einstellt.

[237] Mit dem Zugehen des Widerrufs ist die Vollmacht nach § 168 erloschen. Hätte der Beauftragte die Sache im Namen des Auftraggebers veräußert, so würde der Käufer, da § 932 nicht zur Anwendung kommt, nicht Eigentümer werden und könnte sich nach § 179 an den Beauftragten halten. Da aber der Beauftragte nach Wegfall des Auftrags als negotiorum gestor zu betrachten ist, so kann er diese Schäden im Wege des Regresses nach § 683 auf den Auftraggeber abwälzen.

geschäften handelt [238]. So ist z. B. der Widerruf nach §§ 109 und 178 bis zur Genehmigung des Vertrages möglich; kreuzen sich Genehmigung und Widerruf, so tritt von diesen beiden Erklärungen diejenige in Kraft, welche früher als die andere dem Adressaten zugeht [239]. Von zwei Verfügungen über denselben Gegenstand geht die ältere der jüngeren vor [240]; das Alter der Verfügung richtet sich aber nach dem Zugehen der die Verfügung zum Abschluß bringenden Willenserklärung; hat z. B. ein Gläubiger die Abtretung der Forderung an A und an B angeboten und haben beide den Antrag angenommen, so erwirbt der die Forderung, dessen Annahmeerklärung zuerst beim Gläubiger eintrifft. Ebenso ist für die Frage, ob eine empfangsbedürftige Erklärung des Gemeinschuldners vor oder nach der Konkurseröffnung vorgenommen ist, KO. § 7, nicht die Abgabe, sondern das Zugehen maßgebend [241].

Besonders wichtig ist der Moment des Zugehens dann, wenn die Willenserklärung innerhalb einer Frist abzugeben ist. Zur Wahrung der Frist ist der Zugang erforderlich [242]. Der Absender hat sich darnach zu richten und die Erklärung so frühzeitig abzugeben, daß sie innerhalb der Frist zugeht oder, falls sie ihr Ziel verfehlt, noch rechtzeitig durch eine zweite Erklärung ersetzt werden kann. Eine Verspätung der Erklärung fällt grundsätzlich dem Absender zur Last [243]; daß er diese Gefahr trägt, entspricht der Billigkeit; denn der Erklärende kann den Zeitpunkt und das Mittel seiner Erklärung wählen. Ausnahmsweise bestimmt § 121 I 2,

---

[238] Dernburg § 132 Anm. 9.

[239] Vgl. ob. § 59 Note 109. Eine Sondervorschrift enthält HGB. § 405 III: ist die Ausführungsanzeige des Kommissionärs abgesendet, bevor der Widerruf der Kommission ihm zugegangen ist, so bleibt sie in Kraft, auch wenn sie später als der Widerruf eintrifft.

[240] Vgl. ob. § 54 Note 94.

[241] Jäger, KO. § 7 Anm. 14. Vgl. ob. § 60.

[242] So muß z. B. die Genehmigung des ges. Vertreters innerhalb der zwei Wochen zugehen, Planck, § 108, 5c; Oertmann § 108, 4d; ebenso die Kündigung innerhalb der Fristen des § 565, Mittelstein, Miete § 68, 3.

[243] Eine Pflicht des Adressaten, den verspäteten Zugang der Erklärung dem Absender mitzuteilen, ist in § 149 statuiert, mit der Sanktion, daß bei unterlassener Anzeige die verspätete Erklärung als rechtzeitig gilt, vgl. unt. § 62 Note 00. In anderen Fällen kann sich eine solche Anzeigepflicht aus einem zwischen den Parteien bestehenden Rechtsverhältnis nach § 242 ergeben, allerdings nur mit der Wirkung, daß der Adressat bei unterlassener Anzeige schadensersatzpflichtig wird.

daß die (unverzüglich vorzunehmende) Anfechtung wegen Irrtums als rechtzeitig erfolgt gilt, wenn die Erklärung rechtzeitig abgesendet wurde [244]. Durch die Vorschrift ist das Erfordernis des Zugehens für die Anfechtungserklärung nicht aufgegeben [245]: die Anfechtung wirkt nur dann, wenn die Erklärung (innerhalb der 30jährigen Frist des § 121 II [246]) zugeht [247]; durch die Rechtzeitigkeit der Absendung wird nur dem Erfordernis der Unverzüglichkeit der Anfechtung genügt, und zwar nicht nur für die erste (vielleicht nie eintreffende) Erklärung des Anfechtenden, sondern auch für eine zweite Erklärung, in welcher er seine Anfechtung wiederholt [248].

5. Erklärungen, die an eine Frist gebunden sind, können vom Adressaten vereitelt werden, wenn er den Zugang der Erklärung hindert und die Frist zur Nachholung der Erklärung auf dem Wege des § 132 nicht ausreicht. Es muß juristische Mittel und Wege geben, um ein solches Verhalten des Adressaten für den Erklärenden unschädlich zu machen [249]. Man hat versucht, dies Ziel dadurch zu erreichen, daß man eine wider Treu und Glauben vereitelte Erklärung nach Analogie der §§ 162, 815 als zugegangen fingiert [250]. Diese Fiktion läßt sich aber nur bei Arglist des Adressaten rechtfertigen [251]. Will man ihn auch bei fahrlässiger Verhinderung des Zugehens treffen, so muß man sein Verhalten als Verletzung einer Verpflichtung auffassen. Eine allgemeine Pflicht, Erklärungen eines anderen entgegenzunehmen, besteht allerdings nicht, auch nicht, wenn die Erklärung zur Ausübung eines Gestaltungsrechts dient [252]. Es kann aber eine Verpflichtung, den

---

[244] Vgl. ob. § 48 Note 104 über ähnliche Bestimmungen bei einigen unverzüglich vorzunehmenden Mitteilungen.

[245] Planck § 121, 3; Manigk, Willenserklärung 339; a. A. Bekker, JheringsJ. 49, 48.

[246] Oertmann § 121, 2.

[247] Bis zum Zugehen der Erklärung kann der Anfechtende seine Erklärung widerrufen.

[248] Enneccerus § 158 II 2.

[249] Habicht, DJZ. 01, 265. Vgl. Titze, JheringsJ. 47, 448 Anm. 105.

[250] Vgl. fr. 39 de R. J.: pro facto accipitur id in quo per alterum morae sit quo minus fiat.

[251] RG. 58, 408.

[252] Dem Gestaltungsrecht entspricht keine Verpflichtung des Gegners, vgl. ob. § 7 V. Es gehört nicht zu den absoluten Rechten, denen der Schutz des § 823 I zukommt, vgl. ob. § 11 V; Titze, Mißverständnis 269 Anm. 24;

Zugang einer Willenserklärung zu ermöglichen oder nicht zu hindern, auf einer Verabredung der Parteien über die Vornahme künftiger Erklärungen beruhen oder aus dem Rechtsverhältnis, innerhalb dessen die Erklärung abgegeben wird, hervorgehen [253]. So läßt sich z. B. aus § 242 ableiten, daß Mieter und Vermieter für die Möglichkeit rechtzeitiger Kündigung zu sorgen haben [254]. Der für die Verletzung dieser Pflicht zu leistende Schadensersatz besteht nach § 249 in der Herstellung des Zustandes, welcher bestehen würde, wenn der Adressat den Zugang der Erklärung nicht gehindert hätte, d. h. der Adressat müßte die von ihm verhinderte Erklärung als geschehen gelten lassen. Beide Wege, die Fiktion nach Analogie von §§ 162, 815 und der Schadensersatz nach § 249 führen insofern zu weit, als eine Willenserklärung wirksam wäre, obgleich für den Adressaten mangels Zugehens die Möglichkeit der Kenntnisnahme ausgeschlossen war. Eine solche Abweichung von der Grundidee der Willenserklärung ist durch die Situation nicht gerechtfertigt: geschädigt ist der Erklärende nur dadurch, daß er infolge des Verhaltens des Gegners die Frist versäumt hat; und es handelt sich nur darum, ihn gegen diesen Nachteil zu schützen. Dazu genügt aber eine Hemmung der Frist in dem Sinne, daß eine verspätet zugehende Erklärung, wenn die Verspätung vom Gegner verschuldet ist, als rechtzeitig zugegangen gilt [255]. Aus dem Grundsatz

---

Planck § 130, 5bβ; a. A. Breit, Seuff. Bl. f. Rechtsanw. 71, 595 und RG. 50, 195.

[253] Planck § 130, 5bα.

[254] Schon durch die Offerte tritt der Offerent zum Adressaten in ein Rechtsverhältnis, dessen Hauptwirkung die Bindung, § 145, ist. Aus diesem Rechtsverhältnis ergibt sich nach § 242 unter anderem, daß der Offerent das Recht des Adressaten, den Vertrag durch Annahme zustande zu bringen, nicht dadurch vereiteln darf, daß er sich dem Zugehen der Annahmeerklärung entzieht, vgl. unt. § 62. Regelsberger, Bankarchiv 9, 273.

[255] Dernburg § 132 II B 6; Enneccerus § 149 A II 3; Oertmann § 130, 3c; Staudinger § 130, 10; Titze, Mißverständnis 262 fg; Planck a. a. O. Ebenso RG. 58, 409 mit der in römischen Vorstellungen sich bewegenden Begründung, daß der Verstoß gegen Treu und Glauben nicht in der Vereitelung des Zugehens der Erklärung liegt, sondern darin, daß der Adressat aus seinem schuldhaften Verhalten einen Vorteil für sich herleiten will. Eine solche exc. doli praesentis (Windscheid § 47 Anm. 7) kennt unser Recht nicht: darf jemand eine Handlung vornehmen (hier: den Zugang der Erklärung vereiteln), so kann ihm nicht verwehrt sein, sich auf die von ihm herbeigeführte Sachlage zu berufen.

von Treu und Glauben, aus dem die Hemmung der Frist abgeleitet ist, ergibt sich folgende Modifikation: weiß der Erklärende, daß der Zugang seiner Erklärung durch den Gegner verhindert ist, so muß er nach Wegfall des Hindernisses die Erklärung unverzüglich wiederholen; unterläßt er das, so ist ein späteres Zugehen wirkungslos, weil anzunehmen ist, daß der Erklärende auf seiner Erklärung nicht mehr besteht.

Fraglich ist, ob dem Erklärenden nur dann geholfen werden kann, wenn den Gegner der Vorwurf eines Verschuldens trifft, oder auch wenn unverschuldete abnorme Umstände in der Person des Adressaten (z. B. plötzliche Abwesenheit aus dringendem Grund) den Zugang der Erklärung gehindert haben. Die im Gesetz sanktionierte Zugangstheorie bedeutet eine Verteilung der mit jeder Erklärung unter Abwesenden verbundenen Gefahr, daß die Erklärung ihr letztes Ziel, die Kenntnisnahme, verfehlt: das Risiko des Transportes ist dem Absender auferlegt; die Gefahren, welchen die zugegangene Erklärung ausgesetzt ist, treffen den Adressaten. Dabei wird von normalen Umständen ausgegangen; Zufälle und Abnormitäten der Sachlage fallen der Partei zur Last, in deren Machtbereich sie eintreten. Von diesem Standpunkt aus erscheint es richtig, abnorme Hindernisse des Zugehens in der Person des Adressaten ihm zur Last zu legen[255a] und nicht dem Absender, der sie weder voraussehen noch abwenden kann[255b]. So läßt sich als Ergänzung des in § 130 aufgestellten Prinzips eine Hemmung der Frist auch für den Fall rechtfertigen, daß das Zugehen der Erklärung durch unverschuldete Umstände in der Person des Adressaten gehindert ist[256].

[255a] Enneccerus, Titze; a. A. Planck a. a. O.

[255b] Beispiel: A will seinem in Berlin lebenden Vermieter zum 1. April kündigen und schickt den Kündigungsbrief rechtzeitig am 30. März ab. Der Vermieter ist durch plötzliche Umstände gezwungen, nach Amerika zu reisen und hat die Post beauftragt, Briefe nachzusenden. Wenn ihm der Brief am 10. April in Amerika zukommt, ist die Kündigungsfrist versäumt; aber es wäre m. Er. unbillig, wenn der Mieter den Schaden tragen müßte. Ein Verschulden des Vermieters liegt nicht vor, weil es bei kürzeren Reisen nicht Sitte ist, einen Empfangsbevollmächtigten zu ernennen.

[256] Eine Sonderbestimmung enthält VersVertrGes. § 10: „hat der Versicherungsnehmer seine Wohnung geändert, die Änderung aber dem Versicherer nicht mitgeteilt, so genügt für eine Willenserklärung, die dem Versicherungsnehmer gegenüber abzugeben ist, die Absendung eines eingeschriebenen Briefes nach der letzten dem Versicherer bekannten Wohnung.

6. Die Willenserklärung kann, bevor sie durch ihr Zugehen wirksam wird, vom Absender widerrufen [257] werden [257a]. Der Widerruf ist eine einseitige, formlose [258] Willenserklärung, welche, um wirksam zu sein, vor oder spätestens gleichzeitig mit der zu widerrufenden Erklärung dem Adressaten zugehen muß, § 130 I 2 [259]. Der Erklärende muß daher für den Widerruf eine schnellere Beförderungsart (z. B. Telegraph oder Telephon) wählen, als für die zu widerrufende Erklärung. Er verliert die Möglichkeit des Widerrufs auch dann, wenn die Erklärung früher zugeht, als er glaubte [260]. Entscheidend für die Wirksamkeit des Widerrufs ist nur das zeitliche Verhältnis des Zugehens beider Erklärungen, nicht die Kenntnisnahme [261]. Ein Widerruf, der später als die Erklärung zugeht, ist wirkungslos, auch wenn er vor oder gleichzeitig mit der Erklärung zur Kenntnis des Adressaten kommt [262]; denn das Gesetz hat anstelle des im psychologischen Sinn wirksamen Moments der Kenntnisnahme aus praktischen Erwägungen (vgl. ob. S. 435) für die rechtliche Wirkung das leichter zu konstatierende Zugehen zum entscheidenden Moment erhoben [263].

Die Erklärung wird in dem Zeitpunkt wirksam, in welchem sie ohne die Wohnungsänderung bei regelmäßiger Beförderung dem Versicherungsnehmer zugegangen sein würde." Die besondere Begünstigung des Absenders liegt darin, daß er die dem Adressaten nicht zugegangene Erklärung nicht zu wiederholen braucht, und daß er nicht einmal die Transportgefahr des Briefes bis zur letzten Wohnung des Adressaten zu tragen hat.

[257] Das Widerrufsrecht ist ein negatives Recht, durch dessen Ausübung der Eintritt einer Rechtswirkung verhindert wird, vgl. ob. § 10 Note 4.

[257a] Der Erklärende ist auch berechtigt, das Zugehen seiner schon abgesandten Erklärung, wenn es ihm noch möglich ist, zu verhindern, RG. 4. 7. 13 (LeipzZtschr. 8, 74).

[258] Auch wenn die widerrufene Erklärung formbedürftig ist.

[259] Da das rechtzeitige Zugehen des Widerrufs nicht vom Willen des Widerrufenden abhängt, ist er schon durch die Abgabe seiner Willenserklärung in gewissem Sinne gebunden, Hölder, Leipz. Festschr. f. Degenkolb 108, Siber, Buchrechtsgeschäft 130.

[260] Titze, JheringsJ. 47, 394 fg. gegen Planck § 130, 7.

[261] Vgl. ob. Note 238.

[262] RG. 60, 337, Planck § 130, 7; Oertmann § 130, 3e; a. A. Hölder a. a. O. 109 fg., 129 fg., Staudinger § 130, 7; vgl. unt. § 62 Note 29.

[263] Auf das Recht des Widerrufs kann der Erklärende in der Erklärung nicht verzichten; denn die Wirksamkeit der einseitigen Erklärung beruht auf dem Gesetz und kann über die vom Gesetz gezogenen Schranken hinaus

7. Da die empfangsbedürftige Erklärung dazu bestimmt ist, zur Kenntnis des Adressaten zu kommen, und Kenntnis nur bei einem gewissen Grad geistiger Normalität in Betracht kommen kann [264], so verlangt das Gesetz für den Adressaten einer Willenserklärung denselben Grad der Geschäftsfähigkeit, wie für den, der eine Willenserklärung abgibt. Ist der Adressat geschäftsunfähig, so muß die für ihn bestimmte Willenserklärung, um wirksam zu werden, seinem gesetzlichen Vertreter zugehen, § 131 I [264a]. Dasselbe gilt für Erklärungen an Personen, die in der Geschäftsfähigkeit beschränkt sind, insbesondere Minderjährige [265], es sei denn, daß die Erklärung dem Adressaten lediglich rechtlichen Vorteil bringt, oder daß der gesetzliche Vertreter seine Einwilligung dazu erteilt hat, daß die Erklärung an den beschränkt Geschäftsfähigen abgegeben wird, § 131 II. Ausnahmsweise genügt Zugehen der Erklärung an den Minderjährigen: beim Widerruf, § 109 I 2, und bei der Zurückweisung eines einseitigen Rechtsgeschäfts des Minderjährigen, § 111, 2. Ferner ergibt sich aus der partiellen Geschäftsfähigkeit der §§ 112/3, daß Willenserklärungen innerhalb des dort bestimmten Geschäftskreises an den Minderjährigen abgegeben werden können [266]. Ist die Erklärung an den Minderjährigen ein einseitiges Rechtsgeschäft, so kann die Einwilligung des gesetzlichen Vertreters nicht durch nachträgliche Genehmigung ersetzt werden [267]. Ist die Erklärung Bestandteil eines Vertragsschlusses, so ist zu unterscheiden: eine Offerte an den Minderjährigen ist, als für ihn lediglich vorteilhaft,

---

durch den Willen des Erklärenden nicht verschärft werden, vgl. ob. § 51 Note 12. Dagegen dürfte eine Verabredung zwischen A und B möglich sein, nach welcher künftige Erklärungen des A ohne Rücksicht auf einen Widerruf verbindlich sein sollen, wie ja auch verabredet werden kann, daß Erklärungen des A schon vor ihrem Zugehen an B verbindlich sein sollen. Durch Verabredung mit einem Dritten kann die Möglichkeit des Widerrufs nicht ausgeschlossen werden, arg. § 137. Vgl. ob. § 60 N. 187 b.

[264] Vgl. ob. § 59 X 5.

[264a] Resp. ihm nach § 132 I zugestellt sein, Planck § 132, 2.

[265] Dem Minderjährigen sind nach § 114 die übrigen in der Geschäftsfähigkeit beschränkten Personen gleichgestellt.

[266] Vgl. ob. § 59 Note 142.

[267] Kipp, Zus. 2 zu Windscheid § 71, 8. Die Wirksamkeit einseitiger Geschäfte darf nicht in der Schwebe bleiben, vgl. ob. § 53 Note 36. Wird die Erklärung an den Minderjährigen mit dessen Einverständnis abgegeben, so kann man diesen Vorgang nach Analogie von § 180, 3 als (genehmigungsfähigen) Vertrag auffassen, vgl. ob. § 53 Note 29.

wirksam und für den Offerenten bindend [268]; der Vertrag kommt zustande, wenn eine wirksame Annahmeerklärung (des gesetzlichen Vertreters oder des Minderjährigen mit Einwilligung des gesetzlichen Vertreters [269]) dem Offerenten rechtzeitig zugeht. Hat der Minderjährige eine Offerte mit Einwilligung des gesetzlichen Vertreters gestellt, so genügt Zugehen der Annahmeerklärung an den Minderjährigen [270]; hat er die Offerte ohne Einwilligung seines Vertreters gestellt, so entsteht durch Zugehen der Annahmeerklärung an ihn ein von der Genehmigung des gesetzlichen Vertreters abhängiger Schwebezustand, § 108 [271].

Zur Wirksamkeit der an einen Nichtgeschäftsfähigen gerichteten Erklärung verlangt das Gesetz in § 131, daß die Erklärung dem gesetzlichen Vertreter des Adressaten zugeht [272]; nicht aber, daß sie an ihn adressiert [273] oder, wie die herrschende Lehre [274] annimmt, eventuell für ihn bestimmt ist [275]. Der gesetzliche Vertreter hat das Recht, die an seinen Pflegebefohlenen ge-

---

[268] Planck § 131, 3; Oertmann § 131, 2b; Enneccerus § 151, 3.

[269] Wird die Offerte vom Minderjährigen ohne Einwilligung des ges. Vertreters angenommen, so kann der Offerent seine Offerte nach § 109 widerrufen und damit dem Schwebezustand ein Ende machen, vgl. ob. § 59 Note 104.

[270] Erlaubt der ges. Vertreter dem Minderjährigen eine Offerte zu stellen, so liegt darin zugleich die Einwilligung zur Entgegennahme der Annahmeerklärung.

[271] Die einem minderjährigen Offerenten gegenüber abgegebene Annahmeerklärung ist daher nicht, wie sich aus dem Wortlaut des § 131 zu ergeben scheint, unwirksam, bevor sie dem ges. Vertreter zugeht: sie genügt zwar nicht zur Vollendung des Vertragsschlusses, bindet aber den Annehmenden an die Genehmigung des ges. Vertreters.

[272] Ein Zugehen an den gesetzlichen Vertreter ist nur bei verkörperten Erklärungen möglich, vgl. ob. Note 183, nicht bei mündlichen Erklärungen, welche dem Nichtgeschäftsfähigen gegenüber abgegeben sind. Solche Erklärungen sind dem gesetzlichen Vertreter selbst dann nicht zugegangen, wenn der Nichtgeschäftsfähige ihm das, was ihm gesagt wurde, berichtet, vgl. ob. Note 204, Planck § 131, 4; a. A. Titze, Mißverständnis 307 fg.

[273] Vgl. ob. Note 208 a.

[274] Eine eventuelle Bestimmung der Erklärung für den ges. Vertreter wird verlangt, aber auch als in der Regel vorliegend angenommen von Planck § 131, 2b; Staudinger § 131, 3; Crome § 83 Anm. 13; Cosack § 55 II; vgl. Siber, Buchrechtsgeschäft 67.

[275] Kipp, Zus. 1 zu Windscheid § 31, 8; Oertmann § 131, 2; Siber, Buchrechtsgeschäft 67.

richteten Briefe, wenn sie die zu seinem Geschäftskreis gehörenden Angelegenheiten betreffen [276], an sich zu nehmen und zu öffnen [276a]. Ist dem Absender der Erklärung der Mangel oder der plötzliche Wegfall der Geschäftsfähigkeit des Adressaten nicht bekannt, so kann bei ihm eine eventuelle Absicht, die Erklärung an den gesetzlichen Vertreter zu richten, nicht bestehen; trotzdem muß eine Erklärung, z. B. eine Kündigung des Mieters an den ohne Wissen des Mieters entmündigten Vermieter, wirksam sein, wenn sie dem Vormund des Vermieters zugeht. Kennt der Erklärende den Mangel der Geschäftsfähigkeit des Gegners, so wird er in den meisten Fällen damit rechnen, daß die Erklärung an den gesetzlichen Vertreter des Gegners gelangt. Will der Erklärende ausnahmsweise, daß seine Erklärung dem gesetzlichen Vertreter des Gegners nicht zugehen solle, so fehlt es an dem rechtsgeschäftlichen Willen [277]; die Erklärung ist daher unwirksam, wenn sich aus ihr ergibt, daß sie nicht zur Kenntnis des gesetzlichen Vertreters kommen soll; ist dieser Wille des Erklärenden aus der Erklärung nicht ersichtlich, so ist die Erklärung nach § 116 als wirksam zu betrachten [278]. Ebenso ist zu entscheiden, wenn die Erklärung nicht dem Adressaten, sondern seinem Erben zugeht: sie ist wirksam, außer wenn sich aus ihrem Inhalt ergibt, daß sie nur für den Adressaten und nicht für dessen Erben bestimmt ist [279].

Bei der Anwendung des § 131 ergibt sich eine vom Gesetz nicht vorgesehene Schwierigkeit [280] für den Fall, daß die Erklärung an eine nichtgeschäftsfähige Person abzugeben ist, welche keinen gesetzlichen Vertreter hat [281]. Der Erklärende muß, um

[276] §§ 1627, 1793, 1897.

[276a] Ollendorff, DJZ. 18, 1378.

[277] Vgl. ob. § 50 Note 156.

[278] Ebenso verhält es sich, wenn eine Erklärung aus anderem Grunde, als wegen Geschäftsunfähigkeit, an jemanden zu richten ist, der für die Gegenpartei verwaltet; z. B. bei Erklärungen, welche nach § 1403 I dem Mann gegenüber abzugeben sind; auch hier muß es genügen, wenn eine an die Frau gerichtete Erklärung dem Mann zugeht, Titze, Mißverständnis 313 fg.

[279] Vgl. ob. Note 209.

[280] Tuhr, DJZ. 01, 425; Planck § 131, 2c; Staudinger § 131, 3.

[281] Vielleicht kann man zu den Maßregeln, welche das Vormundschaftsgericht nach § 1846 treffen kann, auch die Entgegennahme für den Mündel bestimmter Erklärungen rechnen, wenn die Entgegennahme im Interesse des Mündels liegt.

seine Erklärung vornehmen zu können, die Bestellung eines Vormunds oder Pflegers veranlassen [282]; bei Geisteskrankheit des Adressaten muß der Erklärende die Entmündigung herbeizuführen suchen [283]. Durch die Notwendigkeit solcher Schritte kann eine für die Erklärung laufende Frist versäumt werden; doch wird man nach dem ob. S. 447 dargelegten Grundsatz in solchen Fällen eine Verlängerung der Frist annehmen dürfen.

IV. Für gewisse Willenserklärungen privatrechtlichen Inhalts hat das Gesetz Abgabe gegenüber einer Behörde [284] vorgeschrieben [285], so z. B. für den Verzicht auf Grundeigentum, § 928, Verzicht auf das Eigentum an der gefundenen Sache, § 976, Bestellung der Inhaberhypothek und Eigentümergrundschuld, §§ 1188, 1196, für die Namensänderung der geschiedenen Ehefrau, § 1577, den Verzicht auf die väterliche Nutznießung, § 1662, für die Wiedererlangung der väterlichen Gewalt, § 1679, für die Aufhebung der fortgesetzten Gütergemeinschaft, § 1492, und für die Ausschlagung der Erbschaft, § 1945 [286]. In anderen Fällen kann die Erklärung nach Wahl des Erklärenden an die beteiligte Privatperson oder an eine Behörde abgegeben werden [287]. Erklärungen an eine Behörde sind empfangsbedürftig, § 130 III: sie werden wirksam im Moment des Zugehens [288], ohne daß es auf die Kennt-

---

282 M. Rümelin, Geisteskranke im Rechtsverkehr 23.

283 Ev. durch Anrufung des Staatsanwalts. Vorläufige Entmündigung ist nur dann möglich, wenn eine erhebliche Gefährdung des Geisteskranken vorliegt, § 1906.

284 Die Frage, ob die Willenserklärung wirksam ist, wenn sie an eine unzuständige Behörde abgegeben wird, ist für die Ausschlagung streitig geworden. Für Unwirksamkeit Planck § 1945 1; OLG. 21, 300 (KammerG.) Für Wirksamkeit: Dernburg V § 148 I 1; RG. 71, 380 mit analoger Anwendung des § 7 GFG. Gegen diese Entscheidung Wolff, DJZ. 14, 1488.

285 Planck § 130, 12; Siber, Buchrechtsgeschäft 152 fg.

286 Der Verzicht auf Rücknahme der hinterlegten Sache, § 376, betrifft in erster Linie das Rechtsverhältnis zwischen dem Hinterlegenden und der Hinterlegungsstelle und ist daher selbstverständlich dieser gegenüber zu erklären, vgl. ob. § 54 Note 208.

287 Z. B. §§ 875, 876, 880 II, 1748 I. Solche Erklärungen sind, wenn sie an die Privatperson gerichtet werden, als empfangsbedürftig zu behandeln, in manchen Beziehungen auch dann, wenn sie gegenüber der Behörde abgegeben werden, vgl. § 143 III. Zitelmann, Grundriß 99; Enneccerus § 136 II A 4. Vgl. ob. § 57 IV 2.

288 GBO. § 13 spricht von „Eingehen" des Antrags.

nisnahme der Behörde ankommt [289]; bis zum Zugehen kann die Erklärung widerrufen werden; sie wird wirksam, auch wenn der Erklärende nach Abgabe der Erklärung stirbt oder geschäftsunfähig wird [290]. In einigen Fällen ist die Behörde verpflichtet, die Erklärung den Interessenten mitzuteilen, §§ 1492, 1953, 143 IV [291]. Da es sich bei Erklärungen gegenüber einer Behörde um Rechtsgeschäfte von größerer Tragweite handelt und die Behörde von den Umständen, unter denen die Erklärung erfolgt, keine Kenntnis hat, so wird man zur Gültigkeit der Erklärung volle und unzweideutige Klarheit des Ausdruckes verlangen müssen; so muß z. B. die Ausschlagung der Erbschaft ausdrücklich erklärt werden [292].

Von der Erklärung gegenüber einer Behörde unterscheidet das Gesetz die Erklärung, welche vor einer Behörde oder einem Beamten abgegeben wird, §§ 873 II, 925, 1317, 1434, 1750, 2231 Nr. 1, 2249, 2276 [293]. Solche Erklärungen müssen mündlich in Gegenwart des zuständigen Beamten abgegeben werden. Aber der Beamte ist nicht als Adressat der Erklärung aufzufassen [294], sondern als eine Person, deren Mitwirkung zur Form des Rechtsgeschäftes gehört [295]. Die Erklärung ist in den meisten Fällen an eine andere, vor der Behörde gleichzeitig anwesende Privatperson gerichtet; ausnahmsweise (beim öffentlichen Testament) hat die Erklärung keinen bestimmten Adressaten.

V. Eine nichtempfangsbedürftige Erklärung ist, wie jede Willenserklärung, eine Handlung, die zu dem Zweck vorgenommen

---

[289] Enneccerus § 151 Anm. 1, vgl. Stein, ZPO. § 207 Erl. IV. RG. 76, 128. Josef, ArchZivPr. 111, 339 fg. OLG. 26, 350.

[290] Zu denken ist an schriftliche der Behörde zugesendete Erklärungen.

[291] Die Wirkung der Erklärung hängt von der Beobachtung dieser Sollvorschrift nicht ab.

[292] Planck § 1945, 1. Dagegen braucht die Annahme des Amtes eines Testamentsvollstreckers nicht ausdrücklich erklärt zu werden, Planck § 2202, 2. RG. 81, 171.

[293] Der Unterschied zeigt sich z. B. in der Frage, an wen die Anfechtung einer Erklärung zu richten ist, § 143 IV, vgl. ob. § 57 Note 79.

[294] Auch nicht als Mitadressat (obgleich der Beamte durch seine Mitwirkung Kenntnis vom Inhalt der Erklärung erhält), Siber, Buchrechtsgeschäft 72; a. A. Eltzbacher, Handlungsfähigkeit 255; Staudinger § 130, 9. Jedoch kann der Beamte zufällig zugleich Adressat der von ihm beurkundeten Erklärung sein, z. B. wenn eine Offerte an X gerichtet wird und dieser sie in seiner Eigenschaft als Notar beurkundet, RG. 49, 130.

[295] Vgl. unt. § 63 VI.

wird, einen Willensentschluß zur Kenntnis der Mitwelt zu bringen[296] es ist aber, im Unterschied von der empfangsbedürftigen Erklärung, nicht erforderlich, daß die Erklärung an eine bestimmte Person gerichtet wird und ihr zugeht. Das Gesetz begnügt sich mit solchen Erklärungen, wenn die Wirkung der Erklärung die eigene Rechtssphäre des Erklärenden betrifft[297] (Errichtung[298] und Widerruf des Testaments[299], Errichtung der Stiftung, Dereliktion und Okkupation) oder einen unbestimmten Kreis von Beteiligten (Annahme der Erbschaft[300], Auslobung[301], Schuldübernahme nach HGB. § 25 III[302], Verzicht auf Urheberrecht[303]), oder wenn die Erklärung für mehrere einander ablösende Personen Rechte begründet[304] (Wechselakzept[305], Ausstellung eines Inhaberpapiers[306]). Dagegen sind Erklärungen, deren Wirkung sich auf

[296] Vgl. ob. Note 5.

[297] Vgl. ob. Note 159.

[298] Auch das öffentliche Testament ist nichtempfangsbedürftige Erklärung, Planck § 2238, 2. Die Erklärung des Erblassers an Gericht oder Notar, § 2238, ist Bestandteil der Form; die den Inhalt des Testaments enthaltende Urkunde kann geschlossen übergeben werden.

[299] Dagegen ist empfangsbedürftig der Widerruf des Erbvertrags, § 2296 II, und des korrespektiven Testaments, § 2271 I. Vgl. RG. 65, 272.

[300] Planck § 1943, 3.

[301] Die Auslobung ist keine an unbestimmte Person gerichtete Offerte (vgl. ob. Note 162), sondern einseitige Erklärung des Auslobenden. Das ergibt sich aus den Schlußworten des § 657, Planck, Vorb. III 1; Oertmann, Vorb. 1 zu § 657.

[302] Vgl. ob. § 48 Note 85.

[303] Crome § 521 II; Walsmann, Verzicht 187. Vgl. ob. § 54 Note 211.

[304] Vgl. ob. § 44 S. 44.

[305] Das Akzept erfolgt durch Vermerk auf dem Wechsel und ist schon vor der Aushändigung des Wechsels wirksam und unwiderruflich, WO. Art. 21, Dernburg II § 253 Anm. 4; § 263, 3.

[306] Da die Verpflichtung aus dem Inhaberpapier erst dann entsteht, wenn das Papier in die Hand eines Inhabers kommt, könnte man daran denken, die Ausstellung als eine an den jeweiligen Inhaber gerichtete, und durch das Zugehen an ihn wirksam werdende, d. h. empfangsbedürftige Erklärung (ob. Note 162) anzusehen. Diese Auffassung scheitert aber daran, daß die Verpflichtung auch dann entsteht, wenn das Papier ohne Willen des Ausstellers in den Verkehr gelangt, § 794. Daher ist die Ausstellung als nichtempfangsbedürftige Erklärung zu betrachten, aus welcher allerdings zunächst nur eine Bindung des Ausstellers, Bd. I § 2 VII, entsteht. Aus dieser Bindung erwächst, ohne daß es einer weiteren Handlung des Ausstellers bedarf, eine Verpflichtung, wenn das Papier in irgendeiner Weise in das Eigentum eines Inhabers gelangt.

eine bestimmte Person (und deren Rechtsnachfolger) bezieht, in der Regel empfangsbedürftig, weil es angemessen erscheint, daß dem von der Erklärung betroffenen wenigstens die Möglichkeit der Kenntnisnahme geboten wird. Jedoch läßt das Gesetz aus besonderen Gründen in einigen Fällen solche Erklärungen wirksam werden, ohne daß sie an den Gegner gerichtet zu werden oder ihm zuzugehen brauchen; so die Vertragsannahme nach § 152 [307], die Annahme der Anweisung [308], die Zuschreibung auf Girokonto [309], die Anerkennung der Ehelichkeit, § 1598, den Rücktritt vom Verlöbnis [310], die Bestätigung eines anfechtbaren Rechtsgeschäftes [311], § 141 [312]. In zahlreichen Fällen dieser Art bedarf es nicht einmal einer Erklärung; es genügt eine Betätigung des

---

[307] Vgl. unt. § 62 S. 476. Wenn Enneccerus § 153 I 2b die Annahme nach § 152 als empfangsbedürftige Erklärung bezeichnet, so ist das nicht richtig, sofern man unter empfangsbedürftig solche Erklärungen versteht, die an eine bestimmte Privatperson gerichtet sind und erst mit dem Zugehen wirksam werden; denn der die Annahme beurkundende Beamte ist weder Adressat der Annahmeerklärung noch Vertreter des Offerenten, für den diese Erklärung bestimmt ist. Zuzugeben ist aber, daß einige Rechtssätze über empfangsbedürftige Erklärung auf die Annahme nach § 152 analoge Anwendung finden müssen, weil die Erklärung nach § 152 dieselbe Funktion hat, welche einer an den Offerenten gerichteten Annahmeerklärung zukommt. Vgl. unt. § 66 Note 40. § 68 Note 75.

[308] Die Annahme erfolgt durch schriftlichen Vermerk auf der Anweisung, § 784 II, und ist, wie das Wechselakzept, mit diesem Moment unwiderruflich, Oertmann § 784, 3; Enneccerus § 424 I 2a; a. A. Planck § 784, 1 c. Ist die Anweisung dem Empfänger bereits ausgehändigt, so entsteht durch die Annahme eine Verpflichtung des Annehmenden. Ist die Anweisung noch nicht ausgehändigt, so ist der Annehmende gebunden; eine Verpflichtung entsteht erst dadurch, daß die akzeptierte Anweisung vom Anweisenden an den Empfänger ausgehändigt wird, was auch ohne Willen des Anweisenden geschehen kann, Enneccerus § 424 I 2b.

[309] Die Zuschreibung ist ein einseitiger Akt, durch welchen für den Girokunden eine Forderung entsteht. Die Auffassung, daß die Bank durch die Zuschreibung ein Schuldversprechen an den Kunden abgibt und es zugleich namens desselben annimmt (vgl. z. B. Lehmann, Handelsrecht § 185, 5), scheint mir gekünstelt zu sein und nur dazu zu dienen, die tatsächlich vorliegende Verpflichtung durch einseitigen Akt zu verdecken.

[310] Dernburg IV § 7 Anm. 10; Crome § 550 Anm. 14.

[311] Vgl. ob. § 57 Note 128.

[312] Nichtempfangsbedürftig ist ferner der Zuschlag bei der Versteigerung, vgl. unt. § 62 Note 214.

Willens, so z. B. bei der Erbschaftsannahme [313], der Annahme der Offerte nach § 151, bei der Bestätigung, bei Dereliktion und Okkupation.

Die nichtempfangsbedürftige Erklärung ist vollendet, sobald der fertige Entschluß erkennbar in die Außenwelt getreten ist. Mit diesem Moment beginnt die Wirkung der Erklärung. Der Eintritt der Wirkung kann durch Widerruf nicht gehindert werden. Ist eine Form vorgeschrieben, so ist die Erklärung mit Erfüllung der Form vollendet, so das Testament mit seiner Errichtung [314], das Stiftungsgeschäft mit Vollziehung der Urkunde durch den Stifter [315]. In einigen Fällen verlangt das Gesetz öffentliche Bekanntmachung der Erklärung, so bei der Auslobung, § 657 [316]; die Erklärung ist öffentlich, wenn sie zur Kenntnis aller Interessenten bestimmt und in einer dazu geeigneten Weise (gewöhnlich durch Publikation in Zeitungen [317]) erfolgt. Ist weder Schriftform noch öffentliche Bekanntmachung vorgeschrieben, so kann die Erklärung in beliebiger Weise erfolgen und an beliebige Personen gerichtet sein, z. B. die Erklärung der Erbschaftsannahme an einen Ersatzerben, Nachlaßgläubiger, Vermächtnisnehmer. Dabei ist aber zu beachten, daß Erklärungen an ganz unbeteiligte

---

[313] Vgl. ob. Note 26.

[314] Beim öffentl. Test. muß der Erblasser das Protokoll unterzeichnen, braucht aber die Unterzeichnung durch die mitwirkenden Personen nicht mehr zu erleben, Planck § 2242, 4 d.

[315] Vgl. Bd. I § 41 Note 27.

[316] Ferner: Verzicht auf Urheberrecht, ob. Note 303; Anfechtung nach § 132 II bei Fehlen eines Anfechtungsgegners, ob. § 57 Note 88. Ebenso dürfte Dereliktion einer nicht im Besitz des Eigentümers befindlichen Sache durch öffentliche Erklärung möglich sein, Walsmann, Verzicht 278. Öffentliche Bekanntmachung kommt auch bei Mitteilungen und Rechtshandlungen vor: Bekanntmachung der Vollmacht, § 171; Aufgebot bei der Liquidation des Vereins, § 50; Privataufgebot des Erben, § 2061, vgl. ob. § 48 Note 32.

[317] Da die Bekanntmachung durch den Erklärenden nur veranlaßt, aber nicht durch ihn selbst bewirkt wird, kann man von der Vollendung der Erklärung durch Bekanntmachung die Abgabe der Erklärung unterscheiden: die letzte Handlung des Erklärenden, die zur Bewirkung der Publikation erforderlich ist. Auf die Abgabe ist § 130 II analog anzuwenden, Planck § 130, 9; Enneccerus § 150, 3; es genügt, daß der Erklärende in diesem Moment lebt und geistesgesund ist. Daß die Erklärung nicht zustande kommt, wenn der Erklärende die bereits angeordnete Bekanntmachung verhindert, ist selbstverständlich, kann aber nicht wohl als Widerruf bezeichnet werden.

Dritte in der Regel nicht als Äußerungen eines rechtsgeschäftlichen Willens aufzufassen sind, sondern als unmaßgebliche Mitteilung einer auf zukünftiges Handeln gerichteten Absicht [318]. Wenn z. B. der Erbe einer am Nachlaß nicht beteiligten Person erklärt, er wolle die Erbschaft annehmen, so ist diese Erklärung nicht als bindend zu betrachten [319], ebenso wenn A, der die Geschäfte des B führt, dem unbeteiligten X erklärt, daß er keinen Ersatz seiner Auslagen haben wolle [320], oder wenn ein Ehemann beim Erwerb mit Mitteln des eingebrachten Gutes einem Fremden erzählt, daß er diesen Erwerb für sich selbst mache. Solche Erklärungen haben keine selbständige Bedeutung, können aber als Beweismittel dafür dienen, daß der Erklärende bei seinem Verhalten die von ihm kundgetane Absicht gehabt hat [321].

Wird eine Erklärung, welche nach Vorschrift des Gesetzes nicht empfangsbedürftig ist, an eine bestimmte Person gerichtet, z. B. die Erklärung der Erbschaftsannahme an einen Nachlaßinteressenten [321a], so entsteht die Frage, ob diese Erklärung dem Recht der Empfangsbedürftigkeit, insbesondere dem § 130 unterliegt, d. h. ob sie erst mit ihrem Zugehen wirksam wird und bis zum Zugehen widerrufen werden kann. Diese Frage ist, obgleich § 130 von Erklärungen spricht, die einem anderen gegenüber abzugeben sind, meines Erachtens zu bejahen [322]; denn es beruht nicht nur auf gesetzlicher Vorschrift, sondern entspricht auch dem Willen des Erklärenden und der Beschaffenheit der Erklärungen an einen Abwesenden, daß die Erklärung nicht schon mit ihrer Abgabe wirksam wird. Dabei ist aber darauf zu achten, ob nicht vor dem Zugang der Erklärung eine Handlung des Erklärenden erfolgt, welche als nichtempfangsbedürftige Erklärung oder als Willensbetätigung genügt, um den durch die Erklärung beabsichtigten Rechtserfolg herbeizuführen; neben einer solchen Handlung verliert die an den Gegner abgesendete Erklärung ihre rechtsgeschäftliche Bedeutung. Hat z. B. der Erbe die Annahme durch

[318] Vgl. ob. § 48 Note 80.

[319] Planck § 1943, 3; Titze a. a. O. 27.

[320] Anders wenn X im Begriffe war, sich der Geschäfte des B anzunehmen, und A ihn durch seine Erklärung davon abhalten wollte.

[321] Vgl. ob. § 49 Note 10, 11.

[321a] Oder eine Bestätigungserklärung an den Geschäftsgegner.

[322] Zitelmann 98; Planck § 1943, 3; Binder, Rechtsstellung des Erben I 99; a. A. Titze, Mißverständnis 32 fg.; Planck § 130, 9.

Brief an einen Interessenten erklärt und vor Zugang des Briefes Maßregeln getroffen, die als Annahme gelten müssen, so kann er diesen Rechtserfolg nicht durch Widerruf des Briefes aufheben [323].

Die nichtempfangsbedürftigen Erklärungen unterscheiden sich von den empfangsbedürftigen nicht nur durch die Art ihres Zustandekommens, sondern auch noch in einigen anderen Punkten: Person des Anfechtungsgegners, § 143 IV [324]; Anfechtbarkeit wegen Täuschung, § 123 II [325]; und Schadensersatz bei Anfechtung wegen Willensmängel, § 122 [326].

§ 62. Vertragsschluß *.

1. Zum Tatbestand des Vertrages [1] gehören zwei Willenserklärungen [2], welche inhaltlich übereinstimmen und unter den Parteien ausgetauscht werden [3]. In der Regel verläuft der Vertragsschluß sukzessiv: die Partei, welche die Initiative ergreift und dem Gegner den Abschluß des Vertrages vorschlägt, ist der Antragende (Offerent); ihre Erklärung ist der Antrag [4] (Offerte).

---

[323] Wird ein Privattestament als Brief an den Erben oder Vermächtnisnehmer abgefaßt, Kipp, Erbrecht § 13 V, und diesem zugesandt, so kommt § 130 nicht zur Anwendung; das Testament ist mit Vollendung der Form errichtet und kann nur durch Widerruf in testamentarischer Form oder durch Vernichtung der Urkunde aufgehoben werden, nicht aber durch Telegramm an den Adressaten.

[324] Vgl. ob. § 57 IV 3.

[325] Vgl. unt. § 68.

[326] Vgl. unt. § 67 VI.

* Windscheid § 305/10; Regelsberger § 149/50; Bekker § 96; Dernburg § 128 fg.; Endemann § 68/9; Crome § 89/90; Cosack § 59 a; Enneccerus § 152/4; Kohler § 244; Biermann § 47; Zitelmann S. 114 fg.

[1] Vgl. ob. § 53 II.

[2] Ausnahmsweise kann ein Vertragsverhältnis auf Grund einer vorausgegangenen Verabredung durch einseitige Erklärung entstehen: so der Wiederkauf und Vorkauf durch Erklärung des Wieder- oder Vorkäufers, § 497 I, 505 II. Diese Erklärung ist Ausübung eines Gestaltungsrechts, vgl. ob. § 7 III. Ähnlich verhält es sich mit dem Recht des Rentenberechtigten nach § 915, Planck § 915, 2.

[3] Bei mehr als zwei Parteien muß jede Partei ihre Erklärung an jeden Mitkontrahenten (oder an einen gemeinsamen Vertreter) richten, vgl. ob. § 53 Note 137.

[4] Der Vertragantrag ist zu unterscheiden von dem an eine Behörde gerichteten Antrag auf Vornahme eines staatlichen Aktes, vgl. ob. § 50 Note 62.

Für den Adressaten des Antrags fehlt es an einem treffenden Ausdruck; man kann ihn Antragsempfänger nennen, wenn man den kurzen, aber sprachlich unschönen Ausdruck Oblat vermeiden will. Die Erklärung, in welcher der Antragsempfänger seine Zustimmung zum Antrag kundgibt, ist die Annahme (Akzeptation [5]). Der Antrag kann von jeder der künftigen Vertragsparteien ausgehen: vom Veräußerer, wie vom Erwerber; vom künftigen Gläubiger, wie vom künftigen Schuldner [6]; bei gegenseitigen Schuldverträgen enthält der Antrag die Erklärung, sowohl Gläubiger als Schuldner des Gegners werden zu wollen. Erklären beide Kontrahenten ihren übereinstimmenden Willen gleichzeitig, so kann keine der beiden Erklärungen als Antrag oder als Annahme bezeichnet werden. Trotzdem kommt der Vertrag zustande, wenn die Erklärungen in gleichzeitiger Anwesenheit der Parteien abgegeben werden [7]; nicht dagegen im Verkehr unter Abwesenden, wenn zwei völlig übereinstimmende Anträge sich kreuzen [8]. Wenn z. B. A dem B eine Sache zum Preise von 100 M. anbietet und gleich nach Absendung seines Briefes von B das Angebot, dieselbe Sache zu 100 M. zu kaufen, erhält, so ist der Vertrag erst dann geschlossen, wenn einer von beiden den ihm zugegangenen An-

---

[5] Die Annahme kann nicht vor dem Antrag erklärt werden: erklärt sich A im voraus einverstanden mit dem, was ihm B vorschlagen werde, so ist die Erklärung des A als Antrag, die des B als Annahme zu beurteilen, Biermann § 47 Anm. 3.

[6] In der römischen Stipulation stellte der Gläubiger die Frage, welche der Schuldner bejahend zu beantworten hatte.

[7] Das ist z. B. der Fall, wenn ein Dritter den Kontrahenten einen Vertragsentwurf vorlegt und beide gleichzeitig zustimmen, Wedemeyer, Abschluß eines obl. Vertrags 37. Vielfach wird behauptet, daß es sich ebenso verhält bei der Eheschließung sowie bei schriftlichen Verträgen in gleichzeitiger Anwesenheit beider Parteien, z. B. bei der Adoption, § 1750 II, und beim Erbvertrag, vgl. Biermann § 47 Anm. 2. Das dürfte nicht richtig sein; denn selbst bei gleichzeitiger Anwesenheit erfolgen die Erklärungen nicht gleichzeitig, sondern nacheinander: wer zuerst spricht oder die Urkunde unterschreibt, ist der Offerent; der andere ist der Akzeptant. Dieser Unterschied besteht selbst dann, wenn die Urkunde nicht die Erklärung jeder Partei gesondert anführt, sondern das Resultat wiedergibt, auf welches sich die Parteien einigen wollen.

[8] Cosack § 59 a II; Oertmann § 145, 2 b; Biermann § 47 Anm. 4; Titze, Mißverständnis § 20 Anm. 14; a. A. Regelsberger § 150 Anm. 19; Crome § 89 Anm. 2; Enneccerus § 152 Anm. 5; Planck und Staudinger, Vorb. 1 vor 145; Siber, Buchrechtsgeschäfts 110.

trag annimmt [9]. Eine Annahme wird unter diesen Umständen oft schon darin liegen, daß A die Offerte des B nicht sofort zurückweist [10].

II. Der Antrag ist eine Willenserklärung [11], durch welche jemand einem anderen die Schließung eines Vertrages in der Weise anbietet, daß das Zustandekommen des Vertrages nur noch von der Zustimmung dieses anderen abhängt [12]. Daher muß der Antrag der für den Vertrag vorgeschriebenen Form, soweit sie für den Offerenten in Betracht kommt, genügen [13] und inhaltlich so vollständig sein, daß sich aus ihm der Bestand des zu schließenden Vertrages mit genügender Bestimmtheit ergibt. Der Antrag enthält daher in der Regel die essentialia negotii [14] und die Abweichungen vom dispositiven Recht, auf welche es dem Offerenten ankommt. Der Antragsteller kann aber die Bestimmung einzelner, auch wesentlicher, Punkte dem Gegner überlassen, so z. B. bei einer Kaufofferte die Festsetzung des Quantums der Ware oder der Höhe des Preises, innerhalb einer vom Offerenten gesetzten Grenze oder nach billigem Ermessen des Gegners, § 315 [15]. Die Offerte kann auch alternativ gestellt sein [16]: angeboten wird z. B. die Sache a zum Preise x oder die Sache b zum Preise y, so daß

---

[9] Dagegen kann jeder von beiden seine Erklärung, bevor sie dem Gegner zugeht, widerrufen, § 130 I 2, und zwar selbst dann, wenn ihm die Erklärung des Gegners bereits zugegangen ist.

[10] Ist die Offerte des B so gefaßt und zu einem solchen Zeitpunkt eingetroffen, daß A sie als Annahme seines Antrags auffassen durfte, so ist der Vertrag geschlossen und B darauf angewiesen, seine nicht als Annahme gemeinte Erklärung nach § 119 anzufechten.

[11] Der Antrag ist für sich betrachtet kein Rechtsgeschäft; der Antragende will die Rechtsänderung durch seine Erklärung nicht herbeiführen, sondern (durch die Annahme) ermöglichen, vgl. ob. § 53 Note 128.

[12] Ist eine Mitteilung so gefaßt, daß sie als Offerte verstanden werden kann und wird infolgedessen vom Adressaten eine Annahmeerklärung abgegeben, so kommt ein Vertrag zustande. War die Mitteilung nicht als Offerte gemeint, so ist der Mitteilende auf die Anfechtung nach § 119 I angewiesen.

[13] Bei einseitiger Schriftform (vgl. unt. § 63 V) muß die Offerte schriftlich sein, wenn sie von dem Vertragsteil ausgeht, dessen Erklärung der Schriftform bedarf, z. B. wenn sich jemand als Bürge anbietet.

[14] Vgl. ob. § 52 II 1.

[15] Fehlt es an einer solchen Begrenzung, so ist die Erklärung in der Regel nicht als Offerte zu betrachten, da nicht anzunehmen ist, daß sich jemand in schrankenloser Weise der Willkür eines anderen aussetzen will

[16] Regelsberger § 150 A 1.

der Gegner durch seine Zustimmung den einen oder den anderen Vertrag zum Abschluß bringen kann [17].

Dem Antrag können Verhandlungen über den zu schließenden Vertrag vorausgehen. Insbesondere kann eine Partei der anderen mitteilen, unter welchen Bedingungen sie den Vertrag zu schließen bereit sei [18]. Solche Mitteilungen ergehen oft an einen unbestimmten Personenkreis (durch Bekanntmachung in der Zeitung oder Zusendung von Zirkularen und Prospekten) und ermangeln meistens der zu einer Offerte erforderlichen inhaltlichen Bestimmtheit. Sie sind Aufforderungen zur Stellung einer Offerte. Wird auf Grund einer solchen Mitteilung eine Offerte gemacht, so kann sie ohne weiteres abgelehnt werden [19]. Wird die Offerte angenommen, so sind die ihr vorausgegangenen Verhandlungen und Mitteilungen der Parteien von großer Bedeutung für die Auslegung der oft kurz gefaßten Offerte [20]; denn es ist anzunehmen, daß die Offerte mit Rücksicht darauf gemacht wird, was die Parteien vorher einander mitgeteilt haben [21]. In diesem Sinne können auch Anschläge im Geschäftslokal für den Sinn der Offerte in Betracht kommen [22].

Der Antrag ist, wie sich aus § 145 [23] ergibt, eine empfangsbedürftige Erklärung: er muß an die Person gerichtet sein, mit welcher der Vertrag geschlossen werden soll. Der Antrag wird wirksam mit dem Zugehen an den Gegner und kann bis zum Zugehen widerrufen werden, § 130 I [24]. Der Offerent braucht aber die Person, welcher die Offerte zugehen wird, nicht im Voraus zu kennen [25]. Die Person des Antragsempfängers kann auch

[17] Zu unterscheiden von der Offerte zum Abschluß eines Vertrages mit alternativem Leistungsinhalt.

[18] Eine Verpflichtung zur vorhergehenden Mitteilung der allgemeinen Versicherungsbedingungen besteht nach § 10 des RG. üb. priv. VersUntern.

[19] Wer sich zum Abschluß von Rechtsgeschäften erbietet, ist nicht verpflichtet, dahingehende Offerten anzunehmen (wohl aber u. U. verpflichtet, die Ablehnung unverzüglich anzuzeigen, § 663, HGB. § 352). Nicht ernstgemeinte Ankündigungen können als Delikt nach § 826 zu Schadensersatz verpflichten, Dernburg § 130 III; Staub, Exk. zu HGB. § 361 Anm. 13. Vgl. auch UnlWettb. § 4.

[20] Vgl. unt. § 64 Note 00.

[21] Nachträglich mitgeteilte allgemeine Geschäftsbedingungen kommen nicht in Betracht, RG. 66, 40.

[22] Vgl. § 701 III.

[23] „Wer einem anderen die Schließung eines Vertrages anträgt."

[24] Vgl. ob. § 61 III 6. [25] Vgl. ob. § 61 Note 162.

zunächst unbestimmt sein; es genügt, daß sie durch spätere Tatsachen bestimmt wird. z. B. dadurch, daß jemand die in der Offerte bezeichnete Annahmehandlung vornimmt. In diesem Sinne ist die vielbestrittene Frage der Möglichkeit einer Offerte an das Publikum [26] bejahend zu beantworten [27]: wer z. B. einen Automaten aufstellt, macht damit eine Offerte an die zunächst noch unbestimmte Person, welche ein Geldstück hineinwerfen wird; wer zu Zwecken der Reklame Schriftstücke oder andere Gegenstände zur freien Mitnahme durch das Publikum auslegt, offeriert die Eigentumsübertragung an jeden, der einen solchen Gegenstand an sich nimmt; auch durch Zeitungsannonce kann eine Offerte gestellt werden, wenn z. B. jedem Leser, der ein Blatt der Zeitung einschickt, eine bestimmte Leistung versprochen wird [28]. Allerdings werden Erklärungen an einen unbestimmten Personenkreis in der Regel nicht als Offerte gemeint sein (weil der Erklärende sich gegenüber einer ihm unbekannten Anzahl von Menschen vernünftigerweise nicht binden will) und nicht als Offerte verstanden werden; auch fehlt es bei solchen Kundgebungen meistens an der erforderlichen Bestimmtheit des Inhalts.

Die Offerte erlischt, wenn sie abgelehnt [29] oder nicht rechtzeitig angenommen wird, § 146. Die gesetzliche Geltungsdauer der Offerte ist verschieden, je nachdem die Offerte an einen Anwesenden oder Abwesenden gemacht wird:

1. Offerten an Anwesende können nur sofort angenommen werden, § 147 I. „Sofort" bedeutet im Gegensatz zu „unverzüglich" einen minimalen Zeitraum, bei dessen Bemessung es auf die

---

[26] Vgl. über Offerten an unbestimmte Personen Sohm, ZfHandR. 17, 52; Biermann, JheringsJ. 32, 392; Neumond, ArchZivPr. 89, 166; Stricker, Straßb. Diss. 1910.

[27] Art. 337 des alten HGB.s: „das Anerbieten zum Verkauf, welches erkennbar für mehrere Personen, insbesondere durch Mitteilung von Preislisten, Lagerverzeichnissen, Proben oder Mustern geschieht, . . . ist kein verbindlicher Antrag zum Kauf" ist in das BGB. nicht aufgenommen.

[28] Dagegen handelt es sich nicht um einen Antrag an eine unbestimmte Person (wie Endemann § 68 Anm. 17 annimmt), wenn A dem B eine Sache für einen von B später zu nennenden Erwerber zusagt. Darin liegt keine Offerte des A an den ihm unbekannten Dritten (eine Offerte könnte, solange sie dem Dritten nicht zugegangen ist, nicht unwiderruflich sein, vgl. ob. § 61 Note 263), sondern ein Vertrag zwischen A und B, wobei B namens des später zu nennenden Dritten handelt. Ein Fall dieser Art ist besonders geregelt in HGB. § 95.

[29] Vgl. unt. Note 100.

Gründe der Verzögerung nicht ankommt. Die Offerte an einen Anwesenden erfolgt meistens durch mündliche Erklärung, kann aber auch in der Vorlage eines Schriftstückes bestehen [30]. Wird die mündliche Offerte durch einen Boten ausgerichtet, so ist sofortige Annahme nur dann möglich, und daher auch nur dann erforderlich, wenn der Bote zur Entgegennahme der Antwort ermächtigt ist [31]. Der Offerte an Anwesende ist in § 147 I 2 ausdrücklich gleichgestellt die Offerte mittelst Fernsprechers, wenn sie von Person zu Person gemacht wird, d. h. wenn das Gespräch zwischen den Kontrahenten oder solchen Personen stattfindet, die zur Abgabe und Entgegennahme der Vertragserklärungen ermächtigt sind [32]. Wird die telephonische Verbindung unterbrochen, bevor die Annahme erfolgt, so erlischt die Offerte [33]; jedoch kann man nach dem Grundsatz von Treu und Glauben und in Anlehnung an § 149 annehmen, daß eine sofort nach Wiederherstellung der Verbindung erfolgende Antwort als rechtzeitig zu gelten hat, wenn sie nicht vom Offerenten unverzüglich zurückgewiesen wird [34].

2. Ist der Antrag an einen Abwesenden gemacht, so kann er nur bis zu dem Zeitpunkt angenommen werden, in welchem der Antragende den Eingang der Antwort unter regelmäßigen Umständen erwarten darf, § 147 II. Dieser Zeitraum setzt sich zusammen: aus der normalen Transportzeit der Offerte, wobei der Offerent damit rechnen darf, daß die Offerte den Adressaten an seinem Wohnort antrifft [35]; aus einer Überlegungszeit, welche nach Inhalt und Tragweite der Offerte sowie aus den persönlichen dem Offerenten bekannten Umständen des Antragsempfängers [36] mit Rücksicht auf die Verkehrssitte zu bemessen ist; und aus der

[30] Bei Übergabe einer schriftlichen Offerte wird meistens anzunehmen sein, daß der Offerent keine sofortige Antwort erwartet, sondern dem Antragsempfänger nach § 148 eine angemessene Überlegungsfrist gestatten will, Oertmann § 147, 1 b.

[31] Dernburg § 129 IV 1; Enneccerus § 152 II 2 a; Oertmann § 147, 1 b.

[32] RG. 61, 126.

[33] Biermann § 47 Anm. 20; a. A. Dernburg § 129 Anm. 12; Oertmann § 147, 2 a.

[34] Planck § 147, 1; Enneccerus § 152 Anm. 14.

[35] RG. 59, 300.

[36] Nicht in Betracht kommt eine Verzögerung, welche beim Antragsempfänger durch eine dem Offerenten nicht bekannte Krankheit oder Aufhebung der Geschäftsfähigkeit entsteht.

normalen Transportzeit der Annahmeerklärung durch das vom Offerenten vorgeschriebene oder den Umständen entsprechende Beförderungsmittel [37]. Die Geltungsfrist der Offerte ist insofern eine einheitliche, als Verzögerungen beim Transport der Offerte oder bei der Überlegung durch eine besonders schnelle Beförderungsart der Annahmeerklärung ausgeglichen werden können [38].

Der Offerent kann die Geltungsdauer der Offerte abweichend vom dispositiven Recht bestimmen, § 148 [39], in der Offerte selbst, oder durch eine besondere einseitige Erklärung an den Antragsempfänger [40]; diese Erklärung muß, wenn die gesetzliche Geltungsdauer abgekürzt werden soll, spätestens gleichzeitig mit der Offerte zugehen; eine Erklärung, durch welche die gesetzliche oder vom Offerenten bestimmte Frist verlängert wird, ist wirksam, wenn sie dem Antragsempfänger bis zum Ablauf der ursprünglichen Geltungsdauer der Offerte zugeht [41]. Eine Verkürzung der in § 147 II festgesetzten Frist liegt vor, wenn der Offerent „umgehende" [42] oder telegraphische [43] Antwort verlangt. Ist eine Offerte „bis auf Widerruf" gemacht, so kommt der Vertrag zustande, wenn der Antragsempfänger die Annahmeerklärung absendet, bevor ihm ein Widerruf zugegangen ist [44].

Ist innerhalb der gesetzlichen oder vom Offerenten bestimmten Geltungsdauer des Antrags eine Annahmeerklärung dem Offe-

---

[37] Unter gewissen Umständen kann der Offerent telegraphische Antwort erwarten, Oertmann § 147, 2 b; Staudinger § 147, 5.

[38] Crome § 89 Anm. 19. Planck § 147, 3.

[39] Der Offerent kann die Gültigkeit der Offerte von einer Bedingung abhängig machen. So kann z. B. im Zweifel anzunehmen sein, daß das Angebot eines Lotterieloses so gemeint ist, daß es durch Ziehung des Loses hinfällig wird. RG. 50, 193. 59, 296; vgl. unt. Note 146.

[40] Die Gültigkeitsdauer des Antrags kann auch durch eine vor der Offerte getroffene Verabredung der Parteien festgesetzt werden, wobei dem Offerenten dafür, daß er sich bindet, ein Entgelt zugesichert werden kann. Eine solche Verabredung soll nach RG. 62, 411 der Form des § 313 unterliegen.

[41] Planck § 148, 1.

[42] OLG. 22, 148.

[43] In einer telegraphischen Offerte liegt nicht ohne weiteres das Verlangen einer telegraphischen Antwort, wohl aber in einer telegraphischen Offerte mit bezahlter Antwort. Vgl. RG. im Recht 1905, 616.

[44] Es sei denn, daß seit dem Antrag so viel Zeit verflossen ist, daß der Offerent vernünftigerweise mit einer Annahme nicht mehr rechnen kann.

renten nicht zugegangen [45], so ist der Antrag erloschen [45a]. Eine verspätete Annahmeerklärung bringt den Vertrag nicht zustande, und kann vom Offerenten unbeachtet gelassen werden. Eine Milderung zugunsten des Antragsempfängers enthält § 149: ist eine verspätet eingetroffene Annahmeerklärung rechtzeitig abgesendet, und mußte der Offerent dies erkennen, so hat er die Verspätung dem Annehmenden unverzüglich mitzuteilen; verzögert er die Absendung der Anzeige, so gilt die Annahme als nicht verspätet [46], und der Vertrag kommt zustande [47]. Zur Vermeidung dieses Resultats genügt Absendung der Anzeige [48]; durch Zurücknahme der Anzeige kann der Offerent den abgelehnten Vertrag nicht wieder ins Leben rufen [49]. Wird die eine rechtzeitige Annahme fälschlicherweise als verspätet angezeigt, so kann dadurch die Wirksamkeit des Vertrages nicht beeinträchtigt werden; hat aber der Akzeptant in dem Glauben an das Nichtzustandekommen des Vertrages Handlungen vorgenommen, die den Offerenten schädigen, so muß der Offerent den Schaden tragen [50].

Eine verspätete Annahmeerklärung gilt als neuer Antrag, § 150 I, und kann vom Offerenten angenommen oder abgelehnt werden, und zwar nicht nur dann, wenn der Akzeptant, weil er die Verspätung seiner Erklärung kannte oder als möglich voraussah, einen neuen Antrag stellen wollte, sondern auch dann, wenn

---

[45] OLG. 25, 2. Bei einer durch den Offerenten bestimmten Annahmefrist muß innerhalb derselben nicht bloß die Annahmeerklärung, sondern auch eine zu ihrer Ergänzung nötige Genehmigung dem Offerenten zugehen, RG. 76, 366.

[45a] Über Vereitelung des Zugehens und sonstige abnorme Hindernisse des Zugehens in der Person des Offerenten vgl. ob. § 61 III 5.

[46] Ohne diese Bestimmung des Gesetzes würde sich aus der Versäumung der Anzeigepflicht nur eine Verpflichtung zum Ersatz (des negativen Interesses) ergeben.

[47] In dem Moment, in welchem der Offerent die Anzeige hätte absenden sollen, Staudinger § 149, 4. Das Gesetz fingiert nicht, daß die Annahme in einem früheren als dem wirklichen Moment zugegangen ist, sondern verleiht der verspäteten Annahme infolge des Verhaltens des Offerenten die Wirkung, welche sonst nur der rechtzeitigen Annahme zukommt.

[48] Vgl. ob. § 48 Note 105. Gegen den Wortlaut des § 149 und die herrschende Meinung verlangt Manigk, Willenserklärung § 175, Zugehen der Anzeige.

[49] Oertmann § 149, 3e. Planck § 149, 2c.

[50] Kipp, Festg. f. Koch 116.

er nur die Absicht hatte, die ihm zugegangene Offerte anzunehmen [51].

III. Nach römischem und gemeinem Recht konnte der Offerent bis zur Perfektion des Vertrages, d. h. bis zum Zugehen der Annahmeerklärung seinen Willen ändern und dadurch das Zustandekommen des Vertrages vereiteln. Der Antragsempfänger konnte daher nicht damit rechnen, daß seine Annahmeerklärung zum Abschluß des Vertrages führen werde [52]. Zur Herstellung einer größeren Sicherheit des rechtsgeschäftlichen Verkehrs hat das BGB. im Anschluß an das alte HGB. Art. 319 dem Antrag bindende Kraft beigelegt, § 145 [53]: sobald die Offerte dem Adressaten zugegangen ist [54], kann der Offerent die Wirksamkeit der Annahmeerklärung und damit das Zustandekommen des Vertrages durch einen Widerruf der Offerte nicht mehr hindern [55]. Von praktischer Bedeutung ist die Gebundenheit des Offerenten nur beim Antrag an Abwesende mit seiner durch § 147 II bestimmten längeren Geltungsdauer. Die Verbindlichkeit der Offerte gilt bei allen Verträgen, sei es daß sie die Begründung einer Verpflichtung oder eine Verfügung enthalten, insbesondere auch beim dinglichen Vertrag; jedoch ergeben sich aus der Besonderheit des dinglichen Vertrags gewisse Abweichungen: bei der Auflassung kommt die Verbindlichkeit der Offerte nicht zur Geltung, da der Antrag unter Anwesenden gestellt werden muß, § 925, und daher nach

[51] Planck § 150, 1. Vgl. die ähnliche Vorschrift des § 140 über Konversion, ob. § 56 Note 75.

[52] Die neuere Doktrin des gem. Rechts schützte den Antragsempfänger, indem sie ihm gegen den widerrufenden Offerenten einen Anspruch auf das negative Interesse verlieh, Windscheid § 307 Anm. 5.

[53] Mot. I 165.

[54] Ein nach der Offerte zugehender Widerruf ist wirkungslos, auch wenn er zufällig früher als die Offerte zur Kenntnis des Antragsempfängers kommt, vgl. ob. § 61 Note 262. (Ausnahmsweise kann, wenn der Antrag unter solchen Umständen angenommen wird, darin ein Verstoß gegen § 826 liegen.) Es ist nicht unbillig, daß der Antragsempfänger, nachdem er einmal von der Offerte Kenntnis bekommen hat, sich durch einen später eintreffenden Widerruf von der Annahme nicht abhalten zu lassen braucht. Denn er hat den Vertragsschluß bereits ins Auge gefaßt und vielleicht schon Vorbereitungen zur Erfüllung des Vertrages getroffen. Daher mutet ihm das Gesetz nicht zu, bei Eintreffen des Widerrufs die Annahme zu unterlassen. Anders im gem. Rechte, welches aber den Antragsempfänger durch Ersatz des negativen Interesses schadlos stellte.

[55] Möglich ist Anfechtung der Offerte wegen Willensmängel, OLG. 22, 240.

§ 147 I nur sofort angenommen werden kann; die Offerte zu einem sonstigen Vertrag des Immobiliarrechts ist nur dann verbindlich, wenn sie in der Form des § 873 II gemacht ist [56]; beim dinglichen Vertrag des Mobiliarrechts kommt neben Einigung die Übergabe der Sache in Betracht; die Offerte zur Einigung ist nach § 145 bindend [57]; ist aber der Veräußerer noch im Besitz der Sache, so kann er durch Verweigerung der Übergabe den Eigentumsübergang hindern [58]; ist der Erwerber bereits im Besitz, § 929, 2, oder wird ihm die Sache gleichzeitig mit der Übereignungsofferte übergeben, so ist der Offerent nicht in der Lage, die Wirkung der Annahmeerklärung zu vereiteln.

Die Verbindlichkeit der Offerte hindert den Offerenten nicht, bei schwebender Offerte einen anderen Vertrag über denselben Gegenstand zu schließen [59]; hat X dem A eine Sache zum Verkauf angeboten, so kann er sie an B verkaufen oder tradieren; wenn A die Offerte annimmt, entsteht für X eine doppelte Verpflichtung oder ein verschuldetes Unvermögen der Leistung. Insbesondere wird durch die bindende Offerte zu einem Verfügungsgeschäft die Verfügungsmacht des Offerenten nicht geschmälert [60]; X kann erst dem A und dann dem B die Zession derselben Forderung oder die Übertragung desselben dinglichen Rechtes anbieten [61]; werden beide Offerten angenommen, so richtet sich die Wirksamkeit der beiden Verfügungen nach ihrer Priorität [62], d. h. darnach, wessen Annahmeerklärung dem X zuerst zugegangen ist [63].

Die bindende Kraft des Antrages beruht auf dem Gesetz [64] und braucht daher weder dem Offerenten bewußt noch von ihm gewollt zu sein [65]. Jedoch kann der Offerent seine Gebundenheit

---

[56] Denn die Offerte kann nicht bindend sein, wenn es die Einigung nicht ist.

[57] Dernburg III § 100 I 1; a. A. Planck § 929, 3 a; Kohler § 244 V.

[58] Vgl. ob. § 53 Note 111.

[59] Crome § 89 Anm. 13. Vgl. unt. Note 185.

[60] Zitelmann, Rechtsgeschäfte I 125; Planck § 151, 1.

[61] Hat X dem A die angebotene Sache übergeben, so kann er immer noch die Übertragung des Eigentums dem B nach § 931 anbieten.

[62] Vgl. ob. § 61 Note 238.

[63] Dieses Resultat kann durch die Grundsätze des gutgläubigen Erwerbs modifiziert sein.

[64] Vgl. ob. § 53 Note 130.

[65] Daher keine Anfechtung, wenn der Offerent aus Unkenntnis des Rechtes seine Offerte nicht für bindend hält.

ausschließen, § 145. Das pflegt durch die Worte „freibleibend“ oder „ohne Obligo“ (oder durch einen ähnlichen Zusatz in der Offerte) zu geschehen [66]. Der Sinn solcher Vorbehalte kann verschieden sein: entweder wollte der Offerent sich die Möglichkeit des Widerrufs über den in § 130 I 2 bestimmten Zeitraum hinaus wahren, bis zur Absendung der Annahmeerklärung [67] oder bis zu deren Eintreffen bei ihm [68]; oder er wollte sich die Entscheidung über die eingetroffene Erklärung des Antragsempfängers vorbehalten. Ist letzteres gewollt, so liegt in Wirklichkeit keine Offerte vor, sondern eine unverbindliche Aufforderung zur Stellung einer Offerte. Ist dem Empfänger einer als Offerte bezeichneten Erklärung nicht ersichtlich, in welchem Maße der Erklärende seine Bindung hat ausschließen wollen, so kann der Empfänger nicht damit rechnen, eine Offerte vor sich zu haben, und darf die Erklärung daher nicht als Offerte behandeln [69].

Der Gebundenheit des Offerenten entspricht ein Recht des Antragsempfängers, welches zu den Gestaltungsrechten zu zählen ist [70]: der Antragsempfänger hat die unentziehbare Befugnis, durch seine Erklärung den Vertrag, dessen Inhalt sich aus der Offerte ergibt, zum Abschluß zu bringen [71]. Gegenüber diesem Rechte ist ein Widerruf des Offerenten machtlos und kann daher unbeachtet bleiben [72]. Das Recht aus der Offerte ist in der Regel unübertragbar [73], weil der Offerent sich nur der Entscheidung

---

[66] Die Gebundenheit kann auch durch eine besondere Erklärung ausgeschlossen werden, wenn sie spätestens zugleich mit der Offerte zugeht.

[67] Für diese Bedeutung H ö l d e r § 145, 4.

[68] So im Zweifel P l a n c k § 145, 3; O e r t m a n n § 145, 3 b und 4 d.

[69] D e r n b u r g § 129 Anm. 9; E n n e c c e r u s § 152 III 1; B i e r m a n n § 47 Anm. 9; S t a u b , Exk. zu HGB. § 361 Anm. 16.

[70] Vgl. ob. § 7 Note 10.

[71] Ein ähnliches Recht entsteht aus einem Vertrag unter Willensbedingung, sowie aus dem Wiederkauf und Vorkauf, vgl. ob. Note 2.

[72] Daher begeht der Offerent durch den Versuch eines Widerrufs keine Rechtsverletzung und haftet nicht aus § 823 I. Wenn der Antragsempfänger den unwirksamen Widerruf beachtet und infolgedessen die Annahmefrist versäumt, so hat er den aus dem Nichtzustandekommen des Vertrages erwachsenden Schaden sich selbst zuzuschreiben; vgl. ob. § 7 Note 35.

[73] Möglich ist Abtretung der Rechte aus dem künftigen, durch die Annahme des Antragsempfängers zustande kommenden Vertrag, vgl. ob. § 60 Note 144. Auch kann der Antragsempfänger dem Zessionar die ev. unwiderrufliche Vollmacht zur Abgabe der Annahmeerklärung erteilen.

des Antragsempfängers unterwerfen will; jedoch kann der Offerent dem Antragsempfänger die Weitergabe der Offerte gestatten oder sich nachträglich damit einverstanden erklären [74]. Das Recht aus der Offerte ist, weil unübertragbar, auch unpfändbar und nicht Bestandteil der Konkursmasse [75]. Ob es vererblich ist, d. h. ob der Erbe des Antragsempfängers die Offerte annehmen kann, richtet sich nach dem durch Auslegung zu konstatierenden Willen des Offerenten [76].

Die bindende Kraft der Offerte schützt den Antragsempfänger nicht nur gegen einen Widerruf, sondern auch gegen die durch Tod oder Geschäftsunfähigkeit des Offerenten eintretende Veränderung der Umstände. Daß diese Tatsachen das Wirksamwerden der Offerte nicht hindern, ergibt sich aus § 130 II [77]. Darüber hinaus bestimmt § 153, daß der Vertrag auch dann zustandekommt, wenn der Offerent beim Zugehen der Annahmeerklärung nicht mehr lebt oder geschäftsunfähig geworden ist [78]. Die Annahmeerklärung muß dem Erben resp. dem gesetzlichen Vertreter

---

Auch in diesem Fall kommt aber der Vertrag zwischen den ursprünglichen Parteien zustande, was z. B. für die Person des Anfechtungsgegners, § 143 II, von Bedeutung ist.

[74] Wird die Offerte an X weitergegeben und von ihm angenommen, so kommt der Vertrag zwischen dem Offerenten und X zustande, a. A., wie es scheint, das KammG., OLG. 22, 210, welches dem Offerenten gegen X nach § 404 Einwendungen aus der Person des Antragsempfängers gestattet.

[75] Staub, Exk. zu HGB. § 361 Anm. 81 will dem Konkursverwalter die Annahme eines an den Gemeinschuldner gerichteten Antrags unbedingt gestatten, Jäger, KO. § 7 Anm. 15, nur dann, wenn anzunehmen ist, daß der Offerent den Vertragsschluß mit dem KVerwalter gewollt haben würde. M. Er. kann der KVerwalter im Gegensatz zum Erben oder ges. Vertreter des geschäftsunfähig gewordenen Antragsempfängers solche Anträge prinzipiell nicht annehmen; denn seine Vertretungsmacht umfaßt nur das der Zwangsvollstreckung unterliegende, im Moment der Konkurseröffnung vorhandene Vermögen des Schuldners; und dazu gehört nicht das Recht aus einer an den Schuldner gerichteten Offerte. (Wird eine Offerte an den KVerwalter gestellt, so entsteht daraus ein zur Konkursmasse gehörendes Annahmerecht, welches vom KVerwalter auszuüben ist.) Die an den Gemeinschuldner gemachte Offerte kann von ihm angenommen werden, Biermann § 47 Anm. 34; der Offerent kann aber nach § 119 II anfechten. Vgl. unt. § 67 Note 98.

[76] Planck § 153, 2; Oertmann § 153, 5; Enneccerus § 152 III 3; Staudinger § 153, 3; vgl. ob. § 61 Note 209.

[77] Vgl. ob. § 61 Note 173.

[78] Dasselbe muß bei Beschränkung der Geschäftsfähigkeit gelten.

des Offerenten (§ 131 I) zugehen, braucht aber nicht an diese Personen gerichtet zu sein [79]; schreibt der Annehmende an den Offerenten, ohne zu wissen, daß dieser gestorben ist, oder stirbt der Offerent nach Absendung des an ihn gerichteten Briefes, so kommt der Vertrag, den der Annehmende mit dem Offerenten schließen wollte, mit dessen Erben zustande [80]. Der in § 153 aufgestellte Rechtssatz ist aus § 297 des alten HGB.s entnommen und beruht auf dem Gedanken, daß die meisten Verträge einem wirtschaftlichen Bedürfnis dienen, welches auch nach dem Tode des Offerenten fortbesteht. Das gilt aber in weit höherem Maße im Handelsverkehr, als im bürgerlichen Recht. Diesem Umstand hat das BGB. Rechnung getragen durch den Zusatz in § 153, „es sei denn, daß ein anderer Wille des Antragenden anzunehmen ist". Ein wirklicher Wille dieses Inhaltes wird selten vorhanden sein; denn jemand, der eine Offerte stellt, pflegt dabei nicht an die Möglichkeit seines Todes und noch weniger an die Möglichkeit zu denken, die Geschäftsfähigkeit zu verlieren. Was das Gesetz hier Wille nennt, ist ein hypothetischer Wille [81], d. h. das was der Offerent gewollt hätte, wenn er die oben genannten Ereignisse vorausgesehen hätte. In diesem Sinne wird der Vertrag dann scheitern [82], wenn er den persönlichen Bedürfnissen oder Interessen des Offerenten dient, z. B. wenn es sich um Bestellung von Kleidern, Gebrauchs- oder Genußgegenständen handelt, welche der Erbe des Offerenten oder der Offerent selbst nach Verlust der Geschäftsfähigkeit nicht brauchen kann [83]. Dabei kommt es nicht

---

[79] Vgl. ob. § 61 Note 279.

[80] Durch Tod oder Geschäftsunfähigkeit des Offerenten verlängert sich die gesetzliche Geltungsdauer der Offerte, § 147 II; der Erbe oder ges. Vertreter des Offerenten muß die Zeit in Betracht ziehen, welche nötig ist, damit der Antragsempfänger ermittelt, wer Erbe oder ges. Vertreter ist, oder damit eine noch an den Offerenten adressierte Erklärung dem Erben oder ges. Vertreter des Adressaten zugeht, Oertmann § 153, 4.

[81] Vgl. ob. § 51 Note 72.

[82] Handelt es sich um einen Vertrag, der durch den Tod eines Kontrahenten erlischt, so versteht sich von selbst, daß der Vertrag nicht zustande kommt, wenn der Offerent, z. B. jemand, der sich zur Leistung von Diensten, § 613, oder zur Übernahme eines Auftrags, § 673, erbietet, vor Eintreffen der Annahmeerklärung stirbt oder geschäftsunfähig wird.

[83] Analoge Anwendung des § 153 für den Fall, daß der Vertrag aus einem anderen Grunde, z. B. infolge eines Unfalls für den Offerenten zwecklos wird und der Antragsempfänger vor der Annahme davon Kenntnis

darauf an, ob Tod oder Geschäftsunfähigkeit des Offerenten vor oder nach Abgabe der Annahmeerklärung eingetreten sind, und ob im ersten Falle diese Ereignisse dem Annehmenden bekannt waren oder nicht [84]. Darin liegt eine Härte gegen den Akzeptanten, der auf das Zustandekommen des Vertrages rechnete, insbesondere wenn er Vorbereitungen zur Erfüllung getroffen hat. De lege ferenda wäre es angemessen, dem Akzeptanten einen Anspruch auf Ersatz seines negativen Interesses zu gewähren [85]; denn es entspricht der Billigkeit, daß die schädlichen Folgen des Todes oder der Geschäftsfähigkeit von dem Vermögen getragen werden, dessen Subjekt von einem dieser Ereignisse betroffen worden ist [86]. Dies ist aber nicht der Standpunkt des BGB. [87]. Daher läßt sich ein Ersatzanspruch des Akzeptanten im Falle des § 153 nach geltendem Rechte schwerlich begründen [88].

Ist der Offerent vor Zugehen der Annahmeerklärung in Konkurs verfallen, so kommt der Vertrag trotzdem zustande. Da aber die Wirkungen des Vertrages erst nach Konkurseröffnung eintreten, so gehören die für den Offerenten entstehenden Rechte nicht zur Konkursmasse, KO. § 1; die Forderung des Gegners ist nicht Konkursforderung, KO. § 3; enthält der Vertrag eine Verfügung über einen Gegenstand der Konkursmasse, so ist die Verfügung nach KO. § 15 den Konkursgläubigern gegenüber unwirksam [89].

Daß der Vertrag trotz Tod, Geschäftsunfähigkeit oder Konkurs des Offerenten zustande kommt, wird bisweilen den Intentionen des Annehmenden nicht entsprechen. Dann ist zu unterscheiden: ergibt sich aus der Annahmeerklärung, daß sie für diese

---

erhält, befürwortet Staudinger § 153, 4 unter Berufung auf Treu und Glauben.

[84] Planck § 153, 1; Oertmann § 153, 3 b; Breit, Geschäftsfähigkeit 301.

[85] Für einen solchen Anspruch nach geltendem Recht Breit a. a. O. 308; Kuhlenbeck, DJZ. 10, 1142; Enneccerus § 152 Anm. 19.

[86] Ein allgemeiner Satz des Inhalts, daß wer auf das Zustandekommen oder die Gültigkeit eines Rechtsgeschäftes vertraut, Anspruch auf Ersatz des negativen Interesses hat, läßt sich aus den Einzelbestimmungen des Gesetzes in § 122, 179, 307 nicht ableiten, Klein, DJZ. 11, 596.

[87] Vgl. ob. § 59 Note 150.

[88] Staudinger § 153, 2 b; Oertmann § 153, 3 c.

[89] Die Verfügungsmacht muß in dem Augenblick vorliegen, in welchem das Rechtsgeschäft zur Wirkung kommt, vgl. ob. § 60 Note 21.

Fälle nicht gewollt ist, so kommt der Vertrag nicht zustande [90]; ist dieser Wille des Annehmenden aus seiner Erklärung nicht ersichtlich, dann ist der Vertrag geschlossen, kann aber nach § 119 II wegen Irrtums über die Person oder wesentliche Eigenschaften des Vertragsgegners nach § 119 angefochten werden [91].

IV. Durch den Zugang der Offerte entsteht für den Adressaten die rechtliche Möglichkeit, den Vertrag durch Annahme zustande zu bringen oder durch Ablehnung scheitern zu lassen [92]. Die tatsächliche Möglichkeit der Annahme oder Ablehnung setzt jedoch voraus, daß die Offerte zur Kenntnis des Adressaten gekommen ist [93]; denn Annahme wie Ablehnung ist dem Sinne nach Antwort auf einen Vorschlag, und kann daher weder gewollt noch geäußert werden, wenn der Erklärende nicht weiß, daß ihm ein Vorschlag gemacht ist [94].

Die Annahme ist in der Regel eine empfangsbedürftige Willenserklärung [95]. Sie muß ausgehen vom Antragsempfänger, seinem Erben oder einem dazu ermächtigten Vertreter [96]; wird ein an A gerichteter Antrag von B angenommen, so kommt ein Vertrag nicht zustande [97]. Die Annahmeerklärung ist zu richten

---

[90] Vgl. ob. § 61 Note 279.

[91] Vgl. unt. § 67 Note 98.

[92] Hat der Adressat vom Inhalt einer ihm nicht zugegangenen Offerte zufällig Kenntnis erhalten, so kann er weder annehmen noch ablehnen, Siber, Buchrechtsgeschäft 113.

[93] Biermann § 46 Anm. 7. Daher ist die Auslobung kein Vertrag, Oertmann, Vorb. 1 b vor § 657.

[94] Vgl. ob. Note 10.

[95] Die Annahme kann nur als Bestandteil des Vertragsschlusses, nicht auch als besonderes einseitiges Rechtsgeschäft betrachtet werden; vgl. ob. § 53 Note 128.

[96] Ist der Antrag an X gerichtet und wird er von einem Vertreter des X angenommen, so kann der Offerent nach Analogie von § 174 diese Erklärung mangels Vorlage einer Vollmachtsurkunde unverzüglich zurückweisen, Planck zu § 174; Oertmann § 174, 1 a; Cosack § 67 I 1 c. Ebenso ist zu entscheiden, wenn eine an den ges. Vertreter eines Minderjährigen gerichtete Offerte vom Minderjährigen angenommen wird. Anders, wenn die Offerte an den Vertreter des X resp. den Minderjährigen gerichtet war; der Offerent, der sich in Verhandlungen mit diesen Personen eingelassen hat, kann ihre Annahmeerklärung nicht zurückweisen, sondern muß sich den Schwebezustand der §§ 108, 177 gefallen lassen. (Auf Offerten finden §§ 111, 174 keine Anwendung, weil Offerten ohne Grund abgelehnt werden können.)

[97] Und zwar selbst dann nicht, wenn anzunehmen ist, daß der Offerent

an den Offerenten, seinen Erben [98] oder einen zur Entgegennahme der Annahme ermächtigten Vertreter; wird sie an eine nicht legitimierte Person gerichtet, so bleibt sie wirkungslos [99]. Die Annahmeerklärung, und damit der ganze Vertrag, wird wirksam in dem Zeitpunkt, in welchem die Erklärung dem Offerenten zugeht; bis zu diesem Moment kann sie widerrufen werden, § 130 I.

Wie die Annahme, so ist die Ablehnung der Offerte eine empfangsbedürftige Willenserklärung [100]. Sie ist ein einseitiges Rechtsgeschäft [101], welches eine Verfügung über das aus der Offerte entstehende Recht enthält [102] und dieses Recht definitiv zum Erlöschen bringt [103]. Die Ablehnung muß von einer Person ausgehen, welche zur Annahme des Antrags berechtigt ist, und erfordert volle Geschäftsfähigkeit [104]. Sie ist an den Offerenten oder die Personen zu richten, denen gegenüber die Annahme erklärt werden kann. Die Ablehnung wird durch ihr Zugehen wirksam und kann bis dahin widerrufen werden. Anfechtung der Ablehnung bedeutet nicht Annahme des Antrages [105], sondern verschafft dem Antragsempfänger, wenn die Geltungsdauer der

---

ebensogut mit B wie mit A hätte kontrahieren wollen; z. B. der Offerent will eine Sache kaufen und wendet sich an A, weil er ihn für den Eigentümer hält, während die Sache dem B gehört. Die als Annahme unwirksame Erklärung des B ist nach Analogie des § 150 als neuer Antrag zu beurteilen.

[98] Schlägt der Erbe aus, so bleibt die Annahmeerklärung nach § 1959 III wirksam, Planck § 1959, 5.

[99] So z. B. wenn bei einem Vertrag zugunsten eines Dritten die Annahme dem Dritten, statt dem Offerenten erklärt wird, RG. 64, 246.

[100] Planck § 146, 1.

[101] Vgl. ob. § 48 Note 18.

[102] Vgl. ob. § 54 Note 182.

[103] Hat jemand eine ihm unbestellt zugeschickte Sache schriftlich abgelehnt und sodann beschädigt, so hat der Offerent nicht den Kaufpreis, sondern Schadensersatz zu verlangen.

[104] Ablehnung durch einen Geschäftsunfähigen ist wirkungslos, auch wenn der Offerent die Geschäftsunfähigkeit nicht kennt, Planck § 146, 1. Ein Minderjähriger kann eine ihm gemachte Offerte nicht selbständig ablehnen. Trotz einer solchen Ablehnung kann der ges. Vertreter den Antrag annehmen, wenn die Geltungsdauer des Antrags mittlerweilen nicht abgelaufen ist. Den Schaden, der durch die Unwirksamkeit der Ablehnung entstehen kann, muß der Offerent ebenso tragen, wie jemand, der sich auf die unwirksame Offerte eines Nichtgeschäftsfähigen eingelassen hat. Vgl. ob. § 59 Note 150.

[105] Vgl. ob. § 57 Note 111.

Offerte noch nicht abgelaufen ist, die Möglichkeit einer neuen Entschließung.

Läßt der Antragsempfänger den Antrag unbeantwortet [106], so bedeutet das an sich weder Annahme noch Ablehnung. In gewissen Fällen ist der Antragsempfänger, wenn er die Offerte nicht annehmen will, zu einer Anzeige an den Offerenten verpflichtet [107].

Die Annahmeerklärung muß unzweideutig erkennen lassen, daß der Antragsempfänger den angebotenen Vertrag zum Abschluß bringen will [108]. Die Annahme braucht nicht ausdrücklich zu sein [190]. Sie muß der für den Vertrag vorgeschriebenen Form, soweit sie für den Annehmenden in Betracht kommt [110], genügen [111]. Inhaltlich muß die Annahme der Offerte entsprechen und, wenn der Offerent einen Teil des Vertragsinhalts der sofortigen Bestimmung durch den Annehmenden überlassen hat [112], diese Bestimmung enthalten. Eine Annahme unter Erweiterungen, Einschränkungen oder sonstigen Änderungen gilt als Ablehnung, verbunden mit einem neuen Antrag, § 150 II [113]. Zu den Ände-

---

[106] Vgl. ob. § 61 Note 123.

[107] § 663. Bei Versäumung der Anzeige hat der Antragsempfänger dem Offerenten das negative Interesse zu ersetzen, Planck § 663, 4; Oertmann § 663, 1. HGB. § 362 fingiert bei Unterlassung der Anzeige Annahme der Offerte.

[108] Unbestimmte Äußerungen, wie: „ich werde Ihren Vorschlag in Betracht ziehen“, oder: „Ihr Vorschlag gefällt mir“, genügen nicht.

[109] A bittet den B um ein Darlehen und erhält die gewünschte Summe von B ohne weitere Bemerkung zugesandt; darin liegt eine genügende Äußerung des Annahmewillens; hat B diesen Willen nicht gehabt, so muß er seine Erklärung nach § 119 I anfechten.

[110] Vgl. ob. Note 13: ersucht der Gläubiger den X um Übernahme einer Bürgschaft, so muß die Zusage des X schriftlich sein; hat X sich zur Bürgschaft schriftlich erboten, so kann der Gläubiger den Antrag formlos annehmen. Von der Annahme ist zu unterscheiden der Fall, daß die Wirksamkeit eines bereits geschlossenen Vertrages von der Bedingung abhängig gemacht ist, daß eine Partei durch besondere Erklärung die Rechte aus dem Vertrag beansprucht; eine solche Erklärung unterliegt nicht der für den Vertragsschluß vorgeschriebenen Form, RG. 77, 416.

[111] Der Offerent kann in der Offerte für die Annahmeerklärung eine Form vorschreiben, z. B. Schriftlichkeit oder beglaubigte Urkunde, oder sonstige Erschwerungen aufstellen, z. B. persönliche Abgabe der Erklärung verlangen, Enneccerus § 153 I 1.

[112] Vgl. ob. Note 15.

[113] Nur wenn die vom Antragsempfänger vorgenommene Änderung

rungen, durch welche die Antwort des Antragsempfängers den Charakter der Annahme verliert, gehören insbesondere Bedingungen von denen er den Vertrag abhängig machen will; auch Bedingungen, die sich auf Tatsachen der Vergangenheit oder Gegenwart beziehen [114]. Die Auslegungsregel des § 150 II muß vor einem anderweitigen Willen der Parteien zurücktreten [115]: eine Erweiterung des Vertragsgegenstandes kann vom Offerenten gemeint und vom Offerenten verstanden werden als Zustimmung verbunden mit einer Offerte auf den Überschuß [116]; bei einschränkender Annahme kommt es darauf an, ob die Erklärung des Offerenten als ein Antrag oder als Mehrheit von Anträgen aufzufassen ist [117]; in letzterem Falle kann eine der Offerten angenommen, die andere abgelehnt werden [118]. Bei sonstigen Änderungen kann, wenn sie für die Parteien unwesentlich sind, Annahme des Antrags vorliegen, verbunden mit einem Vorschlag zur Änderung des Vertrags [119]. Eine telegraphische Annahme mit dem Zusatz: „Brief folgt“ ist nach § 150 II zu behandeln, wenn der

---

dem Offerenten lediglich Vorteil bringt, ist der Antrag trotz der Änderung angenommen, z. B. wenn A dem B eine Sache zu 100 anbietet und B sich bereit erklärt, die Sache zu einem höheren Preise zu erwerben.

[114] Der Offerent braucht sich einen Zustand der Unsicherheit nicht aufdrängen zu lassen. Aus dieser ratio ergibt sich, daß eine Bedingung, von deren Entscheidung der Offerent sofortige Kenntnis haben kann, das Zustandekommen des Vertrages nicht hindert: hat z. B. jemand dem A einen Diamanten von 6 bis 7 Karat zum Kauf angeboten und antwortet A: „einverstanden, wenn der Stein mindestens 6½ Karat wiegt“, so ist der Vertrag bei Zutreffen dieser Bedingung sofort perfekt, vgl. ob. § 53 Note 54.

[115] Oertmann § 150, 1 b.

[116] Z. B.: A bietet dem B 100 Zentner an; B erwidert, daß er 200 Zentner nehmen möchte.

[117] Vgl. ob. § 52 I. OLG. 22, 143.

[118] Es sei denn, daß nach dem ausgesprochenen oder aus den Umständen zu entnehmenden Willen des Offerenten beide Offerten nur zusammen angenommen werden sollen, RG. 54, 219. OLG. 28, 25; so z. B. wenn A dem B eine Sache zum Kauf anbietet und gleichzeitig zusendet: die Offerte zur Eigentumsübertragung kann nicht ohne die Offerte zum Kaufvertrag angenommen werden.

[119] Umgekehrt kann sich aus den Umständen für den Offerenten erkennbar ergeben, daß die Erklärung des Antragsempfängers infolge einer Änderung die Bedeutung einer Ablehnung hat, ohne daß damit ein neuer Antrag verbunden ist. Beispiel bei Titze a. a. O. 381.

Offerent annehmen muß, daß der in Aussicht gestellte Brief eine Änderung des Vertragsinhalts enthalten wird [120].

Die Annahme kann ausnahmsweise durch nichtempfangsbedürftige Erklärung erfolgen: auf Grund einer im Voraus getroffenen Verabredung der Parteien [121] oder einer einseitigen Bestimmung des Offerenten in der Offerte oder in einer besonderen Erklärung; denn der Offerent kann die gesetzlichen Erfordernisse der Annahme erleichtern [122], daher auch bestimmen, daß die Absendung der Annahmeerklärung zum Zustandekommen des Vertrages genügen soll [123]. In einem Fall hat das Gesetz die Perfektion des Vertrages in den Moment der Abgabe der Annahmeerklärung verlegt: wird bei einem vor Gericht oder Notar [124] geschlossenen Vertrag zunächst der Antrag und sodann die Annahme beurkundet, was nach § 128 zulässig ist [125], so soll nach § 152 der Vertrag mit der Beurkundung der Annahme zustande kommen. Diese Vorschrift entspricht einer alten Verkehrsgewohnheit [126] und erleichtert den Abschluß und den Beweis des öffentlich beurkundeten Vertrags [127]. Sie soll nicht gelten, „wenn ein anderes bestimmt ist", d. h. wenn in der Offerte ausgesprochen ist oder sich aus ihr ergibt [128], daß der Vertrag erst mit Zugehen der Annahmeerklärung an den Offerenten zustande kommen soll [129]. Bei der nichtempfangsbedürftigen Annahme-

[120] OLG. 13, 326; Endemann § 69 Anm. 7; Oertmann § 150, 3; Staudinger § 150, 2; Planck § 150, 2.

[121] Vgl. ob. § 61 Note 181.

[122] Vgl. ob. Note 41.

[123] Ein Beispiel solcher Verträge ist die sog. Selbstversicherung, bei welcher der Versicherte durch Ausfüllung und Absendung eines mit der Polize gleichlautenden Schriftstücks das Versicherungsverhältnis zur Entstehung bringt, Endemann § 68 Anm. 17.

[124] Oder vor einer landesrechtlich nach Art. 142 zur Beurkundung befugten Behörde, RG. 68, 394.

[125] Vgl. unt. § 63 VI 2.

[126] Prot. V 442.

[127] Der Beweis des Vertragsschlusses ergibt sich aus der Urkunde selbst, ohne daß es auf die Zustellung derselben ankommt.

[128] Vgl. ob. Note 111.

[129] Ein solcher Wille des Offerenten wird vom RG. 49, 132; 76, 366 schon dann angenommen, wenn er die Geltungsdauer der Offerte festgesetzt hat, ebenso RG. 26. 5. 13 (LZtschr. 8, 74). Die Richtigkeit dieser Annahme ist zweifelhaft: allerdings hat der Offerent sein Interesse daran bekundet, zu erfahren, ob der Vertrag innerhalb der von ihm gesetzten Frist zustande gekommen ist; aber diese Kenntnis wird er meist durch

erklärung kann sich die Geltungsdauer der Offerte nicht nach § 147 II bestimmen; sie richtet sich nach dem aus der Offerte oder den Umständen zu entnehmenden Willen des Antragenden, wie in § 152, 2 ausdrücklich gesagt ist. Die nichtempfangsbedürftige Annahmeerklärung kann, sobald sie abgegeben ist, nicht widerrufen werden.

Keiner Erklärung an den Offerenten bedarf die Annahme in den wichtigen Fällen des § 151 [130]: wenn eine solche Erklärung nach der Verkehrssitte nicht zu erwarten ist oder der Antragende auf sie verzichtet hat [131]. Dieser Verzicht [131a] kann in einer Verabredung der Parteien oder einer einseitigen Erklärung des Offerenten bestehen [132]; er kann sich aus den Umständen als gewollt ergeben; das ist insbesondere anzunehmen, wenn der Offerent sofortige Ausführung des Vertrages durch den Annehmenden wünscht [133]. Die wichtigsten Anwendungsfälle des § 151 sind [134]: Annahme einer Verkaufsofferte durch Aneignung oder Verbrauch der mit der Offerte zugleich zugesandten Ware, und Annahme einer Kaufs- oder Auftragsofferte [134a] durch sofortige Zusendung der Ware

den Notar, nötigenfalls durch Anfrage beim Notar oder Gericht erhalten können. Vgl. Dernburg § 137 Anm. 11; Staudinger § 152, 3.

[130] Ehrlich, stillschweigende Willenserklärung (1893); Wendt, ArchZivPr. 92, 235; Wedemeyer, Abschluß eines oblig. Vertrags durch Erfüllungs- und Aneignungshandlungen; Manigk, Willenserklärung 348 fg.; Riezler, Venire contra factum proprium 115 fg.

[131] In der Regel hat der Oblat die Wahl, ob er seinen Annahmewillen in der nach § 151 zulässigen Art betätigen oder dem Offerenten gegenüber erklären will. Es kann sich aber aus den Umständen ergeben, daß der Offerent die Annahme nicht anders, als nach § 151 (z. B. durch sofortiges Handeln) haben will; da der Offerent die Modalitäten der Annahme vorschreiben kann, vgl. ob. Note 111, so hat der Oblat nur diesen einen Weg der Annahme. RG. 4. 7. 13 (LZtschr. 8, 72).

[131a] Vgl. ob. § 54 Note 197.

[132] Der Verzicht kann vor oder in der Offerte, aber auch nach derselben erklärt werden; denn es handelt sich um eine Erleichterung der Annahme, vgl. ob. Note 41.

[133] Das wird z. B. meist der Fall sein bei telegraphischen Börsenaufträgen.

[134] Eine Annahmeerklärung ist nicht zu erwarten bei Anträgen, welche für den Adressaten ausschließlich vorteilhaft sind, z. B. bei Zusendung eines Bürgschaftsscheins an den Gläubiger oder bei Zusendung einer Sache als Geschenk, Komm. des RG. § 151, 2. Der Vertrag kommt hier zustande, sobald der Adressat den Schein resp. die Sache in Kenntnis der Offerte entgegengenommen hat.

[134a] OLG. 23, 40.

resp. sofortige Besorgung des Geschäftes [135]. Die Annahme ist auch in diesen Fällen Willensäußerung [136]. Die Erleichterung des Vertragsschlusses, die das Gesetz in § 151 gewährt, besteht darin, daß die Annahme nicht dem Offerenten gegenüber erklärt zu werden und daher ihm nicht zuzugehen braucht [137]. Der Vertrag kommt zustande durch die Handlung [138], aus welcher sich die

---

[135] Wird die Ware dem Offerenten zugesendet, so liegt in ihrem Eintreffen eine an den Offerenten gerichtete, stillschweigende Erklärung. Da aber die Annahme, wenn die Voraussetzungen des § 151 vorliegen, bereits mit der Absendung der Ware vollzogen ist, so hat das Eintreffen der Ware in der Regel keine rechtsgeschäftliche Bedeutung, vgl. unt. Note 137.

[136] Der Offerent kann nicht bewirken, daß ein Verhalten des Gegners gegen dessen Willen die Bedeutung der Annahme habe. Enthält z. B. die Offerte den Vermerk: „Schweigen innerhalb 8 Tagen gilt als Annahme" und erfolgt keine Antwort, so ist die Offerte nur dann angenommen, wenn der Gegner sie annehmen wollte, nicht, wenn er eine Antwort aus anderem Grunde unterließ. Die aus der Zweideutigkeit des Schweigens entstehende Unsicherheit hat sich der Offerent selbst zuzuschreiben.

[137] Der Annehmende kann die nach § 151 vollzogene Annahme dem Offerenten anzeigen; das ist eine Mitteilung ohne rechtsgeschäftliche Bedeutung, Dernburg § 132 Anm. 25. Schreibt aber der Annehmende, daß er die gewünschte Handlung vornehmen werde, so hat er den Antrag nicht nach § 151, sondern durch Erklärung angenommen; die später vorgenommene Handlung hat nur die Bedeutung der Vertragserfüllung. Wenn daher der Verkäufer seine Annahmeerklärung rechtzeitig (§ 130 I 2) widerruft, so kann er seine Ware als nichtgeschuldet zurückverlangen. Anders, wenn die Ware zufällig früher als die Annahmeerklärung eintrifft: das Eintreffen der Ware hat, vom Standpunkt des Käufers aus beurteilt, die Bedeutung einer stillschweigenden Annahme seiner Offerte, vgl. ob. N. 135; der Absender kann diese Rechtswirkung nur durch Anfechtung beseitigen.

[138] Nicht schon durch Vorbereitungen, welche der Annehmende mit Rücksicht auf die beabsichtigte Annahme der Offerte trifft. Die Grenze zwischen Vorbereitungen und solchen Handlungen, in denen sich der definitive Annahmewille manifestiert, ist u. U. schwer zu ziehen (es verhält sich ähnlich wie bei der Unterscheidung zwischen Vorbereitung und Beginn der Geschäftsführung ohne Auftrag, Tuhr, Actio de in r. v. 76 fg.). Anordnungen im Haushalt oder Geschäft des Annehmenden, welche ohne Schaden zurückgenommen werden können, sind zu der Vorbereitung zu rechnen. So z. B. das Bereitstellen eines Hotelzimmers auf telegraphische Bestellung; nur wenn der Gastwirt das Zimmer zur Zeit der Ankunft des Gastes bereit hält, hat er die Bestellung angenommen, Planck § 151, 4c. Ebenso ist die Bestellung einer Ware nicht schon durch Erteilung einer Versendungsorder an einen Angestellten, sondern erst durch die Absendung angenommen, Enneccerus § 153 I 2a; Oertmann § 151, 3c; Staub, Exk. zu HGB. § 361 Anm. 70. Nach Biermann § 47, 3a

Zustimmung des Annehmenden zu dem ihm vorgeschlagenen Vertrag ergibt [139]. Diese Handlung braucht nicht zu dem Zweck vorgenommen zu sein, den Annahmewillen zur Kenntnis des Offerenten zu bringen; sie ist daher nicht Willenserklärung im eigentlichen Sinn des Wortes, sondern Willensbetätigung [140]. Der Vertrag ist geschlossen, bevor der Offerent von der Annahme Kenntnis haben kann [141]. Eine Annahme liegt nicht vor, wenn die Handlungsweise des Adressaten der Offerte nur äußerlich als Annahme erscheint, in Wirklichkeit aber nicht auf einem Annahmewillen beruht, z. B. wenn jemand die ihm unbestellt zugesandte Ware verbraucht, indem er sie mit einer eigenen Sache verwechselt [141a]; er kann den Schein der Annahme durch Nachweis der wahren Bedeutung seiner Handlung widerlegen [142]. Noch weniger kann von einer Annahme die Rede sein, wenn die Handlung, welche den Schein der Annahme erweckt, nicht vom Antragsempfänger, sondern von dritten Personen ausgeht [143]. Dagegen ist Anfechtung am Platze, wenn der Handlung des Antragsempfängers ein mit Irrtum oder einem sonstigen Willensmangel behafteter Annahmewille zugrunde liegt [144]. Mit der Betätigung

---

und Planck § 151, 4b soll die Annahme erst durch das Eintreffen der Ware beim Besteller erfolgen, so daß der Verkäufer die Gefahr des Transportes tragen würde.

[139] Diese Handlung kann nach Umständen verschieden sein. Jedoch kann der Offerent spätestens in der Offerte dem Gegner eine bestimmte Handlung vorschreiben, welche allein als Annahme gelten soll, z. B. bei Zusendung eines Lotterieloses die Absendung des Preises, OLG. 22, 148.

[140] Vgl. ob. § 61 I 2.

[141] Die Nachteile dieser Situation für den Offerenten werden ausgeglichen durch die Vorteile, welche ihm die schnellere Abwicklung des Geschäftes bietet.

[141a] Vgl. ob. § 61 Note 43.

[142] Hat A bei B eine Sache bestellt und schickt B, ohne von der Bestellung zu wissen, die Sache dem A als Geschenk oder zur Ansicht, so liegt in der Absendung keine Annahme der Offerte des A. Dagegen ist das Eintreffen der bestellten Sache ein Vorgang, welchen A als stillschweigende Annahmeerklärung auf seine Offerte auffassen darf, vgl. ob. Note 135, und welcher, weil von B veranlaßt, als Annahmeerklärung gilt; vgl. ob. § 61 Note 111; diese Wirkung kann B durch Anfechtung beseitigen.

[143] Haben Hausangehörige oder Angestellte die zugesandte Ware verbraucht, so schuldet der Antragsempfänger nicht den Kaufpreis, sondern Schadensersatz, u. zw. in der Regel nach § 831 (nach § 278 nur dann, wenn für ihn bereits vor Annahme des Antrags eine Verwahrungspflicht bestand).

[144] Vgl. ob. § 61 Note 48.

des Annahmewillens ist der Vertrag geschlossen; ein Widerruf ist unwirksam; die Rückgängigmachung der Handlung, durch welche die Annahme betätigt ist (z. B. die Rücknahme der abgesendeten Sache von der Bahn) vermag den nach § 151 geschlossenen Vertrag sowenig aufzuheben, wie wenn die Annahme durch Erklärung an den Offerenten erfolgt wäre [145]. Die Geltungsdauer einer nach § 151 anzunehmenden Offerte bestimmt sich nach dem aus dem Antrag oder den Umständen zu entnehmenden Willen des Offerenten, § 151, 2. Innerhalb dieser Frist muß die Annahmehandlung vorgenommen sein. Meistens wird es dem Willen des Antragenden entsprechen, daß die Annahme sofort oder so bald als möglich erfolgt [146].

Endlich gibt es Fälle, in denen das Gesetz die Annahme fingiert, so daß der Antragsempfänger ohne Willen in ein Vertragsverhältnis eintreten kann [147]: die Nichtbeantwortung der Offerte gilt nach HGB. § 362 als Annahme des Antrags [148]; das Schweigen des Zuwendungsempfängers auf die Aufforderung, sich über die causa donandi zu einigen, gilt nach § 516 II 2 als Annahme der Schenkung; das passive Verhalten eines Beteiligten, dem das Gericht den Teilungsvorschlag bekannt gemacht hat, gilt als Einverständnis, GFG, § 91 III [149]; die Annahmeerklärung gilt als abgegeben, wenn jemand zur Abgabe derselben verurteilt und das Urteil rechtskräftig geworden ist, ZPO. § 894 [150].

V. Offerte und Annahme müssen inhaltlich übereinstimmen. Die Übereinstimmung beider Willenserklärungen kann man Konsens [151] nennen, das Fehlen voller Übereinstimmung: Dissens [152].

---

145 Cosack § 59 a I 6 b; Enneccerus § 153 I; Endemann § 69 Anm. 9; Oertmann § 151, 3 b; Staudinger § 151, 3; a. A. Crome § 89 I 2 b; Manigk, Willenserklärung 355, 384, 597. Hellmann, Vorträge 94.

146 Nach RG. 50, 193; 59, 238 erlischt die Offerte eines unbestellt zugesandten Loses, sobald das Los gezogen ist.

147 Da es in diesen Fällen am wesentlichen Begriffsmerkmal des Vertrages fehlt, sind sie als „Quasiverträge“ zu bezeichnen.

148 Manigk, Willenserklärung § 81.

149 Vgl. ob. § 61 Note 130.

150 Vgl. ob. § 61 II 7.

151 Im Fall des § 151 muß der Inhalt der Offerte mit dem durch Betätigung geäußerten Willen des Annehmenden übereinstimmen.

152 Windscheid § 77; Mot. I 202; Tuhr, Ztschr. f. Schw. Recht N. F. 15, 290; Manigk, Willenserklärung § 113 fg.; Titze a. a. O. 432 fg. Titze 378 erklärt den Ausdruck Dissens für irreleitend und über-

Der Dissens ist „offen“, wenn es den Parteien bewußt ist, daß ihre Erklärungen nicht übereinstimmen; von diesem Falle handelt § 154. Der Dissens ist latent, wenn die Parteien einig zu sein glauben, während ihre Erklärungen in Wirklichkeit voneinander abweichen, § 155. Konsens und Dissens beziehen sich nur auf die Erklärungen, nicht auf den inneren Willen der Parteien; denn zum Tatbestand des Rechtsgeschäfts gehört die Willenserklärung, nicht der möglicherweise fehlende oder von der Erklärung abweichende Wille [153]. Wenn eine der Erklärungen, oder beide, dem Willen ihres Urhebers nicht entspricht, ist der Vertrag dennoch geschlossen [154], kann aber wegen Irrtums oder falscher Übermittlung der Erklärung nach §§ 119/20 angefochten werden. Fehlt es dagegen am Konsens, so ist der Vertrag ispo iure nicht zustande gekommen, weil der Tatbestand des Vertragsschlusses nicht verwirklicht ist. Ob beim Dissens ein Irrtum der Parteien mitgewirkt hat, ist für das negative Resultat, Scheitern der Vertragsverhandlungen, gleichgültig [155]; für Anfechtung ist bei der Nichtigkeit des Vertrages kein Platz [155a].

Der Konsens muß alle Punkte umfassen, über die nach der Erklärung auch nur einer Partei eine Vereinbarung getroffen werden sollte. Das gilt nicht nur von den essentialia negotii [156], sondern auch von den Accidentalien und den naturalia negotii, welche ein Kontrahent verabredet haben will [157]. Das Verlangen, daß ein Punkt in den Vertrag auf-

---

flüssig. Er empfiehlt sich aber m. Er. als kurze Bezeichnung dafür, was man mit deutschen Worten umständlicher als Mangel der Übereinstimmung der Willenserklärungen bezeichnen muß.

[153] Vgl. ob. § 50 Note 9.

[154] Oertmann § 155, 1 a; RG. 58, 233.

[155] Ähnlich verhält es sich, wenn ein aus Testament berufener Erbe in der irrigen Meinung, gesetzlicher Erbe zu sein, die gesetzliche Erbschaft anzunehmen erklärt. Die Annahme ist unwirksam, nicht weil der Erbe im Irrtum war, sondern weil sich seine Erklärung auf ein Erbrecht bezieht, welches er nicht erwerben kann. Daher findet § 1949 I in diesem Fall keine Anwendung, Planck § 1949, 2.

[155a] Vgl. ob. § 57 Note 13.

[156] Vgl. ob. § 52 II 1.

[157] Vgl. das Beispiel bei Lenel, Prakt. des bürg. Rechts Nr. 125: A bietet dem B 100 M. für eine Sache. B erwidert: „einverstanden, aber gegen Barzahlung“. Obgleich Barzahlung sich von selbst versteht, ist der Vertrag nicht geschlossen, solange A sie nicht zugesagt hat. Denn es kommt dem B darauf an, eine solche Zusage zu erhalten, weil er nur dann darauf

genommen werde, kann von jeder Partei solange gestellt werden, als der Vertrag noch nicht geschlossen ist. Ein nicht geäußerter Wunsch, einen Punkt durch Verabredung zu regeln, kommt dagegen nicht in Betracht. Solange Einigung über die zur Verhandlung stehenden Punkte nicht hergestellt ist, soll, wie § 154 I 1 bestimmt, der Vertrag nicht geschlossen sein. Das ergibt sich bereits aus § 150 II [158]: die Offerte des A gilt als abgelehnt, wenn die Annahme des B in irgendeinem Punkte von der Offerte abweicht; die Erklärung des B gilt als neuer Antrag, den der ursprüngliche Offerent A nur unverändert annehmen kann; verlangt er seinerseits Verabredung eines von den Parteien bisher nicht erwähnten Punktes, so liegt darin Ablehnung des Antrags des B, verbunden mit einer neuen Offerte des A, welche wiederum von B nur unverändert angenommen werden kann. Die Vertragsverhandlungen können so verlaufen, daß die Parteien zunächst die Punkte, über welche sie einig geworden sind, schriftlich fixieren und sodann über die streitig gebliebenen Fragen weiter verhandeln. Solche Aufzeichnungen — man pflegt sie Punktationen [159] zu nennen — sind nach § 154 I 2 nicht bindend, solange über den letzten noch zur Verhandlung stehenden Punkt noch keine Einigung erzielt ist [160]. Die Vorschrift des § 154 gilt nur im Zweifel: der Vertrag kann trotz unvollständigen Konsenses zustande kommen, wenn die Parteien es so wollen. Das kann insbesondere vorkommen bei Nebenpunkten [161], über welche die Parteien eine spätere Vereinbarung in Aussicht nehmen. Ein Indiz dafür, daß die Parteien, obgleich sie über gewisse Punkte noch nicht einig sind, den Vertrag als geschlossen betrachten, liegt

rechnen kann, daß A zur Barzahlung wirklich bereit ist. Vgl. Titze a. a. O. 348.

[158] Vgl. ob. Note 113.

[159] Im Preuß. Landrecht und im Preuß. Stempelsteuerges. versteht man unter Punktation einen bindenden Vorvertrag, RG. 73, 117.

[160] Kommt die Einigung zustande, so bilden die Punktationen einen Bestandteil des Vertrags, OLG. 22, 150. Jedoch steht den Parteien nichts im Wege, beim definitiven Abschluß des Vertrages von ihren Punktationen abzugehen. Daß dies geschehen ist, darf angenommen werden, wenn der gesamte Inhalt des Vertrages nachträglich abweichend von der Punktation beurkundet wird; steht die Abweichung im Widerspruch zum Willen eines Kontrahenten, so ist Anfechtung am Platz, Dernburg § 128 III.

[161] Z. B. Leistungsort und Leistungszeit, Höhe des Zinsfußes. Der Vertrag kommt nicht zustande, wenn die Verabredung in wesentlichen Punkten an einer zu großen Unbestimmtheit leidet, JW. 42, 541.

dann vor, wenn sie mit der Ausführung des Vertrages beginnen[162]. Kommt die in Aussicht genommene Verabredung nicht zustande, so entscheidet über die ungeregelt gebliebenen Punkte das dispositive Recht[163]; ist bei einem gegenseitigen Vertrag die Leistung verabredet, nicht aber die Gegenleistung, so soll nach § 316 im Zweifel angenommen werden, daß der Gläubiger der Gegenleistung deren Umfang zu bestimmen hat.

Die Einigung über alle zu verabredenden Punkte genügt nicht zum Abschluß des Vertrages, wenn Beurkundung des abzuschließenden Vertrages verabredet ist. Die Beurkundung ist, als gewillkürte Form, im Zweifel als Gültigkeitserfordernis des Vertrages gemeint, § 125, 2[164]. Allerdings können die Parteien jederzeit der verabredeten Beurkundung diese Bedeutung nehmen und vereinbaren, den Vertrag mündlich zu schließen und nur zum Zwecke der Beweissicherung zu beurkunden. Dieser Parteiwille soll nach § 154 II im Zweifel nicht angenommen werden. Daher ist trotz voller Einigung über den Inhalt des Vertrages keine der Parteien gebunden, solange die Beurkundung nicht stattgefunden hat.

Sind die Parteien über einen zur Verhandlung stehenden Punkt nicht einig geworden, ohne daß die Inkongruenz ihrer Erklärungen ihnen zum Bewußtsein gekommen ist, so ist der Dissens latent (versteckt). Diese Situation kann sich in verschiedener Weise ergeben: dadurch, daß der Antragsempfänger den Sinn der Offerte mißversteht und infolgedessen eine mit der Offerte nicht übereinstimmende Annahmeerklärung abgibt, welche ihrerseits vom Offerenten falsch verstanden wird[165]; oder da-

[162] Vgl. z. B. den vom RG. 60, 177 entschiedenen Fall.

[163] Wollten die Parteien einen dispositiven Rechtssatz ausschließen, so ist, wenn eine Vereinbarung nicht zustande kommt, die Lücke des Vertrages nach Treu und Glauben mit Rücksicht auf das, was die Parteien übereinstimmend gewollt haben, zu ergänzen. Haben z. B. die Kontrahenten in Abweichung von § 271 eine Leistungsfrist in Aussicht genommen und sich später über deren Länge nicht einigen können, so ist die Leistung innerhalb einer angemessenen Frist zu erbringen, welche nicht kürzer sein kann als der Zeitraum, welchen beide Parteien als das Minimum der Leistungsfrist betrachteten; Dernburg § 128 Anm. 6.

[164] Vgl. unt. § 63 Note 236.

[165] Vgl. das bei Tuhr a. a. O. 291 und Titze a. a. O. 375 besprochene Beispiel: ein Wiener Handlungshaus offeriert einem Handschuhhändler N in der Schweiz Handschuhe, das Dutzend zu 18 öwfl. N bestellt, weil er sich verlesen hat, das Dutzend zu 18 fr. Diese Differenz zwischen

durch, daß die Parteien einen Punkt, über den sie sich in verschiedenem Sinne geäußert haben, im Laufe der Verhandlungen außer acht lassen, indem jeder glaubt, daß der andere nachgegeben hat, während sich bei späterer Durchsicht der Korrespondenz ergibt, daß der Widerspruch ungelöst geblieben ist; latenter Dissens wird auch dann angenommen, wenn beide Parteien denselben mehrdeutigen Ausdruck gebrauchen und jeder von beiden diesem Ausdruck einen verschiedenen Sinn beilegt, ohne daß ein Grund vorliegt, eine der beiden Bedeutungen für maßgebend zu erklären [166]. In solchen Fällen fehlt es, wie beim offenen Dissens, an dem Grunderfordernis des Vertrages. Daß die Parteien oder eine derselben, des Glaubens sind, der Vertrag sei geschlossen, kann den Mangel des Konsenses nicht ersetzen [167]. Den Schaden, der durch diesen Glauben entstehen kann [168], hat jede Partei selbst zu tragen; denn wer einen Vertrag schließen

---

Offerte und Annahme wird vom Offerenten nicht bemerkt. Der Vertrag scheitert am Dissens. Dabei bleibt es m. Er. auch dann, wenn das Wiener Haus die Handschuhe an N zusendet. Denn der Brief des N gilt zwar nach § 150 II als neue Offerte, aber die Zusendung der Handschuhe ist weder vom Wiener Haus als Annahme gemeint, noch kann sie von N als solche aufgefaßt werden; denn beide Teile halten den Vertrag für geschlossen und können daher die Zusendung der Ware nur als Erfüllungshandlung betrachten; a. A. Titze a. a. O. 385. Dagegen wäre Konsens vorhanden und daher der Vertrag geschlossen, wenn N in der Meinung, die Handschuhe seien ihm zu 18 fr. angeboten, zustimmend geantwortet hätte, ohne den ihm vorschwebenden Preis zu nennen; denn seine Erklärung ist aus der Offerte zu ergänzen und bedeutet Einverständnis mit dem ihm angebotenen Vertrag zu 18 öwfl. N wäre auf Anfechtung des Vertrages angewiesen.

[166] Oertmann § 155, 1 b; Staudinger § 155, 2 b; Planck § 155, 4 d; Manigk, Willenserklärung 504 fg.; Danz, JheringsJ. 54, 31 fg.; Westerkamp, Bürgschaft 319, 325; RG. 66, 125; 67, 6. OLG. 20, 57. Genau genommen scheitert der Vertrag in solchen Fällen nicht am Dissens, sondern schon daran, daß jede der beiden einzelnen Erklärungen, weil sie unklar ist und unverstanden bleibt, wirkungslos ist, vgl. ob. § 61 Note 92, Titze 391, Enneccerus § 193 Anm. 7. Jedoch wird man diese Fälle nach § 155 behandeln, d. h. den Vertrag als geschlossen behandeln, wenn die unverstandene Erklärung sich auf einen Nebenpunkt bezieht und anzunehmen ist, daß die Parteien den Vertrag auch ohne diese Bestimmung geschlossen hätten.

[167] Man kann mit Landsberg, Recht des bürg. GesG. § 60, 4 in solchen Fällen von einem „Putativvertrag" sprechen.

[168] Vorbereitungen zur Erfüllung des vermeintlich geschlossenen Vertrags und sonstige Dispositionen mit Rücksicht auf diesen Vertrag.

will, hat darauf zu achten, ob die Willenserklärungen in allen Punkten übereinstimmen. Die konsequente Durchführung der Unwirksamkeit des Vertrages bei latentem Dissens würde aber, wenn der Dissens sich auf Nebenpunkte bezieht und von beiden Teilen unbemerkt bleibt, oft den Interessen der Parteien widersprechen. Daher bestimmt § 155, daß der Vertrag, den beide Teile als geschlossen ansehen, zustande kommt, soweit der Konsens reicht, wenn anzunehmen ist, daß der Vertrag auch ohne eine Bestimmung über den Punkt, über den sie sich nicht geeinigt haben, geschlossen sein würde. Diese Vorschrift ist ein Anwendungsfall des in § 139 ausgesprochenen Rechtsgedankens [169]. Es kommt hier ein hypothetischer Parteiwille [170] zur Geltung: der Wille, welchen die Parteien gehabt hätten, wenn sie vorausgesehen hätten, daß ihr Konsens nicht alle zur Verhandlung stehenden Punkte umfassen würde. Für die nicht verabredeten Punkte gilt dasselbe, wie in dem Falle, daß die Parteien trotz offenen Dissenses über einen Nebenpunkt den Vertrag als geschlossen betrachten [171]: es kommt innerhalb der durch die Erklärungen der Parteien gezogenen Schranken dispositives Recht zur Anwendung.

VI. Der Vertrag ist geschlossen, sobald der Konsens der Parteien vorliegt [172], d. h. sobald die Annahmeerklärung dem Offerenten zugegangen ist; im Fall des § 128 genügt die Beurkundung der Annahmeerklärung, im Fall des § 151 die Vornahme der Handlung, in welcher sich der Annahmewille betätigt. Das Zustandebringen des Konsenses ist im Sinne von § 184 I die „Vornahme des Rechtsgeschäftes". Aber zum Tatbestand des Vertrages können außer den Willenserklärungen der Parteien noch andere Tatsachen [173] gehören, z. B. der Eintritt einer Bedingung oder die Zustimmung eines Dritten. Diese Tatsachen müssen vorliegen, damit die Wirkungen des Vertrages eintreten können [174]; solange sie noch ausstehen, ist der Vertrag zwar ge-

---

[169] Titze a. a. O. 435.

[170] Vgl. ob. § 51 Note 91.

[171] Vgl. ob. Note 163.

[172] Zitelmann S. 116.

[173] Vgl. ob. § 50 II.

[174] Anders, als mit Bedingung und Genehmigung, verhält es sich mit der Bestimmung der Leistung durch eine Partei oder einen Dritten, § 315fg. Schon vor der Bestimmung ist der Vertrag vollendet; denn die Bestimmung dient nur dazu, den Umfang der bereits geschuldeten Leistung nachträglich zu fixieren; sie kann daher durch Urteil ersetzt werden.

schlossen, das Rechtsgeschäft „vorgenommen", aber noch nicht vollendet (perfekt) [175].

Zur Perfektion des Vertrages ist nicht erforderlich, daß die Parteien vom Vorliegen des vollen Tatbestandes Kenntnis haben; sie brauchen nicht zu wissen, daß die Bedingung eingetreten, die Genehmigung erfolgt ist; es braucht ihnen nicht einmal bekannt zu sein, daß der Konsens durch Vorliegen der beiderseitigen übereinstimmenden Erklärungen zustande gekommen ist [176]. Der Vertrag ist geschlossen, auch wenn die dem Offerenten zugegangene Annahmeerklärung nicht zu seiner Kenntnis kommt; ebenso braucht er nicht zu wissen, daß die Beurkundung der Annahmeerklärung (§ 128) stattgefunden hat oder daß die Annahmehandlung des § 151 vorgenommen ist. Auch der Annehmende weiß nur, daß er seine Erklärung abgesendet hat, nicht aber, ob sie dem Offerenten zugegangen ist.

Mit der Vollendung des Vertrages beginnen seine Wirkungen[177]. In diesem Moment ist bei Verfügungen die Rechtsverschiebung eingetreten, beim obligatorischen Vertrag die Forderung und die ihr entsprechende Verpflichtung entstanden [178]. Rückziehung der Wirkungen auf einen früheren Zeitpunkt ist vom Gesetz angeordnet für die Genehmigung [179] und kann von den Parteien, mit obligatorischer Wirkung, verabredet werden [180]. In bezug auf gewisse Rechtssätze findet Rückdatierung der Vertragswirkungen auf den Moment des Vertragsschlusses statt [181].

Vor Zustandekommen des Konsenses ist das Vertragsverhältnis mit den auf ihm beruhenden Rechten und Pflichten noch nicht begründet. Jedoch besteht schon während der Vertragsverhandlungen, als Vorläufer des Vertrags zwischen den Parteien

[175] Siber, Buchrechtsgeschäft 139.

[176] Titze a. a. O. 352.

[177] Nach dem alten HGB. Art. 321 sollten die Wirkungen des Vertrages auf den Zeitpunkt der Absendung der Annahmeerklärung zurückgezogen werden.

[178] Planck § 151, 1.

[179] Die Genehmigung wirkt auf den Zeitpunkt der Vornahme des Rechtsgeschäfts, d. h. des Zustandekommens des Konsenses zurück, § 184 I.

[180] Vgl. für die Bedingung § 159. Rückziehung tritt ferner ein, wenn in der Offerte bestimmt ist, daß der Vertrag, wenn er zustande kommt, als bereits im Zeitpunkt der Absendung der Offerte oder der Annahmeerklärung geschlossen gelten soll, Endemann § 69 Anm. 8.

[181] Vgl. ob. § 43 VI.

ein Rechtsverhältnis mit eigenartigen Wirkungen. Aus der Offerte entsteht eine Bindung des Offerenten und ein ihr entsprechendes Gestaltungsrecht des Gegners [181a]. Aus der Bindung ergeben sich gewisse Verpflichtungen des Offerenten: er ist verpflichtet, das Zugehen der rechtzeitig abgesendeten Annahmeerklärung zu ermöglichen oder wenigstens nicht zu hindern; bei Zuwiderhandeln tritt eine Verlängerung der Annahmefrist ein [182]. Bei verspätetem Zugang der rechtzeitig abgesendeten Annahme ist der Offerent zu einer Anzeige verpflichtet, § 149 [183]. Ferner ist der Offerent, da er zwar noch nicht Vertragsschuldner ist, es aber durch die Annahme werden kann, schon vor der Annahme verpflichtet, dafür zu sorgen, daß für ihn keine Unmöglichkeit der Leistung eintritt [184]; wenn z. B. die vom Offerenten zum Kauf angebotene Sache durch sein Verschulden beschädigt wird, so hat er, wenn der Vertrag zustande kommt, dem Gegner nach § 280 Schadensersatz zu leisten [185]. Dieser Satz ergibt sich aus einer meines Erachtens unabweislichen Analogie des § 160 I. Ebenso hat der Annehmende von der Abgabe seiner Erklärung an damit zu rechnen, daß der Vertrag zustande kommen wird, und ist daher ebenfalls nach Analogie des § 160 I verpflichtet, dafür zu sorgen, daß die künftigen Rechte des Offerenten nicht vereitelt oder beeinträchtigt werden; so hat z. B. der Verkäufer, der seine Annahme der Kaufofferte abgesendet hat, von diesem Moment an die Kaufsache sorgfältig aufzubewahren [186]. Dagegen bleibt für die Abgrenzung der ursprünglichen und der nachfolgenden Unmöglichkeit der Moment entscheidend, in welchem der Vertrag

---

181a Vgl. ob. Note 53. 70.

182 Vgl. ob. § 61 Note 254.

183 Vgl. ob. Note 46.

184 Siber, Buchrechtsgeschäft 130.

185 Veräußert der Verkäufer, nachdem er seine Offerte abgesendet hat, die Sache und kommt nunmehr der Vertrag zustande, so besteht für den Verkäufer anfängliches Unvermögen der Leistung, welches er nach allgemeinen Grundsätzen zu vertreten hat. Vgl. ob. Note 59.

186 Wenn man dem Annehmenden von der Abgabe seiner Erklärung an die Diligenzpflicht auferlegt, so wird man m. Er. ihm auch von diesem Zeitpunkt an den Vorteil des § 447 I zusprechen müssen: versendet z. B. der Verkäufer gleich nach Absendung aber noch vor Zugang seiner Annahmeerklärung die Ware, so scheint es mir billig, daß die Gefahr sofort und nicht erst mit Zugang der Annahmeerklärung auf den Käufer übergeht, wie sie auch auf ihn übergehen würde, wenn der Verkäufer, statt eine An-

durch Zugehen der Annahmeerklärung perfekt wird: ist z. B. die Kaufsache vor diesem Zeitpunkt untergegangen, so ist der Vertrag nach § 306 nichtig [187]; der Gläubiger hat keinen Anspruch auf das Surrogat des § 281. Aus dem Rechtsverhältnis der Vertragsverhandlung ergibt sich ferner für den Käufer, dem die Sache zum Zweck der Besichtigung übergeben ist, eine Verpflichtung zur sorgfältigen Behandlung und Rückgabe der Sache, wenn der Kauf nicht zustande kommt [188]. Noch weiter geht das RG. 78, 239, indem es bei Vorlegen der Ware an den künftigen Käufer zum Zweck der Besichtigung ein „vertragsähnliches Rechtsverhältnis" annimmt [189], aus welchem der Verkäufer zur Sorgfalt verpflichtet ist und für seine Angestellten nach § 278 haftet.

Das Rechtsverhältnis der Vertragsverhandlung hat die wichtige Rechtsfolge, daß für die Parteien die Pflicht entsteht, einander Aufklärung über Tatsachen zu geben, welche für die Entschließung des Gegners von ausschlaggebender Bedeutung sind. Das Maß dieser Wahrheitspflicht ist je nach den Umständen und der Beschaffenheit des Vertrages ein verschiedenes [190]. Die Verletzung dieser Verpflichtung ist Grundlage der Anfechtung nach § 123 [191] und zugleich eines Schadensersatzanspruchs [192].

Über die juristische Qualifikation des beim Eingehen eines Vertrages begangenen Verschuldens (dolus vel culpa in contrahendo) besteht ein auf der Unklarheit des Gesetzes beruhender Streit. In einigen Fällen, §§ 523 I, 524 I, 600, 694 [193], hat das

---

nahmeerklärung abzugeben, die Offerte durch Absendung der Ware nach § 151 angenommen hätte.

[187] Analoge Anwendung des § 307 ergibt, daß der Verkäufer den Untergang der Kaufsache, sobald er ihn erfährt, dem Käufer anzuzeigen hat.

[188] Dies gilt besonders beim Kauf auf Probe, Planck § 495, 3.

[189] Nicht ganz richtig sagt das RG., daß die Vorlegung der Ware „die Hervorbringung eines Kaufes, also einen rechtgeschäftlichen Erfolg bezwecke". Die Vorlegung bezweckt, den Kunden zu veranlassen, einen Kaufvertrag zu schließen. Diese psychologische Beeinflussung des Willens ist keine rechtliche, sondern eine tatsächliche Wirkung.

[190] Grundsätzlich wird nur für dolus gehaftet. Sehr weitgehend ist die Anzeigepflicht beim Versicherungsvertrag, VersVertrGes. § 16 fg.

[191] Vgl. unt. § 68 Note 24.

[192] Ein besonderer Fall der Aufklärungspflicht (Vertragsschluß über unmögliche Leistung) ist in § 307 geregelt.

[193] Haftung für gefährliche Eigenschaft der Sache ist vom Gesetz bei der Bestellung eines Pfandes nicht erwähnt, aber nach Analogie von § 694 anzunehmen.

Gesetz dieses Verschulden bei der Regelung der einzelnen Schuldverhältnisse erwähnt, wodurch der Schein entsteht, als ob es sich um Nichterfüllung einer durch den Vertrag begründeten Pflicht handelt [194], während doch das Verschulden des Verleihers oder Hinterlegers darin besteht, daß er eine fehlerhafte Sache zum Gegenstand der Leihe oder der Verwahrung gemacht hat [195]. Noch stärker wird der Schein der Vertragsverletzung durch § 463, 2 erweckt, wonach der Verkäufer bei arglistigem Verschweigen eines Fehlers Schadensersatz „wegen Nichterfüllung" zu leisten hat [196]; tatsächlich ist aber das arglistige Verschweigen ein Verschulden, welches vor oder spätestens bei Abschluß des Vertrages begangen wird, bevor noch aus dem Vertrage irgendwelche Verpflichtungen erwachsen konnten [197]. Wo solche Vorschriften des Gesetzes fehlen, z. B. bei einer Täuschung durch den Verkäufer, die nicht unter § 463, 2 fällt [198], wird richtig erkannt, daß es sich um ein Verschulden nicht bei Erfüllung, sondern bei Eingehung eines Vertrages handelt [198a], und daß daher nicht das positive, sondern das negative Interesse des Geschädigten in Betracht kommt [199]. Wenn man aber weiterhin den Schluß zieht,

[194] Nichterfüllung einer Vertragspflicht wird angenommen von Planck § 694, 3. In diesem Sinne wird oft angenommen, daß ein unrichtiger Rat, welchen jemand mit Rücksicht auf einen zu übernehmenden Auftrag dem künftigen Auftraggeber erteilt, sich als Verstoß gegen eine Nebenverpflichtung aus dem Auftragsverhältnis darstellt, JW. 1911 S. 809, OLG. 28, 203, obgleich doch das Auftragsverhältnis zur Zeit der Erteilung des Rates noch nicht bestand.

[195] Für culpa in contrahendo: Mot. II 582; Oertmann § 600, 1 und Bem. zu § 694, sowie LZeitschr. 8, 513 fg.

[196] So lehrt z. B. Staub, HGB. § 377 Anm. 151, daß dem Verkäufer eine Vertragspflicht obliegt, bei Abschluß des Vertrages nicht arglistig zu handeln.

[197] Das Gesetz hat in § 463 das arglistige Verschweigen eines Fehlers der unrichtigen Zusage gleichgestellt und in beiden Fällen Ersatz des Erfüllungsinteresses angeordnet. Fraglich ist, ob man neben § 463 aus allgemeinen Erwägungen und der Analogie des § 694 eine auf das negative Interesse beschränkte Haftung des Verkäufers für fahrlässigen Verkauf einer fehlerhaften Sache annehmen soll. Dafür F. Leonhard, Verschulden beim Vertragsschlusse. Dagegen die herrschende Meinung, Enneccerus § 266 III, Oertmann § 276, 6 b. Vgl. aber RG. 26. 4. 12 (JW. 1912, 743).

[198] Der Verkäufer eines Grundstücks macht außerhalb des notariellen Vertrags wissentlich falsche Angaben über die Rentabilität.

[198a] OLG. 28, 119.

[199] Besteht das Verschulden des A darin, daß er den B durch un-

daß eine unerlaubte Handlung im Sinn von § 823 fg. vorliegt, und die Grundsätze des Deliktrechts anwendet, z. B. bei der Haftung für Angestellte [200] oder bei der Verjährung, so wird dabei übersehen, daß es sich nicht, wie beim Delikt, um einen Eingriff in eine fremde Rechtssphäre handelt, sondern um die Nichterfüllung einer Pflicht, welche allerdings nicht aus einem Vertrag hervorgeht, wohl aber aus dem durch die Vertragsverhandlungen begründeten Rechtsverhältnis [201]. Für die Nichterfüllung einer gesetzlichen Pflicht gegenüber einem bestimmten Gegner gilt aber nicht § 831, sondern § 278 [202], und nicht die spezielle Verjährung des Deliktrechts, § 852 [203].

Solange der Vertrag nicht geschlossen ist, kann jeder Teil die Verhandlungen abbrechen. Hat der Gegner durch seine Erwartung, daß der Vertrag zustande kommen werde, einen Schaden erlitten, so muß er ihn selbst tragen [204], da er wissen muß, daß seine Erwartung unsicher ist [205]. Anders nur, wenn jemand Verhandlungen anbahnt in der Absicht, sie abzubrechen und dadurch den Gegner zu schädigen, § 826 [206].

korrektes Verhalten während der Vertragsverhandlungen zu einem Vertrage veranlaßt hat, den B sonst nicht geschlossen hätte, so entspricht dem Schaden des B der Ersatz des negativen Interesses. Andere Fälle, in denen das negative Interesse zu ersetzen ist, beruhen nicht auf einer culpa in contrahendo, z. B. §§ 122, 179: sie sind nicht auf Vertragsverhältnisse beschränkt und setzen kein Verschulden voraus.

[200] RG. 61, 207 und die herrschende Meinung, vgl. Oertmann § 278, 3 d. Vgl. aber RG. 63, 151, wo aus der Bestellung eines Vertreters die stillschweigende Abmachung der Parteien gefolgert wird, daß der Vertretene für Verschulden des Vertreters beim Vertragsschluß insbesondere für Unterlassung der Mängelanzeige aufkommen wolle. Durch diese Annahme wird in vielen Fällen der vom RG. 61, 207 aufgestellte Rechtssatz praktisch außer Anwendung gesetzt werden können.

[201] Tritt ein Minderjähriger in Vertragsverhandlungen, so entstehen für ihn, weil er sich durch Rechtshandlungen nicht verpflichten kann, ob. § 59 X 1, keine vertragsähnlichen Verpflichtungen. Daher ist sein Verschulden im Stadium der Vertragsverhandlungen, z. B. Täuschung des Gegners über die Minderjährigkeit, als Delikt zu behandeln; vgl. ob. § 59 Note 160.

[202] So Leonhard a. a. O. 46; Wüstendörfer, ArchZivPr. 110, 279; Staub (mit unrichtiger Begründung, vgl. ob. Note 196).

[203] RG. 66, 86. Leonhard a. a. O. 48.

[204] Vgl. ob. Note 86.

[205] OLG. 22, 147: die Kosten der Offerte brauchen bei Ablehnung derselben nicht ersetzt zu werden.

[206] Dernburg § 130 II.

VII. Eine besondere Art des Vertragsschlusses ist die Versteigerung, für welche das Gesetz in § 156 zur Beilegung älterer Kontroversen zwei Rechtssätze aufstellt [207]. Versteigerung liegt vor, wenn jemand mit einer unbestimmten oder begrenzten Mehrheit von Personen [208] über einen Vertrag verhandelt, den er mit einer dieser Personen zu möglichst günstigen Bedingungen schließen will. Der Versteigerer ist in der Regel ein Verkäufer, der einen möglichst hohen Preis erzielen will. Es kann sich aber auch um Vermietung oder Verpachtung zu möglichst hohem Preise handeln oder umgekehrt um Miete, Dienstvertrag oder Werkvergebung für eine möglichst geringe Gegenleistung. Begrifflich erfordert die Versteigerung einen gegenseitigen Vertrag, bei welchem die vom Gegner des Versteigerers gebotene Leistung eine quantitative Abstufung zuläßt. Ferner ist erforderlich, daß der Vertrag mündlich in einheitlicher Verhandlung mit den Beteiligten geschlossen wird [209]. Das Gesetz bestimmt:

1. daß die Versteigerung erst durch den Zuschlag zustande kommt, § 156, 1. Daraus ergibt sich, daß das Ausbieten des Versteigerers (und die von ihm aufgestellten sog. Versteigerungsbedingungen) nicht Offerte an die Bieter ist, sondern Aufforderung zum Stellen von Offerten [210]; das Gebot jedes Bieters ist eine Offerte; es steht dem Versteigerer frei, diese Offerte abzulehnen [211], auch wenn sie den Versteigerungsbedingungen entspricht, oder sie durch Erteilung des Zuschlags anzunehmen.

2. in Abweichung von dem Rechtssatz, daß die mündlich

---

[207] Die Bestimmungen des § 156 sind dispositives Recht, Planck zu § 156, oder, was praktisch auf dasselbe herauskommt, Auslegungsregel, Enneccerus § 152 I.

[208] Die Versteigerung kann jedermann zugänglich sein oder unter bestimmten Personen erfolgen, z. B. unter den Teilhabern, § 753 I.

[209] Von der Versteigerung ist zu unterscheiden die Submission. Sie ist Vertragsschluß unter Abwesenden. Die Gebote werden innerhalb einer bestimmten Frist eingereicht, ohne daß es auf die Reihenfolge des Zugehens der Gebote ankommt. Der Veranstalter der Submission hat in der Regel innerhalb der von ihm gesetzten oder sich aus § 147 II ergebenden Frist die freie Wahl, ob und welches Gebot er annehmen will, Düringer-Hachenburg, HGB. S. 88 fg. OLG. 15, 316.

[210] Vgl. ob. Note 18.

[211] Hat sich der Versteigerer in den Bedingungen verpflichtet, ein Gebot von gewisser Beschaffenheit anzunehmen, so ist seine Erklärung als Offerte aufzufassen, welche von dem ersten Bieter, dessen Gebot den Bedingungen entspricht, angenommen wird.

gestellte Offerte erlischt, wenn sie nicht sofort angenommen wird (§ 147 I) [212], bestimmt § 156, 2, daß das Gebot erlischt, wenn ein Übergebot abgegeben [213] oder die Versteigerung ohne Erteilung des Zuschlages geschlossen wird. Der letzte Bieter ist daher bis zum Schluß der Versteigerung an seinen Antrag gebunden; der Schluß hat innerhalb des Zeitraums zu erfolgen, der in den Versteigerungsbedingungen festgesetzt ist oder sich aus Treu und Glauben ergibt.

Der Zuschlag ist eine mündliche Erklärung, die vom Versteigerer im Termin abzugeben ist. Die Erklärung ist nicht empfangsbedürftig [214]: sie kann auch abgegeben werden, nachdem der Bieter sich entfernt hat [215]. Denn da er nach § 156, 2 an sein Gebot gebunden ist, darf es ihm nicht freistehen, sich durch Entfernung vom Versteigerungsort dem Zuschlag zu entziehen [216].

In zahlreichen Fällen hat das Gesetz für den Verkauf von Mobilien öffentliche Versteigerung [217] vorgeschrieben. Der Begriff der öffentlichen Versteigerung ist in § 383 III definiert: die Versteigerung muß, um öffentlich im Sinn des Gesetzes zu sein, durch einen Gerichtsvollzieher oder einen anderen Beamten oder einen öffentlich angestellten Versteigerer erfolgen [218]: sie muß öffentlich sein, d. h. es muß jedermann zum Bieten zugelassen sein; und es muß Ort und Zeit der Versteigerung unter allgemeiner Bezeichnung der Sache öffentlich bekannt gemacht sein [219]. Für

---

[212] Nach Planck soll § 156, 2 eine Ausnahme von § 146 enthalten.

[213] Auch wenn das Übergebot unwirksam ist, z. B. wegen mangelnder Geschäftsfähigkeit des Bieters, Dernburg II § 82 II 3; Oertmann § 156, 2 b. Nach Planck § 156, 1 und Enneccerus § 152 Anm. 11 soll ein ungültiges Übergebot den Bieter nicht befreien, wenn es vom Versteigerer sofort zurückgewiesen wird; m. Er. muß ein Bieter, der sofort nach Abgabe eines Übergebots das Lokal verläßt, sicher sein, daß ihm nicht nachträglich der Zuschlag, auf den er nicht mehr rechnete, erteilt wird.

[214] Vgl. ob. § 61 Note 312. Planck zu § 156; Enneccerus § 152 Anm. 113.

[215] Vgl. GFG. § 181.

[216] Daß der Zuschlag in Abwesenheit des Bieters erteilt werden kann, entspricht der Billigkeit; denn der Bieter muß, wenn er das Lokal verläßt, dafür sorgen, daß die Erteilung des Zuschlags zu seiner Kenntnis kommt.

[217] §§ 383, 489, 966, 979, 1219, 1235. HGB. § 373. 376.

[218] Diese Personen handeln als Stellvertreter dessen, der die Sache versteigern läßt.

[219] Daß die öffentliche Bekanntmachung wesentliches Erfordernis der öffentlichen Versteigerung ist, ergibt sich aus § 1243 I.

den Verkauf durch öffentliche Versteigerung gilt in mancher Beziehung besonderes Recht: gewisse Personen sind vom Erwerbe ausgeschlossen, §§ 456/8. Andererseits kann der Eigentümer der versteigerten Sache mitbieten [220], sowie die Person, in deren Namen und Auftrag die Versteigerung stattfindet [221], § 1239.

Die Versteigerung gepfändeter Sachen durch den Gerichtsvollzieher, ZPO. § 814, ist ein Rechtsgeschäft, durch welches der Gerichtsvollzieher auf Grund seiner staatlichen Befugnis im Auftrag und zum Vorteil des Gläubigers über die gepfändete Sache verfügt [222]. Dagegen hat die Zwangsversteigerung (Subhastation) von Grundstücken nur in ihrem äußeren Vorgang Ähnlichkeit mit der im BGB. geregelten Versteigerung: sie ist kein Rechtsgeschäft, sondern ein Tatbestand, der aus amtlichen Akten und Rechtshandlungen der Beteiligten besteht und in einem richterlichen Beschluß, dem Zuschlag, seinen Abschluß findet [223]. Das Gebot ist keine durch den Zuschlag anzunehmende Offerte, sondern Voraussetzung einer richterlichen Handlung, ähnlich wie beim Zwangsvergleich der Vergleichsvorschlag und der Mehrheitsbeschluß der Gläubiger Voraussetzung für den Beschluß des Konkursgerichts sind [224].

VIII. Die Annahme oder Ablehnung einer Offerte steht in der Regel im Belieben des Antragsempfängers. Jedoch kann eine Verpflichtung zum Abschluß eines Vertrages durch Vertrag oder Gesetz begründet sein [225]. Der Vertrag, zu dessen Abschluß jemand verpflichtet ist, kann eine Verfügung, z. B. Eigentumsübertragung sein [226], aber auch ein obligatorischer Vertrag. Einen Vertrag, durch den sich jemand zum Abschluß eines obligatorischen Vertrags verpflichtet, nennt man Vorvertrag, pactum de con-

---

[220] Vgl. ob. § 6 Note 28.

[221] Vgl. ob. § 53 Note 153.

[222] Vgl. ob. § 54 Note 148.

[223] RG. 60, 54.

[224] Vgl. ob. § 53 Note 209.

[225] Über die logische Möglichkeit der Verpflichtung zur Abgabe einer Willenserklärung vgl. ob. § 50 Note 9.

[226] Auch der Abschluß eines Ehevertrages ist Verfügung (über das güterrechtliche Verhältnis, ob. § 54 Note 33) und kann daher Gegenstand eines obligatorischen Vertrages sein, RG. 48, 185; 68, 322. Da aber dieser Vertrag derselben Form, wie der Ehevertrag bedarf, ob. § 54 Note 91, so wird es meist ein überflüssiger Umweg sein, wenn die Parteien sich erst zum Abschluß des Ehevertrages verpflichten, statt ihn sofort abzuschließen.

trahendo [227]. Eine solche Verpflichtung liegt zweifellos vor, wenn A dem B verspricht, einen Vertrag mit X zu schließen [228], z. B. dem X ein Darlehen zu geben oder ihm eine Sache zu verkaufen [229]. Dagegen ist es zweifelhaft, ob die Annahme eines Vorvertrages am Platze ist, wenn A dem B verspricht, einen obligatorischen Vertrag mit B selbst zu schließen [229a]. Denn dadurch, daß A dem B verspricht, ihm eine Leistung zu versprechen, ist er bereits dem B zu dieser Leistung verpflichtet und das nochmalige Versprechen erscheint als überflüssiger Umweg [230]. Das tritt am deutlichsten hervor bei Konsensualverträgen, z. B. bei Kauf und Miete: verspricht A dem B eine Sache zu verkaufen oder zu vermieten, so ist in diesem Versprechen bereits der Kauf- oder Mietvertrag enthalten [231], so daß A nicht zum Abschluß dieser Verträge, sondern zur Übergabe resp. Gebrauchsüberlassung der Sache verpflichtet ist [232]. Auch bei den sog. Realverträgen [233] scheint es mir möglich und richtig, ohne die Konstruktion eines Vorvertrages auszukommen: was man pactum de mutuo dando vel accipiendo

[227] Windscheid § 310; Enneccerus § 153 IV; Oertmann § 154, 4; Staudinger, Vorb. 8 vor § 145. Planck Erl. 4 vor § 145.

[228] Gas- und Elektrizitätswerke sind oft durch Vertrag mit der Gemeinde verpflichtet, mit ihren Abnehmern Verträge zu bestimmten Bedingungen zu schließen, OLG. 27, 249. Dagegen enthält der Tarifvertrag in der Regel die negative Verpflichtung, Verträge zu gewissen Bedingungen nicht zu schließen.

[229] Dabei ist aber zu untersuchen, ob nicht das Darlehen oder der Verkauf zwischen A und B zustande kommt, mit der Verpflichtung oder Ermächtigung des A, die Darlehensvaluta resp. Kaufsache an X zu liefern.

[229a] RG. 66, 116 konstruiert einen Vorvertrag zu einem Gesellschaftsvertrag; 78, 387. 81, 134: Vorvertrag zum Kaufvertrag.

[230] Gegen den Begriff des Vorvertrages Schloßmann, JheringsJ. 45, 1 fg.; Stintzing, Die Vorverpflichtung.

[231] Daher sind, wenn es sich um ein Grundstück handelt, die Formen der §§ 313, 566 schon für dieses Versprechen zu beobachten. Verspricht A dem B, sich für eine demnächst zu begründende Forderung des B gegen X zu verbürgen, so ist dieses Versprechen bereits die Bürgschaft (für künftige Forderung, § 765 II) und unterliegt der Form des § 766. SeuffArch. 58, 177. OLG. 20, 115.

[232] Ein Vorvertrag zum Kauf wird oft deswegen konstruiert, weil der Kaufgegenstand oder der Kaufpreis noch nicht völlig bestimmt ist; dieser Umstand hindert aber nicht die Annahme eines bereits geschlossenen Kaufvertrages; denn der Jnhalt des Vertrages kann von den Parteien einer späteren Bestimmung durch eine derselben oder durch einen Dritten überlassen werden, § 315 fg. Vgl. ob. Note 15.

[233] Vgl. ob. § 50 Note 37.

nennt, ist eine Verabredung, durch welche meines Erachtens das Rechtsverhältnis [234] des Darlehens bereits begründet wird und zugleich eine Verpflichtung des Geldgebers oder Geldnehmers (nicht zum Abschluß eines Vertrages), sondern zur Auszahlung resp. Annahme einer Geldsumme; durch den Empfang des Geldes entsteht auf Grund des bereits begründeten Darlehensverhältnisses die Rückgabepflicht [235].

Beruht die Verpflichtung zum Abschluß eines obligatorischen Vertrags auf gesetzlicher Vorschrift, so spricht man von Kontrahierungszwang [236]. Die typischen Fälle sind die Verpflichtung der Post und Eisenbahn zur Annahme und Beförderung von Postsendungen und Waren [237]. Auch hier ist es zweifelhaft, ob eine Verpflichtung zum Abschluß eines Vertrages zu konstruieren ist, oder ob, was mir richtiger scheint, die gesetzliche Pflicht dahin geht, die zur Beförderung angebotenen Gegenstände anzunehmen; durch die Annahme entsteht zwischen den Parteien ein im Gesetz [238] geregeltes Verhältnis [239], welches dem Rechtsverhältnis aus einem Vertrage in seinen Wirkungen gleichsteht, und daher als Quasikontrakt bezeichnet werden kann [240].

---

[234] Vgl. Bd. I § 5.

[235] Da die Abgabe eines abstrakten Versprechens als Leistung gilt, vgl. § 812 II, kann sie Gegenstand einer Verpflichtung sein. Kein Vorvertrag im genauen Sinne des Wortes liegt vor, wenn A dem B verspricht, ein Inhaber- oder Orderpapier auszustellen. Denn die Ausstellung des Papiers ist kein Vertrag, durch welchen sich A dem B gegenüber verpflichtet, sondern ein einseitiges Rechtsgeschäft, aus welchem für eine unbestimmte Anzahl von Personen Rechte entstehen können, vgl. ob. § 53 Note 9. § 61 Note 306.

[236] Biermann, JheringsJ. 32, 266 fg.

[237] PostG. § 3; TelegraphenG. § 5; HGB. § 453; ferner zahlreiche landesgesetzliche Vorschriften.

[238] Ein Versprechen, die angenommene Sache zu befördern, ist nicht erforderlich, um die Pflicht zur Beförderung entstehen zu lassen.

[239] Stampe, ArchZivPr. 108, 68, läßt die Beförderungspflicht der Post und Eisenbahn durch einseitige Willenserklärung des Absenders entstehen.

[240] Vgl. SArch. 67, 387: die Benutzung eines städtischen Schlachthauses beruht nicht auf Vertrag, sondern auf einer öffentlichen Verpflichtung der Stadt. Fleiner, Verwaltungsrecht § 18 Anm. 11, 50.

§ 63. Form *.

I. Grundsätzlich kann eine Willenserklärung durch jedes Mittel erfolgen, welches geeignet ist, sie verständlich zu machen [1]. Das Mittel einer Willenserklärung kann man im Gegensatz zu ihrem Inhalt Form nennen. In diesem Sinn hat jede Erklärung eine Form; im technischen Sinn nur dann, wenn durch Gesetz oder Rechtsgeschäft eine bestimmte äußere Gestalt der Willenserklärung vorgeschrieben ist [2].

Der Standpunkt des Gesetzgebers zur Frage der Form ist nach Zeit und Ort sehr verschieden, so daß die Formvorschriften sich als der willkürlichste Teil einer Rechtsordnung darstellen. Die Rechte der älteren Kulturstaaten sind im Formalismus befangen. Das gilt vom älteren römischen Recht [3] wie vom alten deutschen Recht [4]. Durch Absterben der Formen ist im Corpus Juris und durch dessen Rezeption im Gemeinen Recht das Prinzip der Formfreiheit zur Geltung gekommen, während das Preußische Landrecht [5] und der Code Civil [6] für Geschäfte über 50 Taler resp. 150 fr. Schriftlichkeit verlangten. Im Anschluß an das alte HGB. [7], welches die Handelsgeschäfte von jeder Form befreite, hat das BGB. das Prinzip der Formfreiheit aufgestellt, jedoch durch zahlreiche Ausnahmen durchbrochen. Die wichtigsten im BGB. vorkommenden Formen sind: die Schriftform, vgl. unt. S. 512, die gerichtliche oder notarielle Beurkundung, vgl. unt. S. 523, und die öffentliche Beglaubigung, vgl. unt. S. 526 [7a]. Die

* Windscheid § 72; Regelsberger § 137; Dernburg § 134; Endemann § 65; Crome § 87; Cosack § 60; Enneccerus § 145; Kohler § 235; Biermann § 64; Zitelmann § 104; Reichel, ArchZivPr. 104, 1 fg.

[1] Vgl. ob. § 61 Note 90.

[2] Auch für Mitteilungen, vgl. ob. S. 114, kann eine Form vorgeschrieben sein, Klein, Rechtshandlung 145. Im Zweifel ist anzunehmen, daß dieselben Erfordernisse gelten, wie bei der Form der Willenserklärung, z. B. muß eine schriftliche Mitteilung unterschrieben sein, Cosack § 60 IV. Zu den formbedürftigen Aussagen gehört die Zusicherung, § 459 II, beim Verkauf von Grundstücken, vgl. unt. Note 87.

[3] Jhering, Geist des römischen Rechts II § 45 fg.

[4] Heusler, Institutionen II 228 fg.

[5] A.L.R. I 5 § 131 fg.

[6] Art. 1343.

[7] Art. 317.

[7a] Landesgesetzlich können Formen für die Rechtsgeschäfte öffentlich-

Formvorschrift ist oft alternativ in dem Sinn, daß für die Vornahme eines Rechtsgeschäfts zwei Formen zur Wahl stehen; so wird die Schriftform und die öffentliche Beglaubigung durch gerichtliche oder notarielle Beurkundung ersetzt, §§ 126 III, 129 II [8]; so kann das Testament in öffentlicher Form oder als eigenhändiges errichtet werden, § 2231 [9]. Vgl. auch Art. 11 I [10].

Die rechtspolitischen Zwecke und Wirkungen der Form sind mannigfaltig: durch die Form wird die Ernstlichkeit des Willens konstatiert und die rechtsgeschäftliche Erklärung von unverbindlichen Äußerungen [11] scharf unterschieden; dadurch wird während der Vertragshandlungen eine Sicherheit gegen Überraschungen und Übervorteilungen geschaffen: die Partei braucht nicht zu befürchten, daß sie an Erklärungen, welche von ihr nicht als verbindlich gemeint sind, vom Gegner festgehalten wird. Ferner dient die Form dazu. die Überlegung zu fördern und übereilte Entschlüsse zu hemmen. Auch wird durch die Form in der Regel die Deutlichkeit [12] und Präzision [13] der Erklärung erhöht; insbesondere kann durch die Form ein scharf begrenzter rechtlicher Willensinhalt von den ihm zugrunde liegenden weiteren Absichten der Parteien losgelöst und zum Gegenstand einer abstrakten Verabredung gemacht werden [14]. Endlich wird durch die Form der Beweis der Willenserklärung erleichtert und gesichert [14a]. Diesen

rechtlich juristischer Personen vorgeschrieben sein, Planck § 125, 1 d, vgl. ob. § 42 Note 5.

[8] RG. 64, 82.

[9] Beide Testamentsformen haben gleiche Wirksamkeit, jedoch besteht ein Unterschied für den Widerruf, § 2256.

[10] Die Formen des BGB. werden, wenn ein Rechtsgeschäft Bestandteil eines Prozeßvergleiches ist, durch die prozessuale Form ersetzt; vgl. ob. § 50 Note 100. Planck § 125, 1 c.

[11] Vgl. ob. § 50 Note 156.

[12] Eine undeutliche Form, bei welcher der Wille des Erklärenden aus den Umständen zu entnehmen ist, findet sich bei den Karten und Marken des § 807.

[13] Das Indossament, welches nach WO. Art. 9, 10 die Übertragung der Rechte aus dem Wechsel kennzeichnen sollte (im Gegensatz zum Prokuraindossament, Art. 17, welches eine Bevollmächtigung bedeutet), ist im Laufe der Zeit zu einer abgeschliffenen Form geworden: es kann auch dazu verwendet werden, dem Indossatar nicht die Rechte aus dem Wechsel zu verschaffen, sondern eine Legitimation zur Geltendmachung derselben oder ein Pfandrecht am Wechsel, § 1292.

[14] Auflassung, § 925, abstraktes Schuldversprechen, § 780.

[14a] Durch den Gebrauch der Schrift wird die rechtsgeschäftliche Ab-

Vorteilen stehen erhebliche und unvermeidliche Nachteile gegenüber: jede Form, auch die leichteste, ist eine Erschwerung des rechtlichen Verkehrs, welche unter Umständen als lästig empfunden wird und dazu führen kann, daß ein ernstlich gewolltes und inhaltlich einwandfreies Rechtsgeschäft wegen eines Formfehlers als unwirksam zu betrachten ist. Unter Abwägung dieser Vorteile und Nachteile hat der Gesetzgeber einerseits nur die wichtigsten Geschäfte formalisiert und andererseits die Formen so ausgestaltet, daß ihre Befolgung keine zu großen Schwierigkeiten bietet. Insbesondere ist die in unserem Verkehrsleben auch ohne gesetzliche Vorschrift übliche Schriftform ein verhältnismäßig leichtes Mittel der Willenserklärung, welches doch den legislativen Zwecken der Form in genügender Weise entspricht [15].

Die Form ist ein vorgeschriebenes Mittel der Willenserklärung [16]. Ein Rechtsgeschäft ist formell, wenn die zu seinem Tatbestand gehörenden Willenserklärungen oder eine derselben einer Form unterliegt [17]. Beim Vertrag ist die Form gewöhnlich für beide Willenserklärungen, Antrag und Annahme, vorgeschrieben [18]; es gibt aber Verträge, bei denen nur die Erklärung eines Kontrahenten der Form bedarf; so z. B. nur die Erklärung des Bürgen, § 766, des Schenkers, § 518, des Schuldners, § 780, und dessen, der eine Leibrente verspricht, § 761.

Da die Form Mittel der Willenserklärung ist, so könnte es

---

sicht nicht ohne weiteres bewiesen, vgl. z. B. OLG. 22, 344: wer Übernahme einer Bürgschaft durch schriftliche Mitteilung in Aussicht stellt, hat sich damit noch nicht verbürgt.

[15] Noch leichter zu erfüllen und doch geeignet, die Ernstlichkeit zu konstatieren, sowie die Überlegung und präzise Fassung zu befördern, war die römische mündliche Form des Schuldvertrages, die Stipulation, welche aber infolge der Änderungen Justinians nicht als Form verstanden und als solche nicht rezipiert ist. In Ermangelung einer solchen mündlichen Form ist in unserem Rechte bisweilen schwer zu unterscheiden, ob eine Zusage, z. B. das Versprechen, eine Geldsumme oder eine Sache zu leihen, rechtsgeschäftlich gemeint ist, oder dem geselligen Verkehr angehört und daher rechtlich nicht verbindlich ist, vgl. ob. § 50 Note 162.

[16] Die Frage, ob die Willenserklärung an eine bestimmte Person und an wen sie zu richten ist, und ob sie dem Adressaten zugehen muß, gehört nicht zur Form, Zitelmann, Intern. PrivR. II 156.

[17] Nicht schon dann, wenn eine Partei von der anderen die Abgabe einer formellen Erklärung verlangen kann, ohne daß die Gültigkeit dieser Erklärung von der Form abhängt, z. B. §§ 403, 2120.

[18] Vgl. ob. § 62 Note 13. 110.

scheinen, als ob sie nur bei Vornahme der Erklärung gewahrt werden könne. Das trifft aber nur bei der öffentlichen Beurkundung zu, welche im unmittelbaren Anschluß an die Willenserklärung erfolgen muß. Dagegen braucht bei der Schriftform die Formerfüllung nicht mit der Willenserklärung zeitlich zusammenzufallen. In der Regel wird zuerst die Form durch Herstellung der Urkunde erfüllt, während die Willenserklärung in kürzerem oder längerem zeitlichen Abstand, gewöhnlich durch Übergabe der Urkunde, erfolgt [19]. Wird die Willenserklärung zuerst mündlich abgegeben, und sodann die Schriftform nachgeholt, z. B. durch Ausstellung eines Bürgschaftsscheines für eine mündlich eingegangene Bürgschaft, so wird das Rechtsgeschäft erst mit der Formerfüllung wirksam [19a]. Dabei kommt es nicht darauf an, ob der Erklärende wußte, daß seine mündliche Erklärung ungültig ist, oder ob er sie für gültig hielt [20].

Gehört zum Tatbestand eines Rechtsgeschäfts außer der Willenserklärung eine weitere Handlung oder sonstige Tatsache [21], so sind solche Tatsachen, weil sie nicht als Mittel der Willenserklärung dienen, sondern neben der Willenserklärung stehen und derselben unter Umständen vorangehen oder nachfolgen können, nicht als Form des Geschäftes zu betrachten [22]. So ist die Übergabe der Sache und die Eintragung in das Grundbuch keine Form der Geschäfte des Mobiliar- und Immobiliarsachenrechts [23]; keine Form ist die Eintragung in das Aktienbuch, HGB. § 223; die staatliche Genehmigung der Stiftung, § 80; die Bestätigung der Adoption § 1741 [24]. Bisweilen wird die Klageerhebung als Form eines Rechts-

[19] Vgl. unt. Note 169.

[19a] RG. 52, 436.

[20] Denn wer ein Rechtsgeschäft vornimmt, dessen Tatbestand aus mehreren Tatsachen besteht, braucht nicht zu wissen, welche dieser Tatsachen für den Eintritt der Rechtswirkung entscheidend ist; vgl. ob. § 50 Note 116.

[21] Vgl. ob. § 50 II.

[22] Die Frage, ob man ein Erfordernis eines Rechtsgeschäftes als Form bezeichnen kann, ist wichtig im internationalen Recht für die Anwendung des Art. 11, Zitelmann, Int. PrivR. II S. 143 fg.

[23] Planck, Vorb. 2 vor § 145; Kipp zu Windscheid § 72 S. 334; Siber, Buchrechtsgeschäft 35. Daher muß, wenn eine nichtige Eigentumsübertragung bestätigt wird, zwar die Auflassung wiederholt werden, vgl. ob. § 56 Note 91, aber nicht die Eintragung.

[24] Planck, Art. 22, 4; Staudinger, Bem. II 6 a zu Art. 22; a. A. Dernburg § 135 I c.

geschäfts bezeichnet, z. B. bei der Anfechtung der Ehe und der Ehelichkeit, §§ 1341, 1596 [25]; meines Erachtens liegt in diesen Fällen kein Rechtsgeschäft vor, sondern Ausübung eines Rechtes durch Vornahme einer prozessualen Handlung [26].

Durch einmalige Beobachtung der Form können mehrere Rechtsgeschäfte errichtet werden. Die mehreren Geschäfte können gleichartig sein (Auflassung mehrerer Grundstücke in einer Verhandlung, Übernahme der Bürgschaft für mehrere Forderungen in einer Urkunde) oder ungleichartig: in derselben notariellen Verhandlung kann ein Kaufvertrag über eine Liegenschaft geschlossen und ein Schenkungsversprechen abgegeben werden; ein Erbvertrag kann in Verbindung mit einem Ehevertrag (und in der Form desselben) geschlossen werden, § 2276 II; ein Erbvertrag kann außer den vertragsmäßigen Verfügungen auch testamentarische Verfügungen enthalten, §§ 2278, 2299 [27]. Innerhalb derselben Form können auch mehrere Rechtsgeschäfte unter verschiedenen Personen errichtet werden; so kann z. B. in demselben notariellen Protokoll beurkundet sein: ein Schenkungsversprechen des A an B, und ein Schenkungsversprechen des C an D. Nur das Testament kann grundsätzlich die Verfügung nur eines Erblassers enthalten [28]; ausnahmsweise ist gemeinschaftliches Testament unter Ehegatten möglich, § 2265.

Die vom BGB. angeordneten Formen gehören dem materiellen Recht an; sie sind Erfordernisse des Abschlusses des Rechtsgeschäftes. Solche Formen nennt man Solemnitätsformen [29], im

[25] Dernburg IV § 22 VII.

[26] Vgl. ob. § 50 Note 78.

[27] In einem öffentlichen Testamente können Erklärungen abgegeben werden, die nicht zum Inhalt des Testamentes gehören, z. B. Anerkennung der Vaterschaft, §§ 1718, 1720, Planck § 1718, 4. Die Anerkennung ist kein Teil des Testamentes; sie wirkt daher sofort und wird durch Widerruf des Testamentes nicht aufgehoben; a. A. Planck a. a. O. Anders ist bei Anerkennung der Ehelichkeit zu entscheiden, welche nach § 1598 III „in einer Verfügung von Todes wegen", d. h. als Bestandteil einer solchen erfolgen kann.

[28] Ein von Nichtehegatten gemeinschaftlich errichtetes Testament ist nichtig, Planck § 2265, 1; vgl. ob. § 55 Note 28.

[29] Auch der Wechselprotest ist nicht bloß Beweismittel für Präsentation und Nichterlangung der Zahlung, sondern Solemnitätsakt, welcher für die Ausübung des Regresses unentbehrlich ist, Staub, WO. Art. 41 Anm. 3; Art. 87 Anm. 18.

Gegensatz zu den Beweisformen [30], von deren Beobachtung nicht das Zustandekommen, sondern die Beweisbarkeit eines Rechtsgeschäftes abhängt [31]. Für Solemnitätsformen gilt nach Art. 11 das Gesetz, welches für das den Gegenstand des Rechtsgeschäfts bildende Rechtsverhältnis maßgebend ist, resp. das Gesetz des Ortes, an dem das Rechtsgeschäft vorgenommen wird, während sich die Beweisform nach der lex fori richtet.

II. Die Formvorschriften sind zwingendes Recht: anders, als in der vom Gesetz vorgeschriebenen Form können die Parteien den gewünschten Rechtserfolg nicht erreichen [32]. Die Formvorschriften unterliegen, wie alle Rechtssätze, der einschränkenden wie der ausdehnenden Auslegung [33], auch ist analoge Anwendung nicht ausgeschlossen [34].

Ist die durch Gesetz vorgeschriebene Form nicht beobachtet, so ist die Willenserklärung und damit das Rechtsgeschäft nichtig, § 125, 1 [35]. Das gilt aber nicht bei den Bestandteilen der Form, welche auf Sollvorschriften [36] beruhen, z. B. bei den in §§ 1318, 2237 aufgezählten Formalien der Eheschließung und des Testaments. Ausnahmsweise hat nach § 566 die Nichtbeachtung der Schriftform bei der Miete von Grundstücken keine Nichtigkeit zur Folge, sondern bewirkt, daß der Vertrag als auf unbestimmte Zeit geschlossen gilt [37]. Teilweise Nichtigkeit des Testamentes als Folge eines Formverstoßes findet sich in § 2235. Bisweilen hat

---

[30] Beweisform ist die in Code Civil Art. 1343 vorgeschriebene Schriftlichkeit, vgl. ob. Note 6.

[31] Beweisformen kennt ZPO. nicht, wohl aber GBO § 29.

[32] Vgl. ob. § 51 I.

[33] Für einschränkende Auslegung Danz, Auslegung 175.

[34] Wüstendörfer, ArchZivPr. 110, 327 fg. will die Formvorschrift beiseite schieben, wenn ihr sozialer Zweck, z. B. die Sicherung des Beweises, in anderer Weise erreicht ist. So soll Verstoß gegen die Form des Privattestaments nicht schaden, wenn die Echtheit und Ernstlichkeit der Erklärung feststeht. M. Er. ist an der vom Gesetz vorgeschriebenen Eigenhändigkeit unbedingt festzuhalten, auch wenn der Zweck der Form im einzelnen Fall anders als durch die Eigenhändigkeit erreicht ist. Für größere Strenge bei Anwendung der Form des eigenhändigen Testaments Endemann, DJZ. 19, 22; für freiere Auslegung Ring das. 19, 159.

[35] Bei partieller Nichtbeobachtung der Form kommt § 139 zur Anwendung, RG. 61, 284. Ist ein Teil des Testaments nicht eigenhändig, so ist dieser Teil nichtig; im übrigen gilt § 2085, RG. 63, 23.

[36] Vgl. ob. § 51 Note 2 fg.

[37] Reichel a. a. O. 62 fg.

die Form eine die Wirksamkeit des Geschäftes verstärkende Bedeutung: das Geschäft ist auch formlos gültig, entbehrt aber in Ermangelung der Form gewisser Wirkungen. So ist die Einigung beim Immobiliarvertrag nicht bindend, wenn die Formen des § 873 II nicht beobachtet sind [37a]. So genügt zur Abtretung der Hypothek die einfache Schriftform, § 1154; aber der Erwerber genießt den Schutz des guten Glaubens nur, wenn die Abtretungserklärungen öffentlich beglaubigt sind, § 1155 [38].

Gegenüber der auf Formfehler beruhenden Nichtigkeit ist der gute Glaube nicht geschützt [39]; es kann sich niemand darauf berufen, daß er die Formvorschrift nicht gekannt habe. Die Berufung auf Formnichtigkeit verstößt nicht gegen Treu und Glauben [40]. Es besteht auch keine auf Sitte oder Anstand begründete Pflicht, ein formnichtiges Geschäft zu erfüllen [41].

Eine Bestätigung des wegen Formfehler nichtigen Geschäftes ist als erneute Vornahme zu beurteilen, § 141 [42]. Es müssen im Moment der Bestätigung alle Erfordernisse des Geschäftes, insbesondere die Geschäftsfähigkeit, vorliegen. Die Bestätigung wirkt ex nunc; bei Verträgen sind die Parteien verpflichtet, einander das zu gewähren, was sie bei anfänglicher Gültigkeit des Vertrages haben würden.

In einigen wichtigen Fällen kann das formnichtige Geschäft durch freiwillige Erfüllung [43] konvaleszieren [44]: ein formloser Vertrag, durch welchen sich jemand zur Veräußerung eines Grundstücks verpflichtet, wird durch Auflassung und Eintragung seinem

[37a] Vgl. ob. § 53 Note 112.

[38] Vgl. auch HGB. § 79.

[39] Danz, Auslegung 165.

[40] RG. 58, 218; 72, 343. Es kann aber darin, daß jemand einen anderen zum Abschluß eines formlosen Rechtsgeschäftes oder zur Begehung eines Formfehlers verleitet, ein Verstoß gegen die guten Sitten liegen, woraus Haftung für das negative Interesse entsteht, RG. 82, 304: Planck § 125, 3b; Reichel a. a. O. 40; Staudinger, Bem. II 9 zu § 125; vgl. ob. § 62 Note 199.

[41] RG. 70, 20. Was auf ein formnichtiges Geschäft geleistet ist, kann zurückgefordert werden, außer wenn der Leistende das Nichtbestehen seiner Verbindlichkeit beweist, Reichel 5 fg.

[42] Vgl. ob. § 56 S. 293.

[43] Vgl. zu diesen Fällen Reichel 12 fg.

[44] Heilung des Formfehlers durch Zeitablauf bei der nichtigen Ehe, § 1324 II.

ganzen Inhalte nach gültig, § 313, 2 [45]; beim Schenkungsversprechen wird der Mangel der Form durch Bewirkung der versprochenen Leistung geheilt, § 518 II [46]; ebenso bei der Bürgschaft, § 766, 2 [47]. Die Heilung reicht nicht weiter als die Erfüllung [48] und tritt bei scheinbarer Erfüllung nicht ein [49]. Leistung durch einen Dritten ohne Auftrag des Versprechenden bewirkt keine Konvaleszenz [50]. Die Heilung durch Erfüllung erfolgt ex nunc [51]; das hat für § 313 zur Folge, daß der Vertrag in dem Bestande gültig wird, den er durch spätere Abreden der Parteien bis zur Eintragung erlangt hat [52]. Nach Analogie von § 141 II darf man annehmen, daß die Parteien Rückwirkung mit obligatorischer Kraft wollen. Die Heilung durch Erfüllung ist keine Bestätigung [53]: der Wille des Erfüllenden braucht nicht darauf

[45] So daß nunmehr der Verkäufer den Kaufpreis und der Käufer die außer dem Grundstück versprochenen Nebenleistungen verlangen kann. Hat der Käufer in Erwartung der Auflassung und Eintragung den Kaufpreis gezahlt, so hat er damit eine künftige Verpflichtung erfüllt und kann, wenn diese Verpflichtung nicht entsteht, das Geleistete zurückfordern, vgl. ob. § 60 Note 151. OLG. 25, 31.

[46] Ein Schenkungsversprechen unter der Bedingung, daß der Beschenkte den Schenker überlebt, ist, wenn vom Schenker vollzogen, nach § 2301 II als Schenkung unter Lebenden zu beurteilen. Ist das Versprechen formlos erteilt, so konvalesziert es nach § 518 II.

[47] Vgl. auch § 15 des RGes. üb. Ges. m. b. H., RG. 65, 39. 71, 402.

[48] Hat z. B. der Schenker die Sache übergeben, so kann Nachlieferung des Zubehörs nicht verlangt werden. RG. 77, 335. Sind mehrere Grundstücke in einem Vertrag verkauft, so konvalesziert der Vertrag nur dann, wenn die Auflassung und Eintragung bei allen Grundstücken stattgefunden hat, RG. 56, 386.

[49] Leistet z. B. der Schenker eine Sache, die dem Beschenkten evinziert wird, so ist das Schenkungsversprechen nicht erfüllt und daher nicht gültig geworden; somit haftet der Schenker nicht aus § 523 II; wohl aber bei dolus in contrahendo aus § 523 I, vgl. ob. § 62 S. 488. Der Kaufvertrag konvalesziert nicht, wenn die Eintragung bei einem anderen Grundstück vorgenommen wird, als bei dem, auf welches sich der Kaufvertrag bezieht, RG. 60, 339.

[50] Reichel, Schuldmitübernahme 345.

[51] RG. 75, 115, Oertmann § 313, 7 f.; Planck § 125, 3, d § 313, 4; a. A. Enneccerus § 252 Anm. 16, Staudinger § 313, 5. Dagegen hat die Erfüllung eines Vertrages durch einen Minderjährigen nach § 110 rückwirkende Kraft, vgl. ob. § 59 VII.

[52] RG. 52, 1. 57, 166. OLG. 23, 5.

[53] Oertmann a. a. O., Kipp, Bem. 2c zu Windscheid § 289.

gerichtet zu sein, dem Geschäft Gültigkeit zu verleihen; er braucht nicht zu wissen, daß die Verpflichtung, die er erfüllen will, infolge eines Formfehlers nichtig ist [54].

Die Heilung des Formfehlers durch Erfüllung ist vom Gesetz für einzelne Fälle vorgeschrieben. Es liegt nahe, aus diesen Bestimmungen einen Grundsatz zu entnehmen, der auf alle wegen Formfehler nichtige Geschäfte anzuwenden wäre [55], z. B. auf den Vertrag über ein ganzes Vermögen, § 311, auf den Leibrentenvertrag, § 761, oder auf den Erbschaftskauf, § 2371. Das Reichsgericht [56] betrachtet die §§ 313, 518, 766 als Ausnahmsfälle, aus denen a contrario zu schließen ist, daß bei sonstigen Geschäften ein Formfehler durch Erfüllung nicht geheilt wird. An dieser Ansicht dürfte de lege lata festzuhalten sein [57].

Rechtsgeschäfte, bei denen ein Formfehler durch Erfüllung geheilt wird, können strenggenommen nicht als nichtig bezeichnet werden. Denn das nichtige Geschäft ist grundsätzlich unheilbar ungültig [58] und unterscheidet sich gerade durch diese Eigenschaft vom unvollendeten Geschäft [59]. Das formwidrige heilbare Rechtsgeschäft erzeugt zwar keine Verpflichtung, kann aber recht-

---

[54] Die condictio indebiti ist ausgeschlossen, weil die Verpflichtung in demselben Moment, in welchem sie erfüllt wird, zur Entstehung kommt.

[55] Hachenburg, Vorträge 96; Düringer-Hachenburg, HGB. II 28, Staudinger, Bem. II 5 zu § 125 wollen den Vertrag konvaleszieren lassen, wenn die Leistung der einen Partei von der anderen in Kenntnis des Mangels angenommen wird; Reichel a. a. O. 33 läßt die Heilung eintreten, wenn der Vertrag von beiden Seiten erfüllt ist.

[56] 67, 208; 76, 3; 79, 241. Vgl. auch OLG. 17, 376. 22, 19, SeuffArch. 67, 58.

[57] Planck § 125, 3d und § 2371, 2; Oertmann § 125, 4a; Endemann § 65, 5; Staub, HGB. § 350 Anm. 70. Enneccerus § 145 Anm. 11 will den Leibrentenvertrag, soweit er erfüllt ist, konvaleszieren lassen. Aber gerade in diesem Falle stößt die Durchführung der Heilung auf Schwierigkeiten: wenn A dem B formlos eine Leibrente zugesagt und einige Raten ausgezahlt hat, so läßt sich bei Annahme partieller Konvaleszenz schwer bestimmen, in welchem Maße die Gegenleistung des B geschuldet sein soll. Einfacher ist es, den Vertrag als nichtig zu betrachten und jedem Teil die Rückforderung seiner Leistung zu gestatten. Ist die Leibrente schenkungsweise versprochen, so fällt die genannte Schwierigkeit weg und es tritt partielle Heilung nach § 518 II ein.

[58] Vgl. ob. § 56 VI.

[59] Vgl. ob. § 55 Note 18.

fertigender Grund (causa) einer Leistung sein [60]. Es steht im praktischen Resultat der Naturalobligation [61] gleich, unterscheidet sich aber von ihr durch die vom Gesetz gewählte Konstruktion: die Naturalobligation ist eine Verpflichtung ohne Forderung; beim formwidrigen Geschäft besteht zunächst weder Forderung noch irgendwelche Verpflichtung; mit der Erfüllung entsteht aber eine Forderung, welche jedoch nur als Grundlage der bereits vollzogenen Leistung dient und daher einen Anspruch nicht hervorbringt.

III. Die Formen unseres Gesetzes verlangen in der Regel [62] eine in Worte gefaßte Erklärung [63]. Die Wahl der Worte steht dem Erklärenden frei [64]. Da nur die in der vorgeschriebenen Form enthaltenen Worte rechtlich wirksam sind, so muß sich aus diesen Worten der wesentliche Inhalt des Rechtsgeschäftes ergeben [65]. Soweit der Wille, den die Partei erklären wollte, durch die Form nicht gedeckt ist, kann er nicht zur Geltung kommen. So muß z. B. beim schriftlichen Mietsvertrag Sache, Zins, Beginn und Dauer der Miete in der Urkunde bezeichnet sein [66]; bei der Bürgschaft die Hauptschuld, wozu in der Regel Angabe der Person des Gläubigers gehört [67]; bloße Namensunterschrift unter der Schuldurkunde eines anderen ist kein genügender Ausdruck der Bürgschaft [68]. Die Vollständigkeit des Inhalts kann nicht ersetzt werden durch Verweisung auf formlose Abreden [69]; daher

---

[60] Durch einen formwidrigen, aber heilbaren Vertrag entsteht unter den Parteien ein Rechtsverhältnis, vgl. Bd. I S. 127.

[61] Vgl. Bd. I § 4 I.

[62] Ein Testament kann auch ohne Worte in der Form des § 2255 widerrufen werden.

[63] Endemann § 65 Anm. 5.

[64] Eine Ausnahme ist die Wechselklausel, WO., Art. 4.

[65] Cosack § 60 II 2 a; Titze, Mißverständnis 125. Planck § 125, 4. In Abweichung vom bürgerlichen Recht genügt nach WO. Art. 21 II der bloße Name des Bezogenen auf der Vorderseite des Wechsels als Annahmeerklärung. Für analoge Anwendung auf die Annahme der Anweisung, § 784, Enneccerus § 424 Anm. 5.

[66] RG. 59, 219; 63, 144; 71, 116. OLG. 20, 235. Gegen diese Praxis Danz, Auslegung 188.

[67] RG. 62, 379. 76, 200. 305; 82, 70; OLG. 23, 52.

[68] RG. 62, 174; 78, 39. Anders beim Wechsel für den Aval, Staub, WO. Art. 81 Anm. 11.

[69] RG. 76, 200. 305. Zulässig ist Verweisung auf eine Urkunde bei Verlängerung eines Vertrags, RG. 77, 418.

muß die Bestätigung, wenn sie einer Form bedarf, den Inhalt des zu bestätigenden Geschäftes wiedergeben [70]; daher ist ein Testament, dessen Inhalt aus anderen Urkunden entnommen werden soll (test. mysticum [71]) ungültig [72].

Eine formelle Erklärung braucht nicht ausdrücklich [73] zu sein [74]: sie ist nicht ungültig, wenn sich ihre Bedeutung nicht unmittelbar [75] aus dem Wortlaut ergibt [76]. Sind die innerhalb der Form gebrauchten Worte unklar oder zweideutig, so muß und darf ihr Sinn durch Auslegung [77] festgestellt werden [78]. Zur Erläuterung und genaueren Feststellung des Sinnes können Tatsachen herangezogen werden, welche ausserhalb der Form liegen, z. B. frühere formlose Äußerungen oder sonstige Tatsachen [79], welche die Parteien bei Abgabe ihrer Erklärungen im Auge hatten. Nur muß der richtig verstandene Sinn innerhalb der Form einen, wenn auch unvollkommenen Ausdruck gefunden haben [80]. Die

[70] Vgl. ob. § 56 Note 92. Die Form ist z. B. nicht gewahrt, wenn der Bürge schreibt: „ich bestätige hiermit die am 1. Januar mündlich übernommene Bürgschaft“. OLG. 24, 94.

[71] Mot. V 32, 293 fg. Planck zu § 2086. Anders Planck Erl. 2 b vor § 2078 für den Fall, daß ein Erblasser, dessen Testament wegen eines Willensmangels anfechtbar ist, ein neues Testament errichtet, vgl. ob. § 57 Note 136. Für Zulässigkeit des test. myst. Hellmann, LZtschr. 8, 256 mit Berufung auf § 2105 II. Aber das Ereignis, durch welches sich die Person des Erben bestimmt, darf m. Er. nicht eine außerhalb des Testaments liegende Willensäußerung des Erblassers sein.

[72] Eine unvollständige Urkunde ist der Dividendenschein: die Höhe der Dividende ergibt sich aus dem Beschluß der Generalversammlung. Daher wird der Dividendenschein nicht zu den Inhaberschuldverschreibungen im engeren Sinn gerechnet, Staub, HGB. § 213 Anm. 15. RG. 77, 333.

[73] Vgl. ob. § 61 II 4.

[74] A. A. Manigk, Anwendungsgebiet der Vorschr. üb. Rechtsgeschäfte 67.

[75] Wenn das RG. 67, 214 sagt, daß der Inhalt des Rechtsgeschäftes sich vollständig und unmittelbar aus der Urkunde ergeben muß, so wird dieser Ausspruch dadurch gemildert, daß das RG. nähere Bestimmung des Inhalts durch Auslegung für zulässig erklärt. Vgl. RG. 80, 401.

[76] Wenn z. B. im Bürgschaftsschein gesagt ist, daß der Bürge „auf die Einrede des § 771 verzichtet“, so ist das eine formgerechte, wenn auch nicht ausdrückliche Erklärung, vgl. ob. § 61 Note 102.

[77] Vgl. unt. § 64.

[78] RG. 68, 397.

[79] RG. 62, 50; 78, 41. OLG. 22, 206.

[80] RG. 70, 391; 79, 422. Enneccerus § 193 V. Für schrankenlose Berücksichtigung des Willens Danz, Auslegung 167.

Auslegung kann nicht nur dazu führen, daß einem unbestimmten Ausdruck ein bestimmter Sinn beigelegt wird [81]; sie kann auch ergeben, daß die Parteien ein Wort in objektiv unrichtigem Sinn gebraucht, insbesondere eine Person oder Sache falsch bezeichnet haben; läßt sich feststellen, was die Parteien übereinstimmend meinten, so ist die Form trotz der falschen Bezeichnung gewahrt: falsa demonstratio non nocet [82]. So ist z. B. die Auflassung trotz falscher Bezeichnung des Grundstücks gültig, wenn feststeht, welches Grundstück übereignet werden sollte [83]. Der durch Auslegung gefundene Sinn der Erklärung muß, um rechtliche Geltung zu erlangen, durch die Form gedeckt sein [84]. Daher kann z. B. die im Bürgschaftsschein genannte Summe durch Auslegung zwar vermindert, aber nicht vergrößert werden: die auf 1000 M. lautende Urkunde gilt nur für 100, wenn nachgewiesen wird, daß beide Parteien nur 100 meinten; sie kann aber nicht für 10 000 gelten, selbst wenn feststeht, daß die Parteien diese Summe haben wollten; denn von dieser Summe sind nur 1000 durch die Form gedeckt. Wird im Kaufvertrag über ein Grundstück der Preis niedriger, als vereinbart, angegeben, so ist der gewollte Kaufpreis wegen mangelnder Beurkundung nicht gültig versprochen und daher nach § 139 der ganze Vertrag nichtig [85]. Ebenso entscheidet

[81] Oder daß eine Auslegungsregel beiseite geschoben wird, vgl. ob. § 51 Note 63. So kann z. B. bei einem Kaufvertrag über ein Grundstück durch Auslegung ermittelt werden, daß das Zubehör oder einzelne Zubehörstücke nicht mitverkauft sein sollten.

[82] Zeiler, Gruchot 52, 224 fg. Vgl. unt. § 64 Note 21.

[83] RG. 60, 340; 73, 157. Danz, Auslegung 167, 182; Titze, Mißverständnis 427. Ist die Eintragung statt bei dem von den Parteien gemeinten Grundstück a beim Grundstück b erfolgt, so kann dieser Fehler nicht durch Auslegung beseitigt werden, sondern nur dadurch, daß die mit der richtig verstandenen Auflassung nicht übereinstimmende Eintragung beim Grundstück b durch Berichtigung beseitigt und der Eigentumsübergang beim Grundstück a eingetragen wird. Weigert sich der Veräußerer, eine dem § 29 GBO. entsprechende Anerkennung darüber abzugeben, daß bei der Auflassung das Grundstück a gemeint war, so kann auf Feststellung des durch die Auflassung unter den Parteien entstandenen Rechtsverhältnisses geklagt werden, vgl. ob. § 5 Note 14.

[84] Ob ein fehlerhafter Wortlaut bei noch so liberaler Auslegung als genügender Ausdruck des wirklich Gewollten gelten kann, läßt sich nicht nach festem logischen Maßstab und daher nicht ohne Willkürlichkeit bestimmen. Und doch muß man der Auslegung eine Schranke ziehen, wenn das Erfordernis der Form nicht gänzlich verflüchtigt werden soll.

[85] Cosack § 60 II 2a, Dernburg § 142 Anm. 12.

RG. 78, 115 für den umgekehrten Fall, daß der Kaufpreis höher, als vereinbart, angegeben ist [86]; meines Erachtens ist für den wirklich gewollten Vertrag (§ 117 II) der Form genügt.

Wie die Auslegung, so ist auch die Anfechtung durch die Formalisierung des Geschäftes nicht ausgeschlossen [87]. Anfechtung wegen Irrtums ist dann am Platz, wenn der falsch gewählte Ausdruck vom Gegner in seinem objektiv richtigen Sinne verstanden wurde und daher in diesem Sinne gilt [88]; dann bleibt dem Erklärenden, der eine Erklärung dieses Inhaltes nicht abgeben wollte, nur Anfechtung nach § 119 I übrig.

Selbstverständlich hindert die Form des Rechtsgeschäftes nicht die Anwendung des ergänzenden Rechtes [89]; sind doch gerade für das Testament zahlreiche ergänzende Rechtssätze aufgestellt. Soll ein ergänzender Rechtssatz durch den Parteiwillen beseitigt werden, so bedarf es einer Erklärung in der für das Rechtsgeschäft vorgeschriebenen Form [90].

IV. Die Aufhebung eines formellen Rechtsgeschäftes [91] kann außer in gewissen Fällen, in denen eine Form vorgeschrieben ist [92], formlos erfolgen [93]. So kann z. B. ein formbedürftiger Mietvertrag, § 566, durch mündliche Verabredung aufgehoben werden; ebenso ein Kauf über Liegenschaften, § 313 [94], und die Auflassung, § 925 [95], solange die Eintragung nicht stattgefunden hat [96]. Wie das ganze Rechtsgeschäft so können auch einzelne Rechte aus einem formellen Rechtsgeschäft in formloser Weise ganz oder teilweise aufgehoben werden; so bedarf der Erlaß einer durch formellen Vertrag begründeten Forderung keiner Form [97].

---

[86] Vgl. Tuhr, DJZ. 18, 1266 und unt. Note 102.

[87] K. Schneider, Treu und Glauben 177; Danz, Auslegung 167.

[88] Vgl. unt. § 64 Note 39.

[89] Vgl. ob. § 51 II 2.

[90] Vgl. ob. § 51 Note 70.

[91] Vgl. ob. § 50 VII.

[92] Widerruf des Testamentes, § 2253 fg., Aufhebung des Erbvertrages, § 2290 fg., und der Adoption, § 1770. Auch ein Ehevertrag kann nur in der Form des Ehevertrages aufgehoben werden, § 1432.

[93] Dernburg § 140 VI; K. Schneider, Treu und Glauben 178; Danz, Auslegung 196; RG. 65, 392; vgl. ob. § 47 Note 30.

[94] RG. 53, 270; 67, 392; Enneccerus § 252 II 3 c.

[95] A. A. Dreyfus, Verfügung 140.

[96] Vgl. ob. § 50 Note 185.

[97] Planck § 397; Dernburg II § 130 I. Biermann § 64, 8

Neben einem formbedürftigen Rechtsgeschäft, insbesondere einem formellen Vertrag, kommen formlose Abreden der Parteien vor [98]. Zur Beurteilung solcher Nebenabreden ist zu unterscheiden:

1. Ist die formlose Abrede vor Abschluß des Vertrages getroffen, so kann daraus, daß sie nicht in die Form aufgenommen ist, geschlossen werden, daß die Parteien sie bei Beobachtung der Form haben fallen lassen wollen. Das ist im Zweifel anzunehmen [99]; denn es entspricht der Lebenserfahrung, daß die Parteien, wenn sie nach vorangegangenen Verhandlungen das Rechtsgeschäft in eine Form kleiden, ihre Verabredungen nochmals revidieren und alles das, was noch gelten soll, in die Form aufnehmen. Es müssen besondere Umstände vorliegen, um darzutun, daß eine formlose Abrede neben dem formellen Vertrag nach dem Willen der Parteien gelten sollte. Steht diese Absicht fest, so ergibt sich die Frage, ob die Abrede mangels der Form Geltung haben kann [100]. Das ist nach ihrem Inhalt zu entscheiden: formlose Nebenabreden, die den Inhalt des Vertrages, die Rechte und Pflichten der Parteien, abschwächen, müssen ebenso wirksam sein, wie eine nachträgliche formlose Aufhebung eines Teils des Vertrages [100a]. Wirksam ist daher die Abrede der Simulation, § 117 I [101]; ebenso die Abrede, daß der Vertrag von einer in der Form nicht zum Ausdruck gelangten Bedingung abhängen soll [102]. Dagegen sind formlose Nebenabreden, die den Inhalt des Vertrages erweitern, unwirksam. Denn die Form muß das ganze Rechtsgeschäft mit allen seinen Bestandteilen umfassen [103]. Zu diesen Bestandteilen des Geschäftes gehört insbesondere auch die Zusicherung von Eigenschaften beim Kauf von Grundstücken,

---

verlangt zu Unrecht Vernichtung oder Rückgabe der Urkunde an den Schuldner.

[98] Über die Form bei sog. Vorverträgen vgl. Oertmann § 125, 6b; Staudinger, Vorb. 8 vor § 145; Planck § 125, 5 und ob. § 62 Note 231.

[99] Dernburg § 140 V. RG. 52, 23. 68, 15; OLG. 23, 36.

[100] Für Gültigkeit aller formlosen Abreden, unter Berufung auf Treu und Glauben, Danz, Auslegung 184.

[100a] Planck § 125, 4a.

[101] Vgl. unt. § 66 II.

[102] Oder daß der Kaufpreis geringer sein soll als in der Beurkundung angegeben, vgl. ob. Note 86.

[103] RG. 62, 172; 65, 48; 71, 114; 77, 378. OLG. 24, 287. Cosack § 60 II 2a.

§ 313 [104]. Ist eine formlose Nebenabrede ungültig, so entsteht die weitere Frage, ob der Vertrag, der nach dem Willen der Parteien mit dieser Abrede geschlossen werden sollte, ohne die Abrede wirksam wird [105]. Das ist nach § 139 zu beurteilen [106], d. h. der ganze Vertrag ist nichtig, wenn nicht anzunehmen ist, daß er ohne die Abrede geschlossen sein würde [106a].

2. Ebenso ist bei nachträglichen formlosen Nebenabreden nach ihrem Inhalt zu entscheiden [107]: Abreden, welche den Inhalt des Vertrages mindern, sind wirksam [108]; so z. B. die Hinzufügung einer Bedingung oder Befristung; die Herabsetzung der Schenkungs- oder Bürgschaftssumme; die Verminderung der versprochenen Schenkung durch eine Auflage. Dagegen bedarf eine Erweiterung des Geschäftsinhalts [109] durch nachträgliche Verabredung derselben Form, wie der Hauptvertrag, und ist ohne diese Form nichtig [110]; der Hauptvertrag bleibt unverändert bestehen. Bisweilen kann es zweifelhaft sein, ob und inwieweit eine Nebenabrede als Minderung oder Erweiterung des Vertragsinhaltes anzusehen ist. Wird z. B. bei einem Liegenschaftskauf

[104] RG. 52, 1; 54, 223; 61, 250; 63, 111. Planck § 313, 1 f.; Oertmann § 313, 3; Enneccerus § 331 Anm. 19; a. A. Dernburg II § 184 III. Eine formlose Zusicherung neben einem formellen Vertrag wird aber durch Auflassung und Eintragung ebenso wirksam, wie sie als Bestandteil eines formlosen Kaufvertrages konvaleszieren würde. Allerdings kann sie vor der Eintragung, weil sie noch unverbindlich ist, vom Verkäufer zurückgenommen werden.

[105] Hat nur eine Partei die formlose Nebenabrede aufrechterhalten wollen, während die andere Partei sie durch Nichtaufnahme in die Form für erledigt hielt, so ist der Vertrag so geschlossen, wie er sich in der Form darstellt, kann aber von der ersten Partei wegen Irrtums angefochten werden.

[106] Oertmann § 125, 5 b und Staudinger, Bem. I 5 c zu § 125 verweisen auf § 154/5. Das ist ungenau; denn es handelt sich hier nicht um Fehlen des Konsenses, sondern darum, daß ein Teil des Vereinbarten nicht durch die Form gedeckt und daher nichtig ist.

[106a] RG. 76, 310.

[107] Es verhält sich ähnlich wie mit der römischen Regel, nach welcher die Stipulation durch pactum adjectum nicht erweitert, wohl aber heruntergesetzt werden konnte, Dernburg, Pand. II § 47, 1.

[108] RG. 65, 46; 71, 415. Planck § 125, 4 b.

[109] d. h. der Verpflichtungen des Teiles, dessen Erklärung formbedürftig ist. Das ist aber bei § 313 sowohl der Verkäufer als der Käufer; a. A. Enneccerus § 265 Anm. 7, der eine formlose Erhöhung des Kaufpreises zulassen will.

[110] RG. 54, 108; 72, 416. OLG. 21, 361; 22, 206.

der notariell beurkundete Kaufpreis von 10 auf 11 Tausend heraufgesetzt, so kann daraus eine Verpflichtung des Käufers, 11 000 zu zahlen, nicht entstehen; aber der Hauptvertrag bleibt nicht unverändert bestehen, sondern ist durch die Nebenabrede soweit modifiziert, daß der Verkäufer nicht mehr verpflichtet ist, sein Grundstück für 10 000 herzugeben; dagegen kann der Verkäufer trotz der formlosen Abänderung Erfüllung des Kaufes zu 10 000 verlangen: der Käufer, der das Grundstück zu 11 000 haben wollte, muß es nehmen, wenn es ihm zum Preis von 10 000 angeboten wird [110a]. Ähnlich verhält es sich, wenn durch formlose Abrede die Verpflichtung des Verkäufers geändert wird, z. B. dahin, daß statt des Grundstückes a das Grundstück b übereignet werden soll; eine Verpflichtung des Verkäufers zur Auflassung des Grundstücks b entsteht nicht; dagegen scheint mir der Hauptvertrag durch die formlose Abrede soweit geändert zu sein, daß dem Verkäufer die alternative Ermächtigung zusteht, statt des Grundstückes a das Grundstück b zu geben [111].

Ein formelles Rechtsgeschäft kann wie durch Verabredung so auch durch einseitiges Rechtsgeschäft abgeändert werden. Die Ausübung eines negativen Rechtes ist gegenüber formellen Geschäften in der Regel an keine Form gebunden. So können die meisten formellen Geschäfte durch formlose Erklärung angefochten werden [112], z. B. der Liegenschaftskauf, der Ehevertrag, das Testament [113]. Wie die Anfechtung, so ist auch der Widerruf

[110a] Wird umgekehrt der Kaufpreis durch formlose Verabredung von 10 000 auf 9000 herabgesetzt, so ist der Verkäufer nicht verpflichtet, das Grundstück für 9000 herauszugeben; denn das wäre eine Erschwerung seiner Verpflichtung. Die formlose Abrede ist aber insofern wirksam, als sie den Käufer entlastet: der Käufer braucht nur 9000 zu zahlen, wenn der Verkäufer Erfüllung des Vertrages verlangt.

[111] Ein weiteres Beispiel: ist im notariellen Kaufvertrag für die beiderseitige Erfüllung ein Termin festgesetzt, so kann der Kaufpreis formlos gestundet werden, weil darin eine Abschwächung des Vertrages liegt. Wenn aber diese Verabredung so gemeint ist, daß der Verkäufer am ursprünglichen Termin auflassen soll, so wäre die Stundung des Preises eine Erschwerung seiner Verpflichtung, weil er den Vorteil der Leistung Zug um Zug verlieren würde. Insoweit muß die formlose Verabredung unwirksam sein, d. h. der Käufer kann sich auf die Stundung nicht berufen, wenn er Auflassung an dem ursprünglich bestimmten Termin verlangt. Vgl. den vom RG. 51, 18 entschiedenen Fall.

[112] Vgl. ob. § 57 Note 35.

[113] Daß die Anfechtung in gewissen Fällen durch Erklärung an eine

des Schenkungsversprechens, § 531, formlos. Die Formlosigkeit solcher Geschäfte entspricht ihrem rechtsaufhebenden Inhalte. Dagegen ist die Frage der Form aufzuwerfen bei einseitigen Erklärungen, durch welche die Wirkung eines formellen Geschäftes erweitert wird. Für die Bestätigung anfechtbarer Geschäfte hat das Gesetz, § 144, von einer Form abgesehen [114], obgleich durch die Bestätigung das bisher unverbindliche (weil vom Willen des Bestätigenden abhängige) Rechtsgeschäft verbindlich wird [115]. Keine Bestimmung enthält das Gesetz darüber, ob bei formellen Geschäften der Verzicht auf Einreden der Form des Geschäftes bedarf. Der wichtigste Fall ist der Verzicht des Bürgen auf die Einrede der Vorausklage, § 773 Nr. 1. Durch diesen Verzicht wird die Verpflichtung des Bürgen erschwert. Andererseits stehen die Einreden ihrer Struktur und Wirkung nach den negativen Rechten, insbesondere der Anfechtung sehr nahe; wenn daraus entnommen werden kann, daß die Einrede durch einseitige Erklärung aufgehoben werden kann [116], so spricht dieselbe Analogie auch für die Formlosigkeit des Verzichtes [117]: es genügt, daß die Schriftform bei Eingehung der Bürgschaftsverpflichtung beobachtet ist; sie ist erforderlich, wenn der Umfang der Bürgschaft durch neue Verabredung erweitert wird; dagegen nicht, wenn der Bürge auf ein Schutzmittel, durch welches er sich der Erfüllung seiner bereits bestehenden Verpflichtung entziehen könnte, verzichtet [118]; steht es doch in seiner Macht, diesem Schutzmittel auch dadurch zu entsagen, daß er den rechtzeitigen Gebrauch unterläßt.

V. Die einfachste und leichteste Form ist die Schriftform, § 126 [119]. Sie ist in zahlreichen Fällen vorgeschrieben, im

---

Behörde (vgl. ob. § 61) erfolgt, z. B. die Anfechtung des Testamentes gegenüber dem Nachlaßgericht, § 2081, ist keine Formvorschrift, vgl. ob. Note 16.

[114] Vgl. ob. § 57 Note 125.

[115] Vgl. ob. § 10 Note 22.

[116] Vgl. ob. § 17 Note 26.

[117] Planck § 773, 1; Enneccerus § 413 Anm. 4; Walsmann, Verzicht 198, 249; a. A. Kipp, Bem. 2 e zu Windscheid § 478; Oertmann § 773, 2 a.

[118] Formfrei ist die Einwilligung des Bürgen zur Schuldübernahme, § 418 I 2, RG. 70, 415, Oertmann § 418, 3; denn der Bürge übernimmt keine neue Verpflichtung, sondern verzichtet auf die Möglichkeit, von der Bürgschaft frei zu werden.

[119] Die Privaturkunde begründet vollen Beweis dafür, daß die in ihr enthaltene Erklärung vom Aussteller abgegeben ist, ZPO. § 416.

BGB [120] und außerhalb desselben [121], für Willenserklärungen und für Mitteilungen [122]. Die Schriftform erfordert eine vom Aussteller unterzeichnete Urkunde [123]. Die Urkunde ist, da sie als Mittel der Willenserklärung dient und dieselbe verkörpert [124], Dispositivurkunde.

1. Der Text der Urkunde [125] muß den wesentlichen Inhalt der Erklärung enthalten [126]. Der Text braucht nicht vom Aussteller geschrieben zu sein; er kann von einem anderen, insbesondere vom Gegner [127], oder durch mechanische Mittel hergestellt sein. Nur das Testament verlangt eigenhändige Niederschrift, § 2231 Nr. 2.

2. Dagegen muß die Unterschrift [128] eigenhändig, d. h. vom Aussteller persönlich hergestellt sein [129]. Läßt der Aussteller die Unterschrift durch einen Gehilfen herstellen, so ist der Form nicht genügt [130]; er kann sich aber bei Herstellen der Unterschrift

---

[120] Z. B. für die Stiftung, § 81, für Miete von Grundstücken für länger als ein Jahr, § 566, die Leibrente, § 766, das abstrakte Schuldversprechen und Anerkenntnis, § 780/1, die Anweisung und deren Übertragung, § 783/4, 792, die Begründung einer Inhaberforderung, § 793, die Übertragung der Briefhypothek, § 1154, für das Privattestament, § 2231 Nr. 2. Formfrei ist nach HGB. § 350 Bürgschaft, Schuldversprechen und Schuldanerkenntnis wenn auf Seiten des sich Verpflichtenden ein Handelsgeschäft vorliegt.

[121] Die wechselrechtlichen Erklärungen verlangen Schriftlichkeit. Vgl. ferner HGB. §§ 79, 189, 281, 252 I, 323, 363, GenossGes. §§ 5, 11, 76, GewO. § 126 b. GebO. f. Rtsanw. § 93.

[122] Vgl. z. B. §§ 410 II, 416 II. Oben Note 2.

[123] Der Stoff der Urkunde ist gewöhnlich Papier. RG. (17. 2. 10 in DJZ. 15, 594) hat ein Testament auf einer Schiefertafel für gültig erklärt.

[124] Vgl. ob. § 61 Note 66.

[125] Der Text kann in einer fremden, lebenden (oder toten) Kultursprache abgefaßt sein, Oertmann § 126, 3 a.

[126] Vgl. ob. § 61 I 1 a. Die Willenserklärung braucht nicht der alleinige Inhalt der Urkunde zu sein; die Urkunde kann neben der Willenserklärung rechtlich irrelevante Aussagen enthalten.

[127] RG. 57, 67; 76, 193.

[128] H. Lehmann, Unterschrift im Tatbestand der schriftlichen Willenserklärung.

[129] Daher kann der Schriftform durch telegraphische Erklärung nicht genügt werden; denn das dem Adressaten zugehende Telegramm, welches als Verkörperung der Willenserklärung gilt, vgl. ob. § 61 Note 56, trägt nicht die eigenhändige Unterschrift des Absenders. Planck § 126, 2 h. BörsG. § 54 VI.

[130] RG. 58, 388. Voß, Bl. f. RAnwend. 76, 297. Planck § 126, 2 k. Josef JheringsJ. 64, 145.

fremder Hilfe bedienen, z. B. durch Halten der Hand [131]. Unterzeichnung durch mechanische Vervielfältigung der Unterschrift genügt nicht, außer bei der Ausstellung einer Inhaberschuldverschreibung, § 793 II [132]. Das Gesetz verlangt Namensunterschrift. Eine andere Bezeichnung des Ausstellers, als durch einen Namen, z. B. „Euer Vater" am Schluß einer an die Kinder gerichteten Erklärung, oder „der Vorstand des akademischen Turnvereins", genügt nicht [133], auch nicht wenn sich der Name des Ausstellers aus dem Text ergibt [134]. Vollständigkeit des Namens ist nicht erforderlich. In der Regel genügt der Familienname [135] ausnahmsweise der Vorname [136]. Beifügung weiterer Kennzeichen (Stand, Wohnort) verlangt das Gesetz nicht [137], selbst wenn ohne diese Beifügung eine Personenverwechselung möglich ist. Deutlichkeit oder auch nur Leserlichkeit der Unterschrift dürfte nicht erforderlich sein [138]; bisweilen ist ein unleserlicher, aber für den Aussteller charakteristischer Schriftzug ein besseres Indiz der Echtheit und erfüllt daher den Zweck der Form besser, als eine leserliche Unterschrift [138a]. Der unterzeichnete Name braucht nicht der bürgerliche Name des Ausstellers zu sein [139]. Die Urkunde ist gültig, wenn sie mit einem Pseudonym gezeichnet ist oder mit

---

[131] Oertmann § 126, 4 b.

[132] Vgl. ferner HGB. § 181. Vers.VertrGes. § 43 Nr. 4. Über analoge Anwendung dieser Vorschriften DJZ. 16, 78 und 278; dagegen hat sich ausgesprochen RG. 74, 340. Vgl. Wüstendörfer, ArchZivPr. 110, 350.

[133] Josef. ArchZivPr. 100, 418; Lehmann a. a. O. 48; Staudinger, Bem. IV 4a zu § 126; a. A. Danz, Auslegung 295 Anm. 3; Dernburg § 136 III 1.

[134] OLG. 5, 348.

[135] Staudinger, Bem. IV 4a zu § 126; a. A. Lehmann a. a. O. 67. Die Ehefrau unterzeichnet mit dem Familiennamen des Mannes, OLG. 24, 146.

[136] Bei Fürstlichkeiten; vielleicht bei Bischöfen, vgl. Staudinger a. a. O., m. Er. auch bei sonstigen Personen, wenn die Erklärung in dem engeren Kreis abgegeben wird, in welchem der Vorname genügt. OLG. 16, 49, 270. Beim Testament erklärt KammG. 19. 5. 13 (DJZ. 19, 173) die Unterzeichnung mit dem bloßen Vornamen für nicht genügend.

[137] A. A. Oertmann § 126, 3 a.

[138] Staudinger a. a. O.; Dernburg § 136 Anm. 6; Danz, Auslegung 177 Anm. 2; Planck, Erl. II 3b zu § 2231; a. A. Lehmann 83.

[138a] Unterschrift in fremden (hebräischen) Schriftzeichen ist zulässig, OLG. 23, 389.

[139] Kaufleute zeichnen die Firma, HGB. § 17.

einem dem Aussteller nicht zustehenden Namen, den er mit oder ohne Kenntnis der Unrichtigkeit tatsächlich führt [140]. Die Form ist selbst dann gewahrt, wenn der Aussteller, sich für X ausgebend, mit dem Namen des X unterzeichnet; die Erklärung ist nicht für X, wohl aber für den Aussteller wirksam [141].

Anstelle der Unterschrift kann ein gerichtlich oder notariell beglaubigtes Handzeichen [142] treten [143]. Die Gültigkeit dieser Art der Unterzeichnung hängt weder davon ab, daß der Aussteller nicht imstande ist, eine Unterschrift zu leisten, noch daß er seine Unfähigkeit dazu behauptet [144]. Ist jemand nicht imstande, eine Unterschrift oder ein Handzeichen herzustellen, so kann er der Schriftform nicht genügen und ist auf die öffentliche Beurkundung angewiesen, welche nach § 126 III anstelle der Schriftform treten kann.

Unterschrift oder Handzeichen sind nach unserer Verkehrssitte [145] der Abschluß der Urkunde, müssen daher am Ende der Urkunde stehen [146], so daß die Erklärung der äußeren Erscheinung nach durch die Unterschrift gedeckt wird [147]. Das ist der Fall, wenn die Unterschrift, dem Sinne des Wortes entsprechend, unter dem Text steht [148], oder am Rande des das Papier ganz ausfüllenden Textes [149]. Nachträge zum Text bedürfen einer besonderen Unterzeichnung mit Namen oder beglaubigtem Handzeichen. Die Unterschrift „der Obige" genügt meines Erachtens nicht [150]. Ein solcher Zusatz kann nur zur Auslegung der Urkunde

[140] Staudinger a. a. O.; Oertmann § 126, 3a; Cosack § 60a I 1b; Enneccerus § 146 I 2d. Vgl. ob. § 30 Note 15.

[141] Strenger ist die Praxis des Wechselrechtes unter Berufung darauf, daß WO. Art. 21 III davon spricht, daß der Bezogene seinen Namen schreibt. RG. 71, 274 verlangt Richtigkeit wenigstens des Familiennamens. Vgl. RG. 77, 192, Staub, WO. Art. 4 Anm. 11, Art. 21 Anm. 5. Für Gültigkeit des Pseudonyms als Wechselunterschrift KG. in DJZ. 17, 742.

[142] GFG. §§ 157, 183, 184, 191. Planck § 126, 3.

[143] Ebenso WO. Art. 94.

[144] Anders beim Protokoll über ein öffentliches Testament, § 2242 II.

[145] Vgl. ob. § 61 Note 71.

[146] Dernburg § 136 III 2.

[147] RG. 52, 280; 57, 67; 61, 9.

[148] Oder in der letzten Zeile des Textes, Dernburg, DJZ. 9, 4.

[149] Danz, Auslegung 177; a. A. Staudinger, Bem. IV 3 zu § 126, Oertmann § 126, 3a.

[150] OLG. 21, 208.

dienen oder als eine den Inhalt des Rechtsgeschäfts abmindernde [151] Nebenabrede gelten [152].

Angabe von Zeit und Ort der Ausstellung (Datum) ist zur Gültigkeit der Urkunde nicht erforderlich [153], entspricht aber der Verkehrssitte und kann daher, wenn jemand zur Abgabe einer schriftlichen Erklärung verpflichtet ist, von ihm verlangt werden[154]. Ist die Urkunde datiert, so schadet die Unrichtigkeit des Datums der Gültigkeit nicht [155], ändert aber nichts an der Tatsache, daß das Rechtsgeschäft an dem Ort und zu der Zeit geschlossen wurde, zu welcher die Urkunde wirklich ausgestellt wurde. So kann z. B. durch unrichtige Datierung der Abtretungserklärung, § 1154, der Moment, in welchem die Hypothek übergeht, nicht verschoben werden [156]. Beim Schuldschein können die Parteien durch absichtliche unrichtige Datierung das Maß der Verpflichtung bestimmen; wenn z. B. bei einem im Jahre 1910 gegebenen Darlehen der Schuldschein mit dem Jahre 1911 datiert wird, so kann darin der Ausdruck des Willens liegen, daß der Zinslauf erst 1911 beginnen soll [157].

3. Die Reihenfolge der Herstellung des Textes und der Unterschrift ist vom Gesetz nicht geregelt. Gewöhnlich wird zuerst der Text aufgesetzt und sodann unterschrieben. Es bleibt aber dem Aussteller unbenommen, zuerst die Unterschrift vorzunehmen und sodann den Text darüber zu schreiben. Daher kann er auch nach vollzogener Unterschrift den darüberbefindlichen Text ergänzen oder abändern [158]. Aus der Möglichkeit, den Text nach-

[151] Vgl. ob. Note 100a.

[152] Dernburg § 136 Anm. 10.

[153] Außer beim Privattestament, § 2231 Nr. 2, und beim Wechsel, WO. Art. 4 Nr. 6.

[154] So bei der Quittung, Oertmann § 368, 4.

[155] Streitig beim Privattestament, Planck, Erl. II 4f zu § 2231. RG. 64, 421 verlangt Richtigkeit des Datums oder die Möglichkeit, den Fehler aus dem sonstigen Inhalt des Testamentes zu verbessern. Die Gültigkeit des Wechsels hängt von der Richtigkeit des Datums nicht ab, Dernburg II § 255 Anm. 13, Staub, WO. Art. 4 Anm. 35, 38.

[156] Die Parteien können keine Rückwirkung ihres Rechtsgeschäftes herstellen, vgl. ob. § 43 S. 28.

[157] Beim Wechsel ist das angegebene Datum maßgebend, d. h. der Wechsel wird so behandelt, als sei er an dem Ort und zu der Zeit begeben, die sich aus dem Text ergeben, RG. 32, 117. Vgl. ob. § 48 Note 72.

[158] OLG. 27, 139. Durch solche Änderungen kann die Beweiskraft der Urkunde vermindert werden, ZPO. § 419.

träglich herzustellen und ihn durch einen anderen herstellen zu lassen (vgl. ob. S. 513), ergibt sich die Gültigkeit der sogenannten Blanketturkunde [159], d. h. einer Urkunde, welche der Aussteller mit seiner Unterschrift unter einem unvollständigen Text einem anderen übergibt, mit der Ermächtigung, den Text zu ergänzen. Solche Urkunden werden nach dem Vorgang des Blankoindossamentes [160] von der herrschenden Meinung als der Schriftform genügend angesehen [161]. So kann in blanco ausgestellt werden: ein Schuldversprechen des § 780/1, ein Wechselakzept [162], ein Bürgschaftsschein [163] und meines Erachtens auch die Abtretungserklärung bei der Hypothek, § 1154 [164].

4. Liegt Text und Unterschrift vor, so ist die Form erfüllt und bei nichtempfangsbedürftigen Geschäften zugleich die Erklärung vollendet, so z. B. bei Stiftung und Testament [165]. Bei empfangsbedürftigen Erklärungen muß, auch wenn sie der Schriftform unterliegen, Abgabe und Zugehen der Erklärung hinzukommen [166]; denn durch die Formvorschrift werden die allgemeinen Erfordernisse der Willenserklärung nicht gemindert, sondern durch ein weiteres Erfordernis verstärkt [167]. Herstellung und Unterzeichnung

---

[159] Vgl. ob. § 61 Note 77.

[160] WO. Art. 12.

[161] Mot. I 185. Dernburg § 136 III 2; Cosack § 60a I 1c; Enneccerus § 146 I 2c; Planck § 126, 2; Oertmann § 126, 3a; J. Siegel, Blanketterklärung; Voß, JheringsJ. 56, 412 fg.; a. A. Staudinger, Erl. IV 1 zu § 126.

[162] Dernburg II § 263; Staub, WO. Art. 7 Anm. 14.

[163] RG. 57, 67; 71, 116; 76, 201. Oertmann § 766, 1 b; Enneccerus § 411 Anm. 8.

[164] Dernburg II § 135 Anm. 10; anders die herrschende Meinung: Planck § 1154, 3b, Crome § 471 Anm. 23, Wolff, Sachenrecht § 136 Anm. 9. RG. 63, 232 stellt fest, daß die Abtretungserklärung den Namen des Erwerbers enthalten muß und daß die nachträgliche Ausfüllung der Urkunde keine rückwirkende Kraft hat (vgl. ob. § 61 Note 86), geht aber m. Er. zu weit, indem es der ausgefüllten Erklärung die rechtsübertragende Wirkung auch im Moment der Ausfüllung versagt. Daß einer dem § 55 des preuß. EigErwGes. entsprechenden Bestimmung die Aufnahme in das BGB. versagt wurde, ergibt nur, daß man eine Blankoabtretung mit sofortiger Wirkung nicht zulassen wollte, kann aber nicht dazu führen, daß man eine solche Urkunde anders behandelt, als einen in blanco ausgestellten Schuldschein oder Bürgschaftsschein. Vgl. RG. 78, 30.

[165] Vgl. ob. § 61 Note 314. 315.

[166] Vgl. ob. § 61 Note 168. 185.

[167] A. S. Schultze, GrünhutsZ. 22, 79, ZZP. 22, 106.

der Urkunde sind Vorbereitungshandlungen. Die Erklärung ist noch nicht abgegeben, solange der Aussteller nichts getan hat, um die Erklärung zur Kenntnis des Gegners zu bringen. Die Abgabe erfolgt im gewöhnlichen Fall (wenn die Urkunde für den Gegner bestimmt ist, d. h. in seine Hände kommen soll [168]) erst dadurch, daß der Aussteller die Urkunde übergibt oder absendet; wirksam wird die Erklärung nach § 130 in dem Zeitpunkt, in welchem sie dem Gegner zugeht [169]. Es genügt z. B. nicht, daß der Bürge, der den Bürgschaftsschein unterschrieben hat, dem Gläubiger davon mündlich oder telegraphisch Mitteilung macht[170]. Es genügt zur Abgabe einer der Schriftform bedürfenden Erklärung [171] ferner nicht, daß die Urkunde in Gegenwart des Gegners unterschrieben oder ihm unterzeichnet vorgelegt wird [172]; die Erklärung kommt nicht zustande, wenn der Aussteller, bevor er die Urkunde dem Gegner aushändigt, seine Unterschrift durchstreicht oder die Urkunde vernichtet [173]. Da die Urkunde erst

---

[168] Das ist die Regel; denn die Urkunde soll (auch wenn sie Gültigkeitserfordernis des Rechtsgeschäftes ist) dem Gegner als Beweismittel dienen. Ist ausnahmsweise verabredet, daß der Aussteller die Urkunde behalten soll, so genügt Mitteilung von der Unterzeichnung an den Gegner. Ist verabredet, daß die Urkunde einem Dritten auszuliefern ist, so wird Übergabe oder Absendung an den Dritten als Abgabe der Erklärung zu gelten haben.

[169] Daher ergibt sich für die Frage der Geschäftsfähigkeit folgende Unterscheidung: bei nichtempfangsbedürftigen Erklärungen muß der Aussteller geschäftsfähig sein im Moment, in welchem er die Urkunde unterschreibt resp. die bereits unterschriebene Erklärung ausfüllt; bei empfangsbedürftigen Erklärungen im Moment der Übergabe resp. Absendung der Urkunde an den Gegner, vgl. ob. § 61 Note 171. Es steht m. Er. nichts im Wege, daß jemand eine bei mangelnder Geschäftsfähigkeit geschriebene und unterschriebene Urkunde nach erlangter Geschäftsfähigkeit dem Gegner aushändigt.

[170] Der Gegner muß die Möglichkeit haben, sich davon zu überzeugen, daß die Form gewahrt ist. Außerdem entspricht die Aushändigung der Urkunde dem Beweiszweck der Schriftform.

[171] Anders wenn sich jemand bei formloser Erklärung der Schrift bedient, vgl. ob. § 61 Note 212.

[172] RG. 61, 415; 68, 409; a. A. Cosack § 60 a I 3 a, Biermann § 65, Note 17, welche Vorlegung der Urkunde genügen lassen, Planck § 784, 1 c, welcher die Annahme der Anweisung zu den empfangsbedürftigen Erklärungen rechnet (ob. § 61 Note 308), trotzdem aber Unterzeichnung in Gegenwart des Anweisungsempfängers für genügend hält.

[173] Darin kann, wenn die Urkunde dem Gegner gehört, eine Eigentumsverletzung liegen; aber der Schutz des Eigentums hat nichts mit der

durch ihre Aushändigung zur Willenserklärung des Ausstellers wird und ihre Herstellung sich als Vorbereitungshandlung darstellt, so wird man mit RG. 78, 28 [174] die Wiederverwendung einer Urkunde gestatten dürfen, welche bereits für ein mittlerweilen erledigtes Rechtsgeschäft gedient hat, wenn diese Urkunde zufällig den Inhalt des neuen Rechtsgeschäftes deckt [175]. Fraglich ist, ob der Schriftform genügt werden kann durch Hinweis auf eine bereits beim Gegner befindliche Urkunde, welche zufällig dem Inhalt der jetzt abzugebenden Erklärung entspricht. RG. 59, 42 hält ein solches Verfahren für zulässig; meines Erachtens widerspricht formlose Verweisung auf eine zu anderem Zweck ausgestellte und übergebene Urkunde dem Wesen und Zweck der Schriftform [176]; es fehlen die beiden Momente, welche die Überlegung fördern und den Entschluß hemmen sollen: die Herstellung der Urkunde und ihre Übergabe [177].

Die Übergabe der Urkunde bedarf meines Erachtens keines Beweises, wenn der Adressat im Besitz der Urkunde ist [178].

Frage zu tun, ob eine, sei es auch auf fremdem Papier, abgegebene Erklärung den Erklärenden bindet.

[174] Vgl. aber RG. 59, 42.

[175] A hatte eine Hypothek an B verpfändet und nach Erlöschen des Pfandrechts die Hypothek nochmals an B verpfändet und dabei die für die erste Verpfändung ausgestellte Urkunde dem B nochmals übergeben, vgl. Tuhr, DJZ. 17, 1267.

[176] Dagegen ist es zulässig, ein formelles Rechtsgeschäft unter der Bedingung einer später abzugebenden formlosen Erklärung abzuschließen, vgl. ob. § 62 Note 110; z. B. kann ein Bürgschaftsschein mit der Verabredung übergeben werden, daß er erst dann wirksam sein solle, wenn der Bürge eine dahin gehende Erklärung formlos, z. B. telegraphisch abgibt. Hat der Bürge die Bürgschaftsurkunde dem Gläubiger in einem geschlossenen Kouvert übergeben, welches vorläufig nicht geöffnet werden soll, so ist seine Erklärung dem Gläubiger noch nicht zugegangen, vgl. ob. § 61 Note 186. Erst wenn der Bürge dem Gläubiger erlaubt, das Kouvert zu öffnen, ist die Bürgschaftserklärung dem Gläubiger in der vorgeschriebenen Form zugegangen und damit die Bürgschaft perfekt geworden.

[177] Bei Bestellung und Übertragung der Hypothek genügen die Surrogate der Übergabe, §§ 1117 I, 1154 I. Aber die Übergabe des Hypothekenbriefes enthält nicht die Willenserklärung des Eigentümers resp. Gläubigers, sondern ist ein neben der formlosen Einigung, § 873, resp. neben der schriftlichen Abtretungserklärung, § 1154, stehendes Erfordernis des Rechtsgeschäfts, vgl. ob. Note 22.

[178] Das ergibt sich aus dem gewöhnlichen Lauf der Dinge und aus der Eigentumsvermutung des § 1006. Die Vermutung der Übergabe ist

5. In einer Urkunde können mehrere der Schriftform bedürftige Rechtsgeschäfte errichtet werden [179], entweder so, daß der Aussteller mehrere Erklärungen in einer Urkunde zusammenfaßt und durch einmalige Unterschrift sanktioniert, oder so, daß mehrere Personen ihren Willen in einer Urkunde aussprechen und die Urkunde unterschreiben; so können sich mehrere Bürgen in einer Urkunde verbürgen, Ehegatten ein gemeinschaftliches Testament errichten, § 2267. Die Gemeinschaftlichkeit der Urkunde hat außer beim Testament, § 2268 fg., keinen Einfluß auf die materiellen Rechtsverhältnisse.

Von der Urkunde, welche mehrere Willenserklärungen enthält, ist zu unterscheiden der Fall, daß sich auf einem Blatt Papier mehrere selbständige Urkunden (mit eigenem durch besondere Unterschrift gedecktem Text) befinden. So z. B. wenn der Bürge seine Erklärung unter den Schuldschein setzt oder wenn mehrere Bürgen ihre vollständigen Erklärungen auf demselben Papier abgeben [180]. Zwischen solchen Erklärungen besteht ein zufälliger und äußerlicher, auf der Gemeinsamkeit des körperlichen Substrates beruhender Zusammenhang, der gegebenenfalls durch mechanische Mittel (Zerschneiden des Papiers) so aufgehoben werden kann, daß mehrere äußerlich selbständige Urkunden entstehen. Immerhin ergibt sich aus dem körperlichen Zusammenhang die Möglichkeit, die Erklärung, welche zu einer auf demselben Papier bereits befindlichen Erklärung hinzutritt, weniger vollständig zu fassen, als es bei einer Erklärung auf besonderem Blatt nötig wäre [181]. Wenn z. B. der Bürge seine Erklärung auf den Schuldschein setzt, so genügt, daß er schreibt: „ich übernehme die Bürgschaft für obige Schuld“. Die Unvollständigkeit seiner Erklärung kann aus der darüber befindlichen Erklärung des Schuldners ergänzt werden.

In einigen Fällen verlangt das Gesetz, daß eine Willensklärung auf einem Papier abgegeben wird, welches bereits eine andere Erklärung verkörpert; so muß die Annahme der Anweisung durch Vermerk auf dem Anweisungsformular erfolgen, § 784 II;

---

vom Gesetz aufgestellt für den Hypothekenbrief, § 1117 III. Vgl. Hellwig, Lehrb. § 121, 7 a.

179 Vgl. ob. S. 500.

180 Auf den Hypothekenbrief können Teilquittungen, Abtretungserklärungen und andere Vermerke geschrieben werden.

181 Vgl. ob. Note 65.

ebenso müssen die wechselrechtlichen Erklärungen auf dem Wechsel geschrieben werden. In solchen Fällen besteht ein engerer Zusammenhang zwischen beiden auf demselben Papier stehenden Erklärungen: eine auf die Anweisung oder den Wechsel gesetzte Erklärung erfordert zu ihrer Gültigkeit, daß die ihr zugrunde liegende Urkunde die vorgeschriebene äußere Gestalt habe: der Wechsel muß dem Art. 4 der WO., die Anweisung dem § 783 entsprechen [182]. Dagegen ist die Wirksamkeit der Wechselerklärungen und der Anweisungsannahme unabhängig von der Gültigkeit der auf dem Papier bereits befindlichen Erklärungen [183].

6. Ist für einen Vertrag beiderseitige Schriftform vorgeschrieben [184], z. B. für die Miete nach § 566, so kann der Schriftform nach § 126 II in verschiedener Weise genügt werden:

a) Durch Unterzeichnung derselben Urkunde seitens beider Parteien. Die Urkunde muß die Willenserklärungen beider Parteien enthalten, entweder so, daß Antrag und Annahme zum gesonderten Ausdruck kommen [185], oder so, daß die Urkunde das Resultat der Willenseinigung kundtut [186]. Die Unterschriften brauchen nicht gleichzeitig vorgenommen zu werden, können daher mit verschiedenem Datum ausgestattet sein. Wer die Urkunde zuerst unterschreibt und dem Gegner übergibt, hat damit eine Offerte gestellt, welche der Gegner durch Unterzeichnung annimmt [187]. Die Annahmeerklärung muß, um wirksam zu werden, dem ersten Kontrahenten zugehen, § 130. Das kann durch Rücksendung der Urkunde geschehen. Ist aber verabredet, daß die Urkunde beim zweiten Kontrahenten verbleiben soll, so genügt

[182] In diesem Sinne kann man von der Gültigkeit des Wechsels und der Anweisung sprechen, während sonst der Begriff der Gültigkeit sich nicht auf die Urkunde, sondern auf die beurkundete Willenserklärung bezieht.

[183] WO. Art. 3, 75. Ebenso für die Anweisung die herrschende Meinung, Planck § 784, 1 a; Enneccerus § 424 Anm. 7.

[184] Vgl. ob. Note 18.

[185] „A hat an B folgenden Antrag gestellt. B hat den Antrag angenommen.“ Unterzeichnet: A. B.

[186] „A und B haben folgendes vereinbart.“ Unterzeichnet: A. B. Dagegen ist der Schriftform nicht genügt, wenn A dem B eine unterzeichnete Offerte zusendet und B darunter schreibt: „einverstanden“ B. Denn es liegt nicht eine den ganzen Vertrag umfassende Urkunde vor, sondern zwei Urkunden auf einem Papier, vgl. ob. Note 180. OLG. 22, 270; Cosack § 60a I 3b; a. A. Dernburg § 136 III.

[187] Die Offerte ist, wie jede andere Offerte, nach § 145 fg. bindend.

Mitteilung von der Unterzeichnung [188]. Es kann auch verabredet werden, daß die Unterzeichnung der Urkunde zur Annahme genügen soll [189]. Werden zwei gleichlautende Urkunden von beiden Parteien unterschrieben, so ist jede Urkunde ein der anderen gleichwertiges Original; daher kann Änderung des Vertrages dadurch bewirkt werden, daß der Inhalt einer dieser Urkunden von den Parteien abgeändert wird [190].

b) Durch zwei gleichlautende Urkunden, wenn jeder Kontrahent die für den anderen bestimmte Urkunde unterzeichnet, Die Urkunden müssen nicht nur dem Sinne nach übereinstimmen, sondern denselben Wortlaut haben [191]. Ein Briefwechsel, bei welchem jeder Brief nur die Erklärung seines Absenders enthält, genügt nicht [192]. Jede der beiden Urkunden muß den allgemeinen Erfordernissen der Schriftform, § 126 I, entsprechen, d. h. die eigenhändige Namensunterschrift des Ausstellers tragen [193], und dem Gegner zugehen.

7. Ist die Schriftform nicht durch Gesetz, sondern durch rechtsgeschäftliche Bestimmung vorgeschrieben [194], so hat sie nach § 127 im Zweifel dieselben Erfordernisse, wie die gesetzliche Schriftform. Jedoch sind, soweit nicht ein anderer Wille anzunehmen ist, zwei Milderungen zugelassen:

a) es genügt telegraphische Übermittlung der Erklärung, obgleich bei diesem Verfahren dem Adressaten ein Schriftstück zugeht, welches die eigenhändige Unterschrift des Absenders nicht trägt. Ob das Aufgabetelegramm unterschrieben sein muß, ist streitig, aber meines Erachtens anzunehmen [195]; denn die Unter-

---

[188] Vgl. ob. Note 168.

[189] Vgl. ob. § 61 Note 181. Bei gerichtlicher oder notarieller Beurkundung läßt das Gesetz den Vertrag mit der Beurkundung der Annahme zustande kommen, § 152, vgl. ob. § 62 S. 476.

[190] OLG. 22, 272.

[191] Unbedeutende Abweichungen des Wortlautes z. B. Schreibfehler schaden nicht. Bei Widerspruch zwischen den Urkunden gilt das, was beide Urkunden übereinstimmend enthalten, OLG. 27, 159.

[192] RG. 59, 245.

[193] Daher kann der Vertrag nicht durch Austausch von Telegrammen geschlossen werden; so die herrschende Meinung; a. A. Dernburg § 136 Anm. 24.

[194] Vgl. unt. VIII.

[195] Cosack § 60e III 1, Oertmann § 127, 3a; a. A. Planck § 127, 1, Staudinger § 127, 2a, Enneccerus § 148 II 1 b, Danz, Auslegung 248.

schrift des Absenders kann, obgleich sie dem Adressaten nicht zugeht, zum Beweis der Echtheit dienen;

b) es genügt Briefwechsel, d. h. die Erklärungen beider Parteien brauchen nicht im Wortlaut, sondern nur dem Sinne nach übereinzustimmen. Die Erklärungen müssen, da § 126 grundsätzlich auch für die gewillkürte Schriftform gelten soll, unterzeichnet sein [196]. Der Vertrag wird nach § 130 wirksam mit dem Zugehen der Annahmeerklärung.

Ist die Erklärung in erleichterter Schriftform abgegeben, so kann nachträglich eine dem § 126 entsprechende Beurkundung verlangt werden, § 127, 2.

VI. Gerichtliche oder notarielle Beurkundung ist für zahlreiche einseitige Rechtsgeschäfte und Verträge vorgeschrieben [197], z. B. für die Erklärung des Schenkers beim Schenkungsversprechen, § 518, für die Erklärungen beider Parteien beim Vertrag, durch den sich jemand verpflichtet, Eigentum an einem Grundstück zu übertragen, § 313 [198]. Zuständig ist das Amtsgericht, GFG. § 167 I. Nach Art. 141 kann das Landesgesetz bestimmen, daß nur das Gericht oder nur der Notar zur Beurkundung zuständig sein sollen [199]. Das bei der Beurkundung zu beobachtende Verfahren [200] ist geregelt in GFG. §§ 168—182 [201]. Diese Vorschriften können durch Landesgesetz ergänzt werden, GFG. § 200 [202]. Wesentlich ist die Aufnahme eines Protokolls in deutscher Sprache, GFG.

---

196 Cosack, Oertmann, Enneccerus a. a. O.; Kisch, GrünhZ. 29, 347; a. A. Planck, Danz a. a. O., Dernburg § 136 III und and.

197 Zusammengestellt bei Planck § 128, 2, Enneccerus § 147 I 4.

198 Über öffentliche Beurkundung von Tatsachen vgl. Dernburg § 138. Beurkundung einer Tatsache, nicht einer Erklärung, ist der Hypothekenbrief, durch welchen beurkundet wird, daß im Grundbuch eine Hypothek eingetragen ist.

199 Wenn das Gesetz von einer öffentlichen Urkunde spricht, so können außer Gericht oder Notar andere Behörden zur Beurkundung zuständig sein, so z. B. für die in §§ 1718, 1720 erwähnte öffentliche Urkunde der Standesbeamte, GFG. § 167 II.

200 Josef, Lehrb. des Verfahrens der freiwilligen Gerichtsbarkeit. Kommentare zum GFG.

201 Die Formalitäten des öffentlichen Testamentes sind geregelt in § 2232 fg.

202 Vgl. Art. 151.

§ 175. Es muß Ort und Zeit der Verhandlung angeben [203] und die Erklärungen der beteiligten Personen [203a] enthalten. Diese Erklärungen können mündlich abgegeben werden, oder durch Überreichung eines Schriftstückes an den Richter oder Notar [204]. Das Protokoll muß vorgelesen, von den Beteiligten genehmigt und eigenhändig unterschrieben werden [204a], und die Feststellung enthalten, daß dies geschehen ist [205], GFG. § 177 [206]. Es muß auch von den mitwirkenden Personen (Richter oder Notar, eventuell Gerichtsschreiber und Zeugen, GFG. § 168) unterschrieben werden. Eine empfangsbedürftige Erklärung muß, auch wenn sie beurkundet ist, dem Gegner zugehen [207]. Das Zugehen ergibt sich nicht aus der Urkunde, sondern muß anderweitig bewiesen werden. Das Zugehen erfolgt, wenn die Erklärung nicht in Gegenwart des Gegners abgegeben und beurkundet ist, durch Zusenden einer Ausfertigung des Protokolls, GFG. 182. Bedürfen bei einem Vertrag beide Erklärungen der Beurkundung, so kann dieselbe in zwei Weisen erfolgen:

1. Als Simultanbeurkundung: beide Parteien erscheinen vor dem Richter oder Notar und tauschen ihre Erklärungen aus. Beide Erklärungen werden in demselben Protokoll beurkundet. Mit Abschluß des Protokolls ist der Vertrag zustande gekommen. In einigen besonders wichtigen Fällen verlangt das Gesetz Simultanbeurkundung des Vertrages, indem es Abschluß des Vertrages vor Gericht oder Notar bei gleichzeitiger Anwesenheit beider Teile [208]

---

[203] Von der Richtigkeit des Datums hängt die Gültigkeit der Erklärung nicht ab, RG. 74, 422.

[203a] Die Erklärungen müssen ausdrücklich sein, OLG. 26, 34. Ein bestimmter Wortlaut ist nicht vorgeschrieben. Vgl. über den Wortlaut der Auflassungserklärungen RG. 54, 379, Planck § 925, 2b, Wolff, Sachenrecht § 61 Anm. 6.

[204] Das Schriftstück bildet einen Teil des Protokolles, GFG. § 176 II.

[204a] Über die Beurkundung der Beschlüsse einer Generalversammlung vgl. ob. § 53 Anm. 194.

[205] RG. 73, 45. Die Unterzeichnung des Protokolles ist das letzte Stück der Form, bei welchem der Erklärende persönlich mitzuwirken hat. Daher kann das Rechtsgeschäft gültig sein, wenn der Erklärende gleich nach Abgabe seiner Unterschrift verstirbt, vgl. ob. § 61 Note 172.

[206] Diese Feststellung kann nach Abschluß des Protokolls nicht nachgeholt werden, RG. 79, 366.

[207] Bis zum Zugehen kann die Erklärung, wie jede andere, nach § 130 I zurückgenommen werden.

[208] Oder ihre Vertreter.

vorschreibt, so bei Ehevertrag, § 1434, Erbvertrag, § 2276, und bei der Adoption, § 1750. Der Simultanbeurkundung verwandt, aber nicht mit ihr identisch ist die Form der Auflassung, § 925, und der Eheschließung, § 1317: in beiden Fällen müssen die Erklärungen beider Teile in gleichzeitiger Anwesenheit beider Teile[209] vor einer Behörde abgegeben werden, aber diese Behörde ist nicht Gericht oder Notar[210], sondern das Grundbuchamt resp. der Standesbeamte.

2. Zulässig ist nach § 128 sukzessive Beurkundung: zunächst wird der Antrag beurkundet, und nachdem er dem Gegner zugegangen ist, die Annahme[211], und zwar von demselben oder einem anderen Richter oder Notar. In diesem Falle ist die Annahme nach § 152 eine nichtempfangsbedürftige Erklärung; der Vertrag kommt schon mit der Beurkundung der Annahme zustande[212].

Das Protokoll und die Ausfertigung desselben sind öffentliche Urkunden; sie begründen vollen Beweis des beurkundeten Vorganges, d. h. der Abgabe der beurkundeten Erklärung vor Gericht oder Notar; jedoch ist der Beweis der unrichtigen Beurkundung zulässig, ZPO. § 415. Stellt sich die Beurkundung als unrichtig heraus, so ist die vor dem Richter oder Notar tatsächlich abgegebene Erklärung unwirksam, weil sie der Form ermangelt[212a]; die unrichtig beurkundete Erklärung unwirksam, weil sie nicht abgegeben ist. War jedoch die Erklärung empfangsbedürftig und ist sie dem Gegner durch Zustellung einer Ausfertigung des Protokolls zugegangen, so gilt das, was ihm zugegangen ist, als ihm erklärt[212b]; wenn dieser Inhalt, wie sich aus der Unrichtigkeit der

---

[209] Bei der Eheschließung ist persönliche Anwesenheit erforderlich, d. h. Vertretung ausgeschlossen.

[210] Daher unterliegen diese Rechtsgeschäfte nicht den Formvorschriften der §§ 167 fg. GFG. Eine Beurkundung ist weder bei der Eheschließung wesentlich, § 1318 II, noch bei der Auflassung, Wolff, Sachenrecht § 61 Anm. 6.

[211] Für jede der beiden Erklärungen muß ein besonderes Protokoll errichtet werden; anders RG. 69, 130. Vgl. Planck § 128, 5, Lenel, DJZ. 14, 623, Staudinger § 128, 1.

[212] Vgl. ob. § 62 S. 476.

[212a] Schreibfehler im Protokoll können berichtigt werden, wenn der Wortlaut der wirklich abgegebenen Erklärung sich ermitteln läßt, OLG. 22, 128.

[212b] Vgl. ob. § 61 Note 55 und die analog anzuwendenden Erwägungen des RG. 82, 424.

Beurkundung ergibt, dem Willen des Erklärenden nicht entspricht, so kann er anfechten.

Von den Erklärungen, die v o r einem Beamten, insbesondere zum Zweck der Beurkundung durch ihn, abgegeben werden, sind zu unterscheiden Erklärungen, welche a n eine Behörde zu richten sind [213]: die Amtsempfangsbedürftigkeit einer Erklärung ist keine Form.

VII. In zahlreichen Fällen bedarf eine Erklärung zu ihrer Wirksamkeit der öffentlichen Beglaubigung, so z. B. die Ausschlagung der Erbschaft, § 1945 [214]. In anderen Fällen ist jemand auf Verlangen des Gegners zu einer öffentlich beglaubigten Erklärung verpflichtet; so kann z. B. der Zessionar vom Zedenten eine öffentlich beglaubigte Urkunde über die Abtretung verlangen [215]. Urkunden, welche statt der Unterschrift ein Handzeichen tragen, müssen, um der Schriftform zu genügen, stets beglaubigt sein, §§ 126 I, 129 I 2 [216]. Die öffentliche Beglaubigung wird durch gerichtliche oder notarielle Beurkundung ersetzt, § 129 II [217]. Zuständig für die Beglaubigung sind Amtsgericht und Notar, GFG. § 167 II, sowie nach Landesrecht andere Behörden und Beamte, GFG. § 191 I. Beglaubigt werden nur schriftliche Erklärungen, und zwar nicht der Text, sondern nur die Echtheit der Unterschrift; daher ist die Beglaubigung einer in blanco ausgestellten Urkunde zulässig, sowohl dann, wenn der über der Unterschrift stehende Text unvollständig ist, als auch dann, wenn der Text noch fehlt [218]. Die Beglaubigung darf nur erfolgen, wenn die Unterschrift in Gegenwart des beglaubigenden Beamten vollzogen oder anerkannt wird, GFG. § 183 [219].

---

[213] Vgl. ob. § 61 IV.

[214] Die übrigen Fälle bei E n n e c c e r u s § 147 IV 3. Bei der Hypothek hat die beglaubigte Abtretungserklärung vor der unbeglaubigten den Vorzug, daß sie dem Erwerber den Schutz des guten Glaubens verschafft, § 1155.

[215] § 403. Andere Fälle bei E n n e c c e r u s a. a. O.

[216] Vgl. ob. Note 142.

[217] Vgl. ob. Note 8.

[218] D e r n b u r g § 138 III; B i e r m a n n § 66, 1; E n n e c c e r u s § 147 Anm. 9; a. A. P l a n c k , O e r t m a n n , S t a u d i n g e r zu § 129.

[219] Der Beamte hat die Identität der Personen, deren Unterschrift er beglaubigt, zu prüfen und haftet, wenn er dabei ein Verschulden begeht, nach § 839. RG. 81, 126.

VIII. Die Form einer Willenserklärung kann wie vom Gesetz vorgeschrieben, so auch durch Rechtsgeschäft bestimmt werden [220]; in letzterem Fall spricht man von einer gewillkürten Form [221]. Solche Formen können durch den Parteiwillen beliebig ausgestaltet sein: als Schriftform [222], beglaubigte Urkunde, öffentliche Urkunde, mündliche Erklärung vor Zeugen usw. [223]. Die Form kann verabredet oder durch einseitige Erklärung festgesetzt werden.

Durch Vertrag kann eine Form bestimmt sein für die innerhalb eines Rechtsverhältnisses abzugebenden einseitigen Erklärungen; so kann z. B. verabredet sein, daß Kündigungen, Rücktritts- oder Wahlerklärungen nicht anders als schriftlich oder in beglaubigter Form gelten sollen. Durch solche Verabredungen wird das den einseitigen Erklärungen zugrunde liegende Gestaltungsrecht (Kündigungs-Rücktritts-Wahlrecht) inbezug auf die Art der Ausübung modifiziert. Die Verabredung kann einseitig nicht aufgehoben werden. Ist schriftliche Kündigung verabredet, so ist eine mündliche Erklärung unwirksam, weil ein Recht zur mündlichen Kündigung nicht besteht [223a].

---

[220] Während die Parteien für die Gültigkeit eines Rechtsgeschäftes beliebige Erfordernisse, daher auch Formerfordernisse aufstellen können, kann für die Beweisbarkeit einer Tatsache eine Beschränkung nicht verabredet werden, Regelsberger § 137 Anm. 7. So kann z. B. jemand, der einen Vertreter bestellt hat, mit seinem Schuldner verabreden, daß Zahlungen an den Vertreter nur bei Ausstellung einer beglaubigten Quittung gelten sollen; nicht dagegen, daß Zahlungen an den Vertreter nur durch solche Urkunden bewiesen werden können. Trotz solcher Verabredung könnte eine Zahlung mit allen nach ZPO. zulässigen Mitteln bewiesen werden, hätte aber infolge der Verabredung keine schuldtilgende Wirkung, sondern andere Rechtsfolgen, z. B. Entstehung eines Bereicherungsanspruchs.

[221] Daß für ein nach dem Gesetz formloses Rechtsgeschäft eine Form festgesetzt ist, hat die Partei zu beweisen, die es behauptet, Bekh, Beweislast 192, Rosenberg, ArchZivPr. 94, 30.

[222] Über die Beschaffenheit der gewillkürten Schriftform vgl. ob. Note 194.

[223] Die Verabredung, daß eine Erklärung durch eingeschriebenen Brief erfolgen solle, ist keine Verstärkung der Schriftform, sondern eine Modifizierung des Zugangserfordernisses, § 130 I: beim eingeschriebenen Brief ist der Adressat gegen die Gefahr geschützt, daß eine ihm zugegangene aber nicht zur Kenntnis gekommene Erklärung wirksam wird. Daher ist die Erklärung gültig, wenn sie ohne eingeschrieben zu sein, nachweislich zur Kenntnis des Adressaten kommt, RG. 77, 70.

[223a] Vgl. ob. § 53 Note 27.

Durch einseitige Erklärung kann jemand eine Form für künftig von ihm abzugebende Erklärungen aufstellen [224]. So kann z. B. A seinem Vermieter erklären, daß er nur in beglaubigter Urkunde kündigen wolle und unbeglaubigte Schriftstücke, die seinen Namen tragen, als unwirksam zu betrachten bitte [225]. Ebenso kann A dem B, mit dem er in Vertragsverhandlungen steht, mitteilen, daß er sich durch mündliche Äußerungen nicht binden wolle und nur von ihm unterschriebene Erklärungen als Offerte oder Annahme gelten lassen wolle. Durch solche Bestimmungen kann A die ihm nach dem Gesetz zustehende Möglichkeit der Willensäußerung beschränken [226]. Er kann aber diese selbstgesetzte Schranke jederzeit durch Erklärung an den Gegner wieder aufheben [227]. Dagegen kann A seinem Gegner B eine Beschränkung in der Form der Willensäußerung nicht auferlegen, z. B. seinem Vermieter B nicht vorschreiben, Kündigungen nur schriftlich vorzunehmen. Nur in einem Falle kann dem Gegner durch einseitige Erklärung eine Form der Willensäußerung vorgeschrieben werden: wenn A dem B eine Offerte stellt, kann er in der Offerte festsetzen, daß die Annahme nicht anders als in einer bestimmten Form erfolgen könne [228].

Haben A und B für einen beabsichtigten Vertrag eine Form, z. B. Beurkundung, verabredet, § 154 II, so besteht diese Verabredung aus zwei einseitigen Erklärungen [229], von denen jede genügt hätte,

[224] Eine Vertretungsmacht kann mit der Beschränkung behaftet sein, daß der Vertreter nur Erklärungen in bestimmter Form abgeben kann, vgl. ob. § 37 Note 38. Dieselbe Beschränkung kann für die Annahme von Erklärungen durch den Vertreter aufgestellt sein; a. A., wie es scheint, RG. 68, 409.

[225] Kohler § 237 I. Gewillkürte Form für Ausstellung von Inhaberpapieren § 793, HGB. § 181.

[226] Der Erblasser kann dem Erben keine Formbeschränkung bezüglich der vom Erben vorzunehmenden Rechtsgeschäfte auferlegen; a. A. Staudinger, Bem. I 4 zu § 125. Der Erblasser kann z. B. nicht bestimmen, daß der Erbe einen Nachlaßgegenstand nur durch notariellen Vertrag veräußern oder eine Pacht nur durch notarielle Erklärung kündigen könne. Möglich ist nur Anordnung eines Vermächtnisses für den Fall, daß der Erbe ein Rechtsgeschäft in anderer Form schließt, als es der Erblasser wünscht, vgl. ob. § 60 S. 373.

[227] Eine unwiderrufliche Beschränkung in dieser Richtung wäre eine Minderung der Geschäftsfähigkeit, welche durch Parteiwillen nicht hergestellt werden kann, vgl. ob. § 59 Note 5.

[228] Vgl. ob. § 62 Note 111.

[229] Diese Verabredung darf nicht mit Planck § 125, 2 als Vor-

um das Zustandekommen eines formlosen Vertrages zu hindern[230]; wenn A dem B mitteilt, daß der Vertrag nur schriftlich geschlossen werden soll, so ist damit den künftigen mündlichen Äußerungen des A (und einer mündlichen Annahmeerklärung des B) die Wirksamkeit genommen. Jede dieser einseitigen Erklärungen kann zurückgenommen werden[231]. Aber wenn A seine Erklärung zurücknimmt, so bleibt als Hindernis des formlosen Vertragsschlusses die Erklärung des B bestehen; nur wenn auch B seine formsetzende Erklärung zurücknimmt, ist die Möglichkeit des formlosen Vertragsschlusses wiederhergestellt.

Die Festsetzung einer Form für ein künftiges Rechtsgeschäft kann in verschiedenem Sinne geschehen: entweder soll die Form Gültigkeitserfordernis sein, so daß sich jede Partei nur durch Befolgung der Form binden will; oder die Form soll nur zum Beweise des auch formlos zu schließenden Geschäftes dienen; in letzterem Fall besteht, wenn das Geschäft formlos geschlossen ist, eine Verpflichtung, die Form nachträglich herzustellen, z. B. eine mündliche Kündigung schriftlich zu bestätigen, über einen mündlichen Vertrag eine Urkunde aufzusetzen. Nach § 154 II soll verabredete Beurkundung eines Vertrags im Zweifel[232] als Gültigkeitserfordernis[233] aufgefaßt werden[234]. Wird die Beurkundung eines formlosen Geschäftes nach Vornahme desselben verabredet, so wird dabei in der Regel nur Feststellung des Inhaltes und Sicherung des Beweises bezweckt und nicht die Gültigkeit des

---

vertrag bezeichnet werden, wenn man unter Vorvertrag eine Verabredung versteht, durch welche sich jemand zum Abschlusse eines Vertrages verpflichtet, vgl. ob. § 62 Note 227.

[230] Ebenso genügt einseitige Erklärung auch nur einer Partei, daß sie Vereinbarung eines Punktes wünsche, um der Einigung über alle übrigen Punkte die Wirkung des Vertragsschlusses zu nehmen, § 154 I, vgl. ob. § 62 S. 481.

[231] Durch formlose Erklärung, und zwar selbst dann, wenn die Parteien bei Vereinbarung einer Form verabredet haben, daß ihre Vereinbarung nur in bestimmter Form aufgehoben werden könne, vgl. ob. § 50 Note 179; denn keine der Parteien kann sich durch Rechtsgeschäft eine unwiderrufliche Beschränkung auferlegen; a. A. Planck a. a. O. OLG. 24, 355.

[232] Siegel, ArchZivPr. 111, 47 behauptet, daß eine verabredete Form von den Parteien stets als Gültigkeitserfordernis gemeint ist.

[233] OLG. 17, 10, 12. 28, 36. Planck § 125, 2.

[234] Vgl. ob. § 62 Note 164.

bereits geschlossenen Geschäftes nachträglich von der Beurkundung abhängig gemacht [235].

Der Mangel einer gewillkürten Form, die als Gültigkeitserfordernis gemeint ist, hat, wie der Mangel einer gesetzlichen Form, Nichtigkeit des Rechtsgeschäftes zur Folge, § 125, 2 [236]. Aber Nichtigkeit soll nur im Zweifel eintreten; denn die Verabredung oder einseitige Bestimmung der Form kann durch formlosen Parteiwillen aufgehoben werden und diese Aufhebung kann in der formlosen Vornahme des der gewillkürten Form unterworfenen Rechtsgeschäftes liegen [236a]. Haben z. B. die Parteien verabredet, daß sie einen Kauf schriftlich schließen wollen, und werden sie über Kaufsache und Preis einig, ohne eine Urkunde aufzusetzen, so kann der Kauf gültig sein, wenn anzunehmen ist, daß die Parteien die Formverabredung stillschweigend aufgehoben haben [237]. Daß ein solcher Wille beider Parteien vorlag, ist von dem zu beweisen, der es behauptet; der Aufhebungswille kann sich z. B. daraus ergeben, daß die Parteien in Kenntnis davon [238], daß eine Form verabredet und nicht beobachtet ist [239], den Vertrag als geschlossen betrachten und diese Auffassung durch Erfüllung zu erkennen geben [240]. Ebenso ist mündliche Kündigung, wenn Schriftlichkeit verabredet war, im Zweifel nichtig; kann aber

[235] Ausnahmsweise kann es vorkommen, daß die Parteien ihren bereits geschlossenen Vertrag für den Fall, daß eine Beurkundung nicht zustande kommen sollte, aufheben wollen, OLG. 20, 59. Dernburg § 139 II.

[236] Über das Verhältnis des § 154 II zu § 125, 2 besteht Streit, vgl. Oertmann § 154, 3 b; Siegel a. a. O. 49 Anm. 40. M. Er. spricht § 154 davon, ob eine Beurkundung als Gültigkeitserfordernis verabredet ist, während § 125 nur von solchen Formen spricht, welche Gültigkeitserfordernis sind, und die Folgen des Formverstoßes regelt.

[236a] OLG. 14, 26. RG. 19. 9. 13 (LZeitschr. 8, 66).

[237] Daß eine der Parteien bei Abschluß des Vertrages die für diesen Vertrag verabredete Form nicht als verbindlich ansieht, genügt nicht zur Gültigkeit des Vertrages; anders Oertmann § 125, 3 b.

[238] Haben A und B für einen Vertrag eine Form verabredet und wird dieser Vertrag von den Vertretern des A und des B in Unkenntnis der Formverabredung formlos geschlossen, so ist er nichtig.

[239] Haben A und B Schriftlichkeit verabredet und wird dem B eine den Namen des A tragende Erklärung zugesendet, so ist der Vertrag nicht geschlossen, wenn, wie sich später herausstellt, die Unterschrift des A nicht eigenhändig ist, und Eigenhändigkeit im Sinne des Vertrages erforderlich war, vgl. ob. Note 196.

[240] Danz, Auslegung 244.

gültig sein, wenn anzunehmen ist, daß die Parteien bei der mündlichen Vornahme und Entgegennahme der Kündigung die Klausel der Schriftlichkeit aufheben wollten [241].

Werden bei einem Vertrag, für welchen eine Form vereinbart ist, formlose Nebenabreden getroffen, so ist, wie bei der gesetzlichen Form (vgl. ob. S. 509) im Zweifel anzunehmen, daß die Parteien diese Nebenabreden durch Nichtaufnahme in die Form fallen lassen wollten [242]. Steht es aber fest, daß die formlose Nebenabrede nach dem Willen der Parteien gelten sollte, so ist sie, da die Formverabredung wie für den ganzen Vertrag so auch für einen Teil desselben jederzeit aufgehoben werden kann, selbst dann gültig, wenn sie sich als Erweiterung des Vertragsinhaltes darstellt. Entsprechendes gilt von nachträglichen formlosen Nebenabreden.

Wird ein formlos geschlossener Vertrag nachträglich beurkundet, so kann dieser Vorgang verschiedene Bedeutung haben [243]: entweder liegt eine Beweisurkunde vor, welche Aussagen der Parteien über den Inhalt des bereits geschlossenen Vertrages enthält; oder eine Dispositivurkunde, welche Willenserklärungen der Parteien verkörpert [244], durch welche ein an Stelle der formlosen Verabredung tretender Vertrag zustande kommt. Welche dieser Auffassungen im einzelnen Falle zutrifft, ergibt sich aus der Fassung der Urkunde [245] oder aus den Umständen, unter denen sie hergestellt wurde; in Ermangelung besonderer Anhaltspunkte kann man m. Er. als normale Parteiabsicht annehmen, daß sie den Inhalt ihrer Verabredung feststellen und den Beweis sichern wollten; dagegen ist z. B. Dispositivurkunde gewollt, wenn die Parteien an der Gültigkeit des mündlichen Vertrages zweifeln und deshalb

[241] Oertmann § 125, 4 b; Dernburg § 139 IV; vgl. ob. § 53 Note 29.

[242] Titze, Mißverständnis 127 fg.

[243] Vgl. ob. § 50 Note 188.

[244] Vgl. ob. § 61 Note 66.

[245] Verweist die Urkunde auf einen an einem früheren Zeitpunkt geschlossenen Vertrag, z. B. auf ein an einem bestimmten Tag gegebenes Darlehen, so liegt zweifellos eine Beweisurkunde vor. Besagt die Urkunde nur, daß ein Vertrag zustande gekommen ist, ohne einen früheren Zeitpunkt des Zustandekommens anzugeben, so kann aus der Fassung der Urkunde auf ihren Charakter nicht geschlossen werden; denn eine Erklärung kann, auch wenn sie sich als Mitteilung einer Tatsache darstellt, den Sinn einer Willenserklärung haben, vgl. ob. § 48 Note 84.

die Beurkundung vornehmen. Die Verschiedenheit der Auffassungen ist zutage getreten bei der Beurteilung der häufigen Fälle, in denen eine Differenz zwischen der Urkunde und der mündlichen Verabredung vorliegt [246]. Aus der Natur der Beweisurkunde wurde früher gefolgert, daß der Beweis der Unrichtigkeit oder Unvollständigkeit der Urkunde unbeschränkt zulässig sei, wodurch der praktische Wert der Beurkundung sehr geschmälert wurde. Dem steht aber die Erwägung entgegen, daß die Parteien bei der Fixierung des Vertrages Veränderungen des Inhaltes vornehmen können und häufig vornehmen. Man kann daher aus einer Abweichung der Urkunde von der mündlichen Verabredung nicht ohne weiteres auf Unrichtigkeit oder Unvollständigkeit der Urkunde schließen [247]. Man darf vielmehr, da die Parteien bei Herstellung der Urkunde sich bewußt zu sein pflegen, daß die Urkunde als Grundlage ihrer Rechtsbeziehungen dienen wird, davon ausgehen, daß solche Abweichungen auf Abänderung des Vertrages beruhen [248]. Der Gegenbeweis gegen die Urkunde kann daher nur darauf gerichtet werden, daß der bei Herstellung der Urkunde vorliegende übereinstimmende Wille der Parteien infolge unrichtiger Fassung der Urkunde nicht zum Ausdruck gekommen ist, oder daß die Parteien nur den wesentlichen Teil ihrer Verabredung beurkunden und daneben gewisse mündliche Vereinbarungen bestehen lassen wollten [249]. Wesentlich zum selben Resultat gelangt man, wenn man in der Beurkundung eine Reproduktion des Vertrages sieht [250]. Zunächst ist allerdings davon auszugehen, daß die Parteien das gewollt haben, was sich als objektiver Sinn der Urkunde ergibt; aber die Urkunde ist im Sinne der mündlichen Abreden auszulegen, wenn nachgewiesen wird, daß die Parteien an diesen Abreden festhalten wollten und die Urkunde nur infolge unrichtiger Redaktion einen abweichenden Sinn erhalten hat. Ferner ist, wie bei der gesetzlich vorgeschriebenen Form, davon auszugehen, daß die Parteien mündliche Ab-

---

[246] Leist, ArchZivPr. 102, 215; Siegel a. a. O. 50; Danz, Auslegung 190; Cosack § 60 III 2; Oertmann § 125, 4 d.

[247] Titze, Mißverständnis 132 fg.

[248] Vgl. ob. Note 99.

[249] RG. 52, 26; 62, 78; 68, 15; OLG. 20, 114.

[250] Bähr, Anerkennung § 34, JheringsJ. 14, 39, Urteile des RG. 105; Degenkolb, ArchZivPr. 71, 164; Regelsberger § 137, § 501; vgl. Meyer, ArchZivPr. 87, 103.

reden, die sie nicht in die Urkunde aufgenommen haben, fallen lassen wollten; aber es ist möglich, daß die Parteien eine mündliche Abrede als Ergänzung der Urkunde bestehen lassen wollten; wird diese Absicht beider Parteien nachgewiesen, so gilt die mündliche Abrede neben der Urkunde [251], und zwar, da eine gesetzliche Schriftform nicht entgegensteht, auch dann, wenn die Abrede sich als Erweiterung des Vertragsinhalts darstellt [252].

Wird eine Erklärung, die bereits in einer Form abgegeben ist, in eine andere Form gekleidet, so kann darin Wiederholung der Willenserklärung und daher ein neues Rechtsgeschäft liegen. Ob das anzunehmen ist, ergibt sich aus den Umständen, insbesondere aus der Beschaffenheit der zweiten Form. Die nachträgliche Beglaubigung der Unterschrift auf einer Urkunde ist m. Er. nicht als Abgabe einer neuen Willenserklärung aufzufassen [253]. Dagegen ist ein neues Rechtsgeschäft anzunehmen, wenn ein schriftliches Rechtsgeschäft nachträglich gerichtlich oder notariell beurkundet wird, und zwar selbst dann, wenn das schon vorhandene Schriftstück zur Beurkundung verwendet und dem Protokoll angeschlossen wird; denn da die öffentliche Beurkundung nicht den Zweck hat, ein Beweismittel für eine außerhalb der Beurkundungsform liegende Tatsache herzustellen, kann sie nur als Form dienen, in welcher eine Willenserklärung abgegeben wird [254].

[251] Eine Anfechtung der Urkunde wegen Abweichung von der mündlichen Verabredung (D e r n b u r g § 140 V, L e i s t a. a. O. 231 fg.) ist nur dann am Platze, wenn nur eine der Parteien an der mündlichen Abrede festhalten wollte, während die andere Partei die Urkunde als erschöpfend betrachtete, vgl. ob. Note 105. Die Anfechtung hat zur Folge, daß die ganze Urkunde, als dem Willen des Kontrahenten nicht entsprechend, beseitigt wird und der mündliche Vertrag wieder in Kraft tritt, während die Ergänzung der Urkunde aus dem übereinstimmenden Willen der Parteien nur die Punkte betrifft, in denen die Urkunde von der Verabredung abweicht.

[252] Die Lehre von der Vertragsreproduktion ist als Reaktion gegen die Schwerfälligkeit des früheren Prozesses entstanden. Hätte man die Beweiswürdigung freier gehandhabt, so wäre man nicht dazu gedrängt worden, einer Beweisurkunde, um sie gegen unbillige Anzweifelungen zu schützen, den Charakter einer Dispositivurkunde beizulegen, der ihr bei unbefangener Analyse des Parteiwillens nicht zukommt.

[253] Anders, wenn an Stelle der unbeglaubigten Urkunde eine beglaubigte Urkunde hergestellt und dem Gegner übergeben wird.

[254] Wird ein Privattestament durch Übergabe an den Richter oder Notar zur Errichtung eines öffentlichen Testamentes verwendet, so sind zwei Testamente errichtet, welche, da kein Widerspruch besteht, § 2258, nebeneinander gelten, vgl. ob. § 50 Note 192.

V. Auslegung der Rechtsgeschäfte und Willensmängel.

§ 64. Auslegung *.

I. Der Wille läßt sich als Tatsache des inneren Seelenlebens nicht unmittelbar erkennen, sondern nur aus dem äußeren Verhalten des Menschen erschließen. Das Verhalten, aus welchem der Wille erschlossen werden kann, ist Willenserklärung, wenn die Handlung zu dem Zwecke vorgenommen wird, den Willen zur Kenntnis anderer Menschen zu bringen; Willensbetätigung, wenn diese Absicht fehlt [1]. In beiden Fällen muß der äußere Vorgang als Ausdruck des Willens gewürdigt und damit die rechtliche Bedeutung des Vorganges festgestellt werden. Diese auf Grund der vorliegenden Umstände und mit Hilfe der Lebenserfahrung vorzunehmende Tätigkeit heißt, wenn es sich um eine Willenserklärung handelt, Auslegung oder Interpretation [2].

Da das gesprochene oder geschriebene Wort das beste und gebräuchlichste Mittel der Willenserklärung ist, so hat es die Auslegung meistens mit Worten [3] zu tun, deren Sinn und Bedeutung festzustellen ist. Diese Aufgabe bietet unter Umständen große Schwierigkeiten; denn ein Blick auf das Leben, insbesondere das Rechtsleben, zeigt, daß die Wiedergabe des Gedankens und daher auch des Willens durch Worte nicht frei von Undeutlichkeit und Zweifel ist. Das Gesetz hat zwei allgemeine Vorschriften über Auslegung aufgestellt; § 133: „bei der Auslegung einer Willenserklärung ist der wirkliche Wille zu erforschen und nicht an dem buchstäblichen Sinne des Ausdrucks zu haften", § 157:

* Windscheid § 84; Regelsberger § 177; Dernburg § 111; Crome § 91; Cosack § 63; Enneccerus § 192/3; Biermann § 51; Danz, Auslegung, 3. Aufl., und JheringsJ. 46, 381; 54, 1; Siber, KritVJSchr. 49, 41; Manigk, Willenserklärung § 98 fg.; Titze, Mißverständnis § 9 fg.; Schneider, Treu und Glauben, und JheringsJ. 59, 383; Hellwig, Lehrb. § 89. Hölder, Fests. f. Bekker; Oertmann DJZ. 17, 186.

[1] Vgl. ob. § 61 I.

[2] Bei Willensbetätigungen spricht man wohl eher von einer Deutung, als von Auslegung der konkludenten Tatsachen.

[3] Eine Willenserklärung kann auch ohne Worte erfolgen, z. B. die Erlaßerklärung des Gläubigers dadurch, daß er den Schuldschein dem Schuldner zurückgibt oder in seiner Gegenwart vernichtet, vgl. ob. § 61 S. 419; der durch diese Handlung geäußerte Wille wird durch Auslegung ermittelt.

„Verträge sind so auszulegen, wie Treu und Glauben mit Rücksicht auf die Verkehrssitte es erfordern". Es wird allgemein angenommen, daß § 157 analog auf einseitige Erklärungen des geschäftlichen Lebens, z. B. Kündigungen, Mahnungen usw., anzuwenden ist [4]. Beide Vorschriften des Gesetzes ergeben für die Auslegung von Willenserklärungen folgendes Verfahren:

Zunächst ist die Auslegung generell [5] vorzunehmen, d. h. es ist die Bedeutung festzustellen, welche der Erklärung in der typischen Rechtslage der Parteien ohne Rücksicht auf ihre besonderen persönlichen Verhältnisse und Eigenschaften zukommt [6]. Dabei ist auszugehen von der grammatikalischen Bedeutung der Worte. Ist der Wortlaut wohl überlegt und präzis gefaßt, so ergibt sich aus ihm der Sinn der Erklärung ohne weitere Schwierigkeit. Aber genaue Fassung der Erklärung kann nur da erwartet werden, wo sich der Rechtsverkehr in festen Formen und typischen Ausdrücken (certa verba) bewegt [7]. Im heutigen Rechtsleben herrscht das Prinzip der Formfreiheit und selbst bei formellen Rechtsgeschäften ist dem Erklärenden die Wahl der innerhalb der Form zu gebrauchenden Ausdrücke in der Regel freigestellt [8]. In der Eile des Geschäftslebens und bei der juristischen Unerfahrenheit der Parteien werden die wichtigsten Erklärungen oft in unvollständigem oder fehlerhaftem Wortlaut abgegeben [9]. Daher kann der Wortlaut nicht entscheiden [10]. Die Erklärung

---

[4] Planck § 157, 1; Oertmann § 157, 3; Staudinger § 157, 5c; Dernburg § 132 B 6; Danz 132; Titze 84.

[5] Titze S. 91; Boyens, Sächs. Arch. 14 Beil. S. 182; Leonhard, Allg. Teil 175.

[6] Vgl. z. B. RG. 81, 118: Auslegung der allgemeinen Versicherungsbedingungen einer Versicherungsgesellschaft in dem Sinn, welchen sie in ihrer allgemeinen Geltung für alle Versicherungsnehmer haben.

[7] Daher herrscht im älteren Recht der Römer und Germanen die Methode der Wortinterpretation, Jhering, Geist des römischen Rechts II § 44 fg., Heusler, Institutionen I 60 fg.

[8] Vgl. ob. § 63 Note 64.

[9] Über widersprechende Angabe derselben Geldsumme in Buchstaben und Zahlen vgl. WO. Art. 5, SeuffA. 59, 416, Danz, Auslegung 215.

[10] So ist z. B. die Frage, ob Erbeseinsetzung oder Vermächtnis vorliegt, nicht nach dem nächsten Sinn der gebrauchten Worte zu entscheiden, sondern nach dem aus dem ganzen Testament zu ermittelnden Willen des Erblassers und dem danach zu bestimmenden sachlichen Inhalt des Testamentes, Planck § 2087, 2. Ebenso hat das Wort „Enterbung" im gewöhnlichen Sprachgebrauch des Erblassers keine technische Bedeutung

ist vielmehr nach Treu und Glauben (bona fides) [11] zu würdigen [12], d. h. es ist zu ermitteln, welche Bedeutung der Erklärung in der typischen Rechtslage, in der sie abgegeben ist [13], normalerweise zukommt [14]. Maßgebend für den normalen Sinn einer Erklärung ist die Verkehrssitte [15]. In einzelnen Fällen hat das Gesetz Auslegungsregeln aufgestellt, d. h. vorgeschrieben, in welchem Sinne gewisse zweideutige oder unbestimmte Ausdrücke zu verstehen sind, so z. B. die Regeln über Fristen und Termine, § 186 fg., und über testamentarische Anordnungen, § 2066 fg. [16]. In Ermangelung einer Auslegungsregel oder Verkehrssitte [17] ergibt sich

---

und ist wohl eher als Entziehung nicht bloß des Erbteils, sondern zugleich auch des Pflichtteils zu verstehen.

[11] Der Ausdruck bona fides hatte im römischen Recht eine zweite Bedeutung, die unserem guten Glauben entspricht, vgl. ob. § 49 Note 63. Das Gemeinsame beider mit einem Ausdruck bezeichneten Begriffe liegt im Element der Redlichkeit.

[12] Das Prinzip von Treu und Glauben ist nicht, wie in der populären Literatur des BGB. vielfach behauptet wird, eine Errungenschaft des neuen Rechtes, sondern Wiedergabe der im klassischen Recht der Römer durchgedrungenen bona fides, Schneider, Treu und Glauben 29 fg., 91.

[13] Wer eine Erbschaft annimmt, pflegt an der Gültigkeit der Berufung nicht zu zweifeln. Daher bezieht sich seine Erklärung auf den von ihm vorausgesetzten, wenn auch nicht genannten Berufungsgrund. Daraus ergibt sich die Vorschrift des § 1949 I: die Annahmeerklärung ist bei Irrtum über den Berufungsgrund nichtig, weil sie sich auf einen tatsächlich nicht vorliegenden Berufungsgrund bezieht, ob. § 55 Note 28. Dagegen liegt es dem Ausschlagenden unter Umständen nahe, an einen zweiten Berufungsgrund zu denken, z. B. wenn der Testamentserbe zugleich gesetzlicher Erbe ist; daher die Auslegungsregel des § 1949 II.

[14] Verpflichtet sich jemand, eine ihm angefallene Erbschaft „nicht anzunehmen", so ist dem Wortlaut nach eine Unterlassung versprochen, der richtigen Auslegung nach aber eine Handlung: die rechtzeitige Vornahme der Ausschlagung, Wendt, ArchZivPr. 92, 14.

[15] Vgl. Bd. I Einl. VI 4.

[16] Vgl. ob. § 51 II 1.

[17] Vielfach wird gelehrt, daß die Verkehrssitte den Auslegungsregeln (und sonstigen nachgiebigen Rechtssätzen) vorgeht, Danz, Auslegung 141, Staub, HGB. § 346 Anm. 10 und Allg. Einl. Anm. 27, Titze 177. Eine so weit gehende Macht der Verkehrssitte würde die Sicherheit und Einheitlichkeit des Rechtszustandes gefährden und ist daher nicht anzuerkennen, Oertmann § 157, 2d, Schneider, JheringsJ. 59, 382, Mittelstein, Miete § 2, 2. Allerdings können Auslegungsregeln und sonstige dispositive Rechtssätze durch Parteiwillen beseitigt werden; aber dieser Wille muß tatsächlich vorhanden und nachgewiesen sein, während die Verkehrssitte nach § 157 gerade dann zur Geltung kommen

aus dem Prinzip von Treu und Glauben, daß die Auslegung von dem Standpunkt aus zu erfolgen hat, welchen anständige Leute (der römische bonus pater familias) bei der Deutung der Erklärung einnehmen würden [18].

Die nach § 157 vorzunehmende generelle Auslegung ergibt die normale, typische Bedeutung der Erklärung. Diese Bedeutung wird in der Mehrzahl der Fälle dem wirklichen Willen des Erklärenden entsprechen. Jedoch kann es vorkommen, daß der Erklärende etwas erklären wollte, was vom normalen Sinn seiner Worte abweicht. Das kann sich ergeben aus seinem früheren oder späteren Verhalten, aus seinem besonderen Sprachgebrauch oder aus den Umständen, unter denen die Erklärung erfolgt ist. Diese vom normalen Sinn abweichende Bedeutung der Worte, den „wirklichen Willen" [19] zu erforschen, ist Aufgabe der in

---

soll, wenn der wirkliche Wille der Parteien im Unklaren bleibt. Daher kann eine vom dispositiven Recht abweichende Verkehrssitte nur dann durchdringen, wenn anzunehmen ist, daß die Parteien sich ihr unterwerfen wollten; dazu gehört aber, daß die Parteien den Inhalt oder mindestens die Existenz einer solchen Sitte kannten oder kennen mußten. Oder soll z. B. jemand, der im Vertrauen auf §§ 551 und 556, 565 eine Wohnung mietet, ohne über die Zahlung des Mietzinses oder die Kündigungstermine etwas auszumachen, an die ihm unbekannte abweichende Verkehrssitte des betreffenden Ortes gebunden sein? Nimmt man das an, so hätte die gesetzliche Regelung dieser Fragen nur prekären Wert.

[18] Danz, Auslegung 160. Hier kommt in Betracht, was nach Abwägung der entgegenstehenden Interessen als die der Billigkeit am besten entsprechende Lösung des Zweifels sich darstellt. In diesem Sinne spricht z. B. viel dafür, unentgeltliche Zuwendungen, insbesondere unentgeltlichen Verzicht zugunsten des Zuwendenden auszulegen; bei Vertragsstrafen und ähnlichen Gedingen im Zweifel die mildere Auslegung zu wählen, Danz, Auslegung 231 fg. Ferner ergibt sich aus Treu und Glauben, daß eine Verabredung, welche die Stellung des Gläubigers gegenüber den gesetzlichen Bestimmungen verbessern soll, nicht zu seinem Nachteil ausgelegt werden darf.

[19] Vom wirklichen Willen ist zu unterscheiden der hypothetische Wille, welchen das Gesetz in gewissen Fällen für maßgebend erklärt, vgl. ob. § 51 Note 71. Was jemand nicht wirklich gewollt hat, sondern gewollt und erklärt haben würde, wenn er eine Tatsache gekannt oder beachtet hätte, kann nicht durch Auslegung nach § 133 zur Geltung gebracht werden, RG. 70, 393. Lenel, ArchZivPr. 79, 60, Zitelmann, ArchZivPr. 99, 103, Endemann § 63 Anm. 8 a. E.; a. A. Cosack § 63 III. Beispiel: wenn der Erblasser ein Vermächtnis jemandem auferlegt, der nicht beschwert werden kann, so darf das Vermächtnis nicht durch Auslegung einer Person auferlegt werden, die der Erblasser vermutlich beschwert

§ 133 vorgeschriebenen individuellen Auslegung [20]. Was sich unter Anwendung aller dem Auslegenden zugebote stehenden Erkenntnismittel als wirklich gewollt herausstellt, hat als Sinn der Erklärung zu gelten [21], sofern der Wortlaut als eine wenn auch unvollkommene oder fehlerhafte Äußerung dieses Willens betrachtet werden kann [22]. Hat der Wille in den Worten keinen durch Auslegung nach § 133 feststellbaren Ausdruck gefunden, so kommt er nicht zur Geltung; der Erklärende kann aber die seinem Willen nicht entsprechende Erklärung nach § 119 anfechten [23].

Die in § 133 vorgeschriebene Erforschung des wirklichen Willens kann dazu führen, daß einer Erklärung ein anderer Sinn beizulegen ist, als ihr zunächst zuzukommen scheint. Dadurch können die Interessen der Personen, welche mit dem nächstliegenden Sinn der Erklärung gerechnet haben, geschädigt werden. Daher darf die Erforschung des wirklichen Willens nur bei solchen Rechtsgeschäften schrankenlos durchgeführt werden, bei denen das Gesetz entgegenstehende Interessen Dritter nicht anerkennt. Das ist insbesondere der Fall beim Testament [24]: wer im Testament bedacht ist, muß sich Anfechtung der Zuwendung ohne Ersatz seines Vertrauensschadens gefallen lassen, § 2078 III; daher auch eine auf den wirklichen Willen des Erblassers zurückgehende Auslegung des Testaments, durch welche der Schein einer Zuwendung zerstört wird [25].

---

hätte, wenn er die Unwirksamkeit seiner Verfügung gekannt hätte. Unrichtig ist der Ausspruch OLG. 22, 38: „nach § 157 ist offensichtlich das als gewollt anzusehen, was die Parteien unter Beachtung des Grundsatzes von Treu und Glauben gewollt und erklärt haben würden, wenn sie die streitige Frage in den Bereich ihrer Abreden gezogen hätten". RG. 71, 223, auf welches sich das OLG. beruft, enthält diesen Satz nicht.

[20] Titze 91.

[21] In diesem Sinne gilt der Satz falsa demonstratio non nocet, Danz, Auslegung 63, Titze 124.

[22] OLG. 21, 321; 22, 151. Crome § 91 Anm. 2. Planck § 133, 3. Vgl. ob. § 63 Note 80.

[23] Beispiel: der Erblasser hat die „gesetzlichen Erben" eingesetzt, wollte aber nachweislich nur seine vollbürtigen, nicht die halbbürtigen Geschwister zu Erben haben. Die Auslegung nach § 133 kann nicht soweit gehen, daß der Ausdruck „gesetzliche Erben" die vollbürtigen Geschwister unter Ausschluß der halbbürtigen bedeuten soll. Dagegen kann die Einsetzung, soweit sie dem Willen des Erblassers nicht entspricht, angefochten werden, RG. 70, 391.

[24] Planck, Erl. 4 vor § 2064.

[25] Auch bei Verträgen kann Auslegung nach dem Willen des einen

Anders verhält es sich mit Erklärungen, durch welche berechtigte Interessen anderer Personen berührt werden, insbesondere mit den Erklärungen, durch welche ein Vertrag zustande kommt. Hier verlangt Treu und Glauben, § 157, daß die Bedeutung der Erklärung dem möglichen Verständnis der Personen angepaßt ist, welche sich auf die Erklärung verlassen. Bei nichtempfangsbedürftigen, an einen größeren Personenkreis gerichteten Erklärungen, z. B. bei der Auslobung oder der Kundgebung der Vollmacht durch öffentliche Bekanntmachung, §§ 173, 171 [26], hat sich die Auslegung nach dem Umständen zu richten, welche diesem Personenkreis bekannt sein konnten [27]; bei empfangsbedürftigen Erklärungen gilt das als erklärt, was der Gegner nach den Umständen, die er kannte oder kennen konnte oder sollte, als Sinn der Erklärung auffassen mußte [28]; es gilt hier nicht der wirkliche Wille des Erklärenden, sondern das, was der Gegner als den wirklichen Willen des Erklärenden erkennen konnte [29]. Bei der Auslegung der ihm zugehenden Erklärung kann der Empfänger vom objektiven, verkehrsüblichen Sinn [30] der Worte aus-

---

Kontrahenten ohne Rücksicht auf das Verständnis des anderen am Platze sein, wenn der andere Kontrahent kein Interesse daran hat, in welchem Sinne eine Vertragsklausel aufgefaßt wird, RG. 62, 260: der Versicherer hat kein Interesse daran, ob durch die Klausel „zugunsten meiner Erben" ein Recht für den Nachlaß oder zugunsten der Hinterbliebenen begründet werden soll; daher entscheidet die Absicht des Versicherungsnehmers.

[26] Ebenso bei Erklärungen auf indossabeln und Inhaberpapieren, RG. 60, 428. Cosack, Handelsr. § 49 V.

[27] Daher wird sich die Auslegung solcher Erklärungen meistens eng an den Wortlaut halten, Dernburg § 164 IV, Enneccerus § 193 I 3, Danz, Auslegung 171, 215.

[28] Entscheidend ist der Moment der Kenntnisnahme, nicht des Zugehens der Erklärung. Hat z. B. der Adressat nach Zugang, aber vor Kenntnisnahme der Erklärung eine Mitteilung erhalten, die ein Licht auf die Bedeutung der Erklärung wirft, so muß er diese Mitteilung bei der Auslegung der Erklärung in Betracht ziehen.

[29] Wie der Erklärende die Gefahr trägt, daß seine Erklärung dem Gegner nicht zukommt, vgl. ob. § 61 S. 435, so auch die Gefahr, daß die Erklärung vom Gegner aus Unkenntnis der Umstände nicht so verstanden werden kann, wie der Erklärende sie meinte.

[30] Maßgebend ist die Sitte des Personen- oder Geschäftskreises, dem das betr. Geschäft angehört, z. B. bei Geschäften unter Kaufleuten die im Handelsverkehr geltenden Gewohnheiten und Gebräuche, HGB. § 346, die Börsenusance bei Börsengeschäften, die Verkehrssitte des Ortes, an welchem sich das gekaufte oder gemietete Grundstück befindet. Ist

gehen, muß aber dabei die ihm bekannten Umstände berücksichtigen [31], aus denen sich ein abweichender Wille des Erklärenden ergibt [32], z. B. einen eigentümlichen Sprachgebrauch des Erklärenden oder frühere Mitteilungen und Verhandlungen [33], mit denen die jetzige Erklärung in Zusammenhang steht [34]. Auf Grund solcher, vom Empfänger zu berücksichtigenden Tatsachen kann die individuelle Auslegung zu einem anderen Resultat führen, als die von normalen Umständen ausgehende generelle Auslegung. Daher kann eine Erklärung, die an mehrere Personen gerichtet ist, für jede derselben trotz des gleichen Wortlauts verschiedene Bedeutung haben [35]. Eine Erklärung, die objektiv betrachtet dunkel oder zweideutig ist und deshalb wirkungslos bleiben müßte [36], kann durch individuelle Auslegung eine bestimmte Bedeutung erhalten und in diesem Sinne, trotz der mangelhaften Fassung, wirksam sein; wird eine zweideutig ge-

---

Verkehrssitte oder Sprachgebrauch für den Erklärenden und den Empfänger der Erklärung verschieden, was namentlich bei Erklärungen unter Abwesenden vorkommt, so kann m. Er. der Empfänger die in seinem Kreise geltende Verkehrssitte zugrunde legen, es sei denn, daß er wissen muß, daß der Erklärende von der verschiedenen Verkehrssitte seines Wohnorts ausgeht. Erhält z. B. ein Däne in Dänemark von einem Österreicher eine Offerte auf 1000 Kr., so darf er annehmen, daß dänische Kr. gemeint sind, außer wenn er aus besonderen Gründen wissen muß, daß der Offerent österreichische Kr. meinte. Unter Umständen ergibt sich bei einer dem Empfänger der Erklärung bekannten Verschiedenheit von Verkehrssitte oder Sprachgebrauch, daß die Erklärung an unheilbarer Zweideutigkeit leidet. Vgl. über die verschiedenen Ansichten in dieser Frage Cosack § 63 I, Enneccerus § 193 III, Titze § 12. Planck § 157, 5, Danz, Auslegung § 25.

[31] RG. 66, 429.

[32] Es kommt nicht darauf an, ob die zur individuellen Auslegung führenden Tatsachen dem Empfänger der Erklärung aus seinen persönlichen Beziehungen zum Erklärenden oder aus anderen Quellen (zufällig) bekannt sind, Enneccerus § 192 Anm. 13; a. A. Titze 91, 109, 188.

[33] Insbesondere Verabredungen der Parteien über den Sinn, in welchem ein Wort gebraucht werden soll, Danz, Auslegung 64.

[34] So kann eine Aufforderung zum Stellen von Offerten, ob. § 62 Note 20, zur Auslegung der Offerte dienen, Titze 110 fg., 127 fg. Die Annahmeerklärung ist aus der Offerte auszulegen; eine Genehmigung aus dem, was dem Genehmigenden über den Inhalt des zu genehmigenden Geschäftes von der Person mitgeteilt ist, an welche er die Genehmigung erklärt.

[35] Landsberg, Bürgerl. Recht I S. 181.

[36] Vgl. ob. § 61 Note 92.

faßte Offerte vom Empfänger infolge von Tatsachen, die ihm, sei es auch zufällig, bekannt sind, so verstanden, wie der Offerent sie meinte, so kommt der Vertrag mit diesem Inhalt zustande [37].

Da die individuelle Auslegung am Gesichtskreis des Adressaten ihre Grenze findet, so kann es vorkommen, daß der Sinn, den der Adressat in sachgemäßer Würdigung der Verkehrssitte und der ihm bekannten besonderen Umstände der Erklärung beilegt, dem wirklichen Willen des Erklärenden nicht entspricht; trotzdem gilt die Erklärung so, wie sie vom Adressaten verstanden worden ist [38], aber sie kann vom Erklärenden, da er über ihren Inhalt im Irrtum war, nach § 119 angefochten werden [39]. Hat aber der Empfänger die Erklärung unrichtig ausgelegt, weil er die maßgebende Verkehrssitte nicht kannte [40] oder Umstände außer acht ließ, die er hätte beachten sollen [41], oder sich in einem Irrtum befand, der ihm zur Last fällt [42], so gilt die Erklärung

[37] Allerdings läuft der Akzeptant die Gefahr, daß er die unklare Offerte nicht in demselben Sinn versteht, wie der Offerent, in welchem Fall der Vertrag an der Mangelhaftigkeit der Willenserklärungen scheitern würde. Es ist daher vorsichtiger, eine Offerte, deren Bedeutung nicht zweifellos ist, nicht anzunehmen. Bei einseitigen Geschäften darf dem Erklärungsgegner eine Unsicherheit des Rechtszustandes nicht zugemutet werden; daher ist das einseitige Rechtsgeschäft bei Undeutlichkeit der Erklärung als unwirksam zu betrachten, vgl. ob. § 53 Anm. 58.

[38] RG. 68, 128.

[39] C o s a c k § 65 V 2. M a n i g k, Willenserklärung 160. In diesem Sinne würde ich den vielbesprochenen (H o e n i g e r, ArchBürgR. 35, 258) Fall entscheiden, der dem RG. 68, 6 vorlag: wenn A dem B ein dem Telegraphenschlüssel des B entnommenes Kabelwort telegraphiert, so kann B mangels besonderer Anhaltspunkte annehmen, daß das Wort im richtigen Sinne gebraucht ist. Wenn A aus irgendeinem Grunde über die Bedeutung des Wortes irrt, so hat er anzufechten.

[40] Die Verkehrssitte ist, wie die Rechtssätze, maßgebend ohne Rücksicht darauf, ob die Parteien sie kennen, vgl. Bd. I S. 31.

[41] Dazu gehören auch frühere Mitteilungen des Erklärenden, die dem Empfänger zugegangen, aber nicht zu seiner Kenntnis gekommen sind, vgl. ob. § 48 Note 103.

[42] Beispiel: A hat dem B ein Buch zu leihen versprochen. B will das Buch zu Eigentum haben und macht dem A eine schriftliche Kaufofferte. Bald darauf erhält er das Buch von A zugeschickt und glaubt annehmen zu dürfen, daß A hiermit die Kaufofferte annimmt. In der Tat hatte A die Kaufofferte nicht erhalten und hatte bei der Zusendung des Buches die Absicht des Verleihens. Hier ist die Auslegung des B objektiv unrichtig; denn das Nichteintreffen des Briefes, auf den er seine

so, wie sie hätte verstanden werden sollen und auf Seiten des Empfängers liegt ein Mißverständnis [43] vor, dessen Folgen er zu tragen hat [44]. Denn während die Anfechtung dem zugebote steht, der sich über den Inhalt seiner eigenen Erklärung irrt, gibt es kein entsprechendes Rechtsmittel zum Schutz dessen, der eine fremde Erklärung mißversteht.

Das Resultat der generellen wie der individuellen Auslegung kann im Vergleich zum Wortlaut der Willenserklärung, wie bei der Auslegung eines Gesetzes, ausdehnend [45] oder einschränkend [46] sein.

Die Auslegung einer Willenserklärung hat mit der philologischen Interpretation eines Textes denselben Ausgangspunkt, aber ein verschiedenes Ziel: während der Philologe nichts anderes als den Gedanken des Autors feststellen will, soll die juristische Auslegung dazu dienen, die Rechtsfolgen (vis ac potestas) einer Erklärung zu bestimmen; sie hat daher Rücksicht zu nehmen auf die Rechtslage, innerhalb deren die Erklärung abgegeben wurde und zur Wirkung gelangte, insbesondere auf die Interessen der von der Erklärung betroffenen Personen. Daher ist die Konstatierung des wirklichen Willens des Urhebers nur ein, allerdings ein sehr wichtiges Element der juristischen Auslegung.

Wie Willenserklärungen, so bedürfen auch Mitteilungen einer Auslegung, welche nach denselben Grundsätzen, wie bei der Willenserklärung erfolgt [46a]. Bei staatlichen Akten hat die Auslegung

---

Auslegung gründet, ist ein Umstand, dessen Folgen ihm nach Analogie von § 130 zur Last fallen müssen.

[43] Vgl. darüber Enneccerus § 192 V und namentlich Titze, Mißverständnis.

[44] Ist eine Offerte vom Adressaten mißverstanden und angenommen worden, so kann er sein Mißverständnis dadurch zur Geltung bringen, daß er seine Annahmeerklärung wegen Irrtums über ihren Inhalt anficht, Cosack § 65 V 1.

[45] Wenn z. B. dem Mieter die „Untermiete" gestattet oder verboten wird, kann darunter auch jede sonstige Weitergabe der Benutzung (z. B. jure societatis) zu verstehen sein, RG. 63, 294.

[46] Wird ein Pfand für alle Forderungen des C gegen D bestellt, so kann sich durch Auslegung ergeben, daß das Pfand nicht für solche Forderungen haftet, welche C nachträglich durch Zession erwirbt, RG. 18, 232. Ist ein Konkurrenzverbot verabredet, gleichviel aus welchem Grunde die Beendigung des Vertragsverhältnisses erfolgt, so soll es bei richtiger Auslegung nicht gelten, wenn die Auflösung des Vertrages durch vertragswidriges Verhalten des Gläubigers veranlaßt ist, RG. 77, 97.

[46a] Klein, Rechtshandlungen 52, 74, 83.

engere Grenzen: sie können nur aus sich selbst ausgelegt werden; so z. B. das Urteil aus Tatbestand und Entscheidungsgründen, welche nach ZPO. § 313 Bestandteile des Urteils sind. Ein Eintrag im Grundbuch kann aus der Bewilligung nur dann ausgelegt werden, wenn das Gesetz eine Bezugnahme auf die Bewilligung zuläßt, § 874; in sonstigen Fällen kann eine Unrichtigkeit des Eintrags nicht durch Auslegung beseitigt werden, sondern nur durch Berichtigung oder Eintragung dessen, was hätte eingetragen werden sollen [47].

II. Durch Auslegung wird der Inhalt einer Willenserklärung konstatiert. Bei Willenserklärungen, welche Bestandteil eines Rechtsgeschäftes sind, ist der Inhalt stets rechtlicher Natur, insofern als der vom Erklärenden gewünschte Erfolg dem Gebiet des Rechts angehört und mit Mitteln des Rechts erreicht werden soll [48]. Die Vorstellungen der Parteien über die juristische Beschaffenheit des Geschäftserfolges können mehr oder minder genau sein. Bisweilen ist als Inhalt des Parteiwillens nur ein wirtschaftlicher Erfolg zu konstatieren, der mit nicht näher bekannten oder vorgestellten Mitteln des Rechtes erreicht werden soll; die Parteien verlassen sich, im Vertrauen auf die Rechtsordnung, darauf, daß ihr Wille Anerkennung und den seinem Inhalt entsprechenden rechtlichen Schutz finden werde. In diesem Sinne verhalten sich die Parteien, besonders dann, wenn sie eine glatte und friedliche Abwickelung ihrer Verhältnisse voraussehen, gleichgültig gegen die juristische Technik. Daher entsteht nach erfolgter Auslegung die von ihr zu unterscheidende Aufgabe der rechtlichen Beurteilung und Subsumption dessen, was sich durch Auslegung als gewollt ergeben hat. Die Subsumption ist nötig, um die vom Gesetz für die verschiedenen Typen des Rechtsgeschäfts [48a] aufgestellten (meist dispositiven) Rechtssätze anwenden zu können. Diese Rechtssätze dienen dazu, Streitfragen zu entscheiden, an deren Auftauchen die Parteien bei Vornahme des Geschäftes nicht zu denken pflegen. Daher kann bei inhaltlich zweifellosen Willenserklärungen fraglich sein, ob z. B. eine Verabredung als Miete oder Pacht, als Gesellschaft oder Darlehen mit Gewinnbeteiligung aufzufassen ist [48b]. Solche Fragen gehören

[47] Vgl. ob. § 63 Note 83.

[48] Vgl. ob. § 50 V.

[48a] Vgl. ob. § 51 Note 13.

[48b] Oder ob der Käufer, der die Leistung des säumigen Verkäufers

nicht zur Auslegung im genauen Sinn des Wortes [49]; denn es handelt sich nicht darum, wie eine Erklärung gemeint war oder wie sie vom Gegner verstanden wurde, sondern um die bei noch so genauer Feststellung des Parteiwillens aus diesem nicht zu beantwortende Frage, welche, nicht auf dem Willen der Parteien beruhenden, Rechtsfolgen aus ihren Erklärungen hervorgegangen sind [50]. Wenn trotzdem die rechtliche Beurteilung und Subsumption oft zur Auslegung gerechnet wird, so beruht das auf der m. Er. unrichtigen Anschauung, daß das dispositive Recht den Willen der Parteien wiedergibt [51], daß z. B. alle Rechtsfolgen eines Kaufes, auch die, an welche die Parteien tatsächlich nicht gedacht haben oder nicht denken konnten, als von ihnen gewollt zu gelten haben, weil sie sich über Kaufsache und Kaufpreis geeinigt haben [52].

---

zurückweist, damit den Rücktritt im technischen Sinn erklärt und den Schadensersatzanspruch wegen Nichterfüllung aufgibt, oder die Annahme der Leistung unter Aufrechterhaltung des Vertrages ablehnt, OLG. 24, 293. Dieser in seiner Tragweite wichtige Unterschied wird dem Laien meistens nicht bekannt sein. Daher sieht das RG., JW. 36, 386, in der Erklärung des Käufers, daß er zurücktrete und Schadensersatz verlange, trotz des Wortlautes keinen Rücktritt, sondern Erhebung des Ersatzanspruchs, Oertmann § 325, 2a.

[49] Das Wort Auslegung wird aber vielfach, bewußt oder unbewußt, in einem weiteren Sinne gebraucht zur Bezeichnung der aus eigentlicher Auslegung, rechtlicher Beurteilung und Ergänzung (vgl. unten) der Willenserklärung bestehenden Tätigkeit, durch welche die Gesamtheit der gewollten und ungewollten Rechtsfolgen einer Erklärung festgestellt wird.

[50] Beispiel: ein Gerichtsvollzieher pfändet im Arrestweg ausländische Banknoten, welche, wie sich später herausstellt, nicht dem Schuldner, sondern dem X gehören. Er wechselt die Banknoten gegen deutsches Geld und hinterlegt dieses. Es wurde streitig, in wessen Eigentum (des Gläubigers, des Schuldners oder des X) das hinterlegte Geld stand. Obgleich ein tatsächlicher Wille des Gerichtsvollziehers in dieser Richtung nicht festgestellt wurde (weil, wie ich annehme, ein solcher Wille überhaupt nicht vorhanden war), gelangt das RG. 80, 187 durch rechtliche Beurteilung des Sachverhaltes zu der Annahme, der Gerichtsvollzieher habe das eingetauschte Geld für den ihm unbekannten Eigentümer der Banknoten erwerben wollen. M. Er. wäre die richtige Entscheidung nicht aus dem problematischen Willen des Gerichtsvollziehers zu begründen gewesen, sondern aus dem im Pfandrecht, §§ 1219 II, 1247, anerkannten und hier analog anzuwendenden Prinzip der Surrogation.

[51] Vgl. Bd. I S. 26, Bd. II § 50 Note 129.

[52] So z. B. Titze, Mißverständnis 450, 493, der alle Rechtsfolgen einer Willenserklärung zu ihrem Inhalt rechnet. Dagegen mit Recht Enneccerus § 192 Anm. 7.

Die Vorschriften des dispositiven Rechtes sind nicht erschöpfend und nicht so eingehend, daß sie allen Variationen des Tatbestandes gerecht werden können. Es werden stets zahlreiche Fälle vorkommen, an welche die Parteien bei Begründung ihres Rechtsverhältnisses nicht gedacht haben und welche der Gesetzgeber nicht ordnen konnte, ohne in eine maßlose und doch nie ganz vollständige Kasuistik zu verfallen. Auch solche Fragen müssen, wenn sie streitig werden, ihre Lösung finden. In Ermangelung eines Parteiwillens und eines ergänzenden Rechtssatzes muß hier derselbe Grundsatz von Treu und Glauben mit Rücksicht auf die Verkehrssitte aushelfen, der in § 157 für Auslegung von Willenserklärungen aufgestellt ist [53]. Aber es handelt sich dabei, wenn man nicht den Parteien auch die nichtgewollten Rechtsfolgen als gewollt imputieren will, nicht um Auslegung, sondern um Ergänzung der Willenserklärung [54]. Das ist vom Gesetz richtig erkannt, indem das Prinzip der bona fides außer in § 157 für die Auslegung auch noch in § 242 für die nähere Bestimmung des Inhalts der obligatorischen Leistung als maßgebend aufgestellt wird [55]. Das in § 242 ausgesprochene Prinzip ist nicht auf Schuldverhältnisse zu beschränken [56], sondern im ganzen Rechtsgebiet anzuwenden zur näheren Bestimmung der durch Parteiwillen und Gesetz unvollständig geregelten Rechts-

[53] Beispiel: die Erfüllung an dem im Vertrag festgesetzten Ort wird unmöglich. Wenn die Leistungspflicht trotzdem bestehen bleibt (Dernburg II § 51 IV, Planck, Erl. 2 vor § 275), so muß der Ort, an welchem nunmehr zu erfüllen ist, nach Treu und Glauben und Verkehrssitte bestimmt werden.

[54] Wenn z. B. RG. 80, 284 auf Grund der Verkehrssitte feststellt, daß die Miete eines Geschäftslokales die Außenwand des Hauses erfaßt, so ist das keine Auslegung der Parteierklärungen, bei welchen an die Außenwand gar nicht gedacht war, sondern Vervollständigung des lückenhaften Vertrages. Ebenso ergibt sich nicht aus Auslegung, sondern aus Ergänzung des Vertrags nach Treu und Glauben, daß der Vermieter unter Umständen an Konkurrenten des Mieters nicht vermieten darf, OLG. 27, 141. Dernburg II § 217 Anm. 5.

[55] In der Auffassung des Verhältnisses, in welchem die §§ 157 und 242 zu einander stehen, folge ich im allgemeinen der Ansicht von Schneider, Treu und Glauben 88 fg.

[56] Und innerhalb des Schuldverhältnisses nicht auf die Leistung des Schuldners; auch die Ausübung der mit dem Schuldverhältnis verbundenen Gestaltungsrechte, z. B. der Kündigung oder Mahnung, ist nach Maßstab des § 242 zu beurteilen.

folgen eines Tatbestandes [57]. Nach § 242 können unvorhergesehene Umstände berücksichtigt werden, für welche die Parteien keine Fürsorge getroffen haben, aber getroffen hätten, wenn sie an diese Gestaltung der Dinge gedacht hätten [58]. Insbesondere kann § 242 dazu dienen, den Schuldner zu entlasten, wenn seine Verpflichtung durch völlige Änderung der Verhältnisse so drückend geworden ist, daß ihm die genau genommen noch mögliche Erfüllung vernünftigerweise nicht zugemutet werden kann [59].

Wie der Inhalt von Willenserklärungen nach Treu und Glauben ergänzt werden kann, so bietet § 242 auch die allerdings mit Vorsicht und Taktgefühl zu benutzende [60] Möglichkeit, eine gelegentlich hervortretende Unvollkommenheit oder Starrheit des Gesetzes zu mildern [61], insbesondere einen allgemein lautenden Rechtssatz, dessen Anwendung auf einen besonders gelagerten Tatbestand zu unbilligen und das Rechtsgefühl verletzenden Resultaten führen würde, den Umständen des Falles anzupassen [62].

[57] Daß das BGB. den Grundsatz des § 242 an den Anfang des Rechts der Schuldverhältnisse stellt, ist historisch daraus zu erklären, daß der römische Begriff der bona fides bei einer Art der Obligationen (act. bonae fidei) zur Entwicklung gekommen ist.

[58] So ist z. B. nach § 242 anzunehmen, daß die Befugnis des Schuldners, an einen solutionis causa adjectus zu leisten, wenn letzterer in Vermögensverfall oder Konkurs gerät, Dernburg II § 134 III, Enneccerus § 284 Anm. 4. Ebenso kann aus § 242 begründet werden, daß ein Verzicht auf Aufrechnung bei Vermögensverfall des Gegners wirkungslos ist, wenn er nicht auch für diesen Fall gewollt ist, Jäger, KO. § 53 Anm. 13, RG. 60, 358.

[59] Vgl. ob. § 52 Note 55.

[60] Denn der Richter darf sein Billigkeitsgefühl und die ihm richtig scheinende Wertung der Interessen gegenüber der autoritativen Entscheidung des Gesetzes nicht zur Geltung bringen, außer bei solchen Rechtslagen, die zwar unter den Wortlaut eines Rechtssatzes fallen, aber den Erwägungen des Gesetzgebers offensichtlich ferngelegen haben.

[61] Beispiel: § 618 enthält Schutzvorschriften für den Dienstverpflichteten. Eine ähnliche Vorschrift fehlt beim Werkvertrag für den Fall, daß der Besteller Räume, Vorrichtungen oder Gerätschaften zu beschaffen hat. Diese Lücke ist auszufüllen, sei es durch analoge Anwendung des § 618, sei es durch Ergänzung des Gesetzes nach § 242, nicht aber, wie das RG. 80, 28 annimmt, durch Auslegung des Werkvertrages; denn es kommt beim Werkvertrag so wenig wie beim Dienstvertrag darauf an, ob die Parteien an die in § 618 genannten Maßregeln gedacht und eine dahin gehende Verpflichtung verabredet haben.

[62] Als Anhaltspunkt für die Anwendung des § 242 (nicht des § 157, vgl. ob. Note 19) kann das dienen, was die Parteien resp. anständig und

In diesem Sinne hat § 242 in unserem Rechte dieselbe Funktion, wie die exc. doli generalis im gemeinen Recht [63].

Diese korrektorische Funktion des § 242 ist unentbehrlich für eine sachgemäße Ausübung der Rechtspflege und einen den Lebensverhältnissen sich anpassenden allmählichen Fortschritt des Rechtes [64]. Sie wird oft dadurch verdunkelt, daß zur Beseitigung oder Abschwächung eines Rechtssatzes, den man nicht anwenden möchte, ein diesen Rechtssatz ausschließender stillschweigender Wille der Parteien konstruiert wird, den sie in der Tat nicht hatten und nicht haben konnten, wenn sie an die zum Rechtsstreit führende Gestaltung der Verhältnisse nicht dachten [65]. Bei solchen methodisch unrichtigen, im Resultat zutreffenden Entscheidungen wird durch vermeintliche Auslegung eines fingierten Parteiwillens eine Modifizierung und freiere Ausgestaltung eines Rechtssatzes hergestellt.

III. Die Auslegung und die sich ihr anschließende weitere rechtliche Beurteilung (Subsumption event. Ergänzung) der Willenserklärung ist zunächst Sache der Parteien, welche von

---

billig denkende Menschen bei Voraussicht der jetzigen Verhältnisse bestimmt hätten.

[63] Die Berufung auf § 242 ist keine Einrede im technischen Sinn des BGB., daher ist die Vorschrift dieses § von Amts wegen zu beachten, Endemann § 100, 2a, Enneccerus § 228 V, Oertmann § 242, 4. Es können aber Situationen vorkommen, in denen Treu und Glaube nichts mehr verlangt, als daß dem Schuldner die Möglichkeit gegeben sei, sich einer übermäßigen Leistungspflicht zu erwehren; in solchen Fällen kann aus § 242 eine Einrede abgeleitet werden, vgl. ob. § 51 Note 55.

[64] So mit verschiedener Begründung die überwiegende Meinung, vgl. Wendt, ArchZivPr. 100, 1 fg., Eck, Vorträge I S. 49, Staudinger § 123 VIII, Enneccerus § 208 III, Biermann § 94, 3c.

[65] So führt z. B. die Anwendung des § 350 auf verabredeten Rücktritt unter Umständen, z. B. beim Verkauf mit Umtauschberechtigung, zu einer offenbaren Unbilligkeit gegen den Verkäufer, vgl. Bd. I Einl. Note 105. Man versucht zu helfen durch Hinweis auf eine stillschweigende Verabredung, nach welcher der Rücktritt nur bei Rückgabe der unversehrten Sache zulässig sein soll, vgl. Enneccerus § 263 Anm. 4, Oertmann § 350, 1. Aber mit Recht bemerkt Dernburg II § 108 VI, daß die Beteiligten den Untergang der Kaufsache nur selten ins Auge fassen werden. Dagegen scheint es mir, wenn dieser Fall eintritt, gegen Treu und Glauben sowie gegen die Verkehrssitte zu verstoßen, wenn der Käufer das ihm aus Gefälligkeit eingeräumte Rücktrittsrecht ausüben dürfte. Daher ist der Rücktritt in solchen Fällen nicht nach § 157 als wegbedungen zu betrachten, sondern dem Käufer nach § 242 abzusprechen.

der Erklärung betroffen werden [66]. Im Streitfall hat der Richter die Auslegung vorzunehmen [67]. Wird die Auffassung, die eine Partei über die Bedeutung einer Willenserklärung hatte, vom Richter für unzutreffend erklärt, so erweist sich, daß die Partei über den Inhalt der Erklärung im Irrtum war. Handelt es sich um eine eigene Erklärung dieser Partei, so entsteht ein Anfechtungsrecht [68]. Ist infolge unrichtiger Auslegung einer Erklärung, z. B. einer Kündigung oder Mahnung, eine Verpflichtung unerfüllt geblieben, so kommt es für Schadensersatz und Verzug auf die Entschuldbarkeit des Irrtums an; ein Verschulden kann schon darin liegen, daß jemand eine nicht ganz deutliche Erklärung ohne weiteres in dem ihm günstigen Sinne auslegte und mit der Möglichkeit, Unrecht zu haben, nicht rechnete. Einigen sich die Parteien über eine unter ihnen streitige Auslegung [69], so hat der Richter in der Regel keinen Anlaß, vom Resultat der Einigung abzuweichen [70]. Denn die übereinstimmende Auslegung enthält, wenn sie dem ursprünglichen Sinne der Erklärung nicht entspricht, einen Vertrag, durch welchen das Rechtsverhältnis der Parteien in dem von ihnen jetzt gewollten Sinn abgeändert wird. Diese Änderung des ursprünglich gewollten Rechtsverhältnisses wirkt ex nunc [71] und nicht gegen Dritte [72].

---

[66] Oft läßt sich aus dem späteren Verhalten der Parteien entnehmen, welchen Sinn sie einer an sich zweideutigen Willenserklärung beigelegt haben. Wenn z. B. zwischen A und B eine Verabredung getroffen ist, welche als Kauf oder auch als Einkaufskommission gelten könnte, so ergibt sich daraus, daß A Rechenschaft abgelegt und B die Rechenschaft abgenommen hat, daß beide Parteien ihr Rechtsverhältnis als Kommission aufgefaßt haben.

[67] Windscheid § 84 Anm. *; Hellwig, Lehrb. § 92 Anm. 5; Titze 84; Oertmann § 133, 3; a. A. Danz, Auslegung 4, 62, 107.

[68] Vgl. ob. Note 39.

[69] Man kann von einer authentischen Interpretation der Erklärung durch die Parteien sprechen, vgl. Bd. I S. 37.

[70] Danz, Auslegung 62. Planck § 133, 3a.

[71] Crome § 91 Anm. 1; Titze 88; a. A. Danz, Auslegung 73 fg., 112.

[72] Beispiel: A hat dem B eine Sache übergeben mit einer Erklärung, die sowohl als Leihe wie als Schenkung gedeutet werden kann. Nachher einigen sich die Parteien, die Übergabe als Schenkung zu behandeln. Wenn ihr ursprünglicher Wille auf Leihe gerichtet war, so ist das Eigentum erst jetzt (durch brevi manu trad.) auf B übergegangen. Daher ist ein Gläubiger des A, der die Sache vor der Einigung über die Auslegung gepfändet hat,

Die richterliche Auslegung einer Willenserklärung ist der Revision entzogen [73], soweit sie eine Feststellung dessen enthält, was die Parteien tatsächlich gewollt haben, d. h. was der Erklärende mit seinen Worten meinte und was der Gegner unter ihnen verstanden hat [74]. Dagegen ist revisibel die Feststellung darüber, welche generelle Bedeutung den von den Parteien gebrauchten Ausdrücken nach § 157 [75], insbesondere nach der Verkehrssitte zukommt [76], sowie selbstverständlicherweise die rechtliche Beurteilung der Willenserklärung und ihre Ergänzung nach § 242.

§ 65. Willensmängel *.

Die rechtsgestaltende Wirkung, die das Gesetz der Willenserklärung beilegt, beruht auf der Erwägung, daß das Rechtssubjekt die Möglichkeit haben soll, seine Rechtsverhältnisse seinem Willen gemäß zu ordnen [1]. Dabei wird vorausgesetzt, daß die Willenserklärung dem Willen entspricht und einen in normaler Weise zustande gekommenen Willen wiedergibt. Diese Voraussetzungen können sich in verschiedener Weise als unzutreffend erweisen:

---

nicht gehindert, den wahren Sinn der Übergabe aufzudecken und sein Pfandrecht geltend zu machen.

[73] Crome § 91 Anm. 6; Enneccerus § 192 Anm. 1; Stein, ZPO., Bem. III 2 d zu § 549; Hellwig, System § 239 III 3 b; Danz, Auslegung § 21.

[74] Vgl. z. B. RG. 71, 223.

[75] Z. B. entscheidet RG. 66, 317 über die Bedeutung des Wortes „Lasten" beim Verkauf eines Grundstückes mit allen Rechten und Lasten; RG. 81, 118 interpretiert die generelle Bedeutung einer Klausel der allgemeinen Bedingungen einer Versicherungsgesellschaft.

[76] Die Verkehrssitte ist keine Rechtsnorm, daher nicht als solche revisibel. Die Revision kann aber auf unrichtige Anwendung des § 157 gestützt werden.

* Windscheid § 75/80; Regelsberger § 139/46; Bekker, § 92; Dernburg § 141/7; Endemann § 70/3; Crome § 92/5 Cosack § 64/5; Enneccerus § 155/65; Biermann § 67/71; Leonhard, Allg. Teil § 97 fg., Irrtum bei nichtigen Verträgen, 2. Aufl.; Zitelmann, Rechtsgesch. im Entw. und Grundriß 110 fg.; Manigk, Willenserklärung § 19 fg.; Breit, Geschäftsfähigkeit 76 fg.; Hellmann, JheringsJ. 42, 413; Isay, Willenserklärung; Jacobi, Theorie der Willenserklärungen; Henle, Vorstellungs- und Willenstheorie; Tuhr, Mängel des Vertragsabschlusses nach schweiz. ObligR., Zeitschr. f. schweiz. R., N. F. Bd. 15, 16, 17.

[1] Vgl. ob. § 50 Note 1.

1. Eine Willenserklärung des X liegt nur scheinbar vor, wenn ein Vorgang, der sich äußerlich als Erklärung des X darstellt, gar nicht von ihm herrührt [2], oder wenn eine Handlung des X nicht auf seinem Willen beruht, sondern durch äußere Einwirkungen (vis absoluta) herbeigeführt wurde [3].

2. Die Erklärung ist nichtig, wenn der Wille des Erklärenden wegen mangelnder Geschäftsfähigkeit, Bewußtlosigkeit oder vorübergehender geistiger Störung keine Beachtung verdient, § 105 [4].

3. Eine Anzahl weiterer vom Gesetz in § 116 bis 123 geregelter Abnormitäten der Willenserklärung pflegt man unter der Bezeichnung Willensmängel zusammenzufassen [5]:

a) Der Willensmangel kann darin bestehen, daß die Erklärung dem Willen nicht entspricht. Da der Wille, wie jeder innere Vorgang, nur aus äußeren Tatsachen erschlossen wird, so sollte man meinen, daß er nicht anders als in der Erklärung zutage treten kann. Dann wäre eine Abweichung der Erklärung vom Willen begrifflich ausgeschlossen. Jedoch ergibt sich diese Möglichkeit aus folgender Erwägung: die Auslegung der Willenserklärung hat gewisse Schranken: in dem Verständnis des oder der Menschen, an die sie gerichtet ist [6]; in der Form, in welche eine Erklärung gekleidet sein muß [7]. Dagegen kommen für die Erforschung des inneren Willens alle Erkenntnismittel in Betracht: auch Tatsachen, die dem Erklärungsgegner nicht zugänglich waren, oder Tatsachen, die außerhalb der Form liegen. Aus dieser verschiedenen Begrenzung des Auslegungsmaterials ergibt sich, daß unter Umständen verschiedenes als Sinn der Erklärung und als Wille des Erklärenden festgestellt werden kann [8].

Die Divergenz zwischen Wille und Erklärung kann dem Erklärenden bewußt oder unbewußt sein. Im ersten Fall handelt

---

[2] Vgl. ob. § 61 S. 402.

[3] Vgl. ob. § 48 Note 3.

[4] Vgl. ob. § 50 Note 6, 7, 8.

[5] Das Wort Willensmangel findet sich (gelegentlich) in § 166. Im 1. Entwurf diente es als Überschrift zum 5. Titel des 4. Abschnittes des Allg. Teils. Das Wort ist zweideutig, weil es sowohl das Fehlen als die Fehlerhaftigkeit des Willens bezeichnet und sowohl auf die Erklärung als auf den Willen bezogen werden kann, Leonhard § 97 Anm. 4, Enneccerus § 155 Anm. 1.

[6] Vgl. ob. § 64 Note 27, 28.

[7] Vgl. ob. § 63 Note 80.

[8] Regelsberger S. 507, Manigk, Willenserklärung § 20.

es sich um einen geheimen Vorbehalt, § 116, eine Scheinerklärung, § 117, oder eine nicht ernstlich gemeinte Erklärung, § 118. Eine unbewußte Abweichung der Erklärung vom Willen kann entstehen durch Irrtum des Erklärenden, § 119 I [9], oder durch unrichtige Übermittlung der Erklärung, § 120.

Die Beurteilung einer dem Willen nicht entsprechenden Erklärung ist im Lauf der Rechtsentwicklung eine sehr verschiedene gewesen. Während das Recht der älteren Kulturstufen nur den äußeren Tatbestand der Erklärung beachtete, ohne auf den inneren seelischen Vorgang Wert zu legen [10], hat das klassische Recht der Römer bei Fehlerhaftigkeit der Erklärung den Willen zur Geltung gebracht [11]. Diese Auffassung ist als sog. Willenstheorie im gemeinen Recht zur Herrschaft gelangt [12], bis sie in den letzten Jahrzehnten des 19. Jahrhunderts auf eine stetig anwachsende Opposition stieß [13]: die sog. Erklärungstheorie geht von der richtigen Beobachtung aus, daß dem Adressaten in der Regel nur die Erklärung, nicht ein von ihr abweichender innerer Wille des Erklärenden erkennbar ist, und läßt daher die Erklärung so gelten, wie sie vom Gegner verstanden werden konnte. Zwischen diesen beiden Standpunkten gab es zahlreiche Mittelmeinungen. Der erste Entwurf des BGB. hatte die Willenstheorie zur Grundlage genommen [14]. In den späteren Bearbeitungen [15] ist ohne prinzipielle Entscheidung über den Streit der Theorien eine vermittelnde, den praktischen Bedürfnissen entgegenkommende Rege-

---

[9] Sog. Irrtum in der Erklärung, zu unterscheiden von dem unten zu erwähnenden Irrtum im Motiv. Savigny, auf den diese für die Irrtumslehre grundlegende Unterscheidung zurückgeht, bezeichnet beide Fälle, wenig zutreffend, als „unechten“ und „echten“ Irrtum. Windscheid § 76 Note 1.

[10] Vgl. ob. § 49 Note 8, § 64 Note 7.

[11] L. 3 D. de rebus dub. D. 34, 5: qui aliud dicit quam vult, neque id dicit quod vox significat, quia non vult, neque id quod vult, quia id non loquitur.

[12] Savigny, System § 134; Windscheid, Wille und Willenserklärung; Zitelmann, JheringsJ. 16, 357, Irrtum und Rechtsgeschäft 235 fg.; Enneccerus, Rechtsgeschäft 67 fg.; RG. 28, 18.

[13] Bähr, JheringsJ. 14, 401; Schloßmann, Vertrag 85 fg.; Bekker, KritVJSchr. 22, 51 fg.; Kohler, JheringsJ. 18, 136 fg.; Leonhard, Irrtum bei nichtigen Rechtsgeschäften 322 fg.

[14] Mot. I 190.

[15] Prot. I 94. Denkschrift 17.

lung gewählt worden [16]. Daher hat es nur platonischen Wert, wenn vielfach behauptet wird, daß das BGB. auf dem Standpunkt der Willenstheorie stehe [17]. Denn die dogmatische Darstellung der Willensmängel muß, wie selbst Anhänger dieser Theorie zugeben [18], davon ausgehen, daß eine Willenserklärung so gilt, wie sie bei richtiger Auslegung zu verstehen ist [19], vorbehaltlich der im Gesetz bestimmten Fälle, in denen das Fehlen oder die Abweichung des Willens von der Erklärung zur Geltung kommt [20]. Dieser Auffassung entspricht auch die prozessuale Lage; denn es ist unbestritten, daß nicht die Übereinstimmung der Erklärung mit dem Willen, sondern das Vorliegen eines Willensmangels zu beweisen ist [21].

b) Der Willensmangel kann bei Richtigkeit der Erklärung im Stadium der Willensbildung liegen. Grundsätzlich haben die Motive, aus denen der Entschluß erwächst, keinen Einfluß auf die Gültigkeit der Willenserklärung [22]. Insbesondere ist eine Erklärung nicht deshalb ungültig, weil ihr Urheber von irrtümlichen Vorstellungen beeinflußt war. Jedoch gibt es Abnormitäten im Stadium der Entschlußfassung, die das Gesetz nicht unbeachtet lassen darf. Zu dieser Art von Willensmängeln gehören:

---

[16] Es zeigt sich hier eine in der Entwicklung der Begriffe oft vorkommende Erscheinung (Hegel, Phänomenologie, Vorrede 46 fg., Logik I 59 fg., 77 fg., Philosophie des Rechts § 33): daß nämlich die Entwicklung von einem Punkte ausgehend zum Gegensatz führt und dann in die Mitte zwischen beiden Standpunkten zurückkehrt. Ähnlich ist der dogmengeschichtliche Verlauf im Rechte des Schadensersatzes: Ausgangspunkt ist Haftung ohne Verschulden; sodann Haftung nur für Schuld (der Höhepunkt und zugleich der Wendepunkt wird bezeichnet durch Jhering, Schuldmoment im Privatrecht, 1867); im heutigen Recht ist das Culpaprinzip durch zahlreiche und wichtige Ausnahmen durchbrochen.

[17] Dernburg § 106 III, Crome § 92, 3, Henle 467 fg.; a. A. Cosack § 65 II, Danz, Auslegung § 2 und and.; vermittelnd Manigk, Willenserklärung § 19.

[18] Enneccerus § 155 Anm. 13.

[19] Vgl. ob. § 64 Note 27, 28.

[20] Vgl. ob. § 61 Note 12.

[21] Cosack § 65 III. Das versteht sich von selbst, wenn der Willensmangel ein Anfechtungsrecht begründet; aber auch wenn er Nichtigkeit bewirkt, z. B. bei der Simulation, gehört der Willensmangel zu den sog. rechtshindernden Tatsachen, vgl. ob. § 17 I, welche als Einrede im Sinne der ZPO. vorzubringen sind, Staudinger § 117 II 3.

[22] Vgl. ob. § 52 Note 31.

die widerrechtliche Drohung, vgl. unt. § 68 II,
die arglistige Täuschung, vgl. unt. § 68 I,
und gewisse Fälle des Irrtums im Motiv, vgl. unt. § 67 II.

Die Rechtsfolgen eines Willensmangels sind verschieden: in einigen Fällen ist die mit Willensmangel behaftete Erklärung nichtig, in anderen Fällen anfechtbar. Bisweilen entsteht aus der Geltendmachung eines Willensmangels die Verpflichtung, dem dadurch Geschädigten das negative Interesse zu ersetzen [23].

Das vom Gesetz in dieser Weise gelöste Problem der Willensmängel beruht auf dem Widerstreit der Interessen des Erklärenden und seines Gegners: vom Standpunkt des Erklärenden ist zu wünschen, daß ihm nur solche Erklärungen angerechnet werden, welche seinem Willen tatsächlich entsprechen und auf normale Motive zurückgehen; das Interesse des Erklärungsgegners besteht darin, daß er auf die Gültigkeit der Erklärung rechnen darf. Da dies Interesse mit dem allgemeinen Verkehrsinteresse zusammenfällt, ist es in unserem verkehrsfreundlichen Recht im großen und ganzen durchgedrungen [24].

Willensmängel kommen nur bei Willenserklärungen im engeren Sinne vor, nicht bei Willensbetätigungen (Verhalten ohne Kundgebungszweck) [25]; wird aus einem solchen Verhalten auf einen Willen geschlossen, der tatsächlich nicht vorhanden ist, so liegt nur der Schein einer Willensäußerung vor; dieser Schein kann, ohne Anfechtung und ohne Ersatz des negativen Interesses, durch Aufdeckung des wahren Zusammenhanges der Dinge zerstört werden [26]; wer sich auf die Willensbetätigung eines anderen verläßt, hat die Gefahr zu tragen, daß er das fremde Verhalten unrichtig deutet.

Die Vorschriften über Willensmängel gelten bei allen Rechtsgeschäften; bei Verfügungen von Todes wegen ist die Erheblichkeit des Irrtums erweitert, § 2078, 2281, bei der Eheschließung

---

[23] Vgl. unt. § 67 VI.

[24] Ein ähnlicher Interessenkonflikt zeigt sich beim Schutz des guten Glaubens: das Interesse des Eigentümers verlangt Sicherheit gegen ungewollten Rechtsverlust; das Interesse des Erwerbers (und des Verkehres) verlangt Sicherheit des Erwerbes gegen Rechtsmängel in der Person des Veräußerers. Auch hier hat das Verkehrsinteresse grundsätzlich den Ausschlag gegeben, § 892, 932, allerdings mit einer wichtigen Konzession zum Schutz des bestehenden Eigentums, § 935.

[25] Vgl. ob. § 61 I 2.

[26] Vgl. ob. § 61 Note 41.

ist die Geltendmachung von Willensmängeln auf die in § 1323 fg. genannten Fälle (Irrtum, arglistige Täuschung und Drohung) beschränkt [27].

§ 66. Bewußtes Fehlen des Willens *.

I. Eine bewußte Abweichung der Erklärung vom Willen liegt vor, wenn der Erklärende sich insgeheim vorbehält, das Erklärte nicht zu wollen [1]. Solchen Vorbehalt nennt man mit einem aus der Theologie stammenden Ausdruck [2] reservatio mentalis. Der geheime Vorbehalt kann die Rechtswirkung der Erklärung nicht hindern; er ist in keiner Rechtsordnung anerkannt; selbst die extremsten Anhänger der Willenstheorie haben ihm die rechtliche Wirkung versagt. Die Unbeachtlichkeit der Mentalreservation ist ein zwingendes Postulat der Rechtsordnung, auf welchem die Sicherheit des Rechtszustandes und das Vertrauen auf das gegebene Wort beruht. Daher ist es vielleicht überflüssig [3], weil selbstverständlich [4], wenn das Gesetz in § 116 bestimmt, „daß eine Willenserklärung nicht deshalb nichtig ist, weil sich der Erklärende insgeheim vorbehält, das Erklärte nicht zu wollen". Aus denselben Gründen, auf welchen die Unbeachtlichkeit der Mentalreservation beruht, ergibt sich die in § 116, 2 bei empfangsbedürftigen Erklärungen zugelassene Ausnahme [5]: „die Erklärung

---

[27] In allen anderen Fällen (Mentalreservation, Simulation, nicht ernst gemeinte Erklärung, § 118) ist die Ehe gültig.

* Vgl. die zu § 65 zitierte Literatur.

[1] Breit 150; Henle 36 fg.; Jacobi 15 fg.; ten Hompel, Verständigungszweck im Rechte; Hölder, JheringsJ. 55, 416; v. Pestalozza, Begriff der Mentalreservation. Binder, Arch. f. Rechts- u. Wirtschaftsphil. 5, 425.

[2] Pestalozza 1 fg.

[3] Die meisten älteren Gesetze haben sich einer Bestimmung über Mentalreservation enthalten, Mot. I 192, ohne daß ein Zweifel an ihrer Unwirksamkeit entstanden wäre, vgl. z. B. RG. 59, 100.

[4] Man darf m. Er. § 116 nicht als Argument dafür verwenden, daß das BGB. von der Willenstheorie ausgehe.

[5] Bei nichtempfangsbedürftigen Erklärungen ist der geheime Vorbehalt ausnahmslos unbeachtlich, so beim Testament, Planck, Bem. 2 a vor § 2078, auch wohl bei der Auslobung; a. A. Manigk, Willenserklärung 308. Ebenso bei der Erbschaftsannahme, auch wenn sie durch Erklärung an einen Nachlaßinteressenten erfolgt; denn diese Erklärung hat Bedeutung für einen großen Personenkreis und kann nicht deshalb nichtig sein, weil die Person, an welche der Erbe seine Erklärung richtet, zufällig in der Lage ist, die geheimen Gedanken des Erben zu kennen.

ist nichtig, wenn sie einem anderen gegenüber abzugeben ist und dieser den Vorbehalt kennt" [6]; denn der Empfänger einer Erklärung hat nach § 133 den wirklichen Willen des Erklärenden, soweit er ihm zugänglich ist, zu beachten [7] und darf daher einer Erklärung, von der er weiß, daß sie nicht gewollt ist [8], keine rechtliche Bedeutung beilegen [9]. Der vom Erklärungsgegner durchschaute Vorbehalt macht die Erklärung nichtig, auch wenn der Erklärungsgegner mit dem Vorbehalt nicht einverstanden ist [9a]; bei Einverständnis mit dem Vorbehalt kommt § 117 zur Anwendung [9b].

Mentalreservation liegt nicht nur dann vor, wenn der Vorbehalt überhaupt nicht geäußert wird, sondern auch, wenn er so geäußert wird, daß er nicht zur Kenntnis der Personen kommen soll, an welche die Erklärung gerichtet wird oder für die sie in Betracht kommt; so kann der Vorbehalt in einer Urkunde ausgesprochen werden, die vor Abgabe der Erklärung ausgestellt und bei einem Dritten hinterlegt wird, oder in einer Mitteilung an dritte Personen, welche an der demnächst abzugebenden Erklärung nicht beteiligt sind. Inhaltlich bezieht sich der Vorbehalt auf die Rechtsgültigkeit der gleichzeitig abgegebenen oder demnächst abzugebenden Erklärung; der Vorbehalt ist ein vergeblicher Versuch, dieser Erklärung die ihr zukommende rechtliche Verbindlichkeit zu nehmen. Keine Mentalreservation liegt vor, wenn jemand, der eine Verpflichtung eingeht, dabei die geheime Absicht hat, sie nicht zu erfüllen [10].

---

[6] Und zwar im Moment, in welchem die Erklärung zu seiner Kenntnis kommt, vgl. ob. § 64 Note 28. Erfährt er später vom Vorbehalt, so kann dadurch die Gültigkeit der Erklärung nicht beeinträchtigt werden.

[7] Vgl. ob. § 64 Note 32.

[8] Mit Recht hat das Gesetz das Kennenmüssen dem Kennen hier nicht gleichgestellt; denn der geheime Vorbehalt ist im redlichen Verkehr so sehr die Ausnahme, daß der Empfänger einer Erklärung sich nicht zu fragen braucht, ob nicht etwa der Erklärende einen solchen Vorbehalt im Sinne hat.

[9] Was vom geheimen Vorbehalt gilt, gilt um so mehr von einem Vorbehalt, der vor Abgabe der Erklärung dem Gegner kundgetan wird, RG. 78, 376.

[9a] Planck § 116, 4b; Oertmann § 116, 5a; Biermann § 68 Anm. 4; a. A. Dernburg § 141 II, Kohler § 214 Anm. 1.

[9b] Vgl. unt. Note 17.

[10] Planck zu § 116; Henle 43 Anm. 11. Daher entsteht eine Verpflichtung auch dann, wenn der Gegner diese Absicht des Erklärenden

Der geheime Vorbehalt bezweckt eine Täuschung der Personen, zu deren Kenntnis die Erklärung kommen soll. Die Absicht, welche dieser Täuschung zugrunde liegt, wird meistens moralisch verwerflich sein. Aber der Vorbehalt ist auch dann wirkungslos, wenn er nicht auf unmoralischen Motiven beruht [11]; so z. B. wenn jemand in Gegenwart des A dem B ein Darlehen mit geheimem Vorbehalt zusagt, weil er aus irgendwelchen Gründen nicht den Mut hat, in Gegenwart des A dem B eine Absage zu erteilen [12]; oder wenn eine Ehefrau ihrem Manne, von dem sie mißhandelt wird, zu seiner Besänftigung eine Schenkung macht mit dem geheimen Vorbehalt, die Schenkung nicht zu wollen und ihre Nichtigkeit nach der Scheidung vorzubringen [13]. Sogar eine wohlgemeinte Mentalreservation, z. B. bei einem Vertrage, der zur Beruhigung eines Kranken geschlossen wird, kann trotz des lobenswerten Motivs keine rechtliche Beachtung finden [14]. Ein geheimer Vorbehalt liegt auch dann vor, wenn jemand eine als Scherz gemeinte Erklärung abgibt, aber in der Erwartung, daß der Gegner den Mangel der Ernstlichkeit nicht rechtzeitig erkennen werde.

Ein weiterer Fall des geheimen Vorbehalts liegt dann vor, wenn jemand eine Erklärung abgibt, die er aus irgendeinem Grunde für unwirksam hält und dabei voraussetzt, daß der Gegner sie für gültig hält. Ist das vermeintliche Hindernis nicht vorhanden, so ist die Erklärung wirksam, obgleich der Erklärende ihren Inhalt nicht gewollt hat; es sei denn, daß auch der Erklärungsgegner das Hindernis für vorliegend ansah und daher der Erklärung keine rechtliche Bedeutung beilegte [15].

---

durchschaut, Oertmann § 112, 5 a. Die Absicht ist irrelevant, weil die Gültigkeit einer Verpflichtung nicht etwa davon abhängt, daß der Verpflichtete sie erfüllen will, vgl. ob. § 50 Note 155.

[11] Kohler § 218.

[12] Auch eine durch Drohung erzwungene Erklärung ist trotz geheimem Vorbehaltes gültig, außer wenn der Gegner den Vorbehalt kennt, kann aber nach § 123 angefochten werden, Isay, Willenserklärung 118; Kohler § 218. Planck § 116, 5. Vgl. unt. § 68 Note 43.

[13] Eine solche Zuwendung kann unter Umständen nach § 817 zurückverlangt werden.

[14] Vgl. Jacobi 15, der darauf hinweist, daß der Abschluß des Vertrages eine Geschäftsführung für den Kranken enthalten kann, aus welcher ein Anspruch auf Befreiung von den übernommenen Pflichten entsteht.

[14a] Planck § 128, 1b.

[15] Vgl. ob. § 50 Note 167.

II. Ein Scheingeschäft oder simuliertes Geschäft liegt vor, wenn eine empfangsbedürftige Erklärung mit Einverständnis [16] des Empfängers nur zum Schein abgegeben wird, d. h. mit dem Willen, daß die Erklärung nicht gelten solle. Die Simulation berührt sich nahe mit dem vom Gegner erkannten geheimen Vorbehalt, § 116, 2 [17], und bewirkt wie dieser Vorbehalt Nichtigkeit der Erklärung, § 117 I. Bisweilen wollen die Parteien nichts anderes als den Schein eines Geschäftes herstellen [18]; meistens aber wollen sie an Stelle des Scheingeschäftes ein ernstgemeintes Geschäft schließen, welches durch das Scheingeschäft verdeckt, dissimuliert, werden soll. Das Scheingeschäft dient oft einem unredlichen Zwecke (Schädigung der Gläubiger durch Verheimlichung des ihnen haftenden Vermögens oder durch Vortäuschung einer nicht vorhandenen Kreditwürdigkeit), kann aber auch in einwandfreier Weise dazu benutzt werden, eine Rechtsverschiebung der Kenntnis unbefugter Dritter zu entziehen. Am häufigsten dient der simulierte Verkauf zur Verdeckung einer Schenkung oder eines Auftragsverhältnisses [19]; es kann aber auch umgekehrt eine Schenkung zur Verdeckung eines Verkaufes dienen, z. B. wenn die Vereitelung eines Vorkaufsrechtes, § 504, beabsichtigt wird [19a]. Auf das verdeckte Rechtsgeschäft finden die für dasselbe geltenden Rechtssätze Anwendung, § 117 II; ist z. B. bei einem Kaufvertrag der Kaufpreis nur zum Schein verabredet, so wird das Rechtsverhältnis der Parteien in bezug auf Form, Anfechtbarkeit, Widerruf usw. nach Schenkungsrecht behandelt. Erwirbt X ein Recht scheinbar für sich,

---

[16] Das Einverständnis kann seinen Ausdruck finden in einer ausdrücklichen mündlichen oder schriftlichen Verabredung, die aber, wenn das Hauptgeschäft öffentlich verlautbart wird, außerhalb desselben bleibt, oder in einer stillschweigenden Einigung der Parteien, Oertmann § 117, 2 a.

[17] Denn ob der Empfänger einer Erklärung den geheimen Vorbehalt bloß kennt oder mit ihm einverstanden ist, ist eine feine psychologische Unterscheidung, die in vielen Fällen sich praktisch nicht durchführen läßt.

[18] Es wird z. B. ein simulierter Bürgschaftsschein ausgestellt, um andere Personen zur Mitübernahme der Bürgschaft zu verleiten.

[19] Simulierte Veräußerung mit der Verabredung, daß der Erwerber mit dem Gegenstand nach den Anweisungen des Veräußerers verfahren soll.

[19a] Bisweilen wird Aufhebung und Neubegründung eines Mietsverhältnisses simuliert, um Vorausverfügungen über den Mietzins zu vereiteln, während es sich tatsächlich um eine Änderung des Mietsvertrages handelt, vgl. ob. § 47 Note 64.

ist er aber mit dem Gegner darüber einig, daß der Erwerb für Y erfolgen solle, so ist er nach § 117 II als Vertreter des Y zu behandeln [20]. Dagegen liegt keine Simulation vor, wenn die Parteien aus Unkenntnis des Rechtes die tatsächlich gewollten Rechtsfolgen mit einem unzutreffenden technischen Namen bezeichnen; wenn z. B. eine Leihe verabredet wird, während sich aus dem Inhalt der Vereinbarung ergibt, daß es sich um Miete handelt; hier gilt die Miete nicht als dissimuliertes Geschäft nach § 117 II, sondern kraft richtiger Auslegung und juristischer Subsumption der Erklärungen [21].

Aus der vom Gesetz angeordneten Nichtigkeit ergeben sich für das Scheingeschäft folgende Konsequenzen [22]:

Das Vorbringen der Simulation ist keine Einrede im Sinn des BGB., sondern eine Einwendung [23]; sie ist von Amts wegen zu berücksichtigen, wenn die Tatsachen, aus denen sie sich ergibt, zur amtlichen Kenntnis des Richters kommen [24].

Die Scheinerklärungen ermangeln der ihrem Inhalt entsprechenden Wirkung. Das gilt zunächst unter den Parteien: bei Scheinveräußerung tritt keine Rechtsverschiebung ein [25]; bei Scheinverpflichtung entsteht kein Schuldverhältnis. Zur Geltendmachung der Simulation bedarf es keiner besonderen Klage: der Veräußerer kann die Sache vindizieren und den Einwand der Veräußerung durch Nachweis der Simulation widerlegen; der Schuldner kann den gegen ihn erhobenen Anspruch unter Berufung auf die Simulation bestreiten. Auf Feststellung der Nichtigkeit

---

[20] RG. 69, 46. Hat dagegen X seine Absicht, für Y zu erwerben, dem Veräußerer verheimlicht, so kommt sie nach § 116 nicht in Betracht: X erwirbt für sich und kann das erworbene Recht dem Y nur durch Übertragung verschaffen.

[21] Vgl. ob. § 64 Note 49. Kein Scheingeschäft ist, wie bisweilen behauptet wird, z. B. Endemann § 11 Note 16, die venditio nummo uno. Was die Parteien wollen, ist inhaltlich richtig erklärt. Unrichtig ist nur die von den Parteien gewählte Bezeichnung ihres Geschäftes als Verkauf, wenn der Kaufpreis so niedrig bemessen ist, daß er nicht als Äquivalent gelten kann und von den Parteien nicht als solches betrachtet wird.

[22] Vgl. ob. § 56.

[23] Die von dem zu beweisen ist, der sie vorbringt, vgl. ob. § 65 Note 20.

[24] RG. 49, 348.

[25] Ein zum Schein veräußerter Gegenstand gehört noch zum Vermögen des Veräußerers, muß daher beim Offenbarungseid, ZPO. § 807, mit angegeben werden.

des Geschäftes kann geklagt werden, wenn ein rechtliches Interesse an der alsbaldigen Feststellung besteht.

Die Nichtigkeit des simulierten Geschäftes kommt für und gegen Dritte in Betracht, deren Rechtsstellung von der Gültigkeit des Geschäftes abhängt. Daher kann jeder Dritte, dem ein fremdes Rechtsgeschäft entgegensteht, den Scheincharakter desselben aufdecken. So kann ein Gläubiger, dem bei seinem Zugriff auf das Vermögen des Schuldners eine Veräußerung nach ZPO. § 771 entgegengehalten wird, diese Veräußerung als Scheingeschäft beiseite schieben [26]. Ebenso kann der Gläubiger im Verteilungsverfahren, ZPO. § 876, ZVG. § 115, einem Prätendenten, dessen Forderung auf Scheingeschäft beruht, entgegentreten. Die Anfechtung aus KO. § 32, AnfG. § 3 Nr. 3 kann auf die Behauptung gestützt werden, daß der Verkauf einer Sache durch den Schuldner resp. Gemeinschuldner simuliert sei und daß tatsächlich Schenkung vorliegt. Ebenso kann der Bereicherungsanspruch gegen einen Dritterwerber nach §§ 816, 822 dadurch begründet werden, daß durch einen simulierten Verkauf eine unentgeltliche Zuwendung verdeckt werde. Ferner kann ein Hypothekengläubiger im Berichtigungsverfahren die Löschung einer ihm vorgehenden Belastung des Grundstücks durchsetzen, wenn sie wegen Simulation beim dinglichen Vertrag nichtig ist [27]. Ein Schuldner, der von einem Zessionar des Gläubigers zur Zahlung aufgefordert wird, kann, auch wenn er nach § 409 mit Sicherheit an den Zessionar leisten könnte, die Leistung verweigern, wenn er nachweisen will, daß die Zession simuliert ist [28]. Bisweilen wird vom Dritten, der

[26] Ist die zum Schein veräußerte Sache nicht mehr im Gewahrsam des Veräußerers, so kann der Gläubiger, wenn der Erwerber zur Herausgabe der Sache nicht bereit ist, ZPO. § 809, den Herausgabeanspruch des Veräußerers pfänden und sich überweisen lassen, Dernburg § 142 Anm. 7. Bei Grundstücken kann der Gläubiger den Berichtigungsanspruch des Veräußerers pfänden.

[27] Der Hypothekengläubiger kann keine Berichtigung verlangen, wenn nicht die dingliche Belastung, sondern die Forderung simuliert ist; denn in diesem Fall gehört die vorgehende Hypothek dem Eigentümer, § 1163.

[28] Anders verhält es sich, wenn der Gläubiger dem X eine simulierte Vollmacht erteilt und dem Schuldner davon nach § 171/2 Mitteilung macht: durch Kundgebung der Bevollmächtigung, § 171, resp. durch Vorlage der Urkunde, § 172, ist X dem Schuldner gegenüber zur Vertretung befugt; daher kommt es nicht darauf an, daß die durch Erklärung an ihn erteilte Vollmacht wegen Simulation nichtig war.

sich auf Simulation bei einem fremden Rechtsgeschäft beruft, der Nachweis eines eigenen Interesses verlangt [29]; dazu liegt, da es sich um Nichtigkeit handelt, kein Grund vor [30]; schikanöses Vorschützen einer Simulation wird mit Rücksicht auf die Beweislast und die Prozeßkosten, denen sich der Dritte aussetzt, nicht leicht vorkommen [31].

Die Nichtigkeit des Scheingeschäftes kann gegen jeden Dritten vorgebracht werden, der aus diesem Geschäft Rechte ableitet, insbesondere gegen den Rechtsnachfolger des Scheinerwerbers, soweit er nicht durch die Vorschriften über gutgläubigen Erwerb geschützt ist. Dieser Schutz ist über das gewöhnliche Maß erweitert bei der Zession einer simulierten Forderung [32], § 405: erfolgt die Abtretung unter Vorlage einer vom Scheinschuldner ausgestellten Urkunde, so kann sich der Aussteller dem gutgläubigen Zessionar gegenüber nicht darauf berufen, daß das Schuldverhältnis nur zum Schein eingegangen sei [33], d. h. der Zessionar erwirbt kraft seines guten Glaubens in originärer Weise eine Forderung, die dem Zedenten nicht zustand [34]; wer eine simulierte Schuldurkunde ausstellt, ist zwar nach § 117 nicht Schuldner, aber nach § 405 der Gefahr ausgesetzt, zum Schuldner

---

[29] Dernburg § 142 II 1; Staudinger § 117 Bem. II 3.

[30] Oertmann § 117, 2 b. Es braucht sich z. B. der Schuldner nicht darüber auszuweisen, warum er an den Scheinzessionar nicht leisten will. Planck § 117, 1.

[31] Ein weiteres Beispiel dafür, daß ein Dritter die Scheinnatur eines fremden Rechtsgeschäftes behaupten kann: ist zwischen A und B ein Vertrag unter der Bedingung geschlossen, daß B einen anderen Vertrag mit X schließen werde, und wird dieser Vertrag mit X zum Schein geschlossen, so ist die Bedingung des ersten Vertrags nicht eingetreten, vgl. L. 4 § 5 de in diem add. D. 18, 2.

[32] Vgl. ob. § 49 Note 55. Die Vorschrift des § 405 findet nach § 412 keine Anwendung bei Übertragung einer Forderung kraft Gesetzes.

[33] Aus § 405 ergibt sich die Möglichkeit, daß jemand durch Ausstellung eines simulierten Schuldscheines auf seinen Kredit dem Scheingläubiger eine Geldsumme verschafft. Merkwürdigerweise bestreitet RG. 60, 22, daß in diesem Falle ein simulierter Schuldschein vorliegt und behauptet, daß der Aussteller durch Vermittlung des Scheingläubigers einen Darlehensvertrag mit dem Zessionar abschließt. Das ist unrichtig: denn der Zessionar will kein Darlehen geben, sondern eine vermeintlich schon bestehende Forderung gegen den Aussteller der Schuldurkunde erwerben.

[34] Daher kann der Schuldner dem Zessionar keine Einreden oder Aufrechnungen aus der Person des Zedenten, der nie sein Gläubiger war, entgegensetzen; richtig im Resultat RG. 60, 23.

eines gutgläubigen Zessionars zu werden [35]. Über die erwähnten Fälle hinaus gibt es keinen allgemeinen Schutz des gutgläubigen Dritten gegen Simulation [36]. Dagegen kann der Dritte, wenn die Simulation sich ihm gegenüber als arglistige Täuschung oder Verstoß gegen die guten Sitten darstellt, ein eigenes Rechtsgeschäft anfechten oder Schadensersatz nach § 823 II oder § 826 verlangen [36a]. So kann z. B. bei der Versteigerung ein Bieter, der durch Scheingebote zu seinem Gebot veranlaßt wurde und den Zuschlag erhalten hat, den Vertrag nach § 123 anfechten.

Da Simulation Einverständnis des Gegners voraussetzt, kann sie nur bei empfangsbedürftigen Erklärungen vorkommen; daher nicht beim Testament, der Stiftung oder der Auslobung [37]; auch nicht bei der Ausstellung eines Inhaberpapiers [38] und der Annahme einer Anweisung oder eines Wechsels [39], wohl aber bei der in manchen Beziehungen den empfangsbedürftigen Erklärungen gleichzustellenden Vertragsannahme nach § 152 [40]. Simuliert kann sein sowohl ein einseitiges Rechtsgeschäft [41] als eine Vertragserklärung. Erforderlich zur Simulation ist das Einverständnis der Person, welcher gegenüber die Erklärung abzugeben ist. Kann die Erklärung nach Wahl des Erklärenden an mehrere Personen gerichtet werden, so kommt es auf das Einverständnis des wirklichen Adressaten an [42]. Muß zur Erreichung eines Rechtserfolges eine Erklärung an mehrere Personen abgegeben werden, z. B.

---

[35] Die Situation ist ähnlich, wie bei Ausstellung eines Inhaberpapiers, vgl. ob. § 43 Note 75.

[36] Planck § 117, 1; Oertmann § 117, 2 b; a. A. Dernburg § 142 II 2. Insbesondere wird ein Gläubiger, der auf simuliert erworbene Vermögensstücke seines Schuldners rechnet, in diesem Glauben nicht geschützt.

[36a] JW. 1911, 650.

[37] A. A. Manigk, Willenserklärung 308.

[38] Langen, Kreationstheorie 125.

[39] Möglich ist bei der Begebung des Inhaberpapiers sowie bei der Aushändigung der Anweisung oder des akzeptierten Wechsels die von der Simulation zu unterscheidende Verabredung, daß der Gläubiger seine Forderung nicht geltend machen soll (pactum de non petendo), aus welcher Verabredung gegen ihn eine Einrede entsteht.

[40] Vgl. ob. § 61 Note 307.

[41] Z. B. Vermieter und Mieter haben ausgemacht, daß eine Kündigung zum Schein erfolgen solle, um einen Dritten zu täuschen.

[42] Kipp, Bem. 3 zu Windscheid § 75; Siber, Buchrechtsgeschäft 159.

eine Kündigung an mehrere in einem Mietverhältnis oder in einer Gesellschaft stehende Personen, und ist eine dieser Erklärungen zum Schein abgegeben, so ist die Rechtswirkung nicht eingetreten[43]. Anders, wenn ein mit mehreren Personen geschlossenes Rechtsgeschäft auch ohne Beteiligung einer dieser Personen zustande kommen könnte; schließt z. B. jemand mit A, B und C einen Gesellschaftsvertrag und ist seine Verabredung mit A zum Schein erfolgt, so ist die Gültigkeit seines Vertrages mit B und C nach § 139 zu beurteilen. Wieder anders verhält es sich m. Er. bei Beschlüssen, welche unter Gesellschaftern oder in Mitgliederversammlungen gefaßt werden: die Erklärung des Abstimmenden ist nicht für einen oder den anderen der Beteiligten bestimmt, sondern kann allen gegenüber nur einheitlich abgegeben werden [44]. Daher kann geheimes Einverständnis mit einem der Beteiligten die Stimmabgabe ihrer Wirkung nicht entkleiden [45].

Bei Erklärungen, die einer Behörde gegenüber abzugeben sind [46], ist Simulation ausgeschlossen; so ist z. B. bei Erbschaftsausschlagung oder Aufgabe des Grundeigentums die Erklärung trotz einer nur auf Schein gerichteten Absicht des Urhebers gültig, selbst wenn der Beamte pflichtwidrigerweise auf diese Absicht des Erklärenden eingehen würde [47]. Hat der Erklärende die Wahl, ob er seine Erklärung an eine Behörde oder an eine beteiligte Privatperson richten will, so ist eine Scheinerklärung bei Einverständnis des Interessenten auch dann nichtig, wenn sie der Behörde gegenüber erfolgt [48]. Anders verhält es sich bei Erklärungen, die vor einer Behörde an eine Privatperson zu richten sind: sie können bei Einverständnis des Adressaten wegen Simulation nichtig sein; denn die Mitwirkung der Behörde ist hier Formsache und durch die Form wird Ungültigkeit eines Geschäftes wegen Willensmangels [49], insbesondere wegen Simulation, nicht aus-

---

[43] Vgl. ob. § 53 Note 173. Kohler I § 219 IV.

[44] Vgl. ob. § 53 Note 191.

[45] Vgl. Bd. I S. 516.

[46] Vgl. ob. § 61 IV.

[47] Planck § 117, 4; Kipp a. a. O.; Siber a. a. O. 160.

[48] Enneccerus § 156 Anm. 4; Siber a. a. O. 162. So ist z. B. ein an das Grundbuchamt erklärter Verzicht auf eine Hypothek nichtig, wenn er im Einverständnis mit dem Eigentümer zum Schein erklärt wird.

[49] Mot. I 193. Vgl. ob. § 63 Note 87. Jedoch hat die Behörde, wenn die Simulationsabsicht der Parteien ersichtlich ist, ihre Mitwirkung zum Rechtsgeschäft zu verweigern, OLG. 23, 323. Vgl. ob. § 56 Note 9.

geschlossen. Daher kann z. B. simuliert sein sowohl der Kaufvertrag über Liegenschaften, § 313 [50], als die Auflassung [51], § 925; da zur Eigentumsübertragung Auflassung und Eintragung als gleichwertige Elemente erforderlich sind [52], so bewirkt eine auf Grund simulierter Auflassung erfolgende Eintragung Unrichtigkeit des Grundbuchs. Ist dagegen eine Willenserklärung nicht gleichwertiges Element des Tatbestandes, sondern nur Voraussetzung eines konstitutiven Staatsaktes, so könnte Simulation beim Rechtsgeschäft die Wirksamkeit des Staatsaktes nicht hindern [53]. Ebenso hat Simulation der Prozeßparteien keine Wirkung auf die Gültigkeit des Urteils [54], sondern kann nur für die obsiegende Partei die Verpflichtung begründen, das Urteil nicht zur Vollstreckung zu bringen.

Die schrankenlose Zulassung der Simulation hat bei familienrechtlichen Geschäften große Bedenken; denn es wäre ein unerwünschter Zustand, wenn auf dem Gebiete, auf welchem die größte Sicherheit und Ordnung der Rechtsverhältnisse angestrebt wird, durch frivole Scheingeschäfte Verwirrung gestiftet werden könnte. Daher ist bei der Eheschließung, wie sich aus § 1323 fg. ergibt, die Simulation unbeachtlich [55]. Dagegen gilt Simulation als möglich bei der Adoption [56] und beim Ehevertrag [57].

---

[50] OLG. 20, 159.

[51] Planck § 873 Erl. III 5 a; Dernburg I § 142 Anm. 2, III 5 89, 3; Enneccerus § 156, 2 c; Hellwig, Klagrecht 81. Vgl. unt. Note 60.

[52] Sog. Doppeltatbestand, vgl. ob. § 50 Note 41.

[53] Aus diesem Grunde wäre, wenn man der Eintragung des Vereins die Kraft beilegt, Mängel des Gründungsvertrages zu heilen, ob. § 34 Note 60, Simulation beim Gründungsvertrag nach erfolgter Eintragung unbeachtlich.

[54] Oertmann § 117, 3 b; Staudinger § 117 Bem. 5 a; Enneccerus § 156, 2 c; Planck § 117, 4; a. A. RG. 36, 249, Dernburg § 142 I.

[55] Vgl. ob. § 65 Note 27.

[56] RG. 29, 123; OLG. 6, 290; 7, 425; SeuffArch. 60, 130; Planck § 1755, 2 a; Enneccerus § 93 Anm. 8; Kipp, Familienrecht § 92 IX; a. A. Kohler § 219 IV. Dernburg IV § 94 S. 307 hält Simulation für wirkungslos, weil die gerichtliche Bestätigung, § 1741, heilende Kraft habe; dagegen mit Recht die herrschende Meinung, Planck § 1756, 1, Kipp, FamR. § 91 Note 21. Simulation wird dann als vorliegend angenommen, wenn die Adoption ausschließlich zu dem Zweck erfolgt, dem Adoptierten den Namen des Annehmenden zu verschaffen.

[57] Dernburg IV § 54 III; Endemann II § 182 Anm. 30. Nach dieser Ansicht könnte z. B. einem Gläubiger des Ehemanns, der in

Geht man aber auf die ratio des § 117 zurück, so ergibt sich m. Er. die Unzulässigkeit der Simulation in diesen Fällen aus folgender Erwägung: die Simulationsabrede berührt sich nahe mit einer Vereinbarung, durch welche die Wirkungen eines Rechtsgeschäfts nachträglich aufgehoben werden; es kommt praktisch auf dasselbe heraus, ob die Parteien den eben geschlossenen Vertrag aufheben oder schon beim Abschluß des Vertrages die Unwirksamkeit desselben verabreden. Daraus, daß auch formelle Rechtsgeschäfte in formloser Weise aufgehoben werden können [58], erklärt es sich, daß formelle Geschäfte, wenn sie zum Schein geschlossen sind, der Wirksamkeit von vornherein ermangeln. Bei der Kindesannahme und beim Ehevertrag verhält es sich aber anders: beide Rechtsverhältnisse können, wie sie formell begründet werden, auch nur in entsprechender Form aufgehoben werden: durch Aufhebungsvertrag nach § 1770 resp. durch einen zweiten Ehevertrag. Daher muß m. Er. auch die formlose Simulationsabrede (die in ihrem Wesen nichts anderes ist, als eine antezipierte Aufhebung der Vertragswirkungen) bei diesen Rechtsverhältnissen wirkungslos sein [59]. Aus demselben Grunde versagt die Simulationsabrede bei der Vereinsgründung, sobald der Verein eingetragen ist [60]; denn nunmehr kann der Verein nicht durch formlose Einigung der Gründer aufgelöst werden, sondern nur durch qualifizierten Beschluß der Mitgliederversammlung, § 41.

Kein Scheingeschäft ist, wie jetzt allgemein anerkannt wird [61], die sog. fiduziarische Verfügung. Eine solche liegt vor, wenn ein Recht (z. B. Eigentum oder Forderung) übertragen wird und der Erwerber sich verpflichtet, dieses Recht unter gewissen Um-

---

das Gesamtgut vollstrecken will, entgegengehalten werden, daß die Gütergemeinschaft nur zum Schein verabredet ist.

[58] Vgl. ob. § 63 Note 93.

[59] Die Adoption ist daher gültig, auch wenn die Parteien insgeheim verabredet haben, daß sie nur zum Zweck der Namensänderung geschehe; die übrigen Wirkungen treten ein außer denen, die nach § 1767 wegbedungen werden können und im Vertrag wegbedungen sind. Dagegen hat das Gericht die Bestätigung zu versagen, wenn aus dem ihm vorgelegten Vertrag hervorgeht, daß keine Adoption, sondern eine unzulässige (vgl. ob. § 30 IV) Übertragung des Namens gewollt ist.

[60] Vgl. Bd. I § 34 Note 18 a. Ebenso, im Resultat, Staub-Hachenburg, Ges. m. b. H. § 2 Anm. 42.

[61] Enneccerus § 139 II; Staudinger § 117 Bem. IV a; Oertmann § 117, 5. Planck § 117, 7.

ständen dem Veräußerer zurückzugeben [62]. Die fiduziarische Verfügung kann verschiedenen Zwecken dienen: Sicherung für eine Forderung des Fiduziars; Erleichterung der Einziehung einer Forderung; aber auch Täuschung dritter Personen über den Stand eines Vermögens: so kann jemand einen Gegenstand, um ihn dem Zugriff seiner Gläubiger zu entziehen, dem X übertragen mit der Verabredung, daß X nach gewisser Zeit oder wenn die Gefahr der Zwangsvollstreckung vorüber ist, den Gegenstand zurückgeben solle. In solchen Fällen berührt sich die fiduziarische Veräußerung mit dem Scheingeschäft so nahe, daß beide Tatbestände kaum zu unterscheiden sind [62a]. Denn der Zweck des Veräußerers ist in gleicher Weise erreicht, ob nun X während der kritischen Zeit Eigentümer ist oder nur zu sein scheint, und der tatsächlich vorhandene Parteiwille verhält sich oft ganz gleichgültig gegen die Feinheiten der juristischen Konstruktion [63]. Für den Gläubiger des Veräußerers ist aber der Unterschied von Wichtigkeit; denn gegen fiduziarische Veräußerung muß er durch Anfechtung vorgehen, während er ein Scheingeschäft als nichtig behandeln kann [64]. M. Er. ist, wenn nur feststeht, daß der Erwerber sich zur Rückgabe der Sache auf jederzeitiges Verlangen des Veräußerers verpflichtet hat, die Verfügung im Zweifel nicht als simuliert, sondern als fiduziarisch zu betrachten; denn die Verfügungen sind in unserem Recht grundsätzlich abstrakt [64a], d. h. unabhängig vom obligatorischen Zweck, dem sie dienen. Als fiduziarisch sind insbesondere die Verfügungen des Grundbuchrechts aufzufassen, bei denen der Wille der Rechtsübertragung zum deutlichen Ausdruck gelangt und von den obligatorischen Beziehungen der Parteien abgelöst ist [65]. Bei beweglichen Sachen wird man leichter simulierte Veräußerung annehmen können; in

[62] Das Rechtsverhältnis zwischen dem Veräußerer und dem fiduziarischen Erwerber kann man als Treuhandverhältnis bezeichnen.

[62a] Vgl. z. B. OLG. 28, 92.

[63] Vgl. ob. § 50 Note 108.

[64] Über die Möglichkeit der Anfechtung von Scheingeschäften Jäger, KO. § 29 Anm. 51.

[64a] Vgl. ob. § 54 III.

[65] Simulierte Auflassung ist m. Er. nur dann anzunehmen, wenn die Absicht, das Eigentum nur zum Schein zu übertragen, mit voller Deutlichkeit nachweisbar ist; das ist z. B. der Fall, wenn der Veräußerer sich vom Erwerber eine formgerechte Bewilligung zu seiner Eintragung im Wege der Berichtigung ausstellen läßt. Ein anderes Beispiel OLG. 26, 178.

vielen Fällen aber wird man unklare Parteierklärungen in dem Sinne auslegen können, daß sie überhaupt keine Eigentumsübertragung, sondern bloß Übertragung des Besitzes zu Verwahrungszwecken enthalten [66]. Daraus ergibt sich, daß bei Verfügungen das Scheingeschäft keine große Rolle spielt [66a]; das wahre Gebiet der Simulation sind die Verpflichtungsgeschäfte.

III. Als dritte Möglichkeit einer bewußten Differenz zwischen Wille und Erklärung hat das BGB. in § 118 den Fall geregelt, daß eine nicht ernstlich gemeinte Erklärung in der Erwartung abgegeben wird, der Mangel der Ernstlichkeit werde nicht verkannt werden. Solche Erklärungen kommen in verschiedenen Situationen des Lebens vor: als Beispiele, die jemand im Gespräch oder zu Lehrzwecken gebraucht, als höfliche oder prahlerische Redensarten [67]; als Zusagen, die nicht im rechtsverbindlichen Sinne gemeint sind [68]; als Scheinerklärung, bei welcher der Urheber fälschlicherweise Einverständnis des Gegners voraussetzt [68a]; endlich als Scherzerklärung: der Scherzende erwartet, daß der Gegner die Erklärung zwar im ersten Moment ernst nehmen werde (sonst wäre der Scherz mißlungen) [69], aber innerhalb angemessener Zeit (bevor er aus seinem Irrtum praktische Konsequenzen zieht) den Scherz merken werde. Infolge der mangelnden Ernstlichkeit ist die Erklärung nach § 118 nichtig. Das versteht sich nach den Regeln der Auslegung, § 133, von selbst, wenn der Mangel der

[66] Wenn A z. B. mit X verabredet, daß dieser eine Sache so lange „haben" oder „behalten" solle, bis es dem A gelungen ist, seine Gläubiger zu befriedigen, so liegt darin keine, auch keine simulierte Eigentumsübertragung. OLG. 28, 92 schließt z. B. aus den Umständen, daß ein Rechtsgeschäft, welches die Parteien als Abtretung bezeichnen, als Verpfändung der Forderung gemeint und daher als solche zu beurteilen ist.

[66a] Simulation wird bisweilen angenommen beim sog. 1500 M. Vertrag, OLG. 26, 403. 28, 20. M. Er. liegt ein ernstgemeinter Vertrag zugunsten Dritter vor, durch welchen der Dienstpflichtige einen Teil seines Verdienstes einem Angehörigen zuwendet; diese Zuwendung kann von seinen Gläubigern angefochten werden. Vgl. ob. § 60 Note 168[a].

[67] Ist eine aus Prahlerei oder Rechthaberei abgegebene Erklärung ernst gemeint (vgl. das bekannte Beispiel in RG. 8, 249), so ist sie nicht nach § 118 zu beurteilen, kann aber, bei übermäßiger und sinnloser Belastung des Schuldners, nach § 138 nichtig sein, Dernburg § 141 Anm. 7; Oertmann § 118, 7b. Planck § 118, 4c.

[68] Vgl. ob. § 50 Note 158.

[68a] Planck § 118, 1.

[69] Das wird bei der Analyse der Scherzabsicht oft übersehen.

Ernstlichkeit vom Erklärungsgegner erkannt wurde oder ihm wenigstens erkennbar war [70]. Aber die Erklärung ist auch dann nichtig, und in diesen Fällen ist § 118 bedeutsam, wenn der Mangel der Ernstlichkeit nicht erkennbar war [71], z. B. wenn die Verhältnisse so lagen, daß der Gegner den Scherz oder die Simulationsabsicht nicht verstehen konnte [72]. In Ermangelung des § 118 würde nach allgemeinen Auslegungsgrundsätzen eine wirksame Erklärung vorliegen, die ihr Urheber nur durch Anfechtung nach § 119 I beseitigen könnte: denn er hat, ohne es zu wollen, eine Erklärung abgegeben, die vom Standpunkt des Empfängers als ernstgemeinte Erklärung von rechtsgeschäftlichem Inhalt aufgefaßt werden mußte. Das Gesetz hat aber die Fälle des § 118 einer besonderen Behandlung gewürdigt und Nichtigkeit [72a] statuiert, statt es bei der Anfechtbarkeit nach § 119 zu belassen. Dieser Unterschied wird dadurch ausgeglichen, daß hier die Nichtigkeit, wie sonst nur die Anfechtung, mit Ersatz des negativen Interesses verbunden ist, § 122 [73]. Der Grund, warum die nicht ernstgemeinte Erklärung nicht anfechtbar, sondern nichtig sein soll, ist auf den ersten Blick nicht ersichtlich; man sollte meinen, daß jemand, der mit Bewußtsein eine nicht ernstliche Erklärung abgibt, nicht weniger stark gebunden sein kann als jemand, der sich nicht bewußt ist, daß seine Erklärung als rechtsgeschäftlich verstanden werden kann [74]. Und doch ist, jedenfalls für die Scherzerklärung, an welche bei § 118 in erster Linie zu denken ist, die Nichtigkeit (mit Ersatz des negativen Interesses) eine angemessenere Lösung, als die Anfechtbarkeit: denn der Scherzende erwartet, daß der Gegner den Scherz innerhalb eines gewissen Zeitraumes von selbst verstehen werde, hat daher keinen Anlaß, seine Erklärung, sobald er merkt, daß sie ernst genommen wird, sofort anzufechten; wollte man das von ihm verlangen, so wäre

---

[70] Vgl. ob. § 64 Note 21. Manigk, Willenserkl. § 104.

[71] Dernburg § 141 IV; Crome § 93, 1; Manigk, Willenserklärung 471; Breit, Geschäftsfähigkeit 149; Oertmann § 118, 3 a; a. A. Danz, Auslegung 17, Isay, Willenserklärung 17.

[72] Auch darauf kommt es nicht an, ob der Erklärende annehmen durfte, der Mangel der Ernstlichkeit werde nicht verkannt werden. Denn ein Verschulden des Erklärenden kann hier sowenig in Betracht kommen, wie beim Irrtum nach § 119, Oertmann § 118, 3 b. Planck § 118, 1 b.

[72a] Planck § 118, 2.

[73] Vgl. unt. § 67 VI.

[74] Oertmann § 118, 7 a, § 119, 2 a.

jeder Scherz unmöglich. Dagegen ist es ganz in der Ordnung, daß jemand, der ohne es zu wollen, eine Erklärung abgibt, z. B. einen Brief, den er nicht abschicken wollte, zur Post gibt, die Anfechtung vorzunehmen hat, sobald er sich seines irrtümlichen Handelns bewußt wird [75].

Aus der Nichtigkeit im Gegensatz zur Anfechtbarkeit ergibt sich, daß der Mangel der Ernstlichkeit von Amts wegen zu beachten ist und vom Gegner des Erklärenden auch dann vorgebracht werden kann, wenn der Erklärende selbst, bei besserer Überlegung oder bei Änderung der Umstände, an seiner ursprünglich nicht ernst gemeinten Erklärung festhalten mochte [76].

Die Vorschrift des § 118 ist nicht auf empfangsbedürftige Erklärungen beschränkt [77]. Als nichtig wäre z. B. auch ein zum Scherz errichtetes Testament zu betrachten, wobei nach § 2078 III der Ersatz des negativen Interesses wegfällt [78].

§ 67. Irrtum *.

Irrtum liegt dann vor, wenn die Vorstellung, die sich ein Mensch über etwas macht, der Wirklichkeit nicht entspricht [1]. Ein solcher Widerspruch ist nur dann möglich, wenn die Vorstellung einen gewissen Grad von Deutlichkeit hat [2]; je genauer die Vorstellung ist, um so näher liegt die Gefahr des Irrtums. Auch muß die falsche Vorstellung, um Irrtum zu sein, einen gewissen Grad der Sicherheit haben: wenn jemand das Vorliegen

[75] Henle 495 (vgl. ob. § 61 Note 22) will den Fall, daß eine Handlung, ohne als Willenserklärung gewollt zu sein, dem Gegner als solche erscheinen muß, aus dem Gebiete des Irrtums ausscheiden und nach Analogie von § 118 behandeln. Das scheint mir de lege lata unzulässig, weil für den Tatbestand des § 118 gerade das charakteristisch ist, daß jemand den Schein einer Willenserklärung mit Bewußtsein, wenn auch ohne Täuchungsabsicht, herstellt. Aus demselben Grunde gehört nicht unter § 118, sondern unter § 119 der Fall, daß jemand in dem Glauben, daß eine Form, vorgeschrieben sei, eine formlose Erklärung abgibt; allerdings fehlt dem Erklärenden, wie in § 118, der rechtsgeschäftliche Wille, aber, eben weil er an das Formerfordernis glaubt, konnte er auch nicht die Absicht haben, den Schein einer gültigen Erklärung herzustellen.

[76] Oertmann § 118, 5.

[77] Oertmann § 118, 4. Planck 418, 4a.

[78] Planck, Vorb. 2a vor § 2078.

* Vgl. die zu § 65 zitierte Literatur.

[1] Vgl. ob. § 49 III.

[2] Vgl. ob. S. 127.

oder Eintreten einer Tatsache nur für wahrscheinlich oder möglich hält [3], und sich seine Vermutungen bestätigen oder sein Zweifel sich als unbegründet erweist, so ist er über den wahren Zustand der Dinge nicht im Irrtum gewesen.

I. Grundlegend für die Anfechtung wegen Irrtums ist die im BGB. durchgeführte Unterscheidung von Irrtum in der Erklärung und Irrtum im Motiv. Im ersteren Fall handelt es sich um einen Fehler der Erklärung: jemand hat unbewußterweise etwas erklärt, was seinem Willen nicht entspricht [4]; im zweiten Fall ist die Erklärung eine korrekte Wiedergabe des Willens, aber die Gründe, aus welchen dieser zum richtigen Ausdruck gelangte Wille gefaßt ist, enthalten eine unrichtige Vorstellung über einen für den Entschluß wichtigen Umstand. Beide psychologisch verschieden gearteten Fälle heißen in der Sprache des Lebens und des Gesetzes Irrtum, werden aber rechtlich verschieden behandelt [5]: eine Erklärung, welche infolge eines Irrtums, § 119 I, oder einer dem Irrtum gleichgestellten falschen Übermittelung, § 120 [6], dem Willen des Erklärenden nicht entspricht, ist anfechtbar; während der Irrtum im Motiv [7], abgesehen von den in § 119 II genannten Fällen, zur Anfechtung nicht berechtigt [8].

Jede Willenserklärung bedarf zunächst der Auslegung, wobei nach § 133 der wirkliche Wille zu erforschen ist, soweit er den an der Erklärung beteiligten Personen zugänglich ist [9]. Ergibt sich

---

[3] Vgl. ob. § 49 Note 39.

[4] und macht sich infolgedessen falsche Vorstellungen über das, was er erklärt hat.

[5] Die verschiedene rechtliche Behandlung des Irrtums im Motiv und des Irrtums in der Erklärung beruht nicht auf logischer Notwendigkeit, sondern auf der Willkür des Gesetzgebers, der für die Beachtlichkeit des Irrtums im Interesse der Verkehrssicherheit eine Grenze ziehen muß und kein anderes, als dieses psychologische Kriterium der Beachtlichkeit gefunden hat, Tuhr, Zeitschr. f. schweiz. R. 15, 25.

[6] Vgl. ob. § 61 II 2.

[7] Der § 102 des 1. Entw., der die Unbeachtlichkeit des Motivirrtums aussprach, wurde gestrichen, weil man der Auslegung des § 119 nicht vorgreifen wollte, Prot. I S. 118.

[8] Nur ein Fall des Irrtums im Motiv, der Irrtum über den rechtlichen Grund (causa) der Zuwendung, wird vom Gesetz beachtet, indem es dem Irrenden zwar nicht die Anfechtung der Zuwendung gestattet, wohl aber einen Anspruch auf Herausgabe der ungerechtfertigten Bereicherung verleiht, § 812.

[9] Vgl. ob. § 64 S. 539.

durch Auslegung, daß der Inhalt der Erklärung nicht gewollt ist, so ist die Erklärung nichtig; stellt sich gleichzeitig heraus, was erklärt werden sollte, so gilt die Erklärung in diesem Sinne, sofern die Erklärung als ein wenn auch unvollkommener Ausdruck dieses Willens gelten kann [10]. Anfechtung wegen Irrtums in der Erklärung kommt daher nur dann in Betracht, wenn die Abweichung der Erklärung vom Willen durch Auslegung nicht beseitigt werden kann, d. h. wenn der Empfänger der Erklärung sie anders verstanden hat und verstehen mußte, als sie vom Erklärenden gemeint war.

Innerhalb des Irrtums in der Erklärung sind nach dem Wortlaute des § 119 I zwei Fälle zu unterscheiden, welche zwar dieselbe Rechtsfolge haben, aber einzeln betrachtet werden müssen, um die Grenze zwischen dem Tatbestand des § 119 I und dem Irrtum im Motiv festzustellen [11]. Es empfiehlt sich von dem im Gesetz an zweiter Stelle erwähnten Fall auszugehen:

1. „Der Erklärende hat eine Erklärung dieses Inhaltes überhaupt nicht abgeben wollen.“ Unter diese Kategorie sind die Fälle zu stellen, in denen der Erklärende die Erklärungshandlung, so wie sie vorgenommen ist, nicht gewollt hat [12]: er hat sich versprochen (d. h. ein anderes Wort gesagt, als er sagen wollte), oder bei der Übergabe einer Sache sich vergriffen [13] (d. h. eine

[10] RG. 66, 24; 428; OLG. 22, 128; Manigk, Willenserklärung § 102. Vgl. ob. § 64 Note 37.

[11] Leonhard, Irrtum II 170; Titze, Mißverständnis 7; Enneccerus § 157 Anm. 1.

[12] Die Ausdrucksweise des Gesetzes ermangelt der Klarheit, indem das Wort Inhalt in beiden Fällen des § 119 I in verschiedenem Sinne gebraucht wird. Unter Inhalt ist hier die äußere Gestalt, insbesondere der Wortlaut der Erklärung zu verstehen, Eck, Vorträge zum Entw. 45; Planck § 119, 2a.

[13] Beispiel: A will dem B 100 M. schenken und legt in das Kouvert, welches er demnächst dem B übergibt, aus Versehen einen Tausendmarkschein. Oder: A gibt einem Bettler einen alten Anzug, in welchem sich, ohne daß er daran denkt, eine Brieftasche befindet. Er kann die Übergabe der Brieftasche, als nicht gewollt, anfechten. Anders wäre zu entscheiden, wenn A in großmütiger Regung sein Portemonnaie, ohne den Inhalt nachzuzählen, an B schenkt; er will seine ganze Barschaft, so groß sie auch sein mag, weggeben und kann nicht anfechten, wenn sich herausstellt, daß sie größer war, als er glaubte. Solche Unterscheidungen können in einzelnen Fällen recht subtil ausfallen, lassen sich aber nicht vermeiden, da das Gesetz die praktisch notwendige Grenze der Anfechtbarkeit nicht

andere Sache übergeben, als er übergeben wollte) [14], oder er ist bei einer Abstimmung, statt, wie er wollte, sitzen zu bleiben, aus Zerstreutheit aufgestanden. Am häufigsten kommen solche Fehler der Erklärung bei Verwendung der Schrift vor, und zwar in verschiedener Weise: es hat sich jemand verschrieben, oder ein Wort ausgelassen, das er in den Brief aufnehmen wollte; oder von zwei Entwürfen einer Urkunde, aus Verwechselung den unterschrieben, den er nicht unterschreiben wollte, von zwei Briefen den abgeschickt, den er vernichten wollte. Solche Fehler können auch durch die Mitwirkung [15] von Personen entstehen, deren sich der Erklärende zur Vorbereitung seiner Erklärung bedient: ein Diktat wird unrichtig nachgeschrieben, eine Abschrift unrichtig hergestellt und vom Erklärenden, der den Fehler nicht merkt, unterschrieben; ebenso, wenn jemand eine ihm vom Gegner oder von einem Notar vorgelegte und unrichtig verlesene Urkunde unterschreibt. Anfechtung ist auch dann möglich, wenn jemand ein Schriftstück, von dessen Inhalt er eine falsche Vorstellung hat [16], ungelesen unterschreibt [17], es sei denn, daß er mit dem ihm unbekannten Inhalt, wie er auch sein mag, einverstanden ist [18]. Endlich gehört hierher der Fall des verabredungswidrig ausgefüllten Blanketts: hat der Aussteller eine Maximalsumme von 100 verabredet und wird das Blanko mit 200 ausgefüllt,

---

nach der materiellen Erheblichkeit, sondern nach der psychologischen Beschaffenheit des Irrtums gezogen hat, vgl. ob. Note 5.

[14] RG. 77, 335: Übergabe einer Aktie mit einem nicht dazu gehörenden Kouponbogen. Der Tradent kann anfechten, wenn er den richtigen Bogen übergeben wollte und mit dem unrichtigen verwechselt hat; er kann nicht anfechten, wenn er mangels Geschäftserfahrung keinen Wert darauf legte, den richtigen Bogen zu übergeben.

[15] Durch Fahrlässigkeit oder arglistige Täuschung, vgl. unt. § 68 Note 7.

[16] RG. 57, 358: Ausstellung eines Darlehensscheines in der Meinung, daß es sich um eine Empfangsquittung handele.

[17] RG. 77, 309. Titze a. a. O. § 21 Note 37; Leist, ArchZivPr. 102, 215; Siegel, ArchZivPr. 111, 80. Vgl. ob. § 61 Note 73.

[18] Einverständnis bei bewußter Unkenntnis des Inhaltes kommt häufig vor bei Unterzeichnung eines Formulars, z. B. einer Polize, RG. 62, 205. Der Unterzeichnende erklärt, sich den Bedingungen, wie sie im Formular enthalten sind, zu unterwerfen. Daß er sie für angemessen oder vorteilhaft hält, kann, als Motiv seines Entschlusses, zu keiner Anfechtung nach § 119 I führen. Dagegen kann arglistige Täuschung vorliegen, wenn in das Formular Bestimmungen aufgenommen sind, welche nach Treu und Glauben bei solchen Verträgen nicht erwartet werden konnten.

so kann man sagen, daß er eine Erklärung dieses Inhaltes nicht abgeben wollte [19]. Die Erklärungshandlung ist, so wie sie vorgenommen wird, auch dann nicht gewollt und daher anfechtbar, wenn sich der Irrtum auf die Person des Adressaten bezieht: wenn jemand eine Erklärung, die er an A abgeben wollte, aus Versehen an B richtet [20], und B die Erklärung als für ihn bestimmt ansieht [20a].

2. Der andere in § 119 I erwähnte Fall des Irrtums in der Erklärung liegt vor, wenn jemand „bei der Abgabe einer Willenserklärung über deren Inhalt im Irrtum war". Im Unterschied zu dem unter 1. besprochenen Fall muß man hier voraussetzen, daß die äußere Gestalt der Erklärung, insbesondere die dabei gebrauchten Worte, dem Willen des Erklärenden entspricht, daß er aber diesen Worten oder sonstigen Zeichen eine andere Bedeutung zuschreibt, als ihnen nach richtiger Auslegung zukommt [21]. Ein Irrtum dieser Art kann leicht vorkommen, wenn jemand sich einer ihm nicht geläufigen fremden Sprache bedient oder eine abgekürzte Bezeichnung verwendet, deren verkehrsüblichen Sinn er mißversteht [22], oder wenn eine (abwesende) [23] Sache durch Angabe unrichtiger Merkmale bezeichnet wird, z. B. ein Tier durch einen unrichtigen Namen, ein Grundstück oder Haus durch eine falsche Nummer, ein sonstiger Gegenstand durch Angabe des Ortes, an welchem er sich befindet [24], oder eines

---

[19] Planck § 126, 2; Enneccerus § 411 Anm. 8; Siegel, Arch.ZivPr. 111, 95. Vgl. ob. § 61 Note 85.

[20] X hat einen für Meyer bestimmten Brief in seiner Zerstreutheit in ein an Müller adressiertes Kouvert getan, oder am Telephon aus Versehen Müllers Nummer angegeben, oder den Müller, den er aus Kurzsichtigkeit für Meyer hielt, angeredet. Ebenso verhält es sich nach § 120, wenn X einen Boten mit mündlichem Bericht an Meyer schickt und der Bote die Botschaft an Müller ausrichtet, Tuhr, Zeitschr. f. schweiz. Rt. 16, 9.

[20a] Mußte B merken, daß der Brief nicht für ihn bestimmt ist, so ergibt sich aus richtiger Auslegung, daß keine Willenserklärung an ihn vorliegt; es bedarf daher keiner Anfechtung.

[21] Man nennt diesen Fall bisweilen Verlautbarungsirrtum.

[22] Jemand schreibt 100 fl. oder 100 £ und glaubt, damit 100 Franken zu sagen. Jemand verkauft auf Ultimo und meint das Ende des Jahres.

[23] Anwesende Sachen werden durch Zeigen oder Anfassen bezeichnet, wobei ein Irrtum nur in der unter 1., nicht in der unter 2. besprochenen Weise vorkommen kann.

[24] Z. B. es verkauft ein Gelehrter den Bücherschrank in seinem

anderen Umstandes [25], welcher statt bei der vom Erklärenden gemeinten Sache bei einer anderen Sache zutrifft [26].

Irrtum über den Inhalt der Erklärung liegt ferner vor, wenn jemand durch falschen Gebrauch eines juristischen Ausdrucks Rechtsfolgen verabredet, die seinem Willen nicht entsprechen, so z. B. wenn jemand seine Sache zur Leihe anbietet, während er sie vermieten will, oder eine fremde Schuld übernimmt, während er sich für diese Schuld verbürgen will [27], oder wenn jemand seine „gesetzlichen Erben" bedenkt und darunter seine vollbürtigen Geschwister mit Ausschluß der halbbürtigen versteht [28]; ferner wenn jemand sich als Selbstschuldner verbürgt in dem Glauben, dieses Wort bedeute Haftung für den ganzen Schuldbetrag, oder auf Eviktionshaftung verzichtet in dem Glauben, daß dadurch die Haftung des Verkäufers für Sachmängel ausgeschlossen sei [29]. Irrtum über den Inhalt der Erklärung liegt insbesondere dann vor, wenn jemand eine wirksame Erklärung abgibt in dem Glauben, daß seine Worte (wegen eines vermeintlichen Formmangels oder sonstigen Hindernisses) keine rechtliche Bedeutung haben können [30].

Zum Inhalt einer Willenserklärung gehören aber nicht alle

Studierzimmer, ohne zu bedenken, daß in seiner Abwesenheit eine Verschiebung der Möbel stattgefunden hat.

[25] Z. B. jemand verkauft das Faß Wein, welches heute bei ihm eintreffen wird. Dies Faß ist aber nicht, wie er glaubt, der Weißwein, den er verkaufen wollte, sondern ein Rotwein, der nach seinen Berechnungen erst später eintreffen sollte.

[26] Es handelt sich um sog. Identitätsirrtum, vgl. Zitelmann, Irrtum 435 fg., Hölder, JheringsJ. 42, 1 fg., Enneccerus § 157 Anm. 3, Henle, Vorstellungstheorie 435 fg. Von der Bezeichnung einer Sache durch Identitätsmerkmale ist zu unterscheiden die Angabe von Eigenschaften einer Sache, deren Identität anderweitig feststeht. Wenn z. B. jemand die Feder kauft, mit welcher, wie ihm fälschlich mitgeteilt wird, Bismarck den Frankfurter Frieden unterzeichnet hat, so liegt kein Irrtum im Sinn von § 119 vor (a. A. Oertmann § 119, 3 a), sondern eine Zusicherung, für die der Verkäufer nach § 459 II einzustehen hat; denn der Käufer hat keine andere als die ihm vorgezeigte Feder erwerben wollen, allerdings in dem Glauben, daß sie ein historisches Schicksal gehabt habe.

[27] Weiß der Gegner, welche Rechtsfolgen unter der falschen Bezeichnung gemeint sind, so kommt Miete oder Bürgschaft zustande.

[28] RG. 70, 394. Vgl. ob. § 64 Note 23.

[29] Enneccerus § 157 Anm. 4.

[30] Vgl. ob. § 50 Note 168, § 56 Note 61.

Rechtsfolgen, welche die Erklärung als Bestandteil eines Rechtsgeschäftes nach sich zieht: jedes Rechtsgeschäft hat gesetzliche Nebenfolgen [31], welche ,wenn sie nicht durch Parteiwillen ausgeschlossen sind, als sog. naturalia negotii eintreten [32], ohne daß sie im Willen oder in der Erklärung der Parteien enthalten zu sein brauchen. Daher kann Unkenntnis oder falsche Vorstellung über die falsche Beschaffenheit solcher Rechtsfolgen nicht als Irrtum über den Inhalt der Erklärung gelten [33], und zwar selbst dann nicht, wenn die Erklärung auf diese Rechtsfolgen verweist [34]. Daher gibt es z. B. keine Anfechtung, wenn der Verkäufer von seiner Haftung für Mängel der Sache keine oder eine falsche Vorstellung hat [35]; wenn der Mieter das gesetzliche Pfandrecht nicht kannte [36]; wenn den Parteien, die einen längeren Mietsvertrag formlos schließen, die Bestimmung des § 566 unbekannt war [37]; wenn der Schenker oder der Erblasser beim Erbvertrag glaubt, ein freies Widerrufsrecht zu haben [38], oder wenn ein Erbe bei

[31] Vgl. ob. § 50 Note 121.

[32] Vgl. ob. § 52 II 2.

[33] RG. 51, 283; 57, 273; SeuffArch. 58, 410. Planck V 4 zu § 119; Staudinger, Bem. IV 2b zu § 119; Hellwig, Lehrbuch § 89 Anm. 26; a. A. Dernburg § 145 Anm. 19; Oertmann § 119, 6a und SeuffBl. 67, 29; Danz, JheringsJ. 46, 430; Titze, Mißverständnis 450 fg., welche alle oder wenigstens einige Rechtsfolgen, auch wenn sie ohne Willen des Erklärenden eintreten, zum Inhalt der Erklärung rechnen, vgl. ob. § 64 Note 52. Vgl. neuerdings Henle, Irrtum über die Rechtsfolgen.

[34] In diesem Fall will Enneccerus § 157 Ic Anfechtung zulassen; m. Er. zu Unrecht. Ein Vermieter kann z. B. den Vertrag nicht deshalb anfechten, weil er glaubte, daß er nur für verschuldete Mängel der Sache zu haften habe; soll er anfechten dürfen, wenn er, in demselben Irrtum befangen, erklärt hat, daß er die gesetzliche Haftung für Mängel übernehme? Dann wäre der Mieter, der sich durch eine besondere Zusage zu schützen glaubte, schlechter gestellt, als wenn er sich auf das Gesetz verlassen hätte.

[35] Oder wenn jemand in ein Geschäft eintritt, ohne zu wissen, daß er nach HGB. § 28 für die Schulden des Geschäftes haftet, RG. 76, 440.

[36] Manigk, Willenserklärung 227, 650; a. A. Titze 466.

[37] Vgl. ob. § 61 Note 128. 131; a. A. Oertmann § 566, 4b.

[38] Zum Inhalt des Erbvertrages oder des Testamentes gehört nur die Verfügung über den Nachlaß. Daß diese Verfügung beim Testament widerruflich, beim Erbvertrag unwiderruflich ist, bestimmt das Gesetz. Wenn Oertmann § 119, 6b einwendet, daß doch ein Erblasser, der im Glauben, ein Testament zu errichten, einen Erbvertrag schließt, anfechten könne, so scheint mir diese Behauptung nicht richtig zu sein; denn die

der Ausschlagung sich falsche Vorstellungen über das Schicksal des ausgeschlagenen Erbteils macht [38a]. Es mag sein, daß diese Rechtsgeschäfte bei besserer Kenntnis des Rechtes nicht oder nicht so vorgenommen worden wären, aber das Gesetz will im Interesse der Verkehrssicherheit die Anfechtung wegen Irrtums nur innerhalb gewisser Schranken zulassen und hat in § 119 diese Schranken so gezogen, daß der Irrtum nur dann berücksichtigt werden soll, wenn er zu einer Unrichtigkeit der Erklärung geführt hat [39].

Nicht zum Inhalt der Erklärung gehören Vorstellungen und Erwartungen, die sich der Erklärende über die Tragweite des Rechtsgeschäftes gemacht hat, ohne sie zur Kenntnis des Gegners bringen zu wollen. Es handelt sich dabei um Motive, die außerhalb der Erklärung liegen und für die Gültigkeit des Geschäftes nicht in Betracht kommen können [40]. Daher kann jemand, der sich für „alle Schulden" des X verbürgt, nicht anfechten, wenn sich herausstellt, daß ihm eine Schuld des X unbekannt geblieben war; denn daß er die Schuldenmasse des X auf 10 000 statt auf 12 000 Mark schätzte, war für ihn das Motiv, weshalb er die allerdings unvorsichtige Generalbürgschaft einging [41]. Ebenso wenn jemand die Zahlung der Straßenbaukosten oder die Überlassung des zu einem Unternehmen nötigen Areals ver-

Gültigkeit eines Rechtsgeschäfts hängt nicht davon ab, daß die Partei das Geschäft unter den richtigen juristischen Typus subsumiert, vgl. ob. § 50 Note 110.

38a OLG. 24, 62.

39 Keine Unrichtigkeit der Erklärung und daher keine Anfechtbarkeit nach § 119 liegt ferner vor, wenn ein Vertreter in der irrigen Annahme, noch innerhalb seiner Vollmacht zu handeln, ein Rechtsgeschäft vornimmt; denn diese Annahme gehört nicht zum Inhalt des mit dem Dritten geschlossenen Geschäftes. Ebenso kann X, in dessen Namen A ein Geschäft mit B geschlossen hat, wenn er dies Geschäft auf Grund unrichtiger Mitteilungen des A durch Erklärung an B genehmigt, seine Genehmigung nicht anfechten; denn die Genehmigung hat das Geschäft zum Inhalte, wie es zwischen A und B tatsächlich geschlossen ist; anders, wenn X dem B auf dessen Mitteilung die Genehmigung erteilt, vgl. ob. § 64 Note 34.

40 Vgl. z. B. OLG. 27, 133.

41 Anders, wenn er mit dem Gläubiger über drei bestimmte Schuldposten des X verhandelt hat und sich schließlich dazu versteht, „alle Schulden des X" zu verbürgen; hier kann die Auslegung ergeben, daß die Parteien unter „allen Schulden" die Gesamtheit der Schulden verstanden haben, über welche verhandelt wurde, T u h r, Ztschr. f. schweiz. Rt. 15, 18.

spricht und dabei über die Höhe der Kosten oder den Umfang des Areals im Irrtum ist [42]. Oder wenn der Konkursverwalter Erfüllung eines zweiseitigen Vertrages, KO. § 17, verlangt in der irrigen Annahme, daß der Gemeinschuldner die fälligen Zahlungen aus dem Vertrag bereits geleistet habe [43]. Ebenso möchte ich Irrtum im Motiv annehmen, wenn jemand sich für Schuld verbürgt, für welche, wie er irrtümlich glaubt, ein Pfand bestellt ist [44]; denn vom vermeintlichen Pfandrecht hängt nicht der Umfang der Verpflichtung ab, die der Bürge durch seine Erklärung übernimmt, sondern nur die Sicherung seines Regresses. Zweifellose Fälle des Motivirrtums liegen vor, wenn ein Stellvertreter [45] auf Grund einer von ihm falsch verstandenen Instruktion des Vertretenen oder wenn ein Kontrahent auf Grund falscher Kalkulation eine Preisforderung stellt oder annimmt [46], oder wenn jemand durch falsche Schätzung des Nachlasses veranlaßt wird, die Erbschaft auszuschlagen [47] oder ein Vermächtnis auszuschlagen, um den Pflichtteil zu verlangen, § 2307 [48]. Bei Verfügungen ist durch ihre abstrakte Natur der Rechtsgrund

[42] A. A. Dernburg § 145 I 3.

[43] A. A. RG. 62, 201, vgl. Titze 455, Enneccerus § 157 Anm. 25.

[44] A. A. RG. 75, 271: die irrige Vorstellung von den zur Zeit der Abgabe der Willenserklärung bestehenden tatsächlichen und rechtlichen Verhältnissen soll sich auf einen Bestandteil des rechtsgeschäftlichen Tatbestandes beziehen. Das scheint mir unrichtig: zum Tatbestand der Verbürgung genügt die genaue Bezeichnung der verbürgten Schuld, vgl. ob. § 63 Note 67, ohne daß erwähnt zu werden braucht, ob diese Schuld anderweitig gesichert ist. Auch RG. 82, 339 scheint mir in der Zulassung der Anfechtung zu weit zu gehen: wenn der Akzeptant eines Wechsels auf Anfrage des Inhabers die Unterschrift für echt erklärt, sieht das RG. in dieser Erklärung ein Garantieversprechen, erlaubt aber dem Akzeptanten Anfechtung aus § 119 II, wenn er sich über die Echtheit des Akzeptes geirrt hat. M. Er. besteht kein Irrtum im Wortlaut oder über den Inhalt der Erklärung, sondern nur im Motiv, und daher keine Anfechtung; eine solche würde auch dem Zweck des Garantieversprechens, durch welches dem Gegner das Risiko der Unechtheit abgenommen werden soll, widersprechen.

[45] RG. 82, 193. Hat ein Bote die ihm aufgetragene Botschaft falsch verstanden und daher falsch ausgerichtet, so kann der Auftraggeber nach § 120 anfechten.

[46] RG. 64, 267; Oertmann DJZ. 14, 742; Enneccerus § 157 Anm. 15. Dasselbe gilt von der Anfechtung nach § 318 II.

[47] Kohler § 226.

[48] Daher war die besondere Vorschrift des § 2308 I nötig, Planck § 2308, 1 a.

(causa) aus dem Inhalt des Verfügungsgeschäftes ausgeschieden [49]; daher ist die Verfügung nicht deshalb anfechtbar, weil der Verfügende über den rechtlichen Grund der Verfügung irrte. Vielmehr ist infolge der gültigen Verfügung eine Verschiebung des Vermögensstandes eingetreten und, weil diese Verschiebung ungerechtfertigt ist, zugleich mit ihr ein obligatorischer Anspruch auf Herausgabe der Bereicherung entstanden, § 812.

II. Zu den Motiven des Rechtsgeschäfts gehören die Vorstellungen, die sich jemand über die Eigenschaften seines Geschäftsgegners macht oder über die Eigenschaften der Sache, welche Gegenstand des obligatorischen oder dinglichen Geschäftes sein soll. Man gibt z. B. dem X ein Darlehen, weil man ihn als zuverlässigen Geschäftsmann kennt; man kauft eine Sache, weil man sie für solid und brauchbar hält. Die Motive gehören nicht zum Inhalt des Geschäftes [50]; die Eigenschaften, die man seinem Gegner oder der Sache zuschreibt dienen nicht zur Bezeichnung der Person oder Sache [51]; sie werden oft nicht ausgesprochen, bisweilen absichtlich verschwiegen; sie sind beim Vertrag nicht Gegenstand des Konsenses [52]. Daher ist irrtümliche Annahme einer Eigenschaft kein Irrtum über den Inhalt der Erklärung und daher nach § 119 I kein Grund der Anfechtung [53]. Die Unbeachtlichkeit des überaus häufig vorkommenden Irrtums über Eigenschaften ist ein notwendiges Postulat der Sicherheit des Rechtsverkehrs. Jedoch hat das BGB. im

---

[49] Vgl. ob. § 54 III.

[50] Vgl. ob. § 52 Note 31.

[51] Nur bei Begründung einer Gattungsschuld wird die Sache durch Angabe ihrer Eigenschaften bezeichnet, § 243. Hierbei kann Irrtum in der Erklärung vorkommen, wenn z. B. jemand durch Fehler seines Kopisten Winterweizen statt Sommerweizen bestellt. Dann erfolgt Anfechtung nach § 119 I, ohne Rücksicht darauf, ob die Eigenschaft wesentlich im Sinn von § 119 II ist; denn der Erklärende hat die Erklärung in dem Wortlaut, in welchem sie vorliegt, nicht abgeben wollen.

[52] Daß Verkäufer und Käufer über die Eigenschaften der Sache verschiedener Meinung sind, wird oft vorkommen und befördert das Zustandekommen des Kaufes. Aus naheliegenden Gründen wird weder der Verkäufer sagen, daß er von seiner Sache wenig hält, noch der Käufer, daß ihm die Sache gefällt. Oft werden von den Parteien entgegengesetzte und der wahren Meinung eines jeden widersprechende Ansichten über die Beschaffenheit der Sache geäußert, wodurch aber der rechtsgeschäftliche Konsens nicht gehindert wird.

[53] Zitelmann, Irrtum 433.

Anschluß an das gemeine Recht [54] von diesem Grundsatz eine Ausnahme gemacht und bei Irrtum über gewisse Eigenschaften Anfechtung zugelassen. Dieser Rechtssatz ist innerlich gerechtfertigt, weil Irrtum über gewisse Eigenschaften für die Parteien ebenso wichtig sein kann, wie eine auf Irrtum beruhende Unrichtigkeit der Erklärung. Dagegen ist vom Standpunkt der Gesetzestechnik aus zu beanstanden, daß § 119 II in die Form einer Fiktion gekleidet ist [55]: „als Irrtum über den Inhalt der Erklärung gilt auch der Irrtum über solche Eigenschaften der Person oder der Sache, welche im Verkehr als wesentlich angesehen werden.“ Durch diesen Satz ist der Eigenschaftsirrtum in seiner Beschaffenheit nicht geändert, sondern den Rechtsregeln unterstellt worden, welche nach § 119 I für den Erklärungsirrtum gelten [56].

Der Begriff der wesentlichen Eigenschaft einer Sache [57] im Sinn von § 119 II ist bestritten [58]. Er muß angesichts der tiefeingreifenden Wirkung der Anfechtung und der Kollision, in welche das Anfechtungsrecht mit anderen Rechtsinstituten tritt, innerhalb ziemlich enger Schranken ausgelegt werden. Da die Anschauung des Verkehrs maßgebend ist, muß es sich um Eigenschaften handeln, die nicht nur für das einzelne Subjekt, sondern für jeden, der ein Rechtsgeschäft dieser Art unter ähnlichen Umständen vornimmt, von ausschlaggebender Bedeutung sind. Bloße Erheblichkeit der Eigenschaft in diesem Sinne kann aber nicht genügen; sonst würde die Irrtumsanfechtung beim Kauf, bei welchem Irrtum über Eigenschaften der Sache am häufigsten zur Sprache kommt, mit der Mängelhaftung nach § 459 konkurrieren [59] und die vom Gesetzgeber wohl überlegten Schranken dieser Haftung [60] illusorisch machen. Daher muß man im Anschluß an das gemeine Recht [61] nur solche Eigenschaften als wesentlich betrachten,

---

[54] Windscheid § 76a Nr. 4e.

[55] Vgl. Bd. I S. 24.

[56] Planck § 119 Erl. IV 1; Oertmann § 119, 4g.

[57] Vgl. ob. § 43 Note 41.

[58] Lippmann, ArchZivPr. 102, 283; Schefold, das. 100, 256; Schloßmann, Irrtum über wesentliche Eigenschaften.

[59] Vgl. unt. S. 581.

[60] Kurze Verjährung, § 477, Ausschluß der Haftung bei grober Fahrlässigkeit des Käufers, § 460, 2.

[61] Savigny, System III 283. Regelsberger § 142 III. Vgl. Schweiz. ObligR. Art. 19; Tuhr a. a. O. 15, 37 fg.

welche für die Zugehörigkeit der Sache zu ihrer Art und Gattung bestimmend sind [62], während Qualitätsunterschiede innerhalb der Gattung als unwesentlich im Sinne von § 119 zu gelten haben [63]. Als Indiz dafür, daß es sich um eine andere Art und Gattung handelt, kann oft die verkehrsübliche Bezeichnung der Sache gelten. Es liegt z. B. wesentlicher Irrtum vor, wenn sich ein Diamant als Rheinkiesel herausstellt, Butter als Margarine, Seide als Baumwolle, Weizen als Roggen oder umgekehrt [64], während Unterschiede in der Herkunft des Diamanten [65], in der Güte der Butter oder Seide, in der Beschaffenheit des Weizens, auch wenn sie sehr erheblich sind, zur Anfechtung nicht genügen würden [66]. Dieselbe Abgrenzung der wesentlichen Eigenschaften ergibt sich [67], wenn man als wesentlich die Eigenschaften bezeichnet, welche zur normalen Individualisierung der Sache gehören, d. h. von den Parteien bei Vornahme des Geschäftes genannt zu werden pflegen [68].

---

[62] Enneccerus § 157 II 3. Für eine weitere Fassung des Begriffs der wesentlichen Eigenschaft Planck IV 2 zu § 119 und vielfach die Praxis.

[63] RG. 81, 395 gestattet Anfechtung bei Irrtum über den Grad der Belästigung durch eine Anlage, die jemand seinem Pächter erlaubt. Ein solcher Irrtum entspricht m. Er. nicht den Erfordernissen des § 119 II. Die Entscheidung wäre besser damit zu begründen, daß die Erlaubnis mit der ausdrücklich oder stillschweigend erklärten Bedingung erteilt ist, daß die Anlage keine erhebliche Belästigung mit sich bringt, vgl. ob. § 64 Note 18.

[64] Ferner: Irrtum über wesentliche Eigenschaft liegt vor, wenn man in einem Hotel Zimmer bestellt, ohne zu wissen, daß es „koscher" ist; oder wenn das vermeintliche Hotel sich als Sanatorium für Lungenkranke oder Geisteskranke erweist.

[65] Dagegen sind m. Er. französischer und deutscher Sekt als Sachen verschiedener Art und Gattung zu betrachten, weil die allgemeine Verkehrsanschauung hier der Herkunft entscheidende Bedeutung beilegt.

[66] Das RG. hat am 22. 2. 10 (DJZ. 15, 537) entschieden, daß es zur Irrtumsanfechtung nicht genügt, wenn ein Stoff, der nach Ansicht des Käufers 71 % Zinn enthalten sollte, tatsächlich nur 7,1 % Zinn enthält.

[67] Jedenfalls beim Kaufvertrag, welcher die sedes materiae für den Eigenschaftsirrtum ist. Bei anderen Rechtsgeschäften, bei denen eine Bezeichnung der Eigenschaft nicht üblich ist, z. B. bei der Schenkung, wird man darauf abstellen müssen, ob die Sache bei Vorhandensein oder Fehlen der Eigenschaft zu einer anderen Art und Gattung gehört. So kann z. B. der Schenker anfechten, wenn er einen vermeintlich unechten, tatsächlich echten Edelstein verschenkt hat.

[68] Lenel, JheringsJ. 44, 1 fg., ablehnend gegen die Formulierung Lenels: Enneccerus § 157 Anm. 20, Schloßmann a. a. O. 44,

So gibt der Käufer gewöhnlich zu erkennen, daß er einen Diamanten kaufen will, oder einen seidenen Regenschirm, oder Wein, Butter, Weizen usw. Verläßt sich der Verkäufer auf die vom Käufer geäußerte Ansicht über die Beschaffenheit der Sache, so wird meist eine Zusicherung [69] vorliegen, durch welche der Käufer im Fall des Irrtums gesichert ist [70]; unterläßt der Käufer die übliche Bezeichnung der Sache nach Art und Gattung, kauft er z. B. ein Faß, dessen Inhalt er für Wein hält, während es Essig ist, oder einen Apparat, den er für photographisch hält, während er ganz anderen, z. B. medizinischen Zwecken dient, so hat er über wesentliche Eigenschaften geirrt und kann sich durch Anfechtung nach § 119 II helfen [71]. Unter diesem Gesichtspunkt ergibt sich, daß als unwesentlich zu betrachten sind die Eigenschaften, auf denen der Wert oder der Ertrag einer Sache beruht [72]; ebenso die Chancen der Wertsteigerung oder die Möglichkeit einer künftigen Verwertung der Sache [73]. In dieser Richtung muß sich

Staudinger II 4d zu § 119, Oertmann § 119, 4f., Planck IV 2 zu § 119.

[69] Vgl. ob. § 48 Note 93.

[70] Ist der Verkäufer über das Vorhandensein der vom Käufer genannten Eigenschaften im Zweifel und gibt er diesen Zweifel zu erkennen, so kann der Tatbestand verschieden aufgefaßt werden: a) der Vertrag wird unter der Voraussetzung (vgl. ob. § 52 Note 37) geschlossen, daß die vom Käufer genannte Eigenschaft vorliegt; fehlt die Eigenschaft, so ist der Vertrag, ohne daß es einer Anfechtung bedarf, unwirksam; b) wird der Vertrag ohne Rücksicht auf die Zweifelhaftigkeit der Eigenschaft geschlossen, so ist der Käufer, wenn er den Zweifel des Verkäufers teilt, nicht im Irrtum, vgl. ob. Note 3; hält er aber die vom Verkäufer als zweifelhaft bezeichnete Eigenschaft für gewiß, so ist er zwar im Irrtum, hat aber, da er unter diesen Umständen vom Verkäufer keine Zusicherung verlangt hat, auf sein Anfechtungsrecht im voraus verzichtet, Schloßmann 62, Hoeniger, ArchBürgR. 35, 265, Enneccerus § 157 III 5.

[71] Daß der Käufer das negative Interesse zu ersetzen hat, ist gewissermaßen eine Strafe für die Unvorsichtigkeit, die er dadurch begangen hat, daß er seine Ansicht über die Beschaffenheit der Sache nicht zu erkennen gab.

[72] RG. 64, 269.

[73] Streitig ist die Frage, ob die Echtheit von Kunstwerken wesentliche Eigenschaft ist, Lenel a. a. O., Staudinger V 3 zu § 119, SeuffA. 60, 65 Nr. 90. M. Er. ist Anfechtung möglich, wenn eine vermeintliche Antiquität sich als moderne Nachahmung, ein vermeintliches Original sich als Kopie herausstellt, dagegen nicht, wenn ein altes Bild, das bisher einem bestimmten Meister zugeschrieben wurde, von den Kunsthistorikern in die „Schule" dieses Meisters verwiesen wird; denn die in solchen Fragen oft wechselnde Ansicht der Sachverständigen kann keine

der Käufer, soweit ihm nicht das Gesetz, § 459 I, hilft, dadurch schützen, daß er eine Zusicherung, § 459 II, verlangt [73a].

Anfechtung nach § 119 II kann nicht nur beim Kauf, sondern bei jedem Rechtsgeschäft vorkommen, welches eine Sache zum Gegenstand hat, z. B. bei der Schenkung, der Miete usw. Anfechtungsberechtigt wegen seines Irrtums kann wie der Erwerber, so auch der Veräußerer einer Sache sein, z. B. der Verkäufer, der eine kostbare Sache verschleudert hat, oder der Schenker, der sie im Irrtum über ihre Beschaffenheit weggegeben hat. Bei Irrtum des Käufers über Eigenschaften der Sache bestehen verschiedene Meinungen über das Verhältnis der Anfechtung nach § 119 I zu der Mängelhaftung nach § 459 [74]. Bisweilen wird gelehrt, daß beide Rechtsmittel dem Käufer zur Verfügung stehen [75]. Eine andere vom RG. [76] gebilligte Ansicht [77] geht dahin, daß die Anfechtung durch die Mängelhaftung ausgeschlossen sei, weil das Recht der Mängelhaftung als lex specialis zu betrachten sei. M. Er. ist zu unterscheiden. Geht man vom oben dargelegten Begriff der wesentlichen Eigenschaft aus, so ergibt sich beim Spezieskauf, daß die Tatbestände der §§ 119 II und 459 I einander ausschließen: denn daß eine Sache infolge Fehlens einer wesentlichen Eigenschaft einer anderen Art und Gattung von Sachen angehört, kann nicht als Fehler bezeichnet werden; so ist z. B. Essig etwas ganz anderes als Wein und eben deshalb kein fehlerhafter Wein; Roggen ist nicht dasselbe wie Weizen und eben deshalb kein mangelhafter Weizen. Daher ist der Käufer in solchen Fällen auf Anfechtung angewiesen [78]. Anders, wenn der Verkäufer Eigenschaften der Sache zugesichert hat, § 459 II, wenn er z. B. auf Frage des Käufers den Inhalt des Fasses als Wein, den Inhalt des Sackes als Roggen bezeichnet hat. An diese Aus-

---

dauernde Eigenschaft der Sache begründen. Vgl. Entsch. des RG. vom 2. 10. 13 (DJZ. 18, 1387).

[73a] Viel zu weit geht m. Er. die Entscheidung OLG. 28, 126, welche Anfechtung gestattet, wenn der Käufer glaubt, daß das Automobil nur 10 000 km gelaufen ist, während es tatsächlich 50 000 km zurückgelegt hat.

[74] Wolzendorf, Jher. J. 64, 311. Bonner Diss. v. R. Schmidt, 1910.

[75] Oertmann 2e vor § 459; Kipp I 1f zu Windscheid § 395.

[76] 61, 175; 62, 285; 70, 429.

[77] Schloßmann, Irrtum über wesentliche Eigenschaften 50; Schneider, ArchZivPr. 97, 142; Blume, JheringsJ. 55, 239.

[78] Enneccerus § 335 III; Dernburg II § 185 IV; Haymann, Anfechtung, Sachmängelgewähr und Vertragserfüllung 10 fg.

sage ist der Verkäufer gebunden, auch wenn die Sache bei Fehlen der zugesicherten Eigenschaft einer anderen Art und Gattung zu rechnen ist. Daher kann der Käufer nach seiner Wahl entweder die Rechte aus der Mängelhaftung geltend machen, oder den Kaufvertrag nach § 119 II anfechten; da die Mängelhaftung für den Käufer vorteilhafter ist [79], wird er die Anfechtung nur dann vornehmen, wenn seine Ansprüche aus § 459 fg. verjährt sind [80]. Wird beim Gattungskauf eine Sache geliefert, welche die verabredeten Eigenschaften nicht hat, so kann der Kaufvertrag nicht angefochten werden [81], weil dieser Vertrag nicht mit Irrtum behaftet ist [82]. Nimmt der Käufer die vertragswidrige Leistung im Irrtum über ihre Eigenschaften entgegen, so könnte er die Erfüllungsannahme anfechten, wird aber stets vorziehen, die ihm günstigeren Rechte aus § 480 geltend zu machen.

Keine wesentlichen Eigenschaften im Sinn von § 119 sind die rechtlichen Verhältnisse der Sache, insbesondere das Eigentum [83]. Verkauft jemand eine fremde Sache, so kann weder er noch der Erwerber die Veräußerung nach § 119 II anfechten [84]; statt dessen tritt Haftung für den Rechtsmangel nach § 440 ein [85]. Veräußert jemand eine eigene Sache, die er für fremd

---

[79] Er braucht kein negatives Interesse zu ersetzen; er bekommt bei der Wandelung den Kaufpreis mit Zinsen, § 347, 3, und außerdem die Vertragskosten, § 467, 2, ersetzt; er kann statt der Wandelung oder Minderung Schadensersatz verlangen, § 463.

[80] Daher wird man eine Erklärung des Käufers, daß er wegen Fehlens wesentlicher ihm zugesicherter Eigenschaften den Kauf rückgängig mache, im Zweifel nicht als Anfechtung, sondern als Wandelungsbegehren auffassen.

[81] Danz, JheringsJ. 46, 463, dessen Beispiel aber nur für den Gattungskauf zutrifft.

[82] Über Irrtum bei Abschluß des Gattungskaufs vgl. ob. Note 51.

[83] Lenel a. a. O. 11; Burchardt, DJZ. 3, 487; Endemann § 71 Anm. 21; Kipp, Bem. I 1 zu Windscheid § 77; Enneccerus § 157 Anm. 24; a. A. Seeler, DJZ. 4, 16; Dernburg § 145 I 2; Staudinger, Bem. V 2a zu § 119; Oertmann § 119, 4d; Biermann § 69 Anm. 9. Vermittelnd Staub, HGB. Exk. vor § 373 Anm. 60.

[84] Dagegen kann X, wenn er dem Z eine eigene Sache übergeben will und aus Verwechselung, ob. Note 13, eine Sache des Y übergibt, die Übergabe nach § 119 I anfechten; damit zerstört er die Grundlage des gutgläubigen Erwerbs des Z; die Sache fällt dem Y wieder zu, vgl. ob. § 57 Anm. 95.

[85] Auch ein Vermächtnis ist nicht deshalb anfechtbar, weil der Erblasser die vermachte Sache irrtümlicherweise für sein Eigentum hielt; das Vermächtnis ist aber nach § 2169 I unwirksam.

hält, so ist zu unterscheiden[86]: hat er die eigene Sache bei der Übergabe mit der fremden verwechselt, so kann er nach § 119 I anfechten[87]; hat er die vermeintlich fremde Sache in eigenem Namen veräußern wollen und veräußert, § 185 I, so ist die Veräußerung unanfechtbar[88]; hat er die vermeintlich dem Y gehörende Sache in dessen Namen veräußert, so hat er, da die Wirkungen seiner Handlung nach § 164 nur in der Person des Y eintreten, kein Eigentum übertragen, es sei denn, daß der Erwerber durch seinen guten Glauben geschützt ist[89]. So wenig wie das Eigentum können sonstige rechtliche Verhältnisse als wesentliche Eigenschaft der Sache betrachtet werden; ein Grundstück ist deswegen keine andere Sache, weil eine vermeintlich dazu gehörende Servitut nicht besteht[90] oder weil es mit einer dem Käufer unbekannten Hypothek oder mit dem Recht eines Mieters nach § 571 belastet ist; auch hier sind die Interessen des Käufers durch die Rechtssätze über Rechtsgewähr genügend geschützt.

Vielfach wird analoge Anwendung des § 119 II auf andere Gegenstände, als Sachen, d. h. auf Rechte befürwortet[91], jedoch

---

[86] Diese Fragen wurden im gemeinen Recht viel besprochen unter dem Stichwort: nemo errans rem suam amittit, Windscheid § 172 Anm. 10.

[87] Vgl. den bekannten Schulfall, daß ein Auktionator, der einen Überzieher versteigert hat, im Versehen den eigenen Überzieher tradiert.

[88] Kipp, Bem. I 13 zu Windscheid § 172. OLG. 26, 71.

[89] Auch bei der Miete einer vermeintlich fremden Sache, die tatsächlich dem Mieter gehört, bedarf es nicht, wie mehrfach angenommen wird (vgl. Planck § 535, 2) einer Anfechtung, um den Mieter von der Rückgabepflicht und der Zahlung des Mietzinses zu befreien. Die Rückgabe kann er nach Analogie von § 986 und die Zahlung des Mietzinses deshalb verweigern, weil er ihn nach § 987 fg. vom Vermieter zurückverlangen könnte.

[90] Viel zu weit scheint mir RG. 61, 86 zu gehen, indem es Anfechtung gestattet bei Irrtum über die Bebaubarkeit eines Grundstückes, die gewerbliche Verwendbarkeit oder die Steuerverhältnisse eines Hauses, oder über ein mit dem Hause verbundenes Recht, die Bebauung davorliegender Grundstücke zu verbieten. Das sind allerdings Eigenschaften der Sache und können Gegenstand einer Zusicherung sein, aber nicht wesentliche Eigenschaften im Sinne von § 119 II. Es ist unrichtig, wie das RG. unter Ignorierung des Wortes „wesentlich“ tut, den Umfang des Eigenschaftsbegriffes für die §§ 459 II und 119 II als identisch zu behandeln.

[91] Heilborn, Gruchot 46, 805; Hoeniger, ArchBürgR. 35,262; Enneccerus § 157 III 4; Staudinger II 4d zu § 119; Oertmann § 119, 4c. Planck IV 2c zu § 119.

vom Reichsgericht [92] mit etwas formalistischer Begründung (Hinweis auf § 90) abgelehnt. Die Eigenschaften eines Rechts können meistens nicht als wesentlich im Sinn von § 119 gelten, weil sie nicht für Art und Gattung, sondern für den Wert des Rechtes bestimmend sind. Soweit die Eigenschaft den rechtlichen Bestand betrifft, ist der Erwerber beim Kauf und anderen entgeltlichen Geschäften durch §§ 437, 445 geschützt. Dagegen ergibt sich aus § 438, daß der Verkäufer einer Forderung für die Solvenz des Schuldners (und daher wohl auch für die Güte einer Hypothek) nicht einsteht. Im Sinne dieser Vorschrift scheint mir zu liegen, daß auch die Anfechtung des Käufers einer Forderung oder Hypothek ausgeschlossen ist, wenn er sich über die Solvenz des Schuldners oder die Suffizienz des Grundstücks geirrt hat [93]. Auch der Veräußerer kann m. Er. nicht anfechten, wenn das veräußerte Recht sich aus rechtlichen oder tatsächlichen Gründen als über Erwarten wertvoll herausstellt. Nur ausnahmsweise wird analoge Anwendung des § 119 II nicht von der Hand zu weisen sein; z. B. wenn die Forderung eine Sache zum Gegenstand hat, über deren wesentliche Eigenschaften ein Irrtum besteht; wenn jemand anfechten kann, der einen echten Edelstein, welchen er für unecht hielt, veräußert hat, so kann man ihm die Anfechtung nicht verwehren, wenn er nicht die Sache, sondern einen ihm zustehenden Anspruch auf Lieferung der Sache, z. B. einen Vermächtnisanspruch, abgetreten hat.

Ähnlich wie bei Sachen gestaltet sich bei Personen die Abgrenzung der wesentlichen Eigenschaften. Anfechtung ist zulässig, wenn der Vertragsgegner bei Fehlen der vorausgesetzten Eigenschaften zu einer anderen Kategorie von Menschen zu zählen ist. Solche Unterschiede treten am deutlichsten hervor bei Dienst- und Arbeitsverträgen, bei denen die persönliche Beschaffenheit der Beteiligten von besonderer Wichtigkeit ist. Wer eine Köchin oder einen Kutscher in Dienst nimmt, kann anfechten, wenn sich herausstellt, daß die angestellte Person Zimmermädchen oder Kellner ist; ebenso wenn ein Theaterdirektor einen Schauspieler engagiert, den er für einen Sänger hält [94]. Dagegen be-

[92] RG. 73, 137; OLG. 22, 229. Vgl. aber auch RG. 75, 271.

[93] Die Anfechtung würde in den meisten Fällen zu demselben Resultat (Rückgabe des Kaufpreises) führen, wie die Haftung für Solvenz des Schuldners oder Güte der Hypothek.

[94] Lenel a. a. O. 20; Kohler § 230.

rechtigen noch so bedeutende Unterschiede der Qualität innerhalb des Berufes nicht zur Anfechtung, können aber einen wichtigen Grund der Kündigung, § 626, abgeben; dasselbe gilt von sittlichen Eigenschaften (Fleiß, Zuverlässigkeit) und noch mehr von Tatsachen aus dem Vorleben des Angestellten (Vorstrafen [94a], außereheliche Mutterschaft). Keine wesentliche Eigenschaft im Sinn von § 119 ist der Stand des Vermögens, die Größe und Solidität des geschäftlichen Unternehmens [95]. Dagegen kann bei Kreditgeschäften die Zahlungsunfähigkeit des Gegners Anfechtungsgrund sein [96]; denn in bezug auf Kreditgewährung [97] können in Konkurs befindliche oder insolvente Personen, besonders wenn sie den Offenbarungseid geleistet haben, als eine besondere, im Verkehrsleben zurückgesetzte Menschenklasse gelten [98]. In solchen Fällen wird übrigens meistens arglistige Täuschung vorliegen [99].

III. Für alle Fälle der Anfechtung (Irrtum in der Erklärung, unrichtige Übermittlung, Irrtum über wesentliche Eigenschaften) ist in § 119 I das weitere Erfordernis der subjektiven Erheblichkeit aufgestellt: die Anfechtung ist nur dann zulässig, wenn der Erklärende bei Kenntnis der Sachlage [100] die Erklärung nicht abgegeben haben würde; sie ist ausgeschlossen, wenn der Irrtum für den Entschluß nicht kausal gewesen ist [101]. Daraus folgt, daß Differenzen zwischen dem gewollten und tatsächlich erklärten

---

[94a] JW. 1912, 25.

[95] RG. 62. 282; OLG. 28, 24. Es ist Sache des vorsichtigen Geschäftsmannes, sich nach solchen Umständen zu erkundigen, OLG. 20, 39.

[96] RG. 66, 387. Dernburg § 125 I 2; Oertmann § 119 4d; Staudinger II 4c zu § 119; Enneccerus § 157 Anm. 24; a. A. Lenel a. a. O. 22, Planck IV 5c zu § 119. Vgl. ob. § 62 Note 91.

[97] Dagegen kann, wer seine Verpflichtung erfüllt hat, nicht deshalb anfechten, weil der Gläubiger im Moment der Erfüllung insolvent war. Das würde der ratio des § 454 widersprechen.

[98] Die Anfechtung von Kreditgeschäften bei Irrtum über die Zahlungsfähigkeit ist im Zusammenhang des Gesetzes eine notwendige Ergänzung der §§ 321 und 610, welche sich nur auf eine nachträgliche Verschlechterung der Vermögenslage des Schuldners beziehen.

[99] Vgl. unt. § 68 Note 34.

[100] d. h. wenn der Erklärende gewußt hätte, welchen für den Empfänger maßgebenden Wortlaut oder Sinn seine Erklärung haben werde, oder wenn er die wesentliche Eigenschaft des Gegners oder der Sache richtig erkannt hätte.

[101] Keine Kausalität des Irrtums wird erfordert für Anfechtung nach § 2308 I, Planck § 2308, 1 a.

oder falsch übermittelten Wortlaut, zwischen dem vermeintlichen und dem wirklichen Sinn der Erklärung, wenn sie für den Erklärenden ohne Bedeutung sind [102], kein Recht der Anfechtung geben; damit erledigen sich, zum Vorteil der Rechtssicherheit, die häufigen und fast unvermeidlichen Ungenauigkeiten und Entgleisungen, die bei der Wiedergabe eigener und fremder Gedanken vorkommen. Auch im Rahmen des § 119 II kann es geschehen, daß eine Eigenschaft, die im Verkehr als wesentlich angesehen wird, vom subjektiven Standpunkt des Einzelnen aus unerheblich ist, so z. B. wenn jemand ein vermeintlich altes Silbergefäß, welches in der Tat eine moderne Nachbildung ist, zum Zweck des Einschmelzens kauft, oder wenn jemand eine echte Schmucksache, die er für unecht hält, verschenkt, weil er die Sache wegen trauriger Erinnerungen unter keinen Umständen behalten möchte.

Neben der subjektiven Erheblichkeit und als Korrektur derselben kennt das Gesetz ein weiteres Erfordernis: es soll in Betracht kommen, ob der Irrtum bei verständiger Würdigung des Falles die Anfechtung rechtfertigt; Anfechtung ist unzulässig, wenn der Irrende aus Unverstand oder Laune auf einen Umstand Wert legt, der für einen vernünftigen und normalen Menschen in dieser Lage nicht entscheidend sein kann oder soll; so kann z. B. jemand, der in einem ihm bekannten Gasthaus telegraphisch das Zimmer Nr. 23 bestellt, nicht anfechten, wenn das Telegramm auf Nr. 13 lautet, und beide Zimmer gleichartig sind; denn die Furcht vor der Zahl 13 kann vor einer verständigen Würdigung des Falles nicht bestehen [103]. Ebenso ist Anfechtung ausgeschlossen, wenn ein Antisemit durch Verwechselung der Adressen seinen Sekt in einer jüdischen Weinhandlung bestellt hat [103a].

Beide Momente, Erheblichkeit nach subjektiver Willkür

[102] Wenn z. B. jemand, der kein Weinkenner ist, aus einem Katalog Wein bestellt und bei der Reinschrift seines Briefes die Nummern verwechselt, kann er nicht anfechten, wenn der bestellte Wein an Qualität und Preis dem gewollten nahezu gleich ist.

[103] Anders vielleicht, wenn der Besteller des Zimmers auf den krankhaften Aberglauben einer ihm nahestehenden Person Rücksicht zu nehmen hat, Oertmann § 119 5 c

[103a] OLG. 24, 316 entscheidet, daß jemand, der statt massiveichener Möbel eichenfournierte Möbel kauft, bei verständiger Würdigung des Falles keinen Grund zur Anfechtung hat.

und nach verständiger Würdigung des Falles, müssen zusammentreffen, wenn die Anfechtung zulässig sein soll [104]. Ist ein Irrtum nach verständiger Würdigung erheblich, steht aber fest, daß der Irrende nach seinen speziellen, wenn auch unvernünftigen Motiven auf die Differenz keinen Wert gelegt hätte, so liegt kein Grund vor, ihn von einem Rechtsgeschäft zu befreien, welches auch bei Kenntnis des Irrtums seinen Intentionen entsprochen hätte. So könnte z. B. ein Sammler, der gute Kopieen grundsätzlich ebenso bezahlt wie Originale, weil er die geschichtliche Wertung der Kunstwerke für eine Verirrung des modernen Geschmacks hält, nicht anfechten, wenn ein Bild, das er als Original gekauft hat, sich als Kopie erweist.

Weitere Erfordernisse der Anfechtung hat das Gesetz nicht aufgestellt; der Irrtum braucht, wie sich aus § 122 II ergibt, dem Gegner nicht erkennbar gewesen zu sein; der Irrtum braucht auch nicht entschuldbar zu sein [105]; selbst bei grober Fahrlässigkeit wird dem Irrenden geholfen [106]; eine Ausgleichung liegt darin, daß auch die Verpflichtung, das negative Interesse zu ersetzen, ohne Rücksicht auf Verschulden eintritt.

IV. Die Anfechtung erfolgt durch Erklärung an den Anfechtungsgegner [107]. Die Erklärung braucht das Wort Anfechtung nicht zu enthalten, muß aber mit Bestimmtheit erkennen lassen, daß das Rechtsgeschäft nicht gelten soll [108], weil die Willenserklärung mit Irrtum behaftet oder falsch übermittelt sei [109].

Für die Anfechtung ist in § 121 eine doppelte Frist gesetzt: sie muß unverzüglich erfolgen, nachdem der Anfechtungsbe-

[104] Eck, Vorträge über den Entwurf 45; Planck § 119, 2 b; Gradenwitz, Anfechtung und Reurecht 42; Enneccerus § 157 II 1 a; Oertmann § 119, 5; a. A. Cosack § 65 V 3; Henle, Vorstellungstheorie 513; Dernburg § 145 Anm. 21, welche die verständige Würdigung des Falles allein entscheiden lassen, ohne Rücksicht auf eine davon abweichende individuelle Denkungsweise des Irrenden.

[105] Entschuldbarkeit des Irrtums verlangt Dernburg II § 276 III 1 d; § 149 II für die Anfechtung der Wechselerklärung und der Ausstellung eines Inhaberpapiers; vgl. dagegen Staub-Stranz, WO. Art. 82 Anm. 25, Enneccerus § 428 Anm. 9.

[106] RG. 60, 421; 62, 205; Henle a. a. O. 517 fg.

[107] Vgl. ob. § 57 IV.

[108] Die Anfechtung ist nicht bloß Mitteilung einer Tatsache, sondern Ausübung eines auf diesen Tatsachen beruhenden Rechtes (Willenserklärung).

[109] Vgl. ob. § 53 S. 215.

rechtigte vom Anfechtungsgrund [110] Kenntnis erhalten hat, spätestens aber [111] innerhalb 30 Jahren seit Abgabe der Willenserklärung. „Unverzüglich“ bedeutet, wie das Gesetz in § 121 definiert, ohne schuldhaftes Zögern [112]. Es handelt sich im Sinn des gemeinen Rechts um ein sog. tempus utile [113]. Die Frist beginnt mit der Kenntnis [114] (nicht schon mit dem Kennenmüssen [115]) des Anfechtungsgrundes [116]; bei falscher Übermittlung beginnt die Frist nicht eher, als bis der Erklärende erfährt, daß die Erklärung entstellt worden ist; beim Irrtum kann die Frist beginnen, noch bevor die Erklärung dem abwesenden Gegner zugegangen ist, wenn z. B. der Erklärende aus einer zurückbehaltenen Kopie seines Briefes ersieht, daß ein Schreibfehler unterlaufen ist. Unter Umständen kann viel Zeit vergehen, bis der Erklärende von seinem Irrtum oder der falschen Übermittlung Kenntnis erhält. Erfährt er, daß die Erklärung vom Gegner anders aufgefaßt wurde, als er sie meinte, so entsteht zunächst die Frage, welche Auslegung der Erklärung die richtige ist. Ist es die des Gegners, so erweist sich, daß der Erklärende über den Inhalt seiner Erklärung im Irrtum war [117]. Daher tut der Erklärende gut daran, für den Fall, daß seine Auslegung vom Gericht gemißbilligt wird, eine eventuelle Anfechtungserklärung [118] abzugeben [119]. Eine Anfechtung muß auch dann

[110] D. h. von den Tatsachen (Irrtum, falsche Übermittlung), welche die Anfechtung begründen; dagegen ist zum Beginn der Frist nicht erforderlich die Kenntnis davon, daß diese Tatsachen zur Anfechtung berechtigen. Planck § 121, 1.

[111] Ohne Rücksicht auf Kenntnis des Anfechtungsgrundes.

[112] RG. 49, 392.

[113] Windscheid § 104.

[114] Glaubt jemand sich geirrt zu haben oder betrogen zu sein, so beginnt die Frist nicht eher, als bis er sich vom Irrtum oder Betrug überzeugt hat, OLG. 28, 26. Vgl. ob. § 49 Note 20.

[115] Hat z. B. der Irrende ein Bestätigungsschreiben des Gegners, aus welchem der Irrtum hervorgeht, nicht gelesen, so geht er seines Anfechtungsrechtes nicht verlustig.

[116] Und des Anfechtungsgegners, wenn diese Person dem Anfechtenden unbekannt ist, was ausnahmsweise vorkommen kann, z. B. wenn jemand eine Sache statt an X an den ihm unbekannten Y übergibt.

[117] Vgl. ob. § 64 Note 68.

[118] Eventuelle Anfechtung ist zulässig, weil keine Bedingung, sondern eine sog. condicio juris vorliegt.

[119] Vgl. Titze, Mißverständnis 429, der eine Nachholung der Anfechtung in der Vollstreckungsgegenklage, ZPO. § 767, für möglich hält,

erfolgen, wenn der Erklärende glaubt, daß sein Irrtum vom Gegner bemerkt worden ist [120]; er darf sich nicht darauf verlassen, daß seine unrichtige Erklärung richtig verstanden wird, und darf die Mühe nicht scheuen, seinen Fehler so bald als möglich gutzumachen. Unterläßt er das, so kommt es bei Irrtum in der Erklärung und falscher Übermittelung darauf an, ob der Gegner den Fehler tatsächlich gemerkt hat oder nicht: im ersteren Fall ist der Fehler trotz unterlassener Anfechtung unschädlich [121]; hat aber der Gegner den Fehler der Erklärung nicht bemerkt, so gilt die Erklärung so, wie sie lautet, und das Anfechtungsrecht ist durch Fristversäumung erloschen. Bei Irrtum über Eigenschaften, § 119 II, ist die nicht angefochtene Erklärung selbst dann gültig, wenn der Gegner den Irrtum bemerkt hat; denn der Gegner kann nicht wissen, ob der Irrende anfechten oder es bei dem irrtümlich geschlossenen Rechtsgeschäft belassen will [122].

Nach Erkenntnis des Anfechtungsgrundes hat der Irrende eine knapp zu bemessende Überlegungsfrist, welche sich nach der Wichtigkeit des Geschäftes und nach dem Interesse richtet, welches der Erklärungsgegner an baldiger Aufklärung hat. So nimmt z. B. RG. 64, 159 an, daß, wenn der Irrtum am 1. April erkannt wurde, die Anfechtung am 2. und, wenn dies ein Sonntag war, am 3. April erfolgen sollte, und daß die Frist durch überflüssige Erkundigungen und Anfragen nicht verlängert werde. Einen Zeitraum zur Befragung eines Rechtskundigen wird der Irrende nur in seltenen Fällen zu beanspruchen haben [123]; denn die baldmöglichste Aufklärung des Irrtums entspricht durchaus

wenn der Erklärende erst aus dem gegen ihn ergangenen Urteil ersieht, daß seine Erklärung einen von ihm nicht gewollten Sinn gehabt hat. Vielleicht ist es richtiger, die Anfechtung in diesem Stadium nicht zu gestatten, weil nach Treu und Glauben eine frühere Ausübung des Anfechtungsrechtes vom Irrenden verlangt werden kann. Vgl. ob. § 10 Note 10.

[120] Vgl. Planck § 121, 1; Oertmann § 121, 1 a; Enneccerus § 158 II 1 b.

[121] Die Erklärung gilt in dem gewollten Sinn, oder es ist, wenn der Gegner zwar den Fehler gemerkt, aber den richtigen Sinn nicht verstanden hat, eine Erklärung überhaupt nicht zustande gekommen; denn der Gegner darf einer Erklärung, von welcher er weiß, daß sie nicht gewollt ist, keine rechtliche Bedeutung beilegen. Vgl. ob. Note 10.

[122] Weil ihm z. B. die irrtümlich gekaufte Sache, so wie sie ist, besser gefällt als wenn sie die irrtümlich vorausgesetzten Eigenschaften hätte.

[123] Oertmann § 121, 1 a.

den allgemein verbreiteten Anschauungen über Treu und Glauben. Auch darf m. Er. die Anfechtung nicht durch den Versuch einer nachträglichen Einigung über den Inhalt des Rechtsgeschäfts hinausgeschoben werden [124]; ein solcher Versuch ist aber oft zu deuten als Anfechtung, verbunden mit einer neuen Offerte [125]. Unter Abwesenden hat der Anfechtende das den Umständen entsprechende Mittel der Erklärung zu wählen, in eiligen Fällen Telephon oder Telegraph [126]. Dagegen befreit ihn das Gesetz von dem bei empfangsbedürftigen Erklärungen dem Absender zur Last fallenden Risiko des rechtzeitigen Eintreffens der Erklärung: die Frist ist schon mit unverzüglicher Absendung der Anfechtungserklärung gewahrt [127]; die Anfechtung ist daher wirksam, wenn die Erklärung verspätet zugeht oder, falls der Brief überhaupt nicht ankommt, wenn sie in einem neuen Brief wiederholt wird [128].

Wird über die Rechtzeitigkeit der Anfechtung gestritten, so hat der Anfechtungsgegner den Zeitpunkt zu beweisen, in welchem der Anfechtende Kenntnis vom Anfechtungsgrund erhalten hat; der Anfechtende hat zu beweisen, daß ihm kein schuldhaftes Zögern zur Last fällt [129].

V. Die Wirkung der Anfechtung ist Nichtigkeit der Willenserklärung und damit des ganzen Rechtsgeschäftes [130], es sei denn, daß die angefochtene Erklärung nur einen Teil des Rechtsgeschäfts betrifft und der Rest nach § 139 bestehen bleiben kann [131]. Die Anfechtung hat nur zerstörende Wirkung; sie kann nicht das, was der Irrende gewollt (oder bei Irrtum über Eigenschaften gewollt hätte) zur Geltung bringen; denn für diesen Willen fehlt es an der erforderlichen Erklärung und beim Vertrag an der Zu-

[124] A. A. Dernburg § 145 III.

[125] Vgl. ob. § 53 Note 57.

[126] Kennt der Anfechtende den Aufenthalt des Gegners nicht, so muß er unverzüglich Erkundigungen einziehen; erweist sich der Aufenthalt als allgemein unbekannt, so muß er unverzüglich die Bewilligung zur Zustellung nach § 132 II nachsuchen.

[127] Wählt der Anfechtende einen ungewöhnlichen und unsicheren Weg der Mitteilung, z. B. Beförderung des Anfechtungsbriefes durch eine Privatperson, und trifft infolgedessen die Erklärung verspätet oder gar nicht ein, so ist die Frist nicht gewahrt, Hölder § 121, 3, Planck § 121, 3.

[128] Vgl. ob. § 61 Note 244.

[129] RG. 57, 362. Oertmann § 121, 3. Planck § 121, 4.

[130] Vgl. ob. § 57 V.

[131] Vgl. ob. § 56 IV. Oertmann § 119, 10d.

stimmung des Gegners. Hat z. B. der Offerent statt der Sache a, die er verkaufen wollte, dem X die Sache b angeboten, so kann er den über die Sache b geschlossenen Kauf durch Anfechtung vernichten; aber damit ist nicht etwa die Sache a verkauft, welche der Offerent nicht angeboten hat und X nicht kaufen wollte [131a]. Nur bei irrtümlicher Angabe einer Quantität kann eine zu weit gehende Erklärung, wenn sie angefochten wird, als Ausdruck des auf das Minus gerichteten Willens gelten [132]; wenn z. B. jemand eine auf 1000 lautende Offerte anficht und nachweist, daß er nur 100 schreiben wollte, so ist die Offerte bis zum Betrage von 100 gültig und der Vertrag zustande gekommen, wenn die Annahmeerklärung des Gegners auch zu dieser kleineren Offerte paßt [133].

Beim Irrtum in der Erklärung kann es im Interesse des Anfechtungsgegners liegen, den Anfechtenden an der Erklärung festzuhalten, welche er wirklich abgeben wollte. Hat z. B. jemand, der aus einem Bücherkatalog die Nr. 911 bestellen wollte, aus Versehen 921 geschrieben und die Bestellung angefochten, so wäre es eine einfache und glatte Lösung, wenn man dem Buchhändler gestatten würde, anstelle des oft schwer zu berechnenden oder nicht erweislichen negativen Interesses (vgl. unt. VI) zu verlangen, daß der Besteller das tatsächlich gewollte Buch Nr. 911 abnimmt [134]. Der Versuch, eine solche Befugnis des Anfechtungsgegners im Rahmen des BGB. [135] zu begründen [136], wird von der

131a Noch weniger kann eine irrtümlicherweise an X gerichtete Erklärung durch Anfechtung in eine Erklärung an Y verwandelt werden.

132 Enneccerus § 157 II 4.

133 Das ist z. B. der Fall bei der Schenkungsofferte; denn wer eine Schenkung von 1000 annehmen wollte, will auch 100 annehmen. Ebenso bei der Erklärung des Verkäufers, denn wer zu 1000 kaufen wollte, ist erst recht mit einem Preise von 100 einverstanden.

134 Oder wenn z. B. der Verkäufer 102 M. statt, wie er wollte, 120 M. verlangt hat, und der Käufer nach Aufklärung des Irrtums bereit ist, die Sache für 120 M. zu erwerben. Bei Irrtum über Eigenschaften, § 119 II, kann diese Situation nicht vorkommen: wenn z. B. der Käufer anficht, weil die vermeintlich goldene Sache aus unedlem Metall besteht, kann ihm der Verkäufer die Sache nicht so anbieten, wie der Käufer sie haben wollte.

135 Vgl. für das schweizerische Recht Tuhr, Zeitschr. f. Schweiz. R. 17 S. 65 Anm. 3.

136 Gradenwitz, Anfechtung und Reurecht; zustimmend Regelsberger, JheringsJ. 58, 155, Dernburg § 145 Anm. 26, Neubecker, Berl. Festg. f. Gierke 3, 235.

herrschenden Meinung [137] aus m. Er. formalistischen Gründen abgelehnt. Allerdings ist die Erklärung, welche der Anfechtende abgeben wollte, nicht zustande gekommen; aber der Anfechtende muß, wenn der Gegner es verlangt, sich nach Treu und Glauben so behandeln lassen, als ob die von ihm beabsichtigte Erklärung fehlerlos erfolgt wäre [138]; denn die Anfechtung soll nur dazu dienen, den Erklärenden von den Folgen des Irrtums oder der falschen Übermittlung zu befreien, nicht aber ihm Gelegenheit geben, sich von dem, was er wirklich gewollt hat, aus anderen Motiven loszusagen [139]. Insbesondere kann eine Tradition, bei welcher sich der Tradent in der Sache vergriffen hat, nur so angefochten werden, daß der Tradent sich bereit erklärt, die Sache, welche er wirklich übergeben wollte, dem Gegner zu überlassen [140].

Wird ein obligatorischer Vertrag, z. B. ein Kaufvertrag, angefochten, so bleiben die zu seiner Erfüllung vorgenommenen Verfügungen vermöge ihrer abstrakten Natur gültig und es entsteht eine beiderseitige Verpflichtung zur Herausgabe der ungerechtfertigten Bereicherung [140a], condictio ob causam finitam, § 812 [141]. Die sog. dingliche Wirkung der Anfechtung kann nur dann eintreten, wenn auch das Verfügungsgeschäft anfechtbar ist und angefochten wird. Das ist, wenn ein Kaufvertrag mit Irr-

---

[137] Planck, Erl. I 1 zu § 119; Staudinger § 121, 1; Oertmann § 119, 10c; Cosack § 65 IV 1; Manigk, Willenserklärung 212; Titze, Mißverständnis § 19 Anm. 6; Enneccerus § 158 Anm. 7.

[138] Weigert er sich, so gibt er zu erkennen, daß er unter dem Vorwand des Irrtums ein ihm nach dem Vertrag nicht zukommendes Reurecht ausüben will.

[139] Das in § 242 aufgestellte Prinzip von Treu und Glauben gilt nicht nur für Forderungen, sondern auch für Ausübung sonstiger Rechte, vgl. ob. § 64 Note 56.

[140] Vgl. den von RG. 77, 335 entschiedenen Fall, ob. Note 14, wenn der Schenker die Übergabe des unrichtigen Kouponbogens wegen Irrtums anfechten kann, so darf man ihm das meines Erachtens nur gegen Angebot des Kouponbogens gestatten, den er übergeben wollte.

[140a] Ist der Anfechtende nicht imstande, die erhaltene Leistung zurückzugeben, so verliert er deshalb sein Anfechtungsrecht nicht, vgl. ob. § 57 Note 109, muß aber den Schaden des Gegners als negatives Interesse ersetzen, unt. Note 171.

[141] Vgl. ob. § 57 S. 316. OLG. 25, 35.

tum behaftet ist, bisweilen [142], aber nicht immer [143], der Fall [144].

Kann der durch Irrtum oder falsche Übermittlung für den Erklärenden entstandene Schaden durch Anfechtung nicht beseitigt werden [145], so ist er vom Urheber der Erklärung zu tragen, es sei denn, daß er den, welcher die irrige Erklärung oder den Fehler der Übermittlung verschuldet hat [145 a], haftbar machen kann; ein solcher Rückgriff kann sich aus Verletzung einer Vertragspflicht ergeben, u. U. auch aus einer culpa in contrahendo [145 b], oder aus § 826; dagegen besteht keine deliktische Haftung für fahrlässige Erregung eines Irrtums [145 c].

VI. Die Anfechtung wegen Irrtum oder falscher Übermittlung ist nach § 122 mit der Verpflichtung verbunden, den Schaden zu ersetzen, den andere Personen dadurch erleiden, daß sie auf die Gültigkeit der Erklärung vertrauen [146]; dasselbe gilt bei einer nach § 118 wegen mangelnder Ernstlichkeit nichtigen Erklärung [146 a]. In dieser Ersatzpflicht liegt eine Ausgleichung dafür, daß das

[142] Beispiel: es verkauft und übergibt jemand eine Sache, indem er beim Verkauf und bei der Übergabe die Sache mit einer anderen verwechselte oder in beiden Momenten über wesentliche Eigenschaften der Sache im Irrtum war; Kaufvertrag und Übergabe können angefochten werden.

[143] Es verkauft und übergibt jemand eine Sache. Beim Kaufvertrag hat er durch Schreibfehler den Kaufpreis niedriger angegeben, als er wollte. Er kann den Kaufvertrag anfechten, nicht aber die Übergabe; selbst wenn bei der Übergabe der Irrtum über die Richtigkeit des Kaufvertrages fortbesteht; denn dieser Irrtum ist für die abstrakte Verfügung ein unanfechtbarer Motivirrtum, vgl. ob. Note 49.

[144] Es kommt nicht darauf an, wie RG. 66, 390 anzunehmen scheint, ob Verkauf und Übergabe sich als einheitlicher Willensakt darstellt. Die Anfechtung ist im Fall der Note 142 zulässig, auch wenn zwischen Verkauf und Übergabe ein längerer Zeitraum liegt, und unzulässig im Fall der Note 143, auch wenn die Übergabe sich unmittelbar an den Verkauf anschließt.

[145] RG. 51, 92.

[145 a] Vgl. ob. § 61 Note 62.

[145 b] Vgl. ob. § 62 S. 488.

[145 c] Planck § 122, 4.

[146] Brock, Negatives Vertragsinteresse 91; Wilutzki, Recht 5, 190; Lippmann, ArchZivPr. 102, 322; H. A. Fischer, Schaden 115; Herbert Meyer, Publizitätsprinzip 90; Rabel, Vertrauensschaden, Zeitschr. f. schweiz. R. 27, 291; Wellspacher, Vertrauen auf äußere Tatbestände 92.

[146 a] Vgl. ob. § 66 Note 73.

Gesetz die Anfechtung in weitgehender Weise und selbst bei Verschulden des Erklärenden gestattet [147]. Die Ersatzpflicht ist keine Folge des Irrtums oder der falschen Übermittlung und setzt daher kein Verschulden des Erklärenden voraus [148]; sie ist vielmehr ein Korrelat der Anfechtung, wie ja auch der Schaden des Anfechtungsgegners nicht sowohl durch die unrichtige Erklärung verursacht ist, als vielmehr dadurch, daß diese Erklärung angefochten wurde [149]; denn wäre die Anfechtung unterblieben, so würde die Erklärung so gelten [150], wie sie lautete, und ein Schaden aus dem Irrtum oder der falschen Übermittlung würde vielleicht für den Erklärenden, nicht aber für den Gegner entstanden sein. Die Anfechtung aus §§ 119, 120 gehört zu den Rechten [151], deren Ausübung mit der Verpflichtung belastet ist, den daraus entstehenden Schaden zu ersetzen [152]. Anders verhält es sich bei einer nicht ernstlich gemeinten Erklärung; da die Erklärung nach § 118 nichtig ist, so hat der Gegner, der sie ernst genommen hat, den Schaden sofort erlitten, wenn er sich auch dessen erst später bewußt wird; daß das Gesetz den Erklärenden ersatzpflichtig macht, beruht auf dem Gedanken, daß eine nicht ernst gemeinte Erklärung eine ungewöhnliche und im Sinne des Ver-

---

[147] Derselbe Grund spricht bei der condictio indebiti, § 812, dafür, dem Irrenden, der seine Leistung zurückverlangt, den Ersatz des Schadens aufzuerlegen, welchen der Gegner durch sein Vertrauen auf die Gültigkeit der Leistung erlitten hat, Tuhr, Festschr. f. Bekker 291 fg.; vgl. Rabel a. a. O. 320; Oertmann § 818, 3 a. Vgl. ob. § 59 Note 159 a.

[148] Planck § 122, 1. Ersatz ist zu leisten selbst wenn der Fehler der Erklärung durch höhere Gewalt herbeigeführt ist, Endemann § 71 Anm. 28.

[149] Daß der Grund der Ersatzpflicht nicht im Irrtum, sondern in der Anfechtung liegt, zeigt sich am deutlichsten, wenn beide Parteien (z. B. Schenker und Beschenkter) im gleichen Irrtum über die Eigenschaften der Sache befangen sind: wer von beiden anficht, und das wird der Schenker sein, hat dem anderen Teil das Interesse zu ersetzen, Tuhr, Festg. f. Bekker 294.

[150] Ist ein wegen Irrtums angefochtenes Geschäft aus einem anderen Grunde nichtig, so erweist sich die Anfechtung als wirkungslos, vgl. ob. § 57 Note 13, daher besteht keine Verpflichtung, zum Ersatz des negativen Interesses, Planck I 5 b zu § 119.

[151] Enneccerus § 199 I.

[152] In dieser Beziehung ist die Irrtumsanfechtung zu vergleichen mit dem Wegnahmerecht, § 258, oder der Notstandshandlung, § 904, Tuhr a. a. O. 16, 74.

kehrs gefährliche Handlung ist, deren Risiko der Erklärende zu tragen hat [153].

Ersatzpflichtig ist nach dem Wortlaut des § 122 der Urheber der angefochtenen Erklärung; es ergibt sich aber aus dem Grunde der Ersatzpflicht, daß sie nicht den Erklärenden, sondern den Anfechtenden treffen muß [154]. In den meisten Fällen werden beide Personen identisch sein. Daß der Erbe, wenn er eine Erklärung des Erblassers anficht, das negative Interesse vergüten muß, ist selbstverständlich; aber aus der richtigen Auffassung des Ersatzgrundes folgt, daß die Ersatzschuld keine Nachlaßverbindlichkeit, sondern eine eigene Verpflichtung des Erben ist. Ferner dürfte unbestreitbar sein, daß, wenn jemand die Erklärung seines Stellvertreters anficht, das negative Interesse nicht dem Vertreter zur Last fällt, der den Irrtum begangen hat, sondern dem Vertretenen, der das Anfechtungsrecht ausübt. Endlich ist, wenn eine Erklärung des Gemeinschuldners vom Konkursverwalter nach §§ 119 oder 120 angefochten wird, die Ersatzpflicht eine Masseschuld nach KO. § 59 Nr. 1.

Ersatzberechtigt ist bei empfangsbedürftigen Erklärungen (innerhalb eines Vertrages oder bei einseitigen Rechtsgeschäften) nur der Erklärungsgegner [155], daher beim Vertrag zugunsten Dritter der Mitkontrahent, nicht der Dritte [156]. Den empfangsbedürftigen Erklärungen sind in bezug auf § 122 gleichzustellen die Annahme der Offerte nach §§ 151 oder 152 [157], sowie die an eine Privatperson oder eine Behörde zu richtende Erklärung, wenn sie der Privatperson gegenüber abgegeben ist [158]. Wird eine nichtempfangsbedürftige Erklärung angefochten, so ist ersatzberechtigt jeder, der durch sein Vertrauen auf die Gültigkeit der Erklärung in seinem rechtlichen Interesse geschädigt ist [159]. Beispiele nicht-

---

[153] Als Analogie kann auf den Ersatzanspruch aus § 231 hingewiesen werden.

[154] Auch Seckel, Festg. f. Koch 225 Anm. 4, nimmt an, daß der Wortlaut des § 122 korrektorisch zu interpretieren ist.

[155] Hat der Irrende einen Vertrag mit zwei Gegnern A und B geschlossen und die Anfechtung beiden gegenüber erklärt, § 53 Note 78, so hat jeder von beiden Ersatz seines Schadens zu beanspruchen.

[156] Planck § 122, 3; Enneccerus § 159, 1.

[157] Vgl. ob. § 61 Note 307, Zitelmann, Grundriß 98.

[158] Vgl. ob. § 61 Note 287.

[159] Bloßes tatsächliches Interesse an der Gültigkeit der Erklärung kann nicht genügen. Beispiel bei Siber, Buchrechtsgeschäft 170.

empfangsbedürftiger Erklärungen, durch deren Anfechtung ein Schaden entstehen kann, sind folgende: eine durch Druckfehler entstellte unwiderrufliche Auslobung; Annahme oder Ausschlagung einer Erbschaft [160]; Ausstellung eines Inhaberpapiers [161]; Bestellung einer Eigentümergrundschuld, § 1196 [162]; Dereliktion [163].

Der zu ersetzende Schaden (man kann ihn kurz Vertrauensschaden nennen) umfaßt das sog. negative Interesse [164], im Gegensatz zum positiven Interesse [165]. Während das positive Interesse sich nach dem Zustand bemißt, welcher bei Gültigkeit der Erklärung und bei Erfüllung der sich daraus ergebenden Pflichten bestehen würde, ist zur Berechnung des negativen Interesses die Sachlage so ins Auge zu fassen, wie sie sich gestaltet hätte, wenn die angefochtene oder nach § 118 nichtige Erklärung überhaupt nicht abgegeben wäre, oder ihre (durch Anfechtung bewirkte) Nichtigkeit von vornherein erkennbar gewesen wäre. Nach diesem Gesichtspunkt können als negatives Interesse verschiedene Schadensposten in Betracht kommen [166]: die vergeblich aufgewendeten Kosten des Vertragsschlusses; Ausgaben, die der Vertragsgegner des Anfechtenden nach Abschluß des Vertrages [167] mit Rücksicht auf denselben gemacht hat [168], z. B. zur Vor-

---

[160] Planck § 1954, 3.

[161] Vgl. ob. § 61 Note 306.

[162] Ein Gläubiger, der die Grundschuld gepfändet hat, kann, wenn die Grundschuld angefochten wird, Ersatz seiner Kosten verlangen.

[163] Vgl. ob. § 61 Note 30.

[164] Name und Begriff stammen von Jhering, in seinem Jahrb. 4,16.

[165] Ersatz des negativen Interesses findet sich außer bei der Anfechtung in mehreren anderen Fällen, vgl. ob. § 49 Note 90, § 59 Note 161, § 62 Note 199.

[166] Die als negatives Interesse in Betracht kommenden Ausgaben sind im Moment ihrer Vornahme kein Schaden gewesen, haben aber den Charakter des Schadens nachträglich angenommen, indem der Zweck, dem sie dienen sollten, durch die Anfechtung weggefallen ist, vgl. ob. § 18 Note 33 a.

[167] Aufwendungen, die der Gegner vor der (später angefochtenen) Erklärung macht, z. B. in Erwartung des zu schließenden Vertrages, sind nicht zu ersetzen; denn sie würden auch dann zu Lasten des Gegners verbleiben, wenn der Vertrag überhaupt nicht geschlossen wäre, Tuhr, Zeitschr. f. schweiz. R. 16, 19, Staudinger § 122, 5 a.

[168] Aufwendungen des Anfechtungsgegners sind arg. 1298 II nur soweit zu ersetzen, als sie den Umständen nach angemessen waren, wobei aber zu beachten ist, daß der Anfechtungsgegner an die Möglichkeit einer Anfechtung nicht zu denken braucht; immerhin sind vom Ersatz aus-

bereitung der Erfüllung oder im Vertrauen auf den durch den Vertrag gemachten Erwerb [169]; die höheren Kosten eines durch Anfechtung des Kaufes nötig gewordenen Deckungskaufes [170]; ferner jeder Schaden, den eine vom Gegner an den Anfechtenden übergebene Sache erlitten hat [171], auch wenn dieser Schaden ohne Schuld des Anfechtenden entstanden ist [172]; wenn z. B. der Käufer von Zigarren den Kauf anficht, so hat er den Wert der aufgerauchten Zigarren dem Verkäufer zu ersetzen [173], da dieser Schaden nicht entstanden wäre, wenn der Verkäufer nicht auf die Gültigkeit des Vertrages vertraut hätte [174]. Zum negativen Interesse gehört ferner jede Schädigung, welche der Erwerber einer Sache durch den Besitz der Sache erlitten hat, oder durch deren Herausgabe erleidet [175]. Endlich kann das negative Interesse in einem entgangenen Gewinn bestehen, § 252: wird z. B. ein Kauf angefochten, so kann der Verkäufer Ersatz des Geschäftsgewinns verlangen, den er, wenn der angefochtene Kauf nicht geschlossen worden wäre, durch Verkauf an einen Dritten nach dem gewöhnlichen Lauf der Dinge oder nach den besonderen Umständen mit Wahrscheinlichkeit erwarten durfte.

---

geschlossen Ausgaben, die auf unvernünftigem Luxus oder auf Laune beruhen, Riezler, DJZ. 17, 1176, Lehnsen das. 1404.

[169] Beispiel: X verschenkt seine silberne Uhr, weil ihm A eine goldene Uhr geschenkt hat. Wird die Schenkung von A angefochten, so besteht das negative Interesse des X im Verlust seiner silbernen Uhr. Tuhr, Festschr. f. Bekker 16; H. A. Fischer, Festschr. f. Zitelmann 46.

[170] Z. B. bei Abschluß des später angefochtenen Kaufes hätte der Käufer seinen Bedarf für 100 decken können. Jetzt muß er 110 zahlen. Diese Differenz ist ihm zu ersetzen. Dagegen nicht die Differenz zwischen 110 und dem vielleicht besonders niederen Kaufpreis, den er mit dem Anfechtenden ausgemacht hat; das wäre positives Interesse, auf welches er bei der Nichtigkeit des Vertrages keinen Anspruch hat; vgl. SeuffA. 62, 226.

[171] Tuhr a. a. O. 20. Vgl. ob. Note 140a.

[172] Haftung nur bei Verschulden scheint anzunehmen Kipp, Zus. 8 zu Windscheid § 258.

[173] A. A. Wedemeyer, Abschluß eines oblig. Vertrags 129.

[174] Dagegen braucht der Anfechtungsgegner das, was er aus dem angefochtenen Vertrag erhalten hat, nur nach den Grundsätzen der ungerechtfertigten Bereicherung herauszugeben.

[175] Die anfechtbar erworbene Sache hat z. B. durch ihre Beschaffenheit einen Schaden angerichtet, oder durch Herausgabe der Sache wird der Geschäftsbetrieb des Erwerbers gestört, vgl. Tuhr, Festschr. f. Bekker 314.

Das negative Interesse beläuft sich um so höher, je später die Anfechtung erfolgt [176], und kann den Betrag des positiven Interesses erreichen, in welchem Fall die Anfechtung keinen Vorteil bietet. Die Berechnung des negativen Interesses kann sogar zu einer das positive Interesse übersteigenden Summe führen [177]; jedoch bestimmt das Gesetz (für alle Fälle des negativen Interesses [178]), daß der Ersatz am positiven Interesse seine Grenze finden solle [179]. Denn die Anfechtung soll zwar unbeschadet der Interessen des Gegners erfolgen, aber nicht dazu führen, daß der Anfechtende in eine schlechtere Lage kommt, als die, in welche ihn sein Irrtum oder die falsche Übermittlung der Erklärung versetzt hatte [180].

Das negative Interesse ist in der Regel so beschaffen, daß

---

[176] Für die Berechnung des negativen Interesses kommt es nicht auf das Zugehen der Anfechtungserklärung an, sondern auf deren Kenntnisnahme durch den Anfechtungsgegner; denn wenn der Gegner vor Kenntnis der Anfechtung Ausgaben macht, die er bei Kenntnis der Anfechtbarkeit nicht gemacht hätte, so ist das ein Schaden, den er nicht erlitten hätte, wenn die angefochtene Erklärung nicht erfolgt wäre.

[177] Z. B. es verkauft jemand eine ihm nicht gehörende Sache für 100. Zur Beschaffung der Sache muß er wider Erwarten 120 aufwenden. Wird der Kauf angefochten, so beträgt das negative Interesse 120, während der Verkäufer bei gültigem Kauf nur 100 zu verlangen hätte.

[178] Vgl. § 179 II, § 307 II.

[179] Daraus darf nicht mit Staudinger § 122, 5 c gefolgert werden, daß das negative Interesse nicht zu vergüten sei, wenn das Erfüllungsinteresse als nichtvermögensrechtliches nach § 253 nicht zu ersetzen wäre. Hat z. B. jemand ein Fenster für einen Festzug gemietet, so kann er, wenn ihm das Fenster nicht gewährt wird, keinen Geldersatz für den ihm entgangenen Genuß verlangen; wenn aber der Vermieter den Vertrag nach §§ 119 oder 120 anficht, kann der Mieter seine überflüssig gewordenen Ausgaben als negatives Interesse liquidieren, jedoch nicht in höherem Betrage, als ihm bei Gültigkeit der Miete diese Ausgaben vom vertragsbrüchigen Vermieter als Schaden (vgl. ob. § 18 Note 33 a) zu ersetzen wären.

[180] Der Anfechtende braucht als negatives Interesse nie mehr zu zahlen, als das Erfüllungsinteresse betragen würde; er kann aber nicht die Anfechtung, wenn sie sich infolge eines hohen negativen Interesses als nutzlos erweist, zurücknehmen und Erfüllung des angefochtenen Vertrages verlangen, vgl. ob. § 57 Note 119. OLG. 24, 288. Dies Resultat kann nur durch Einigung der Parteien erreicht werden; denn die nachträgliche Erfüllung des einmal angefochtenen Vertrages kann den Gegner, der sich bereits anderweitig eingerichtet hat, in Verlegenheit bringen, Planck § 122, 3, Oertmann § 122, 3 b; a. A. Hölder § 122, 2, Endemann § 69 Anm. 28.

der Ersatz nur durch Geldleistung erfolgen kann; jedoch kann gegebenenfalls Naturalherstellung nach § 249 verlangt werden [181].

Dem Grundgedanken des negativen Interesses entsprechend bestimmt § 122 II, daß die Ersatzpflicht nicht eintritt, wenn der Beschädigte den Grund der Nichtigkeit oder der Anfechtbarkeit kannte oder kennen mußte [182]. Kannte der Gegner den Erklärungsirrtum oder die Unrichtigkeit der Übermittlung, so liegt eine anfechtbare Erklärung überhaupt nicht vor; denn die Erklärung hat in solchem Falle für den Gegner entweder den richtigen Sinn oder keine rechtliche Bedeutung [183]. Dagegen ist bei Irrtum über Eigenschaften die Erklärung gültig und anfechtungsbedürftig, selbst wenn der Irrtum dem Gegner bekannt war; er verliert aber den Anspruch auf das negative Interesse, weil er sich wissentlich diesem Schaden ausgesetzt hat. Häufiger wird § 112 II zur Anwendung kommen bei Fahrlässigkeit des Erklärungsgegners, z. B. wenn der Empfänger eines Telegramms bei einiger Aufmerksamkeit hätte verstehen müssen, daß eine Verstümmelung vorliegt [184].

Der Anspruch auf das negative Interesse entsteht in dem Moment, in welchem die Maßregeln, die der Erklärungsgegner im Vertrauen auf die Gültigkeit der Erklärung vorgenommen hat, sich infolge der Anfechtung als für ihn schädlich herausstellen. Von diesem Zeitpunkt an läuft die Verjährung. Über ihre Dauer hat das Gesetz nichts bestimmt. Da die Anfechtung keine unerlaubte Handlung, sondern Ausübung eines Rechtes ist, kann die kurze Verjährung des § 852 nicht zur Anwendung kommen [185]. Anderseits beruht der Ersatzanspruch des § 122 weder auf dem (durch die Anfechtung nichtig gewordenen) Rechtsgeschäft, noch auf einem im Stadium der Vertragsverhandlungen begangenen Verschulden [186]. Immerhin liegt aber der Grund der Anfechtung

---

[181] Oertmann § 122, 3 c. Hat z. B. der Käufer zur Aufstellung des gekauften Kunstwerks an seinem Hause eine bauliche Veränderung vorgenommen, so kann er, wenn der Kauf angefochten wird, Herstellung des früheren Zustandes als negatives Interesse verlangen.

[182] D. h., wie das Gesetz bei dieser Gelegenheit definiert, „infolge von Fahrlässigkeit nicht kannte". Vgl. ob. § 49 Note 37.

[183] Vgl. ob. Note 121.

[184] Nach Analogie von § 122 II versagt RG. 81, 395 den Ersatzanspruch, wenn der Geschädigte den Irrtum selbst veranlaßt hat; vgl. zu dieser Entscheidung ob. Note 63.

[185] Oertmann § 852, 2.

[186] Vgl. ob. § 62 S. 488.

und der mit ihr verbundenen Ersatzpflicht in dem Rechtsverhältnis, welches durch die angefochtene Erklärung begründet werden sollte [187]. Daher scheint es mir angemessen, wie für den Ersatzanspruch aus culpa in contrahendo (z. B. aus § 307 [188]), so auch für die Anfechtung aus § 122 die kurzen Verjährungsfristen anzuwenden, welche für Ansprüche aus dem angefochtenen Vertrag gelten würden [189]; im übrigen muß es bei der allgemeinen 30jährigen Verjährung verbleiben.

VII. Besondere Vorschriften über den Irrtum gelten:

1. bei der Eheschließung. Die Ehe kann angefochten werden [190]:

a) wenn ein Ehegatte bei der Eheschließung nicht gewußt hat, daß es sich um eine Eheschließung handle, oder dies zwar gewußt hat, aber eine Erklärung, die Ehe eingehen zu wollen, nicht hat abgeben wollen, § 1332. Solche, als Irrtum in der Erklärung zu charakterisierende Fälle werden äußerst selten vorkommen.

b) Wenn ein Ehegatte sich in der Person des anderen geirrt hat, § 1333. Dieser sog. Identitätsirrtum [191] liegt vor, wenn ein Ehegatte den ihm bei der Eheschließung gegenüberstehenden Menschen [192] irrtümlicherweise für die Person hielt, mit welcher er die Ehe eingehen wollte [193].

---

[187] Vgl. Rabel a. a. O. 324.

[188] Oertmann § 307, 2.

[189] Der Grund der kurzen Verjährung liegt, wie Oertmann a. a. O. richtig bemerkt, in den Lebensverhältnissen, deren schnelle Erledigung der Gesetzgeber für geboten hält. Daher scheint es mir unzulässig, einen Käufer, der nach § 196 Nr. 1 nur zwei Jahre lang dem Anspruch auf den Kaufpreis ausgesetzt ist, bei Anfechtung des Kaufes 30 Jahre lang für das negative Interesse haften zu lassen.

[190] Binnen sechs Monaten seit Entdeckung des Irrtums, § 133 g.

[191] Vgl. ob. Note 26.

[192] Als Identitätsmerkmal bei der Eheschließung ist m. Er. nur die Anwesenheit des Erklärungsgegners zu betrachten, nicht der Name, den der Standesbeamte bei seiner Frage an die Verlobten, § 1318, zu nennen pflegt. A. A. Wolff, Familienrecht § 25 I 3, der die Eheschließung für nichtig hält, wenn X, der mit der A verlobt ist, das Jawort an die B richtet, welche sich für die A ausgibt. In dem Fall, welchen Wolff § 25 Anm. 2 als Beispiel für Identitätsirrtum anführt, sehe ich einen Irrtum über persönliche Eigenschaften, welche bei verständiger Würdigung des Wesens der Ehe nicht in Betracht kommen; denn es gehört keinesfalls zum Wesen der Ehe, daß die Ehefrau Tochter eines Freundes des Mannes ist.

[193] Hölder, JheringsJ. 42, 1 fg.; a. A. Seidlmayer, JheringsJ. 46, 183 fg.

In beiden Fällen a) und b) kommt es in Abweichung von § 119 I nicht darauf an, ob der Ehegatte bei Kenntnis der Sachlage die Erklärung abgegeben hätte oder nicht.

c) Die Ehe kann angefochten werden, wenn ein Ehegatte über solche persönliche Eigenschaften des anderen Ehegatten geirrt hat, die ihn bei Kenntnis der Sachlage und bei verständiger Würdigung des Wesens der Ehe von der Eingehung der Ehe abgehalten haben würden, § 1333. Diese Vorschrift entspricht in sachgemäßer Abänderung dem § 119 II [194]. Als objektiver Maßstab für die Erheblichkeit des Irrtums ist das Wesen der Ehe aufgestellt [195]. Die persönlichen Eigenschaften sind abzugrenzen von den „Umständen" [196], welche nach § 1334 nur bei arglistiger Täuschung Grund zur Anfechtung geben [197]. Aus § 1334 II ergibt sich, daß Vermögensverhältnisse in keinem Fall als persönliche Eigenschaft gelten können.

Aus der Anfechtung der Ehe entsteht keine Verpflichtung, das negative Interesse zu ersetzen. Anstelle dieser Verpflichtung tritt das Recht des anderen Ehegatten, zu verlangen, daß die Vermögensverhältnisse so behandelt werden, wie wenn die Ehe geschieden und der anfechtende Ehegatte für allein schuldig erklärt worden wäre, §§ 1345, 1346 [197a].

2. Für Irrtum bei Errichtung eines Testamentes oder Erbvertrages gelten folgende Besonderheiten [198], §§ 2078, 2281:

a) Es genügt subjektive Kausalität des Irrtums: es kommt nicht darauf an, daß der Irrtum sich bei verständiger Würdigung des Falles als erheblich darstellt.

b) Unrichtigkeit der Erklärung kann beim Testament leichter als bei Rechtsgeschäften unter Lebenden durch Auslegung korrigiert werden und wird daher seltener Anlaß zur Anfechtung geben. Denn die Auslegung erfolgt individuell vom Standpunkt des Erblassers aus [199], während empfangsbedürftige Erklärungen den Sinn haben, welchen der Empfänger ihnen beilegen darf. Daher

---

[194] Vgl. ob. S. 584.

[195] Vgl. die reiche Kasuistik in den Kommentaren zu § 1333.

[196] Vgl. ob. § 43 Note 41.

[197] Zu den Umständen gehören z. B. die Eigenschaften und das Vorleben der Angehörigen des anderen Ehegatten.

[197a] Vgl. ob. § 49 Note 104.

[198] Die Anfechtungsfrist beträgt ein Jahr seit Entdeckung des Irrtums, § 2082, 2283.

[199] Vgl. ob. § 64 Note 24.

kann eine falsche Bezeichnung einer Sache meist in dem Sinn gedeutet werden, welchen der Erblasser meinte; ebenso eine falsche Bezeichnung des Bedachten; hat z. B. der Erblasser seinen Freund Mayer bedacht, während er nachweislich einen anderen Freund namens Maier meinte, so fällt das Vermächtnis letzterem zu [200].

c) Anfechtungsberechtigend ist jeder Irrtum im Motiv: „die irrige Annahme oder Erwartung des Eintritts oder Nichteintritts eines Umstandes," § 2078 II. Daher brauchte der Irrtum über Eigenschaften der Person oder Sache, § 119 II, nicht besonders erwähnt zu werden. Ein Fall des Irrtums über das Vorliegen eines Umstandes ist in § 2079 hervorgehoben (Unkenntnis von dem Vorhandensein eines Pflichtteilsberechtigten). Irrtümliche Erwartung eines künftigen Umstandes liegt nur dann vor, wenn der Erblasser den Eintritt dieses Umstandes als sicher ansah; das ist z. B. der Fall, wenn der Erblasser dem X, der mit der Y verlobt ist, eine Zuwendung mit Rücksicht auf die bevorstehende Eheschließung macht. Mußte dagegen der künftige Umstand dem Erblasser als unsicher erscheinen, so kann nicht angenommen werden, daß die Erwartung dieses Umstandes für seinen Entschluß bestimmend war [201]; daher würde bei Ausbleiben des Umstandes Irrtum im Beweggrund nicht vorliegen [202].

d) Der durch Anfechtung eines Testaments oder Erbvertrages verursachte Vertrauensschaden ist nach § 2078 III nicht zu ersetzen. Wer eine Erbschaft oder ein Vermächtnis herausgeben muß, weil die Verfügung des Erblassers wegen Irrtums angefochten wurde, haftet zwar bei gutem Glauben nur bis zum Betrag seiner Bereicherung, §§ 2021, 818 III, jedoch können auch bei liberalster Anwendung dieses Maßstabes nicht alle Schädigungen, die er durch Erwerb und Verlust der Zuwendung erlitten hat, als Minderung der Bereicherung zur Anrechnung kommen [203]; so hat z. B. ein Vermächtnisnehmer, der aus Freude über die ihm zugedachte

[200] Eine empfangsbedürftige Erklärung, die an Mayer statt an Maier gerichtet wäre, kann angefochten und dadurch nichtig werden, aber nicht als Erklärung an Maier gelten, vgl. ob. Note 131 a.

[201] So z. B. wenn der Erblasser einem im Examen stehenden Neffen etwas vermacht. Vgl. ob. Note 3.

[202] Irrige Erwartung des Nichteintritts eines künftigen Umstandes liegt auch dann vor, wenn dieser Umstand gänzlich außerhalb des Vorstellungskreises des Erblassers liegt, RG. 77, 174.

[203] Planck § 2021, 5 b; Oertmann § 818, 3 a; Enneccerus § 447 III; Tuhr, Festschr. f. Bekker 312 fg. Vgl. ob. § 59 Note 159 a.

goldene Uhr seine silberne Uhr verschenkt, bei Anfechtung des Vermächtnisses die goldene Uhr herauszugeben und muß den Verlust der silbernen Uhr selbst tragen [204]. Dies Resultat scheint mir der Billigkeit nicht zu entsprechen und in auffallendem Widerspruch zu dem in gleichliegenden Fällen geltenden Recht zu stehen [205]. Hat z. B. der Erbe A ausgeschlagen und seine Ausschlagung angefochten, § 1954, so kann B, der durch die Ausschlagung die Erbschaft erworben und durch die Anfechtung wieder verloren hat, Ersatz seines negativen Interesses verlangen. Die Rechtslage des B scheint mir aber wesentlich die gleiche zu sein, ob nun die ihn schädigende Anfechtung auf einem Irrtum des Erblassers oder des Erben A beruht.

3. Über § 779, Irrtum beim Vergleich, vgl. ob. § 52 Note 41 über § 1949 I, Irrtum über den Berufungsgrund bei Annahme der Erbschaft, vgl. ob. § 64 Note 13, über Irrtum bei Gründung eines Vereins vgl. Bd. I S. 479 fg.

§ 68. Arglistige Täuschung und Drohung.

Während sich das Recht grundsätzlich gegen die Motive des Rechtsgeschäftes gleichgültig verhält [1], wird in zwei Fällen der abnormen Beeinflussung des Willens Schutz durch Anfechtung gewährt: bei arglistiger Täuschung und Drohung, § 123. In diesem Sinne erfordert das Rechtsgeschäft Freiheit des Willens [1a]. Der Grund der Anfechtbarkeit liegt in der Beeinträchtigung der Freiheit des Entschlusses, nicht in der Rechtswidrigkeit oder sittlichen Verwerflichkeit, die sich in der Handlungsweise des Täuschenden oder Drohenden manifestiert [2]. Daher ist zur Anfechtung nicht erforderlich, daß der Täuschende oder Drohende

---

[204] Während ein Beschenkter in diesem Fall Ersatz des negativen Interesses verlangen könnte, vgl. ob. Note 169.

[205] § 2078 III stammt aus dem 1. Entw. § 1779, nach welchem das negative Interesse nur bei empfangsbedürftigen Erklärungen zu ersetzen war, § 97 III, § 99 II. Auch beruhte im 1. Entw. die Ersatzpflicht auf einem Verschulden des Irrenden, während sie sich im BGB. als Ausgleich für den durch die Anfechtung bewirkten Eingriff in gefestigte Rechtsverhältnisse darstellt. Vgl. ob. Note 147.

[1] Vgl. ob. § 65 Note 22.

[1a] Die philosophische Frage des Determinismus kommt für die Jurisprudenz nicht in Betracht.

[2] Planck zu § 123 Erl. II a. A., Staudinger, Erl. III 1 Ab; a. A. v. Blume, JheringsJ. 38, 228, Kohler § 233 III.

deliktsfähig oder der Unzulässigkeit seiner Handlung sich bewußt sei [3]. Daher gilt für die Beurteilung der Anfechtung und ihrer Folgen nicht die lex delicti commissi, Art. 12 [4], und für die Ansprüche, die sich aus der Anfechtung ergeben, nicht der Gerichtsstand der unerlaubten Handlung, ZPO. § 32.

I. Der Begriff der arglistigen Täuschung [5] ist im Gesetz nicht definiert. Er ist, wie der des strafbaren Betrugs, aus dem vieldeutigen römischen dolus erwachsen und unterscheidet sich in einigen Erfordernissen vom Betrug [6]. Arglistige Täuschung ist ein Verhalten, durch welches jemand bei einem anderen vorsätzlich eine falsche Vorstellung hervorruft, bestärkt oder bestehen läßt, in dem Bewußtsein, daß dieser Irrtum für den anderen bei Abgabe einer Willenserklärung bestimmend sei.

1. Der bei der Täuschung in Betracht kommende Irrtum betrifft stets die Motive des Willens [7] und wäre daher ohne die Täuschung in der Regel kein Anfechtungsgrund [8]. Ist aber ein Irrtum in den Beweggründen durch Täuschung veranlaßt, so kommt es auf seinen Gegenstand [9] und seine objektive Erheblich-

---

[3] Dernburg § 147 Anm. 8; Enneccerus § 161 II 2; Planck II 5a zu § 123; RG. 22. 10. 10 in SeuffArch. 66 Nr. 200; Oertmann § 123 B 2, C 2.

[4] RG. 78, 58.

[5] Vgl. den nahe verwandten Begriff der Hinterlist, § 825.

[6] Zur Kenntlichmachung dieses Unterschiedes spricht das BGB. nicht von Betrug, sondern von arglistiger Täuschung, Prot. I 118. Der in KO. § 196 beibehaltene Ausdruck Betrug ist gleichbedeutend mit arglistiger Täuschung; Jäger, Anm. 1.

[7] Veranlaßt A den B durch Täuschung zur Abgabe einer nicht gewollten Erklärung, indem er z. B. dem B, der einen Wahlaufruf unterschreiben will, einen Verpflichtungsschein unterschiebt, so kommt Anfechtung wegen Täuschung nicht in Betracht. Denn für A ist die Erklärung nichtig, weil er den Mangel des Willens kennt, Dernburg § 164 VII, vgl. ob. § 67 Note 121. Ebenso, wenn die Erklärung an einen Dritten gerichtet ist, welcher weiß, wie die Erklärung zustande gekommen ist. Ist der Dritte gutgläubig, so kann die Erklärung ihm gegenüber angefochten werden, aber nicht wegen Täuschung, § 123 II, sondern wegen Irrtums nach § 119 I, vgl. ob. § 67 I 1.

[8] Da bei der Anfechtung des Testamentes jeglicher Irrtum, auch der Irrtum im Motiv, in Betracht kommt, vgl. ob. § 67 VII 2c, ist in § 2078 neben dem Irrtum die arglistige Täuschung als Anfechtungsgrund nicht erwähnt; sie ist die irrelevante Entstehungsursache eines sowieso zur Anfechtung berechtigenden Irrtums.

[9] Die Täuschung kann sich z. B. beim Kauf beziehen auf die Be-

keit [10] nicht an; es genügt, daß der Getäuschte an die unrichtige Tatsache geglaubt hat [10a] und sich durch seine falsche Vorstellung bewegen ließ [11], eine Willenserklärung abzugeben [12]. Entschuldbarkeit des Irrtums ist bei der Täuschungsanfechtung so wenig Voraussetzung wie bei der auf Irrtum beruhenden Anfechtung nach § 119 [12a].

2. Die durch Täuschung hervorgerufene falsche Vorstellung muß sich auf eine objektive Tatsache [13] beziehen, welche Gegenstand eines richtigen Wissens sein kann [14]. Daher liegt keine Täuschung vor, wenn Erwartungen wachgerufen werden, welche nach ihrer Natur unsicher sind, z. B. wenn der Verkäufer dem Käufer einredet, daß die Konjunktur im Steigen ist oder daß eine Stadterweiterung bevorsteht [15], oder wenn Aussagen gemacht werden, welche wegen

schaffenheit der Kaufsache, auf die Angemessenheit des Preises, auf die gesetzlichen Nebenfolgen des Kaufes oder auf irgendeinen anderen Umstand, welcher für den Entschluß des Getäuschten in Betracht kommt.

[10] Anfechtung ist auch dann zulässig, wenn die irrige Vorstellung des Getäuschten bei verständiger Würdigung des Falles für seinen Entschluß nicht maßgebend sein sollte, D e r n b u r g § 146 IV 3, RG. 81, 16. Daher kann z. B. der Käufer bei Täuschung über objektiv unerhebliche Eigenschaften der Sache, auf welche er aber aus persönlicher Laune entscheidenden Wert legte, anfechten. Nur bei Anfechtung der Ehe wegen Täuschung kommt, wie beim Irrtum über persönliche Eigenschaften des anderen Ehegatten, die verständige Würdigung des Wesens der Ehe in Betracht, § 1334.

[10a] OLG. 28, 178.

[11] Die falsche Vorstellung braucht nicht das einzige Motiv der Erklärung zu sein, RG. 59, 40.

[12] Der Beweis dieser inneren Tatsachen kann durch Eid erbracht werden, RG. 65, 406.

[12a] Vgl. ob. § 67 Note 105.

[13] Wie beim Betrug, StrGB. § 263.

[14] Es wird sich meistens um Tatsachen der äußeren Welt handeln. Aber auch innere Tatsachen, z. B. das Bestehen oder Nichtbestehen einer Absicht kann Gegenstand der Täuschung sein, SeuffArch. 51 Nr. 4, D e r n b u r g § 146 Anm. 9. Hat schon beim Abschluß des Vertrages ein Kontrahent die Absicht, den Vertrag nicht zu erfüllen, so kann im Verschweigen dieser Absicht eine arglistige Täuschung liegen, T u h r , Zeitschr. f. schweiz. R. 17, 7. RG. 48, 282; 70, 427 will in solchen Fällen Täuschung nur unter besonderen Umständen annehmen.

[15] Dagegen würde Täuschung vorliegen, wenn A dem B vorspiegelt, daß ein Plan zur Stadterweiterung zur Beratung steht oder ein Beschluß darüber bereits gefaßt ist, und zwar würde arglistige Täuschung auch dann anzunehmen sein, wenn A an das baldige Zustandekommen eines solchen Beschlusses selbst glaubt.

ihrer Unbestimmtheit nicht den Anspruch auf Wahrheit erheben können, wenn z. B. der Verkäufer seine Ware als prima [16] oder ff oder ein Haarmittel als das beste in der Welt anpreist.

3. Zur Arglistigkeit der Täuschung gehört:

a) daß der Täuschende die Unrichtigkeit der von ihm hervorgerufenen Vorstellung kennt. Dem Kennen der Unrichtigkeit steht dolus eventualis gleich [17]. Dagegen begründet fahrlässige Aufstellung einer falschen Behauptung nicht den Vorwurf der Arglist.

b) der Täuschende muß annehmen, daß der Gegner die falschen Behauptungen für wahr hält und sich durch sie bestimmen läßt. Daher sind Anpreisungen und Reklamen, von denen der Anpreisende überzeugt ist, daß sie nicht ernst genommen werden können, kein Mittel arglistiger Täuschung [18].

c) die Täuschung muß, um arglistig zu sein, zu dem Zwecke vorgenommen werden, den Gegner zu einem vom Täuschenden gewünschten Rechtsgeschäft zu verleiten. Daher sind unrichtige Behauptungen, die aus Prahlerei, Verlegenheit oder ähnlichen Motiven vorgebracht werden, keine arglistige Täuschung, es sei denn, daß der Behauptende merkt, daß der Gegner sich durch diese Aussagen zur Vornahme eines Rechtsgeschäfts bestimmen läßt [19].

4. Mittel der Täuschung kann sowohl die Behauptung [20]

---

[16] Anders wäre zu entscheiden, wenn es sich dabei um eine im Handel übliche Qualitätsbezeichnung von fester Bedeutung handelte.

[17] Planck § 123 I 2 a; RG. 24. 9. 13 (Leipz. Zeitschr. 8, 67).

[18] Vgl. über den Unterschied von Anpreisungen und arglistigen Behauptungen OLG. 28, 26.

[19] A erzählt aus Renommage Wunderdinge über sein Pferd oder seine Vermögensverhältnisse. Nach einiger Zeit bietet ihm B unter dem Eindruck dieser Erzählungen einen hohen Kaufpreis oder gibt ihm ein größeres Darlehen. A hat nicht getäuscht, außer wenn er beim Kauf oder Darlehen sich bewußt war, daß seine prahlerischen Behauptungen für B bestimmend sind. Tuhr a. a. O. 13. Vgl. unt. Note 48.

[20] Der Behauptung einer falschen Tatsache steht vollständig gleich das wissentlich falsche Ableugnen einer Tatsache. Daher begeht eine uneheliche Mutter eine arglistige Täuschung, wenn sie in Vergleichsverhandlungen mit einem Konkumbenten den Verkehr mit anderen Männern fälschlich in Abrede stellt. Anders das RG. 58, 354. Dagegen mit Recht OLG. 24, 55, Hellwig, JW. 1908, 666, Josef, ArchBürgR. 34, 288. Im Prozeß ist das fälschliche Bestreiten von Tatsachen selbstverständlich keine arglistige Täuschung, weil der Gegner nicht zum Abschluß eines Rechtsgeschäftes bestimmt werden soll.

falscher Tatsachen [21] sein, als die Ausnutzung eines schon bestehenden Irrtums durch Verschweigen von Tatsachen, die dem Täuschenden bekannt sind und von denen er weiß, daß sie den Gegner vom Abschluß des Rechtsgeschäfts abgehalten hätten [21a]. Das Verschweigen solcher Tatsachen ist aber nur dann arglistige Täuschung, wenn eine Aufklärungspflicht besteht [22]. Eine solche Pflicht kann nicht auf dem noch nicht geschlossenen Vertrage beruhen [23]. Wohl aber begründet das durch die Vertragsverhandlungen entstehende Rechtsverhältnis [24] gewisse Pflichten unter den künftigen Vertragsparteien [25]. Schon in diesem Stadium der Annäherung kann nach Treu und Glauben sowie nach der Verkehrssitte verlangt werden, daß jede Partei auf die Interessen des Gegners Rücksicht nehme. Allerdings geht diese Verpflichtung nicht so weit, daß man den Mitkontrahenten über alle für ihn wichtigen Umstände unaufgefordert aufzuklären hätte [26]. Denn jeder hat im Verkehrsleben seine Interessen selbst zu wahren; jura vigilantibus sunt scripta. Aber wenn man sieht, daß der Gegner sich in einem erheblichen Irrtum befindet oder in Gefahr schwebt, in einen solchen Irrtum zu verfallen, so entspricht es der Anschauung des reellen Geschäftsverkehrs, ihn in gewissem Maße aufzuklären [27]. Wieweit diese Pflicht geht, richtet sich

[21] Formlose Zusicherungen über Eigenschaften der Kaufsache, welche beim Grundstückskauf nach § 313 unverbindlich sind, vgl. ob. § 63 Note 104, können, wenn sie unrichtig sind und wider besseres Wissen gemacht werden, Grundlage der Anfechtung sein, vgl. z. B. RG. 61, 251; 63, 111.

[21a] So liegt z. B. in der geheimen Zusicherung einer Provision an den Vertreter des Mitkontrahenten eine zur Anfechtung berechtigende Täuschung. Vgl. § 12 des Ges. gegen unl. Wettb.

[22] Vgl. z. B. RG. 78, 371: „es lassen sich Fälle denken, in denen ein Ehegatte bei der Eheschließung vom Irrtum des anderen Teils unterrichtet ist, ohne daß ihm gerade arglistige Täuschung vorzuwerfen wäre".

[23] Aus dem Vertrag können Auskunftspflichten entstehen, welche nach dem Vertragsschluß zu erfüllen sind, vgl. z. B. §§ 402, 444.

[24] Vgl. ob. § 62 Note 191.

[25] Ein Dritter, der an dem zu schließenden Vertrag nicht beteiligt ist, hat keine Verpflichtung, die Parteien aufzuklären; er begeht daher nur dann eine arglistige Täuschung, wenn er einem der Kontrahenten falsche Tatsachen vorspiegelt, nicht aber wenn er es wissentlich geschehen läßt, daß jemand im Irrtum über Umstände, die für ihn wesentlich sind, einen Vertrag abschließt.

[26] RG. 62, 147; 69, 15; 77, 314.

[27] Arglistige Täuschung liegt vor bei wissentlicher Entgegennahme einer nicht geschuldeten Leistung. Daher kann der Leistende durch An-

nach den Umständen [28]. Vor allem nach der Natur des einzugehenden Vertrages. Wer sich als Beauftragter in den Dienst fremder Interessen stellt oder als Gesellschafter gemeinsame Interessen zu fördern verspricht, beansprucht schon bei Abschluß des Vertrages ein Vertrauen, welches ihm ein höheres Maß von Aufrichtigkeit auferlegt, als bei eigennützigen Verträgen [29]. Aus dem Wesen der Versicherung ergibt sich eine weitgehende Aufklärungspflicht, welche im Gesetz über den Versicherungsvertrag [30] eingehend geregelt ist. Bei Kauf und Miete stehen sich die Parteien in ehrlichem Gegensatz der Interessen gegenüber; daher ist kein Partei verpflichtet, der anderen Tatsachen mitzuteilen, welche auf die Preisbildung (Angebot und Nachfrage) Einfluß haben [31]. Anders verhält es sich mit den Eigenschaften der Sache: da der Verkäufer in der Regel die Sache besser kennt als der Käufer, ist er nach Treu und Glauben verpflichtet, einen Irrtum des Käufers zu heben resp. nicht aufkommen zu lassen; weiß er, daß der Käufer einen Mangel der Sache, der für ihn erheblich ist, nicht merkt, so handelt er dolos, wenn er nicht darauf aufmerksam macht [32]; weiß er, daß der Käufer der Sache irrtümlich eine Eigenschaft beilegt, die für seinen Entschluß maßgebend ist, so liegt in der Zulassung dieses Irrtums eine arglistige Täuschung [32a]. Wieder-

fechtung das Eigentum an der hingegebenen Sache wiedererlangen und die Sache vindizieren, Tuhr a. a. O. 12.

[28] So wird man z. B. arglistige Täuschung annehmen, wenn A, der sich dem Y gegenüber zu einer Unterlassung verpflichtet hatte, dem B, der von dieser Pflicht nichts weiß, dieselbe Unterlassung gegen Entgelt verspricht. Dagegen ist das Verschweigen eines für den Gegner entscheidenden Umstandes keine arglistige Täuschung in folgendem Fall: A und B haben einen Schuldner X, gegen den Zwangsvollstreckung betrieben wird, durch welche jeder von beiden ein Recht verlieren würde. Jeder von beiden hat die Absicht, den Gläubiger zu befriedigen. Wenn A von dieser Absicht des B erfährt und ihm seine eigene Absicht verschweigt, so daß nun B den Gläubiger des X befriedigt, so ist seine Handlungsweise nach dem Maßstab des geschäftlichen Lebens nicht unzulässig.

[29] Vgl. RG. 21. 10. 13 (DJZ. 19, 97).

[30] §§ 16—22. RG. 81, 13.

[31] In diesem Sinn ist der bekannte Ausspruch der Quellen zu verstehen: in pretio emptionis et venditionis naturaliter licere contrahentibus se circumvenire, fr. 16 § 4 de minor. 4, 4; fr. 22 § 3 locati 19, 2.

[32] Diese Verpflichtung ist als Grund des Schadensersatzes anerkannt in § 463, 2. Vgl. unt. Note 179.

[32a] OLG. 23, 26: keine Arglist, wenn der Verkäufer eine hypothekarische Belastung verschweigt, weil er sie aus dem Kaufpreis zu tilgen hofft.

um anders ist das Stillschweigen über die eigenen Vermögensverhältnisse zu beurteilen: es wäre ein zu weitgehendes und undurchführbares Postulat, wenn man von einem Kontrahenten (besonders einem Kaufmann), der sich in bedrängter Lage befindet, verlangen wollte, daß er diese Umstände dem Mitkontrahenten mitteilt [33]. Es ist Sache des Mitkontrahenten, Aufklärung zu verlangen oder Erkundigungen einzuziehen [33a]. Darum ist das bloße Schweigen eines Kontrahenten über seine Bedrängnis nicht als arglistige Täuschung zu betrachten, außer wenn besondere Umstände (volle Zahlungsunfähigkeit oder Kreditunwürdigkeit) [34] vorliegen [34a], während allerdings wissentlich falsche Auskunft [35] als dolus zu betrachten ist. Bei der Eheschließung ist Anfechtung wegen Täuschung über Vermögensverhältnisse grundsätzlich unzulässig, § 1334 II.

II. Drohung [36] ist die Beeinflussung des Entschlusses durch Inaussichtstellen eines Übels für den Fall, daß eine vom Drohenden gewünschte Willenserklärung nicht abgegeben wird.

1. Die Drohung ist psychologische Einwirkung auf den Bedrohten (vis compulsiva). Sie ist zu unterscheiden vom physischen Zwang durch körperliche Überwältigung (vis absoluta), durch welchen keine Willenserklärung, sondern nur der Schein einer solchen herbeigeführt werden kann [37]: ebenso kann, wenn A den B durch äußere Mittel an der Abgabe einer Erklärung hindert, in Fällen, in denen qui tacet consentire videtur [38], der

---

[33] Vgl. z. B. OLG. 22, 242.

[33a] Vgl. ob. § 67 Note 95.

[34] RG. 69, 13; SeuffArch. 67, 433; OLG. 10, 137; 28, 25. Arglistige Täuschung wird man jedenfalls annehmen dürfen, wenn jemand, der verpflichtet ist, den Konkurs anzumelden, § 42, HGB. § 240, unter Verschweigung dieses Umstandes Geschäfte abschließt.

[34a] Arglistige Täuschung kann vorliegen, wenn eine Ehefrau auf Grund der Schlüsselgewalt kauft in dem Bewußtsein, daß der Mann nicht zahlen kann, OLG. 23, 406.

[35] Auf Anfrage des Gegners oder z. B. durch Veröffentlichung einer unrichtigen Bilanz.

[36] v. Blume, JheringsJ. 38, 224; Planck, Göttinger Festschr. f. Regelsberger; Neubecker, Zwang und Notstand; derselbe, Haftung für Wort und Werk; Henle, Festschr. f. Zitelmann; Tuhr, Zeitschr. f. schweiz. R. 17, 29 fg.

[37] Vgl. ob. § 48 Note 3.

[38] Vgl. ob. § 61 Note 122a.

Schein einer Zustimmung des B entstehen [39]. Dagegen wird durch Drohung der Wille des Bedrohten zwar in mehr oder minder intensiver Weise, bisweilen mit unwiderstehlicher Kraft, beeinflußt, aber nicht ausgeschlossen [40]. Der Standpunkt des BGB. ist derselbe, den die römischen Juristen in richtiger psychologischer Erkenntnis gefunden haben und den Paulus [41] kurz und scharf bezeichnet, indem er vom Gezwungenen sagt: coactus voluit [42]. In der Tat hat der Bedrohte die Wahl zwischen dem angedrohten Übel und der Abgabe der von ihm verlangten Erklärung. Entscheidet er sich für die zweite Alternative, so hat er die Erklärung abgeben wollen, wobei ein geheimer Vorbehalt, das Erklärte nicht zu wollen, nach § 116 außer Betracht bleibt [43]. Da aber der Gezwungene ohne die Drohung den erklärten Willen nicht gehabt hätte, so verleiht ihm das Gesetz die Möglichkeit, seine Erklärung durch Anfechtung zu beseitigen. Ein durch Drohung erzwungenes Rechtsgeschäft liegt nur dann vor, wenn der Bedrohte zu einer Willenserklärung veranlaßt worden ist. Daher ist von der erzwungenen Übergabe einer Sache zu unterscheiden die mit Drohungen verbundene Wegnahme. Wenn A sich einer Sache des B bemächtigt und den B durch Vorhalten eines Revolvers hindert, Widerstand zu leisten, hat keine, auch keine anfechtbare Eigentumsübertragung stattgefunden; die Sache ist im Sinn von § 935 abhandengekommen. Dasselbe gilt m. Er., wenn A den B durch Drohung veranlaßt, den Geldschrank zu öffnen und die darin

---

[39] Denkbar, aber nicht leicht vorkommend, ist eine durch physischen Zwang bewirkte Unterschrift. Sie wäre nichtig.

[40] Nur wenn die Drohung zu einer Störung der Geistestätigkeit des Bedrohten führt, ist die Willenserklärung nach § 105 II nichtig. Vgl. ob. § 50 Note 8.

[41] fr. 21 § 5 quod metus c. 4, 2.

[42] Mot. I 204, III 348.

[43] Vgl. ob. § 66 Note 12. Man könnte einwenden, daß die Erklärung nach § 116, 2 nichtig ist, weil der Zwingende weiß, daß die erzwungene Erklärung dem Willen des Bedrohten nicht entspricht. Jedoch weiß der Zwingende nur, daß der Bedrohte ohne den Zwang die Erklärung nicht gewollt und nicht abgegeben hätte; ist aber die Erklärung, wenn auch unter dem Einfluß der Drohung, abgegeben, so kann sie der Zwingende als gewollt betrachten, so lange ihm ein Vorbehalt des Bedrohten nicht bekannt ist. Anders, wenn der Vorbehalt geäußert ist. Übergibt z. B. der Bedrohte dem Drohenden einen Schuldschein mit der Bemerkung, daß er nur dem Zwang nachgebe und das im Schuldschein erklärte nicht wolle, so ist ein Schuldversprechen nicht abgegeben.

liegenden Wertpapiere selbst an sich nimmt [44]. Dagegen handelt es sich nicht um Wegnahme, sondern um erzwungene und daher anfechtbare Übergabe, wenn A infolge der Drohung die Wertpapiere dem B aushändigt oder zuschickt [45].

2. Das Abnorme am erzwungenen Rechtsgeschäft ist die Furcht, durch welche der Entschluß des Bedrohten bestimmt wird [46]. Aber als Anfechtungsgrund kommt nur die Furcht in Betracht, welche durch Drohung seitens eines anderen Menschen erregt ist [47] und zwar zu dem Zweck erregt ist, um den Bedrohten zu einem Rechtsgeschäft zu veranlassen. Anfechtbar ist nur das Geschäft, dessen Abschluß der Drohende bewirken wollte. Hat der Bedrohte sich in seiner Notlage dadurch geholfen, daß er ein anderes Geschäft abschloß, sich z. B. von einem Dritten Schutz und Hilfe zusichern ließ, so ist dieser Vertrag ebenso gültig, wie wenn er zur Rettung aus einer nicht auf Drohung beruhenden Notlage geschlossen wäre. Das gilt selbst dann, wenn der Bedrohte zur Abwendung des angedrohten Übels einen Vertrag mit dem Drohenden schließt, sofern der Drohende diesen Vertrag nicht von vornherein im Auge hatte oder nicht die aus anderen Motiven begonnene Drohung zu dem Zweck fortsetzte, um diesen Vertrag zu erzwingen [48].

3. Das angedrohte Übel ist in der Regel eine Handlung des Drohenden oder eines Dritten [49]. Eine angedrohte Unterlassung

[44] Bei den gröberen Formen der Drohung (Raub) wird die Übergabe der Sache sich meist nur auf den Besitz, nicht auf das Eigentum beziehen, da, wie Henle, Vorstellungstheorie 70, Anwendungsgebiet 50, richtig bemerkt, ein Räuber auf das Eigentum keinen Wert zu legen pflegt und sich mit dem Besitz begnügt.

[45] Wird die erzwungene Übergabe angefochten, so ist die Sache nicht als abhandengekommen zu betrachten, vgl. ob. § 43 Note 106.

[46] Daher der römische technische Ausdruck metus für rechtswidrigen Zwang.

[47] Vgl. ob. § 52 Note 35. Es genügt zur Anfechtung nicht, daß jemand sich irrtümlicherweise, z. B. auf Grund falscher Nachrichten, für bedroht hielt. Dagegen ist eine nicht ernst gemeinte Drohung, die der Bedrohte für ernst hielt, Anfechtungsgrund, Planck, Bem. II 5 b zu § 123.

[48] Kohler, JheringsJ. 25, 18; Tuhr a. a. O. 32; Enneccerus § 161 Anm. 4. RG. 59, 352: ein betrogener Ehemann, der mit Anzeige des Ehebruchs gedroht hat, läßt sich durch das Versprechen einer Zahlung an die Armenkasse bestimmen, von der Anzeige abzustehen; das Versprechen ist nicht anfechtbar, wenn die Drohung nicht den Zweck hatte, es zu erzwingen, vgl. ob. Note 19.

[49] Planck, Bem. II 1 c zu § 123.

kann nur dann Anfechtungsgrund sein, wenn der Drohende zu der entsprechenden positiven Handlung verpflichtet war, sei es aus Gesetz [50] oder durch Rechtsgeschäft oder dadurch, daß er durch eine vorangehende Handlung den Bedrohten in Gefahr versetzt hatte [51]. Ist dagegen jemand nicht verpflichtet, dem X zur Hilfe zu kommen, und macht er seine Hilfeleistung von einer Belohnung abhängig, so ist der Vertrag nicht anfechtbar, kann aber bei unverhältnismäßiger Höhe der Belohnung gegen § 138 II verstoßen [52].

4. Die Drohung kann sich richten gegen Leib und Leben, Freiheit, Ehre, Vermögen des Bedrohten oder einer ihm nahestehenden Person [53]. Während das gemeine Recht die Drohung nur dann berücksichtigte, wenn sie eine begründete Furcht hervorrufen konnte [54], hat das BGB. dies Erfordernis der Anfechtung fallen lassen. Es kommt nur darauf an, daß der Bedrohte sich durch die Drohung tatsächlich hat bestimmen lassen [55], daß eine Zwangslage, §§ 124 II, 2283 II, für ihn subjektiv vorlag, auch wenn seine Befürchtung auf unvernünftiger und übertriebener Ängstlichkeit beruhte [56]. Daher kommt es auch nicht darauf an, daß der Drohende imstande war, die angedrohte Handlung auszuführen, wenn nur der Bedrohte an diese Möglichkeit glaubte. Die Erheblichkeit des angedrohten Übels ist aber selbstverständlich

[50] Vgl. OLG. 27, 248.

[51] Z. B. ein Bergführer droht dem Bergsteiger, ihm seine Hilfe zu entziehen; ein Arzt droht, den Patienten im Stich zu lassen, § 627 II; oder A, der den B aus Fahrlässigkeit verwundet hat, benutzt die Hilflosigkeit des B zu einer Erpressung.

[52] Tuhr a. a. O. 32, Enneccerus § 161 Anm. 1; dagegen gestattet Planck, Bem. II 1 b die Anfechtung nur dann, wenn der die Hilfe Versagende die Notlage selbst herbeigeführt hat, während Regelsberger § 144 Anm. 4 und Dernburg § 147 Anm. 4 jede Ausbeutung einer Notlage zur Anfechtung genügen lassen.

[53] Die Drohung kann auch in einer Einwirkung auf die Gefühle des Bedrohten bestehen; so wäre z. B. eine durch Drohung mit Selbstmord erzwungene Schenkung anfechtbar.

[54] Metus non vani hominis, sed qui merito et in homine constantissimo cadat, fr. 6 quod metus c. 4, 2. Vgl. schweiz. OblR. Art. 27; Tuhr a. a. O. 33.

[55] Hat der Bedrohte nachweislich die Erklärung unabhängig von der Drohung aus einem anderen Motiv gewollt, so kann er nicht anfechten.

[56] RG. 59, 351. Planck, Bem. II 1 a; Enneccerus § 161 I 4. Objektive Erheblichkeit der Drohung verlangen Kipp, Zus. 1 zu Windscheid § 80, Endemann § 72 Anm. 18, Kohler § 233 IV.

von großer Bedeutung für den Beweis der Tatsache, daß die Drohung für die Willenserklärung bestimmend war. In diesem Sinne wird es darauf ankommen, daß das angedrohte Übel nicht außer Verhältnis zu der durch Drohung erzwungenen Willenserklärung steht: es wird dem Anfechtenden schwer sein zu beweisen, daß er zu einem Entschluß von großer Tragweite durch eine geringfügige Drohung bestimmt worden ist, z. B. zur Eingehung der Ehe durch die angedrohte Kündigung einer Miete oder Hypothek.

5. Anfechten kann nur, wer widerrechtlich zur Abgabe einer Willenserklärung bestimmt worden ist. Widerrechtlichkeit liegt selbstverständlich vor, wenn das angedrohte Übel ein widerrechtliches ist, z. B. bei Bedrohung von Leib und Leben oder Androhung einer sonstigen unerlaubten Handlung: sei es Delikt oder Nichterfüllung einer Vertragspflicht. Dabei ist zu beachten, daß, wenn die Voraussetzungen erlaubter Selbsthilfe vorliegen, die Handlungen, zu denen man nach § 229 oder 561 berechtigt ist, auch angedroht werden dürfen [57]. Besteht das angedrohte Übel in der Ausübung eines Rechtes oder in der Vornahme einer sonstigen, dem Drohenden freigestellten Handlung, so liegt grundsätzlich ein Anfechtungsgrund nicht vor. So darf der Gläubiger mit Kündigung, Klage, Vollstreckung oder Arrest drohen, und zwar nicht nur, was selbstverständlich ist, um Befriedigung seiner Forderung zu erzwingen, sondern auch um den Schuldner zur Abänderung eines Vertrages oder zum Abschluß eines neuen für den Gläubiger vorteilhaften Geschäftes zu bestimmen [58]. Ebenso liegt keine widerrechtliche Beeinflussung des Gegners vor, wenn A dem B den Abbruch ihrer Geschäftsbeziehungen in Aussicht stellt, falls B sich nicht zu einer, nicht geschuldeten, Leistung bereit erklärt [59]. In solchen Fällen handelt es sich um Machtmittel, welche in unserem auf den Interessenkampf aufgebauten Verkehrsleben als zulässig betrachtet werden [60]. Es gibt aber Fälle, in denen die Androhung einer an sich erlaubten Handlung als widerrechtlich gilt. So z. B. wenn jemand mit einer Strafanzeige

---

[57] Planck II 3a zu § 123.

[58] A. A. Oertmann, Bem. B 1c a. E. zu § 123.

[59] Werden solche Pressionsmittel unter Ausbeutung der Notlage des Gegners zur Erlangung übermäßiger Vermögensvorteile benutzt, so ist das Rechtsgeschäft nach § 138 II nichtig.

[60] Vgl. RG. 64, 60.

droht, um auf diesem Wege eine nicht geschuldete Summe für sich oder einen Dritten, z. B. auch für die Armenkasse, zu erlangen [61]; oder wenn ein Ehegatte mit der Ehescheidung droht, um den anderen Ehegatten zu einer Vermögensleistung zu bestimmen. Der Grund der Widerrechtlichkeit liegt darin [62], daß die angedrohte Handlung, wenn auch an sich berechtigt, nach unseren sittlichen Anschauungen nicht zur Erzwingung einer Vermögensleistung gebraucht werden sollte. Die Sittenwidrigkeit, die neben der Rechtswidrigkeit nach § 826 zu Schadensersatz verpflichtet, ist auch in der Frage nach der Zulässigkeit der Einwirkung auf fremden Willen der Rechtswidrigkeit gleichzustellen [63].

III. Die Anfechtung wegen arglistiger Täuschung und Drohung ist dazu bestimmt, die Willensfreiheit gegen ungehörige Beeinflussung zu schützen. Daher erfordert die Anfechtung weder, daß der Täuschende oder Drohende einen Vermögensvorteil [64] für sich oder einen anderen beabsichtigt oder erlangt hat, noch daß der Gegner einen Nachteil erleiden sollte, oder erlitten hat [65]. Anfechtung ist selbst dann zulässig, wenn die Täuschung oder Drohung in wohlmeinender Absicht vorgenommen wurde, um jemanden, der aus Eigensinn oder Unvernunft ein ihm vorteilhaftes Geschäft nicht eingehen wollte, zum Abschluß desselben zu veranlassen; denn jeder soll Herr seiner Handlungen bleiben, auch wenn sie nach Ansicht anderer Menschen den Vorschriften der wirtschaftlichen Vernunft nicht entsprechen [66].

---

[61] Dagegen ist Androhung der Strafanzeige zulässig, wenn sie zur Erzwingung des geschuldeten Schadensersatzes dient, Enneccerus § 161 Anm. 10.

[62] Vgl. über die verschiedenen Ansichten Oertmann a. a. O.; Düringer-Hachenburg, HGB. 130 Anm. 203; Munk, Widerrechtliche Drohung; Planck II 4 zu § 123.

[63] In den meisten dieser Fälle wird der erzwungene Vertrag schon seines Inhalts wegen nach § 138 I nichtig sein, so daß Anfechtung nicht in Betracht kommt. Anders, wenn durch eine solche Drohung eine Zuwendung an einen Dritten, z. B. die Armenkasse erzwungen wird; der Vertrag ist nicht nach § 138 I nichtig, kann aber nach § 123 angefochten werden, vgl. unt. Note 123.

[64] RG. in SeuffArch. 65, 434.

[65] RG. 17. 7. 10 (DJZ. 15, 1355). 4. 4. 13 (LeipZ. 8, 183).

[66] Ein vorteilhaftes Geschäft wird natürlich selten angefochten werden, außer wenn es gegen ein Affektionsinteresse verstößt oder später infolge unvorhergesehener Umstände zum Nachteil ausschlägt.

Anfechtbar ist auch eine Zuwendung zur Erfüllung einer Verpflichtung, wenn der Schuldner durch Täuschung oder widerrechtliche Drohung zur Erfüllungshandlung bestimmt worden ist [67]. Die geschuldete und dem Gläubiger übergebene Sache kann nach Anfechtung der Übergabe vindiziert werden [68]; allerdings hat der Gläubiger die Einrede aus § 986 I, weil er einen Anspruch auf die Sache hat und damit dem Schuldner gegenüber zum Besitz der Sache berechtigt ist; hat aber der Gläubiger die Täuschung oder Drohung selbst begangen und zwar mit rechtswidrigem Vorsatz, so dürfte ihm nach Analogie von § 393 die Einrede zu versagen sein [69]. Wird die Leistung einer geschuldeten Geldsumme angefochten, so kann der Gläubiger gegen die Rückforderung des Geldes mit seiner Forderung aufrechnen, es sei denn, daß ihm § 393 entgegensteht.

Wird ein obligatorischer Vertrag angefochten, so bleiben die bereits vorgenommenen Erfüllungsgeschäfte infolge ihrer abstrakten Natur gültig und es entsteht beiderseits nach § 812 die Verpflichtung zur Rückgabe der Leistungen. Es wird aber bei Täuschung und Drohung häufiger als beim Irrtum [70] vorkommen, daß das Erfüllungsgeschäft mit demselben Willensmangel behaftet ist, wie das Verpflichtungsgeschäft, so daß z. B. nicht nur der Verkauf, sondern auch die Veräußerung des Eigentums [71] resp. die Zession der verkauften Forderung [72] durch Anfechtung rückgängig gemacht werden kann. Wird in solchen Fällen die Anfechtung erklärt, so bezieht sie sich im Zweifel sowohl auf das obligatorische als auf das dingliche Geschäft; denn es ist anzunehmen, daß der in der Regel nicht rechtskundige Anfechtende alle durch Täuschung oder Drohung herbeigeführten Rechtsfolgen aufheben will.

[67] Die Anfechtung des Erfüllungsgeschäfts kann für den Schuldner von Wert sein, wenn der Gläubiger in Konkurs gerät; denn durch die Anfechtung tritt die Situation des § 17 KO. ein.

[68] Ist man der Ansicht, daß die Übergabe einer Sache durch Anfechtung nachträglich den Charakter der verbotenen Eigenmacht annimmt, vgl. ob. § 43 Note 106, so kann der Schuldner den Besitzanspruch erheben, § 861, gegen welchen die petitorische Einrede aus dem Recht des Gläubigers nach § 863 ausgeschlossen ist, Planck II 4 a zu § 123.

[69] Enneccerus § 161 II 1. Vgl. auch RG. 16. 1. 05 (DJZ. 10, 315), 30. 12. 08 (Recht 09 Nr. 810), ob. § 16 Note 35.

[70] Vgl. ob. § 67 Note 142.

[71] RG. 69, 16; 70, 55. Unrichtig OLG. Hamburg, Recht 08, 45.

[72] RG. 70, 89.

IV. Bei Anfechtung wegen Drohung kommt es nicht darauf an, von wem die Drohung ausgeht [73]; eine an X gerichtete Erklärung kann angefochten werden, auch wenn nicht X, sondern ein Dritter die Drohung vorgenommen hat und X diese Tatsache weder kannte noch kennen mußte [74].

1. Im Gegensatz dazu ist Anfechtung wegen Täuschung bei empfangsbedürftigen Erklärungen [75] nur dann zulässig, wenn der Erklärungsgegner die Täuschung selbst verübt hat oder die von einem Dritten verübte Täuschung kannte oder kennen mußte [76], § 123 II [77]. War dagegen der Mitkontrahent des Getäuschten an der Täuschung nicht beteiligt, so ist der Vertrag trotz des vom Dritten verübten Betruges gültig; der Mitkontrahent kann die ihm durch den Betrug des Dritten verschafften Rechte geltend machen [77a]; der Getäuschte ist auf Schadensersatzansprüche gegen den Betrüger angewiesen [77b]. Als Dritte sind zu betrachten Personen, die am Zustandekommen des Rechtsgeschäftes nicht beteiligt sind. Daher ist nicht Dritter: der Stell-

---

[73] Das gilt auch bei Ausstellung von Wechseln und Inhaberpapieren, Langen, Kreationstheorie 136, Enneccerus § 428 Anm. 6.

[74] Durch die Anfechtung kann ein an der Drohung nicht beteiligter Geschäftsgegner denselben Schaden erleiden, wie bei der Anfechtung wegen Irrtum; da aber eine dem § 122 entsprechende Ersatzpflicht nicht statuiert ist, kann er sich nur nach § 826 an den Urheber der Drohung halten. Darin liegt eine Unbilligkeit und eine Inkonsequenz des Gesetzes; denn der Bedrohte müßte einen Sachschaden, den er zur Vermeidung der Gefahr einem Unbeteiligten zugefügt hätte, nach § 904 ersetzen.

[75] Den empfangsbedürftigen Erklärungen sind gleichzustellen die Annahme eines Vertragsantrags nach § 151 oder § 152 sowie die an eine Privatperson oder eine Behörde zu richtenden Erklärungen, wenn sie der Privatperson gegenüber abgegeben sind, vgl. ob. § 67 Note 157, 158.

[76] Anfechtung der Ehe wegen arglistiger Täuschung durch einen Dritten setzt voraus, daß der andere Ehegatte die Täuschung gekannt hat, § 1334 I 2.

[77] Dieser Unterschied geht auf das römische Recht zurück. Der stärkere Schutz gegen Bedrohung läßt sich dadurch rechtfertigen, daß die Drohung oft von unbekannter Seite ausgeht und jeden überwältigen kann, während man sich gegen Täuschung schützen kann durch Vorsicht in der Auswahl der Personen, denen man Vertrauen schenkt. Ist Anfechtung wegen Täuschung nach § 123 II ausgeschlossen, so kann Irrtumsanfechtung in Betracht kommen.

[77a] A. A. OLG. 28, 81: dem Mitkontrahenten soll eine exc. doli generalis entgegenstehen, wenn er aus dem ihm bekannten arglistigen Verhalten eines Dritten Vorteil ziehen will.

[77b] Vgl. unt. VII 1.

vertreter des Geschäftsgegners, an welchen die durch Täuschung veranlaßte Erklärung gerichtet wird [78]; wenn X als Vertreter des A mit B einen Vertrag schließt und dabei den B betrügt, kann B anfechten, auch wenn A vom Betrug keine Kenntnis hatte [79]. Das gilt m. Er. auch dann, wenn X als gesetzlicher Vertreter nicht im Namen des A handelt, sondern nach § 107 seine Einwilligung zu einem von A geschlossenen Vertrage gibt [80]. Man wird noch weiter gehen und Anfechtung auch dann gestatten dürfen, wenn die Täuschung nicht von einem Vertreter verübt wird, sondern von einer Person, welche im Auftrag einer Vertragspartei vorbereitende Verhandlungen zu einem Vertrage führt, der demnächst vom Kontrahenten oder einem Vertreter desselben geschlossen wird [81]. Derartige Personen, zu denen in zahlreichen Fällen die Agenten zu zählen sind, können nicht als am Abschluß des Geschäftes unbeteiligte Dritte betrachtet werden [82]. Es entspricht auch durchaus der Billigkeit, daß ein Vertrag, zu dessen Vorbereitung man sich der Hilfe eines Menschen bedient, an der ungehörigen Betätigung desselben scheitert. Anders verhält es sich, wenn mehrere Personen einem Kontrahenten als Vertragspartei gegenüberstehen; wird z. B. jemand bei einem Vertrage, den er mit X und Y schließt, von X ohne Mitwissen des Y betrogen, so kann er nur dem X, nicht auch dem Y gegenüber anfechten [83]; die Wirkung der Anfechtung auf die Rechtsstellung des Y bestimmt sich nach § 139.

[78] RG. 72, 133; 76, 107.

[79] Ebenso ist der Vertretene seinem Vertreter gegenüber kein Dritter: wenn A den B durch arglistige Täuschung dazu bestimmt, eine Erklärung an seinen, des A, Vertreter abzugeben, so kann B anfechten, auch wenn der Vertreter des A an der Täuschung nicht beteiligt ist.

[80] Vgl. ob. § 59 S. 344. Dagegen kann, wenn eine Ehefrau eine eingebrachte Sache verkauft und mit Einwilligung des Mannes veräußert, der Käufer wegen eines dolus des Ehemannes nicht anfechten; denn die Mitwirkung des Mannes bezieht sich nicht auf den Kauf, der angefochten werden soll, sondern auf die Veräußerung.

[81] Anders RG. 72, 133 (138). Jedoch ist die Tätigkeit, welche das RG. als Abschluß des Vertrages bezeichnet, tatsächlich nichts anderes als Vorbereitung; denn mündliche Verabredung über Verkauf eines Grundstückes kann, da sie unverbindlich ist, selbst wenn sie den Inhalt des Vertrages in allen Einzelheiten feststellt, nur als Vorbereitung des Vertragsschlusses gelten.

[82] RG. in JW. 04, 232, OLG. 17, 45. 22, 133 und die übrigen bei Planck § 123 III c zitierten Urteile.

[83] Vgl. ob. § 57 Note 74, Oertmann § 123 B 3b; a. A. RG.

Eine Ausnahmebestimmung enthält § 123 II 2 für den Fall, daß aus einer empfangsbedürftigen Erklärung ein anderer als der Erklärungsgegner unmittelbar [83a] ein Recht erworben hat [84], so z. B. wenn aus einem Vertrag zwischen A und B ein dritter, X, nach § 328 eine Forderung gegen B erwirbt [85]. Ist B von A oder mit dessen Wissen getäuscht, so kann er anfechten, wodurch nach § 334 auch die auf dem Vertrag beruhenden Rechte des X wegfallen [86]. Es kann aber vorkommen, daß A, der das Recht für X ausbedungen hat, in vollkommenem gutem Glauben ist, während X die Täuschung des B selbst verübt hat [87] oder die von einem Vierten verübte Täuschung kennt oder kennen muß [88]. In solchen Fällen [89] soll die Erklärung des getäuschten B dem Dritten X gegenüber anfechtbar sein [90]; Anfechtungsgegner ist nicht wie

62, 188, Planck IIIa zu § 123: die Vertragsgenossen X und Y sollen im Verhältnis zueinander nicht Dritte sein, so daß dem Y gegenüber wegen einer von X verübten Täuschung angefochten werden kann.

[83a] Vgl. ob. § 57 Note 85.

[84] Zur Kritik des § 123 II Mitteis, Leipz. Z. 09, 634; Hellmann, Recht 13, 589; Mitteis, das. 667.

[85] Daß § 123 II 2 auf den Vertrag zugunsten Dritter Anwendung findet, wird von Hellwig, Verträge auf Leistung an Dr. 286, bestritten; dagegen mit Recht die herrschende Meinung, Planck § 123 IV, Oertmann § 123 B 3a.

[86] Oertmann § 334, 1c; Enneccerus § 259 III 1.

[87] Auf diesen Fall hat bei den Vorarbeiten zum BGB. Strohal, JheringsJ. 34, 347 aufmerksam gemacht.

[88] Z. B. es versichert A sein Leben bei der Gesellschaft B zugunsten des X. Der den A untersuchende Arzt begeht eine Täuschung, von welcher zwar A nichts weiß, wohl aber X. Maßgebend für das Wissen oder Wissenmüssen des X ist der Moment des Vertragsschlusses, nicht der Zeitpunkt, in welchem X Rechte aus diesem Vertrag erwirbt, Planck § 123 IV; a. A. Dernburg § 146 V.

[89] Erlangt der Dritte das Recht nicht unmittelbar aus dem Vertrage, sondern durch nachträgliche Bestimmung des Versprechensempfängers, § 332, so findet § 123 II 2 keine Anwendung, sowenig wie der Schuldner gegen jemanden anfechten kann, der ihn bei Abschluß des Vertrages getäuscht hat oder von einer Täuschung Kenntnis hatte und die Forderung nachträglich durch Zession erworben hat, Planck § 123 IV. Jedoch hat der Schuldner gegen den Dritten resp. den Zessionar einen Anspruch aus § 826 und kann unter dem Gesichtspunkt des Schadenersatzes vom Dritten Aufhebung der Forderung verlangen und daher die Leistung verweigern.

[90] Ausgesprochen ist dieser Satz nur für den fernerliegenden Fall der von einem Vierten begangenen und dem Dritten bekannten Täuschung; er gilt aber um so mehr bei einer vom Dritten selbst verübten Täuschung.

sonst der Vertragsgegner, sondern der Dritte, § 143 II [91]. Die Wirkung der Anfechtung betrifft nur den Rechtserwerb des Dritten: er verliert seine Forderung gegen B; der Fortbestand des Vertrages zwischen den Vertragsparteien A und B richtet sich nach § 139 [92]. Ist beim Vertrag zugunsten Dritter nicht der Schuldner, sondern der Stipulant [93] vom begünstigten Dritten oder mit dessen Wissen getäuscht worden, so ist fraglich, welche Rechtswirkungen durch die von ihm gegen den Dritten gerichtete Anfechtung aufgehoben werden: m. Er. nicht die Forderung, welche der Dritte gegen den Schuldner erworben hat [93a], sondern nur die Wirkungen, welche durch den Vertrag zwischen ihm und dem anfechtenden Stipulanten eingetreten sind. Diese Wirkungen bestehen darin, daß der Stipulant dem Dritten durch Verschaffung einer Forderung gegen den Schuldner eine Zuwendung gemacht hat. Die Verabredung über den Rechtsgrund dieser Zuwendung, welcher in der Regel causa donandi ist, wird durch die Anfechtung zerstört, so daß der Dritte die ihm versprochene Summe zwar vom Schuldner verlangen, aber dem Stipulanten herausgeben muß [94].

Bei der Anwendung des § 123 II 2 auf die Schuldübernahme ist zu unterscheiden: erfolgt die Übernahme nach § 414 durch Vertrag zwischen Gläubiger und Übernehmer, so erwirbt der Urschuldner aus diesem Vertrage unmittelbar zwar kein Recht [95], aber, was dem Rechtserwerb in ökonomischer

---

[91] Entsteht das Recht des Dritten nicht schon mit Abschluß des Vertrages, sondern erst später, § 328 II, 331, so ist die Anfechtung schon vor Entstehung des Rechtes zulässig; dadurch wird es ermöglicht, die Frist des § 124 zu wahren, Planck § 123 IV.

[92] Enneccerus § 162 Anm. 1 befürwortet nach Analogie des § 122 eine Ersatzpflicht des Anfechtenden gegenüber dem unschuldigen Kontrahenten, der durch die nach § 139 eintretende Nichtigkeit geschädigt ist.

[93] Stipulant nenne ich im Anschluß an Hellwig, Verträge auf Leistung an Dritte, den Kontrahenten, welcher sich vom Schuldner eine Leistung an den Dritten versprechen läßt, im Unterschied vom Dritten, welcher allein oder neben dem Stipulanten, § 335, Gläubiger ist.

[93a] Denn der Schuldner kann gegen den Dritten Einwendungen aus dem Verhältnis des Dritten zum Stipulanten nicht vorbringen, Oertmann 2a vor § 328, Enneccerus § 259 IV.

[94] Mit Zustimmung des Stipulanten kann der Schuldner dem Dritten die Leistung verweigern, wenn der Stipulant dem Schuldner seinen Herausgabeanspruch gegen den Dritten zediert.

[95] Vgl. ob. § 47 Note 27.

Beziehung gleichzustellen ist, Befreiung von einer Schuld. Ist der Gläubiger vom Urschuldner getäuscht [96], so kann er ihm gegenüber anfechten; dadurch wird die frühere Forderung wiederhergestellt und infolgedessen die Forderung gegen den Übernehmer nach § 139 aufgehoben; denn die Parteien wollten privative, nicht kumulative Schuldübernahme. Hat der Urschuldner den Übernehmer getäuscht, so kann eine gegen den Urschuldner gerichtete Anfechtung m. Er. die Forderung des Gläubigers gegen den Übernehmer nicht zerstören, sondern nur auf das Verhältnis zwischen Übernehmer und Urschuldner einwirken; die in der Übernahme liegende Zuwendung an den Urschuldner ist durch die Anfechtung grundlos geworden; daher kann der Übernehmer Beseitigung dieser Zuwendung, d. h. Befreiung von seiner Schuld verlangen. Erfolgt die Übernahme nach § 415 durch Vertrag zwischen dem alten und neuen Schuldner, so ist der Gläubiger die Person, welche aus dem Vertrage unmittelbar ein Recht erwirbt: das Recht, durch Genehmigung den Übernehmer zu seinem Schuldner zu machen [97]. Verübt der Gläubiger eine Täuschung gegen den Übernehmer [98], von welcher der Urschuldner nichts weiß, so kann der Übernehmer ihm gegenüber anfechten, wodurch der Gläubiger seine neue Forderung verliert; dadurch wird der Vertrag der beiden Schuldner nach § 139 unwirksam auch in bezug auf die Befreiung des Urschuldners; es bleibt aber unter ihnen Erfüllungsübernahme bestehen, § 415 III [99].

Streitig ist die Anwendbarkeit des § 123 II 2 bei Anfechtung der Vollmacht [100] und der Genehmigung [101].

---

[96] Ist der Gläubiger vom Übernehmer getäuscht, so kann er ihm gegenüber anfechten, wodurch die Schuld des Übernehmers aufgehoben und die Schuld des Urschuldners wiederhergestellt wird, selbst wenn der Urschuldner von der Täuschung nichts wußte; einen damit verbundenen Schaden muß der Urschuldner tragen, weil er seine Befreiung nicht eigener Tätigkeit verdankt, sondern einem ohne seine Beteiligung vom Übernehmer geschlossenen Vertrag.

[97] Vgl. ob. § 7 Anm. 13.

[98] Eine Täuschung des Urschuldners durch den Gläubiger wird kaum vorkommen; jedenfalls hat der Urschuldner, wenn er getäuscht ist, kein Interesse, die ihm vorteilhafte Schuldübernahme anzufechten.

[99] Über den Fall, daß der Schuldübernehmer vom Urschuldner, mit dem er einen Vertrag nach § 415 schließt, getäuscht wird und ihm gegenüber anficht, vgl. die ob. Note 84 genannten Schriften von Mitteis und Hellmann.

[100] Planck § 167, 4 d. [101] Planck § 182, 3.

2. Bei nichtempfangsbedürftigen Erklärungen kommt es grundsätzlich nicht darauf an, wer die Täuschung verübt hat, so z. B. bei der Annahme oder Ausschlagung einer Erbschaft, § 1954, bei der Anerkennung der Ehelichkeit, § 1599, oder der Vaterschaft, § 1718[102]. Dasselbe gilt für die Auslobung und bei sonstigen nichtempfangsbedürftigen Erklärungen, insbesondere auch bei der diesen Erklärungen gleichstehenden Willensbetätigung[103], z. B. bei der durch Betätigung erfolgenden Bestätigung eines anfechtbaren Rechtsgeschäftes, § 144[104]. Da solche Handlungen zu ihrer Wirksamkeit keine Kenntnis des Gegners erfordern und daher kein Vertrauen in ihm hervorrufen, können sie angefochten werden, auch wenn die Täuschung von dritter Seite ohne Zutun des Gegners vorgenommen wurde[104a]. Über die Anwendbarkeit des § 123 II auf die Ausstellung[105] eines Inhaberpapieres oder die Abgabe einer Wechselerklärung besteht Meinungsverschiedenheit: einige Autoren[106] wollen bei diesen Erklärungen, weil sie nichtempfangsbedürftig sind, Anfechtung wegen Täuschung ohne Rücksicht auf die Person des Täuschenden zulassen, während andere[107] eine Anfechtung wegen Täuschung nur gegen den Inhaber für zulässig halten, welcher selbst getäuscht hat oder die Täuschung kannte oder kennen mußte. Diese analoge Anwendung des § 123 II 1 läßt sich durch die Erwägung rechtfertigen, daß das Recht eines jeden Inhabers nach § 796, WO. Art. 82 unabhängig von

---

[102] RG. 58, 348. OLG. 24, 55. Vgl. dazu Mitteis und Hellmann in den ob. Note 84 zitierten Schriften.

[103] Vgl. ob. § 61 I 2.

[104] Vgl. ob. § 57 Note 127.

[104a] Ist aber die Bestätigung durch eine an den Gegner gerichtete Erklärung erfolgt, so ist diese Erklärung wie eine empfangsbedürftige zu behandeln, vgl. ob. § 61 Note 322, und kann daher nicht angefochten werden, wenn der Gegner an der gegen den Bestätigenden verübten Täuschung nicht betätigt war.

[105] Von der Ausstellung ist zu unterscheiden die Begebung des Papiers, von welcher nur das Eigentum des einzelnen Erwerbers abhängt, nicht die Gültigkeit des Papieres und daher nicht das Recht späterer Erwerber, vgl. ob. § 44 Note 55. Die Begebung kann wie jeder sonstige Vertrag angefochten werden, wenn sie mit Täuschung oder anderen Willensmängeln behaftet ist, Langen, Kreationstheorie 135.

[106] Langen a. a. O.; Staub-Stranz, WO. Art. 82 Anm. 9; Cosack § 225 I 2.

[107] Crome § 310, 2; Planck § 793, 2c; Oertmann § 796, 3a; Enneccerus § 428 II 2b.

den in der Person seines Vorgängers eingetretenen Ereignissen ist und um so mehr unabhängig sein muß von der arglistigen Handlungsweise dritter Personen [108].

V. Der Getäuschte oder Bedrohte braucht nicht, wie der Irrende § 121, unverzüglich anzufechten, sondern hat eine reichlich bemessene Frist, während welcher er überlegen kann, ob es ihm vorteilhafter ist, das Rechtsgeschäft trotz seiner durch Willensmangel beeinflußten Entstehung gelten zu lassen oder es durch Anfechtung zu zerstören. Es läßt sich nicht leugnen, daß das Gesetz damit dem Getäuschten oder Bedrohten die Möglichkeit eröffnet, seine Entscheidung nach der späteren Gestaltung der Verhältnisse zu richten, d. h. auf Kosten des Gegners zu spekulieren. Die Nachteile dieser Situation hat der Gegner sich selbst zuzuschreiben; er hat auch nicht die Befugnis, wie beim Rücktrittsrecht § 355, eine angemessene Frist zur Entscheidung über die Anfechtung zu setzen. Jedoch ist zu beachten, daß längeres Verzögern der Anfechtung zwar nicht allein, aber in Verbindung mit dem sonstigen Verhalten des Anfechtungsberechtigten sich als Bestätigung des anfechtbaren Geschäftes darstellen kann [109]. Die für Anfechtung wegen Täuschung und Drohung in § 124 bestimmte Frist ist eine doppelte:

1. eine Jahresfrist, beginnend mit der Entdeckung der Täuschung [110] oder dem Aufhören der Zwangslage. Bei Anfechtung der Ehe beträgt die Frist sechs Monate, § 1339. Innerhalb

---

[108] Da dem Inhaber Einwendungen aus dem dolus seines Vorgängers im Eigentum des Papiers nicht entgegengehalten werden können, § 796, so kann ihm noch weniger Arglist eines noch ferner stehenden Dritten schaden. Ebenso ist aus § 784 I zu entnehmen, daß die Annahme der Anweisung, obgleich sie eine nichtempfangsbedürftige Erklärung ist, vgl. ob. § 61 Note 308, nur dann angefochten werden kann, wenn der Anweisungsempfänger den Betrug gegen den Akzeptanten verübt hat oder vom Betrug eines Dritten Kenntnis hatte oder haben konnte.

[109] Eine Bestätigung kann unter Umständen auch darin liegen, daß der Anfechtungsberechtigte, wenn er vom Gegner beklagt wird, die Ausübung der Anfechtung während des Prozesses unterläßt. Eine Präklusion des Anfechtungsrechtes nach ZPO. § 767 nehme ich nicht an, vgl. Bd. I S. 199; a. A. RG. 78, 396.

[110] Dazu gehört Kenntnis des vollen Tatbestandes der Täuschung: der Getäuschte muß seinen Irrtum erkannt haben und wissen, daß der Gegner diesen Irrtum kannte und hervorgerufen oder ausgenutzt hat, um den Getäuschten zur Abgabe der Erklärung zu bestimmen, RG. 59, 94; 65, 86.

dieser Frist muß die Anfechtungserklärung nicht nur, wie beim Irrtum, § 121, abgesendet, sondern auch dem Gegner zugegangen sein [111];

2. eine dreißigjährige Frist seit Abgabe der Willenserklärung[112], wobei es auf die Entdeckung der Täuschung oder das Aufhören der Zwangslage nicht ankommt.

Da das Anfechtungsrecht kein Anspruch, sondern ein Gestaltungsrecht ist, kann die zeitliche Begrenzung nicht Verjährung sein; sie ist eine Ausschlußfrist. Daher gelten die Rechtssätze über Hemmung und Unterbrechung der Verjährung grundsätzlich nicht; jedoch sollen bei der einjährigen Frist die §§ 203 II [113] 206 [114] und 207 entsprechende Anwendung finden.

VI. Da sich die Anfechtung gegen die Rechtsfolgen des Rechtsgeschäftes richtet, können nur wirksame Geschäfte Gegenstand der Anfechtung sein [115]. Ist das durch Täuschung oder Drohung veranlaßte Geschäft aus irgendeinem Grunde, z. B. wegen mangelnder Geschäftsfähigkeit oder wegen Formverstoß nichtig, so ist die Anfechtung begrifflich ausgeschlossen. Streitig ist die Abgrenzung der wegen Sittenwidrigkeit nach § 138 nichtigen von den durch Drohung erzwungenen und nach § 123 anfechtbaren Geschäften [116]. Da es für § 138 auf den Inhalt, nicht auf die Motive des Geschäftes ankommt [117], ist ein Geschäft nicht deshalb nichtig, weil es durch eine Drohung [118] erzwungen ist, die

[111] Vgl. ob. § 61 Note 242.

[112] Beim Testament seit dem Erbfall, § 2082.

[113] § 203 I, Hemmung durch Stillstand der Rechtspflege, findet entsprechende Anwendung, wo die Anfechtung durch Klage, § 1599, Erklärung an das Nachlaßgericht, § 2082, oder in öffentlicher Beurkundung, § 2283, zu erfolgen hat.

[114] § 206 findet bei beschränkt geschäftsfähigen Personen auch dann Anwendung, wenn die Anfechtung im einzelnen Fall eine lediglich vorteilhafte Willenserklärung ist, welche nach § 107 ohne Einwilligung des gesetzlichen Vertreters vorgenommen werden kann, z. B. die Anfechtung eines von einem später Entmündigten abgegebenen Schenkungsversprechens, vgl. ob. § 59 Note 41; denn die Hemmung der Frist soll den Entmündigten gegen seine eigene Nachlässigkeit oder Charakterschwäche schützen.

[115] Vgl. ob. § 57 Note 13.

[116] Henle, Anwendungsgebiet der Anfechtbarkeit wegen Drohung, in der Festschr. f. Zitelmann. Planck § 123 Erl. V b; Stampe, ArchZivPr. 108, 78.

[117] Planck, Erl. I 2, Oertmann, Erl. B 1 c zu § 138.

[118] Oder eine Täuschung, RG. 72, 217.

sich als Verstoß gegen die guten Sitten darstellt. Dagegen ist ein inhaltlich unsittliches, insbesondere ein wucherisches Geschäft auch dann nichtig nach § 138, wenn es durch Drohung erzwungen ist [119]. Eine inhaltliche Unsittlichkeit wird aber in zahlreichen Fällen des erzwungenen Rechtsgeschäfts vorliegen [120]; so gilt z. B. als unsittlich die Zusage eines Lohnes für Unterlassung einer rechtlich oder moralisch unerlaubten Handlung, die Verabredung eines Schweigegeldes oder einer Abfindung für Unterlassung der Ehescheidung [121]. In solchen Fällen ist die Anfechtung in der Regel ausgeschlossen, weil die Verabredung schon nach § 138 nichtig ist und die Leistung nach § 817 zurückverlangt werden kann. Neben der Nichtigkeit, welche nur das Kausalgeschäft, nicht die abstrakten Erfüllungsgeschäfte betrifft [122], kann Anfechtung in Betracht kommen, wenn die aus unsittlicher causa vorgenommenen Verfügungen durch Täuschung oder Drohung veranlaßt worden sind [123].

Über die Konkurrenz der anfechtungsberechtigenden Willensmängel [124] ist folgendes zu bemerken:

1. Die Täuschung absorbiert den in ihrem Tatbestand enthaltenen Irrtum im Motiv [125], so daß nur ein auf die Täuschung gegründetes Anfechtungsrecht besteht [126]. Es kann aber neben dem durch Täuschung hervorgerufenen Irrtum ein Irrtum in der Erklärung oder falsche Übermittelung vorliegen, so z. B. wenn A den B durch Täuschung veranlaßt, ein Schuldversprechen abzugeben und die Schuldsumme durch Schreibfehler des B oder Versehen des Telegraphen auf einen höheren Betrag lautet, als B wollte; diese Erklärung kann B sowohl nach §§ 119/120 als wegen Täuschung anfechten; er wird letztere Anfechtung vorziehen, weil sie ihn nicht mit dem negativen Interesse belastet [127].

[119] Nach Hölder § 123, 6 d und Dernburg § 147 Anm. 14 soll ein erzwungenes Geschäft, weil das Gesetz für diesen Fall Anfechtbarkeit anordnet, niemals nichtig sein.

[120] Vgl. ob. Note 63.

[121] RG. 58, 206; Planck § 138 Erl. I 2 c und S. 366; Oertmann § 138 Erl. B 1 c S. 427; Enneccerus § 178 Anm. 20, 21.

[122] Planck § 138 Erl. I 3 b.

[123] Vgl. ob. Note 71. 72.

[124] Vgl. ob. § 10 V. Gegen die Möglichkeit einer Konkurrenz von Anfechtungsrechten Henle a. a. O. 43 fg.

[125] Vgl. ob. Note 7.

[126] Gesetzeskonkurrenz, vgl. Bd. I S. 276.

[127] Kipp, Zus. 3 zu Windscheid § 78.

2. Neben einer Drohung kann in bezug auf dieselbe Willenserklärung Täuschung oder Irrtum vorliegen: so z. B. wenn A den B zwingt, eine Erklärung an X abzugeben und ihn über Bedeutung und Tragweite dieser Erklärung täuscht; oder wenn B bei der Abfassung des erzwungenen Schuldscheines aus Versehen 1000 statt 100 geschrieben hat [128]: mit der Anfechtung wegen Drohung konkurrieren hier Anfechtungsrechte aus Täuschung resp. Irrtum. Die Anfechtung wegen Irrtums ist die wenigst vorteilhafte, weil sie zum Ersatz des negativen Interesses verpflichtet; sie wird eventualiter vorgenommen für den Fall, daß der Nachweis der Drohung nicht gelingt.

Die Anfechtung wegen Drohung kann beim Kauf mit der Mängelhaftung aus § 459 konkurrieren. Ebenso die Anfechtung wegen arglistiger Täuschung [129]; das ist zweifellos, wenn die Täuschung nicht in der Zusicherung von Eigenschaften, § 459 II, oder dem Verschweigen von Fehlern der Sache, § 463, 2, besteht, sondern sich auf andere für den Käufer bestimmende Umstände bezieht; aber auch bei Zusichern von Eigenschaften oder Verschweigen von Fehlern ist neben der Mängelhaftung die Anfechtung wegen Täuschung nicht ausgeschlossen [130]; da aber die Anfechtung dem Käufer keine größeren Vorteile bietet, als die Mängelhaftung, und die Anfechtungsfrist des § 124 in der Regel kürzer ist, als die bei Arglist des Verkäufers dreißigjährige Verjährung der Mängelansprüche, § 477, wird, außer beim Viehkauf [130a], selten Anlaß vorliegen, von der Anfechtung Gebrauch zu machen [131].

---

[128] Oder wenn B unter Zwang an X eine Erklärung richtet ohne zu wissen, daß dieser Erklärung rechtliche Bedeutung zukommt. Diesen Fall subsumiert Henle unter § 118, vgl. ob. § 66 Note 75. Die unbequeme Konsequenz, daß B nach § 122 das negative Interesse zu ersetzen hätte, will Henle a. a. O. 27 dadurch beseitigen, daß er dem B erlaubt, statt der nach Henles Ansicht nichtigen Erklärung die sich aus § 122 ergebende Ersatzpflicht durch Anfechtung zu beseitigen.

[129] Planck § 823, VIII 2. Lent, Gesetzeskonkurrenz 361.

[130] Anders beim Irrtum, weil die von der Mängelhaftung betroffenen Eigenschaften nicht unter § 119 I fallen, vgl. ob. § 67 Note 78.

[130a] Beim Viehkauf gibt es für andere als Hauptmängel keine Gewährleistung, selbst nicht bei arglistigem Verschweigen. Dagegen ist Anfechtung wegen arglistiger Täuschung möglich, Planck § 481, 2. Oertmann § 482, 2.

[131] Wenn beim Genuskauf der Verkäufer arglistigerweise eine mangelhafte Sache liefert, so kann nicht der Kaufvertrag, sondern nur das Er-

VII. Täuschung und Drohung kommen nicht nur als Anfechtungsgründe in Betracht, sondern auch als rechtswidrige Handlungen, aus denen der Täter, wenn er zurechnungsfähig ist und das Bewußtsein der Rechtswidrigkeit hatte, zu Schadensersatz verpflichtet ist [132]. Täuschung und Drohung erscheinen zunächst als unerlaubte Handlungen (Delikte), zwar nicht nach § 823 I [133], wohl aber, soweit sie unter das Strafgesetz [134] fallen, nach § 823 II, oder nach § 826 [135]. Ist die Täuschung oder Drohung im Stadium der Vertragsverhandlungen von einem der künftigen Kontrahenten gegen den anderen verübt worden, so liegt darin zwar keine Verletzung des (noch nicht geschlossenen) Vertrages, wohl aber ein Verstoß gegen die durch den Eintritt in die Verhandlungen begründeten Pflichten [136]. Der Schadensersatz aus

füllungsgeschäft wegen arglistiger Täuschung angefochten werden; da aber die Anfechtung neben den Rechten aus § 480 keinerlei Vorteil bietet, ist sie zum mindesten überflüssig, nach RG. 70, 423 unzulässig, weil durch die spezielleren Vorschriften des § 480 ausgeschlossen. Planck VIII 2 zu § 123.

[132] Arglistiges Verschweigen von Mängeln kann ferner bewirken, daß gewisse Verabredungen nichtig sind, § 443, 476, oder daß eine kurze Verjährung nicht eintritt, §§ 477 I, 638 I.

[133] Rechtswidrige Beeinflussung des Willens durch Täuschung oder Drohung ist keine Verletzung der Freiheit im Sinne von § 823 I, Oertmann § 823, 2 d, Enneccerus § 451 I 2 d; a. A. Planck § 823 II 1 d. Der durch Täuschung oder Drohung veranlaßte Verlust einer Sache ist, weil nicht ohne Willen des Eigentümers erfolgend, keine Verletzung des Eigentums. Daher besteht keine deliktische Haftung für fahrlässige Herbeiführung einer Zwangslage oder eines Irrtums.

[134] StrafGB. § 240: Nötigung durch Bedrohung mit einem Verbrechen oder Vergehen, § 253: Erpressung, § 263: Betrug. § 253 und § 263 verlangen eine auf Erlangung eines rechtswidrigen Vermögensvorteils gerichtete Absicht.

[135] Täuschung und Drohung wird, auch wenn die Absicht des Vermögensgewinnes fehlt, in der Regel gegen die guten Sitten verstoßen. Doch lassen sich Situationen denken, in denen die Täuschung durch moralische Gründe entschuldigt ist. Dagegen verlangt § 826 einen auf Schädigung des Gegners gerichteten Vorsatz, kann daher in den ob. Note 66 erwähnten Fällen nicht zur Anwendung kommen.

[136] Vgl. ob. § 62 S. 488. Das tritt am deutlichsten hervor bei einer Täuschung durch Verschweigen von Umständen, deren Kenntnis den Gegner vom Abschluß des Rechtsgeschäftes abgehalten hätte: eine solche Verschweigung seitens eines Kontrahenten ist rechtswidrig, weil er durch die begonnenen Verhandlungen zu einer Aufklärung verpflichtet ist; wenn dagegen ein am Vertragsschluß unbeteiligter Dritter einen solchen Umstand noch so arglistig verschweigt, so ist er dafür nicht verantwortlich.

der vorsätzlichen [137] Verletzung solcher Pflichten ist m. Er. nach Analogie des Schadensersatzes wegen Vertragsverletzung zu behandeln, was insbesondere für die Haftung aus § 278 [138] und für die Verjährung [139] in Betracht kommt. Wird Täuschung oder Drohung von einem außerhalb des zu schließenden Vertrages stehenden Dritten verübt, so kann sein Verhalten, da für ihn keine Pflichten in contrahendo bestehen, nur als Delikt beurteilt werden: er haftet für seine Angestellten nach § 831 und genießt die kurze Verjährung des § 852.

1. Der Schadensersatzanspruch ist das einzige Hilfsmittel des Getäuschten oder Bedrohten, wenn seine durch solche Beeinflussung veranlaßte Handlung nicht durch Anfechtung beseitigt werden kann; so z. B. wenn A durch Täuschung oder Drohung von X bestimmt wird, ein Versäumnisurteil gegen sich ergehen und die Einspruchsfrist verstreichen zu lassen [140]; oder eine Pfändung zu dulden, welcher er nach ZPO. § 771 hätte widersprechen können; oder ein Rechtsgeschäft, z. B. eine Kündigung, zu unterlassen [141], welches ihm vorteilhaft gewesen wäre [142]. Ebenso ist der Getäuschte auf Schadensersatz angewiesen, wenn die Anfechtung nach § 123 II ausgeschlossen ist: wenn er z. B. von X durch Täuschung zu einem Vertrage mit A bestimmt wurde und A von der Täuschung keine Kenntnis hatte noch haben mußte; der Getäuschte bleibt dem A gegenüber gebunden, kann aber von X verlangen, daß er ihn von seiner Verpflichtung gegenüber dem A befreie.

---

[137] Für fahrlässige Pflichtverletzung im Stadium der Vertragsverhandlungen wird im allgemeinen nicht gehaftet, vgl. ob. § 62 N. 190.

[138] Fr. Leonhard, Verschulden beim Vertragsschluß 46, im Anschluß an das frühere Recht; anders RG. 61, 207 und die herrschende Meinung, vgl. Oertmann § 278, 3 d.

[139] Leonhard a. a. O. 48. Wenn der Ersatzanspruch aus § 463 wegen arglistigen Verschweigens eines Fehlers erst in 30 Jahren verjährt, RG. 66, 86, so kann man den Ersatzanspruch wegen einer Täuschung, die in arglistiger Vorspiegelung falscher Tatsachen besteht, doch wohl nicht anders behandeln.

[140] RG. 46, 75 und die übrigen bei Hellwig, System § 229 VII 1, zitierten und m. Er. mit Recht bekämpften Urteile.

[141] Unterlassungen können nicht angefochten werden, vgl. ob. § 57 N. 30.

[142] Als Schadenersatz kann nach § 249 Herstellung des Zustandes verlangt werden, welcher bestehen würde, wenn die Täuschung nicht vorgekommen wäre, daher z. B. Aufhebung des Vertrages, welcher ohne die Täuschung gekündigt worden wäre.

2. Neben der Anfechtung kommt der Schadensersatz ergänzend in Betracht, soweit der durch Drohung oder Täuschung angerichtete Schaden durch die Anfechtung nicht vollständig behoben wird. Hat der Drohende oder Täuschende aus dem angefochtenen Rechtsgeschäft eine Leistung erhalten, so ist seine durch die Anfechtung entstehende Rückgabepflicht schärfer als bei Anfechtung wegen Irrtum [143]: er haftet wegen seines bösen Glaubens, § 142 II, nach § 819 so, wie wenn der Anspruch auf Herausgabe schon beim Empfang der Leistung rechtshängig gewesen wäre: er hat zurückzugebendes Geld zu verzinsen, § 291, und bei Rückgabe eines bestimmten Gegenstandes nach §§ 292 und 989 für jedes Verschulden einzustehen. Da aber Drohung oder Täuschung eine zu Schadensersatz verpflichtende Handlung ist, so erweitert sich die Haftung und umfaßt nach § 848 zufälligen Untergang oder Verschlechterung der zurückzugebenden Sache. Solchen Schaden und sonstige Nachteile, die der Bedrohte oder Getäuschte ohne das durch Anfechtung beseitigte Rechtsgeschäft nicht erlitten hätte [144], kann er als sein negatives Interesse neben der Anfechtung ersetzt verlangen. Dagegen ist durch die Anfechtung ein Anspruch auf Ersatz des positiven Interesses begrifflich ausgeschlossen [145]; denn wer ein Rechtsgeschäft nicht gelten lassen will, weil es seinem freien Willen nicht entspricht, kann die Vorteile, welche die Durchführung des Geschäftes geboten hätte, nicht beanspruchen [146].

3. Der Bedrohte oder Getäuschte kann das Rechtsgeschäft unangefochten lassen und statt der Anfechtung Ersatz seines Schadens verlangen [147]. Der Ersatzanspruch kann sich gegen einen am

---

[143] Vgl. ob. § 57 Note 109.

[144] Z. B. die Vertragskosten, Kosten der Vorbereitung der Erfüllung, Ausschlagen einer anderen günstigen Offerte.

[145] RG. 59, 155; 63, 112; OLG. 22, 147.

[146] Beispiel: eine Ehefrau verkauft eine eingebrachte Sache, welche sie mangels Zustimmung des Mannes nicht liefern kann. Der Käufer kann entweder Schadenersatz wegen Nichterfüllung verlangen, wofür ihm das eingebrachte Gut nach § 1399 II und das Vorbehaltsgut haftet; oder er kann den Kaufvertrag wegen arglistiger Täuschung anfechten und daneben Ersatz seines negativen Interesses verlangen, wofür ihm das eingebrachte Gut in vollem Umfange haftet.

[147] RG. 63, 112; 66, 336. Die Anfechtung gehört nicht zu den Maßregeln, deren Unterlassung zu einer Minderung des Ersatzanspruches nach § 254 führt.

Geschäft nicht beteiligten Dritten richten; z. B. kann A, wenn er von X gezwungen wurde, eine Sache an B zu veräußern, die Veräußerung bestehen lassen und dafür Ersatz von X verlangen [148]. Der Bedrohte oder Getäuschte kann aber auch statt die Anfechtung auszuüben einen Ersatzanspruch gegen den Anfechtungsgegner erheben. Da das schädigende Ereignis nicht in der Nichterfüllung des Vertrages besteht, sondern darin, daß der Abschluß des Rechtsgeschäftes durch unerlaubte Mittel bewirkt wurde, kann dem Schadensersatz nicht das Erfüllungsinteresse [149] zugrunde liegen, sondern nur das negative Interesse [150] des Bedrohten oder Getäuschten [151]. Nach § 249 ist der Zustand herzustellen, welcher bestehen würde, wenn der zum Ersatz verpflichtende Umstand, hier die Drohung oder Täuschung, nicht eingetreten wäre. Ergibt sich unter diesem Gesichtspunkte, daß das Rechtsgeschäft ohne die widerrechtliche Beeinflussung des Willens zu anderen Bedingungen vorgenommen worden wäre [152], so kann der Getäuschte verlangen, in die Lage versetzt zu werden, die sich bei normalem Verlauf der Vertragsverhandlungen ergeben hätte. Hätte z. B. der Käufer auch ohne die Täuschung die Sache gekauft, aber nur einen Preis von 100 bewilligt [153], so kann er, wenn er infolge der Täuschung 120 bezahlt hat, die Differenz von 20 als Schadensersatz beanspruchen, allerdings nur dann,

---

[148] Vgl. z. B. RG. 61, 250.

[149] So die ältere Judikatur des RG.s 59, 155; 62, 384; 63, 110, und Dernburg § 146 VIII.

[150] RG. 66, 337; Planck § 123, IX 1 c; Oertmann § 123 4 a; Werner, Recht 05, 303; Westrum, Recht 07, 39.

[151] Insbesondere kann der Getäuschte nicht verlangen, daß der Zustand hergestellt wird, welcher seinen durch die Täuschung hervorgerufenen Erwartungen entspricht. Anders das preuß. ALR. I 4 § 86, I 6 § 7, 10. Vgl. dazu RG. 17. 7. 10 (DJZ. 15, 1355): X hatte den A bestimmt, seine Pflegetochter zu heiraten, die er für seine Tochter ausgab. Nach preuß. Rechte wurde dem A Ersatz des Vorteils zugesprochen, welchen er gehabt hätte, wenn seine Frau den X beerbt hätte. Nach BGB. läßt sich ein solcher Anspruch nicht begründen.

[152] Dolus (vel metus) incidens im Sinne des gemeinen Rechts, im Gegensatz zum dolus causam dans, ohne welchen das ganze Rechtsgeschäft nicht zustande gekommen wäre, Windscheid § 78 Anm. 5 und 7; Regelsberger § 146 Anm. 8; Mot. I 207; Enneccerus § 160 Anm. 1.

[153] Z. B. weil er über den Marktwert der Sache oder über einen Fehler getäuscht worden ist, der ihn zwar nicht von der Anschaffung der Sache abgehalten, aber ihn veranlaßt hätte, einen niedrigeren Preis zu bieten.

wenn anzunehmen ist, daß der Verkäufer die Sache zu diesem Preise abgegeben hätte [154], was sich z. B. daraus entnehmen läßt, daß der Verkäufer Sachen gleicher Art anderen zum Preise von 100 verkauft hat. Ebenso kann ein Verkäufer, welcher, vom Käufer über den Marktpreis getäuscht, die Sache um 20 zu billig weggegeben hat, diesen Betrag als Schadensersatz verlangen, wenn er beweist, daß der Käufer, wenn die Täuschung nicht gelungen wäre, um 20 mehr geboten hätte. In solchen Fällen hat der Schadensersatzanspruch des getäuschten Käufers eine äußere Ähnlichkeit mit der Minderung, ohne mit ihr identisch zu sein [155]. Wenn der Vertrag ohne die Drohung oder Täuschung zu anderen Bedingungen zustande gekommen wäre und die Differenz in einer Geldsumme besteht, ist der Schadenersatz das adäquate Mittel zur Ausgleichung des begangenen Unrechts, während die das ganze Geschäft vernichtende Anfechtung über das Ziel hinausgeht und einen Zustand herstellt, welcher auch ohne die Drohung oder Täuschung nicht bestehen würde; die Anfechtung kann in solchen Fällen dem Anfechtenden auf Kosten des Gegners einen unverdienten Vorteil verschaffen und für den Gegner gewissermaßen als Strafe wirken. Hat z. B. jemand in Geldverlegenheit eine Aktie im Werte von 100 verkaufen wollen und ist er durch Betrug des Käufers veranlaßt worden, die Aktie für 80 herzugeben, so wäre es m. Er. ein unerwünschtes Resultat, wenn er, nachdem der Kurs durch unerwartete Ereignisse auf 150 gestiegen ist, anfechten könnte, statt sich mit dem Ersatz der 20 zu begnügen, auf die sich sein Schaden tatsächlich beläuft. Die Anfechtung würde dazu dienen, dem Verkäufer einen Kurs-

---

[154] Planck § 123, IX 1 c, JW. 1912, 863, OLG. 24, 289; unrichtig das RG. 63, 112: es soll gleichgültig sein, ob der Betrüger zu dem Preise verkauft hätte, den der Betrogene ohne die Täuschung bewilligt hätte. Dies Resultat läßt sich aus § 249 nicht ableiten.

[155] Die Minderung erfolgt nach dem objektiven Maßstab, der sich aus dem Wertverhältnis der mangelfreien zu der mangelhaften Sache ergibt, § 472. Es kommt nicht darauf an, wieviel der Käufer bei Kenntnis des Mangels geboten hätte und es ist gleichgültig, ob der Verkäufer die mangelhafte Sache zu dem geminderten Kaufpreis hergegeben hätte. Dagegen bemißt sich der Schadensersatz aus § 249 darnach, wie sich der Kaufvertrag im konkreten Fall ohne die Täuschung gestaltet hätte: der Käufer kann den Beweis antreten, daß er bei Kenntnis des Mangels weniger geboten hätte, als sich nach dem der Berechnung des § 472 ergibt, muß aber dann auch beweisen, daß der Verkäufer auf diesen minderen Kaufpreis eingegangen wäre.

gewinn zu verschaffen, welcher ihm ohne die Täuschung (wenn er die Aktie einem ehrlichen Käufer überlassen hätte) nicht zugefallen wäre [156]. Die Ausübung der Anfechtung scheint mir in solchen Fällen gegen Treu und Glauben zu verstoßen und daher unzulässig zu sein [157].

In den meisten Fällen wird die nach § 249 zu stellende Frage, welcher Zustand bestehen würde, wenn Drohung oder Täuschung nicht vorgekommen wäre, dahin zu beantworten sein, daß der Vertrag nicht geschlossen worden wäre, sei es, daß der Bedrohte oder Getäuschte nur durch diese Einwirkungen zum Vertragsschluß bestimmt worden ist, sei es, daß der Gegner auf die Bedingungen, welche ihm bei normaler Willensfreiheit gestellt worden wären, nicht eingelassen hätte. Dann ergibt sich als Schadensersatz Herstellung des Zustandes, welcher ohne den Vertragsschluß bestehen würde, d. h. in der Regel Rückgängigmachung des Vertrages und Ersatz alles aus diesem Vertrag dem Bedrohten oder Getäuschten bereits erwachsenen Nachteils: insbesondere kann der Bedrohte oder Getäuschte Rückgabe seiner bereits voll zogenen Leistungen verlangen, wogegen er unter dem Gesichtspunkt der Vorteilsausgleichung [158] alles, was er aus dem Vertrag erlangt hat, soweit er noch bereichert ist [159], herauszugeben hat [160]. Kann der Getäuschte oder Bedrohte nachweisen, daß er

---

[156] Vgl. die ähnliche Situation beim Erklärungsirrtum, ob. § 67 Note 139.

[157] Dernburg § 146 IV 3; Tuhr, Zeitschr. f. schweiz. R. 17, 19 fg. Für Zulässigkeit der Anfechtung in allen Fällen, auch wenn der Getäuschte den Vertrag ohne die Täuschung zu anderen Bedingungen geschlossen hätte, RG. in SeuffArch. 66, 178 und die bei Planck § 123 I 3 zitierten Urteile, Enneccerus § 162 Anm. 10.

[158] Die Vorteilsausgleichung erfolgt nicht, wie Oertmann, Vorteilsausgleichung 250 behauptet, durch eine Einrede aus § 273. Denn der Ersatzschuldner hat keinen Anspruch auf Herausgabe des Vorteils. Vielmehr hat der Ersatzberechtigte, wenn feststeht, daß der ihm anzurechnende Vorteil durch Herausgabe einer Sache auszugleichen ist, Zahlung der Ersatzsumme gegen Rückgabe der Sache zu verlangen. Nur zu dieser Austauschleistung, welche dem Prinzip des § 249 entspricht, kann der Ersatzpflichtige verurteilt werden, selbst wenn er in Versäumnis ist. Das Urteil lautet, wie bei der Zurückbehaltungseinrede, auf Leistung Zug um Zug, § 274 I.

[159] Riehl, DJZ. 18, 383.

[160] Hat der Täuschende oder Drohende Verwendungen auf die herauszugebende Sache gemacht, so kann er den Wert, den die Verwendungen für den Gegner haben, ihm als auszugleichenden Vorteil anrechnen; § 850

die Sache nicht behalten, sondern an einen Dritten zu einem bestimmten Preise veräußert hätte, so kann er nach §§ 249, 252 Ersatz dieses entgangenen Gewinnes verlangen [161].

4. Hat jemand unter Drohung oder Täuschung ein Schuldversprechen abgegeben, so kann er als Schadensersatz Aufhebung seiner Verpflichtung verlangen. Aus diesem Anspruch ergibt sich gegen die durch Drohung oder Täuschung begründete Forderung eine Einrede [162]: denn niemand braucht eine Verpflichtung zu erfüllen, deren Aufhebung er verlangen darf [163]. Diese Einrede besteht weiter, wenn der Schadensersatzanspruch verjährt ist, § 853 [164]. Sie kann vom Bürgen sowie vom Eigentümer der als Hypothek oder Pfand haftenden Sache geltend gemacht werden [165] und kann diesen Personen nicht dadurch entzogen werden, daß der Bedrohte oder Getäuschte auf seine Einrede verzichtet [166], oder das anfechtbare Geschäft bestätigt, oder seine Schadensersatzforderung dem Gegner erläßt [167]. Hat der Bedrohte oder Getäuschte keinen anderen Schaden erlitten, als daß er mit einer Verpflichtung belastet ist, so braucht er weder anzufechten, noch einen Schadensersatzanspruch zu erheben; er kann sich damit begnügen, seine Verpflichtung, wenn sie gegen ihn geltend gemacht wird, durch die Einrede zu entkräften [168]. Hat er vom Gegner eine Leistung erhalten, so muß er sie, wenn er die Einrede

---

kommt nicht zur Anwendung, da die „Entziehung" einer Sache im Sinne von § 848 fg. Verletzung des Eigentums bedeutet.

[161] RG. 1. 11. 13 (DJZ. 19, 98).

[162] Hellwig, Anspruch § 2 II 3, Lehrb. § 36 IV 4.

[163] Vgl. ob. § 17 V 4, RG. 58, 356.

[164] Vgl. ob. § 17 Note 52.

[165] §§ 768, 1137, 1211; Dernburg II § 287 IV. Ebenso bei der Schuldübernahme, § 417 I.

[166] Vgl. die in der vorigen Note zitierten §§.

[167] Bestätigung oder Erlaß der Ersatzforderung kann den mithaftenden Personen so wenig schaden, wie Verzicht des Hauptschuldners auf die Einrede, Langheineken, Anspruch 320. Dagegen verlieren sie durch die Bestätigung die auf der Anfechtbarkeit des Geschäfts beruhende Einrede aus § 770, vgl. ob. § 57 Note 140.

[168] RG. 60, 295 spricht von einer „Anfechtungseinrede" und läßt durch Erhebung dieser Einrede den ganzen Vertrag hinfällig werden. Das geht offenbar zu weit; denn die Einrede schützt nur gegen einen Anspruch; will der Bedrohte oder Getäuschte eine bereits vollzogene Leistung zurückerhalten, so muß er anfechten oder den Schadensersatzanspruch erheben.

erhebt, ebenso zurückgeben [169], wie wenn er seine bereits vollzogene Leistung mit der Schadensersatzforderung zurückverlangt.

5. Das Resultat des Schadensersatzanspruchs kann dem der Anfechtung wegen Drohung oder Täuschung sehr nahe kommen: in beiden Fällen kann Rückgabe der beiderseitigen Leistungen erzielt werden. Es ergeben sich aber aus der Struktur beider Rechtsmittel folgende Unterschiede: zur Anfechtung genügt der objektive Tatbestand der Täuschung oder Drohung [170], während der Schadensersatz ein Verschulden des Gegners voraussetzt; die Anfechtung hat bei Verfügungen dingliche Kraft [171], während die Ersatzforderung sich nur gegen den Drohenden oder Täuschenden richtet; anderseits ist die Anfechtung an die kurze Frist des § 124 gebunden [172], während für den Ersatzanspruch eine längere Verjährung besteht. Aus diesen Verschiedenheiten [173] ergibt sich, daß die Anfechtung und der auf Aufhebung des Vertrages gerichtete

---

[169] Prot. II 717; Eccius, Gruchot, 53, 309 fg. Die Rückgabepflicht des Käufers, welcher sich gegen die Kaufpreisforderung auf die Einrede aus § 853 beruft, ist m. Er. ähnlich zu begründen, wie wenn der Käufer die Wandelungseinrede erhebt, vgl. ob. § 17 Note 48: in der Weigerung, den Kaufpreis zu zahlen, liegt, wenn man sie nach Treu und Glauben auslegt, § 157, der Antrag, den Kauf rückgängig zu machen; wenn der Verkäufer darauf eingeht, kann er die gelieferte Sache zurückverlangen; klagt er auf Zahlung des Kaufpreises, so kann er für den Fall, daß sein Anspruch an der Einrede scheitert, den Aufhebungsantrag annehmen und Rückgabe der Sache verlangen.

[170] Vgl. ob. Note 3.

[171] Vgl. ob. § 57 S. 314. Einem dritten Erwerber der durch Drohung oder Täuschung entzogenen Sache kann, selbst wenn er diese Umstände kennt, die Sache nur durch Anfechtung entzogen werden. Dagegen kann, wenn eine durch Drohung oder Täuschung begründete Forderung an X abgetreten ist, das Recht des X sowohl durch Anfechtung, als durch die Einrede aus § 853 entkräftet werden, § 404; unrichtig Eccius a. a. O. 313.

[172] Vgl. ob. Note 110; Hellwig, Recht 05, 190.

[173] Einen weiteren Vorteil hat der Schadensersatz wegen Täuschung vor der Anfechtung, wenn man mit der herrschenden Lehre, Planck § 1163, 2, annimmt, daß bei fehlender Einigung über eine eingetragene Hypothek keine Eigentümerhypothek entsteht: daraus ergibt sich bei Anfechtung der Einigung ein Nachrücken des zweiten Hypothekars; daher ist es für den Eigentümer vorteilhafter, vom dolosen Erwerber als Schadensersatz Verzicht auf die Hypothek zu verlangen, wodurch die Hypothek nach § 1168 dem Eigentümer zufällt. Dieser Unterschied besteht nicht, wenn man mit Dernburg III § 221 II 2, Wolff, Sachenrecht § 145 I 3 und and. auch im Fall der mangelnden Einigung eine Eigentümerhypothek entstehen läßt.

Schadensersatzanspruch zwei nebeneinander bestehende Rechtsbehelfe sind [174]. In der Regel wird der Geschädigte die Anfechtung vorziehen, weil sie leichtere Voraussetzungen und stärkere Wirkungen hat [175]. Daher ist eine Erklärung, welche Anfechtung oder Verlangen des Schadensersatzes bedeuten kann, im Zweifel als Anfechtung auszulegen. Ist aber die Anfechtung durch die Frist des § 124 ausgeschlossen, so steht dem Geschädigten die Ersatzforderung zu Gebote [176], wodurch allerdings die in § 124 für die Geltendmachung von Drohung oder Täuschung gesetzte zeitliche Schranke viel von ihrer praktischen Bedeutung verliert [177]. Dagegen ergibt sich aus dem gemeinsamen Grund und Zweck der Anfechtung und des Schadensersatzes, daß die Bestätigung nicht nur die Anfechtbarkeit beseitigt, sondern zugleich auch den auf Rückgängigmachung des Vertrages gerichteten Ersatzanspruch zum Erlöschen bringt: denn es ist unzulässig, daß jemand, der zu erkennen gibt, daß ihm das Rechtsgeschäft trotz des vorgekommenen Willensmangels genehm sei, nachträglich den Abschluß des Geschäftes als Schaden bezeichnet und dessen Aufhebung verlangt [178].

6. Besteht die Täuschung darin, daß der Verkäufer eine Eigenschaft der Sache wider besseres Wissen zusichert oder einen Fehler arglistig verschweigt, so konkurrieren mit dem Schadensersatz aus der widerrechtlichen Täuschung die Rechtsmittel des Kaufrechts: Wandelung oder Minderung, § 462, und Schadens-

---

[174] RG. 79, 187; Planck § 123 IX 1a; Staudinger § 123, VI 2; Enneccerus § 164 Anm. 2; Cosack § 165 VII 3; Schreiber, Gruchot 53, 298; Eccius, das. 309.

[175] Vorteilhafter als der Schadensersatz ist die Anfechtung, wenn jemand auf die durch Drohung oder Täuschung erlangte Sache Aufwendungen gemacht hat: muß er die Sache unter dem Gesichtspunkt des Schadensersatzes herausgeben, so kommt der Wert, den die Verwendungen für den Kläger haben, bei der Vorteilsausgleichung in Anwendung, vgl. ob. Note 160; dagegen würde infolge der Anfechtung die Sache vindiziert werden, wobei der Drohende oder Täuschende infolge seines bösen Glaubens, § 142 II, keinen Verwendungsersatz, sondern nur das Wegnahmerecht hätte, § 996/7.

[176] Mot. II 20.

[177] Aus dieser Erwägung hat sich RG. 63, 268 dahin ausgesprochen, daß nach Ablauf der Frist des § 124 Aufhebung der Vertragswirkungen auch nicht unter dem Gesichtspunkt des Schadensersatzes verlangt werden könne; vgl. dagegen die in Note 174 zitierte jüngere Entscheidung des RG.s und Literatur.

[178] OLG. 28, 29.

ersatz aus § 463. Nach ausdrücklicher Vorschrift des § 463 ist Schadensersatz wegen Nichterfüllung zu leisten, d. h. das positive Interesse zu ersetzen [179]: der Käufer kann das verlangen, was er hätte, wenn die Zusicherung des Verkäufers richtig oder wenn der verschwiegene Mangel nicht vorhanden wäre; der Schadensersatz ist durch Herstellung dieses Zustandes der Sache zu leisten, § 249 [180], und wenn das nicht möglich ist, § 251, durch Zahlung einer Geldsumme, welche zusammen mit der dem Käufer verbleibenden Kaufsache den Wert darstellt [181], auf welchen der Käufer beim Abschluß des Vertrages rechnen durfte. Der Ersatzanspruch aus § 463 ist, da er Gültigkeit des Kaufes voraussetzt, unvereinbar mit der Anfechtung und dem auf Aufhebung des Vertrags gerichteten Ersatzanspruch aus § 823 II und § 826. Verlangt der Käufer in Kenntnis seines Anfechtungsrechtes das positive Interesse aus § 463, so liegt darin eine die Anfechtung ausschließende Bestätigung des Kaufvertrages [182]. Hat der Käufer die Anfechtung erklärt, so hat er die Möglichkeit verloren, auf die Ansprüche aus dem Kaufvertrag zurückzukommen [183].

Einen Anspruch auf Ersatz des positiven Interesses gewährt das RG. [184] in analoger Ausdehnung des § 463 gegen den Verkäufer, welcher eine Eigenschaft der Kaufsache dem Käufer zwar nicht zugesichert, aber arglistig vorgespiegelt hat. Das hängt

---

[179] RG. 66, 337; JW. 1911, 398; OLG. 28, 28. Ohne die positive Bestimmung des Gesetzes wäre es beim Spezieskauf zweifelhaft, ob der Verkäufer für unrichtige Zusicherungen das positive oder nur das negative Interesse zu ersetzen hätte, Oertmann § 463, 5 b. Denn die Zusicherung ist beim Spezieskauf kein Versprechen einer Leistung, sondern Aussage über eine Tatsache, vgl. ob. § 48 Note 93, so daß nur von Richtigkeit oder Unrichtigkeit, nicht aber von Erfüllung oder Nichterfüllung die Rede sein kann, vgl. Haymann, Anfechtung, Sachmängelgewähr und Vertragserfüllung 42. OLG. 22, 321. Das arglistige Verschweigen eines Fehlers ist, weil vor Vertragsschluß begangen, zweifellos keine Nichterfüllung einer Vertragspflicht, vgl. ob. § 62 Note 197, und könnte daher, ohne die Vorschrift des § 463, nach § 249 nur zum Ersatz des negativen Interesses verpflichten. [180] Planck § 463, 4.

[181] Nur ausnahmsweise, wenn die Sache für den Käufer unbrauchbar ist, kann Ersatz des vollen Interesses an der Erfüllung gegen Rückweisung der Sache verlangt werden, Oertmann § 463, 5; Enneccerus § 331 II 4.

[182] RG. 65, 403. Daher versteht es sich von selbst, daß durch Bestätigung des Vertrages der Anspruch auf das positive Interesse nicht ausgeschlossen wird, OLG. 28, 28.

[183] RG. 74, 1; vgl. ob. § 57 Note 119.

[184] R. 66, 338; JW. 1911, 486; 1912, 137, 742.

mit der m. Er. engherzigen Auslegung zusammen, die das RG. dem Begriff der Zusicherung im Sinne von § 459 II zu Teil werden läßt [185]. Versteht man unter Zusicherung jede Aussage, die als ernstlich gemeint und mit dem Anspruch auf Glaubwürdigkeit abgegeben wird, und gibt man die Möglichkeit stillschweigender Zusicherungen zu [186], so fällt jede arglistige Vorspiegelung von Eigenschaften unter § 463; analoge Anwendung des § 463 kann nur beim Grundstückskauf in Frage kommen; denn die Formvorschrift des § 313 bezieht sich auf den ganzen Inhalt des Vertrages, einschließlich der beim Abschluß desselben gemachten Zusicherungen [187]; daher können Aussagen des Verkäufers über Eigenschaften der Sache, die außerhalb der Form bleiben, nicht als Zusicherungen im Sinn von § 463 gelten. Gegen solche Aussagen ist aber m. Er. der Käufer genügend geschützt durch die Möglichkeit, bei arglistiger Täuschung anzufechten oder Ersatz seines negativen Interesses zu verlangen [188]. Legt ein vorsichtiger Käufer besonderen Wert auf eine Aussage des Käufers, so steht es ihm frei, die Aufnahme dieser Aussage in den formellen Vertrag zu verlangen. Daß das Gesetz den Käufer bei arglistiger Verschweigung eines Mangels intensiver (durch Ersatz des positiven Interesses) schützt, findet seine Erklärung darin [189], daß die Fehlerlosigkeit der Kaufsache sich von selbst versteht und es daher dem Käufer fern liegt, sich eine formelle Zusage der Fehlerfreiheit geben zu lassen.

[185] Nach RG. 54, 223 soll eine Zusicherung nur dann vorliegen, wenn die Erklärung vom Käufer als vertragsmäßig verlangt, vom Verkäufer in vertragsmäßig bindender Weise abgegeben wird, vgl. Oertmann § 359, 5 a. Das RG. sieht in der Zusicherung, im Gegensatz zu Prot. I 688, ein Garantieversprechen, während sie eine Aussage ist, für deren Richtigkeit das Gesetz den Aussagenden haftbar macht, vgl. ob. § 48 Note 93.

[186] Oertmann a. a. O., Enneccerus § 331 II 2 a.

[187] Vgl. ob. § 63 Note 104.

[188] Daher wird die vom RG. vertretene Anwendung des § 463 auf diesen Fall von der herrschenden Meinung mit Recht abgelehnt, Planck § 123, IX 1 d; Staudinger § 123, VI 3; Oertmann § 463, 5 b; Wolff, JheringsJ. 56, 1; Matthiessen, Recht 08, 670, JW. 08, 670, 0913, 516; Cohn, JW. 1911, 137; Riehl, DJZ. 18, 377. Für die Ansicht des RG.s Modestus Lipsiensis, Recht 08, 500 und 739, Enneccerus § 331 II 3 c.

[189] Nicht, wie meistens, z. B. von Planck a. a. O., behauptet wird, darin, daß die Verschweigung eines Fehlers Nichterfüllung des Vertrages wäre, vgl. ob. Note 179.

MIX
Papier aus verantwortungsvollen Quellen
Paper from responsible sources
FSC® C105338

Printed by Libri Plureos GmbH
in Hamburg, Germany